COMPARATIVE LAW FOR SPANISH-SPEAKING LAWYERS

Derecho comparado para abogados anglo- e hispanoparlantes

Comparative Law for Spanish–English Speaking Lawyers

Legal Cultures, Legal Terms and Legal Practices

Derecho comparado para abogados anglo- e hispanoparlantes

Culturas jurídicas, términos jurídicos y prácticas jurídicas

S.I. Strong

Manley O. Hudson Professor of Law, University of Missouri School of Law, USA

Katia Fach Gómez

Professor of Law, University of Zaragoza, Spain

Laura Carballo Piñeiro

Professor of Law, University of Santiago de Compostela, Spain

Cheltenham, UK • Northampton, MA, USA

© S.I. Strong, Katia Fach Gómez and Laura Carballo Piñeiro 2016

All rights reserved. No part of this publication may be reproduced, stored in a retrieval system or transmitted in any form or by any means, electronic, mechanical or photocopying, recording, or otherwise without the prior permission of the publisher.

Published by
Edward Elgar Publishing Limited
The Lypiatts
15 Lansdown Road
Cheltenham
Glos GL50 2JA
UK

Edward Elgar Publishing, Inc.
William Pratt House
9 Dewey Court
Northampton
Massachusetts 01060
USA

Paperback edition 2017

A catalogue record for this book
is available from the British Library

Library of Congress Control Number: 2016938612

This book is available electronically in the **Elgar**online
Law subject collection
DOI 10.4337/9781849807876

ISBN 978 1 84980 786 9 (cased)
ISBN 978 1 84980 787 6 (eBook)
ISBN 978 1 78811 676 3 (paperback)

Typeset by Servis Filmsetting Ltd, Stockport, Cheshire
Printed and bound by CPI Group (UK) Ltd, Croydon, CR0 4YY

Contents – Índice

About the authors – Sobre las autoras	xii
Foreword – Prólogo	xv
Preface – Prefacio	xix
Acknowledgements – Agradecimientos	xxiii
Permissions – Permisos	xxv
List of abbreviations – Lista de abreviaturas	xxvii
Table of cases – Tabla de jurisprudencia	xxxiii
Table of legislation – Tabla de legislación	xxxvii

PART I INTRODUCTION – SECCIÓN I INTRODUCCIÓN

1. Introduction – Introducción 3
   - 1.I Introduction 3
     - 1.I.1 Introduction 3
     - 1.I.2 Structure 6
   - Keywords 8
   - 1.II Bilingual summary – Resumen bilingüe 8
   - 1.III Introducción 10
     - 1.III.1 Introducción 10
     - 1.III.2 Estructura 13
   - Palabras clave 15
2. Legal, business and social cultures – Culturas jurídicas, empresariales y sociales 17
   - 2.I Legal, business and social cultures 17
     - 2.I.1 General cultural issues 17
     - 2.I.2 Legal education and the legal profession 19
     - 2.I.3 Professional ethics and evidentiary privileges 22
   - Keywords 24
   - 2.II Bilingual summary – Resumen bilingüe 25
   - 2.III Culturas jurídicas, empresariales y sociales 27
     - 2.III.1 Cuestiones culturales generales 28
     - 2.III.2 Formación jurídica y ejercicio de la profesión legal 29
     - 2.III.3 Ética y secreto profesionales 34
   - Palabras clave 36

PART II SOURCES OF LAW – SECCIÓN II FUENTES DEL DERECHO

3. Basic principles of comparative law – Principios básicos de derecho comparado 41
   - 3.I Basic principles of comparative law 41

vi *Comparative law for Spanish–English speaking lawyers*

		3.I.1	Introduction	41
		3.I.2	Key terms in comparative law	42
		3.I.3	The development of the common law and civil law traditions	46
		3.I.4	Practical implications of comparative law analyses	56
	Keywords			61
	3.II	Bilingual summary – Resumen bilingüe		64
	3.III	Principios básicos de derecho comparado		65
		3.III.1	Introducción	65
		3.III.2	Conceptos clave de derecho comparado	67
		3.III.3	El desarrollo de las tradiciones de *common law* y de *civil law*	70
		3.III.4	Relevancia práctica del análisis de derecho comparado	81
	Palabras clave			87
4.	Legislation – Legislación			89
	4.I	Legislation		89
		4.I.1	Introduction	89
		4.I.2	Types and levels of legislative authority in English-speaking jurisdictions	89
		4.I.3	The role of legislation in English-speaking jurisdictions	93
		4.I.4	Areas of legislative activity	95
		4.I.5	Interpreting legislation in English-speaking jurisdictions	96
		4.I.6	The interaction between domestic law and international treaties in English-speaking jurisdictions	104
		4.I.7	Excerpts	105
		4.I.8	Self-test	109
	Keywords			109
	4.II	Bilingual summary – Resumen bilingüe		112
	4.III	Legislación		113
		4.III.1	Introducción	113
		4.III.2	Tipos y niveles de autoridad legislativa	114
		4.III.3	El orden de la legislación en el sistema de fuentes del derecho de las jurisdicciones hispanoparlantes	121
		4.III.4	La multiplicación de centros productores de normas jurídicas	124
		4.III.5	Interpretación legislativa en países hispanoparlantes	125
		4.III.6	La interacción entre tratados internacionales y derecho nacional en las jurisdicciones hispanoparlantes	129
		4.III.7	Extractos	132
		4.III.8	Autoevaluación	140
	Palabras clave			141
5.	Decisions from judicial and other tribunals – Decisiones de la judicatura y otros tribunales			144
	5.I	Decisions from judicial and other tribunals		144
		5.I.1	Introduction	144

		5.I.2	Types and levels of judicial and other tribunals in English-speaking jurisdictions	144
		5.I.3	The trial process in English-speaking jurisdictions	150
		5.I.4	The role of judicial decisions in English-speaking jurisdictions	160
		5.I.5	Precedent in English-speaking jurisdictions	161
		5.I.6	Interpreting judicial decisions in English-speaking jurisdictions	164
		5.I.7	Excerpts	169
		5.I.8	Self-test	176
	Keywords			176
	5.II	Bilingual summary – Resumen bilingüe		183
	5.III	Decisiones de la judicatura y otros tribunales		186
		5.III.1	Introducción	186
		5.III.2	La estructura judicial en las jurisdicciones hispanoparlantes	186
		5.III.3	El proceso jurisdiccional en los países hispanoparlantes	195
		5.III.4	El rol de las decisiones judiciales en los sistemas constitucionales y legales de los países hispanoparlantes	202
		5.III.5	El método de interpretación de las decisiones judiciales en las jurisdicciones hispanoparlantes	207
		5.III.6	Extractos	211
		5.III.7	Autoevaluación	214
	Palabras clave			215
6.	Treatises and scholarly commentary – Doctrina			219
	6.I	Treatises and scholarly commentary		219
		6.I.1	Introduction	219
		6.I.2	The role of scholarly commentary in English-speaking jurisdictions	219
		6.I.3	How to interpret, apply and find scholarly works in English-speaking jurisdictions	220
		6.I.4	Excerpts	227
		6.I.5	Self-test	238
	Keywords			239
	6.II	Bilingual summary – Resumen bilingüe		239
	6.III	Doctrina		242
		6.III.1	Introducción	242
		6.III.2	El papel de la doctrina como fuente del derecho en los sistemas jurídicos hispanoparlantes	242
		6.III.3	Cómo localizar, interpretar y aplicar textos doctrinales en sistemas jurídicos hispanoparlantes	244
		6.III.4	Extractos	249
		6.III.5	Autoevaluación	261
	Palabras clave			262

viii *Comparative law for Spanish–English speaking lawyers*

PART III   SUBJECT-SPECIFIC AREAS OF LAW – SECCIÓN III ÁREAS JURÍDICAS ESPECÍFICAS

7. Substantive law – Derecho sustantivo 265
    7.I Substantive law 265
        7.I.1 Introduction 265
        7.I.2 Constitutional law 266
        7.I.3 Law of obligations (including the law of contracts, torts and/or delicts) 272
        7.I.4 Criminal law 281
        7.I.5 Immigration law 286
        7.I.6 Corporate, company and competition law 293
        7.I.7 Public international law 302
    Keywords 306
    7.II Bilingual summary – Resumen bilingüe 315
    7.III Derecho sustantivo 316
        7.III.1 Introducción 316
        7.III.2 Derecho constitucional 317
        7.III.3 Derecho de obligaciones y contratos 322
        7.III.4 Derecho penal 331
        7.III.5 Derecho de extranjería 337
        7.III.6 Derecho societario y de la competencia 345
        7.III.7 Derecho internacional público 353
    Palabras clave 358

8. Procedural law – Derecho procesal 369
    8.I Procedural law 369
        8.I.1 Introduction 369
        8.I.2 Procedural law in civil disputes, including the law of evidence 369
        8.I.3 Procedural law in criminal disputes, including the law of evidence 384
        8.I.4 Procedural and evidentiary rules in international commercial and investment arbitration 392
    Keywords 396
    8.II Bilingual summary – Resumen bilingüe 401
    8.III Derecho procesal 402
        8.III.1 Introducción 402
        8.III.2 Derecho procesal civil, incluidas las reglas probatorias 403
        8.III.3 Derecho procesal penal, incluidas las reglas probatorias 413
        8.III.4 Reglas de procedimiento y prueba en arbitraje comercial internacional y de inversiones 421
    Palabras clave 425

PART IV PRACTICAL ISSUES – SECCIÓN IV CUESTIONES DE LA PRÁCTICA JURÍDICA

9. Submissions to judicial, arbitral and other tribunals – Escritos dirigidos a tribunales de justicia, arbitrales y otras instituciones 435
   9.I   Submissions to judicial, arbitral and other tribunals 435
      9.I.1   Introduction 435
      9.I.2   Conditions precedent to bringing a lawsuit 436
      9.I.3   Judicial, arbitral and other submissions 439
      9.I.4   Attorney conduct with respect to judicial, arbitral and other submissions 449
      9.I.5   Model documents 451
      9.I.6   Self-test 461
   Keywords 462
   9.II   Escritos dirigidos a tribunales de justicia, arbitrales y otras instituciones 465
      9.II.1   Introducción 465
      9.II.2   Condiciones para presentar una demanda 466
      9.II.3   Tipos concretos de escritos judiciales, arbitrales y otros 469
      9.II.4   La conducta del abogado en relación con los escritos judiciales, arbitrales y de otro tipo 478
      9.II.5   Documentos modelo 480
      9.II.6   Autoevaluación 491
   Palabras clave 491

10. Transactional documents – Documentos transaccionales 494
   10.I   Transactional documents 494
      10.I.1   Introduction 494
      10.I.2   Issues involving cross-cultural negotiation 494
      10.I.3   Process-related concerns in bilingual transactions 498
      10.I.4   Structural issues involving cross-border contracts 501
      10.I.5   Other documents used in transactional practice 504
      10.I.6   Key provisions in cross-border deals 505
      10.I.7   Model documents 506
      10.I.8   Self-test 509
   Keywords 509
   10.II   Documentos transaccionales 512
      10.II.1   Introducción 512
      10.II.2   Cuestiones relacionadas con la negociación intercultural 513
      10.II.3   Aspectos procedimentales de las transacciones bilingües 517
      10.II.4   Cuestiones estructurales referidas a contratos transfronterizos 520
      10.II.5   Otros documentos utilizados en la práctica transaccional 524
      10.II.6   Disposiciones clave en los pactos transfronterizos 525
      10.II.7   Documentos modelo 527

		10.II.8	Autoevaluación	531
	Palabras clave			531

11. Internal and external correspondence and memoranda – Correspondencia externa e interna y dictámenes ... 533
    11.I Internal and external correspondence ... 533
        11.I.1 Introduction ... 533
        11.I.2 Standard conventions regarding legal writing ... 534
        11.I.3 Internal communications ... 535
        11.I.4 External communications ... 537
        11.I.5 Model documents ... 542
        11.I.6 Self-test ... 547
    Keywords ... 547
    11.II Correspondencia externa e interna y dictámenes ... 549
        11.II.1 Introducción ... 549
        11.II.2 Típicas convenciones formales a la hora de redactar escritos en las jurisdicciones hispanohablantes ... 549
        11.II.3 Comunicaciones internas en las jurisdicciones hispanohablantes ... 551
        11.II.4 Comunicaciones externas en las jurisdicciones hispanohablantes ... 554
        11.II.5 Documentos modelo ... 557
        11.II.6 Autoevaluación ... 563
    Palabras clave ... 563

PART V EXERCISES AND FURTHER DEVELOPMENT – SECCIÓN V EJERCICIOS Y CUESTIONES ADICIONALES

12. Mock arbitral dispute – Ejercicio práctico: disputa arbitral ... 567

13. Mock legal transaction – Ejercicio práctico: transacción jurídica ... 603

14. Answers to self-tests – Contestaciones a las autoevaluaciones ... 638

Chapter 4 – Capítulo 4 ... 638
    I. Legislation ... 638
    III. Legislación ... 638

Chapter 5 – Capítulo 5 ... 639
    I. Decisions from judicial and other tribunals ... 639
    III. Decisiones de la judicatura y otros tribunales ... 639

Chapter 6 – Capítulo 6 ... 639
    I. Treatises and scholarly commentary ... 639
    III. Doctrina ... 640

Chapter 9 – Capítulo 9		640
	I. Submissions to judicial, arbitral and other tribunals	640
	II. Escritos dirigidos a tribunales de justicia, arbitrales y otras instituciones	641
Chapter 10 – Capítulo 10		642
	I. Transactional documents	642
	II. Documentos transaccionales	642
Chapter 11 – Capítulo 11		643
	I. Internal and external correspondence and memoranda	643
	II. Correspondencia externa e interna y dictámenes	643
Index		645
Índice		657

About the authors – Sobre las autoras

S.I. Strong, Manley O. Hudson Professor of Law, University of Missouri School of Law. Professor Strong specializes in public and private international law, comparative law, and jurisprudence. Her research, which has been translated into Spanish, French, Portuguese, Russian and Chinese, has been cited as authority by US courts and international arbitral tribunals and has won accolades from a variety of national and international organizations. In addition to teaching at the University of Missouri, Professor Strong has also taught at Georgetown University in the United States, the University of Cambridge and the University of Oxford in the United Kingdom, the University of Geneva in Switzerland and the University of Medellín and the University of Antioquia in Colombia. Prior to entering academia, Professor Strong worked as a dual-qualified (US-England) practitioner in major law firms in New York, London and Chicago. Professor Strong received a PhD in law from the University of Cambridge, where she won the Yorke Prize for outstanding doctoral dissertation; a DPhil from the University of Oxford; a JD from Duke University School of Law; an MPW from the University of Southern California; and a BA in English literature from the University of California, Davis. Professor Strong is admitted to practice in state and federal courts in New York, Illinois and Missouri as well as the United States Supreme Court, and as a solicitor in England and Wales.

S.I. Strong, Manley O. Hudson Profesora de Derecho, Facultad de Derecho de la Universidad de Missouri. La Profesora Strong es especialista en derecho internacional público y privado, derecho comparado y jurisprudencia. Sus trabajos de investigación, traducidos al español, francés, portugués, ruso y chino, han sido citados por tribunales estadounidenses y tribunales arbitrales internacionales, y han obtenido premios de diversas organizaciones nacionales e internacionales. Además de ser docente en la Universidad de Missouri, la Profesora Strong también ha impartido clases en la Universidad de Georgetown en Estados Unidos, las Universidades de Cambridge y de Oxford en Reino Unido, la Universidad de Ginebra en Suiza y las Universidades de Medellín y Antioquia en Colombia. Antes de iniciar su carrera académica, la Profesora Strong trabajó como abogada colegiada en EEUU y Inglaterra, en importantes bufetes de abogados, en Nueva York, Londres y Chicago. La Profesora Strong es doctora en Derecho por la Universidad de Cambridge, institución que le otorgó el Premio Yorke a tesis doctorales excepcionales, posee asimismo un doctorado por la Universidad de Oxford, un postgrado en derecho por la Universidad de Duke, un máster en escritura profesional por la Universidad del Sur de California y un grado en literatura inglesa por la Universidad de California, Davis. La Profesora Strong está autorizada para litigar en los tribunales federales y estatales de Nueva York, Illinois y Missouri, ante el Tribunal Supremo estadounidense y también está habilitada para ejercer como *solicitor* en Inglaterra y Gales.

Katia Fach Gómez, Professor of Private International Law, Department of Private Law, University of Zaragoza, Spain. Professor Fach Gómez specializes in private international law, international arbitration and environmental law. Her articles have appeared in a number of prestigious international law reviews in English, German and Spanish. A Fellow of the Alexander von Humboldt Foundation, she has been an Adjunct Professor at Fordham University, a Visiting Scholar at Columbia Law School, and a pre- and post-doctoral fellow at the Max Planck Institute and has lectured at numerous European and Latin American universities. Professor Fach Gómez graduated summa cum laude from the University of Zaragoza, holds a European PhD (in German) summa cum laude from the same University, and an LLM summa cum laude from Fordham University. Admitted to the Spanish bar, she has been involved in various international litigation and arbitration cases in the United States and Europe. Professor Fach Gómez has served several times as scientific expert for the European Commission and various foreign funding agencies, and has also worked as national legal expert for the European Union in Brussels.

Katia Fach Gómez, Profesora Titular de Derecho Internacional Privado, Departamento de Derecho Privado, Universidad de Zaragoza, España. La profesora Fach Gómez está especializada en derecho internacional privado, arbitraje internacional y derecho ambiental. Sus artículos doctrinales han sido publicados en diversas revistas de prestigio internacional en inglés, alemán y español. Becaria de la Fundación Alexander von Humboldt, la profesora Fach Gómez ha sido profesora adjunta de la Universidad de Fordham, profesora visitante de la Facultad de Derecho de Columbia, becaria pre-y postdoctoral del Instituto Max Planck y también ha impartido docencia en numerosas universidades europeas y latinoamericanas. La profesora Fach Gómez se licenció en derecho con máximos honores en la Universidad de Zaragoza, obtuvo un doctorado europeo (en alemán) summa cum laude en dicha Universidad y finalizó un máster jurídico summa cum laude en la Universidad de Fordham. Abogada colegiada en España, ha participado en varios casos de litigación y arbitraje internacional en Estados Unidos y Europa. La profesora Fach Gómez ha colaborado en diversas ocasiones con la Comisión Europea y con varias agencias de investigación extranjeras en calidad de experta externa y ha trabajado asimismo en Bruselas como experta nacional legal en comisión de servicios.

Laura Carballo Piñeiro, Professor of Private International Law, Common Law Department, University of Santiago de Compostela, Spain. Professor Carballo specializes in private international law, international litigation and international insolvency law. A Fellow of the Alexander von Humboldt Foundation, her research has been published in a number of international journals in English, German, Italian and Spanish. She belongs to the research group *De Conflictu Legum*. Professor Carballo has been visiting fellow at the Max Planck Institute for Comparative and Private International Law, Columbia Law University and the Institute of European and Comparative Law at Oxford University, and she has taught in a number of institutions in Latin America such as the University of Antioquia in Colombia and the Central University of Venezuela. Professor Carballo received a PhD in civil procedure law from the University of Santiago de Compostela and a PhD in private international law from the University of Vigo, where she won the Extraordinary Prize for outstanding doctoral dissertation. Professor Carballo is admitted to practice as a lawyer and has worked as a deputy judge in Spain. She has also been selected to serve as Director of Studies at The Hague Academy of International Law in 2017.

Laura Carballo Piñeiro, Profesora Titular de Derecho Internacional Privado, Departamento de Derecho Común, Universidade de Santiago de Compostela, España. La Profesora Carballo es especialista en derecho internacional privado, derecho procesal civil internacional y derecho concursal internacional. Becaria de la Fundación Alexander von Humboldt, su investigación se ha publicado en varias revistas internacionales, en inglés, alemán, italiano y español. Pertenece al grupo de investigación *De Conflictu Legum*. La Profesora Carballo ha sido visitante académico en el Instituto Max Planck de Derecho Comparado e Internacional Privado, en la Facultad de Derecho de la Universidad de Columbia y en el Instituto de Derecho Europeo y Comparado de la Universidad de Oxford; así como ha enseñado en numerosos centros de América Latina, tales como las Universidades de Antioquia en Colombia y Central de Venezuela. Ha obtenido un doctorado en derecho procesal por la Universidad de Santiago de Compostela y un doctorado en derecho internacional privado por la Universidad de Vigo, donde obtuvo el Premio Extraordinario a la mejor tesis doctoral. La Profesora Carballo es abogada no ejerciente y ha trabajado como magistrada suplente en España. Ha sido elegida Directora de Estudios para el año 2017 en la Academia de Derecho Internacional de La Haya.

Foreword

The last half-century has seen an enormous, protracted increase in the exchange of knowledge, goods, services and capital around the world. Globalization has in turn prompted the internationalization of the law on both a substantive and procedural level.

Cross-border trade and investment depend upon an international community of legal advisers who work at international law firms, multinational corporations, international banks, national and international governmental bodies, non-governmental organizations and civil society organizations. These men and women must be familiar not only with international treaties but also with national legal regimes in leading jurisdictions around the world. As a result, it is often essential for legal advisers to be able to operate in the languages of multiple jurisdictions – English, Spanish, French, Mandarin and Arabic, to name a few.

This timely and ground-breaking book by Professors Strong, Fach Gómez and Carballo Piñeiro explores this subject beginning from the premise that an international lawyer requires a firm understanding of comparative law in order to be able to accurately translate legal principles across national and linguistic borders. Such an understanding is critical because, in many instances, direct translation of legal terms does not accurately or fully capture how the legal term operates within its particular legal system.

Although its lessons are universal, this book focuses on the English/Spanish legal systems and languages, aiming to educate readers who are conversationally fluent in English and Spanish in the legal terminology of the other language. The book notes that there are a number of challenges faced by lawyers practicing in Spanish and English, including the difficulty of working across the common law-civil law divide, and aims to provide ways to deal successfully with these challenges.

Part I provides readers with a carefully-selected body of background information about the legal, business and social cultures of Spanish- and English-speaking jurisdictions. This part is designed to help readers avoid mistakes emerging from cultural and linguistic differences.

Part II is directed at the fundamental legal principles relating to the identification, use and interpretation of relevant sources of law. Although differences between English-speaking common law jurisdictions and Spanish-speaking civil law jurisdictions may have been reduced in recent decades, bilingual lawyers must be aware of how the two types of traditions conceptualize and approach the law.

Part III introduces a number of subject-specific issues relating to both substantive and procedural law, while Part IV turns to practical considerations, including how to formulate submissions to judicial, arbitral, and other tribunals, and how to draft various transactional documents.

Part V helps facilitate readers' understanding of foreign legal principles and practices by offering two practical exercises: one involving a legal dispute and the other concerning a transaction.

One of the most effective aspects of the book is the innovative way in which the individual chapters are structured. Each chapter is divided into two sections: an English text for Spanish-speaking lawyers and a Spanish text for English-speaking lawyers. While both sections cover similar issues, they allow readers to familiarize themselves with foreign legal terms in the appropriate context. This implements and reinforces the authors' thesis that law is 'more than a set of words'. It is the interpretation of these words within a particular legal system that is of significance to bilingual lawyers.

This insightful book offers innovative solutions to tackle the cultural, legal and linguistic nuances which inevitably arise in international law, trade and commerce. It will also provide assistance to the international legal community by providing a greater degree of legal certainty and precision. For these reasons alone, it is a necessary addition to any bilingual (Spanish–English) practitioner's library, as well as a template for further works in other languages.

Gary Born
Chair, International Arbitration Practice Group
Wilmer Cutler Pickering Hale and Dorr LLP
London, England

Prólogo

A menudo se cree que no hay nada que inventar en el mundo jurídico. De hecho, en el ámbito de la doctrina jurídica esa creencia no va muy desencaminada. Muchas obras supuestamente innovadoras sólo tienen de original la utilización de términos o expresiones ingeniosas o extrapoladas de otros ámbitos de conocimiento, las cuales son utilizadas para presentar de una forma diferente lo mismo que ya fue dicho muchas veces, desde hace mucho tiempo. Así, concretamente, si se echa una mirada a los estudios teóricos de Derecho comparado de la última década se constata sin esfuerzo que, salvo contadas excepciones, detrás de los enunciados real o pretendidamente audaces no hay mucho más de lo que los buenos comparatistas nos vienen diciendo desde, por lo menos, 1900.

No es muy diferente lo que puede decirse de los trabajos académicos sobre la enseñanza del Derecho comparado. En éstos se suelen encontrar propuestas, en general pertinentes o al menos bien intencionadas, acerca de las materias que deben incluirse en un curso y/o el modo en que dichas materias deben impartirse para permitir una mejor aprehensión de los sistemas o elementos jurídicos en comparación. Sin embargo, aparte de la incorporación de datos actualizados y de la modernización de los instrumentos para la enseñanza y la investigación, las propuestas no son, en el fondo, tan diferentes de las que podían hacerse bastante tiempo atrás. En todos se habla de la importancia de privilegiar lo esencial sobre lo contingente y el Derecho cómo es en la práctica sobre el Derecho contenido en los textos escritos.

Existen también publicaciones –que no tienen necesariamente un contenido académico y mucho menos alguna seña comparatista– destinadas a quienes pretenden desarrollar algún tipo de actividad jurídica o comercial en un sistema jurídico foráneo o, simplemente, a quienes deseen tener un conocimiento general acerca de él. En ellas se explican los elementos básicos del sistema jurídico en cuestión poniendo énfasis en algunas áreas particulares. Un ejemplo ya viejo pero que sigue usándose en la actualidad es el de los libros titulados *doing business in. . .*, en los cuales los datos jurídicos ocupan un parte relevante.

Pues bien, las autoras de este libro parecen haber tenido en cuenta todo lo anterior para ofrecer una propuesta singular destinada principalmente a las (muchísimas) personas vinculadas con el Derecho que tienen un grado de bilingüismo suficiente en inglés y español. Más concretamente, a quienes han adquirido o están adquiriendo una formación jurídica en un sistema anglófono o hispanófono, conocen el otro idioma (el inglés los hispanófonos, el español los anglófonos) y pretenden alcanzar un nivel jurídico avanzado en él. Para ello, las autoras han tenido la sagaz idea de elaborar un libro totalmente bilingüe en el que las partes en cada idioma se dirigen especialmente a quienes poseen menos familiaridad con él.

Lógicamente, en el contexto de esta obra, quien dice idioma dice sistema jurídico. Es decir, la terminología jurídica en español se ofrece en referencia a sistemas jurídicos 'hispanos' y la inglesa es puesta en relación con la tradición jurídica del *common law*. A nadie se le escapa que mientras éste es esencialmente monolingüe –pese a los múltiples matices que la historia ha ido generando en sus diferentes expresiones a lo ancho del mundo–, lo hispano no representa más que una las muchas expresiones del *civil law* (por seguir la terminología utilizada en el libro). Sin embargo, las autoras sortean bien este aparente obstáculo yendo a lo esencial de cada uno: en inglés, refiriéndose a los ordenamientos de Estados Unidos y de Inglaterra, y en español, a los de España y México. Claro que esto también puede encerrar algunas inevitables paradojas, ya que, por raro que parezca, el Derecho español y, más aún, el Derecho mexicano, son frecuentemente menos conocidos para un abogado argentino o venezolano que el Derecho norteamericano. De un modo similar, es probable que, por fuerza de la armonización jurídica europea, una estudiante inglesa comprenda mucho mejor la normativa española sobre protección de los consumidores que algunas decisiones norteamericanas relativas a esa materia.

Sin embargo, más allá de cualquier paradoja de las que pululan en el mundo jurídico, este libro reúne todo lo necesario para cumplir con creces su cometido y no me cabe ninguna duda de que superará con éxito las 'pruebas de fuerza' a las que lo someterán sus lectores. La originalidad de su concepción y el alto valor práctico añadido a los materiales incluidos en el texto sólo permiten abrigar buenos augurios. Es probable, incluso, que el libro abra una nueva modalidad para los escritos de Derecho comparado que comience a extenderse a otros binomios lingüísticos, lo cual sería una excelente noticia.

Huelga decir que un trabajo de estas características sólo podía ser realizado por personas con unas capacidades singulares. No es sólo el interés por el Derecho comparado y el Derecho de los negocios internacionales lo que Laura Carballo Piñeiro, Katia Fach Gómez y S.I. Strong tienen en común. Las tres coinciden por lo menos en otras dos cuestiones esenciales que se reflejan con claridad en este libro: la honestidad académica y una capacidad de trabajo envidiable. Y aunque, de hecho, la producción jurídica de cada una de ellas ya contaba con contribuciones de gran nivel, no sería raro que esta magnífica obra marque un punto de inflexión en sus respectivas carreras. Por mi parte, además de agradecerles el honor de prologar su trabajo y de hacerlo junto a mi estimado colega Gary Born, sólo me queda felicitarlas con una expresión que comprenden perfectamente tanto los shakesperianos como los cervantinos: *chapeau*!

Diego P. Fernández Arroyo
Professor, Sciences Po Law School
Paris, France
Secretary General, International Academy of Comparative Law

Preface

It is often said that authors write the books they wish to read themselves, and that maxim definitely applies to the current text. All three authors have had to make the transition from conversational fluency in a second language to legal fluency, and all of us have noted the absence of any specialized resources geared towards facilitating that goal. Over the years, we have all combed through bilingual legal dictionaries, seeking to determine when and how a particular legal term is used in a foreign jurisdiction, even though we knew that dictionaries were not meant to fulfil that particular purpose. We have all also worked as lawyers or consultants in foreign jurisdictions and appreciate the subtle differences associated with practising law in other countries.

These experiences taught us that lawyers seeking to operate across linguistic borders must learn to contextualize their understanding of foreign legal terms and practices if they are to avoid committing serious errors. This book hopes to provide readers with the kind of information we wish we had had early on in our careers. In so doing, we have avoided limiting ourselves to single country comparisons because most bilingual practitioners and legal academics operate within language families. As a result, we have broadened our discussion to include materials from a variety of Spanish- and English-speaking countries.

Of course, it is impossible to provide a comprehensive analysis of the legal rules and procedures of every Spanish- and English-speaking nation in the world. As a result, we have focused our discussion on several key jurisdictions. Although some variations will arise in countries that are not considered in great detail, we hope that this text provides a template for analysis and gives readers a foundation from which they can begin their own independent research.

The breadth and scope of the book required extensive coordination between the three authors. Although all of us reviewed and worked on every section, Professor Strong was primarily responsible for the sections written in English and Professor Fach Gómez and Professor Carballo Piñeiro shared drafting duties for the Spanish sections. When there is a discussion of both Spanish and Mexican law, Professor Carballo Piñeiro was responsible for the first and Professor Fach Gómez was responsible for the second.

Given the nature of this book, it is unsurprising that the following pages contain a great deal of legal information. While the law and websites presented herein were good as of the date of writing, changes and inadvertent errors have undoubtedly occurred. A considerable amount of uncertainty also arose during the production of this book, when the United Kingdom voted to withdraw from the European Union. The authors apologize in advance for any discrepancies and ask readers to forward any corrections to the publisher. The authors also note that nothing in this book should be construed as constituting legal advice.

In writing this text, we have sought to advance comparative law and understanding across the Spanish–English language barrier and to facilitate personal and professional relationships on an international basis. We hope this introduction to bilingual lawyering is helpful and that it inspires further work and cooperation in this and related fields.

1 October 2015
SIS, KFG, LCP

Prefacio

Se suele decir que los autores escriben los libros que ellos mismos desearían leer y esta máxima se aplica efectivamente al presente libro. Sus tres autoras han tenido que hacer el tránsito de hablar con soltura una segunda lengua a adquirir, además, pericia jurídica en dicha lengua. Durante esa transición, la autoras han constatado la ausencia de recursos especializados enfocados a facilitar tal objetivo. A lo largo de los años, hemos escudriñado diccionarios jurídicos bilingües, tratando de determinar cuándo y cómo un término jurídico específico se usaba en una jurisdicción extranjera, a pesar de que sabíamos que los diccionarios no pretendían cumplir ese objetivo específico. El hecho de haber trabajado como abogadas o consultoras en jurisdicciones extranjeras hace que apreciemos, asimismo, las sutiles diferencias que trae consigo el ejercicio de la práctica del derecho en otros países.

Estas experiencias nos han mostrado que los abogados que trabajan cruzando las fronteras lingüísticas tienen que aprender a contextualizar su comprensión de términos y prácticas jurídicas extranjeras si quieren evitar la comisión de graves errores. Este libro desea ofrecer a sus lectores el tipo de información que nosotras hubiésemos deseado tener al comenzar nuestras carreras profesionales. De ahí que no hayamos querido limitarnos a análisis de derecho comparado en relación con un solo país, dado que la mayoría de abogados y académicos que trabajan en más de un idioma operan con varios países de la misma familia lingüística. Así, nuestro análisis incluye materiales de distintas jurisdicciones hispano-y angloparlantes.

Por supuesto, es imposible ofrecer un análisis completo de las reglas y procedimientos jurídicos de todos y cada uno de los países hispano-y angloparlantes del mundo. Por ello, hemos centrado nuestro análisis en algunas jurisdicciones claves. Aunque también surgen relevantes diferencias de los países que no son analizados en detalle aquí, esperamos que este libro ofrezca un modelo sólido de análisis y que los lectores adquieran una base a partir de la cual comenzar su propia investigación jurídica.

La extensión y amplitud del libro han requerido una profunda colaboración entre las tres autoras. Aunque cada una de nosotras ha revisado y trabajado cada una de las secciones, la Profesora Strong ha sido principalmente responsable de la parte escrita en inglés en tanto que la parte en español ha sido redactada conjuntamente por las Profesoras Fach Gómez y Carballo Piñeiro. Cuando existen comentarios sobre derecho español o mexicano, la Profesora Carballo Piñeiro es responsable de los primeros y la Profesora Fach Gómez de los segundos.

Dada la naturaleza de este libro, no es sorprendente que las páginas siguientes contengan abundante información jurídica. Mientras que las referencias legales y las páginas webs presentadas en el libro estaban actualizadas en el momento de elaboración de este libro, no hay duda de que se habrán producido cambios posteriores o de que pueden haberse cometido errores. Algunas circunstancias desencadenadas durante el proceso de elaboración de este libro, como la votación en Reino Unido a favor de la salida de la Unión Europa, también han generado una considerable incertidumbre. Las autoras se disculpan anticipadamente por dichas cuestiones y ruegan a los lectores que remitan sus sugerencias a la editorial que publica de esta obra. Las autoras también desean hacer constar que nada de lo contenido de este libro deber ser interpretado como constitutivo de asesoría jurídica.

Al escribir este libro, hemos pretendido promover el derecho comparado y la comprensión a través de la frontera lingüística hispano-anglófona, así como facilitar las relaciones personales y profesionales de base internacional. Esperamos que esta introducción al ejercicio de la abogacía en más de un idioma sea útil y que inspire más trabajos y una mayor cooperación en este campo y en otros conexos.

1 de octubre de 2015
SIS, KFG, LCP

Acknowledgements

This book is the culmination of many people's efforts, and the authors would like to thank the following people for their contributions: Gary Born of Wilmer Cutler Pickering Hale and Dorr LLP and Alejandro Garro of Columbia University for insights into how to conceptualize this book; José Ignacio Lleó Gómez, José Rodríguez and Allison Tungate of the University of Missouri for outstanding research assistance; Melody Daily, Nate Dunville, Sarah Maguffee and Allison Tungate of the University of Missouri for documents assistance; and Javier Camacho, Agustín Gutiérrez, Juan Francisco Torres Landa and Jeanett Trad of Hogan Lovells BSTL, SC, and Dimaro Alexis Agudelo Mejía of the University of Medellín for their assistance in reviewing draft chapters; Carlos E Odriozola Mariscal, lawyer and President of AMEDIP, for his assistance with Chapter 9; Javier García Vidal of the University of Vigo for his assistance with Chapters 9 and 11; Nestor R Londoño of DEC Consultores for his assistance with Chapter 10; María Victoria Aguilar of Aguilar & Abogados Asociados for her assistance with Chapter 11; and Itxaso Goenaga Alday of the notarial offices of Francisco Javier Oñate Cuadros in San Sebastian, Fernando Peña López of the University of A Coruña and Marta Carballo Fidalgo of the University of Santiago de Compostela for their assistance with Chapter 13.

S.I. Strong would like to thank the editors at Edward Elgar Publishing and colleagues at the University of Missouri School of Law for their insights and assistance during the drafting of this book. She would also like to thank her family for understanding the need to disappear and write. Last but not least, she would like to thank María Antolina Morales for introducing her to the beauty of the Spanish language and culture at an early age, and her fantastic co-authors for their diligence, intelligence and warmth throughout this long process. Gracias por todo.

Katia Fach Gómez is very grateful to Alejandro Garro for introducing her to such a brilliant and human academic as S.I. Strong, and also for inspiring her with his love for comparative law and for unconditionally supporting her in any of her professional projects. Katia thanks Laura, a great researcher and wonderful person, for her generous participation in this project. Katia also thanks her two co-authors for allowing this book to develop with care and patience so that she could enjoy the first years of life of the wonderful Inés Astigarraga Fach. Thank you to Jesús Astigarraga for being encouraging and supportive. Last but not the least, Katia Fach Gómez deeply appreciates the effort and generosity of her parents, because they have seen her leaving and never stop loving her.

Laura Carballo Piñeiro wants to thank her friends, in particular Marta Carballo, Katia Fach, Federico Garau, Jordi Nieva and S.I. Strong for their care and patience in those hard moments inextricably implied in academic work. A very special thanks goes to her family for being unconditionally there. And the same applies to her godchild, Henar D Cons Gestido, whose smile makes her godmother always wonder why it takes so long to get to visit her.

Agradecimientos

Este libro es la culminación del esfuerzo de muchas personas y las autoras queremos agradecer las siguientes aportaciones: Gary Born del despacho Wilmer Cutler Pickering Hale and Dorr LLP y Alejandro Garro de la Universidad de Columbia por sus sabias aportaciones sobre cómo conceptualizar este libro; José Ignacio Lleó Gómez, José Rodríguez y Allison Tungate de la Universidad de Missouri por su excelente ayuda en tareas de investigación; Melody Daily, Nate Dunville, Sarah Maguffee y Allison Tungate de la Universidad de Missouri por su apoyo en cuestiones documentales; Javier Camacho, Agustín Gutiérrez, Juan Francisco Torres Landa y Jeanett Trad del despacho Hogan Lovells BSTL, SC, y Dimaro Alexis Agudelo Mejía de la Universidad de Medellín por su ayuda revisando los borradores de algunos capítulos de esta obra; Carlos E Odriozola Mariscal, abogado y Presidente de la AMEDIP, por su ayuda con el capítulo 9; Javier García Vidal de la Universidad de Vigo por su ayuda con los capítulos 9 y 11; Nestor R Londoño de DEC Consultores por su ayuda con el capítulo 10; María Victoria Aguilar de Aguilar & Abogados Asociados por su ayuda con el capítulo 11; Itxaso Goenaga Alday de la notaría de Francisco Javier Oñate Cuadros de San Sebastián, Fernando Peña López de la Universidad de A Coruña y Marta Carballo Fidalgo de la Universidad de Santiago de Compostela por su ayuda con el capítulo 13.

La Profesora Strong también desea agradecer a los editores de Edward Elgar Publishing y a sus colegas de la Facultad de Derecho de la Universidad de Missouri por sus aportaciones y ayuda durante la fase de elaboración de este libro. También desea agradecer a su familia por entender tan bien su necesidad de desaparecer y escribir. Por último, aunque no por ello menos importante, quisiera agradecer a María Antolina Morales el haberla iniciado en la belleza de la lengua y cultura española a una edad temprana, y a sus fantásticas coautoras, para su diligencia, inteligencia y cariño durante este largo proceso. Gracias por todo.

Katia Fach Gómez le está muy agradecida al Profesor Alejandro Garro por presentarle a una académica tan brillante y humana como S.I. Strong, así como por contagiarle su amor por el derecho comparado y apoyarla incondicionalmente en todos sus proyectos profesionales. Katia agradece a Laura, magnífica científica y mejor persona, su generosa implicación en este proyecto. Katia agradece también a las dos coautoras del libro que éste se haya ido gestando con el suficiente mimo y paciencia como para haberle permitido disfrutar de los primeros años de vida de la maravillosa Inés Astigarraga Fach. Gracias también a Jesús Astigarraga por todo su apoyo y comprensión. Por último, Katia Fach Gómez valora profundamente el esfuerzo y la generosidad de sus padres, porque siempre la han visto marchar y nunca la han dejado de querer.

Laura Carballo Piñeiro quiere agradecer a sus amigos y muy en especial a Marta Carballo, Katia Fach, Federico Garau, Jordi Nieva y S.I. Strong, su cariño y paciencia en los duros momentos que todo trabajo académico trae consigo. A su familia va un agradecimiento muy especial, por estar ahí incondicionalmente. Lo mismo que su ahijada, Henar D. Cons Gestido, cuya sonrisa siempre hace preguntarse a su madrina porque tarda tanto en visitarla.

Permissions – Permisos

Excerpts from Florida v Jardines, 133 SCt 1409 (2013), are printed by permission from Thomson West.

Excerpts from the Human Rights Act 1998 are reproduced under the terms of Crown Copyright Policy Guidance issued by Her Majesty's Stationery Office.

Excerpts from Trident Turboprop (Dublin) Ltd v First Flight Couriers Ltd, [2009] EWCA Civ 290, [2010] QB 86, are reproduced with the permission of the Incorporated Council for Law Reporting of England and Wales.

Excerpts from Theodor Schilling, 'Language Rights in the European Union-Part I/II' (2008) 9 German Law Journal 1219, are reprinted by permission from Theodor Schilling.

Excerpts from S.I. Strong, 'What Constitutes an "Agreement in Writing" in International Commercial Arbitration? Conflicts Between the New York Convention and the Federal Arbitration Act' (2012) 48 Stanford Journal of International Law 47, are reprinted by permission of the Board of Trustees of the Leland Stanford Junior University and the *Stanford Journal of International Law*. For more information, visit http://sjil.stanford.edu.

Excerpts from S.I. Strong, 'Qué Constituye un "Acuerdo por Escrito" en el Arbitraje Comercial Internacional? Conflictos Entre la Convención de Nueva York y la Ley Federal de Arbitraje' (2014) 20 Revista Internacional de Arbitraje 78, translated by Jose Andres Prada Gaviria, are reproduced by permission of the Editors of the *Revista Internacional de Arbitraje*.

Extracto de Ley Orgánica 2/1979, de 3 de octubre, del Tribunal Constitucional español, accesible en <https://www.boe.es/diario_boe/txt.php?id=BOE-A-1979-23709>, y de Ley española 7/1998, de 13 de abril, sobre condiciones generales de la contratación, accesible en <https://www.boe.es/diario_boe/txt.php?id=BOE-A-1998-8789>, reproducido con el permiso de la Agencia Estatal del Boletín Oficial del Estado.

Extracto de Sentencia del Tribunal Supremo español, Sala 1ª, No. 4072/2014, de 20 de octubre de 2014, accesible en <https://www.google.com/search?q=CENDOJ+28079110012014100504&ie=utf-8&oe=utf-8>, reproducido con el permiso del Centro de Documentación Judicial del Consejo General del Poder Judicial (CENDOJ).

Extracto de SCJN, Pleno, Contradicción de Tesis 293/2011, accesible en <https://www.scjn.gob.mx/Transparencia/Epocas/Pleno/DecimaEpoca/293-2011-PL%20CT%20Ejecutoria.pdf>, reproducido con el permiso de página web de la Suprema Corte de Justicia de la Nación - <http://www2.scjn.gob.mx/asuntosrelevantes/pagina/FormularioConsultaPub.aspx>.

Extracto de Segundo Tribunal Colegiado en Materia civil del tercer circuito, Amparo directo 227/2009, reproducido con el permiso de Semanario Judicial de la Federación, <http://sjf.scjn.gob.mx/SJFSist/Documentos/Tesis/165/165857.pdf>.

All reasonable efforts have been made to contact the holders of copyright in materials reproduced in this book. Any omissions will be rectified in future printings if notice is given to the publisher.

Se han hecho todos los esfuerzos razonables para obtener el permiso de reproducción de los materiales reproducidos en este libro por parte de los titulares de los derechos de propiedad intelectual de los mismos. Cualquier omisión será oportunamente corregida en reimpresiones futuras si la editorial recibe notificación de la misma.

Abbreviations – Abreviaturas

ENGLISH LANGUAGE ABBREVIATIONS

AC	Appeal Cases (3d Series)
All ER	All England Law Reports
Alt High Cost Litig	Alternatives to the High Cost of Litigation
Am J Comp L	American Journal of Comparative Law
Am J Intl L	American Journal of International Law
Am J Trial Advoc	American Journal of Trial Advocacy
Am Rev Intl Arb	American Review of International Arbitration
Ariz J Intl and Comp L	Arizona Journal of International and Comparative Law
Brook J Intl L	Brooklyn Journal of International Law
Cal Civ Proc Code	California Civil Procedure Code
Cal L Rev	California Law Review
Can J Admin L and Prac	Canadian Journal of Administrative Law and Practice
Cardozo J Conflict Resol	Cardozo Journal of Conflict Resolution
Cardozo J Intl and Comp L	Cardozo Journal of International and Comparative Law
CFR	Code of Federal Regulations
Chapman L Rev	Chapman Law Review
Civ Pro News	Civil Procedure News
CJICL	Cambridge Journal of International and Comparative Law
CJQ	Civil Justice Quarterly
Clinical L Rev	Clinical Law Review
CLJ	Cambridge Law Journal
CMLR	Common Market Law Reports
Co Rep	Coke's Reports
Colo Law	Colorado Lawyer
Colum L Rev	Columbia Law Review
Cornell L Rev	Cornell Law Review
CPR	Civil Procedure Rules
Cranch	Cranch
Crim L Rev	Criminal Law Review
CrPR	Criminal Procedure Rules
Currents – Intl Trade L J	Currents – International Trade Law Journal
Dall	Dallas
Denver J Intl L and Poly	Denver Journal of International Law and Policy
Drake L Rev	Drake Law Review

Dublin U L J	Dublin University Law Journal
Duke J Comp and Intl L	Duke Journal of Comparative and International Law
Duke L J	Duke Law Journal
ECR	Report of Cases Before the Court of Justice of the European Communities
Edinburgh L Rev	Edinburgh Law Review
EHRR	European Human Rights Reports
Emory Intl L Rev	Emory International Law Review
Ent L Rev	Entertainment Law Review
ER	English Reports
Eur Const L Rev	European Constitutional Law Review
EWCA Crim	Court of Appeal (Criminal)
EWHC Admin	High Court (Administrative Court)
F2d	Federal Reporter, 2d
F3d	Federal Reporters, 3d
FCA	Federal Court of Australia
Fed Cts L Rev	Federal Courts Law Review
Fed R App P	Federal Rules of Appellate Procedure
Fed R Civ P	Federal Rules of Civil Procedure
Fed R Crim P	Federal Rules of Criminal Procedure
Fed R Evid	Federal Rules of Evidence
Fla Intl U L Rev	Florida International University Law Review
Fla L Rev	Florida Law Review
Fla St U L Rev	Florida State University Law Review
Fordham L Rev	Fordham Law Review
F Supp 2d	Federal Supplement, 2d
Geo J Intl L	Georgetown Journal of International Law
Geo J Legal Ethics	Georgetown Journal of Legal Ethics
Geo L J	Georgetown Law Journal
German L J	German Law Journal
Harv L Rev	Harvard Law Review
Harv Negot L Rev	Harvard Negotiation Law Review
Hastings L J	Hastings Law Journal
HL Cas	Clarke's House of Lord Cases
Hous L Rev	Houston Law Review
IBA	International Bar Association
ICSID Rev For Invest L J	ICSID Review – Foreign Investment Law Journal
Idaho L Rev	Idaho Law Review
IJLP	International Journal of the Legal Professions
ILSA J Intl and Comp L	ILSA Journal of International and Comparative Law
Ind L Rev	Indiana Law Review
Intl Bus L J	International Business Law Journal
Intl and Comp L Q	International and Comparative Law Quarterly
Intl J Evid and Proof	International Journal of Evidence and Proof
Intl L	International Lawyer
Intl L Practicum	International Law Practicum

Iowa L Rev	Iowa Law Review
J Crim L	Journal of Criminal Law
J Disp Resol	Journal of Dispute Resolution
J Intl Disp Settlement	Journal of International Dispute Settlement
J Legal Econ	Journal of Legal Economics
J Legal Educ	Journal of Legal Education
J Mar L and Com	Journal of Maritime Law and Commerce
J Private Intl L	Journal of Private International Law
J Transnatl L and Poly	Journal of Transnational Law and Policy
KB	King's Bench
La L Rev	Louisiana Law Review
L and History Rev	Law and History Review
L and Human Behavior	Law and Human Behavior
L and Socy Rev	Law and Society Review
L Libr J	Law Library Journal
Lloyd's Rep	Lloyd's Law Reports
Loy LA L Rev	Loyola Los Angeles Law Review
Loy U Chi Intl L Rev	Loyola University of Chicago International Law Review
LQR	Law Quarterly Review
LR	Law Reports
Melbourne U L Rev	Melbourne University Law Review
Mexican L Rev	Mexican Law Review
Mich J Intl L	Michigan Journal of International Law
Mich L Rev	Michigan Law Review
Minn J Intl L	Minnesota Journal of International Law
NC L Rev	North Carolina Law Review
New Crim L Rev	New Criminal Law Review
Nw U L Rev	Northwestern University Law Review
Nw U L Rev Colloquy	Northwestern University Law Review Colloquy
NY Civ Prac Law and Rules	New York Civil Practice Law and Rules
NYU J Intl L and Poly	New York University Journal of International Law and Policy
NYU J L and Bus	New York University Journal of Law and Business
NYU L Rev	New York University Law Review
NZ J Pub and Intl L	New Zealand Journal of Public and International Law
NZLR	New Zealand Law Reports
Ohio State J on Dispute Resol	Ohio State Journal on Dispute Resolution
Ohio St L J	Ohio State Law Journal
Pac McGeorge Global Bus and Dev L J	Pacific McGeorge Global Business and Development Law Journal
Penn St Intl L Rev	Penn State International Law Review
Pet	Peters
QB	Queen's Bench
Queen's L J	Queen's Law Journal

Rev Litig	Review of Litigation
Richmond J Global L and Business	Richmond Journal of Global Law and Business
SCt	Supreme Court Reporter
Stan J Complex Litig	Stanford Journal of Complex Litigation
Stan J Intl L	Stanford Journal of International Law
Stockholm Intl Arb Rev	Stockholm International Arbitration Review
Sup Ct R	Rules of the Supreme Court of the United States
Sw J Intl L	Southwestern Journal of International Law
Sydney L Rev	Sydney Law Review
Tenn J Bus L	Tennessee Journal of Business Law
Tex Intl L J	Texas International Law Journal
Tex L Rev	Texas Law Review
Tul Eur and Civ L F	Tulane European and Civil Law Forum
Tul L Rev	Tulane Law Review
UCC	Uniform Commercial Code
U Chi L Rev	University of Chicago Law Review
U Cin L Rev	University of Cincinnnati Law Review
UCLA L Rev	UCLA Law Review
UKHL	United Kingdom House of Lords
UKSC	United Kingdom Supreme Court
U Miami Inter-Am L Rev	University of Miami Inter-American Law Review
U Mich J L Reform	University of Michigan Journal of Law Reform
UNCITRAL	United Nations Commission on InternationalTrade Law
UNIDROIT	International Institute for the Unification of Private Law
U Pa J Const L	University of Pennsylvania Journal of Constitutional Law
U Pa J Intl L	University of Pennsylvania Journal of International Law
U Pa L Rev	University of Pennsylvania Law Review
U Pitt L Rev	University of Pittsburgh Law Review
U Richmond L Rev	University of Richmond Law Review
US	United States Reports
USC	United States Code
Utah L Rev	Utah Law Review
U Toronto Faculty L Rev	University of Toronto Faculty Law Review
Va J Intl L	Virginia Journal of International Law
Va L Rev	Virginia Law Review
Vill L Rev	Villanova Law Review
Wash and Lee L Rev	Washington and Lee Law Review
Wash U J L and Poly	Washington University Journal of Law and Policy
Wash U L Rev	Washington University Law Review
WL	Westlaw
WLR	Weekly Law Reports

Wm and Mary Bill Rts J	William and Mary Bill of Rights Journal
Wm Mitchell L Rev	William Mitchell Law Review
Yale J Intl L	Yale Journal of International Law

LISTA DE ABREVIATURAS DE FUENTES EN ESPAÑOL

AAA	Asociación Americana de Arbitraje
AAVV	Autores Varios
ANECA	Agencia Nacional española de calidad y acreditación
AS	Actualidad Social
ATC	Auto del Tribunal Constitucional
ATS	Auto del Tribunal Supremo
BGB	*Bürgerliches Gesetzbuch*, Código Civil alemán
BOA	Boletín Oficial de Aragón
BOCG	Boletín Oficial de las Cortes Generales
BOE	Boletín Oficial del Estado
BOIB	Boletín Oficial de las Islas Baleares
BOJA	Boletín Oficial de la Junta de Andalucía
CC	Código Civil
CCBE	Consejo de los Colegios de Abogados de Europa
CCF	Código Civil Federal
CCI	Cámara de Comercio Internacional
CE	Constitución española
CEDH	Convenio de Roma de 4 de noviembre de 1950 sobre Protección de los Derechos Humanos y las Libertades Fundamentales
CENDOJ	Centro de documentación judicial
CFPC	Código Federal de Procedimientos Civiles
CGAE	Consejo General de la Abogacía Española
CIADI	Centro internacional de arreglo de diferencias relativas a inversiones
CIDH	Corte Interamericana de Derechos Humanos
CIRC	Clasificación Integrada de Revistas Científicas
CNPP	Código Nacional de Procedimientos Penales
CNUDMI	Comisión de Naciones Unidas para el Derecho Mercantil Internacional
CPCDF	Código de Procedimientos Civiles para el Distrito Federal
CPEUM	Constitución Política de los Estados Unidos Mexicanos
CSIC	Consejo Superior de Investigaciones Científicas
D.F.	Distrito Federal
DO	Diario Oficial
DOF	Diario Oficial de la Federación
DOG	Diario Oficial de Galicia

ERIH PLUS	European Reference Index for the Humanities and Social Sciences
GODF	Gaceta Oficial del Distrito Federal
IBA	Asociación Internacional de Abogados
ICDR	Centro internacional para la resolución de disputas
JUR	Jurisprudencia Aranzadi
LEC	Ley de Enjuiciamiento Civil
LECRIM	Ley de Enjuiciamiento Criminal
LOPJ	Ley Orgánica del Poder Judicial
LOPJF	Ley Orgánica del Poder Judicial Federal
MERCOSUR	Mercado Común del Sur
OEA	Organización de Estados Americanos
OIT	Organización Internacional del Trabajo
RAE	Real Academia Española
RD/RRDD	Real Decreto/Reales Decretos
REDALYC	Red de revistas científicas de América Latina y el Caribe, España y Portugal
Rev Estud Polit	Revista de Estudios Políticos
Rev Fac Der Mex	Revista de la Facultad de Derecho de México
Scielo	Scientific Electronic Library online
SCJN	Suprema Corte de Justicia de la Nación
s/f	sin fecha
ss	siguientes
SSRN	Social Sciences Research Network
SSTC	Sentencias del Tribunal Constitucional
SSTS	Sentencias del Tribunal Supremo
STC	Sentencia del Tribunal Constitucional
STJ/STJUE	Sentencia del Tribunal de Justicia de la Unión Europea
STS	Sentencia del Tribunal Supremo
STSJ	Sentencia del Tribunal Superior de Justicia
TEDH	Tribunal Europeo de Derechos Humanos
TFUE	Tratado de Funcionamiento de la Unión Europea
TJUE	Tribunal de Justicia de la Unión Europea
TLCAN	Tratado de Libre Comercio de América del Norte
TSJ	Tribunal Superior de Justicia
TUE	Tratado de la Unión Europea
Ud./Uds.	Usted/Ustedes
UE	Unión Europea
UIA	Unión Internacional de Abogados
UNAM	Universidad Nacional Autónoma de México

Table of cases – Tabla de jurisprudencia

AUSTRALIA

Armacel Pty Ltd v Smurfit Stone Container Corp [2007] FCA 1928 .... **374**

ENGLAND (UNITED KINGDOM)

ABCI (formerly Arab Bus Consortium Intl Fin and Invest Co v Banque Franco-Tunisiennee) [2002]
  1 Lloyd's Rep 511 .... **374**
Bloomsbury Intl Ltd v Sea Fish Industry Authority [2011] UKSC 25 .... **102**
Boyd v The Army Prosecuting Authority [2002] UKHL 31 .... **149**
Byrne v Boadle, 159 ER 299 (1863) **376**
Cambridge Water Co Ltd v Eastern Counties Leather plc [1994] 2 AC 264 .... **278**
Davis v Johnson [1979] AC 264 .... **102**
Donoghue v Stevenson [1932] AC 562 .... **279**
Fisher v Bell [1961] 1 QB 394 .... **101**
Grey v Pearson 10 ER 1216, (1857) 6 HL Cas 61 .... **101**
Heydon's Case (1584) 3 Co Rep 7a **101**
Inco Europe Ltd v First Choice Distribution [2000] UKHL 15 .... **101**
Jackson v Attorney-General [2005] 1 AC 262 .... **272**
Kleinwort Benson Ltd v Lincoln City Council [1999] 2 AC 349 .... **161**
Litster v Forth Dry Dock & Engineering Co Ltd [1990] 1 AC 546 .... **101**
London and North Eastern v Berriman [1946] AC 278 .... **101**
Maclaine v Gatty [1921] 1 AC 376 .... **276**
McCartan Turkington Breen v Times Newspapers Ltd [2001] 2 AC 277 .... **102**
M'Naghten's Case [1843] 8 ER 718 .... **286**
Morelle v Wakeling [1955] 2 QB 379 .... **162**
Pepper v Hart [1993] AC 593 .... **101, 103**
Pickstone v Freemans plc [1989] A 66 .... **101, 103**
R v Goodyear [2005] EWCA Crim 888 .... **152**
R v Governor of Brockhill Prison, ex parte Evans [2000] 4 All ER 15 .... **277**
R v James [2006] 2 WLR 887 .... **150**
R v Momodou and Limani [2005] EWCA Crim 177 .... **450**
R v Secretary of State for Transport, ex parte Factortame Ltd [1991] 1 AC 603 .... **91, 121**
R v Secretary of State for the Environment, Transport and the Regions, ex parte Spath Holme Ltd
  [2001] 2 AC 349 .... **103**
R v Taylor [1950] KB 368 .... **163**
R (Electoral Commission) v City of Westminster Magistrates' Court [2010] UKSC 40 ..... **101**
R (on the application of Quintavalle) v Secretary of State for Health [2003] UKHL 13 ..... **102**
Rylands v Fletcher [1868] LR 3 HL 330 .... **278**
Thoburn v Sunderland City Council [2002] EWHC 195 (Admin) **90, 271**
Thomas v National Union of Mineworkers (South Wales Area) [1985] 2 All ER 1 .... **277**
Trident Turboprop (Dublin) Ltd v First Flight Couriers Ltd [2009] EWCA Civ 290 .... **171–6, 639**
Whiteley v Chappell (1868) LR 4 QB 147 .... **101**
Wilkinson v Downton [1897] 2 QB 57 .... **277**
Wilson v Pringle [1987] QB 237 .... **277**
Young v Bristol Aeroplane Co Ltd [1944] KB 718 .... **162**

EUROPEAN COURT OF HUMAN RIGHTS

Morris v United Kingdom, (2002) 34 EHRR 52 149

EUROPEAN UNION

Case C-550/07 *Akzo Nobel Ltd v European Commission* [2010] ECR I-8301 ....**23, 36**
Case 26/62, *NV Algemene Transport- en Expeditie Onderneming van Gend and Loos v Netherlands Inland Revenue Administration*, [1963] ECR 1, [1963] CMLR 105 ....**105, 304, 355**
Dictamen TJ 2/91, de 14 de diciembre de 1991 356
Dictamen TJ 1/2003, de 7 de febrero de 2006 356
Dictamen TJ 1/13, de 14 de octubre de 2014 356
STJ de 5 de febrero de 1962, As 26/62, *Van Gend en Loos*..130
STJ de 5 de febrero de 1963, As 26/62, *NV Algemene Transport- en Expeditie Onderneming van Gend & Loos v Netherlands Inland Revenue Administration* **105, 130, 304, 355**
STJ de 31 de marzo de 1971, As 22/70, *Comisión v Consejo o AETR* 356
STJ de 14 de octubre de 1976, As 29/76, *LTU Lufttransportunternehmen v Eurocontrol* 126
STJ de 27 de septiembre de 1988, As 81/87, *Daily Mail* 348
STJ de 4 de mayo de 1995, As 7/94, *Landesamt für Ausbildungsförderun Nordhein-Westfalen*....339
STJ de 9 de marzo de 1999, As C-212/97, *Centros*..348
STJ de 8 de junio de 1999, As C-337/97, *Meeusen* 339
STJ de 11 de julio de 2002, As 60/00, *Carpenter* 339
STJ de 5 de noviembre de 2002, As C-208/00, *Überseering* 348
STJ de 17 de septiembre de 2002, As 413/99, *Baumbast y R*..339
STJ de 23 de septiembre de 2003, As C 109/01, *Akrich* 339
STJ de 30 de septiembre de 2003, As C-167/01, *Inspire Art*..348
STJ de 19 de octubre de 2004, As 200/02, *Zhu y Chen*..339
STJ de 13 de septiembre de 2005, As C-176/03, *Comisión v Consejo*...331
STJ de 16 de diciembre de 2008, As C-210/06, *Cartesio* 348
STJ de 23 de febrero de 2010, As 310/08 y 480/08, *Ibrahim y Teixeira* 339
STJ de 14 de septiembre de 2010, As C-550/07, *Akzo Nobel Ltd v Comisión Europea* **23, 36**
STJ de 8 de marzo de 2011, As C 34/09, *Ruiz Zambrano*..340
STJ de 5 de mayo de 2011, As 434/09, *McCarthy*..340
STJ de 15 de noviembre de 2011, As C-256/11, *Dereci y otros* 340

MEXICO[1]

Pleno de la SCJN el expediente 912/2010 concerniente al cumplimiento de la sentencia de la Corte Interamericana de Derechos Humanos recaída en el caso Radilla Pacheco SCJN, Amparo en revisión 1475/98, Semanario Judicial de la Federación y su Gaceta, Tomo XI, Marzo de 2000, 442 321
SCJN, Pleno, Contradicción de Tesis 293/2011, Gaceta del Semanario Judicial de la Federación, Libro 5, Abril de 2014, Tomo I, 96..**211–13**
Segundo Tribunal Colegiado en materia civil del tercer circuito, Amparo directo 227/2009, Semanario Judicial de la Federación **254–5**

---

[1] Las decisiones emitidas por la Suprema Corte de Justicia de la Nación son accesibles en <www2.scjn.gob.mx/>. Las decisiones de otros órganos pueden localizarse en <http://sjf.scjn.gob.mx/SJFSem/Paginas/SemanarioIndex.aspx>.

NEW ZEALAND

Paper Reclaim Ltd v Aotearoa Intl Ltd [2006] 3 NZLR 188..**280**

SPAIN[2]

ATC 191/2004, de 26 de mayo (Tribunal Constitucional)..**203**
ATC 201/2004, de 27 de mayo (Tribunal Constitucional)..**203**
STC 5/81, de 13 de febrero (BOE 24.2.1981)..**128**
STC 25/1981, de 14 de julio (BOE 13.8.1981)...**31**
STC 181/1994, de 20 de junio (BOE 26.7.1994)..**416**
STC 108/2003, de 2 de junio (BOE 1.7.2003)...**203**
STC 46/2004, de 23 de marzo (BOE 23.4.2004)..**203**
STC 150/2004, de 20 de septiembre (BOE 22.10.2004)..**203**
STC 164/2004, de 4 de octubre (BOE 9.11.2004)..**203**
STC 96/2012, de 7 de mayo (BOE 5.6.2012)..**475**
STC 149/2015, 6 de julio (BOE 14.8.2015)...**319**
ATS de 2 febrero de 2015 (RJ 2015\141)..**403**
STS de 20 de noviembre de 1989 (RJ 1989\8206)...**559**
STS, de 6 de abril de 1998 (RJ 1998\1998)..**327**
STS de 30 de diciembre de 1999 (RJ 1999\9094)..**327**
STS de 28 de febrero de 2007 (RJ 2007\4846)..**559**
STS de 16 de diciembre de 2009 (RJ 702/2010) (CENDOJ 8466/2009)...............................**210**
STS de 29 de julio de 2011 (RJ 2011\6285)..**330**
STS de 24 de julio de 2014 (RJ 2014\4132)..**190**
STS de 20 de octubre de 2014 (CENDOJ 28079110012014100504)....................................**213**
STSJ Cantabria de 31 de julio de 1997 (AS 1997\2426)...**559**
STSJ Santa Cruz de Tenerife de 16 de noviembre de 2001 (JUR 2002\42170)....................**559**

UNITED STATES

Asahi Metal Indus Co v Superior Court, 480 US 102 (1987)...**147**
Asante Techs, Inc v PMC-Sierra, Inc 164 FSupp2d 1142 (ND Cal 2001).........................**303**
Baker v Carr, 369 US 186 (1962)...**95**
Bob Jones University v United States, 461 US 574 (1983)..**103**
Boston Stock Exchange v State Tax Commission, 429 US 318 (1977)..............................**145**
Burger King Corp v Rudzewicz, 471 US 462 (1985)..**147**
Chevron Corp v Donziger, No 11 Civ 0691 (LAK), 2013 WL 5548913 (SDNY October 7, 2013)...**371**
Daimler AG v Bauman, 134 SCt 746 (2014)...**146–7**
De Canas v Bica, 424 US 351 (1976)..**287**
Director, Office of Workers' Compensation Programs, United States Dept of Labor v Perini North River Assoc, 459 US 297 (1983)...**161**
Doe v Roman Catholic Diocese of Galveston-Houston, 408 FSupp2d 272 (SD Tex 2005)............**305**
Durham v United States, 214 F2d 862 (DC Cir 1954)...**286**
Erie Railroad Co v Tompkins, 304 US 64 (1938)..**148, 370**

---

[2] La legislación española, incluida la producida por las comunidades autónomas, y las sentencias del Tribunal Constitucional se publican en el BOE <http://boe.es/>. Existen diversas bases de jurisprudencia como la gratuita y gestionada por el Poder Judicial español CENDOJ <http://www.poderjudicial.es/search/indexAN.jsp>.

Ex parte Kawato, 317 US 69 (1942)..290
First National City Bank v Banco Nacional de Cuba, 406 US 759 (1972) **306**
Florida v Jardines, 133 SCt 1409 (2013)..**169–71, 176, 639**
Foster v Neilson, 27 US (2 Pet) 253 (1829)...**303**
Gall v Topcall Intl, AG, No Civ A 04-CV-432, 2005 WL 664502 (ED Pa 2005).....................147
Gertz v Robert Welch, Inc, 418 US 323 (1974)...279
Gonzalez v Thaler, 132 SCt 641 (2012) 146
Hart v Massanari, 266 F3d 1155 (9th Cir 2001) **44, 68**
Helicopteros Nacionales de Colombia, SA v Hall, 466 US 408 (1984) 147
Hickman v Taylor 329 US 495 (1947)..**22, 60, 86**
International Shoe Co v Washington, 326 US 310 (1945) **146, 147, 370**
Jones v Rath Packing Co, 430 US 519 (1977) 268
Jones v United States, 529 US 848 (2000)..**104**
Klein v Freedom Strategic Partners, LLC, 595 FSupp2d 1152 (D Nev 2009)......................**445**
Marbury v Madison, 5 US (1 Cranch) 137 (1803)..**92, 99, 144**
Medellín v Texas, 552 US 491 (2008) **304**
Miranda v Arizona, 384 US 436 (1966)...**154**
Morrison v Natl Austl Bank Ltd, 130 SCt 2869 (2010)..**147–8**
Mossman v Higginson, 4 US (4 Dall) 12 (1800) 147
Nevada v Hicks, 533 US 353 (2001) 145
New York Times Co v Sullivan, 376 US 254 (1964)...279
Nixon v United States, 506 US 224 (1993)..95
Pinkerton v United States, 328 US 640 (1946) 285
Plyler v Doe, 457 US 202 (1982)...**290**
Salinas v Texas, 133 SCt 2174 (2013) 385
Schneider v New Jersey, 308 US 147 (1939)...291
Shelby County v Holder, 133 S Ct 2612 (2013) **92**
Société Nationale Industrielle Aérospatiale v US District Court for the Southern District of Iowa,
    482 US 522 (1987)...372
Sosa v Alvarez-Machain, 542 US 692 (2004) 304
Southern Pacific Co v Jensen, 244 US 205 (1917)..161
Standard Oil Co v United States, 221 US 1 (1911)...297
The Paquete Habana, 175 US 677 (1900) 304
Trammel v United States, 445 US 40 (1980) **57, 83, 373**
Underhill v Hernandez, 168 US 250 (1897)..306
United States v Bruguier, 735 F3d 754 (8th Cir 2013)...**99**
United States v Carolene Products Co, 304 US 144 (1939)..269
United States v Carrion, 488 F2d 12 (1st Cir 1973)..383
United States v Deutsches Kalisyndikat Gesellschaft, 31 F2d 199 (SDNY 1929).................305
United States v Si, 333 F3d 1041 (9th Cir 2003)...289
Volkswagenwerk Aktiengesellschaft v Schlunk, 486 US 694 (1988) 372
Walden v Fiore, 134 SCt 1115 (2014)...146
Watt v Alaska, 451 US 259 (1981)..104
World-Wide Volkswagen Corp v Woodson, 444 US 286 (1980)...147

Table of legislation – Tabla de legislación

ARGENTINA[1]

Ley 26.361 que modifica la ley 24.240 de defensa del consumidor (Boletín Oficial 7.4.2008) 330

AUSTRALIA[2]

Competition and Consumer Act 2010, Schedule 2 273
Diplomatic Privileges and Immunities Act 1967 306
Foreign States Immunities Act 1985 306

CANADA[3]

Constitution Act 1982 95
Criminal Code 285
State Immunity Act, RSC 1985 306
State Immunity Act 306
Reference re Supreme Court Act, RSC 1985 (Canada), 2014 SCC 21 95

COLOMBIA[4]

Constitución Política de la República de Colombia de 1991 (Gaceta Constitucional 20.7.1991) 317

ENGLAND (UNITED KINGDOM)[5]

Access to Justice Act 1999, Schedule 3 151
Administration of Justice Act 1969 158
Arbitration Act 1975 .... **104, 302, 354**
Arbitration Act 1996 .... **395, 436**
Asylum and Immigration (Treatment of Claimants, etc) Act 2004 292
Borders, Citizenship and Immigration Act 2009 292
Companies Act 2006 300
Companies (Audit, Investigation and Community Enterprise) Act 2004 301
Constitutional Reform Act 2005 .... **150, 164**
Consumer Protection Act 1987 279
Contracts (Rights of Third Parties) Act 1999 273
Coroners and Justice Act 2009 389
Corporate Manslaughter and Corporate Homicide Act 2007 .... **285, 300**
Criminal Justice Act 2003, Schedule 2 151
Criminal Justice and Public Order Act 1994 390
Criminal Procedure and Investigations Act 1996 152
Data Protection Act 1998 299
Defamation Act 2013 .... **157, 276, 279, 382**
Diplomatic Privileges Act 1964 306
European Communities Act 1972 ...... **104, 163, 302, 354**
European Public Limited-Liability Company Regulations 2004 (SI 2004 No 2326) 301
European Union Act 2011 .... **94, 271**
Financial Services and Markets Act 2000 ... 300
Fraud Act 2006 .... **284, 300**
Human Rights Act 1998 .... **89–90, 94, 96–7, 107–9, 149, 266, 271, 272, 303**
Immigration Act 1971 292
Immigration and Asylum Act 1999 292
Immigration, Asylum and Nationality Act 2006 292
Insolvency Act 2000 300
Interpretation Act 1978 100

---

[1] La legislación de la República Argentina puede encontrarse en <www.tsj.gob.ve/gacetaoficial>.

[2] Australian federal legislation and regulations are available on <www.australia.gov.au/information-and-services/public-safety-and-law/legislation>. Most state and territorial governments have similar information available through their websites.

[3] Canadian federal legislation and regulations are available on <http://laws.justice.gc.ca/eng/>. Most provincial and territorial governments have similar information available through their websites.

[4] Puede accederse a la legislación colombiana en <www.gacetaoficial.gov.py/list.php?tipo=2>.

[5] English legislation is available at <www.legislation.gov.uk>.

Judicial Committee Act 1833 149
Juries Act 1974.. 152
Law of Libel Amendment Act 1888 102
Limited Liability Partnership Act 2000....... 301
Limited Partnerships Act 1907.................... 301
Magna Carta **89–90, 271**
Nationality, Immigration and Asylum Act
 2002 292
Occupiers' Liability Act 1957......... **96, 161, 278**
Occupiers' Liability Act 1984......... **96, 161, 278**
Partnership Act 1890 301
Proceeds of Crime Act 2000........................ 389
Prosecution of Offences Act 1985 150
Regulation of Investigatory Powers Act
 2000 389
Sales of Goods Act 1979 274
Senior Courts Act 1981 .... **157, 382**
Sexual Offences Act 2003............................ 283
State Immunity Act 1978 306
Supreme Court of Judicature Act 1873 .... **48,
 72–3**
Theft Act 1968 284
Terrorism Act 2000...................................... 389
Unfair Contract Terms Act 1977 .... **98, 171,
 172–6, 273, 639**
UK Borders Act 2007 292
Youth Justice and Criminal Evidence Act
 1999 390
Civil Procedure Rules[6] **91, 156, 378, 443, 643**
Criminal Procedure Rules[7]..... **91, 152, 388, 390**
Family Procedure Rules[8] 91
Immigration Rules....................................... 292
Practice Direction (Hansard: Citation)
 [1995] 1 All ER 234 103

EUROPEAN UNION[9]

Convention determining the State
 responsible for examining application
 for asylum lodged in one of the member
 States of the European Communities,
 drafted at Dublin 15 June, 1990, 30 ILM
 425 (1991)... 293
Tratado de Funcionamiento de la Unión
 Europea (TFUE)............ **125, 130, 131, 189,
 194, 332, 339, 347, 356**
Tratado de la Unión Europea (TUE o
 Tratado de Maastricht).... **124, 130, 131, 339**
Tratado de Lisboa 131
Tratado de Roma 130
Treaty on European Union (TEU or
 Maastricht Treaty)..........**94, 271–2, 291, 304**
Treaty on the Functioning of the European
 Union (TFEU)....... **94, 105, 272, 291, 298–9,
 300, 304**
Treaty of Lisbon **94, 272**
Treaty of Rome **94, 272, 291**
Communication from the Commission to
 the European Parliament, the Council,
 the European Economic and Society
 Committee and the Committee of the
 Regions, A Common European Sales Law
 to Facilitate Cross-Border Transactions in
 the Single Market, COM(2011) 636 final
 (11 October 2011)................................... 274
Council Directive 90/364 of June 28, 1990
 on the right of residence, [1990] OJ L
 180/26... 291
Council Directive 2005/85/EC on minimum
 standards on procedures in Member
 States for granting and withdrawing
 refugee status, [2005] OJ L 326/13 293
Council Regulation (EC) 1/2003 of 16
 December 2002 on the implementation
 of the rules on competition laid down in
 Articles 81 and 82 of the Treaty, [2003] OJ
 L 1/1... 300
Council Regulation (EEC) 2137/85 of 25
 July 1985 on the European Economic
 Interest Grouping (EEIG), [1985] OJ
 L199/1 301
Decisión del Consejo 2003/93/CE, de 19 de
 diciembre de 2002, por la que se autoriza a
 los Estados miembros a firmar, en interés

---

[6] The Civil Procedure Rules are available at (UK Justice) <www.justice.gov.uk/courts/procedure-rules/civil/rules>.

[7] The Criminal Procedure Rules are available at (UK Legislation) <www.legislation.gov.uk/uksi/2013/1554/contents/made>.

[8] The Family Procedure Rules are available at (UK Justice) <www.justice.gov.uk/courts/procedure-rules/family>.

[9] European Union legislation is available at <http://ec.europa.eu/legislation/index_en.htm>; see also <http://eurlex.europa.eu/homepage.html;jsessionid=7QCsTDYcJlGL4TTFkqT1KcTpLVQyTgz1kyHfdwWm7Wx02yFFn8YB!-1639360510?locale=en>. Hay también una recopilación de disposiciones transpuestas por la UE en: Derecho Nacional (Eur-Lex) <http://eur-lex.europa.eu/collection/n-law.html?locale=es>.

de la Comunidad, el Convenio de La
Haya de 1996 relativo a la competencia,
la ley aplicable, el reconocimiento, la
ejecución, la cooperación en materia de
responsabilidad parental y de medidas de
protección de los niños [2003] DO L 48/1..**131**

Decisión marco del Consejo 2002/584/
JAI, de 13 de junio de 2002, relativa a
la orden de detención europea y a los
procedimientos de entrega entre Estados
miembros [2002] DO L 190/1 ....**414**

Directiva 77/249/CEE del Consejo de las
Comunidades Europeas, de 22 de marzo
de 1977, dirigida a facilitar el ejercicio
de la libre prestación de servicios por los
abogados [1977] DO L 78/17 ....**31–2**

Directiva 85/374/CEE del Consejo de las
Comunidades Europeas, de 25 de julio
de 1985, relativa a la aproximación de
las disposiciones legales, reglamentarias
y administrativas de los Estados
Miembros en materia de responsabilidad
por los daños causados por productos
defectuosos [1985] DO L 210/29 ....**328**

Directiva 93/13/CEE del Consejo de las
Comunidades Europeas, de 5 de abril de
1993, sobre las cláusulas abusivas en los
contratos celebrados con consumidores
[1993] DO L 95/29 ....**324–5**

Directiva 95/46/CE del Parlamento Europeo
y del Consejo, de 24 de octubre de 1995,
relativa a la protección de las personas
físicas en lo que respecta al tratamiento de
datos personales y a la libre circulación de
estos datos [1995] DO L 281/31 ....**349**

Directiva 97/7/CE del Parlamento
Europeo y del Consejo, de 20 de mayo
de 1997, relativa a la protección de los
consumidores en materia de contratos a
distancia [1997] DO L 144/19 ....**325**

Directiva 98/5/CE del Parlamento Europeo
y del Consejo, de 16 de febrero de
1998, destinada a facilitar el ejercicio
permanente de la profesión de abogado en
un Estado miembro distinto de aquél en el
que se haya obtenido el título [1998] DO
L 77/36 ....**32**

Directiva 2003/86/CE del Consejo, de 22
de septiembre de 2003, sobre el derecho
a la reagrupación familiar [2003] DO L
251/12 ....**340**

Directiva 2003/109/CE del Consejo, de 25 de
noviembre 2003, relativa al estatuto de los
nacionales de terceros países residentes de
larga duración [2004] DO L 16/44 ....**340**

Directiva 2004/35/CE del Parlamento
Europeo y del Consejo, de 21 de
abril de 2004, sobre responsabilidad
medioambiental en relación con la
prevención y reparación de daños
medioambientales [2004] DO L 143/56....**328**

Directiva 2004/38/CE del Parlamento
Europeo y del Consejo, de 29 de
abril de 2004, relativa al derecho de
los ciudadanos de la Unión y de los
miembros de sus familias a circular y
residir libremente en el territorio de los
Estados miembros [2004] DO L 229/35 ...**339**

Directiva 2004/48/CE del Parlamento
Europeo y del Consejo, de 29 de abril de
2004, relativa al respecto de los derechos
de propiedad intelectual [2004] DO L
157/45 ....**406**

Directiva 2005/36/CE del Parlamento
Europeo y del Consejo, de 7 de septiembre
de 2005, relativa al reconocimiento de
cualificaciones profesionales [2005] DO L
255/22 ....**32**

Directiva 2008/52/CE del Parlamento
Europeo y del Consejo, de 21 de mayo
de 2008, sobre ciertos aspectos de la
mediación en asuntos civiles y mercantiles
[2008] DO L 136/3 ....**467**

Directiva 2008/115/CE del Parlamento
Europeo y del Consejo, de 16 de
diciembre de 2008, relativa a normas
y procedimientos comunes en los
Estados miembros para el retorno de los
nacionales de terceros países en situación
irregular [2008] DO L 348/98 ....**340**

Directiva 2010/64/CE del Parlamento
Europeo y del Consejo, de 20 de octubre
de 2010, sobre el derecho a interpretación
y traducción en los procesos penales
[2010] DO L280/1 ....**416**

Directiva 2011/77/EU del Parlamento
Europeo y del Consejo, de 27 de
septiembre de 2011, por la que se modifica
la Directiva 2006/116/CE relativa al plazo
de protección del derecho de autor y
determinados derechos afines [2011] DO
L 265/1 ....**406–7**

Directiva 2011/95/UE del Parlamento
Europeo y del Consejo, de 13 de
diciembre de 2011, por la que se
establecen normas relativas a los
requisitos para el reconocimiento de
nacionales de terceros países o apátridas
como beneficiarios de protección
internacional, a un estatuto uniforme

para los refugiados o para las personas con derecho a protección subsidiaria y al contenido de la protección concedida (refundición) [2011] DO L 337/9 340

Directiva 2012/13/UE del Parlamento Europeo y del Consejo, de 22 de mayo de 2012, relativa al derecho a la información en los procesos penales [2012] DO L 142/1 416

Directiva 2012/28/UE del Parlamento Europeo y del Consejo, de 25 de octubre de 2012, sobre ciertos usos autorizados de las obras huérfanas [2012] DO L 299/5 406–7

Directiva 2013/11/UE del Parlamento Europeo y de Consejo, de 21 de mayo de 2013, sobre resolución de litigios en línea en materia de consumo [2013] DO L 165/1 467

Directiva 2013/32/UE del Parlamento Europeo y del Consejo, de 26 de junio de 2013, sobre procedimientos comunes para la concesión o la retirada de la protección internacional (refundición) [2013] DO L 180/60..340

Directiva 2013/33/UE del Parlamento Europeo y del Consejo, de 26 de junio de 2013, por la que se aprueban normas para la acogida de los solicitantes de protección internacional (texto refundido) [2013] DO L 180/96 340

Directiva 2014/65/UE del Parlamento Europeo y del Consejo relativa a los mercados de instrumentos financieros y por la que se modifican la Directiva 2002/92/CE y la Directiva 2011/61/UE (refundición) [2014] DO L 173/349 121

Directiva 2014/104/UE del Parlamento Europeo y del Consejo, de 26 de noviembre de 2014, relativa a determinadas normas por las que se rigen las acciones por daños en virtud del Derecho nacional, por infracciones del Derecho de la competencia de los Estados miembros y de la Unión Europea [2014] DO L 349/1 350

European Directive 2010/64 on the right to interpretation and translation in criminal proceedings [2010] OJ L280/1...................382

European Parliament and Council Directive 95/46/EC of 24 October 1995 on the protection of individuals with regard to the processing of personal data and on the free movement of such data, [1995] OJ L 281/31...299

European Parliament and Council Directive 2004/38 on the right of citizens of the Union and their family members to move and reside freely within the territory of the Member States, [2004] OJ L 229/35.........291

European Parliament and Council Regulation (EC) 583/2008 of 4 July 2008 on the Law Applicable to Contractual Obligations, [2008] OJ L 177/6 274

Propuesta de reglamento relativo a una normativa común de compraventa europea, presentada en Bruselas el 11 de octubre de 2011 [COM (2011) 635 final]...324

Reglamento (CE) 1/2003, de 16 diciembre 2002 sobre la aplicación de las normas de competencia previstas en los artículos 81 y 82 del Tratado [2003] DO L 1/1...............350

Reglamento (CE) 343/2003 del Consejo, de 18 de febrero de 2003, por el que se establecen los criterios y mecanismos de determinación del Estado miembro responsable del examen de una solicitud de asilo presentada en uno de los Estados miembros por un nacional de un tercer país (Dublín II) [2003] DO L50/1 341

Reglamento (CE) 583/2008, de 4 de julio de 2008, relativo a la ley aplicable a las obligaciones contractuales [2008] DO L 177/6 324

Reglamento (CE) 861/2007 del Parlamento Europeo y del Consejo, de 11 de julio de 2007, por el que se establece un proceso europeo de escasa cuantía [2007] DO L 199/1 .... **409, 469**

Reglamento (CE) 864/2007 del Parlamento Europeo y del Consejo, de 11 de junio de 2007, relativo a la ley aplicable a las obligaciones extracontractuales [2007] DO L 199/40 328

Reglamento (CE) 1206/2001 del Consejo, de 28 de mayo de 2001, relativo a la cooperación entre los órganos jurisdiccionales de los Estados miembros en el ámbito de la obtención de pruebas en materia civil o mercantil [2001] DO L 174/1 405

Reglamento (CE) 1346/2000 del Consejo, de 29 de mayo de 2000, sobre procedimientos de insolvencia [2000] DO L 160/1 189

Reglamento (CE) 1393/2007 del Parlamento Europeo y del Consejo, de 13 de noviembre de 2007, relativo a la notificación y al traslado en los Estados miembros de documentos judiciales y

extrajudiciales en materia civil o mercantil [2007] DO L 324/79 .... **405**
Reglamento (CE) 1435/2003 del Consejo, de 22 de julio de 2003, relativo al Estatuto de la sociedad cooperativa europea (SCE) [2003] DO L 207/1 .... **348**
Reglamento (CE) 1896/2006 del Parlamento Europeo y del Consejo, de 12 de diciembre de 2006, por el que se establece un proceso monitorio europeo [2006] DO L 339/1 .... **409**
Reglamento (CE) 2157/2001 del Consejo, de 8 de octubre de 2001, por el que se aprueba el Estatuto de Sociedad Anónima Europea (SE) [2001] DO L 294/1 .... **348**
Reglamento (CE) 2201/2003 del Consejo, de 27 de noviembre de 2003, relativo a la competencia judicial, el reconocimiento y la ejecución de resoluciones judiciales en materia matrimonial y por responsabilidad parental, por el que se deroga el Reglamento (CE) 1347/2000 [2003] DO L 338/1 .... **189**
Reglamento (CEE) 492/2011 del Parlamento Europeo y del Consejo, de 5 de abril de 2011, relativo a la libre circulación de los trabajadores dentro de la Unión (Texto pertinente a efectos del EEE) [2011] DO L 141/1 .... **339**
Reglamento (CEE) 2137/85 del Consejo, de 25 de julio de 1985, relativo a la constitución de una agrupación europea de interés económico (AEIE) [1985] DO L 199/1 .... **348**
Reglamento (UE) 4/2009 del Consejo, de 18 de diciembre de 2008, relativo a la competencia, la ley aplicable, el reconocimiento y la ejecución de resoluciones y la cooperación en materia de obligaciones de alimentos [2009] DO L 7/1 .... **189**
Reglamento (UE) 524/2013 del Parlamento Europeo y del Consejo, de 21 de mayo de 2013, sobre resolución de litigios en línea en materia de consumo [2013] DO L 165/63 .... **467**
Reglamento (UE) 650/2012 del Parlamento Europeo y del Consejo, de 4 de julio de 2012, relativo a la competencia, la ley aplicable, el reconocimiento y la ejecución de las resoluciones, a la aceptación y la ejecución de los documentos públicos en materia de sucesiones mortis causa y a la creación de un certificado sucesorio europeo [2012] DO L 201/107 .... **125, 189, 608, 609**

Reglamento (UE) 1215/2012 del Parlamento Europeo y del Consejo, de 12 de diciembre, relativo a la competencia judicial, el reconocimiento y la ejecución de resoluciones judiciales en materia civil y mercantil [2012] DO L 351/1 ..... **126, 189, 192**

IRELAND[10]

Constitution
Liability for Defective Products Act 1991 ... **276**

MEXICO[11]

Constitución Política de los Estados Unidos Mexicanos (DOF 5.2.1917) (CPEUM) **32, 114, 115, 117, 118, 119, 120, 121, 122, 126, 127, 128, 131, 132, 188, 197, 198, 201, 204, 207, 210, 320, 321, 322, 331, 332, 335, 342, 350, 353, 355, 358, 417, 468**
Código Civil Federal (DOF 26.5.1928, 14.7.1928, 3.8.1928 y 31.8.1928) (CCF) .. **120, 210, 323, 327, 328, 329, 330, 351**
Código de Comercio (DOF 7.10.1889 a 13.12.1889) **119, 120, 347, 350, 424, 467, 468**
Código de Justicia Militar (DOF 31.8.1933) **331**
Código Federal de Procedimientos Civiles (DOF 24.2.1943) (CFPC) **191, 210, 243, 412, 470, 472–3, 474**
Código Federal de Procedimientos Penales (DOF 30.8.1934) **120, 417**
Código Nacional de Procedimientos Penales (DOF 5.5.2014) (CNPP) **120, 333, 417–20, 421**
Código Penal Federal (DOF 14.8.1931) (CPF) ... **35, 120, 332, 333, 336, 337, 471, 479**
Ley de ahorro y crédito popular (DOF 4.6.2001) **125**
Ley de Amparo, reglamentaria de los artículos 103 y 107 de la Constitución

---

[10] Irish legislation is available at <www.irishstatutebook.ie/home.html>.

[11] Se puede acceder a las normas federales mexicanas y a parte de las estatales en <http://www.diputados.gob.mx>. Las páginas webs oficiales de los distintos estados también suelen contener una sección normativa.

Política de los Estados Unidos Mexicanos
 (DOF 2.4.2013)..**204, 206, 210, 213, 410, 481**
Ley de concursos mercantiles (DOF
 12.5.2000)...**352**
Ley de extradición internacional (DOF
 29.12.1975)..**421**
Ley de migración (DOF 25.5.2011)..... **118, 342**
Ley de Nacionalidad (DOF 23.1.1998).......**342**
Ley de Protección al Usuario de Servicios
 Financieros (DOF 18.1.1999)..................**210**
Ley del servicio exterior mexicano (DOF
 4.1.1994)...**357**
Ley Federal contra la Delincuencia
 Organizada (DOF 7.11.1996)..................**332**
Ley Federal de Competencia Económica
 (DOF 23.5.2014) **210, 353**
Ley Federal de Protección al Consumidor
 de 24 de diciembre de 1992 (DOF
 24.12.1992).....................**137–40, 210, 468–9**
Ley Federal de Responsabilidad Ambiental
 (DOF 7.6.2013) **328**
Ley Federal de Responsabilidad Patrimonial
 del Estado (DOF 31.12.2004)..................**207**
Ley Federal del Trabajo (DOF 1.4.1970)...**121,
 210, 243, 328**
Ley Federal en Materia de Delitos
 Electorales (DOF 23.5.2014)...................**332**
Ley General de Equilibrio Ecológico y de
 Protección del Medio Ambiente (DOF
 28.1.1988)...**210**
Ley General de Población (DOF 7.1.1974).**342**
Ley General de Sociedades Cooperativas
 (DOF 3.8.1994) **352**
Ley General de Sociedades Mercantiles
 (DOF 4.8.1934) **351**
Ley Nacional de Mecanismos Alternativos
 de Solución de Controversias en Materia
 Penal (DOF, 29.12.2014).........................**332**
Ley Orgánica del Poder Judicial de la
 Federación (DOF 26.5.1995) (LOPJF)...**187,
 188, 193, 194, 210**
Ley Orgánica del Tribunal Federal de
 Justicia Fiscal y Administrativa (DOF
 6.12.2007)...**206**
Ley Orgánica de la Administración Pública
 Federal (DOF 29.12.1976) **132**
Ley Orgánica de la armada de México
 (DOF 30.12.2002) **118**
Ley Orgánica de la Procuraduría general de
 la República (DOF 29.5.2009) **30, 198**
Ley sobre la celebración de Tratados (DOF
 2.1.1992)...................................**131, 132, 355**
Ley sobre refugiados, protección
 complementaria y asilo político (DOF
 27.1.2011)...**342**

Reglamento de la Ley de aeropuertos (DOF
 17.2.2000)...**118**
Reglamento de la Ley de migración (DOF
 28.9.2012)...**342**
Reglamento de la Ley de nacionalidad
 (DOF 17.6.2009) **342**
Reglamento de la Ley general de población
 (DOF 14.4.2000) **342**
Constitución Política del Estado Libre
 y Soberano de Guerrero (CPELSG)
 (Periódicos Oficiales del Estado de
 Guerrero, 3.11.1917, 10.11.1917,
 17.11.1917 y 5.1.1918)............................**120**
Constitución Política del Estado de Jalisco
 (Periódico Oficial del Estado de Jalisco,
 21.7.1917, 25.7.1917, 28.7.1917,
 1.8.1917)...**117**
Código Civil para el Distrito Federal (DOF
 26.5.1928)...................................... **323, 483**
Código de Procedimientos Civiles para el
 Distrito Federal (DOF 1-21.09.1932)
 (CPCDF) **191, 196, 201, 202, 209,
 243, 409, 410–11, 412, 475, 485**
Código Penal para el Distrito Federal
 (GODF 16.7.2002) **332**
Ley del Tribunal de lo Contencioso-
 Administrativo del Distrito Federal (DOF
 19.12.1995)...**206**
Ley Orgánica del Tribunal Superior de
 Justicia del Distrito Federal (DOF
 7.2.1996)... **188, 193**
Ley Orgánica del Poder Judicial del Estado
 de Sonora (DO 12.12.1996).....................**188**

NEW ZEALAND[12]

Accident Compensation Act 2001...............**276**
New Zealand Bill of Rights Act 1990, s 4.....**95,
 266**

PUERTO RICO

Código Penal de 18 de junio de 2004...........**337**

---

[12] New Zealand legislation is available at <www.legislation.govt.nz/>.

SPAIN[13]

Constitución española, de 28 de diciembre de 1978 (BOE 29.12.1978) (CE)...... **114, 115, 116–7, 123, 127, 131, 132–3, 187, 194, 198, 199, 201, 209, 243, 318, 319, 320, 324–5, 328, 331, 335, 338–9, 340, 341, 348, 349, 350, 356, 404, 405, 406, 408, 409, 416, 467, 469**
Ley Orgánica 1/1996, de 15 de enero, de protección jurídica del menor, de modificación parcial del Código civil y de la Ley de enjuiciamiento civil (BOE 17.1.1996)... **199, 415**
Ley Orgánica 1/2014, de 13 de marzo, de modificación de la Ley Orgánica 6/1985, de 1 de julio, del Poder Judicial, relativa a la justicia universal (BOE 14.3.2014)....... **190**
Ley Orgánica 2/1979, de 3 de octubre, del Tribunal Constitucional (BOE 5.10.1979).............................. **127, 135, 194**
Ley Orgánica 2/1980, de 18 de enero, sobre regulación de las distintas modalidades de referéndum (BOE 23.1.1980).................... **318**
Ley Orgánica 4/1987, de 15 de julio, de la Competencia y Organización de la Jurisdicción Militar (BOE 18.7.1987)...... **192**
Ley Orgánica 4/2000, de 11 de enero, sobre derechos y libertades de los extranjeros en España y su integración social (BOE 12.1.2000)............... **116, 126, 138**
Ley Orgánica 4/2013, de 28 de junio, de reforma del Consejo General del Poder Judicial, por la que se modifica la Ley Orgánica 6/1985, de 1 de julio, del Poder Judicial (BOE 29.6.2013).............. **187, 342, 349, 467**
Ley Orgánica 5/1985, de 19 de junio, del Régimen Electoral General (BOE 20.6.1985)... **331**
Ley Orgánica 5/1995, de 22 de mayo, del Tribunal del Jurado (BOE 23.5.1995)...... **193**
Ley Orgánica 5/2000, de 12 de enero, reguladora de la responsabilidad penal del menor (BOE 13.1.2000).................... **331, 413**
Ley Orgánica 6/1985, de 1 de julio, del Poder Judicial (BOE 2.7.1985) (LOPJ).... **187**
Ley Orgánica 7/2015, de 21 de julio, por la que se modifica la Ley Orgánica 6/1985, de 1 de julio, del Poder Judicial (BOE 22.7.2015).................................**194, 403–4**
Ley Orgánica 10/1995 del Código Penal español (BOE 24.11.1995)........**119, 197, 479**
Ley Orgánica 12/1995, de 12 de diciembre, de represión del contrabando (BOE 13.12.1995)..**331**
Ley Orgánica 13/1985, de 9 de diciembre, de Código Penal Militar (BOE 11.12.1985)..**331**
Ley Orgánica 16/1984, de 19 de julio, reguladora del proceso de *habeas corpus* (BOE 26.5.1984)................................**198**
Ley Orgánica 18/2003, de 10 de diciembre, de cooperación con la Corte Penal Internacional (BOE 11.12.2003)..............**194**
Ley 1/1996, de 10 de enero, de asistencia jurídica gratuita (BOE 12.1.1996).... **199, 415**
Ley 1/2000, de 7 de enero de enjuiciamiento civil (BOE 8.1.2000) (LEC) **119, 404**
Ley 4/1985, de 21 de marzo, de extradición pasiva (BOE 26.3.1985)........................**414**
Ley 4/1987, de 15 de julio, de competencia y organización de la jurisdicción militar (BOE 18.7.1987)...............................**192**
Ley 5/2012, de 6 de julio, de mediación en asuntos civiles y mercantiles (BOE 7.7.2012).. **201, 467**
Ley 5/2015, de 27 de abril, de modificación de la LECRIM (BOE 28.4.2015)............**416**
Ley 7/1985, de 2 de abril, reguladora de las bases del régimen local (BOE 3.4.1985)...**116**
Ley 7/1998, de 13 de abril, de condiciones generales de la contratación (BOE 14.4.1998)... **137–8**
Ley 11/2007, de 22 de junio, de acceso electrónico de los ciudadanos a los servicios públicos (BOE 23.6.2007).........**468**
Ley 14/2013, de 27 de septiembre, de apoyo a los emprendedores y su internacionalización (BOE 28.9.2013)....**342, 349**
Ley 15/2015, de 2 de julio, de Jurisdicción Voluntaria (BOE 3.7.2015)........**201, 404, 468**
Ley 18/2011, de 5 de julio, reguladora del uso de las tecnologías de la información y la comunicación en la Administración de Justicia (BOE 6.7.2011)........................**553**
Ley 22/2003, de 9 de julio, concursal (BOE 10.7.2003)..............................**119, 469, 555**
Ley 25/2014, de 27 de noviembre, de Tratados y otros Acuerdos Internacionales (BOE 28.11.2014).. **130, 355, 356, 357**
Ley 26/1984, de 19 de julio, general para la

---

[13] Véase (n 2). En Noticias Jurídicas <http://noticias.juridicas.com/> es posible obtener información legislativa actualizada.

defensa de los consumidores y usuarios (BOE 24.7.1984)......................................**138**

Ley 29/1998, de 13 de julio, reguladora de la Jurisdicción Contencioso-Administrativa (BOE 14.7.1998)......................................**191**

Ley 29/2015, de 30 de julio, de cooperación jurídica internacional en materia civil (BOE 31.7.2015).............................. **404, 405**

Ley 34/2006, de 30 de octubre, sobre el acceso a las profesiones de abogado y procurador de los tribunales (BOE 31.8.2006)...**31**

Ley 36/2011, de 10 de octubre, reguladora de la Jurisdicción Social (BOE 11.10.2011)...................................... **191, 468**

Ley 40/1979, de 10 de diciembre, sobre régimen jurídico de control de cambios (BOE 13.12.1979)......................................**331**

Ley 60/2003, de 23 de diciembre, de Arbitraje (BOE 36.12.2003)...... **422, 424, 467**

Proyecto de Ley Orgánica sobre privilegios e inmunidades de los Estados extranjeros, las Organizaciones Internacionales con sede u oficina en España y las Conferencias y Reuniones internacionales celebradas en España (BOCG Serie A 10.8.2015)..**358**

Real Decreto de 3 de febrero de 1881, de promulgación de la Ley de Enjuiciamiento Civil (Gaceta 5.2.1881)..................... **404, 467**

Real Decreto de 14 de septiembre de 1882, aprobatorio de la Ley de enjuiciamiento criminal (Gaceta 17.9.1882) (LECRIM)............... **119, 191, 255**

Real Decreto de 22 de agosto de 1885, por el que se publica el Código de Comercio (Gaceta 16.10.1885)......................... **119, 347**

Real Decreto de 24 de julio de 1889, por el que se publica el Código Civil (Gaceta 25.7.1889) (CC)...............................**119**

Real Decreto Legislativo 1/2007, de 16 de noviembre, por el que se aprueba el texto refundido de la Ley general para la defensa de los consumidores y usuarios y otras leyes complementarias (BOE 20.11.2007)...................................... **116, 210**

Real Decreto Legislativo 1/2010, de 2 de julio, por el que se aprueba el texto refundido de la Ley de sociedades de capital (BOE 3.7.2010)..................... **119, 347**

Real Decreto Legislativo 781/1986, de 18 de abril, por el que se aprueba el Texto Refundido de las disposiciones legales vigentes en materia de régimen local (BOE 22.4.1986)..**116**

Real Decreto 99/2011, de 28 de enero, por el que se regulan las enseñanzas oficiales de doctorado (BOE 10.2.2011)......................**247**

Real Decreto 103/2014, de 21 de febrero, por el que se adaptan determinadas normas en el ámbito del derecho de establecimiento y de la libre prestación de servicios, con motivo de la adhesión de la República de Croacia, y por el que se modifican determinadas normas relativas al reconocimiento de cualificaciones profesionales (BOE 10.3.2014)..................**32**

Real Decreto 150/2014, de 7 de marzo, por el que se modifica el Reglamento de la Ley 34/2006, de 30 de octubre, sobre el acceso a las profesiones de Abogado y Procurador de los Tribunales, aprobado por el Real Decreto 775/2011, de 3 de junio (BOE 8.3.2014)Real Decreto 160/1997, de 7 de febrero, por el que se aprueban los Estatutos de la Comisión General de Codificación (BOE 27.2.1997)...**31**

Real Decreto 231/2008, de 15 de febrero, por el que se regula el sistema arbitral de consumo (BOE 25.2.2008)............... **202, 468**

Real Decreto 557/2011, de 20 de abril, por el que se aprueba el Reglamento de la Ley Orgánica 4/2000, sobre derechos y libertades de los extranjeros en España y su integración social, tras su reforma por Ley Orgánica 2/2009 (BOE 30.4.2011) **116**

Real Decreto 658/2001, de 22 de junio, por el que se aprueba el Estatuto General de la Abogacía Española (BOE 10.7.2001) **34**

Real Decreto 775/2011, de 3 de junio, por el que se aprueba el Reglamento de la Ley 34/2006, de 30 de octubre, sobre el acceso a las profesiones de Abogado y Procurador de los Tribunales (BOE 16.6.2011)...**31**

Real Decreto 967/2014, de 21 de noviembre, por el que se establecen los requisitos y el procedimiento para la homologación y declaración de equivalencia a titulación y a nivel académico universitario oficial y para la convalidación de estudios extranjeros de educación superior, y el procedimiento para determinar la correspondencia a los niveles del marco español de cualificaciones para la educación superior de los títulos oficiales de Arquitecto, Ingeniero, Licenciado, Arquitecto Técnico, Ingeniero Técnico y Diplomado (BOE 22.11.2014)...................**32**

Real Decreto 1062/1988, de 16 de septiembre, por el que se modifica el Real Decreto 607/1986, de 21 de marzo, de desarrollo de la Directiva del Consejo de las Comunidades Europeas de 22 de marzo de 1977, encaminada a facilitar el ejercicio efectivo de la libre prestación de servicios por los Abogados (BOE 21.9.1998)...**32**

Real Decreto 1467/2007, de 2 de noviembre, por el que se establece la estructura del bachillerato y se fijan sus enseñanzas mínimas (BOE 6.11.2007) **116**

Real Decreto 1837/2008, de 8 de noviembre, por el que se incorporan al ordenamiento jurídico español la Directiva 2005/36/CE, del Parlamento Europeo y del Consejo, de 7 de septiembre de 2005, y la Directiva 2006/100/CE, del Consejo, de 20 de noviembre de 2006, relativas al reconocimiento de cualificaciones profesionales, así como a determinados aspectos del ejercicio de la profesión de abogado (BOE 20.11.2008) **32**

Real Decreto-ley 11/2012, de 30 de marzo, de medidas para agilizar el pago de las ayudas a los damnificados por el terremoto, reconstruir los inmuebles demolidos e impulsar la actividad económica de Lorca (BOE 31.3.2012) **116**

Reglamento 2/1995, de 7 de junio, de la Escuela Judicial (BOE 13.7.1995)............**192**

Decreto 416/2008 por el que se establece la ordenación y las enseñanzas correspondientes al bachillerato en Andalucía (BOJA 149, 28.7.2008) **116**

Ley 9/2009 reguladora de los Concejos Abiertos (BOA 30.12.2009 y BOE 4.2.2010)..**116**

Decreto Legislativo 1/2011, de 22 de marzo, del Gobierno de Aragón, por el que se aprueba el 'Código del Derecho Foral de Aragón' (BOA 29.3.2011) **323**

Ley 2/2006, de 14 de junio, de derecho civil de Galicia (BOE 11.8.2006).....................**323**

Ley 5/2005, de 25 de abril, reguladora del recurso de casación en materia de derecho civil de Galicia (DOG 18.5.2005) **404**

Ley 13/1989, de 10 de octubre, de montes vecinales en mano común (DOG 20.10.1989 y BOE 9.2.1990) **116**

Decreto Legislativo 79/1990, de 6 de septiembre, por el que se aprueba el Texto Refundido de la Compilación del Derecho Civil de las Islas Baleares (BOIB 2.10.1990)...**323**

Ley 1/1973, de 1 de marzo, por la que se aprueba la Compilación del Derecho Civil Foral de Navarra (BOE 7.3.1973) **323**

Ley 3/1992, de 1 de julio, del Parlamento Vasco, del Derecho Civil Foral del País Vasco (BOE 15.2.2012) **323**

Acuerdo de 28 de abril de 2011, del Pleno del Consejo General del Poder Judicial, por el que se aprueba el Reglamento 2/2011, de 28 de abril, de la Carrera Judicial (BOE 9.5.2011)..........................**192**

UNITED STATES[14]

US Constitution................**41, 90, 92, 99, 105–7, 109, 145, 147, 266, 267–8, 271, 272, 286, 287–8, 290–91, 297, 303, 386, 387–8, 638, 639**

Alternative Dispute Resolution Act of 1998, Public L No 105-315, 112 Stat 2993, 2994 (codified at 28 USC ss 651-58 (2013))......**437**

Foreign Corrupt Practices Act, Public Law No 95-213, 91 Stat 1494 (1977) (codified as amended in scattered sections of title 15 of the United States Code)...**59, 85, 500, 520**

Immigration and Nationality Act, Pub L No 82-414, 66 Stat 163 (1952) (codified as amended at 8 CFR s 207.2(c))..........**288, 343**

5 USC ss 551-58..**148**
8 USC ss 1101-537 ....**288**
9 USC ss 1–307...**395**
15 USC ss 1-58..**297**
17 USC s 506 ....**282**
18 USC s 111 ....**282**
18 USC s 1963...**285**

---

[14] US federal legislation since 1973 is available on the US government website. See Legislation (The US Congress) <http://beta.congress.gov/legislation>. More complete information is available from a site hosted by Cornell University. See Cornell University <www.law.cornell.edu/uscode/text>. Other federal materials are available at United States Code (Office of the Law Revision Counsel) <http://uscode.house.gov/> and US e-CFR (Government Printing Office) <www.ecfr.gov/cgi-bin/ECFR?page=browse>. Most state governments make state statutes and regulations available through their websites.

22 USC s 2370..306
22 USC s 254b..305
28 USC s 652 437
28 USC s 1332..147
28 USC s 1441..145
28 USC s 1447.................................... 145, 146
28 USC ss 1602-11 306
28 USC s 1782..372
28 USC s 1827..375
28 USC ss 2072-74 93
Federal Rules of Civil Procedure[15] 93, 148,
    158, 370–71, 372, 380, 382, 384,
    437, 440, 442, 444
Federal Rules of Criminal Procedure[16] 93,
    148, 384, 388, 442
Federal Rules of Evidence[17] 93, 98, 148,
    371, 375, 378, 384, 388
California Constitution.................................92
Texas Constitution 92, 93, 95
California Civil Procedure Code.................147
Delaware Limited Liability Company Act....98
New York Civil Practice Law and Rules 147
Utah Code Annotated 147

VENEZUELA[18]

Constitución de la República Bolivariana
    de Venezuela de 1999 (Gaceta Oficial
    30.12.1999)..317

INTERNATIONAL[19]

Agreement Relating to the Headquarters
    of the United Nations, 26 June 1947, 11
    UNTS 11..317
Convención Americana de Derechos
    Humanos, hecha en San José, Costa
    Rica, 7-22 de noviembre de 1969 (DOF
    7.5.1981)...317
Convención de Ginebra sobre el Estatuto de
    los Refugiados, GA Res 428 (V) (28 July
    1951), UN Doc A/5/20, 189 UNTS 150...207
Convención de Naciones Unidas contra
    el tráfico ilícito de estupefacientes y
    sustancias psicotrópicas, hecha en Viena
    el 20 de diciembre de 1988, 1582 UNTS 95
    (BOE 10.11.1990)....................................190
Convención de Naciones Unidas sobre
    el derecho del mar, hecha en Montego
    Bay el 10 de diciembre de 1982 (BOE
    14.2.1997), 1833 UNTS 3 190
Convención de Naciones Unidas sobre el
    derecho de los tratados entre Estados y
    Organizaciones internacionales o entre
    Organizaciones internacionales, hecha en
    Viena el 21 de marzo de 1986, Doc. A/
    CONF.129/15..356
Convención de Naciones Unidas sobre el
    derecho de los tratados, hecha en Viena el
    23 de mayo de 1969, 1155 UNTS 331......356
Convención de Naciones Unidas sobre
    el reconocimiento y la ejecución de las
    sentencias arbitrales extranjeras, abierto a
    la firma el 10 de junio de 1958, 330 UNTS
    38 395
Convención de Naciones Unidas contra la
    delincuencia organizada internacional,
    hecha en Nueva York el 15 de noviembre
    de 2000, adoptada por Resolución A/
    RES/55/25 de 15 de noviembre de 2000 en
    la 55a sesión de la Asamblea General de
    las Naciones Unidas (BOE 29.9.2003).....190
Convención de Naciones Unidas sobre
    la protección de los derechos de todos
    los trabajadores migratorios y de sus
    familiares, hecha en Nueva York el 18 de
    diciembre de 1990, 2220 UNTS 3 345
Convención de las Naciones Unidas sobre
    las inmunidades jurisdiccionales de los

---

[15] The Federal Rules of Civil Procedure are a rule of court, rather than legislation. The Rules are available on (US Courts) <www.uscourts.gov/uscourts/rules/civil-procedure.pdf>.

[16] The Federal Rules of Criminal Procedure are a rule of court, rather than legislation. The Rules are available on (US Courts) <www.uscourts.gov/uscourts/rules/criminal-procedure.pdf>.

[17] The Federal Rules of Evidence are a rule of court, rather than legislation. The Rules are available on (US Courts) <http://www.uscourts.gov/uscourts/rules/rules-evidence.pdf>.

[18] La legislación de la República Bolivariana de Venezuela se puede consultar en <www.tsj.gob.ve/gaceta-oficial>.

[19] Los textos generados por la OEA están accesibles en <http://www.oas.org> y los de CNUDMI en <http://www.uncitral.org>.

Estados y de sus bienes, Resolución de la Asamblea General 59/38, anexo (2 diciembre 2004) 357
Convención de Naciones Unidas sobre los contratos de compraventa internacional de mercaderías, hecha en Viena el 11 de abril de 1980, 1489 UNTS 3 (This is only in the English section) 273
Convención de Naciones Unidas sobre los derechos del niño, hecha en Nueva York el 20 de diciembre de 1989, 1577 UNTS 3 333
Convención de Naciones Unidas sobre Prerrogativas e Inmunidades, 13 febrero 1946, 1 UNTS 15 357
Convención de Viena sobre relaciones consulares, abierta a la firma el 24 de abril de 1963, 596 UNTS 26 357
Convención de Viena sobre relaciones diplomáticas, abierta a la firma el 18 de abril de 1961, 500 UNTS 95 357
Convención interamericana sobre arbitraje comercial internacional, hecha en Panamá el 30 de enero de 1975 405–6
Convención interamericana sobre competencia en la Esfera Internacional para la Eficacia Extraterritorial de las Sentencias Extranjeras, hecha en Montevideo el 8 de mayo de 1979 (DOF 28.8.1987) 192
Convención interamericana sobre eficacia extraterritorial de las sentencias y laudos arbitrales extranjeros, hecha en Montevideo el 8 de mayo de 1979 (DOF 20.8.1987) 424–5
Convención interamericana sobre exhortos o cartas rogatorias, hecha en Panamá el 30 de enero de 1975 405–6
Convenio de La Haya sobre la notificación o traslado en el extranjero de documentos judiciales y extrajudiciales en materia civil y mercantil, abierto a la firma el 15 de noviembre 1965, 658 UNTS 163 405
Convenio de La Haya sobre obtención de pruebas en el extranjero en materia civil y mercantil, abierto a la firma el 18 de marzo de 1970, 847 UNTS 231 405
Convenio europeo sobre arbitraje comercial internacional, hecho en Ginebra el 21 de abril de 1961 (BOE 4.10.1975) 425
Convenio internacional sobre la constitución de un fondo internacional de indemnización de daños debidos a contaminación por hidrocarburos, hecho en Bruselas el BOE 4.10.1975, 1956 UNTS 255 329
Convenio internacional sobre responsabilidad civil nacida de daños debidos a contaminación por hidrocarburos, hecho en Bruselas el 29 de noviembre de 1969, 973 UNTS 3 329
Convenio OIT No 182 sobre la prohibición de las peores formas de trabajo infantil y la acción inmediata para su eliminación, hecho en Ginebra el 17 de junio de 1999 353
Convention on the Privileges and Immunities of the United Nations, 13 February 1946 305
Convention on the Service Abroad of Judicial and Extrajudicial Documents in Civil or Commercial Matters, opened for signature 15 November 1965 372
Convention on the Settlement of Investment Disputes Between States and Nationals of Other States, opened for signature 18 March 1965 396
Convention on the Taking of Evidence Abroad in Civil or Commercial Matters, opened for signature 18 March 1970 372
Convenio para la protección de los derechos humanos y las libertades fundamentales, hecho en Roma el 4 de noviembre de 1950, 213 UNTS 221 Convenio relativo a la supresión gradual de las fronteras comunes, hecho en Schengen el 19 junio 1990, ILM (1991) 68 168, 445 194
Convenio sobre acuerdos de elección de foro, hecho en La Haya el 30 de junio de 2005 [2009] DO L 133/1, Conferencia de la Haya 189–90
Convenio sobre arreglo de diferencias relativas a inversiones entre Estados y nacionales de otros Estados, abierto a la firma el 18 de marzo de 1965, 575 UNTS 159 425
Convenio sobre aspectos civiles de la sustracción internacional de menores, hecha en La Haya el 25 de octubre de 1980 (BOE 24.8.1987) 130
Convenio sobre la ley aplicable a las obligaciones contractuales, abierto a la firma el 19 de junio de 1980, 1605 UNTS 80 324
Convention on the Law Applicable to Contractual Obligations 1980, opened for signature 19 June 1980 274
Estatuto del Tribunal Internacional de Justicia, aprobado en la Conferencia de San Francisco de 6 de junio de 1945 (BOE 16.11.1990), 188 UNTS 137 195

Estatuto de la Corte Penal Internacional, aprobado en Roma el 17 de julio de 1998 (BOE 27.5.2002), 2187 UNTS 3 ....**194**

European Convention for the Protection of Human Rights and Fundamental Freedoms (European Convention on Human Rights), opened for signature 4 November 1950............**94, 97, 149, 235, 303, 389, 638**

Pacto Internacional de Derechos Civiles y Políticos, hecho en Nueva York el 19 de diciembre de 1966, 999 UNTS 171 ....**200**

Naciones Unidas contra el tráfico ilícito de migrantes por tierra, mar y aire, hecho en Nueva York el 15 de noviembre de 2000, 2241 UNTS 507 (BOE 10.12.2003)...**190**

Protocolo sobre el estatuto de los refugiados, hecho en Nueva York el 31 de enero de 1967, 606 UNTS 267.................**340**

Tratado para la Constitución de un Mercado Común, hecho en Asunción el 26 de marzo de 1991, ILM (1991) 1041 ...**317**

United Nations Convention on Contracts for the International Sales of Goods, opened for signature 11 April 1980, 1489 UNTS 3.. **273, 294**

United Nations Convention on Jurisdictional Immunities of States and Their Property, General Assembly Resolution 59/38, annex (2 December 2004) **305**

United Nations Convention on the Recognition and Enforcement of Foreign Arbitral Awards, opened for signature 10 June 1958, 330 UNTS 38..........**104, 302, 395**

United Nations Convention on the Settlement of Investment Disputes Between States and Nationals of Other States, opened for signature 18 March 1965, 575 UNTS 159 ....**396**

United Nations Convention on the Status of Refugees, opened for signature 28 July 1951, 189 UNTS 150 ....**293**

Vienna Convention on Consular Relations, opened for signature 24 April 1963, 596 UNTS 261.. **304, 305**

Vienna Convention on Diplomatic Relations, opened for signature 18 April 1961, 500 UNTS 95.................................**305**

PART I

INTRODUCTION

SECCIÓN I

INTRODUCCIÓN

1. Introduction – Introducción

The English text in this book is normally meant to be read by those for whom English is a second language. However, the English version of this introductory chapter is suitable for those who work (or will work) primarily in English-speaking jurisdictions as well as those who work (or will work) primarily in Spanish-speaking jurisdictions. Readers who want to test their Spanish language skills can read the introductory text beginning on page 10.

Normalmente, el texto inglés en este libro es para quienes hablan inglés como segundo idioma. Sin embargo, la versión en inglés de este capítulo introductorio es adecuado para los lectores que trabajan -o trabajarán- fundamentalmente en jurisdicciones angloparlantes y también para los lectores que trabajan -o trabajarán- fundamentalmente en jurisdicciones hispanoparlantes. Los lectores que deseen poner a prueba sus conocimientos de español pueden leer el texto introductorio que empieza en la página 10.

1.I INTRODUCTION

1.I.1 Introduction

At one time, the only lawyers who needed foreign language skills were those working in either international or comparative law. Most practitioners and academics did not need to be bilingual because most legal systems operated within a culturally and linguistically homogenous region.[1]

Although many lawyers still work only in their native languages, globalization has created an increasing need for lawyers who can communicate in a second language.[2] This change is apparent even in fields that were previously considered entirely domestic in scope. Criminal law, commercial law, family law, corporate law – every one of these specialties now incorporate international elements and can involve clients who speak languages other than that of the forum state.

---

[1] Although some countries, such as Canada, have more than one official language, it is possible for lawyers to operate monolinguistically even in those jurisdictions.

[2] An increasing number of authorities have discussed the need for and education of bilingual lawyers. See Vivian Grosswald Curran, 'Comparative Law and Language' in Mathias Reimann and Reinhard Zimmermann (eds), *The Oxford Handbook of Comparative Law* (Oxford University Press 2008) 675 (hereinafter Curran, 'Comparative Law and Language'); Vivian Grosswald Curran, 'The Role of Foreign Language in Preparing Lawyers for Transnational Challenges' (2005) 779 Penn St Intl L Rev 23 (hereinafter Curran, 'The Role of Foreign Language'); Jayesh M Rathod, 'The Transformative Potential of Attorney Bilingualism' (2013) 46 U Mich J L Reform 863; Symposium, 'Educating Future Transnational Lawyers' 61 J Legal Educ 449; Peer Zumbansen, 'What Lies Before, Behind and Beneath a Case? Five Minutes on Transnational Lawyering and the Consequences for Legal Education' (2013) Osgoode CPLE Research Paper <http://papers.ssrn.com/sol3/papers.cfm?abstract_id=2370428>.

Some lawyers or law students might think that conversational fluency is enough to work in a second language, particularly if they have a good bilingual legal dictionary to hand.[3] In fact, nothing could be more dangerous. Law is more than a set of words – it is intimately bound up in a cultural and legal context, and a person who attempts to provide legal counsel across linguistic borders must understand more than just the relevant language. Instead, that person must understand how those words are being interpreted within the foreign legal system.[4]

One of the best examples of this kind of confusion involves the English term '**notary**', which is translated into Spanish as 'notario'. Notarios in Spanish-speaking jurisdictions are important public officials who are often legally trained (though not lawyers per se) and who are responsible for undertaking specific and often complicated procedures involving the sale and purchase of real estate and the creation of wills.[5] A notary (often called a **notary public**) in an English-speaking jurisdiction fulfils a very different function and often operates as a low-level functionary who undertakes ministerial tasks primarily relating to the confirmation of the identity of a person signing a document. Although a notary may also be a lawyer, many are not.

Further analysis shows that the meaning of the term 'notary' can vary significantly within the English-speaking world. For example, notaries in England undertake a much wider range of duties than notaries in the United States. Differences between the two functionaries are apparent from each country's requirements for qualification: whereas English notaries must undertake a two-year training course in addition to either having a law degree or qualifications as a lawyer, notaries in the US do not need any sort of degree, let alone a law degree, and can become a notary after as little as three hours of training.

Mistranslation of the terms 'notary' and 'notario' can lead to significant problems in practice[6] and illustrates the need for bilingual lawyers to go beyond the literal meaning of a particular term. This example also demonstrates a second kind of problem, namely the differences that arise within a single language. England and the US use notaries in different ways, and a bilingual lawyer needs to be aware of these distinctions so that he or she can provide proper legal advice.

It can be extremely difficult for lawyers to appreciate how widely a particular legal term

---

[3] There are a number of excellent Spanish–English legal dictionaries on the market. However, parties and practitioners should be careful when choosing which dictionary to use, since not all dictionaries are appropriate for all uses. See Sergio D Stone, 'A Study of Dictionaries in US and Latin American Courts' (August 2007) 36 Colo Law 115 (analysing strengths of various dictionaries), available at <www.aallnet.org/chapter/coall/pubs/lrc/lrc0807.pdf>.

[4] See Vivian Grosswald Curran, 'Cultural Immersion, Difference and Categories in US Comparative Law' (1998) 46 Am J Comp L 43 (hereinafter Curran, 'Cultural Immersion'); Vivian Grosswald Curran, 'Developing and Teaching a Foreign-Language Course for Law Students' (1993) 43 J Legal Educ 598 (hereinafter Curran, 'Developing and Teaching'); Zumbansen (n 2).

[5] See Clifford J Hendel, 'Doing Business in Spain, Including Selecting and Managing Legal Counsel' (Spring 2011) 24 Intl Law Practicum 38.

[6] These types of problems are so widespread that the Secretary of State for the US state of Texas (which lies along the US-Mexican border and which sees a great deal of cross-border commerce) has a webpage specifically warning people about the differences between the two functionaries. See Texas Secretary of State, 'Lost in Translation' (Texas Secretary of State) <www.sos.state.tx.us/statdoc/notariopublicoarticle.shtml>.

can vary even within the same language tradition. For example, most English-speaking lawyers do not know that the term 'judicial review' means different things in England and the US,[7] and it somehow seems inappropriate to expect a Spanish-speaking lawyer, working in his or her second language, to be able to appreciate the distinction between the two usages. However, the reality of modern practice is that bilingual lawyers are typically asked to handle any matter that involves their second language. Although such lawyers may obtain special expertise in one particular jurisdiction, polyglot lawyers must be aware of the legal and linguistic nuances in a variety of countries.

While it would be useful to have a book that compared the legal terms and practices of all Spanish-speaking jurisdictions with all English-speaking jurisdictions on a comprehensive basis, such a study is not really feasible, given the vast number of countries that use Spanish or English as their official or primary language.[8] Nevertheless, it is possible to discuss some of the more common principles and practices that appear in several of the key Spanish- and English-speaking jurisdictions around the world so as to help readers acquire bilingual legal skills and improve their understanding of foreign legal terms and practices. Once they have this foundation, readers are in a position to develop their understanding of particular legal specialties or geographic regions.

Substantively, this book is wide-ranging and includes materials (such as those relating to legal authorities) that are common to all areas of law as well as chapters focusing on specific practice areas. In so doing, the text attempts to provide a firm foundation for readers in a variety of legal disciplines. Geographically, the text focuses on the largest or most culturally influential nations in the two language traditions, although the discussion will include occasional references to other legal systems. Thus, the major English-speaking jurisdictions will be England, known as the birthplace of the common law legal tradition,[9] and the US.[10] The primary Spanish-speaking jurisdictions will be Spain[11] and Mexico.[12]

---

[7] See Ch 3.1.2.

[8] More than 25 countries or dependencies use Spanish as their primary or official language, while nearly 90 countries and dependent territories use English as their primary or official language.

[9] England is a constituent jurisdiction within the United Kingdom of Great Britain and Northern Ireland. The UK embraces a number of common law jurisdictions as well as one civil law jurisdiction (Scotland). Although the law of England and the law of the UK are sometimes the same, sometimes the two differ. This book will concentrate on the law of England rather than the law of the UK because England is the birthplace of the common law tradition and the region within the UK that conducts the most international business.

[10] The US is a federalized legal system that embraces 50 individual states as well as several dependent territories, including one Spanish-speaking jurisdiction (Puerto Rico). Much of the substantive law of the US, particularly that relating to contract and torts (ie, non-contractual obligations), is governed at the individual state level rather than at the federal level. However, there are a number of common principles that apply across the US which allow a certain amount of generalization. Throughout this book, readers should take care to consider whether a particular question of law is governed by US state or federal law. In cases involving state law, the question of which state is important, since the underlying legal principles can vary somewhat.

[11] Spain has been chosen as a key jurisdiction for obvious historical reasons. It should be noted that Spain is a multijurisdictional state that not only encompasses several languages but also various sorts of rights. However, this book is written at a relatively high level of generality, which justifies references to 'Spanish law'.

[12] Mexico's geographical position makes it an interesting venue for lawyers working in both Spanish and English. It should be noted that Mexico is also a federal state, with legislative power

Although this book encourages readers to acquire a better understanding of foreign laws and legal systems, readers should never attempt to provide legal advice based on foreign law. Not only would such advice likely be deficient as a matter of substance, it would likely violate most rules of professional ethics. However, lawyers in one jurisdiction are allowed to provide advice about their home system to a client who speaks another language or work with **local counsel** in another nation. In the latter two examples, the bilingual lawyer is not breaching any ethical rules, even though he or she is working over the linguistic barrier.

Eventually, some readers may become sufficiently fluent in their second language that they can qualify as lawyers in another jurisdiction or register as a foreign lawyer working in another country. To learn more about those procedures, check with the entity regulating the legal profession in the country in question.

1.I.2 Structure

The best way to learn a language, including legal language, is in context. Therefore, each chapter of this book is broken into two sections: an English text written for Spanish-speaking lawyers and a Spanish text written for English-speaking lawyers. This approach not only requires readers to practice their standard (non-legal) language skills, it also demonstrates how legal terms and principles are actually used in practice. The text is written in such a way that most readers should be able to pick up the meaning of various legal terms by seeing how those terms are used in context.[13]

Although the Spanish and English texts contain similar material, each section is tailored to the needs of a reader who is coming from one legal tradition (either the **common law** or **civil law**) and trying to understand the other legal tradition. This sort of linguistic and comparative analysis can be challenging, particularly for those who are just learning to work bilingually, so the first eight chapters of the book include a short summary of the primary principles in mirror (identical) text. These bilingual summaries are intended to help readers confirm their understanding of the material described in that particular chapter and double-check their legal translation skills.

Readers should begin with the text in their second language, since that material is tailored to their particular substantive needs. That approach also maximizes language-acquisition skills. However, readers can obtain significant additional benefits from reviewing the text in their original language, beginning with Chapter 4.[14] Not only will

---

divided between the states and the federal government. However, as noted previously, the level of generality of this book makes reference to 'Mexican law' sufficient. When considering the law of Spanish-speaking countries, it is important to understand that significant differences can arise between the law and practice of different nations. Indeed, some comparativists have suggested that Latin America should be considered its own legal family. Diego P Fernández Arroyo, 'Sobre la existencia de una familia jurídica Latinoamericana' (1994) 27 Anuario jurídico y económico escurialense 73.

[13] Readers can supplement their understanding through recourse to one of the excellent English–Spanish/Spanish–English legal dictionaries that are currently on the market. See Stone (n 3) 115–20 (describing characteristics of various English–Spanish/Spanish–English legal dictionaries).

[14] Chapters 1–3 do not contain many differences between the English and Spanish sections.

this additional reading reinforce readers' understanding of the underlying concepts, it will also provide key insights into how one's home system looks to an outsider.

Although readers may be tempted to jump straight to the section that interests them most, the best way to use this book is in sequential order so as to gain a deeper understanding of key foundational principles. For example, Part I provides readers with key background information regarding the legal, business and social cultures of the relevant jurisdictions. This material will help readers avoid the kind of innocent mistakes that can injure professional relationships between co-workers or between client and counsel.

Part II moves from cultural issues to fundamental legal principles relating to the identification, use and interpretation of relevant sources of law. Although differences between the common law and civil law legal traditions are narrowing, bilingual lawyers still need to understand how different jurisdictions conceptualize and approach the law. Chapter 3 provides an initial overview of this issue by describing various types of legal authorities and how such materials are interpreted and applied in the two legal traditions. The following chapters then go into greater detail about each type of authority. Thus, Chapter 4 discusses various kinds of legislative materials, including constitutions, statutes and regulatory material, while Chapter 5 considers decisions from judicial and other tribunals. Chapter 6 concludes Part II by describing the use of treatises and scholarly commentary in different countries. Each of these chapters provides excerpts from real legal authorities so as to demonstrate how various materials are to be read, used and interpreted in each language tradition and to illustrate a number of significant differences both between and within various Spanish- and English-speaking jurisdictions. Each chapter also includes a self-test to evaluate and reinforce readers' language acquisition skills.

Part III introduces a number of subject-specific concerns. Several types of substantive law are discussed in Chapter 7, not as a means of providing a comprehensive understanding of each of the various areas of law but instead as a way of introducing key concepts and vocabulary. The intent here is to provide readers with a strong foundation from which they can begin their own individual research. Chapter 8 considers various types of procedural law, including civil procedure, criminal procedure and arbitral procedure. Arbitral procedure is an area of particular interest to bilingual practitioners, given the popularity of international commercial and investment arbitration.

Part IV moves from doctrinal issues to practical concerns. Thus, Chapter 9 considers how to formulate submissions to judicial, arbitral and other tribunals, while Chapter 10 discusses how to draft various sorts of transactional documents. Chapter 11 provides similar information on how to write internal and external correspondence and memoranda. These chapters provide critical information regarding local practices so as to help bilingual lawyers avoid cultural *faux pas* and legal error. These chapters provide a number of model documents illustrating the principles discussed in the text and offer various self-tests to evaluate readers' understanding of the various issues.

Part V helps facilitate readers' further understanding of foreign legal principles and practices by offering two practical exercises, one involving legal disputes (Chapter 12)

The instructions to the practical exercises in Chapters 12 and 13 are also the same in the two languages, although the underlying documents are only provided in a single language, as would be the case in real world legal practice.

and one involving a transaction (Chapter 13). These materials can be used as part of a group exercise or independently. Notably, these chapters provide the final linguistic test for readers, since some of the materials appear only in a single language.

This book does not include a legal dictionary, since such resources are readily available elsewhere.[15] Instead, the intent is to teach legal terminology by putting the various phrases in context. Key vocabulary is highlighted in **boldface** and listed at the end of each chapter so that readers can focus on terms that are particularly important. When learning these keywords, readers must recognize that many phrases are unique to the different legal traditions and do not have simple equivalents in the other language. Thus, for example, the term **Congress** is used to describe the federal legislative body in the United States, while **Parliament** is used to describe the supreme legislative body in the United Kingdom. Both terms are unique to their home systems and both terms can be further defined (for example, Congress is made of two houses, the **Senate** and the **House of Representatives**, while Parliament is made of the **House of Lords** and the **House of Commons**). However, neither Congress nor Parliament can be directly translated into Spanish without creating a false impression (ie, a 'false friend').

KEYWORDS

- Civil law
- Common law
- Congress
- House of Commons
- House of Lords
- House of Representatives
- Local counsel
- Notary public (notary)
- Parliament
- Senate

1.II BILINGUAL SUMMARY – RESUMEN BILINGÜE

This chapter describes the importance of language and culture in the practice of law and provides information about the structure and content of the book as well as context for the discussion to come. The text also examines the new reality of globalization, which creates a number of new challenges for lawyers, particularly those who work across language barriers, domestically or internationally.

One of the biggest problems for bilingual lawyers involves situations where direct translation of a particular legal phrase does not adequately describe how the foreign legal term or practice operates in the foreign legal system. This phenomenon is illustrated by the term notary-notario. This example also shows how words and phrases can mean different

---

[15] See Stone (n 3) 115–20.

things in different countries sharing the same language. Thus, the term 'notario' does not mean the same thing in Mexico and Spain, just as the term 'notary' does not mean the same thing in England and the US. It is critical that practitioners understand how legal systems that share the same language can differ when it comes to legal terminology, since bilingual lawyers often work with several foreign jurisdictions at the same time.

One of the key purposes of this book is to help people who are conversationally fluent in a second language acquire a similar degree of legal fluency. Therefore, readers are encouraged to focus primarily on the text found in their second language so that they can familiarize themselves with foreign legal terms in the proper context. Although both the Spanish and English sections of each chapter cover similar materials, the content in each section varies, in some cases significantly, since the English sections are targeted towards native Spanish speakers while the Spanish sections are aimed toward native English speakers.

This book takes the view that legal language is best acquired by seeing how various terms are used in context. Indeed, many key terms cannot be translated by a single word and need lengthier descriptions if they are to be properly understood. As a result, bilingual lawyers cannot rely solely on legal dictionaries to help them in their work.

Este capítulo describe la importancia del idioma y la cultura en el derecho y su práctica, y, a su vez, proporciona información sobre la estructura y el contenido del libro. El texto también analiza la realidad de la globalización, que origina una serie de nuevos retos para los abogados, especialmente aquellos que trabajan en un contexto, nacional o internacional, teniendo que superar barreras idiomáticas.

Uno de los mayores problemas de los abogados que trabajan en más de una lengua son las situaciones donde la traducción directa de una frase jurídica es posible, pero dicha traducción no describe correctamente cómo opera dicho término o práctica jurídica extranjera en el sistema jurídico extranjero. Este fenómeno es fácilmente comprensible si se atiende al término *notary*-notario. Este término muestra asimismo cómo las palabras y frases pueden también tener diferentes significados en países que comparten el mismo idioma. Así y siguiendo con el mismo ejemplo, el término 'notario' no significa lo mismo en México y España, al igual que el término 'notary' no significa lo mismo en Inglaterra y Estados Unidos. Dado que en muchas ocasiones los abogados que trabajan en más de un idioma también trabajan con distintas jurisdicciones extranjeras, es esencial que estos profesionales entiendan que en los sistemas jurídicos que comparten el mismo idioma, el lenguaje también puede variar en cuanto a terminología jurídica se refiere.

Uno de los propósitos principales de este libro es que los lectores que se desenvuelven con fluidez en un segundo idioma adquieran un grado similar de fluidez en el ámbito del lenguaje jurídico. Por lo tanto, se anima a los lectores a leer principalmente el texto que se encuentra en su segundo idioma para que puedan familiarizarse con los términos legales extranjeros en su contexto. Aunque las secciones en español e inglés de cada capítulo cubren materiales similares, el contenido de cada sección varía –en algunos casos, significativamente–, ya que las secciones en inglés están dirigidas a hablantes nativos de español, mientras que las secciones en español se dirigen a hablantes nativos de inglés.

Este libro considera que la mejor forma de adquirir lenguaje jurídico es viendo cómo se utilizan ciertos términos en su contexto. De hecho, muchos conceptos clave no se pueden traducir con una sola palabra y necesitan descripciones más extensas para que puedan ser correctamente comprendidos. Este fenómeno explica por qué los abogados que dominan varias lenguas no pueden confiar sólo en los diccionarios jurídicos cuando se apoyan en ellos para hacer su trabajo.

1.III INTRODUCCIÓN

Con carácter general, las partes de este libro que están redactadas en español van dirigidas a quienes hablan español como segundo idioma. Sin embargo, la versión en español de este capítulo introductorio es adecuada para los lectores que trabajan -o trabajarán- fundamentalmente en jurisdicciones hispanoparlantes y también para los lectores que trabajan -o trabajarán- fundamentalmente en jurisdicciones angloparlantes. Los lectores que deseen poner a prueba sus conocimientos de inglés pueden leer el texto introductorio que comienza en la página 3.

The Spanish text in this book is normally meant to be read by those for whom Spanish is a second language. However, the Spanish version of this introductory chapter is suitable for those who work (or will work) primarily in Spanish-speaking jurisdictions as well as those who work (or will work) primarily in English-speaking jurisdictions. Readers who want to test their English language skills can read the introductory text beginning on page 3.

1.III.1 Introducción

No ha pasado mucho tiempo desde que únicamente los **abogados** dedicados al derecho internacional o comparado necesitaban poseer conocimientos de idiomas extranjeros. La inmensa mayoría de los **ejercientes** y **académicos** no precisaba dominar otra lengua aparte de la materna porque la *praxis* de los sistemas jurídicos se desarrollaba en el marco de regiones homogéneas tanto en el plano cultural como en el lingüístico.[16]

Aunque muchos abogados aún trabajan únicamente en su lengua materna, con la **globalización** ha surgido la demanda de profesionales que puedan manejarse en un segundo idioma, demanda que, además, va en aumento.[17] Este cambio se evidencia incluso en sectores del derecho antaño considerados de carácter estrictamente nacional. El derecho penal, el derecho mercantil, el derecho de familia, el derecho societario, cada una de estas disciplinas toma en consideración elementos internacionales en la actualidad, como clientes que hablan idiomas distintos del imperante en el foro.

Algunos abogados o estudiantes de derecho podrían pensar que dominar una lengua a nivel conversacional es suficiente para trabajar en un idioma extranjero, especialmente si cuentan con un buen **diccionario jurídico bilingüe**.[18] Pero nada más lejos de la realidad. El

---

[16] Algunos países, como España y Canadá, tienen más de un idioma oficial, pero para los abogados es posible trabajar monolingüísticamente en esas jurisdicciones.

[17] Un número importante de autores ha discutido la necesidad de, y la educación de, abogados que trabajan en más de una lengua. Curran, 'Comparative Law and Language' (n 2) 675; Curran, 'The Role of Foreign Language' (n 2); Rathod (n 2) 863; Symposium (n 2) 449; Zumbansen (n 2).

[18] Hay varios excelentes diccionarios español-inglés en el mercado. No obstante, el lector debería elegir muy cuidadosamente qué diccionario usar, dado que no cualquiera es óptimo para cualquier uso. Stone (n 3) y n. 26.

derecho es más que un conjunto de palabras, ya que está íntimamente vinculado al **contexto cultural y social** en el que se desarrolla. Por ello, una persona que pretenda ofrecer una **asesoría jurídica** que sobrepase fronteras lingüísticas tiene que comprender muchas cosas aparte del idioma relevante. De hecho, esa persona tiene que comprender cómo dichas palabras se interpretan en ese sistema jurídico extranjero.[19]

El término '**notario**' –*notary*, en inglés– es un muy buen ejemplo de las confusiones jurídicas que puede generar una traducción meramente literal de un término. El notario en los países hispanohablantes suele ser un **funcionario** de alto rango que ostenta la **fe pública** y, como tal, autoriza con su firma actos jurídicos en muchas ocasiones complejos, como la compraventa de inmuebles o las sucesiones testamentarias, convirtiéndolos en documentos públicos con, por ejemplo, valor probatorio en juicio.[20] Por el contrario, un *notary* –habitualmente denominado *public notary*– desempeña una función muy diferente en una jurisdicción anglófona. Así, un notario es un funcionario de muy bajo rango, que lleva a cabo funciones ejecutivas vinculadas fundamentalmente con la confirmación de la identidad de la persona firmante de un documento. Aunque un *notary* puede ser también abogado, la mayoría de ellos no lo son.

Una traducción incorrecta de los términos 'notario' y 'notary' puede provocar importantes problemas prácticos,[21] lo que demuestra que los abogados que ofrecen servicios en dos lenguas deben ir más allá del tenor literal de un determinado concepto. Este ejemplo muestra además un segundo orden de problemas, el referido a las diferencias entre ordenamientos jurídicos que se expresan, sin embargo, en el mismo idioma. Los notarios desempeñan distintas funciones en España y México, de ahí que el citado abogado necesite ser consciente de estas diferencias para poder ofrecer una asesoría jurídica adecuada.

Apreciar cómo el contenido de un término jurídico varía incluso dentro de una misma tradición lingüística y jurídica es una cuestión extremadamente compleja. Por ejemplo, no todos los abogados hispanoparlantes son conscientes de los diferentes significados que el término '**casación**' posee en los distintos países de habla hispana,[22] de ahí que a priori parezca excesivo esperar que un abogado angloparlante que hace uso del español en su ámbito profesional sí que conozca el distinto significado que cada país hispanoparlante atribuye a este concepto. Sin embargo, la realidad de la práctica jurídica moderna es que a los abogados que trabajan en dos lenguas con frecuencia se les requiere que traten cualquier cuestión que se refiera a su segundo idioma. Aunque estos abogados pueden poseer conocimientos especiales en una jurisdicción particular, el abogado políglota tiene que ser consciente de los matices legales y lingüísticos entre países.

A pesar de que podría ser útil contar con un libro que comparase de forma exhaustiva los términos y prácticas legales de todas las **jurisdicciones hispanoparlantes** con los de las **jurisdicciones angloparlantes**, un estudio de esta naturaleza se antoja una tarea harto

---

[19] Curran, 'Cultural Immersion' (n 4) 43; Curran, 'Developing and Teaching' (n 4) 598; Zumbansen (n 2).
[20] Hendel (n 5) 39.
[21] Este tipo de problemas es tan extendido que la Secretaría de Estado de Texas (Estados Unidos) (que está situada en la frontera entre Estados Unidos y México, donde el comercio transfronterizo es muy importante) ha creado una página web específicamente dedicada a avisar a la gente sobre las diferencias entre ambos funcionarios. Texas Secretary of State (n 6).
[22] Véase cap 3.III.2.

complicada dado el amplio número de países que utilizan el español o el inglés como lengua oficial.[23] No obstante, sí que es factible analizar algunas de las reglas y prácticas más habituales en varias de las jurisdicciones hispano- y angloparlantes más relevantes, con el ánimo de facilitar a los lectores de este libro la adquisición de competencias jurídicas en ambos idiomas que mejoren su comprensión de términos y prácticas jurídicas extranjeras. Una vez adquirida esta base, los lectores estarán en condiciones de evolucionar en su compresión de las particularidades jurídicas de las distintas regiones geográficas implicadas.

En cuanto al contenido, este libro se caracteriza por su amplitud temática e incluye tanto capítulos generales referidos al sistema jurídico en su conjunto como capítulos dedicados a ámbitos más concretos de la práctica jurídica. De esta forma, el libro pretende ofrecer al lector unas bases sólidas de distintas disciplinas jurídicas. Desde una perspectiva geográfica, el libro se centra en los países más extensos o culturalmente más influyentes de ambas tradiciones lingüísticas, aunque en ocasiones también se incluirán referencias a otros sistemas jurídicos, en particular en la sección de 'referencias adicionales'. Así, las jurisdicciones anglófonas elegidas son el Reino Unido, conocido como la cuna de la **tradición jurídica** del *common law*,[24] y Estados Unidos.[25] Las jurisdicciones hispanoparlantes elegidas son España,[26] y México.[27]

Aunque este libro anima al lector a adquirir un mejor conocimiento de las leyes y sistemas jurídicos extranjeros, los lectores no deberían intentar ofrecer asesoría jurídica sobre un derecho extranjero. Es probable que dicha asesoría sea deficiente en términos de

---

[23] Más de veinticinco países utilizan el español como su primera lengua o idioma oficial, en tanto que cerca de noventa países y territorios dependientes utilizan el inglés como primera lengua o idioma oficial.

[24] Inglaterra es una jurisdicción constituida dentro del Reino Unido que abarca otras jurisdicciones de *common law* y una de *civil law* (Escocia). Sin embargo, Inglaterra es el lugar de nacimiento de la tradición de *common law* y la región que gestiona la mayoría de los negocios internacionales y es, por tanto, la jurisdicción más apropiada para el estudio.

[25] Los Estados Unidos son un Estado federal que comprende cincuenta estados y varios territorios dependientes, incluida una jurisdicción hispanoparlante (Puerto Rico). Mucho del derecho sustantivo de los Estados Unidos, en particular en lo que atañe al derecho contractual y extracontractual, es competencia de cada uno de los estados y no de la Federación. Sin embargo, este libro se sitúa en un nivel de generalidad suficiente para que la referencia al derecho estadounidense sea la adecuada. No obstante, el lector ha de ser cuidadoso y asegurarse de qué derecho, si el estatal o el federal, rige una concreta cuestión jurídica. En aquellos casos que implican derecho estatal, qué Estado sea ése puede ser relevante.

[26] La elección de España se justifica por evidentes razones históricas. De todos modos, ha de advertirse que España es un Estado plurinacional donde, además de convivir varias lenguas, existen distintos derechos, en particular en materia de derecho civil. Sin embargo, este libro se sitúa en un nivel de generalidad suficiente para que la referencia al derecho español sea la adecuada.

[27] La situación geográfica de México le convierte en una interesante jurisdicción para abogados que trabajan en las dos lenguas aquí en juego. Ha de advertirse también que México es un Estado federal, donde las competencias legislativas se dividen entre estados y Federación. Como ya se ha señalado antes, el nivel de generalidad de este libro hace que la sola referencia al derecho mexicano sea la adecuada. Al considerar la ley de los países hispanoparlantes, es importante entender qué diferencias significativas pueden surgir entre la ley y la práctica de las diferentes naciones. De hecho, algunos comparativistas han sugerido que Latinoamérica se debe considerar una familia jurídica propia. Fernández Arroyo (n 12) 73.

contenido y, además, podría violar muchas de las reglas existentes en materia de ética profesional. Sin embargo, los abogados que ejercen en una jurisdicción sí están autorizados tanto a ofrecer servicios jurídicos sobre su propio sistema jurídico a un cliente que habla otro idioma, como a trabajar en otra jurisdicción junto con abogados locales. En ambos casos, el abogado que se maneja en más de una lengua no está violando reglas éticas, a pesar de que sí está moviéndose en la línea roja de la barrera lingüística.

En todo caso, algunos lectores pueden poseer o adquirir conocimientos suficientes de otro idioma como para colegiarse como abogados en otra jurisdicción, o para inscribirse en otro país como **abogado extranjero ejerciente**. En dicho supuesto, se les recomienda que contacten con el organismo que regula el ejercicio de la profesión jurídica en el país en cuestión.

1.III.2 Estructura

La mejor forma de aprender un idioma, incluso el lenguaje jurídico de ese idioma, es en contexto. Por ello, cada capítulo de este libro está dividido en dos secciones: una parte redactada en inglés y dirigida a profesionales del derecho hispanoparlantes y otra redactada en español y dirigida a profesionales angloparlantes. Este esquema no sólo exige que el lector practique sus competencias generales –no jurídicas– en el segundo idioma, sino que también le permite comprender cómo se utilizan los términos y principios jurídicos en la práctica legal. El texto está escrito de forma que la mayoría de los lectores deberían ser capaces de aprender el significado de los términos jurídicos al ver como éstos se usan en su contexto adecuado.[28]

Pese a que las secciones redactadas en inglés y en español presentan un contenido similar, cada sección se ajusta a las necesidades específicas de quien procede de una tradición jurídica y desea comprender la otra, **continental** o **anglosajona**, *ergo* de *civil law* o de *common law*. Este tipo de análisis lingüístico y de derecho comparado puede ser complicado, especialmente para quienes están comenzando a aprender a trabajar en más de un idioma, de ahí que los primeros ocho capítulos de este libro concluyan con un breve resumen de las cuestiones más relevantes que allí se han expuesto. Este resumen se ofrece también fidedignamente traducido al otro idioma, lo que permite que el lector verifique su comprensión de los principios desarrollados en ese capítulo y también verifique sus capacidades en el ámbito de la traducción jurídica.

El lector tiene que comenzar leyendo el texto en su segundo idioma, dado que este libro está diseñado para responder a sus necesidades de aprendizaje materiales. Este enfoque permite, además, maximizar sus habilidades en el ámbito del aprendizaje idiomático. No obstante, el lector puede obtener beneficios adicionales de este libro si también lo lee a

---

[28] Los lectores pueden complementar sus conocimientos en la materia recurriendo a alguno de los excelentes diccionarios jurídicos monolingües o bilingües que actualmente existen en el mercado. Stone (n 3) 115–20. Pese a no estar recogido en dicho artículo, es muy recomendable el uso de los dos volúmenes de Javier F Becerra, *Diccionario de terminología jurídica mexicana/Dictionary of Mexican Legal Terminology* (Escuela Libre de Derecho 2011) y *Diccionario de terminología jurídica norteamericana/Dictionary of United States Legal Terminology* (Escuela Libre de Derecho 2008).

partir del capítulo 4 en su idioma materno.[29] Esta lectura complementaria no sólo va a reforzar el conocimiento del lector de los conceptos jurídicos básicos abordados por este libro, sino que también le va a permitir apreciar cómo su sistema jurídico nacional es explicado a lectores no versados en esa tradición jurídica.

A pesar de que el lector se sienta tentado de acudir directamente a la sección del libro que más le interesa, la mejor forma de usar este libro es en orden secuencial, ya que ello permite obtener una comprensión más profunda de los principios básicos que esta obra contiene. Por ejemplo, la Sección I ofrece al lector información básica sobre las culturas jurídicas, empresariales y sociales de las jurisdicciones objeto de análisis. Este material posibilita que el lector no cometa una serie de 'errores de principiante' que pueden dañar una relación profesional entre abogados o entre abogado y cliente.

Tras abordar estas cuestiones de índole cultural, la Sección II aborda reglas jurídicas fundamentales referidas a la identificación, uso e interpretación de las fuentes del derecho más relevantes. Aunque las diferencias entre las tradiciones jurídicas de *civil law* y *common law* se están reduciendo, los abogados que pretenden trabajar con ambas todavía necesitan entender cómo se define y se aborda el concepto de 'derecho' en las distintas jurisdicciones. El capítulo 3 hace una primera presentación en esta materia, describiendo cuáles son los distintos tipos de fuentes del derecho y cómo éstas son interpretadas y aplicadas en las dos tradiciones jurídicas y lingüísticas. Los capítulos siguientes estudian con mayor detalle cada una de las distintas fuentes del derecho. Así, el capítulo 4 analiza los distintos tipos de textos legales, incluidas constituciones, leyes y demás productos normativos. El capítulo 5 estudia las decisiones emanadas del poder judicial y, en su caso, otras autoridades; en tanto que el capítulo 6 concluye la Sección II describiendo uso y valor concedido a las obras doctrinales y cómo pueden encontrarse este tipo de materiales en distintos países. Todos estos capítulos recogen extractos de documentos jurídicos reales referidos a las distintas fuentes de autoridad y permiten mostrar cómo hay que leer, usar e interpretar estos distintos tipos de materiales en cada tradición jurídica, y asimismo muestran las diferencias que existen tanto entre cada familia jurídico-lingüística como dentro de ellas. Cada capítulo incluye también unos ejercicios de autoevaluación, que permiten evaluar y reforzar el progreso jurídico-lingüístico del lector.

La Sección III aborda un buen número de cuestiones escogidas por su relevancia práctica. El capítulo 7 se ocupa de diversas áreas del derecho sustantivo, no con el objetivo de alcanzar una compresión absoluta de los respectivos sectores del derecho, sino de introducir conceptos y vocabulario clave. Con ello se pretende ofrecer al lector un punto de partida sólido para que éste esté en condiciones de emprender una investigación independiente más profunda. El capítulo 8 presenta varias manifestaciones de derecho procesal, incluyendo la civil, la penal y el arbitraje internacional. El arbitraje es un área de especial interés para los abogados que trabajan en más de un idioma, dada la popularidad adquirida por el arbitraje comercial internacional y de inversiones.

La Sección IV da por concluidos los aspectos más doctrinales y procede a centrarse en

---

[29] Los capítulos 1 a 3 no presentan muchas diferencias entre la versión inglesa y la española. Las instrucciones a los casos prácticos de los capítulos 12 y 13 son igualmente las mismas en ambos idiomas, aunque los documentos de trabajo se ofrecen únicamente en uno de los dos idiomas, tal y como sucedería en la práctica jurídica real.

cuestiones de una naturaleza más práctica. El capítulo 9 aborda la forma de presentación de documentos ante órganos jurisdiccionales, tribunales arbitrales y otros. El capítulo 10 analiza cómo redactar diversos tipos de documentos pertenecientes a la esfera de la **consultoría jurídica**. El capítulo 11 ofrece información similar respecto a cómo redactar correspondencia, interna y externa, así como informes y dictámenes jurídicos. Estos capítulos ofrecen información muy relevante sobre lo que son las prácticas locales, para ayudar a los abogados que trabajan en más de un idioma a que eviten *faux pas* culturales y errores jurídicos. Estos capítulos también recogen diversos documentos modelo que ilustran las reglas recogidas en el texto y ofrecen asimismo ejercicios de autoevaluación para valorar la comprensión del lector.

La Sección V permite que el lector aumente su conocimiento de términos, principios y prácticas jurídicas extranjeras, ofreciendo dos casos prácticos, uno referido a un litigio (capítulo 12) y otro referido a una transacción (capítulo 13). Estos materiales se pueden usar para trabajar en grupo o bien de forma individual. Estos capítulos constituyen, además, un test lingüístico para el lector, dado que algunos de los materiales sólo se presentan en un único idioma.

Este libro no incluye un diccionario jurídico, dado que ya existen en el mercado recursos de este tipo.[30] Por el contrario, el libro desea enseñar terminología jurídica colocando los términos en su adecuado contexto. Es por ello que un buen número de términos clave aparecen remarcados en **negrita** y recogidos en un listado al final de cada capítulo, de forma que el lector pueda centrar su atención en conceptos que son particularmente relevantes. A la hora de estudiar estas palabras clave, el lector debe ser consciente de que en muchas ocasiones tales nociones son propias de una determinada tradición legal y, por lo tanto, no hallan un equivalente perfecto en el otro idioma. Por ejemplo, España tiene un Parlamento compuesto por el Congreso de los Diputados y el Senado, en tanto que en los Estados Unidos Mexicanos existe un Congreso de la Unión que se divide en Cámara de Diputados y Cámara de Senadores. Ninguno de estos términos puede ser traducido literalmente al inglés por medio de una palabra que sea capaz de reflejar la carga jurídico-política que ambos términos atesoran, e intentar hacerlo generaría conceptos engañosos ('falsos amigos').

PALABRAS CLAVE

- Abogado
- Abogado extranjero ejerciente
- Académico
- Asesoría jurídica
- Casación
- *Civil law*
- *Common law*
- Contexto cultural y social
- Derecho continental

---

[30] Stone (n 3) 115–20.

- Derecho anglosajón
- Diccionario jurídico bilingüe
- Fe pública
- Funcionario
- Globalización
- Jurisdicción angloparlante
- Jurisdicción hispanoparlante
- Notario
- Tradición jurídica

2. Legal, business and social cultures – Culturas jurídicas, empresariales y sociales

The English-language portion of this chapter is meant to be read by those for whom English is a second language. Readers for whom Spanish is a second language should begin their reading on page 27.

Esta sección en inglés es para quienes hablan inglés como segundo idioma. Los lectores que tienen el español como su segundo idioma deben empezar su lectura en la página 27.

2.1 LEGAL, BUSINESS AND SOCIAL CULTURES

2.1.1 General Cultural Issues

Business, social and legal cultures can differ radically from jurisdiction to jurisdiction. Part of being a good lawyer is understanding these unspoken cultural differences. The failure to do so can not only alienate clients and co-counsel, but can also lead to substantive or ethical difficulties in providing competent legal advice.[1]

The legal community is becoming increasingly aware of the challenges associated with cross-cultural legal representation,[2] and bilingual lawyers are at the forefront of that debate. Fortunately, researchers have identified a number of ways of classifying human behaviour so as to facilitate cross-cultural relationships.

One way of describing different groups is by their style of communication. For example, **'high context'** societies feature indirect methods of communication and often require a deep understanding of the surrounding culture to determine the speaker's meaning. High context societies typically favour the needs of the group over the needs of the individual and place a high value on personal relationships. **'Low context'** societies usually feature

---

[1] See Muneer I Ahmad, 'Interpreting Communities: Lawyering Across Language Difference' (2007) 54 UCLA L Rev 999; Jayesh M Rathod, 'The Transformative Potential of Attorney Bilingualism' (2013) 46 U Mich J L Reform 863, 886–89.

[2] The literature on cross-cultural communication is full of advice on a variety of subjects ranging from the etiquette concerning business gifts and business entertaining, physical contact, punctuality, dress codes, forms of address, the roles and use of lawyers and so on. See Roger E Axtell, *Do's and Taboos Around the World* (2nd edn, John Wiley & Sons 1990); Terri Morrison, Wayne A Conaway and George A Borden, *Kiss, Bow, or Shake Hands: How to Do Business in Sixty Countries* (1995). Some research focuses exclusively on cross-cultural relationships in the legal context. See Susan Bryant, 'The Five Habits: Building Cross-Cultural Competence in Lawyers' (2001) 8 Clinical L Rev 33; Franklin A Gevurtz, 'Report Regarding the 2011 Pacific McGeorge Workshop on Promoting Intercultural Legal Competence (the 'Tahoe II' Conference)' (2013) 26 Pac McGeorge Global Bus and Dev L J 63; see also Ch 10.I.2.

more direct and explicit means of communication. These cultures also tend to be more individualist in nature.

Although there will of course always be individual or regional variations within a particular jurisdiction,[3] Spanish-speaking countries are generally considered to be high context cultures while English-speaking nations are typically classified as low context cultures. This difference in communication style suggests that bilingual lawyers need to be particularly sensitive to cultural norms when working with someone across the language divide. For example, native Spanish speakers should try to avoid taking offence if a native English speaker wants to start talking business immediately, without engaging in any conversation about family or personal matters. In fact, English speakers may be trying to be polite by moving straight to business, since low-context cultures sometimes consider it rude to ask too many personal questions or 'waste' precious time by talking about something other than business.

This concept of 'wasting time' is important, since another way of categorizing different societies is with respect to their perception of time.[4] Some societies adopt a linear understanding of time that values the logical progression of events in a predictable and orderly manner, usually with one task being completed at a time. English-speaking countries often reflect this type of perspective, which is commonly referred to as **monochronist** in nature. Other cultures view tasks or events as happening simultaneously in a much more relaxed and organic manner. These groups, which include most if not all Spanish-speaking countries, are said to reflect a **polychronist** approach to time. Polychronist societies typically place a high value on personal relationships, as opposed to monochronist societies, which often focus more on the efficient completion of the task at hand.

Understanding these cultural differences can help bilingual lawyers function equally well in two different societies. While a native Spanish speaker may prefer to operate in a polychronistic manner, understanding the monochronistic preferences of an English-speaking client or colleague can help avoid tension in the working relationship. While neither party should feel the need to abandon his or her natural mode of expression and behaviour, tensions can be avoided if the parties discuss their expectations and normal working procedures at the beginning of the process. Compromise is often the best option. For example, people from polychronistic societies can be deadline-oriented if they know it is important to the relationship in question. Similarly, people from monochronistic cultures can be flexible if they know that flexibility is a necessary part of the procedure. In both cases, cross-cultural understanding is the key to a fruitful working relationship.

Of course, sociological research can only provide broad generalizations, and individual counterexamples can be readily found. Furthermore, each of the various English-speaking jurisdictions differ from one another, just as the individual Spanish-speaking countries do. Thus, experts have found that people from the United States, Australia and Canada are more easy-going and less formal than people from England. However, this,

---

[3] For example, a number of states in the southern region of the US can be classified as relatively high context in comparison to the rest of the nation.
[4] See Audrey Pumariega, 'Mañana, Mañana: Trans-Cultural Perceptions of Time and the Role of Polychronism in Latin American Legal Systems' (2009) 41 U Miami Inter-Am L Rev 105.

too, is a generalization, so it is best for bilingual lawyers to assess each situation and each relationship on its own merits.

2.1.2 Legal Education and the Legal Profession

Sometimes a bilingual lawyer is working entirely within his or her own legal system. Those situations are often relatively straightforward for the lawyer, since he or she is familiar with how the legal profession operates. However, bilingual practitioners also find themselves needing to communicate with co-counsel or opposing counsel located in another jurisdiction. These conversations can be difficult if the bilingual lawyer does not understand how the legal profession is structured in that other country.

Lawyers from Spanish-speaking jurisdictions can find communications with lawyers in English-speaking countries confusing because some, but not all, common law jurisdictions use what is referred to as a **split bar**. The concept of a split bar refers to the differentiation between lawyers who specialize in **court** work (**barristers**) and lawyers who engage primarily in **transactional** or other client-related work, which can sometimes include matters relating to **litigation** (**solicitors**).[5] England is the best example of a country with a split bar, although other nations use a similar approach, albeit somewhat modified in some cases.

Barristers and solicitors begin their training in a similar manner, either taking a three-year undergraduate degree in law or a three-year undergraduate degree in some other discipline supplemented by a one-year conversion course that covers the core principles of law (constitutional law, contract law, property law, etc). At this point, the two career paths diverge. If a student wishes to become a solicitor, he or she takes a one-year professional course followed by a two-year **traineeship** in a law firm. If a student wishes to become a barrister, he or she takes a one-year professional course followed by a one-year **pupillage** with a barrister in **chambers** (also known as **sets**).

Once they are fully qualified, solicitors and barristers act in slightly different capacities. Solicitors work directly with clients and are responsible for transactional work and conducting (ie, directing) litigation. Barristers are primarily responsible for legal **advocacy** (ie, argument in court) and provide legal opinions upon the request of a solicitor. Traditionally, barristers did not deal directly with parties, but were instead approached by solicitors on behalf of a **party**. However, barristers may now be employed in law firms and have various other sorts of direct contact with parties.

Solicitors work in law firms, which are typically set up on a partnership basis. Junior lawyers are considered employees in their early years and must work their way up the

---

[5] All English solicitors are entitled to argue cases in the lower courts, and some solicitors seek further qualification to earn the right to appear in the higher courts as **solicitor advocates**. However, most advocacy work is still conducted by barristers, who have gained special expertise in this area of practice. Solicitors engaged in **disputes work** (ie, litigation-oriented matters) coordinate with clients and help prepare the case for eventual presentation to the court by the advocate. Solicitors may also be distinguished from **legal executives**. A legal executive is technically a lawyer, although he or she is qualified to practice only within a narrow range of subject matters. See Alex Aldridge, 'No Bachelors Required' (*The Guardian*, 21 February 2012) <www.theguardian.com/law/2012/feb/21/training-as-a-legal-executive>.

ladder of seniority before becoming **partners**. Many law firms are relatively small or moderate in size, although some of the London commercial law firms (including those in the **Magic Circle**, which is the term used to describe the most elite London law firms) have become quite large. A number of top international law firms have London offices.

Barristers organize themselves very differently. All barristers are self-employed, even at the earliest stages of their career. They work as **tenants** in chambers where they share certain basic costs (electricity, rent, and so forth). The offices are run by one or more **clerks**, who help distribute work among the barristers in that particular set of chambers. Although some chambers are somewhat generalist in nature, others specialize in particular areas of law (commercial law, criminal law, etc.). Barristers who have obtained a particularly high level of competence may be named as **Queen's Counsel (QC** or **silk**, which is a term referring to the silk gown that can be worn only by QCs in court). Barristers of a similar level of seniority in other English-speaking jurisdictions with a split bar may be referred to as **Senior Counsel** or **State Counsel (SC)**.

Although lawyers from foreign countries can generally contact a barrister directly, it is often best for parties seeking legal assistance in the UK to begin by approaching a solicitor, who will engage a barrister if necessary. Queries should be addressed to a law firm sitting in the appropriate jurisdiction.[6] Most international work involves English law and should probably be referred to a London-based law firm. However, some matters may arise under a different law (such as that of Northern Ireland, Scotland or the Channel Islands), in which case a lawyer from that jurisdiction should be contacted.

Not every English-speaking jurisdiction follows the English model. Other countries, most notably the US, have adopted a **unified bar**, which means that there is no technical distinction between lawyers who advise clients and lawyers who act in court. However, practitioners are often highly specialized, particularly if they work in large law firms, and a lawyer who does only transactional work would never appear in court. Practitioners outside the major metropolitan areas tend to be generalists and may engage in both transactional and litigation work.

Legal education in the US is structured somewhat differently than legal education in England. Prospective lawyers in the US must obtain a standard undergraduate degree (typically four years in duration) in any field before pursuing three years of specialized legal training culminating in a *juris doctor* or JD degree.[7] The legal education in the US is quite distinctive, not only in terms of cost (which can easily run to over a hundred thousand dollars), but in terms of pedagogy. For example, law students in the US must take at least one specialized course in legal writing and must participate orally in class, often in a stylized form of discussion known as the **Socratic method**. In the Socratic method, instructors help students increase their understanding of law through questions and answers rather than through standard lectures. Students in the US also have the

---

[6] The UK is made up of a number of constituent jurisdictions, including England, Wales, Scotland and Northern Ireland, as well as various territories and dependencies, including the Channel Islands.

[7] Although this degree is denominated as a doctorate, lawyers do not use the honorific 'Dr' in their titles. However, US lawyers often place the term '**Esq.**' (short for 'esquire') after their names in written correspondence to indicate that they are practicing members of the bar. The term 'esquire' is never spelled out or used in oral conversation.

opportunity to gain important practical experience through participation in **moot court** competitions, which allow students to practice their oral advocacy skills in a simulated environment; membership on the editorial board of a student-run **law review** (almost all law reviews and law journals in the US are run by students rather than full-time academics); and **legal clinics**, which allow students to represent real clients in court and in other legal matters under the supervision of a practicing attorney.

After graduation, the prospective lawyer must pass a bar examination in one of the 50 US states before he or she is qualified to practice. The District of Columbia and the various US territories, including Puerto Rico, have their own separate bar examinations. Bar qualifications are geographically restricted by state or territory (ie, there is no single national bar), although a US lawyer may become qualified in more than one state simultaneously. Foreign-trained lawyers may become qualified in some US states or territories after obtaining a graduate degree in law (ie, an LLM) from a US law school and passing a state bar examination.

Lawyers in the US tend to work in law firms, which range in size from single-lawyer firms (headed by a **solo practitioner**) to massive national or international undertakings.[8] Junior lawyers (**associates**) work in a firm for a number of years before rising through the ranks to partnership. Some lawyers may also be named **counsel** or **of counsel** at their firms, although the meaning of that designation can vary significantly. In some cases, the term denotes someone who is on the way to partnership while in other cases the term refers to someone who was once a partner but who is now semi-retired or only loosely affiliated with the firm. Although law firms in the US typically operate on a partnership model, some firms are technically structured as **limited liability corporations** so as to avoid exposing the partners to some types of legal liability.

Because lawyers in the US may only practice in the territory in which they are qualified, parties seeking to hire local counsel should be sure to identify someone who is entitled to practice in the relevant jurisdiction. For example, if a matter is governed by California law or is brought in the California courts, parties should usually seek to hire a California lawyer rather than a New York lawyer. Although there are ways to allow a lawyer from another US state to appear in a particular case, it is usually best to engage local counsel.[9]

Other English-speaking jurisdictions fall somewhere between these two extremes. For example, some English-speaking jurisdictions, such as Canada, use the terminology of a split bar (ie, barristers and solicitors) but reflect a unified practice. Other English-speaking countries, such as Australia, allow individual states and territories to decide how the legal profession is to be structured. Therefore, some Australian jurisdictions use a split bar while other states and territories use a unified bar, albeit one that still refers to barristers and solicitors.

---

[8] A good number of US law firms have international ties. See Carole Silver, Nicole De Bruin Phelan and Mikaela Rabinowitz, 'Between Diffusion and Distinctiveness in Globalization: US Law Firms Go Glocal' (2009) 22 Geo J Legal Ethics 1431.

[9] For example, a lawyer may make a motion to be admitted to a particular court **pro hac vice** (for this case only) in a particular matter. However, parties should usually seek to engage counsel who is already admitted in the relevant jurisdiction so as to avoid any procedural or substantive errors based on a misunderstanding of local law.

Law firms in English-speaking jurisdictions sometimes employ various types of legal assistants who have some legal training or experience but who are not fully qualified as lawyers. These persons are often used so as to reduce costs for clients. For example, **paralegals** in the US typically assist with legal research, legal drafting, client care and various organizational matters, although they operate under the supervision of a lawyer.[10] Paralegals in Canada have a slightly more expansive role and can provide independent legal advice in some limited circumstances.[11] A paralegal is distinct from a **legal secretary** or personal assistant, who focuses primarily on the creation of documents and management of the lawyer's schedule.

2.I.3 Professional Ethics and Evidentiary Privileges

Regardless of the language they are speaking, lawyers always need to be aware of how rules on professional ethics and evidentiary privilege affect their work. Spanish-speaking lawyers who are advising local clients in English are on relatively firm ground, since the relationship is subject to the lawyer's own rules on professional ethics and evidentiary privilege. However, lawyers working on a cross-border basis should be familiar with how ethical and evidentiary rules operate in the other jurisdiction. Not only does the lawyer want to avoid any issues regarding the unauthorized practice of law in the foreign jurisdiction, he or she will also want to know whether and to what extent certain documents or communications are considered privileged.

Every country in the world holds that certain types of communication between lawyer and clients are privileged. However, the scope of that privilege can vary considerably between different jurisdictions.

Both the US and England allow communications between clients and attorneys to be privileged so long as the communication relates to the provision of legal advice and meets certain other criteria. This principle is referred to as the **attorney-client privilege** in the US and **legal professional privilege** or **legal advice privilege** in England. The US also grants privileged status to certain documents and communications relating to an ongoing or imminent litigation pursuant to the **work product doctrine**. The work product doctrine is significantly broader than the attorney-client privilege, although it only relates to litigation-oriented materials.[12]

Every jurisdiction defines the constituent elements of the various types of privilege differently, so it is necessary to conduct independent research to determine whether and to what extent a particular document or communication will be privileged in that country. However, one area that can cause some confusion involves communications between a corporation and its **in-house counsel** (ie, a lawyer employed by the company). At this point, both US and English law appear to recognize the possibility of privileged communications between a company and its in-house counsel, so long as various other criteria are met. However, European law takes a very different view and may deny the existence of a

---

[10] See Rebecca Porter, 'The 21st-Century Paralegal' (2008) 44 Trial 40.
[11] See Paralegal Frequently Asked Questions (Law Society of Upper Canada) <www.lsuc.on.ca/licensingprocessparalegal.aspx?id=2147491230#s1q1>.
[12] See *Hickman v Taylor* 329 US 495 (1947); see also Richard S Pike, 'The English Law of Legal Professional Privilege: A Guide for American Attorneys' (2006) 4 Loy U Chi Intl L Rev 51.

privilege in a situation where English law would protect the communication in question.[13] Care must therefore be taken in matters involving a European element, since there are times when a particular issue may be governed by European rather than English law. The influence of European law on the law of privilege will not disappear entirely, even if the UK leaves the European Union, since European law may still apply to some cross-border matters.

Differences in the scope of privilege law are not the only issue that can arise in cross-border legal relationships. Bilingual lawyers may also need to be familiar with how the rules of **professional ethics** or **professional responsibility** can vary across national borders. For example, US-qualified lawyers may and typically do meet with witnesses prior to trial, either to **depose** (orally examine under oath) a **third party** or **adverse witness** or to interview and prepare their own witnesses for **trial** or **deposition** testimony. The process of **preparing a witness** to give **testimony** can be quite extensive, and although this practice can lead to abuse (including excessive 'coaching' of a witness by a lawyer), the US legal system takes the view that any impropriety in the witness-preparation process will become apparent through **cross-examination**, which is when the lawyer for the opposing party is allowed to question the witness to determine his or her credibility and knowledge.

English rules of professional ethics are quite different from those that are in effect in the US. For example, English barristers are prohibited from speaking to any witness about his or her testimony prior to trial. Furthermore, England does not allow **pre-trial** depositions, although some English-speaking jurisdictions, most notably Canada, do allow lawyers to undertake a pre-trial **examination for discovery**.

In some cases, a lawyer may need or want to either decline **representation** of a particular client or withdraw from representation. Although some principles are the same across jurisdictional lines (for example, a lawyer cannot represent a party where a **conflict of interest** exists),[14] others are unique to a particular jurisdiction or type of legal professional. Thus, a US-qualified lawyer and an English solicitor may both decline to represent a party, whereas an English barrister is required under the **cab-rank rule** to represent any client who seeks legal advice in a field in which the barrister practices, if the barrister has time to represent that party.

Lawyers may in some circumstances withdraw from representation of a client, even against the client's wishes. However, the lawyer may need to obtain the approval of the court if the case is in litigation and replacement counsel has not yet been named, since it would be unfair to leave a client without representation at such a crucial time. Clients also have the right to fire their lawyers, although a party will not be allowed to change his or her legal representatives continually in order to delay a trial.

---

[13] See Case C–550/07 *Akzo Nobel Ltd v European Commission* [2010] ECR I–8301; Justine N Stefanelli, 'Expanding Akzo Nobel: In-House Counsel, Government Lawyers, and Independence' (2013) 61 Intl and Comp L Q 485.
[14] Notably, some conflicts of interest may be waived by the parties if certain criteria, such as **informed consent**, exist. See American Bar Association, Model Rules of Professional Conduct, Rules 1.7–1.11.

KEYWORDS

- Adverse witness
- Advocacy
- Associates
- Attorney-client privilege
- Barristers
- Cab-rank rule
- Chambers
- Clerks
- Conflict of interest
- Counsel
- Court
- Cross-examination
- Depose
- Deposition
- Disputes work
- Esq. (Esquire)
- Examination for discovery
- High context
- Informed consent
- In-house counsel
- Law review
- Legal advice privilege
- Legal clinic
- Legal executives
- Legal professional privilege
- Legal secretary
- Limited liability corporation
- Litigation
- Low context
- Magic Circle
- Monochronist
- Moot court
- Of Counsel
- Paralegal
- Partner
- Party
- Polychronist
- Preparing a witness
- Pre-trial
- Professional ethics
- Professional responsibility
- Pro hac vice
- Pupillage
- Representation

Legal, business and social cultures 25

- Queen's Counsel (QC)
- Senior Counsel (SC)
- Sets
- Silk
- Socratic method
- Solicitors
- Solicitor advocates
- Solo practitioner
- Split bar
- State Counsel (SC)
- Tenants
- Testimony
- Third party
- Traineeship
- Transactional work
- Trial
- Unified bar
- Witness
- Work product doctrine

2.II BILINGUAL SUMMARY – RESUMEN BILINGÜE

Chapter 2 discusses how the legal, business and social cultures in Spanish-speaking countries differ from those in English-speaking countries and describes various issues relating to the legal profession, such as how a person becomes a lawyer, how the profession is structured and regulated and how the rules of ethical or professional conduct operate. More detailed information about certain aspects of legal practice is contained in later chapters.

The text begins by describing various sociological issues concerning attorney behaviour and professional norms. For example, English-speaking countries are considered low context cultures, which mean that English speakers tend to rely primarily on the words that are conveyed. Spanish-speaking countries, on the other hand, are characterized as high context cultures, which mean that Spanish-speakers may focus more on what is implied rather than stated directly. A failure to understand cultural approaches to language can be dangerous for a lawyer and can lead to major miscommunications.

Chapter 2 also describes the difference between monochronist and polychronist cultures. Monochronist cultures, which include English-speaking nations, value strict adherence to deadlines and often value completion of a task over the creation of a personal relationship. Polychronist cultures, which include Spanish-speaking countries, place a high value on social connections and may take a more flexible approach to deadlines. Lawyers who do not understand these cultural norms may inadvertently offend clients or colleagues.

Chapter 2 in addition explains the structure of the legal profession. For example, England has a split bar which uses both barristers and solicitors while the US has a unified bar. The situation in Spain is somewhat different due to the use of the procurador, which is a position that does not exist in English-speaking countries. However, procuradores do not fulfil the same function in all Spanish-speaking jurisdictions. This example demonstrates how important it is for bilingual practitioners to understand how legally trained professionals operate in different jurisdictions, since a failure to do so can not only embarrass the lawyer but also create difficulties for the client.

Different countries take different views on how someone becomes qualified to practice as a legal professional. Most countries require a graduate or undergraduate degree in law, followed by an examination that will allow the person to practice in a particular region (such as an individual US state) or a particular country (such as Spain). However, some jurisdictions do not condition entry to the profession on passage of an examination. For example, Mexican attorneys are given the right to practice through a cédula granted by the government of individual Mexican states.

Different countries also take different approaches to para-professionals, meaning persons who are not qualified or competent to act as fully-fledged lawyers but who have some expertise in the law. For example, paralegals often provide certain types of assistance to lawyers in English-speaking countries. Spanish-speaking countries, on the other hand, do not use paralegals per se. Instead, less experienced attorneys known as 'pasantes' provide these types of services.

Chapter 2 concludes with a brief discussion of professional ethics. Most jurisdictions adopt a similar approach to the rules of professional conduct, but some differences do exist, particularly with respect to professional services provided to companies and the ability to promote legal services to clients. Bilingual lawyers operating internationally must also be aware of rules regarding the unauthorized practice of law in another country and use local counsel when necessary and appropriate.

El capítulo 2 analiza cómo las culturas legales, empresariales y sociales en los países hispanoparlantes se diferencian de las de los países angloparlantes, y describe diversas cuestiones relacionadas con la profesión de abogado. Entre otras, cómo una persona se convierte en abogado, la forma en que la profesión está estructurada y regulada, y cómo funcionan las reglas de conducta ética y profesional. En sucesivos capítulos se puede encontrar información más detallada sobre concretos aspectos de la práctica legal.

El capítulo comienza con la descripción de varias cuestiones sociológicas referidas a la actuación de los abogados y, en consecuencia, a sus normas profesionales. Por ejemplo, los países angloparlantes son considerados culturas de contexto bajo, lo que significa que tienden a depender principalmente de las palabras que transmiten. Los países de habla hispana, por el contrario, se caracterizan como culturas de contexto alto, lo que significa que los hispanohablantes se centran más en lo que está implícito y no declarado abiertamente en el discurso. Consecuentemente, la falta de comprensión de los aspectos culturales implícitos en el lenguaje puede ser peligrosa para el abogado internacional y dar lugar a importantes problemas de comunicación.

El capítulo 2 también aborda la diferencia entre culturas monocrónicas y policrónicas. Las culturas monocrónicas, entre las que se incluyen países de habla inglesa, valoran el estricto cumplimiento de los plazos y con frecuencia aprecian más la finalización de una tarea a tiempo que la creación de una relación personal. Por el contrario, las culturas policrónicas, entre las que se incluyen países de habla hispana, dan un alto valor a las relaciones sociales y adoptan un enfoque más flexible en relación con los plazos. Los abogados que no entienden estas normas culturales pueden inconscientemente ofender a sus clientes o compañeros de trabajo.

El capítulo 2 analiza asimismo la estructura de la profesión legal. Por ejemplo, Inglaterra tiene una 'división de barra' y cuenta con *solicitors* y *barristers*, mientras que los Estados Unidos tienen una 'barra unificada'. La situación en España es algo diferente debido a la existencia del procurador, profesión que no existe en los países angloparlantes. Además, los procuradores no realizan las mismas funciones en todos los países hispanohablantes. Estas diferencias básicas demuestran la relevancia para los profesionales que trabajan en varios idiomas de entender cómo los profesionales con formación jurídica operan en distintas jurisdicciones. De no ser así, los abogados pueden encontrarse con situaciones embarazosas y, además, pueden crear dificultades para el cliente.

Los países tienen diferentes puntos de vista sobre la capacitación para ejercer como profesional del derecho. La mayoría de los países requieren un grado o licenciatura en Derecho, seguido de un examen que permite a la persona la práctica de la abogacía en una región en particular (por ejemplo, en un único estado dentro de los Estados Unidos) o en un país en particular (como en España). Algunas jurisdicciones no condicionan la entrada a la profesión a la superación de un examen. Así, a los abogados mexicanos se les da el derecho a la práctica a través de una cédula expedida por el gobierno de cada estado mexicano.

Los países también tienen diferentes enfoques sobre los asistentes jurídicos o 'paralegals', es decir, personas que no pueden actuar como abogado de pleno derecho, pero que tienen cierta experiencia jurídica. Los asistentes legales suelen proporcionar asistencia a los abogados en los países de angloparlantes. Por el contrario, en países de habla hispana no se suele usar asistentes legales de forma generalizada, aunque los abogados menos experimentados, conocidos como 'pasantes', pueden proporcionar este tipo de servicios.

El capítulo 2 concluye con una breve discusión sobre ética profesional. La mayoría de jurisdicciones tienen un acercamiento similar a las normas deontológicas, pero existen algunas diferencias. En particular, respecto a los servicios profesionales prestados a las empresas, y a la habilitación para promocionar y publicitar los propios servicios legales entre potenciales clientes. Por último, los abogados que trabajan con más de una lengua y operan a nivel internacional también deben prestar atención a las normas que desautorizan una práctica jurídica en otro país, y recurrir a la asesoría jurídica local cuando es necesario y apropiado.

2.III CULTURAS JURÍDICAS, EMPRESARIALES Y SOCIALES

Esta sección en español del capítulo está dirigida a quienes no tienen el español como lengua materna. Los lectores para quienes el español sí es su lengua materna pueden comenzar su lectura en inglés en la página 17.

The Spanish-language portion of this chapter is meant to be read by those for whom Spanish is a second language. Readers for whom English is a second language should begin their reading on page 17.

2.III.1 Cuestiones culturales generales

Entre las culturas jurídicas, empresariales y sociales de las distintas jurisdicciones pueden existir diferencias sustanciales. Para ser un buen abogado hay que comprender estas diferencias culturales no escritas. Si ello no se consigue, no sólo las relaciones con clientes y compañeros de profesión se pueden deteriorar, sino que ello también puede derivar en dificultades materiales o éticas a la hora de ofrecer una adecuada asesoría jurídica.[15]

La comunidad legal es cada vez más consciente de los retos asociados a la representación jurídica intercultural,[16] y en la vanguardia de este debate están los abogados que prestan servicios en más de una lengua. Afortunadamente, se han identificado formas de clasificar el comportamiento humano que contribuyen a facilitar las relaciones interculturales.

Una manera de describir los grupos sociales es atendiendo a su estilo de comunicación. Por ejemplo, **culturas de contexto alto** se caracterizan por los métodos de comunicación indirectos y con frecuencia requieren un detallado conocimiento de la cultura circundante para poder determinar el significado de lo expuesto por el orador. Estas culturas de contexto alto típicamente favorecen las necesidades del grupo o las preocupaciones colectivas frente a las necesidades del individuo y le conceden un alto valor a las relaciones personales. Por el contrario, las **culturas de contexto bajo** normalmente se caracterizan por unas formas de comunicación más directas y explícitas. Estas culturas tienden, además, a ser más individualistas por naturaleza.

Aunque por supuesto siempre habrá variaciones individuales o regionales dentro de una determinada jurisdicción,[17] los países hispanoparlantes se consideran normalmente culturas de contexto alto, mientras que los países angloparlantes se clasifican típicamente como culturas de contexto bajo. Esta diferencia en el estilo de comunicación indica que los abogados trabajando con las dos lenguas necesitan estar especialmente sensibilizados frente a estas reglas culturales cuando trabajan con alguien de la otra tradición jurídica para poder superar las diferencias lingüísticas. Por ejemplo, los hispanoparlantes deberían evitar sentirse ofendidos si un angloparlante desea abordar las cuestiones de negocios inmediatamente, sin haber tenido previamente una conversación sobre cuestiones familiares o personales. De hecho, los angloparlantes pueden estar intentando ser educados cuando van directamente a los asuntos de negocio, ya que las culturas de contexto bajo a veces consideran que es grosero preguntar demasiadas cosas o 'malgastar' un tiempo precioso hablando sobre cualquier cuestión que no sea los negocios.

El mismo concepto de 'malgastar tiempo' es relevante, ya que otra forma de clasificar

---

[15] Ahmad (n 1) 999; Rathod (n 1) 886–89.
[16] La bibliografía en comunicación intercultural está llena de advertencias sobre una serie de cuestiones que van desde la etiqueta relativa a regalos de negocios y entretenimiento también de negocios, contacto físico, puntualidad, forma de vestir, forma de dirigirse, los papeles y servicios de abogados, etc. Morrison y otros (n 2). Algunas investigaciones se centran exclusivamente en las relaciones interculturales en un contexto legal. Bryant (n 2) 33; Gevurtz (n 2) 63.
[17] Por ejemplo, un número de estados en el sur de los Estados Unidos puede ser clasificado como de cultura de contexto alto en comparación con el resto de la nación. Y lo mismo puede decirse respecto de algunas regiones de España debido a la fuerte influencia de otros países europeos.

las distintas sociedades es justamente atendiendo a su percepción del tiempo.[18] Algunas sociedades adoptan una comprensión lineal del tiempo, valorando la progresión lógica de los eventos de una forma previsible y ordenada, habitualmente con una tarea que se concluye en un momento determinado. Los países angloparlantes habitualmente reflejan ese tipo de perspectiva, que es comúnmente denominada **monocrónica**. En cambio, otras culturas perciben que las tareas o acontecimientos suceden simultáneamente, de forma más relajada y orgánica. Se estima que estos grupos, que incluyen a muchos si no a todos los países hispanoparlantes, reflejan un enfoque policrónico del tiempo. Las sociedades **policrónicas** habitualmente le conceden una gran relevancia a las relaciones personales, a diferencia de lo que sucede en las sociedades monocrónicas, que habitualmente priorizan más la realización eficiente de la tarea pendiente.

Comprender estas diferencias culturales puede ayudar a los profesionales del derecho que utilizan ambas lenguas a desenvolverse con la misma pericia en estas dos tipologías de sociedades. Un hispanoparlante puede preferir operar de una forma policrónica, pero comprender las preferencias monocrónicas de un cliente angloparlante o de un compañero puede ayudar a evitar las tensiones en el ámbito laboral. Sin necesidad de que las partes sientan la presión de abandonar su forma natural de expresarse y comportarse, las tensiones se pueden eliminar si ambas partes hablan al comienzo del proceso sobre sus expectativas y sobre cuáles van a ser los procedimientos de trabajo habituales. Alcanzar un mutuo acuerdo suele ser la mejor opción. Por ejemplo, las sociedades policrónicas pueden asumir la importancia de los plazos si son conscientes de que ello es relevante para la relación en cuestión. En el mismo sentido, las personas procedentes de culturas monocrónicas pueden conseguir ser flexibles si son conscientes de que esa flexibilidad es una parte necesaria del proceso. En ambos casos, un conocimiento intercultural es la clave para logar una relación laboral fructífera.

Naturalmente, este tipo de investigación sociológica sólo produce generalizaciones y siempre es fácil hallar excepciones individuales. Adicionalmente, los países angloparlantes difieren entre sí, de la misma forma que lo hacen los hispanoparlantes. Los expertos consideran, por ejemplo, que los nativos de Estados Unidos, Australia y Canadá son de trato más fácil y menos formalista que los británicos. Ahora bien, esto es también una generalización, por lo que lo más adecuado es que los abogados que trabajen en más de una lengua valoren cada situación y cada relación de forma individualizada.

2.III.2 Formación jurídica y ejercicio de la profesión legal

A veces, un abogado con conocimientos de más de una lengua trabaja únicamente en el contexto de su propio sistema jurídico. Este tipo de situaciones suele ser relativamente sencillo para el abogado, dado que sabe cómo es el ejercicio de la profesión en su país. No obstante, estos abogados en ocasiones también tienen que colaborar con profesionales de su equipo o de la parte contraria que ejercen en otra jurisdicción, y estas conversaciones pueden ser complicadas si el abogado no comprende la forma en que está estructurada la profesión jurídica en ese otro país.

Los abogados angloparlantes pueden considerar que la comunicación con abogados

---

[18] Pumariega (n 4) 105.

hispanoparlantes es confusa dado que no en todas, pero sí en algunas de las jurisdicciones de *civil law*, se diferencia entre la profesión de **abogado** y la de **procurador**, y además, este último término no tiene un significado unívoco en todos los países. Así, la diferencia existe en España, donde el abogado ejerce la dirección y defensa de las partes en toda clase de procesos, y presta **consejo y asesoramiento jurídico**, en tanto que el procurador se limita a representar a los clientes en juicio, aunque no actúa en su defensa, sino que es una suerte de nexo entre los tribunales de justicia y los abogados. El procurador juega un papel complementario de la labor de estos últimos, ya que les auxilia en la recepción y entrega de escritos ante los órganos jurisdiccionales.[19] Por ello recibe desde el siglo XVIII la denominación de Procurador de los Tribunales, siendo obligatoria su presencia en la inmensa mayoría de los procesos civiles, en el proceso penal sólo cuando se abre juicio oral y en la jurisdicción contencioso-administrativa si la acción se entabla ante un órgano colegiado. Las competencias del procurador en España son, pues, muy diferentes a las que un procurador ejerce en otros países de habla hispana como es, en particular, el caso de México. Allí, la **Procuraduría General de la República** es parte del poder ejecutivo federal y entre sus tareas está la de investigar y perseguir los delitos del orden federal.[20] Esto es, se trata de una institución que podría equipararse a la Fiscalía General del Estado española,[21] muy alejada del referido Procurador de los Tribunales español.

La vía para llegar a ejercer la profesión de procurador en España es común a la del abogado en la medida en que ambos requieren un título en Derecho. Una vez obtenido el mismo, es cuando sus caminos divergen, aunque los requisitos que han de cumplir son paralelos. Hasta el año 2013, el acceso a las profesiones de abogado y procurador dependía de, además de la **licenciatura en Derecho**, la posterior colegiación en un **colegio de abogados** o **procuradores**, respectivamente. La modificación en el acceso a las profesiones de abogado y procurador ha venido condicionada por la participación de España en el proceso de Bolonia, cuyo fin primordial es establecer la cooperación intergubernamental en materia de educación superior, primero restringida a países de la Unión Europea, después abierta a otros, iniciándose el proceso de forma estable con la **Declaración de Bolonia** de la que toma su nombre.[22]

El proceso busca, de una parte, sustituir los tradicionales métodos de enseñanza por otros que potencien el aprendizaje cognitivo de los alumnos, lo que ha constituido una pequeña revolución en las facultades de Derecho españolas obligándolas a alejarse de la técnica memorística y a abrazar, entre otros, el **método socrático** propio de las universidades estadounidenses. De hecho y aunque muy tímidamente, también se están introduciendo las **clínicas legales** en España. De otra parte, el proceso está dirigido a facilitar el reconocimiento de los títulos emitidos por los distintos países; para hacer posible la portabilidad, se solicita a los Estados que acepten la división de los estudios en **grados** y

---

[19] LOPJ, arts 542–46. Abogados y procuradores se distinguen de los graduados sociales, quienes también pueden representar y defender legalmente a sus clientes en los procedimientos laborales y de Seguridad Social. Ibid art 545.3. A diferencia de los primeros, los graduados sociales no son licenciados en derecho.
[20] Sus competencias están especificadas en la Ley Orgánica de la Procuraduría general de la República (DOF 29.5.2009).
[21] Fiscalía General del Estado <www.fiscal.es>.
[22] Espacio Europeo de Educación Superior <www.eees.es/>.

másteres. Sin embargo, no impone más requisitos, por ejemplo, en cuanto a duración que, en España, ha sido de cuatro años, aunque la ley ha sido modificada recientemente para dar la opción de un grado en derecho de tres años. Desde octubre de 2013, el acceso a las profesiones de abogado y procurador exige, además, la obtención de un máster específico para cada una de ellas. Una vez en posesión de ambos títulos, el graduado en Derecho ha de superar un examen de carácter estatal para, finalmente, poder colegiarse y comenzar a ejercer.[23] La colegiación es, de momento, obligatoria.[24] Aunque, como veremos, no es un requisito que se pueda generalizar, en otros países hispanohablantes, como Argentina y Guatemala, la colegiación es también obligatoria.[25] Aún y cuando pueda ser conveniente a efectos prácticos, el abogado extranjero que desee ponerse en contacto con un abogado español no precisa dirigirse a uno inscrito en el colegio de abogados del lugar que tenga vínculos con el asunto que le preocupa, puesto que el ejercicio geográfico de la profesión se extiende a todo el Estado y no está limitado a una concreta demarcación judicial.

En la adaptación al nuevo sistema, las facultades de Derecho han reducido el número de admisiones. Es de esperar, por tanto, una reducción en el número de abogados, aunque ello será paulatino dado que en España ofrecen estudios jurídicos 73 universidades. De hecho, las facilidades imperantes en el acceso a la abogacía hasta el año 2013 justifican el dato de que España sea uno de los países de la Unión Europea con un mayor número de abogados. Ello no ha impedido que la percepción de la ciudadanía sobre la profesión sea muy positiva, influyendo el número en que la prestación de servicios sea homogénea a lo largo y ancho de España, sin diferencias apreciables entre áreas urbanas y rurales. La inmensa mayoría son abogados independientes, que trabajan solos o compartiendo gastos en **despachos** o **bufetes**. Aunque también existen grandes firmas que reúnen un número muy importante de abogados, siguiendo la estructura de los grandes despachos estadounidenses.

Los abogados extranjeros también son admitidos a la práctica española, pero el régimen de acceso depende de dónde hubieran obtenido su acreditación profesional. Aquellos que han accedido a la profesión en otros países de la Unión Europea o del Espacio Económico Europeo pueden tanto prestar ocasionalmente servicios jurídicos en España,[26] como

---

[23] Ley 34/2006, de 30 de octubre, sobre el acceso a las profesiones de abogado y procurador de los tribunales (BOE 31.8. 2006). Esta ley ha sido desarrollada por Reglamento de la Ley 34/2006, de 30 de octubre, sobre el acceso a las profesiones de abogado y procurador de los tribunales, aprobado por el Real Decreto 775/2011, de 3 de junio (BOE 16.6.2011), modificado por Real Decreto 150/2014, de 7 de marzo (BOE 8.3.2014). Más detalles en Laura Carballo Piñeiro, 'Legal Education in Spain: Challenges and Risks in Devising Access to the Legal Professions' (2012) 19 IJLP 339.

[24] En España hay 83 colegios de abogados repartidos por todo el territorio y que se agrupan dentro del Consejo General de la Abogacía Española o CGAE: <www.abogacia.es/>; y 67 colegios de procuradores agrupados dentro del Consejo General de Procuradores de España: <www.cgpe.net/portada.aspx>. Se han iniciado los trámites para aprobar en España una ley de servicios y colegios profesionales.

[25] Oscar Cruz Barney, 'La colegiación como garantía de independencia de la profesión jurídica: La colegiación obligatoria de la abogacía en México' (2013) 28 Revista Mexicana de Derecho Constitucional 85.

[26] Directiva 77/249/CEE, de 22 de marzo, dirigida a facilitar el ejercicio de la libre prestación de servicios por los abogados [1977] DO L 78/17, transpuesta a nuestro ordenamiento jurídico a través del Real Decreto 607/1986, de 21 de marzo, encaminado a facilitar el ejercicio efectivo de

hacerlo de forma permanente, en cuyo caso existen dos vías disponibles.[27] La primera le permite ejercer con el título del país de origen, pero ante tribunales tendrá que participar conjuntamente con un abogado español durante los tres primeros años tras su inscripción en un colegio de abogados; transcurridos los mismos, podrá ejercer plenamente. Debido al tiempo de espera, los extranjeros acuden preferentemente a la segunda vía que consiste en el reconocimiento del título profesional de abogado.[28] Cuando el abogado procede de un país distinto de los mencionados, la única vía posible es la homologación del título.[29]

El régimen de acceso a la profesión de abogado en México presenta importantes diferencias con el español, acentuadas por la participación en el proceso de Bolonia de España y por el hecho de que la competencia legislativa en España corresponde al Gobierno central. Por el contrario, la facultad de regular el ejercicio de la profesión de abogado en México pertenece a los Estados y no a la Federación.[30] Es por ello que actualmente existen 32 leyes reglamentarias del ejercicio profesional en los EUM (31 referidas a entidades federativas y la del Distrito Federal). Además, la colegiación de los abogados en México no es obligatoria –aunque esta situación puede cambiar en el futuro próximo si se llega a aprobar la Ley general para el ejercicio profesional sujeto a colegiación y a certificación obligatorias presentada en el 2014–.[31] Por ello, pese a existir en el país más de un centenar de colegios de abogados (**barras**), a estos colegios sólo están por el momento afiliados (**barristas**) un porcentaje muy reducido (aproximadamente, el 3%) de los abogados que poseen una cédula profesional. La posesión de una **cédula**, expedida por la Dirección de Profesiones de un determinado Estado o por la Dirección General de Profesiones del Distrito Federal,[32] habilita a su titular para ejercer como abogado.[33] Éste

---

la libre prestación de servicios de los abogados (BOE 1.4.1986), modificado por Real Decreto 1062/1988, de 16 de septiembre (BOE 21.9.1998), Real Decreto 1837/2008, de 8 de noviembre (BOE 20.11.2008) y por Real Decreto 103/2014, de 21 de febrero (BOE 10.3.2014).

[27] Directiva 98/5/CE, de 16 de febrero, destinada a facilitar el ejercicio permanente de la profesión de abogado en un Estado miembro distinto de aquél en el que se haya obtenido el título [1998] DO L 77/36, transpuesta en España mediante el RD 936/2001, de 3 de agosto, que permite el ejercicio en España con el título del país de origen (BOE 4.8.2001).

[28] Directiva 2005/36/CE, de 7 de septiembre, relativa al reconocimiento de cualificaciones profesionales [2005] DO L 255/22, transpuesta a nuestro ordenamiento interno mediante Real Decreto 1837/2008, de 8 de noviembre (BOE 20.11.2008).

[29] Real Decreto 967/2014, de 21 de noviembre, por el que se establecen los requisitos y el procedimiento para la homologación y declaración de equivalencia a titulación y a nivel académico universitario oficial y para la convalidación de estudios extranjeros de educación superior, y el procedimiento para determinar la correspondencia a los niveles del marco español de cualificaciones para la educación superior de los títulos oficiales de Arquitecto, Ingeniero, Licenciado, Arquitecto Técnico, Ingeniero Técnico y Diplomado (BOE 22.11.2014).

[30] CPEUM, art 50.2.

[31] Óscar Cruz Braney, 'El restablecimiento de la colegiación obligatoria de la abogacía en México: un paso necesario' (*CGAE*, 19.9.2014) <www.abogacia.es/2014/09/19/el-restablecimiento-de-la-colegiacion-obligatoria-de-la-abogacia-en-mexico-un-paso-necesario/>.

[32] El coste de emisión de dicha cédula en el DF es de aproximadamente 55 €. 'Requisitos nivel licenciatura' (*Secretaría de Educación Pública*, 26.6.2015) <www.sep.gob.mx/es/sep1/Nivel_Licenciatura>.

[33] Exponiendo la situación en México y abogando por la imposición de una colegiación obligatoria, Erick Iván Matamoros Amieva, *La Colegiación obligatoria de abogados en México* (Instituto de Investigaciones Jurídicas UNAM 2012) 101.

es en la actualidad el único requisito que se le exige a un licenciado en Derecho para poder ejercer como abogado en los EUM –no existe, por tanto, examen obligatorio para poder acceder a la colegiación–. No obstante, el licenciado extranjero que desee trabajar como abogado en México sí que deberá realizar una serie de trámites adicionales.[34]

Como en España, el perfil de los despachos de abogados mexicanos (bufete) es muy variado, yendo desde los despachos personalistas hasta las firmas que cuentan con un buen número de socios, asociados y **pasantes** (de 40 a 100 abogados, en la mayoría de los casos).[35] En el mercado legal mexicano también hay presencia de despachos de abogados extranjeros –estadounidenses o españoles, por ejemplo–. Ello está en consonancia con la fortaleza exportadora del país, que trae consigo la realización de un gran número de negocios jurídicos internacionales. Pese a que las encuestas determinan que la profesión de abogado es valorada negativamente en México[36] (recibiendo en ocasiones los abogados denominaciones despectivas como **buscapleitos**), un dato curioso es que el país celebra cada 12 de julio el 'Día del Abogado', en conmemoración de la primera cátedra de derecho de América, instaurada en la Real y Pontificia Universidad de México el 12 de julio de 1533.

En el ámbito de los estudios jurídicos, las diferencias con España son relevantes como se ha indicado. En territorio mexicano se contabilizan alrededor de un millar de instituciones de educación superior, privadas y públicas. Éstas emiten un título de licenciado en derecho que está autorizado por el Sistema Educativo Nacional y que, por tanto, habilita al **egresado** para solicitar la referida cédula profesional.[37] Ante tal variedad de oferta académica de licenciatura –muy amplia también en el ámbito de las **maestrías** y doctorados–, no existe homogeneidad en torno a las características, contenido y duración de estos estudios. No obstante, la mayoría de ellos suele tener una duración de 4 o 5 años y, con cada vez más frecuencia, la facultad impone la realización de una **tesis de licenciatura** o de un denominado **Examen General** como prerrequisito para obtener el título.[38] Existen voces críticas que apuntan que el modelo de enseñanza del derecho en México debe actualizarse, de forma que las bases del aprendizaje jurídico clásico –**clases magistrales**, estudio memorístico, etc.– se relativicen gracias a iniciativas como la concesión de mayor relevancia a métodos prácticos de aprendizaje –seminarios, prácticas, clínicas jurídicas, etc.–.[39] Ahora

---

[34] 'El ejercicio de la abogacía en México por abogados extranjeros' (*CGAE*, 20.12.2013) <www.abogacia.es/2013/12/20/el-ejercicio-de-la-abogacia-en-mexico-por-abogados-extranjeros/>.

[35] 'Las mejores firmas legales en México' (*Chambers Periódico Reforma*, 27.10.2014), <http://issuu.com/reformasuplementos/docs/chambers_isssuu>.

[36] 'La profesión legal y el pro bono: México' (*Red Pro Bono Internacional*, 8.4.2013), <http://redprobono.org/wp-content/uploads/2013/10/Mexico-Spn.pdf>.

[37] Matamoros Amieva (n 34) 102, Miguel Carbonell, '¿Cuántos abogados se necesitan en México?' (*CNN México*, 11.7.2013), <www.adnpolitico.com/opinion/2013/07/07/miguel-carbonell-demasiados-abogados>.

[38] Luis Fernando Pérez Hurtado, 'An Overview of Mexico's System of Legal Education' (2009) 1 Mexican Law Review New Series 54.

[39] Guadalupe Valenzuela Miranda, Jesús Miguel Maya Rodríguez y Andrea González Beltrones, 'Predomina el estilo reflexivo en estudiantes de la Licenciatura en Derecho de la Universidad de Sonora, México' (2011) 8 Revista Estilos de Aprendizaje 224; Alejandro Madrazo Lajous, '¿Cómo? ¿Para qué? Análisis y crítica al modelo tradicional de enseñanza del derecho en México' (2006) 4 Academia. Revista sobre Enseñanza del Derecho 167; Imer B Flores, 'Prometeo (des)encadenado: la enseñanza del derecho en México' (2006) Academia Revista sobre Enseñanza del Derecho 51;

bien, ha de tenerse en cuenta que el panorama académico mexicano está cambiando con rapidez, ya que muchas universidades mexicanas han desarrollado convenios de intercambio académico con facultades de derecho extranjeras –entre ellas, estadounidenses–, lo que favorece la movilidad internacional de estudiantes,[40] y el aprendizaje de otros sistemas jurídicos y de otras metodologías docentes,[41] de la misma forma que diversas facultades de derecho extranjeras realizan actividades académicas en territorio mexicano.[42]

2.III.3 Ética y secreto profesionales

Con independencia del idioma que estén hablando, los abogados siempre necesitan ser conscientes de cómo las reglas sobre ética y secreto profesional afectan a su trabajo. Los abogados angloparlantes que aconsejen a clientes locales en español están relativamente seguros, ya que la relación se somete a las reglas vigentes en el país del abogado. Sin embargo, los abogados que trabajen en un ámbito transfronterizo deberían saber cómo operan las reglas éticas y probatorias de la otra jurisdicción. El abogado no sólo quiere evitar cualquier problema que derive del ejercicio no autorizado en dicha jurisdicción extranjera, sino que también quiere saber si, y en qué medida, determinados documentos y comunicaciones pueden considerarse privilegiadas.

Cada país del mundo reconoce que ciertos tipos de comunicaciones entre abogado y cliente son privilegiadas. No obstante, el ámbito de ese privilegio puede variar considerablemente entre jurisdicciones.

Tanto México como España protegen las comunicaciones entre abogados y clientes, siempre y cuando se refieran al objeto de los servicios jurídicos. Consagrado constitucionalmente en España,[43] el **secreto profesional** no sólo se limita a la defensa legal, sino que también alcanza al consejo y asesoramiento jurídicos.[44] Como tal es un derecho y un deber del abogado que no ha de ceder ante requerimientos judiciales o administrativos, salvo en ciertos casos. El privilegio se extiende a todos los hechos y documentos de los que hayan sabido o recibido como consecuencia de su actuación profesional, y no se refiere sólo a

---

José María Serna de la Garza, 'Apuntes sobre las opciones de cambio en la metodología de la enseñanza del derecho en México' (2004) 111 Boletín Mexicano de Derecho Comparado 1047; Hector Fix-Zamudio, 'Algunas reflexiones sobre la enseñanza del derecho en México y Latinoamérica' (*Biblioteca Jurídica Virtual UNAM*, 1980), <http://biblio.juridicas.unam.mx/libros/1/247/5.pdf>.

[40] Marta Vides, Manuel Gómez y Luis Fernando Pérez Hurtado, 'The American Way: Los abogados latino-americanos como estudiantes de maestría en Estados Unidos de América' (2011) 130 Boletín Mexicano de Derecho Comparado 351.

[41] La interesante experiencia de impartir un curso de derecho trasfronterizo, ofertado simultáneamente en Universidades de Canadá, Estados Unidos y México es detallada en Barbara Atwood y otros, 'Crossing Borders in the Classroom: A Comparative Law Experiment in Family Law' (2005) 55 J Legal Educ 542.

[42] Luis Fernando Pérez Hurtado, 'Transnationalizing Mexican Legal Education: But, What About Students' Expectations?' (2009) 10 German LJ 767.

[43] CE, art 24.2.

[44] LOPJ, art 542.3. El secreto profesional se encuentra desarrollado en Estatuto General de la Abogacía (BOE 10.7.2001) arts 32.1, 34 (en adelante, EGA) y Código Deontológico de la Abogacía (CGAE <http://www.abogacia.es/wp-content/uploads/2012/06/codigo_deontologico1.pdf>), art 5. Véase también Código Deontológico de los Abogados de la Unión Europea (CGAE < http://www.abogacia.es/wp-content/uploads/2012/06/codigodeontologico.pdf>), art 2.3.

la relación abogado-cliente, sino que alcanza a las comunicaciones entre compañeros de profesión.[45]

Igualmente, en México el secreto profesional es un derecho del abogado ante los jueces y las demás autoridades mexicanas de forma que, 'llamado a declarar como testigo, debe el letrado concurrir a la citación y, con toda independencia de criterio, negarse a contestar las preguntas que lo lleven a violar el secreto profesional o lo expongan a ello'.[46] Su alcance se desprende de los códigos de ética de los colegios de abogados, que lo perfilan como un deber del abogado que sólo puede ser quebrantado en supuestos excepcionales (si el cliente le informa de su intención de cometer un delito, si el abogado ha de demandar al cliente por falta de pago de **minutas** o facturas, etc.).

Ahora bien, ha de puntualizarse aquí que, dado que la colegiación profesional no es obligatoria por el momento en México, no existe tampoco en este país un organismo público que supervise si los abogados desempeñan sus actividades profesionales de forma ética. La gran mayoría de los colegios de abogados de México poseen **códigos de ética** aplicables a sus miembros. Dichos textos suelen prever la imposición de sanciones disciplinarias o incluso la expulsión del abogado que incumpla las **pautas deontológicas** explicitadas por esa barra.[47] Sin embargo, y puesto que los colegios de abogados son instituciones privadas, estos no tienen potestad para imputar efectos civiles o penales al barrista que haya quebrantado esas reglas deontológicas. De ahí que, si la actuación del abogado es constitutiva de delito, haya que acudir a los tribunales alegando la violación del Código Penal Federal o de un Código de Procedimiento Penal estatal. En España y sin perjuicio de la intervención del derecho penal para castigar su infracción, el principio de autorregulación de la profesión está fuertemente asentado en la medida en que la colegiación es obligatoria y, por ello, el control lo ejercitan principalmente las juntas de gobierno de los colegios de abogados.

Así, cada jurisdicción define los elementos constitutivos de estos privilegios de forma diferente, de manera que será necesario emprender una investigación particular dirigida a averiguar si, y en qué medida, un documento o comunicación en concreto está cubierto por el secreto profesional en el correspondiente país. Ello es más confuso en un sector concreto, aquel que afecta al **abogado de empresa**, –esto es, el abogado que es un empleado de dicha empresa–. Actualmente, las jurisdicciones de *common law* no parecen dudar de la existencia de comunicaciones privilegiadas entre la empresa y su propio abogado si se cumplen determinados requisitos. Ello ya no sucede, por el contrario, en el contexto de la Unión Europea, donde se ha negado expresamente dicho privilegio en un caso en que el derecho inglés sí hubiese respetado el secreto profesional, y en el que se discutía la

---

[45] EGA (n 44), art 34.c).

[46] Códigos de ética de la Barra mexicana y de la Asociación Nacional de Abogados de Empresa (Barra Mexicana <http://www.bma.org.mx/>), art 10. Véase (n 47).

[47] Analizando tres colegios de abogados mexicanos que cuentan con un ámbito de representación nacional (Ilustre y Nacional Colegio de Abogados de México, Barra Mexicana y la Asociación Nacional de Abogados de Empresa), en los tres casos existen códigos de ética con las características explicitadas. 'Código de ética' (Ilustre y Nacional Colegio de Abogados de México) <http://www.incam.org.mx/codigoEtica-I.php>; 'Código de ética profesional BMA' (Barra Mexicana, Colegio de Abogados AC), <www.bma.org.mx/doc.php?cvetipodoc=2&cvedoc=158>; 'Código de ética de la Asociación Nacional de Abogados de Empresa' (Colegio de Abogados AC), <www.anadenet.com/docs/base/cetic/CODIGO%20DE%20ETICA%20Documento%20Completo.pdf>.

invocación de éste en el marco de una investigación sobre posible infracción del derecho de competencia de la Unión Europea.[48] Ahora bien, la citada restricción comporta establecer una diferencia clave entre los abogados de empresa y los demás, que afecta a la esencia de su profesión. Es por ello que en España la excepción impuesta por la Unión Europea y su Tribunal de Justicia se entiende en términos restrictivos, en el sentido de que el bien jurídico al que responde el derecho de competencia se impone al deber que subyace al secreto profesional, pero este último ampara al abogado de empresa en otros supuestos.

Las diferencias en cuanto al alcance del privilegio no son las únicas cuestiones que pueden plantearse en las relaciones jurídicas transfronterizas. Los abogados que trabajan con dos lenguas también han de tomar en consideración cómo las reglas de **ética profesional o responsabilidad profesional** varían de un país a otro. Por ejemplo, la publicidad que en España pueden hacer los abogados de sus servicios está sujeta a una serie de limitaciones, como la de dirigirse directamente a víctimas de accidentes ofreciendo sus servicios, y, en su caso, a control por parte de los colegios de abogados con el fin de garantizar que se trata de una publicidad digna y leal. En cambio, en México la situación es mucho más incierta al no existir colegiación obligatoria y, por tanto, control entre colegas de profesión.

Por otro lado, hay ciertas normas o convencionalismos éticos que no siempre están regulados en **reglamentos disciplinarios**. Por ejemplo, en el proceso civil el tratamiento de los testigos antes del juicio no suele estar recogido en los reglamentos disciplinarios de los colegios de abogados; sin embargo, aunque es común la preparación previa de las personas por parte del abogado tanto para la **prueba testifical** o **testimonial** como para los **interrogatorios de parte**, el abogado debe instar a decir la verdad a sus clientes o testigos. De no ser así, se pueden desprender graves consecuencias para clientes o testigos, ya que estos realizan un juramento de decir verdad y podrían ser sancionados si se descubre lo contrario. En todo caso, los jueces disponen de la facultad de la **libre valoración de la prueba**, por lo que si el abogado prepara a su cliente en 'exceso' y el juez lo percibe de ese modo, ello podría tener consecuencias en el resultado del proceso, pues la prueba perderá valor probatorio.

Ciertos formalismos también pueden ser importantes a la hora de desempeñar las reglas éticas de la profesión. Por ejemplo, en España cuando un cliente desea sustituir a su abogado en un caso en particular, el predecesor está obligado a conceder **la venia** o autorización al nuevo abogado o **letrado**. No deja de ser un formalismo, pero la falta de realización de actos de este tipo puede tener consecuencias jurídicas para la responsabilidad profesional del abogado en España.

PALABRAS CLAVE

- Abogado
- Abogado de empresa
- Asesoramiento jurídico
- Barra
- Barrista

---

[48] STJUE 14.9.2010, As C–550/07, *Akzo Nobel Ltd v Comisión Europea*; Stefanelli (n 13) 485.

- Bufete
- Buscapleitos
- Cédula
- Clase Magistral
- Clínica legal
- Código de ética
- Colegio de Abogados
- Colegio de Procuradores
- Declaración de Bolonia
- Despacho
- Egresado
- Ética profesional
- Examen General
- Grado en derecho
- Interrogatorio de parte
- Libre valoración la de prueba
- Licenciatura en derecho
- Maestría
- Máster
- Método socrático
- Minuta
- Pasante
- Pautas deontológicas
- Procurador
- Procuraduría General de la República
- Prueba testifical
- Prueba testimonial
- Reglamento disciplinario
- Responsabilidad profesional
- Secreto profesional
- Tesis de licenciatura
- Venia

PART II

SOURCES OF LAW

SECCIÓN II

FUENTES DEL DERECHO

3. Basic principles of comparative law – Principios básicos de derecho comparado

The English-language portion of this chapter is meant to be read by those for whom English is a second language. Readers for whom Spanish is a second language should begin their reading on page 65.

Esta sección en inglés es para quienes hablan inglés como segundo idioma. Los lectores que tienen el español como su segundo idioma deben empezar su lectura en la página 65.

3.I BASIC PRINCIPLES OF COMPARATIVE LAW

3.I.1 Introduction

A good bilingual lawyer must do more than speak a second language. He or she also needs a strong understanding of comparative law so as to be able to translate legal principles across national and linguistic borders. Although the need to appreciate other legal cultures is readily apparent when legal advice is being provided to a client in another country,[1] lawyers who work in a second language in their home jurisdictions must gain a similar type of comparative expertise, since their clients may come from foreign legal systems and may therefore be acculturated to different legal norms.[2]

Lawyers practicing in Spanish and English have a particularly difficult task because they operate across the **common law-civil law** divide. Although some legal systems reflect

---

[1] For example, if an Argentinian lawyer is advising a Canadian client about the creation of a subsidiary company in Argentina, then the lawyer may need to understand various legal principles applicable in Canada, since that will allow the Argentinian lawyer to: (1) discuss cross-border legal issues more intelligently with co-counsel or in-house counsel in Canada; and (2) communicate more clearly with the client by contrasting Argentinian law (which governs the question at hand) to Canadian law. This need for a comparative understanding arises even though the Argentinian lawyer is only advising the client on Argentinian law.

[2] For example, a lawyer in Mexico who is advising an English-speaking client about certain criminal charges that have been brought against the client in Mexico may not need to know the types of legal authority used in the client's home country, since the only law that is relevant is the law of Mexico. However, the Mexican lawyer needs to be able to explain Mexican legal concepts to the client and how those concepts may differ from the client's understanding of the law and the legal process. For example, if the client is from the US, he or she may think that the case will eventually be heard by a jury, since the US Constitution guarantees a jury trial in criminal cases. However, Mexico does not usually use juries in criminal cases. See Hiroshi Fukurai, Clark Robert Knudtson and Susan Irene Lopez, 'Is Mexico Ready for a Jury Trial? Comparative Analysis of Lay Justice Systems in Mexico, the United States, Japan, New Zealand, South Korea, and Ireland' (2009) 2 Mexican L Rev 1, 5.

elements of both legal traditions,[3] most English-speaking countries are part of the common law legal family while most Spanish-speaking countries follow the civil law tradition. As a result, lawyers who work in both Spanish and English must be aware of the various differences that arise between common law and civil law legal systems in addition to the distinctions that exist between countries that operate within the same tradition.

This phenomenon means that bilingual lawyers working in Spanish and English must acquire a number of skills that monolingual lawyers do not. For example, bilingual lawyers need to understand the different ways in which common law and civil law nations consider the sources and weight of legal authority; interpret and use those authorities; and approach scholarly commentary. These matters are taken up in depth in Chapter 4 (discussing legislation and the legislative process), Chapter 5 (discussing case law and the judicial process) and Chapter 6 (discussing scholarly commentary). However, those discussions will make more sense if they are set in a broader comparative context. Therefore, this chapter introduces certain foundational issues, including:

- key terms in comparative law;
- the development of the common law and civil law traditions; and
- practical implications of comparative law analyses.

3.1.2 Key Terms in Comparative Law

Like other legal specialties, comparative law has its own special **terms of art**. However, some of the standard terminology can be confusing, regardless of whether someone is working in their first or their second language. The difficulty arises because a number of terms can mean different things, depending on the context in which the words are found. Therefore, it is useful to discuss some of the more problematic phrases before undertaking a detailed analysis of the legal principles themselves.

One area of confusion involves the term **common law**. The phrase 'common law' is usually understood to mean a legal tradition that originated in England in the Middle Ages and has subsequently been adopted by a number of legal systems around the world. Countries that have embraced the common law tradition typically have a historic connection to England and are thus usually English speaking. The common law legal tradition can be contrasted with a number of other legal families, including the civil law legal tradition.[4]

Although it would seem easiest to identify common law countries on the basis of language alone, not all English-speaking nations are common law jurisdictions (and vice

---

[3] For example, the US state of Louisiana is considered a civil law legal system, as is the province of Quebec in Canada and the kingdom of Scotland in the UK, even though the US, Canada and the UK are generally described as common law jurisdictions. Conversely, some Spanish-speaking countries – most notably Colombia – have incorporated various common law elements into their legal systems, even though those countries are primarily seen as following the civil law tradition.

[4] Other legal families include the socialist legal tradition, which was at one time very important although its influence has waned in recent years, and the Shari'a or Islamic legal tradition, which has grown in importance over the last few decades. See Patrick Glenn, *Legal Traditions of the World: Sustainable Diversity in Law* (4th edn, Oxford University Press 2010).

versa).⁵ Instead, the only way to determine whether a particular country falls within the common law tradition is to analyse whether and to what extent judicial decisions are considered 'law' in that particular legal system.⁶ Although common law countries consider legislation to be an important source of legal authority, the hallmark of the common law legal tradition is the view that **judicial opinions** (often referred to as **case law**, since the legal principles are found in individual **cases** or disputes) constitute a distinct and important form of law, supplementing and in some cases supplanting **legislation**.⁷

The term 'common law' can be used in other ways as well. For example, courts, **commentators** and **counsel** often use the phrase 'common law' to refer to the body of law that is 'made' by **judges** rather than **legislators**. In some countries, particular areas of law (such as certain parts of **tort law** or **contract law**) remain largely or even entirely defined by judicial decisions rather than by **statutes**.

Another way of using the term 'common law' is in the phrase '**common law method**', which describes the mechanism by which judge-made law arises. This particular meaning is quite important to comparative lawyers, since it is impossible to appreciate the overall legal structure of common law countries without an understanding of how the common law method operates.⁸

Finally, the phrase 'common law' can be used to distinguish legal principles that developed in one set of English courts (the common law courts, which were traditionally governed by strict legal rules and procedures) from those that developed in a different set of English courts (the courts of **equity**, which were traditionally governed by more flexible rules of fairness).⁹ While most English-speaking nations have now combined their judicial systems so that a judge may apply the principles of either the common law or equity as necessary, some distinctions between the two systems remain relevant.¹⁰

Lawyers from Spanish-speaking countries must be careful not to confuse the term 'common law' with the Latin phrase *ius commune*.¹¹ Although the *ius commune* can be described as relating to the 'common law' of Europe, the *ius commune* did not originate in England but instead arose on the European continent during the Middle Ages as a result of widespread reliance on **Roman law**.¹² Over time, the principles of the *Corpus Juris Civilis* (which are discussed in more detail below) were refined and revised to produce what is now known as the *ius commune*. However, the work was done by commentators

---

⁵ See (n 3) (discussing Louisiana, Quebec and Scotland).
⁶ English law originally developed in the courts as judge-made law. See ATH Smith, *Glanville Williams: Learning the Law* (15th edn, Thomson-Reuters 2003) 22–23.
⁷ This issue is discussed more fully in Ch 5.I.4.
⁸ See Julie Bédard, 'Transsystemic Teaching of Law at McGill: "Radical Changes, Old and New Hats"' (2001) 27 Queen's L J 237, 268–70 (also discussing the role of bilingualism in legal education); Charles R Calleros, 'Introducing Civil Law Students to Common Law Legal Method Through Contract Law' (2011) 60 J Legal Educ 641; see also Ch 5.I.4.
⁹ See Smith (n 6) 22–23; see also Peter de Cruz, *Comparative Law in a Changing World* (3rd edn, Routledge-Cavendish 2007) 102.
¹⁰ For example, some remedies (such as monetary damages) are available only in cases involving common law claims, while other remedies (such as **injunctions**, which are judicial orders to do or not do a particular act) are associated only with claims in equity.
¹¹ See de Cruz (n 9) 59.
¹² See ibid 55–56.

rather than by courts, which is one way to distinguish the *ius commune* from the English common law.[13] Furthermore, unlike the English common law, the *ius commune* did not arise out of local customs and practices. To the contrary, continental judges relied on the *ius commune* precisely to avoid being limited to local law.[14] Finally, the *ius commune* did not achieve its legitimacy because of a system of binding **precedent** (judicial opinions) but instead relied on 'the existence of a "plurality of legal sources", which meant that courts were free to apply the law from a number of possible sources and, thus, from any book of authority'.[15]

Another term that is commonly used but often misunderstood is 'civil law'. Comparative lawyers often use the expression 'civil law legal system' as a means of identifying those countries that follow the Roman legal tradition. However, unlike the common law legal tradition, which is unitary in nature, the civil law legal tradition has two separate branches, one that is descended from the French Code Napoléon, which was enacted between 1804 and 1811, and one that is descended from the German Civil Code (Bürgerliches Gesetzbuch or BGB), which was promulgated in 1896 and which came into effect in 1900.[16] Comparative lawyers must be aware of the heritage of the legal systems they are studying, since countries following the French approach differ from countries following the German approach in some key regards.[17] Most Spanish-speaking countries are descended from the French Code Napoléon, although there has been a movement towards Germanic law in recent years, particularly in the area of **constitutional** and **criminal law**.[18]

The term 'civil law' can be used in other ways as well. One way is to contrast the 'civil law' to other bodies of law. Thus, for example, 'civil law' can be used to describe proceedings that are non-criminal in nature. The term can also be defined to mean **private law** more generally, thereby allowing private (civil) law to be contrasted to **public law**. Notably, this latter formulation is not used very often by English-speaking lawyers, since the common law does not distinguish between public law and private law as much as the civil law does.[19] The absence of a strong public-private distinction in English-speaking nations can be traced to the fact that the courts in common law countries tend to be unified, with the judges hearing both public and private matters and applying the same

---

[13] As will be discussed shortly, the English common law was generated by judges rather than by scholars.

[14] See de Cruz (n 9) 59.

[15] Ibid (citation omitted); see also *Hart v Massanari*, 266 F3d 1155, 1163–70 (9th Cir 2001) (discussing the role and development of the principle of precedent in the US and England).

[16] See Julio César Rivera, 'The Scope and Structure of Civil Codes: Relations With Commercial Law, Family Law, Consumer Law and Private International Law: A Comparative Approach' (2013) 32 IUS Gentium 3, 4. Sometimes French-influenced legal systems are said to fall within the Romanistic branch of the civil law tradition. See Konrad Zweigert and Hein Kötz, *An Introduction to Comparative Law* (Tony Weir trans, 3rd edn, Oxford University Press 1998) 132.

[17] The French civil code has been said to be 'based on the principles of rationalism and ius-naturalism, whereas the [German code] is scientific, technical, and heavily influenced by the Pandectist system'. Maria Luisa Murillo, 'The Evolution of Codification in the Civil Law Legal Systems: Towards Decodification and Recodification' (2001) 11 J Transnatl L and Poly 163, 168.

[18] See MC Mirow, 'The Code Napoléon: Buried But Ruling in Latin America' (2005) 33 Denver J Intl L and Poly 179, 179.

[19] See de Cruz (n 9) 77.

law to both types of disputes.[20] Although some English-speaking countries, such as the US, have experienced an increase in the importance of **administrative law** and the use of administrative law judges, agency determinations are still subject to principles developed in generalized, rather than specialized, courts.[21]

Some jurisdictions, particularly those that are influenced by the French legal system, use the term 'civil law' to refer to those matters that were originally contained within the French Civil Code of 1804.[22] These countries often consider **commercial law** (which arose later) to be an entirely separate area of law, governed by its own code and administered by its own special courts. This approach is not consistent with the practice of most English-speaking jurisdictions, which do not distinguish commercial law from other types of private law.[23]

The last term to be discussed in this section is the word '**code**'.[24] Lawyers trained in Spanish-speaking countries usually equate the term 'code' with a highly systematized collection of legal principles broken into various **books** or **parts** and organized in a logical manner so as to deal comprehensively with all or most legal questions that might arise. In these sorts of legal systems (ie, civil law systems), the code is the best or perhaps only source of law concerning certain issues.

Common law lawyers do not understand the term 'code' in quite the same way. A number of English-speaking countries, including but not limited to the US, have enacted various groups of laws that are also referred to as 'codes', although these compilations tend to be limited to specific areas of law, such as criminal or **insolvency (bankruptcy) law**. Furthermore, these types of code are usually not drafted so as to provide an objective, forward-looking response to all possible legal issues. Instead, codes in common law countries are usually enacted to systematize pre-existing law (which is usually largely or entirely made up of common law (judge-made) principles) and may not be intended to be comprehensive in nature. Furthermore, common law codes are often adopted piecemeal over time, rather than pursuant to a single legislative effort.

Perhaps the most striking attribute of common law codes is that they do not stand as the only source of authority with respect to the issues governed by the code.[25] Instead, the meaning of the code is supplemented and illuminated by judicial decisions that are considered binding on future disputants.[26] Furthermore, the methods that common law judges use to interpret and apply legislation differ from methods used by civil law judges, sometimes quite significantly.[27]

---

[20] See Ibid 46–47; see also Ch 5.I.2.
[21] See Ch 5.I.2.
[22] See de Cruz (n 9) 47.
[23] Although some English-speaking jurisdictions have separate commercial courts, this practice is usually adopted as a matter of judicial efficiency rather than as a result of a conceptual distinction relating to the subject matter at issue.
[24] See Ibid 48.
[25] See Ch 4.I.4 (regarding codes in the US); see also Ch 5.I.4 (discussing the way in which case law supplements legislation). England has codified far fewer areas of law, although recent efforts have been made in the area of civil and criminal procedure. See Chs 4.I.2, 4.I.4 (regarding English procedural codes).
[26] See Ch 5.I.4 (regarding judicial decisions relating to statutes).
[27] See Ch 4.I.5 (regarding statutory interpretation); S.I. Strong, 'Writing Reasoned Awards in

3.I.3 The Development of the Common Law and Civil Law Traditions

Perhaps the best way to appreciate contemporary differences between the common law and civil law is to understand how and why each legal tradition developed as it did. Doing so allows courts, counsel and commentators to move past superficial analyses and see how each system reflects 'a set of distinctive legal sources, ideologies, doctrines, [and] institutions' as well as 'a distinctive mode of legal thought'.[28]

Some commentators have recently claimed that many of the distinctions between the common law and civil law traditions are breaking down, which might suggest that a historical analysis is unnecessary.[29] Certainly it is true that legislation is becoming increasingly important in common law countries,[30] while a variety of civil law nations have adopted procedures, such as the **cross-examination** of **witnesses**, that have long been considered hallmarks of the common law.[31]

While some convergence may be occurring, the common law and civil law still reflect a number of core differences.[32] Lawyers working in both Spanish and English need to be aware of these areas of conflict so as to provide adequate advice to their clients. The following subsections therefore outline the evolution of first the common law and then the civil law to explain why these differences exist and persevere.

3.I.3.1 History of the common law

As indicated previously, the common law legal system originated in medieval England and spread throughout the world as a result of English political, military and commercial influence.[33] While most English-speaking nations were at one time part of the British

---

International Commercial Arbitration: Embracing and Exceeding the Common Law-Civil Law Dichotomy' (2015) 37 Mich J Intl L 1, 13–20, 37–39 (hereinafter Strong, 'Common Law-Civil Law').

[28] De Cruz (n 9) 100 (emphasis omitted) (describing the common law); see also William Ewald, 'Comparative Jurisprudence (I): What Was It Like to Try a Rat?' (1994–95) 143 U Pa L Rev 1898, 1891 (discussing how best to understand foreign legal systems); Catherine Valcke, 'Comparative Law as Comparative Jurisprudence – The Comparability of Legal Systems' (2004) 52 Am J Comp L 713, 720.

[29] See Mariana Pargendler, 'The Rise and Decline of Legal Families' (2012) 60 Am J Comp L 1043, 1073.

[30] See Gunther A Weiss, 'The Enchantment of Codification in the Common-Law World' (2000) 25 Yale J Intl L 435, 531–32. Indeed, the increasing emphasis on legislation has caused some commentators to suggest that the US can no longer be considered a purely common law jurisdiction. See Guido Calabresi, *A Common Law for the Age of Statutes* (1982) 1.

[31] See Justin Brooks, 'Redinocente: The Challenge of Bringing Innocence Work to Latin America' (2012) 80 U Cin L Rev 1115, 1119; see also Organization of American States, Office of the Assistant Secretary of Legal Affairs, *Judicial Reforms of Criminal Justice in Latin America* 6, available at <www.oas.org/legal/english/osla/judicial_reform.doc>.

[32] More detailed reading on Latin American developments can be found in Jan Kleinheisterkamp, 'Development of Comparative Law in Latin America' in Mathias Reimann and Reinhard Zimmermannn (eds), *The Oxford Handbook of Comparative Law* (Oxford University Press 2008) 261.

[33] Although England and the US are the most well-known common-law countries, many other jurisdictions, including Canada, Australia, New Zealand, India, Pakistan and various countries in South East Asia and Africa, also reflect a common law legal heritage.

Empire,[34] many of these countries have now declared their independence from the UK.[35] However, a number of former colonies have remained loyal to the common law legal tradition even if they are no longer politically linked to England;[36] 53 retain ties to each other and to the UK through the **Commonwealth of Nations**.[37]

Most if not all of the unique qualities of the common law tradition arose through historical accident rather than through forethought and planning. As a result, commentators have claimed that '[m]ore than any other legal system now in force, English law demands a study of its historical origins' if it is to be properly understood.[38] Although it is impossible to provide a full history of the common law here, a few points will help demonstrate why English-speaking jurisdictions operate as they do.

The term 'common law' developed as a means of distinguishing between the law administered by the king and therefore common throughout England (ie, royal or common law) from local law developed and administered by the various feudal lords (manorial law).[39] Historians date the beginning of the common law at around 1300 CE, by which time the king had established three permanent central courts (the Court of Exchequer, the Court of Common Pleas and the Court of King's Bench). The common law was also used by itinerant judges who travelled around the country dispensing justice in the name of the king. Although the common law did not attempt to supplant local systems of law, the procedural superiority of the royal courts led litigants to prefer to proceed under the common law whenever possible, which allowed the common law to gain in strength and importance over time.

As the common law evolved, certain distinctive features developed. One of the hallmarks of the early English common law was its focus on procedure rather than substance. Causes of action had to fall within one of the various types of 'writs', which were extremely technical in form and which were issued in the name of the **Crown**. Matters that failed to fall within the parameters of an established writ were dismissed without any regard to the content or the merits of the claim.

The harshness of the common law led the **Lord Chancellor** (the highest administrative

---

[34] At one time, the British Crown held a vast empire encompassing peoples from all over the world, including North America, Australia, New Zealand and parts of both Asia and Africa.

[35] As indicated in Ch 1, England is but one part of the UK. Although English law governs in both England and Wales (another constituent element of the country), other parts of the UK are governed by different law. Thus, Scotland is governed by Scottish law, which has its origins in civil law. The discussion in this book focuses on the English common law, which originated in the kingdom of England.

[36] Although comparativists speak of the common law as if it were a single unity concept, each common law country has adapted the basic parameters of the common law to meet local needs. See Chs 4–8.

[37] See The Commonwealth <http://thecommonwealth.org/>.

[38] Zweigert and Kötz (n 16) 181.

[39] See William Ewald, 'James Wilson and the Scottish Enlightenment' (2010) U Pa J Const L 1053, 1067–69. Although the common law has developed virtually free of foreign influences since the Middle Ages, that situation changed in 1973, when the UK joined the **European Union** (then called the European Community). Although European law is said to be restricted in its application by the principle of **subsidiarity**, European law is having an increasingly important influence on English law, both in terms of content and procedure. See Adrian Briggs, *Private International Law in English Courts* (Oxford University Press 2014) 22.

official in the land and the 'keeper of the King's conscience') to provide occasional relief 'for the love of God and in the way of charity'.[40] Such disputes were heard by the Chancellor as a matter of equity and were determined on the basis of fairness rather than formality. Because disputes in equity were not part of the common law, they were not subject to the strict **rules of evidence** and **pleading** used in common law courts. Over time, the responsibility for hearing cases in equity moved from the Chancellor to the newly created Court of Chancery.[41]

The courts of law and equity ran in parallel until 1873, when Parliament combined the two systems of justice, thereby allowing judges to hear both types of concerns.[42] However, by that time, equity had established itself as distinct from the common law. For example, equity could provide plaintiffs with various **remedies** not available as a matter of law. Some of the more well-known forms of **equitable relief** include **injunctions** (judicial **orders** to a party to do or not do something) and **specific performance** (a judicial order to complete a **contract** as written rather than pay monetary **damages** for **breach**). Equity also developed a novel means of transferring property through a mechanism known as a **trust**.

Another hallmark of the early English common law was the development of a body of **jurists** who were trained not in universities (as was common on the European continent) but in professional organizations known as the **Inns of Court**, of which four remain in operation today (**Lincoln's Inn**, **Gray's Inn**, **Inner Temple** and **Middle Temple**). Traditionally, the senior members of the Inns of Court (**benchers**) were responsible for deciding not only who would be allowed to join the profession but also how those young candidates were trained.[43] The legal education devised by the benchers focused on practical skills, with young lawyers engaging in **moot** arguments judged by benchers and attending practically (rather than theoretically) oriented lectures given by the benchers. None of these activities was sponsored or overseen by state officials.[44]

The medieval emphasis on practical education led to the development of one of the most important features of the English common law, namely the emphasis on individual case analysis. Unlike the civil law, which uses deductive reasoning to move from general principles of law to particular outcomes in specific cases, the common law uses analogical or inductive reasoning to generate general principles of law as a result of legal conclusions generated in large numbers of individual disputes.[45] Thus:

---

[40] Zweigert and Kötz (n 16) 187.
[41] See Timothy S Haskett, 'The Medieval Court of Chancery' (1996) 14 L and History Rev 245.
[42] See Supreme Court of Judicature Act 1873. Reforms of this era also eliminated any vestiges of the highly formalized writ system.
[43] Although the distinction between barristers and **solicitors** was not formalized until the sixteenth century, there had long been a recognition that some lawyers worked with parties (attorneys or *attornati*) and some pled the case orally in court (pleaders or *advocati*). See Zweigert and Kötz (n 16) 191. Today, only barristers are members of the Inns of Court. Solicitors in England have their own professional organizations, primarily the **Law Society**.
[44] Today, of course, universities play a large role in the education of lawyers in England. For more on the education of lawyers in England, see Ch 2.II.
[45] This approach has been said to be bottom-up, rather than top-down, which is the civil law method. See Bédard (n 8) 269–70.

[l]egal practitioners did not aim ... to produce reasoned structures but rather lists of contracts and actions which would be useful in practice because they suited the typical and recurrent particular needs of litigants. This produced ... 'cautelary jurisprudence' ... Such ideas as [this system] produced were linked to fact situations which were ... concrete, recognizable, current, and quotidian. ... When legal practice and teaching are purely empirical, legal thinking always moves from the particular to the particular. ...[46]

As a result, comparativists have conceptualized the common law perspective as

habitually look[ing] at things in the concrete, not in the abstract; ... [and] put[ting] its faith in experience rather than in abstractions. It is a frame of mind which prefers to go forward cautiously on the basis of experience from this case or that case to the next case, as justice in each case seems to require, instead of seeking to refer everything back to supposed universals. It is a frame of mind which is not ambitious to deduce the decision for the case in hand from a proposition formulated universally ... It is the ... habit of dealing with things as they arise instead of anticipating them by abstract universal formulas.[47]

Another feature of the common law that is related to the emphasis on individual case analysis involves the principle of precedent, which states that a judicial decision will **bind** (control) the outcome of future disputes if the two cases are sufficiently similar and if the earlier decision was rendered by a court that is superior to the second court.[48] The concept of *stare decisis* ('let the decision stand' or 'to stand by things decided') is closely related to the notion of precedent, in that *stare decisis* presumes that a principle enunciated in an earlier decision will stand (ie, be considered precedential) unless there is good reason to overturn the underlying rule of law.[49]

The notion of precedent was not well developed in the very early days of the common law. Indeed, it was not until the late nineteenth century that courts began to impose upon themselves a strict duty to follow previous case law.[50] However, the rules of precedent are now firmly embedded as a defining principle in all common law countries.

The principle of precedent has often been rationalized in terms of predictability and fairness. Establishing a series of binding legal decisions allows people to understand what is expected of them so that they may adjust their behaviour accordingly. Because case law provides advance notice of the required standard of conduct (just as legislation does), courts can justly impose **civil liability** or **criminal penalties** when parties do not comply with established norms.

Another way to explain the development of the principle of precedent in the common law is by referring to the structure of the English legal profession in the Middle Ages. As noted previously, young lawyers were trained during the medieval period by the senior

---

[46] Max Weber, *Wirtschaft und Gesellschaft* (4th edn, 1956) 457, as translated in Zweigert and Kötz (n 16) 193.
[47] Roscoe Pound, 'What Is the Common Law' in *The Future of the Common Law* (Harvard University Press 1937) 3, 18, as cited in Zweigert and Kötz (n 16) 259.
[48] See Ch 5.I.2 (discussing hierarchy of courts in English-speaking countries). In some cases, courts can consider themselves bound by their own previous decisions under the **self-binding rule**. See Ch 5.I.5.
[49] See Colin Starger, 'The Dialectic of the Stare Decisis Doctrine' (2013) 33 IUS Gentium 19 (discussing stare decisis and precedent in the context of the US Supreme Court).
[50] See Zweigert and Kötz (n 16) 260.

members of the Inns of Court rather than by representatives of the state or scholars resident in a university. This type of system can encourage a certain amount of legal conservativism, since established lawyers have a vested interest in perpetuating well-known legal principles and procedures. Legal innovation is often seen as something to be avoided except in unusual cases. However, the common law approach can be flexible when the need arises, thereby allowing for incremental change in response to changing social mores and circumstances.

The historic reliance on precedent was further reinforced by the fact that judges in the Middle Ages were usually selected from the ranks of practicing lawyers. This practice, which continues to the present day in many common law countries,[51] further solidified the power and influence of the senior members of the bar and increased support for the development of the principle of precedent.

Comparativists have thus concluded that:

> [t]he civilian naturally reasons from principles to instances, the common lawyer from instances to principles. The civilian puts his faith in syllogisms, the common lawyer in precedents; the first silently asking himself as each new problem arises, 'What should we do this time?' and the second asking aloud in the same situation, 'What did we do last time?' . . . The instinct of a civilian is to systematize. The working rule of the common lawyer is *solvitur ambulando*.[52]

Understanding the role of precedent in the common law also helps explain a number of practices that are standard in English-speaking jurisdictions but that seem unusual to Spanish-speaking lawyers. For example, the common law method of reasoning by analogy from a wide range of potentially relevant legal decisions explains why judicial decisions in common law countries are so long and so focused on factual concerns.[53] Judges have to describe earlier cases in detail both to demonstrate why the outcome is required in the current matter and to provide guidance to future judges who may face a similar question of law. Because the common law can only be established within the context of a particular factual scenario, judges focus on issues of fact as much as issues of law.

The concept of precedent also explains why common law decisions refer to so many different cases. The unique nature of every legal dispute means that no single case can embody all of the relevant legal principles. Instead, the 'law' must be gleaned from several different opinions which each shed light on a different aspect of the issue **at bar** (in dispute). Even if the dispute falls within the scope of some legislative enactment, the court must consider any judicial glosses that have been made to the statutory language.

Although all common law countries embrace the core principles of the common law method, every nation's legal system differs slightly as a result of that jurisdiction's own unique social and political history.[54] Thus, for example, some English-speaking nations cannot be considered 'pure' common law systems but instead reflect what is called a mixed

---

[51] See S.I. Strong, 'Judicial Education and Regulatory Capture: Does the Current System of Educating Judges Promote a Well-Functioning Judiciary and Adequately Serve the Public Interest?' (2015) J Disp Resol 1.

[52] Thomas Mackay Cooper, 'The Common Law and the Civil Law – A Scot's View' (1950) 63 Harv L Rev 468, 470.

[53] See Strong, 'Common Law-Civil Law' (n 27).

[54] For example, those territories that were politically organized at the time the English arrived

or hybrid approach. In these jurisdictions, common law features exist in harmony with elements that are more typical of the civil law,[55] chthonic (indigenous customary) law,[56] and/or religious law.[57]

3.I.3.2 History of the civil law

Most lawyers trained in Spanish-speaking countries will have been exposed to the history of the civil law as a part of their legal education. However, it may be helpful to discuss the evolution of the civil law so as to identify and explain certain key differences between the common law and the civil law.

The civil law legal tradition, like the common law tradition, has ancient roots. Although the civil law is often said to be based in Roman law, subsequent developments in European intellectual and political history have had an equally significant part to play in the evolution of the civil law legal tradition.

The body of legal principles that is now understood to constitute 'Roman law' developed in two separate historical periods. The first phase arose during the time of the Roman Empire and ended with the Emperor Justinian (527–565 CE). After the collapse of the Western portion of the Roman Empire, Justinian decided to compile and systematize all of the existing forms of Roman law into the *Corpus Juris Civilis*. The *Corpus Juris*, as the work is commonly known, featured four constituent elements: the *Institutes* (also known as the Institutions), a comprehensive treatise of the law aimed at law students and based on an earlier text by the same name written by a second-century Roman jurist known as Gaius (Caius); the *Digests* (*Pandects*), a compilation of writings from Roman jurists from various periods and arranged under various **titles**; the *Codex*, a collection of imperial enactments, including judicial opinions, arranged chronologically within each particular title; and the *Novels*, a compilation of imperial legislation promulgated by Justinian himself.

As the remaining portions of the Roman Empire fell into disarray over the following centuries, Roman law fell into disuse. However, the study of Roman law was revived in the Middle Ages as a result of several highly influential university lectures concerning the *Corpus Juris*.[58] The lectures took place in Bologna, Italy, which was home to the first modern European university with a major faculty in law. Interest and competence in Roman law spread throughout Italy and eventually to other regions as students returned

---

usually retained at least some of their existing legal structures and grafted those procedures onto the common law. See Zweigert and Kötz (n 16) 220.

[55] For example, South Africa has a strong civil law influence as a result of its historic ties with the Netherlands. See Kenneth GC Reid, 'The Idea of Mixed Legal Systems' (2003) 78 Tul L Rev 5.

[56] For example, Ghana reflects a mixed common law-chthonic law system. See Julie A Davies and Dominic N Dagbanja, 'The Role and Future of Customary Tort Law in Ghana: A Cross-Cultural Perspective' (2009) 26 Ariz J Intl and Comp L 303, 305–09; Glenn (n 4) 60 (discussing chthonic law).

[57] For example, Nigeria has attempted to blend the common law and personal religious law, including Shari'a law. See Abdulmumini A Oba, 'Religious and Customary Laws in Nigeria' (2011) 25 Emory Intl L Rev 881, 889–91.

[58] Scholars have identified a number of possible reasons for the renewed interest in Roman law. See de Cruz (n 9) 56–57.

to their home jurisdictions.⁵⁹ Because experts in Roman law were held in high esteem, they were often appointed to prestigious political and judicial positions, further solidifying the influence of Roman law.

Although medieval universities were ostensibly teaching Roman law, the emphasis was not on the law as Justinian had known it. Instead, the meaning of the Roman law was illuminated by glosses and commentary on the original text. Eventually, the medieval version of Roman law, which included the *Corpus Juris* as well as the various glosses and commentary, was widespread and well known enough to be considered one of the major components of the *ius commune* of continental Europe.⁶⁰

Both the French and the German branches of the contemporary civil law tradition owe a great deal to their Roman roots. Indeed, this common ancestry explains how and why the two legal systems are so similar. However, the intellectual, social and political forces of the nineteenth century affected the two countries slightly differently, which led to corresponding differences in the two codes. A brief comparison of the two jurisdictions will demonstrate the reasons for and scope of these distinctions.

The Code Napoléon is comprised of five different codes enacted between 1804 and 1811: the Civil Code, the Code of Civil Procedure, the Commercial Code, the Penal Code and the Code of Criminal Procedure. The Civil Code was the most influential of these, largely because:

> [t]he Civil Code presented the law in clear, concise and readily understandable language, addressed to the average citizen of France. It is a novel piece of substantive law, which . . . created a unified law for the whole country. Its drafters declared that the Code is a collection of rules of civil law in that it derives from Roman law as it was practiced in France . . . . However, it did not simply reproduce Roman law and there were obvious differences between the Code's approach to certain legal concepts and that of the previous interpretation of Roman law.⁶¹

The Civil Code is composed of three 'Books' which follow the basic structure of Gaius's *Institutes*. Book One deals with matters of personal law, including questions relating to marriage, divorce and minors; Book Two with property; and Book Three with the methods of acquiring property, including gifts, succession law, contract, obligations, sales, leases and other related matters. Each Book is divided into individual titles, which are themselves broken down into individual chapters. The Civil Code also includes a preliminary title that describes the general purpose of the Code. Although the Civil Code has been revised and modernized over time so as to take changing circumstances into account, the basic framework has remained unchanged since 1804.

The Civil Code is considered a primary source of law in the French system, along with the Constitution, various regulations and general principles of law and custom. Other legal materials, including judicial decisions, commentary, textbooks and decisions

---

⁵⁹ During this time period, Italy became the centre of higher education on the European continent. For example, scholars suggest that there were approximately 10,000 students in Bologna in the middle of the twelfth century, which is approximately when the first lectures on the *Corpus Juris* occurred. See ibid 57.
⁶⁰ The *ius commune* included other elements, such as canon law.
⁶¹ Ibid 65–66.

of foreign courts with a similar legal system, are deemed to be of only secondary importance.[62]

France's approach to legal authority reflects certain key differences from the common law. Not only does France place codified law above judicial opinion in terms of importance,[63] it also ranks scholarly commentary above case law. Furthermore, judicial opinions in France are not considered binding on future courts, as is the case in common law jurisdictions. Instead, judicial decisions constitute only persuasive authority.

This is not to say that judges in France disregard earlier court decisions. Indeed, 'there is a strong tendency on the part of French judges to follow precedents, particularly those of the higher courts', for a variety of reasons ranging from judicial efficiency to predictability.[64] However, higher level French courts (such as the Court de Cassation) seldom if ever refer to previous judicial decisions. As a result, French legal decisions are relatively terse in style, particularly when compared to English judgments, and it can be somewhat difficult to follow the legal reasoning behind the judgment, which is often written in a very formal and stylized manner.

Many of the principles found in the French Civil Code have their roots in the philosophy of the French Revolution. Not only is the Civil Code written so that the average person can understand it, but those institutions that were most closely aligned with the elite (most notably, the **judiciary**) are made subordinate to institutions that were seen as reflecting the will of the people (ie, the **legislature**). Although the generality of the Civil Code allowed (and continues to allow) judges to exercise some discretion in order to respond to unforeseen circumstances, the structure of the French legal system is such that the courts will always be secondary to the will of the legislature. While judges in common law legal systems are also ultimately subject to the democratic process,[65] courts are given a great deal more respect and autonomy and are even entrusted to 'make' law in jurisdictions governed by the common law. Civil law judges, on the other hand, are only enabled to 'discover' the law that has been made by legislators.

Another way in which French law can be distinguished from the common law involves the way key legal principles were transmitted to other countries. In most cases, the common law spread as a result of English colonization, trade and conquest.[66] However, the reception of the Civil Code:

---

[62] See Ibid 69.
[63] Some common law jurisdictions follow the doctrine of **parliamentary supremacy**, which holds that a court may never invalidate legislation. See Ch 4.I.3. However, other common law jurisdictions allow courts to strike legislation that is unconstitutional. See Ibid.
[64] De Cruz (n 9) 70.
[65] Although some common law courts can invalidate legislation that is unconstitutional, other common law judges are only allowed to interpret and apply statutory enactments. See Ch 4.I.3 (discussing parliamentary supremacy).
[66] Some commentators have suggested that the US has attempted to spread common law ideals to other countries in recent years through the 'exportation of law' or 'legal imperialism'. See Eric Gillman, 'Legal Transplants in Trade and Investment Agreements: Understanding the Exportation of Law to Latin America' (2009) 41 Geo J Intl L 263, 266, 272–73, 294–96; Leo Gross and Seymour J Rubin, Book Review, 'Legal Imperialism: American Lawyers and Foreign Aid in Latin America' (1982) 76 Am J Intl L 196, 196–98.

is attributable not only to the political power of the French Empire, or to the spiritual influence of French civilization, but also in a great measure to the merits of the Code civil itself; for in the nineteenth century the Code enjoyed intellectual authority and an almost supernatural appeal as the Code of the Great Revolution, which had abolished the *ancient régime* and produced for the first time legal unity and equality for the citizens of a centrally organized national state. Nor must one forget that the spread of the Code civil throughout the world was greatly helped by its admirable language and the easy flexibility of its express, in brief, by its very quality.[67]

These attributes led to numerous countries, including many in Latin America, using the French Civil Code as a model for domestic legislation. However, recent years have seen a number of Spanish-speaking countries moving away from certain attributes of French law.[68] For example, 'the procedural devices that many Latin American countries are offering their citizens to enable them to challenge actions on constitutional grounds[] has served to increase the power of judges and reduce the formalism often instilled in judges by traditional civil law training'.[69]

As influential as French law has been in Spanish-speaking countries, the German branch of the civil law has also made its mark, particularly in recent years.[70] However, the German approach to law differs from the French model in several significant ways. Many of these differences can be traced back to Germany's unique political, social and intellectual history.

In many ways, Germany would not appear to have been a likely candidate for creating one of the world's great civil law systems, since the region now known as Germany did not have any significant contact with Roman law until relatively late (around the middle of the fifteenth century). However, the effects of Roman law in the German-speaking world were much greater than in France, largely as a result of the fragmented political environment that existed in Germany at that time. Not only did the absence of any well-established indigenous legal system create a vacuum which Roman law could fill, but Roman law was considered culturally acceptable due to the perception that the Holy Roman Empire was the successor of imperial Rome.[71]

German and French law were both deeply affected by the philosophy of the Enlightenment, which emphasized the use of reason in all areas of life. However, Enlightenment ideals were implemented somewhat differently in the two countries. In France, the Enlightenment involved 'direct political action and led to the Revolution of 1789'.[72] In Germany, however, the Enlightenment led to a high degree of respect for rationality, which developed into 'a system of principles of private law to be taught and

---

[67] Zweigert and Kötz (n 16) 100 (emphasis omitted).
[68] See Mirow (n 18) 185–86.
[69] Ibid 189.
[70] See James M Cooper, 'Competing Legal Cultures and Legal Reform: The Battle of Chile' (2008) 29 Mich J Intl L 501, 503. German law has proved particularly persuasive in certain subject matter areas, such as constitutional law and criminal law. See Markus D Dubber, 'Criminal Law in Comparative Context' (2006) 56 J Legal Educ 433, 435; Jeffrey B Hall, 'Taking "Rechts" Seriously: Ronald Dworkin and the Federal Constitutional Court of Germany' (2008) 9 German L J 771, 771.
[71] See Zweigert and Kötz (n 16) 135.
[72] Ibid 136.

learnt'.⁷³ During this time, 'the German professor, with all his good and bad points, theoretical, unworldly and doctrinaire, entered the German faculties of law and ... stamped them with the characteristics they have basically retained to this day'.⁷⁴

The German emphasis on rationality was further solidified by the work of Friedrich Carl von Savigny, who headed up the Historical School of Law and idealized Roman law as it appeared in the *Corpus Juris*.⁷⁵ Eventually, the Historical School of Law evolved into the Pandectist School, whose sole 'aim was the dogmatic and systematic study of Roman material'.⁷⁶ Pandectist thinking, with its deep exactitude and abstractism, is infused throughout the German BGB and provides much of the philosophical context for German law.

The BGB has five books, each addressing a different area of law. The first section, entitled the General Part, describes certain basic institutions of the private law and contains provisions regarding both **natural persons** and **legal persons**, such as **corporations**.⁷⁷ Book II deals with the law of obligations (framed as 'personal rights' relating to contract and tort), Book III deals with the law of property (characterized as 'real rights' against all persons and including matters relating to ownership, mortgages and the like), Book IV deals with **family law** and Book V deals with the **law of succession**.

Although the basic structure of the BGB has remained the same over the years, specific sections have been amended from time to time.⁷⁸ The German legislature has also begun to enact statutes that exist outside the BGB and supplement its provisions. When deciding cases, judges in Germany must rely on a statutory enactment (such as the BGB or supplementary legislation) or some well-established principle of law.⁷⁹

Unlike the French Civil Code, which is written for the average citizen, the BGB is extremely complicated and highly abstract. The text is not aimed at laypersons but at professional lawyers. Indeed:

[i]nstead of dealing with particular cases in a clear and concrete manner it adopts throughout an abstract conceptual language which the layman, and often enough the foreign lawyer as well, finds largely incomprehensible, but which the trained expert, after many years of familiarity, cannot help admiring for its precision and rigour of thought.⁸⁰

Over the years, the BGB has been used as inspiration by a number of Latin American countries.⁸¹ However, German law has also been influential in two other areas of law. First, Germany has served as a model in the area of constitutional law, particularly with respect to the German Basic Law (also called the Fundamental Law) and the creation

---

[73] Ibid.
[74] Paul Koschaker, *Europa und das römische Recht* (2nd edn, 1953), as translated in Zweigert and Kötz (n 16) 136.
[75] See Zweigert and Kötz (n 16) 138–40.
[76] See ibid 140.
[77] See ibid 146.
[78] See de Cruz (n 9) 90.
[79] See ibid 91.
[80] Zweigert and Kötz (n 16) 144.
[81] See Agustin Parise, 'The Place of the Louisiana Civil Code in the Hispanic Civil Codifications: The Comments to the Spanish Civil Code Project of 1851' (2008) 68 La L Rev 823, 830.

of specialized **constitutional courts**.[82] German influences can also be seen in various procedural rules, such as the means by which a constitutional challenge is brought.[83]

Second, German law has been widely emulated in the area of criminal procedure.[84] Thus, for example, Germany has provided the model for prosecutorial discretion in numerous Spanish-speaking jurisdictions[85] as well as a prototype for private prosecutions.[86]

3.I.4 Practical Implications of Comparative Law Analyses

The preceding section provides a useful foundation for later chapters, which discuss the differences between the law and practice of Spanish- and English-speaking jurisdictions in more detail, particularly with respect to the comparative roles of the judiciary and the legislature; the types and weight of legal authority used by courts; and the methods by which law is interpreted and applied. All of these matters are affected by differences between the civil and common law.

Although issues relating to the types and weight of legal authority and the interpretation of legal materials are extremely practical in nature, they are of primary importance to lawyers. Clients are less concerned with why the law is different in one jurisdiction as compared to another and instead simply want to know what the differences are and how they will affect the issue at hand.

Client-oriented issues are discussed throughout the following chapters. However, it is helpful to highlight a few matters that clients and co-counsel working across the Spanish–English language barrier find particularly surprising. Bilingual lawyers may wish to take special care when explaining these principles to clients and colleagues who have been raised in a different legal culture.

3.I.4.1 Pre-trial procedures

One of the major differences between the common law and the civil law involves **pre-trial** procedures. To some extent, civil law lawyers find even the idea of pre-trial procedures confusing, since civil law judges usually accept evidence continually over a series of pro-

---

[82] See Edward M Andreis, 'On the German Constitution's Fiftieth Anniversary: Jacques Maritain and the 1949 Basic Law (Grundgesetz)' (1999) 13 Emory Intl L Rev 1, 1; Luis Roberto Barroso, 'The Americanization of Constitutional Law and its Paradoxes: Constitutional Theory and Constitutional Jurisdiction in the Contemporary World' (2010) 16 ILSA J Intl and Comp L 579, 584, 589, 592–93; Nuno Garoupa and Maria A Maldonado, 'The Judiciary in Political Transitions: The Critical Role of US Constitutionalism in Latin America' (2011) 19 Cardozo J Intl and Comp L 593, 613; see also David S Law and Mila Versteeg, 'The Declining Influence of the United States Constitution' (2012) 87 NYU L Rev 762, 784, 803–04, 823–26.

[83] See Angel R Oquendo, 'The Solitude of Latin America: The Struggle for Rights South of the Border' (2008) 43 Tex Intl L J 185, 208–09 ('In Latin America, they file for a writ of protection or security, which resembles the German constitutional complaint (Verfassungsbeschwerde)'.).

[84] See Máximo Langer, 'Revolution in Latin American Criminal Procedure: Diffusion of Legal Ideas From the Periphery' (2007) 55 Am J Comp L 617, 637–40, 652.

[85] See Daniel Pulecio-Boek, 'The Genealogy of Prosecutorial Discretion in Latin America: A Comparative and Historical Analysis of the Adversarial Reforms in the Region' (2014) 13 Richmond J Global L and Business 67, 68.

[86] See Verónica Michel and Kathryn Sikkink, 'Human Rights Prosecutions and the Participation Rights of Victims in Latin America' (2013) 47 L and Socy Rev 873, 880.

ceedings that take place over time. This approach is appropriate for a legal tradition that values **documentary evidence** over oral **testimony**.[87]

However, common law countries are notable for only allowing the introduction of evidence at **trial**, which is an oral **hearing** before a single judge (and in some cases a **jury** of **laypersons**) where witnesses testify and documents are admitted into evidence. Trials may last more than one day, but the judge usually tries to **hear** the case all at one time, rather than broken up over weeks, months or days.[88] Again, this approach makes sense given that the common law has traditionally valued oral testimony over documentary evidence.[89]

As a result, common law jurisdictions make a sharp distinction between trial procedures and pre-trial procedures. One of the most important matters that must be completed during the pre-trial period is the collection of evidence by the parties through **discovery** or **disclosure** of documents and information. This process is discussed in more detail in later chapters, but the primary issue of importance for this discussion involves the fact that discovery and disclosure processes require both parties and witnesses to produce documents that may be incriminating or otherwise harmful to their case. Clients may also be required to provide written or oral testimony on a variety of matters, including those that could damage their legal or factual arguments.

Although the breadth of the discovery or disclosure obligations varies according to jurisdiction, clients from Spanish-speaking jurisdictions are often surprised by any request to produce confidential information to their opponents. Indeed, persons from a civil law background often see discovery and disclosure procedures as offensive and in violation of certain basic rights, regardless of the scope of the materials sought. Bilingual lawyers must therefore try to explain the need to comply with discovery and disclosure requirements with tact.[90]

The reverse situation is also potentially problematic, since clients who come from common law countries are often surprised to learn that they are not entitled to discovery or disclosure in order **build their case**. Again, bilingual lawyers must be prepared to advise their clients about the practices of the court that has jurisdiction over a particular matter and explain not only why the obligation to produce information does or does not arise but also why the particular procedure is fair in the legal system in question.[91]

Although common law lawyers do not introduce evidence during the pre-trial phase, they may nevertheless engage in **motion practice**, which involves written submissions

---

[87] Civil law jurisdictions adopt this approach on the grounds that it is harder to fabricate a series of documents than it is to lie while giving testimony.

[88] However, pre-trial procedures take a number of months, thereby adding to the total time of litigation. The exact amount of time depends on the type of case and where the dispute is heard.

[89] Common law jurisdictions justify this approach on the grounds that the **finders of fact** (judge and/or jury) are best able to evaluate the **credibility** of witnesses and the evidence by observing the witnesses' **demeanour** during oral testimony. This focus on personal observation made particular sense during the early days of the common law, when juries were made up of local townspeople who knew the parties and the witnesses personally and knew how credible those people were. The focus on oral testimony also made sense given the low literacy rates and absence of documents during the time that the common law developed.

[90] The practice is justified on the grounds that 'the public ... has a right to every man's evidence'. *Trammel v United States*, 445 US 40, 49 (1980).

[91] For more on this issue, see Ch 8.I.2.1.

and, quite often, limited **oral argument**. The range of issues that can arise during the pre-trial period is relatively extensive. For example, a lawyer might **move** (make a **motion**) to demonstrate that jurisdiction does not exist in the court or to argue against the scope of a discovery or disclosure request. Clients are often surprised at the extent of pre-trial motion practice, since the process can become quite expensive, but it is a necessary part of common law legal procedures.

Another issue that can arise during the pre-trial period involves **alternative dispute resolution (ADR)**, which can arise on either a voluntary or mandatory basis. Standard forms of ADR include **arbitration**, which involves a neutral third party who adjudicates the dispute in a private and confidential proceedings that is somewhat less formal than trial, and **mediation**, which involves a neutral third party who helps parties come to an amicable **settlement** of the dispute. Although the use of ADR varies in Spanish-speaking countries, the practice is quite well developed in several English-speaking jurisdictions. Bilingual lawyers will need to know whether and to what extent ADR is used in the country with jurisdiction over the dispute.

3.1.4.2 Trial procedures

Trial procedures vary greatly, depending on whether the country in question follows the common law or the civil law tradition. For example, common law countries consider trials to be the crucible in which evidence is presented, tested and evaluated. Because these jurisdictions place a high value on oral testimony, they have developed a process known as cross-examination which allows opposing counsel to question witnesses, sometimes quite rigorously, to identify any holes in the testimony and help establish the credibility of witnesses, including **party witnesses**, who are eligible to testify. The procedures used at trial are often highly formalized and include detailed rules of evidence that are meant to exclude documents or testimony that is considered improper for one reason or another. Traditionally, common law countries used juries as finders of fact, although this practice is waning in some jurisdictions, at least in civil disputes.

Litigation is quite different in civil law jurisdictions, although the process is becoming more similar to that seen in common law jurisdictions. For example, at one time, the process of introducing evidence was not limited to a single occasion in civil law jurisdictions but was instead spread out over several hearings. Although civil law courts still do not distinguish between pre-trial and trial procedures in the same way that common law courts do, many Spanish-speaking jurisdictions now give precedence to oral proceedings in a way that is somewhat reminiscent of what occurs in English-speaking jurisdictions.

Another difference that was more marked in the past involves the role of the judge. Traditionally, civil law judges were seen as being much more involved in the process of identifying and collecting evidence than common law judges, since litigation in common law countries is almost entirely driven by the parties. The disparity in the two approaches led civil law processes to be characterized as '**inquisitorial**', while common law procedures were framed as '**adversarial**'. While some differences still remain, they are now much diminished, and judges in many Spanish-speaking jurisdictions currently intervene in the taking of evidence only on very rare occasions.

Although the judge plays a central role in litigation in many civil law countries, lay decision-makers are used in some proceedings in a number of civil law jurisdictions. However, the system is not entirely analogous to the use of juries in the common law tradition. The primary reliance on judges (as opposed to lay decision-makers) means that civil law countries do not have detailed rules of evidence, similar to those used in common law jurisdictions, since judges (unlike juries) are considered capable of distinguishing between credible and non-credible evidence.

All of these distinctions should be explained to clients who come from another jurisdiction so as to avoid any misunderstandings about procedural matters. However, bilingual lawyers must also be aware of other trial-related matters that may need to be raised with clients or co-counsel. Perhaps the most important of these involves **ex parte meetings** between the judge and counsel for one of the parties. Such communications are strictly prohibited in English-speaking jurisdictions, and it would be an ethical violation for a lawyer to attempt to speak to a judge in such a manner. However, practices may differ in some Spanish-speaking countries. Bilingual lawyers must be careful to comply with local law and custom as well as any ethical obligations that arise as a matter of **professional responsibility**. In some cases, ethical obligations may be imposed on clients as well as the lawyers, which underscores the need for early discussion on these points so that the lawyer does not do anything to create difficulties for the client.[92]

Lawyers always need to advise their clients regarding the amount of time that can be spent in litigation. However, clients who come from different jurisdictions may also need to be educated about the court structure in that particular jurisdiction (for example, the differences between **state** and **federal court** in the US or between the Constitutional Court and other courts in Spain) and the availability of **appeals** or **parallel suits**.

3.1.4.3 Post-trial procedures

Appeals are generally understood to be a possibility in most countries. However, there are some features that differ across the common law-civil law divide. Thus, for example, clients from English-speaking nations may be surprised to learn that **prosecutors** in civil law countries can sometimes appeal a **verdict** of **not guilty** and that the appellate court is capable not only of reviewing issues of law but also issues of fact by reconsidering evidence produced at trial.[93] Similarly, clients from Spanish-speaking countries may be surprised to learn that they can be charged separately in US state and federal court for what might be viewed as the same criminal act.

3.1.4.4 Issues aside from litigation

Not all bilingual lawyers are engaged to assist with litigation. For example, a Spanish-speaking lawyer may be asked to help an English-speaking client set up a company or convey property in a Spanish-speaking country. Although these sorts of matters often give rise to fewer surprises than litigation from a comparative perspective, bilingual lawyers still must be aware of two areas of concern.

First, lawyers working across national borders must be aware of potential differences involving the **rules of professional ethics**. Every lawyer in the world is subject to certain

---

[92] For example, a US party operating abroad must comply with the terms of the Foreign Corrupt Practices Act. See Public Law No 95–213, 91 Stat 1494 (1977) (codified as amended in scattered sections of title 15 of the United States Code).

[93] See Peter D Marshall, 'A Comparative Analysis of the Right to Appeal' (2011) 22 Duke J Comp and Intl L 1, 22–27 (comparing French, German and Italian procedures).

rules of professional responsibility, as defined by his or her licensing organization. Although certain edicts are consistent across jurisdictional lines, others are not. In fact, major differences can arise even within the same legal family. Thus, for example, a lawyer admitted to practice in the US is allowed to speak with witnesses prior to trial so as to prepare them regarding both the form and the content of their testimony. However, lawyers admitted to practice in other common law jurisdictions – for example, **barristers** in England – are prohibited from preparing witnesses in this way, as indeed are a number of civil law lawyers. Bilingual lawyers must adhere to the professional rules that are binding upon them, regardless of what other lawyers may or may not do.

Another professional responsibility concern that bilingual lawyers must keep in mind involves the **unauthorized practice of law**. This issue has become increasingly complicated in recent years, since it may be unclear where the legal advice is being given if the lawyer and client are located in different jurisdictions. Similarly, lawyers may need to determine whether a description of the differences between the law of Costa Rica and Canada constitutes 'the practice of law' in one or the other of those countries.

At this point, there is no international consensus as to how these sorts of issues should be resolved. Some countries have addressed these concerns in their ethical rules, others have not. However, questions relating to multijurisdictional legal practice have been considered with some frequency by specialists in international arbitration, and bilingual lawyers might look to the law and commentary in that field for guidance.[94]

The second issue that bilingual lawyers must consider involves questions of **legal privilege**.[95] Legal privileges typically operate to protect certain types of documents or communication from disclosure to or discussion with third parties. Some privileges, such as the **work product doctrine** in the US, only arise in cases involving litigation.[96] Other privileges, such as the **attorney-client privilege** in the US and **legal professional privilege** or **legal advice privilege** in England, are available whenever legal advice is being given, even if the matter does not involve litigation.

Bilingual lawyers should be very aware of the scope and applicability of these sorts of privileges in all relevant jurisdictions. In some cases, a document or conversation may be protected in one circumstance but not in another. In these situations, it is the lawyer's responsibility to advise the client about the risks of creating a particular document or having a particular conversation. It may be impossible to protect all sensitive information in all circumstances, but clients and lawyers need to be aware of the risks involved.

Another issue that bilingual lawyers must keep in mind involves communications between a corporation and its **in-house counsel** (ie, a lawyer employed by the company). At this point, both US and English law appear to recognize the possibility of privileged and confidential communications between a company and its in-house counsel, so long as certain other criteria are met. However, **European law** takes a very different view and may deny the existence of a privilege in a situation where protection would be available

---

[94] See Catherine A Rogers, *Ethics in International Arbitration* (Oxford University Press 2014); Catherine A Rogers, 'Fit and Function in Legal Ethics: Developing a Code of Conduct for International Arbitration' (2002) 23 Mich J Intl L 341.
[95] See Ch 8.I.2.1.
[96] See *Hickman v Taylor* 329 US 495 (1947); see also Richard S Pike, 'The English Law of Legal Professional Privilege: A Guide for American Attorneys' (2006) 4 Loyola U Chi Intl L Rev 51.

under English law. At the time of writing, the continued applicability of European law to issues governed by English law was in doubt, given the likely withdrawal of the UK from the European Union. Doubtless these matters will resolve themselves in due course.

Questions relating to legal privilege can be particularly problematic across the Spanish-English language barrier, since civil law countries do not conceptualize legal privilege in quite the same way that common law jurisdictions do.[97] Determinations about privilege may also depend on the subject matter of the representation.[98] Bilingual lawyers must be familiar with these issues so that they can provide proper advice to their clients.

KEYWORDS

- Administrative law
- Adversarial
- Alternative dispute resolution (ADR)
- Appeal
- Arbitration
- At bar
- Attorney-client privilege
- Bankruptcy law
- Barrister
- Bencher
- Bind
- Book (of a code)
- Breach
- Build their case
- Case law
- Cases
- Civil law
- Civil liability
- Code
- Commentator
- Commercial law
- Common law
- Common law method
- Commonwealth of Nations (Commonwealth)
- Constitutional court
- Constitutional law
- Contract

---

[97] See Edward J Imwinkelried, 'Questioning the Behavioral Assumption Underlying Wigmorean Absolutism in the Law of Evidentiary Privileges' (2004) 65 U Pitt L Rev 145, 173–74.

[98] For example, questions relating to private law may be decided differently to questions relating to criminal law. See International Bar Association, 'Commentary on the Code of Professional Conduct for Counsel Before the International Criminal Court' (2003) 37 Intl Lawyer 1069, 1071–72; Aubrey Roberts, 'Legal Professional Privilege in the United Kingdom' (1994) 7 Intl L Practicum 15.

- Contract law
- Corporation
- Credibility
- Criminal law
- Criminal penalty
- Cross-examination
- Crown
- Counsel
- Damages
- Demeanour
- Disclosure
- Discovery
- Documentary evidence
- Equitable relief
- Equity
- European law
- European Union
- Evidence
- Ex parte meetings
- Family law
- Federal court
- Finder of fact
- Gray's Inn
- Hear
- Hearing
- In-house counsel
- Injunctions
- Inner Temple
- Inns of Court
- Inquisitorial
- Insolvency law
- *Ius commune*
- Judicial opinion
- Judiciary
- Jurist
- Judge
- Jury (juries)
- Law of succession
- Law Society
- Layperson
- Legal person
- Legal advice privilege
- Legal privilege
- Legal professional privilege
- Legislation
- Legislator

Basic principles of comparative law 63

- Legislature
- Lincoln's Inn
- Lord Chancellor
- Mediation
- Middle Temple
- Moot
- Motion
- Motion practice
- Move
- Natural person
- Not guilty
- Oral argument
- Order
- Parallel suit
- Parliamentary supremacy
- Party witness
- Part (of a code)
- Pleading
- Precedent
- Pre-trial
- Private law
- Professional responsibility
- Prosecutor
- Public law
- Remedies
- Roman law
- Rules of professional ethics
- Rules of evidence
- Self-binding rule
- Settlement
- Solicitor
- Specific performance
- Statutes
- *Stare decisis*
- State court
- Subsidiarity
- Terms of art
- Testimony
- Titles (of a code)
- Tort law
- Trial
- Trust
- Unauthorized practice of law
- Verdict
- Witness
- Work product doctrine

3.II BILINGUAL SUMMARY – RESUMEN BILINGÜE

Chapter 3 describes certain core differences between two great legal traditions: the common law legal tradition, which originated in medieval England and which is followed by most English-speaking countries, and the civil law legal tradition, which is based on ancient Roman law and which forms the basis of most Spanish-speaking jurisdictions. Bilingual lawyers need at least a cursory understanding of these historical differences so as to be able to appreciate the materials contained in later chapters.

The chapter begins by describing certain key terms used in the field of comparative law. Terminology is important in this area of law, but can be somewhat confusing since the same word can have several meanings. Thus, for example, the phrase 'common law' can be used to describe both a system of law that respects the principle of precedent (ie, the notion that courts must adhere to legal rules embodied in earlier judicial decisions) as well as a particular type of legal reasoning. Novices in this area can also come to believe that the 'common law' is the same as the '*ius commune*', which is not the case.

Difficulties also arise with respect to the phrase 'civil law'. Again, multiple definitions exist. For example, the term can be used to describe both a system of law that is based primarily on legal codes as well as a particular type of law, most notably those matters that were originally contained within the French Civil Code of 1804. The first section of this chapter discusses these and other meanings of the terms 'common law' and 'civil law' while also providing tips on other potentially problematic vocabulary.

The discussion then moves from linguistic issues to historical concerns. Although ancient practices and procedures may seem irrelevant to the demands of contemporary lawyers, the truth is that history continues to have a significant effect on the law of both English and Spanish-speaking jurisdictions. Therefore, the second section of this chapter describes the evolution of both the common law and civil law legal traditions so as to give readers a better understanding of how and why the various differences arose.

The third and final section of this chapter describes certain practical implications arising out of the differences between the common law and civil law legal traditions. This discussion identifies various distinctions that arise before, during and after trial as well as various differences relating to the way that English- and Spanish-speaking jurisdictions approach professional rules of conduct. While many of these issues are discussed in more detail later in the book, this chapter describes why these differences arise so as to help lawyers practicing across linguistic borders anticipate potential areas of concern.

El capítulo 3 describe algunas diferencias fundamentales entre dos grandes tradiciones jurídicas: la tradición de *common law* como sistema legal que se originó en la Inglaterra medieval y es seguida por la mayoría de los países de habla inglesa, y la tradición jurídica de derecho continental, también conocida como de *civil law* (en terminología inglesa para diferenciarlo de la materia 'derecho civil'), que se basa en el derecho romano y constituye la base de la mayoría de las jurisdicciones de habla hispana. Los abogados que se mueven lingüísticamente entre ambos tipos de jurisdicciones necesitan un conocimiento elemental de estas diferencias históricas, lo que les ayudará a enfrentarse con mejores armas a los contenidos que se abordan en capítulos posteriores.

El capítulo comienza describiendo ciertos términos clave utilizados en el campo del derecho comparado. La terminología es importante desde esta perspectiva del derecho, pero puede ser confusa ya que la misma palabra puede tener varios significados. Así, por ejemplo, la expresión *common law* se puede utilizar para describir tanto un sistema de derecho que respete el principio del precedente (es decir, la idea de que los tribunales deben adherirse a las normas jurídicas contenidas en decisiones judiciales anteriores), como un tipo de razonamiento jurídico en particular. Los no iniciados en estas lides también pueden llegar a creer que *common law* es otra expresión para *ius commune*, lo que es totalmente erróneo.

También aparecen dificultades con respecto a la expresión *civil law*. Una vez más, existen múltiples definiciones. Por ejemplo, el término puede ser usado para describir tanto un sistema legal que se basa principalmente en códigos jurídicos, como para describir un área del derecho en particular, sobre todo aquella que comprende las normas que figuraban originalmente en el Código Civil francés de 1804. En la primera sección de este capítulo se analizan estos y otros significados de los términos *common law* y *civil law*, mientras que también se proporcionan consejos sobre otro vocabulario potencialmente problemático.

La discusión se traslada a continuación de las cuestiones lingüísticas a las históricas. Aunque las prácticas y formas de nuestros antepasados pueden parecer irrelevantes en la labor de los abogados contemporáneos, la verdad es que la historia sigue teniendo una gran importancia en el derecho de ambos tipos de jurisdicciones, tanto las de habla inglesa como las de habla hispana. Por lo tanto, la segunda sección de este capítulo describe ambas tradiciones jurídicas con el fin de dar a los lectores una mejor comprensión de cómo y por qué surgieron estas diferencias.

La tercera y última sección se ocupa de algunas divergencias que se plantean en la práctica actual como consecuencia de la división entre *common law* y *civil law*. Este análisis identifica varias diferencias que surgen antes, durante y después del juicio, así como otras relativas a la forma en que las jurisdicciones de habla inglesa y de habla hispana se aproximan a las normas de conducta profesional. Si bien muchas de estas cuestiones se discuten con mayor detalle más adelante en el libro, este capítulo describe por qué surgen estas diferencias, a fin de ayudar a los abogados que ejercen a través de fronteras lingüísticas a anticipar posibles áreas de conflicto.

3.III PRINCIPIOS BÁSICOS DE DERECHO COMPARADO

The Spanish-language portion of this chapter is meant to be read by those for whom Spanish is a second language. Readers for whom English is a second language should begin their reading on page 41.

Esta sección en español está destinada a aquellos para los que el español es su segunda lengua. Los lectores para los que el inglés es su segunda lengua deberían comenzar leyendo en la página 41.

3.III.1 Introducción

A un buen abogado que trabaje en más de un idioma no le basta con hablar una segunda lengua, sino que también necesita poseer un profundo conocimiento de **derecho**

comparado que le permita traducir adecuadamente las normas jurídicas y superar con éxito las fronteras geográficas y lingüísticas. Aunque la necesidad de tener en consideración otras culturas jurídicas surge normalmente cuando se ofrece asistencia jurídica a un cliente ubicado en otro país,[99] los abogados que trabajan en su propio país de origen en un segundo idioma también tienen que poseer un nivel similar de conocimientos de derecho comparado, dado que sus clientes pueden proceder de sistemas jurídicos distintos y, por lo tanto, estar culturalmente imbuidos de otras normas jurídicas.[100]

Los abogados que ejercen en español e inglés se enfrentan a una tarea especialmente complicada dado que han de trabajar teniendo en cuenta la división entre el *common law* y el *civil law*. Aunque algunos sistemas legales recogen elementos de ambas tradiciones jurídicas,[101] la mayoría de los países angloparlantes pertenecen a la familia del *common law* mientras que la mayoría de los hispanoparlantes lo hacen a la de *civil law*. Como consecuencia de ello, los abogados que trabajan en inglés y en español tienen que ser conscientes de las muchas diferencias que existen entre sistemas jurídicos de *common law* y de *civil law*, además de las distinciones jurídicas imperantes en los países que operan dentro de una misma tradición jurídica.

Este fenómeno implica que los abogados que trabajan en español e inglés han de adquirir una serie de competencias que no se les requiere a los abogados monolingües. Así, los abogados que trabajan con más de un ordenamiento jurídico necesitan entender los distintos modos que tienen el *common law* y el *civil law* a la hora de valorar las fuentes de derecho y su relevancia; de interpretar y usar dichas fuentes; así como de acudir a la doctrina. Estas cuestiones son analizadas en detalle en el capítulo 4 (sobre legislación y el proceso legislativo), el capítulo 5 (estudiando la jurisprudencia y el proceso judicial) y el capítulo 6 (analizando la doctrina). No obstante, dichos análisis en profundidad son más útiles si se plantean en el marco de un contexto comparado más amplio. En consecuencia, este capítulo aborda las siguientes cuestiones básicas:

---

[99] Por ejemplo, si un abogado mexicano está asesorando a un cliente angloparlante respecto a la creación de una empresa filial en México, puede necesitar entender varios principios jurídicos vigentes en el país de origen de su cliente, ya que ello le permitirá (1) abordar cuestiones jurídicas internacionales de una forma más inteligente con el abogado del cliente en su país o con el abogado de empresa del país de origen de su cliente y (2) comunicarse de una forma más clara con el cliente al comparar el derecho mexicano (que regula el asunto) con el derecho de la jurisdicción de origen de su cliente. Estos conocimientos de derecho comparado son necesarios incluso si el abogado mexicano únicamente está asesorando al cliente en cuestiones de derecho mexicano.

[100] Por ejemplo, un abogado en México que está asesorando a un cliente angloparlante sobre determinados cargos criminales que se le imputan no necesita saber el tipo de fuentes jurídicas usadas en el país de origen de su cliente, dado que la única ley relevante en este caso es la mexicana. Sin embargo, el abogado mexicano tiene que ser capaz de explicar conceptos jurídicos mexicanos a dicho cliente y cómo esos conceptos pueden diferir de la concepción que tenga su cliente del derecho y del proceso. Así, si el cliente procede de Estados Unidos, éste puede pensar que en su caso intervendrá un jurado, dado que la Constitución estadounidense garantiza un juicio con jurado en casos penales. Por el contrario, en México no interviene habitualmente un jurado en los procesos penales. Véase Fukurai, Knudtson y Lopez (n 2).

[101] Luisiana ha adoptado un sistema jurídico de *civil law*, al igual que la provincia de Quebec en Canadá, a pesar de que tanto Estados Unidos como Canadá son generalmente presentadas como jurisdicciones de *common law*. Por el contrario, algunos países hispanoparlantes, como Colombia, han incorporado varios elementos propios del *common law* a sus sistemas legales, a pesar de que estos países se adscriben, en principio, al *civil law*.

- conceptos clave de derecho comparado;
- el desarrollo de las tradiciones de *common law* y de *civil law*;
- relevancia práctica del análisis de derecho comparado.

3.III.2 Conceptos clave de derecho comparado

Al igual que sucede en otras disciplinas jurídicas, el derecho comparado tiene su propia terminología. Ahora bien, algunos de los términos estándar utilizados pueden generar confusión con independencia de que se trabaje en la lengua materna o en un segundo idioma. Esta dificultad surge porque un importante número de términos puede tener significados distintos dependiendo del contexto en que se utilicen. De ahí que sea necesario analizar algunos de los más problemáticos antes de llevar a cabo un análisis detallado de los principios jurídicos.

Una primera noción confusa es la de *common law*. Habitualmente se considera que la expresión *common law* se refiere a una tradición jurídica originada en Inglaterra, en la Edad Media, y posteriormente adoptada por diversos sistemas jurídicos del mundo. Los países que han asumido esta tradición suelen tener una conexión histórica con Inglaterra y ser, además, angloparlantes. Esta tradición de *common law* difiere de otras **familias jurídicas**, entre ellas de la tradición jurídica del *civil law*.[102]

Aunque podría parecer que la forma más sencilla de identificar países de *common law* es tomando como criterio único el idioma común, la realidad es que no todas las naciones angloparlantes tienen un sistema jurídico de *common law*. Y viceversa.[103] Por ello, la única forma de establecer si un país específico puede incardinarse en esta tradición es analizando si y en qué medida las decisiones judiciales son consideradas 'ley' en dicho sistema jurídico.[104] A pesar de que los países de *common law* estiman que la legislación es una importante fuente del derecho, su característica distintiva es que las **decisiones judiciales** –denominadas habitualmente 'derecho del caso', esto es, *case law*, dado que los principios jurídicos se encuentran en los casos o disputas particulares– constituyen una importante forma de derecho que complementa y, en ocasiones, reemplaza a la **legislación**.[105]

El término *common law* también puede ser utilizado con otras acepciones. Por ejemplo, los tribunales, abogados y académicos suelen utilizar esta expresión para referirse al cuerpo normativo que es elaborado por **jueces**, en contraposición a aquel que es elaborado por los **legisladores**.

En algunos países, determinadas áreas del derecho, como las relativas a materia extracontractual o contractual, siguen siendo reguladas de forma sustancial, o incluso en su totalidad, por decisiones judiciales y no por normas.

Otra forma de usar el término *common law* es en la expresión 'método de *common law*', que describe el mecanismo por el cual se crea el derecho elaborado por los jueces. Este

---

[102] Otras familias jurídicas son la tradición jurídica socialista, muy importante en el pasado pero que ha perdido relevancia en los últimos años, y la *Shari'a* o tradición jurídica islámica que ha aumentado su importancia en las últimas décadas. Véase Glenn (n 4).
[103] Véase (n 101) (examinando Luisiana, Quebec y Escocia).
[104] El derecho inglés se desarrolló originariamente como derecho elaborado por tribunales. Véase Smith (n 6) 22–23.
[105] Esta cuestión se analiza con más profundidad en el cap 5.III.4.

significado específico es muy relevante para los comparatistas, dado que no es posible apreciar la estructura jurídica básica de los países de *common law* sin comprender cómo funciona en la práctica el método de *common law*.[106]

Finalmente, el término *common law* puede usarse para distinguir entre principios jurídicos que se han generado en un tipo de tribunales ingleses –los *common law courts* que tradicionalmente se regían por estrictas reglas legales y procedimientos–, de aquellos que se han desarrollado en un tipo diferente de tribunales ingleses, los **tribunales de equidad** o *courts of equity*, tradicionalmente regidos por reglas de justicia más flexibles.[107] Pese a que la mayoría de los países angloparlantes combinan en la actualidad los dos tipos de tribunales recién referidos –por lo que un **juez** debe aplicar tanto reglas de *common law* como de *equity* cuando sea necesario–, siguen no obstante siendo relevantes algunas distinciones entre ambos sistemas judiciales.[108]

Los abogados de países angloparlantes deben tener cuidado de no confundir el término *common law* con el término latino **ius commune**.[109] Pese a que el *ius commune* puede traducirse como refiriéndose al derecho común de Europa, no se originó en Inglaterra, sino que surgió en la Europa continental durante la Edad Media, como una consecuencia de la aplicación generalizada del derecho romano.[110] Con el paso del tiempo, los principios del **Corpus Juris Civilis** se refinaron y revisaron para producir lo que se conoce como *ius commune*. Sin embargo, dicho trabajo fue realizado por los glosadores y no por los tribunales. Este es uno de los datos que permite distinguir el *ius commune* del *common law* inglés.[111] Además y a diferencia de lo que sucede con el *common law* inglés, el *ius commune* no se desarrolla a partir de la costumbre y las prácticas locales. Por el contrario, los jueces continentales confiaron en el *ius commune* justamente para evitar tener que aplicar únicamente derecho local.[112] Por último, el *ius commune* no adquirió su legitimidad gracias a un sistema de **precedentes** vinculante (decisiones judiciales vinculantes), sino que, por el contrario, confiaba en la existencia de una pluralidad de fuentes jurídicas, lo que implicaba que los tribunales podían aplicar la ley procedente de diversas fuentes y de cualquier cuerpo de autoridad.[113]

Otro término que se usa frecuentemente, pero en ocasiones de forma incorrecta, es el de *civil law*. Los abogados expertos en derecho comparado con frecuencia usan la expresión sistema jurídico de *civil law* como una forma de identificar a aquellos países que siguen la tradición de **derecho romano**.

---

[106] Bédard (n 8) 268–70 (abordando el rol del biligüismo en la educación jurídica); Calleros (n 8) 641; véase también el cap 5.III.4.
[107] Smith (n 6) 22–23; de Cruz (n 9) 102.
[108] Por ejemplo, algunas indemnizaciones como las compensaciones por daños sólo están disponibles en demandas basadas en el *common law*, de la misma forma que otras reparaciones, como *injunctions* u órdenes judiciales de hacer o no hacer una acción concreta, sólo están permitidas en reclamaciones fundadas en la equidad.
[109] de Cruz (n 9) 59.
[110] Ibid 55–56.
[111] Como se expondrá más adelante, el *common law* inglés se generó por jueces y no por académicos.
[112] de Cruz (n 9) 59.
[113] Ibid (cita omitida); véase también *Hart v Massanari*, 266 F3d 1155, 1163–70 (9o Cir 2001) (analizando el papel y desarrollo del principio del precedente en los Estados Unidos e Inglaterra).

A diferencia de lo que sucede con la tradición jurídica del *common law*, que posee una naturaleza unitaria, la tradición de *civil law* presenta dos ramas diferenciadas, una que deriva del **Código napoleónico**, elaborado en Francia entre los años 1804 a 1811 y otra que deriva del **Código Civil alemán** (*Bürgerliches Gesetzbuch* o BGB), que fue promulgado en 1896 y entró en vigor en 1900.[114] Los abogados especializados en derecho comparado tienen que ser conscientes de la herencia de los sistemas jurídicos que estudian, ya que los países que siguen la rama francesa difieren en varias cuestiones esenciales respecto de los países que siguen la rama germánica.[115] La mayoría de los países hispanoparlantes descienden del Código de Napoleón, aunque se ha producido una aproximación al derecho alemán en los últimos tiempos, especialmente en las áreas del derecho constitucional y penal.[116] En todo caso, la tradición de *civil law* también recibe la denominación de **sistema continental** o **sistema de derecho continental** haciendo honor a su origen en el Continente europeo, por lo que en esta obra se utilizan estos términos como sinónimos.

El término *civil law* también se puede usar en otros contextos. En particular, el concepto se puede utilizar en contraposición con otros términos. De hecho, el término 'derecho civil' se usa para describir materias que no poseen naturaleza penal de ahí que, a la hora de referirnos a la tradición, se mantenga la versión inglesa, *civil law*. El término también puede referirse al **derecho privado** de una forma más general, permitiendo contraponer derecho privado (civil) frente a la noción de **derecho público**. En particular, esta última acepción no suele ser usada por abogados angloparlantes, dado que el *common law* no distingue entre derecho público y privado en la misma medida que lo hace el *civil law*.[117] La ausencia de una clara distinción entre el derecho público y privado en las naciones angloparlantes parece tener su origen en el hecho de que los tribunales de países de *common law* tienden a ser unificados, con sus jueces conociendo cuestiones tanto de derecho público como de derecho privado y aplicando la misma ley a ambos tipos de disputas.[118] Aunque en algunos países angloparlantes como Estados Unidos ha aumentado la importancia del **derecho administrativo** y el recurso a jueces especializados en la materia, las decisiones tomadas por las agencias gubernamentales siguen estando sujetas a reglas desarrolladas por tribunales que no están especializados.[119]

Algunas jurisdicciones, especialmente aquellas que están influidas por el sistema jurídico francés, utilizan el término *civil law* para referirse a las cuestiones originariamente tratadas en el Código Civil de 1804.[120] Puesto que surgió posteriormente, estos países suelen considerar que el derecho mercantil es un área jurídica diferenciada, regida por su propio código y que cuenta, además, con tribunales especializados. Este planteamiento

---

[114] Rivera (n 16) 4. A veces, sistemas jurídicos con influencia francesa se engloban en la rama romanística de la tradición de *civil law*. Véase Zweigert y Kötz (n 16) 132.

[115] Se ha dicho que el Código Civil francés 'está basado en los principios del racionalismo y el iusnaturalismo, mientras que el [Código Civil alemán] es científico, técnico y altamente influenciado por el sistema pandectista'. Véase Murillo (n 17) 168.

[116] Mirow (n 18) 179.

[117] de Cruz (n 9) 77.

[118] Ibid 46–47. Véase también cap 5.III.2.

[119] Véase cap 5.III.2.

[120] de Cruz (n 9) 47.

no es compartido por la mayoría de las jurisdicciones angloparlantes, que no distinguen entre derecho mercantil y otras áreas de derecho privado.[121]

El último término que va a ser analizado en el presente apartado es el de **código**.[122] Los abogados formados en países hispanoparlantes suelen entender por tal término una recopilación especializada de reglas jurídicas, dividida en libros o partes y organizada de una forma lógica, que permite abordar por completo todas, o la mayoría de, las cuestiones jurídicas que pueden plantearse en relación con la materia abordada. En este tipo de sistemas jurídicos (esto es, los de *civil law*), el código es la fuente más completa, o incluso la única, en ciertos sectores jurídicos.

Los abogados de países de *common law* no entienden el término 'código' de la misma forma. Diversos países angloparlantes, entre ellos Estados Unidos, han promulgado varios conjuntos de leyes que también se denominan *codes*, aunque estas compilaciones suelen referirse únicamente a sectores jurídicos concretos como el derecho penal o concursal. Este tipo de códigos no se suele redactar para ofrecer una respuesta objetiva y directa a todas las posibles cuestiones jurídicas. Antes bien, los códigos de los países de *common law* se promulgan con el fin de sistematizar las reglas preexistentes en la materia (que, a su vez, suelen estar compuestas mayoritariamente o, por completo, por principios (creados por el juez) de *common law*) y no pretenden tener una naturaleza exhaustiva. Además, estos códigos de *common law* se van adoptando de forma gradual, en vez de ser el resultado de un único esfuerzo legislativo.

Tal vez la característica más llamativa de estos códigos de *common law* es que no constituyen la única fuente jurídica en relación con las materias que abordan.[123] Por el contrario, el contenido del código se complementa y clarifica por medio de decisiones judiciales que se consideran vinculantes para futuros litigantes.[124] Además, los métodos usados por los jueces de *common law* para interpretar y aplicar la legislación difieren de los usados por los jueces de *civil law*, en ocasiones de una forma significativa.[125]

3.III.3 El desarrollo de las tradiciones de *common law* y de *civil law*

Tal vez la mejor forma de aprehender las diferencias contemporáneas entre *common law* y *civil law* sea comprender cómo y por qué cada una de estas tradiciones legales se desarrolló como lo hizo. Ello permite a tribunales, abogados y académicos eludir análisis superficiales y ver cómo cada sistema es 'un conjunto de fuentes jurídicas, ideologías, doctrinas, [e] instituciones', que tiene una 'forma propia de pensamiento jurídico'.[126]

---

[121] Aunque algunas jurisdicciones angloparlantes tienen sus propios tribunales mercantiles, esta práctica se adopta en aras de la eficacia procesal más que como consecuencia de una distinción conceptual relacionada con la cuestión aquí debatida.
[122] de Cruz (n 9) 48.
[123] cap 4.III.4 (respecto a los códigos en Estados Unidos); véase también cap 5.III.4 (analizando la forma en que la jurisprudencia complementa a la legislación). Inglaterra ha codificado menos áreas jurídicas, aunque recientemente se han hecho esfuerzos en el ámbito de los procesos civil y penal. Véase cap 4.III.2 y 4.III.4 (sobre los códigos procesales ingleses).
[124] Véase cap 5.III.4 (sobre decisiones judiciales y su relación con las leyes).
[125] Véase cap 4.III.5 (sobre interpretación legal) y Strong, 'Common Law-Civil Law' (n 27).
[126] De Cruz (n 9) 100 (describiendo el *common law*); también Ewald (n 28) 1898, 1891 (exponiendo cómo comprender mejor los sistemas legales extranjeros); Valcke (n 28) 720.

Algunos autores han argumentado recientemente que muchas de las distinciones entre las tradiciones de *common law* y *civil law* se están descomponiendo, lo que podría sugerir que un análisis histórico es innecesario.[127] Es cierto que la legislación está cobrando cada vez más importancia en los países de *common law*,[128] mientras que diversos países de *civil law* han adoptado procedimientos, como el interrogatorio cruzado, considerados tradicionalmente elementos distintivos del *common law*.[129]

A pesar de que se está produciendo cierta convergencia, el *common law* y el *civil law* todavía se distinguen claramente.[130] Los abogados que trabajan en español y en inglés deben ser conscientes de estas zonas de fricción para ofrecer una asesoría adecuada a sus clientes. En consecuencia, los siguientes subapartados resumen, primero, la evolución del *common law* y, después, la del *civil law*, y explican por qué dichas diferencias existen y persisten.

3.III.3.1 Historia del common law

Como se indicó anteriormente, el sistema de *common law* se originó en la Inglaterra medieval y se expandió por el mundo como consecuencia de la influencia británica en el ámbito político, militar y comercial.[131] Si bien hubo un momento en que la mayoría de las naciones angloparlantes formaban parte del imperio británico,[132] muchos de estos países son en la actualidad independientes de Inglaterra.[133] No obstante, diversas ex-colonias han permanecido fieles a la tradición de *common law*, a pesar de que ya no siguen vinculadas políticamente a Inglaterra.[134] 53 de estos países mantienen actualmente una vinculación entre ellos y con Inglaterra, a través de la Mancomunidad de Naciones (*Commonwealth of Nations*).[135]

La mayoría, si no todas, las características distintivas de la tradición de *common law* surgieron como consecuencia de accidentes históricos y no son fruto de la planificación. Es por ello que la doctrina alega que '[m]ás que cualquier otro sistema jurídico

---

[127] Pargendler (n 29) 1073.

[128] Weiss (n 30) 531–32. De hecho, el énfasis creciente que se hace en la legislación ha hecho que algunos autores sugieran que Estados Unidos ya no puede ser considerada una jurisdicción pura de derecho común. Véase Calabresi (n 30).

[129] Brooks (n 31) 1119; Berry (n 31).

[130] Una lectura más detallada de las novedades en Latinoamérica puede realizarse en Kleinheisterkamp (n 32).

[131] Aunque Inglaterra y Estados Unidos son los países de *common law* más conocidos, otras muchas jurisdicciones como Canadá, Australia, Nueva Zelanda, India, Pakistán y diversos países del Sudeste Asiático y África también reflejan una herencia jurídica de *common law*.

[132] Hubo un momento en que la Corona británica poseía un vasto imperio que incluía personas de todo el mundo, incluyendo Norte América, Australia, Nueva Zelanda y partes tanto de Asia como de África.

[133] Como se indicó en el capítulo 1, Inglaterra es sólo una parte del Reino Unido. Aunque el derecho inglés rige en Inglaterra y Gales (otra de las partes del país), otras partes de Reino Unido se rigen por un derecho distinto. Así, Escocia se rige por el derecho escocés que es de origen de *civil law*. Este apartado se refiere sólo al *common law* originado en el Reino de Inglaterra.

[134] Aunque los especialistas en derecho comparado hablan de *common law* como si fuese un sólo concepto unitario, cada país ha adaptado los parámetros básicos del *common law* a los propios requerimientos locales. Véase caps 4–8.

[135] The Commonwealth <http://thecommonwealth.org/>.

actualmente en vigor, el derecho inglés requiere un estudio de sus orígenes históricos' si quiere ser comprendido adecuadamente.[136] Aunque es imposible presentar en este libro un análisis completo de la historia del *common law*, algunas cuestiones que se van a desarrollar a continuación permitirán demostrar por qué las jurisdicciones angloparlantes operan de la forma en que lo hacen.

El término *common law* se desarrolló como una forma de distinguir entre el derecho administrado por el rey y que era, por tanto, común a toda Inglaterra (denominado *common law* o **derecho real**), y el **derecho local** desarrollado y administrado por los señores feudales (denominado *manorial law*).[137] Los historiadores fechan el comienzo del *common law* en torno al año 1300 d.C., momento en el cual el rey ya había establecido tres tribunales centrales permanentes (*Court of Exchequer*, *Court of Common Pleas* y *Court of King's Bench*). Este *common law* también era aplicado por jueces itinerantes que viajaban por todo el país dispensando justicia en nombre del rey. Aunque el *common law* no pretendía suplantar los sistemas locales de derecho, la superioridad procedimental de los tribunales reales hacía que los litigantes prefiriesen recurrir al *common law* siempre que fuese posible, lo que hizo que éste fuese ganando fuerza e importancia con el paso del tiempo.

Conforme iba evolucionando, el *common law* desarrolló ciertas características. Una de las marcas distintivas del *common law* inglés primigenio era su priorización del procedimiento frente al contenido. Las peticiones tenían que poderse subsumir en una de las diversas tipologías de '*writs*' o **remedios procesales**, que eran muy técnicos formalmente y se emitían en nombre de la corona. Los asuntos que no podían ser subsumidos en los parámetros de uno de esos remedios preestablecidos eran desestimados sin realizar análisis alguno del contenido sustantivo de la pretensión.

La severidad de este *common law* hizo que el **Canciller** o *Lord Chancellor* (el oficial de rango más elevado del país y el 'guardián de la conciencia del Rey') ofreciese en ocasiones compensación 'por amor de Dios y en forma de caridad'.[138] Estos conflictos eran resueltos por el Canciller de acuerdo con la **equidad** y se decidían priorizando la justicia frente al formalismo. Como los conflictos en equidad no formaban parte del *common law*, tampoco estaban sometidos a las estrictas reglas de prueba y alegación aplicadas por los tribunales de *common law*. Con el paso del tiempo, la responsabilidad de resolver casos en equidad pasó del Canciller a un nuevo tribunal, la *Court of Chancery* (o **Tribunal de la Cancillería**).[139]

Tribunales de derecho y equidad funcionaron en paralelo hasta el año 1873, momento en el cual el Parlamento combinó ambos sistemas de justicia, permitiendo a los jueces abordar los dos tipos de conflictos.[140] Ahora bien, para entonces la equidad ya se había

---

[136] Zweigert y Kötz (n 16) 181.
[137] Ewald (n 39) 1067–69. A pesar de que el *common law* se ha desarrollado prácticamente al margen de influencias extranjeras desde la Edad Media, esta situación cambió en 1973, cuando Reino Unido pasó a ser miembro de la Unión Europea (denominada Comunidad Europea en aquel entonces). A pesar de que el derecho de la Unión Europea tiene un ámbito de aplicación restringido como consecuencia del principio de subsidiariedad que informa su desarrollo, su importancia e influencia es cada vez mayor en el derecho inglés, tanto en sus reglas sustantivas como procesales. Véase Briggs (n 39) 22.
[138] Zweigert y Kötz (n 16) 187.
[139] Haskett (n 41) 245.
[140] Supreme Court of Judicature Act 1873. Las reformas que se realizaron en

perfilado frente al *common law*. Así, permitía otorgar formas de reparación a los demandantes a las que no se podían acceder con arreglo a los remedios de *common law*. Algunas de las formas más conocidas de reparación en equidad son las *injunctions*, u órdenes de hacer o no hacer que el juez da a una parte, y la **ejecución *in natura*** o *specific performance* (orden judicial para que un contrato se cumpla como se acordó en vez de abonarse una indemnización por incumplimiento). La equidad también permite el desarrollo de una nueva forma de transmisión de la propiedad, el **trust**.

Otra característica reseñable del originario *common law* británico es la creación de un cuerpo de juristas que no habían sido formados en universidades (como sucedía en la Europa continental), sino en organizaciones profesionales denominadas *Inns of Court*, de las cuales cuatro siguen funcionando hoy en día (*Lincoln's Inn, Gray's Inn, Inner Temple* y *Middle Temple*). Tradicionalmente, los miembros de mayor edad de los *Inns of Court* (*benchers*) eran quienes se encargaban de decidir no sólo quienes podían incorporarse a la profesión, sino también qué jóvenes candidatos iban a ser seleccionados y formados.[141] La educación jurídica ofrecida por los *benchers* se centraba en el desarrollo de habilidades prácticas, haciendo que los jóvenes abogados participasen en simulaciones de juicios presididos por ellos y asistiesen a clases impartidas también por ellos con un enfoque más práctico que teórico. Ninguna de estas actividades era patrocinada o supervisada por oficiales estatales.[142]

El énfasis otorgado en la época medieval a la educación práctica condujo al desarrollo de una de las características más importantes del *common law* inglés: el énfasis en el análisis de los casos individuales. A diferencia del *civil law*, que hace uso del **razonamiento deductivo** para ir desde los principios generales del derecho hasta las reglas particulares que resuelven casos concretos, el *common law* usa un **razonamiento analógico** o **inductivo** para crear principios generales del derecho como consecuencia de las conclusiones jurídicas que se derivan de un gran número de casos individuales.[143] En este sentido,

> [l]os abogados no pretenden... generar estructuras razonadas, sino más bien listas de contratos y acciones que pueden ser útiles en la práctica, porque satisfacen las necesidades típicas y recurrentes de los litigantes. Ello generó... 'jurisprudencia preventiva'... Tales ideas como las que [este sistema] produjo estaban relacionadas con situaciones fácticas que eran... concretas, reconocibles, corrientes y cotidianas... Si práctica y docencia jurídicas son puramente empíricas, el pensamiento jurídico siempre va del caso particular al caso particular...[144]

---

esta época también eliminaron los vestigios restantes de este sistema de *writ* altamente formalizado.

[141] A pesar de que la distinción entre *barristers* y *solicitors* no se formalizó hasta el siglo XVI, ya de antes se conocía la distinción entre abogados que trabajaban con las partes (*attorneys* o *attornati*) y aquellos que defendían el caso oralmente ante el tribunal (*pleaders* o *advocati*). Véase Zweigert y Kötz (n 16) 191. En la actualidad sólo los *barristers* son miembros de las *Inns of Court*. Los *solicitors* de Inglaterra tienen sus propias organizaciones profesionales, fundamentalmente la *Law Society*.

[142] En la actualidad, naturalmente, las universidades desempeñan un papel muy relevante en la educación de los abogados en Inglaterra. Véase cap 2.III.2.

[143] Se considera que este enfoque va de abajo a arriba, en vez de arriba a abajo, que es el enfoque del método de *civil law*. Véase Bédard (n 8) 269–70.

[144] Weber (n 46) 457. Traducción del inglés al español realizada por las autoras.

Es por ello que los comparatistas han conceptualizado la perspectiva del *common law* de la siguiente forma:

> En general, se analizan las cuestiones de forma concreta y no abstracta;... y se confía más en la experiencia que en abstracciones. Es una forma de razonar que prefiere avanzar de forma cautelosa hacia el siguiente caso, basándose en la experiencia generada en los casos previos, dado que esto es lo que la justicia en cada caso parece requerir, en vez de intentar volver a remitir todo a supuestos principios universales. Es una forma de pensar que no pretende deducir la solución para un caso concreto de una regla formulada de forma universal. Es el... hábito de tratar las cuestiones como éstas surgen, en vez de anticiparlas a través de fórmulas universales y abstractas.[145]

Otra característica del *common law* relacionada con el énfasis que se le concede al análisis del caso individual es el principio del **precedente**, que afirma que una decisión judicial decidirá (vinculará) el resultado de conflictos futuros si los dos casos en liza son suficientemente análogos y si la primera decisión fue emitida por un tribunal que es jerárquicamente superior al segundo.[146] El concepto de *stare decisis* ('dejar prevalecer la decisión' o 'someterse a lo pre-decidido') está muy vinculado con la noción de precedente, ya que el *stare decisis* presupone que un principio enunciado en una decisión previa va a mantenerse (esto es, se va a considerar preferente) a menos que haya una buena razón para anular la regla jurídica subyacente.[147]

La noción de precedente no se desarrolló adecuadamente en las primeras etapas del *common law*. No fue hasta finales del siglo XIX que los tribunales comenzaron a autoimponerse un estricto deber de acatar decisiones previas.[148] En la actualidad, las reglas del precedente constituyen un principio definitorio firmemente establecido en todos los países del *common law*.

El principio del precedente se ha explicado con frecuencia invocando razones de previsibilidad y justicia. Establecer una serie de decisiones jurídicas vinculantes permite a las personas entender qué se espera de ellas, de forma que éstas pueden actuar en consonancia. Dado que el derecho ofrece información anticipada de los estándares de conducta requeridos (igual que hace la legislación), los tribunales sólo pueden imponer responsabilidad civil o responsabilidades penales a quienes no cumplen con las normas establecidas.

Otra forma de explicar el desarrollo del principio del precedente en *common law* es refiriéndose a la estructura de la profesión legal en Inglaterra en la Edad Media. Como ya se ha indicado, los abogados jóvenes en el Medioevo eran formados por los miembros más experimentados de los *Inns of Court* y no por representantes del estado o académicos vinculados a una universidad. Este tipo de sistema puede fomentar cierto corporativismo, dado que el gremio de los abogados tiene un fuerte interés en perpetuar los principios jurídicos y procedimientos conocidos por todos. En este contexto, la innovación en el

---

[145] Pound (n 47) 18; también Zweigert and Kötz (n 16) 259. Traducción del inglés al español realizada por las autoras.

[146] Véase cap 5.III.2 (analizando la jerarquía de los tribunales en los países de *common law*). En algunos casos, los tribunales pueden considerarse vinculados por sus propias decisiones previas, en aplicación de la regla de auto-vinculación. Véase cap 5.III.5.

[147] Starger (n 49) 19 (analizando el *stare decisis* y el precedente en el contexto del Tribunal Supremo de los Estados Unidos).

[148] Zweigert y Kötz (n 16) 260.

plano jurídico se suele considerar como algo a evitar, salvo en casos excepcionales. Sin embargo, el enfoque del *common law* puede ser flexible si surge la necesidad, permitiendo adaptaciones progresivas en respuesta a las costumbres sociales y circunstancias cambiantes.

La confianza histórica en el precedente se reforzó más debido a que los jueces en la Edad Media normalmente eran seleccionados entre los abogados en ejercicio. Esta práctica, que sigue vigente hoy en día en muchos países de *common law*,[149] refuerza aún más el poder y la influencia de los miembros más experimentados del colegio de abogados e incrementa el apoyo a favor del desarrollo del principio del precedente.

Los comparatistas han concluido que:

> [e]l abogado de *civil law* razona de forma natural yendo desde los principios hasta los casos, mientras que el abogado de *common law* razona yendo de los casos a los principios. El abogado de *civil law* deposita su fe en los silogismos, mientras que el abogado de *common law* lo hace en los precedentes; el primero se pregunta silenciosamente a sí mismo cada vez que surge un nuevo problema ¿Qué tenemos que hacer esta vez? Y el segundo pregunta en voz alta ante la misma situación ¿Qué hicimos la última vez?. . . El instinto del abogado de *civil law* tiende a sistematizar. La regla de trabajo del abogado de *common law* es *solvitur ambulando*.[150]

Comprender el papel que desempeña el precedente en el *common law* también ayuda a explicar una serie de prácticas que son habituales en jurisdicciones angloparlantes, pero que se reputan inusuales por parte de abogados hispanoparlantes.

Por ejemplo, el método de *common law* de razonar analógicamente partiendo de un amplio número de decisiones judiciales potencialmente relevantes explica por qué las sentencias de los países de *common law* son tan largas y están tan centradas en los hechos. Los jueces tienen que describir los casos anteriores en detalle, tanto para demostrar que estos son relevantes para el presente caso como también para guiar a otros jueces que puedan tener que enfrentarse en el futuro a un problema jurídico similar. Dado que el *common law* sólo puede configurarse en el contexto de un escenario factual específico, los jueces se centran en los aspectos fácticos tanto como en los jurídicos.

El concepto de precedente también explica por qué las sentencias de *common law* hacen referencia a tantos casos. La naturaleza única de cada conflicto jurídico implica que un único caso no puede contener todos los principios jurídicos relevantes. Por el contrario, la ley tiene que deducirse de las muy diversas opiniones que sirven para arrojar luz sobre algunos de los diferentes aspectos del caso controvertido. Incluso si el conflicto se subsume en el ámbito de aplicación de alguna disposición legislativa, el tribunal tiene que considerar todas las aportaciones judiciales que se hayan podido generar respecto de dicha disposición.

Aunque todos los países de *common law* aceptan los principios nucleares del método de *common law*, el sistema jurídico de cada país difiere ligeramente como consecuencia de su propia historia social y política.[151] Así, por ejemplo, algunos países angloparlantes

---

[149] Strong (n 51).
[150] Cooper (n 52) 470. Traducción del inglés al español realizada por las autoras.
[151] Por ejemplo, aquellos territorios que ya estaban políticamente organizados cuando Inglaterra llegó mantuvieron por lo general, al menos algunas, de las estructuras legales preexistentes. Véase Zweigert y Kötz (n 16) 220.

no pueden ser considerados sistemas de *common law* puros, sino que reflejan lo que se considera un enfoque mixto o híbrido. En estas jurisdicciones, características de *common law* coexisten en armonía con elementos que proceden del *civil law*,[152] derecho *chthonic* (**costumbres indígenas**),[153] y/o **derecho religioso**.[154]

3.III.3.2 Historia del *civil law*

La mayoría de los abogados formados en países hispanoparlantes ya habrán estudiado la historia del *civil law* durante su educación jurídica. Sin embargo, puede ser útil presentar aquí la evolución del sistema continental para identificar y explicar ciertas diferencias claves con el *common law*.

La tradición jurídica de *civil law*, al igual que la de *common law*, tiene raíces antiguas. Aunque se suele decir que el *civil law* se basa en el derecho romano, la realidad es que desarrollos posteriores de la historia intelectual y política de Europa también han desempeñado un papel igualmente relevante en la evolución de esta tradición.

El cuerpo de principios legales que actualmente se considera que constituye el 'derecho romano' se desarrolló en dos periodos históricos bien diferenciados. El primero tuvo lugar durante la vigencia del Imperio romano y acabó con el emperador Justiniano (527–565 d.C.). Tras el colapso de la parte occidental del Imperio romano, Justiniano decidió compilar y sistematizar todas las manifestaciones existentes de derecho romano en un *Corpus Juris Civilis*. Este texto, conocido como *Corpus Juris*, presentaba cuatro elementos constituyentes: Instituciones (*Instituta*), un tratado completo de derecho dirigido a estudiantes y basado en un texto previo del mismo nombre escrito por un jurista del siglo II conocido como **Gayo** (*Gaius-Caius*); Digesto (*Pandectas*), una compilación de escritos de juristas romanos de diversos periodos estructurada en varios títulos; Código (*Codex*), una colección de decretos imperiales, incluyendo opiniones judiciales, organizados cronológicamente dentro de cada título particular; y *Novelas*, una compilación de normativa imperial promulgada por el mismo Justiniano.

Conforme las partes restantes del Imperio romano iban sumiéndose en el caos en los siglos siguientes, el derecho romano iba también cayendo en desuso. Sin embargo, el estudio del derecho romano se reactivó en la Edad Media debido en parte a las clases sobre el *Corpus Iuris* impartidas por muy reputadas universidades.[155] Las clases comenzaron en Bolonia, Italia, la sede de la primera universidad europea moderna con una facultad de derecho. El interés y la aptitud en materia de derecho romano se expandieron por toda Italia y con el tiempo también por otras regiones conforme los estudiantes regresaban a sus jurisdicciones de origen.[156] Dado que los expertos en derecho romano eran

---

[152] Por ejemplo, Sudáfrica tiene una fuerte influencia de *civil law* como consecuencia de sus vínculos históricos con Holanda. Véase Reid (n 55) 5.

[153] Como Ghana que presenta un sistema jurídico mixto entre el *common law* y el derecho *chthonic*. Véase Glenn (n 4) (analizando el derecho *chthonic*); Davies y Dagbanja (n 56) 305-09.

[154] Nigeria por ejemplo ha intentado combinar el *common law* y el derecho religioso de base personal, incluyendo la *Shari'a*. Véase Oba (n 57) 889-91.

[155] La doctrina ha identificado diversas posibles razones que explican este renovado interés por el derecho romano. Véase de Cruz (n 9) 56-57.

[156] Durante este periodo histórico, Italia se convirtió en el centro de la educación superior en la Europa continental. Así, la doctrina sugiere que había aproximadamente 10.000 estudiantes en

tenidos en alta estima, a veces se les elegía para ocupar prestigiosos puestos en la esfera política y jurídica, contribuyendo así a consolidar la influencia del derecho romano.

Las universidades medievales aparentemente enseñaban derecho romano, pero lo cierto es que no se enseñaba el derecho tal y como Justiniano lo había conocido, sino que el significado del derecho romano se iluminaba gracias a glosas y el comentario del texto original. Con el paso del tiempo, la versión medieval del derecho romano, que incluía el *Corpus Juris*, así como varias glosas y los comentarios, fue difundida y lo suficientemente conocida como para ser considerada uno de los componentes principales del *ius commune* de la Europa continental.[157]

Tanto la rama francesa como la alemana de la tradición contemporánea del *civil law* están en deuda con sus raíces romanas. De hecho, esta genealogía común explica cómo y por qué los dos sistemas jurídicos son tan similares. Sin embargo, las influencias intelectuales, sociales y políticas del siglo XIX afectaron de una forma ligeramente diferente a los dos países citados, lo que generó las correspondientes diferencias en los dos Códigos. Una breve comparación de las dos jurisdicciones permitirá mostrar las razones y el alcance de estas diferencias.

El Código de Napoleón se compone, en realidad, de cinco códigos diferentes promulgados entre 1804 y 1811: el Código Civil, el Código de Procedimiento Civil, el Código de Comercio, el Código Penal y el Código de Procedimiento Penal. El Código Civil era claramente el más importante debido a que

> [e]l Código Civil presentaba la ley en un lenguaje claro, conciso y fácilmente comprensible, dirigido al ciudadano medio francés. . . . creaba una ley unificada para todo el país. Sus redactores declararon que el Código era una colección de reglas de derecho civil procedente del derecho romano tal y como se practica en Francia. . . Sin embargo, el Código no sólo reproducía el derecho romano, sino que había diferencias obvias entre el enfoque del Código respecto de ciertos conceptos legales y aquel derivado de la interpretación previa del derecho romano.[158]

El Código Civil está compuesto por 3 libros que reproducen la estructura de las Instituciones de Gayo. El primer libro aborda temas de derecho de la persona, incluyendo cuestiones matrimoniales, de divorcio y menores; el segundo se refiere a la propiedad; y el tercero a los modos de adquirir la propiedad como donaciones, derecho sucesorio, contratos, obligaciones, ventas, alquileres y otras cuestiones conexas. Cada libro está dividido en títulos individuales que, a su vez, se dividen en capítulos individuales. El Código Civil también incluye un título preliminar que describe el objetivo general del Código. Aunque este Código Civil ha sido revisado y modernizado con el paso del tiempo para poder tomar en consideración la evolución histórica, su esquema básico ha permanecido inalterado desde el año 1804.

El Código Civil es considerado una fuente primaria del derecho en el sistema jurídico francés, junto con la Constitución, diversas leyes, los principios generales del derecho y la costumbre. Otros materiales jurídicos, como decisiones judiciales, comentarios, manuales

---

Bolonia a mediados del siglo XII, que es cuando se supone que se dieron las primeras lecciones sobre el *Corpus Juris*. Véase ibid 57.

[157] El *ius commune* incluía otros elementos como el derecho canónico.
[158] Ibid 65–66. Traducción del inglés al español realizada por las autoras.

y decisiones procedentes de tribunales extranjeros con un sistema jurídico similar sólo gozan de importancia secundaria.[159]

La perspectiva francesa respecto de la legislación refleja diferencias básicas en relación con el *common law*. Francia no sólo le concede una mayor importancia al derecho codificado frente a las decisiones judiciales,[160] sino que también coloca los comentarios doctrinales por encima de la jurisprudencia. Es más, en Francia las decisiones judiciales no se consideran vinculantes para casos futuros, como sí sucede en las jurisdicciones de *common law*. Por el contrario, las decisiones judiciales sólo gozan de **auctoritas**.

Ello no implica que los jueces en Francia ignoren las decisiones judiciales previas. De hecho, 'hay una fuerte tendencia en los jueces franceses a seguir los precedentes, especialmente aquellos procedentes de tribunales superiores', por una variedad de razones que van desde la eficiencia judicial a la predictibilidad.[161] Sin embargo, los tribunales franceses de nivel superior (como la Corte de Casación) muy rara vez (sino, nunca) se refieren a decisiones judiciales previas. A consecuencia de ello, las decisiones francesas son relativamente concisas en estilo, especialmente si se comparan con decisiones inglesas y, en ocasiones, el razonamiento jurídico que contiene la decisión puede ser difícil de seguir, al estar escrito de una manera muy formal y con un estilo muy conciso.

Muchos de los principios que se hallan en el Código Civil francés tienen sus orígenes en la filosofía de la Revolución francesa. El Código Civil no sólo está escrito de forma que la persona media lo pueda entender, sino que las instituciones que estaban más conectadas con la élite (en particular, la judicatura) se convierten en subordinadas a instituciones que se considera reflejan la voluntad popular (esto es, el poder legislativo). Aunque en términos generales el Código Civil permitía (y sigue permitiendo) que los jueces hagan uso de cierta discrecionalidad para poder dar respuesta a circunstancias imprevistas, la estructura del sistema jurídico francés es tal que los tribunales siempre van a desempeñar un papel secundario respecto de la voluntad del poder legislativo. En la medida en que los jueces de los sistemas de *common law* están en última instancia sometidos al proceso democrático,[162] a los tribunales se les concede mucha más autonomía e incluso se les encomienda 'elaborar' derecho en jurisdicciones regidas por el *common law*. Los jueces de *civil law*, por el contrario, sólo están autorizados a 'descubrir' el derecho que ha sido elaborado por el legislador.

Otra circunstancia que permite diferenciar el derecho francés del *common law* es la forma en que los principios jurídicos esenciales se transmitieron a otros países. En la mayoría de los casos, el *common law* se expandió a consecuencia de la colonización inglesa, del comercio y de las conquistas.[163] Sin embargo, la recepción del Código Civil

---

[159] Ibid 69.
[160] Algunas jurisdicciones de *common law* siguen la doctrina de la supremacía parlamentaria que implica que un tribunal nunca puede invalidar una norma, otras jurisdicciones de *common law* permiten que sus tribunales invaliden normas inconstitucionales. Véase cap 4.III.3 (reflexionando sobre la supremacía parlamentaria).
[161] De Cruz (n 9) 70.
[162] Aunque algunos tribunales de *common law* pueden invalidar la legislación que es inconstitucional, otros jueces de *common law* sólo están autorizados a interpretar y aplicar la legislación vigente. Véase cap 4.III.3 (analizando la supremacía parlamentaria).
[163] Algunos autores han sugerido que, en los últimos tiempos, Estados Unidos ha intentado

no sólo es atribuible al poder político del imperio francés, o a la influencia espiritual de la civilización francesa, sino también en gran medida a los propios méritos del Código Civil, ya que en el siglo XIX el Código gozó de una autoridad intelectual y de una atracción casi sobrenatural al ser el Código de la gran Revolución, la que había abolido el *ancient régime* y generado por primera vez igualdad y unidad para los ciudadanos de un estado nacional organizado de forma centralizada. No debe olvidarse que la expansión del Código Civil a través del mundo fue facilitada por su admirable lenguaje y por la gran flexibilidad de sus manifestaciones. En definitiva, por su elevada calidad.[164]

Estos atributos hicieron que numerosos países, incluidos muchos de Latinoamérica, usasen el Código Civil francés como un modelo para su legislación nacional. Sin embargo, se constata que en los últimos tiempos varios países hispanoparlantes se están apartando de ciertos atributos propios del derecho francés.[165] Por ejemplo, 'las herramientas procesales que muchos países latinoamericanos están ofreciendo a sus ciudadanos para impugnar actos por motivos constitucionales [...] han permitido incrementar el poder de los jueces y reducir el formalismo que la formación tradicional de *civil law* suele infundir en los jueces'.[166]

En la misma medida que el derecho francés ha influido en los países hispanoparlantes, la rama alemana del *civil law* también ha dejado su marca, especialmente en los últimos años.[167] El enfoque alemán del derecho se diferencia del modelo francés en muchas e importantes cuestiones. Muchas de estas diferencias tienen su origen en las peculiaridades de la historia política, social e intelectual de Alemania.

Por muchos motivos, Alemania no parecería en principio ser un candidato óptimo para crear uno de los sistemas de *civil law* más influyente del mundo, ya que la región actualmente conocida como Alemania no tuvo ningún contacto significativo con el derecho romano hasta relativamente tarde (alrededor de la mitad del siglo XV). Sin embargo, los efectos del derecho romano en el mundo germanoparlante fueron mucho mayores que en Francia, en gran parte como consecuencia del sistema político fragmentado que existía en Alemania en aquel momento. No sólo la ausencia de un sistema jurídico local consolidado creaba un vacío que el derecho romano podía cubrir, sino que el derecho romano se consideraba culturalmente adecuado, al percibirse que el sacro imperio romano era el sucesor de la Roma imperial.[168]

Tanto el derecho alemán como el francés se vieron profundamente influenciados por la filosofía de la **Ilustración**, que enfatizaba el uso de la razón en todos los ámbitos de la vida. Sin embargo, los ideales de la Ilustración se implementaron de forma distinta en los dos países. En Francia, la Ilustración implicaba 'acción política directa y condujo a la Revolución de 1789'.[169] En Alemania, sin embargo, la Ilustración generó un gran respeto por la racionalidad, que se transformó en un 'sistema de principios de derecho privado

---

expandir el modelo de *common law* a otros países a través de una 'exportación del derecho' o 'imperialismo jurídico'. Véase Gillman (n 66) 272–73, 294–96; Gross y Rubin (n 66) 196–98.
[164] Zweigert y Kötz (n 16) 100. Traducción del inglés al español realizada por las autoras.
[165] Mirow (n 18) 185–86.
[166] ibid 189. Traducción del inglés al español realizada por las autoras.
[167] Cooper (n 70) 503. El derecho alemán ha resultado ser especialmente relevante en algunas áreas concretas como el derecho constitucional o penal. Véase Dubber (n 70) 435; Hall (n 70) 771.
[168] Zweigert y Kötz (n 16) 135.
[169] Ibid 136.

que debían ser enseñados y aprendidos'.[170] Durante ese tiempo, 'el profesor alemán, con todas sus buenas y malas características, teórico, poco cosmopolita y doctrinario, accedió a las facultades de derecho alemanas e imprimió en ellas unas características que fundamentalmente se mantienen hasta el momento presente'.[171]

El énfasis germano por la racionalidad se consolidó aún más con el trabajo de **Friedrich Carl von Savigny**, quien encabezó la **Escuela Histórica del Derecho** e idealizó el derecho romano tal y como aparecería en el *Corpus Juris*.[172] Con el paso del tiempo, la Escuela Histórica del Derecho derivó en la **Pandectística**, cuyo único 'objetivo era el estudio dogmático y sistemático de los materiales romanos'.[173] El pensamiento pandectista, con su profunda precisión y abstracción, se incorporó al Código civil alemán, el *Bundesgesetzsbuch* o BGB, y ofrece gran parte del contexto filosófico del derecho alemán.

El BGB está compuesto de 5 libros, cada uno de ellos abordando distintas áreas jurídicas. La primera sección, titulada Parte General, describe determinadas instituciones básicas de derecho privado y contiene normas referidas a personas naturales y jurídicas como las empresas.[174] El Libro II regula el derecho de obligaciones (perfilado como 'derechos personales' vinculados a contratos y a actos ilícitos), el Libro III aborda el derecho inmobiliario (caracterizado como 'derechos reales' ejercitables frente a todos e incluyendo cuestiones vinculadas con la propiedad, hipotecas y similares); el Libro IV se refiere a derecho de familia y el Libro V al derecho sucesorio.

Aunque la estructura básica del BGB se ha mantenido a lo largo del tiempo, secciones concretas se han ido modificando.[175] El legislador alemán también ha elaborado normas que no están incorporadas dentro del BGB y que complementan las disposiciones del Código. A la hora de decidir casos concretos, los jueces en Alemania tienen que basarse en la legislación vigente (como el BGB o la legislación complementaria) o en principios de derecho consolidados.[176]

A diferencia del Código Civil francés que está escrito para el ciudadano medio, el BGB es muy complicado y abstracto. El texto no está dirigido a legos en derecho, sino a abogados profesionales. Así,

> [e]n vez de tratar casos particulares de una forma clara y concreta, la totalidad del texto adopta un lenguaje conceptual abstracto que, para el lego y en ocasiones también para el abogado extranjero, es mayormente incomprensible, pero que el jurista formado, tras años de familiarización con él, no puede evitar admirar por su precisión y rigor de pensamiento.[177]

Con el paso del tiempo, el BGB ha sido fuente de inspiración para diversos países latinoamericanos.[178] Además, el derecho alemán también ha influido considerablemente en

---

[170] Ibid.
[171] Paul Koschaker (n 74) (en traducción de Zweigert y Kötz (n 16) 136). Traducción del inglés al español realizada por las autoras.
[172] Zweigert y Kötz (n 16) 138–40.
[173] Ibid 140.
[174] Ibid 146.
[175] de Cruz (n 9) 90.
[176] Ibid 91.
[177] Zweigert y Kötz (n 16) 144. Traducción del inglés al español realizada por las autoras.
[178] Parise (n 81) 830.

otras dos áreas jurídicas. En primer lugar, Alemania ha servido como modelo en materia de derecho constitucional, especialmente en lo referente a la Ley Fundamental y a la creación de tribunales especializados en materia constitucional.[179] La influencia alemana también puede apreciarse en varias normas procesales, tales como el recurso y la acción de inconstitucionalidad.[180]

En segundo lugar, el derecho alemán también ha influido grandemente en materia procesal penal.[181] Así, Alemania ha aportado a muchas jurisdicciones hispanoparlantes el modelo de oportunidad en la persecución del delito,[182] así como un prototipo para la intervención de la víctima en el proceso.[183]

3.III.4 Relevancia práctica del análisis del derecho comparado

La sección previa ofrece una base útil para capítulos posteriores que van a analizar en mayor detalle las diferencias entre los países hispano- y angloparlantes en lo que atañe a sus sistemas y práctica jurídicos, especialmente en lo que respecta al rol que en los mismos desempeñan los poderes judicial y legislativo; tipología y relevancia de la legislación aplicada por los tribunales; y modos a través de los que la ley se interpreta y aplica. Todas estas cuestiones se abordan de forma diferente en los sistemas de *civil law* y de *common law*.

A pesar del carácter eminentemente práctico de cuestiones como tipología y peso de la legislación, así como interpretación de los textos legales, éstas son de gran importancia para los abogados. Los clientes están menos preocupados con los motivos que explican que una ley sea distinta a la vigente en otra jurisdicción, ya que ellos simplemente quieren saber cuáles son dichas diferencias y cómo van a afectar a su caso.

Los siguientes capítulos analizan diversos aspectos de utilidad para los clientes. Sin embargo, es importante destacar ahora algunas cuestiones que tanto clientes como juristas que trabajan con ordenamientos de habla inglesa y española encuentran especialmente llamativas. Sería bueno que los abogados que trabajan con ambas lenguas fuesen especialmente cuidadosos a la hora de explicar estas cuestiones a clientes y colegas formados en una cultura jurídica distinta.

3.III.4.1 Procedimientos pre-judiciales

Una de las mayores diferencias entre *common law* y *civil law* se refiere a los procedimientos preliminares al proceso propiamente dicho, conocidos como *pre-trial procedures* y como **diligencias preliminares** en los ordenamientos de *civil law* cuando se trata del proceso civil, e **instrucción** cuando lo son al proceso penal, esto es, diligencias de investigación previas al proceso jurisdiccional propiamente dicho que se desarrolla ante un juez imparcial. Para los abogados del sistema continental la mera noción de procedimiento pre-judicial es confusa, dado que los jueces de *civil law* normalmente aceptan la práctica de la prueba

---

[179] Andreis (n 82) 1; Barroso (n 82) 592–93; Garoupa y Maldonado (n 82) 613; también Law y Versteeg (n 82) 823–26.
[180] Oquendo (n 83) 208–09 ('En América Latina, se utiliza un denominador *mandato de segurança* que se asemeja a la queja constitucional alemana o *Verfassungsbeschwerde*').
[181] Langer (n 84) 652.
[182] Pulecio-Boek (n 85) 68.
[183] Michel y Sikkink (n 86) 880.

únicamente en el proceso jurisdiccional que, en tiempos, no había de practicarse en una única sesión. El enfoque era el apropiado para una tradición legal que valoraba la prueba documental por encima de la declaración oral.[184]

Por su parte, los países de *common law* se caracterizan por permitir la aportación de pruebas únicamente en el momento del juicio, que es una audiencia oral sustanciada ante un juez único (y en algunos casos ante un jurado o legos en derecho) en la que los testigos testifican y los documentos son admitidos como prueba. La audiencia puede durar más de un día, pero el juez habitualmente intenta conocer del caso en una única sesión, en vez de dividido en semanas, meses o días.[185] Este enfoque es coherente con el dato de que el *common law* tradicionalmente ha priorizado la declaración oral sobre la prueba documental.[186] De todos modos, conviene destacar que los ordenamientos de *civil law* han modificado el planteamiento histórico antes reseñado y la tramitación oral del proceso es ya predominante en la mayoría de ellos. En este punto se ha producido, por tanto, una aproximación entre ambas tradiciones. Lo que persiste, sin embargo, son las diferencias entre las fases procesales en el sentido de que las diligencias de investigación y preparación previas al proceso jurisdiccional son de carácter excepcional en los procesos de *civil law*, pero no así la *pre-trial discovery* en los procesos de *common law*. Justamente, las mayores diferencias se encuentran en la amplitud de los deberes de información y colaboración procesal que contemplan unas y otras jurisdicciones.

Por lo indicado, las jurisdicciones de *common law* distinguen claramente entre el proceso jurisdiccional y el procedimiento preparatorio o *pre-trial procedure*. Una de las cuestiones más relevantes que tienen que sustanciarse durante esta fase es la recopilación de pruebas, realizada por las partes a través del *discovery* o *disclosure* de documentos e información (que podrían traducirse *grosso modo* como **diligencias de investigación** y **de revelación de información**). Este procedimiento se estudia de forma más detallada en capítulos posteriores, pero la idea esencial a retener aquí es que exigen que partes y testigos generen documentos que pueden ser incriminatorios o incluso lesivos para su caso. A los clientes también se les puede requerir que otorguen declaración escrita u oral sobre diversas cuestiones, incluidas aquellas que podrían perjudicar sus pretensiones legales o fácticas.

Aunque la extensión del *discovery* y de las obligaciones de revelación varían según la jurisdicción, los clientes de jurisdicciones hispanoparlantes suelen sorprenderse de recibir de sus oponentes solicitudes de información confidencial. Las personas que proceden de un contexto de *civil law* con frecuencia consideran que los procedimientos de *discovery* y

---

[184] Las jurisdicciones de *civil law* adoptan este enfoque sobre la base de que es más difícil generar documentos falsos que mentir cuando se emite declaración.

[185] Sin embargo, los procedimientos preliminares duran meses añadiendo, por tanto, tiempo a lo que dura el litigio. El tiempo exacto depende del tipo de caso y dónde se litiga.

[186] Las jurisdicciones de *common law* justifican esta aproximación sobre la base de que quiénes han de averiguar los hechos (el juez y/o los jurados) están en mejores condiciones de evaluar la credibilidad de los testigos y la prueba observando la actuación de los mismos durante la prestación de testimonio oral. Este enfoque en la observación personal era particularmente relevante en los primeros años del *common law*, cuando los jurados se reunían entre la gente del lugar que conocía a partes y testigos personalmente así como su grado de credibilidad. El acento en el testimonio oral también tiene sentido si se toma en cuenta el grado de analfabetismo y la ausencia de documentos durante los años de evolución del *common law*.

de *disclosure* son ofensivos y violan derechos básicos, con independencia del alcance de la información requerida. Por tanto, los abogados que trabajan en más de una lengua tienen que explicar con tacto la necesidad de cumplir con sus exigencias.[187]

La situación opuesta es también potencialmente problemática, dado que los clientes que proceden de países de *common law* suelen sorprenderse cuando descubren que no están autorizados a recurrir al *discovery* o *disclosure* con el fin de 'construir su caso'. De nuevo, los abogados que trabajan con las dos lenguas tienen que estar preparados para asesorar a sus clientes sobre la práctica del tribunal que es competente para conocer de su caso y explicar no sólo por qué existe o no existe la obligación de informar, sino también por qué un determinado procedimiento es justo en el sistema jurídico en cuestión.[188]

Aunque los abogados de *common law* no presentan pruebas durante la fase pre-judicial, sí que pueden producir otro tipo de mociones (*motion practice*), que implican tanto la presentación de escritos como argumentaciones orales. La gama de cuestiones que puede surgir en el periodo preliminar al proceso jurisdiccional es relativamente amplia. Por ejemplo, un abogado podría presentar una **moción** (denominada en inglés *move* o *make a motion*) para demostrar que el tribunal no es competente o para argumentar en contra del alcance de una diligencia de investigación. Los clientes suelen sorprenderse con la amplitud de la práctica de este tipo de mociones preliminares al proceso, dado que este procedimiento puede terminar siendo bastaste caro. Pero han de saber que es una parte necesaria del juicio en los procedimientos jurídicos de *common law*.

Otra cuestión que puede surgir durante la fase pre-judicial se refiere a los mecanismos de **resolución alternativa de conflictos** (habitualmente conocido como *alternative dispute resolution* o ADR incluso en países hispanohablantes), a los que, según las circunstancias, puede recurrirse de forma voluntaria u obligatoria. Las formas habituales de ADR son el **arbitraje**, en el que una tercera persona imparcial resuelve el conflicto a través de un procedimiento privado y confidencial que es menos formal que un juicio; y la **mediación**, en el que una tercera persona imparcial ayuda a las partes a alcanzar una solución amistosa. Los ADR están muy desarrollados en muchas jurisdicciones angloparlantes dada la tendencia a la contractualización de las relaciones sociales que existe en estos países; la situación es diferente en los países hispanoparlantes, aunque arbitraje y mediación se están abriendo camino en todos ellos impulsados por importantes reformas legales. En todo caso, los abogados que trabajan en más de una lengua necesitarán saber si, y en qué medida, son usados los ADR en el país que es competente para conocer del caso.

3.III.4.2   Procedimientos judiciales

El **proceso jurisdiccional** presenta muchas diferencias dependiendo de si el país en cuestión sigue la tradición de *common law* o de *civil law*. Por ejemplo, los países de *common law* consideran que el **juicio** es el momento crucial en el que se presentan y evalúan las pruebas. Como estas jurisdicciones dan gran importancia a la declaración oral, se ha desarrollado un proceso denominado *cross-examination*, traducido como **interrogatorio cruzado**, que permite que el abogado de la contraparte interrogue a los testigos, a veces de forma muy

---

[187] La práctica se justifica sobre la base de que 'el público.... tiene derecho a la prueba de todo hombre'. *Trammel v United States*, 445 US 40, 49 (1980).
[188] Más sobre esta cuestión en cap 8.III.2.1.

rigurosa, para buscar fallos en su declaración y ayudar a determinar la credibilidad de los **testigos**, incluyendo los testigos de parte, que también pueden testificar. Los procedimientos usados en el juicio suelen ser muy formalistas e incluyen detalladas **reglas de prueba** (en la terminología inglesa, *rules of evidence*) que permiten excluir documentos o declaraciones que son consideradas inadecuadas por algún motivo. Tradicionalmente, los países de *common law* recurren a jurados para realizar el juicio de hecho. Aunque esta práctica está desapareciendo en algunas jurisdicciones, al menos en el ámbito de los litigios civiles.

La litigación es tradicionalmente bastante distinta en las jurisdicciones de *civil law*. Aunque se está experimentando una aproximación con la tradición de *common law*, de manera que no sólo el **principio de oralidad** es el predominante ahora, sino que con más o menos éxito se están incorporando 'trasplantes legales' como el interrogatorio cruzado. De este modo y a diferencia de lo que sucedía hasta la modernización del derecho procesal, la prueba oral se practica normalmente en una única audiencia, aunque nunca alcanza el grado de atención e importancia que recibe en algunas jurisdicciones de *common law*. Otra diferencia importante que ha desaparecido es la que atribuye un papel relevante al juez de *civil law* en el proceso de identificar y recoger pruebas, y que daba paso a una distinción entre procesos **inquisitoriales**, que serían propios de los países del sistema continental, frente a otros caracterizados por su naturaleza **adversarial**, propios del *common law* y en el que las partes tienen el poder de dirección del proceso. A día de hoy, la imparcialidad del tribunal decisor y el principio de aportación de parte también son atributos de las jurisdicciones de *civil law*. El poder director del juez de *civil law* se limita al procedimiento y al **impulso de oficio**, pero sus poderes en la recogida y práctica de las pruebas son muy limitados, también en el proceso penal. Sí es importante destacar que el proceso de *civil law* no concede prácticamente importancia a la fase previa al proceso jurisdiccional, a salvo en el caso del proceso penal. En este supuesto es necesario 'construir el caso' con intervención del estado y algunos países como el español atribuyen un papel director al juez en esta investigación; pero el **juez instructor** es siempre distinto del juez que, posteriormente, conoce del juicio propiamente dicho. Por el contrario y como indicado, los países de *common law* conceden en general relevancia especial a la fase de investigación preliminar al juicio.

Aunque el juez sigue desempeñando un papel central en la litigación en muchos países de *civil law*, diversas jurisdicciones del sistema continental recurren a legos en derecho para resolver algunos procesos de carácter penal. No obstante, el sistema no es completamente análogo al existente en la tradición de *common law*. Dado que en los países de *civil law* la confianza se deposita fundamentalmente en jueces (y no en legos en derecho), no existe una normativa tan detallada sobre pruebas como la que se usa en las jurisdicciones de *common law*, dado que a los jueces (a diferencia de lo que sucede con los jurados) se les considera capaces de diferenciar entre pruebas creíbles y no creíbles.

Todas estas distinciones deberían explicarse a los clientes que proceden de otra jurisdicción para, así, evitar cualquier malentendido sobre cuestiones procedimentales. Sin embargo, los abogados que trabajan en más de una lengua también deben conocer otras cuestiones relacionadas con la litigación que pueden afectar a clientes o colegas. Tal vez la más importante de ellas sean las reuniones entre juez y abogado de una de las partes, solicitadas por éste último o *ex parte*. Este tipo de encuentros está estrictamente prohibido en jurisdicciones angloparlantes donde se consideraría una contravención ética si un abogado intentase hablar con un juez de esa forma. No obstante, la aproximación a este punto en algunos países hispanoparlantes es menos exigente. Los abogados conocedores de más de una lengua tienen que prestar atención para cumplir tanto con la ley y costumbres locales, como con las obligaciones éticas que derivan de su **responsabilidad profesional**. En algunos casos, las obligaciones éticas pueden recaer no sólo en el abogado sino también en los clientes, lo que aún enfatiza más la necesidad de comentar todas estas cuestiones lo antes posible, para que así el abogado no haga nada que pueda plantearle problemas al cliente.[189]

Los abogados siempre tienen que asesorar a sus clientes sobre el tiempo que puede durar un litigio. Sin embargo, los clientes que proceden de otras jurisdicciones también pueden necesitar ser informados sobre la estructura judicial existente en dicha jurisdicción (por ejemplo, la diferencia entre tribunales estatales y federales en Estados Unidos o en México), así como sobre la posibilidad de que se desarrollen litigios paralelos.

3.III.4.3 Recursos

La posibilidad de **recurso** suele existir en la mayoría de los países. Sin embargo, existen diferencias en este ámbito entre los países de *common law* y *civil law*. Así, por ejemplo, los clientes de jurisdicciones angloparlantes pueden sorprenderse al descubrir que en países de sistema continental conocen recursos a través de los que es posible revisar tanto el juicio de hecho como el de derecho, en una y otra medida, y también en el caso de decisiones absolutorias en primera instancia.[190] En el mismo sentido, clientes de jurisdicciones angloparlantes pueden sorprenderse al descubrir que pueden ser demandados de forma separada, tanto ante un tribunal estatal como ante uno federal estadounidense, por lo que podría considerarse el mismo acto delictivo.

3.III.4.4 Cuestiones extrajudiciales

No todos los abogados que dominan más de una lengua se dedican a litigar ante los tribunales. Así, un abogado de habla española puede ser requerido para asistir a un cliente de habla inglesa en la constitución de una compañía o en la compra de propiedades en un país hispanohablante. Aunque este tipo de cuestiones por lo general da lugar a menos sorpresas que la litigación desde el punto de vista comparado, los abogados en contacto con más de una jurisdicción deben ser conscientes de, al menos, dos puntos conflictivos.

En primer lugar, los abogados que trabajan en más de una jurisdicción tienen que prestar atención a las diferencias entre reglas de **ética profesional**. Todo abogado está sujeto a normas de responsabilidad profesional, tal y como las establece la organización que le ha concedido su licencia. Aunque ciertamente muchas reglas son comunes a todas las jurisdicciones, otras no. De hecho, es factible que existan grandes diferencias dentro de la misma familia jurídica. Por ejemplo, un abogado aceptado como tal en los Estados Unidos puede hablar con los testigos antes del juicio para prepararles para el mismo, tanto en lo que atañe a la forma como al contenido de su testimonio. Sin embargo, los abogados que practican en otras jurisdicciones de *common* law, como los *barristers* en

---

[189] Por ejemplo, una parte estadounidense que trabaje en el extranjero debe cumplimentar los términos de la *Foreign Corrupt Practices Act*. Véase *Public Law* No 95–213, 91 Stat 1494 (1977) (codificado, tal y como fue reformado, en distintos preceptos del Título 15 del *United States Code*).

[190] Marshall (n 93) 22–27 (comparando los procedimientos francés, alemán e italiano).

Inglaterra, tienen terminantemente prohibido el preparar testigos en la forma señalada, lo que también es el caso de muchos abogados de *civil law*. En general, los abogados que trabajan con más de un ordenamiento jurídico deben ajustarse a las reglas éticas que les vinculan, con independencia de lo que puedan hacer otros abogados.

Otra preocupación en relación con la responsabilidad profesional que ha de tomarse en cuenta se refiere a las prácticas del derecho no autorizadas. La cuestión se ha complicado en los últimos años, puesto que puede ser difícil determinar dónde se da el consejo legal a un cliente que está situado en una jurisdicción distinta de la del abogado que lo da. Igualmente, los abogados pueden tener que determinar si, por ejemplo, la descripción de las diferencias entre la ley de Costa Rica y de Canadá constituye 'práctica del derecho' en uno u otro país.

A día de hoy, no existe un consenso internacional sobre cómo resolver estas cuestiones. Algunos países se ocupan de ellas específicamente en sus reglas éticas, cosa que otros no hacen. De todos modos, lo relativo a la práctica jurídica en varias jurisdicciones ha sido profusamente analizado por especialistas en arbitraje internacional, por lo que es aconsejable que los abogados en contacto con más de una jurisdicción se inspiren en los mismos para resolver los problemas reseñados.[191]

En segundo lugar, el otro punto conflictivo concierne a los **privilegios legales**.[192] Éstos operan típicamente para proteger de los deberes de información y cooperación procesal en relación con ciertos tipos de documentos o comunicaciones. Algunos privilegios, como el establecido por la doctrina del producto de trabajo (conocida como *work product doctrine*) en los Estados Unidos, sólo operan en el marco de un proceso jurisdiccional.[193] Otros privilegios, como el que cubre la relación abogado-cliente, se aplican con independencia del marco en el que se preste el consejo legal e incluso si el asunto no requeriría acudir a los tribunales.

Abogados en contacto con más de un ordenamiento jurídico deben ser muy conscientes del ámbito y aplicación de este tipo de privilegios en todos y cada uno de ellos. En algunos casos, un documento o conversación puede estar protegido en un sistema jurídico, pero no en otros; situaciones en las que es responsabilidad del abogado advertir al cliente de las consecuencias de crear determinado tipo de documento o tener cierta conversación. Aunque puede ser imposible proteger la información relevante en vista de las circunstancias, clientes y abogados deben conocer los riesgos existentes.

Otra cuestión a la que el abogado que trabaja con más de un sistema jurídico debe prestar atención concierne a las comunicaciones entre la empresa y su abogado, esto es, el empleado por ella o **abogado de empresa**. Actualmente, tanto el derecho estadounidense como el inglés parecen reconocer la posibilidad de comunicaciones privilegiadas y confidenciales entre la compañía y su abogado, siempre y cuando se cumplan ciertas condiciones. Ahora bien, el derecho europeo tiene una aproximación diferente y puede denegar la existencia de privilegio en una situación que, en principio, sí esté cubierta por el derecho inglés.

Al tiempo de escribir estas páginas, la aplicación del derecho de la Unión Europea a

---

[191] Véase los dos trabajos de Catherine A Rogers (n 94).
[192] Véase cap 8.III.2.1.
[193] *Hickman v Taylor* 329 US 495 (1947). Véase también Pike (n 96).

cuestiones sometidas al derecho inglés está en duda, debido a la probable retirada del Reino Unido de la Unión Europea. Qué duda cabe que las mismas se resolverán a su tiempo. Los privilegios legales pueden ser motivo de controversia entre las jurisdicciones hispano- y angloparlantes, puesto que los países del sistema continental no los conceptualizan del mismo modo que los países de *common law*.[194] La aplicación del privilegio puede también depender del objeto de la representación legal.[195] Es por ello que los abogados que trabajan con más de un ordenamiento jurídico deben ser conscientes de estas cuestiones para dar el consejo adecuado a sus clientes.

PALABRAS CLAVE

- Abogado de empresa
- Arbitraje
- *Auctoritas*
- Canciller
- Friedrich Carl von Savigny
- *Civil law*
- Código
- Código Civil alemán
- Código napoleónico
- *Common law*
- *Corpus Juris Civilis*
- Costumbres indígenas
- Decisiones judiciales
- Derecho administrativo
- Derecho comparado
- Derecho local
- Derecho privado
- Derecho público
- Derecho real
- Derecho religioso
- Derecho romano
- Diligencia de investigación
- Diligencia de revelación de información
- Diligencias preliminares
- Ejecución *in natura*
- Equidad
- Escuela Histórica del Derecho
- Ética profesional

---

[194] Imwinkelreid (n 97) 173–74.
[195] Por ejemplo, cuestiones de derecho privado pueden ser decididas de forma diferente que las de derecho penal. Véase International Bar Association, 'Commentary on the Code of Professional Conduct for Counsel Before the International Criminal Court' (2003) 37 Intl Law 1069, 1071–72; Roberts (n 98).

- Familias jurídicas
- Gayo
- Ilustración
- Impulso de oficio
- Instrucción
- Interrogatorio cruzado
- *Ius commune*
- Juez
- Juez instructor
- Juicio
- Legislación
- Legislador
- Mediación
- Moción
- *Pandectística*
- Precedente
- Principio de oralidad
- Privilegios legales
- Proceso adversarial
- Proceso inquisitorial
- Proceso jurisdiccional
- Razonamiento analógico o inductivo
- Razonamiento deductivo
- Recurso
- Reglas de prueba
- Remedio procesal
- Resolución alternativa de conflictos (ADR)
- Responsabilidad profesional
- Sistema de derecho continental
- *Stare decisis*
- Testigo
- Tribunal de equidad
- Tribunal de la Cancillería

4. Legislation – Legislación

The English-language portion of this chapter is meant to be read by those for whom English is a second language. Readers for whom Spanish is a second language should begin their reading on page 113.

Esta sección en inglés es para quienes hablan inglés como segundo idioma. Los lectores que tienen el español como su segundo idioma deben empezar su lectura en la página 113.

4.I LEGISLATION

4.I.1 Introduction

As mentioned in the previous chapter, English-speaking jurisdictions treat statutory law somewhat differently than do Spanish-speaking jurisdictions, since countries following the **common law** tradition allow courts to 'make' law through judicial opinions rather than simply 'discover' the law. Nevertheless, legislative pronouncements remain important in English-speaking countries. This chapter discusses the following issues, using the United States and England as exemplars of two key approaches:

- types and levels of legislative authority in English-speaking jurisdictions;
- the role of **legislation** in English-speaking jurisdictions;
- areas of law that are particularly prone to codification in English-speaking jurisdictions;
- methods of interpreting legislation in English-speaking jurisdictions; and
- the interaction between domestic law and international treaties in English-speaking jurisdictions.

4.I.2 Types and Levels of Legislative Authority in English-Speaking Jurisdictions

Before discussing the role that legislative enactments play in English-speaking jurisdictions, it is helpful to understand how different countries approach legislative authority. Because most countries that use English as their primary language follow the common law tradition, it is useful to begin by considering how England – the birthplace of the common law – does so.

Although England is the originator of the common law legal tradition, the English legal system is in many ways unique. For example, England is one of the few countries in the world that does not have a written **constitution**. While several documents, ranging from the **Magna Carta** of 1215 to the **Human Rights Act 1998**, can be considered 'constitutional' in nature,[1] English constitutional law is primarily made up of unwritten **constitutional conventions** that have been respected for centuries.[2] However, the unwritten nature of these conventions does not mean that they are unenforceable. Instead, a person who violates a constitutional convention could very well be forced to resign his or her political position as a result of such an act.[3]

Constitutional conventions exist on a variety of subjects. However, the three main principles of English constitutional law relate to (1) the **separation of powers**, (2) **parliamentary supremacy** and (3) the **rule of law**.[4] The concept of parliamentary supremacy is particularly important in the context of this discussion, since it means that **Parliament**, which is the supreme legislative body in the United Kingdom,[5] has, 'under the English Constitution, the right to make or unmake any law whatever; and, further, that no person or body is recognized by the law of England as having a right to override or set aside the legislation of Parliament'.[6]

Parliament enacts **statutes**, which are not to be confused with **statutory instruments**, which are enacted by various government departments as a form of **delegated authority** and are used to alter or further elucidate existing statutes.[7] However, any **Act of Parliament** relating to a particular grant of delegated authority must indicate to whom the authority has been delegated and the extent of the delegated power.

Statutory instruments are prevalent throughout the English legal system, with approximately 3,000 statutory instruments being adopted each year. Official versions of English statutes and statutory instruments are freely available on the internet.[8]

Perhaps the two most important statutory instruments for purposes of the current discussion are the procedural rules governing civil and criminal trials. In 2005, the Criminal Procedure Rule Committee, which is part of the Ministry of Justice, undertook

---

[1] See David Feldman, 'The Nature and Significance of "Constitutional" Legislation' (2013) 129 LQR 343, 347. Constitutional legislation cannot be repealed by implication. See Ibid 345. Conventional wisdom suggests that constitutional legislation is tied to fundamental rights, although some commentators do not believe that constitutional provisions should be defined so narrowly. See *Thoburn v Sunderland City Council* [2002] EWHC 195 (Admin), [2003] QB 151 [62]–[63]; Feldman 345–52.

[2] See Catherine Elliott and Frances Quinn, *English Legal System* (14th edn, Pearson Education Ltd 2013/14) 2. In England, the term 'constitutional convention' refers to certain unwritten traditions. In the United States, the term 'constitutional convention' refers to a series of meetings in 1787, when the current US Constitution was written by the **Framers** (also known as the **Drafters**).

[3] See Ibid 2.

[4] See Ibid 3–5.

[5] Parliament is made up of the **House of Lords** and the **House of Commons**. For more on the British legislative process, see Cabinet Office, 'Legislative Process: Taking a Bill Through Parliament' (UK Government, 20 February 2013) <www.gov.uk/legislative-process-taking-a-bill-through-parliament>.

[6] Elliott and Quinn (n 2) 3.

[7] See Parliament, 'Delegated Legislation' (UK Parliament) <www.parliament.uk/about/how/laws/delegated/>.

[8] See Browse Legislation (UK Legislation) <www.legislation.gov.uk/browse/uk>. It is important to distinguish between enactments that are applicable to England or to the entire UK, which would include England, and enactments that are only relevant to other jurisdictions, such as Scotland, Wales and/or Northern Ireland, and which would not include England.

a comprehensive revision of the procedures used in criminal trials.[9] The result was the **Criminal Procedure Rules**, which were most recently revised in 2013.

The rules of civil procedure underwent a similar revision process in 1999. The effort resulted in the **Woolf Reforms**, named after Lord Woolf, the chair of the committee that undertook the several years long study into how the civil justice system might be improved. The **Civil Procedure Rules**[10] now govern most non-criminal matters with the exception of **family law**, which has its own separate set of procedural rules.[11]

For the last several decades, English law has also been affected by legislation promulgated by the **European Union** (EU). At the time of writing, the nature and scope of the UK's continued presence in the EU was in doubt. However, England will doubtless be considering the influence of **European law** for a number of years to come, which makes it both useful and necessary to include an overview of European law here. Furthermore, various English-speaking **Member States**, most notably Ireland, remain in the EU and therefore must take European law into consideration.[12]

There are four main types of European law: **treaties**, **regulations**, **directives** and **decisions**.[13] These authorities may be directly applicable (meaning that they immediately become part of the Member State's domestic law) or have **direct effect** (meaning that they grant individual rights that may be relied on in national court without the need for **implementing legislation**). Perhaps the two most confusing types of enactment for those who have not been trained in European law are European regulations and European directives.

A regulation is somewhat analogous to a statute enacted by a national **legislature**, in that it is immediately applicable in all Member States of the EU. A directive, on the other hand, sets forth general principles that the various Member States are required to implement into national law within a certain amount of time, although the individual governments are allowed to exercise their discretion in how those principles are brought into effect.[14] The courts of all European Member States must apply European law that is directly effective even if the European provision contradicts domestic law.[15] European legislation is freely accessible on the internet in all official EU languages, including both English and Spanish.[16]

Although the English approach to legislation is in many ways unique, it has deeply influenced other English-speaking jurisdictions, particularly those that were or are

---

[9] See CrPR.
[10] See CPR.
[11] See **Family Procedure Rules**.
[12] Malta is also a member of the European Union and must therefore take European law into account. Until the late twentieth century, English was used by the courts and legislature of Cyprus, another European Member State, but English is no longer one of the country's official languages.
[13] See Legislation (European Commission) <http://ec.europa.eu/legislation/index_en.htm>; see also Elliott and Quinn (n 2) 106.
[14] The EU tracks national laws meant to implement EU directives. See National Implementing Measures (Eur-Lex) <http://eur-lex.europa.eu/collection/n-law/mne.html>.
[15] See *R v Secretary of State for Transport, ex parte Factortame Ltd* [1991] 1 AC 603 (HL).
[16] See Eur-Lex (Euro-Lex) <http://eurlex.europa.eu/homepage.html;jsessionid=7QCsTDYcJl GL4TTFkqT1KcTpLVQyTgz1kyHfdwWm7Wx02yFFn8YB!-1639360510?locale=en>.

currently members of the **Commonwealth** of former British colonies.[17] However, many English-speaking countries have also incorporated elements of the legislative approach adopted by the United States, which varies from the English approach in several key regards. Although some of the differences arise as a result of the **federal** structure of the US, which requires lawyers to consider legislative enactments at both the federal (national) level as well as the individual state level, the real distinction arises as a matter of constitutional law.

Analysis begins with the US federal Constitution, which was written in 1787[18] and is considered the 'supreme Law of the Land'[19] with respect to matters falling within its scope. The supremacy of the federal Constitution means that US state and federal courts can rely on the federal Constitution to invalidate legislation that is inconsistent with constitutional principles.[20]

However, the federal government is not all-powerful. Instead, the US Constitution only gives certain **enumerated powers** to the federal government while retaining all other powers for the individual states.[21] The concept of **federalism** describes the tension between the law of the US federal government and the individual states and arises in a number of different contexts. The most important description of federal powers is found in Article I, Section 8, of the federal Constitution, which is reproduced in part below.[22] The full text of the US Constitution is available on the internet in both English and Spanish.[23]

Each of the 50 US states also has its own constitution, which is the supreme law of each individual state with respect to those issues that are governed by **state law**. However, the federal Constitution can be used to invalidate provisions of the constitutions of individual states, if a state constitution conflicts with the federal Constitution on matters that are within the competence of the federal government. Most, if not all, state constitutions are available on the internet.[24]

The federal legislature is called **Congress**, and is made up of two **houses** (chambers) known as the **Senate** and the **House of Representatives**.[25] Each individual state also has its own legislature. Although Congress and the various state legislatures each have their own areas of exclusive competence, there are some issues which are subject to both state

---

[17] See Member Countries (The Commonwealth) <http://thecommonwealth.org/member-countries>.

[18] The Constitution of 1787 replaced an earlier constitution known as the Articles of Confederation. See Primary Documents in American History (Library of Congress) <www.loc.gov/rr/program/bib/ourdocs/articles.html>.

[19] See US Const, art VI, cl 2.

[20] See *Shelby County v Holder*, 133 SCt 2612, 2623 (2013); *Marbury v Madison*, 5 US (1 Cranch) 137 (1803).

[21] See US Const, art I, s 8.

[22] See below 4.I.7.1.

[23] See Ibid. A Spanish translation of the US Constitution, including all 27 amendments, is available at the National Archives website. See National Archives, La Constitución de los Estados Unidos de América 1787 <www.archives.gov/espanol/constitucion.html>.

[24] See for example California Constitution (Official California Legislative Information) <www.leginfo.ca.gov/const-toc.html>; Texas Constitution and Statutes (Texas Constitution) <www.constitution.legis.state.tx.us/>.

[25] For more on how the US legislative process operates, see The Legislative Process (Congress) <http://beta.congress.gov/legislative-process>.

and federal regulation. If a conflict arises in one of these areas between state and federal enactments, **federal law** will control.

Some US federal statutes are available on the internet.[26] Some states also provide electronic access to their statutes, although these websites reflect varying degrees of sophistication in terms of their search capabilities.[27]

Legislation in the US also includes **administrative** regulations enacted at both the state and federal level. These regulations are promulgated by **agencies** with varying amounts of autonomy.[28] Federal regulations are available online,[29] as are many state regulations.[30]

The concept of statutory authority could also be considered to include the various rules governing judicial proceedings. These rules include the **Federal Rules of Civil Procedure**, the **Federal Rules of Criminal Procedure** and the **Federal Rules of Evidence** at the federal level.[31] These rules are proposed by the federal Judicial Conference (the governing body of the US federal judiciary) and forwarded by the US Supreme Court to Congress, which then approves the rules pursuant to the Rules Enabling Act.[32] Each US state has also enacted its own rules of evidence and procedure. Many of these rules are similar to those that exist at the federal level, although some variations do exist.

4.I.3 The Role of Legislation in English-Speaking Jurisdictions

As the preceding section suggests, English-speaking countries enact a significant amount of legislation, even though many of these countries also respect 'judge-made' law as part of the common law tradition. Indeed, one prominent US jurist, Judge Guido Calabresi, has said that the US is 'choking on statutes'.[33] However, there is a significant amount of variation in how English-speaking countries approach the role of legislation in their national legal systems.

England exists at one end of the spectrum. According to the doctrine of parliamentary supremacy, the legislature is free to enact any law it wants, regardless of whether the provision can be considered fundamentally fair. Although this approach could seem

---

[26] The official US government website only offers information since 1973 and is somewhat difficult to search. See Legislation (The US Congress) <http://beta.congress.gov/legislation>. A better source is hosted by Cornell University. See Cornell University <www.law.cornell.edu/uscode/text>.

[27] See for example, California Legislative Information <http://leginfo.legislature.ca.gov/faces/codes.xhtml>; Texas Constitution and Statutes (Texas Constitution) <www.constitution.legis.state.tx.us/>.

[28] For example, some federal agencies operate almost entirely free of legislative or executive control. See Eldon H Reiley and Connie de la Vega, *The American Legal System for Foreign Lawyers* (Wolters Kluwer Law and Business 2012) 41.

[29] See Code of Federal Regulations, (US Government Printing Office) <www.gpo.gov/fdsys/browse/collectionCfr.action?collectionCode=CFR>.

[30] See for example, California Office of Administrative Law (Office of Administrative Law) <www.oal.ca.gov/>; Texas Administrative Code (Texas Secretary of State) <www.sos.state.tx.us/tac/>.

[31] See Fed R Civ P; Fed R Crim P; Fed R Evid.

[32] See 28 USC ss 2072–74.

[33] Guido Calabresi, *A Common Law for the Age of Statutes* (1982) 1.

problematic, the democratic process is believed to act as a check to any overreaching by Parliament.[34]

Parliament may also override fundamental principles of the common law. For example, the Criminal Justice Act 2003 radically changed the longstanding English rule on **double jeopardy**.[35] Although this move would have been impossible in some countries (such as the US) without a **constitutional amendment**,[36] England was able to enact this provision through simple legislation.

The one exception to the doctrine of parliamentary supremacy relates to European law. According to the various treaties establishing the EU, the laws of the EU are superior to national law, but only in areas in which the EU is competent to act.[37] Notably, this unique relationship only exists with respect to laws enacted by the EU. Other international laws do not have this status in England, due to the fact that international treaties do not have direct effect in England unless and until Parliament has adopted implementing legislation, as discussed more fully below.[38] This phenomenon is true even with respect to the Human Rights Act 1998, which has been considered to have constitutional status.[39] According to section 4 of the Human Rights Act, courts finding an inconsistency between English law and the **European Convention for the Protection of Human Rights and Fundamental Freedoms (European Convention on Human Rights)**[40] may not invalidate the domestic law. Instead, courts may only make a 'declaration of incompatibility' and leave the issue to Parliament to address.

Not every English-speaking nation follows the principle of **legislative supremacy**. For example, courts in the US are required to invalidate any piece of legislation that violates principles set forth in either the relevant state or federal Constitution.[41] This approach

---

[34] For centuries, the only political safeguard in the British system was through the House of Commons, which was democratically elected. (The House of Lords was primarily made up of hereditary nobles who were not elected.) However, the House of Lords Act 1999 changed the status of the House of Lords, making it somewhat more politically accountable.

[35] The concept of double jeopardy indicates that a criminal **defendant** cannot be tried twice for the same **crime**. See Ian Dennis, 'Prosecution Appeals and Retrial for Serious Offenses' (2004) 619 Crim L Rev 619–38.

[36] See US Const, amend V.

[37] See European Union Act 2011, s 10. The EU was created through a series of international treaties beginning in 1952. See European Treaties (European Union) <http://europa.eu/eu-law/decision-making/treaties/index_en.htm> (including the helpful guide, *The ABC of EU Law*). Two of the key enactments are the Treaty on European Union (the TEU or the Maastricht Treaty), which was adopted in 1993, and the Treaty of Rome, which set up the European Economic Community in 1957. In 2009, the Treaty of Lisbon renamed the Treaty of Rome as the 'Treaty on the Functioning of the European Union' (TFEU). It is unclear at the time of writing how and when the UK will withdraw from the EU.

[38] See Colin Warbrick, 'International Law in English Courts – Recent Cases' (2003) 52 Intl and Comp L Q 815.

[39] See Feldman (n 1) 347.

[40] See European Convention for the Protection of Human Rights and Fundamental Freedoms (European Convention on Human Rights), opened for signature 4 November 1950, 213 UNTS 221.

[41] This power rests with both state and federal courts and relates to both state and federal constitutions, except that a party may not rely on a state constitutional principle to invalidate a federal statute addressing a matter within the competence of the federal government.

has led some commentators to characterize the United States as having adopted the principle of **judicial supremacy**. However, the democratically elected branches of government ultimately have the last word, since Congress can enact legislation that is constitutionally compliant. In truly extraordinary circumstances, Congress can also seek to override a judicial decision by amending the Constitution, although any proposed amendment must also be ratified by the legislatures of three-quarters of the individual states.[42]

Notably, US courts are not superior to the legislature and the **executive** in all matters. To the contrary, judges often defer to legislative or administrative opinions, although the scope and nature of such deference vary depending on the issue. Thus, for example, US courts have indicated that when a controversy 'involves a political question ... where there is "a textually demonstrable constitutional commitment of the issue to a coordinate political department; or a lack of judicially discoverable and manageable standards for resolving it"', the courts must defer to the political branches (ie, the legislature or the executive) under the **political question doctrine**.[43]

Other English-speaking countries tend to adopt one or the other of these two approaches. Thus, for example, Canada is more like the US, since Canadian courts have the ability to invalidate legislation on constitutional grounds.[44] New Zealand, on the other hand, has strongly embraced the concept of Parliamentary supremacy.[45]

4.I.4 Areas of Legislative Activity

Although **civil law** lawyers see the common law tradition as distinctive in the way that it allows judges to make law, there are some areas where codification is routine, even in English-speaking countries. In fact, most English-speaking nations enact a wide variety of statutory provisions. For example, the **United States Code**, which contains statutes enacted by Congress, includes 51 different titles, each dealing with a distinct area of law.[46] The **Code of Federal Regulations**, which contains the enactments of the various administrative agencies, contains 50 different titles.[47]

Individual US states have their own codes and regulations.[48] These enactments are somewhat broader in scope than the US federal code and regulations, since individual states are constitutionally capable of operating in a wider range of subject matter areas.

---

[42] See US Const, art V (outlining all possible mechanisms).
[43] *Nixon v United States*, 506 US 224, 228 (1993) (quoting *Baker v Carr*, 369 US 186, 217 (1962)).
[44] See Constitution Act 1982 (Canada); Reference re Supreme Court Act, RSC 1985 (Canada), 2014 SCC 21, para 89 (2014).
[45] See New Zealand Bill of Rights Act 1990, s 4; Andrew Geddis, Dissent, 'The Bill of Rights Act and the Supreme Court' (2013) 11 NZ J Pub and Intl L 55, 62.
[46] See United States Code (Office of the Law Revision Counsel) <http://uscode.house.gov/>.
[47] See US e-CFR (Government Printing Office) <www.ecfr.gov/cgi-bin/ECFR?page=browse>.
[48] See California Code of Regulations <www.statutes.legis.state.tx.us/> (covering 28 different issues); Code Search (California Legislative Information) <http://leginfo.legislature.ca.gov/faces/codes.xhtml (covering 29 different issues)>; Texas Constitution and Statutes (Texas Constitution) <www.statutes.legis.state.tx.us/> (covering 29 different issues); Texas Administrative Code <http://info.sos.state.tx.us/pls/pub/readtac$ext.ViewTAC> (covering 16 different issues).

Thus, state codes address issues such as family law, **insurance law** and **probate (succession) law**, since those matters are governed by state rather than federal law.

English statutes are not codified in the same way as US state and federal statutes. Rather than being organized by subject matter, the various acts and statutory instruments exist independently. Thus, a person seeking to identify the statutory rules relating to a particular body of law may need to consider a variety of different enactments to understand the entirety of the issues at stake.[49]

4.I.5 Interpreting Legislation in English-Speaking Jurisdictions

Although legislative and administrative bodies are responsible for promulgating statutes, regulations and other types of enactments, courts are responsible for applying those principles in particular disputes. In some ways, the interpretive process in common law countries is similar to that undertaken in civil law countries. However, courts in English-speaking jurisdictions look to **precedent** as well as the text of the statute or similar instrument so as to ensure consistent application of the legislation from case to case.[50] While courts in Spanish-speaking jurisdictions also look to previous judicial decisions so as to encourage consistency in interpretation, the process is somewhat different as a matter of both theory and practice.

Issues relating to the use of precedent in cases involving **statutory interpretation** are considered in detail in Chapter 5. The current discussion focuses on how a court in an English-speaking country approaches statutory or regulatory language itself. Although some features are consistent across jurisdictional lines, other elements differ.

Courts in English-speaking nations need to interpret statutes for the same reason that courts in Spanish-speaking nations do. For example, the legislature may have drafted the instrument relatively broadly so as to give judges some flexibility in applying the provision in question. Alternatively, the legislature may have used an **ambiguous** term so as to avoid a particularly contentious political issue. In other cases, the legislative or administrative authority may not have anticipated that a particular situation would ever arise.

Commentators have suggested that judges in English-speaking countries are able to take a more creative approach to the interpretation of statutes because common law jurisdictions do not take the same comprehensive approach to legislation that civil law jurisdictions do.[51] Nevertheless, some of the interpretive approaches will doubtless be familiar to lawyers and law students from Spanish-speaking countries.

The method of interpretation can vary from case to case. For example, sometimes a court can find interpretive directions in the language of the statute itself. Thus, for example, the Human Rights Act 1998 describes how English courts are to interpret rights

---

[49] For example, someone who wishes to consider liability associated with the occupation of land will have to consider the Occupiers' Liability Act 1957 and the Occupiers' Liability Act 1984 as well as various principles of the common law. See Andrew Burrows, 'The Relationship Between Common Law and Statute in the Law of Obligations' (2012) 128 LQR 232, 233, 236–27, 241.

[50] See Lawrence E Filson and Sandra L Strokoff, *The Legislative Drafter's Desk Reference: Best Practices in Drafting Federal and State Laws and Regulations* (2nd edn, CQ Press 2008) 377 (discussing role of precedent in statutory construction in the US).

[51] See Reiley and de la Vega (n 28) 45.

reflected in the European Convention on Human Rights as well as English legislation that might conflict with the Convention.[52] These instructions are found in section 2 of the Act, which states:

Interpretation of Convention Rights.

(1) A court or tribunal determining a question which has arisen in connection with a Convention right must take into account any—

    (a) judgment, decision, declaration or advisory opinion of the European Court of Human Rights,

    (b) opinion of the Commission given in a report adopted under Article 31 of the Convention,

    (c) decision of the Commission in connection with Article 26 or 27(2) of the Convention, or

    (d) decision of the Committee of Ministers taken under Article 46 of the Convention,

whenever made or given, so far as, in the opinion of the court or tribunal, it is relevant to the proceedings in which that question has arisen.

(2) Evidence of any judgment, decision, declaration or opinion of which account may have to be taken under this section is to be given in proceedings before any court or tribunal in such manner as may be provided by rules.

(3) In this section 'rules' means rules of court or, in the case of proceedings before a tribunal, rules made for the purposes of this section—

    (a) by the Lord Chancellor or] the Secretary of State, in relation to any proceedings outside Scotland;

    (b) by the Secretary of State, in relation to proceedings in Scotland; or

    (c) by a Northern Ireland department, in relation to proceedings before a tribunal in Northern Ireland—

        (i) which deals with transferred matters; and

        (ii) for which no rules made under paragraph (a) are in force.

Section 3 of the 1998 Act goes on to state that:

Interpretation of legislation.

(1) So far as it is possible to do so, primary legislation and subordinate legislation must be read and given effect in a way which is compatible with the Convention rights.

(2) This section—

    (a) applies to primary legislation and subordinate legislation whenever enacted;

    (b) does not affect the validity, continuing operation or enforcement of any incompatible primary legislation; and

    (c) does not affect the validity, continuing operation or enforcement of any incompatible subordinate legislation if (disregarding any possibility of revocation) primary legislation prevents removal of the incompatibility.

---

[52] See Human Rights Act 1998, ss 2–3. The Human Rights Act is meant to ensure the compatibility of domestic legislation with the provisions of the European Convention on Human Rights.

The Human Rights Act 1998 is a good example of how implementing legislation might give interpretive assistance to courts. However, ordinary English legislation, such as the Unfair Contract Terms Act 1977, can also contain guides to interpretation.[53]

Statutes from the United States also provide judges with interpretive aids.[54] Thus, for example, the **Uniform Commercial Code (UCC)**[55] states:

> § 1–103. Construction of Uniform Commercial Code to Promote its Purposes and Policies: Applicability of Supplemental Principles of Law.
>
> (a) The Uniform Commercial Code must be liberally construed and applied to promote its underlying purposes and policies, which are:
>
> (1) to simplify, clarify, and modernize the law governing commercial transactions;
>
> (2) to permit the continued expansion of commercial practices through custom, usage, and agreement of the parties; and
>
> (3) to make uniform the law among the various jurisdictions.
>
> (b) Unless displaced by the particular provisions of the Uniform Commercial Code, the principles of law and equity, including the law merchant and the law relative to capacity to contract, principal and agent, estoppel, fraud, misrepresentation, duress, coercion, mistake, bankruptcy, and other validating or invalidating cause supplement its provisions.
>
> § 1–104. Construction Against Implied Repeal.
>
> The Uniform Commercial Code being a general act intended as a unified coverage of its subject matter, no part of it shall be deemed to be impliedly repealed by subsequent legislation if such construction can reasonably be avoided.

Interpretive aids provide invaluable assistance to courts asked to construe statutory enactments. However, these sorts of provisions are often the exception rather than the rule. As a result, it is necessary to understand how courts in English-speaking jurisdictions approach statutory interpretation.

In some countries, such as the US, the interpretive mechanism may depend on the type of enactment that is at issue. Furthermore, different sorts of interpretive methodologies can come in and out of vogue, which can lead to confusion.

---

[53] See Unfair Contract Terms Act 1977, s 14 (providing standard interpretation of terms used in Part I of the Act, including terms such as 'business', 'goods' and 'negligence').

[54] Interpretive aids exist in a variety of forms. See for example, Delaware Limited Liability Company Act, s 18–1101 (giving general instructions on interpretation of the Federal Rules of Evidence); Fed R Evid 102.

[55] The UCC reflects an effort to create uniformity in US commercial law and is a joint effort of the National Conference of Commissioners on Uniform State Law (now called the Uniform Law Commission) and the American Law Institute. The UCC was first promulgated in 1952 and continues to be updated periodically. The UCC cannot be considered 'law' unless and until it is adopted by a particular jurisdiction. However, many commentators use the UCC as a standard reference when discussing general principles of law applicable to most US states, which can be misleading. Because the UCC may be adopted in whole or in part and may be amended prior to adoption, lawyers must ascertain what the UCC's status is in the jurisdiction in which they are operating. See Completed Acts (Uniform Law Commission) <www.uniformlaws.org/Acts.aspx>.

4.I.5.1 Constitutional analysis

The first and most important documents are of course constitutions. Because the UK does not have a written constitution, there is no need to undertake this type of analysis in cases governed by English law. However, the methodologies associated with constitutional interpretation can vary a great deal in other English-speaking nations, both between different jurisdictions and within a particular jurisdiction.

Courts are typically asked to interpret the constitution in situations where a statute is said to violate certain constitutional principles. The process, which is referred to as **judicial review** in the US (the term means something else in England and a number of other English-speaking countries),[56] was first deemed appropriate in 1803 as a result of the US Supreme Court decision in *Marbury v Madison*.[57] Some countries, such as Ireland, have explicitly referred to this sort of judicial review in their constitutions.[58]

Nearly everyone agrees that interpretation of the US Constitution starts with the text of the document, as amended. However, judicial commitment to the precise wording of the text often varies, and commentators have identified a number of different interpretive approaches that can be and often are used by judges.[59] No single method is considered to be correct in all circumstances, and judges typically adopt the approach that is most in line with their judicial philosophy and with any binding authority that may apply to the issue in question.[60]

Constitutional interpretation in the US has changed significantly over the years. For example, scholars and jurists at one time adopted an expansive view of the US Constitution and considered it a living document that changed to take new circumstances into account.[61] This formulation can be used to explain the longstanding reliance on

---

[56] In England, the term 'judicial review' is used when the Queen's Bench Division of the High Court considers whether public bodies and officials have exceeded the powers granted them as a substantive matter (substantive *ultra vires*) or have behaved in a manner that violates **natural justice** (procedural *ultra vires*). See Elliott and Quinn (n 2) 614–19.

[57] See *Marbury v Madison*, 5 US (1 Cranch) 137 (1803); see also Thomas E Baker, 'Constitutional Theory in a Nutshell' (2004) 13 Wm and Mary Bill Rts J 57, 62–63. However, the concept of judicial review has been criticized from both the left and the right. See Ibid 67–68.

[58] See Ire Const, art 34(3)(2).

[59] See Baker (n 57) 70, 95–102 (numerous theories of interpretation existing, including literalism, textualism, strict constructionism, interpretivism and documentarianism as well as originalism, doctrinalism, developmentalism, philosophism, structuralistm, purposivism, aspirationalism and balancing techniques); Mark E Brandon, 'Originalism and Purpose: A Précis' (2013) 16 U Pa J Const L 413, 413; see also Ibid 415–16 (discussing several dozen other interpretive theories).

[60] For example, a number of US Supreme Court decisions have been read as requiring lower courts to adopt a **textualist** approach to interpretation. See *United States v Bruguier*, 735 F3d 754, 762 (8th Cir 2013) (considering the Supreme Court's rule of statutory construction in criminal cases).

[61] See David A Strauss, 'Common Law Constitutional Interpretation' (1996) 63 U Chi L Rev 877, 885 ('[O]ur written constitution has, by now, become part of an evolutionary common law system, and the common law – rather than any model based on the interpretation of codified law – provides the best way to understand the practices of American constitutional law.'). Some say this approach reflects something of a **purposive interpretation** that looks at the underlying reason for various constitutional provisions. See Brandon (n 59) 435; see also Baker (n 57) 94 (contrasting textualism and transcendence; John F Manning, 'What Divides Textualists from Purposivists?' (2006) 106 Colum L Rev 70, 76 (suggesting that textualists focus on 'the way a reasonable person

precedent and doctrine in the United States in the area of constitutional law.[62] However, some scholars have criticized this approach as being theoretically illegitimate, since it is not as closely tied to the text of the Constitution itself.[63]

The more recent trend, at least among a certain segment of the population, is to read the Constitution in a more historic context, based on the theory of **originalism**.[64] Originalists come in many different varieties, although all take as their starting point the desire to read the Constitution in light of its original intent and understanding.[65] Another interpretive approach focuses on the structure of the Constitution.[66] Structuralist interpretations can be important in cases involving questions of federalism, or the balance between state and federal powers.

It is impossible to list all the various interpretive approaches used in the US in a discussion of this nature. However, further reading is available.[67]

4.I.5.2 Statutory interpretation

Statutory interpretation (sometimes referred to in some jurisdictions as **statutory construction**)[68] typically requires the court to identify the intent of the legislature. Judges rely on a variety of doctrines and techniques to achieve that aim.

English judges seeking assistance in statutory interpretation rely primarily on the Interpretation Act 1978, which outlines certain basic interpretive principles applicable to questions of English law. Parliament also includes a definitional section at the end of most contemporary statutes, and all laws passed since 1999 have included explanatory notes describing the background to the legislation and explaining the effect the enactment is meant to have.[69]

Nevertheless, there are times when these devices fail to provide sufficient assistance. In

---

would use language' in enacting a law, while purposivists emphasize 'the way a reasonable person would address the mischief being remedied').

[62] See Baker (n 57) 86.
[63] See Ibid 85.
[64] See Ibid 72–76; Brandon (n 59) 418 ('In the United States, the doctrine of originalist supremacy has achieved among some people what can fairly be characterized as quasi-religious devotion. Constitutional lawyers in other countries consider this devotion to be, almost literally, insane . . . .').
[65] See for example, Mitchell N Berman, 'Originalism Is Bunk' (2009) 84 NYU L Rev 1 (arguing that originalism is based on faulty logic and erroneous premises and is implausible); Daniel A Farber, 'The Originalism Debate: A Guide for the Perplexed' (1989) 49 Ohio St L J 1085 (laying a roadmap of the on going debate over original intent).
[66] See Baker (n 57) 79–92.
[67] Constitutional theory abounds in the US legal literature. See for example, Ibid 70, 95–102 (noting various authorities); Brandon (n 59) 413–16 (same).
[68] Some courts and commentators distinguish between the term 'interpretation', which is said to refer only to legal instruments, and 'construction', which is said to refer to contracts. Other authorities use the two terms interchangeably, such that a court may **construe** a statute as well as a contract.
[69] The explanatory notes are found on the government's official website. See Legislation (UK Government) <http://legislation.co.uk> (search for the statute by name or by year, then look for the explanatory notes either on the tab marked 'explanatory notes' above the text of the statute or under 'more resources' on the left of the page).

those situations, English courts turn to various rules of interpretation that have developed over the years. Several core principles can be identified in the case law.

First, some courts rely on a **literal rule of interpretation** and give all the words in a particular statute their ordinary and natural meaning.[70] Though useful, this approach is not foolproof, since it can sometimes lead to an absurd result.[71] Furthermore, there are some questions that cannot be answered by a literal reading of the text.

Second, some courts interpret a provision reasonably in light of the statute as a whole.[72] This approach, called the '**golden rule**', indicates that:

> the grammatical and ordinary sense of the words is to be adhered to, unless that would lead to some absurdity, or some repugnance or inconsistency with the rest of the instrument, in which case the grammatical and ordinary sense of the words may be modified, so as to avoid that absurdity and inconsistency, but no farther.[73]

The golden rule is often closely associated with 'the **mischief rule**', which indicates that judges should consider three separate issues when interpreting a statute: (1) what the law was prior to the enactment of the statute; (2) what problem (ie, 'mischief') the state is attempting to address; and (3) what **remedy** Parliament was attempting to provide.[74] Indeed, some judges see the golden rule as simply a less explicit form of the mischief rule.

A more recent interpretive approach involves **purposive interpretation**. Scholars have suggested that this technique has emerged in English law as a result of the influence of the European Court of Justice (ECJ), which uses a highly purposive (or **teleological**) interpretive style.[75] Although the purposive approach to statutory interpretation was initially applied primarily, if not exclusively, in cases involving legislation meant to implement principles of European law,[76] the technique has since spread to other contexts, including cases involving purely domestic legislation.[77]

Under the purposive approach:

> [t]he basic task of the court is to ascertain and give effect to the true meaning of what Parliament has said in the enactment to be construed. But that is not to say that attention should be confined and a literal interpretation given to the particular provisions which give rise to difficulty. Such an approach ... may ... (under the banner of loyalty to the will of Parliament) lead to the frustration of that will, because undue concentration on the minutiae of the enactment may lead the court to neglect the purpose which Parliament intended to achieve when it enacted the statute. Every statute other than a pure consolidating statute is, after all, enacted to make some

---

[70] See for example, *London and North Eastern v Berriman* [1946] AC 278.
[71] See for example, *Fisher v Bell* [1961] 1 QB 394; *Whiteley v Chappell* (1868) LR 4 QB 147.
[72] See for example, *Inco Europe Ltd v First Choice Distribution* [2000] UKHL 15 (Nicholls LJ).
[73] *Grey v Pearson* 10 ER 1216, (1857) 6 HL Cas 61 QB (Wensleydale LJ).
[74] See *Heydon's Case* (1584) 3 Co Rep 7a. Despite its age, the mischief rule is still applied at the highest levels. See for example, *R (Electoral Commission) v City of Westminster Magistrates' Court* [2010] UKSC 40 [15].
[75] See Bart Smit Duijzentkunst and Maria Fanou, 'European Dimensions' (2012) 1 CJICL 74, 75–76.
[76] See *Litster v Forth Dry Dock & Engineering Co Ltd* [1990] 1 AC 546 (HL); *Pickstone v Freemans plc* [1989] AC 66 (HL).
[77] See *Pepper v Hart* [1993] AC 593 (HL) (allowing courts to have recourse to parliamentary materials when interpreting statutes).

change, or address some problem, or remove some blemish, or effect some improvement in the national life. The court's task, within the permissible bounds of interpretation, is to give effect to Parliament's purpose. So the controversial provisions should be read in the context of the statute as a whole, and the statute as a whole should be read in the historical context of the situation which led to its enactment.[78]

English courts faced with ambiguous legislation can also rely on various principles of interpretation. Many of these concepts are also used in Spanish-speaking jurisdictions and range from the principle of *ejusdem generis* (general words are to be interpreted in the context of any specific terms) and *expressio unius est exclusio alterius* (the use of a specific term implies the exclusion of other potentially related items) to *noscitur a sociis* (a word should be interpreted in the company of the words surrounding it).

English courts also rely on a number of **presumptions**. For example, a statute is assumed not to change the common law by implication or interfere with existing rights.[79] One of the most often used presumptions is the idea that 'statutes are always speaking', which means that statutes (which may be in place for decades, if not centuries) are to be interpreted in light of modern circumstances.[80] Thus:

> the proposition that an Act is always speaking is often taken to mean that a statutory provision has to be considered first and foremost as a norm of the current legal system, whence it takes its force, rather than just as a product of an historically defined Parliamentary assembly. It has a legal existence independently of the historical contingencies of its promulgation, and accordingly should be interpreted in the light of its place within the system of legal norms currently in force. Such an approach takes account of the viewpoint of the ordinary legal interpreter of today, who expects to apply ordinary current meanings to legal texts, rather than to embark on research into linguistic, cultural and political history, unless he is specifically put on notice that the latter approach is required.[81]

English courts may also rely on certain external aids to interpretation. For example, judges often consult dictionaries and textbooks to discover the meaning of a particular word or legal principle. Official reports, such as those generated by the Law Commission, a Royal Commission or a public inquiry, can also provide important and useful insights.

Some English courts will also consult the official daily reports of parliamentary debates, known as **Hansard**.[82] However, the use of Hansard is somewhat controversial and was prohibited until the late twentieth century.[83] Although courts are now allowed to consider Hansard in construing ambiguous legislation, questions still remain about whether Hansard can speak only to the meaning of a particular term found in a statute or to **policy** questions more generally.[84]

---

[78] *R (on the application of Quintavalle) v Secretary of State for Health* [2003] UKHL 13, [2003] 2 AC 687 (Bingham LJ).
[79] See Elliott and Quinn (n 2) 64 (listing a variety of presumptions that have been used by English courts).
[80] See *McCartan Turkington Breen v Times Newspapers Ltd* [2001] 2 AC 277 (construing statutory language that dated back to the Law of Libel Amendment Act 1888).
[81] Ibid 296 (quoting Sir Rupert Cross, *Statutory Interpretation* (3rd edn, 1995) 51–52).
[82] See Hansard (UK Parliament) <www.parliament.uk/business/publications/hansard/>.
[83] See *Davis v Johnson* [1979] AC 264, 316 (HL) (Cumming-Bruce LJ).
[84] See for example, *Bloomsbury Intl Ltd v Sea Fish Industry Authority* [2011] UKSC 25 [20]; *R v*

Courts in the US approach statutory interpretation in a manner that is somewhat similar to courts in England. However, some key distinctions arise.

Legal scholars have identified a number of theories to explain how judges interpret statutes in the US. Three well-known theories include:

> *intentionalism*, in which the interpreter identifies and follows the original intent of the drafters of the statute; *purposivism*, in which the interpreter chooses an interpretation that best carries out the statute's purpose; and *textualism*, in which the interpreter follows the 'plain meaning' of the statute. However, cases often do not fall neatly into any one of these categories in a specific context.[85]

Although a judge's overall judicial philosophy may affect how he or she approaches ambiguous legislation, judges also rely on certain **canons of construction**. Scholars have grouped these canons into three major categories: '**textual canons**', which rely primarily on the words of the statute, grammatical principles and the relationship of the words to other parts of the statute; '**extrinsic source canons**', which use external materials, such as other laws and legislative history, to interpret the language in question; and '**substantive canons**', which involve various presumptions.[86]

Textual canons are similar to those used in England. Thus, US courts have been known to invoke the plain meaning rule and the whole act rule as well as principles such as *ejusdem generis*, *expressio unius est exclusio alterius* (occasionally referred to in the US as the **rule of negative implication**) and *noscitur a sociis*.[87]

Extrinsic source canons are also similar to interpretive techniques used in England. Thus, for example, a US court may seek assistance from the common law, from **legislative history** and/or from an agency's interpretation of a particular statute or regulation when construing ambiguous language.[88] Reliance on external materials is particularly appropriate if a literal interpretation 'would defeat the plain purpose of the statute'.[89] When considering federal legislative history, courts may consult the **Congressional Record**, which is a verbatim account of the daily activities of the proceedings and debates of Congress,[90] or the **Congressional Reports**, which contain the minutes of various Congressional committees.[91]

Judges in the US also rely on certain substantive canons to 'harmonize statutory meaning with policies rooted in the common law, other statutes, and the Constitution'.[92]

Secretary of State for the Environment, Transport and the Regions, ex parte Spath Holme Ltd [2001] 2 AC 349 (HL); *Pepper v Hart* [1993] AC 593 (HL); *Pickstone v Freemans plc* [1989] AC 66 (HL); see also Practice Direction (Hansard: Citation) [1995] 1 All ER 234.

[85] Filson and Strokoff (n 50) 369.
[86] Ibid 370.
[87] See Ibid 370–73.
[88] See Filson and Strokoff (n 50) 374.
[89] *Bob Jones University v United States*, 461 US 574, 586 (1983).
[90] See Congressional Record (US Government Printing Office) <www.gpo.gov/fdsys/browse/collection.action?collectionCode=CREC>.
[91] See Congressional Reports (US Government Printing Office) <www.gpo.gov/fdsys/browse/collection.action?collectionCode=CRPT>.
[92] William N Eskridge Jr and others, *Legislation and Statutory Interpretation* (2nd edn, Foundation Press 2006) 342; see also Filson and Strokoff (n 50) 374–76 (listing various canons).

Thus, for example, if at all possible, a US court will avoid interpreting legislation in such a way as to render it unconstitutional.[93]

Some canons of construction cannot be easily categorized as textual, extrinsic or substantive. Some of these more general principles of interpretation include the concept that a statute usually may not be repealed by implication, unless it is clear that the legislature intended such an outcome; the view that specific legislation usually controls more general legislation; and the notion that if two statutes are irreconcilable, then the more recent of the two will prevail.[94]

4.I.6 The Interaction Between Domestic Law and International Treaties in English-Speaking Jurisdictions

The final issue to consider involves the interplay between domestic law and international treaties other than those relating to the European Union.[95] Commentators have framed this issue in terms of **monism** and **dualism**.[96]

Monism takes the view that there is no distinction between international and domestic law and that national courts may rely on international law whenever necessary. Monists often believe that international law is superior to domestic law, although the question of hierarchy is somewhat distinct from the issue of whether international law can achieve direct effect within a particular legal order. Dualism, on the other hand, views international and domestic law as inherently distinct and requires states to undertake certain actions (typically the enactment of implementing or **enabling legislation**) before international principles may be relied upon in national courts.

Most English-speaking countries, including England, Ireland, Canada and India, use a dualist approach to international treaties. As a result, courts must consider the terms of both the treaties and the implementing legislation when determining the scope and nature of the relevant right.[97] Very few English-speaking countries use a monist approach to international treaties, although commentators have suggested that there may be a trend in that direction in some jurisdictions.[98]

---

[93] See *Jones v United States*, 529 US 848, 857 (2000); see also Filson and Strokoff (n 50) 376 (discussing other interpretative canons).

[94] See *Watt v Alaska*, 451 US 259, 266–77 (1981); Filson and Strokoff (n 50) 376–77.

[95] See (nn 12–16) and accompanying text (discussing EU law). The question of whether and to what extent a state considers itself bound by **customary international law** is not one of statutory interpretation.

[96] See Ian Brownlie, *Principles of Public International Law* (7th edn, Oxford University Press 2008) 31–34; John H Jackson, 'Status of Treaties in Domestic Legal Systems: A Policy Analysis' (1992) 86 Am J Intl L 310, 314–15.

[97] Although a number of provisions have now been superseded or repealed, the European Communities Act 1972 is an example of legislation used to implement the treaties creating the European Community (now the European Union) in England and other parts of the UK. See European Communities Act 1972. Chapter Two of the US Federal Arbitration Act is another example of implementing legislation, in this case dealing with the implementation of the 1958 United Nations Convention on the Recognition and Enforcement of Foreign Arbitral Awards in the United States. See 9 USC ss 201–08; cf Arbitration Act 1975 (Eng) (implementing the same convention into English law).

[98] See James AR Nafziger, 'Dinah Shelton (ed), *International Law and Domestic Legal Systems:*

In most cases, states use the same approach (monist or dualist) with respect to all treaties. In other cases (most notably the US), treaties are subject to a case-by-case analysis. In the US, the analysis focuses on the distinction between treaties that are '**self-executing**' in nature (ie, monist) and those that are '**non-self-executing**'. Treaties that are not self-executing may not be given direct effect in the US unless and until they are made subject to enabling legislation.[99] Self-executing treaties, on the other hand, have direct effect.[100]

England also has some experience with this type of mixed monist-dualist approach, albeit only with respect to one set of treaties, namely those that created the EU.[101] According to the terms of the founding treaties, all Member States of the EU agreed to adopt a monist approach to treaties relating to the creation and establishment of the European legal order.[102] This approach was further clarified by the ECJ in 1963 in the *Van Gend en Loos* case.[103] According to that decision, European treaty provisions are to be given direct effect if they are unconditional, clear and precise and do not give Member States any discretion in how they are to implement the provisions in question.[104] The continued applicability of these provisions is in doubt at the time of writing, given the UK's intent to withdraw from the EU.

4.I.7 Excerpts

Reading legislation in a foreign language can be difficult. Not only is the language highly legalistic, but also the sentence structure is often more complex than what is seen in other contexts. Furthermore, the structure of the statute or regulation may be challenging to those who are working in a second language. Consider the following excerpts from the US and England.

4.I.7.1 US Constitution

Article I, Section 8

> The Congress shall have Power To lay and collect Taxes, Duties, Imposts and Excises, to pay the Debts and provide for the common Defence and general Welfare

---

Incorporation, Transformation, and Persuasion (Oxford University Press 2011)' (2013) 61 Am J Comp L 901, 903 (Book Review) (discussing changes in various English-speaking countries).

[99] Even then, domestic parties may only rely on the rights as defined by the enabling legislation.

[100] See Michael P Van Alstine, 'Federal Common Law in an Age of Treaties' (2004) 89 Cornell L Rev 892, 918–21. One treaty that has been held to be self-executing is the United Nations Convention on Contracts for the International Sale of Goods (CISG). See *Asante Techs, Inc v PMC-Sierra, Inc* 164 F Supp 2d 1142, 1147–52 (ND Cal 2001).

[101] See Elliott and Quinn (n 2) 103. There have been a variety of agreements over the years, but the two treaties that are currently most important are the TEU and the TFEU, see n 37). See EU Treaties (European Union) <http://europa.eu/about-eu/basic-information/decision-making/treaties/index_en.htm>.

[102] See Trevor C Hartley, 'The Constitutional Foundations of the European Union' (2001) 117 LQR 225, 239–40.

[103] See Case 26/62, *NV Algemene Transport- en Expeditie Onderneming van Gend & Loos v Netherlands Inland Revenue Administration*, [1963] ECR 1, [1963] CMLR 105.

[104] See Ibid; see also Elliot and Quinn (n 2) 103.

of the United States; but all Duties, Imposts and Excises shall be uniform throughout the United States;

To borrow Money on the credit of the United States;

To regulate Commerce with foreign Nations, and among the several States, and with the Indian Tribes;

To establish an uniform Rule of Naturalization, and uniform Laws on the subject of Bankruptcies throughout the United States;

To coin Money, regulate the Value thereof, and of foreign Coin, and fix the Standard of Weights and Measures;

To provide for the Punishment of counterfeiting the Securities and current Coin of the United States;

. . .

To constitute Tribunals inferior to the supreme Court;

To define and punish Piracies and Felonies committed on the high Seas, and Offences against the Law of Nations;

To declare War, grant Letters of Marque and Reprisal, and make Rules concerning Captures on Land and Water;

To raise and support Armies, but no Appropriation of Money to that Use shall be for a longer Term than two Years;

To provide and maintain a Navy;

To make Rules for the Government and Regulation of the land and naval Forces;

To provide for calling forth the Militia to execute the Laws of the Union, suppress Insurrections and repel Invasions;

. . .

To make all Laws which shall be necessary and proper for carrying into Execution the foregoing Powers, and all other Powers vested by this Constitution in the Government of the United States, or in any Department or Officer thereof.[105]

Another key section of the US Constitution is the **Bill of Rights**, which are the first ten amendments to the current Constitution. One of the most highly litigated amendments is the First Amendment, which reads:

Amendment I
Congress shall make no law respecting an establishment of religion, or prohibiting the free exercise thereof; or abridging the freedom of speech, or of the press; or the

---

[105] US Const, art I, s 8.

right of the people peaceably to assemble, and to petition the Government for a redress of grievances.[106]

4.I.7.2 Human Rights Act 1998

Article 1 The Convention Rights.

(1) In this Act 'the Convention rights' means the rights and fundamental freedoms set out in—

(a) Articles 2 to 12 and 14 of the Convention,

(b) Articles 1 to 3 of the First Protocol, and

(c) Article 1 of the Thirteenth Protocol,

as read with Articles 16 to 18 of the Convention.

(2) Those Articles are to have effect for the purposes of this Act subject to any designated derogation or reservation (as to which see sections 14 and 15).

(3) The Articles are set out in Schedule 1.

. . .

2 Interpretation of Convention rights.

(1) A court or tribunal determining a question which has arisen in connection with a Convention right must take into account any—

(a) judgment, decision, declaration or advisory opinion of the European Court of Human Rights,

(b) opinion of the Commission given in a report adopted under Article 31 of the Convention,

(c) decision of the Commission in connection with Article 26 or 27(2) of the Convention, or

(d) decision of the Committee of Ministers taken under Article 46 of the Convention,

whenever made or given, so far as, in the opinion of the court or tribunal, it is relevant to the proceedings in which that question has arisen.

(2) Evidence of any judgment, decision, declaration or opinion of which account may have to be taken under this section is to be given in proceedings before any court or tribunal in such manner as may be provided by rules.

. . .

3 Interpretation of legislation.

---

[106] Ibid amend I.

(1) So far as it is possible to do so, primary legislation and subordinate legislation must be read and given effect in a way which is compatible with the Convention rights.

(2) This section—

(a) applies to primary legislation and subordinate legislation whenever enacted;

(b) does not affect the validity, continuing operation or enforcement of any incompatible primary legislation; and

(c) does not affect the validity, continuing operation or enforcement of any incompatible subordinate legislation if (disregarding any possibility of revocation) primary legislation prevents removal of the incompatibility.

4 Declaration of incompatibility.

(1) Subsection (2) applies in any proceedings in which a court determines whether a provision of primary legislation is compatible with a Convention right.

(2) If the court is satisfied that the provision is incompatible with a Convention right, it may make a declaration of that incompatibility.

(3) Subsection (4) applies in any proceedings in which a court determines whether a provision of subordinate legislation, made in the exercise of a power conferred by primary legislation, is compatible with a Convention right.

(4) If the court is satisfied—

(a) that the provision is incompatible with a Convention right, and

(b) that (disregarding any possibility of revocation) the primary legislation concerned prevents removal of the incompatibility,

it may make a declaration of that incompatibility.

(5) In this section 'court' means—

(a) the Supreme Court;

(b) the Judicial Committee of the Privy Council;

(c) the Court Martial Appeal Court;

(d) in Scotland, the High Court of Justiciary sitting otherwise than as a trial court or the Court of Session;

(e) in England and Wales or Northern Ireland, the High Court or the Court of Appeal.

(f) the Court of Protection, in any matter being dealt with by the President of the Family Division, the Vice-Chancellor or a puisne judge of the High Court.

(6) A declaration under this section ('a declaration of incompatibility')—

(a) does not affect the validity, continuing operation or enforcement of the provision in respect of which it is given; and

(b) is not binding on the parties to the proceedings in which it is made.[107]

The 1998 Act also includes language on freedom of thought, conscience and religion.

That provision reads:

Freedom of thought, conscience and religion.

(1) If a court's determination of any question arising under this Act might affect the exercise by a religious organisation (itself or its members collectively) of the Convention right to freedom of thought, conscience and religion, it must have particular regard to the importance of that right.

(2) In this section 'court' includes a tribunal.[108]

4.I.8 Self-Test

Answers to the self-test can be found at the back of the book, in Chapter 14.

1. What are the structural differences between the US Constitution and the Human Rights Act 1998?
2. What are some of the financial responsibilities of Congress?
3. How can an English court make a finding of incompatibility under the Human Rights Act 1998 and what effect does such a determination have?
4. Where does the US Constitution define an 'establishment of religion' or 'free exercise of religion'?
5. How does the scope of protection given by the Human Rights Act 1998 to freedom of thought, conscience and religion differ from the scope of protection given by the First Amendment to the United States Constitution?

KEYWORDS

- Act of Parliament
- Administrative
- Agency
- Ambiguous
- Bill of Rights
- Canon of construction
- Civil law
- Civil Procedure Rules
- Code of Federal Regulations

---

[107] Human Rights Act 1998, ss 1–4.
[108] Ibid art 13.

- Common law
- Commonwealth of Nations (Commonwealth)
- Congress
- Congressional Record
- Congressional Reports
- Constitution
- Constitutional amendment
- Constitutional convention
- Construe
- Crime
- Criminal Procedure Rules
- Customary international law
- Decision
- Defendant
- Delegated authority
- Direct effect
- Directive
- Double jeopardy
- Drafter
- Dualism
- *Ejusdem generis*
- Enabling legislation
- Enumerated powers
- European Convention for the Protection of Human Rights and Fundamental Freedoms
- (European Convention on Human Rights)
- European law
- European Union
- Executive
- *Expressio unius est exclusio alterius*
- Extrinsic source canon
- Family law
- Family Procedure Rules
- Federal
- Federal law
- Federal Rules of Civil Procedure
- Federal Rules of Criminal Procedure
- Federal Rules of Evidence
- Federalism
- Framer
- Golden rule
- Hansard
- House
- House of Commons
- House of Lords
- House of Representatives

- Human Rights Act 1998
- Implementing legislation
- Insurance law
- Intentionalism
- Law of succession
- Legislation
- Legislative history
- Legislative supremacy
- Legislature
- Literal rule of interpretation
- Judicial review
- Judicial supremacy
- Magna Carta
- Member State
- Mischief rule
- Monism
- Natural justice
- Non-self-executing treaty
- *Noscitur a sociis*
- Originalism
- Parliament
- Parliamentary supremacy
- Policy
- Political question doctrine
- Precedent
- Presumption
- Probate law
- Purposive interpretation
- Purposivism
- Regulation
- Remedy
- Rule of law
- Rule of negative implication
- Self-executing treaty
- Senate
- Separation of powers
- State law
- Statute
- Statutory construction
- Statutory instruments
- Statutory interpretation
- Substantive canon
- Teleological interpretation
- Textual canon
- Textualist
- Textualism

- Treaties
- Uniform Commercial Code
- United States Code
- Woolf reforms

4.II BILINGUAL SUMMARY – RESUMEN BILINGÜE

Chapter 4 considers various matters relating to the legislative process, including the role and types of legislative enactments found in various jurisdictions and the principles of statutory and constitutional interpretation. A number of differences exist between English- and Spanish-speaking jurisdictions as well as between countries in the same language tradition.

For example, most English-speaking countries hold that courts can create law as well as apply it. However, there is no consensus among English-speaking nations about the relative roles of the legislature and the judiciary. Thus, some countries adhere to the principle of Parliamentary or legislative supremacy, while other jurisdictions allow courts to strike down statutes and statutory instruments that violate higher principles of law, including those set forth in the national constitution.

Courts in civil law countries have a much more limited role and are only allowed to apply statutes enacted by the legislature. Thus, most Spanish-speaking jurisdictions do not consider judicial opinions to be a source of law.

Legal systems also differ in the way in which they interpret the law. For example, many Spanish-speaking countries have adopted a hierarchy of authority, which holds that statutes are the first and most important source of law. The second-most important type of law involves the custom and usage of the local territory, while the least persuasive type of authority involves general principles of law. English-speaking jurisdictions also respect a hierarchy of authority, although the order of the individual elements may vary, according to the principles set forth in the relevant constitution. Although case law plays a large role in constitutional and statutory interpretation in many English-speaking nations, a certain amount of predictability is established as a result of various canons of construction, which suggest how judges might interpret and apply different kinds of statutory materials.

Chapter 4 also discusses the role that international law plays in various jurisdictions. Spanish-speaking countries typically use a monist approach to international law, which means that international law automatically becomes part of the domestic legal system without the need for any specific legislation. English-speaking nations, on the other hand, often adopt a dualist approach to international law, which means that an international treaty can only be given domestic effect if the treaty is 'implemented' through a specific enactment. Chapter 4 also describes the special nature of EU law, which is a particular type of supranational law that applies in England, Ireland, Malta and Spain.

El capítulo 4 trata temas relacionados con el proceso legislativo, incluyendo la función y la clasificación de las leyes en diversas jurisdicciones, así como las reglas de interpretación legislativa. A estos efectos, existe un buen número de diferencias entre las jurisdicciones de habla inglesa y las de habla hispana, así como entre países que pertenecen a la misma familia jurídico-lingüística.

Por ejemplo, a pesar de que la tradición de *common law*, seguida por la mayoría de países de habla inglesa, sostiene que los tribunales pueden crear normas y aplicarlas, no hay consenso en dichas naciones sobre los respectivos roles del poder legislativo y judicial. En consecuencia, algunos países se adhieren al principio de supremacía parlamentaria o legislativa, mientras que otros permiten a los tribunales anular las leyes e instrumentos legales que violan reglas jurídicas fundamentales, particularmente los incluidos en la correspondiente constitución.

Por el contrario, los tribunales de países adscritos al sistema continental tienen un papel mucho más limitado y sólo se les permite aplicar e interpretar las leyes promulgadas por el poder legislativo. Por lo tanto, la mayoría de las jurisdicciones de habla hispana no consideran a la jurisprudencia una fuente formal del derecho.

Los sistemas jurídicos también difieren en la forma en que se interpreta la ley. Por ejemplo, el sistema de fuentes del derecho de muchos países de habla hispana sostiene la primacía de las leyes sobre las demás fuentes del derecho. Por tanto, son fuentes secundarias la costumbre y los usos del territorio y, en último lugar, los principios generales del derecho. En los países de habla inglesa también existe jerarquía entre las fuentes del derecho; ahora bien, estos países tienden a centrarse en la supremacía de la constitución frente a otras fuentes del derecho. En este contexto, la previsibilidad del derecho en las naciones angloparlantes se logra normalmente a través del uso de diversos cánones interpretativos, los cuales sugieren a los jueces la forma en que pueden interpretar y aplicar las distintas fuentes del derecho.

El capítulo 4 también se ocupa del derecho internacional y cómo se integra en las diferentes jurisdicciones. Por ejemplo, los países de habla hispana suelen utilizar un enfoque monista, lo que significa que el derecho internacional se convierte automáticamente en parte del ordenamiento jurídico, sin necesidad de legislación específica que lo transponga. Por el contrario, las naciones de habla inglesa asumen un enfoque dualista, esto es, un tratado internacional sólo tiene eficacia interna si se implementa en el ordenamiento jurídico a través de legislación específica. Igualmente, el capítulo 4 describe la naturaleza particular del derecho de la Unión Europea, que es un tipo específico de derecho supranacional. De las jurisdicciones analizadas en este libro, este derecho comunitario se aplica en el Reino Unido, Irlanda, Malta y España.

4.III LEGISLACIÓN

La parte escrita en español de este capítulo está destinada a aquellos para los que el español es su segunda lengua. Los lectores para los que el inglés es su segunda lengua deberían comenzar leyendo en la página 89.

The Spanish-language portion of this chapter is meant to be read by those for whom Spanish is a second language. Readers for whom English is a second language should begin their reading on page 89.

4.III.1 Introducción

Como es bien conocido, los ordenamientos jurídicos de habla hispana se adscriben mayormente a la tradición de *civil law* y, a diferencia de los sistemas jurídicos de habla inglesa adscritos al *common law*, en ellos la legislación es una fuente primordial del derecho. Por el contrario, para los ordenamientos jurídicos hispanoparlantes y salvo alguna destacada excepción como la de México, la jurisprudencia no tiene rango de fuente del derecho, lo que sí que sucede en los ordenamientos jurídicos angloparlantes, como se desarrollará en otro capítulo. En este capítulo, tomando como referencia fundamental dos ordenamientos jurídicos, el español y el mexicano como ejemplo de dos diferentes aproximaciones a la autoridad legislativa, se van a analizar los siguientes aspectos:

- tipos y niveles de autoridad legislativa;
- el orden de la legislación en el sistema de fuentes del derecho de las jurisdicciones de habla hispana;
- la multiplicación de centros productores de normas jurídicas;
- los métodos de interpretación legislativa en países de habla hispana; y
- la interacción entre tratados internacionales y derecho nacional en jurisdicciones hispanoparlantes

4.III.2 Tipos y niveles de autoridad legislativa

Antes de entrar a examinar el orden de la legislación en el sistema de fuentes del derecho de las jurisdicciones de habla hispana, es conveniente analizar las aproximaciones a la **autoridad legislativa** de dichos países. Estas jurisdicciones se insertan mayormente en la tradición de *civil law*, siendo rasgo común en ellas la impronta que ha dejado Hans Kelsen y su **pirámide normativa**. El análisis comienza con el derecho español que responde a estos parámetros y al que, además, le caracterizan, por una parte, el hecho de que el poder legislativo se halla descentralizado aun no siendo un **estado federal**; y, de otra parte, la pertenencia de España a la Unión Europea, modelo único de agrupación económica y política de estados. A continuación, se analiza el derecho mexicano cuyo rasgo diferenciador consiste en que en este caso sí nos hallamos ante una federación.

El sistema español de fuentes del derecho se desprende de la **Constitución** española de 1978, la norma suprema del ordenamiento jurídico español.[109] Allí, entre otras cuestiones, se define el modelo de estado que, en el caso de España, es una **monarquía parlamentaria**; se instituye un catálogo de derechos y deberes fundamentales y libertades políticas de los ciudadanos; se regulan los poderes del estado sobre la base del principio de separación como garantía de justicia y libertad; se establece el modelo de organización territorial que gira en torno al Estado central, **Comunidades Autónomas**, **Municipios** y **Provincias**; y, además, se detallan mecanismos de control de constitucionalidad de las leyes ordinarias.

La Constitución política de los Estados Unidos Mexicanos, promulgada el 5 de febrero de 1917, es ley suprema de toda la Unión.[110] La vigente Constitución recoge los principios inspiradores de la Revolución mexicana de 1910 –lo cual se refleja en la inclusión de una serie de **garantías sociales** protectoras de grupos desfavorecidos como

---

[109] CE, art 9.1, para el que 'los ciudadanos y los poderes públicos están sujetos a la Constitución y al resto del ordenamiento jurídico'.
[110] CPEUM, art 133.

campesinos y obreros[111]– y tiene como **fuente histórica** la Constitución liberal mexicana de 5 de febrero de 1857,[112] la cual no es derogada sino reformada por el texto de 1917. La actual Constitución está estructurada en dos partes fundamentales:[113] la **parte dogmática**, en la que se explicitan los derechos de los ciudadanos y sus formas de protección (**garantías individuales**, algunas de ellas de naturaleza aspiracional o programática);[114] y la **parte orgánica**, en la que se determina la estructura y funcionamiento de los Estados Unidos Mexicanos (más específicamente; la nacionalidad mexicana y la condición de extranjero, las prerrogativas y obligaciones de los mexicanos, la soberanía nacional y la forma de gobierno, las partes integrantes de la federación y su territorio nacional, la división de poderes y la especificación de cada uno de ellos, las responsabilidades de los funcionarios y del estado, la regulación de los estados de la federación y del Distrito Federal, las garantías sociales del trabajo y la previsión social, una serie de prevenciones generales, el procedimiento de reforma constitucional y la inviolabilidad de ésta en caso de rebelión).[115] Desde 1917, la Constitución mexicana ha sido reformada en más de 500 ocasiones –abultada cifra que contrata con las sólo 2 reformas que la Constitución española ha experimentado hasta el momento–.[116] La falta de refrendo popular en muchas de estas reformas mexicanas es uno de los motivos que esgrimen quienes actualmente abogan por la elaboración de una nueva constitución para los Estados Unidos Mexicanos.[117]

A los efectos de este capítulo es de particular importancia la reglamentación de los poderes del Estado español y el modelo de organización territorial, puesto que tanto **poder legislativo** como **ejecutivo** se hallan descentralizados; en cambio, el **poder judicial** es único en España. Así, Estado central y comunidades autónomas ostentan potestades legislativa y ejecutiva, cada uno de ellos dentro de su respectiva competencia. El reparto de **competencias** viene, en consecuencia, también establecido en la Constitución.[118] Además, ha de distinguirse entre potestad legislativa y reglamentaria. La primera recae en el Parlamento español y en los respectivos parlamentos de las comunidades autónomas, y su actuación se traduce en leyes.[119]

---

[111] Los preceptos esenciales en esta materia son CPEUM, artículos 27 (titularidad estatal de los recursos naturales y restricciones a extranjeros respecto de la adquisición de la posesión de tierras y agua) y 123 (condiciones laborales). Existen igualmente otros preceptos que fueron novedosos en su época y que contrastan con la realidad contemporánea española (Ibid art 12 sobre prohibición de concesión de títulos nobiliarios). Sobre esta materia Magda Yadira Robles Garza, 'La protección constitucional de los derechos sociales: El caso de México' (Tesis Doctoral Universidad Carlos III de Madrid 2003) <http://e-archivo.uc3m.es/handle/10016/561>.

[112] David Pantoja Morán, 'La Constitución de 1857 y su interludio parlamentario' (2008) 57 Historia Mexicana 1045

[113] Ignacio Burgoa, *Derecho constitucional mexicano* (5a edn, Porrúa 1984).

[114] CPEUM, arts 1–29; Julio César Contreras Castellanos, *Derecho constitucional* (McGraw Hill 2010) (estudiando tales preceptos de una forma pormenorizada).

[115] CPEUM, arts 30–136.

[116] CE, art 13.2 reformado el 27 de agosto de 1992 (BOE 28.8.1992); Ibid art 135 reformado el 27 de septiembre de 2011 (BOE 27.9.2011).

[117] Jacinto Héctor Pino Muñoz, 'Las ventajas de una nueva Constitución' (2013) 28 Letras jurídicas: revista de los investigadores del Instituto de Investigaciones Jurídicas UV 187–200.

[118] CE, arts 148-49. El panorama es, de todos modos, más complejo a día de hoy debido a las delegaciones de competencia realizadas por el Estado con posterioridad a la Constitución.

[119] Toda la legislación es publicada en el Boletín Oficial del Estado (BOE), aunque cada

Las leyes estatales pueden ser, además, **orgánicas** u **ordinarias** en función de si su aprobación requiere una mayoría cualificada o no, en la medida en que así lo disponga la Constitución.[120] La segunda recae en la Administración española y, en particular, en los ejecutivos, central y autonómicos, que se expresan normalmente a través de **reglamentos**.[121] La excepción viene representada por una facultad constitucional otorgada al Gobierno central de dictar normas equiparadas a la ley. El fundamento de esta potestad es la urgencia de la medida, que se ha de adoptar inmediatamente y sin que pueda esperarse a la tramitación parlamentaria de la correspondiente ley. Es por ello que la Constitución autoriza al Gobierno central a dictar un **Decreto Ley** 'en casos de extraordinaria y urgente necesidad';[122] tras su publicación, el decreto ley debe someterse inmediatamente a la consideración del Congreso de los Diputados para su convalidación o derogación.[123] Ya en niveles de administración ordinaria, la fuente del derecho básica es el reglamento,[124] que se promulga en forma de **Real Decreto** si es estatal y de **Decreto** si es **autonómico**.[125]

Toda la legislación es publicada en el **Boletín Oficial del Estado (BOE)** y en los respectivos diarios de las comunidades autónomas, siendo fácilmente accesible en Internet.[126] Ha de puntualizarse, además, que existen cuatro idiomas oficiales en España. De acuerdo con el artículo 3 de la Constitución española, el castellano es oficial en todo el estado y el BOE

Comunidad Autónoma tiene su propio boletín oficial. Por ejemplo, véase la Ley 13/1989, de 10 de octubre, de montes vecinales en mano común, publicada en el DOG 20.10.1989 y en el BOE 9.2.1990; o Ley 9/2009 reguladora de los Concejos Abiertos, publicada en el BOA 30.12.2009 y en BOE 4.2.2010.

[120] CE, arts 54, 81, 107, 165.
[121] La potestad reglamentaria se somete al principio de legalidad y, normalmente, el reglamento se sustenta en una ley previa. Ello es claro cuando desarrolla lo allí dispuesto. Por ejemplo, es el caso del Real Decreto 557/2011, de 20 de abril, por el que se aprueba el Reglamento de la Ley Orgánica 4/2000, sobre derechos y libertades de los extranjeros en España y su integración social, tras su reforma por Ley Orgánica 2/2009, emitido por el Ministerio de la Presidencia y publicado en BOE 30.4.2011.
[122] CE, art 86. Cumplimentarían los requisitos citados en el texto casos de fuerza mayor como el que da pie al Real Decreto-ley 11/2012, de 30 de marzo, de medidas para agilizar el pago de las ayudas a los damnificados por el terremoto, reconstruir los inmuebles demolidos e impulsar la actividad económica de Lorca (BOE 31.3.2012).
[123] Otras normas dictadas por el Ejecutivo central español y equiparadas a ley son los Reales Decretos Legislativos, que son una forma de colaboración entre el Gobierno y el Parlamento por la que el Gobierno dicta una ley previa autorización expresa del Parlamento. CE, arts 82–85. La delegación de potestad legislativa en el Ejecutivo se realiza por el Parlamento bien a través de una ley de bases por la que se le autoriza a elaborar una ley de acuerdo con los principios y límites allí establecidos, bien a través de una ley ordinaria, que requiera la elaboración de un texto refundido sobre una materia ya previamente regulada. Como ejemplos pueden citarse la Ley 7/1985, de 2 de abril, reguladora de las bases del régimen local (BOE 3.4.1985) seguida del Real Decreto Legislativo 781/1986, de 18 de abril, por el que se aprueba el Texto Refundido de las disposiciones legales vigentes en materia de régimen local (BOE 22.4.1986); y el Real Decreto Legislativo 1/2007, de 16 de noviembre, por el que se aprueba el texto refundido de la Ley general para la defensa de los consumidores y usuarios y otras leyes complementarias (BOE 20.11.2007).
[124] CE, art 97.
[125] Así, el Real Decreto 1467/2007 por el que se establece la estructura del bachillerato y se fijan sus enseñanzas mínimas (BOE 6.11.2007) y el Decreto 416/2008 por el que se establece la ordenación y las enseñanzas correspondientes al bachillerato en Andalucía (BOJA 28.7.2008).
[126] Puede consultarse en <www.boe.es/>.

se publica en dicho idioma. No así los boletines de Cataluña, Galicia y el País Vasco que se expresan en los idiomas declarados oficiales por los respectivos estatutos de autonomía, tal y como autoriza el citado artículo 3, y que son el catalán, el gallego y el vasco.

Para la correcta comprensión de este capítulo, es importante saber que los Estados Unidos Mexicanos son una 'República representativa, democrática, laica, federal'.[127] Esto es, a diferencia de lo que sucede en España, la jefatura de estado en México no es un cargo vitalicio. El **Presidente** de los Estados Unidos Mexicanos, quien es asimismo el **jefe del gobierno** y del **estado**, es elegido cada seis años, por sufragio directo y universal,[128] entre los ciudadanos mexicanos que cumplen una serie de requisitos constitucionalmente precisados,[129] y siempre entra en funciones el primer día de diciembre del año de su elección. Asimismo, frente a la 'indisoluble unidad de la Nación española, patria común e indivisible de todos los españoles',[130] los Estados Unidos Mexicanos son una república federal 'compuesta de Estados libres y soberanos en todo lo concerniente a su régimen interior; pero unidos en una federación'.[131]

La República mexicana es una federación conformada por 31 **Estados**[132] más un **Distrito Federal** –México D.F.–, que no es un estado *stricto sensu*, sino la sede de los poderes de la Unión y la capital de los Estados Unidos Mexicanos.[133] Cada Estado, a su vez, está conformado por **municipios**.[134] Esta estructura implica que, al igual que se apuntó respecto de España, el poder legislativo y el ejecutivo se encuentran descentralizados. México además,–separándose de la realidad española y acercándose a la estadounidense[135]– cuenta no sólo con una serie de órganos judiciales que ostentan el poder judicial de la federación,[136] sino también con una serie de órganos que ejercen el poder judicial dentro del respectivo ámbito territorial y competencial de cada uno de sus 31 estados y el D.F.[137] Como consecuencia del principio de **división de poderes** –que, tomado de la Constitución estadounidense, impera tanto en la Federación mexicana[138]

---

[127] CPEUM, art 40.

[128] Ibid art 36 configura la votación en las elecciones populares como un deber de los ciudadanos mexicanos, pero el ordenamiento jurídico mexicano no establece el sufragio obligatorio, circunstancia que sí se da en países latinoamericanos como Perú, Bolivia, Brasil, Panamá o Paraguay, entre otros.

[129] Ibid art 82 establece algunos requisitos que pueden llamar la atención del lector, como 'Ser ciudadano mexicano por nacimiento, en pleno goce de sus derechos, hijo de padre o madre mexicanos y haber residido en el país al menos durante 20 años'; 'tener 35 años cumplidos al tiempo de la elección'; 'haber residido en el país durante todo el año anterior al día de la elección' o 'no pertenecer al estado eclesiástico ni ser ministro de algún culto'.

[130] CE, art 2.

[131] CPEUM, art 40.

[132] Ibid art 43.

[133] Ibid art 44.

[134] Ibid art 115.

[135] Apuntando las similitudes del sistema federal mexicano y el estadounidense, véase Óscar Echenique Quintana, Nadja Dorotea Ruiz Euler y Ricardo Carrasco Varona, 'Federalism and Legal Unification in Mexico' en Daniel Halberstam y Mathias Reimann (eds) *Federalism and Legal Unification: A Comparative Empirical Investigation of Twenty Systems* (Springer 2013).

[136] CPEUM, arts 94, 104.

[137] Ibid art 116.III. Véase, a modo de ejemplo, Constitución Política del Estado de Jalisco, arts 56 y ss.

[138] CPEUM, art 49.

como en los Estados que integran ésta[139]–, el poder legislativo a nivel federal recae en el **Congreso de la Unión** y a nivel estatal en los respectivos congresos estatales. Entre las facultades del Congreso de la Unión está la de legislar sobre una serie de materias especificadas en la Constitución.[140] En ocasiones, son los propios preceptos constitucionales los que requieren que el Congreso de la Unión elabore una **ley reglamentaria**,[141] mientras que en el resto de los casos se elabora una **ley ordinaria**.[142] No obstante, como ya se ha indicado respecto de España, la Constitución mexicana prevé que en casos específicos esta facultad legislativa pueda otorgarse al poder ejecutivo, a efectos de expedir otras disposiciones como reglamentos y decretos[143] (en este contexto concreto, ha de entenderse que el decreto tiene fuerza de ley y un carácter general).[144] En el ámbito del poder ejecutivo, el instrumento habitual es precisamente el **reglamento**,[145] que concreta lo que la ley ha establecido de forma abstracta y general.[146] A diferencia de lo que sucede en el sistema jurídico español, en México la denominada **ley orgánica** tiene esencia reglamentaria,[147] al dedicarse a perfilar las características y competencias de un determinado órgano de gobierno.[148] Toda la legislación federal es publicada en el **Diario Oficial de la Federación (DOF)**, siendo fácilmente accesible en Internet.[149]

El órgano legislativo por excelencia en España son las Cortes Generales, esto es, el Parlamento español compuesto de dos Cámaras, el **Congreso de los Diputados** y el **Senado**. Allí se promulgan las leyes más relevantes del ordenamiento jurídico español.[150] España se encuentra entre los países que han tomado parte en el movimiento de **codificación** moderno, de ahí que las leyes más importantes del sistema se encuentren recogidas en

---

[139] Ibid art 166.
[140] Ibid art 73.
[141] Ibid arts 27 (hidrocarburos), 105 (Suprema Corte de la Nación), 107 (amparo) y otros. Un listado de éstas está disponible en Gobierno de México <www.ordenjuridico.gob.mx/Constitucion/leyesreg.php>.
[142] Así, Ley de migración (DOF 25.5.2011).
[143] CPEUM, art 49.2.
[144] Este decreto emanado del poder ejecutivo ha de diferenciarse del decreto a que alude CPEUM, art 70: 'toda resolución del Congreso tendrá el carácter de ley o decreto'. En este ámbito legislativo, el decreto, a diferencia de la ley, tiene carácter particular y regula cuestiones como asuntos administrativos del propio Congreso. Ejemplo: Decreto publicado el 24 de julio de 2014 por el que la Comisión Permanente convoca a la Cámara de Diputados del Congreso de la Unión a celebrar un periodo de sesiones extraordinarias.
[145] La facultad de emitir reglamentos por parte del poder ejecutivo se infiere de la inclusión del verbo 'proveyendo' en CPEUM, art 89 ('Las facultades y obligaciones del Presidente son las siguientes: I. Promulgar y ejecutar las leyes que expida el Congreso de la Unión, proveyendo en la esfera administrativa a su exacta observancia').
[146] Así, el Reglamento de la Ley de aeropuertos (DOF 17.2.2000).
[147] El diccionario Becerra de terminología jurídica mexicana la define como 'organizational law, founding law of an administrative agency'.
[148] Como la Ley orgánica de la armada de México (DOF 30.12.2002).
[149] Disponible en DOF <www.dof.gob.mx>.
[150] Para más información sobre el proceso legislativo, véase Congreso de los Diputados <www.congreso.es/portal/page/portal/Congreso/Congreso/Hist_Normas/Norm/Reglam/T5> y Senado de España <www.senado.es/web/conocersenado/temasclave/procedimientosparlamentarios/detalle/index.html?id=PROCLEGORD>.

códigos. Concretamente, los más destacados son el Código Penal,[151] el Código Civil[152] y el Código Mercantil,[153] general o puntualmente reformados por el Parlamento español en diversas ocasiones. De todos modos, ha de advertirse del proceso de descodificación que sufren los ordenamientos jurídicos en la actualidad, en la medida en que son muy numerosas las leyes especiales respecto de los códigos, es decir, se promulgan leyes que especifican algún apartado de lo codificado en el código que, en consecuencia, deja de ser completo en el tratamiento de la materia a la que se dedica.[154] Textos esenciales para la paz social son la Ley de Enjuiciamiento Criminal[155] y la Ley de Enjuiciamiento Civil,[156] ambas competencia exclusiva del Parlamento español. El derecho penal es materia reservada al Estado central. En cambio, las materias civil y mercantil son compartidas con las Comunidades Autónomas, en particular con aquellas que ostentan la condición de nacionalidades históricas, como es el caso de Galicia, el País Vasco, Cataluña o Aragón y que tienen su propio **derecho civil, foral** o **especial**.

En la Federación mexicana, el órgano legislativo por excelencia es el Congreso de la Unión, compuesto por la **Cámara de Diputados** y la **Cámara de Senadores**. Las fases del proceso legislativo en este ámbito son 6:[157] iniciativa (puesta a consideración del Congreso de un proyecto de ley), discusión (tanto en la cámara ante la cual se inicia el proyecto de ley –**Cámara de origen**– como en la otra –**Cámara revisora**–), aprobación en ambas Cámaras, sanción (conformidad emitida por el presidente de la República), promulgación (publicación inicial de la ley) e iniciación de la vigencia de ésta (que puede ser sucesiva o sincrónica).[158] Guiado por el influjo europeo,[159] México aprobó a finales del siglo XIX tres

---

[151] Ley Orgánica 10/1995 del Código Penal (BOE 24.11.1995).
[152] Real Decreto 24 de julio de 1889, por el que se publica el Código Civil (Gaceta 25.7.1889. Revisión vigente 26.5.2015).
[153] Real Decreto 22 de agosto de 1885, por el que se publica el Código de Comercio (Gaceta 16.10.1885. Revisión vigente de 29.9.2013).
[154] Como puede ser el Real Decreto Legislativo 1/2010, de 2 de julio, por el que se aprueba el texto refundido de la Ley de sociedades de capital (BOE 3.7.2010), o la Ley 22/2003, de 9 de julio, Concursal (BOE 10.7.2003), respecto del Código de comercio.
[155] Real Decreto 14 de septiembre de 1882, aprobatorio de la Ley de enjuiciamiento criminal (Gaceta 17.9.1882).
[156] Ley 1/2000, de enjuiciamiento civil (BOE 8.1.2000).
[157] CPEUM, arts 71–72.
[158] El Código Civil Federal (DOF, 26.5.1928, 14.7.1928, 3.8.1928 y 31.8.1928) señala:

Las leyes, reglamentos, circulares o cualesquiera otras disposiciones de observancia general, obligan y surten sus efectos tres días después de su publicación en el Periódico Oficial. En los lugares distintos del en que se publique el Periódico Oficial, para que las leyes, reglamentos, etc., se reputen publicados y sean obligatorios, se necesita que además del plazo que fija el párrafo anterior, transcurra un día más por cada cuarenta kilómetros de distancia o fracción que exceda de la mitad.

Ibid art 3. Y también que

Si la ley, reglamento, circular o disposición de observancia general, fija el día en que debe comenzar a regir, obliga desde ese día, con tal de que su publicación haya sido anterior.

Ibid art 4.
[159] María del Refugio González, 'La influencia española en el proceso de formación del

Códigos que, pese a experimentar diversas reformas, siguen en vigor en la actualidad:[160] Código Civil,[161] Código Penal[162] y Código de Comercio.[163] En 1943 se aprobó el Código Federal de Procedimientos Civiles,[164] y en 1934 había entrado en vigor el Código Federal de Procedimientos Penales,[165] abrogado por el Código nacional de procedimientos penales expedido en 2014[166] y que irá entrando en vigor progresivamente en la Federación.[167] En los distintos Estados que conforman la federación mexicana, el poder ejecutivo recae en un gobernador y el poder legislativo lo ostenta el respectivo Congreso estatal, cuyas competencias vienen delimitadas en la Constitución política de los Estados Unidos Mexicanos.[168] Cada constitución estatal determina las especificidades de dicho proceso legislativo.[169]

A la hora de analizar las fuentes del Derecho en España es imprescindible tener en cuenta su pertenencia a la **Unión Europea**. Además de los Tratados constitutivos, el Derecho de la Unión Europea consta de los siguientes actos normativos: **Reglamentos, Directivas y Decisiones**.[170] Los Tratados constitutivos de la Unión Europa constituyen el **derecho primario u originario, en tanto** que se conoce como **derecho derivado** a las normas emanadas de las instituciones de la Unión Europea. Los Reglamentos son inmediatamente aplicables y, como tales, parte del derecho interno, esto es, tienen eficacia directa de manera que poderes y ciudadanos están inmediatamente vinculados por ellos y pueden basar en ellos sus pretensiones, por ejemplo si necesitan invocarlos ante un tribunal. No es el caso de las Decisiones, que sólo van dirigidas a los Estados miembros. Tampoco el de las Directivas que, conjuntamente con los Reglamentos, son los instrumentos con más incidencia en la vida de los ciudadanos. Todo este conjunto normativo, incluida la jurisprudencia de los tribunales de la Unión Europea, y sus objetivos políticos componen lo que se conoce como **acervo comunitario** o *acquis communautaire* en francés.

Un Reglamento es lo más similar a una ley de derecho interno en la medida en que es inmediatamente aplicable en todos los Estados miembros, incluida España. En cambio, la Directiva expresa una política de la Unión Europea a partir de disposiciones que los

---

derecho civil en México en el siglo XIX: (Florentino García Goyena y la Codificación)' (1993) 2 Ius fugit: Revista interdisciplinar de estudios histórico-jurídicos 193–208.

[160] Matías Pérez García, 'Las paradojas y otros problemas de la codificación moderna en México' (2007) 16–17 Revista de Derecho Privado 141.
[161] CCF.
[162] Código Penal Federal (DOF 14.8.1931).
[163] Código de Comercio (DOF 7.10 al 13.12.1889).
[164] Código Federal de Procedimientos Civiles (DOF 24.2.1943).
[165] Código Federal de Procedimientos Penales (DOF 30.8.1934).
[166] Código Nacional de Procedimientos Penales (DOF 5.5.2014).
[167] Este Código indica que:

Este Código entrará en vigor a nivel federal gradualmente en los términos previstos en la Declaratoria que al efecto emita el Congreso de la Unión previa solicitud conjunta del Poder Judicial de la Federación, la Secretaría de Gobernación y de la Procuraduría General de la República, sin que pueda exceder del 18 de junio de 2016.

Código Nacional de Procedimientos Penales, art 3. Véase asimismo cap 8.III.3.
[168] CPEUM, art 124.
[169] Como Constitución Política del Estado Libre y Soberano de Guerrero, arts 50 y ss.
[170] Comisión Europea, Legislación <http://ec.europa.eu/legislation/index_en.htm>.

Estados miembros tienen que transponer en un determinado plazo a sus propios ordenamientos, esto es, deben convertirla en una ley interna u otra fuente del derecho, siempre respetando lo allí contenido. El acto por el cual una directiva se convierte en derecho interno se llama **transposición** y existen directivas de mínimos, de manera que el Estado miembro puede mejorar los derechos o la protección que allí se ofrece a los ciudadanos, y directivas de máximos en los que el Estado miembro no puede apartarse de lo allí recogido.[171]

Los tribunales españoles deben aplicar el Derecho de la Unión Europea, incluso en aquellos casos en que contradice el derecho interno, puesto que el primero prevalece sobre el segundo como consecuencia de la traslación de soberanía a la Unión Europea, tal y como especifican los Tratados de la Unión Europea.[172] En el caso de las directivas que todavía no han sido implementadas a pesar de que ya ha transcurrido el plazo impuesto por el legislador europeo y, por ello el ciudadano pierde un derecho que, de otro modo, habría podido invocar, el Estado miembro incurre en responsabilidad patrimonial frente al citado ciudadano.[173] La legislación de la Unión Europea es accesible en Internet y, además, se encuentra en todos los idiomas oficiales de la misma, incluido el inglés.[174]

4.III.3 El orden de la legislación en el sistema de fuentes del derecho de las jurisdicciones hispanoparlantes

Como ya se ha indicado, la legislación es la principal fuente del derecho en los Estados hispano-hablantes. Ello es consecuencia de una serie de factores: por un lado, en las sociedades modernas la **costumbre** tiene un papel cada vez más residual. Así, en el ámbito del derecho penal la costumbre no es admitida,[175] y, en el ámbito del derecho civil y mercantil, la costumbre es únicamente una **fuente supletoria** o **delegada**. A modo de ejemplo, el artículo 10 del Código Civil Federal mexicano afirma que 'contra la observancia de la ley no puede alegarse desuso, costumbre o práctica en contrario', de ahí que la intervención subsidiaria de la costumbre requiera un llamamiento expreso de la legislación. En este sentido,[176] el artículo 2607 del referido Código indica en materia de prestación de servicios profesionales que 'cuando no hubiere habido convenio, los honorarios se regularán atendiendo juntamente a las costumbre del lugar (. . .)'. No obstante y en relación con los Estados Unidos Mexicanos, ha de tenerse en cuenta la siguiente proclamación constitucional: 'la Nación tiene una composición pluricultural

---

[171] Ejemplo de directiva de máximos es la Directiva 2014/65/UE relativa a los mercados de instrumentos financieros y por la que se modifican la Directiva 2002/92/CE y la Directiva 2011/61/UE (refundición) [2014] DO L 173/349. La Unión Europea se preocupa por asegurarse que los Estados miembros transponen las correspondientes directivas. Veáse Derecho Nacional (Eur-Lex) <http://eur-lex.europa.eu/collection/n-law.html?locale=es>.
[172] *R v Secretary of State for Transport, ex p Factortame Ltd* [1991] 1 AC 603 (HL).
[173] El Estado miembro también incurre en responsabilidad frente a la Unión Europea.
[174] Derecho de la Unión Europea (Eur-Lex) <http://eurlex.europa.eu/homepage.html;jsessionid=7QCsTDYcJlGL4TTFkqT1KcTpLVQyTgz1kyHfdwWm7Wx02yFFn8YB!-1639360510?locale=en>.
[175] CPEUM, art 14.2 (proclamando la garantía de tipicidad en materia penal).
[176] Otra referencia expresa a la costumbre como fuente subsidiaria se recoge en el artículo 17 de la Ley Federal del Trabajo (DOF 1.4.1970).

sustentada originalmente en sus **pueblos indígenas** que son aquellos que descienden de poblaciones que habitaban en el territorio actual del país al iniciarse la colonización y que conservan sus propias instituciones sociales, económicas, culturales y políticas, o parte de ellas'.[177] El reconocimiento de esta **realidad pluriétnica** también tiene consecuencias en el plano jurídico y, concretamente en relación con la costumbre, ya que ésta es un elemento esencial en la organización jurídico-social de los pueblos indígenas.[178] Tanto es así que la Constitución federal afirma que: 'son comunidades integrantes de un pueblo indígena, aquellas que formen una unidad social, económica y cultural, asentadas en un territorio y que reconocen autoridades propias de acuerdo con sus usos y costumbres' y asimismo el texto constitucional 'reconoce y garantiza el derecho de los pueblos y las comunidades indígenas a la libre determinación y, en consecuencia, a la autonomía para acceder plenamente a la jurisdicción del Estado. Para garantizar ese derecho, en todos los juicios y procedimientos en que sean parte, individual o colectivamente, se deberán tomar en cuenta sus costumbres y especificidades culturales respetando los preceptos de esta Constitución'.[179]

Por otro lado, los **principios generales del derecho** también tienen un carácter supletorio en los sistemas jurídicos hispanoparlantes de *civil law*, como establecen los artículos 1.4 del Código Civil español ('Los principios generales del derecho se aplicarán en defecto de ley o costumbre, sin perjuicio de su carácter informador del ordenamiento jurídico') y el artículo 14 de la Constitución mexicana ('en los juicios del orden civil, la sentencia definitiva deberá ser conforme a la letra o a la interpretación jurídica de la ley, y a falta de ésta se fundará en los principios generales del derecho'), En ambos sistemas jurídicos pueden hallarse ejemplos de principios generales del derecho plasmados tanto de forma tácita (identificables a través de la analogía iuris),[180] como de forma expresa en diversas disposiciones.[181]

Lo recién expuesto redunda en que la legislación vaya adquiriendo cada vez más protagonismo en los países hispanoparlantes de tradición de *civil law*. Ésta se caracteriza por ser escrita y ostentar los caracteres de generalidad y publicidad. A efectos de su ordenación, la pirámide normativa kelseniana ha tenido una gran influencia en los citados ordenamientos jurídicos,[182] que conforman la pirámide sobre la base de los **principios de jerarquía normativa** y **de competencia**. La aplicación de estos principios permite identificar, de una manera sencilla y respetuosa con la seguridad jurídica, la norma aplicable

---

[177] CPEUM, art 2.
[178] Elí Rodríguez Martínez, 'El resurgimiento de los estatutos personales: problemática relativa al reconocimiento de los derechos indígenas en México' (2004) 33 Jurídica: Anuario del Departamento de Derecho de la Universidad Iberoamericana 375–94; Elisur Arteaga Nava, 'Algunos usos y costumbres indígenas obligatorios en el estado de guerrero, México (Cuenca del río de las balsas)' (1994) 5 BFD: Boletín de la Facultad de Derecho de la UNED 13–46; Jorge A Vargas, 'NAFTA, the Chiapas Rebellion, and the Emergence of Mexican Ethnic Law' (1994) 25 Case W Res J Intl L 1–79.
[179] CPEUM, arts 2.3; Ibid 2.A.VIII.
[180] Ibid art 14.3 (no hay pena sin delito ni ley).
[181] Ibid art 14.1 (irretroactividad de la ley). Véase Mario I Álvarez Ledesma, *Introducción al derecho* (2a edn, McGraw Hill 2010) 210–11.
[182] Como ya se ha indicado, la pirámide se llama así en honor al jurista austríaco que formuló esta imagen, Hans Kelsen.

al caso concreto. De todos modos, es inevitable advertir que los estados democráticos actuales se caracterizan por una hiper-legislación que amenaza la generalidad con que ha de formularse una ley y que, además, se traduce, de una parte, en problemas de implementación, y de otra parte, en problemas de identificación de la regla que ha de regir en el caso concreto. En este contexto, la adecuada ordenación de las fuentes del derecho se revela más imprescindible por mor de la seguridad jurídica y, en general, para lograr la paz social.

En España, la Constitución se halla en la cúspide de la pirámide normativa. En un lugar muy próximo y debido a la propia Constitución, se encuentra un conjunto de normas que componen el conocido como **bloque de constitucionalidad**. Ahí cabe situar a los **Tratados constitutivos de la Unión Europea** en la medida en que se trata de tratados por los que se atribuye a una organización o institución internacional el ejercicio de competencias derivadas de la Constitución.[183] De resultas de esta cesión de competencias, la normativa procedente de la Unión Europea también forma parte del sistema jurídico español. Los conflictos con la legislación producida por los órganos legislativos españoles se resuelven a través del principio de competencia.

En el bloque de constitucionalidad también cabe encuadrar los **Estatutos de Autonomía**, esto es, las leyes fundamentales de las comunidades autónomas donde, entre otras cuestiones, se regulan su denominación, territorio, sus instituciones autónomas propias y sus competencias.[184] La Constitución atribuye una serie de competencias con carácter de exclusividad al Estado en su artículo 149, en tanto que las comunidades autónomas pueden atribuirse las previstas en el artículo 148 de la Constitución española (CE) y todas aquellas que no estén expresamente atribuidas al Estado central. En caso de conflicto, positivo o negativo, operan los **principios de prevalencia** y **supletoriedad**, esto es, en caso de no atribución de competencia en el Estatuto de Autonomía o conflicto prevalece la norma estatal, siendo además el derecho estatal supletorio del autonómico en todo lo no regulado por éste. A pesar de estas reglas en apariencia sencillas, el reparto de competencias entre Estado central y comunidades autónomas es una cuestión compleja que ha requerido de la intervención frecuente del **Tribunal Constitucional**. A estos efectos, se distinguen materias de regulación concurrente, materias de coordinación estatal y materias de legislación estatal y ejecución por las comunidades autónomas. Las leyes de desarrollo así como aquellas otras a través de las que la Constitución habilita al Estado central a mantener la unidad si las circunstancias lo requieren,[185] también forman parte del bloque de constitucionalidad. En este contexto, la legislación ordinaria deja de tener un papel central en el ordenamiento jurídico español en tanto que su vigencia y eficacia está siempre condicionada por su concordancia con las normas constitucionales y las demás que forman parte del bloque de constitucionalidad. Además del control de constitucionalidad que deben ejercer los jueces ordinarios, se instituye un Tribunal Constitucional como garante último de esta concordancia.[186]

---

[183] CE, art 95.
[184] Ibid art 147.
[185] Se trata, de una parte, de leyes de armonización (CE, art 150) y, de otra parte, de leyes dirigidas a proteger el interés general y hacer cumplir a las comunidades autónomas las obligaciones que tienen conferidas (Ibid art 151).
[186] Ibid arts 159–65.

En México, la Constitución federal también se halla en la cúspide de la pirámide normativa de la nación. El artículo 133 de la citada norma expone cuáles son los distintos grados de jerarquía normativa a nivel federal y estatal:

> Esta Constitución, las leyes del Congreso de la Unión que emanen de ella y todos los tratados que estén de acuerdo con la misma, celebrados y que se celebren por el Presidente de la República, con aprobación del Senado, serán la Ley Suprema de toda la Unión. Los jueces de cada Estado se arreglarán a dicha Constitución, leyes y tratados, a pesar de las disposiciones en contario que pueda haber en las Constituciones o leyes de los Estados.

Dentro del ámbito federal, la **Suprema Corte de Justicia de la Nación** (SCJN) ha precisado el referido precepto, indicando que, por debajo de la Constitución, los tratados gozan de una jerarquía superior a la del derecho federal.[187]

4.III.4 La multiplicación de centros productores de normas jurídicas

Si en los países adscritos a la tradición de *common law* el legislador 'compite' con los tribunales en la producción de derecho, tal competencia no se produce en los países de habla hispana, mayormente insertos en la tradición de *civil law*. Sin embargo, se generan otro tipo de problemas como consecuencia de la multiplicación de centros productores de normas jurídicas. Como ya se apuntó, en los Estados Unidos Mexicanos, aparte de la legislación federal también existe legislación infra-nacional. Aún más paradigmático en este sentido es el caso de España, en la medida en que no sólo el Estado central y las comunidades autónomas producen legislación, sino que también existe legislación supra-nacional.

En este contexto, el sistema de fuentes del derecho se convierte en un elemento clave y el principio de competencia legislativa aparece como esencial. Sin embargo, el mismo no siempre opera con claridad, y llamativo es el caso de la Unión Europea donde la delegación de competencias soberanas por parte de los Estados miembros no se hace por materias, sino por objetivos. Es por ello que aquí han de mencionarse otros principios clave, el **principio de subsidiariedad**, y los **principios de necesidad** y **proporcionalidad**:[188] la Unión Europea sólo interviene legislativamente cuando su actuación sea más eficaz que la intervención estatal, y siempre dentro de los límites marcados por los objetivos establecidos en los Tratados constitutivos, esto es, cuando, por ejemplo, los Estados miembros no puedan alcanzar, actuando independientemente, el nivel de armonización deseado. Una vez que se ha producido la intervención legislativa de la Unión Europea, el Estado miembro pierde su competencia respecto al objeto de esa intervención. Por ejemplo, el Tratado de Funcionamiento de la Unión Europea establece que la Unión Europea tiene competencia legislativa en materia de cooperación jurídica internacional en materia

---

[187] Véase amparo en revisión, SCJN 1475/98 Sindicato Nacional de Controladores de Tránsito Aéreo de 11 de mayo de 1999, Semanario Judicial de la Federación y su Gaceta, Tomo XI, Marzo de 2000, 442.
[188] Tratado de la Unión Europea, art 5 (en adelante, TUE). Véase Tratados de la UE (Unión Europea) <http://europa.eu/about-eu/basic-information/decision-making/treaties/index_es.htm>.

civil.[189] Pero la misma no es efectiva hasta que se actúa, es decir, los Estados miembros retienen su competencia legislativa para dictar normas en esta materia hasta que se produce una efectiva intervención legislativa de la Unión Europea. Así y sobre la señalada base competencial, la Unión Europea ha promulgado, entre otros, el Reglamento (UE) núm. 50/2012 del Parlamento Europeo y del Consejo relativo a la competencia, la ley aplicable, el reconocimiento y la ejecución de las resoluciones, a la aceptación y la ejecución de los documentos públicos en materia de sucesiones *mortis causa* y a la creación de un certificado sucesorio europeo,[190] lo que implica que los Estados miembros no podrán a partir de su entrada en vigor, dictar normas nacionales sobre las cuestiones expresamente ahí tratadas, sin perjuicio de que otros aspectos del derecho de sucesiones sigan en manos del legislador nacional. Ha de destacarse que la asunción de competencia por parte de la Unión Europea alcanza a la competencia externa, es decir, a la posibilidad de celebrar tratados internacionales con terceros Estados sobre el reseñado objeto, cuestión sobre la que volveremos.

4.III.5 Interpretación legislativa en países hispanoparlantes

Aunque otros son los centros de producción jurídica, corresponde a los tribunales la interpretación de las leyes. Los métodos interpretativos no son sólo similares entre países de *civil law*, sino también comunes a los países de *common law*. De todos modos, existe una diferencia de calado, puesto que estos últimos países prestan atención al precedente, además de a la legislación, para asegurar la coherencia del ordenamiento jurídico. Los tribunales de habla hispana también toman en consideración las opiniones judiciales, pero su valor es diferente tanto desde un punto de vista teórico como práctico. Por esta razón el legislador busca evitar divergencias en la interpretación posterior de la ley e introduce en la propia ley una definición de conceptos clave; realiza así lo que se conoce como una **interpretación auténtica**. A modo de ejemplo, la Ley de ahorro y crédito popular de México incluye en su artículo 3 la definición de algunos términos cuya precisión podría ser conflictiva si faltase este precepto definitorio.

> Para los efectos de esta ley, se entenderá por:
> I. Cliente, en plural o singular, a las personas físicas y morales que utilizan los servicios que prestan las Sociedades Financieras Populares y las Sociedades Financieras Comunitarias con Niveles de Operación I a IV;
> II. Comité de Protección al Ahorro, al órgano del Fondo de Protección encargado de administrar el Fondo de Protección que se constituya de conformidad con lo señalado en el Capítulo VI del Título Tercero de esta Ley; [. . .][191]

Es reseñable que la Constitución mexicana subraya la importancia de esta interpretación auténtica que está en manos de los tribunales, al afirmar que 'en la interpretación,

---

[189] Tratado de Funcionamiento de la Unión Europea, art 81 (en adelante, TFUE). Véase Tratados de la UE (Unión Europea) <http://europa.eu/about-eu/basic-information/decision-making/treaties/index_es.htm>.
[190] [2012] DO L 201/107.
[191] Ley de ahorro y crédito popular (DOF 4.6.2001).

reforma o derogación de las leyes o decretos, se observarán los mismos trámites establecidos para su formación'.[192]

La misma técnica de **autointerpretación** de preceptos clave es profusamente utilizada por la Unión Europea para evitar interpretaciones divergentes en los distintos Estados miembros. Por ejemplo, el artículo 2 del Reglamento (UE) núm. 1215/2012, del Parlamento Europeo y del Consejo, de 12 de diciembre de 2012, relativo a la competencia judicial, el reconocimiento y la ejecución de resoluciones judiciales en materia civil y mercantil (refundición), contiene una serie de definiciones como, por ejemplo, la que sigue:

> A los efectos del presente Reglamento, se entenderá por:
> (1) 'resolución': cualquier decisión adoptada por un órgano jurisdiccional de un Estado miembro, con independencia de la denominación que reciba, tal como auto, sentencia, providencia o mandamiento de ejecución, así como el acto por el cual el secretario judicial liquide las costas del proceso.
> A los efectos del capítulo III, 'resolución' engloba las medidas provisionales o las medidas cautelares acordadas por un órgano jurisdiccional competente, en virtud del presente Reglamento, para conocer sobre el fondo del asunto. No se incluyen las medidas provisionales y cautelares que el órgano
> (2) 'transacción judicial': un pacto aprobado por un órgano jurisdiccional de un Estado miembro o concluido ante un órgano jurisdiccional de un Estado miembro en el curso del procedimiento.[193]

En relación con el Derecho de la Unión Europea, tanto estas interpretaciones auténticas como las formuladas por la jurisprudencia del Tribunal de Justicia de la Unión Europea se conocen como **interpretación autónoma**.[194]

Los tribunales de naciones de habla hispana necesitan interpretar las leyes por las mismas razones que los tribunales de habla inglesa. Así, el instrumento legislativo puede haber sido redactado de forma amplia intencionadamente, para dejar flexibilidad a los jueces en su aplicación. Otras veces el legislador recurre a términos o formulaciones ambiguas con el objeto de arrumbar una cuestión política controvertida. Lo más corriente es que, simplemente, el legislador no haya podido anticipar una concreta situación o bien que utilice expresiones propias de un contexto histórico pasado que en la época actual puedan necesitar una reinterpretación. Ejemplo de ello son las referencias del Código

---

[192] CPEUM, art 72.f.
[193] Reglamento (UE) 1215/2012 relativo a la competencia judicial, el reconocimiento y la ejecución de resoluciones judiciales en materia civil y mercantil (refundición) [2012] DO L 351/1.
[194] Es el caso de la noción 'materia civil y mercantil' contenida en el Reglamento (UE) 1215/2012, que desplaza al Reglamento (CE) 44/2000 y al Convenio de Bruselas de 1968. En relación con este último, el TJUE establece que:

> Para la interpretación del concepto de 'materia civil y mercantil' a fin de aplicar el Convenio de 27 de septiembre de 1968, relativo a la competencia judicial y a la ejecución de resoluciones judiciales en materia civil y mercantil, en particular su Título III, procede referirse, por una parte, a los objetivos y al sistema del Convenio y, por otra parte, a los principios generales que se deducen de todos los sistemas jurídicos nacionales y no remitirse al Derecho de uno cualquiera de los Estados interesados.

STJUE 14.10.1976, As 29/76, *LTU Lufttransportunternehmen v Eurocontrol*.

Civil español al 'buen padre de familia',[195] o la exigencia de 'tener un modo honesto de vivir' que la Constitución de los Estados Unidos Mexicanos impone a sus ciudadanos.[196]

Un sector doctrinal afirma que los jueces de países de *common law* tienen una aproximación a la ley más creativa que aquellos de países de *civil law*, puesto que los primeros no evalúan de forma global el ordenamiento jurídico y la posición de la ley dentro del mismo.[197] A pesar de esta afirmación, es llamativa la coincidencia entre métodos de interpretación, de manera que los utilizados en países de habla hispana no son desconocidos a los utilizados por juristas de habla inglesa. Por ejemplo y aunque no siempre es así, como evidencia el caso del Reino Unido,[198] los jueces de muchos de estos y aquellos países comienzan la interpretación de la ley, del reglamento u otra fuente del derecho analizando su conformidad con la Constitución y, en su caso, el bloque de constitucionalidad.

En el caso español se apuesta por un **control de constitucionalidad concentrado** que, de todos modos, no evita que también sea tarea de los jueces ordinarios asegurarse la conformidad de las leyes con la Constitución.[199] El origen de este tipo de control vuelve a estar en el jurista austriaco Hans Kelsen y fue primero experimentado en la propia Austria en 1920. Bajo el influjo de este modelo, la Constitución española instituye un órgano de composición mixta y jurisdicción especial, el Tribunal Constitucional, frente al que impugnar directamente la ley por inconstitucional. Ante él se llega en los casos siguientes: a través del **recurso de inconstitucionalidad** que sólo pueden plantear quienes la ley expresamente legitima y en los plazos allí establecidos;[200] a través de la **cuestión de inconstitucionalidad** que procesalmente es una cuestión prejudicial a las pretensiones procesales planteadas en un proceso ordinario, y que plantean el juez o las partes en el proceso ante la duda de la conformidad de la ley aplicable con la Constitución;[201] y a través del **recurso de amparo** que se dirige a la tutela de las garantías constitucionales en caso de violaciones de derechos fundamentales y libertades públicas.[202] Tomando en consideración la distribución territorial del poder en España, el Tribunal Constitucional español también resuelve sobre posibles conflictos de competencia entre el Estado central y comunidades autónomas, y entre éstas entre sí, así como entre órganos constitucionales del Estado.[203] Asimismo, el

---

[195] CC, art 1903.
[196] CPEUM, art 34.2.
[197] Reiley y de la Vega (n 28) 45.
[198] Sobre el derecho inglés véase cap 4.
[199] Además de plantear cuestiones de inconstitucionalidad ante el Tribunal Constitucional, también pueden dejar de aplicar leyes por considerarlas inconstitucionales. Por otra parte, existe un proceso especial para la protección jurisdiccional de derechos fundamentales por el que se tramitarán como juicio ordinario

> Las que pretendan la tutela del derecho al honor, a la intimidad y a la propia imagen, y las que pidan la tutela judicial civil de cualquier otro derecho fundamental, salvo las que se refieran al derecho de rectificación. En estos procesos, será siempre parte el Ministerio Fiscal y su tramitación tendrá carácter preferente.

LEC, art 249.2.
[200] CE, arts 2, 16.1; LO 2/1979, de 3 de octubre, del Tribunal Constitucional (en adelante, LOTC), arts 2.10, 27, 29, 31, 55.
[201] CE, art 163; LOTC (n 200) arts 2.10, 27, 28, 29, 35, 55.
[202] CE, art 161.b; LOTC (n 200) arts 41–58.
[203] CE, art 161; LOTC (n 200) arts 2(c), 2(d), 10(b), 10(c), 59–75.

Gobierno central puede impugnar disposiciones impulsadas por las comunidades autónomas en contravención de la Constitución.[204]

Característica fundamental de las decisiones dictadas por este Tribunal Constitucional español es que vinculan a todos los ciudadanos y poderes públicos.[205] En esta labor, el Tribunal Constitucional también hace uso de distintos métodos interpretativos que buscan explicar el sentido de la ley, disposición o acto. Pero estos métodos no dejan de ser distintos de los que ha de emplear un tribunal ordinario en la medida en que la naturaleza de los conceptos normativos a analizar es distinta y, sobre todo, la interpretación se proyecta sobre un estatuto jurídico de la cosa pública;[206] esto es, la interpretación de la Constitución ha de ajustarse a los tiempos que se realiza, pero siempre respetando unos límites, puesto que no puede depender de la orientación política del momento. Como ha puesto de relieve el propio Tribunal Constitucional, este órgano es el máximo intérprete de la Constitución y no un legislador.[207]

El control de constitucionalidad en los Estados Unidos Mexicanos se puede ejercitar por diversas vías. La **acción de inconstitucionalidad** permite determinar si existe contradicción entre una norma de carácter general –federal o estatal– y la Constitución federal.[208] Esta acción ante la SCJN sólo puede ser promovida por determinados órganos – Diputados, Senadores, partidos políticos, etc.– y para que el pronunciamiento pueda declarar la invalidez de la norma impugnada, se necesitará el voto favorable de al menos 8 miembros –denominados **ministros**– de los 11 que constituyen el pleno de la Corte.[209] La **controversia constitucional** desea proteger el principio de separación de poderes y se plantea ante la SCJN cuando un titular de uno de los tres poderes en algunos de los tres niveles de gobierno -federal, estatal o municipal- considera que la emisión de una norma general o la realización de un acto por parte de otro ente mexicano –en materia distinta a la electoral– supone una violación de sus propias competencias. En determinados supuestos y contando con un mínimo de 8 votos, la resolución de la SCJN tendrá efectos generales, mientras que en el resto de los supuestos sólo tendrá efectos sobre las partes de la controversia.[210] A diferencia de lo que sucede en España, en México las distintas tipologías de amparo traen consigo la intervención de diversas instancias judiciales. Así, la protección de los derechos humanos en el juicio de **amparo indirecto** se solicita ante los juzgados de distrito, en el juicio de **amparo directo** las alegaciones del **quejoso** frente a decisiones definitivas se plantean ante un tribunal colegiado de circuito[211] y la SCJN sólo interviene en supuestos como por ejemplo los **amparos directos transcendentales**.[212]

---

[204] CE, art 161.2; LOTC (n 200) arts 2(f), 10(e), 76–77.
[205] CE, art 38.1.
[206] Juan Manuel Goig Martínez, 'La interpretación constitucional y las sentencias del Tribunal Constitucional. De la interpretación evolutiva a la mutación constitucional' (2013) 12 Revista de Derecho UNED 257, 260.
[207] STC 5/81, de 13 de febrero (BOE 24.2.1981).
[208] CPEUM, art 105.II.
[209] José Manuel Lastra Lastra, 'Controversia constitucional y acción de inconstitucionalidad' (2004) 242 Rev Fac Der Mex 349–52.
[210] CPEUM, art 105.I.
[211] Ibid arts 103, 107.
[212] Suprema Corte de Justicia de la Nación, 'Atribuciones de la Suprema Corte de Justicia de la Nación' <www.scjn.gob.mx/conocelacorte/Paginas/atribucionesSCJN.aspx>.

Entrando ya a analizar la interpretación de las leyes, los países de tradición *civil law* y habla hispana suelen aplicar el método hermenéutico clásico desarrollado por el jurista alemán decimonónico Savigny.[213] De acuerdo con el mismo, la actividad interpretativa ha de apoyarse en el sentido de las palabras, en la 'letra de la ley' (**interpretación gramatical**); en el sentido del texto legal (**interpretación lógica**); en la estructura del texto legal y su posición en el ordenamiento jurídico, así como la del precepto en el propio texto legal (**interpretación sistemática**); en el origen de los preceptos (**interpretación histórica**); en los trabajos previos y otros materiales constitucionales y legislativos (**interpretación genética**); en el análisis de preceptos similares de otros ordenamientos jurídicos (**interpretación comparativa**); y en la finalidad del precepto y de la norma –*ratio legis*– (**interpretación teleológica**). En general son admisibles las **interpretaciones** *secundum legem* y *praeter legem*, pero no la *contra legem*. Aunque esta última puede ser admisible en algunos casos y sujeta a determinadas condiciones, siempre y cuando conduzca a una reformulación interpretativa.[214] El desarrollo teórico de esta posibilidad se ampara en la teoría de la argumentación jurídica del jurista alemán Robert Alexy,[215] que busca en los principios constitucionales y del derecho una serie de parámetros sobre los que fundar una decisión racional y jurídicamente correcta.

4.III.6 La interacción entre tratados internacionales y derecho nacional en las jurisdicciones hispanoparlantes

La última cuestión a considerar es cómo se integran los **tratados internacionales** en el derecho nacional y cuál es la relación que existe entre un tipo y otro de normas.[216] La doctrina se refiere a esta cuestión desde dos perspectivas, monista y dualista.[217]

El **monismo** parte de la idea de que no existe distinción entre derecho nacional y tratados internacionales, por lo que los tribunales pueden acudir al derecho internacional siempre que sea relevante para el caso. Aunque existen matices, los monistas consideran que los tratados internacionales ocupan una posición superior en el sistema nacional de fuentes del derecho, aunque la cuestión de la jerarquía no está ligada directamente a la eficacia directa de los tratados internacionales. El **dualismo**, por su parte, considera que derecho nacional y tratados internacionales son intrínsecamente diferentes y, por ello, los estados deben adoptar algún tipo de acto, como legislación que lo implementa o lo asimila a derecho interno, para que se convierta en derecho que se puede invocar ante los tribunales y éstos resolver conforme a él.

---

[213] Friedrich Karl von Savigny, *Metodología jurídica* (JJ Santa-Pinter tr, Buenos Aires Ediciones Depalma 1994).
[214] Buen ejemplo de la misma y que explica las similitudes entre estos procesos interpretativos y los vigentes en países de *common law* es la discusión existente entre originalistas y evolucionistas en el derecho estadounidense a propósito de la interpretación de la Constitución de los Estados Unidos.
[215] Robert Alexy, *Teoría de la Argumentación Jurídica: teoría del discurso racional como teoría de la fundamentación jurídica* (Centro de Estudios Constitucionales Madrid 1989).
[216] La cuestión de si, y en qué medida, un estado se considera vinculado por la costumbre internacional no es un asunto de interpretación de las leyes.
[217] Brownlie (n 96) 31–34; Jackson (n 96) 314–15; José Antonio Pastor Ridruejo, *Curso de Derecho internacional público y organizaciones internacionales* (9a edn, Tecnos 2003).

La mayoría de los países hispanoparlantes, incluida España, adoptan el monismo como punto de referencia en su aproximación a los tratados internacionales. Ello implica que pasan a formar parte del ordenamiento interno una vez ratificados y, eventualmente, cumplidos determinados trámites como, por ejemplo, la publicación en el boletín oficial correspondiente.[218] En España, los tratados internacionales se posicionan en la cúspide de la pirámide normativa y por tanto las leyes ordinarias no deben contradecir su contenido, además de que, de existir una ley sobre lo mismo, el tratado internacional no la deroga, pero sí la desplaza en su ámbito de aplicación. De todos modos, la aproximación monista también puede plantear problemas prácticos en la medida en que el legislador nacional no ponga todos los medios para hacer efectivo el tratado internacional; esto es, asumiendo que el tratado es inmediatamente ejecutivo no se tiene en cuenta que puede precisar legislación de desarrollo. Por ejemplo, España ratificó en 1987 el Convenio de La Haya de 25 de octubre de 1980 sobre aspectos civiles de la sustracción internacional de menores,[219] y aunque comenzó a aplicarlo, en la práctica ignoró que el mismo contiene un procedimiento que precisa ulterior desarrollo legislativo. Como consecuencia de las deficiencias en su aplicación, España fue amonestada en el seno de la **Conferencia de La Haya**[220] y los errores tuvieron que ser subsanados vía legislación de desarrollo.[221]

El monismo es obligatorio en el caso de la Unión Europea y los tratados que le dan origen y desarrollo.[222] De acuerdo con el primero de estos tratados, el Tratado de Roma, todos los Estados miembros de la antes conocida como Comunidad Económica Europea o Comunidad Europea se comprometen a adoptar una perspectiva monista en relación con los tratados por los que se instituye y se sientan las bases del ordenamiento jurídico europeo.[223] En esta aproximación abunda posteriormente la conocida decisión del **Tribunal de Justicia de la Unión Europea** *Van Gend en Loos*, dictada en 1963,[224] donde expresamente se indica:

> Ha de llegarse a la conclusión de que la Comunidad constituye un nuevo ordenamiento jurídico de Derecho internacional, a favor del cual los Estados miembros han limitado su soberanía, si bien en un ámbito restringido, y cuyos sujetos son, no sólo los Estados miembros, sino también sus nacionales;
> que, en consecuencia, el Derecho comunitario, autónomo respecto a la legislación de los Estados miembros, al igual que crea obligaciones a cargo de los particulares, está también destinado a generar derechos que se incorporan a su patrimonio jurídico; que esos derechos nacen, no sólo

---

[218] CE, art 96.1.
[219] Instrumento de Ratificación del Convenio de La Haya de 25 de octubre de 1980 sobre aspectos civiles de la sustracción internacional de menores (BOE 24.8.1987).
[220] Conférence de La Haye de Droit International Privé, *Conclusions sur les points les plus importants discutées par la Commission Spéciale, adoptées le 26 octobre 1989*.
[221] Un procedimiento complementario del Convenio fue introducido en 1996 en la Ley de enjuiciamiento civil de 1881 (BOE 17.1.1996). Ahora se reconoce el efecto directo de los tratados 'a menos que de su texto se desprenda que dicha aplicación queda condicionada a la aprobación de las leyes o disposiciones reglamentarias pertinentes' según Ley 25/2014, de 27 de noviembre, de Tratados y otros Acuerdos Internacionales (BOE 28.11.2014), art 31.1.
[222] Los tratados se han sucedido a lo largo de los años, pero los dos textos que han de tomarse en consideración actualmente son el TUE (n 188) y el TFUE (n 189).
[223] Hartley (n 102) 239–40.
[224] STJCE 5.2.1962, As 26/62, *Van Gend en Loos* (n 103).

cuando el Tratado los atribuye de modo explícito, sino también en razón de obligaciones que el Tratado impone de manera perfectamente definida tanto a los particulares como a los Estados miembros y a las Instituciones comunitarias.[225]

La atribución de competencias previstas en la Constitución española a la Unión Europea también implica la pérdida de la legitimación para concluir tratados internacionales cuando la organización supranacional asume efectivamente competencia en la materia, en los términos antes reseñados.[226] Postulado consolidado, esta doctrina es conocida como *doctrina AETR* en honor a la sentencia del entonces denominado Tribunal de Justicia de las Comunidades Europeas que se pronunció al respecto en 1971.[227] Ello provoca situaciones complicadas por cuanto habrá supuestos en los que el tratado internacional se pronuncie sobre cuestiones respecto de las que tanto la Unión Europea como los Estados miembros tienen competencia; supuesto que se resuelve afirmando la necesidad de que todos ellos ratifiquen el tratado internacional.[228] De acuerdo con lo dispuesto en el TFUE, los acuerdos internacionales celebrados por la Unión Europea vinculan a las instituciones de la Unión y a los Estados miembros. Los mismos prevalecen sobre el derecho derivado y se incorporan como anexo de una decisión de la Unión.[229]

En relación con los Estados Unidos Mexicanos, que es Estado parte de la **Convención de Viena sobre el Derecho de los Tratados**,[230] ya se indicó que la SCJN ha explicitado la superioridad jerárquica de los tratados internacionales sobre la legislación federal. Para que un tratado internacional[231] llegue a ser ley suprema de toda la Unión[232] es necesario, en primer lugar, que México suscriba dicho tratado. El Presidente de la República es quien tiene facultad exclusiva para celebrar tratados,[233] lo cual en la práctica se concreta en una atribución de **plenos poderes** para representar al país en cualquier acto relativo a la celebración de tratados a la Secretaría de Relaciones exteriores,[234] quien a su vez en

---

[225] Elliott y Quinn (n 2) 103.
[226] TFUE (n 189) art 216.
[227] STJCE 31.3.1971, As 22/70, *AETR*.
[228] Como se especifica, entre otros, en Decisión 2003/93/CE, por la que se autoriza a los Estados miembros a firmar, en interés de la Comunidad, el Convenio de La Haya de 1996 relativo a la competencia, la ley aplicable, el reconocimiento, la ejecución, la cooperación en materia de responsabilidad parental y de medidas de protección de los niños [2003] DO L 48/1.
[229] Por ejemplo, con la entrada en vigor del Tratado de Lisboa el 1 de diciembre de 2009 (TUE (n 188) art 6.2), la Unión Europea ha adquirido la competencia para firmar el Convenio para la Protección de los Derechos Humanos y las Libertades Fundamentales, firmado en Roma el 4 de noviembre de 1950 (BOE 10.10.1979).
[230] Véase SCJN <www.scjn.gob.mx/libro/InstrumentosConvencion/PAG0319.pdf>.
[231] No se admiten tratados sobre determinadas materias:

No se autoriza la celebración de tratados para la extradición de reos políticos, ni para la de aquellos delincuentes del orden común que hayan tenido en el país donde cometieron el delito, la condición de esclavos; ni de convenios o tratados en virtud de los que se alteren los derechos humanos reconocidos por esta Constitución y en los tratados internacionales de los que el Estado Mexicano sea parte. CPEUM, art 15.

[232] Ibid art 133.
[233] Ibid art 89.X.
[234] Ley sobre la celebración de Tratados (DOF 2.1.1992), art 6.

ocasiones puede ser respaldada por otras Secretarías de Estado.[235] En segundo lugar, es imprescindible que el tratado internacional[236] sea aprobado por el Senado federal mexicano.[237] La incorporación del tratado al orden jurídico mexicano viene completada por una serie de actos formales, como la inscripción de éste en el registro respectivo[238] y su publicación en el DOF.[239]

4.III.7 Extractos

Leer legislación en un idioma extranjero puede ser una tarea complicada, no sólo porque su lenguaje es altamente jurídico, sino también porque la estructura de las frases suele ser más compleja que las empleadas en otros contextos. Adicionalmente, comprender la estructura de esa concreta norma puede ser un desafío para quienes están trabajando en un idioma que no es el materno. En este sentido, analice los siguientes extractos procedentes de normas jurídicas españolas y mexicanas.

4.III.7.1 Derecho constitucional

4.III.7.1.1 Constitución española, 1978.

TÍTULO VIII
De la organización territorial del Estado
CAPÍTULO PRIMERO
PRINCIPIOS GENERALES

Artículo 137
El Estado se organiza territorialmente en municipios, en provincias y en las Comunidades Autónomas que se constituyan. Todas estas entidades gozan de autonomía para la gestión de sus respectivos intereses.

---

[235] Como Ley Orgánica de la Administración Pública Federal (DOF 29.12.1976), arts 32.bis.IX (Secretaría de Medio Ambiente y Recursos Naturales), 33.XXIII (Secretaría de Energía).
[236] Aunque CPEUM, art 76.I únicamente alude a 'tratados internacionales y convenciones diplomáticas', la doctrina mexicana estima que la aprobación senatorial es requerida no sólo para estos dos tipos de textos sino, en general, para todos los acuerdos internacionales contraídos por México con base en Ibid art 89.X. Este planteamiento es reforzado por varios pronunciamientos de la SCJN, que reconocen las diversas denominaciones que en México reciben los tratados internacionales. *Sensu contrario*, dicha aprobación no es requerida ni respecto de los denominados 'convenios ejecutivos' que el Presidente realiza con base en Ibid art 89. I, ni respecto de los 'acuerdos interinstitucionales' definidos por Ley sobre la celebración de Tratados (n 234), art 2 como 'el convenio regido por el derecho internacional público, celebrado por escrito entre cualquier dependencia u organismo descentralizado de la Administración Pública Federal, Estatal o Municipal y uno o varios órganos gubernamentales extranjeros u organizaciones internacionales, cualquiera que sea su denominación, sea qu derive o no de un tratado previamente aprobado'. En esta materia, Álvarez Ledesma (n 181) 197–99.
[237] CPEUM, art 76.I.
[238] Ley sobre la celebración de Tratados (n 234), art 6.
[239] Ibid art 4.2.

Artículo 138
1. El Estado garantiza la realización efectiva del principio de solidaridad, consagrado en el artículo 2 de la Constitución, velando por el establecimiento de un equilibrio económico, adecuado y justo, entre las diversas partes del territorio español, y atendiendo en particular a las circunstancias del hecho insular.
2. Las diferencias entre los Estatutos de las distintas Comunidades Autónomas no podrán implicar, en ningún caso, privilegios económicos o sociales.

Artículo 139
1. Todos los españoles tienen los mismos derechos y obligaciones en cualquier parte del territorio del Estado.
2. Ninguna autoridad podrá adoptar medidas que directa o indirectamente obstaculicen la libertad de circulación y establecimiento de las personas y la libre circulación de bienes en todo el territorio español.

[...]

CAPÍTULO III
DE LAS COMUNIDADES AUTÓNOMAS
Artículo 147
1. Dentro de los términos de la presente Constitución, los Estatutos serán la norma institucional básica de cada Comunidad Autónoma y el Estado los reconocerá y amparará como parte integrante de su ordenamiento jurídico.
2. Los Estatutos de autonomía deberán contener:
a) La denominación de la Comunidad que mejor corresponda a su identidad histórica.
b) La delimitación de su territorio.
c) La denominación, organización y sede de las instituciones autónomas propias.
d) Las competencias asumidas dentro del marco establecido en la Constitución y las bases para el traspaso de los servicios correspondientes a las mismas.
3. La reforma de los Estatutos se ajustará al procedimiento establecido en los mismos y requerirá, en todo caso, la aprobación por las Cortes Generales, mediante ley orgánica.

Artículo 148
1. Las Comunidades Autónomas podrán asumir competencias en las siguientes materias:
1.ª Organización de sus instituciones de autogobierno.
2.ª Las alteraciones de los términos municipales comprendidos en su territorio y, en general, las funciones que correspondan a la Administración del Estado sobre las Corporaciones locales y cuya transferencia autorice la legislación sobre Régimen Local.
3.ª Ordenación del territorio, urbanismo y vivienda.
4.ª Las obras públicas de interés de la Comunidad Autónoma en su propio territorio.
[...]

Artículo 149
1. El Estado tiene competencia exclusiva sobre las siguientes materias:
1.ª La regulación de las condiciones básicas que garanticen la igualdad de todos los españoles en el ejercicio de los derechos y en el cumplimiento de los deberes constitucionales.

2.ª Nacionalidad, inmigración, emigración, extranjería y derecho de asilo.
3.ª Relaciones internacionales.
4.ª Defensa y Fuerzas Armadas.
5.ª Administración de Justicia.
6.ª Legislación mercantil, penal y penitenciaria; legislación procesal, sin perjuicio de las necesarias especialidades que en este orden se deriven de las particularidades del derecho sustantivo de las Comunidades Autónomas.
7.ª Legislación laboral, sin perjuicio de su ejecución por los órganos de las Comunidades Autónomas.
8.ª Legislación civil, sin perjuicio de la conservación, modificación y desarrollo por las Comunidades Autónomas de los derechos civiles, forales o especiales, allí donde existan. En todo caso, las reglas relativas a la aplicación y eficacia de las normas jurídicas, relaciones jurídico-civiles relativas a las formas de matrimonio, ordenación de los registros e instrumentos públicos, bases de las obligaciones contractuales, normas para resolver los conflictos de leyes y determinación de las fuentes del derecho, con respeto, en este último caso, a las normas de derecho foral o especial.
9.ª Legislación sobre propiedad intelectual e industrial
[...]

4.III.7.1.2 Constitución Política de los Estados Unidos Mexicanos
Artículo 73. El Congreso tiene facultad:

I. Para admitir nuevos Estados a la Unión Federal;
[...]

III. Para formar nuevos Estados dentro de los límites de los existentes, siendo necesario al efecto:

1º. Que la fracción o fracciones que pidan erigirse en Estados, cuenten con una población de ciento veinte mil habitantes, por lo menos.

2º. Que se compruebe ante el Congreso que tiene los elementos bastantes para proveer a su existencia política.

3º. Que sean oídas las Legislaturas de los Estados de cuyo territorio se trate, sobre la conveniencia o inconveniencia de la erección del nuevo Estado, quedando obligadas a dar su informe dentro de seis meses, contados desde el día en que se les remita la comunicación respectiva.

4º. Que igualmente se oiga al Ejecutivo de la Federación, el cual enviará su informe dentro de siete días contados desde la fecha en que le sea pedido.

5º. Que sea votada la erección del nuevo Estado por dos terceras partes de los diputados y senadores presentes en sus respectivas Cámaras.

6º. Que la resolución del Congreso sea ratificada por la mayoría de las Legislaturas de los Estados, previo examen de la copia del expediente, siempre que hayan dado su consentimiento las Legislaturas de los Estados de cuyo territorio se trate.

7º. Si las Legislaturas de los Estados de cuyo territorio se trate, no hubieren dado su consentimiento, la ratificación de que habla la fracción anterior, deberá ser hecha por las dos terceras partes del total de Legislaturas de los demás Estados.
[...]

V. Para cambiar la residencia de los Supremos Poderes de la Federación.
[...]

VII. Para imponer las contribuciones necesarias a cubrir el Presupuesto.

VIII. Para dar bases sobre las cuales el Ejecutivo pueda celebrar empréstitos sobre el crédito de la Nación, para aprobar esos mismos empréstitos y para reconocer y mandar pagar la deuda nacional. Ningún empréstito podrá celebrarse sino para la ejecución de obras que directamente produzcan un incremento en los ingresos públicos, salvo los que se realicen con propósitos de regulación monetaria, las operaciones de conversión y los que se contraten durante alguna emergencia declarada por el Presidente de la República en los términos del artículo 29. Asimismo, aprobar anualmente los montos de endeudamiento que deberán incluirse en la ley de ingresos, que en su caso requiera el Gobierno del Distrito Federal y las entidades de su sector público, conforme a las bases de la ley correspondiente. El Ejecutivo Federal informará anualmente al Congreso de la Unión sobre el ejercicio de dicha deuda a cuyo efecto el Jefe del Distrito Federal le hará llegar el informe que sobre el ejercicio de los recursos correspondientes hubiere realizado. El Jefe del Distrito Federal informará igualmente a la Asamblea de Representantes del Distrito Federal, al rendir la cuenta pública;

IX. Para impedir que en el comercio de Estado a Estado se establezcan restricciones.

X. Para legislar en toda la República sobre hidrocarburos, minería, sustancias químicas, explosivos, pirotecnia, industria cinematográfica, comercio, juegos con apuestas y sorteos, intermediación y servicios financieros, energía eléctrica y nuclear y para expedir las leyes del trabajo reglamentarias del artículo 123;

XI. Para crear y suprimir empleos públicos de la Federación y señalar, aumentar o disminuir sus dotaciones.

XII. Para declarar la guerra, en vista de los datos que le presente el Ejecutivo.
[...]

XVI. Para dictar leyes sobre nacionalidad, condición jurídica de los extranjeros, ciudadanía, naturalización, colonización, emigración e inmigración y salubridad general de la República.
[...]

XVII. Para dictar leyes sobre vías generales de comunicación, tecnologías de la información y la comunicación, radiodifusión, telecomunicaciones, incluida la banda ancha e Internet, postas y correos, y sobre el uso y aprovechamiento de las aguas de jurisdicción federal.
[...]

4.III.7.2   Derecho procesal

4.III.7.2.1   Ley Orgánica 2/1979, de 3 de octubre, del Tribunal Constitucional.
TÍTULO III
Del recurso de amparo constitucional

CAPÍTULO PRIMERO
DE LA PROCEDENCIA E INTERPOSICIÓN DEL RECURSO DE AMPARO CONSTITUCIONAL

Artículo 41

1. Los derechos y libertades reconocidos en los artículos 14 a 29 de la Constitución serán susceptibles de amparo constitucional, en los casos y formas que esta ley establece, sin perjuicio de su tutela general encomendada a los Tribunales de Justicia. Igual protección será aplicable a la objeción de conciencia reconocida en el artículo 30 de la Constitución.

2. El recurso de amparo constitucional protege, en los términos que esta ley establece, frente a las violaciones de los derechos y libertades a que se refiere el apartado anterior, originadas por las disposiciones, actos jurídicos, omisiones o simple vía de hecho de los poderes públicos del Estado, las Comunidades Autónomas y demás entes públicos de carácter territorial, corporativo o institucional, así como de sus funcionarios o agentes.

3. En el amparo constitucional no pueden hacerse valer otras pretensiones que las dirigidas a restablecer o preservar los derechos o libertades por razón de los cuales se formuló el recurso.

Artículo 42

Las decisiones o actos sin valor de Ley, emanados de las Cortes o de cualquiera de sus órganos, o de las Asambleas legislativas de las Comunidades Autónomas, o de sus órganos, que violen los derechos y libertades susceptibles de amparo constitucional, podrán ser recurridos dentro del plazo de tres meses desde que, con arreglo a las normas internas de las Cámaras o Asambleas, sean firmes.

Artículo 43

1. Las violaciones de los derechos y libertades antes referidos originadas por disposiciones, actos jurídicos, omisiones o simple vía de hecho del Gobierno o de sus autoridades o funcionarios, o de los órganos ejecutivos colegiados de las comunidades autónomas o de sus autoridades o funcionarios o agentes, podrán dar lugar al recurso de amparo una vez que se haya agotado la vía judicial procedente.

2. El plazo para interponer el recurso de amparo constitucional será el de los veinte días siguientes a la notificación de la resolución recaída en el previo proceso judicial.

3. El recurso sólo podrá fundarse en la infracción por una resolución firme de los preceptos constitucionales que reconocen los derechos o libertades susceptibles de amparo.

Artículo 44

1. Las violaciones de los derechos y libertades susceptibles de amparo constitucional, que tuvieran su origen inmediato y directo en un acto u omisión de un órgano judicial, podrán dar lugar a este recurso siempre que se cumplan los requisitos siguientes:

a) Que se hayan agotado todos los medios de impugnación previstos por las normas procesales para el caso concreto dentro de la vía judicial.

b) Que la violación del derecho o libertad sea imputable de modo inmediato y directo a una acción u omisión del órgano judicial con independencia de los hechos que dieron lugar al proceso en que aquellas se produjeron, acerca de los que, en ningún caso, entrará a conocer el Tribunal Constitucional.

c) Que se haya denunciado formalmente en el proceso, si hubo oportunidad, la vulneración del derecho constitucional tan pronto como, una vez conocida, hubiera lugar para ello.

2. El plazo para interponer el recurso de amparo será de 30 días, a partir de la notificación de la resolución recaída en el proceso judicial.

4.III.7.3 Derecho contractual

4.III.7.3.1 España Ley 7/1998, de 13 de abril, sobre condiciones generales de la contratación.[240]

CAPÍTULO PRIMERO
Disposiciones generales

Artículo 1 Ámbito objetivo

1. Son condiciones generales de la contratación las cláusulas predispuestas cuya incorporación al contrato sea impuesta por una de las partes, con independencia de la autoría material de las mismas, de su apariencia externa, de su extensión y de cualesquiera otras circunstancias, habiendo sido redactadas con la finalidad de ser incorporadas a una pluralidad de contratos.

2. El hecho de que ciertos elementos de una cláusula o que una o varias cláusulas aisladas se hayan negociado individualmente no excluirá la aplicación de esta Ley al resto del contrato si la apreciación global lleva a la conclusión de que se trata de un contrato de adhesión.

Artículo 2 Ámbito subjetivo

1. La presente Ley será de aplicación a los contratos que contengan condiciones generales celebrados entre un profesional -predisponente- y cualquier persona física o jurídica -adherente.

2. A los efectos de esta Ley se entiende por profesional a toda persona física o jurídica que actúe dentro del marco de su actividad profesional o empresarial, ya sea pública o privada.

3. El adherente podrá ser también un profesional, sin necesidad de que actúe en el marco de su actividad.

Artículo 4 Contratos excluidos

La presente Ley no se aplicará a los contratos administrativos, a los contratos de trabajo, a los de constitución de sociedades, a los que regulan relaciones familiares y a los contratos sucesorios.

Tampoco será de aplicación esta Ley a las condiciones generales que reflejen las disposiciones o los principios de los Convenios internacionales en que el Reino de España sea parte, ni las que vengan reguladas específicamente por una disposición legal o administrativa de carácter general y que sean de aplicación obligatoria para los contratantes.

[. . .]

---

[240] BOE 14.4.1998.

CAPÍTULO II
No incorporación y nulidad de determinadas condiciones generales

Artículo 7 No incorporación

No quedarán incorporadas al contrato las siguientes condiciones generales:

a) Las que el adherente no haya tenido oportunidad real de conocer de manera completa al tiempo de la celebración del contrato o cuando no hayan sido firmadas, cuando sea necesario, en los términos resultantes del artículo 5.

b) Las que sean ilegibles, ambiguas, oscuras e incomprensibles, salvo, en cuanto a estas últimas, que hubieren sido expresamente aceptadas por escrito por el adherente y se ajusten a la normativa específica que discipline en su ámbito la necesaria transparencia de las cláusulas contenidas en el contrato.

Artículo 8 Nulidad

1. Serán nulas de pleno derecho las condiciones generales que contradigan en perjuicio del adherente lo dispuesto en esta Ley o en cualquier otra norma imperativa o prohibitiva, salvo que en ellas se establezca un efecto distinto para el caso de contravención.

2. En particular, serán nulas las condiciones generales que sean abusivas, cuando el contrato se haya celebrado con un consumidor, entendiendo por tales en todo caso las definidas en el artículo 10 bis y disposición adicional primera de la Ley 26/1984, de 19 de julio, General para la Defensa de los Consumidores y Usuarios.

4.III.7.3.2 México. Ley Federal de protección al consumidor[241]

CAPÍTULO X

De los contratos de adhesión

ARTÍCULO 85.- Para los efectos de esta ley, se entiende por contrato de adhesión el documento elaborado unilateralmente por el proveedor, para establecer en formatos uniformes los términos y condiciones aplicables a la adquisición de un producto o la prestación de un servicio, aun cuando dicho documento no contenga todas las cláusulas ordinarias de un contrato. Todo contrato de adhesión celebrado en territorio nacional, para su validez, deberá estar escrito en idioma español y sus caracteres tendrán que ser legibles a simple vista y en un tamaño y tipo de letra uniforme. Además, no podrá implicar prestaciones desproporcionadas a cargo de los consumidores, obligaciones inequitativas o abusivas, o cualquier otra cláusula o texto que viole las disposiciones de esta ley.

ARTÍCULO 86.- La Secretaría, mediante normas oficiales mexicanas podrá sujetar contratos de adhesión a registro previo ante la Procuraduría cuando impliquen o puedan implicar prestaciones desproporcionadas a cargo de los consumidores, obligaciones inequitativas o abusivas, o altas probabilidades de incumplimiento.

Las normas podrán referirse a cualesquiera términos y condiciones, excepto precio.

Los contratos de adhesión sujetos a registro deberán contener una cláusula en la que se determine que la Procuraduría será competente en la vía administrativa para resolver cual-

---

[241] Ley federal de protección al consumidor (DOF 24.12.1992).

quier controversia que se suscite sobre la interpretación o cumplimiento de los mismos. Asimismo, deberán señalar el número de registro otorgado por la Procuraduría.

ARTÍCULO 86 BIS.- En los contratos de adhesión de prestación de servicios deben incluirse por escrito o por vía electrónica los servicios adicionales, especiales, o conexos, que pueda solicitar el consumidor de forma opcional por conducto y medio del servicio básico.

El proveedor sólo podrá prestar un servicio adicional o conexo no previsto en el contrato original si cuenta con el consentimiento expreso del consumidor, ya sea por escrito o por vía electrónica.

ARTÍCULO 86 TER.- En los contratos de adhesión de prestación de servicios, el consumidor gozará de las siguientes prerrogativas:

I. Adquirir o no la prestación de servicios adicionales, especiales o conexos al servicio básico;

II. Contratar la prestación de los servicios adicionales, especiales o conexos con el proveedor que elija;

III. Dar por terminada la prestación de los servicios adicionales, especiales o conexos al servicio básico en el momento que lo manifieste de manera expresa al proveedor, sin que ello implique que proceda la suspensión o la cancelación de la prestación del servicio básico. El consumidor sólo podrá hacer uso de esta prerrogativa si se encontrare al corriente en el cumplimiento de todas sus obligaciones contractuales y se hubiese vencido el plazo mínimo pactado; y

IV. Las demás prerrogativas que señalen ésta y otras leyes o reglamentos. El consumidor gozará de las anteriores prerrogativas aun cuando no hubieren sido incluidas de manera expresa en el clausulado del contrato de adhesión de que se trate.

ARTÍCULO 86 QUATER.- Cualquier diferencia entre el texto del contrato de adhesión registrado ante la Procuraduría Federal del Consumidor y el utilizado en perjuicio de los consumidores, se tendrá por no puesta.

ARTÍCULO 87.- En caso de que los contratos de adhesión requieran de registro previo ante la Procuraduría, los proveedores deberán presentarlos ante la misma antes de su utilización y ésta se limitará a verificar que los modelos se ajusten a lo que disponga la norma correspondiente y a las disposiciones de esta ley, y emitirá su resolución dentro de los treinta días siguientes a la fecha de presentación de la solicitud de registro. Transcurrido dicho plazo sin haberse emitido la resolución correspondiente, los modelos se entenderán aprobados y será obligación de la Procuraduría registrarlos, quedando en su caso como prueba de inscripción la solicitud de registro. Para la modificación de las obligaciones o condiciones de los contratos que requieran de registro previo será indispensable solicitar la modificación del registro ante la Procuraduría, la cual se tramitará en los términos antes señalados.

Los contratos que deban registrarse conforme a esta ley, las normas oficiales mexicanas y demás disposiciones aplicables, y no se registren, así como aquéllos cuyo registro sea negado por la Procuraduría, no producirán efectos contra el consumidor.

ARTÍCULO 87 BIS.- La Procuraduría podrá publicar en el Diario Oficial de la Federación, el modelo de aquellos contratos que deban ser registrados de conformidad con el artículo 86 de esta ley, a fin de que los proveedores puedan utilizarlos. En tales casos, el proveedor únicamente dará aviso a la Procuraduría sobre la adopción del modelo de contrato para efectos de registro.

Cuando el proveedor haya dado aviso a la Procuraduría para adoptar un contrato conforme al modelo publicado, no podrá modificarlo ni incluir otras cláusulas o excepciones a su aplicación, sin haber cumplido con lo dispuesto en el artículo 87 TER. En caso de no hacerlo, dichas modificaciones, adiciones o excepciones se tendrán por no puestas.

ARTÍCULO 87 TER.- Cuando el contrato de adhesión de un proveedor contenga variaciones respecto del modelo de contrato publicado por la Procuraduría a que se refiere el artículo anterior, el proveedor deberá solicitar su registro en los términos del procedimiento previsto en el artículo 87.

ARTÍCULO 88.- Los interesados podrán inscribir voluntariamente sus modelos de contrato de adhesión aunque no requieran registro previo, siempre y cuando la Procuraduría estime que sus efectos no lesionan el interés de los consumidores y que su texto se apega a lo dispuesto por esta ley.

ARTÍCULO 89.- La Procuraduría, en la tramitación del registro de modelos de contratos de adhesión, podrá requerir al proveedor la aportación de información de carácter comercial necesaria para conocer la naturaleza del acto objeto del contrato, siempre y cuando no se trate de información confidencial o sea parte de secretos industriales o comerciales.

ARTÍCULO 90.- No serán válidas y se tendrán por no puestas las siguientes cláusulas de los contratos de adhesión ni se inscribirán en el registro cuando:

I. Permitan al proveedor modificar unilateralmente el contenido del contrato, o sustraerse unilateralmente de sus obligaciones;

II. Liberen al proveedor de su responsabilidad civil, excepto cuando el consumidor incumpla el contrato;

III. Trasladen al consumidor o a un tercero que no sea parte del contrato la responsabilidad civil del proveedor;

IV. Prevengan términos de prescripción inferiores a los legales;

V. Prescriban el cumplimiento de ciertas formalidades para la procedencia de las acciones que se promuevan contra el proveedor; y

VI. Obliguen al consumidor a renunciar a la protección de esta ley o lo sometan a la competencia de tribunales extranjeros.

ARTÍCULO 90 BIS.- Cuando con posterioridad a su registro se aprecie que un contrato contiene cláusulas que sean contrarias a esta ley o a las normas oficiales mexicanas, la Procuraduría, de oficio o a petición de cualquier persona interesada, procederá a la cancelación del registro correspondiente.

En tales casos, la Procuraduría procederá conforme al procedimiento establecido en el artículo 123 de esta ley.

4.III.8 Autoevaluación

Las respuestas a la autoevaluación pueden encontrarse al final del libro, en el capítulo 14.

1. ¿En qué consiste el principio de solidaridad entre las diversas partes del territorio español?
2. ¿Qué órgano constitucional tiene competencia en México para dictar leyes en materia de colonización, inmigración y emigración?
3. ¿Qué requisitos se exigen para solicitar amparo frente a la violación de un derecho o libertad cometida por un órgano jurisdiccional español?
4. ¿A quién se aplica la ley de condiciones generales de la contratación?
5. ¿En qué condiciones es válida en derecho mexicano una cláusula que libera al proveedor de servicios de responsabilidad civil?

PALABRAS CLAVE

- Acción de inconstitucionalidad
- Acervo comunitario
- Amparo directo
- Amparo directo transcendental
- Amparo indirecto
- Autointerpretación
- Autonómico
- Autoridad legislativa
- Bloque de constitucionalidad
- Boletín Oficial del Estado (BOE)
- Cámara de Diputados
- Cámara de origen
- Cámara de Senadores
- Cámara revisora
- Codificación
- Competencia
- Comunidad Autónoma
- Conferencia de La Haya
- Congreso de la Unión
- Congreso de los Diputados
- Constitución
- Control de constitucionalidad concentrado
- Controversia constitucional
- Convención de Viena sobre el Derecho de los Tratados
- Costumbre
- Cuestión de inconstitucionalidad
- Decisión
- Decreto Ley
- Derecho civil, foral o especial
- Derecho derivado
- Derecho primario
- Diario Oficial de la Federación (DOF)
- Directiva

- Distrito Federal
- División de poderes
- Dualismo
- Estado federal
- Estados
- Estatutos de Autonomía
- Fuente histórica
- Fuente supletoria o delegada
- Garantías individuales
- Garantías sociales
- Interpretación auténtica
- Interpretación autónoma
- Interpretación comparativa
- Interpretación *contra legem*
- Interpretación genética
- Interpretación gramatical
- Interpretación histórica
- Interpretación lógica
- Interpretación *praeter legem*
- Interpretación *secundum legem*
- Interpretación sistemática
- Interpretación teleológica
- Jefe del gobierno
- Ley ordinaria
- Ley orgánica
- Ley reglamentaria
- Ministros
- Monarquía parlamentaria
- Monismo
- Municipio
- Parte dogmática
- Parte orgánica
- Pirámide normativa
- Plenos poderes
- Poder ejecutivo
- Poder judicial
- Poder legislativo
- Presidente
- Principio de competencia
- Principio de jerarquía normativa
- Principio de prevalencia
- Principio de proporcionalidad
- Principio de subsidiariedad
- Principio de supletoriedad
- Principios de necesidad
- Principios generales del derecho

- Provincia
- Pueblos indígenas
- Quejoso
- Real Decreto
- Realidad pluriétnica
- Recurso de amparo
- Recurso de inconstitucionalidad
- Reglamento
- Senado
- Suprema Corte de Justicia de la Nación
- Transposición
- Tratado internacional
- Tratados constitutivos de la Unión Europea
- Tribunal Constitucional
- Tribunal de Justicia de la Unión Europea
- Unión Europea

5. Decisions from judicial and other tribunals – Decisiones de la judicatura y otros tribunales

The English-language portion of this chapter is meant to be read by those for whom English is a second language. Readers for whom Spanish is a second language should begin their reading on page 186.

Esta sección en inglés es para quienes hablan inglés como segundo idioma. Los lectores que tienen el español como su segundo idioma deben empezar su lectura en la página 186.

5.I DECISIONS FROM JUDICIAL AND OTHER TRIBUNALS

5.I.1 Introduction

As mentioned in Chapter 3, English-speaking jurisdictions rely much more heavily than Spanish-speaking jurisdictions on **case law**, meaning the decisions of judicial and other tribunals. These decisions can involve the interpretation and application of various statutes or the determination of the **common law**, which is a term used to describe law made by judges rather than legislators. This chapter describes the role and use of case law in English-speaking jurisdictions by addressing the following issues:

- the types and levels of judicial and other tribunals in English-speaking jurisdictions;
- the trial process in English-speaking jurisdictions;
- the role of judicial decisions in English-speaking jurisdictions;
- the concept of precedent in English-speaking jurisdictions; and
- the method of interpreting judicial decisions in English-speaking jurisdictions.

5.I.2 Types and Levels of Judicial and Other Tribunals in English-Speaking Jurisdictions

Before discussing the role that judicial decisions play in English-speaking jurisdictions, it is helpful to understand how courts are structured in these countries. Although the judicial systems of most English-speaking nations are relatively similar, some differences arise depending on whether the legal system is **federal** and **unitary** in nature. Additional distinctions can be drawn within federal and unitary states.

Perhaps the best-known example of a federalized legal system is the United States. The roles of the various courts are constitutionally prescribed, with **federal courts** being described as **courts of limited jurisdiction**[1] that may only hear a matter when the court

---

[1] See US Const art III, s 2, cl 1; *Marbury v Madison*, 5 US (1 Cranch) 137, 173–80 (1803);

has (1) **personal jurisdiction** over either the person or property in question and (2) **subject matter jurisdiction** over the type of dispute.[2] In contrast, the courts of the individual states (**state courts**) are **courts of general jurisdiction** and can hear virtually any type of dispute, including those involving foreign parties.[3] For the most part, the **plaintiff**, or **party** who **files** the action, is allowed to choose where to bring the case, although the **defendant**, or person responding to the action, has a limited ability to influence the place where the dispute is heard and can **move** (ie, make a **motion** or formal request to the court) either to have a case filed in state court **removed** to federal court or to have a case filed in federal court **remanded** to state court.[4] A defendant can also move to have a case **dismissed** (ie, terminated) for lack of jurisdiction.[5]

Trial-level courts (ie, **courts of first instance**) in the US federal system are known as **federal district courts**. There are 94 district courts, with at least one district court in each state or US **territory**.[6] Larger states, such as California or Texas, may include several districts.

Trials are heard by a single judge, often assisted by a **jury** made up of a number of **laypersons** who serve as the **finders of fact**.[7] The US Constitution guarantees a jury trial in all criminal matters heard in federal court and in all civil matters involving 'suits at common law' with a 'value in controversy' in excess of $20.[8] Parties may waive their right to a jury so as to have their dispute heard only by a judge.

Trials are typically presided over by a **district court judge** who has lifetime tenure and who is appointed by the President with the advice and consent of the Senate.[9] However, some matters may be heard by **magistrate judges**, who are not appointed for life.[10] The federal judiciary also includes a system of **bankruptcy courts** whose judges do not have life tenure.

Gary B Born and Peter B Rutledge, *International Civil Litigation in United States Courts* (5th edn, Kluwer 2011) 1–229.

[2] See Born and Rutledge (n 1) 1–229.

[3] See *Nevada v Hicks*, 533 US 353, 366 (2001); *Boston Stock Exchange v State Tax Commission*, 429 US 318, 320 n3 (1977); see also Paul R Dubinsky, 'International Law in the Legal System of the United States' (2010) 58 Am J Comp L 455, 477.

[4] See 28 USC s 1441 (2012); see also 28 USC s 1447 (2012) (allowing remand after improper removal).

[5] See Fed R Civ P 23(b)(1)–(2). The defendant may ask for the case to be remanded to state court as part of a **motion to dismiss**.

[6] A number of regions are legally recognized as part of the US, even though they are not officially designated as states. These holdings include certain territories, such as Puerto Rico and the Virgin Islands, and the **District of Columbia**, which is the metropolitan area that serves as the nation's capital.

[7] Juries in federal district court usually include 12 members for criminal trials and between 6 and 12 members for civil trials. See United States Courts, About Jury Service <www.uscourts.gov/FederalCourts/JuryService/about-jury-service.aspx#petit>.

[8] US Const art III, s 2, amend VII. State constitutions often include similar provisions.

[9] Federal district judges, as well as circuit judges and Supreme Court justices, are all appointed pursuant to Article III of the US Constitution and therefore have lifetime tenure. US Const art III, s 1.

[10] Magistrate judges can hear **misdemeanor** (lower-level) criminal cases and civil cases by agreement of the parties. Magistrate judges can also hear various preliminary disputes, such as those relating to **discovery**, or the pre-trial production of documents and information.

Intermediate appellate courts are known as **courts of appeals** and are broken into 11 different geographic regions that each cover several states. These courts are known by their **circuit** number (ie, the First Circuit Court of Appeal, the Second Circuit Court of Appeal, etc.). There is also a circuit court for the District of Columbia (the D.C. Circuit Court of Appeal) as well as two circuit courts dedicated to specific issues: the **Federal Circuit Court of Appeals**, which deals with patents, customs, taxes and appeals from certain specialized federal courts, and the **United States Court of Military Appeals**. Appellate courts usually sit in three-judge panels, although particularly important matters may be heard **en banc** by all the available judges in that circuit, up to an 11-person limit.

The court of final appeal in the US is the **Supreme Court of the United States**, which is made up of nine judges (called **Justices**) with lifetime tenure. Although the Supreme Court may hear a few limited matters as a court of first instance,[11] the Court primarily operates as an appellate court, taking appeals from federal circuit courts of appeals and from state supreme courts in cases where the decision turns on a matter of federal or constitutional law. Because the US Supreme Court has **discretionary jurisdiction** (ie, the Court selects the cases that it wishes to hear), parties wishing to be heard on a particular matter must make a formal request in the form of a **petition for certiorari**.

State courts often reflect a structure similar to that used in the federal system. Thus, most states have a trial court of general jurisdiction, an intermediate appellate court and a state supreme court. However, the names of these courts can vary from jurisdiction to jurisdiction. For example, in the state of Illinois, the trial level court is known as the Circuit Court, the intermediate appellate court is known as the Appellate Court, and the highest court in the state is known as the Illinois State Supreme Court. In contrast, the trial level court in New York State is known as the Supreme Court, the intermediate appellate court is known as the Supreme Court, Appellate Division, and the highest court is known as the New York Court of Appeals.

Some states also have specialized courts of limited jurisdiction in addition to their general trial courts. These special courts may include **small claims court**, which deal with very low-value claims in an expedited manner, **family court**, which deal with marriage, divorce and custody issues, or **chancery court**, which deals with trusts, wills and other matters of succession law.[12]

Because federal courts have only limited jurisdiction, the party wishing to have the matter heard in federal court must demonstrate that both personal and subject matter jurisdiction exist.[13] Personal jurisdiction is typically considered pursuant to the **'minimum contacts' test** described by the US Supreme Court in a series of cases beginning with the 1945 decision in *International Shoe Co v Washington*.[14] This test establishes the limits of

---

[11] See Ibid art III, s 2; 28 USC ss 1251, 1254, 1257.

[12] A trust is a common law device used to hold and convey property. **Civil law** jurisdictions have not traditionally recognized the concept of a trust, although some countries have created similar mechanisms referred to as associations or foundations.

[13] Federal courts may (and indeed must) raise questions regarding subject matter jurisdiction *sua sponte*, although questions relating to personal jurisdiction are only considered pursuant to a motion by the parties, since such matters are waivable. See 28 USC s 1447; Fed R Civ P 23(h); *Gonzalez v Thaler*, 132 SCt 641, 648 (2012).

[14] See *Walden v Fiore*, 134 SCt 1115, 1121–24 (2014); *Daimler AG v Bauman*, 134 SCt 746,

a court's **extraterritorial ('long-arm') jurisdiction** as a matter of US constitutional law and can apply in state as well as federal court.[15]

Federal courts must also confirm that they have subject matter jurisdiction over the dispute **at bar** (at issue). According to the US Constitution,[16] federal courts may only exercise jurisdiction over a certain subset of cases, such as those that arise under the US Constitution, federal law or so-called **'diversity' jurisdiction**. Diversity jurisdiction exists in:

> all civil actions where the matter in controversy exceeds the sum or value of $75,000, exclusive of interest and costs, and is between –
> (1) citizens of different States;
> (2) citizens of a State and citizens or subjects of a foreign state, except that the district courts shall not have original jurisdiction under this subsection of an action between citizens of a State and citizens or subjects of a foreign state who are lawfully admitted for permanent residence in the United States and are domiciled in the same State;
> (3) citizens of different States and in which citizens or subjects of a foreign state are additional parties; and
> (4) a foreign state, defined in section 1603(a) of this title, as plaintiff and citizens of a State or of different States.[17]

Diversity jurisdiction does not exist in cases arising entirely between non-US parties.[18] However, a federal court may nevertheless hear such a matter if another type of subject matter jurisdiction (such as that based on a question of constitutional or federal law) exists.[19]

755–58 (2014); *Asahi Metal Indus Co v Superior Court*, 480 US 102, 108–12 (1987) (O'Connor, J); *Burger King Corp v Rudzewicz*, 471 US 462, 478–79 (1985); *Helicopteros Nacionales de Colombia, SA v Hall*, 466 US 408, 414–15 (1984); *World-Wide Volkswagen Corp v Woodson*, 444 US 286, 295 (1980); *International Shoe Co v Washington*, 326 US 310, 316 (1945); see also Fed R Civ P 4(k)(2).

[15] Some states extend their jurisdictional reach to the full extent permitted by the US Constitution. See Cal Civ Proc Code s 410.10 (2012) (extending jurisdiction to the full extent of state and federal constitutional limits); Utah Code Ann s 78B–3–201 (2012) (extending jurisdiction to the full extent of the federal constitution). Other states assert extraterritorial jurisdiction only in certain enumerated circumstances. See NY Civ Prac Law and Rules s 302 (2012).

[16] The relevant provision states:

> The judicial Power shall extend to all Cases, in Law and Equity, arising under this Constitution, the Laws of the United States, and Treaties made, or which shall be made, under their Authority; to all Cases affecting Ambassadors, other public Ministers and Consuls; to all Cases of admiralty and maritime Jurisdiction; to Controversies to which the United States shall be a Party; to Controversies between two or more States; between a State and Citizens of another State, between Citizens of different States, between Citizens of the same State claiming Lands under Grants of different States, and between a State, or the Citizens thereof, and foreign States, Citizens or Subjects.

US Const art III, s 2, cl 1.

[17] 28 USC s 1332(a) (2012); see also US Const art III, s 2, cl 1; Charles Alan Wright and Arthur R Miller, *Federal Practice and Procedure 3d* ss 3602.1, 3604 (2012).

[18] See US Const art III, s 2, cl 1; *Mossman v Higginson*, 4 US (4 Dall) 12, 14 (1800); *Gall v Topcall Intl, AG*, No Civ A 04-CV-432, 2005 WL 664502, at *4–5 (ED Pa 2005); Wright and Miller (n 17) s 3604.

[19] This may be becoming increasingly difficult to do. See *Morrison v Natl Austl Bank Ltd*, 130

Once federal jurisdiction is established, a court must identify the substantive law that controls the issue at hand. This issue is controlled by the **Erie doctrine**, which arose out of the 1938 case of *Erie Railroad Co v Tompkins* and indicates:

> that the substantive law to be applied by the federal courts in any case is state law, except when the matter before the court is governed by the United States Constitution, an Act of Congress, a treaty, international law, the domestic law of another country, or, in special circumstances, by federal common law.[20]

Although the substantive law applied in US federal courts may vary depending on the type of dispute at issue, procedural law is much more consistent across the country. At the district court level, judges rely on the **Federal Rules of Civil Procedure** or the **Federal Rules of Criminal Procedure**, depending on the type of matter being heard. The **Federal Rules of Evidence** apply in both civil and criminal proceedings. Matters heard in the circuit courts are governed by the **Federal Rules of Appellate Procedure**, while matters heard in the US Supreme Court are governed by the **Rules of the Supreme Court of the United States**.

State courts also have their own rules of evidence and procedure, although the content of the rules are often very similar to that seen in the federal courts. Notably, some state courts combine the procedural rules for the different levels of court in a single document.

In addition to state and federal court, disputants can find themselves in adjudicative proceedings involving various **administrative agencies**. Indeed, **administrative law** has become increasingly important in the US in the last few decades, so much so that administrative agencies are sometimes considered to constitute a 'fourth branch' of government, alongside the executive, legislative and judicial branches.[21] This emphasis on administrative law is also seen in other English-speaking nations, such as Australia.[22]

Although every federal and state agency is structured slightly differently, many agencies provide for formal adjudication of various claims arising under the regulations in question.[23] In most cases, any formal hearing is presided over by an administrative law judge who follows the procedures set forth in the Administrative Procedure Act or other applicable federal statute.[24] The head of the agency (or the appropriate reviewing entity)

SCt 2869, 2888 (2010) (declining jurisdiction over 'foreign cubed' action); see also Ibid 2894 n 11 (Stevens, J, concurring) (defining 'foreign cubed' or 'f-cubed' actions).

[20] Wright and Miller (n 17) s 4501; see also *Erie Railroad Co v Tompkins*, 304 US 64, 78–79 (1938). The *Erie* doctrine applies to both diversity jurisdiction and **alienage jurisdiction** (ie, cases involving foreign nationals). See Michael Steven Green, 'Erie's International Effect' (2012) 107 Nw U L Rev Colloquy 165, 166 n 7.

[21] See Eldon H Reiley and Connie de la Vega, *The American Legal System for Foreign Lawyers* (Wolters Kluwer Law and Business 2012) 40–41.

[22] See Lorne Sossin, 'Administrative Law and Administrative Justice in an Interconnected World' (2014) 27 Can J Admin L and Prac 53, 56 (noting that although the UK places administrative law firmly within the executive branch, other countries, such as Canada and Australia, struggle to characterize this field accurately).

[23] See Ernest Gellhorn and Ronald M Levin, *Administrative Law and Process in a Nutshell* (Thomson/West 2006) 246. Many agencies also have informal dispute resolution mechanisms in place. See Ibid at 166.

[24] See 5 USC ss 551–58; Jeffrey B Litwak (ed), *A Guide to Federal Agency Adjudication* (2nd edn, American Bar Association 2012) 198.

typically has the authority to review and in some cases set aside the decision of the administrative law judge.[25] However, the agency determination is not the last step in the process. Instead, the final decision of the agency is typically reviewable by a federal court, although the scope of review depends on the issue and agency in question.[26] Interestingly, the trend appears to be moving in favour of increased judicial review of agency determinations.

The judicial structure in England bears some resemblance to that of the US, although some differences arise as a result of the UK's adherence to several international treaties. Thus, for example, for the last several decades, English courts have been bound to follow the decisions of the **Court of Justice of the European Union** (European Court of Justice or ECJ), which is the court established to ensure consistency in the interpretation and application of European law, although that requirement will no longer exist if and when the UK withdraws from the EU.[27] The ECJ is competent to hear a variety of actions brought by individuals, companies, organizations and governments.

Another internationally oriented court that can affect the shape of English law is the **European Court of Human Rights**, which considers potential violations under the **European Convention on Human Rights**.[28] The European Convention on Human Rights was promulgated by the **Council of Europe**, which is different than the European Union, although the member states of the two organizations are somewhat similar. Although the Human Rights Act 1998 states that English courts 'must take into account' any decision by the European Court of Human Rights when 'determining a question which has arisen in connection with a Convention right', there is no obligation for the English court to act in accordance with the jurisprudence of the European Court of Human Rights.[29] As a result, the European Court of Human Rights stands somewhat outside the formal hierarchy of English courts.

Another judicial body that stands somewhat apart from the English judicial system is the **Privy Council**, which was initially established in 1833 and provides for a final court of appeal for many Commonwealth nations.[30] Although decisions of the Privy Council do not constitute **binding precedent** for English courts, English judges have traditionally considered the decisions of the Privy Council to be highly persuasive, since the Privy Council is comprised of the same judges that sit on the highest court in the English legal hierarchy.[31]

The highest court capable of determining matters of English law is the **Supreme Court**

---

[25] See Litwak (n 24) 110–11, 116.

[26] See Gellhorn and Levin (n 23) at 73.

[27] See European Union, European Court of Justice <http://europa.eu/about-eu/institutions-bodies/court-justice/index_en.htm>. The European Court of Justice tends to follow its own precedents, although it is not required to do so. See Catherine Elliott and Frances Quinn, *English Legal System* (14th edn, Pearson Education Ltd 2013/14) 15.

[28] See Council of Europe, European Court of Human Rights <www.echr.coe.int/Pages/home.aspx?p=home>.

[29] See Human Rights Act 1998, s 2. There have been examples where English courts have decided not to follow the reasoning of the European Court of Human Rights. See *Boyd v The Army Prosecuting Authority* [2002] UKHL 31, [12–13] (Bingham LJ); Ibid [97] (Rodger LJ) (declining to follow *Morris v United Kingdom*, (2002) 34 EHRR 52).

[30] See Judicial Committee Act 1833.

[31] A recent appellate court decision has suggested that a decision of the Privy Council can, in

of the United Kingdom, formerly known as the **House of Lords**.[32] The Court is made up of 12 **Justices** who were formerly known as **Lords of Appeal in Ordinary** or the **Law Lords**.

The **Senior Courts** of England and Wales[33] consist of the **Court of Appeal**, which is the intermediate appellate court; the **High Court**, which includes the **Queen's Bench Division**, the **Chancery Division** and the **Family Division**; the **Crown Court**; and various inferior courts such as the **magistrates** and **county courts**.[34] The Queen's Bench Division also includes a variety of specialty courts, including the **Commercial Court**, which is the court of first instance for complex commercial matters relating to international trade, banking, commodities, arbitration and the like.[35]

5.I.3 The Trial Process in English-Speaking Jurisdictions

Most English-speaking nations adopt a relatively similar approach to the trial and appellate process. However, a brief summary of these procedures is useful so as to establish the unique vocabulary that is associated with each step of the process. Differences appear not only between different countries but also between criminal and civil disputes. Again, it is impossible to describe every jurisdiction's trial process in detail, so two countries – the US and England – will be used to show the kinds of variation that can arise.

Chapter 3 discussed the differences between **adversarial** and **inquisitorial** trial procedures and noted that most English-speaking jurisdictions are adversarial in nature. As a result, parties are responsible for initiating and carrying out a number of tasks that lawyers from Spanish-speaking countries would consider to be judicial in nature. This emphasis on party participation exists in both civil and criminal trials.

In England, criminal **prosecutions** are usually brought by the **Crown Prosecution Service (CPS)**, although private citizens are also allowed to bring a criminal case.[36] While the police are responsible for detecting and investigating criminal offences, the CPS is responsible for deciding whether to prosecute a particular person, at least in cases involving

---

extremely exceptional circumstances, effectively overrule a decision from the House of Lords. See *R v James* [2006] 2 WLR 887 [42–44] (CA Crim).

[32] The Supreme Court replaced the House of Lords in 2009. See Supreme Court <http://supremecourt.uk/>; see also Constitutional Reform Act 2005, s 23. For centuries, the House of Lords exercised two functions, one judicial and one legislative. Although the judicial function originally could be exercised by any hereditary peer (noble) who sat in the House of Lords, over the years the judicial function became more professionalized and was relegated to the Law Lords, who had formal legal expertise.

[33] Although the various lower courts in the English system were at one time referred to as the 'Supreme Court of England and Wales', the Constitutional Reform Act 2005 changed the name to 'Senior Court' to avoid confusion with the new Supreme Court of the United Kingdom. See Constitutional Reform Act 2005, sch 11, para 26(1).

[34] See Elliott and Quinn (n 27) 20–21.

[35] See Admiralty, Commercial and London Mercantile Court <www.justice.gov.uk/courts/rcj-rolls-building/admiralty-commercial-mercantile-courts>.

[36] See Crown Prosecution Service <www.cps.gov.uk/>; Elliott and Quinn (n 27) 434–38. The Crown Prosecution Service only deals with crimes in England and Wales; crimes committed in other parts of the UK fall under the jurisdiction of other bodies. See Prosecution of Offences Act 1985, s 1.

anything other than certain minor **offences**.[37] Once a person has been **charged** with a crime, the CPS is responsible for prosecuting the case pursuant to the **Code for Crown Prosecutors**.[38] Advocacy for the CPS can be carried out by **barristers** employed by the CPS or members of the independent bar.

Defendants are entitled to legal representation. If a person cannot pay for legal services, he or she may obtain publicly-funded assistance provided either by **solicitors** in private practice who have contracted with the **Legal Services Commission** to provide criminal defence services on behalf of the state or by **public defenders** who are employed by the Legal Services Commission.[39]

Persons charged with a relatively minor criminal offence are served with a **summons** to appear in court, unless the person is already in **custody** following an **arrest** without a **warrant**.[40] To obtain a summons, the **prosecutor** must complete a process known as **laying an information**, which involves giving a short summary of the alleged offence to a magistrate or the magistrates' clerk, supported by an oral statement on **oath** from the police.[41] More serious offences must be supported by an **indictment**, which is a detailed document outlining the elements of the crime that is being charged.[42]

Once a person is charged, the matter is taken to magistrates' court, although more serious crimes are passed to the Crown Court once the magistrates have decided certain preliminary matters.[43] Magistrates are lay volunteers who may not necessarily have any legal training.[44] Magistrates' courts typically include three magistrates who are assisted by a legal adviser who is familiar with the relevant legal principles and procedures.

Because magistrates only hear relatively minor matters (either **summary offences** that normally remain in magistrates' court or **either way offences**, which are slightly more serious and which may be heard in the magistrates' court or the Crown Court at the request of the person charged (ie, the defendant)), trials take place without a jury. When faced with an either-way offence, a magistrate must decide whether the case is appropriate for magistrates' court or whether it should be sent to the Crown Court.[45] Magistrates also must decide whether the defendant must be kept in custody pending trial or whether the defendant may post bail, which is a sum of money that is sufficient to ensure that the

---

[37] See Criminal Justice Act 2003, sch 2, s 2. The Director of Public Prosecutions is responsible for criminal prosecutions throughout the entirety of England and Wales, including those crimes falling within the jurisdiction of the CPS.

[38] See Crown Prosecution Services, The Code for Crown Prosecutors <www.cps.gov.uk/publications/code_for_crown_prosecutors/>. Some reforms in the charging and prosecution of crimes are anticipated. See Elliott and Quinn (n 27) 437.

[39] See Access to Justice Act 1999, sch 3; see also Elliott and Quinn (n 27) 350–51.

[40] See Elliott and Quinn (n 27) 440.

[41] See Ibid.

[42] See Crown Prosecution Service, Drafting the Indictment <www.cps.gov.uk/legal/d_to_g/drafting_the_indictment/>.

[43] See Criminal Courts <www.gov.uk/courts/magistrates-courts>. Magistrates typically decide issues relating to **legal aid**, **bail** and the use of various statements and exhibits. See Elliott and Quinn (n 27) 444.

[44] See Become a Magistrate <www.gov.uk/become-magistrate>.

[45] See Criminal Justice Act 2003, sch 3.

accused person returns for future court proceedings (failure to return for a court date means the defendant will forfeit bail).

More serious offences are heard in Crown Court. Most of these cases have a jury which decides the **guilt** of the accused as well as a judge who decides the **sentence**. Typically eight to 12 **jurors** are **empanelled** at the beginning of a trial, depending on where the matter is heard.[46] If either side is concerned about the ability of a particular juror to serve impartially, that party may enter a **challenge for cause**.[47] Unlike in the US, lawyers may not question jurors prior to their service in order to identify grounds for a challenge for cause.[48]

Verdicts must be unanimous or with only one or two dissenting votes, depending on the size of the jury. Crown Courts also hear appeals from magistrates' court.

Relatively early in the proceedings, defendants are required to enter a **plea** of **guilty** or **not guilty** at the **arraignment**, which is usually held in **open court**.[49] If a person pleads guilty, the judge moves straight to sentencing, whenever possible. In some cases, the prosecution and defence may engage in **plea bargaining**, which involves a defendant pleading guilty in exchange for a reduced charge or a known sentence.[50]

Prior to the initiation of trial, parties may engage in **disclosure**, which involves the sharing of evidence between the defence and prosecution.[51] Disclosure by the prosecution does not have to take place until after the defendant has decided whether to plead guilty or not guilty, which has led to criticism from those who believe that defendants should know the strength and content of the prosecution's evidence before deciding how to plead. The defence is also required to disclose evidence to the prosecution so as to avoid **trial by ambush** (surprise).[52]

Trial procedures are relatively similar in both magistrates' court and the Crown Court, and follow the **Criminal Procedure Rules**, which were revised in 2005. The trial begins with the prosecution, which outlines its case and then produces evidence to support its allegations. Prosecutors carry the **burden of proof** in criminal cases and must show that the defendant is guilty of the crime **beyond a reasonable doubt**.

Once the prosecution has made its **opening speech** and presented all its evidence, the defence either puts on its own case or makes a submission that no crime can exist, based on the evidence presented. Once the defence has **rested** or concluded its case, the defence

---

[46] See Juries Act 1974, s 17.

[47] The grounds for challenge range from ineligibility (due to age, residency, criminal history and the like) to assumed bias. See Elliott and Quinn (n 27) 238–43.

[48] The ability of the defence to enter a **peremptory challenge** has been eliminated, and the prosecution has only a limited ability to ask jurors to **stand by for the Crown** (ie, serve only if no other juror is available). See Ibid 243.

[49] See Criminal Procedure Rules (CrPR) 9.1–9.3. There has been an increased interest in early pleading so as to avoid problems associated with **cracked trials** (meaning a case that is concluded without a trial, usually because of a late guilty plea) and **ineffective trials** (meaning a hearing that is cancelled for some reason on the day it was scheduled to proceed). See Elliott and Quinn (n 27) 451–2.

[50] See *R v Goodyear* [2005] EWCA Crim 888 [53–70]; see also Elliott and Quinn (n 27) 445. The Court of Appeal in *Goodyear* limited its decision to Crown Court proceedings. See *Goodyear* [78] (noting it would be impracticable to extend the principle to magistrates' court).

[51] See Criminal Procedure and Investigations Act 1996.

[52] See David Ormerod, 'A Further Review of Disclosure' (2013) 2 Crim L Rev 97–99 (discussing recent developments).

makes a **closing speech** that summarizes the evidence and seeks to persuade the decision-maker (either the magistrates or the jury) to decide in favour of the defendant.

As mentioned in Chapter 3, common law jurisdictions place a high premium on oral evidence, so much of the evidence is presented in the form of answers provided by **witnesses** in response to questions from lawyers. When a witness is first brought to the **stand** to **testify**, he or she is subject to **examination-in-chief**. The other side is then allowed to question the witness through **cross-examination**. Once cross-examination has concluded, the party who called the witness is allowed to **re-examine** the witness on any new points that were brought up during the cross-examination. Although a defendant is allowed to testify on his or her own behalf, the state cannot compel the defendant to do so.

If the defendant is **convicted** of the crime, he or she may enter an appeal regarding either the verdict or the **sentence**. An appeal from the magistrates' court goes to the Crown Court, although it is also possible to have the magistrates retry the case. If the defendant believes the magistrates have erred as a matter of law or acted outside their jurisdiction, then the defendant may **appeal by way of case stated** to the High Court. Such an appeal would be heard by up to three judges of the Queen's Bench Division. An appeal to the Crown Court may be subsequently appealed by either side to the High Court, so long as a party has not already made an appeal by way of case stated. However, this appeal is only available on a discretionary basis.[53] Appeals from an initial Crown Court verdict are also appealable to the Court of Appeal, though again on a discretionary basis.[54]

Criminal trials in the US follow a somewhat similar procedure, though there are a few key differences from English trials.[55] Differences can also arise depending on whether the matter is brought in state or federal court. The following discussion is therefore only a very general guideline and may vary depending on the circumstances of the case.

The prosecutorial function in the US federal system is carried out by **United States Attorneys** who fall under the jurisdiction of the **United States Department of Justice**.[56] Most US states refer to their prosecutors as **District Attorneys** or **State Attorneys**. In the US, as in England, the term '**Attorney General**' is typically used to refer to an elected or politically appointed official who is responsible for helping to set national or state-wide policies and procedures concerning criminal law.[57] As a result, the Attorney General does not prosecute individual cases.

A person may only be charged with a serious crime upon an indictment issued by a **grand jury**, which is a group of laypersons responsible for investigating crimes and entering formal charges against a defendant.[58] Although grand juries were once common in the English-speaking world (the term 'grand' jury refers to the number of jurors, which

---

[53] See Appeal or Dispute a Sentence or Conviction <www.gov.uk/appeal-against-sentence-conviction/crown-court-verdict>.

[54] See Ibid.

[55] See American Bar Association, How Courts Work <www.americanbar.org/groups/public_education/resources/law_related_education_network/how_courts_work/court_role.html>.

[56] There is one presidentially appointed US Attorney for each federal district. See Offices of the United States Attorneys <www.justice.gov/usao/>. He or she is assisted by various **Assistant United States Attorneys** (AUSAs).

[57] Some US states elect their attorneys general.

[58] See Fed R Crim P 7. Grand juries conduct their investigations by obtaining and reviewing certain documents, which is somewhat different than the investigations conducted by police.

is larger than the number needed for a trial), the US appears to be the only jurisdiction to have retained this particular mechanism. Less serious crimes can be charged through an information filed by the prosecutor, a **criminal complaint** brought by an individual, or a **citation** brought by a police officer for a very minor criminal matter, such as a traffic violation.[59]

Once a charge has been brought, a judge or magistrate will issue a warrant for the arrest of any person who is not already in custody. When a person is taken into custody, he or she must be advised of certain procedural rights, such as the right to remain silent, the right to have an attorney present at any questioning and the right to have an attorney appointed if the person is **indigent** (ie, too poor to afford a lawyer). This list of warnings is referred to as a defendant's *Miranda* **rights**.[60]

The first procedure for a criminal defendant is the **arraignment**, where the defendant is advised of the charges that have been filed as well as the defendant's various constitutional rights, which include but are not limited to his or her *Miranda* rights.[61] The amount needed for bail is also set at this time. If the crime is relatively minor, the defendant is required to enter a plea of guilty or not guilty. For more serious crimes, a plea is not entered. Instead, the matter is set for a **preliminary hearing**, which will require the court to determine whether there is **probable cause** (ie, sufficient evidence) that a crime was committed. The prosecution and the defence can engage in **plea bargaining** at any point during the process.

Juries are constitutionally guaranteed in both federal and state court. The number of jurors can vary according to the type of crime and the jurisdiction in question, although 12 jurors was for many years the standard. Many jurisdictions no longer require a unanimous verdict and will instead allow one or two dissenting votes, depending on the jurisdiction and size of the jury.

The lawyers for both the prosecution and the defence are generally allowed to question prospective jurors in a process known as **voir dire**.[62] In some cases, a juror may be **struck** (dismissed) **for cause**, as would happen if the juror knew the defendant or one of the witnesses personally. Lawyers also have a limited number of peremptory challenges, which means that a lawyer can dismiss a potential juror without stating a particular reason.

The trial begins with **opening statements**, first by the prosecution and then by the defence, although in some jurisdictions the defence may hold off on its opening statement until after the prosecution has concluded its case. After opening statements, the prosecution calls its witnesses and subjects them to **direct examination**. The defence is then allowed to cross-examine the prosecution's witnesses. After the prosecutor has concluded its case, the defence may make a motion to have the case dismissed, essentially claiming

---

[59] See Ibid 3–4.1.
[60] The name was inspired by the US Supreme Court case that established the constitutional right to such cautions. See *Miranda v Arizona*, 384 US 436 (1966). The scope and circumstances relating to *Miranda* warnings have been litigated frequently over the years.
[61] See Fed R Crim P 10.
[62] Although this chapter primarily uses the British spelling of 'defence', in the US the word is spelt differently (**defense**).

that the prosecutor did not **prove beyond a reasonable doubt** that the defendant committed the crime in question.[63]

If the motion to dismiss is denied, then the defence puts on its case by submitting its witnesses to direct examination, followed by cross-examination from the prosecution. The defence is also entitled to conduct a **re-direct** after cross-examination, which would then allow the prosecution to **re-cross** the witness. As in England, the defendant is allowed to give testimony on his or her own behalf but cannot be compelled to do so. After the defence has **rested**, the prosecution is allowed to call **rebuttal** witnesses to refute evidence **introduced** by the defence.

After all the evidence has been heard, the lawyers for both sides may make a **motion for a directed verdict**, which essentially claims that the evidence was so overwhelming that their client must win. If such motions are denied or not made, the lawyers present their **closing statements**. Jurors typically may not ask questions during the hearing, although some jurisdictions allow jurors to submit questions to the judge after the hearing has concluded. The jury then **deliberates** in secret and comes to a final **verdict**. In rare cases, jurors cannot reach a decision, resulting in a **hung jury**.

If the defendant is **convicted**, the judge determines the **sentence**. The federal system and many individual states have created various **sentencing guidelines** to standardize the sentencing process.

If the defendant is **acquitted**, the state may not appeal the decision due to constitutional restrictions on **double jeopardy** (ie, being tried twice for the same crime).[64] A defendant may appeal either the verdict or the sentence, but only on a point of law or procedure. Notably, an appeal does not constitute a retrial of the facts.

If a party disagrees with the decision of the intermediate appellate court, a second appeal may be sought, although such appeals are discretionary. Appellate courts that **overturn** a lower court decision may dismiss the case in its entirety or **remand** the matter for a rehearing at the trial level. Defendants in state courts who have exhausted their appeals at the state level may seek a **writ of habeus corpus**, which is filed with a federal court and which alleges that certain constitutional rights were violated in the state court proceeding.

Civil trials proceed in a similar manner as criminal trials, although there are some key differences. Notably, the importance of civil trials is diminishing in many English-speaking jurisdictions due to the advent of **alternative dispute resolution (ADR)**, which is a term used to describe various procedures including both **arbitration** (in which one or more private individuals known as **arbitrators** resolve the dispute for the parties in an adjudicative procedure that may be somewhat less formal than litigation) and **mediation** (in which a private party known as a **mediator** helps the parties resolve their dispute amicably and

---

[63] In a criminal case, the prosecution carries the burden of proof to show that the crime was committed. The defendant does not need to prove his or her innocence. The **standard of proof** in criminal cases is beyond a reasonable doubt, which is more stringent than the standard of proof used in civil disputes.

[64] See US Const amend V. The prohibition on double jeopardy does not apply between states or between the state and federal systems. Thus, if a particular act leads to criminal liability in several jurisdictions, a person may be charged more than once without violating the principle of double jeopardy.

consensually).⁶⁵ At this point, only 1 per cent of civil cases filed in US federal court actually result in a final judicial determination of the merits of the dispute, largely as a result of ADR and other initiatives, such as early case-management techniques, that encourage pre-trial **settlement** of legal disputes.⁶⁶ Statistics regarding cases filed in English courts also indicate a significant drop in claims made and tried in recent years.⁶⁷

Civil trials in England proceed pursuant to the **Civil Procedure Rules** ('CPR'), which were implemented in 1999 pursuant to the **Woolf reforms**, a comprehensive overhaul of the civil justice system.⁶⁸ Many of the rules are supplemented by **practice directions** that form a mandatory part of the procedural regime.

Civil litigants in England must file their suits in either the High Court or county court, depending on the type and size of the dispute.⁶⁹ Proceedings begin when the court issues a **claim form** at the request of a **claimant**, although claimants are often required to send a **letter before action** to the **defendant** indicating that a lawsuit is imminent.⁷⁰ Once the matter has been formally initiated in court, parties are required to comply with the provisions of whichever **pre-action protocol** applies to their particular suit. These protocols set forth the timetable for the exchange of information between the parties (disclosure), identify the content of the necessary correspondence between the parties and provide information on the types of document that should be disclosed as well as tips on how to agree on a single joint **expert witness**.⁷¹

Defendants file a **defence** in response to the claim form, which triggers the court to serve an **allocation questionnaire** on the parties to determine which **track** the suit should follow.⁷² Small-value disputes are typically heard in the **small claims track**, mid-sized disputes are heard in the **fast track**, and complex disputes are heard on the **multi-track**.

After the defence has been filed, the parties engage in disclosure, which involves the exchange of information, including electronic information, between the parties.⁷³ To

---

⁶⁵ See Ch 9.II. There is some debate within the English-speaking community as to whether there is any substantive difference between mediation and **conciliation**. The procedures are similar enough that the terms can be used interchangeably in most contexts. Another vocabulary issue involves the term **neutral**, which is used to describe both mediators and arbitrators. Furthermore, it can be useful to recognize that multiple arbitrators (usually three in number) can sit on an **arbitral tribunal**, also known as an **arbitral panel**.

⁶⁶ For more detailed statistics on US federal cases, see US Courts <www.uscourts.gov/Statistics.aspx>. Early case management initiatives typically encourage early exchange of information between the parties and a mandatory or recommended settlement conference with a judge prior to the trial.

⁶⁷ See Elliott and Quinn (n 27) 560 (suggesting 70 per cent of cases settle prior to being listed for trial). For detailed statistics on court cases in the UK, see <www.gov.uk/government/collections/judicial-and-court-statistics>.

⁶⁸ The process was named after Lord Woolf, the chair of the committee responsible for the reform initiative. See CPR – Rules and Directions <www.justice.gov.uk/courts/procedure-rules/civil/rules>.

⁶⁹ See CPR, Practice Direction 7A, How to Start Proceedings, 2.1–2.10.

⁷⁰ For a sample letter before action, see Ch 11.I.5.3.

⁷¹ See Elliott and Quinn (n 27) 545–46.

⁷² See CPR 26.5–26.6.

⁷³ Prior the Woolf Reforms in 1999, the procedure was known as discovery.

make a **standard disclosure**, a party must search its files and make a list of those items upon which it intends to rely or which support or adversely affect its case.[74] The opposite party may then inspect those documents and make copies as necessary. If the inspecting party believes that there have been some deficiencies in production, that party may make a request for **special disclosure** by serving a **request for information** that identifies the requested materials.

Although some common law jurisdictions, most notably the US, protect the right to a jury trial in civil disputes as a matter of constitutional law, most civil disputes in England are heard by judges sitting without a jury. Although the judge has the ability to call a jury as a matter of discretion, this power is seldom exercised, and the right to a jury in civil matters has been gradually curtailed in England so that trial by jury is now available in only a small number of non-criminal matters, such as those involving fraud, malicious prosecution and false imprisonment.[75]

Although parties are often involved in a number of hearings involving administrative concerns (for example, most disputes involve a **directions hearing**, a **case management conference**, an **allocation hearing** and/or a **listing hearing**), evidence is taken only once, at the trial itself. Civil trials follow a procedure that is somewhat similar to that used in criminal cases, although the level of formality varies depending on the court that is hearing the dispute. For example, some trials, such as those involving low-value consumer claims, may proceed without the presence of lawyers. More complex matters typically involve a barrister or **solicitor advocate** who presents the case to the judge or, in unusual circumstances, to the judge and jury.

Civil trials in England typically follow a relatively standard pattern. Claimants carry the burden of proof and must establish their case on the **balance of probabilities**, which is a lower (less rigorous) standard of proof than is used in criminal matters. The claimant makes an **opening speech** that summarizes the issues and facts to be discussed, then proceeds to present witnesses who give oral testimony and **authenticate** any documents that are to be entered into evidence. The examination-in-chief is conducted by the claimant, followed by cross-examination by the defendant, followed by re-examination by the claimant, if necessary. The defendant then makes its opening statement and puts on its case, again beginning with examination-in-chief with the defence witnesses, followed by cross-examination of the witnesses by the claimant, and any re-examination. After all the evidence has been introduced, the defendant makes its closing speech, followed by the claimant's closing speech. The judge gives a **judgment** on the merits and then addresses the question of **costs**. England typically follows the **English rule** with respect to litigation costs, which holds that reasonable costs typically **follow the event**, meaning that the losing party pays the fees and costs of the prevailing party. This practice is also known as the **loser pays principle**.

Either party to a civil dispute can appeal the judgment. The first appeal is made to the **Civil Division of the Court of Appeal** if the initial decision was in the High Court or if the appeal is based on an alleged error of law or fact made in the county court. If the appeal

---

[74] See Ibid 31.6; CPR, Practice Direction 31A – Disclosure and Inspection.
[75] See Senior Courts Act 1981, s 69(3). The right to a jury in cases involving libel and slander has recently been limited. See Defamation Act 2013, s 11.

is of a district judge decision in the county court, the appeal goes first to a circuit judge and then to the High Court. If the appeal is of a family dispute in magistrates' court, the appeal is to the county court, with a subsequent appeal **with leave** (permission) to the Court of Appeal and the Supreme Court.

Most appeals require the consent of either the court rendering the judgment or the Court of Appeal itself. Once the appeal has been accepted, the Court of Appeal does not re-hear the evidence but instead considers only the notes of the trial judge and/or any documents entered into evidence at the trial.[76] Parties also provide written submissions in the form of **skeleton arguments** that summarize the main points and authorities.[77] The Court of Appeal has the ability to **affirm** the decision of the lower court, **vary** or **amend** the decision (such as by changing the amount of **damages** that were awarded) or **reverse** the lower court decision.

Parties who disagree with the decision of the Court of Appeal may seek an additional appeal to the Supreme Court, which requires permission. Some appeals from the High Court can go straight to the Supreme Court via the **leapfrog procedure**. These cases require the consent of all parties and a certification from the High Court judge that the appeal is on a point of statutory law that has been fully considered in the lower court or that involves an issue that has been decided by the Court of Appeal, the Supreme Court or the House of Lords in its judicial capacity.[78]

Civil litigation in the US follows a somewhat similar path, although there are a few differences in both procedure and terminology, particularly at the state court level. For this reason, it is easier to summarize the procedures that are used in federal court, which are governed by the Federal Rules of Civil Procedure.

Proceedings begin when the plaintiff files a **civil complaint** against the defendant with the court. The complaint is typically accompanied by a summons, which provides **notice** of the proceedings to the defendant. The plaintiff rather than the court is responsible for providing **service** of the complaint and summons on the defendant. Once the complaint has been filed, the defendant has a prescribed number of days in which to file an **answer**. If the answer contains any **counterclaims** against the plaintiff, the plaintiff may well need to file a **reply**.

Civil litigation in US state and federal court is often marked by a great deal of **motion practice**, which involves the parties making a variety of motions (requests for relief) in court. Motions can address a number of different issues, ranging from interim concerns, such as the preservation or production of evidence, to potentially dispositive matters, such as an alleged lack of jurisdiction or failure to state a claim.

One of the more exceptional aspects of US civil litigation involves **discovery**, or the pre-trial exchange of information and documents. US discovery is much broader than disclosure in other English-speaking jurisdictions and allows parties to seek information about any matter that may be relevant to the dispute or that may lead to relevant information.[79] Discovery in the US includes but is not limited to the **production of documents**

---

[76] Unlike US courts, English courts do not use **court reporters** to create a verbatim **transcript** of court proceedings.
[77] For a sample skeleton argument, see Ch 9.I.5.2.
[78] See Administration of Justice Act 1969, s 12(3).
[79] See Fed R Civ P 26.

pursuant to a **subpoena duces tecum**, **depositions** (oral testimony taken under oath prior to the trial) pursuant to a **subpoena ad testificandum**, and **interrogatories** (questions submitted in writing). Although all three types of discovery are available to parties, not every dispute requires the use of all three mechanisms.

Most civil disputes settle prior to trial, either through mediation or **negotiation** between the parties. If the matter does go to trial, the procedure is somewhat similar to that used in criminal trials. For example, if a jury is to be used, the lawyers engage in voir dire and may strike (reject) a juror for cause or through a peremptory challenge.

Once the jury is empanelled, the lawyers make their **opening arguments**, with the plaintiff going first. In some states, the defendant may wait to make an opening statement until after the plaintiff has put on its case. The burden of proof (duty of proving the case) is on the plaintiff, typically by a **preponderance of evidence**, which is less onerous than the criminal standard, which requires proof beyond a reasonable doubt.

After the opening statements, the plaintiff presents its evidence and questions its witnesses through direct examination. The defendant may then cross-examine those persons on any points raised on direct. The lawyer for the plaintiff may then re-direct the witness. Occasionally the defendant will seek to re-cross the witness. Once the plaintiff has called all its witnesses, the parties may make various procedural motions. For example, defendants often make a motion at this time seeking to dismiss the case for failure to state a claim (ie, alleging that even the facts presented by the plaintiff are true, they are not enough to establish a legal cause of action).[80]

The defendant then presents its evidence, following the standard procedure of direct examination, cross-examination, re-direct and re-cross. After the close of the defendant's case, the plaintiff may be allowed to present additional evidence on rebuttal.

Parties may then make any additional motions before submitting their **closing arguments** to the judge or jury. The plaintiff provides its closing argument first, followed by the defendant. The plaintiff then has the opportunity to make one final statement so as to answer any points made by the defendant.

In cases involving a jury, the jury will be sent to deliberate after receiving its instructions (**jury instructions**) from the judge. In the instructions, the judge sets forth the legal standard that the jury is to apply. Juries in civil trials render a decision on which party should prevail (plaintiff or defendant) and the amount of any damages that are payable. The judge then enters a judgment reflecting the verdict. If the judge is acting without a jury, the judge will make both findings of fact and **determinations of law**.

Either party may appeal a judgment in a civil dispute. The party bringing the appeal is called the **appellant**, while the person defending the appeal is called the **respondent**. The parties file written submissions known as **briefs** (though they are actually quite long) and, in some cases, make oral arguments to the appellate court. No new witnesses are heard during the appellate proceeding. After the judges deliberate, they issue an opinion setting forth their decision. Appellate judges in the US usually issue a single **majority opinion** that is signed by all the judges, although it is possible for a judge to write a **concurring** or **dissenting opinion**. This practice differs somewhat from the method used in other English-speaking nations, such as England, where there is no requirement that the appellate judges

---

[80] See Ibid R 12(b)(6).

issue a single majority opinion. Instead, those countries may see a series of individual opinions which reflect each judge's legal reasoning, which may differ radically from that of the other members of the panel.

A party who disagrees with the decision of the appellate court may seek further review from the court of final appeal (typically the state supreme court or the US Supreme Court, depending on whether the case was brought in state or federal court and what the issue was on appeal). This appeal is discretionary in nature. If the appeal is accepted, the process is very similar to that used in the intermediate appellate courts.

5.I.4 The Role of Judicial Decisions in English-Speaking Jurisdictions

As mentioned in Chapter 3, most English-speaking legal systems follow the common law tradition.[81] However, reliance on the common law does not mean that the legislature and the executive do not play an important role in English-speaking nations. To the contrary, as Chapter 4 demonstrated, statutory and regulatory law are vital components of the legal systems of English-speaking countries. Nevertheless, English-speaking countries treat judicial decisions with a special deference that is unmatched in most Spanish-speaking countries.

Judicial decisions arise in three different contexts: (1) as a matter of constitutional law; (2) as a matter of common law; and (3) as a matter of statutory interpretation.[82] The first of these was discussed at some length in Chapter 4.[83] As noted there, some jurisdictions, such as the United States, allow courts to invalidate statutory provisions that violate certain constitutional principles through a process known as **judicial review**.[84] Although this practice is not universal among English-speaking nations (indeed, a number of countries adhere to the principle of **parliamentary supremacy** instead), it is important to consider the constitutional role that judicial decisions play in some jurisdictions.

Judicial decisions can also be used as a means of developing the common law, which in this context is used to mean legal principles that have not been enacted by the legislature but which are instead developed over time through a series of judicial opinions.[85] Indeed:

---

[81] There are some exceptions to this general rule. For example, some English-speaking jurisdictions, such as South Africa, have adopted a mixed common law-civil law legal system. See Charles Manga Fombad, 'Mixed Systems in Southern Africa: Divergences and Convergences' (2010) 25 Tul Eur and Civ L F 1, 1. Other English-speaking jurisdictions may include constituent territories that follow the civil law tradition. Thus, for example, Scotland in the UK, the state of Louisiana in the US and the province of Quebec in Canada are all considered civil law jurisdictions, even though the nations as a whole are considered to be common law jurisdictions.

[82] See Reiley and de la Vega (n 21) 47.

[83] See Ch 4.I.5.1.

[84] The term 'judicial review' is used differently in the US and England. See Ch 4.I.5.1.

[85] See Amy Coney Barratt, 'Procedural Common Law' (2008) 94 Va L Rev 813, 819–32 (discussing procedural and substantive common law in the US federal system); Jack Beatson, 'Has the Common Law a Future?' (1997) 56 CLJ 291, 295 (discussing the common law in England). The term 'common law' can be used in a variety of ways. For example, the term can refer to law that is not made by legislators or can be used to distinguish law that developed as a matter of **equity** or fairness. See ATH Smith, *Glanville Williams: Learning the Law* (15th edn, Thomson-Reuters 2003) 22–23; see also Ch 3.I.2.

[t]he hallmark of a common law system is the importance accorded to the decisions of judges, and in particular appellate judges, as sources of law. So the common law is that part of the law which it is within the province of the courts themselves to establish. The system is built on precedent, and centres on individual decisions and building up its principles by a gradual accretion from case to case. Whether one regards the common law as a system of judge-made rules or as a system of customary law in the sense that it is a body of traditional ideas received within a caste of experts, the process of legal development within such a system is similar.[86]

Significant debate exists about how the common law is meant to behave and the scope of judicial authority to 'make' law. Some authorities, such as US Supreme Court Justice Oliver Wendell Holmes, have suggested that common law courts may only act 'interstitially' in the gaps left by the legislature.[87] Other experts, such as Lord Goff of the House of Lords, have taken the view that common law judges may depart from the established law in exceptional circumstances.[88]

At one time, the common law was the only form of law applicable to a wide variety of subject matters, including **contract**, **tort** and **property law**. However, the increasing amount of legislation in many English-speaking jurisdictions has narrowed the issues that can truly be said to be governed by the common law. As a result, many issues in contract, tort and property law are now governed by statutory rather than common law principles. In some cases, legislation was introduced to codify the common law.[89] In other cases, statutory reforms were meant to change existing common law norms.[90]

The third category of case law involves judicial interpretation of statutes, regulations and other legislative enactments. As discussed in Chapter 4, judges in English-speaking countries often supplement their analysis of legislation and regulation by considering how other courts have construed the language in question.[91] Indeed, common law doctrines of precedent and *stare decisis* apply to statutory and constitutional interpretation just as much as they do to issues governed exclusively by the common law, which means that earlier decisions may bind the hands of a later or lower court judge and require him or her to decide a particular issue in a particular manner.

5.1.5 Precedent in English-Speaking Jurisdictions

Regardless of how a dispute has arisen or what is at issue, a judge in an English-speaking jurisdiction will consider the relevant case law (ie, judicial decisions that have been **handed down** by other courts and that are similar to the issue at hand). Whether a particular deci-

---

[86] Beatson (n 85) 295 (footnotes omitted).
[87] See *Southern Pacific Co v Jensen*, 244 US 205, 221 (1917), superseded by statute, *Director, Office of Workers' Compensation Programs, United States Dept of Labor v Perini North River Assoc*, 459 US 297, 317 (1983).
[88] See *Kleinwort Benson Ltd v Lincoln City Council* [1999] 2 AC 349, 378 (Goff LJ); see also Lord Walker of Gestingthorpe, 'How Far Should Judges Develop the Common Law?' (2014) 3 CJICL 124, 124.
[89] See Occupiers' Liability Act 1984, s 1; Occupiers' Liability Act 1957, s 2; S.I. Strong and Liz Williams, *Complete Tort Law: Text, Cases, and Materials* (2nd edn, Oxford University Press 2011).
[90] See *Director, Office of Workers' Compensation Programs*, 459 US at 317.
[91] See Ch 4.I.5.2.

sion has binding or merely **persuasive power** is determined by common law principles of precedent, *stare decisis* and ***res judicata***.

Precedent is perhaps the most important of these concepts, since it lies at the core of the common law tradition. According to the notion of precedent, a judge must follow the legal rationales identified by a **higher court** (ie, a court that is ranked higher up the appellate ladder) that has considered a case that is relevant (similar) as a matter of fact or a matter of law. These prior decisions are considered binding on the **lower court** and may not be disregarded, even for good reason.[92] The only way that a party can challenge the underlying legal principle is to appeal the case to a court that is of the same level or higher than the court that rendered the opinion containing the principle in question.

The concept of a judicial hierarchy is relatively simple in most English-speaking countries, since the appellate courts in these jurisdictions do not distinguish between various types of dispute. As a result, cases are generally appealed up a single line of courts. This approach differs from that of many Spanish-speaking countries, which have separate court systems for different types of claims, such as administrative or constitutional matters.

Thus, for example, decisions from the Supreme Court of the UK (or the House of Lords, when it was acting in its judicial capacity) govern cases brought in all English courts.[93] Decisions from the Court of Appeal control the High Court and the lower courts. However, the Court of Appeal cannot deviate from the decisions of either the Supreme Court or the House of Lords if those decisions are found to be **on point** because the Supreme Court and the House of Lords are above the Court of Appeal in the judicial hierarchy.

The principle of precedent could lead to harsh results if applied strictly and broadly. However, there are various mechanisms to avoid an unjust outcome. For example, a lower court may **distinguish** a decision that might otherwise be said to control a particular issue by concluding that the **instant case** (ie, the case at bar) is sufficiently different from the earlier case as a matter of fact or a matter of law.[94]

Under the **self-binding rule**, the Civil Division of the Court of Appeal has traditionally considered itself bound by its own previous decisions. However, there are a few exceptions to this principle. For example, the Court of Appeal does not consider itself bound in cases where the Court of Appeal has previously rendered conflicting decisions on a particular point; where an earlier Court of Appeal decision conflicts with a later decision by the House of Lords or Supreme Court; or where the earlier Court of Appeal decision has been made **per incuriam**.[95] The Criminal Division of the Court of Appeal follows the

---

[92] The one exception, which happens relatively rarely, is if legal or social circumstances have changed significantly since the legal principle was first established.

[93] Traditionally, the Supreme Court and the House of Lords were bound by their own decisions. However, a practice statement was issued in 1966 indicating that the House of Lords was no longer bound by its previous decisions. See Practice Statement (Judicial Precedent) [1966] 3 All ER 77. However, the House of Lords and now the Supreme Court have very seldom relied on this practice statement.

[94] See Smith (n 85) 103–04.

[95] See *Young v Bristol Aeroplane Co Ltd* [1944] KB 718, 725–26 (Lord Green MR) (discussing three exceptions); *Morelle v Wakeling* [1955] 2 QB 379, 406 (defining the term 'per incuriam'); Jo Boylan-Kemp, *English Legal System: The Fundamentals* (2nd edn, Sweet and Maxwell 2011) 47–48.

same general principles, although the fact that the defendant's liberty is at stake allows the court to act with increased flexibility.[96]

This approach is used in any situation involving English law. However, matters involving European law have traditionally been treated somewhat differently. In those cases, English courts, including the Supreme Court, have been bound to follow the principles reflected in any decisions rendered by the European Court of Justice, although that rule will no longer apply if and when the UK withdraws from the EU.[97] Courts in other English-speaking Member States (for example, Ireland) will still be bound to respect the case law of the European Court of Justice. Notably, the European Court of Justice does not adhere to the common law principle of precedent, although the Court attempts to follow its previous decisions in most cases.

The concept of precedent is applied in the US in a somewhat similar manner, although it is important to distinguish between decisions of state and federal courts. Thus, the decisions of each state supreme court are binding on all the lower courts in that state. Decisions from the state appellate courts govern lower state courts in that state and may be binding in later appellate cases, depending on how strictly that court applies the principle of *stare decisis*. State court decisions also govern questions of state law heard in federal court, including the US Supreme Court. However, if a state court is deciding a matter of federal law, then it looks to the federal precedent that would control the federal district court where the state court is sitting.

Federal courts have their own judicial hierarchy, although that structure is to some extent dependent on geography. Decisions from the US Supreme Court are national in nature and bind all lower federal courts, wherever they are located, and all state courts with respect to matters governed by federal law, including federal constitutional law. However, lower federal court decisions are only binding within their own geographic territories.[98] Thus, the decisions of each circuit court of appeals are only binding on the district courts within that circuit and in later cases arising in that same circuit.[99] Decisions from one particular circuit court are not binding on any other federal circuit court of appeal, nor are those decisions binding on any district courts that are located in another circuit. Although a district or appellate court may consider the decisions of federal courts from outside its particular hierarchy (sometimes referred to as **sister court** opinions) as a type of **persuasive authority**, the lower federal courts are not required to promote consistency across the nation. Furthermore, district courts in one particular circuit do not need to follow the decisions rendered by other district courts in that circuit, although courts do tend to follow their own precedent.[100] This sort of regional autonomy can lead to **circuit**

---

[96] See *R v Taylor* [1950] KB 368, 371 (Lord Goddard CJ); Boylan-Kemp (n 95) 50–51.

[97] See European Communities Act 1972, s 3(1).

[98] As noted previously, the US federal judiciary includes 94 trial-level (district) courts that cover a single US state or part of a state and 11 appellate (circuit) courts that hear appeals from district courts in several different states.

[99] See Amanda Frost, 'The Limits of Advocacy' (2009) 59 Duke L J 447, 491 (discussing precedential system in US federal courts).

[100] Thus, for example, the federal District Court for the Northern District of California may adopt the reasoning of a decision from the District Court for the Southern District of California, but the Northern District Court is not bound to do so. The decision from the Southern District would, in this situation, be considered only persuasive. Furthermore, the Northern District Court

splits (ie, inconsistencies across regional boundaries) which can only be resolved by the US Supreme Court.

Courts in the US therefore distinguish between binding and persuasive authority even within the US legal system. Binding authority is issued by a court that is within the deciding court's vertical chain of authority, while persuasive authority can be found in a sister court judgment. Courts in the US may also find decisions from other countries to be persuasive, although most US judges restrict their comparative analyses to other US jurisdictions. Other English-speaking courts, including those in England, Canada, Australia and New Zealand, are more willing to consider foreign decisions as a type of persuasive authority when there is no guiding principle of domestic law.

5.I.6 Interpreting Judicial Decisions in English-Speaking Jurisdictions

The central role of precedent in the common law tradition makes it critical for bilingual lawyers to understand how to interpret a judicial decision in English-speaking jurisdictions. The process of interpretation includes both a structural and a substantive element.

Structural issues can arise as a result of the number of judges that sit on a particular court. Courts of first instance only have a single judge, so there is only a single judgment to consider.[101] Appellate courts typically seat more than one judge on each case, which can lead to multiple opinions. Most intermediate appellate courts in the US and England include three judges per panel, although it is possible for US appellate courts to sit en banc on important matters.[102] With few exceptions, all nine justices of the US Supreme Court hear every matter that is brought to the Court.[103] The Supreme Court of the UK can have panels of varying numbers, so long as there are more than three judges and the number is uneven.[104]

Because appellate courts seat more than one judge, there is the possibility that more than one opinion will be handed down. As a matter of practice, courts in the US seek to produce a single majority opinion and often do so successfully. Occasionally a judge will write a concurring opinion which agrees with the majority on the outcome but on different legal grounds. Judges may also produce a dissenting opinion which disagrees with both the result and the reasoning of the majority.

Occasionally, an appellate court cannot reach consensus on a particular issue and must render a **plurality opinion**. In these situations, a majority of the judges agree on an outcome but disagree as to the reasoning. Various judges write individual opinions which

---

would not have to follow a decision rendered by the federal Court of Appeals for the First Circuit, since the First Circuit handles cases from district courts in Connecticut, New York and Vermont. However, the Northern District Court would have to follow a decision rendered by the Court of Appeals for the Ninth Circuit, since the Ninth Circuit includes California.

[101] Technically, a judgment is rendered by a trial court and an opinion is rendered by an appellate court.

[102] Sometimes courts limit the number of judges who may sit en banc, creating 'limited en banc review'. See Alexandra Sadinsky, 'Redefining En Banc Review in the Federal Courts of Appeals' (2014) 82 Fordham L Rev 2001, 2023.

[103] A justice may **recuse** him or herself from a particular case because of some personal connection with the parties or the dispute. Justices also occasionally fall ill and cannot hear a case.

[104] See Constitutional Reform Act 2005, s 42.

may be adopted by some of their colleagues in whole or in part. Plurality opinions have precedential value in the US system, but only on the narrowest grounds enunciated in any of the opinions that are part of the majority decision on outcome.

Decisions from English courts are quite different as a structural matter, since each appellate judge traditionally writes his or her own independent opinion.[105] This approach can make it quite challenging to identify the **leading opinion**, which is the opinion that is most frequently quoted or referred to in later disputes. Although English judges sometimes avoid the problems of multiple decisions by providing a simple one-line opinion indicating that they concur with the opinion of one of their fellow judges, it is not uncommon for an appellate decision to be comprised of several different opinions, which are all equally valid as a matter of law so long as they reach the same outcome as a majority of other opinions.

The content of judicial opinions from English-speaking countries can also be somewhat confusing to lawyers trained in Spanish-speaking countries. For example, judges in English-speaking jurisdictions spend a significant amount of time outlining the facts of the case.[106] While this feature initially appears to be structural in nature, the emphasis on the facts of the dispute actually serves a substantive purpose, as discussed further below. Furthermore, this focus on factual matters exists regardless of whether the court has been asked to provide constitutional review of legislation, interpret an ambiguous statute or address a matter arising under the common law. Some judges will also recount the arguments of counsel and the legal nature of the proceedings below, if the decision is rendered by an appellate court.[107]

When quoting or citing a decision, care must be taken to rely on what is called the **holding** in the US or the ***ratio decidendi*** (***ratio***) of the case in England. This part of the opinion reflects the legal principles on which the court based its decision and is the part of the opinion that is binding in later disputes.[108] There may be more than one holding or *ratio* contained in a single opinion, depending on how many and what kinds of issues are in dispute. Nevertheless, the holding or the *ratio* can usually be narrowed down to two or three sentences.

Not every case generates a new legal principle. Instead, most judges simply apply existing legal concepts to the facts at issue without announcing any new rules.[109] However,

---

[105] The Court of Appeal attempts to render a single judgment, though there is no requirement that it do so. See Smith (n 85) 109.

[106] Some judicial opinions that are considered binding in English courts do not follow this model. For example, decisions from the European Court of Justice tend to be written with more of a civil law flair than a common law one. Decisions from the European Court of Justice are available in all the official languages of the EU, so Spanish-speaking lawyers are able to read those decisions in their native language.

[107] For a discussion of the different purposes and styles of judicial opinions, see Ruggero J Aldisert, *Opinion Writing* (2nd edn, Carolina Academic Press 2009); see also Joyce J George, *Judicial Opinion Writing Handbook* (5th edn, William S Hein and Co 2007); S.I. Strong, 'Writing Reasoned Decisions and Opinions: A Guide for Novice, Experienced and Foreign Judges' 2015 J Disp Resol 93.

[108] See Smith (n 85) 95–105 (providing an example of how to identify the *ratio* in an English case).

[109] See Benjamin N Carodzo, *The Nature of the Judicial Process* (Yale University Press 1949)

every case offers its own unique perspective on how the underlying legal norms should be applied to a particular fact pattern. These apparently minor factual distinctions can become quite important later on, when a judge is deciding whether and to what extent a particular authority is on point with respect to an issue in dispute.

This phenomenon raises the question of which of the many cases published in a particular jurisdiction should be cited in a judicial submission. This is a question best handled by lawyers who are qualified in the jurisdiction in question, since different legal systems handle the issue differently. For example, courts in the US tend to give more recent decisions (ie, those that have been decided within the last ten years) more weight, unless there is a key or **seminal decision** from an earlier date that needs to be noted as well. English judges are much more comfortable with older precedent and will rely on cases that are decades or even centuries old, so long as the legal principles have not been **overturned** and can still be considered **good law**.

Not every statement found in a legal opinion can be considered legally relevant to a later dispute. For example, discussions regarding the facts, the **procedural posture** and the arguments of counsel, though useful in clarifying the scope of the holding or *ratio*, do not themselves constitute authoritative principles of law. However, some statements can appear to enunciate a binding legal principle even if that principle is not central or necessary to the court's legal determination. These statements, which have been made in passing, are referred to as being made *obiter dicta* and therefore constitute *dicta*.[110]

Although dictum is not technically binding as a matter of precedent, some legally unnecessary pronouncements are nevertheless considered highly persuasive. Thus, for example, courts in the US sometimes follow dicta from the US Supreme Court based on the belief that the Supreme Court is giving a signal as to how the matter would be decided if it came before the Court. Similarly, English courts often follow statements made by the Privy Council on the grounds that the Privy Council and the Supreme Court (previously the House of Lords) are made up of the same judges who would likely interpret various legal issues the same way under English law.[111]

Once a decision is rendered, the parties have only a limited amount of time in which to appeal the decision. If the appeal period has passed or the appeal has been denied,[112] parties in that dispute and other matters can assume that the decision is binding on future courts. However, as time passes, it becomes necessary to determine whether the case in question can still be considered good law, since it is possible for a court within the relevant judicial hierarchy to affect the persuasive power of an earlier decision. For example, a later court could distinguish an earlier case on the law or the facts, **criticize** that case, **follow**

164–65. Some commentators would argue that this is the distinction between 'making' law and 'discovering' the law. See Elliott and Quinn (n 27) 27.

[110] See Smith (n 85) 105–07. Some authorities use the phrase '**obiter dictum**'.

[111] The Privy Council addresses questions arising under the law of various Commonwealth nations rather than matters of English law.

[112] Appellate courts use a variety of terms to refer to their actions. Some of these terms vary by jurisdiction. Thus, English courts either **allow an appeal** (meaning that the appellant wins) or **deny an appeal** (meaning that the appellant loses). Courts in the US either **confirm** or **reverse** the decision below. Both systems anticipate that an appeal can be successful on all or only part of the issues raised.

that case or **explain** that case.¹¹³ Subsequent decisions can also **limit, modify, question,** or **overrule** a case in whole or in part, explicitly or by implication. Judicial decisions can also be **superseded** by statute. However, when considering these matters, it is important to limit the inquiry to the relevant line of hierarchy, since a sister court's refusal to adopt a particular decision has no effect on the precedential value of that case in its home jurisdiction.

The process of checking the legal status of a particular decision is called **shepardizing** in the US. The name is based on *Shepard's Citations*, which is a set of legal citators providing a list of all decisions that have referred to the case in question. *Shepard's Citations* is available in hard copy form, although most US-trained lawyers use various electronic services that carry out the same function. These citators not only indicate whether a case has been **affirmed** or **reversed** on appeal by a higher court but whether it has subsequently received positive or negative treatment in any court in the US.

Although *Shepard's Citations* is only available in the US, lawyers in other jurisdictions have their own methods of checking the subsequent history of a particular case. For example, analysis of English law may be conducted using the *Current Law Case Citator*, the *Current Law Year Book* for various subscription-based electronic databases. English citators take both **direct** and **indirect** history into account, just as US citators do. Thus, an English citing service may indicate that a case has been **applied, approved, considered, doubted, disapproved, distinguished, explained, extended, followed, not followed, overruled** or **referred**, depending on the particular circumstances.¹¹⁴

Other factors affect the persuasiveness of a judicial opinion. One such factor involves the case's status as published or unpublished.¹¹⁵ Local rules often indicate whether and to what extent an **unpublished opinion** may be relied upon in other cases. To some extent, it is irrelevant where a decision has been published, so long as it has been authorized as binding by the issuing court or relevant court rules.

There are some differences not only in where opinions are reported in different jurisdictions but how they are reported. Assistance regarding the form of citation can be found in various legal guidebooks which also typically discuss the differences between **official** and **unofficial reporters**.¹¹⁶ In the US, US Supreme Court decisions appear in a variety of reporting series, including United States Reports (US), Supreme Court Reporter (SCt), Lawyers' Edition (LEd) or United States Law Week (USLW), in descending order of preference. Although United States Reports is the most authoritative reference for Supreme Court cases, it takes the longest to produce, since it reflects the final, official version of the various decisions. However, courts and counsel can refer to one of the other versions while waiting for the publication of the opinion in United States Reports.

---

¹¹³ See LexisNexis, *How to Shepardize®* 10, available at <www.lexisnexis.com/shepards-citations/printsupport/shepardize_print.pdf>.

¹¹⁴ See The English Legal System (15th edn, Routledge 2014–15), Legal Skills Guide <www.routledge.com/cw/slapper-9780415639989/s2/cases/>.

¹¹⁵ The advent of electronic publishing has resulted in widespread availability of previously unpublished judicial opinions.

¹¹⁶ See *The Bluebook: A Uniform System of Citation* (19th edn, Harvard Law Review Association 2010) 10.3 (discussing US citation norms), and the *Oxford Standard for Citation of Legal Authorities* (OSCOLA) (4th edn, Oxford University Press 2010) 3 (discussing English citation norms); see also Ch 9.I.3.4 (discussing The Bluebook, OSCOLA, the Canadian Guide to Uniform Legal Citation (the McGill Guide) and the Australian Guide to Legal Citation).

Decisions from US federal court of appeals are found in the Federal Reporter (F, F2d or F3d, depending on how recent the decision is), while federal district court decisions are found in the Federal Supplement (F Supp or F Supp 2d). Other types of federal decision appear in other reporting systems, as do cases from the early days of the country.[117]

Each individual US state has its own individual reporting system.[118] However, state supreme and intermediate appellate court decisions may also be compiled into one of the seven regional reporters published by West Publications. These regional reporters include the Atlantic Reporter (A, A2d or A3d), North Eastern Reporter (NE or NE2d), North Western Reporter (NW or NW2d), Pacific Reporter (P, P2d, P3d), South Eastern Reporter (SE or SE2d), South Western Reporter (SW, SW2d or SW3d), and Southern Reporter (So, So2d or So3d).[119]

Case citation in England follows a somewhat different pattern. Prior to 1865, case reporting was undertaken by a variety of private reporters, with very little standardization regarding the content of the reported decisions or which cases were reported. Not every case was reported in every reporting series, and not every report was precisely the same.[120] Even after the creation of the official Law Reports, publication of cases remained somewhat idiosyncratic. Therefore, it was very important, particularly when quoting a case, to include the correct case citation and to use preferred case reporters whenever possible.

The situation has improved somewhat in recent years due to the adoption of a neutral citation system in 2001. Cases are now identified by the neutral citation of UKSC (Supreme Court), UKHL (House of Lords), UKCA (Court of Appeal) or UKHC (High Court, with a further designation in parentheses stating which division of the High Court rendered the decision).[121]

Neutral citations must be used where they exist. After the neutral citation, the preferred case reports (in order) are the official Law Reports for various judicial divisions (AC, QB, Ch, Fam), the Weekly Law Reports (WLR) or All England Law Reports (All ER), and finally various specialist reports.[122]

The final point to note involves the **headnotes** and **syllabi** which appear before the body of the decision in question. While some English-speaking jurisdictions consider these materials to be part of the official decision, other jurisdictions do not.[123] A Spanish-speaking lawyer should therefore avoid citing or quoting from either the headnotes or the syllabus unless he or she is absolutely certain that those materials are binding in that particular jurisdiction.

---

[117] See Bluebook (n 116) T1.1.
[118] See Ibid T1.3.
[119] See West's National Reporter System <http://lawschool.westlaw.com/federalcourt/national-reporterpage.asp>.
[120] Many variations arose because opinions were initially read orally in court and the persons writing down the opinions (the reporters) occasionally heard certain phrases differently.
[121] See OSCOLA (n 116) 13–14.
[122] See Practice Direction (Citation of Authorities) [2012] 1 WLR 780; see also OSCOLA (n 116) 17.
[123] See Gregory Aubuchon, 'A Forensic Economist's Guide to Reading Legal Decisions' (October 2009) 16 J Legal Econ 71, 76 (writing from the US perspective).

5.I.7 Excerpts

Reading judicial opinions in a foreign language can be difficult. Not only is the language highly legalistic, but the common law method can be particularly challenging for lawyers trained in a Spanish-speaking jurisdiction. Consider the following excerpts from the US and England.

5.I.7.1   *Florida v Jardines*[124]

Supreme Court of the United States

We consider whether using a drug-sniffing dog on a homeowner's porch to investigate the contents of the home is a 'search' within the meaning of the Fourth Amendment.

I

In 2006, Detective William Pedraja received an unverified tip that marijuana was being grown in the home of respondent Joelis Jardines. One month later, the Department and the Drug Enforcement Administration sent a joint surveillance team to Jardines' home. Detective Pedraja was part of that team. Detective Pedraja approached Jardines' home accompanied by Detective Douglas Bartelt, a trained canine handler who had just arrived at the scene with his drug-sniffing dog. The dog was trained to detect the scent of marijuana, cocaine, heroin, and several other drugs, indicating the presence of any of these substances through particular behavioral changes recognizable by his handler.

As the dog approached Jardines' front porch, he apparently sensed one of the odors he had been trained to detect, and began energetically exploring the area for the strongest point source of that odor. After sniffing the base of the front door, the dog sat, which is the trained behavior upon discovering the odor's strongest point. Detective Bartelt then left the scene after informing Detective Pedraja that there had been a positive alert for narcotics.

On the basis of what he had learned at the home, Detective Pedraja applied for and received a warrant to search the residence. The search revealed marijuana plants, and [the defendant] was charged with trafficking in cannabis.

At trial, Jardines moved to suppress the marijuana plants on the ground that the canine investigation was an unreasonable search. The trial court granted the motion, and the Florida Third District Court of Appeal reversed. On a petition for discretionary review, the Florida Supreme Court quashed the decision of the Third District Court of Appeal and approved the trial court's decision to suppress, holding that the use of the trained narcotics dog to investigate Jardines' home was a Fourth Amendment search unsupported by probable cause, rendering invalid the warrant based upon information gathered in that search. 73 So.3d 34 (2011).

We granted certiorari, limited to the question of whether the officers' behavior was a search within the meaning of the Fourth Amendment.

---

[124] This case has been edited for ease of comprehension. The full text, including both the majority and concurring opinions, is available at 133 SCt 1409 (2013).

II

The Fourth Amendment provides in relevant part that the 'right of the people to be secure in their persons, houses, papers, and effects, against unreasonable searches and seizures, shall not be violated'. The Amendment establishes a simple baseline: When 'the Government obtains information by physically intruding' on persons, houses, papers, or effects, 'a 'search' within the original meaning of the Fourth Amendment' has 'undoubtedly occurred'. *United States v Jones*, 132 SCt 945, 950–951, n 3 (2012). By reason of our decision in *Katz v United States*, 389 US 347 (1967), property rights 'are not the sole measure of Fourth Amendment violations', *Soldal v Cook County*, 506 US 56, 64 (1992)—but though *Katz* may add to the baseline, it does not subtract anything from the Amendment's protections 'when the Government *does* engage in [a] physical intrusion of a constitutionally protected area', *United States v Knotts*, 460 US 276, 286 (1983) (Brennan, J, concurring in the judgment).

That principle renders this case a straightforward one. The officers were gathering information in an area belonging to Jardines and immediately surrounding his house, which we have held enjoys protection as part of the home itself. And they gathered that information by physically entering and occupying the area to engage in conduct not explicitly or implicitly permitted by the homeowner.

A

The Fourth Amendment 'indicates with some precision the places and things encompassed by its protections': persons, houses, papers, and effects. *Oliver v United States*, 466 US 170, 176 (1984). The Fourth Amendment does not, therefore, prevent all investigations conducted on private property; for example, an officer may (subject to *Katz*) gather information in what we have called 'open fields'—even if those fields are privately owned—because such fields are not enumerated in the Amendment's text. *Hester v United States*, 265 US 57 (1924).

But when it comes to the Fourth Amendment, the home is first among equals. At the Amendment's 'very core' stands 'the right of a man to retreat into his own home and there be free from unreasonable governmental intrusion'. *Silverman v United States*, 365 US 505, 511 (1961). This right would be of little practical value if the State's agents could stand in a home's porch or side garden and trawl for evidence with impunity; the right to retreat would be significantly diminished if the police could enter a man's property to observe his repose from just outside the front window.

We therefore regard the area 'immediately surrounding and associated with the home' as 'part of the home itself for Fourth Amendment purposes'. *Oliver, supra*, at 180. That principle has ancient and durable roots. Just as the distinction between the home and the open fields is 'as old as the common law', *Hester, supra*, at 59, so too is the identity of home and what Blackstone called the 'curtilage or homestall', for the 'house protects and privileges all its branches and appurtenants'. 4 W Blackstone, Commentaries on the Laws of England 223, 225 (1769). This area around the home is 'intimately linked to the home, both physically and psychologically', and is where 'privacy expectations are most heightened'. *California v Ciraolo*, 476 US 207, 213 (1986).

The 'conception defining the curtilage' is familiar enough that it is 'easily understood from our daily experience'. *Oliver*, 466 US, at 182, n. 12, 104 S.Ct. 1735. Here there is no doubt that the officers entered it: The front porch is the classic exemplar of an area adjacent to the home and 'to which the activity of home life extends'. *Ibid.*

B

Since the officers' investigation took place in a constitutionally protected area, we turn to the question of whether it was accomplished through an unlicensed physical intrusion. While law enforcement officers need not 'shield their eyes' when passing by the home 'on public thoroughfares', *Ciraolo*, 476 US, at 213, an officer's leave to gather information is sharply circumscribed when he steps off those thoroughfares and enters the Fourth Amendment's protected areas. *Entick v Carrington*, 2 Wils KB 275, 95 Eng Rep 807 (KB 1765), a case 'undoubtedly familiar' to 'every American statesman' at the time of the Founding, *Boyd v United States*, 116 US 616, 626 (1886), states the general rule clearly: '[O]ur law holds the property of every man so sacred, that no man can set his foot upon his neighbour's close without his leave'. 2 Wils KB, at 291, 95 Eng Rep, at 817. As it is undisputed that the detectives had all four of their feet and all four of their companion's firmly planted on the constitutionally protected extension of Jardines' home, the only question is whether he had given his leave (even implicitly) for them to do so. He had not.

[The case goes on to discuss whether the defendant had given implicit permission to the police to be on the property and concludes that the defendant had not. Therefore, the evidence in question could not be used at trial.]

5.1.7.2 *Trident Turboprop (Dublin) Ltd v First Flight Couriers Ltd*[125]

Court of Appeal (Civil Division)

Lord Justice Moore-Bick:

1. This is an appeal against an order of Aikens J giving summary judgment for the respondent, Trident Turboprop Dublin Ltd ('Trident') against the appellant, First Flight Couriers Ltd ('First Flight'), under CPR Part 24. It raises some novel and interesting questions relating to the interpretation of section 26 of the Unfair Contract Terms Act 1977 and section 3 of the Misrepresentation Act 1967.

2. The background to the dispute is described in some detail in the judgment below, now reported at [2009] 1 All ER (Comm) 16, [2008] EWHC 1686 (Comm) and can be summarised quite shortly. On 5th September 2005 Trident entered into Aircraft Operating Lease Agreements in identical terms with First Flight in respect of two ATP model aircraft. The leases represented the culmination of negotiations between a representative of the manufacturer, BAE Systems Regional Aircraft Limited ('BAE'), and representatives of First Flight and were signed by a representative of BAE on behalf of Trident. Each provided for delivery to take place at Southend airport.

3. In the event one of the two aircraft was delivered to First Flight on 24 May 2006 at Lidköping airport in Sweden; the other was delivered on 16 October 2006 at Southend. A third aircraft was also leased by First Flight from Trident and was

---

[125] This case has been edited for ease of comprehension. The full text is available at [2009] EWCA Civ 290, [2010] QB 86.

delivered in July 2006, but no claim is made in respect of it and it is unnecessary to say anything further about it.
4. Trident alleges that First Flight failed to pay rent under each of the two leases and that as a result it became entitled to terminate both contracts and recover possession of the aircraft. By two notices each dated 30th January 2008 Trident purported to terminate the leases and on 6th February 2008 it issued proceedings against First Flight seeking to recover possession of the aircraft, damages for wrongful interference with them and damages for breach of the leases. First Flight subsequently redelivered the aircraft to Trident pursuant to an order of the court made on 13th March 2008. On 4th April 2008 Trident issued an application for summary judgment.
5. First Flight says that the aircraft were unreliable and suffered from various defects, thereby preventing it from achieving its operational objectives. It stopped paying rent under the two leases in September 2007 and in response Trident served notices of default on 18th October 2007. First Flight originally accepted that Trident was entitled to take that step, but in the present proceedings it asserts that on 30th August 2007 it had already exercised a right to rescind the leases for misrepresentation by informing Trident that it had decided to stop using the aircraft. Alternatively, it says that if it did not effectively rescind the leases on that date it retained the right to do so and that consequently Trident has no right to recover arrears of rent or damages for breach of contract.
6. First Flight's defence to the claim therefore depends on establishing misrepresentations of a kind that would entitle it to rescind the leases. The allegations of fact on which that defence is based are in issue, but Trident accepts that for the purposes of an application for summary judgment the court must assume that they are well-founded, or at any rate that they cannot be determined without a trial. Its answer, however, is that the leases contain terms which prevent First Flight from relying on matters of that kind. Moreover, Trident contends that the provisions of the Unfair Contract Terms Act 977, which would otherwise prevent it from relying on those terms unless it could show that they satisfied the requirement of reasonableness, do not apply in this case because the leases fall outside the scope of the Act by virtue of section 26.

The issues below

[The opinion then summarized the decision in the lower court, which decided for Trident.]

The statutory provisions
10. Section 26 of the Unfair Contract Terms Act 1977 provides as follows:
'26.— International supply contracts.
(1) The limits imposed by this Act on the extent to which a person may exclude or restrict liability by reference to a contract term do not apply to liability arising under such a contract as is described in subsection (3) below.
(2) The terms of such a contract are not subject to any requirement of reasonableness under section 3 or 4: and nothing in Part II of this Act shall require the incorporation of the terms of such a contract to be fair and reasonable for them to have effect.

(3) Subject to subsection (4), that description of contract is one whose characteristics are the following—

(a) either it is a contract of sale of goods or it is one under or in pursuance of which the possession or ownership of goods passes; and

(b) it is made by parties whose places of business (or, if they have none, habitual residences) are in the territories of different States (the Channel Islands and the Isle of Man being treated for this purpose as different States from the United Kingdom).

(4) A contract falls within subsection (3) above only if either—

(a) the goods in question are, at the time of the conclusion of the contract, in the course of carriage, or will be carried, from the territory of one State to the territory of another; or

(b) the acts constituting the offer and acceptance have been done in the territories of different States; or

(c) the contract provides for the goods to be delivered to the territory of a State other than that within whose territory those acts were done.'

11. The judge gave First Flight permission to appeal only on the question whether the leases fell within the scope of section 26(4)(a), but at the hearing of the appeal Mr. Vickery sought to advance two additional points, neither of which had been argued below and neither of which had been raised in his notice of appeal. He needed the permission of the court to do so, but since both raise questions of statutory interpretation alone and since the respondent did not object to his doing so, we granted permission and heard argument on them. They are (i) whether the limits imposed on Trident's right to rely on a clause excluding any remedy for misrepresentation are imposed by 'this Act', that is, the Unfair Contract Terms Act itself, or by the Misrepresentation Act 1967; and (ii) whether any liability for misrepresentation in this case is a liability arising 'under a contract' within the meaning of section 26(1). Since these questions relate to the applicability of section 26 as a whole, it is convenient to consider them first.

Limits on the exclusion of liability for misrepresentation

12. Limits on a party's power to limit his liability for misrepresentation were first imposed by section 3 of the Misrepresentation Act 1967, which, as originally enacted, provided as follows:

'If any agreement (whether made before or after the commencement of this Act) contains a provision which would exclude or restrict—

(a) any liability to which a party to a contract may be subject by reason of any misrepresentation made by him before the contract was made; or

(b) any remedy available to another party to the contract by reason of such a misrepresentation

that provision shall be of no effect except to the extent (if any) that, in any proceedings arising out of the contract, the court or arbitrator may allow reliance on it as being fair and reasonable in the circumstances of the case.'

No exception was made for international supply contracts or contracts of any other kind.

13. By section 8 of the Unfair Contract Terms Act the following was substituted for section 3:

    'If a contract contains a term which would exclude or restrict—(a) any liability to which a party to a contract may be subject by reason of any misrepresentation made by him before the contract was made; or

    (b) any remedy available to another party to the contract by reason of such misrepresentation

    that term shall be of no effect except in so far as it satisfies the requirement of reasonableness as stated in section 11(1) of the Unfair Contract Terms Act 1977; and it is for those claiming that the term satisfies that requirement to show that it does.'

14. On the face of it the purpose of section 8 was to bring the law relating to the exclusion of liability for misrepresentation into line with the law relating to the exclusion of liability for breach of contract by subjecting both to the requirement of reasonableness introduced for the first time by the Unfair Contract Terms Act. Again, however, no special provision was made in the new section 3 of the Misrepresentation Act for international supply contracts.

15. Section 26(1) of the Unfair Contract Terms Act begins with the words 'The limits imposed by this Act . . .'. Mr. Vickery submitted that the limits on a party's ability to restrict liability for misrepresentation are not imposed by the Unfair Contract Terms Act itself, but by section 3 of the Misrepresentation Act 1967, notwithstanding that that section owes its origin to section 8 of the former Act. Mr. McPherson submitted, on the other hand, that the source of the limit is section 8 itself.

16. In my view the answer to this question is to be found not by concentrating simply on the words 'under this Act' in section 26(1), but by looking at the wording of subsections (1) and (2) of section 26 as a whole. Subsection (1) is directed to excluding or restricting liability by reference to contract terms in general and is not limited to liability for breach of contract. As such it is capable of extending to liability for misrepresentation. Subsection (2) is also worded generally, being capable of extending to any contract which contains terms purporting to exclude liability and excluding from the requirement of reasonableness any contract falling within subsection (3). In my view, therefore, when subsection (1) speaks of 'the limits imposed by this Act on the extent to which a person may exclude or restrict liability by reference to a contract term' it is referring to the requirement of reasonableness embodied in the Act and, by operation of section 8, to terms excluding liability for misrepresentation.

17. In my view this interpretation is also to be preferred as giving effect to the policy of excluding international supply contracts from this type of statutory control. Mr. Vickery pointed out that in its original form section 3 of the Misrepresentation Act did not exclude such contracts from its operation and submitted that there is nothing in the legislative background to the Unfair Contract Terms Act to suggest that Parliament intended a significant change in policy. That may be so, but the two reports of the Law Commission relating to exemption clauses in contracts published in July 1969 and August 1975 both explicitly recognise that there are sound policy reasons for excluding contracts for the international supply of goods from the scope of any statutory controls. As the Law Commission recognised in its first report, there is a close link between misrepresentation and many kinds of breach of

contract, most clearly in the case of a contract for sale by description. Against that background to introduce by legislation a distinction in relation to such contracts between clauses excluding liability for breach of contract and clauses excluding liability for misrepresentation would create an anomaly which cannot be justified on any discernible grounds. I am satisfied that the purpose of section 26 was, as the language of subsection (2) indicates, to exclude such contracts altogether from the requirement of reasonableness and that insofar as that involved a liberalisation of the previous position in relation to clauses excluding liability for misrepresentation it reflects Parliament's intention to exclude international supply contracts from this kind of statutory control.

18. One can also examine this question from the perspective of the Misrepresentation Act. It might have been, but was not, argued in this case that section 3 of the Misrepresentation Act is independent of the Unfair Contract Terms Act, save for importing the requirement of reasonableness set out in section 11. That is, in effect, just another way of saying that the limit on a party's right to exclude or restrict liability for misrepresentation is imposed by the Misrepresentation Act rather than by the Unfair Contract Terms Act. If it were correct it would mean that all contracts, including those falling within section 26(3), are subject to the statutory controls imposed by the Misrepresentation Act.

19. The judge proceeded on the unspoken assumption that if the leases were excluded from the operation of the Unfair Contract Terms Act they necessarily satisfied the (non-existent) requirement of reasonableness and so were effective in accordance with their terms. In my view he was right to do so. At the heart of this problem lies the relationship between these two statutory provisions. To treat section 3 of the Misrepresentation Act as independent of the Unfair Contract Terms Act would in my view create the anomaly to which I referred earlier and would frustrate the intention of Parliament to exclude international supply contracts from the statutory controls. Since section 3 is worded in terms which render an exclusion clause ineffective unless it complies with the controls set out in the Unfair Contract Terms Act, it makes the latter the controlling instrument. In my view, therefore, it cannot be right to treat the Misrepresentation Act as imposing restrictions in a case in which the Unfair Contract Terms Act provides none.

20. For these reasons I am unable to accept this part of Mr. Vickery's argument.

    [Lord Justice Moore-Bick then considered whether there was liability under or outside the contract and whether the leases were international supply contracts, ultimately concluding 'that the leases in this case fall within section 26(4)(a) and are therefore excluded from the provisions of the Act altogether.' Under that analysis, 'the judge's decision was correct and that the appeal should be dismissed.']

    . . .

Lady Justice Arden:

34. I agree with the judgment of my Lord, Lord Justice Moore-Bick. [Lady Justice Arden then discusses the areas in which she concurs especially.]

    . . .

Lord Justice Waller:
38. I agree with both judgments.

5.I.8 Self-Test

Answers to the self-test can be found at the back of the book, in Chapter 14.

1. If *Florida v Jardines* is a constitutional dispute, why are there so many citations to judicial decisions?
2. Why is the US Supreme Court hearing *Florida v Jardines* if the dispute originated in state court?
3. Why did the US Supreme Court decide as it did in *Florida v Jardines*?
4. What enactment is at issue in *Florida v Jardines*? In *Trident Turboprop (Dublin) Ltd v First Flight Couriers Ltd*?
5. How does Lord Justice Moore-Bick resolve the tension between the Unfair Contract Terms Act 1977 and the Misrepresentation Act 1967?

KEYWORDS

- Acquit
- Administrative agency
- Administrative court
- Administrative law
- Adversarial
- Affirm
- Alienage jurisdiction
- Allocation hearing
- Allocation questionnaire
- Allow an appeal
- Alternative dispute resolution (ADR)
- Amend
- Answer
- Appeal by way of case stated
- Appellant
- Apply
- Approve
- Arbitral panel
- Arbitral tribunal
- Arbitration
- Arbitrator
- Arraignment
- Arrest
- Assistant United States Attorney (AUSA)
- At bar
- Attorney General

- Authenticate
- Bail
- Balance of probabilities
- Bankruptcy court
- Barrister
- Beyond a reasonable doubt
- Binding precedent
- Brief
- Burden of proof
- Case law
- Case management conference
- Challenge for cause
- Chancery court
- Chancery Division
- Charge
- Circuit
- Circuit split
- Citation
- Civil complaint
- Civil law
- Civil Division of the Court of Appeal
- Civil Procedure Rules
- Claim
- Claimant
- Claim form
- Closing argument
- Closing speech
- Closing statement
- Code for Crown Prosecutors
- Commercial Court
- Common law
- Complaint
- Conciliation
- Concurring opinion
- Confirm
- Consider
- Contract law
- Convicted
- Costs
- Council of Europe
- County court
- Court of Appeals (US)
- Court of Appeal (UK)
- Court of first instance
- Court of general jurisdiction
- Court of Justice of the European Union (European Court of Justice)

- Court of limited jurisdiction
- Court reporter
- Counterclaim
- Cracked trial
- Criminal complaint
- Criminal Procedure Rules
- Criticize
- Cross-examination
- Crown Court
- Crown Prosecution Service
- Custody
- Damages
- Defence (England)
- Defendant
- Defense (US)
- Deliberate
- Deny an appeal
- Deposition
- Determination of law
- Dicta
- Direct examination
- Direct history
- Directions hearing
- Disapprove
- Disclosure
- Discovery
- Discretionary jurisdiction
- Dismissed
- Dissenting opinion
- Distinguish
- District attorneys
- District court judge
- District of Columbia
- Diversity jurisdiction
- Double jeopardy
- Doubt
- Due process
- Early case management
- Either way offence
- Empanel
- En banc
- English Rule
- Equity
- *Erie* doctrine
- European Convention on Human Rights
- European Court of Human Rights

Decisions from judicial and other tribunals 179

- Examination-in-chief
- Expert witness
- Explain
- Extend
- Extraterritorial jurisdiction
- Family court
- Family Division
- Fast track
- Federal
- Federal circuit court of appeals
- Federal court
- Federal district court
- Federal Rules of Appellate Procedure
- Federal Rules of Civil Procedure
- Federal Rules of Criminal Procedure
- Federal Rules of Evidence
- File
- Finder of fact
- Follow
- Follow the event
- Good law
- Grand jury
- Guilt (guilty)
- Hand down
- Headnotes
- High Court
- Higher court
- Holding
- House of Lords
- Hung jury
- Indictment
- Indigent
- Indirect history
- Information
- Ineffective trial
- Inquisitorial
- Instant case
- Interrogatories
- Introduce evidence
- Judgment
- Judicial review
- Jury
- Jury instructions
- Justices
- Law Lords
- Laying an information

- Layperson
- Leading opinion
- Leapfrog procedure
- Legal aid
- Legal Services Commission
- Letter before action
- Limit
- Listing hearing
- 'Long arm' jurisdiction
- Lords of Appeal in Ordinary
- Loser pays principle
- Lower court
- Magistrates' court
- Magistrate judge
- Majority opinion
- Mediation
- Mediator
- 'Minimum contacts' test
- *Miranda* rights
- Misdemeanor (US)
- Misdemeanour (England)
- Modify
- Motion
- Motion for a directed verdict
- Motion practice
- Motion to dismiss
- Move
- Multi-track
- Natural justice
- Negotiation
- Neutral
- Not follow
- Not guilty
- Notice
- Oath
- *Obiter dicta* (*dicta*)
- Offence (UK)
- Offense (US)
- Official reporter
- On point
- Open court
- Opening arguments
- Opening speech
- Opening statement
- Overrule
- Overturn

- Parliamentary supremacy
- Party
- Peremptory challenge
- Per incuriam
- Personal jurisdiction
- Persuasive authority
- Persuasive power
- Petition for certiorari
- Plaintiffs
- Plea
- Plea-bargaining
- Plurality opinion
- Practice directions
- Pre-action protocol
- Precedent
- Preliminary hearing
- Preponderance of the evidence
- Privy Council
- Probable cause
- Procedural fairness
- Procedural posture
- Production of documents
- Property law
- Prosecution
- Prosecutor
- Prove beyond a reasonable doubt
- Public defender
- Queen's Bench Division
- Question
- *Ratio decidendi* (*ratio*)
- Re-cross
- Re-direct
- Re-examination
- Rebut (rebuttal)
- Recuse
- Refer
- Remand
- Removed
- Reply
- Reporters
- Request for information
- *Res judicata*
- Respondent
- Rest
- Reverse
- Rules of the Supreme Court of the United States

- Self-binding rule
- Seminal decision
- Senior Courts
- Sentence
- Sentencing guidelines
- Service
- Settlement
- Shepardize
- Sister court
- Skeleton argument
- Small claims court
- Small claims track
- Solicitor
- Solicitor advocate
- Special disclosure
- Stand
- Stand by for the Crown
- Standard disclosure
- Standard of proof
- *Stare decisis*
- State attorneys
- State court
- Strike (Struck) for cause
- Subject matter jurisdiction
- *Subpoena ad testificandum*
- *Subpoena duces tecum*
- Summary offence
- Summons
- Supersede
- Supreme Court of the United Kingdom
- Supreme Court of the United States
- Syllabus (syllabi)
- Territory
- Testify
- Tort law
- Track
- Transcript
- Trial by ambush
- Trial court (trial-level court)
- Unitary
- United States Attorneys
- United States Department of Justice
- United States Court of Military Appeals
- Unofficial reporter
- Unpublished opinion
- Unreported decisions

- Vary
- Verdict
- Voir dire
- Warrant
- With leave
- Witness
- Woolf reforms
- Writ of habeus corpus

5.II BILINGUAL SUMMARY – RESUMEN BILINGÜE

Chapter 5 discusses the role that judicial decisions play in various jurisdictions and describes numerous structural matters (such as those relating to judicial hierarchies and the relative importance of different types of law) as well as certain substantive issues (such as those relating to the interpretation and application of judicial decisions). A number of concepts that are introduced in this chapter are also discussed in Chapter 8, which focuses on procedural law. Although there is a certain amount of overlap, the emphasis in this chapter is on historical and jurisprudential matters that provide context for the more detailed procedural analysis in Chapter 8.

The chapter begins by considering the various types of tribunal that can be found in a particular jurisdiction. Interestingly, the key distinction here does not involve language families but instead turns on the status of the country as federal or unitary in nature. For example, Mexico and the US are both federal systems and have therefore established courts at both the state and federal levels. Each court has its own jurisdictional and procedural rules, and each judicial system has its own appellate structure, although there is some overlap in some cases.

Unitary legal systems such as Spain and England reflect a different approach to judicial hierarchy. For example, the lower courts in these countries are often highly specialized according to subject matter, which allows for a more even distribution of cases across the judicial system.

The chapter then moves on to discuss various matters relating to the trial process. Here, significant differences do arise across the Spanish-English language barrier, largely as a result of historical distinctions between the common and civil law. English-speaking countries typically follow the common law legal tradition, which features an adversarial process that allows the parties to take the lead in procedural matters. Spanish-speaking countries usually follow the civil law model, which is said to be inquisitorial rather than adversarial in nature and which allows judges and other public officers to take a more active role in the judicial process.

One of the most obvious trial-related differences between English- and Spanish-speaking countries involves the right to disclosure or discovery of an opponent's documents or information. Courts in English-speaking jurisdictions routinely allow parties to request a wide variety of material from their opponents prior to trial, including information that could be considered harmful to the opponent's own case. Courts in Spanish-speaking countries typically do not permit such actions, although parties may ask the judge for assistance in obtaining a specific document.

Another major procedural difference arises with respect to the means of examining witnesses. For example, the right to cross-examine a witness (oral examination by the party who did not call the witness in question) is fundamental in English-speaking jurisdictions, since it is seen as promoting the search for truth.

Although English- and Spanish-speaking countries often take somewhat different views of the trial and appellate process, a significant number of similarities exist. For example, both English- and Spanish-speaking countries place a premium on **procedural fairness**. Although each jurisdiction has its own distinct way of implementing this particular principle (which may also be referred to as **due process** or **natural justice**), English- and Spanish-speaking countries all seek to promote procedural fairness with respect to both individual proceedings and the judicial system as a whole.

The final section of the chapter considers the role that judicial opinions play in different legal systems and describes some of the interpretive methods used by judges when analysing the law. This discussion identifies a number of significant differences between English- and Spanish-speaking countries, again as a result of the distinctions between common law and civil law systems. English-speaking countries place a much higher priority on legal precedent than Spanish-speaking countries do, since judicial decisions constitute an important source of legal authority in the common law legal tradition. As a result, many English-speaking jurisdictions have adopted sophisticated rules relating to the citation of case law and the verification of the status of various precedents. Although Spanish-speaking countries also respect the authority of previously rendered judicial decisions, countries following the civil law legal tradition do not adhere to the concept of precedent in the same way that common law countries do. As a result, judges in Spanish-speaking countries typically use judicial decisions as a supplement to statutory analyses rather than relying solely on case law as binding authority.

El capítulo 5 analiza el papel que juegan las decisiones judiciales en varias jurisdicciones y describe tanto numerosas cuestiones de organización del sistema judicial (jerarquías judiciales e importancia de diferentes tipos de normas jurídicas), como alguna de derecho sustantivo (interpretación y aplicación de decisiones judiciales). Algunos de los conceptos que se presentan en este capítulo también se analizan en el capítulo 8, que se centra en derecho procesal. Aunque pueda existir cierta reiteración, este capítulo hace énfasis en asuntos históricos y jurisprudenciales que proporcionan el contexto necesario para el análisis procesal más detallado del capítulo 8.

El capítulo comienza considerando los diversos tribunales que se pueden encontrar en una determinada jurisdicción. Paradójicamente, la distinción clave aquí no depende de las familias lingüísticas, sino de si el estado es un país federal o centralizado en materia judicial. Por ejemplo, México y Estados Unidos son dos sistemas federales y consecuentemente han establecido tribunales tanto a nivel estatal como federal. Cada nivel de tribunales tiene sus propias reglas de competencia y de procedimiento así como su propia estructura de apelación, aunque existe cierta superposición entre el nivel federal y el estatal en algunos casos.

Sistemas judiciales unitarios como España e Inglaterra muestran un enfoque diferente de la jerarquía judicial. Por ejemplo, los tribunales inferiores en estos países son a menudo altamente especializados de acuerdo con el área del derecho que les compete, lo que permite una distribución más equitativa de los casos a través del sistema judicial.

A continuación, el capítulo pasa a estudiar varios asuntos relacionados con el proceso jurisdiccional. En este ámbito existen diferencias significativas entre los países hispano- y angloparlantes, en gran parte como resultado de las distinciones históricas entre el *common law* y el *civil law*. Los países angloparlantes tienden a seguir la tradición jurídica del *common law*, basada en un proceso acusatorio caracterizado porque las partes tienen la iniciativa en el procedimiento. Los países de habla hispana siguen por lo general el modelo del derecho continental, que es considerado como inquisitivo en lugar de acusatorio, lo cual implica que jueces y demás funcionarios públicos adoptan un papel más activo en el proceso judicial.

Una de las diferencias más relevantes, sin embargo, entre los países anglo- e hispanoparlantes se refiere a los deberes de información y transparencia de las partes procesales. Los tribunales de las jurisdicciones angloparlantes permiten rutinariamente que las partes soliciten una amplia variedad de material a sus oponentes antes del juicio, incluida la información que podría considerarse perjudicial para la propia parte rival. Los tribunales de los países de habla hispana normalmente no permiten este tipo de acciones, aunque las partes pueden pedir al juez su asistencia en la obtención de documentos específicos.

Otra importante diferencia de procedimiento surge con respecto al interrogatorio de testigos. Por ejemplo, el derecho a llevar a cabo un interrogatorio cruzado del testigo (interrogatorio oral del testigo que ha sido propuesto por la otra parte) es fundamental en las jurisdicciones angloparlantes, ya que se considera que promueve la búsqueda de la verdad.

Aunque las jurisdicciones anglo- e hispanoparlantes a menudo toman diferentes puntos de vista sobre el desarrollo del proceso judicial y la apelación, existe un importante número de similitudes. Por ejemplo, todas ellas conceden un valor esencial a las garantías procesales. Aunque cada jurisdicción tiene su propia forma de implementar este principio específico (que también puede ser denominado tutela judicial efectiva, debido proceso o justicia natural), todas las jurisdicciones, tanto anglo- como hispanoparlantes, buscan promover la equidad en el concreto proceso jurisdiccional y, en general, en el sistema procesal.

La sección final del capítulo examina el papel que las opiniones judiciales desempeñan en los diferentes sistemas legales y describe algunos de los métodos de interpretación utilizados por los jueces en el análisis de la ley. Este análisis identifica una serie de diferencias significativas entre los países angloparlantes y los hispanohablantes. Los países de habla inglesa le conceden una prioridad mucho mayor a los precedentes legales de lo que lo hacen los países de habla hispana, ya que las decisiones judiciales constituyen una importante fuente de autoridad legal en la tradición jurídica del *common law*. Como resultado, muchas jurisdicciones angloparlantes han adoptado sofisticadas normas referidas a la cita de jurisprudencia y a la verificación del estado actual de los diversos precedentes. Aunque los países hispanoparlantes también respetan la autoridad de resoluciones judiciales dictadas con anterioridad, los países que siguen la tradición jurídica continental no secundan el concepto de precedente de la misma forma que lo hacen los países del *common law*. Como resultado, los jueces de estos países suelen utilizar las decisiones judiciales como complemento del análisis legal en lugar de confiar únicamente en la jurisprudencia como autoridad vinculante.

5.III DECISIONES DE LA JUDICATURA Y OTROS TRIBUNALES

La parte escrita en español de este capítulo está destinada a aquellos para los que el español es su segunda lengua. Los lectores para los que el inglés es su segunda lengua deberían comenzar leyendo en la página 144.

The Spanish-language portion of this chapter is meant to be read by those for whom Spanish is a second language. Readers for whom English is a second language should begin their reading on page 144.

5.III.1 Introducción

Como ya se explicó en el capítulo 3, las jurisdicciones hispanoparlantes insertas en la tradición de *civil law* no prestan las misma atención que otras jurisdicciones a la jurisprudencia, esto es, no consideran, por regla general (aunque con relevantes excepciones), fuente formal del derecho a las decisiones y opiniones de los tribunales. Ello no significa que la jurisprudencia no juegue un papel esencial en dichos ordenamientos jurídicos. El papel y el uso de la jurisprudencia en los países hispanoparlantes se analiza a continuación, a través del examen de las siguientes cuestiones:

- la estructura judicial en las jurisdicciones hispanoparlantes;
- el proceso jurisdiccional en los países hispanoparlantes;
- el rol de las decisiones judiciales en los sistemas constitucionales y legales de los países hispanoparlantes;
- el método de interpretación de las decisiones judiciales en las jurisdicciones hispanoparlantes.

5.III.2 La estructura judicial en las jurisdicciones hispanoparlantes

Antes de examinar el papel que las decisiones judiciales juegan en los países de *civil law* hispanos, conviene comenzar por entender la estructura de sus sistemas jurisdiccionales. La **jurisdicción**, del latín *iuris dictio*, se caracteriza porque a su través se produce 'la determinación irrevocable del Derecho en el caso concreto, seguida, en su caso, por su actuación práctica'.[126] Es fundamental conocer, por tanto, quien tiene atribuida la potestad jurisdiccional en cada país.

Cada estado tiene, por supuesto, su propia organización jurisdiccional, que varía fundamentalmente en función de si se trata de una federación o de si el poder judicial es único en el estado en cuestión. Más allá de esta simple distinción, cada jurisdicción presenta peculiaridades propias, de modo que es imposible abordarlas todas y aquí, por las razones ya conocidas, sólo se examinarán con trazos gruesos los casos de México y España. Cada país opta por un modelo particular de distribución de la competencia entre tribunales,

---

[126] Manuel Serra Domínguez, 'Jurisdicción' en Manuel Serra Domínguez (ed) *Estudios de derecho procesal* (Ariel 1969) 20, 50.

pero justamente México nos proporciona el ejemplo de un Estado federal, en tanto que España representa a aquellos estados en los que existe un único poder judicial.

En España, la jurisdicción recae en un cuerpo único de tribunales que componen la **jurisdicción ordinaria** y que, de acuerdo con la Constitución española, tienen la misión específica de 'juzgar y hacer ejecutar lo juzgado'.[127] Su estatuto jurídico está contenido en la Ley Orgánica del Poder Judicial de 1 de julio de 1985,[128] y su gobierno se confía al Consejo General del Poder Judicial.[129] Además, la Constitución española reconoce que también son poder judicial otros tribunales que expresamente menciona, como el **Tribunal Constitucional**, el **Tribunal de Cuentas**, los **tribunales militares**, el **jurado** o los **tribunales consuetudinarios y tradicionales**.[130] A ellos se unen los tribunales cuya potestad jurisdiccional les es conferida por tratados internacionales a los que España se ha adherido, como el **Tribunal de Justicia de la Unión Europea** (TJUE) o el **Tribunal Europeo de Derechos Humanos** (TEDH). Todos ellos integran lo que se denomina **jurisdicción especial** por contraposición al cuerpo ordinario de jueces y magistrados. Aunque al Tribunal Constitucional ya se ha hecho referencia en el capítulo 4, todavía se volverá sobre el mismo en este capítulo, así como sobre los demás tribunales especiales.

En el Estado federal mexicano la función jurisdiccional la ejercitan tanto órganos federales como órganos del Distrito Federal y estatales. Dentro del ámbito federal, el artículo 1 de la Ley Orgánica del Poder Judicial de la Federación establece que el poder judicial de la federación es ejercido por la **Suprema Corte de Justicia de la Nación** (SCJN); el Tribunal Electoral; los tribunales colegiados de circuito; los tribunales unitarios de circuito; los juzgados de distrito; el Consejo de la Judicatura Federal; el Jurado Federal de Ciudadanos, y en determinados supuestos los tribunales de los estados y del Distrito Federal. Junto a lo ya expuesto en el capítulo 4 en torno a la SCJN, es importante saber que el Tribunal Electoral, que cuenta con una sala superior y 5 salas regionales, se ocupa de todas las cuestiones electorales salvo de las acciones de inconstitucionalidad contra leyes electorales federales o locales, de las que conoce la SCJN.

Por su parte, los 32 tribunales de circuito que existen en los Estados Unidos Mexicanos pueden ser unitarios o colegiados, según estén presididos por uno o tres magistrados. Mientras que los colegiados se ocupan de diversas cuestiones de juicio de amparo, los unitarios cuentan entre sus competencias con el recurso de apelación. En consonancia con ello, los juzgados de distrito son la primera instancia del poder judicial federal. En ocasiones están especializados en una materia específica, mientras que en otras tienen capacidad para conocer de todas ellas. En varias materias, los jueces de distrito reciben del Jurado Federal de Ciudadanos el veredicto sobre las cuestiones de hecho de los casos.

---

[127] CE, art 117.
[128] Ley Orgánica 6/1985 del Poder Judicial (BOE 2.7.1985).
[129] CE, art 122.2. Antes regulado en la LOPJ, ahora su estatuto está contenido en la Ley Orgánica 4/2013, de 29 de junio, de reforma del Consejo General del Poder Judicial (BOE 29.6.2013) que ha recortado su autonomía respecto del poder gubernativo. Compuesto por veinte vocales, su Presidente es al mismo tiempo el Presidente del Tribunal Supremo. Doce vocales son elegidos entre jueces y magistrados de todas las categorías judiciales; cuatro a propuesta del Congreso de los Diputados, y cuatro a propuesta del Senado, elegidos en ambos casos por mayoría de tres quintos de sus miembros, entre abogados y otros juristas, todos ellos de reconocida competencia y con más de quince años de ejercicio en su profesión. CE, art 122.3.
[130] CE, arts 117.5, 125, 136, 159.

Por último, la administración, vigilancia, disciplina y carrera judicial del Poder Judicial de la Federación, a excepción de la SCJN y el Tribunal Electoral, está encomendada al Consejo de la Judicatura Federal.[131]

En segundo lugar, el Distrito Federal, que posee un estatus especial,[132] es la sede de los poderes de la Unión y la capital de los Estados Unidos Mexicanos. En él, la jurisdicción corresponde al Tribunal Superior de Justicia; juzgados de lo civil; juzgados de lo penal; juzgados de lo familiar; juzgados de arrendamiento inmobiliario; juzgados de justicia para adolescentes; y juzgados de paz.[133] El Tribunal Superior de Justicia, que puede actuar en pleno o en salas dedicadas a materias específicas, es competente para conocer de muy diversas cuestiones como determinados conflictos de competencias o apelaciones, mientras que el resto de los órganos jurisdiccionales recién citados son la primera instancia en el D.F. En tercer lugar, en los distintos estados hay una organización jurisdiccional propia. A modo de ejemplo, en el estado de Sonora el poder judicial es ejercido por el Supremo Tribunal de Justicia, los tribunales regionales de circuito, los juzgados de primera instancia y los juzgados locales.[134] Por último y tal y como se expondrá más adelante, México también le ha conferido potestad jurisdiccional a tribunales internacionales como la **Corte Interamericana de Derechos Humanos**.

Ya se ha indicado que la potestad jurisdiccional se atribuye individualmente a los jueces y magistrados,[135] pero éstos sólo podrán ejercitarla según las normas de competencia previstas legalmente. Por tanto, es necesario distinguir entre jurisdicción (que es un poder estatal) y **competencia** (que es la capacidad de ejercer ese poder en un litigio concreto). La precisión de qué tribunal es competente para conocer de una pretensión procesal exige diversas operaciones que comienzan, si el litigio es internacional, con la determinación de la **competencia judicial internacional** de los tribunales de un país. Estas reglas nos dicen de qué supuestos con contactos con más de un estado va a conocer la jurisdicción de ese país, pero no nos indican qué tribunal en particular va a decidir en el caso concreto. Es por ello que también se la denomina **jurisdicción internacional** o, según precisión mexicana, **competencia judicial internacional directa**.[136]

En el sector de la competencia judicial internacional, la cortesía internacional y el derecho a la tutela judicial efectiva obligan hoy en día a modular las normas que la regulan en función del principio de proximidad razonable del **supuesto de hecho** con la jurisdicción en cuestión, por contraposición a otras épocas en las que los tribunales asumían competencia en cualquier situación. Así era en el caso de España hasta la promulgación de los artículos 21 y siguientes de la LOPJ de 1985. Esta voracidad judicial, ya arrumbada en España, se conoce como 'plenitud jurisdiccional', siendo el carácter soberano de la potestad jurisdiccional la justificación dada para asumir dicha competencia absoluta. A día

---

[131] La integración, funcionamiento y atribuciones de cada uno de estos órganos aparece detallada en LOPJF.
[132] CPEUM, art 44.
[133] Ley Orgánica del Tribunal Superior de Justicia del Distrito Federal (DOF 7.2.1996), art 2.
[134] Ley Orgánica del Poder Judicial del Estado de Sonora (DO 12.12.1996).
[135] Juan Montero Aroca, Juan Luis Gómez Colomer, Silvia Barona Vilar, *Derecho jurisdiccional I. Parte general* (21a edn, Tirant lo Blanch 2013) 66.
[136] Para distinguirla de la denominada competencia judicial internacional indirecta cuyo control se practica en el procedimiento de reconocimiento y ejecución de sentencias extranjeras.

de hoy, los criterios de atribución de competencia judicial internacional en muchos países de *civil law* se organizan básicamente en torno a un **foro general** o *forum rei*, que atiende al domicilio del demandado en cuyo estado se permite plantear todo tipo de litigios frente a él, y **foros especiales por razón de la materia**. Dentro de estos todavía habría que distinguir los **foros exclusivos**, llamados así porque se refieren a materias impregnadas de intereses públicos que imponen que conozca el estado interesado en el asunto, con carácter exclusivo y excluyente, respecto a otros estados, y los **foros de protección** de la parte débil, normalmente en un contrato, en particular de consumo, de seguro o de trabajo. La autonomía de la voluntad también tiene su campo de actuación admitiéndose la **prorrogación de jurisdicción** por voluntad de las partes, sea por **sumisión tácita**, sea por **sumisión expresa** a los tribunales de un estado.

La LOPJ española prescribe que, con excepción de los supuestos de **inmunidad de jurisdicción y de ejecución** establecidos por las normas de Derecho internacional público,

> Los Tribunales civiles españoles conocerán de las pretensiones que se susciten en territorio español con arreglo a lo establecido en los tratados y convenios internacionales en los que España sea parte, en las normas de la Unión Europea y en las leyes españolas.[137]

Los artículos 22 a 25 de la misma ley establecen dichos casos, aunque su aplicación depende de que no exista un tratado internacional en la materia. Ello no es excepcional en absoluto, en particular como consecuencia de la asunción por parte de la Unión Europea de competencia legislativa sobre la cooperación jurídica en materia civil y mercantil, y en materia penal.[138] Así, por ejemplo, el Reglamento (UE) del Parlamento Europeo y del Consejo 1215/2012, de 12 de diciembre, relativo a la competencia judicial, el reconocimiento y la ejecución de resoluciones judiciales en materia civil y mercantil,[139] determina, en función de su ámbito de aplicación material y espacial, la competencia judicial internacional de los tribunales españoles en un buen número de supuestos, desplazando por tanto a la LOPJ que sólo se aplica de forma subsidiaria. Además de las normas de la Unión Europea, otros tratados internacionales pueden ser relevantes como, por ejemplo, el Convenio de la Haya de 2005 sobre acuerdos de elección de foro.[140] Como consecuencia de

---

[137] LOPJ, art 21.1.
[138] Tratado de Funcionamiento de la Unión Europea, arts 81–85 (en adelante, TFUE). Véase Tratados de la UE (Unión Europea) <http://europa.eu/about-eu/basic-information/decision-making/treaties/index_es.htm>.
[139] [2012] DO L 351/1. Este Reglamento sustituye al Reglamento (CE) 44/2001 que, a su vez, desplazó al Convenio de Bruselas de 1968 del mismo nombre al asumir competencia legislativa la Unión Europea en esta materia. Otros Reglamentos dictados por la UE son: Reglamento (CE) 1346/2000 sobre procedimientos de insolvencia [2000] DO L 160/1; Reglamento (CE) 2201/2003 relativo a la competencia judicial, el reconocimiento y la ejecución de resoluciones judiciales en materia matrimonial y por responsabilidad parental, por el que se deroga el Reglamento (CE) 1347/2000 [2003] DO L 338/1; Reglamento (UE) 4/2009 relativo a la competencia, la ley aplicable, el reconocimiento y la ejecución de resoluciones y la cooperación en materia de obligaciones de alimentos [2009] DO L 7/1; Reglamento (UE) 650/2012 relativo a la competencia, la ley aplicable, el reconocimiento y la ejecución de las resoluciones, a la aceptación y la ejecución de los documentos públicos en materia de sucesiones mortis causa y a la creación de un certificado sucesorio europeo [2012] DO L 201/107.
[140] Convenio de La Haya sobre acuerdos de elección de foro, de 30 de noviembre de 2005.

la reforma de la Ley relativa a la Justicia Universal de 2013,[141] la jurisdicción española ha dejado de tener competencia para conocer de hechos delictivos que no han sido cometidos en España y en los que, además, el presunto culpable no ostenta la nacionalidad española o no la ha adquirido después de cometer el delito. El Tribunal Supremo ha concluido, no obstante, que esta disposición no alcanza al tráfico de drogas en Alta Mar,[142] ya que España es parte, entre otros, de la Convención sobre Derecho del Mar;[143] de la Convención contra el tráfico ilícito de estupefacientes y sustancias psicotrópicas de 20 de diciembre de 1988;[144] y del Convenio contra el tráfico ilícito de migrantes por tierra, mar y aire, que complementa la Convención contra la Delincuencia Organizada Internacional.[145]

A nivel interno la jurisdicción en España se reparte en función del **orden jurisdiccional**,[146] identificándose cuatro órdenes jurisdiccionales: civil, penal, social y administrativo. La división en sí misma considerada no basta para saber qué tribunal ha de juzgar de un asunto, sino que es necesario proceder al reparto o distribución de los asuntos entre los jueces y tribunales que componen cada uno de los órdenes jurisdiccionales. Dicho reparto se lleva a cabo por las normas de competencia que, a su vez, exigen la distinción entre reglas de **competencia objetiva**, de **competencia territorial** y de **competencia funcional**.

Las reglas de competencia objetiva se ordenan en función del objeto del proceso, tomando en consideración fundamentalmente dos criterios: de una parte, la *materia* u objeto del debate procesal, de otra parte, la *cuantía* del asunto, esto es, su valor económico o la cuantía de la pena privativa de libertad en caso del proceso penal. Es por ello que se habla de competencia objetiva por razón de la materia y competencia objetiva por razón de la cuantía. Una vez establecida la competencia objetiva, la competencia territorial procede al reparto de funciones entre tribunales a partir de un criterio territorial y en el que prima, como sucedía en sede de competencia judicial internacional, el principio de proximidad procesal. Ello no obsta a que, además de atender al objeto del proceso y a la localización de las fuentes de prueba, también se tomen en consideración otros factores, como la conveniencia de una de las partes, lo que se traduce en el foro del domicilio del demandado. Además y salvo en supuestos excepcionales en los que concurre el interés general o público, la competencia territorial es disponible y alternativa; esto es, las partes pueden pactar expresa o tácitamente el tribunal que ha de conocer del caso y, en su defecto, el demandante puede elegir entre varios foros donde plantear la demanda. Por último, la

---

Véase Conferencia de la Haya < http://www.hcch.net/index_es.php?act=conventions.text&cid=98>.

[141] Ley Orgánica 1/2014, de 13 de marzo, de modificación de la LOPJ, relativa a la justicia universal (BOE 14.3.2014).

[142] Véase STS 24 de julio de 2014 (RJ 2014\4132).

[143] Instrumento de ratificación Convención de las Naciones Unidas sobre Derecho del Mar, hecho en Montego Bay el 10 de diciembre de 1982 (BOE 14.2.1997).

[144] Instrumento de ratificación Convención de las Naciones Unidas contra el tráfico ilícito de estupefacientes y sustancias psicotrópicas, hecho en Viena el 20 de diciembre de 1988 (BOE 10.11.1990).

[145] Instrumento de Ratificación Convención de las Naciones Unidas contra la Delincuencia Organizada Transnacional, hecho en Nueva York el 15 de noviembre de 2000 (BOE 29.9.2003).

[146] La clasificación parece que se remonta al derecho romano, con Calistrato (Digesto, L, XIII, 5) quien distingue entre el orden civil y el penal, a los que luego se añaden los órdenes social y administrativo. Véase Jordi Nieva Fenoll, *Derecho procesal I. Introducción* (Marcial Pons 2014) 239.

noción de competencia funcional es más discutida porque tiende a solaparse con la competencia objetiva: el criterio en este caso es la fase en la que se encuentra el proceso, dado que opera cuando ha de determinarse ante qué tribunal presentar un recurso, solicitar una medida cautelar, practicar una prueba, la ejecución de una sentencia, etcétera.

En un mismo territorio pueden concentrarse varios tribunales de la misma clase (esto es, con competencia objetiva y territorial sobre el asunto en cuestión), por lo que habrá que acudir a las reglas de reparto de asuntos propiamente dichas, para averiguar qué concreto órgano jurisdiccional va a decidir del supuesto. En España estas reglas son aprobadas por las Salas de gobierno de los respectivos tribunales.[147] En cambio, la competencia objetiva, territorial y funcional viene determinada, además de en la LOPJ,[148] en la correspondiente ley de enjuiciamiento, esto es, en la Ley de Enjuiciamiento Civil,[149] en la Ley de Enjuiciamiento Criminal,[150] en la Ley de la Jurisdicción Social,[151] y en la Ley de la Jurisdicción Contencioso-Administrativa.[152] Ha de llamarse la atención sobre el dato de que España ha optado por una ley procedimiental para cada orden jurisdiccional y así parece ser la regla en la mayoría de los países de habla hispana, con la excepción de Uruguay.

En contraposición con el sistema español recién expuesto que distingue entre reglas de competencia judicial internacional e interna, en los Estados Unidos Mexicanos rige un **sistema monista**, que hace que en la mayoría de los casos[153] se acuda a normas de competencia territorial interna (como el artículo 24 del Código Federal de Procedimientos Civiles o el 156 del Código de Procedimientos Civiles para el Distrito Federal), también para determinar la competencia judicial internacional directa de la curia mexicana. Un análisis de las reglas contenidas en preceptos como los citados muestra, no obstante, que los criterios

---

[147] LOPJ, arts 167.1, 160.9 y 152.1.
[148] Ibid arts 65, 66, 85 y 86 bis y ter.
[149] LEC, art 455.
[150] Real Decreto de 14 de septiembre de 1882, de promulgación de la Ley de Enjuiciamiento Criminal (Gaceta 17.9.1882).
[151] Ley 36/2011, de 10 de octubre, reguladora de la Jurisdicción Social (BOE 11.10.2011) (en adelante, LJS).
[152] Ley 29/1998, de 13 de julio, reguladora de la Jurisdicción Contencioso-Administrativa (BOE 14.7.1998), arts 6–13(en adelante, LJCA).
[153] Existe, no obstante, algún precepto que sí que recoge criterios de atribución de competencia judicial internacional:

Los tribunales nacionales tendrán competencia exclusiva para conocer de los asuntos que versen sobre las siguientes materias:
I.- Tierras y aguas ubicadas en el territorio nacional, incluyendo el subsuelo, espacio aéreo, mar territorial y plataforma continental, ya sea que se trate de derechos reales, de derechos derivados de concesiones de uso, exploración, explotación o aprovechamiento, o de arrendamiento de dichos bienes;
II.- Recursos de la zona económica exclusiva o que se relacionen con cualquiera de los derechos de soberanía sobre dicha zona, en los términos de la Ley Federal del Mar;
III.- Actos de autoridad o atinentes al régimen interno del Estado y de las dependencias de la Federación y de las entidades federativas;
IV.- Régimen interno de las embajadas y consulados de México en el extranjero y sus actuaciones oficiales; y
V.- En los casos en que lo dispongan así otras leyes.

Código Federal de Procedimientos Civiles (CFPC), art 568.

recogidos en éstos suelen coincidir tanto con los expuestos respecto de las normas de competencia judicial internacional vigentes en España como con los criterios de competencia directa internacional admitidos por textos como la Convención Interamericana sobre Competencia en la Esfera Internacional para la Eficacia Extraterritorial de las Sentencias Extranjeras (tratado multilateral del que México es Estado signatario desde 1987).[154] Ejemplo de ello es que los tres textos recién citados, al igual que hace el Reglamento de la Unión Europea 1215/2012, proclaman el *forum rei sitae* en materia de derechos reales sobre bienes inmuebles. De forma similar a lo expuesto respecto de España, la competencia de un órgano judicial mexicano se determina en atención a la materia, cuantía, territorio y grado.[155]

El **órgano jurisdiccional** es aquél que ejerce la jurisdicción. También se le conoce como tribunal, o corte en América Latina. Como tal, cabe distinguir entre órgano jurisdiccional *unipersonal*, que en España y México suele recibir la denominación de **juzgado**, y órgano jurisdiccional *colegiado*, que en España se conoce como **audiencia** y en México como **tribunal**. La **primera instancia** de un proceso se tramita normalmente ante un órgano jurisdiccional unipersonal, cuya titularidad es ostentada por un **juez**. La **segunda instancia** transcurre, por regla general, ante un órgano jurisdiccional colegiado que se constituye normalmente con tres **magistrados**. Por ejemplo, en España son órganos jurisdiccionales colegiados las *Audiencias Provinciales*, con secciones de lo civil y de lo penal; los *Tribunales Superiores de Justicia*, que tienen salas de lo civil, de lo social y de lo administrativo, además de llevar apelaciones en el orden penal; y el *Tribunal Supremo*, el órgano de casación por excelencia, que se divide en 5 salas: 4 salas que se corresponden con cada uno de los órdenes jurisdiccionales, y una quinta que se ocupa de lo militar.[156] A la hora de examinar el asunto que debe juzgar el tribunal, el *collegium* designa a un **ponente**,[157] que será el encargado de estudiarlo con más detenimiento y, finalmente, redactar la sentencia. Las decisiones se adoptan por mayoría y, en caso de discrepancia en la motivación de la sentencia o en el fallo, se permite la emisión de un **voto particular**.

Los países de habla hispana se adscriben, por lo general, al modelo de juez profesional. En España se admiten tres modos de acceder a la **carrera judicial** que comienza con la categoría de juez para ascender con el paso del tiempo a magistrado; el cargo es **vitalicio**, a salvo posibles sanciones penales o disciplinarias.[158] El modo ordinario de acceso a la profesión consiste en la previa superación de una oposición libre y posterior curso teórico-práctico organizado por la **Escuela Judicial**. También se puede acceder vía concurso de méritos en el que los juristas candidatos no deben sólo defender su currículum, sino además demostrar sus conocimientos jurídicos. Finalmente, se reservan algunas plazas en el Tribunal Supremo y en los Tribunales Superiores de Justicia para juristas de renocido

---

[154] Organización de Estados Americanos, Convención Americana sobre Derechos Humanos (DOF 7.5.1981).
[155] Fernando Arilla Bas, *Manual práctico del litigante* (Porrúa 2011) 6–13.
[156] Aunque no existe propiamente un orden jurisdiccional militar, lo cierto es que la Ley 4/1987, de 15 de julio, de competencia y organización de la jurisdicción militar (BOE 18.7.1987) regula la competencia objetiva de los tribunales militares que existen en territorio español.
[157] LOPJ, art 152.1.2.
[158] Ibid arts 301 y ss; Reglamento 2/2011, de 28 de abril, de la carrera judicial (BOE 9.5.2011) y Reglamento 2/1995, de 7 de junio, de la Escuela Judicial (BOE 13.7.1995).

prestigio. En estos dos últimos modos de acceso, el ingreso en la carrera judicial se hace directamente en la categoría de magistrado. En México, el ingreso y promoción para las categorías de magistrado de circuito y juez de distrito se realiza a través de concurso-oposición interno y oposición libre (examen de aptitud que consta de pruebas escritas y una oral).[159] Otros puestos de rango superior, como el de ministro de la SCJN, requieren una selección por parte del Senado de la República.

Aunque la inmensa mayoría de los tribunales se nutren de profesionales, también se deja un resquicio para que **legos en derecho** ejerzan la jurisdicción. Así, en España aquellos que no han cursado estudios de derecho pueden ser titulares de los *Juzgados de Paz*,[160] a diferencia de lo que sucede en México donde se requiere que el juez de paz sea licenciado en derecho.[161] En ambos países, los legos en derecho sí pueden actuar como miembros del *Tribunal de Jurado*. En España, el Tribunal del Jurado (que opera sólo para cierto tipo de delitos)[162] está compuesto de un juez profesional, que actúa en calidad de magistrado-presidente, y por nueve **jurados** que se encargan de emitir el **veredicto**; es, sin embargo, el presidente quien redacta la decisión final de acuerdo con el juicio sobre el hecho emitido por el jurado. España se adscribe, por tanto, al modelo de **jurado puro**. En México, el **Jurado Federal de Ciudadanos** está compuesto por siete miembros, quienes resuelven por medio de un veredicto las cuestiones de hecho que les plantean los jueces respecto de delitos cometidos por medio de la prensa contra el orden público o la seguridad exterior o interior de la Nación, y los demás que determinen las leyes.[163] Por último y como dato curioso, cabe apuntar que la LOPJ española reconoce dos **tribunales consuetudinarios**, el *Tribunal de las Aguas de Valencia* y el *Consejo de los Hombres Buenos de Murcia*.[164] En este contexto, los legos en derecho pueden ejercer como *síndicos jueces* de estos tribunales consuetudinarios y tradicionales que deciden los conflictos de regadío en las huertas de las poblaciones donde ejercen su jurisdicción.

Asimismo, ha de tenerse en cuenta que los tribunales no se conforman sólo con un juez. En España, el tribunal también precisa de un **secretario judicial** que ostenta la **fe pública**. Además, se cuenta con el apoyo administrativo de la **oficina judicial**, compuesta de **oficiales** y **auxiliares de justicia** que acceden al puesto a través de concurso-oposición.

---

[159] LOPJF, arts 112–17.
[160] Los Juzgados de Paz existen en todos los municipios en los que no haya Juzgado de Primera Instancia e Instrucción, de modo que son sobre unos siete mil quinientos. Allí donde existen sólo se ocupan de asuntos en materia civil de cuantía inferior a noventa euros. Véase LEC, art 47.
[161] Ley Orgánica del Tribunal Superior de Justicia del Distrito Federal (DOF 7.2.1996), art 18.
[162] Ley Orgánica 5/1995, de 22 de mayo, del Tribunal del Jurado (BOE 23.5.1995), art 1: delito de homicidio; amenazas; omisión del deber de socorro; allanamiento de morada; infidelidad en la custodia de documentos; cohecho; tráfico de influencias; malversación de caudales públicos; fraudes y exacciones ilegales; negociaciones prohibidas a funcionarios e infidelidad en la custodia de presos (pero no conocen de la prevaricación).
[163] LOPJF, arts 56–67.
[164] CE, art 125; LOPJ, art 19. No existe constancia clara de su origen histórico, pero existen muchos indicios que apuntan a la herencia musulmana española, como que el procedimiento sea similar a algunos del mundo musulmán. Véase Montero Aroca, Gómez Colomer, Barona Vilar (n 135) 69–70; Nieva Fenoll (n 146) 256–57.

Asimismo, en los Estados Unidos Mexicanos los **secretarios** y **actuarios** pertenecen a la carrera judicial.[165]

Como ya se ha visto, la Constitución española admite tribunales especiales que, además, son superiores a los órganos que componen la jurisdicción ordinaria. En el capítulo 4 ya se hizo referencia al Tribunal Constitucional;[166] caracterizado como el intérprete supremo de la Constitución, está compuesto en España por 12 magistrados escogidos entre juristas de reconocido prestigio por el Congreso de los Diputados, el Senado, el Gobierno y el Consejo General del Poder Judicial, que han de proponer respectivamente 4 magistrados los dos primeros y 2 los dos últimos. Cabe destacar que no es el único tribunal que impone su doctrina de forma vinculante a los órganos jurisdiccionales españoles. La pertenencia de España a la Unión Europea condiciona el reconocimiento de la jurisdicción del Tribunal de Justicia, del **Tribunal General** y del **Tribunal de la Función Pública**,[167] siendo todos ellos tribunales cuya doctrina es fuente formal del derecho tanto en España como en los demás estados miembros de la Unión Europea.

España ha reconocido, además, la jurisdicción de algunos tribunales internacionales. Es el caso del Tribunal Europeo de Derechos Humanos, encargado de la interpretación del Convenio de Roma de 4 de noviembre de 1950 sobre Protección de los Derechos Humanos y las Libertades Fundamentales (CEDH).[168] En caso de que el TEDH aprecie una violación del CEDH por parte de un estado parte sólo se le impone una sanción, quedando al albedrío del estado condenado la implementación de la doctrina contenida en la sentencia; en cualquier caso, la autoridad de este Tribunal es inmensa en la práctica española y en la jurisprudencia de sus tribunales.[169]

Por su parte, México ha reconocido la jurisdicción de la Corte Interamericana de Derechos Humanos, a la que se hará referencia posteriormente. De jurisdicción complementaria de la nacional también puede caracterizarse la ejercida por la **Corte Penal Internacional**, de cuyo Estatuto de Roma son parte tanto España como México. Esta Corte sólo conoce en aquellos casos en los que los tribunales internos no estén en condiciones de juzgar el asunto.[170] Ahora bien, hubiera sido deseable otro tipo de cláusula, de **jurisdicción universal**, de tal manera que el Tribunal pudiera conocer en todo caso y con independencia del país implicado, de determinados crímenes que se pueden considerar **de lesa humanidad** y que, por tanto, ningún estado está en condiciones de juzgar ya que

---

[165] LOPJF, art 110.

[166] La Ley Orgánica 2/1979, de 3 de octubre, del Tribunal Constitucional (BOE 5.10.1979) desarrolla CE, arts 159–165.

[167] Tratado de la Unión Europea, TFUE (n 138), Estatuto del Tribunal de Justicia y los Reglamentos de los respectivos tribunales. Véase Eur-Lex <http://eur-lex.europa.eu/homepage.html?locale=es>.

[168] Constituido en 1959, el TEDH tiene su sede en Estrasburgo y está previsto en CEDH, arts 19–51, seguida de otra legislación de desarrollo.

[169] Las sentencias del TEDH permiten plantear revisión de sentencias firmes del Tribunal Supremo, según la Ley Orgánica 7/2015, de 21 de julio (BOE 22.7.2015) que modifica LOPJ, art 5 bis.

[170] El Estatuto de la Corte Penal Internacional fue firmado en Roma el 17 de julio de 1998 y entró en vigor el 1 de julio de 2002 (BOE 27.5.2002) y para su implementación, España promulgó la Ley Orgánica 18/2003, de 10 de diciembre, de cooperación con la Corte (BOE 11.12.2003).

atañen a la propia Humanidad.[171] También es obligado mencionar la **Corte Internacional de Justicia**, de cuyo estatuto son estados parte España y México.[172] Con sede en La Haya, sólo juzga a pares, esto es, a estados si éstos aceptan expresamente su jurisdicción. Se trata de un órgano creado bajo el auspicio de Naciones Unidas.[173]

5.III.3 El proceso jurisdiccional en los países hispanoparlantes

La mayoría de los países hispanoparlantes organiza de forma similar el proceso jurisdiccional y sus distintas fases. Pero existen diferencias entre países en el detalle de su plasmación legal y también en la distinta ordenación del proceso civil y el proceso penal. Comoquiera que es imposible examinar todas las jurisdicciones, sólo se hará una somera referencia a España y México.

Antes de entrar en el examen de estas diferencias, conviene precisar que el proceso es una sucesión de fases o actos que, de un modo u otro, se organizan de la misma manera en todas las jurisdicciones. El proceso jurisdiccional puede tener una fase preliminar, cuyo contenido puede ser acordar **medidas cautelares** anticipadas, o **diligencias preliminares** en España y en México. El proceso *stricto sensu* comienza con una fase de *alegaciones* o expositiva, en la cual las partes presentan su caso ante el tribunal y delimitan cuál es el **objeto del proceso**. A esta fase le sigue la de *pruebas*, donde cada una de las partes intenta sostener su postura procesal sobre la base del material probatorio que es aportado al proceso a través de los **medios de prueba** que, por regla general, se ordenan en declaración o confesión o interrogatorio de parte; prueba documental; prueba testifical o testimonial; prueba pericial y reconocimiento judicial del objeto del proceso. Una vez que se han presentado los hechos al tribunal, se pasa a la fase de *conclusiones* en la que las partes resumen para el tribunal (denominados **alegatos** en México), lo que entienden que sostiene su postura y está apoyado en los resultados del periodo probatorio. Después de esta fase corresponde al tribunal dictar **sentencia**. En ella se expresa el **juicio**, que es el resultado del proceso o **enjuiciamiento**.[174] El término **procedimiento** ha de reservarse, en cambio, para la traducción normativa de los trámites en que se concretan las fases antes reseñadas.

La sentencia puede ser **definitiva** o **firme**, es decir, quedar pendiente de **recurso** o, por el contrario, gozar de **cosa juzgada**, esto es, el litigio se convierte en *res iudicata* y, por tanto, irrevocable. Antes de llegar a este punto, podrían plantearse distintos tipos de recursos, generándose la denominada en México **etapa impugnativa**. En España baste mencionar el recurso de **apelación**, que abre la puerta a la segunda instancia procesal y es el ejemplo típico de un **recurso ordinario** porque se puede revisar tanto el juicio de hecho como el juicio de derecho contenido en la sentencia apelada, y el **recurso de casación**, que es un **recurso extraordinario** a través del que un órgano jurisdiccional de prestigio, normalmente el Tribunal Supremo, examina de nuevo sólo el juicio de derecho emitido en la sentencia impugnada. Ambos recursos son **devolutivos**, puesto que conoce de los mismos

---

[171] Como indica Nieva Fenoll (n 146) 255.
[172] Corte Internacional de Justicia <www.icj-cij.org/homepage/index.php?&lang=en>.
[173] Estatuto del Tribunal Internacional de Justicia, aprobado en la Conferencia de San Francisco de 6 de junio de 1945 (BOE 16.11.1990), art 34.1.
[174] Nótese que las leyes procesales españolas recogen acertadamente esta denominación y con ello ponen de relieven lo que persigue el proceso, el juicio jurisdiccional.

un tribunal diferente del que pronunció la sentencia impugnada; si conociera el mismo tribunal, como sucede con el **recurso de reposición**, se trataría de un recurso no devolutivo. En México cabe también la posibilidad de ejercitar un recurso de apelación y en ocasiones impugnar la sentencia de segunda instancia a través de un juicio de amparo.

La sucesión de actos procesales así descrita conforma, a su vez, lo que se conoce como la **fase declarativa** del proceso. Una vez finalizada, cuando ya ha recaído cosa juzgada, se abre la **fase ejecutiva**, para lo que existe otro proceso específico, el **proceso de ejecución**. Constante la fase declarativa y para asegurar la ejecución de la sentencia que recaiga en el proceso, es posible solicitar **medidas cautelares**, a veces denominadas *provisionales*. Una vez que existe una sentencia definitiva se puede pedir su **ejecución provisional**, a salvo el supuesto en que el recurso sea **suspensivo** de la ejecución de la sentencia impugnada.

El proceso jurisdiccional es enjuiciamiento y como tal, consiste en una lid entre partes que transcurre ante un tercero imparcial e independiente, bajo la égida de los principios de dualidad de partes, audiencia y contradicción e igualdad entre las partes. En los países de habla hispana, dicho proceso comienza normalmente cuando el **actor** o **demandante** plantea la **demanda** afirmando su pretensión procesal. En derecho mexicano, la demanda de juicio ordinario ha de recoger un contenido mínimo,[175] siendo curioso señalar que en la práctica el escrito de demanda suele cerrarse habitualmente con la expresión **protesto lo necesario**, que supone una manifestación de buena fe procesal. La demanda ha de ser **notificada** al **demandado** con tiempo suficiente para que se defienda de este **emplazamiento**. El demandado podrá presentar escrito de **contestación a la demanda**, **allanarse** (admitir sin discusión la pretensión del demandante), **reconvenir** (además de contestar, presentar una nueva demanda), o mantenerse en **rebeldía** (no comparecer procesalmente). Si la contestación contiene **reconvención** habrá de seguirse el camino inverso: **notificación** al demandante, ahora demandado, para que, a su vez, replique. En todo caso, ha de destacarse que las actuaciones anteriores a la presentación de la demanda, dirigidas a realizar las averiguaciones pertinentes y acumular evidencias para sostenerla, no tienen carácter procesal. En el proceso civil, la excepción viene representada por las **diligencias preliminares**,[176] a través de las que se solicita la cooperación judicial para, por ejemplo, obtener documentos o cosas en poder de la otra parte. Se trata así de exigir deberes de información y exhibición a los que las partes sólo están obligadas si lo requiere una autoridad judicial. Como es conocido, la aproximación es diferente en los países de la órbita del *common law*, donde los reseñados deberes son más amplios y también el rol de las partes y los tribunales en la fase *pre-trial*. Tanto en España como en México son muy abundantes los textos de origen internacional, bilateral o multilateral, dedicados a regular la diversas cuestiones subsumibles en el ámbito de la **cooperación judicial internacional**.

El esquema del proceso jurisdiccional aquí dibujado se reproduce *grosso modo* en todos los procesos, pero con particularidades propias en el proceso penal. En los países hispanoparlantes, los órganos jurisdiccionales no ostentan la exclusividad en la aplicación del derecho privado, pero sí tienen, en cambio, el monopolio en la aplicación del derecho

---

[175] Por ejemplo, CPCDF, art 255.
[176] En clave comparativa, véase Laura Carballo Piñeiro, 'La actividad preparatoria de un litigio internacional: de las diligencias preliminares a la *pre-trial discovery*' (2005) 6370 La Ley 1.

penal.[177] La opción política de estos países en el ámbito punitivo se concreta en la garantía jurisdiccional: el derecho penal sólo lo aplican los tribunales de justicia y lo hacen a través del proceso jurisdiccional. Cómo se organiza este último es una cuestión a la que ha intentado darse respuesta trayendo a colación la distinción entre el sistema acusatorio y el sistema inquisitivo.[178] El primero se caracterizaría por su similitud con el proceso civil, esto es, sólo los particulares ejercitan la acusación y traen al proceso las pruebas sobre los hechos que ha de enjuiciar un tercero imparcial; por el contrario, el sistema inquisitivo parte de que la persecución del delito no es cosa privada, sino pública, pero presenta el gravísimo defecto de que el mismo juez que ha de enjuiciar el asunto se encarga de la acusación y de ordenar las pruebas, esto es, es a la vez juez y parte. Como se ha visto en el capítulo 3, las jurisdicciones hispanoparlantes no pueden encuadrarse por completo a día de hoy ni en un sistema ni en el otro, ya que la acción penal se ejercita **de oficio** y el acusado tiene el derecho irrenunciable a ser juzgado por un tercero imparcial e independiente.

En España se conocen los denominados **delitos privados** (señaladamente la difamación y las injurias), de la misma forma que la Constitución Política de los Estados Unidos Mexicanos declara expresamente que, en ocasiones, los particulares podrán ejercer la acción penal ante la autoridad judicial.[179] Fuera de estos supuestos, la persecución del delito es instada por el **ministerio público**, a quien le corresponde ejercitar la acción penal. El ofendido o el perjudicado pueden también personarse como **acusación particular**. Y, en función de la jurisdicción, también puede ser admisible la **acusación popular**,[180] aquella que ejercitan ciudadanos no directamente afectados por el delito en nombre de la sociedad. Imprescindible en el proceso penal es la presencia del **Ministerio Fiscal** o de la **Procuraduría General de la República** (Ministerio Público Federal), como se conoce al ministerio público en España y México respectivamente,[181] pero no necesariamente como acusador, puesto que puede considerar que no hay delito cuando sí lo sostienen la acusación privada o la acusación popular. En España, el Ministerio Fiscal es un profesional del derecho, donde las vías de acceso a la **carrera fiscal** son similares a las de la carrera

---

[177] La Ley Orgánica 10/1995 del Código Penal español (BOE 24.11.1995) (en adelante, CP) establece:

1. No podrá ejecutarse pena ni medida de seguridad sino en virtud de sentencia firme dictada por el Juez o Tribunal competente, de acuerdo con las leyes procesales. 2. Tampoco podrá ejecutarse pena ni medida de seguridad en otra forma que la prescrita por la Ley y reglamentos que la desarrollan, ni con otras circunstancias o accidentes que los expresados en su texto. La ejecución de la pena o de la medida de seguridad se realizará bajo el control de los Jueces y Tribunales competentes.

[178] Ibid art 3.
Juan Montero Aroca y otros, *Derecho jurisdiccional III. Proceso penal* (20a edn, Tirant lo Blanch 2012) 11.
[179] Como indica la CPEUM:

El ejercicio de la acción penal ante los tribunales corresponde al Ministerio Público. La ley determinará los casos en que los particulares podrán ejercer la acción penal ante la autoridad judicial.

Ibid art 21.2.
[180] CE, art 125.
[181] Curiosamente, tanto el Ministerio Fiscal español como la Procuraduría mexicana se remontan en su terminología a su supuesto origen romano, al procurador que se encargaba de la defensa del patrimonio del César. Véase Nieva Fenoll (n 146) 210 y ss.

judicial. Como órgano dependiente del poder gubernativo, se organiza de acuerdo con los principios de jerarquía y unidad de actuación, situándose a la cabeza del cuerpo de fiscales el **Fiscal General del Estado** que es nombrado por el Gobierno. La dependencia jerárquica no debería, sin embargo, prevalecer sobre el principio de legalidad que ha de presidir su actuación. En México, el Procurador General de la República es nombrado por el Titular del Ejecutivo Federal y ratificado por el Senado de la República[182] y, salvo algunos cargos de libre elección, el resto de los integrantes de la procuraduría han de aprobar un concurso-oposición.[183]

A diferencia de lo que sucede con el proceso civil, la actividad preparatoria del proceso penal está regulada por las leyes procesales penales de todos los países. Desde el siglo XIX se prevén dos fases perfectamente diferenciadas que siguen manteniéndose a día de hoy: la primera de ellas, la fase de instrucción, es la preparación de la segunda, la fase de enjuiciamiento propiamente dicha. A la primera se la denomina en España **sumario** y a la segunda **juicio oral**.[184] Es importante insistir en la diferencia de fases ya que sólo la segunda puede considerarse proceso jurisdiccional, dado que se garantiza que quien juzga es imparcial e independiente. La primera fase sirve para preparar la acusación y la defensa que se sostendrán, en su caso, en la segunda fase. La fase de instrucción presenta pecurialidades propias en España puesto que, a diferencia de otros países, quién se encarga de la misma es un tribunal, el **Juzgado de Instrucción**. El Ministerio Fiscal está obligado a participar por ley en esta fase, pero no dirige la instrucción. Ésta se inicia bien por **denuncia**, que consiste en la puesta en conocimiento de la policía, las autoridades judiciales o el Ministerio público de hechos que pueden ser constitutivos de delito, o por **querella**, que consiste en la declaración de voluntad a través de la que, formalmente, se manifiesta ante un órgano jurisdiccional la intención de convertirse en parte acusadora en un proceso penal, para la persecución de hechos que pueden ser constitutivos de delito.[185]

El derecho a ser informado de la acusación ha de ser garantizado ya en la fase de instrucción. Para cumplir con este derecho, el juez de instrucción español ha de proceder a **imputar** al sospechoso. La imputación es una categoría jurídica que comporta los derechos del imputado a no declarar contra sí mismo, a comparecer representado legalmente y a solicitar las diligencias de investigación que considere necesarias para sostener su defensa.[186] Si hubiera ya sido **detenido** por la policía habría que proceder, igualmente, a informarle de sus derechos, entre los que está la comparecencia ante el juez para solicitar su puesta en libertad. En España, la puesta a disposición judicial ha de ser *inmediata*, de acuerdo con el artículo 17 CE; de no ser así, puede solicitar *habeas corpus* para que se le lleve ante un juez y éste se pronuncie sobre la detención.[187] En México existe en algunos

---

[182] CPEUM, arts 102, 76.2.
[183] Ley Orgánica de la Procuraduría general de la República (DOF 29.5.2009).
[184] La denominación de juicio oral insiste en la forma oral de tramitación del procedimiento que, además, está constitucionalizada en CE, art 120.2.
[185] La querella ya está mencionada en CE, art 125; LOPJ, art 19.1. Aunque su detalle puede verse, conjuntamente con el de la denuncia, en LECRIM, arts 259–81.
[186] Estos derechos se desprenden directamente de CE, art 24.2 y se concretan en LECRIM, art 118.II.
[187] CE, art 17; LECRIM, arts 520–27; Ley Orgánica 16/1984, de 19 de julio, reguladora del proceso de *habeas corpus* (BOE 26.5.1984).

Estados de la República un **juez de garantía** que vela por las garantías de las personas durante la investigación llevada a cabo por el Ministerio Público. En cualquier caso, si el imputado o acusado carecieren de medios económicos suficientes para litigar, tendrán derecho a **asistencia jurídica gratuita**.[188] Este beneficio es administrado en España por los colegios de abogados y ellos mantienen un **turno de oficio** para asegurar que siempre hay un abogado y un procurador a disposición de todo detenido.[189] En México, es el **Instituto de la Defensoría Pública** el órgano que proporciona defensa en materia penal, a través del **defensor público** y patrocinio en otras materias.[190]

Una vez que el juez de instrucción considera que se han hecho todas las averiguaciones necesarias o posibles, se abre una fase en la que se dilucida si procede abrir juicio oral o no. En caso negativo se dictará **auto de sobreseimiento** que puede ser definitivo o provisional; en caso afirmativo, se emite un auto de apertura del juicio oral del que ha de darse conocimiento al ahora ya **acusado** formalmente con tiempo suficiente para que pueda organizar su defensa.[191] El **juicio oral** se tramita ante un tribunal distinto que bien puede ser un Juzgado de lo Penal o una Audiencia Provincial (Juzgado Central de lo Penal o Audiencia Nacional en caso de determinados delitos con ámbito territorial estatal) en función de la gravedad del delito. Como ya se ha indicado, el Tribunal de Jurado es convocado para sólo algunos delitos. De todos modos y habiendo acusación, el juicio oral puede no llegar a celebrarse en España porque el acusado se conforme con la pena solicitada por la acusación. La institución de la **conformidad del acusado** recuerda al *plea bargaining* anglosajón y se traduce en España en que tanto el acusado como su abogado aceptan con ciertos límites la pena más grave de las solicitadas si hubiera varias acusaciones. En esta tesitura, se procede a dictar sentencia inmediatamente, ya que la **vista oral** no es necesaria.[192] En México, recientes reformas constitucionales han implantado un sistema acusatorio que se basa en los principios de oralidad, inmediación, publicidad y contradicción,[193] por lo que el juicio oral juega un papel esencial.

---

[188] En España este derecho está contemplado en CE, art 119, y desarrollado en Ley 1/1996, de 10 de enero, de asistencia jurídica gratuita (BOE 12.1.1996).

[189] La Ley de asistencia jurídica gratuita (n 189) precisa:

1. Los Colegios profesionales establecerán sistemas de distribución objetiva y equitativa de los distintos turnos y medios para la designación de los profesionales de oficio. Dichos sistemas serán públicos para todos los colegiados y podrán ser consultados por los solicitantes de asistencia jurídica gratuita.

Los Colegios de Abogados, salvo aquéllos en los que por la reducida dimensión de la actividad no sea necesario, constituirán turnos de guardia permanente para la prestación del servicio de asistencia letrada al detenido.

[190] Ibid art 24.
Instituto de la Defensoría Pública <http://portal2.edomex.gob.mx/idefensoria/acerca_instituto/index.htm>.

[191] LECRIM, arts 384.1, 652, 800.2.

[192] En España, la sentencia por conformidad del acusado sólo puede alcanzarse en relación con delitos cuyas penas no superen los 3 años de privación de libertad o los 9 años si se alcanza dentro del proceso abreviado. Véase LECRIM, arts 655, 781, 801; Vicente Gimeno Sendra, *Manual de derecho procesal penal* (2a edn, Colex 2010) 393–97; Montero Aroca y otros (n 179) 263–77.

[193] Bertha Alcalde Luján y Gerald Lebovits, 'La transformación del papel del abogado defensor

El proceso penal comienza con la presentación oral del **escrito de acusaciones** por parte del Ministerio Fiscal y la acusación particular o popular si las hubiera, interviniendo a continuación la defensa. Como ya se puso de manifiesto en el capítulo 3, el principio de oralidad se refuerza considerablemente en el enjuiciamiento penal, como muestra el dato de que a esta fase se la conozca en España y México como juicio oral. Tras las intervenciones de las partes, se practican a continuación los medios de prueba (el desahogo de pruebas, como se denomina en México), principiando con la declaración del acusado. Si deseara hacerla, puesto que es su derecho permanecer en silencio. A continuación, se practican las demás pruebas, principalmente la testifical y la pericial. Testigos y peritos intervienen en el procedimiento bajo *juramento* o *promesa de decir verdad*, **protesta de decir verdad** en derecho mexicano, y el incumplimiento puede constituir delito de falso testimonio.[194] El interrogatorio de las partes difiere del que se practica en el mundo anglosajón, en particular en los Estados Unidos, en la medida en que las preguntas se refieren normalmente sólo a los hechos constitutivos de delito. No se examina, por tanto, el crédito que pueda merecer el testigo o el perito, a quien sólo se les pregunta en el momento de prestar juramento o promesa sobre sus relaciones con el acusado y las partes, y sobre si ha sido condenado penalmente.[195] La forma del interrogatorio también difiere, aunque se ha hecho un esfuerzo por introducir la *cross-examination* estadonidense, denominada en España **interrogatorio cruzado**. De todos modos, está lejos de la sofisticación de la fórmula anglosajona,[196] a pesar de que en México se hace uso de técnicas (**contraexamen**) y hasta terminología propia del *common law* (*looping*).[197]

Tras la práctica de la prueba, ministerio público, acusaciones y defensa presentan sus **alegaciones finales** o **conclusiones**, **turnos para alegar cierre** en derecho mexicano, y jurados o jueces se retiran a deliberar para pronunciar sentencia **condenatoria** o **absolutoria**. Frente a ella cabe recurso que tiene la categoría de derecho en el proceso penal con base en el artículo 14.5 del Pacto Internacional de Derechos Civiles y Políticos,[198] del que España y México son parte. En este último país es necesario que su proceso penal dé respuesta adecuada a cuestiones como la garantía del derecho de defensa de los más de seis millones de indígenas que no hablan español sino una de las 85 lenguas indígenas del país.[199]

---

en el nuevo sistema de justicia penal mexicano' en *Dilemas Contemporáneos sobre Ejercicio de la Abogacía en México: Colección de Ensayos* (American Bar Association 2014) <http://ssrn.com/abstract=2387858>.

[194] En España regulado en CP (n 178) arts 458 y ss.
[195] LECRIM, art 708 en relación con art 436.
[196] La brevedad del precepto de la LECRIM, ya evidencia las diferencias que existen con la sofisticación de la fórmula anglosajona:

(. . .) la parte que le haya presentado podrá hacerle las preguntas que tenga por conveniente. Las demás partes podrán dirigirle también las preguntas que consideren oportunas y fueren pertinentes en vista de sus contestaciones. El Presidente, por sí o a excitación de cualquiera de los miembros del Tribunal, podrá dirigir a los testigos las preguntas que estime conducentes para depurar los hechos sobre los que declaren.

Ibid art 708. Véase el análisis de las diferencias en Joan Verger Grau, 'Un interrogatorio cruzado y mágico' (2000) 1 Justicia: revista de derecho procesal 5.

[197] Elías Polanco Braga, *Nuevo diccionario del sistema procesal penal acusatorio. Juicio oral* (Porrúa 2014).
[198] Pacto Internacional de Derechos Civiles y Políticos de 1966, 999 UNTS 171.
[199] Sidney Ernestina Marcos Escobar, 'El derecho de los indígenas a una defensa adecuada en

El proceso penal se somete en la mayoría de los países de habla hispana al principio de legalidad, dejando muy poco espacio al principio de oportunidad y, por tanto, a la posibilidad de acuerdos entre las partes. No obstante, una reciente reforma de la Constitución Política de los Estados Unidos Mexicanos sí admite el recurso en el ámbito penal a mecanismos alternativos de solución de controversias.[200] Más generalizada es esta situación en los demás procesos, donde el **acuerdo judicial**, transacción judicial en la terminología española, se admite sin más límites que el de no perjudicar a terceros al proceso y que verse sobre materia disponible. De hecho, el consenso de las partes es promovido a través de actos de **conciliación** o de **mediación** que pueden insertarse a lo largo del proceso. Por ejemplo, es el caso de la Ley de Jurisdicción Voluntaria española,[201] que regula un procedimiento de conciliación previo al inicio del proceso civil. Con la transposición en España de la Directiva 2008/57/CE sobre ciertos aspectos de la mediación en materia civil y mercantil,[202] la LEC fue modificada para obligar a los tribunales a informar a las partes de que existe esta posibilidad de solventar sus diferencias.[203] En el juicio ordinario civil mexicano, la ley encarga a un **conciliador adscrito al juzgado** que, durante la audiencia previa, proponga a ambas partes alternativas de solución al litigio.[204] La Constitución mexicana[205] otorga capacidad dirimente a las juntas locales o federal de conciliación y arbitraje en materia de conflictos laborales.[206]

---

el nuevo sistema de justicia penal en México' (2012) 5 Revista legislativa de estudios sociales y de opinión pública 181.

[200] La CPEUM indica:

Las leyes preverán mecanismos alternativos de solución de controversias. En la materia penal regularán su aplicación, asegurarán la reparación del daño y establecerán los casos en los que se requerirá supervisión judicial.

[201] Ibid art 17.3.
Ley 15/2015, de 2 de julio, de la Jurisdicción Voluntaria (BOE 3.7.2015), arts 139 y ss.
[202] Ley 5/2012, de 6 de julio, de mediación en asuntos civiles y mercantiles (BOE 7.7.2012).
[203] LEC, arts 414.1, 440.1, 443.3.
[204] Así:

Si asistieran las dos partes, el juez examinará las cuestiones relativas a la legitimación procesal y luego se procederá a procurar la conciliación que estará a cargo del conciliador adscrito al juzgado. El conciliador preparará y propondrá a las partes, alternativas de solución al litigio. Si los interesados llegan a un convenio, el juez lo aprobará de plano si procede legalmente y dicho pacto tendrá fuerza de cosa juzgada. En los casos de divorcio, si los cónyuges llegan a un acuerdo respecto al convenio, el juez dictará un auto en el cual decrete la disolución del vínculo matrimonial y la aprobación del convenio, sin necesidad de dictar sentencia.

[205] CPCDF, art 272 A.
Así,

El Congreso de la Unión, sin contravenir a las bases siguientes deberá expedir leyes sobre el trabajo, las cuales regirán: Las diferencias o los conflictos entre el capital y el trabajo, se sujetarán a la decisión de una Junta de Conciliación y Arbitraje, formada por igual número de representantes de los obreros y de los patronos, y uno del Gobierno.

[206] CPEUM, art 123.XX.
Junta Federal de Conciliación y Arbitraje, Secretaría del Trabajo y Previsión Social <www.stps.gob.mx/bp/secciones/junta_federal/index.html>; Junta Local de Conciliación y Arbitraje <http://201.150.36.178/consultaexpedientes/wfPrincipal.aspx>.

Los **métodos de resolución alternativa de conflictos**, también conocidos por sus siglas en inglés, métodos ADR (*Alternative Dispute Resolution*) también incluyen al **arbitraje**, ampliamente admitido en los países hispanoparlantes. En España, las materias de derecho privado consideradas no arbitrables son excepción, aunque sí se establecen límites al arbitraje por otras razones como la protección de una parte débil en la contratación. Así, cabe destacar que el arbitraje de consumo sólo se admite si se lleva a cabo por los trámites del sistema administrativo de arbitraje impuesto por el legislador español por Real Decreto 231/2008, esto es, gestionado por la administración pública española.[207] En los Estados Unidos Mexicanos, la legislación excluye del arbitraje una serie de cuestiones pertenecientes al derecho de familia y estado civil.[208] Igualmente, existen normas que imponen un arbitraje gestionado por una autoridad administrativa en cuestiones pertenecientes al ámbito de la propiedad intelectual o industrial.[209]

5.III.4 El rol de las decisiones judiciales en los sistemas constitucionales y legales de los países hispanoparlantes

Como se ha indicado en el capítulo 3, la mayoría de las jurisdicciones de habla hispana se encuadran en la tradición de *civil law*.[210] De todos modos, también el derecho procesal ha de entenderse en clave comparativa a día de hoy y estos países comparten muchas características con los países de *common law* como consecuencia de la contaminación jurídica. No obstante, no sucede ello, en principio, respecto del rol que juegan las decisiones judiciales, ya que con carácter general en la tradición del *civil law* no tienen el rango de fuente formal directa del derecho,[211] tal y como se ha visto en el capítulo 4.

Pero ello no supone que su papel sea accesorio. La **jurisprudencia** (del latín, *iuris*,derecho, y *prudentia*, sensatez) es clave en primer lugar en la interpretación y clarificación de los ordenamientos jurídicos adscritos al sistema continental (función interpretadora). Ha de hacerlo respetando el sistema de fuentes y, en particular, conforme a la norma suprema del ordenamiento jurídico, la Constitución, sin que este deber colisione con la opción en muchos ordenamientos de habla hispana por un modelo concentrado de control de la constitucionalidad de las leyes. En esta línea, el artículo 1.6 del Código Civil español

---

[207] Real Decreto 231/2008, de 15 de febrero, por el que se regula el sistema arbitral de consumo (BOE 25.2.2008).

[208] Así,

No se pueden comprometer en árbitros los siguientes negocios: El derecho de recibir alimentos; los divorcios, excepto en cuanto a la separación de bienes y a las demás diferencias puramente pecuniarias; las acciones de nulidad de matrimonio; los concernientes al estado civil de las personas, con la excepción contenida en el artículo 339 del Código Civil; los demás en que lo prohíba expresamente la ley.

[209] CPCDF, art 615.
Leonel Pereznieto Castro y James A Graham, *Tratado de arbitraje comercial internacional mexicano* (2a edn, Limusa 2013) 84–86.

[210] Aunque existen excepciones relevantes como es el caso de Puerto Rico donde se ha adoptado un sistema mixto que combina ambas tradiciones.

[211] Reflexionando sobre dichas distinciones, véase Josep Aguiló Regla, 'Fuentes del derecho y normas de origen judicial' (2009) 156 Revista General de Legislación y Jurisprudencia 447.

aclara que la jurisprudencia 'complementará el ordenamiento jurídico'. Pero ello no obsta a que se alcen voces en defensa de su condición de fuente del derecho. De hecho, el valor de la jurisprudencia es muy alto en la práctica de estos países y no puede ser capitidisminuido por el dato de que formalmente en algunos países no se la considere entre las fuentes formales del derecho. Aunque ha de advertirse desde ya que la doctrina mexicana sí la define como fuente del derecho indirecta por los motivos que se expondrán posteriormente.

Adicionalmente, la jurisprudencia no sólo sirve a interpretar las leyes, sino que eventualmente puede llenar sus lagunas sirviendo a la integración del ordenamiento jurídico (función integradora);[212] en este sentido, la jurisprudencia, o **doctrina legal** como también se la conoce, es fuente generadora de principios generales del Derecho. De ahí que, en muchas ocasiones, se aplique antes lo indicado por el Tribunal Supremo que lo previsto en la ley, con independencia de que otras interpretaciones legales sean posibles.[213]

Como en las jurisdicciones de *common law*, la jurisprudencia no puede ser nunca *contra legem* o *praeter legem*, porque así lo prohíbe el sistema de fuentes del derecho; la división de poderes estaría en juego si así se hiciera. Pero los tribunales sí interpretan la ley y, en su caso, llenan las lagunas. A estos efectos, es capital que los tribunales tomen en consideración los ya conocidos métodos de interpretación detallados en el capítulo 4, haciendo primar en todo caso a la voluntad legislativa. Para ello, el órgano jurisdiccional correspondiente ha de tomar en consideración no sólo la propia ley, sino incluso los debates parlamentarios para el caso de dudas interpretativas, puesto que le darán las líneas maestras de la redacción de un precepto o su sentido en la ley en cuestión. La jurisprudencia se alza así como elemento clave del ordenamiento jurídico y es en este contexto que parece justificada la postura de aquellos que la consideran fuente del derecho.

Con la excepción de las decisiones de algunos tribunales especiales como es el caso de los Tribunales Constitucionales y el del Tribunal de Justicia de la Unión Europea, la regla general es que las sentencias judiciales no son vinculantes en los países del sistema continental, y sí en los de *common law*.[214] Como ya se ha indicado, hay voces que predican la necesidad de dicho carácter vinculante también en las jurisdicciones de *civil law*, por

---

[212] Analizando ambas funciones, véase Patricia Fabiola Ramirez Vallejo, 'Significado de la jurisprudencia' (2005) 1 Revista de Postgrado en Derecho de la UNAM 77.

[213] Especialmente llamativo por su graves consecuencias en el sistema judicial español ha sido el caso de una interpretación formalista y creadora de la reglamentación del recurso extraordinario (casación y recurso extraordinario por infracción procesal en la LEC), perpetrada en un polémico acuerdo del Tribunal Supremo alcanzado en Junta General de 12 de diciembre de 2000 y titulado 'Criterios sobre recurribilidad, admisión y régimen transitorio en relación con los recursos de casación y extraordinario por infracción procesal, regulados en la nueva Ley de Enjuiciamiento Civil'. Extensamente criticado por la doctrina (entre muchos otros, véase Ignacio Díez-Picazo Jiménez, 'Un torpedo a la casación' (2001) 2 Tribunales de Justicia 1), esta interpretación tiene la virtud de restringir hasta el absurdo el acceso al recurso. Por desgracia fue refrendada por el Tribunal Constitucional español: SSTC 108/2003, de 2 de junio (BOE 1.7.2003); 46/2004, de 23 de marzo (BOE 23.4.2004); 150/2004, de 20 de septiembre (BOE 22.10.2004); 164/2004, de 4 de octubre (BOE 9.11.2004), y AATC 191/2004, de 26 de mayo (Tribunal Constitucional <http://hj.tribunalconstitucional.es/HJ/es/Resolucion/Show/19760>) y 201/2004, de 27 de mayo (Tribunal Constitucional <http://hj.tribunalconstitucional.es/HJ/es/Resolucion/Show/19770>).

[214] Nieva Fenoll (n 146) 36 y ss, quien apunta a la ausencia de sanciones formales al juez que emite una sentencia en contravención de otra superior como justificación del carácter no vinculante de las decisiones en España.

razones de seguridad jurídica y coherencia del ordenamiento jurídico. En el otro lado de la balanza ha de ponerse el hecho de que el valor de la jurisprudencia reside en la interpretación del ordenamiento jurídico de acuerdo con la realidad histórica y social del momento en que se dicta la decisión; una jurisprudencia vinculante encorsetaría a los tribunales y la labor de actualización del ordenamiento jurídico que realizan.

Frente a lo recién argumentado respecto del caso español, en el sistema jurídico mexicano la jurisprudencia sí genera normas jurídicas de aplicación general, asemejándose más en este punto a los sistemas de *common law*.[215] De hecho, es la influencia estadounidense la que lleva a los entonces recién constituidos Estados Unidos Mexicanos a adoptar una institución, el **amparo**, ligada a la protección del sistema federal y la tutela de derechos fundamentales, que tendría proyección histórica en otros países y sus sistemas constitucionales como España.[216] Creada a modo y semejanza de la *judicial review* estadounidense, la doctrina así creada por tribunales cuya denominación también busca la coincidencia con los estadounidenses es vinculante, como lo es, a día de hoy, la dictada por el Tribunal Constitucional español. Sin embargo, el amparo mexicano hace tiempo que ha evolucionado y ya no se restringe a temas de distribución de competencias entre estados y derechos fundamentales, sino que los tribunales de amparo deciden sobre todos los actos, resoluciones y preceptos del ordenamiento jurídico mexicano, en particular el *habeas corpus*, la inconstitucionalidad de las leyes, la materia contencioso-administrativa, el proceso social agrario y actúan, en general, como tribunal de apelación.[217] El examen de la institución en este punto es, por tanto, fundamental ya que el ordenamiento jurídico mexicano configura la doctrina jurisprudencial creada a su través como auténtica fuente formal del derecho, rompiendo así la tradición de *civil law* sobre el rol de la jurisprudencia. Consciente de ello, el legislador mexicano se ha preocupado de delimitar perfectamente cómo se revoca el precedente para que no se produzca petrificación del ordenamiento jurídico.

Es la propia Constitución mexicana la que proclama dicha posibilidad al afirmar:

> La ley fijará los términos en que sea obligatoria la jurisprudencia que establezcan los Tribunales del Poder Judicial de la Federación y los Plenos de Circuito sobre la interpretación de la Constitución y normas generales, así como los requisitos para su interrupción y sustitución.[218]

En desarrollo de dicha proclamación, la Ley de Amparo, reglamentaria de los artículos 103 y 107 de la Constitución Política de los de los Estados Unidos Mexicanos, regula la cuestión de la integración de la jurisprudencia en los artículos 215 a 230. Estos preceptos prevén tres vías diferenciadas para la creación de jurisprudencia: por reiteración de criterios, por contradicción de tesis y por sustitución.[219]

---

[215] Indicando la influencia de Estados Unidos en esta cuestión, véase Miguel Carbonell Sánchez, 'Una aproximación al surgimiento histórico de la jurisprudencia en México' (1995) 199–200 Rev Fac Der Mex 63.

[216] Héctor Fiz-Zamudio, 'El derecho de amparo en México y España. Su influencia recíproca' (1979) Rev Estud Polit 227.

[217] Héctor Fiz-Zamudio, ' Breve introducción al juicio de amparo mexicano' en Héctor Fiz-Zamudio, *Ensayos sobre el derecho de amparo* (UNAM 2011) 18–55.

[218] CPEUM, art 94.

[219] Dulce María Segura Ruiz, 'La enmienda y modificación con la jurisprudencia que establece el poder judicial de la Federación' (2005) 1 Revista del Postgrado en Derecho de la UNAM 89; José

En primer lugar, la **jurisprudencia por reiteración de criterios** la puede establecer la SCJN funcionando en pleno o en salas, o los tribunales colegiados de circuito. En el primer caso, la SCJN establece jurisprudencia cuando se sustenta un mismo criterio en cinco sentencias no interrumpidas por otra en contrario, resueltas en diferentes sesiones, por una mayoría de cuando menos 8 votos de los 11 posibles. Por su parte, las salas de la SCJN establecen jurisprudencia cuando sustentan un mismo criterio en 5 sentencias no interrumpidas por otra en contrario, resueltas en diferentes sesiones, por una mayoría de cuando menos 4 votos de los 5 posibles. Cuando estos órganos emitan jurisprudencia, la ley indica que han de elaborar una **tesis** que habrá de contener: el título que identifique el tema que se trata; el subtítulo que señale sintéticamente el criterio que se sustenta; las consideraciones interpretativas mediante las cuales el órgano jurisdiccional haya establecido el criterio; cuando el criterio se refiera a la interpretación de una norma, la identificación de ésta; así como los datos de identificación del asunto, el número de tesis, el órgano jurisdiccional que la dictó y las votaciones emitidas al aprobar el asunto y, en su caso, en relación con el criterio sustentado en la tesis. Esta jurisprudencia es obligatoria para las salas si es pronunciada por el pleno y, además, para los Plenos de Circuito, los tribunales colegiados y unitarios de circuito, los juzgados de distrito, tribunales militares y judiciales del orden común de los Estados y del Distrito Federal, y tribunales administrativos y del trabajo, locales o federales. En el segundo caso, los tribunales colegiados de circuito establecen jurisprudencia por reiteración de criterios cuando sustentan un mismo criterio en 5 sentencias no interrumpidas por otra en contrario, resueltas en diferentes sesiones, por la unanimidad de los votos. En este caso ha de elaborarse también una tesis con el contenido ya referido. La jurisprudencia que establezcan los Plenos de Circuito es obligatoria para los tribunales colegiados y unitarios de circuito, los juzgados de distrito, tribunales militares y judiciales del orden común de las entidades federativas y tribunales administrativos y del trabajo, locales o federales que se ubiquen dentro del circuito correspondiente. La jurisprudencia que establezcan los tribunales colegiados de circuito es obligatoria para los órganos recién referidos, con excepción de los Plenos de Circuito y de los demás tribunales colegiados de circuito. En todos los casos de creación de jurisprudencia por reiteración de criterios, el órgano generador de ésta deberá remitir la tesis en el plazo de 15 días a la dependencia de la SCJN encargada del **Semanario Judicial de la Federación** para su publicación, de forma que esta difusión facilitará a las partes la invocación posterior de dichas tesis. Ha de saberse que la jurisprudencia se interrumpe y deja de tener carácter obligatorio cuando se pronuncia sentencia en contrario. En estos casos, en la **ejecutoria** respectiva habrán de indicarse las razones en que se apoya la **interrupción**.

En segundo lugar, la **jurisprudencia por contradicción de tesis** presupone que existen criterios discrepantes sostenidos entre las salas de la SCJN, entre los Plenos de Circuito o entre los tribunales colegiados de circuito. Dicha discrepancia será resuelta por el pleno de la SCJN cuando deban dilucidarse las tesis contradictorias sostenidas entre sus salas; por el pleno o las salas de la SCJN, según la materia, cuando deban dilucidarse las tesis contradictorias sostenidas entre los Plenos de Circuito de distintos Circuitos, entre los Plenos de Circuito en materia especializada de un mismo Circuito, o sus tribunales de diversa especialidad, así como entre los tribunales colegiados de diferente circuito; o por los Plenos

---

María Serna de la Garza, 'The Concept of Jurisprudencia in Mexican Law' (2009) 1 Mexican Law Review New Series 131.

de Circuito cuando deban dilucidarse las tesis contradictorias sostenidas entre los tribunales colegiados del circuito correspondiente. Las contracciones citadas, que pueden ser denunciadas por los sujetos legitimados en cada caso, se resolverán por la mayoría de los magistrados que integren el órgano respectivo de una de las formas siguientes: acogiendo uno de los criterios discrepantes, sustentando uno diverso o bien declarando tal contradicción inexistente o sin materia. En estos casos, la tesis debe de recoger una serie de datos especificados en la Ley de Amparo y publicarse en el Semanario Judicial de la Federación.

En tercer lugar, la jurisprudencia establecida por reiteración o contradicción puede ser sustituida a través de la denominada **jurisprudencia por sustitución**. Dos terceras partes de los magistrados que integran el Pleno de Circuito tienen potestad para sustituir la jurisprudencia que éste haya establecido, previa petición de alguno de sus magistrados. Un Pleno de Circuito, a petición de alguno de los magistrados de los tribunales colegiados de su circuito y contando con la aprobación de la mayoría de sus integrantes, podrá solicitar al hilo de un caso concreto, una vez resuelto, que el pleno de la Suprema Corte de Justicia de la Nación o a la sala correspondiente sustituya la jurisprudencia que haya establecido, requiriéndose para ello mayoría de cuando menos 8 votos en pleno y 4 en sala. Asimismo, cualquiera de las salas de la SCJN, previa petición de alguno de los ministros que las integran y contando con la aprobación de la mayoría de sus integrantes, podrá solicitar al hilo de un caso concreto una vez resuelto, que el pleno de la SCJN sustituya la jurisprudencia que haya establecido, requiriéndose para ello mayoría de cuando menos 8 votos en pleno y 4 en sala. Nuevamente, en estos casos la tesis que se genere debe de recoger una serie de datos especificados en la Ley de Amparo y publicarse en el Semanario Judicial de la Federación.

En un ámbito material más limitado, también ha de tenerse en cuenta que entre las facultades del Pleno de la Sala Superior del **Tribunal Federal de Justicia Fiscal y Administrativa** mexicano está la de

> establecer, modificar y suspender la jurisprudencia del Tribunal conforme a las disposiciones legales aplicables, aprobar las tesis y los rubros de los precedentes y ordenar su publicación en la Revista del Tribunal.[220]

Sus Secciones también poseen dicha facultad.[221] Este tribunal contencioso-administrativo, que depende del poder ejecutivo, genera por tanto jurisprudencia obligatoria para las salas regionales tanto por reiteración de sentencias como por resolución del Pleno de una contradicción de sentencias de salas regionales o de Secciones.[222] Dentro de su ámbito geográfico, el **Tribunal de lo Contencioso-Administrativo del Distrito Federal** también puede fijar jurisprudencia por medio de sentencias emitidas por el pleno de su Sala Superior.[223]

En los Estados Unidos Mexicanos, al igual que sucede en otros países latino-

---

[220] Ley Orgánica del Tribunal Federal de Justicia Fiscal y Administrativa (DOF 6.12.2007), art 18.IX.
[221] Ibid art 23.VI.
[222] Eugenio Arriaga Mayés, 'La jurisprudencia en los tribunales administrativos mexicanos. Creación, cumplimiento e importancia' en AA VV *Estudios en homenaje a Don Alfonso Nava Negrete en sus 45 años de docencia* (Instituto de Investigaciones Jurídicas 2006) 15.
[223] Ley del Tribunal de lo Contencioso-Administrativo del Distrito Federal (DOF 19.12.1995), arts 89–94.

americanos,[224] la Constitución proclama la importancia de los derechos humanos y de los textos internacionales que protegen éstos. Así,

> Las normas relativas a los derechos humanos se interpretarán de conformidad con esta Constitución y con los tratados internacionales de la materia favoreciendo en todo tiempo a las personas la protección más amplia.[225]

En este contexto, México es país signatario de la **Convención Americana de Derechos Humanos**[226] y reconoce la competencia contenciosa de la **Corte Interamericana de Derechos Humanos (CIDH)**.[227] La jurisprudencia emitida por la SCJN mexicana respecto de la CIDH muestra que las decisiones de este tribunal internacional son obligatorias en México.[228] Así, sus criterios son vinculantes para los jueces mexicanos, incluso si el Estado Mexicano no ha sido parte de ese concreto litigio, caso de que estos sean más favorecedores para la protección de los derechos humanos. En los casos de la Corte en los que México es parte, los criterios de la Corte no necesitan ser reiterados para tener carácter vinculante para todas las autoridades del Estado mexicano.[229]

5.III.5 El método de interpretación de las decisiones judiciales en las jurisdicciones hispanoparlantes

A pesar de que en el sistema continental no existe, como tal, la noción de precedente judicial, la jurisprudencia anterior y, sobre todo, la emanada de tribunales superiores también tiene valor en los países adscritos a dicha tradición jurídica. Además y en la medida en que la jurisprudencia ejerce la labor de interpretar e integrar el ordenamiento jurídico, resulta clave si se quiere realizar el análisis de un sistema legal. De hecho, las obras doctrinales no pueden escribirse sin tomarla en consideración. El dato más relevante es, sin embargo, que el propio legislador puede verse compelido a actuar por mor de la jurisprudencia,

---

[224] Sergio García Ramírez, 'Recepción de la jurisprudencia interamericana sobre derechos humanos en el derecho interno' (2008) 14 Anuario de derecho constitucional latinoamericano 353.
[225] CPEUM, art 1.
[226] Organización de Estados Americanos <www.oas.org/dil/esp/tratados_B-32_Convencion_Americana_sobre_Derechos_Humanos_firmas.htm>.
[227] Orden jurídico nacional <www.ordenjuridico.gob.mx/JurInt/16121998.pdf>.
[228] Carlos Enrique Odriozola Mariscal, 'El uso de las fuentes del Derecho Internacional en la interpretación constitucional mexicana' (2014) 13 Derecho en Libertad. Facultad Libre de Derecho de Monterrey 88; Javier Allier Campuzano, 'Presente y futuro de la jurisprudencia mexicana' (2013) 35 Revista del Instituto de la Judicatura Federal 139.
[229] Muestra de ello es, por ejemplo, lo establecido en Ley Federal de Responsabilidad Patrimonial del Estado (DOF 31.12.2004):

> Los preceptos contenidos en el Capítulo II y demás disposiciones de esta Ley serán aplicables, en lo conducente, para cumplimentar los fallos de la Corte Interamericana de Derechos Humanos, así como las recomendaciones de la Comisión Nacional de los Derechos Humanos y de la Comisión Interamericana de Derechos Humanos, aceptadas por los entes públicos federales y por el Estado Mexicano en su caso, en cuanto se refieran al pago de indemnizaciones.

Ibid, art 2. En relación con las sentencias de la Corte, véase Silvia Dutrénit Bielous, 'Sentencias de la Corte Interamericana de Derechos Humanos y reacciones estatales. México y Uruguay ante los delitos del pasado' (2012) 61 América Latina Hoy 79.

redactar las leyes en función de la doctrina legal e, incluso, decidir no intervenir porque prefiera dejar a la jurisprudencia actuar.[230]

Como se ha indicado en el epígrafe anterior, la jurisprudencia no es vinculante con carácter general en la tradición de *civil law*, entre otras razones porque no existen sanciones que se puedan hacer efectivas contra el tribunal que se aparte de doctrina legal precedente. Sin embargo, sí se puede identificar un factor que condiciona la labor judicial: los recursos judiciales. Para las partes procesales, el recurso es un derecho que pueden ejercer siempre que no estén conformes con la opinión legal vertida por el tribunal de la inferior instancia. En clave de sistema legal, el recurso es también un medio para mantener la coherencia del ordenamiento jurídico en la medida en que el tribunal superior está en posición de solventar las discrepancias entre tribunales inferiores sobre la interpretación de la ley. Incluso se prevén jurídicamente recursos por infracción de jurisprudencia.[231] Por último, la importancia de la jurisprudencia también viene reforzada por el factor sociológico, puesto que el tribunal inferior se preocupará de motivar su postura discrepante con miras a evitar que sea revocada por un tribunal superior.

La *auctoritas* del tribunal que dicta la sentencia es, por tanto, relevante a la hora de interpretar las decisiones judiciales también en países hispanoparlantes. Desde un punto de vista estructural, todas las sentencias son igualmente importantes, pero la de los tribunales superiores gozan de mayor prestigio. Además de la experiencia y sabiduría de los jueces que los componen, se pronuncian en *collegium*. Se ha indicado ya que existe un ponente para cada decisión y es por ello que también se toma en consideración quién ha sido el jurista encargado de la redacción de la sentencia para valorar su autoridad. También se ha mencionado que cabe la posibilidad del voto particular, siendo relevante en estos casos quién lo ha formulado y el número de votos particulares que contiene una decisión. Tomando como ejemplo el caso de España, el fallo se adopta por mayoría y pocos son los votos particulares que se hacen, reservándose para asuntos verdaderamente polémicos y, normalmente, en el seno de discusiones ya ante el Tribunal Supremo o el Tribunal Constitucional. Este último actúa en salas pero, si el asunto lo requiere, puede decidir **en pleno**, esto es, el **plenario** de sus 12 magistrados se reúne para emitir la sentencia.

En cuanto al contenido de las decisiones judiciales, éstas siguen un patrón en la jurisdicción española: tras el encabezamiento donde se enumeran los sujetos intervinientes y la historia judicial del asunto, se realiza una breve enumeración de los **antecedentes de hecho** para comenzar a relatar los **fundamentos de derecho** que dan paso al **fallo** judicial. La LEC española especifica la forma de las sentencias:

> 1.ª En el encabezamiento deberán expresarse los nombres de las partes y, cuando sea necesario, la legitimación y representación en virtud de las cuales actúen, así como los nombres de los abogados y procuradores y el objeto del juicio.
>
> 2.ª En los antecedentes de hecho se consignarán, con la claridad y la concisión posibles y en párrafos separados y numerados, las pretensiones de las partes o interesados, los hechos en que

---

[230] Así ocurre, por ejemplo, con la doctrina del levantamiento del velo societario que no ha sido objeto de normas legales en España. Véase Carmen Boldó Roda, *Levantamiento del velo y persona jurídica en derecho privado español* (4a edn, Cizur Menor 2006).

[231] Como es el caso del recurso de casación para unificación de doctrina, que se interpone ante el Tribunal Supremo contra sentencias dictadas en suplicación por las Salas de lo Social de los Tribunales Superiores de Justicia. LJS (n 151) art 218.

las funden, que hubieren sido alegados oportunamente y tengan relación con las cuestiones que hayan de resolverse, las pruebas que se hubiesen propuesto y practicado y los hechos probados, en su caso.

3.ª En los fundamentos de derecho se expresarán, en párrafos separados y numerados, los puntos de hecho y de derecho fijados por las partes y los que ofrezcan las cuestiones controvertidas, dando las razones y fundamentos legales del fallo que haya de dictarse, con expresión concreta de las normas jurídicas aplicables al caso.

4.ª El fallo, que se acomodará a lo previsto en los artículos 216 y siguientes, contendrá, numerados, los pronunciamientos correspondientes a las pretensiones de las partes, aunque la estimación o desestimación de todas o algunas de dichas pretensiones pudiera deducirse de los fundamentos jurídicos, así como el pronunciamiento sobre las costas. También determinará, en su caso, la cantidad objeto de la condena, sin que pueda reservarse su determinación para la ejecución de la sentencia, sin perjuicio de lo dispuesto en el artículo 219 de esta Ley.[232]

A la hora de ejecutar la decisión, lo relevante es el fallo, pero su interpretación depende de los fundamentos de derecho y, más concretamente, de la ***ratio decidendi***. Es, de hecho, la *ratio decidendi* lo que viene a componer la doctrina legal. Otros razonamientos no decisivos para el fallo que se ha pronunciado se conocen como ***obiter dicta*** y no han de ser tenidos en cuenta a la hora de interpretar el fallo de la decisión judicial. La **motivación judicial** es, pues, un elemento clave. Así lo reconoce el artículo 120.3 CE donde se garantiza que 'las sentencias serán siempre motivadas y se pronunciarán en audiencia pública'. Ello ha de ser así incluso cuando la sentencia sea oral: en el proceso civil español las sentencias son siempre escritas,[233] pero se hace una concesión a la oralidad en los procesos penal y laboral.[234]

En los Estados Unidos Mexicanos, la doctrina[235] distingue entre los requisitos externos de la sentencia (enumerados, por ejemplo, en el artículo 82 del CPCDF)[236] y los requisitos sustanciales (congruencia, motivación y exhaustividad, a los que se alude en el artículo 81 CPCDF).[237] Una lectura de dichos preceptos muestra que no existen diferencias sustanciales respecto de la concepción que de la sentencia tiene el ordenamiento jurídico español, a la que se ha aludido en detalle en los párrafos precedentes. Ha de apuntarse no

---

[232] LEC (n 149) art 209.
[233] Ibid art 210.3.
[234] LOPJ, arts 245.2, 247.
[235] José Ovalle Favela, *Derecho procesal civil* (10a edn, OUP 2013) 216 y ss.
[236] Así,

Las sentencias deben tener el lugar, fecha y juez o tribunal que las pronuncie, los nombres de las partes contendientes y el carácter con que litiguen y el objeto del pleito, y bastará que el Juez funde y motive su resolución en preceptos legales, su interpretación o principios jurídicos, de acuerdo con el artículo 14 constitucional.

[237] CPCDF, art 82.

Así,

Las sentencias definitivas también deben ser claras, precisas y congruentes con las demandas y las contestaciones y con las demás pretensiones deducidas oportunamente en el pleito, condenando o absolviendo al demandado, y decidiendo todos los puntos litigiosos que hayan sido objeto del debate. Cuando éstos hubieren sido varios, se hará el pronunciamiento correspondiente a cada uno de ellos.

obstante, que las decisiones emanadas de tribunales internacionales como los aludidos en este capítulo (TJUE, TEDH, CIDH entre otros) sí presentan características propias.

Una vez dictada la decisión judicial, puede abrirse plazo para interponer recurso. Si éste transcurre sin interposición, la sentencia pasa a considerarse **cosa juzgada**. Lo mismo sucede cuando se ha llegado a la última instancia judicial. En estos casos, la decisión es irrevocable y pasa a formar parte del ordenamiento jurídico (y, en su caso, modificarlo). Muy brevemente es importante subrayar la relevancia de la institución de la cosa juzgada puesto que, como ya se ha indicado, constituye el elemento característico de la jurisdicción.[238] En el sistema continental, la decisión judicial pronuncia la *res iudicata* sólo entre las partes procesales. Pero también existen supuestos de eficacia *ultra partes* o *erga omnes*, aunque son excepcionales. La novedad viene representada por un 'transplante legal', por las **acciones colectivas**. Tanto España,[239] como México,[240] ha adoptado este mecanismo de tutela colectiva, cuya principal característica es que vincula a una colectividad o miembros de un grupo sin necesidad de que se personen como parte procesal. En este sentido, las acciones colectivas rompen el carácter individualista del proceso que prevalece en las jurisdicciones de *civil law*. El carácter colectivo de las decisiones que allí recaen y que pueden afectar a múltiples personas pone en solfa el papel secundario de la jurisprudencia en estos ordenamientos jurídicos, dado que su impacto es similar o mayor que el de algunas leyes.[241]

La publicación de las sentencias judiciales es obligatoria y la era de la informática ha

---

[238] Ibid art 81.
Extensamente Jordi Nieva Fenoll, *La cosa juzgada* (Atelier 2000).

[239] La normativa se halla dispersa en diversas leyes, a pesar de que se caracteriza por concentrarse en sólo algunos sectores del ordenamiento jurídico como en derecho laboral y derecho de consumo. En este último son relevantes, entre otros, LOPJ, art 7.3; Real Decreto Legislativo 1/2007, de 16 de noviembre, por el que se aprueba el texto refundido de la ley general para la defensa de los consumidores y usuarios y otras leyes complementarias (BOE 20.11.2007), arts 53 y ss.; y LEC, arts 6.7 y 8, 11, 11bis, 13.1, 15, 52.1.14–16, 221–2, 256.1.6, 519. Se puede decir que el desarrollo de la tutela colectiva en el mundo es una manifestación de la preocupación por la protección del consumidor. Sobre ésta última véase Diego P Fernández Arroyo y Jean Michel Arrighi (eds) *La protección de los consumidores en América: trabajos de la CIDIP VII* (CEDEP 2007).

[240] Con apoyo en CPEUM, art 17, en 2011 se ha procedido a desarrollar legislativamente la posibilidad de interponer acciones colectivas para proteger intereses difusos, colectivos y derechos individuales homogéneos. Véase CFPC, arts 578–626. Otras leyes también se refieren a este tipo de acciones como Ley de Amparo (DOF 2.4.2013) arts 212–13; Ley Federal del Trabajo (DOF 1.4.1970), arts 900, 903; Ley Federal de Protección al Consumidor (DOF 24.12.1992), art 26; CCF; Ley Federal de Competencia Económica (DOF 23.5.2014); LOPJF; Ley General de Equilibrio Ecológico y de Protección del Medio Ambiente (DOF 28.1.1988); Ley de Protección al Usuario de Servicios Financieros (DOF 18.1.1999).

[241] Por ejemplo, en España la STS, Sala de lo Civil, de 16 de diciembre de 2009, Ponente: Jesús Eugenio Corbal Fernández (RJ 702/2010) (CENDOJ 8466/2009) decidió sobre el carácter abusivo de diversas cláusulas contenidos en los contratos de hipoteca de tres grandes bancos afectando a miles de clientes. Además, la decisión ordena la inscripción de la sentencia en el Registro de Condiciones Generales de la Contratación, de manera que, una vez inscrita,

> los Notarios y los Registradores de la Propiedad y Mercantiles, en el ejercicio profesional de sus respectivas funciones públicas, no autorizarán ni inscribirán aquellos contratos o negocios jurídicos en los que se pretenda la inclusión de cláusulas declaradas nulas por abusivas en sentencia inscrita en el Registro de Condiciones Generales de la Contratación.

traído consigo su disponibilidad en Internet. Desde hace ya muchos años, existen casas editoriales que se ocupan de recoger y publicar decisiones judiciales. En España la más tradicional es Aranzadi y, de hecho, prácticamente todas las citas de decisiones antiguas van acompañadas por las siglas RJ que responden al 'repertorio de jurisprudencia' de Aranzadi. Desde finales del siglo pasado, existen otras editoriales que se ocupan de este trabajo, como El Derecho, La Ley o Tirant lo Blanc, pero Thomson Reuters-Aranzadi sigue siendo la más consultada.[242] Ahora bien, el Consejo General del Poder Judicial le ha dado un vuelco a esta situación con la creación de una base de datos propia, más concretamente de un Centro de Documentación Judicial o CENDOJ.[243]

En relación con las decisiones jurídicas mexicanas, empresas de origen estadounidenses como Westlaw o Lexis Nexis permiten que sus abonados accedan a un número reseñable de decisiones federales y estatales, así como a laudos internacionales como los generados en el ámbito del TLCAN. Existen también editoriales mexicanas que ofrecen bases de datos online como VLex México.[244] En el ámbito institucional, la SCJN cuenta con un sistema de consulta *online* de sus sentencias.[245] Asimismo, la SCJN ha creado también un motor cibernético que permite acceder tanto a la jurisprudencia contenciosa de la CIDH como a decisiones de tribunales de varios países latinoamericanos en esta materia.[246] Por su parte, el Consejo de la Judicatura Federal divulga vía Internet las sentencias o decisiones públicas que los tribunales de circuito y juzgados de distrito consideran relevantes.[247]

5.III.6 Extractos

5.III.6.1 Contradicción de Tesis 293/2011 - SCJN determina que las normas sobre derechos humanos contenidas en Tratados Internacionales tienen rango constitucional'.[248]

Antecedentes

[...]

Con la finalidad de comprender a plenitud la decisión del Alto Tribunal, a continuación se mencionan los criterios contradictorios de los tribunales colegiados, los cuales se encuentran divididos en 2 temas.

---

[242] Texto Refundido de la Ley General para la defensa de los consumidores y usuarios (n 240) art 84.
 Aranzadi <www.aranzadi.es/soluciones/repertorio>.
[243] Consejo General del Poder Judicial <www.poderjudicial.es/search/indexAN.jsp>.
[244] VLex <http://vlex.com.mx>.
[245] Suprema Corte de Justicia de la Nación <www2.scjn.gob.mx/ConsultaTematica/PaginasPub/TematicaPub.aspx>.
[246] Buscador Jurídico Avanzado en Materia de Derechos Humanos <www.bjdh.org.mx/BJDH/>.
[247] Consulta de Sentencias y Resoluciones Públicas Relevantes <http://w3.cjf.gob.mx/sevie_page/consulta_siserep/Consulta.asp>.
[248] Suprema Corte de Justicia de la Nación <www2.scjn.gob.mx/asuntosrelevantes/pagina/seguimientoasuntosrelevantespub.aspx?id=129659&seguimientoid=556>.

Primer tema: Posición jerárquica de los tratados internacionales en materia de derechos humanos frente a la Constitución.

a. El Séptimo Tribunal Colegiado en Materia Civil del Primer Circuito estableció que derivado de la tesis *'Tratados internacionales se ubican jerárquicamente por encima de las leyes federales y en segundo plano respecto de la Constitución federal'* establecida por el Tribunal Pleno, los tratados internacionales en materia de derechos humanos, se ubicaban jerárquicamente por debajo de la Constitución.

b. Por otra parte, el Primer Tribunal Colegiado en Materia Administrativa y de Trabajo del Décimo Primer Circuito, señaló que *'cuando se trate de un conflicto que verse sobre derechos humanos, los tratados o convenciones internacionales suscritos por el Estado Mexicano, deben ubicarse propiamente a nivel de la Constitución'*, de tal posicionamiento derivó la siguiente tesis: *'Tratados Internacionales. Cuando los conflictos se susciten en relación con derechos humanos, deben ubicarse a nivel de la Constitución'*.

Segundo tema: Valor de la Jurisprudencia emitida por la Corte Interamericana de Derechos Humanos (en adelante Corte IDH).

a. El Séptimo Tribunal Colegiado en Materia Civil del Primer Circuito argumentó que es posible invocar la jurisprudencia de la Corte Interamericana de Derechos Humanos como *criterio orientador* cuando se trate de la interpretación y cumplimiento de disposiciones protectoras de derechos humanos. Derivado de tal criterio, surgió la tesis del siguiente rubro: 'Jurisprudencia internacional. Su utilidad orientadora en materia de derechos humanos'.

b. Por otra parte, el Primer Tribunal Colegiado en Materias Administrativa y de Trabajo del Décimo Primer Circuito señaló en diversas consideraciones que la jurisprudencia internacional en materia de derechos humanos era obligatoria.

Del estudio de los criterios antes expuestos, el Tribunal Pleno de la SCJN determinó la existencia de la contradicción de tesis denunciada.

Así, el Alto Tribunal procedió a la discusión de los temas los días 26, 27 y 29 de agosto, así como el 2 y 3 de septiembre, todos de 2013, que concluyó con las siguientes determinaciones:

Respecto al primer tema relativo al posicionamiento de las normas sobre derechos humanos contenidos en tratados internacionales en relación con la Constitución, el Máximo Tribunal, por mayoría de 10 votos, sostuvo que existe un reconocimiento en conjunto de derechos humanos cuyas fuentes son la Constitución y los tratados internacionales de los cuales el Estado mexicano es parte.

Además, se estableció que de la interpretación literal, sistemática y originalista del contenido de las reformas constitucionales de 6 y 10 de junio de 2011, se desprende que las normas de derechos humanos, independientemente de su fuente, no se relacionan en términos jerárquicos, sin embargo, cuando la Constitución establezca una restricción expresa al ejercicio de los derechos humanos, se deberá estar a lo que indica la norma constitucional. En este sentido, los derechos humanos, con independencia de su fuente, constituyen el parámetro de control de regularidad constitucional, conforme al cual debe analizarse la validez de todas las normas y actos de autoridad que forman parte del ordenamiento jurídico mexicano.

Por último, en cuanto al segundo tema relativo al valor de la jurisprudencia emitida por la Corte IDH, el Tribunal Pleno determinó por mayoría de 6 votos, que la jurisprudencia emitida por la Corte Interamericana de Derechos Humanos es vinculante para todos los órganos jurisdiccionales, siempre que dicho precedente favorezca en mayor medida a las personas.

Así, los criterios jurisprudenciales de la Corte IDH, son vinculantes con independencia de que el Estado mexicano haya sido parte en el litigio ante dicho tribunal, pues constituyen una extensión de los tratados internacionales que interpreta, toda vez que en dichos criterios se determina el contenido de los derechos humanos previstos en ellos.

Es importante mencionar que en cumplimiento de este mandato, los juzgadores deben atender a lo siguiente:

1. Cuando el criterio se haya emitido en un caso en el que el Estado mexicano haya sido parte, la aplicabilidad del precedente al caso específico debe determinarse con base en la verificación de la existencia de las mismas razones que motivaron el pronunciamiento;

2. En todos los casos en que sea posible, debe armonizarse la jurisprudencia interamericana con la nacional; y

3. De ser imposible la armonización, debe aplicarse el criterio que resulte más favorecedor para la protección de los derechos humanos de las personas.

Puntos Resolutivos

Primero. Sí existe contradicción de tesis entre las sustentadas por el Primer Tribunal Colegiado en Materias Administrativa y de Trabajo del Décimo Primer Circuito y el Séptimo Tribunal Colegiado en Materia Civil del Primer Circuito, en términos del considerando Cuarto de esta resolución.

Segundo. Debe prevalecer con carácter de jurisprudencia, los criterios sustentados por este Tribunal Pleno de la Suprema Corte de Justicia de la Nación, en los términos precisados en el último considerando de esta resolución.

Tercero. Dése publicidad a las tesis jurisprudenciales que se sustentan en la presente resolución, en términos del artículo 195 de la Ley de Amparo.

[. . .]

5.III.6.2 STS Sala 1ª, No. 4072/2014, de 20 de octubre de 2014[249]

SEGUNDO. Ocurre en este caso que hay un evidente desacuerdo entre los padres respecto a la nueva residencia de su hijo, razón por la que se ha acudido a la autoridad judicial, que lo ha resuelto manteniendo al hijo bajo la custodia de su padre en España; pronunciamiento que no responde al interés del menor afectado por una solución indudablemente conflictiva, pero ajustada a una realidad, cada vez más frecuente, que no es posible obviar, como es el de matrimonios mixtos. Y es que una cosa es que el padre tenga las habilidades necesarias para ostentar la custodia del niño, y que no se aprecie un rechazo hacia alguno de ellos, y otra distinta el contenido y alcance de esas habilidades respecto de un niño, de corta edad, que ha creado unos vínculos afectivos con su madre con la que ha permanecido bajo su cuidado desde su nacimiento hasta la fecha, incluido los dos años de separación de hecho en el que marchó de Tomelloso a Burgos, ciudad en la que fijó su residencia, con contactos mínimos y esporádicos a partir de entonces con su padre. El cambio de residencia afecta a muchas cosas que tienen que ver no solo con el traslado al extranjero, con idioma diferente, como es el caso, sino con los hábitos,

---

[249] CENDOJ 28079110012014100504.

escolarización, costumbres, posiblemente de más fácil asimilación cuando se trata de un niño de corta edad, e incluso con los gastos de desplazamiento que conlleva el traslado cuando se produce a un país alejado del entorno del niño por cuanto puede impedir o dificultar los desplazamientos tanto de este como del cónyuge no custodio para cumplimentar los contactos con el niño. Es el interés del menor el que prima en estos casos, de un menor perfectamente individualizado, y no la condición de nacional, como factor de protección de este interés para impedir el traslado, como argumenta la sentencia, soslayando la valoración relativa a si el menor está mejor con su padre que con su madre, a la que tampoco concede la guarda ante la posible permanencia en España. La seguridad y estabilidad que proporciona el núcleo materno no se garantiza con la permanencia de la madre y el hijo en España. No es posible obligar a la madre a continuar en un país que no es el suyo y en un entorno familiar, que tampoco es el del niño, al haberlo abandonado durante más de dos años, para hacer posible sus expectativas familiares y laborales vinculadas al interés de su hijo, al que va asociado, y es que, el respeto a los derechos del niño no implica necesariamente ir en detrimento de los derechos de los progenitores.

3.- En consecuencia, se casa la sentencia y, asumiendo la instancia, se acepta la sentencia del juzgado en la que se valora la prueba que determina la autorización que niega la Audiencia previa valoración de las circunstancias concurrentes y se fijan alimentos a favor del hijo a cargo del padre. Las circunstancias que ha tenido en cuenta son estas: a) doña Candelaria tiene su familia directa en Brasil, no solo a su padre y hermanos, sino también a otro hijo de 17 años; b) don Rómulo mantiene malas relaciones su familia por lo que el entorno familiar y de allegados resulta insuficiente para cuidar de su hijo si encontrara trabajo, y c) se protegen las comunicaciones del hijo con el padre mediante un justo y equilibrado reparto de gastos de desplazamiento Brasil-España-Brasil.

CUARTO.- Se fija como doctrina jurisprudencial la siguiente: el cambio de residencia al extranjero del progenitor custodio puede ser judicialmente autorizado únicamente en beneficio e interés de los hijos menores bajo su custodia que se trasladen con el.

5.III.7 Autoevaluación

Las respuestas a la autoevaluación pueden encontrarse al final del libro, en el capítulo 14.

1. ¿Qué relación existe en el derecho mexicano entre la Constitución de México y los tratados internacionales de derechos humanos?
2. ¿Qué valor tiene la jurisprudencia de la Corte Iberoamericana de Derechos Humanos?
3. ¿Qué se entiende por interés superior del menor en la decisión del Tribunal Supremo español de 20 de octubre de 2014?
4. ¿Por qué es necesario solicitar de los tribunales españoles el cambio de residencia habitual del menor?
5. ¿En qué se concreta la doctrina jurisprudencial que sienta el Tribunal Supremo español?

PALABRAS CLAVE

- Acción colectiva
- Actuario
- Acuerdo judicial
- Acusación particular
- Acusación popular
- Acusado
- Alegaciones finales
- Alegato
- Allanarse
- Amparo
- Antecedentes de hecho
- Apelación
- Arbitraje
- Asistencia jurídica gratuita
- Audiencia
- Auto de sobreseimiento
- Auxiliar de justicia
- Carrera fiscal
- Carrera judicial
- Competencia
- Competencia funcional
- Competencia judicial internacional
- Competencia judicial internacional directa
- Competencia objetiva
- Competencia territorial
- Conciliación
- Conciliador adscrito al juzgado
- Conclusiones
- Conformidad del acusado
- Contestación a la demanda
- Contraexamen
- Convención Americana de Derechos Humanos
- Cooperación judicial internacional
- Corte Interamericana de Derechos Humanos (CIDH)
- Corte Internacional de Justicia
- Corte Penal Internacional
- Cosa juzgada
- Crimen de lesa humanidad
- Defensor público
- Delito privado
- Demanda
- Demandado
- Demandante
- Denuncia

- Detenido
- Diligencias preliminares
- Doctrina legal
- Ejecución provisional
- Ejecutoria
- Ejercicio de oficio
- Emplazamiento
- Enjuiciamiento
- Escrito de acusaciones
- Escuela judicial
- Etapa impugnativa
- Fallo
- Fase declarativa
- Fase ejecutiva
- Fe pública
- Fiscal General del Estado
- Foro de protección
- Foro especial por razón de la materia
- Foro exclusivo
- Foro general
- Fundamentos de derecho
- *Habeas corpus*
- Imputar
- Inmunidad de ejecución
- Inmunidad de jurisdicción
- Instituto de la Defensoría Pública
- Interrogatorio cruzado
- Interrupción
- Juez
- Juez de garantía
- Juicio
- Juicio oral
- Jurado
- Jurado federal de ciudadanos
- Jurado puro
- Juramento
- Jurisdicción
- Jurisdicción especial
- Jurisdicción internacional
- Jurisdicción ordinaria
- Jurisdicción universal
- Jurisprudencia
- Jurisprudencia por contradicción de tesis
- Jurisprudencia por reiteración de criterios
- Jurisprudencia por sustitución
- Juzgado

- Juzgado de Instrucción
- Lego en derecho
- Magistrado
- Mediación
- Medidas cautelares
- Medios de prueba
- Medios provocatorios
- Métodos de resolución alternativa de conflictos
- Ministerio fiscal
- Motivación judicial
- Notificación
- *Obiter dicta*
- Objeto del proceso
- Oficial
- Oficina judicial
- Orden jurisdiccional
- Órgano jurisdiccional
- Pleno
- Ponente
- Primera instancia
- Procedimiento
- Proceso de ejecución
- Procuraduría General de la República
- Promesa de decir verdad
- Prorrogación de jurisdicción
- Protesta de decir verdad
- Protesto lo necesario
- Querella
- *Ratio decidendi*
- Rebeldía
- Reconvención
- Reconvenir
- Recurso
- Recurso de apelación
- Recurso de casación
- Recurso de reposición
- Recurso devolutivo
- Recurso extraordinario
- Recurso ordinario
- Recurso suspensivo
- Secretario
- Secretario judicial
- Segunda instancia
- Semanario Judicial de la Federación
- Sentencia
- Sentencia absolutoria

- Sentencia condenatoria
- Sentencia definitiva
- Sentencia firme
- Sistema monista
- Sumario
- Sumisión expresa
- Sumisión tácita
- Supuesto de hecho
- Tribunal
- Tribunal Constitucional
- Tribunales consuetudinarios
- Tribunal de Cuentas
- Tribunal de la Función Pública (Unión Europea)
- Tribunal de lo Contencioso-Administrativo del Distrito Federal
- Tribunal Europeo de Derechos Humanos
- Tribunal Federal de Justicia Fiscal y Administrativa mexicano
- Tribunal General (Unión Europea)
- Tribunal de Justicia de la Unión Europea
- Tribunal militar
- Turno de oficio
- Turnos para alegar cierre
- Veredicto
- Vista oral
- Vitalicio
- Voto particular

6. Treatises and scholarly commentary – Doctrina

The English-language portion of this chapter is meant to be read by those for whom English is a second language. Readers for whom Spanish is a second language should begin their reading on page 242.

Esta sección en inglés es para quienes hablan inglés como segundo idioma. Los lectores que tienen el español como su segundo idioma deben empezar su lectura en la página 242.

6.1 TREATISES AND SCHOLARLY COMMENTARY

6.1.1 Introduction

Although courts in English-speaking jurisdictions do not rely on commentary as much as courts in Spanish-speaking jurisdictions do, treatises and scholarly articles are nevertheless important in English-speaking legal systems, particularly to practitioners and legal academics, who not only need to know how to use such resources but also how to evaluate the relative merits of different materials. This chapter therefore considers:

- the role of treatises and scholarly commentary in English-speaking jurisdictions; and
- how to interpret, apply and find treatises and scholarly commentary in English-speaking jurisdictions.

6.1.2 The Role of Scholarly Commentary in English-Speaking Jurisdictions

The inductive reasoning that lies at the heart of the common law tradition means that courts in most English-speaking nations tend to view each dispute as unique and highly fact-dependent.[1] As a result, courts in common law countries tend to respect the opinion of another judge who has considered a similar factual issue in the past more highly than that of a scholar who has analysed the underlying legal principle in a general, theoretical or abstract light. Although English-speaking judges will consult academic works in novel situations, most judges prefer to rely on judicial precedents whenever possible.[2] This approach differs significantly from that adopted by courts in many Spanish-speaking countries, where scholarly commentary is highly respected as an authoritative guide to legal interpretation.

---

[1] See Ch 3.I.3.1.
[2] The one exception is legal dictionaries, which are cited by judges with some frequency. See Anita S Krishnakumar, 'Statutory Interpretation in the Roberts Court's First Era: An Empirical and Doctrinal Analysis' (2010) 62 Hastings L J 221, 239–40, 255.

Judicial reluctance to rely on scholarly works has led many advocates to avoid citing academic books and articles in their submissions to the court. However, practitioners still consider such materials on a regular basis when analysing various legal issues, and academics still rely heavily on the work of their fellow scholars. Indeed, the fact that judges do not rely on commentary in their legal decisions has done nothing to stem the ever-increasing number of scholarly publications in many English-speaking jurisdictions.

6.I.3 How to Interpret, Apply and Find Scholarly Works in English-Speaking Jurisdictions

Lawyers working in a second language often find **secondary authorities** such as books and articles easier to read and interpret than **primary authorities** such as cases and statutes due to the relative informality of language in secondary materials. However, not all types of secondary authorities carry equal weight. As a result, it is helpful to discuss how various secondary materials can and should be used by scholars and practitioners.

There are three types of legal commentary: **treatises**, **monographs** and **articles**. Treatises – which are comprehensive texts written by esteemed experts in the field – are perhaps the most persuasive type of secondary authority. Treatises adopt an objective and even-handed approach to a particular area of law, which makes them useful to practitioners and scholars interested in learning about the basic principles of law rather than a particular policy perspective. Treatises also cover a wide range of topics within a particular field, which is particularly helpful in jurisdictions following the common law tradition, since the sheer volume of case law on any particular point can at times be overwhelming. Treatises can also provide in-depth coverage on a number of useful issues.

Because treatises tend to be both jurisdiction- and subject-specific, it is impossible to include a comprehensive list of relevant treatises here or to provide a single, authoritative way of distinguishing a treatise from a standard monograph. However, one way to determine whether a book has achieved treatise status is to see whether it is referred to simply by its author's name. Thus, English lawyers often refer to *Clerk and Lindsell on Torts* simply as 'Clerk and Lindsell' and *Dicey and Morris on the Conflict of Laws* as 'Dicey and Morris', even though a third author (Lord Collins of Mapesbury) has recently been added to the formal list of authors. Lawyers in the United States follow the same convention, referring to *Wigmore on Evidence* as 'Wigmore' and *Nimmer on Copyright* as 'Nimmer'.

Another way to determine whether a book is a treatise is to consider how many times it has been republished. Thus, *Clerk and Lindsell on Torts* is now in its 20th edition and *Dicey and Morris on the Conflict of Laws* is now in its 15th edition. Determining how often a treatise has been published can be somewhat difficult in cases where the text is available in **loose-leaf** form, since that mechanism allows publishers to update various works continually by providing individual pages of text on an as-needed basis. Many US treatises, including Wigmore and Nimmer, utilize this loose-leaf format.

Some treatises are considered influential even beyond their author's national borders. Thus, *Brownlie's Principles of Public International Law* is considered the preeminent English-language treatise on matters relating to public international law, regardless of the jurisdiction.

One resource that is not technically a treatise but which serves a similar purpose in the US is the **Restatement**, published by the American Law Institute (ALI), an independent organization of judges, scholars and highly regarded practitioners. The ALI has promulgated Restatements on a number of different subjects, including basic areas of law such as contract, tort and property as well as more specialized fields such as agency, conflict of laws, foreign relations and international commercial arbitration.[3]

Although Restatements are highly regarded in the US, they have only persuasive power unless and until they are adopted by a particular court or legislature. Only then do the various principles take on the force of law. This feature is particularly important to remember in light of the fact that some Restatements (or some portions of some Restatements) are meant to be aspirational rather than descriptive in nature.[4] As a result, some statements found in a Restatement may not reflect the law as it currently exists in any US jurisdiction.

Another important feature of the Restatements is that they are not model laws and are typically not intended to be adopted by a particular jurisdiction in their entirety. Instead, courts and legislatures incorporate principles found in the Restatements on a section-by-section basis.[5] Therefore, the fact that a particular jurisdiction has adopted one aspect of a particular Restatement does not mean that other sections of that particular Restatement have also been adopted, or that a Restatement on another subject has been adopted. Furthermore, a jurisdiction may continue to adhere to an older Restatement even if the ALI has promulgated a subsequent version.[6]

Another category of materials that are sometimes referred to as treatises but that actually deserve their own category are legal encyclopaedias. These materials also describe basic principles of law but in a somewhat simpler manner than a treatise.

The leading legal encyclopaedia on English law is *Halsbury's Laws of England*, while the two major texts on US law are *Corpus Juris Secundum* (*CJS*) and *American Jurisprudence 2d*. Notably, *CJS* and *American Jurisprudence* are both written from a national perspective, although they may make some reference to state law. Researchers interested in the law of a particular US state should look to see whether a legal encyclopaedia on that particular jurisdiction is available.

Treatises, Restatements and legal encyclopaedias can and should be distinguished from monographs, which are another type of single- or co-authored book on a discrete area of law. One way to differentiate between treatises and monographs is to consider the scope of the work in question: treatises tend to cover an entire area of law while monographs address a single, narrow topic within a particular field.

Although monographs are not as comprehensive as treatises, a monograph can still be highly persuasive within its particular area of expertise. The degree of a particular work's

---

[3] See Publications Catalog (American Law Institute) <www.ali.org/index.cfm?fuseaction=publications.categories&parent_node=1>.

[4] See George A Bermann, 'Restating the US Law of International Commercial Arbitration' (2009) 42 NYU J Intl L and Policy 175, 191.

[5] The adopting body may not even refer to the Restatement as the source of the legal principle in question.

[6] The original Restatements were completed between 1923 and 1944. Restatements (Second) were published between 1952 and 1987, both on subjects that were covered in the first project and on new issues. Work on the Restatement (Third) began in 1987 and continues today. Again, the topics covered by the Restatement (Third) include subjects that were previously considered by the ALI as well as matters that are being addressed for the first time.

persuasive power can be gauged by both the subject matter and quality of the writing as well as the reputation of the author and publishing house. Well-known academic publishers associated with highly regarded universities are often particularly influential, although commercial and practitioner-oriented publishing companies can also produce well-respected works in particular fields.

An author's reputation is also important when considering the persuasive power of the final category of secondary authority, namely legal articles, which can be interpreted as including book chapters. These shorter works can be highly influential, not only because they address a single, salient issue, but also because they can be published more quickly than treatises and monographs and can therefore offer more timely analysis of a rapidly changing area of law.

Although lawyers from outside a particular jurisdiction may need to spend a bit of time researching the most important commentators in a particular area of law, the process itself is not inherently difficult. For example, it is relatively easy to determine how long an author has been active in the relevant legal field and the institutions (academic, governmental or private) with which the author is affiliated. Researchers can also easily determine where and how often a particular author has published his or her work.

The question of where an author has been published is particularly important, since an article by a relatively unknown author is elevated by virtue of its appearance in a highly regarded periodical. However, evaluating the reputation of foreign-language sources can be difficult, since the relevant criteria can vary from jurisdiction to jurisdiction. Those who wish to understand the relative merits of particular resources therefore need to keep three issues in mind.

First, those who seek to evaluate the persuasiveness of a particular piece of writing must look past the form of the article, since formatting concerns are often dictated by cultural norms rather than by the quality of the content. Two areas where major cross-cultural differences arise involve the length of the article and the number of footnotes.

In many ways, the US stands alone with respect to legal publishing conventions, since scholarly articles published in the US typically run between 40–100 pages in print, with hundreds of footnotes.[7] Anything shorter, or with less visible authority, is considered a legal 'lightweight' by courts, commentators and counsel. However, lawyers from outside the US often consider US articles to be excessive, since scholarly articles in other jurisdictions usually run no more than 10–15 pages in length, with a commensurably small number of footnotes.[8]

Because **law review** articles in the US are so long, US legal academics have little time to write books. As a result, scholars in the US tend to establish their reputations on the strength of their articles, rather than their monographs. This phenomenon is precisely the reverse of what happens in other parts of the world, where academics make their names

---

[7] Many of the top US law reviews have recently placed an upper limit of 35,000 words (75 journal pages) on article submissions, although this standard has not been universally embraced. See Guidelines for Submitting Manuscripts, Harv L Rev <www.harvardlawreview.org/manuscript.shtml>.

[8] International journals typically prefer pieces in the range of 10,000 words or less. See Author Guidelines, J Intl Disp Settlement <www.oxfordjournals.org/our_journals/jids/for_authors/>; Notes for Contributors, J Private Intl L <www.hartjournals.co.uk/JPrivIntL/contrib.html>.

as the result of the books they have written. The emphasis on law review articles in the US also means that researchers seeking to understand the shape of US law must focus primarily on scholarship found in legal periodicals, since most of the most important analyses are found in that form.

Legal academics in the US also establish their reputations by writing **casebooks**, which are the primary texts used in US law schools. A casebook is a compilation of excerpted cases and statutes, supplemented by a minimal amount of commentary and explanation from the casebook editor(s). Casebooks (rather than **textbooks**) predominate in US legal education because of the US emphasis on the **Socratic method**, which requires students to 'learn by doing' rather than by memorizing information that is given to them. As a result, US law students learn primarily by reading edited judicial decisions and discussing their interpretations in class. Because casebooks contain very little independent analysis, they are not considered particularly persuasive by courts or other commentators. The one exception is in areas where there is little comprehensive commentary from similarly esteemed authors. Thus, *International Civil Litigation in US Courts* by Gary B Born and Peter B Rutledge carries considerable influence in the field of private international law, both because of the reputation of the authors and because of the lack of commentary from other sources regarding this particular subject. Notably, casebooks are only cited to the extent that they offer independent analysis. Any primary materials that are contained in a casebook should be referred to in their original form.

The other key feature of US legal publishing involves footnoting conventions. Whereas most countries allow a single citation to support an entire paragraph's worth of discussion, almost every sentence in a US law review article has its own footnote.

Those who are unfamiliar with the US publishing process often question why American legal articles have so many footnotes. The major reason is because most **legal journals** in the US are edited by law students rather than by experienced attorneys,[9] and extensive footnoting demonstrates to readers that the scholarship is rigorous and the theories well-supported. This type of safeguard is carried out in most other countries through the **peer review** process, which requires every submission to be approved by experts in the relevant field. In those situations there is less of a need for numerous footnotes to ensure the accuracy of the article, since the expert reviewer can vouch for the quality of the research and writing.

Another peculiarity of US law reviews involves the content of footnotes. Many articles published in the US feature 'talking footnotes' that include extensive substantive discussion. This phenomenon is discouraged in journals from outside the US, which use footnotes only to list the relevant legal authorities. Authors publishing in law reviews outside the US also are not under any pressure from editors to provide '**string cites**' (ie, parallel authority supporting a single proposition of law), since there is no need to demonstrate the researcher's competence. However, the lengthy and detailed footnotes found in US law reviews do have a number of benefits, the most notable of which is their usefulness in pointing researchers to additional authorities on particular points.

---

[9] Student-edited law reviews also exist outside the United States. For example, the *Melbourne University Law Review*, which is based in Australia, consciously follows the *Harvard Law Review*'s model for a student-run journal.

The second thing that researchers must do when attempting to ascertain the persuasive power of a legal article written in English is to look past differences in tone. For example, articles published in the US often adopt a somewhat argumentative style of writing which can make US scholarship seem biased or one-sided to outsider observers.[10] While researchers from other jurisdictions might initially be inclined to discount the quality of US legal research based on the mode of expression, it might be better to view the advocacy-oriented style of US legal scholarship as a cultural norm that can and perhaps should be overlooked in all but the most extreme cases. Notably, other English-speaking jurisdictions tend to feature a somewhat more objective style of jurisprudence, although there is a certain amount of variation within the English-speaking world on this point.

Third, those who are seeking to determine how persuasive a particular law review article is must determine the relative reputation of the journal in which the article appears. As mentioned previously, most law reviews in the US are edited by law students rather than by experienced lawyers and scholars. Although this phenomenon may seem strange to those who are used to the peer-review process, the fact that most legal articles in the US are published in student-edited journals can be helpful in allowing researchers from outside the US to determine how influential a particular journal is.

At this point, there are more than 170 accredited law schools in the US, and most law schools sponsor several law journals. Usually one journal (the **flagship journal**, meaning the top publication at that law school) publishes articles on any subject matter and is thus considered general in nature.[11] The law school's other publications focus on a particular subject matter, ranging from international law and commercial law to intellectual property law and constitutional law. However, articles relating to one of these specialized subjects do not have to be published in a **specialty journal**. Instead, they may and often do appear in a **general law review**.

Although the issue of academic prestige is hotly debated, the status of a US law journal is influenced by several different factors. The first involves the ranking of the law school that sponsors the journal or law review. Law schools in the US are ranked nationally by several different means, the most well known of which is the annual list compiled by *US News and World Report*.[12]

However, the prestige of a US law review also depends on the type of journal, with general law reviews usually taking precedence over specialty journals. Thus, the *Harvard Law Review* is considered more prestigious than the *Cornell Law Review* based on relative law school rankings, since both journals are general in nature. However, the *Cornell*

---

[10] See for example, Helena Whalen-Bridge, 'The Reluctant Comparativist: Teaching Common Law Reasoning to Civil Law Students and the Future of Comparative Legal Skills' (2008) 58 J Legal Educ 364, 369 (discussing civil law lawyers' view of common law reasoning as 'inelegant').

[11] In the US, the flagship publication of a particular law school is often referred to as the law review, with the term 'journal' being reserved for specialty publications. However, this nomenclature is not universal, since a number of law schools (such as Yale) use the term 'journal' in the title of their flagship publication.

[12] The rankings are available online. See US News and World Reports Rankings <http://gradschools.usnews.rankingsandreviews.com/best-graduate-schools/top-law-schools> (reflecting 2015 rankings); see also John O Sonsteng and others, 'A Legal Education Renaissance: A Practical Approach for the Twenty-First Century' (2007) 34 Wm Mitchell L Rev 303, 348 (noting importance of *US News and World Reports* in legal academia in the US).

Law Review is more prestigious than the *Harvard International Law Journal* based on the preference of general law reviews over specialty journals. Unfortunately, the preference for general law review is not universal, and some specialty journals are more prestigious than certain general law reviews. Thus, the *Harvard International Law Journal* is more prestigious than the *Villanova Law Review*, for example.

Although these nuances can be very difficult to appreciate from the outside, researchers can seek some guidance about the relative merit of different publications from various journal ranking systems. The most well known of these projects is conducted annually by the Washington and Lee University School of Law.[13] Although the Washington and Lee ranking system provides information on English-language journals from around the world, the methodology is largely US-centric, since one of the key criteria involves the frequency of citations to a particular publication in US courts and law reviews.

Other English-speaking jurisdictions have their own method of ranking legal journals. In these countries, the relative merit of a particular publication is typically evaluated by reference to the rigour of the peer-review process, which will determine whether any reasonable article that is submitted to the journal is published or whether a significant proportion of the submissions are declined placement. Some journals (such as the *Cambridge Law Journal* or the *Melbourne University Law Review*) are associated with universities, while others (such as the *European Journal of International Law*) are independent of any single institution.

Researchers seeking to determine how prestigious a particular publication is in countries other than the US may do so by looking at the reputation of the general editor(s) of the journal. Another factor that may be important is how many authors published in that law review are top-notch scholars (as determined by the criteria listed above) versus intermittent contributors to the scholarship in the field. This latter feature is based on the assumption that leaders in the field tend to publish primarily in highly prestigious journals, although that is not always the case.

Although some jurisdictions resist the notion of ranking law reviews,[14] the practice is becoming more widespread so as to provide an objective basis for **research assessment evaluations** (RAEs), which determine the quality of research in a particular university. As a result, many journals now mention their '**impact factor**' as a means of demonstrating their relative position in the academic community and in attracting highly reputable authors.[15]

Article-length scholarship is not only found in legal periodicals. Some works are instead

---

[13] See Washington and Lee University School of Law, Law Journals: Submissions and Ranking <http://lawlib.wlu.edu/LJ/index.aspx>. Other US law journal ranking systems include the Jarvis-Coleman scale, which is based on the prominence of the authors published in the journal. See Robert M Jarvis and Phyllis Coleman, 'Ranking Law Reviews Through Author Prominence – Ten Years On' (2007) 99 L Libr J 573; see also Tracey E George and Chris Guthrie, 'An Empirical Evaluation of Specialized Law Reviews' (1999) 26 Fla St U L Rev 813 (applying the Jarvis-Coleman methodology to specialty law reviews).

[14] See Report to the Council of Australian Law Deans, *Assessing Research Performance in the Discipline of Law* (2012) 67 <www.cald.asn.au/assets/lists/Resources/Prof%20Kathy%20Bowrey%20Research%20Quality%20Report%20to%20CALD.pdf>.

[15] See Oxford Journals, Impact Factors <www.oxfordjournals.org/for_societies/impact_factors.html>.

published as book chapters in a collection of essays. The persuasiveness of these materials often depends on the reputation of the organization or editors responsible for compiling the various works and the status of the other contributors. However, these factors are often of lesser importance than the status of the author and the merits of the piece itself.

Finding legal articles in English is becoming increasingly easy, particularly with respect to works published in legal journals. Subscription databases such as Westlaw or LexisNexis often contain information from numerous sources within a particular jurisdiction, thereby allowing comprehensive searches of available materials. However, such searches can be prohibitively expensive for individuals.[16] Furthermore, a number of legal publishers (most notably Oxford University Press and Cambridge University Press) have started to take on responsibility for publishing certain legal periodicals and do not necessarily allow their materials to be housed on electronic databases sponsored by other legal publishers. As a result, researchers may have to conduct duplicate searches on multiple databases to identify all relevant material.

Although English-language legal research is getting more difficult in some ways, there are ways to circumvent these problems. For example, an increasing number of academics and practitioners are posting final or draft versions of their work on freely accessible databases such as the **Social Sciences Research Network (SSRN)**, thereby facilitating international legal research.[17] Other free web-based research tools include the World Legal Information Institute, which allows searches of secondary material by subject matter area (such as alternative dispute resolution), by country or by region,[18] the Library of the Max Planck Institute for Comparative Public Law and International Law[19] and The University Law Review Project.[20] Many US law journals also make their archives freely accessible on the internet, although those materials are perhaps most useful if a researcher is looking for a particular article whose publication data is already known rather than attempting to conduct independent research. A number of other English-language journals, such as the *Utrecht Law Review*, have also adopted an **open-access policy**.

Researching legal articles in English-speaking jurisdictions without the benefit of electronic databases is time consuming, but not conceptually difficult. The traditional method for finding relevant articles involves the use of resources such as the *Index to Legal Periodicals*, which covers legal articles from the US, the UK, Australia, Canada, Ireland and New Zealand, the *Index to Foreign Legal Periodicals*, which covers legal articles published in countries other than those included in the *Index to Legal Periodicals*, and the *Current Law Index*, which provides monthly coverage of publications in key English-speaking jurisdictions. These texts index legal periodicals by author and subject.

---

[16] Standard subscription plans typically do not provide access to foreign-language materials. Furthermore, not every journal or law review in a particular jurisdiction will have a publishing contract with both Westlaw and LexisNexis (or indeed with either). Therefore, it is important to consider both what is included and what is not included in a particular subscription service before relying too heavily on the results of a particular search.
[17] See Social Science Research Network <www.ssrn.com/lsn/index.html>.
[18] See World Legal Information Institute <www.worldlii.org/>.
[19] See Max Planck Institute for Comparative Public Law and International Law – Library <http://aleph.mpg.de/F?func=file&file_name=find-b&CON_LNG=eng&local_base=vrh01>.
[20] See University Law Review Project <www.lawreview.org>.

6.I.4 Excerpts

Reading scholarly works in a foreign language can be difficult, although not perhaps as difficult as reading primary sources. Nevertheless, there are significant differences in style. Consider the following excerpts from legal articles written in the US and international English style. Notably, the first excerpt relating to international commercial arbitration is directly translated into Spanish in the Spanish portion of this chapter for those who wish to check their translation skills.

6.I.4.1 'What Constitutes an "Agreement in Writing" in International Commercial Arbitration? Conflicts Between the New York Convention and the Federal Arbitration Act'[21]

III. International Issues Regarding the Form Requirement of the New York Convention
It is universally agreed that the New York Convention is meant to have a harmonizing effect on national legislation and judicial pronouncements so as to facilitate international commercial arbitration and thereby promote international trade.[168] Thus, U.S. courts have recognized that:

> [i]n pursuing effective, unified arbitration standards, the Convention's framers understood that the benefits of the treaty would be undermined if domestic courts were to inject their 'parochial' values into the regime:
>> In their discussion of [article II(1)], the delegates to the Convention voiced frequent concern that courts of signatory countries in which an agreement to arbitrate is sought to be enforced should not be permitted to decline enforcement of such agreements on the basis of parochial views of their desirability or in a manner that would diminish the mutually binding nature of the agreements.[169]

Congress is said to have done its part to fulfill the goals of the Convention with respect to article II through enactment of the 'broad language of section 202' of the FAA.[170] However, no conclusions can yet be made regarding whether and to what extent U.S. courts have resisted injecting 'parochial' values into the application of the Convention.[171] To understand where the United States stands with respect to international standards regarding the interpretation and application of article II(2) of the New York Convention, it is necessary to describe how other jurisdictions treat that particular provision.[172]

This task is greatly facilitated by the fact that UNCITRAL undertook a large-scale, long-term research project seeking input from various states regarding their interpretation of article II(2) of the New York Convention.[173] This ten-year-long study provides very useful insights into how different states interpret and apply the form requirements of the Convention[174] and thus can be used to determine whether a consensus exists regarding international practice in this area of law. To that end, the following discussion describes the primary conclusions reached by UNCITRAL, focusing in particular on national interpretation of article II(2), the interplay between article II(2) and article VII(1),

---

[21] This article has been edited for space and ease of comprehension. The full text is available at S.I. Strong, 'What Constitutes an "Agreement in Writing" in International Commercial Arbitration? Conflicts Between the New York Convention and the Federal Arbitration Act' (2012) 48 Stan J Intl L 47, 71–74. A Spanish translation of this excerpt shows below.

enactment and application of the UNCITRAL Recommendation, and the purpose and effect of the UNCITRAL Model Law on International Commercial Arbitration (Model Arbitration Law).[175]

A. International Interpretation of Article II(2) of the New York Convention
According to research conducted by UNCITRAL, state courts vary in their application of article II(2) of the New York Convention, although the differences are primarily seen at a state-to-state level rather than within a single jurisdiction, as is the case in the United States.[176] For example, some states 'strictly appl[y] the requirements' reflected in article II(2) and enforce arbitral awards 'only when either the contract containing the arbitration clause or the arbitration agreement was signed by the parties or was contained in an exchange of letters or telegrams'.[177] The United States falls into this category of countries, although the U.S. is singled out by UNCITRAL as having a particularly inconsistent and divergent national approach to the signature requirement under article II(2).[178] Although UNCITRAL does not explicitly offer an opinion as to which of the two lines of U.S. cases is the correct reading of the New York Convention, certain statements suggest that UNCITRAL takes the view that the signature requirement applies to both arbitration agreements and arbitral clauses in contracts.[179]

For the most part, courts adopting a strict approach to the writing requirement do not allow oral agreements to arbitrate, even if that agreement is subsequently confirmed in writing or through some sort of conduct such as appearance before the arbitrator or performance of the contract.[180] Similarly, states exhibiting a strict approach to issues of form typically do not permit courts to recognize arbitration agreements based on prior trade practices.[181]

While the interpretation of the signature requirement is relatively standard around the world (with the exception of the United States), rules regarding the exchange of documents vary more widely.[182] Some national courts interpret the term 'exchange' strictly, meaning both a written offer and a written acceptance of an arbitration provision, while other courts in other states consider 'a reference to the arbitration clause or agreement in subsequent correspondence emanating from the party to which the arbitration clause or agreement was sent . . . sufficient.'[183] In some cases, courts consider slightly more liberal treatment to be appropriate if the parties are in an ongoing relationship.[184] In other instances, courts conclude that the requirements of article II(2) have been met even when the arbitration provision was not included in the letters that were exchanged between the parties, so long as the documents that were exchanged made reference to the arbitration.[185] Among the examples cited in the latter category of cases is a U.S. decision that justified its actions by reference to strong national policies in favor of arbitration.[186]

Courts adopting a slightly less strict approach to the form requirement are split as to whether they allow the form requirements to be satisfied through other means.[187] For example, only some of these countries overlook the technical requirements of article II(2) based on principles of estoppel resulting from conduct, leading UNCITRAL to note that '[n]o leading approach is evident from the case law'.[188]

Finally, most states reflect relatively liberal attitudes towards new forms of electronic technology and consider them to fall within the ambit of 'letters or telegrams'.[189] In so doing, courts do not take the view that article II(2) names an exclusive list of documents deemed sufficient to evidence an 'agreement in writing'.[190] In fact, one Swiss decision notes that unsigned writings are becoming increasingly important in modern electronic commerce, making signature requirements less important.[191] However, other have states adopted a stricter approach to electronic communications.[192]

The decisions discussed in this section revolve around the text of the Convention itself, and therefore focus on the language of article II(2).[193] However, even those states that take something of a 'strict' view towards the interpretation of article II(2) have developed a variety of escape mechanisms to take changing commercial circumstances into account.[194] For the most part, U.S. decisions conform to international norms, although there are a few areas, such as the interpretation of the writing requirement, where the United States is out of step with practices adopted by other signatories of the Convention.[195]

However, the UNCITRAL studies show that not all courts have adopted the same kind of interpretive approach to form requirements under the New York Convention.[196] Some states impose 'less demanding requirements', typically through recourse to broad provisions of national law.[197] Those requirements are discussed in the next section. . . .

168 See Born, *supra* note 7, at 92–95; JULIAN D.M. LEW ET AL., COMPARATIVE INTERNATIONAL COMMERCIAL ARBITRATION ¶¶ 2–20, 26–19 to 26–22 (2003); NIGEL BLACKABY ET AL., REDFERN AND HUNTER ON INTERNATIONAL ARBITRATION ¶¶ 1.220 to 1.224 (2009).

169 Bautista v. Star Cruises, 396 F.3d 1289, 1300 (11th Cir. 2005) (quoting Scherk v. Alberto-Culver Co., 417 U.S. 506, 520 n.15 (1974)).

170 *See* New York Convention, *supra* note 1, art. II(2); Federal Arbitration Act, 9 U.S.C. § 202 (2011); Bautista, 396 F.3d at 1300.

171 *See* New York Convention, *supra* note 1, art. II(2); Bautista, 396 F.3d at 1300.

172 *See* New York Convention, *supra* note 1, art. II(2).

173 *See id.*; UNCITRAL, Working Grp. II (Arbitration), Compilation of Comments by Governments, Note by the Secretariat, U.N. Doc. A/CN.9/661 (May 6, 2008) [hereinafter UNCITRAL Compilation Note]; UNCITRAL, Working Grp. II (Arbitration), Compilation of Comments by Governments, Note by the Secretariat, U.N. Doc. A/CN.9/661/Add.3 (June 12, 2008) [hereinafter UNCITRAL Addendum Note].

174 *See* New York Convention, *supra* note 1; UNCITRAL Note, *supra* note 12, ¶¶ 11–36; SG Report, *supra* note 13, ¶¶ 28–32; Haarmann, *supra* note 7, at 126; Xiao and Long, *supra* note 7, at 570.

175 *See* New York Convention, *supra* note 1, arts. II(2), VII(1); UNCITRAL, UNCITRAL Model Law on International Commercial Arbitration, 18th Sess., Annex 1, U.N. Doc. A/40/17 (June 21, 1985), revised by UNCITRAL, Revised Articles of the UNCITRAL Model Law on International Commercial Arbitration, 39th Sess., Annex, U.N. Doc. A/61/17 (July 7, 2006) [hereinafter Model Arbitration Law]; UNCITRAL Recommendation, *supra* note 14.

176 *See* New York Convention, *supra* note 1, art. II(2); UNCITRAL Compilation Note, *supra* note 178, at 2–7; UNCITRAL Addendum Note, *supra* note 173, at 2–3; UNCITRAL Note, *supra* note 12, ¶¶ 12–15.

177 UNCITRAL Note, *supra* note 12, ¶ 12 (citing, inter alia, Delta Cereales España SL (Spain) v. Barredo Hermanos SA, XXVI Y.B. Comm. Arb. 854, 854–55 (2001) (Spain, Sup. Ct., Oct. 6, 1998); Hertogenbosh, Sneek Hardhout Imp. BV (Neth.) v. Karl Schlueter KG (Ger.), XXI Y.B. Comm. Arb. 643, 644 (1996) (Neth., Court of Appeal, July 14, 1995)).

178 *See* New York Convention, *supra* note 1, art. II(2); UNCITRAL Note, *supra* note 12, ¶ 14 (citing, *inter alia*, Kahn Lucas Lancaster, Inc. v. Lark Int'l Ltd., 186 F.3d 210 (2d Cir. 1999), partially abrogated on other grounds by Sarhank Grp. v. Oracle Corp., 404 F.3d 657, 660 n.2 (2d Cir. 2005); Sphere Drake Ins. PLC v. Marine Towing, Inc., 16 F.3d 666 (5th Cir. 1994); Coutinho Caro & Co., U.S.A. v. Marcus Trading, Inc., No. 3:95CV2362, 2000 WL 435566 (D. Conn. Mar. 14, 2000); Bothell v. Hitachi Zosen Corp., 97 F. Supp. 2d 1048 (W.D. Wash. 2000); Sen Mar Inc. v. Tiger Petroleum Corp., 774 F. Supp. 879 (S.D.N.Y. 1991)).

179 *See* New York Convention, *supra* note 1, art. II(2); UNCITRAL Note, *supra* note 12, ¶ 11 (stating that the requirement of 'either a signature or an exchange of documents . . . ensures that the parties' assent to arbitration is expressly recorded'); *id.* ¶ 14 (noting that cases distinguishing the treatment of arbitration agreements and arbitral clauses have not been widely followed).

180 *See* UNCITRAL Note, *supra* note 12, ¶ 13.

181 *See id. But see id.* ¶ 17 (citing Delta Cereals Espana SL (Spain) v. Barredo Hermanos SA (Spain), XXVI Y.B. Comm. Arb. 854 (2001) (Spain, Sup. Ct., Oct. 6, 1998) and suggesting the New York Convention allowed agreement through trade usages).

182 *See* UNCITRAL Note, *supra* note 12, ¶¶ 14, 35.

183 *Id.* ¶ 15.

184 *Id.* ¶ 19.

185 *Id.* ¶ 20.

186 *See id.* (citing Standard Bent Glass Corp. v. Glassrobots Oy, 333 F.3d 440, 449–50 (3d Cir. 2003)).

187 *See* UNCITRAL Note, *supra* note 12, ¶ 16.

188 *See id.* ¶ 17 (citing Slaney v. Int'l Amateur Athletic Fed'n, 244 F.3d 580 (7th Cir. 2001); China Nanhai Oil Joint Serv. Corp. Shenzhen Branche (China) v. Gee Tai Holdings Co., XX Y.B. Comm. Arb. 671, 673–77 (H.K. High Ct., July 13, 1994) (comparing several jurisdictions); Greek Co. v. FR German Co., XIV Y.B. Comm. Arb. 638, 638–39 (1989) (Greece, Court of Appeal of Athens, 1984)).

189 *See* New York Convention, *supra* note 1, art. II(2); UNCITRAL Note, *supra* note 12, ¶ 22.

190   New York Convention, *supra* note 1, art. II(2); *see also* UNCITRAL Note, *supra* note 12, ¶ 22 (citing Chloe Z. Fishing Co. v. Odyssey Re (London) Ltd., 109 F. Supp. 2d 1236, 1250 (S.D. Cal. 2000)).

191   UNCITRAL Note, *supra* note 12, ¶ 23 (citing Compagnie de Nav. et Transports S.A. v. Mediterranean Shipping Co., XXI Y.B. Comm. Arb. 690, 697 (Swiss Fed. Trib., 1996)).

192   UNCITRAL Note, *supra* note 12, ¶ 23 (citing a Norwegian decision concluding that electronic mail did not satisfy the requirements of article II(2)).

193   UNCITRAL Note, *supra* note 12, ¶ 12; *see also* New York Convention, *supra* note 1, art. II(2).

194   *See* New York Convention, *supra* note 1; UNCITRAL Note, *supra* note 12, ¶ 12.

195   *See* New York Convention, *supra* note 1, art. II(2); *see also supra* notes 35–172 and accompanying text.

196   *See* New York Convention, *supra* note 1, art. II(2); UNCITRAL Note, *supra* note 12, ¶ 24.

197   UNCITRAL Note, *supra* note 12, ¶ 12.

B. 'Language Rights in the European Union - Part I/II'[22]

A. Introduction
The destruction of the tower of Babylon led, or so we are told[1], to the emergence of different linguistic groups. Meant to be a punishment to mankind for having had the audacity to try to erect that tower, mankind has fervently embraced that punishment *i.e.* the resulting linguistic differences. Indeed, there is a body of legal scholarship promoting linguistic rights as constituting essential human rights. But there is another side to that story: it may well be considered that not so much the linguistic differences as such but the fervency of their embrace has been the real punishment[2].
An article published recently in these pages appears to be a case in point[3]. There, the authors claim that the European Union (EU) is still lacking in the protection and promotion of minority languages, especially those which are official languages of a part of a Member State but not of the EU. Traditionally, though not necessarily, the status of official languages is three-fold; they are the languages the citizens may use in their communications with public authorities and *vice versa*, they are the languages accepted in parliamentary debates and they are the languages in which legal texts are published, the different language versions generally being equally authentic. It appears[4] to be the authors' claim that the EU is falling short of a supposedly required respect of language rights under all three headings. The legal vehicle which is deemed to allow those shortcomings to be remedied is the idea that language rights are fundamental rights, and the

---

[22]   This article has been edited for space and ease of comprehension. The full text is available at Theodor Schilling, 'Language Rights in the European Union - Part I/II', (2008) 9 German L J 1219, 1219–27.

respect of language rights therefore is a general principle of Community law[5] which binds not only the EU but also its Member States. This principle, the authors further appear to claim, requires additional efforts of the EU and its Member States to protect and promote certain languages, beyond the level presently achieved.

In trying to answer their analysis . . . . I shall first put the present language regime of the EU in a comparative context. I shall go on to dispute the claim that the respect of language rights is a general principle of Community law. This claim concerns different levels of multilingualism in the EU. Its discussion requires the application of different criteria[6]. The first such level, the discussion of which will form the bulk of the article, are administrative and court proceedings involving citizens and EU institutions; here, the most relevant criterion is the human rights character of language rights. Other levels merely to be touched upon are parliamentary and inter-governmental proceedings with the corresponding criterion of the equality of Member States and their official languages[7], and the multilingual publication of authentic legal texts with the corresponding partly contradictory criteria of legitimate expectations and non-discrimination. Further levels which will not be discussed specifically in this article would include education and the maintenance of linguistic diversity.

B. The EU Language Regime in Comparative Context

To gauge the degree of respect granted by Community law to Member State languages, the linguistic performance of the EU should be put into context. The EU as an organism somewhere between a traditional International Organisation and a traditional State should be compared with both. It therefore appears advisable to compare the EU language regime with other national and international multilingual regimes. But I shall start with the simpler case of the monolingual State. In such a State, the common language of its citizens is at the same time regularly the language in which the law in force is published, and applied by the executive and the judiciary. While in some States this is expressly provided for[8], in other States it goes literally without saying. In such States, a language question generally does not arise for its citizens because the sender and the receiver of a communication use the same common language[9].

Under some aspects similar to a monolingual State is a plurilingual State with a *lingua franca*, which has been regularly created by that State. If there is a State where the *lingua franca* is accepted as a language which everybody understands and is able to use, irrespective of her mother tongue, such a State appears to be quite rare. A prime example is Spain where, according to Art. 3 (1) of the Constitution[10], Castilian is the official language of the State, and officially proclaimed to be the *lingua franca*: "All Spaniards have the duty to know it and the right to use it". Therefore, national laws are published only in Castilian. However, according to Art. 3 (2) of the Constitution, "[t]he other languages of Spain will also be official in the respective autonomous communities, in accordance with their Statutes". A borderline case is Namibia — it is not quite clear how well English is mastered by all the citizens[11] —, which has chosen the most radical solution: after independence, it has decreed English to be its only official language[12], although at the time of independence English was the mother tongue of only 3 % of its population[13]. In such a State, while language questions may arise[14], in communications between citizens and public authorities both sides are expected to use the same language.

More common are multilingual States without a *lingua franca*. In bilingual Canada, all federal laws are published in both official languages, and the citizens may correspond with the federal authorities in either of those languages[15]. In quatrilingual Switzerland, some restrictions to the use of the languages apply: of the four State languages listed in Art. 4 of the Constitution[16], according to Art. 70 (1) of the same Constitution only three are general official languages of the federation. Also, the decisions of the Federal Tribunal are published in full only in the language of the respective procedure[17,] which means in practical terms that the large majority of judgments is published in German only. In trilingual Belgium, the publication of legal texts in German, which is spoken there only by a tiny minority, is not systematic[18]. In multilingual[19] South Africa, the constitution recognises 11 official languages of which it obligates the government to use only two[20]. In those States, it cannot be guaranteed that in communications between the government and the citizen both sides use the same language. Insofar as the government is obligated to use the language chosen by the citizen, it may be forced to rely on the services of a translator or an interpreter. The language regimes of traditional International Organisations are quite different. To give but a few examples, the United Nations with 192 Members has only five Charter languages[21], the Arabic being an additional official language[22]. The World Trade Organization with 151 Member States makes do with the three official languages English, French and Spanish[23]. The Council of Europe with 47 Member States contents itself with the two official languages English and French[24] although a citizen's first access to the European Court of Human Rights (Eur. Court H.R.) may be made in any official language of a Member State[25]. Here, insofar as direct communications between the International Organisation and the citizen are provided for, the citizen who does not understand one of the International Organisation's official languages will have to rely on the services of a translator.

Comparative law therefore shows, it is submitted, that multilingual States with a *lingua franca* deem it sufficient to install the *lingua franca* — which they regularly have created themselves — as the only nationwide official language. In contrast, in States without a *lingua franca*, generally all major languages are nationwide official languages, certain restrictions being deemed acceptable for languages of very small minorities like Romansh in Switzerland or German in Belgium or the 13 languages not made into official languages in South Africa. In International Organisations, generally only a small number of languages is made into official languages, English and French being generally among them. In the case of both multilingual States without a *lingua franca* and International Organisations, the services of a translator/interpreter are indispensable for communications between public authorities and citizens while the responsibility for securing such services depends on the respective situation.

While the law and practice of the EU are similar, in their approach, to those of a multilingual State without a *lingua franca*, which the EU resembles most closely under linguistic aspects — multilingualism is part of the Union's self-portrayal[26] —, the resulting language regime is, from a comparative point of view, wholly exceptional. It provides for a two-pronged concept. On the one hand, by a soft-law approach, the EU promotes language-learning by its citizens[27], true to the beautiful Slovakian proverb, quoted by the European Commission as motto of its multilingualism communication[28], according to which "[t]he more languages you know, the more of a person you are"[29]. On the other hand, one could claim that it strives to make language-learning by its citizens superfluous, aiming "to give citizens access to European Union legislation, procedures and information in their own languages"[30]. This aim is pursued by a hard-law approach: indeed, similar to the situation in a multilingual State without a *lingua franca*, many of the languages spoken within the EU are made official languages of the EU. As of 1st January 2007, the EU has 23 official languages, Luxembourgish being the only nation-wide official language which is not, at the same time, an official language of the EU. In contrast to what normally applies in multilingual States, but reflecting the international character of the EU, the selection criterion for EU official languages is not so much the number of speakers of a language within the EU, but rather the fact that it is, or is not, a State-wide official language of a Member State[31].

It is also apparent that the number of official languages of the EU is more than double the number of those of the likely runner-up, the Republic of South Africa, having 11 official languages. By having so many official languages, the EU differs also from traditional International Organisations. While this difference is easily explained by the fact that the EU — in contrast to traditional International Organisations — is in constant and multiple direct contact with its citizens[32], the fact remains that, whereas the United Nations communicate with everybody, including, as the case may be, the world's citizens, in just six languages, and the Republic of South Africa with its citizens in only two, the EU does it in 23. On the face of it, therefore, and looking at the matter purely under a comparative aspect, the EU has largely done its due as concerns paying respect to language rights. Indeed, an obvious question that should raise is whether the EU has done too much of what is in principle a good thing, *i.e.* whether the very effort to communicate with its citizens in 23 languages is self-defeating, by necessity or at least as practiced by the EU[33]. However, this is not the main line of enquiry pursued in this article[34]. Rather, as indicated in the introduction, this article will mainly try to answer the claim that there is a general principle of Community law commanding the respect of language rights.

C. Language Rights as an Aspect of Human Rights

The starting point for the claim that the respect of language rights is a general principle of Community law is the claim that those rights are human rights. More specifically, it has been claimed that languages "are now dealt with as part of the EU's commitment to human rights, which includes the rights of linguistic minorities"[35] even if it is admitted that "the specific extent of those rights might be open to argument"[36]. This is a dubious approach to any human rights discussion, which rarely should center on the existence of a certain right but rather on the question whether a specific interference, or type of interferences, with such right might be justified. Indeed, it is a characteristic of human rights that they protect nearly every aspect of human activity and human choice, and it, therefore, would be surprising if language rights were not so protected.

The analysis should start with written texts. It appears that in most human rights catalogues freedom of language is not mentioned by name[37]. As the Eur. Court H.R. expressly held, no provision of the ECHR guarantees liberty of language as such[38]. However, the "as such" invites speculation as to the form in which liberty of language might be protected all the same. Indeed, there can be no serious doubt that a person's language, which may or may not be her mother tongue, is a defining aspect of her human identity[39]. As such, the freedom to use one's own language has been considered as an individual human right forming part of the right to respect one's private life⁴⁰ which is protected under Article 8 of the [European] Convention for the Protection of Human Rights and Fundamental Freedoms⁴¹ (ECHR) or even an essential part of human dignity⁴² which is protected expressly under Article 1 of the Charter of Fundamental Rights of the European Union⁴³ (EU Fundamental Rights Charter), but also under the ECHR the "very essence [of which] . . . is respect for human dignity"⁴⁴. While those claims appear to be correct in principle, they are far too general. Rather, it is necessary to be quite specific and to make distinctions according to the respective circumstances. Not every claim which may be packaged under the label of freedom of language can be subsumed under the right to privacy or the protection of human dignity, and even claims which can be so subsumed will be protected against interferences only within the limits provided for in the respective human rights provisions.

. . . .

1   Genesis 11:7.

2   Indeed, this theme is clearly in sight in Genesis 11:6.

3   Iñigo Urrutia and Iñaki Lasagabaster, *Language Rights as a General Principle of Community Law*, 8 GERMAN LAW JOURNAL 479 (2007).

4   It never becomes quite clear which exactly are the claims being made.

5   Urrutia and Lasagabaster, *supra* note 3, 489.

6   See further T. Oppermann, *Das Sprachenregime der Europäischen Union — reformbedürftig? Ein Thema für den Post-Nizza-Prozeß*, 4 ZEITSCHRIFT FÜR EUROPARECHTLICHE STUDIEN 1, 17 (2001).

7   Also *see further* Proposals from the Group of Intellectuals for Intercultural Dialogue set up at the initiative of the European Commission, A REWARDING CHALLENGE. HOW THE MULTIPLICITY OF LANGUAGES COULD STRENGTHEN EUROPE 9 (2008), available at: http://ec.europa.eu/education/policies/lang/doc/maalouf/report_en.pdf, last accessed 25 September 2008: "The *bilateral* relations between the peoples of the European Union should hinge by way of priority on the languages of the two peoples involved rather than on another language."

8   For instance in Germany; see further, for judicial proceedings, § 184 *Gerichtsverfassungsgesetz* (Code of court constitutions), *Bundesgesetzblatt* (Federal Gazette) 1975 I p. 1077, and in France; see further Art. 2 of the French Constitution (English translation available at: http://www.assembleenationale.fr/english/8ab.asp, last accessed 25 September 2008).

9   But there are exceptions: in the Grand Duchy of Luxembourg laws are published, according to Art. 2 — *Langue de la législation* (language of legislation) — of the *Loi du 24 février 1984 sur le régime des langues* (law of 24 February 1984 on the language regime), available at: http://www.tlfq.ulaval.ca/axl/Europe/luxembourgloi.htm, exclusively in French, although according to Art. 1 of the same law "*La langue nationale des Luxembourgeois est le luxembourgeois*" (The national language of the Luxemburgers is the Luxemburgish).

10 English translation available at: http://www.vescc.com/constitution/spain-constitution-eng.html, last accessed 25 September 2008.

11 See further Human Rights Committee (HRC), comm. No. 760/1997, *Diergaardt et al. v. Namibia*, views of 6 September 2000, available at: http://www.unhchr.ch/tbs/doc.nsf/(Symbol)/CCPR.CO.81.NAM.En?OpenDocument&Click, last accessed 25 September 2008.

12 See further Art. 3 of the 1990 Constitution, available at: http://www.grnnet.gov.na/aboutnam.html, last accessed 25 September 2008.

13 There are 28 living languages listed for Namibia; see further Languages of Namibia, available at: http://www.ethnologue.com/show_country.asp?name=NA, last accessed 25 September 2008.

14 See further HRC, *Diergaardt, supra* note 11.

15 Section 16 (1) of the Canadian Charter of Rights and Freedoms, available at:

http://laws.justice.gc.ca/en/charter/, last accessed 25 September 2008.

16 English translation available at http://www.admin.ch/org/polit/00083/index.html?lang=en, last accessed 25 September 2008.

17 See further the official website of the Federal Tribunal at: http://www.bger.ch/index/jurisdiction/jurisdiction-inherit-template/jurisdiction-recht.htm (last accessed 25 September 2008): "*Die Urteile werden in der Sprache des kantonalen Verfahrens verfasst und werden nicht übersetzt*" (The judgments are drafted in the language of the procedure in the *Kanton*, and are not translated).

18 According to Art. 76 of the *Gesetz über institutionelle Reformen für die deutschsprachige Gemeinschaft vom 31.12.1983. Inoffizielle koordinierte Übersetzung des Gesetzes* (Law on Institutional Reforms for the German Language Community of 31 December 1983. Unofficial coordinated translation of the law), *Belgisches Staatsblatt* (Belgian Gazette) of 18 January 1984, an official German translation of legal texts is provided in accordance with the available budgetary means. While those translations are promulgated by the King, they do not appear to be authentic versions of the law translated.

19 There are 24 living languages are listed for South Africa; see further Languages of South Africa, available at: http://www.ethnologue.com/show_country.asp?name=ZA, last accessed 25 September 2008.

20 See further Constitution of the Republic of South Africa 1996, adopted on 8 May 1996 and amended on 11 October 1996 by the Constitutional Assembly, Act 108 of 1996, ISBN 0-620-20214-9, available at: http://www.polity.org.za/article.php?a_id=130703, last accessed 25 September 2008.

Languages Section 6.

"(1) The official languages of the Republic are Sepedi, Sesotho, Setswana, siSwati, Tshivenda, Xitsonga, Afrikaans, English, isiNdebele, isiXhosa and isiZulu.

(2) Recognising the historically diminished use and status of the indigenous languages of our people, the state must take practical and positive measures to elevate the status and advance the use of these languages.

(3)(a) The national government and provincial governments may use any particular official languages for the purposes of government, taking into account usage, practicality, expense, regional circumstances and the balance of the needs and preferences of the population as a whole or in the province concerned; but the national government and each provincial government must use at least two official languages.
(b) Municipalities must take into account the language usage and preferences of their residents.
(4) The national government and provincial governments, by legislative and other measures, must regulate and monitor their use of official languages. Without detracting from the provisions of subsection (2), all official languages must enjoy parity of esteem and must be treated equitably."

21 See further Art. 111 of the UN Charter, YEARBOOK OF THE UNITED NATIONS 953 (1969).

22 According to the rules of procedure of the main UN organs: see further *e.g.* Rule 41 of the Provisional Rules of Procedure of the Security Council, available at: http://www.un.org/docs/sc/scrules.htm; Rule 51 of the Rules of Procedure of the General Assembly, available at: http://www.un.org/ga/ropga.shtml, last accessed 25 September 2008; this version originates in Res. 3190 (XXVIII) of 1973.

23 See further Art. XVI (6) of the Agreement Establishing the World Trade Organization, UNTS vol. 1867 p. 3; no. 2 (c) (i) GATT 1994.

24 See further Art. 12 of the Statute of the Council of Europe, UNTS vol. 87 p. 103, ETS No. 1.

25 Rule 34 (2) of the Rules of Court (July 2007) of the Eur. Court H.R., available at:

http://www.echr.coe.int, last accessed 25 September 2008.

26 Alexander von Bogdandy, *Die Europäische Union und das Völkerrecht kultureller Vielfalt — Aspekte einer wunderbaren Freundschaft*, in PLURALISTISCHE GESELLSCHAFTEN UND INTERNATIONALES RECHT (Georg Nolte *et al.* eds), 43 BERICHTE DER DEUTSCHEN GESELLSCHAFT FÜR VÖLKERRECHT 69 (2008).

27 Art. 165 (2) of the Treaty Establishing the European Community (EC), OJ 2006, C 321E, p. 37.

28 Communication from the Commission to the Council, the European Parliament, the European Economic and Social Committee and the Committee of the Regions: A NEW FRAMEWORK STRATEGY FOR MULTILINGUALISM, Doc. COM(2005) 596 final of 22 November 2005, available at: http://europa.eu/languages/servlets/Doc?id=913.

29 "Koľko jazykov vieš, toľkokrát si človekom".

30 See, *supra*, note 28, pt. I.2 "What is Multilingualism?".

31 Critical Urrutia and Lasagabaster, *supra* note 3, 482–483.

32 See further also text at *supra* note 25.

33 Also see further Group of Intellectuals, *supra* note 7, 3: "[I]n any human society linguistic . . . diversity has both advantages and drawbacks, and is a source of enrichment but also a source of tension".

34 It is the main line in Theodor Schilling, *Beyond Multilingualism*, forthcoming.

35 Urrutia and Lasagabaster, *supra* note 3, 486.

36 *Id.*, 500.

37 One exception is Art. 30 of the Belgian Constitution, English translation available at http://www.fedparl.be/constitution_uk.html, last accessed 25 September 2008.

38 Eur. Court H.R., *Igors Dmitrijevs v. Latvia*, Judgment of 30 November 2006, not published, available at: http://echr.coe.int/echr/en/hudoc, last accessed 25 September 2008, para. 85, with further references. The judgment is available only in French.

39 This may also apply, with less force, to the "personal adoptive language" whose idea the Group of Intellectuals (note 7), 10, recommends the EU to advocate.

40 Rainer J. Schweizer, *Sprache als Kultur- und Rechtsgut*, 65 VERÖFFTLICHUNGEN DER VEREINIGUNG DER DEUTSCHEN STAATSRECHTSLEHRER 371–372 (2006). A human rights dimension of language is also discussed by Franz C. Mayer, *Europäisches Sprachenverfassungsrecht*, 44 DER STAAT 367, 393 (2005), who sees language as a constituent characteristic of individual identity. In contrast, for Peter Häberle, *"Werkstatt Schweiz": Verfassungspolitik im Blick auf das künftige Gesamteuropa*, in *id.*, EUROPÄISCHE RECHTSKULTUR 355, 360 (1997), language is a cultural group right that forms part of the protection of minorities.

41 Of 4 November 1950, UNTS vol. 213, 221; ETS No. 5.

42 Wolfgang Kahl, *Sprache als Kultur- und Rechtsgut*, 65 VERÖFFENTLICHUNGEN DER VEREINIGUNG DER DEUTSCHEN STAATSRECHTSLEHRER 386, 395 (2006).

43 OJ 2007, C 303, p. 1.

44 Eur. Court H.R., *Pretty v. United Kingdom*, Judgment of 29 April 2002, Reports of Judgments and Decisions 2002–III, para. 65.

6.1.5 Self-Test

Answers to the self-test can be found at the back of the book, in Chapter 14.

1. Why is it important to consider international consensus when defining an 'agreement in writing' in international commercial arbitration?
2. What conclusions has UNCITRAL reached regarding the possible definitions of an 'agreement in writing'?

3. Should the European Union's approach to linguistic diversity be compared to nation-states or international organizations?
4. Must a language be shared by all citizens on a longstanding basis in order to become an official language of the country?
5. How might the right to linguistic diversity be framed?

KEYWORDS

- Article
- Casebook
- Flagship journal
- General law review
- Impact factor
- Legal journal
- Law review
- Loose-leaf
- Monograph
- Open-access policy
- Peer review
- Primary authorities
- Research assessment evaluations (RAE)
- Restatement
- Secondary authorities
- Social Sciences Research Network (SSRN)
- Socratic method
- Specialty journal
- String cites
- Textbook
- Treatise

6.II BILINGUAL SUMMARY – RESUMEN BILINGÜE

Chapter 6 considers the role that scholarly commentary plays in different legal systems and discusses how those texts are interpreted and used by courts and practitioners. Many of the differences that arise can be attributed to the distinctive features of the common and civil law.

For example, most Spanish-speaking jurisdictions see legal academics as providing objective and unbiased analyses of general questions of law that are often relevant to the determination of specific cases. In these countries, legal commentary is routinely relied upon by judges, as is consistent with the civil law tradition.

English-speaking jurisdictions, on the other hand, usually only refer to scholarly commentary when there is no existing case law that can serve as precedent or when there is such a large amount of case law that the court needs assistance in identifying a general pattern or rule. In most other situations, judges in English-speaking nations prefer to rely on judicial decisions rather than commentary. This approach reflects the common law bias in favour of judicial precedent, which is based on the belief that the law is highly influenced by individual, fact-specific determinations and that these principles are best illustrated by judicial decisions rather than scholarly analysis in the abstract.

The persuasive power of legal commentary often depends on the nature of a particular publication. For example, treatises in English-speaking jurisdictions and *manuales* in Spanish-speaking jurisdictions tend to be given the most weight by judges, since these books are written by highly esteemed scholars and provide a comprehensive analysis of specific areas of law. However, there are some differences between the two types of text. For example, treatises tend to adopt a relatively objective tone, whereas *manuales* often reflect their authors' views about how the law should develop in the future. This distinction correlates with how the books are used in their home jurisdictions. For example, common law lawyers look to treatises to harmonize and restate the various legal principles that exist in a particular jurisdiction while civil law lawyers use *manuales* as a means of determining not only what the state of the law currently is but also what direction the law should take going forward. Spanish-speaking jurisdictions do offer a number of publications (such as *comentarios legislativos*, which provide detailed discussions of statutes, and *notas de jurisprudencia*, which analyse court decisions) which feature the same amount of objectivity as a treatise from an English-speaking jurisdiction, but these authorities are not as persuasive to a Spanish-speaking judge as a manual.

Bilingual lawyers also need to be aware of certain differences in how legal commentary is used in legal education. Lawyers who train in English-speaking jurisdictions typically read casebooks and/or textbooks in their classes. Neither of these publications, with very rare exceptions, would ever be relied upon by a judge in an English-speaking jurisdiction. However, lawyers who train in Spanish-speaking jurisdictions often read *manuales* as part of their coursework, perhaps in addition to other student-oriented texts.

Treatises and *manuales* are not the only type of legal commentary used in Spanish- and English-speaking countries. Judges and practitioners also rely on monographs and scholarly articles. The content of these types of publication is relatively consistent across jurisdictional lines, although scholarly articles published in the US tend to be much longer than articles published elsewhere and reflect much heavier footnoting. This difference in style is based on the fact that legal articles in the US are published in student-edited journals rather than peer-edited journals, as is typical in other Spanish- and English-speaking countries.

El capítulo 6 analiza el papel que desempeñan las obras doctrinales en los sistemas legales, y analiza cómo éstas son utilizadas e interpretadas por tribunales y profesionales. Muchas de las diferencias que se aprecian en el capítulo son atribuibles a las características distintivas del *common law* y del sistema continental.

Por ejemplo, la mayoría de las jurisdicciones de habla hispana considera que los académicos analizan de forma objetiva e imparcial las cuestiones jurídicas que son relevantes para resolver casos específicos. En estos países, los jueces se apoyan con frecuencia en el comentario jurídico académico, en coherencia con la tradición de derecho continental.

Por su parte, las jurisdicciones angloparlantes por lo general sólo recurren al análisis académico cuando no existe jurisprudencia que pueda servir como precedente o cuando hay una cantidad tan significativa de jurisprudencia que el tribunal necesita ayuda para identificar un patrón general o norma. De todos modos, en la mayoría de los casos los jueces de las naciones angloparlantes se inclinan por confiar en la jurisprudencia antes que en los comentarios académicos. Este enfoque refleja la preferencia del *common law* por el precedente judicial, que se basa en la creencia de que la ley está muy influenciada por los factores fácticos y particulares cada caso, y estos factores están mejor representados en las decisiones judiciales que en el análisis académico en abstracto.

El poder persuasivo del comentario jurídico suele depender de la naturaleza del medio donde se publica. Por ejemplo, los tratados en las jurisdicciones de habla inglesa y los manuales en las de habla hispana tienden a tener mayor autoridad sobre los jueces, ya que estas obras están escritas por expertos de gran prestigio y proporcionan un análisis exhaustivo de áreas específicas del derecho. Sin embargo, hay algunas diferencias entre los dos tipos de textos. Así, los tratados tienden a adoptar un tono relativamente objetivo, mientras que los manuales suelen reflejar las opiniones de sus autores sobre cómo debería evolucionar el sistema jurídico. Esta distinción cabe relacionarla con el modo en que se utilizan tratados y manuales en sus respectivas jurisdicciones. Por ejemplo, los abogados de *common law* recurren a los tratados para armonizar y reafirmar los principios jurídicos que existen en su jurisdicción, mientras que los abogados que trabajan en un país del sistema continental utilizan los manuales como medio de determinar no sólo lo que la ley estipula en el momento presente, sino también qué rumbo debería tomar en un futuro. En las jurisdicciones hispanoparlantes se ofrecen una serie de publicaciones, como comentarios legislativos, que proporcionan un análisis exhaustivo de la ley comentada, o notas de jurisprudencia, que analizan decisiones judiciales, que cuentan con un valor parecido al que reciben los tratados en una jurisdicción angloparlante. Pero estos comentarios no tienen la misma autoridad que los manuales para los jueces de jurisdicciones hispanohablantes.

Los abogados que trabajan con dos lenguas también tienen que ser conscientes de la diferente forma en que es usado el comentario legal en la enseñanza del derecho. Los abogados formados en una jurisdicción angloparlante por lo general leen libros y/o libros de casos en sus clases. No es probable que ninguna de estas publicaciones vaya a ser invocada por un juez en una jurisdicción de habla inglesa, salvo muy raras excepciones. Sin embargo, los abogados formados en una jurisdicción de habla hispana suelen manejar manuales durante su formación universitaria y, en ocasiones, los complementan con otros textos primariamente dirigidos a estudiantes.

Tratados y manuales no son el único tipo de análisis jurídico utilizado en países anglo- e hispanohablantes. Jueces y profesionales también se apoyan en monografías y artículos académicos. El contenido de este tipo de publicaciones es relativamente consistente en todas las jurisdicciones, aunque los artículos académicos publicados en los Estados Unidos tienden a ser mucho más largos que los artículos publicados en otros lugares, con notas a pie de página mucho más extensas. Esta diferencia en el estilo se basa en el hecho de que los artículos académicos en los Estados Unidos se publican en revistas editadas por estudiantes en lugar de revistas editadas por expertos en la materia, como es típico en otros países de habla inglesa e hispanohablantes.

6.III DOCTRINA

La parte escrita en español de este capítulo está destinada a aquellos para los que el español es su segunda lengua. Los lectores para los que el inglés es su segunda lengua deberían comenzar leyendo en la página 219.

The Spanish-language portion of this chapter is meant to be read by those for whom Spanish is a second language. Readers for whom English is a second language should begin their reading on page 219.

6.III.1 Introducción

Los ordenamientos jurídicos hispanoparlantes le conceden a la doctrina un papel más relevante que el otorgado por los ordenamientos jurídicos angloparlantes. Las aportaciones doctrinales son de gran importancia tanto en el ámbito de la práctica jurídica como en el contexto académico, siendo primordial no sólo saber cómo utilizar dichos recursos, sino también cómo ponderar el valor de estos diversos tipos de materiales. El presente capítulo aborda las cuestiones siguientes:

- El papel de la doctrina como fuente del derecho en los sistemas jurídicos hispanoparlantes;
- Cómo localizar, interpretar y aplicar textos doctrinales en sistemas jurídicos angloparlantes

6.III.2 El papel de la doctrina como fuente del derecho en los sistemas jurídicos hispanoparlantes

Al comenzar este capítulo conviene precisar, en primer lugar, el significado del término 'doctrina'. Aunque el diccionario de la Real Academia Española equipara **doctrina legal** a 'jurisprudencia' ('doctrina que se deduce del conjunto de las sentencias de los tribunales'),[23] en el contexto del presente capítulo parece más adecuado tomar como referente la definición aportada por el diccionario María Moliner, en el que 'doctrina' es una 'enseñanza' o 'ciencia o suma de conocimientos poseídos por alguien o contenidos en una obra o una exposición'.[24]

Como se expuso en el capítulo 3, en las jurisdicciones de habla hispana la doctrina es una herramienta muy respetada a la hora tanto de elaborar leyes como de interpretar los textos legales en el momento de redactar opiniones judiciales o textos jurídicos.[25]

---

[23] Real Academia Española <www.rae.es>.
[24] La definición de 'doctrina' aportada por Javier F Becerra, *Diccionario de Terminología Jurídica Norteamericana: Inglés-Español* (Escuela Libre de Derecho 2011) es: 'Authorities, weight accorded to the opinions of jurists, legal scholars and other sources on the interpretation of the law and the legal principles applicable to the law (but not with the US legal meaning of theories or principles derived from court decisions)'.
[25] Apuntando las fuertes conexiones entre ambas fuentes del derecho, véase David Cienfuegos Salgado, 'La doctrina y la jurisprudencia: Reflexiones acerca de una relación indispensable' en

Precisamente, abogados, jueces y otros prácticos del derecho recurren a obras doctrinales en el ejercicio de su profesión y los académicos también toman como referente las elaboraciones científicas de sus colegas. No obstante y como ya se expuso, la doctrina juega un papel secundario en el sistema de fuentes del derecho.

En España la doctrina no aparece reflejada en el sistema de fuentes del derecho como tal, ni en la Constitución española ni en el Título Preliminar del Código civil, ambos instrumentos clave en la reglamentación del sistema español de fuentes del derecho. Ello no obsta a su papel esencial en la interpretación de textos legales, así como en su elaboración. Ejemplo claro es la atención específica que le presta el Ministerio de Justicia español a través de un órgano cuyos orígenes se remontan al año 1820,[26] la Comisión General de Codificación,[27] que reúne a juristas de reconocido prestigio con la misión de asesorar en la preparación de las tareas pre-legislativas propias del citado Ministerio. Concretamente, cuenta con 5 secciones dedicadas respectivamente al derecho civil, al derecho mercantil, al derecho público, al derecho penal y al derecho procesal, habiendo informado las iniciativas más importantes de la historia legislativa española, como acaban de hacer al proponer la reforma del Código mercantil y adelantar su posible nueva redacción.[28] En los Estados Unidos Mexicanos,[29] el papel de la doctrina como **fuente formal indirecta** se ha plasmado en textos legales federales[30] y también en normas estatales.[31]

David Cienfuegos Salgado y Miguel Alejandro López Olvera (eds) *Estudios en homenaje a Don Jorge Fernández Ruiz: Derecho procesal* (Instituto de Investigaciones Jurídicas UNAM 2005) 75–101.

[26] El 15 de septiembre de 1820 las Cortes Extraordinarias solicitaron del Gobierno que, sin perjuicio de la Comisión Especial de Justicia de las Cortes, se eligiese un número de letrados competentes para la formación de los 'Cuerpos legales', en lo que constituye el primer precedente de la Comisión General de Codificación, finalmente constituida en 1843. Véase sus antecedentes y actualidad en Ministerio de Justicia, Gobierno de España <www.mjusticia.gob.es/cs/Satellite/es/1215197982545/Estructura_P/1288781214359/Detalle.html>.

[27] Los Estatutos de la Comisión General de Codificación fueron aprobados por Real Decreto 160/1997, de 7 de febrero (BOE 27.2.1997).

[28] Sección de Derecho Mercantil de la Comisión General de Codificación, 'Propuesta de Código Mercantil' (*Nuevo Código Mercantil*, 17.7.2013) <http://nuevocodigomercantil.es/pdf/Propuesta_codigo_mercantil.pdf>.

[29] Carlos Arellano García, 'La doctrina como fuente formal del derecho' en Gustavo Cajica Lozada (ed) *Ensayos jurídicos en memoria de Jose María Cajica Camachola* (Cajica 2002) 45.

[30] En el ámbito del derecho laboral '[E]l laudo contendrá: VI. Las razones legales o de equidad, la jurisprudencia y doctrina que les sirva de fundamento'. Véase Ley Federal del Trabajo (DOF 1.4.1970) art 840. En el ámbito civil,

> Las sentencias contendrán, además de los requisitos comunes a toda resolución judicial, una relación suscinta de las cuestiones planteadas y de las pruebas rendidas, así como las consideraciones jurídicas aplicables, tanto legales como doctrinarias, comprendiendo, en ellas, los motivos para hacer o no condenación en costas, y terminarán resolviendo, con toda precisión, los puntos sujetos a la consideración del tribunal, y fijando, en su caso, el plazo dentro del cual deben cumplirse.

[31] CFPC, art 222.
'Cuando se invoquen jurisprudencia, doctrinas o leyes de los Estados, los tribunales pueden exigir que se presenten en el acto mismo'. CPCDF, art 395.2.

En el ámbito del derecho internacional, el papel otorgado a la doctrina se proclama en preceptos como el 38 del Estatuto de la Corte Internacional de Justicia de la Haya.[32]

6.III.3 Cómo localizar, interpretar y aplicar textos doctrinales en sistemas jurídicos hispanoparlantes

Los juristas que están acostumbrados a trabajar en un segundo idioma normalmente consideran que los trabajos doctrinales son más fáciles de leer y de interpretar que las fuentes primarias, dado que su lenguaje es menos formal. No obstante, pueden surgir dudas respecto a cómo deben ser usadas las fuentes doctrinales, dado que no siempre se sabe cuánta relevancia ha de concedérsele a un tipo específico de obra doctrinal.

Aún siendo muy difícil establecer una clasificación de trabajos doctrinales que refleje la diversidad existente en todos los países hispanoparlantes de tradición de *civil law*, es útil realizar las siguientes distinciones:

Los **tratados** son obras extensas elaboradas por juristas expertos en una determinada área del derecho. Los lectores de estos tratados pueden ser abogados o académicos, interesados en conocer la realidad positiva vigente en un sector jurídico, o bien en saber cuál es la regulación de una determinada institución legal. Frecuentemente, los tratados son también manejados por los estudiantes de derecho, quienes acuden a ellos para preparar una asignatura de sus estudios universitarios. En los países hispanoparlantes no suele ser habitual contar con *casebooks* como los estadounidenses, en los que las concisas explicaciones teóricas se interconectan con una abundante selección de normativa y jurisprudencia. De ahí que los discentes hispanoparlantes acudan a un **manual** para preparar la parte más teórica de la disciplina y en ocasiones complementen su estudio con un libro de **casos prácticos**, cuyo uso está generalizándose en países como España, a raíz de su participación en el **Espacio Europeo de Educación Superior (EEES)**. Producto de la cooperación inter-gubernamental,[33] el EEES no sólo busca el reconocimiento de títulos obtenidos en un Estado parte en los demás que lo conforman, sino que persigue un nuevo modelo de enseñanza basado en el aprendizaje significativo, en el que el estudiante construya sus propias estructuras cognitivas. Es por ello que su progreso no se ha de medir sólo por sus conocimientos, sino también por sus habilidades y competencias, contexto en el que la capacidad de afrontar situaciones prácticas entra a formar parte de la enseñanza jurídica y con ella textos aptos para ayudar al estudiante en este aprendizaje.

Siendo imposible establecer aquí cuáles son los concretos tratados que han de

---

[32] Que reza como sigue:

La Corte, cuya función es decidir conforme al derecho internacional las controversias que le sean sometidas, deberá aplicar: d) las decisiones judiciales y las doctrinas de los publicistas de mayor competencia de las distintas naciones, como medio auxiliar para la determinación de las reglas de derecho.

[33] Estatuto de la Corte Internacional de Justicia de la Haya (188 UNTS 137) art 38.
Cronológicamente hay que remontarse al año 1998 para establecer el origen de esta cooperación inter-gubernamental, cuyas bases sienta la Declaración de Bolonia en 1999. Puede consultarse la historia, evolución y documentación sobre el EEES en <www.eees.es/>.

considerarse más relevantes en cada jurisdicción hispanoparlante,[34] sí se puede no obstante apuntar una serie de criterios que permitan a un jurista angloparlante entender cuál es el grado de relevancia de un tratado. En este sentido, las obras más significativas son conocidas popularmente en el ámbito jurídico por el apellido de su autor principal. Mientras que en España 'el Lacruz',[35] o 'el Castán',[36] son toda una institución en el ámbito del derecho civil, en México el 'Derecho administrativo' de Gabino Fraga,[37] y el 'Derecho mercantil' de Roberto L Mantilla Molina son claros referentes en sus áreas jurídicas.[38] Suele suceder, además, que estos tratados son éxitos de ventas; se publican nuevas ediciones con frecuencia y su contenido jurídico es actualizado regularmente por sus autores. Así ocurre en España con la obra de Manuel Broseta,[39] o en México con las obras de Fraga y Mantilla que, desde su primera edición en 1934 y 1946, acumulan hasta el momento 48[40] y 29[41] ediciones respectivamente. Otra muestra del prestigio de un tratado es la intensidad con la que la obra se cita en otros países. Ello sucede, por ejemplo, con tratados jurídicos elaborados en España que, en ocasiones, reciben una buena acogida y difusión en el ámbito latinoamericano. Ha de tenerse también en cuenta que algunas disciplinas jurídicas están dominadas por la doctrina de un determinado país, por lo que es habitual que sus trabajos pioneros se traduzcan a otros idiomas para que éstos alcancen una mayor divulgación. Ello es especialmente necesario si la obra doctrinal se escribió originariamente en un idioma, como por ejemplo el alemán, que no es accesible para la generalidad de la comunidad científica.[42] De ahí que las **traducciones jurídicas** también sea un género muy valorado en determinadas áreas jurídicas como el derecho penal.[43]

Las **enciclopedias** y **diccionarios jurídicos** también pueden ser herramientas útiles para los juristas que deseen conocer el *status quo* de una determinada cuestión en un ordenamiento jurídico extranjero. Aunque en principio este tipo de aportaciones doctrinales suelen caracterizarse por contener entradas breves y que no profundizan en exceso en discusiones

---

[34] Existen, no obstante, algunos listados propuestos por juristas que pueden ser indicativos, como el ofrecido por Gilberto Adame López, 'Los 25 libros jurídicos más influyentes en México' (*Diario de Derecho*, 27.10.2013) <http://elmundodelabogado.com/2011/los-25-libros-juridicos-mas-influyentes-en-mexico/>.

[35] José Luis Lacruz Berdejo, *Elementos de derecho civil* (Librería Bosch 1974). Una obra iniciada en 1974 y que, en el momento de su fallecimiento en 1989, constaba de 8 volúmenes en 6 tomos que comprendían el derecho civil español, común y foral.

[36] José Castán Tobeñas, *Derecho civil español, común y foral* (Reus 1924), que inicia andadura en 1924.

[37] Gabino Fraga, *Derecho administrativo* (48a edn, Porrúa 2012).

[38] Roberto L Mantilla Molina, *Derecho mercantil* (29a edn, Porrúa 2008).

[39] Manuel Broseta Pons, Fernando Martínez Sanz, *Manual de derecho mercantil* (21a edn, Tecnos 2014).

[40] Editorial Porrúa <www.porrua.mx/pagina-interior.php?id=820586>.

[41] Editorial Porrúa <www.porrua.mx/pagina-interior.php?id=309464>.

[42] Como Hans Kelsen, *Teoría pura del derecho* (Roberto S Vernego tr, 2a edn, Porrúa 1993); Piero Calamandrei, *Derecho procesal civil: estudios sobre el proceso civil* (Santiago Sentís Melendo tr, Ediciones Jurídicas 1973); o Matthias Herdegen, *Derecho económico internacional* (Katia Fach Gómez, Laura Carballo Piñeiro y Dieter Wolfram trs, Facultad de Jurisprudencia-Fundación Konrad Adenauer, 9a edn, Editorial Universidad del Rosario 2012).

[43] Claus Roxin, *Derecho penal: Parte general. Tomo I. Fundamentos. La estructura de la teoría del delito* (Diego-Manuel Luzón Peña, Miguel Díaz y García Conlledo, Javier de Vicente Remesal tr, 2a edn, Civitas 2006).

científicas, existen en este sector obras de gran consideración como las enciclopedias jurídicas elaboradas bajo el auspicio del prestigioso Instituto Max Planck,[44] o promovidas por editoriales hispanas clásicas como Seix Barral o Civitas.[45] Para los profesionales del derecho son asimismo relevantes los **comentarios legislativos**, trabajos en los que un único o varios autores analizan de forma pormenorizada los distintos preceptos que conforman una nueva disposición legal. Este tipo de obras suelen analizar precedentes e historia legislativa de una ley, al mismo tiempo que presentan la jurisprudencia en dicha materia y ofrecen aportaciones doctrinales que permitan resolver las dudas que pueda llegar a plantearse en la práctica jurídica. De modo similar, las **notas de jurisprudencia** también prestan una labor importante en el análisis de un ordenamiento jurídico; aunque la jurisprudencia no goza del mismo valor que en los ordenamientos de *common law*, es evidente que los tribunales aplican derecho y que las opiniones judiciales son clave en su interpretación.

La **monografía** es una aportación doctrinal que se centra en el estudio detallado de una específica cuestión jurídica. El autor de una monografía se apoya en la doctrina y jurisprudencia preexistente en esa materia para ofrecer sus propias teorías y propuestas *lege ferenda*, de ahí que el enfoque de una monografía suela ser menos objetivo que el de un tratado o manual. En los países de *civil law*, la monografía es una obra de gran importancia, que va jalonando las distintas etapas de una carrera académica. En este sentido, en España una tesis doctoral se convierte habitualmente en la primera monografía de un científico. La relevancia de una monografía puede inducirse de un conjunto de factores: novedad e importancia de la materia objeto de estudio, calidad de la obra y reputación de la editorial y del autor. En los países hispanoparlantes las editoriales jurídicas más relevantes son empresas privadas como Aranzadi[46] o Porrúa,[47] pero existen igualmente publicaciones universitarias que gozan de prestigio, como las procedentes de la mexicana Universidad Nacional Autónoma de México (UNAM).[48]

El formato propio de la monografía también permite albergar una **obra colectiva**, con capítulos escritos por diversos autores con un común denominador. Normalmente, ese elemento común es un determinado tema jurídico, pero también se publican obras colectivas en honor a un profesor destacado, en las que sus discípulos y colegas homenajean al maestro escribiendo capítulos referidos a materias abordadas por el homenajeado a lo largo de su trayectoria científica. Debido a la importancia de las plumas que participan en estos **libros homenaje**, estos trabajos son muy valorados en algunas disciplinas como el derecho internacional. En esta misma área son igualmente relevantes los textos de **cursos** que se imparten en prestigiosas instituciones internacionales como la Conferencia de La Haya[49] o la Organización de Estados Americanos.[50]

---

[44] Jürgen Basedow y otros, *The Max Planck Encyclopedia of European Private Law* (Oxford University Press 2012).
[45] *Enciclopedia jurídica española* (Francisco Seix 1910–1959); *Enciclopedia jurídica básica* (1a edn, Civitas 1995).
[46] Editorial Aranzadi <www.aranzadi.es>.
[47] Editorial Porrúa <www.porrua.mx>.
[48] UNAM <www.unam.mx>.
[49] *Recueil des cours. Academie de Droit International de La Haye* (Librairie Hachette 1923).
[50] En el año 2014 se celebró la 46a edición del Curso de Derecho Internacional organizado por la OEA <www.oas.org/es/sla/ddi/curso_derecho_internacional.asp>.

Los **artículos** son trabajos más breves, centrados en el análisis de una concreta cuestión jurídica, que en muchas ocasiones suele ser una materia novedosa o en proceso de cambio legislativo o jurisprudencial que merece ser reseñada con celeridad y de forma individualizada. Para lectores extranjeros, la calidad de un trabajo de esta naturaleza puede inferirse de factores como la trayectoria profesional del autor, su institución de procedencia o el lugar donde el artículo ha sido publicado.

En principio, evaluar la reputación de una revista extranjera puede ser una tarea complicada, ya que los criterios relevantes no son los mismos en todos los países. Frente a la importancia que se le da en Estados Unidos a la publicación de artículos de gran extensión y que incorporan centenares de notas a pie de páginas,[51] en España y Latinoamérica los artículos son más breves y, con carácter general, en el mundo académico se ha considerado tradicionalmente que son 'obras menores' en comparación con las monografías. No obstante, dicha percepción está cambiando y en los países hispanoparlantes están adquiriendo una relevancia que se aproxima a la que gozan en el ámbito estadounidense. Ejemplo sintomático de ello es que algunas universidades de habla hispana comienzan a autorizar que varios artículos doctrinales (en vez de un estudio de tipo monográfico) se presente en calidad de tesis doctoral para la obtención del título de doctor.[52]

Ha de tenerse en cuenta, además, que los académicos no son el único colectivo que publica artículos jurídicos. Abogados, jueces, fiscales, secretarios judiciales o notarios entre otros son profesionales que también publican trabajos jurídicos. Su visión pragmática del derecho y las exigencias temporales de su profesión justifican que el formato más óptimo para sus aportaciones jurídicas sea el del artículo. Con carácter general, este tipo de artículos son especialmente prácticos y el volumen de notas a pie de páginas es reducido. A diferencia de lo que sucede en artículos estadounidenses, el objetivo de dichas notas es informar sobre qué legislación, jurisprudencia o doctrina sustenta la argumentación en texto.

Por regla general, las revistas jurídicas publicadas en España e Hispanoamérica cuentan con órganos de dirección (presidente, director, consejo de redacción, consejo científico y otros) integrados por juristas procedentes del ámbito académico. Frente a la realidad estadounidense,[53] la intervención de los estudiantes en las revistas es muy escasa, sino inexistente. La institución que promueve la publicación de estas revistas puede ser una editorial

---

[51] Véase (n 7).

[52] Así, por ejemplo

Se podrán presentar Tesis Doctorales en 'formato publicaciones'. En las publicaciones que compongan la Tesis el doctorando deberá haber participado como autor principal y se habrán editado en revistas de la especialidad recogidas en índices de calidad contrastados o de similar nivel científico en libros. El director y tutor del doctorando certificarán el carácter de la aportación del doctorando en las publicaciones aportadas. La recopilación de publicaciones deberá siempre acompañarse de una introducción en español, si las publicaciones están en idioma distinto, que incluya una revisión del estado actual del tema, los objetivos y/o hipótesis, una discusión integradora y las conclusiones.

Normativa de desarrollo del Real Decreto 99/2011, de 28 de enero, que regula los estudios de doctorado en la Universidad Complutense de Madrid (Universidad Complutense de Madrid <https://www.ucm.es/tesis-doctorales>), art 10.3.

[53] Véase (n 9).

jurídica, institución universitaria o asociación profesional (por ejemplo, de profesores o abogados) y éstas se publican con cierta periodicidad, que puede oscilar desde la diaria (normalmente, en revistas dirigidas a profesionales del derecho) hasta la anual (**anuario**). Actualmente, la mayor parte de las revistas jurídicas han incorporado el **proceso ciego de revisión por pares** para seleccionar los artículos dignos de publicación: una vez retirados los datos personales del autor que ha remitido el trabajo, éste es evaluado por al menos dos expertos en la materia, quienes reenvían a la revista su opinión jurídica sobre el trabajo.

Los rankings referidos a la difusión y calidad científica de las revistas están proliferando y, con ellos, es cada vez más importante su **factor de impacto**, incrementando el interés de los autores por publicar en aquellas revistas bien posicionadas. En el ámbito internacional, existen dos rankings accesibles para abonados que miden el **factor de impacto** de un conjunto de revistas preseleccionadas en atención al cumplimiento de un serie de criterios académicos de indiscutible calidad (por un lado, *Journal Citation Report*,[54] de *Web of Science* -el antes denominado *ISI Web of Knowledge*-, y por otro, *SCImago Journal & Country Rank*,[55] de Scopus). *Web of Science*[56] (con subsecciones dedicadas a *Social Sciences Citation Index* y a *Arts & Humanities Citation Index*) y Scopus[57] se consideran además catálogos indicativos de una buena calidad de las revistas en ellos referenciados, con independencia de que éstas tengan o no índice de impacto. Queriendo contrarrestar la excesiva impronta anglófona de las revistas incluidas en los rankings recién referidos, se ha creado recientemente el *European Reference Index for the Humanities and Social Sciences* (ERIH PLUS),[58] que es una herramienta útil para ponderar (en 3 niveles distintos en función a su grado de impacto y difusión) revistas publicadas en el ámbito del mundo académico europeo y en todas las diferentes lenguas continentales. En el ámbito español, el índice de impacto de las revistas españolas de ciencias jurídicas se podía consultar en In-RECJ,[59] mientras que el índice de impacto de revistas españolas en las que se publican artículos de áreas del derecho relacionadas con otras ciencias sociales aparecía recogido en In-RECS.[60] Desgraciadamente, ambos servicios dejaron de actualizarse en el año 2014. Algo similar ha sucedido, si bien parece que de manera temporal, con la Clasificación Integrada de Revistas Científicas (CIRC),[61] un catálogo que jerarquiza la calidad de las revistas españolas en 4 niveles distintos y que han venido realizando instituciones como la Agencia Nacional española de calidad y acreditación (ANECA)[62] y el Consejo Superior de Investigaciones Científicas (CSIC).[63] De una consideración complementaria, cabe señalar otros catálogos que ofrecen información sobre las características más significativas (si poseen o no evaluadores externos, por ejemplo) de las publicaciones científicas periódicas. Entre ellos figuran el español DICE (difusión y calidad editorial de

---

[54] *Journal Citation Report* <http://thomsonreuters.com/journal-citation-reports/>.
[55] *SCImago Journal & Country Rank* <www.scimagojr.com/>.
[56] *Web of Science* <http://wokinfo.com>.
[57] Scopus <www.elsevier.com/online-tools/scopus>.
[58] ERIH PLUS <https://dbh.nsd.uib.no/publiseringskanaler/erihplus/>.
[59] In-RECJ <http://ec3.ugr.es/in-recj/>.
[60] In-RECS <http://ec3.ugr.es/in-rech/>.
[61] CIRC <http://ec3metrics.com/circ/>.
[62] ANECA <www.aneca.es/eng>.
[63] CSIC <www.csic.es/web/guest/home:jsessionid=7666F1962F1649A5F2974A8E29AABF8E>.

las revistas españolas de humanidades y ciencias sociales)[64] y Latindex,[65] una iniciativa impulsada por la mexicana UNAM, que lleva desde 1995 ofreciendo información sobre las revistas científicas publicadas en América Latina, el Caribe, España y Portugal.

Cada vez es más fácil acceder online a obras jurídicas escritas en español. Aparte de las bases de datos que requieren el abono de una considerable suscripción (Aranzadi, La Ley Digital, Legis, V-Lex y otras), existen diversas opciones para acceder gratuitamente al texto íntegro de artículos jurídicos. Dialnet es una muy útil iniciativa de la Universidad de La Rioja,[66] que permite hacer búsquedas a partir de palabras claves e incluso descargar en algunas ocasiones los trabajos científicos. Igual sucede en el ámbito latinoamericano con Redalyc (Red de revistas científicas de América Latina y el Caribe, España y Portugal)[67] o Scielo (*Scientific Electronic Library online*).[68] En México goza de gran prestigio la biblioteca jurídica virtual de la UNAM, que cuenta con un fondo de casi 4000 libros, 30.000 artículos y 25.000 colaboraciones en obras colectivas.[69] Incluso *Social Sciences Research Network* (SSRN),[70] a pesar de predominar en él los trabajos en inglés, sigue siendo un valioso recurso desde el que descargar contribuciones doctrinales elaboradas por juristas hispanoparlantes. Junto a estos buscadores, cada vez un mayor número de revistas jurídicas están permitiendo el acceso online a sus contenidos o incluso prescinden de la versión papel para ofrecer únicamente una revista online.[71]

6.III.4 Extractos

La lectura de trabajos doctrinales en una lengua extranjera puede resultar complicada, aunque quizás no tanto como leer las fuentes primarias. De todos modos, existen diferencias significativas en cuanto al estilo. El primer extracto, sobre arbitraje comercial internacional, está en inglés en la parte escrita en este idioma de este capítulo, si desea examinar su habilidad en la traducción jurídica.

S. I. Strong '¿Qué constituye un 'acuerdo por escrito' en el arbitraje comercial internacional? conflictos entre la Convención de Nueva York y la Ley Federal de Arbitraje' (2014) 20 Revista Internacional de Arbitraje 78, 119

6.III.4.1 Temas internacionales relacionados con el requisito de forma de la Convención de Nueva York [sobre el reconocimiento y ejecución de las sentencias arbitrales extranjeras]*

Universalmente todos están de acuerdo en que la Convención de Nueva York está destinada a tener un efecto armonizador sobre la legislación nacional y sobre los

---

[64] DICE <http://dice.cindoc.csic.es>.
[65] Latindex <www.latindex.unam.mx>.
[66] Dialnet <http://dialnet.unirioja.es>.
[67] Redalyc <www.redalyc.org/home.oa>.
[68] Scielo <www.scielo.org/php/index.php?lang=es>.
[69] UNAM <http://biblio.juridicas.unam.mx/cons.htm>.
[70] SSRN <www.ssrn.com/lsn/index.html>.
[71] Como la Revista española de estudios internacionales <www.reei.org> o InDret <www.indret.com>.

pronunciamientos jurídicos para simplificar el arbitraje comercial internacional y, en consecuencia, promover el comercio internacional[168]. Así, las cortes de Estados Unidos reconocen que:

'al perseguir estándares efectivos y unificados de arbitraje, los redactores de la Convención entendieron que los beneficios del tratado serían menoscabados si las cortes locales ingresaran sus valores 'parroquiales' al régimen'

En su análisis del artículo II (1) ['Cada uno de los Estados Contratantes reconocerá el acuerdo por escrito conforme al cual las partes se obliguen a someter a arbitraje todas las diferencias o ciertas diferencias que hayan surgido o puedan surgir entre ellas respecto a una determinada relación jurídica, contractual o no contractual, concerniente a un asunto que pueda ser resuelto por arbitraje'], los delegados de la Convención manifestaron cierta preocupación en que a las cortes de los países signatarios en los que un acuerdo para arbitrar fuera pretendido para ser ejecutoriado, no se les permitiera rechazar su ejecutoria sobre la base de la existencia de puntos de vista parroquiales deseosos o de una manera destinada a disminuir la naturaleza vinculante de dichos acuerdos'[169].

Igualmente, se dice que el Congreso [de los Estados Unidos] ha hecho su parte para cumplir con los objetivos de la Convención relacionados con el artículo II, gracias a la promulgación de la 'amplia literalidad de la sección 202' de la FAA [Federal Arbitration Act][170]. No obstante, no se puede llegar a ninguna conclusión sobre si y hasta qué punto las cortes estadounidenses se han resistido a introducir valores 'parroquiales' al momento de aplicar la Convención[171]. Para entender cómo se encuentra Estados Unidos respecto a la interpretación y aplicación del artículo II (2) de la Convención ['La expresión "acuerdo por escrito" denotará una cláusula compromisoria incluida en un contrato o un compromiso, firmados por las partes o contenidos en un canje de cartas o telegramas'], en comparación con los estándares internacionales, es necesario describir la forma en que las jurisdicciones tratan esa disposición en particular[172].

Esta tarea es facilitada, en gran medida, por el hecho de que la UNCITRAL llevó a cabo un proyecto de investigación a gran escala y largo plazo buscando aportes de varios Estados referentes a la interpretación que le dan al artículo II (2) de la Convención[173]. Este estudio, a lo largo de diez años, proporciona introspecciones muy útiles sobre cómo los diferentes Estados interpretan y aplican los requisitos de forma de la Convención[174] y puede ser usado para determinar si existe un consenso sobre la práctica internacional en el campo del Derecho. Para este fin, el siguiente análisis describe las conclusiones primarias alcanzadas por la UNCITRAL, enfocándose en la interpretación local del artículo II (2), la interacción entre el este y el VII (1), la promulgación y aplicación de la Recomendación UNCITRAL y el propósito y efecto de la Ley Modelo de UNCITRAL en el Arbitraje Comercial Internacional —Ley Modelo de Arbitraje—[175].

3.1. *La Interpretación internacional del artículo II (2) de la Convención de Nueva York*
De conformidad con la investigación realizada por UNCITRAL, las cortes estatales varían en la aplicación del artículo II (2) de la Convención, aunque las diferencias son principalmente vistas a nivel de Estado a Estado, y no como una única jurisdicción, como sucede en Estados Unidos[176]. Por ejemplo, algunos Estados 'aplican de manera estricta los requisitos' contenidos en el artículo II (2) y ejecutan los laudos arbitrales 'únicamente cuando el contrato que contiene la cláusula arbitral o el acuerdo arbitral en sí mismo está firmado por las partes o está contenido en un intercambio de cartas o telegramas'[177].

Estados Unidos se encuentra en esta categoría de países, a pesar de ser destacado por la UNCITRAL como un país que tiene una aproximación nacional particularmente inconsistente y divergente respecto al requisito de la firma, contenido en el artículo II (2)[178]. Aunque este órgano no proporciona explícitamente una postura sobre cuál de las dos líneas de casos estadounidenses representa la lectura correcta de la Convención de Nueva York, algunas declaraciones sugieren que sigue el punto de vista de que el requisito de la firma se aplica tanto a los acuerdos de arbitraje como a las cláusulas arbitrales contenidas en los contratos[179].

La mayoría de las veces, las cortes que adoptan una aproximación estricta sobre el requisito escrito no permiten acuerdos verbales para arbitrar, incluso si dicho acuerdo es subsecuentemente confirmado por escrito o a través de algún tipo de conducta, tal como la comparecencia ante un árbitro o el cumplimiento del contrato[180]. De manera semejante, los Estados que tienen una aproximación estricta sobre los temas de forma, normalmente no permiten que las cortes reconozcan los acuerdos de arbitraje con base en prácticas comerciales previas[181].

Mientras la interpretación del requisito de la firma es relativamente estandarizada alrededor del mundo —a excepción de Estados Unidos—, las reglas relacionadas con el intercambio de documentos varía ampliamente[182]. Algunas cortes nacionales interpretan el término 'intercambio' de manera más estricta, definiéndolo como una oferta escrita y como una aceptación escrita de la disposición arbitral, mientras que cortes en otros Estados consideran 'la referencia a la cláusula arbitral o el acuerdo en correspondencia subsecuente que emana de la parte sobre la cual la cláusula arbitral o el acuerdo fue enviado... como suficiente[183]'. En algunos casos, las cortes le dan un tratamiento ligeramente más liberal al tema para facilitarlo si las partes están en una relación de naturaleza continua[184]. En otras instancias, concluyen que los requisitos del artículo II (2) se cumplen aun cuando la disposición arbitral no estuviera incluida en las cartas que fueron intercambiadas entre las partes, siempre que los documentos intercambiados hagan referencia al arbitraje[185]. Entre los ejemplos citados en esta última categoría, se encuentra una decisión de Estados Unidos que justificaba sus acciones debido a fuertes políticas nacionales a favor del arbitraje[186].

Las cortes que adoptan una aproximación menos estricta sobre este requisito están divididas en cuanto a si permitir que se cumplan los requisitos de forma a través de otros medios[187]. Por ejemplo, solo algunos de estos países ignoran los requisitos técnicos del artículo II (2) con base en principios que impidan el surgimiento de una conducta, llevando a la UNCITRAL a señalar que 'ninguna aproximación es evidente a partir de la jurisprudencia[188]'.

Finalmente, la mayoría de Estados reflejan actitudes relativamente liberales hacia las nuevas formas de tecnología electrónica y consideran que ellas recaen dentro del ámbito de las 'cartas o telegramas[189]'. Al hacerlo, las cortes no tienen en cuenta que el punto de vista del artículo II (2) menciona una lista exclusiva de documentos considerados suficientes para probar un 'acuerdo por escrito[190]'. De hecho, una decisión suiza señala que los escritos no firmados se están volviendo cada vez más importantes en el comercio electrónico moderno, lo cual implica que los requisitos de la firma sean, a su vez, cada vez menos importantes[191]. Sin embargo, otros Estados han adoptado una aproximación más estricta en relación con las comunicaciones electrónicas[192].

Las decisiones analizadas en esta sección involucran el texto de la Convención misma, y, por lo tanto, se enfocan en la literalidad del artículo II (2)[193]. No obstante, incluso aquellos Estados que toman en cuenta una visión 'estricta' hacia la interpretación de este artículo han desarrollado una variedad de mecanismos de escape que tienen en cuenta las circunstancias cambiantes del comercio[194]. En gran medida, las decisiones de Estados Unidos se ajustan a las normas internacionales, aunque existen unas pocas áreas, tales como la interpretación del requisito escrito, en las que el país no está acorde con las prácticas adoptadas por otros signatarios de la Convención[195].

No obstante lo anterior, los estudios de la UNCITRAL muestran que no todas las cortes han adoptado el mismo tipo de aproximación interpretativa de los requisitos de forma bajo la Convención[196]. Algunos Estados imponen 'requisitos menos demandantes', fundamentalmente por que recurren a amplias disposiciones de su ley nacional[197]. Esos requisitos serán analizados en la siguiente sección (. . .).

167 Ver SG Report, *supra* nota 13, 7; Born, *supra* nota 7, en 619 —declarando que los 'requisitos de forma existentes en la Convención de Nueva York. . . son innecesarios y en cambio sirven para frustrar las expectativas legítimas y los derechos de las partes comerciales'—.

168 Ver Born, *supra* nota 7, en 92–95; Julian D.M. Lew *et al.*, 'Comparative International Commercial Arbitration', 2–20, 26–19 a 26–22 (2003); Nigel Blackaby *et al.*, Redfern and Hunter, 'On International Arbitration', 1220 to 1224 (2009).

169 Bautista v. Star Cruises, 396 F.3d 1289, 1300 —11th Cir. 2005— —citando a Scherk v. Alberto-Culver Co., 417 U.S. 06, 520 n.15 (1974)—.

170 Ver Convención de Nueva York, *supra* nota 1, artículo II(2); Federal Arbitration Act, 9 U.S.C. §202 (2011); Bautista, 396 F.3d en 1300.

171 Ver Convención de Nueva York, *supra* nota 1, artículo II(2); Bautista, 396 F.3d en 1300.

172 Ver Convención de Nueva York, *supra* nota 1, artículo II(2).

173 Id.; UNCITRAL, Working Group II —Arbitraje—, 'Compilation of Comments by Governments, nota de la Secretaría, U.N. Doc. A/CN.9/661 —mayo 6, 2008— [de aquí en adelante la Nota de Compilación UNCITRAL]; UNCITRAL, Working Grp. II —Arbitraje—, Compilation of Comments by Governments, nota de la Secretaría, U.N. Doc. A/ CN.9/661/Add.3 —jun. 12, 2008— [de aquí en adelante Nota de adición UNCITRAL].

174 Ver Convención de Nueva York, *supra* nota 1; UNCITRAL Nota, *supra* nota 12, 11–36; SG Report, *supra* nota 13, 28–32; Haarmann, *supra* nota 7, en 126; Xiao and Long, *supra* nota 7, en 570.

175 Ver Convención de Nueva York, *supra* nota 1, artículos II(2), VII(1); UNCITRAL, 'UNCITRAL Model Law on International Commercial Arbitration', 18th Session, anexo 1, U.N. Doc. A/40/17 —jun. 21, 1985—, revisado por UNCITRAL, 'Revised Articles of the UNCITRAL Model Law on International Commercial Arbitration', 39th Session, anexo, U.N. Doc. A/61/17 —jul. 7, 2006) [de aquí en adelante Ley Modelo de Arbitraje]; Recomendación UNCITRAL, *supra* nota 14.

176 Ver Convención de Nueva York, *supra* nota 1, artículo II(2); UNCITRAL, Compilation note, *supra* nota 178, en 2–7; Nota de adición UNCITRAL, *supra* nota 173, en 2–3; Nota UNCITRAL, *supra* nota 12, 12–15.

177 Nota UNCITRAL, *supra* nota 12, 12 —citando, *inter alia*, Delta Cereales España SL —España— v. Barredo Hermanos SA, XXVI Y.B. COMM. ARB. 854, 854–55 (2001), España, Sup. Ct. Oct. 6, 1998; Hertogenbosh, Sneek Hardhout Imp. BV —Neth.— v. Karl Schlueter KG —Ger.—, XXI Y.B. COMM. ARB. 643, 644 (1996), Neth., Court of Appeal, jul. 14/95,—.

178 Ver Convención de Nueva York, *supra* nota 1, artículo II(2); Nota UNCITRAL, *supra* nota 12, ¶ 14 —citando, *inter alia*, a Kahn Lucas Lancaster, Inc. v. Lark Int'l Ltd., 186 F.3d 210 —2d Cir. 1999—, parcialmente anulado bajo otras circunstancias por Sarhank Grp. v. Oracle Corp., 404 F.3d 657, 660 n.2 —2d Cir. 2005—; Sphere Drake Ins. PLC v. Marine Towing, Inc., 16 F.3d 666 —5th Cir. 1994—; Coutinho Caro & Co., USA v. Marcus Trading, Inc., No 3:95CV2362, 2000 WL 435566 —D. Conn. mar. 14, 2000—; Bothell v. Hitachi Zosen Corp., 97 F. Supp. 2d 1048 —W.D. Wash. 2000—; Sen Mar Inc. v. Tiger Petroleum Corp., 774 F. Supp. 879 —S.D.N.Y. 1991—.

179 Ver Convención de Nueva York, *supra* nota 1, artículo II(2); Nota UNCITRAL, *supra* nota 12, 11 —declarando que el requisito 'ya sea una firma o un intercambio de documentos... asegura que el consentimiento de las partes a someterse al arbitraje sea expresamente grabado'—; id. 14 —señalando que los casos que diferencian el tratamiento de los acuerdos de arbitraje y las cláusulas de arbitraje no han sido seguidos ampliamente—

180 Ver Nota UNCITRAL, *supra* nota 12, ¶ 13.

181 Id. pero ver *supra* nota 17 —citando Delta Cereals Espana SL —España— v. Barredo Hermanos SA —España—, XXVI Y.B. COMM. ARB. 854 (2001), —España, Sup. Ct., oct. 6, 1998— y sugiriendo que la Convención de Nueva York permitió el acuerdo por medio de usos comerciales—.

182 Ver Nota UNCITRAL, *supra* nota 12, 14, 35.

183 Id. 15.

184 Id. 19.

185 Id. 20.

186 Id. —citando a Standard Bent Glass Corp. v. Glassrobots Oy, 333 F.3d 440, 449–50 —3d Cir. 2003—.

187 Ver Nota UNCITRAL Note, *supra* nota 12, ¶ 16.

188 Id. ¶ 17 —citando a Slaney v. Int'l Amateur Athletic Fed'n, 244 F.3d 580 —7th Cir. 2001—; China Nanhai Oil Joint Serv. Corp. Shenzhen Branche, China, v. Gee Tai Holdings Co., XX Y.B. COMM. ARB. 671, 673–77 —H.K. High Ct., jul. 13, 1994— —comparando varias jurisdicciones—; Greek Co. v. FR German Co., XIV Y.B. COMM. ARB. 638, 638–39 (1989), Grecia, Corte de Apelaciones de Atenas, 1984—.

189 Ver Convención de Nueva York, *supra* nota 1, artículo II(2); Nota UNCITRAL, *supra* nota 12, 22.

190 Convención de Nueva York, *supra* nota 1, artículo II(2); ver también Nota UNCITRAL, *supra* nota 12, 22 —citando a Chloe Z. Fishing Co. v. Odyssey Re, Londres, Ltd., 109 F. Supp. 2d 1236, 1250 —S.D. Cal. 2000—.

191 Nota UNCITRAL, *supra* nota 12, 23 —citando a Compagnie de Nav. et Transports S.A. v. Mediterranean Shipping Co., XXI Y.B. COMM. ARB. 690, 697, Swiss Fed. Trib., 1996—.

192 Nota UNCITRAL, *supra* nota 12, 23 —citando una decisión noruega que concluyó que el correo electrónico no satisfacía los requisitos del artículo II(2)—.

193 Nota UNCITRAL, *supra* nota 12, 12; ver también Convención de Nueva York, *supra* nota 1, artículo II(2).

194 Ver Convención de Nueva York, *supra* nota 1; Nota UNCITRAL, *supra* nota 12, 12.

195 Ver Convención de Nueva York, *supra* nota 1, artículo II(2); ver también *supra* notas 35–172 y texto complementario.

6.III.4.2 Segundo tribunal colegiado en materia civil del tercer circuito.

Amparo directo 227/2009. Carlos Germán Behn Fregoso. 21 de agosto de 2009. Unanimidad de votos. Ponente: Gerardo Domínguez. Secretario: Manuel Ayala Reyes.[72]
COMPRAVENTA A PLAZOS. CUANDO SE DEMANDA LA RESCISIÓN POR FALTA DE PAGO, EL ACTOR DEBE DEMOSTRAR QUE REQUIRIÓ AL DEUDOR EN SU DOMICILIO, SI EN EL CONTRATO NO SE PACTÓ DÓNDE SE CUMPLIRÍA TAL OBLIGACIÓN (LEGISLACIÓN DEL ESTADO DE JALISCO).
Este órgano jurisdiccional federal sustentó el criterio que se refleja en la tesis del rubro: 'COMPRAVENTA EN ABONOS. TRATÁNDOSE DE CONTRATOS TRASLATIVOS DE DOMINIO CUANDO NO SE SEÑALA EL LUGAR DE PAGO, NO ES APLICABLE LA REGLA GENERAL RELATIVA A QUE EL PAGO DEBE HACERSE EN EL DOMICILIO DEL DEUDOR (LEGISLACIÓN DEL ESTADO DE JALISCO).', publicada en el Semanario Judicial de la Federación, Novena Época, Tomo XXIII, marzo de 2006, página 1965; tesis en la cual se estableció en esencia, que la regla contenida en el artículo 1597 del Código Civil para el Estado de Jalisco, atinente a que el pago debe hacerse en el domicilio del deudor, no es aplicable cuando se trate de la traslación de un inmueble o de prestaciones relativas a éste, pues el diverso numeral 1598 contempla una excepción consistente en que cuando las partes omitan especificar el lugar de pago, en atención a la naturaleza del contrato, el pago deberá hacerse en el lugar donde se encuentre el inmueble. Sin embargo, una nueva reflexión en cuanto a ese tema, apoyada en el artículo 2001 del Código Civil del Estado, vigente hasta el trece de septiembre de

---

[72] Puede consultarse en <www.jurisconsulta.mx/index.php/JurisprudenciaSCJN/ViewTesis?iD=225358&searchQuery =rojina+villegas>.

mil novecientos noventa y cinco, de contenido similar al numeral 1597 del ordenamiento legal en vigor, así como la doctrina del tratadista mexicano Rafael Rojina Villegas y la argentina Mabel Goldstein, conduce a abandonar el criterio aludido para considerar que, si por tradición se entiende la entrega de una cosa, y por prestaciones relativas al inmueble, no se entienden los pagos periódicos que el deudor se comprometió a solventar a favor del acreedor, con motivo de la compraventa del bien, sino que dichas prestaciones comprenden, verbigracia, las rentas derivadas de su arrendamiento o algún otro acto jurídico, se concluye que, cuando el pago no consiste en la tradición de un inmueble, ni en las prestaciones relativas a este último, partiendo de la base de que uno de los elementos de la acción de rescisión de la compraventa consiste en demostrar que el deudor incurrió en mora, ante la omisión de los celebrantes de señalar domicilio donde el deudor deba cumplir con el pago periódico del precio del inmueble que adquirió, al actor corresponde probar que, antes de formular su demanda, requirió de pago al deudor en su domicilio, sin que éste quedara satisfecho, pues ello es también acorde a la jurisprudencia de la Suprema Corte de Justicia de la Nación, del rubro: 'ACCIÓN RESCISORIA DE CONTRATO. LA MORA O INCUMPLIMIENTO DEL DEUDOR, ES UN REQUISITO PARA SU PROCEDENCIA Y SU ACREDITAMIENTO DEBE SER ESTIMADO DE OFICIO POR EL JUZGADOR.'

6.III.4.3 Exposición de Motivos de la Ley de Enjuiciamiento Criminal,[73] redactada por D. Manuel Alonso Martínez, jurista y politólogo español en su calidad de Ministro de Gracia y Justicia.

Señor: La ejecución de las dos Leyes promulgadas en virtud de Reales Decretos de 22 de junio de este año, presupone un nuevo Código de Enjuiciamiento penal, una modificación profunda en la Ley Orgánica del Poder judicial de 15 de septiembre de 1870, la determinación del número y residencia de los Tribunales colegiados que han de conocer en única instancia y en juicio oral y público de los delitos que se cometan dentro de su respectivo territorio y, por último, la formación de los cuadros de personal de esos mismos Tribunales, cuyos Presidentes deben estar adornados de condiciones especiales de capacidad para la dirección y resumen de los debates.

Basta la mera enumeración de estos trabajos preparatorios para comprender que, ni por su índole y naturaleza, ni por su extensión y excepcional importancia, podían terminarse en breve plazo. Cábele, sin embargo, al infrascrito la satisfacción de anunciar hoy a V.M. que todos ellos pueden darse por ultimados, gracias al patriótico concurso que han prestado al Gobierno hombres eminentes, no sólo en la ciencia del Derecho, sino también en el conocimiento especial de la topografía, censo de población, vías de comunicación y estadística criminal del territorio de la Península e islas adyacentes.

El Gobierno de V.M. no se propone publicar todos estos trabajos a la vez; antes al contrario cree conveniente anticipar la promulgación del Código de Enjuiciamiento para que, mientras se instalan las Audiencias de lo criminal, puedan estudiarle y conocerle los Magistrados, Jueces, Fiscales, Letrados y demás personas que por modo más o menos directo y eficaz han de concurrir a su planteamiento y aplicación.

---

[73] Real Decreto 14 de septiembre de 1882, aprobatorio de la Ley de enjuiciamiento criminal (Gaceta 17.9.1882).

No será su estudio muy difícil ni prolijo, porque al cabo el proyecto que el Ministro que suscribe somete hoy a la aprobación de V.M. está basado en la Compilación general de 16 de octubre de 1879, de conformidad con lo preceptuado en la autorización votada por las Cortes; pero así y todo son tan radicales las reformas en él introducidas, que bien podían pasar por un Código completamente nuevo y de carácter tan liberal y progresivo como el más adelantado de los Códigos de procedimiento criminal del continente europeo.

Entre esas reformas son sin duda las menos importantes aquellas que, sugeridas por la experiencia, tienen por objeto, ya aclarar varios preceptos más o menos oscuros y dudosos de la Compilación vigente, ya uniformar la jurisprudencia, o ya, en fin, facilitar la sustanciación de algunos recursos, y muy especialmente el de casación, acerca del cual ha hecho observaciones muy oportunas y discretas el Tribunal Supremo, que, naturalmente, han sido acogidas con el respeto que merece una Corporación que está a la cabeza de la Magistratura española y que es por la ley intérprete y guardián de la doctrina jurídica.

Las de verdadera importancia y trascendencia son aquellas otras que se encaminan a suplir, como en las cuestiones prejudiciales, algún vacío sustancial por donde era frecuente el arbitrio un tanto desmedido y, más que desmedido, contradictorio de la jurisprudencia, a corregir los vicios crónicos de nuestro sistema de enjuiciar tradicional y a rodear al ciudadano de las garantías necesarias para que en ningún caso sean sacrificados los derechos individuales al interés mal entendido del Estado.

Sin desconocer que la Constitución de 1812, el Reglamento provisional para la Administración de Justicia de 1835 y otras disposiciones posteriores mejoraron considerablemente el procedimiento criminal, sería temerario negar que aun bajo la legislación vigente no es raro que un sumario dure ocho o más años, y es frecuente que no dure menos de dos, prolongándose en ocasiones por todo este tiempo la prisión preventiva de los acusados; y aún podría añadirse, para completar el cuadro, que tan escandalosos procesos solían no ha mucho terminar por una absolución de la instancia, sin que nadie indemnizara en este caso a los procesados de las vejaciones sufridas en tan dilatado período, y lo que es más, dejándoles por todo el resto de su vida en situación incómoda y deshonrosa, bajo la amenaza perenne de abrir de nuevo el procedimiento el día en que por malquerencia se prestaba a declarar contra ellos cualquier vecino rencoroso y vengativo. Esta práctica abusiva y atentadora a los derechos del individuo pugna todavía por mantenerse, con éste o el otro disfraz, en nuestras costumbres judiciales; y es menester que cese para siempre, porque el ciudadano de un pueblo libre no debe expiar faltas que no son suyas, ni ser víctima de la impotencia o del egoísmo del Estado.

Con ser éstos dos vicios tan capitales, no son, sin embargo, los únicos, ni acaso los más graves de nuestro procedimiento. Lo peor de todo es que en él no se da intervención alguna al inculpado en el sumario; que el Juez que instruye éste es el mismo que pronuncia la sentencia, con todas las preocupaciones y prejuicios que ha hecho nacer en su ánimo la instrucción; que, confundido lo civil con lo criminal y abrumados los Jueces de primera instancia por el cúmulo de sus múltiples y variadas atenciones, delegan frecuentemente la práctica de muchas diligencias en el Escribano, quien, a solas con el procesado y los testigos, no siempre interpreta bien el pensamiento, ni retrata con perfecta fidelidad las impresiones de cada uno, por grande que sea su celo y recta su voluntad; que, por la naturaleza misma de las cosas y la lógica del sistema, nuestros Jueces y Magistrados han adquirido el hábito de dar escasa importancia a las pruebas del plenario, formando su juicio por el resultado de las diligencias sumariales y no parando mientes en la ratificación de los testigos, convertida en vana formalidad; que, en ausencia del inculpado y su defensor, los funcionarios que intervienen en la instrucción del sumario, animados de un espíritu receloso y hostil que se engendra en su mismo patriótico celo por la causa de la sociedad que representan, recogen con preferencia los datos adversos al procesado, descuidando a las veces consignar los que pueden favorecerle; y que, en fin, de este conjunto de errores, anejos a nuestro sistema de enjuiciar, y no imputable, por tanto, a los funcionarios del orden judicial y fiscal, resultan dos cosas a cual más funestas al ciudadano: una, que al compás que adelanta el sumario se va fabricando inadvertidamente una verdad de artificio que más tarde se convierte en verdad legal, pero que, es contraria a la realidad de los hechos y subleva la conciencia del procesado; y otra, que cuando éste, llegado al plenario, quiere defenderse, no hace más que forcejear inútilmente, porque entra en el palenque ya vencido o por lo menos desarmado. Hay, pues, que restablecer la igualdad de condiciones en esta contienda jurídica, hasta donde lo consientan los fines esenciales de la sociedad humana.

Quizá se tache de exagerada e injusta esta crítica de la organización de nuestra justicia criminal. ¡Ojalá que lo fuera! Pero el Ministro que suscribe no manda en su razón y está obligado a decir a V.M. la verdad tal como la siente: que las llagas sociales no se curan ocultándolas, sino al revés, midiendo su extensión y profundidad y estudiando su origen y naturaleza para aplicar el oportuno remedio. En sentir del que suscribe, sólo por la costumbre se puede explicar que el pueblo español, tan civilizado y culto y que tantos progresos ha hecho en lo que va de siglo, en la ciencia, en el arte, en la industria y en su educación política, se resigne a un sistema semejante, mostrándose indiferente o desconociendo sus vicios y peligros, como no los aprecia ni mide el que, habituado a respirar en atmósfera malsana, llega hasta la asfixia sin sentirla. El extranjero que estudie la organización de nuestra justicia criminal, al vernos apegados a un sistema ya caduco y desacreditado en Europa y en América, tiene por necesidad que formar una idea injusta y falsa de la civilización y culturas españolas.

Lo que hay que examinar, por tanto, es si el adjunto proyecto de Código remedia, si no todos, al menos los más capitales defectos de que adolece la vigente organización de la justicia criminal. Es preciso en primer término sustituir la marcha perezosa y lenta del actual procedimiento por un sistema que, dando amplitud a la defensa y garantías de acierto al fallo, asegure, sin embargo, la celeridad del juicio para la realización de dos fines a cual más importante: uno, que la suerte del ciudadano no esté indefinidamente en lo incierto, ni se le causen más vejaciones que las absolutamente indispensables para la averiguación del delito y el descubrimiento del verdadero delincuente; y otro, que la pena siga de cerca a la culpa para su debida eficacia y ejemplaridad.

Pues bien, Señor, he aquí el conjunto de medios que el nuevo sistema ofrece para el logro de resultado tan trascendental: la sustitución de los dos grados de jurisdicción por la instancia única; la oralidad del juicio; la separación de lo civil y lo criminal en cuanto al Tribunal sentenciador; igual separación en cuanto a los Jueces instructores en ciertas ciudades populosas en donde hay más de un Juez de primera instancia y es mucha la criminalidad; un alivio considerable de trabajo en cuanto a los demás Jueces, a quienes se descarga del plenario y del pronunciamiento y motivación de la sentencia, ya que razones indeclinables de economía no permiten extender a ellos dicha separación; multitud de reglas de detalle, esparcidas aquí y allá en el adjunto Código y singularmente en sus dos primeros libros, para que los Jueces instructores, en el examen de los testigos y en la práctica de los demás medios de investigación se ciñan a sólo lo que sea útil y pertinente; y, por último, la intervención del procesado en todas las diligencias del sumario tan pronto como el Juez estime que la publicidad de las actuaciones no compromete la causa pública ni estorba el descubrimiento de la verdad. Por regla general nadie tiene más interés que el procesado en activar el procedimiento; y si alguna vez su propósito fuera prolongarlo se lo impediría el Juez y sobre todo el Fiscal, a quien se da el derecho de pedir la terminación del sumario y la apertura del juicio oral ante el Tribunal colegiado. Concurrirá también al propio fin la inspección, continua y sistemáticamente organizada en la Ley, de la Audiencia de lo criminal y del Ministerio público sobre la marcha de los procesos en el período de la instrucción y la conducta de los Jueces instructores. No es, finalmente, para echarlo en el olvido, cuando de la brevedad del juicio se trata, el libro 4.º, donde se establecen procedimientos especiales y sumarios para los delitos «in fraganti», para los de injuria y calumnia y para los cometidos por medio de la imprenta.

Podrá ser que ni la Comisión de Códigos ni el Gobierno hayan acertado en la elección de los medios en este punto tan interesante de la ciencia procesal; pero la verdad es que no han encontrado otros, ni se los ha sugerido el examen de los Códigos modernos atentamente estudiados con tal fin.

La Ley de 11 de febrero, en la base referente a la prisión preventiva, permite, por la flexibilidad de sus términos, mejorar considerablemente esta parte de nuestra legislación sin necesidad de pedir su reforma a las Cortes. El texto legal bien analizado resulta tan elástico, que lo mismo se presta al desenvolvimiento de la base en un sentido tirante y restrictivo que en otro más amplio, expansivo y liberal.

Ocioso parece añadir que el Gobierno de V.M. se ha decidido por lo último, toda vez que podía hacerlo sin cometer una transgresión de la Ley; como en la materia de fianzas, tan íntimamente ligada con todo lo referente a la prisión preventiva, ha procurado armonizar los fines de la justicia con los derechos del procesado, poniendo coto a la posible arbitrariedad judicial y estableciendo reglas equitativas y prudentes que permitan mayor amplitud que hasta ahora, así en los medios y formas de las fianzas como en la entidad de ellas.

Es igualmente inútil decir que la absolución de la instancia, esta corruptela que hacía del ciudadano a quien el Estado no había podido convencer de culpable una especie de liberto de por vida, verdadero siervo de la curia marcado con el estigma del deshonor, está proscrita y expresamente prohibida por el nuevo Código, como había sido antes condenada por la ciencia, por la Ley de 1872 y por la Compilación vigente. De esperar es que las disposiciones de la nueva Ley sean bastante eficaces para impedir que semejante práctica vuelva de nuevo a injerirse en forma más o menos disimulada en nuestras costumbres judiciales.

Los demás vicios del enjuiciamiento vigente quedarán sin duda corregidos con el planteamiento del juicio oral y público y la introducción del sistema acusatorio en la Ley procesal.

El Reglamento provisional de 26 de septiembre de 1835, y las disposiciones posteriores publicadas durante el reinado de la Augusta Madre de V.M. introdujeron, como ya se ha dicho, evidentes mejoras en el procedimiento criminal, pero no alteraron su índole esencialmente inquisitiva. Las Leyes de 15 de septiembre de 1870 y 22 de diciembre de 1872, inspirándose en las ideas de libertad proclamadas por la revolución de 1868, realizaron una reforma radical en nuestro sistema de enjuiciar con el establecimiento del juicio oral y público; pero mantuvieron el principio «inquisitivo» y el carácter «secreto» del procedimiento en el período de instrucción, siguiendo el ejemplo de Francia, Bélgica y otras naciones del continente europeo.

El Ministro que suscribe, de acuerdo con sus colegas, no ha vacilado en aconsejar a V.M. que dé un paso más en el camino del progreso, llevando en cierta medida el sistema «acusatorio» al sumario mismo, que es, después de todo, la piedra angular del juicio y la sentencia. En adelante, el Juez instructor, por su propia iniciativa y de oficio, podrá, o mejor dicho, deberá acordar que se comuniquen los autos al procesado desde el momento en que la publicidad y la contradicción no sean un peligro para la sociedad interesada en el descubrimiento de los delitos y en el castigo de los culpables. Si no se hace espontáneamente en el plazo de dos meses, contados desde que se incoó la causa, la Ley da al acusado el derecho de solicitarlo, ya para preparar los elementos de su defensa, ya también para impedir con su vigilante intervención y el empleo de los recursos legales la prolongación indefinida del sumario. En todo caso, antes y después de los dos meses, el que tenga la inmensa desgracia de verse sometido a un procedimiento criminal gozará en absoluto de dos derechos preciosos, que no pueden menos de ser grandemente estimados donde quiera que se rinda culto a la personalidad humana: uno, el de nombrar defensor que le asista con sus consejos y su inteligente dirección desde el instante en que se dicte el auto de procesamiento; y otro, el de concurrir, por sí o debidamente representado, a todo reconocimiento judicial, a toda inspección ocular, a las autopsias, a los análisis químicos y, en suma, a la práctica de todas las diligencias periciales que se decreten y puedan influir así sobre la determinación de la índole y gravedad del delito como sobre los indicios de su presunta culpabilidad.

Subsiste, pues, el secreto del sumario; pero sólo en cuanto es necesario para impedir que desaparezcan las huellas del delito, para recoger e inventariar los datos que basten a comprobar su existencia y reunir los elementos que más tarde han de utilizarse y depurarse en el crisol de la contradicción durante los solemnes debates del juicio oral y público. Y a tal punto lleva la nueva Ley su espíritu favorable a los fueros sagrados de la defensa, que proscribe y condena una preocupación hasta ahora muy extendida, que, si pudo ser excusable cuando el procedimiento inquisitivo estaba en su auge, implicaría hoy el desconocimiento de la índole y naturaleza del sistema acusatorio con el cual es incompatible. Alude el infrascrito a la costumbre, tan arraigada de nuestros Jueces y Tribunales, de dar escaso o ningún valor a las pruebas del plenario, buscando principal o casi exclusivamente la verdad en las diligencias sumariales practicadas a espaldas del acusado. No: de hoy más las investigaciones del Juez instructor no serán sino una simple preparación del juicio. El juicio verdadero no comienza sino con la calificación provisional y la apertura de los debates delante del Tribunal que, extraño a la instrucción, va a juzgar imparcialmente y a dar el triunfo a aquel de los contendientes que tenga la razón y la justicia de su parte. La calificación jurídica provisional del hecho justiciable y de la persona del delincuente, hecha por el acusador y el acusado una vez concluso el sumario, es en el procedimiento criminal lo que en el civil la demanda y su contestación, la acción y las excepciones. Al formularlas empieza realmente la contienda jurídica, y ya entonces sería indisculpable que la Ley no estableciera la perfecta igualdad de condiciones entre el acusador y el acusado. Están enfrente uno del otro, el ciudadano y el Estado. Sagrada es, sin duda, la causa de la sociedad; pero no lo son menos los derechos individuales. En los pueblos verdaderamente libres, el ciudadano debe tener en su mano medios eficaces de defender y conservar su vida, su libertad, su fortuna, su dignidad, su honor; y si el interés de los habitantes del territorio es ayudar al Estado para que ejerza libérrimamente una de sus funciones más esenciales, cual es la de castigar la infracción de la ley penal para restablecer, allí donde se turbe, la armonía del derecho, no por esto deben sacrificarse jamás los fueros de la inocencia, porque al cabo el orden social bien entendido no es más que el mantenimiento de la libertad de todos y el respeto recíproco de los derechos individuales.

Mirando las cosas por este prisma y aceptada la idea fundamental de que en el juicio oral y público es donde ha de desarrollarse con amplitud la prueba, donde las partes deben hacer valer en igualdad de condiciones los elementos de cargo y descargo, y donde los Magistrados han de formar su convicción para pronunciar su veredicto con abstracción de la parte del sumario susceptible de ser reproducida en el juicio, surgía, natural y lógicamente, una cuestión por todo extremo grave y delicada; es, a saber: la de si la contradicción de un testigo entre su declaración en el juicio oral y las dadas ante el Juez instructor en el sumario sería por sí sola fundamento suficiente para someterle a un procedimiento criminal por el delito de falso testimonio. El Gobierno, después de madura deliberación, ha optado por la negativa. Al adoptar esta resolución ha cedido en primer término a las exigencias de la lógica, que no permite atribuir a los datos recogidos en el sumario para la preparación del juicio, una validez y eficacia incompatibles con la índole y naturaleza del sistema acusatorio. No es esto, ciertamente, autorizar, ni menos santificar, el engaño y la mentira en el período de instrucción; esa misma contradicción en las declaraciones testificales podrá ser libremente apreciada por los Jueces y penetrar en el santuario de su conciencia como un elemento de convicción, si llega el caso de juzgar el perjurio del testigo; lo que únicamente quiere la Ley es que éste no sea procesado como autor de falso testimonio por la sola razón de aparecer en contradicción con sus declaraciones sumariales, debiendo serlo no más cuando haya motivos para presumir que faltó a la verdad en el acto del juicio; porque, siendo éste el arsenal donde el acusador y el acusado deben tomar sus armas de combate y de defensa, y el Tribunal los fundamentos de sus veredictos, claro es que, en definitiva, sólo en este trámite puede el testigo favorecer o perjudicar injustamente al procesado y ser leal o traidor a la sociedad y a sus deberes de ciudadano. A esta razón puramente lógica agrégase otra de mayor trascendencia, cual es la de facilitar la investigación de la verdad y asegurar el acierto de los fallos.

Inútil sería rendir culto a los progresos de la ciencia, rompiendo con el procedimiento escrito, inquisitivo y secreto, para sustituirle con los principios tutelares de libertad, contradicción, igualdad de condiciones entre las partes contendientes, publicidad y oralidad, si el testigo, cuyas primeras impresiones ha recogido calladamente el Juez instructor trasladándolas a los autos con más o menos fidelidad, se presentara en el acto del juicio delante del Tribunal sentenciador y del público que asiste a los debates cohibido y maniatado por el recuerdo o la lectura de sus declaraciones sumariales. Medroso de la responsabilidad criminal que podría exigírsele a la menor contradicción, en vez de contestar con soltura y perfecta tranquilidad a las preguntas del Presidente, del Ministerio público y de los defensores, limitaríase a ratificar pura y simplemente sus declaraciones, convirtiéndose entonces su examen en el acto solemne del juicio en vana formalidad. Si no han faltado escritores distinguidos y jurisconsultos eminentes que, al analizar las condiciones del procedimiento inquisitivo, han censurado acerbamente que se obligara a los testigos del sumario a ratificarse en el plenario con la seguridad de ser castigados como perjuros en caso de apartarse en la diligencia de ratificación de lo que antes habían declarado; si esta fundadísima crítica iba dirigida a un sistema en el que el sumario era el alma de todo el organismo procesal, por no decir el proceso entero, tratándose en la hora presente de un método de enjuiciar en el cual el sumario es una mera preparación del juicio, siendo en éste donde deben esclarecerse todos los hechos y discutirse todas las cuestiones que jueguen en la causa, no es posible sostener aquella antigua legislación, tan inflexible y rigurosa, que, sobre anular la libertad y espontaneidad de los testigos, expuestos a una persecución originada en una traducción infiel de su pensamiento, pugnaría hoy abiertamente con la índole del sistema acusatorio y con la esencia y los altos fines del juicio público y oral.

Todas estas concesiones al principio de libertad, que a una parte de nuestros Jueces y Magistrados parecerán sin duda exorbitantes, no contentarán aún, probablemente, a ciertas escuelas radicales que intentan extender al sumario, desde el momento mismo en que se inicia, las reglas de publicidad, contradicción e igualdad que el proyecto de Código establece desde que se abre el juicio hasta que se dicta la sentencia firme. No niega el infrascrito que insignes escritores mantienen esta tesis con ardor y con fe; pero hasta ahora no puede considerársela más que como un ideal de la ciencia, al cual tiende a acercarse progresivamente la legislación positiva de los pueblos modernos. ¿Se realizará algún día por completo? El Ministro que suscribe lo duda mucho. Es difícil establecer la igualdad absoluta de condiciones jurídicas entre el individuo y el Estado en el comienzo mismo del procedimiento, por la desigualdad real que momento tan crítico existe entre uno y otro; desigualdad calculadamente introducida por el criminal y de que éste sólo es responsable. Desde que surge en su mente la idea del delito, o por lo menos desde que, pervertida su conciencia, forma el propósito deliberado de cometerle, estudia cauteloso un conjunto de precauciones para sustraerse a la acción de la justicia y coloca al Poder público en una posición análoga a la de la víctima, la cual sufre el golpe por sorpresa, indefensa y desprevenida. Para restablecer, pues, la igualdad en las condiciones de la lucha, ya que se pretende por los aludidos escritores que el procedimiento criminal no debe ser más que un duelo notablemente sostenido por ambos combatientes, menester es que el Estado tenga alguna ventaja en los primeros momentos, siquiera para recoger los vestigios del crimen y los indicios de la culpabilidad de su autor. Pero sea de esto lo que quiera, la verdad es que sólo el porvenir puede resolver el problema de si llegará o no a realizarse aquel ideal. Entretanto, los que tienen la honra de dirigir los destinos de un pueblo están obligados a ser prudentes y a no dar carta de naturaleza en los Códigos a ideas que están todavía en el período de propaganda, que no han madurado en la opinión ni menos encarnado en las costumbres, ni se han probado en la piedra de toque de la experiencia.

6.III.5 Autoevaluación

Las respuestas a la autoevaluación pueden encontrarse al final del libro, en el capítulo 14.

1. ¿Qué efectos jurídicos ha generado la Convención de Nueva York?
2. ¿Un texto internacional como esta Convención, ¿plantea problemas interpretativos?
3. ¿Dónde ha de realizarse el pago en caso de venta de inmuebles, de acuerdo con la legislación del Estado de Jalisco?
4. ¿Qué tipo de abusos en relación con la excesiva duración del proceso penal denuncia el Ministro español de justicia Alonso Martínez?

5. ¿Qué reformas se introducen en las leyes procesales penales españoles para paliar dichos abusos?

PALABRAS CLAVE

- Anuario
- Artículo
- Caso práctico
- Comentario legislativo
- Curso
- Diccionarios jurídicos
- Doctrina legal
- Enciclopedia
- Espacio Europeo de Educación Superior (EEES)
- Factor de impacto
- Fuente formal indirecta
- Libro homenaje
- Manual
- Monografía
- Nota de jurisprudencia
- Obra colectiva
- Proceso ciego de revisión por pares
- Traducción jurídica
- Tratado

PART III

SUBJECT-SPECIFIC AREAS OF LAW

SECCIÓN III

ÁREAS JURÍDICAS ESPECÍFICAS

7. Substantive law – Derecho sustantivo

The English-language portion of this chapter is meant to be read by those for whom English is a second language. Readers for whom Spanish is a second language should begin their reading on page 316.

Esta sección en inglés es para quienes hablan inglés como segundo idioma. Los lectores que tienen el español como su segundo idioma deben empezar su lectura en la página 316.

7.I SUBSTANTIVE LAW

7.I.1 Introduction

The previous chapters have provided the foundation for understanding foreign legal systems and analysing basic legal principles across national and linguistic boundaries. However, each substantive area of law has its own special vocabulary, and bilingual lawyers must be familiar with a variety of concepts and phrases if they are to conduct research or communicate with clients and colleagues in a second language. This chapter therefore provides a basic introduction to a number of substantive areas of law to help bilingual lawyers identify key phrases and principles in various fields of practice.

It is of course impossible to conduct a comprehensive review of every type of law in a book of this nature. Instead, the aim is to focus on those subject matters that are most likely to be important to bilingual lawyers. Therefore, this chapter discusses basic principles relating to:

- **constitutional law**;
- the **law of obligations** (including the law of **contracts**, **torts** and/or **delicts**);
- **criminal law**;
- **immigration law**;
- **corporate**, **company** and **competition law**; and
- **public international law**.

As will quickly become apparent, each subsection is quite short and does not provide a detailed analysis of any particular issue. Instead, the aim is to help readers develop their bilingual legal skills by introducing basic vocabulary and comparative legal principles within each subject matter heading. That technique should facilitate readers' transition into more detailed independent research in each area of law.

7.I.2 Constitutional Law

Constitutional law can be a challenging field for lawyers working across linguistic and jurisdictional lines. Although a constitution reflects the core foundational principles of a particular legal system, the importance of constitutional law as a field of research differs from jurisdiction to jurisdiction. The situation is made even more difficult for those working across the Spanish-English linguistic divide, given differences associated with the way that common law and civil law jurisdictions structure their judiciaries.[1]

Additional difficulties arise because of the political structure of different English-speaking countries. Some countries, such as Canada and the United States, allow courts to **strike down** (invalidate) legislation that is contrary to the constitution.[2] This approach, which is based on the concept of **judicial supremacy** (ie, the supremacy of the courts over the legislature, at least in matters of constitutional concern), differs from the method adopted in other English-speaking countries. Thus, some countries, such as England and New Zealand, adhere to the principle of **parliamentary supremacy**, which means that courts cannot invalidate legislation on constitutional grounds, although courts are sometimes allowed to make a declaration of incompatibility in cases involving a statute that is inconsistent with certain quasi-constitutional principles.[3]

These and other types of difference make it impossible to provide a single standard summary of constitutional law and practice in English-speaking nations. Instead, constitutional law can only realistically be described on a country-by-country basis. The following discussion will therefore describe constitutional law in English-speaking countries by using two jurisdictions – the United States and England – as examples of two major approaches. While every jurisdiction has its own unique constitutional structure, the US and English systems have been widely followed elsewhere in the world and therefore provide a good basis for understanding certain core principles.

---

[1] For example, most English-speaking countries allow constitutional claims to be brought in any court while Spanish-speaking countries usually have specialized constitutional courts. See Ch 5.I.2.

[2] The situation is made even more complicated in **federal** legal systems by the fact that each individual **state, province** or **territory** often has its own constitution. In the United States, individual state constitutions are supreme with respect to matters of **state law** but subordinate to federal legislation and the federal Constitution in matters of **federal law**. However, a US state can provide more stringent protections than required under the federal Constitution. For example, use of the **death penalty (capital punishment)** is permitted under the US Constitution, so long as certain requirements of **due process (procedural fairness)** are met. However, the use of capital punishment in individual cases can be challenged and invalidated on either state or federal constitutional grounds. See Carol S Steiker and Jordan M Steiker, 'Part II: Report to the ALI Concerning Capital Punishment' (2010) 89 Tex L Rev 367, 395 n 100.

[3] See Human Rights Act 1998, s 4 (discussing declarations of inconsistency between English legislation and the European Convention on Human Rights); David Feldman, 'The Nature and Significance of "Constitutional" Legislation' (2013) 129 LQR 343, 347; see also New Zealand Bill of Rights Act 1990, s 4; Andrew Geddis, Dissent, 'The Bill of Rights Act and the Supreme Court' (2013) 11 NZ J Pub and Intl L 55, 62.

7.I.2.1 United States

The US federal constitution was drafted in 1787 during a **constitutional convention** involving delegates from each of the 13 states then constituting the US.[4] Initially, the delegates intended simply to amend the nation's existing constitutional document (the Articles of Confederation), which had been in force since 1781 and which created only a loose connection between the 13 sovereign states.[5] However, the delegates soon decided that it would be better to create an entirely new constitution so as to create a more productive relationship between federal and state governments.

Although the draft constitution was subsequently **ratified** by all 13 states, it became apparent during the ratification process that additional political compromises would be needed if the document was to be successfully adopted across the nation. Thus, in 1789, the First Congress proposed various **amendments** to the Constitution that would eventually become known as the **Bill of Rights**.[6] The ten amendments that now constitute the Bill of Rights were meant to limit the power of the federal government and include many of the most important individual rights in US law.

Since 1789, the Constitution has only been amended another 17 times.[7] The Eleventh through Twenty-Seventh Amendments address a wide variety of issues, although some of the most important provide for due process and **equal protection** under the law and were adopted following the Civil War (1861–65), which brought about the end of slavery in the US.

Although the US Constitution forms the bedrock of the US legal and political system, the document itself is relatively general and often provides mere statements of principle which need to be further interpreted and implemented by the **legislative, executive** and **judicial branches**. Thus, some of the most important enunciations of US constitutional law are not found in the document itself but are instead found elsewhere, most notably in judicial opinions (**case law**).

The importance of case law in the US constitutional regime makes it impossible to provide a comprehensive analysis of US constitutional law in the context of the current discussion. However, it is possible to introduce a number of key principles to act as a roadmap for further research.

The first issue to discuss involves various structural protections contained in the US Constitution. One key feature involves the concept of limited government and **enumerated powers**. According to Article I, Section 8, **Congress** is only allowed to **promulgate** legislation concerning certain enumerated (listed) subject matters. Other provisions – most notably those found in the Bill of Rights – further limit the power of the federal government by identifying certain **individual rights** that may not be abridged.

The US Constitution also establishes the US as a federal state and describes how various powers are to be shared between the state and federal governments. According to the Constitution, those powers that are not expressly given to the federal government (ie,

---

[4] See US Const.
[5] See Library of Congress, Articles of Confederation <www.loc.gov/rr/program/bib/ourdocs/articles.html>. For a brief history of the proceedings, see Constitution of the United States, A History <www.archives.gov/exhibits/charters/constitution_history.html>.
[6] See US Const, amends I–X.
[7] See Ibid amends XI–XXVII.

the enumerated powers) are reserved to the individual states.[8] The principle of **federalism** is thus often invoked by those who wish to preserve **states' rights** so as to allow as much law-making as possible to occur at the local level.[9]

Over the years, the power of Congress has expanded for a variety of reasons, not the least of which has been an increasingly broad reading of the **Commerce Clause**, which is the section of the Constitution that allows Congress 'to regulate commerce among the several states'.[10] The only commercial actions that are not covered by this clause are those that are entirely internal to a single US state.

There are a number of areas which are amenable to both state and federal legislation. In these situations, states are free to act so long as the proposed legislation does not act as an obstacle to the accomplishment of the federal legislation.[11] If the state legislation interferes with the federal legislation, a court can invalidate the state statute on the grounds of **pre-emption** under the **Supremacy Clause** of the US Constitution.[12]

The US Constitution also reflects the concept of **separation of powers**, with the three branches of government – executive, legislative and judicial – operating through a system of **checks and balances**. Although the principle of **judicial review** gives the courts the ability to invalidate legislation and executive action that violate the Constitution, the political branches of government can ultimately prevail over the courts by adopting legislation that complies with the relevant constitutional principles or, in extreme cases, by amending the Constitution.[13]

As important as structural concerns are, those matters are often overshadowed in US constitutional law by debates about individual rights and liberties. Detailed analysis of each particular right is beyond the scope of the current discussion. However, conversations about individual rights often take place within the context of two core principles: due process and equal protection.

The concept of due process is reflected primarily in the Fifth and Fourteenth Amendments to the Constitution.[14] Each amendment operates slightly differently and with respect to different issues. Furthermore, due process in the US is often broken down into two separate concerns: **substantive due process** and **procedural due process**.

Substantive due process requires legislation to be reasonable and fair as a substantive matter and to advance a legitimate governmental purpose, an analysis that has been described as the '**rational basis test**'. 'One typical formulation of this doctrine is that it forbids government to deprive a person of life, liberty, or property "arbitrarily", that is, without sufficient grounds to do so.'[15] Today, laws are presumed to meet this standard,

---

[8] See Ibid art I, s 8.
[9] See John O McGinnis and Ilya Somin, 'Federalism vs States' Rights: A Defense of Judicial Review in a Federal System' (2004) 99 Nw U L Rev 89.
[10] See US Const, art I, s 8.
[11] See *Jones v Rath Packing Co*, 430 US 519 (1977).
[12] See US Const, art VI.
[13] The process of amending the US Constitution is described in Article V.
[14] The Fourteenth Amendment provides the means by which many of the fundamental rights protected by the Bill of Rights are made applicable to the individual states. Due process protections in the criminal law context are discussed separately below.
[15] Christopher Wolfe, *The Rise of Modern Judicial Review: From Constitutional Interpretation to Judge-Made Law* (Basic Books 1986) 145.

placing the burden on the challenging party to prove otherwise, at least in cases involving socioeconomic rights.[16]

The standard of review is quite different in areas involving **fundamental rights**, which includes many of the rights reflected in the Bill of Rights as well as six other categories of rights which are not specifically mentioned in the Constitution but that have been deemed central to an individual's social and private life. These include:

- the freedom of association;
- the right to vote;
- the right to interstate travel;
- the right to fairness in the criminal process;
- the right to fairness in procedures against state deprivation of life, liberty or property; and
- the right to privacy involving various forms of decisions regarding an individual's personal life, such as marital matters, childbearing and childrearing.[17]

Matters involving these sorts of rights are considered under the **strict scrutiny test**, which requires the state to demonstrate that the law is narrowly tailored and necessary to fulfil a compelling government interest. The strict scrutiny test is much more rigorous than the rational basis test, which is highly deferential to the legislature.

Several of the fundamental rights described above involve the concept of procedural due process, which involves the manner in which the state acts. Under both the Fifth and Fourteenth Amendments, the government must provide a fair process in situations where a person may be deprived of an interest in life, liberty or property. The type of procedures that are required varies according to the particular circumstances.

Due process rights are often considered in connection with equal protection rights, which arise under the Fourteenth Amendment of the Constitution. Although the language of that amendment refers only to individual states, the Fifth Amendment has been interpreted as imposing the same limitation on the federal government.

Equal protection jurisprudence holds that a legal classification that differentiates between members of different groups (such as those based on gender, race, education, etc.) must be reasonable in light of the legal objectives. Three different standards of review are used in making this determination, although the distinctions between the different analyses may not be as rigid as they once were. Two of these standards are the same as those used in cases involving substantive due process. Thus, socioeconomic concerns are considered under the **rational relation test**, while actions that affect fundamental rights are considered under the strict scrutiny test. However, equal protection jurisprudence contemplates a number of other types of test, depending on the interest involved. Thus, laws involving **suspect classifications** (such as those involving race and national origin) are considered under the strict scrutiny test, while certain types of **quasi-suspect classification** (such as those involving gender and illegitimacy) are analysed under a third standard

---

[16] See *United States v Carolene Products Co*, 304 US 144, 152 (1939).

[17] See Ronald D Rotunda and John E Nowak, *Treatise on Constitutional Law – Substance and Procedure*, vol 2 (Thomson Reuters 2015) s15.7.

known as the '**intermediate test**'. The intermediate test falls between the rational relation test and strict scrutiny in terms of analytical rigour and considers whether the law in question furthers an important government interest in a manner that is substantially related to that interest.

The high degree of generality reflected in the US constitution means that courts are often required to define the limits of various constitutional principles. Much of the litigation involves the Bill of Rights. A number of provisions in the Bill of Rights involve criminal actions and are discussed elsewhere.[18] Other provisions, such as the Third Amendment, are not particularly controversial. However, two amendments found in the Bill of Rights merit a brief mention here, since these provisions are often discussed both inside and outside the US.

Perhaps the most well-known of these provisions is the First Amendment to the Constitution, which states that 'Congress shall make no law respecting an establishment of religion, or prohibiting the free exercise thereof; or abridging the freedom of speech, or of the press; or the right of the people peaceably to assemble, and to petition the Government for a redress of grievances.' This language provides the basis for **freedom of religion**, **freedom of the press**, and **freedom of speech** in the US, and all three principles are frequently litigated in court.

Another well-known provision is the Second Amendment to the Constitution, which indicates that '[a] well regulated militia, being necessary to the security of a free State, the right of the people to keep and bear Arms, shall not be infringed'. Although this amendment is not subject to as much litigation as the First Amendment, this language is debated frequently in the popular press whenever the subject of gun control is raised, since this provision provides the basis for the right to own guns.

This discussion provides only the briefest introduction to constitutional law in the US. The subject is of great academic and practical interest in the US and affects many areas of law and practice. When working in this field, it is critically important to consider the case law relating to the provision in question, since many constitutional principles can only be understood through judicial decisions. Indeed, in some cases (such as the **right to privacy**), the underlying right is not even explicitly discussed in the Constitution but has only been found to exist by implication.

7.1.2.2 England

As has been previously mentioned, the UK does not have a written constitution.[19] As a result, the practice and study of English constitutional law is very different than that of US constitutional law.

To understand English constitutional law, it is necessary to have a good appreciation of English history, since the constitution of England is closely tied to a number of constitutional conventions (ie, constitutional traditions) that have been respected for

---

[18] See Ch 8.1.3.1 (regarding the applicability of the Fourth, Fifth and Sixth Amendments to the field of criminal law).

[19] Given that England is only a constituent part of the United Kingdom of Great Britain and Northern Ireland, it is usually more appropriate to speak of the British constitution rather than the English constitution. However, this section will refer to 'English constitutional law' so as to be consistent with other discussions of English substantive law.

centuries.[20] Although these conventions are unwritten, that does not mean that they are unenforceable. Instead, any official who violates a constitutional convention could very well be forced to resign his or her political position as a result of such an act.[21] This practical reality, when combined with 'a tradition of restraint demonstrated by the executive organs of the state', has led to very few challenges to conventional conventions.[22]

Although constitutional conventions form an important part of English constitutional law, constitutional principles can also be found elsewhere, including a number of written documents (ranging from the **Magna Carta** of 1215 to the **Human Rights Act 1998**) that can be considered 'constitutional' in nature.[23] Constitutional principles can also be reflected in 'ordinary' statutes and case law.[24] Although the English approach to constitutional law is in many ways unique, it has nevertheless resulted in a country with a staunch respect for **civil liberties**.[25]

The three main principles of English constitutional law relate to (1) Parliamentary supremacy, (2) the separation of powers and (3) the **rule of law**.[26] The concept of parliamentary supremacy is particularly important since it means that **Parliament** has, 'under the English Constitution, the right to make or unmake any law whatever; and, further, that no person or body is recognized by the law of England as having a right to override or set aside the legislation of Parliament'.[27] A variety of principles and **canons of construction**, such as the rule that more recent legislation prevails over older statutes and the notion that legislation supersedes the common law, help this system operate in practice.[28] However, there is one area where Parliament has not reigned supreme in recent years. According to the various treaties establishing the European Union, the laws of the EU are supreme to national law, but only in areas in which the EU is competent to act.[29] Thus, parliamentary

---

[20] See Catherine Elliott and Frances Quinn, *English Legal System* (14th edn, Pearson Education Ltd 2013/14) 2; see also Peter Leyland, *The Constitution of the United Kingdom: A Contextual Analysis* (Hart Publishing 2007) 8–20, 24–32; Elizabeth Wicks, *The Evolution of a Constitution: Eight Key Moments in British Constitutional History* (Hart Publishing 2006). In England, the term 'constitutional convention' refers to certain unwritten traditions. In the US, the term 'constitutional convention' refers to a series of meetings in 1787, when the current US Constitution was written by the **Framers** (also known as the **Drafters**) of the Constitution.

[21] See Elliott and Quinn (n 20) 2.

[22] Leyland (n 20) 3.

[23] See *Thoburn v Sunderland City Council* [2002] EWHC 195 (Admin), [2003] QB 151; Feldman (n 3) 347. Constitutional legislation cannot be repealed by implication. See Ibid 345. Conventional wisdom suggests that constitutional legislation is tied to fundamental rights, although some commentators do not believe that constitutional provisions should be defined so narrowly. See *Thoburn*, [2002] EWHC 195 at [62]–[63]; Feldman (n 3) 345–52.

[24] See Jo Boylan-Kemp, *English Legal System: The Fundamentals* (2nd edn, Sweet and Maxwell 2011) 3.

[25] See Leyland (n 20) 3.

[26] See Elliott and Quinn (n 20) 3–5; Leyland (n 20) 37–63.

[27] Elliott and Quinn (n 20) 3.

[28] See Leyland (n 20) 37; see also Ibid 40–41 (discussing the difference between **express repeal** and **implied repeal**).

[29] See European Union Act 2011, s 10. The European Union was created through a series of international treaties beginning in 1952. See European Treaties (European Union) <http://europa.eu/eu-law/decision-making/treaties/index_en.htm> (including the helpful guide, *The ABC of EU Law*). Two of the key enactments are the **Treaty on European Union** (the **TEU** or the **Maastricht**

supremacy was effectively limited in that particular regard.[30] However, the withdrawal of the UK from the EU should eliminate this requirement and allow Parliament to act freely in any and all regards.

The English concept of separation of powers is somewhat intriguing, since there is no formal distinction between the legislative and executive branches of government.[31] However, the power of the executive has been contained through a form of litigation known as judicial review, which differs from US-style judicial review as a matter of both form and substance. Judicial review in England involves a limited determination about the propriety of certain public actions to decide whether they have exceeded the scope of the body's permissible powers (ie, whether the acts are **ultra vires**).[32] This process is not the same as an appeal, since judicial review does not consider the merits of the underlying dispute, nor is it similar to US-style judicial review, which allows the invalidation of legislation that is contrary to the US Constitution.[33] The number of judicial review cases in England has increased dramatically in recent years due to various changes that have made it easier to bring such an action and the increasing overlap between public and private acts.[34]

The contemporary English conception of the rule of law focuses heavily on due process and procedural fairness (**natural justice**). 'Put in simple terms, there is an expectation that government and the apparatus of state power will be exercised by ministers and officials operating within law.'[35] As a result, the judiciary has an important oversight function in addition to the principle of judicial review.

7.I.3 Law of Obligations (Including the Law of Contracts, Torts and/or Delicts)

Although constitutional law and practice can differ significantly among various English-speaking countries, there are far fewer variations in what some comparative law scholars call the law of obligations.[36] Most English-speaking countries break this particular field

---

Treaty), which was adopted in 1993, and the Treaty of Rome, which set up the European Economic Community in 1957. In 2009, the Treaty of Lisbon renamed the Treaty of Rome as the '**Treaty on the Functioning of the European Union**', also known as the **TFEU**.

[30] The Human Rights Act 1998 can also be read as establishing some bounds on the authority of Parliament, although those restrictions are suggestive rather than mandatory. See Leyland (n 20) 44–45; see also Ch 4.I.3.

[31] '[I]n the United Kingdom there is no separation between the legislative and executive branches since ministers must be Members of Parliament.' Leyland (n 20) 36. Questions therefore arise as to whether the British constitutional system provides sufficient 'checks and balances'. Ibid 36, 53.

[32] See Elliott and Quinn (n 20) 614; see also Ch 4.I.5.1.

[33] However, the House of Lords, acting as the highest court in the land, has suggested, somewhat controversially, that the courts might have the power, in certain extreme cases, to invalidate some types of legislation. See *Jackson v Attorney-General* [2005] 1 AC 262; Mark Elliott, 'The Sovereignty of Parliament, the Hunting Ban and the Parliament Acts' (2006) CLJ 1; Leyland (n 20) 38, 45–48.

[34] Leyland (n 20) 161–63.

[35] Ibid 51.

[36] Numerous authorities consider the law of obligations from a comparative perspective. See for example, Peter de Cruz, *Comparative Law in a Changing World* (3rd edn, Routledge Cavendish

of law into two separate categories: contract law and tort law. Tort law can be described as the law of non-contractual obligations, although the common law concept of a tort is narrower than that of a civil law delict.[37]

7.I.3.1 Contract law

Although lawyers trained in Spanish-speaking countries will find English-speaking countries' approach to contract law to be somewhat familiar, there are nevertheless some differences that should be mentioned.[38] Perhaps the most important of these distinctions involves the need to consult judicial decisions as a means of interpreting and supplementing statutory law. Case law is particularly important in the area of contract law because a number of fundamental principles are only found in the common law.[39]

Many federal legal systems (such as the US and Canada) hold that contract law is primarily governed by state or provincial law rather than by federal law. Unitary legal systems (such as England) obviously do not make such distinctions.

Allowing legal principles to be developed at the sub-federal level is potentially problematic because it could lead to significant regional variations in the law. As a result, a number of federal jurisdictions have undertaken various efforts to harmonize the law across state, provincial and territorial lines. Thus, in the US, the Uniform Law Commission (previously referred to as the National Conference of Commissioners on Uniform State Laws (NCCUSL)) has promulgated a number of model laws that can be adopted by individual US states so as to increase uniformity throughout the nation. One of these instruments – the **Uniform Commercial Code (UCC)** – has been particularly well received, and many US states have adopted its provisions in whole or in part, thereby increasing the harmonization of contract law across the US. However, the UCC has not led to increased consistency with respect to standard international practice. Indeed, there are a number of ways in which the UCC varies significantly from the provisions of the **United Nations Convention on Contracts for the International Sales of Goods (CISG)**, sometimes referred to as the **Vienna Convention on Contracts for the International Sales of Goods**.[40] Lawyers operating transnationally must take these differences into account when researching particular issues or drafting contracts involving US parties.

2007) 300–352; Konrad Zweigert and Hein Kötz, *An Introduction to Comparative Law* (Tony Weir tr, 3rd edn, Oxford University Press 1998) 323–708.

[37] English-speaking jurisdictions that reflect a mixed legal heritage (such as South Africa) or that are based on the civil law (such as the US state of Louisiana or the kingdom of Scotland in the UK) may sometimes use the term 'delict' instead of 'tort'.

[38] See also Ch 10.I.4.

[39] Although contract law was at one time entirely based on the common law in most English-speaking jurisdictions, most countries have now enacted at least some legislation in this field. See for example, Competition and Consumer Act 2010, Schedule 2 (Australia) (discussing various types of consumer contracts); Contracts (Rights of Third Parties) Act 1999 (England); Unfair Contract Terms Act 1977 (England).

[40] See United Nations Convention on Contracts for the International Sales of Goods, opened for signature 11 April 1980, 1489 UNTS 3 (hereinafter CISG); see also Eldon H Reiley and Connie de la Vega, *The American Legal System for Foreign Lawyers* (Wolters Kluwer Law and Business 2012) 324–27 (discussing the '**battle of the forms**' and issues relating to negotiations).

Another way that the US has attempted to harmonize contract law is through the **Restatement** (Second) of the Law of Contracts. Restatements are promulgated by the American Law Institute (ALI), a select group of practitioners, academics and jurists, on a variety of subjects. Although Restatements are often highly persuasive, they cannot be considered binding law unless and until a particular provision has been adopted by either a court or legislature.[41] Restatements also cannot be considered to reflect a standard set of principles that are equally applicable across the nation, since some Restatements are drafted in a somewhat 'aspirational' manner.[42] Thus, researchers must be careful about the weight given to any particular Restatement, including the Restatement (Second) of the Law of Contracts.

Although England is a unitary legal system, English law has been highly affected by European legal principles. The continued influence of European law on English law is in doubt, given the UK's recent decision to withdraw from the EU.

Over the last few decades, when addressing contractual matters involving English parties or governed by English law, it has been necessary to consider the possible role of the **Convention on the Law Applicable to Contractual Obligations 1980 (Rome Convention)**, which describes the **conflict of laws** rules applicable within the EU in cases involving contractual disputes.[43] The Rome Convention and the **Rome I Regulation** which has replaced it[44] do not describe the substantive legal principles that govern the merits of a particular dispute but instead identify which country's laws will apply. Further developments in European contract law may be forthcoming in the relatively near future, given recent discussions by the Commission on European Contract Law (Lando Commission).[45] While these new provisions will likely not apply to England, they will be relevant to other English-speaking countries in the EU, such as Ireland.

Although English-speaking countries often rely on the common law to define relevant principles of contract law, many jurisdictions have also enacted legislation to deal with particular types of contract. Thus, for example, the English Sales of Goods Act 1979 governs all contracts concerning the sale of goods in England.[46] Overseas sales involving

---

[41] Some Restatements are considered more persuasive than others, and it is possible that some states adhere to the principles enunciated by the most recent Restatement while other states remain true to principles reflected in an earlier Restatement. Furthermore, some individual provisions within a particular Restatement prove to be more popular than others. Thus, states can adopt one section of a Restatement but not another.

[42] See George A Bermann, 'Restating the US Law of International Commercial Arbitration' (2009) 42 NYU J Intl L and Policy 175, 191.

[43] See Convention on the Law Applicable to Contractual Obligations 1980, opened for signature 19 June 1980, 1605 UNTS 80.

[44] See Regulation (EC) 583/2008 of the European Parliament and of the Council of 4 July 2008 on the Law Applicable to Contractual Obligations, [2008] OJ L 177/6.

[45] The existing **Principles of European Contract Law** are not binding and thus are somewhat similar to the US Restatement. In 2011, the European Commission proposed a common sales law, which remains a possibility. See Communication from the Commission to the European Parliament, the Council, the European Economic and Society Committee and the Committee of the Regions, A Common European Sales Law to Facilitate Cross-Border Transactions in the Single Market, COM(2011) 636 final (11 October 2011).

[46] See *Benjamin's Sale of Goods* (7th edn, Thomson 2006) paras 1–016 to 1–024.

English parties may be subject to other applicable laws,[47] such as the CISG,[48] the **UNIDROIT Principles of International Commercial Contracts**,[49] the **Incoterms**,[50] or the **Uniform Customs and Practices for Documentary Credits (UCP)**.[51]

When analysing the existence or validity of a contract, English-speaking courts often distinguish between a number of different principles. One set of questions often involves the formation of the contract. Countries following the common law tradition typically require an **offer** and **acceptance** as well as the existence of **consideration** (ie, the inducement to enter into a contract) before a contract may be made. In many jurisdictions, an offer is fully revocable by the **offeror**, except in certain defined circumstances.

When analysing the creation of a contract, courts are often required to look at the timing of the various communications. For example, questions often arise as to whether an offer was properly revoked before it was accepted.[52]

Another category of disputes involves the terms of the contract. Courts in English-speaking jurisdictions often invoke the **mirror image rule**, which requires any document purporting to accept an offer to contain terms that are identical to those reflected in the offer. Disparities in the terms can lead the second document to be characterized as a **counteroffer** that **rejects** the offer. If the original offeror accepts the counteroffer, then a contract has been created on the terms reflected in the counteroffer.

Once a contract has been formed, questions arise as to whether there has been proper **performance**. Courts in English-speaking jurisdictions recognize a number of different methods of **excusing** or justifying **non-performance** of certain contractual obligations. Thus, parties often argue about the applicability of doctrines relating to **impossibility**, **mistake**, **hardship** and **impracticability**. Different rules may apply to **contracts of adhesion**, which involve certain types of relationships that reflect an inherent **inequality of bargaining power**. Thus, for example, some English-speaking jurisdictions have developed the doctrine of **unconscionability**, which is often defined as a type of inherent unfairness that shocks the conscience and makes a contract of adhesion **voidable** rather than **void**.

If non-performance is not excused, the court needs to provide some type of **remedy** to the injured party. Monetary **damages** are quite common in contract law and can be calculated pursuant to a variety of principles. Thus, depending on the circumstances, an injured

---

[47] See Ibid paras 18–001 to 18–004.

[48] See CISG (n 40).

[49] See UNIDROIT Principles of International Commercial Contracts <www.unidroit.org/publications/513-unidroit-principles-of-international-commercial-contracts> (hereinafter UNIDROIT Principles). **UNIDROIT** is the acronym associated with the **International Institute for the Unification of Private Law**, which is based in Rome.

[50] The Incoterms are standardized commercial terms published by the **International Chamber of Commerce (ICC)** and often used by parties to transnational commercial contracts. See ICC, The New Incoterms 2010 Rules <www.iccwbo.org/products-and-services/trade-facilitation/incoterms-2010/> (hereinafter Incoterms).

[51] The UCP are a popular set of standardized terms published by the ICC and relating to letters of credit. See ICC, ICC's New Rules on Documentary Credits Now Available (4 Dec 2006) <www.iccwbo.org/news/articles/2006/icc%E2%80%99s-new-rules-on-documentary-credits-now-available/> (hereinafter UCP).

[52] For example, many jurisdictions in the US follow the **mailbox rule**, which indicates that an offer is accepted when it is dispatched (ie, the equivalent of being put into a mailbox).

party may be entitled to **compensatory damages** (ie, damages intended to compensate for actual losses), **consequential damages** (ie, damages that flow from the consequences of the wrongful act), **expectancy damages** (ie, damages relating to the expected profit under the contract) and/or **liquidated damages** (ie, damages set in advance in the contract). In many cases, the injured party is under a duty to **mitigate damages** so as to lessen the financial consequences of the non-performance or **breach of contract**. However, questions often arise as to what constitutes a reasonable attempt to mitigate damages and when that duty arises.

Most English-speaking courts also have the power to invoke the common law remedy of **specific performance**, which requires the wrongdoer to perform the contract as written. Some types of contract (such as those involving personal services) may not be subject to specific performance.

Many jurisdictions supplement the law of contract with the equitable principle of **promissory estoppel**. In these cases, a court will enforce a particular promise even though there was no consideration if 'the promise should reasonably expect to induce action or forbearance on the part of the **promisee** or a third person and which does induce such action or forbearance' and 'if injustice can be avoided only by enforcement of the promise'.[53]

Contract law is a very complicated field, and there are numerous concepts that have not been mentioned here. However, many of those principles, which can range from whether a contract is void or merely voidable and whether a breach is **material** or partial – will likely be familiar to Spanish-speaking lawyers.

7.1.3.2 Tort law

Tort law is used in many English-speaking jurisdictions to allow injured parties to recover for certain types of non-contractual harm.[54] Tort law addresses a broad range of injuries to persons and property, and includes both **intentional** and **unintentional acts**. Indeed, the field is so diverse that it has led to a longstanding academic debate about whether the proper reference is to the law of tort or the law of torts.

Although all English-speaking jurisdictions have enacted legislation concerning various aspects of tort law,[55] tort law developed as a common law concern, and many of the core principles are still found in judicial decisions rather than in statutes. Therefore, anyone researching tort law in an English-speaking jurisdiction must consult the case law to gain a full understanding of the relevant legal principles.

In the US, torts are primarily governed by state rather than federal law. Other English-speaking federal states, such as Canada and Australia, also give state, provincial or

---

[53] Restatement (Second) of the Law of Contracts, s 90 (emphasis added); see also *Maclaine v Gatty* [1921] 1 AC 376, 386 (Birkenhead LJ). England recognizes various types of estoppel. See Ewan McKendrick, *Contract Law* (6th edn, Oxford University Press 2014) ch 5.

[54] New Zealand has taken an innovative approach to this area of law and has eliminated tort liability for personal injuries in favour of a government-funded system of compensation. See Accident Compensation Act 2001 (New Zealand). However, **civil liability** remains for other types of tort.

[55] See for example, Defamation Act 2013 (England); Liability for Defective Products Act 1991 (Ireland).

territorial law a large role in the local tort regime. However, a number of these jurisdictions (most notably Australia) also recognize a **federal common law** of tort.

Allowing tort law to be governed at the local rather than federal level could lead to a great deal of variation within a particular country. As a result, some federal states have taken steps to help harmonize the development of tort law through efforts such as the various Restatements of the Law of Torts in the United States.[56] The Restatements of Torts are often highly persuasive in the US, although they, like other Restatements, cannot be considered as binding legal authorities unless and until a particular provision is adopted by either a court or legislature.[57] Researchers must also recall that although the Restatements of Torts sometimes describe standard principles that apply equally across the country, other aspects of the Restatements are more aspirational in nature.[58] As a result, one must be careful about the weight given to statements found in the various Restatements.

Courts and commentators often describe the law of tort in terms of intentional and unintentional acts against either persons or property. Virtually all English-speaking jurisdictions characterise **intentional torts against the person** as including **battery** (the unwanted and unwarranted touching of another person),[59] **assault** (either an unsuccessful attempt to commit battery or the apprehension of an imminent battery)[60] and **false imprisonment** (confining a person against their will).[61] Other types of intentional torts may also exist, depending on the jurisdiction. Thus, England recognizes liability under *Wilkinson v Downton* in situations where an act or statement is intended to and does cause physical harm to the claimant, even though the defendant him or herself does not touch the claimant.[62] Actions under *Wilkinson v Downton* are particularly notable because they allow recovery for **psychiatric harm**.

Although the US does not recognize liability under *Wilkinson v Downton*, similar sorts of torts exist. For example, plaintiffs in the US can bring an action for **intentional infliction of emotional distress**.[63]

Intentional torts can also be committed against **personal property**. Thus, most

---

[56] See (nn 41–42) and accompanying text (discussing Restatements). There are three versions of the Restatement of the Law of Torts, with a fourth version currently in the drafting stages. Not all versions cover all aspects of the law of torts.

[57] Some Restatements are considered more persuasive than others, and it is possible that some states adhere to the principles enunciated by the most recent Restatement while other states remain true to principles reflected in an earlier Restatement. Furthermore, some individual provisions within a particular Restatement prove to be more popular than others. Thus, many states can adopt one section of a Restatement but not another.

[58] See Bermann (n 42) 191.

[59] In England, the touching must be considered 'hostile' before battery can occur. See *Wilson v Pringle* [1987] QB 237.

[60] Immediacy is a critical part of the tort of assault. See *Thomas v National Union of Mineworkers (South Wales Area)* [1985] 2 All ER 1.

[61] Although false imprisonment is typically considered an intentional tort, some jurisdictions (such as England) have allowed claims of false imprisonment even in cases where the **tortfeasor** acted negligently. See *R v Governor of Brockhill Prison, ex parte Evans* [2000] 4 All ER 15.

[62] See *Wilkinson v Downton* [1897] 2 QB 57; S.I. Strong and Liz Williams, *Tort Law: Text, Cases, and Materials* (2nd edn, Oxford University Press 2011) 461–65.

[63] In the US, liability can also arise for **reckless** infliction of emotional distress.

English-speaking jurisdictions recognize claims for **trespass to chattels** (the wrongful interference with someone else's personal property) and the more serious tort of **conversion** (also defined as the wrongful interference with someone else's property, but with a much higher degree of gravity such that the wrongdoer should effectively be required to purchase the property in question).

Finally, an intentional tort may be committed against **real property**. This action, known as **trespass to land** or simply **trespass**, is among the most ancient causes of action in the common law world and involves wrongful entry onto another person's land.

Other sorts of land-based torts exist, although many of these do not require the **plaintiff** or **claimant** to prove that the **defendant** acted with intent.[64] Furthermore, most other land-based torts involve injury caused by the landowner or resident to a **third person**, which is different than trespass to land, which involves an injury to the landowner. The most common of these other types of land-based liability involves **nuisance**, which holds that a landowner is liable for an activity or state of affairs on his or her land that causes a substantial and unreasonable interference with the plaintiff's or claimant's land or with the claimant's use and enjoyment of that land. Thus, for example, a claim in nuisance could be brought in cases where pollen from genetically modified crops drift from one field to the next.

England recognizes another land-based tort known as liability under the rule of *Rylands v Fletcher*. This rule holds that any landowner who brings something onto his or her land to be used in a non-natural manner is **strictly liable** (ie, liable regardless of the defendant's level of intent or knowledge) for any resulting injury if the thing is likely to cause mischief if it escapes and the thing does in fact escape and cause mischief.[65] In the mid-1990s, the rule was modified to require an element of **foreseeability**.[66]

A number of land-based torts are statutory in nature. Thus, for example, in England, **occupiers of land** may be liable to '**visitors**' and '**non-visitors**' to the land under the Occupiers' Liability Act 1957 and the Occupiers' Liability Act 1984. Other English-speaking jurisdictions provide similar protections to those who are wrongfully injured on another person's property under either the statutory or common law.

One of the more nebulous concepts in tort law involves the principle of **negligence**. For a person to be liable for the tort of negligence, that person must not only owe a **legal duty** to another person but must also breach that duty and cause some type of damage or injury. Furthermore, the claimant must show some sort of causal link between the defendant's **act** or **omission**. Typically, this causal link must include both some form of **legal causation** (sometimes referred to as foreseeability) and **factual causation** (sometimes referred to as '**but-for' causation**).

What constitutes negligence is highly dependent on the particular circumstances and can include injuries to both persons and property. As a result, research into questions of negligence typically requires analysis of a great deal of case law so as to identify fact patterns that resemble the dispute at issue, either factually or legally.[67] However, one type

---

[64] The party bringing the action is called a plaintiff in the US and a claimant in England. Both jurisdictions use the term 'defendant' to refer to the person against whom the suit is brought.
[65] See *Rylands v Fletcher* [1868] LR 3 HL 330.
[66] See *Cambridge Water Co Ltd v Eastern Counties Leather plc* [1994] 2 AC 264.
[67] In so doing, researchers will need to rely on the common law method. See Ch 3.I.3.1.

of negligence also requires research into statutory law. In the US, this cause of action is called '**negligence per se**' and arises when a wrongdoer has acted in a manner that violates a statutory standard of care.[68] England has a similar cause of action known as **breach of statutory duty**.

Some torts focus very narrowly on a particular type of harm. Thus, for example, the tort of **defamation** addresses injuries to a person's reputation, either through speech (**slander**) or through written or other permanently affixed means (**libel**). The concept of defamation is relatively straightforward and usually requires a false and defamatory statement regarding the claimant that has been intentionally or in some cases negligently communicated (**published**) to a third party. Some jurisdictions require some form of fault (such as **actual malice** in the US) and/or proof of **special damages**, although some types of statement (often referred to as **slander** or **libel per se**) are actionable even without proof of damages. Defamation may be a common law or statutory tort, depending on the jurisdiction.[69]

In many cases, the real debate arises not with respect to whether the act in question met the test for defamation but whether a particular defence applies.[70] Defences are extremely important in the area of defamation because civil liability relating to speech can be seen as infringing on the freedom of speech, which is highly valued in many English-speaking jurisdictions.[71] As a result, many defences to defamation seek to protect certain types of **privileged speech**, such as that which is undertaken during legislative debate or in judicial proceedings. Legislative and judicial speech is often subject to **absolute privileges** which are virtually unlimited. Other types of speech are subject to **conditional** or **qualified privileges** which are very context-specific. Because freedom of speech is closely affiliated with freedom of the press, journalists are often at the centre of these debates.[72] Distinctions are often made between public and private figures and between statements of fact and statements of opinion, with statements of opinion often being subject to the defence of **fair comment**.

Another highly specific type of tort is **product liability**, as it is called in England (in the US, the field is called **products liability**). In this case, the cause of action arises when some sort of thing (a product) has caused an injury. Although this tort has its roots in the common law and is still very much defined by common law principles,[73] many jurisdictions have also enacted statutes that give rise to civil liability for **defective products**.[74]

Another type of tort involves **vicarious liability**, which can be described as liability for

---

[68] See Edward J Kionka, *Torts in a Nutshell* (5th edn, West Publishing Co 2010) 83.
[69] For example, the tort is statutory in England. See for example, Defamation Act 2013 (England).
[70] The US spells this word '**defense**' in cases involving both civil and criminal liability. However, this chapter will use the English spelling for simplicity's sake.
[71] See US Const amend I; Leyland (n 20) 3–6 (discussing **freedom of expression** in the UK).
[72] Two key cases involving constitutional (First Amendment) defences to defamation in the US are *Gertz v Robert Welch, Inc*, 418 US 323 (1974), and *New York Times Co v Sullivan*, 376 US 254 (1964).
[73] Perhaps the first product liability case arose in England in the early 1900s, when a consumer found a decomposing snail in a bottle of ginger beer. See *Donoghue v Stevenson* [1932] AC 562.
[74] See Consumer Protection Act 1987 (England); Strong and Williams (n 62) 388. In the US, statutes concerning products liability are often similar to that found in section 402A of the Restatement (Second) of Torts, which imposes strict liability for certain types of injury. However,

the actions of another person. This type of liability arises most frequently with respect to **employers** who are held responsible for actions taken by their **employees** (but not their **independent contractors**) in the scope of their employment. In these situations, the employee remains personally liable for his or her actions, but the victim is also allowed to pursue an action against the employer as the party that is morally and financially responsible for the acts of the employee. In some cases, the employer may also be independently liable to the victim for a **non-derogable duty** that is owed directly to that person.

Damages are a key issue in tort law. In some cases, such as negligence, parties must prove damages as part of their **affirmative case** (case in chief). In other cases (such as slander or libel per se), damages are presumed. Damages that arise in tort are in many ways similar to damages that arise in contract, although the availability of a particular type of damages may vary between tort and contract and between different torts. For the most part, **punitive damages** (a particularly controversial mechanism that is meant to punish the wrongdoer and deter similar acts in the future) are usually only available in tort cases, not contract cases. Although punitive damages (sometimes referred to as **treble damages**) are primarily associated with the US, other English-speaking jurisdictions (such as England and New Zealand) allow for **aggravated** or **exemplary damages** in certain extreme cases, although these types of damages are not awarded anywhere nearly as often as punitive damages in the US and are usually not as costly.[75]

Defendants may usually raise some sort of **defence** to an alleged tort, although the nature of the defence will depend on the type of tort in question. Thus, for example, a defendant in a case involving an intentional tort may allege that the tort should be excused because the defendant acted in **self-defence**, **defence of others** or **defence of property**. Similarly, a defendant may claim that he or she acted out of **necessity** or under the authority of law. Defendants may also argue that recovery is inappropriate in cases where the victim is also a wrongdoer, based on the principle of *ex turpi causa non oritur actio* ('no action can be based on a disreputable cause'). The parameters of each of these defences vary by jurisdiction, although the basic principles are roughly the same in most English-speaking jurisdictions.

Actions in negligence may give rise to other types of defence. For example, in the US, the traditional rule of **contributory negligence** excused the defendant entirely if the victim was found to have contributed in any way to the event causing the injury. That rule has been largely replaced by the principle of **comparative negligence**, which does not excuse the defendant but which decreases the liability of the defendant to the extent the plaintiff contributed to the harm. The terminology is somewhat confusing in this area of law, since other jurisdictions, most notably England, use the phrase 'contributory negligence' to refer to situations where the defendant's liability is reduced in proportion to the wrongdoing of the victim (ie, what would be called comparative negligence in the US).

---

parties may also base a claim for products liability in common law negligence or on a breach of warranty claim arising under the UCC. See Kionka (n 68) 276–84.

[75] Exemplary and punitive damages are usually not available in cases involving breaches of contract, unless the breach also constituted a tort. See *Paper Reclaim Ltd v Aotearoa Intl Ltd* [2006] 3 NZLR 188 at [183] (NZ) (leaving the issue open); Kionka (n 68) 402–08; Strong and Williams (n 62) 261.

When considering these issues, parties need to be aware of how the substantive law interacts with procedural law. For example, some defences, such as contributory or comparative negligence in the US, are what are called **affirmative defences** and must be affirmatively raised by the defendant in the initial response. Failure to do so can cut off the defendant's ability to rely on that defence.

7.I.4 Criminal Law

Although most countries in the world take a relatively standard approach to criminal law, every jurisdiction defines individual crimes differently.[76] As a result, researchers need to look at the relevant statutory provisions to determine what precisely sorts of acts are unlawful. Nevertheless, certain general principles can be gleaned about how criminal law is structured in English-speaking countries.

One of the core principles of criminal law is the concept of **culpability** or **blameworthiness**. According to this principle, it is usually not enough for the state to show simply that a particular type of harm occurred in order for an act to be criminalized. Instead, the **prosecution** must show the defendant to be in some way responsible for the injury.

Culpability is determined by considering both the *mens rea* (ie, whether and to what extent the defendant's mental state was blameworthy)[77] and the *actus reus* (ie, whether and to what extent the act in question caused harm).[78] Many crimes can be mitigated or excused on the basis of various defences.

Criminal law is a field that is largely controlled by statute, even in the English-speaking world.[79] Some jurisdictions (including a number of US states and Australian provinces) have adopted **criminal** or **penal codes** that provide a comprehensive outline of all the various crimes that exist in that jurisdiction.[80] However, other English-speaking nations – including both England and Ireland – have not adopted a comprehensive penal code. Instead, these countries criminalize various acts through standalone legislation.[81]

Federal legal systems such as the US and Australia typically allow individual states, provinces and territories to take the lead in defining and prosecuting criminal

---

[76] Spanish- and English-speaking nations differ quite significantly with respect to criminal procedure, as discussed in Ch 8.I.3.

[77] A small category of offences involve strict liability, which means that the prosecution simply needs to prove that the defendant undertook the prohibited act without any need to demonstrate a particular mental component. Most strict liability crimes exist as a matter of statutory rather than common law. See Jonathan Herring, *Criminal Law: Text, Cases, and Materials* (6th edn, Oxford University Press 2014) 213–14 (discussing English law).

[78] Typically, the *actus reus* must involve an affirmative act. Rarely do English-speaking jurisdictions criminalize the failure to act (ie, omissions). See Ibid 72–74 (outlining some exceptions under English law).

[79] A few jurisdictions, such as the US state of Florida, still recognize a few common law crimes.

[80] The Australian provinces of Queensland, Tasmania and Western Australia have all adopted a codified approach to criminal law along with a number of US states, including Arizona, California and Texas.

[81] Although the Law Commission was at one time considering the creation of a criminal code for England, the task was abandoned in 2008. See Herring (n 77) 15.

activity. However, federal governments often criminalize certain behaviour that affects federal or interstate interests.[82] Thus, for example, assault can be a federal crime in the US if the attack is made on an officer or employee of the federal government.[83]

Allowing individual states, provinces and territories to define criminal acts pursuant to local standards can create problems in a federal legal system, since the criminal law could vary radically depending on where the act was committed. As a result, federalized states often attempt to avoid these sorts of difficulties through various sorts of harmonization efforts. One of the best known of these initiatives is the US **Model Penal Code (MPC)**, which was first promulgated by the American Law Institute (ALI) in 1962. The MPC has had mixed success in the US, with some states adopting its provisions in whole or in part and other states declining to follow its recommendations.[84] As a result, it is impossible to identify a standard US position on any single aspect of criminal law, although trends and majority views can be described on particular issues.

Despite these variations, certain general principles can be identified across the English-speaking world. As a general rule, most English-speaking jurisdictions break criminal law into two basic categories: **crimes against the person** and **crimes against property**. The first and most significant type of crime against the person involves the death of the victim (**homicide**). However, not all acts resulting in death are equally blameworthy. Instead, most if not all English-speaking jurisdictions recognize a number of legal distinctions based on the defendant's *mens rea* and *actus reus*.

The primary distinction in crimes resulting in death involves the difference between **murder** and **manslaughter**.[85] In the US, murder results when the **perpetrator** acted with **malice aforethought**, which is a legal **term of art** that describes certain heightened types of culpability rather than a particular mental state.[86] Some US states also distinguish between different degrees of murder. Thus, **murder in the first degree** would include murders that are wilful, deliberate and/or premeditated and murders that are committed during the course of certain highly dangerous **felonies**, such as **arson**, **burglary**, **kidnapping**, **rape** and **robbery**. Some jurisdictions classify this second category of murder as **felony murder**, since the murder took place during another felonious act. In some US jurisdictions, prosecutors can charge a defendant with **capital murder**, which would be murder involving any situation where capital punishment (the death penalty) would be

---

[82] Most US federal crimes are found in Title 18, Section 1, of the US Code. However, provisions relating to federal criminal liability can be also found elsewhere in the federal code. See for example, 17 USC s 506 (discussing criminal infringement of copyright, which can only be prosecuted at the federal level).

[83] See 18 USC s 111.

[84] See Paul H Robinson and Markus D Drubber, 'The American Model Penal Code: A Brief Overview' (2007) 10 New Crim L Rev 319, 319–20.

[85] English law includes two additional categories, **infanticide** and various offences involving death caused while driving. See Herring (n 77) 234.

[86] For some examples of malice aforethought under US law, see Arnold H Loewy, *Criminal Law in a Nutshell* (5th edn, West 2009) 28.

available.[87] **Murder in the second degree** would include any other situation where the perpetrator had malice aforethought and committed an act that resulted in death.[88]

Manslaughter is considered a lower-level type of crime than murder, even though death also results from the defendant's actions. Some jurisdictions distinguish between different degrees of manslaughter. For example, **voluntary manslaughter** typically includes killings that occur in the heat of passion or as a result of self-defence that is in some way excessive. Those jurisdictions that follow this approach often consider whether there was sufficient **provocation** to allow the crime to be reduced from murder to manslaughter. **Involuntary manslaughter** often includes killings that result from reckless or in some cases **grossly negligent** behaviour or during the commission of particular types of **misdemeanour**.[89]

Another serious crime against the person involves rape, which was traditionally defined as unlawful sexual intercourse with an unwilling woman involving the use of actual or threatened force.[90] However, the definition of rape and other types of **sexual assault** and **sexual offences** has evolved over the years as a result of various changes in society, and significant differences now exist between different jurisdictions. For example, some jurisdictions have adopted a gender-neutral definition of rape, thereby allowing the possibility of a male victim.[91] Other jurisdictions recognize the possibility of **statutory rape**, which involves sexual intercourse with a person who is under the **age of consent**, even if force is not used. **Consent** (or the lack thereof) is often a critical component in cases involving sexual offences.[92]

English-speaking jurisdictions also recognize a number of lesser crimes against the person. Confusion can sometimes arise with respect to these crimes, since they share the same name as similar actions in tort.[93] Thus, criminal battery involves intentional bodily injury to or offensive touching of another person, while criminal assault involves either attempted (but unsuccessful) battery or the intentional effort to cause someone to fear an immediate battery. Kidnapping is another type of crime against the person and can be committed by **fraud** or by force.

Some jurisdictions also recognize certain **aggravated crimes**, such as aggravated battery or aggravated assault. Aggravated crimes usually involve circumstances (such as the use of a gun) that are more likely to lead to serious harm or that involve persons with special status (such as the assault of a police officer acting in the line of duty). Aggravated crimes generally involve longer **sentences** than standard crimes.

Some criminal acts are not directed towards people but instead towards property. Thus,

---

[87] At one time, capital murder was a statutory offence under English law, but the UK has since abolished capital punishment.

[88] For example, murder in the second degree might arise in cases where a person has acted with an intent to inflict serious bodily injury and death occurs.

[89] The US spells this word '**misdemeanor**'. However, this chapter will use the English spelling for simplicity's sake.

[90] Rape and other types of sexual offence are addressed in England in the Sexual Offences Act 2003.

[91] Although various US states make rape a gender-neutral crime, England has retained the traditional approach. See Herring (n 77) 419.

[92] See for example, Ibid 421. Consent usually must be freely given by a person with the actual and legal capacity to do so, although there are many other additional elements that must be taken into account. See Ibid 421–45.

[93] See Ch 7.I.3.2.

larceny, as it is known in the US, involves 'the trespassory taking and carrying away [asportation] of the valuable personal property of another with the intent to permanently deprive the person entitled to possession of that possession'.[94] Other jurisdictions refer to this type of offence as **theft**.[95] Larceny can occur by several means, such as by stealth (ie, without the knowledge of the true possessor of the item), by an employee, by a finder or by trick. While not every English-speaking country uses the same terminology to describe this particular crime, most jurisdictions prohibit the behaviour in question.

Another crime against property is **embezzlement**, which is sometimes referred to as **fraudulent conversion** or simply fraud.[96] The difference between embezzlement and larceny relates to the fact that an embezzler has lawful possession of the embezzled property, although that person is not the true owner. Thus, for example, embezzlement occurs when an accountant who has the right to control the funds of a client takes the funds for the accountant's own use.

The next most serious crime involving property is robbery, which involves larceny by use of actual or threatened force. Notably, the person against whom force is used or threatened need not be the person whose property is taken.

Burglary is the next most serious crime involving property. A number of US states define burglary as involving 'the trespassory breaking and entering of the dwelling house of another in the nighttime with the intent to commit a felony'.[97] Often the felony in question involves larceny, but other similarly serious crimes will suffice. Other English-speaking jurisdictions, such as England, do not limit burglary to dwellings. In these countries, burglary exists whenever entry into any building or part of a building occurs.[98]

The final crime against property to be discussed here involves arson, which traditionally required the defendant to burn the dwelling house of another person with malice. However, the crime has been redefined in many jurisdictions and may now no longer apply only to dwelling houses. Similarly, some jurisdictions do not require the property in question to be that of a third person if the fire was set with the intent to commit insurance fraud.

Some principles of criminal law cut across the distinction between persons and property. Thus, most English-speaking jurisdictions traditionally held that an act had to be completed before it could be punishable as a crime. However, society has recognized that unsuccessful or preliminary efforts to commit a crime can be just as dangerous as a completed act and thus equally amenable to criminal liability. As a result, many countries now permit criminal prosecution for **inchoate (attempted) crimes** such as attempted murder, attempted arson, etc. Notably, jurisdictions that impose criminal liability for attempted crimes only do so when the effort was unsuccessful. If the perpetrator succeeded in carrying out the act, then he or she will only be charged with the crime itself.[99]

---

[94] Loewy (n 86) 92.

[95] See Herring (n 77) 505 (discussing the Theft Act 1968 (England)). In England, 'theft' can include real property. See Ibid 506–08.

[96] The precise term will vary by jurisdiction, as well the elements of the crime in question. Thus, for example, fraud in England is governed by the Fraud Act 2006.

[97] Loewy (n 86) 123.

[98] See Herring (n 77) 594–95.

[99] This approach reflects the application of the **merger doctrine**, which states that the inchoate crime of attempt 'merges' (joins with) the completed crime.

The difficulty with criminalizing attempted acts is in determining the point at which a particular course of conduct becomes criminal. Intent alone is not sufficient, since contemporary theories of criminal law require both a mental and physical element (*mens rea* and *actus reus*). Each jurisdiction has its own set of rules as to when the crime of attempt can be established and whether abandonment of a particular course of action can either mitigate or excuse earlier criminal conduct.

Although many criminal acts are undertaken by a single person, some crimes involve multiple people. Thus, some English-speaking jurisdictions may charge individuals with being an **accessory** to a crime, even if that person is not physically present at the crime scene. Someone can be an accessory before the fact or an accessory after the fact. Another common formulation of this type of criminal behaviour speaks of persons who aid or **abet** the principal actor.

All of these crimes can be described as involving **accomplice liability** (also known as the **law of complicity**), which is considered theoretically justifiable because the accessory assists with the commission of the crime in some way, such as by helping plan the crime or helping hide the principal actor after the crime. These acts increase the threat to society and are therefore considered culpable. As with inchoate crimes, the difficulty is often determining whether the defendant has undertaken acts that are sufficiently significant to allow for criminal liability, both morally and evidentiarily.

Another type of criminal act involving multiple people involves the crime of **conspiracy**.[100] In this case, the crime is the conspiracy itself rather than the final act that the conspirators are hoping to undertake. In some jurisdictions, the only thing that is necessary to prove conspiracy is an agreement to conspire. In other jurisdictions, an **overt act** in furtherance of the conspiracy must be proven.

Because conspiracy is considered an inchoate crime, **conspirators** can be charged even if the underlying crime is unsuccessful and even before they have taken the final steps to commit the crime. However, prosecutors and policy-makers often find it difficult to identify precisely when a crime has occurred, both as a matter of practice and policy. Setting a point too early on the timeline criminalizes behaviour that is not sufficiently blameworthy while setting a point too late increases the risk to society.

One area of law that is still developing in many English-speaking jurisdictions involves criminal liability of corporations. Traditionally, English-speaking countries did not find it necessary to establish criminal liability for corporate acts because other mechanisms (such as government regulation and tort law) were considered sufficient means of controlling corporate misbehaviour.[101] However, the last ten years have seen increased interest in legislation holding corporations criminally liable for their actions. England and Canada have been particularly active in this regard, especially with respect to **corporate manslaughter**.[102]

---

[100] See *Pinkerton v United States*, 328 US 640 (1946). In the US, criminal conspiracies are often prosecuted under the criminal provisions of the statute concerning Racketeer Influenced and Corrupt Organizations (RICO). See 18 USC 1963.

[101] For example, the tort of product liability law (sometimes called products liability) is often seen as a means of addressing corporate wrongdoing with respect to the sale and manufacture of defective products. In some countries, injured parties can also bring an action alleging the tort of **corporate negligence**.

[102] See Criminal Code s 217.1 (Canada) (reflecting corporate criminal liability); Herring (n 77)

In English-speaking jurisdictions, the prosecutor is responsible for establishing all the elements of a particular crime. However, a defendant may not be **guilty** of that particular crime, even if the prosecutor has successfully proven his or her case, if the defendant can show that one or more defences apply. Thus, for example, defendants may seek to excuse or mitigate their crimes by claiming to have acted in self-defence, defence of others or defence of property.[103] Some defendants may also argue that they were forced to complete a crime as a result of necessity or **duress**. Many of these defences are similar to those seen in Spanish-speaking jurisdictions.

Some English-speaking jurisdictions also recognize defences based on certain mental factors. Thus, a person (male or female) who has been a victim of **domestic violence** may be able to claim that an otherwise criminal act was excusable to prevent future harm under a defence based on **battered-spouse syndrome**. Alternatively, a person is considered not to have had a mental state sufficient to allow a determination of criminal liability may be able to establish the defence of **insanity**.[104] Another way of defending against a criminal charge is to demonstrate that the defendant did not in fact cause the injury in question.[105]

One area of criminal law that inspires a great deal of interest internationally involves the use of capital punishment. At this point, only a few English-speaking nations (India, Pakistan, Singapore and the US) allow convicted criminals to be put to death. In some countries, such as the US, the debate about capital punishment may be constitutional in nature, with opponents arguing that the process is inherently unfair, particularly to racial minorities and poor persons.[106]

7.I.5 Immigration Law

Another area of law that is of great interest to bilingual lawyers is immigration law. Globalization has increased the number and type of people who are moving across national borders, and many English-speaking jurisdictions are currently seeing large numbers of potential immigrants arriving at their borders, **embassies** and **consulates**.

Immigration law describes how many people are allowed into the country and what

---

760–64 (discussing England's Corporate Manslaughter and Corporate Homicide Act 2007).

[103] Mitigating elements either reduce the severity of a particular crime (for example, by reducing the charge from murder to manslaughter) or reduce the severity of the punishment.

[104] One of the most often used tests for insanity was developed in England in the nineteenth century. See *M'Naghten's Case* [1843] 8 Eng Rep 718 (stating 'at the time of the committing of the act, the party accused was laboring under such a defect of reason, from disease of the mind, as not to know the nature and quality of the act he was doing, or if he did know it that he did not know what he was doing was wrong'). However, this test has been subject to both refinement and criticism over the years, and a number of jurisdictions have adopted slightly different positions. See for example, *Durham v United States*, 214 F2d 862 (DC Cir 1954) (holding 'that an accused is not criminally responsible if his unlawful act was the product of mental disease or mental defect').

[105] See Herring (n 77) 96–102 (describing, inter alia, how the act of a third party or the victim may relieve the defendant of criminal liability). This tactic is not technically a defence but a negation of a necessary element of the prosecutor's affirmative case.

[106] The primary objection in the US arises under the Tenth Amendment to the US Constitution, which prohibits cruel and unusual punishment. See Const amend X; see also Sheherezade C Malik and D Paul Holdsworth, 'A Survey of the History of the Death Penalty in the United States' (2015) 49 U Richmond L Rev 693.

criteria will be used to determine whether and to what extent someone may remain within the national territory. Different rules typically apply to students, employees, extended family members and political refugees. Additional issues may arise if someone has entered or remained in the country illegally. Bilingual lawyers are needed to advise prospective immigrants as well as assist those who have already entered the jurisdiction.

English-speaking countries tend to reflect one of two different approaches to immigration policy. The first involves an open door policy, which sees immigrants as potentially productive members of society, with skilled immigrants bringing needed talent and expertise to the country and unskilled immigrants taking on jobs that citizens and permanent residents may be unwilling to take. Countries adopting this perspective often adopt expansive immigration policies, particularly with respect to family reunification, which is often seen as a praiseworthy policy goal.

The second approach is more restrictive in nature. Countries that adopt this perspective often express concerns about limited numbers of jobs and resources. Over the years, countries have often fluctuated between promoting and curtailing immigration, depending on the social and economic climate.

Immigration law is a highly technical field that is almost entirely governed by statutory or regulatory law. Although case law can and should be used to further describe and illuminate the various legislative and administrative provisions, those seeking to understand the relevant legal standards should begin with the statutes and regulations themselves. This emphasis on legislative enactments suggests that it is useful to discuss different jurisdictions separately. The following discussion will therefore concentrate on the US and England as models of different types of immigration laws and policies. However, other English-speaking jurisdictions, such as Canada, Australia and New Zealand, are also popular destinations for immigrants.

7.I.5.1 United States

Immigration law in the US is almost entirely federal in nature,[107] largely as a result of the fact that the US Constitution specifically grants Congress the ability to establish a 'uniform Rule of Naturalization'[108] and regulate international and interstate commerce.[109] Immigration in the US is primarily handled by six federal entities:

- the Department of Homeland Security, which oversees several key agencies, including US Citizenship and Immigrations Services, US Immigration and Customs Enforcement, and US Customs and Border Protection;
- the Department of State, which oversees the consulates and embassies where most **immigrants** first indicate their desire to immigrate to the United States;

---

[107] This phenomenon minimizes the need to consult state law, although some state laws affecting non-citizens remain relevant. See *De Canas v Bica*, 424 US 351 (1976) (noting individual states may fill gaps in federal legislation). However, there is some debate about whether and to what extent local and state governments may pass legislation regarding status checks of undocumented aliens within the borders of that particular government entity. See David Weissbrodt and Laura Danielson, *Immigration Law and Procedure in a Nutshell* (6th edn, West Publishing Co 2011) 88.

[108] See US Const art I, s 8, cl 4.

[109] See Ibid art I, s 8, cl 3.

- the Department of Justice, which oversees the various **immigration courts**;
- the Department of Labor, which provides certifications to employers that a US worker is not qualified to undertake the job in question and that hiring a foreign worker will not injure US wages or working conditions;
- the Department of Health and Human Services, which certifies doctors to conduct medical examinations prior to grating permanent residence; and
- the Social Security Administration, which regulates social security taxes and benefits.

These departments often work together, as is the case with the federal E-Verify program, which allows employers to learn about potential employees' employment eligibility through data gleaned from the Social Security Administration and the Department of Homeland Security.[110] However, other issues are handled by a single department.

According to the Immigration and Nationality Act, the major piece of federal legislation in this area of law, three types of non-citizen can be legally resident in the US: (1) persons who wish to enter the country for a limited period of time for a specific purpose, such as education ('**nonimmigrants**'); (2) persons who want to become permanent residents of the US ('immigrants'); and (3) **refugees**.[111] Each of these groups is defined in the Immigration and Nationality Act, along with the various grounds for barring admission (known as grounds for **inadmissibility**) and the procedures by which someone may be admitted or removed from the US.

Nonimmigrants are the largest category of persons admitted to the US each year. There are 23 main categories of nonimmigrants, including everything from tourists and those temporarily in the US on business to students, athletes, **diplomats** and media representatives.[112] The procedure used to apply for a nonimmigrant **visa** varies according to the type of visa sought. Some applicants need to prove that they have been accepted into an authorized programme (such as a university or student exchange programme) before their visa can be approved, while others must make a petition setting forth their reason for coming to the US (as would be the case for performing artists or athletes). Some applicants (such as diplomats) do not need to obtain any sort of preliminary approval.

Immigrants are considered differently and typically fall into one of three main categories: family-sponsored immigrants, employment-based immigrants or diversity immigrants.[113] Although there is no overall limit on the number of people who can immigrate to the US as members of a US citizen's immediate family (ie, spouses, parents or children), there are caps on the number of family-sponsored immigrants who may come from a particular country each year. Statutory provisions define the terms 'spouse', 'parent' and 'child' so as to minimize the possibility of fraud and ensure equitable treatment of all applicants.

---

[110] See Weissbrodt and Danielson (n 107) 88.

[111] See Immigration and Nationality Act, Pub L No 82–414, 66 Stat 163, 258–59 (1952) (codified as amended at 8 USC ss 1101–1537).

[112] See US Department of State, Bureau of Consular Affairs, Directory of Visa Categories <http://travel.state.gov/content/visas/english/general/all-visa-categories.html>; see also Weissbrodt and Danielson (n 107) 189–219.

[113] See US Department of State, Bureau of Consular Affairs, Directory of Visa Categories <http://travel.state.gov/content/visas/english/general/all-visa-categories.html>.

These three categories of potential immigrants can be further broken down into various **preference groups**. For example, those wishing to come to the US as employment-based immigrants must determine whether they can be considered '**priority workers**' who have 'extraordinary ability' in certain fields or who hold certain high-level university or corporate positions (first preference); advanced degree holders or those with exceptional ability in the arts, sciences or business (second preference); skilled workers in short supply (third preference); special immigrants, such as religious workers or former employees of the US government (fourth preference); or persons involved with job creation (fifth preference).

Those who do not qualify for immigration through family connections or employment may also apply as diversity immigrants. The chances of obtaining entry into the US as a diversity applicant are extremely low, with over 2 million applicants vying each year for only 50,000 visas. As a result, the process is often known as the **green card** lottery. The term 'green card' refers to the document indicating the right to live and work in the US and can be obtained through the diversity application process or any one of the various other means described herein. Obtaining a green card is the first step towards becoming a **naturalized** citizen, although not all green card holders choose to become US citizens.

Even if someone meets the criteria for entry to the US as an immigrant or nonimmigrant, admission may nevertheless be denied if certain grounds of inadmissibility exist. For example, a person may be denied entry on health-related grounds, which would include the existence of a 'communicable disease of public health significance' or drug addiction.[114] Those with certain types of criminal history are also ineligible for admission to the US, as are those who pose a threat to US national security. Persons who have violated US immigration law or procedure, such as by entering or remaining in the US illegally, may be deemed permanently inadmissible or inadmissible for a certain period of time.

Non-citizens may be **removed (deported)** from the US if they were inadmissible at the time of entry or if they have committed a prohibited act such as failing to register as a non-citizen, falsifying relevant documents, engaging in certain types of criminal activity or participating in terrorism or other acts which threaten national security. **Removal proceedings** are considered to be civil rather than criminal in nature, although the consequences can be quite severe, since a removed person may be barred from re-entering the US permanently or for a number of years. Several categories of persons, including ambassadors, consular officers and employees of international organizations like the United Nations (UN), are exempt from removal statutes.

Persons who are within the US and subject to removal are entitled to a **removal hearing**. Persons who have been stopped at the US border are not entitled to a removal hearing unless they request **asylum**. Removal hearings are heard by an **immigration judge**, with a person known as **service counsel** acting as a type of prosecutor on behalf of the US government. Persons involved in a removal hearing have the right to a lawyer and are generally provided with an **interpreter** if needed.[115] Removal hearings are public, and both

---

[114] See 8 USC s 1182.
[115] Although there is no statutory right to an interpreter, some US courts have suggested the failure to provide an interpreter can violate the right to due process. See *United States v Si*, 333 F3d

the service counsel and the non-citizen are entitled to present evidence. Administrative appeals of the immigration judge's decision are possible, as is subsequent review of the administrative order by a federal court, although the grounds for judicial review are relatively limited.

The third major category of non-citizens who may seek to reside in the US are refugees and those seeking asylum status. In many ways, the two groups are analyzed in a similar manner, although the term 'refugee' refers to those persons who are outside the US when they seek to establish a right to entry to the country, while 'asylum status' is conferred on persons who are either within the US at the time of application or already at its border.

The President of the United States, in consultation with Congress, sets the number of refugees who may be admitted each year.[116] The term refugee is statutorily defined and focuses primarily on whether the person in question has 'a well-founded fear of persecution on account of race, religion, nationality, membership in a particular social group, or political opinion' in the country of his or her nationality.[117] Other criteria also apply, including the need for refugees to be sponsored by a 'responsible person or organization'.[118]

Persons who have already been admitted to the US or who present themselves at the border may be granted asylum status if they meet the criteria relating to refugees. An application for asylum may be made upon arrival in the US; promptly after arrival in the US (typically within one year); or during removal proceedings (also typically within one year of arrival).

The latter two types of request are typically heard in the first instance by an immigration judge. However, if the request for asylum is made at the border, that request is heard by an **asylum officer** who makes a summary determination concerning the presence of a 'credible fear' of persecution.[119] If the asylum officer concludes that credible fear does not exist, then the asylum-seeker is ordered to be removed immediately from the US. However, the asylum-seeker may make an appeal to an immigration judge who will hear the matter as soon as possible (usually within 24 hours but in any case within seven days). If the asylum officer concludes that credible fear does exist, then the asylum-seeker is placed in removal proceedings and permitted to file an application for asylum with the immigration judge presiding over that matter.

The US Constitution provides a number of protections to non-citizens.[120] For example, all lawful permanent residents of the US have full access to US courts[121] and have the right to attend schools on the same basis as US citizens.[122] However, these rights are only triggered once a non-citizen is resident in the US. Furthermore, the scope and existence

---

1041, 1042–43 (9th Cir 2003).
[116] See 8 USC s 1152.
[117] See 8 USC s 1101(a)(42).
[118] See 8 CFR s 207.2(c).
[119] See Scott Rempell, 'Credible Fears, Unaccompanied Minors, and the Causes of the Southwestern Border Surge' (2015) Chapman L Rev 337, 344–46.
[120] See Weissbrodt and Danielson (n 107) 536–611.
[121] See *Ex parte Kawato*, 317 US 69 (1942).
[122] See Weissbrodt and Danielson (n 107) 581. Undocumented non-citizens may have a more limited right to education. See *Plyler v Doe*, 457 US 202 (1982).

of certain rights may vary according to the person's legal status and the amount of time that person has been resident in the US. Thus, non-citizens within the US enjoy freedom of speech to the same extent as US citizens, although engaging in certain types of speech could have different ramifications for non-citizens than for citizens.[123]

7.I.5.2 England

England can be seen as representing another approach to immigration law. Over the last few years, immigration policy in England has changed as a result of various skills shortages and concerns about inappropriate use of the asylum system. As a result, the emphasis now is on 'managed migration' as a policy goal.

Immigration issues in England have traditionally been analyzed pursuant to several different legal regimes. For example, nationals of the Member States of the EU and the European Economic Area (EEA) have the right to work and live in any Member State pursuant to various international treaties, which meant that any discussion of immigration to England had to begin by considering European law.[124] However, the anticipated withdrawal of the UK from the EU means that these provisions will no longer apply to England, although they will still apply to other English-speaking Member States, such as Ireland. Notably, there are no limits on the number of EU and EEA nationals who may move within the relevant region, and there is no need for any preliminary paperwork.

The right to **free movement of workers** is a fundamental principle of the EU and is reflected in numerous instruments ranging from the Treaty of Rome (now TFEU) to various European **directives**.[125] The concept of free movement of workers includes several constituent elements, including the **right of residence**, which finds its most fulsome description in the TEU, also known as the Maastricht Treaty,[126] and the free movement rights of workers, which is reflected in Article 45 of the TFEU.[127] These principles apply to any Member State of the EU.

---

[123] See *Schneider v New Jersey*, 308 US 147 (1939); Weissbrodt and Danielson (n 107) 490 (noting that some statements made by non-citizens could affect future applications for naturalization as US citizens).

[124] See Prove Your Right to Live in the UK as an EU Citizen <www.gov.uk/eea-registration-certificate>. Some formalities may nevertheless apply. See for example, Sophie Barrett-Brown and Laura Devine, 'United Kingdom' in Dennis Campbell (ed), *International Immigration and Nationality Law* (2nd edn, Juis 2014) UK-22 (discussing settlement of EEA nations).

[125] See EU Treaties (European Union) <http://europa.eu/about-eu/basic-information/decision-making/treaties/index_en.htm> (including the TFEU); Council Directive 90/364 of June 28, 1990 on the right of residence, [1990] OJ L 180/26; European Parliament and Council Directive 2004/38 on the right of citizens of the Union and their family members to move and reside freely within the territory of the Member States, [2004] OJ L 229/35.

[126] See EU Treaties (EU) <http://europa.eu/about-eu/basic-information/decision-making/treaties/index_en.htm> (including the Maastricht Treaty, which formalizes the concept of European citizenship and providing for a number of civil rights, such as the right to run for office and vote in local and European Parliament elections wherever the EU national resides).

[127] See EU Treaties (EU) <http://europa.eu/about-eu/basic-information/decision-making/treaties/index_en.htm> (including the TFEU). The free movement of workers cannot be restricted by extensive residency or entrance requirements, although the EU national may need to report their residency to the host state. Self-employed professionals have the **right of establishment**, which is similar to the right to live and work within the EU.

The second level of analysis involves English law. Some people have the **right of abode** (the right to live) in the UK as a matter of national (as opposed to international or European) law.[128] The right of abode can be held in a person's own right or as a result of descent or marriage. The right of abode is often based on different countries' historical connections to the UK and therefore includes nationals of some Commonwealth countries.

Those persons who do not fall within either of these first two categories of claimants must meet the criteria for entry and employment in the UK. The most important legislation in this regard is the Immigration Act 1971, which is supplemented by Immigration Rules that have been promulgated pursuant to the terms of the Act.[129]

Persons who wish to reside permanently in England and who are not nationals of the EU or the EEA (to the extent those rules would still apply) or who do not have the right of abode must apply for visas. Those who wish to work in England must also obtain a **work permit** through the Work Permits (UK) office (WPUK), which is a division of the Home Office Immigration and Nationality Directorate (IND). Work visas are broken into a number of different categories. Most applicants proceed under the business and commercial scheme, which provides work permits for certain skilled positions. However, applicants can also seek visas under a training and work experience scheme (TWES), a seasonal agricultural workers scheme (SAWS), a sector-based scheme (SBS) or as entertainers or sports persons. Applications under any of these schemes must be made by the employer rather than the employee and are considered initially by the WPUK, regardless of whether the prospective employee is inside or outside the UK at the time. In some cases, it is possible for a person to switch his or her immigration status while in the UK. However, this process has become more difficult in recent years. Furthermore, it is not possible to switch out of some status categories (such as that of a 'visitor') while in-country.

Persons who wish to remain indefinitely in England or make the country their permanent home must obtain **settlement status**, which is also the precursor to applying to become a naturalized British citizen.[130] The timing and criteria for obtaining settlement status depends on how the applicant initially entered the country. For example, those who have applied for entry pursuant to a work permit may apply for settlement status after having been continuously resident in England for four years.

Some persons may obtain settlement status by virtue of their relationship to others. For example, children of British or settled persons are entitled to settlement status, although some restrictions may apply.[131] Similarly, spouses of settled persons or those who are akin to spouses of settled persons may be entitled to settlement status after a certain number of years.[132]

---

[128] See Prove You Have the Right of Abode in the UK <www.gov.uk/right-of-abode>.

[129] Other statutes also operate in this field, most notably the Immigration and Asylum Act 1999, the Nationality, Immigration and Asylum Act 2002, the Asylum and Immigration (Treatment of Claimants, etc) Act 2004, the Immigration, Asylum and Nationality Act 2006, the UK Borders Act 2007 and the Borders, Citizenship and Immigration Act 2009. See Bullen, Leake and Jacobs, *Precedents of Pleadings* (Sweet and Maxwell 2015) s 66–01.

[130] See Barrett-Brown and Devine (n 124) UK–22.

[131] See Ibid.

[132] See Ibid (noting the number of years of co-habitation may depend on whether the co-

One issue that has been particularly pressing in recent years involves asylum seekers. The UK is a party to a number of international agreements regarding refugees and asylum seekers, including the 1951 UN Convention on the Status of Refugees and its 1967 protocol.[133] To qualify as an asylum seeker, an applicant typically must demonstrate a well-founded fear of persecution in the applicant's country of nationality. Under the 1951 Convention, the fear of prosecution should relate to one of several enumerated concerns, including persecution as a result of race, religion, nationality, membership of a particular social group or issues relating to political opinion. Under the Dublin Asylum Convention and European Directive 2005/85, asylum seekers do not need to 'demonstrate that they are specifically targeted for harm if there is widespread and indiscriminate violence in their home countries'.[134] It is unclear whether and to what extent these provisions would apply to asylum seekers in England if and when the UK withdraws from the EU.

Procedurally, an asylum seeker should make an application at the time of entering the country or as soon as possible thereafter, since delay could affect that person's ability to receive benefits. If there is another country that is considered 'safe' and that is deemed to have primary responsibility for considering the claim of asylum, the applicant will be returned to that jurisdiction. In all other cases, the Home Office undertakes a full review, with a decision hopefully obtained within two months. However, a backlog of applications could result in slower response times.

If a request for asylum is granted, that person is allowed to stay in England indefinitely. If the request is denied, then that person must leave the country, although in some situations an appeal is permitted prior to deportation. Judicial review of the decision may also be possible in certain extraordinary circumstances.

7.I.6 Corporate, Company and Competition Law

Another field where bilingual lawyers often work involves **commercial law**. Regardless of whether a lawyer is engaged in drafting transnational commercial contracts or resolving disputes that have arisen out of international business dealings, that person often must have a strong understanding not only of contract law but also of corporate, company and competition law. Specialists in this field also need to be familiar with various principles of **private international law**, including the conflict of laws rules that govern a particular relationship or dispute.[135] Lawyers also need to know how and when to adopt **choice of**

---

habitation occurred abroad or in-country).

[133] See United Nations Convention on the Status of Refugees, GA Res 428 (V) (28 July 1951), UN Doc A/5/20, 189 UNTS 150.

[134] Ralph H Folsom, *European Union Law in a Nutshell* (8th edn, West Academic 2014) 17; see also Convention determining the State responsible for examining application for asylum lodged in one of the member States of the European Communities, drafted at Dublin 15 June, 1990, 30 ILM 425 (1991); Council Directive 2005/85/EC on minimum standards on procedures in Member States for granting and withdrawing refugee status, 2005 OJ L 326/13.

[135] See *Dicey, Morris and Collins on the Conflict of Laws* (15th edn, Sweet and Maxwell 2014) (concerning conflict of laws rules applicable in England); Restatement (Second), Conflict of Laws (discussing basic principles regarding conflict of laws rules applicable in the US; a third Restatement is currently underway).

law provisions as a matter of substantive or procedural law.

Party autonomy is relatively broad when it comes to the substantive law, and the international legal community has adopted a number of instruments and guidelines to help facilitate transnational commercial relationships. As a result, bilingual lawyers working in this field should be familiar with various enactments including the UN Convention on Contracts for the International Sales of Goods (CISG) (sometimes also referred to as the Vienna Convention on Contracts for the International Sales of Goods),[136] the UNIDROIT Principles of International Commercial Contracts,[137] the Incoterms,[138] and the Uniform Customs and Practices for Documentary Credits (UCP).[139]

Parties are also free to determine many of the procedures to be used in resolving international commercial disputes. Perhaps the most popular method of resolving cross-border business disputes involves **international commercial arbitration**, which is a private, consensual mechanism intended to harmonize the procedural approaches of both common law and civil law countries.[140] However, parties can also adopt a **forum selection provision (choice of venue clause)** that requires any future dispute to be resolved in a particular national court.[141]

These and related matters are covered in numerous Spanish-language texts and therefore need not be discussed in detail here. Instead, the emphasis in this section is on domestic laws relating to corporations, companies and other business associations so as to help bilingual lawyers understand how English-speaking nations address these issues.

This area of law is often highly regulated and subject to a great deal of legislation. As a result, a country-by-country analysis appears more appropriate than a blended approach. The following discussion will therefore focus on two jurisdictions – the US and England – to demonstrate the range of legal and linguistic issues.

7.1.6.1 United States

In the US, most of the laws governing business associations exist at the state rather than federal level. Although some efforts have been made to harmonize the law in this field,[142] states often perceive an economic benefit in offering their own unique regulatory regimes,

---

[136] See CISG (n 40).
[137] See UNIDROIT Principles (n 49).
[138] See Incoterms (n 50).
[139] See UPC (n 51).
[140] See Gary B Born, *International Commercial Arbitration* (2nd edn, Kluwer Law International 2014). Disputes involving foreign direct investment are often resolved under a similar mechanism known as **investment arbitration**, which is a form of **treaty-based arbitration**. See Ch 8.1.4.
[141] See S.I. Strong, 'Limits of Procedural Choice of Law' (2014) 39 Brook J Intl L 1027 (discussing choice of forum provisions as well as the ability to adapt procedures used in national courts).
[142] For example, many states have adopted either the Uniform Partnership Act (UPA, which was drafted by the Uniform Law Commission in 1914) or the Revised Uniform Partnership Act (RUPA, which was most recently revised in 1997) in whole or in part. See Revised Uniform Partnership Act <www.uniformlaws.org/shared/docs/partnership/upa_final_97.pdf>. Another popular provision is the Model Business Corporations Act (MBCA), which was drafted by the Business Law Section of the American Bar Association. See Model Business Corporations Act <https://apps.americanbar.org/dch/committee.cfm?com=CL270000>. Notably, none of these enactments can be considered 'law' unless and until they are adopted by a particular state legislature.

since different regulatory and tax structures can attract different kinds of businesses. As a result, some state regimes are markedly different than the rest of the country. The state of Delaware has been particularly innovative in this regard and is an extremely popular place for companies to incorporate themselves.

Although most matters in this field are governed by state law, the federal government does regulate certain types of business activities, primarily through **federal securities law** and **federal tax law**. Tax laws are often important to consider when setting up a new business, since different types of entity are taxed differently. Federal securities laws address a company's ability to raise capital, governance issues involving **publicly held (publicly traded)** companies and matters relating to the fraudulent conveyances of securities.[143] Although the intricacies of federal tax and securities law are beyond the scope of the current discussion, a considerable amount of authority exists on both subjects.[144]

One of the most important things for bilingual lawyers to know about US corporate law is how the various types of business associations are structured. While individuals may conduct businesses in their own names as a **sole proprietorship**, most of the time businesses involve more than one person. In these cases, the business entity itself exists as a **legal person**, distinct from the **natural persons** (ie, human beings) who own or operate that business. Many businesses include one or more of the following persons: **owners** or **investors** who provide the **capital** (funding) for the business, **managers** who oversee the operation of the business and employees who carry out the functions of the business. However, the terms used for each of these persons may change depending on the type of business entity at issue.

One important type of **business association** is the **corporation**. In a corporation, the owners are called **shareholders** and the managers are broken into two categories, **officers** who are responsible for high-level decisions regarding day-to-day operations and **directors** who meet regularly to oversee the performance of the officers and the corporation as a whole. Both officers and directors owe a **fiduciary duty** (a special duty of loyalty and fair dealing) to the corporation. Corporations are distinguishable from other types of business associations by virtue of the fact that corporations have their own separate legal identities and feature centralized management and **limited shareholder liability**. Corporations also survive the death or departure of individual shareholders and are subject to **double taxation** (ie, taxation of the income to the corporation as well as taxation of any income (**dividends**) paid to the shareholders). Corporations may be publicly held (meaning the shares are sold to the public on a stock market) or **privately held (closely held)** (meaning that the shares are not sold to the general public but are instead held by a small number of individuals).

Another type of business association is a **general partnership**, which is created when

---

[143] Recent years have seen an increasing amount of federal regulation as a means of addressing corporate wrongdoing in the wake of various scandals and financial crises. See Joseph Shade, *Business Associations in a Nutshell* (3rd edn, West 2010) 7–8.

[144] See for example, Boris I Bittker and James S Eustice, *Federal Income Taxation of Corporations and Shareholders* (Warren Gorham & Lamont 2015); Thomas Lee Hazen, *The Law of Securities Regulation* (6th edn, West Academic Publishing 2009); Joel D Kuntz and Robert J Peroni, *US International Taxation* (Warren Gorham and Lamont 2015); Joel Seligman, Troy Paredes and Louis Loss, *Fundamentals of Securities Regulation* (6th edn, Wolters Kluwer 2011).

two or more persons agree to act as co-owners of a business for profit. Each partner typically has **unlimited joint and several liability** for any **debts** or obligations incurred by the partnership.[145] However, partnerships can also be organized as **limited partnerships**. In these types of arrangement, at least one owner has management powers over the business (the **general partner(s)**) and retains **personal liability** for any debts or obligations of the partnership. The remaining partner(s) (ie, those who do not have management capabilities) are considered **limited partner(s)** who essentially act as passive investors. Limited partners are only liable for losses up to the amount of their initial investment. Partnerships can also exist as **limited liability partnerships (LLPs)**. In this case, general partners are allowed to limit their personal liability so as to protect their personal assets from the creditors of the partnership. Many law firms in the US are set up as limited liability partnerships.

A third type of business association is the **limited liability company (LLC)**, which is a hybrid business entity that combines the **single-taxation** approach of a partnership (ie, owners are only taxed once on business income) with the limited liability of a corporation. Owners of limited liability companies are typically referred to as **members** of the LLC. Members may actively manage the business themselves or may elect one or more managers to carry out that function.

The law relating to business associations is a very complex field involving questions concerning the creation of the various entities, the raising of capital, **corporate governance**, the duties of officers and directors, the sale and purchase of securities, the limits of liability of both the business association and the various owners or managers, and the termination of a particular business entity. While detailed discussion of these matters is beyond the scope of this book, there are numerous authorities available on these subjects.[146]

Many people who are interested in corporate and company law are also intrigued by **antitrust law**.[147] Although both fields deal with business concerns, the two specialties are actually quite distinct. Corporate and company law focus on the internal structure and operation of various business organizations while antitrust law addresses external (third party) relationships between different business entities and the effect those relation-

---

[145] 'Unlimited' liability means that creditors can not only seek recovery from the assets of the business but also the personal assets of the partners to the extent the business debts exceed business assets. 'Joint and several' liability means that each partner is responsible for the entirety of the debts of the partnership, should the other partners be unwilling or unable to cover their share of the debt. Creditors may bring an action against all or only some of the partners, as the creditor sees fit, although the creditor will not be allowed **double recovery** on a debt. A partner will usually have a claim of **contribution** against other partners so that all partners share the financial burdens equally.

[146] See for example James D Cox and Thomas L Hazen, *Business Organizations Law* (3rd edn, West Academic Publishing 2011); Franklin A Gevurtz, *Corporation Law* (2nd edn, West Academic Publishing 2010).

[147] The term 'antitrust law' developed in the US for historical reasons and was initially used to describe laws meant to curtail the power of business monopolies and other 'trusts' operating in important industries. See Ernest Gellhorn, William E Kovacic and Stephen Calkins, *Antitrust Law and Economics in a Nutshell* (West 2004) 18. The field covers approximately the same terrain as competition law or **anti-competition law** in other jurisdictions.

ships have on the market and the public. As a result, antitrust law in the US focuses on 'control[ling] the exercise of private economic power by preventing **monopoly**, punishing **cartels**, and otherwise encouraging competition'.[148] Although some issues in antitrust law are reminiscent of similar concerns in corporate law (for example, both fields may wish to know whether a **subsidiary** is acting as the **alter ego** of a **parent company** such that the court may **pierce the corporate façade** or **pierce the corporate veil**), the focus and purposes of the two fields are distinctly different.

Another difference between antitrust law and corporate law involves the source of legal authority. While corporate law largely exists at the individual state level, antitrust law is largely federal in nature, due to language in the Commerce Clause of the US Constitution allowing Congress 'to regulate commerce among the several states'.[149] Only those commercial actions that are entirely internal to a single US state are beyond the scope of federal antitrust law.

Antitrust law is largely governed by three key statutes: the Sherman Antitrust Act of 1890 (Sherman Act),[150] the Clayton Act of 1914 (Clayton Act)[151] and the Federal Trade Commission Act of 1914 (Federal Trade Commission Act or FTC Act).[152] However, persons working in this field must also consider various judicial opinions and regulatory (administrative) decisions, since those materials put important glosses on the statutory language, particularly with respect to core principles such as '**restraint of trade**,' '**unfair methods of competition**', and what it means to '**monopolize**' trade.[153]

Each of the three statutes addresses a slightly different issue. For example, the Sherman Act allows courts to develop a federal common law relating to monopolistic and **anticompetitive** behaviour. Although the Sherman Act is intended to achieve various public goals, it can be enforced by both public and private parties.[154]

The Clayton Act builds on the foundation laid by the Sherman Act by declaring four particular practices to be illegal, although those behaviours are not criminalized. Thus, the Clayton Act governs situations involving price discrimination, which arises when a product is sold for two different prices to buyers who are in all other respects similarly situated; exclusive dealing contracts, which involve situations where a seller will only enter into a contract with a buyer if the buyer agrees not to deal with the seller's competitors; certain types of corporate mergers, primarily those involving the purchase of competitors; and interlocking directorates, which arise when competitors share certain board members in common.

The FTC Act is somewhat different than both the Sherman Act and the Clayton Act. Rather than focusing on certain substantive issues, the purpose of the FTC Act was to

---

[148] Ibid 1.
[149] See US Const, art I, s 8.
[150] See 15 USC ss 1–7.
[151] See Ibid ss 12–27.
[152] See Ibid ss 41–58. The FTC Act was amended in 1938 and 1975.
[153] Although US courts tend to find more recent cases to be the most persuasive, some early precedents remain important in this area of law. See for example, *Standard Oil Co v United States*, 221 US 1 (1911) (construing the Sherman Act); Gellhorn, Kovacic and Calkins (n 147) 31, 39.
[154] The ability of private citizens to enforce the Sherman Act has been described as allowing private parties to act as **private attorneys general**.

create an administrative agency that oversees anticompetitive behaviour, including 'unfair and deceptive acts or practices in or affecting commerce'.[155] The five members of the FTC are appointed by the President and confirmed by the Senate, although no more than three members of the Commission may be members of the same political party.

The antitrust laws of the US were initially developed to address certain domestic concerns. However, recent years have seen an exponential increase in the amount of international trade involving the US. As a result, questions have arisen as to the extra-territorial application of US antitrust laws, particularly when US policies and practices conflict with the policies and practices of other nations. Some of these issues have been resolved judicially while others have been subject to diplomatic efforts. However, the situation is by no means resolved, and it is likely that additional disputes will arise in the future.

7.1.6.2 England

When considering matters arising under corporate, company and competition law in England, lawyers have traditionally begun with European law, since this field is heavily influenced by policies and practices contained in the founding documents of the EU as well as in subsequent legislation.[156] Although these provisions may not apply to England if and when the UK withdraws from the EU, they will be relevant to other English-speaking Member States, such as Ireland. Furthermore, legal principles developed pursuant to European law may continue to influence the interpretation and application of English law even after the formal withdrawal of the UK from the EU.

One important principle is found in Article 49 of the TFEU, which discusses the right of establishment and affects the **setting up** of companies and corporations, including both parent and subsidiary entities as well as **branches** and **agencies**. That provision indicates that:

> ... restrictions on the freedom of establishment of nationals of a Member State in the territory of another Member State shall be prohibited. Such prohibition shall also apply to restrictions on the setting-up of agencies, branches or subsidiaries by nationals of any Member State established in the territory of any Member State.
>
> Freedom of establishment shall include the right to take up and pursue activities as self-employed persons and to set up and manage undertakings, in particular companies or firms within the meaning of the second paragraph of Article 54, under the conditions laid down for its own nationals by the law of the country where such establishment is effected, subject to the provisions of the Chapter relating to capital.[157]

Persons interested in company law should also take note of Article 44 of the TFEU, which states:

---

[155] 15 USC s 45.
[156] These principles are not only binding on England but also on other English-speaking Member States of the European Union, such as Ireland and Malta.
[157] EU Treaties (EU) <http://europa.eu/about-eu/basic-information/decision-making/treaties/index_en.htm> (including the TFEU). This provision has been subject to numerous interpretations by the ECJ. See Folsom (n 134) 238.

Where in a Member State a product is subject to a national market organisation or to internal rules having equivalent effect which affect the competitive position of similar production in another Member State, a countervailing charge shall be applied by Member States to imports of this product coming from the Member State where such organisation or rules exist, unless that State applies a countervailing charge on export.

The Commission shall fix the amount of these charges at the level required to redress the balance; it may also authorise other measures, the conditions and details of which it shall determine.[158]

These provisions are of course extremely general, and any lawyer working in this area of law must consider numerous other authorities to gain a clear understanding of how European law affects business operations in and involving England. When conducting that research, it is important to recognize that some laws in this field apply on a sectoral basis while others are trans-substantive in nature. Since English companies will continue to do business in Europe even after the UK withdraws from the EU, European law may still be relevant to some issues.

As things currently stand, European law affects a wide and ever-expanding range of corporate activities.[159] However, one area of particular concern involves competition law, which is intended to eliminate market imbalances that might affect commercial activity within the EU. Although European competition law addresses many of the same issues in the EU that antitrust law does in the US, the two regimes differ in a number of key regards. Indeed, European and US authorities have on occasion come to very different conclusions about whether a particular action can be considered anticompetitive, which has created problems for the business entities in question.

The primary goal of European competition law is to avoid 'any measure which could lead to a distortion of competition'.[160] Thus, European law prohibits:

> ... all agreements between undertakings, decisions by associations of undertakings and concerted practices which may affect trade between Member States and which have as their object or effect the prevention, restriction or distortion of competition within the internal market, and in particular those which:

---

[158] See EU Treaties (European Union) <http://europa.eu/about-eu/basic-information/decision-making/treaties/index_en.htm> (including the TFEU). This provision has been supplemented by a number of directives on company law. See Folsom (n 134) 239–43.

[159] For example, European law is relevant to securities regulation, taxation, data privacy, employment law, agricultural policy and more. See Folsom (n 148) 205–96. **Data protection** and **privacy** provisions are a particularly complex area of law and can affect the flow of information to other entities. See for example Directive 95/46/EC of the European Parliament and of the Council of 24 October 1995 on the protection of individuals with regard to the processing of personal data and on the free movement of such data, [1995] OJ L 281/31; Data Protection Act 1998 (England). Ireland's data protection agency is perhaps the leading regulator of privacy laws in Europe, due to the number of technology companies that have their headquarters in Ireland. See Lisa Fleischer, 'Ireland Beefs Up Data Privacy Office' *Wall Street Journal* (1 May 2015) <www.wsj.com/articles/irelands-data-protection-agency-to-boost-staff-and-double-budget-1430488864>. At the time of writing, the EU was considering various measures meant to strengthen European data protection and privacy law.

[160] This language is found in Article 173 of the Maastricht Treaty. See EU Treaties (European Union) <http://europa.eu/about-eu/basic-information/decision-making/treaties/index_en.htm> (including the Maastricht Treaty).

(a) directly or indirectly fix purchase or selling prices or any other trading conditions;
(b) limit or control production, markets, technical development, or investment;
(c) share markets or sources of supply;
(d) apply dissimilar conditions to equivalent transactions with other trading parties, thereby placing them at a competitive disadvantage;
(e) make the conclusion of contracts subject to acceptance by the other parties of supplementary obligations which, by their nature or according to commercial usage, have no connection with the subject of such contracts.[161]

These principles are further described in numerous legislative enactments and judicial decisions.[162] Practically, these provisions are enforced by the European Commission through the Competition Directorate-General, which has been given broad powers under European Regulation 1/2003 to investigate, prosecute, adjudicate and sanction violations of European competition law.[163]

As important as European law is, it is not the only body of rules to affect business in and with English-speaking Member States. Lawyers and parties operating in this field must also consider various principles of domestic law.

Perhaps the most important statute in the area of English company law is the Companies Act 2006, which is, for better or worse, the longest Act of Parliament ever enacted. Although the Companies Act was meant to consolidate various pieces of previously existing legislation, some earlier statutes – most notably the Financial Services and Markets Act 2000 – remain in force.[164] The 2006 Act has been amended and supplemented a number of times since its enactment as a result of both domestic and European initiatives.[165] Various other pieces of legislation – such as the Fraud Act 2006 – are also quite important in the field of company law, even if those provisions are not aimed exclusively at business entities.[166]

The 2006 Act sets forth the law relating to **registered companies**, which are the most important type of **business organization** under English law.[167] The Companies Act 2006 addresses both public and private registered companies, including those that are limited by shares or guarantee as well as those that are unlimited in nature. Registered companies are considered **juristic persons** (also known as legal persons) capable of holding a variety of rights ranging from the right to enter into contracts and own various types of property to the right to sue and be sued.

---

[161] This language is found in Article 101(1) of the TFEU. See EU Treaties (European Union) <http://europa.eu/about-eu/basic-information/decision-making/treaties/index_en.htm> (including the TFEU). For more on competition law, see Articles 101 to 109 of the TFEU.

[162] See for example, Jonathan Faull and Ali Nikpay, *The EU Law of Competition* (3rd edn, Oxford University Press 2014).

[163] See for example Council Regulation (EC) 1/2003 of 16 December 2002 on the implementation of the rules on competition laid down in Articles 81 and 82 of the Treaty [2003] OJ L 1/1.

[164] The Financial Services and Markets Act created the **Financial Services Authority (FSA)**, which is considered 'a "super-" or "mega-" regulator which ... embraces not only investment business but also banking and insurance'. Stephen Girvin, Sandra Frisby and Alastair Hudson, *Charlesworth's Company Law* (19th edn, Sweet and Maxwell 2010) para 1-019.

[165] See Ibid paras 1-021 to 1-025.

[166] Other important statutes include the Corporate Manslaughter and Corporate Homicide Act 2007 and the Insolvency Act 2000.

[167] Girvin, Frisby and Hudson (n 164) para 1-001.

Registered companies are managed by directors and owned by members or shareholders whose liability does not extend beyond the value of the shares held by those individuals. The relationship between shareholders and the company is governed by the 2006 Act, the company's **articles of association**, any **resolutions** adopted by the company and/or any agreement between the shareholders. Although registered companies are capable of perpetual existence, they may voluntarily choose to retire from business operations or can cease operating as a result of **insolvency**. Both situations require **winding up** proceedings (**liquidation**) to put the company's final affairs into order.

Because registered companies are separate legal persons, creditors of the company usually may not seek recovery from shareholders. However, English courts have the power to **pierce the veil of incorporation** and reach shareholders' personal assets in particularly egregious cases involving fraud or other types of impropriety.[168]

Although registered companies are the most common type of business organization in England, a number of other types of business entity also exist. Several of these are similar to business organizations found in other English-speaking countries. Thus, for example, an individual can set up business on his or her own as a **sole trader**. While this approach has certain advantages (simplicity being the most obvious), there are some disadvantages, most notably the fact that a sole trader is personally liable for any debts of the business should the debts exceed the assets.

English law also recognizes the concept of partnerships. Partnerships also have the benefit of operational simplicity, at least as compared to registered companies, which is why many people continue to use this particular device. However, partnerships are subject to a number of disadvantages, not the least of which is the fact that the death or insolvency of one of the partners typically dissolves the partnership.[169]

There are several types of partnerships available under English law: the general partnership, the limited partnership (which includes at least one general partner and anywhere between one and 19 limited partners, depending on the industry, where the personal liability of the limited partners is limited to an amount stated in the partnership agreement), and the limited liability partnership (LLP), which allows partners to limit their personal liability in a way that is somewhat reminiscent of the registered company. Key legislation in this field includes the Partnership Act 1890, the Limited Partnerships Act 1907 and the Limited Liability Partnership Act 2000, although the common law continues to play an important role in the development of the law of partnership.

English law also recognizes a number of specialist companies. These include the community interest company (CIC), which benefits a particular community rather than the owners of the company;[170] the European Economic Interest Grouping (EEIG), which is a legal entity that facilitates cross-border cooperation between business entities formed in different EU Member States;[171] the European company (also known as a Societas Europaea or SE), which is organized as a matter of European law rather than English

---

[168] Ibid paras 1–039 to 1–042.
[169] For other disadvantages, see Ibid para 2–004.
[170] See Companies (Audit, Investigation and Community Enterprise) Act 2004.
[171] See Council Regulation (EEC) 2137/85 of 25 July 1985 on the European Economic Interest Grouping (EEIG), [1985] OJ L199/1.

law;[172] and the open-ended investment company (oeic), which is a specialized type of investment company that allows for the purchase and sale of shares in the investment in question.[173] It is unclear what effect a British withdrawal from the EU will have on these types of business organization.

7.I.7 Public International Law

The final category of law to consider involves public international law. The discussion here can be relatively brief, since the transnational nature of this field means that there are numerous texts and treatises on this subject available in Spanish. However, it is often useful for international lawyers to obtain a comparative perspective on various principles of law, and that perspective can often only be gained by research in a second language. Therefore, this section will provide a brief introduction to various principles of public international law so as to facilitate Spanish-speakers' ability to interpret materials written in English and understand how various English-speaking nations approach the relevant issues.

The first matter to consider involves the interplay between domestic law and international treaties, which is typically described in terms of **monism** and **dualism**.[174] Monism holds that there is no distinction between international and domestic law and that national courts may rely on international law whenever necessary. Countries adopting the monist perspective often accept that international law is superior to domestic law, although the question of hierarchy is somewhat distinct from the issue of whether international law can achieve **direct effect** within a particular legal order. Monism is popular in many civil law jurisdictions, including those that are Spanish-speaking.

Other countries, including most English-speaking countries, take a dualist approach to international law.[175] These legal systems view international and domestic law as inherently distinct. As a result, the state must undertake certain actions (typically the enactment of **enabling** or **implementing legislation**) before national courts may give direct effect to the treaty in question. Even then, the relevant standards will be determined by the terms of the implementing legislation rather than the treaty unless the statute explicitly incorporates the language of the treaty.[176]

---

[172] The relevant European legislation was brought into force in the UK by the European Public Limited-Liability Company Regulations 2004 (SI 2004 No 2326).

[173] See Girvin, Frisby and Hudson (n 164) para 2–012 (discussing various statutory instruments authorizing oeics).

[174] See James Crawford, *Brownlie's Principles of Public International Law* (8th edn, Oxford University Press 2013); John H Jackson, 'Status of Treaties in Domestic Legal Systems: A Policy Analysis' (1992) 86 Am J Intl L 310, 314–15.

[175] Very few English-speaking countries use a monist approach to international treaties, although commentators have suggested that there may be a trend in that direction in some jurisdictions. See James AR Nafziger, 'Dinah Shelton et al, International Law and Domestic Legal Systems: Incorporation, Transformation, and Persuasion (OUP 2011)' (2013) 61 Am J Comp L 901, 903 (Book Review) (discussing changes in various English-speaking countries).

[176] Although a number of provisions have now been superseded or repealed, the European Communities Act 1972 is an example of legislation used to implement the treaties creating the European Community (now the EU) in England and other parts of the UK. See European

Every English-speaking nation takes its own approach to issues relating to implementing legislation. For example, although England continues to use implementing legislation,

> [t]here is a rising trend in the extent to which domestic legislation incorporates international treaties and makes them part of domestic United Kingdom law. It is no longer uncommon to find that Parliament has given the whole or parts of a treaty the direct force of law in the United Kingdom.[177]

Furthermore, some English statutes, most notably the Human Rights Act 1998, are considered to be an 'indirectly incorporating statute in domestic law'.[178] The Human Rights Act 1998 is also an example of a situation where international law is given **horizontal effect**, which means that private parties may rely on the provisions of the Act and, by extension, the provisions of the European Convention for the Protection of Human Rights and Fundamental Freedoms (European Convention on Human Rights),[179] which would normally only create an inter-state obligation.

In most cases, states use the same approach (monist or dualist) with respect to all treaties. However, the US is somewhat different and requires courts to analyze the status of treaties on a case-by-case basis to determine whether the treaty is **'self-executing'** or **'non-self-executing'** in nature. Self-executing treaties essentially reflect a monist approach, since they do not need any form of enabling legislation and have direct effect in US courts.[180] However, treaties that are not self-executing may not be given direct effect unless and until they are made subject to enabling legislation.[181]

To determine whether a treaty is self-executing, US courts consider a number of factors, including whether and to what extent the political branches have made a statement reflecting an intent for the treaty to be self-executing.[182] If there is no language demonstrating such an intent, courts will look at the text of the treaty to see if the requisite intent can

---

Communities Act 1972. Chapter two of the US Federal Arbitration Act is another example of implementing legislation, in this case dealing with the implementation of the 1958 United Nations Convention on the Recognition and Enforcement of Foreign Arbitral Awards in the US. See 9 USC ss 201–08; cf Arbitration Act 1975 (England) (implementing the same convention into English law).

[177] Shaheed Fatima, *Using International Law in Domestic Courts* (Hart Publishing 2005) para 3.1.

[178] Ibid para 7.1.

[179] See European Convention for the Protection of Human Rights and Fundamental Freedoms (European Convention on Human Rights), opened for signature 4 November 1950, 213 UNTS 221.

[180] See Michael P Van Alstine, 'Federal Common Law in an Age of Treaties' (2004) 89 Cornell L Rev 892, 918–21. One treaty that has been held to be self-executing is the United Nations Convention on Contracts for the International Sale of Goods. See *Asante Techs, Inc v PMC-Sierra, Inc* (ND Cal 2001) 164 F Supp 2d 1142, 1147–52.

[181] Even then, domestic parties may only rely on the rights as defined by the enabling legislation.

[182] Under the US Constitution, the two political branches must work together on treaties. Thus, the executive branch (the President) can sign a treaty with a foreign nation, but the legislative branch (in the form of the Senate, which is one of the two houses of Congress) must consent to the ratification of a treaty. See US Const, art II, s 2, cl 2.

be found there.[183] Notably, a number of very important and well-known treaties, including the Charter of the United Nations, the Statute of the International Court of Justice and the Vienna Convention on Consular Relations, are not considered self-executing in the US.[184]

Although England has adopted a dualist approach to international law in most regards, it takes a monist approach to one set of treaties, namely those establishing the EU.[185] According to those treaties, all Member States agree to adopt a monist approach to treaties relating to the creation and establishment of the European legal order.[186] This approach was further clarified by the European Court of Justice (ECJ) in 1963 in the *Van Gend and Loos* case.[187] According to that decision, European treaty provisions are to be given direct effect if they are unconditional, clear and precise and do not give Member States any discretion in how they are to implement the provisions in question.[188] Of course, these principles will need to be reconsidered if and when the UK withdraws from the EU.

The above describes how treaties are considered in the national courts of various English-speaking nations. However, public international law includes other forms of law as well, including **customary international law** and **general principles of law**. These sources can prove challenging for courts in many English-speaking countries. For example, the US Supreme Court suggested in 1900 in *The Paquete Habana* that US courts could rely on customary international law in situations where no treaty, statute or executive action controlled.[189] However, subsequent decisions have called the breadth of that statement into question.[190]

The approach in England is a little more straightforward, since most authorities agree that '[e]stablished rules of customary international law . . . are welcomed into the corpus of domestic law'.[191] Although English courts have sometimes considered whether this rule is the result of 'the doctrine of transformation (according to which customary international law only becomes part of domestic law upon formal adoption in statute, case law or custom)', most legal sources agree that the rule is based on '[t]he doctrine of incorporation (according to which customary international law is automatically received into domestic law unless it is inconsistent with an express statutory provision)'.[192]

---

[183] See *Foster v Neilson*, 27 US (2 Pet) 253 (1829).
[184] See *Medellín v Texas*, 552 US 491 (2008).
[185] See Elliott and Quinn (n 20) 103. There have been a variety of agreements over the years, but the two treaties that are currently most important are the TEU and the TFEU. See EU Treaties (EU) <http://europa.eu/about-eu/basic-information/decision-making/treaties/index_en.htm>.
[186] See Trevor C Hartley, 'The Constitutional Foundations of the European Union' (2001) 117 LQR 225, 239–40.
[187] Case 26/62, *NV Algemene Transport- en Expeditie Onderneming van Gend & Loos v Netherlands Inland Revenue Administration*, [1963] ECR 1, [1963] CMLR 105.
[188] See Ibid; see also Elliot and Quinn (n 20) 103.
[189] See *The Paquete Habana*, 175 US 677 (1900).
[190] See *Sosa v Alvarez-Machain*, 542 US 692 (2004); Jordan J Paust, '*Kiobel*, Corporate Liability, and the Extraterritorial Reach of the ATS' (2012) 53 Va J Intl L 18, 22 n19.
[191] Fatima (n 177) para 13.1.
[192] Ibid para 13.3; see also Ibid para 13.4.

Another issue that arises in the area of public international law involves **immunities from jurisdiction**. English-speaking nations typically distinguish between **immunities for persons** (such as heads of state or diplomatic personnel) and **immunities for states**. Both of these principles can limit the ability of a national court to decide a matter over which the court would normally have jurisdiction.

Immunity for certain types of person has long been a standard feature of the international legal regime, since such immunities help facilitate international relations by protecting high-ranking government officials from the possibility of lawsuits brought for harassing or retaliatory purposes. Most if not all English-speaking nations are parties to the Vienna Convention on Diplomatic Relations, which discusses the immunities of diplomats and **diplomatic property** located in a foreign country.[193] However, the scope of protection available under the Convention may vary somewhat in English-speaking nations as a result of implementing legislation used to give direct effect to the Convention.[194]

The vast majority of English-speaking nations are also parties to the Vienna Convention on Consular Relations[195] and the Convention on the Privileges and Immunities of the UN.[196] This latter instrument is of particular importance to lawyers working in and with the US, since the headquarters of the UN is located in New York. Notably, the US has entered into a special bilateral agreement with the UN to address any issues that may arise in this regard.[197]

High-level officials of foreign governments may be able to claim immunity for both their public and private acts under what is known in some countries as **head of state immunity**, although the immunity extends to more than just the head of state. Senior officials of foreign nations often raise this immunity as a defence whenever they are prosecuted for a criminal act or sued for civil liability in a foreign court. In the US, the standards governing head of state immunity exist as a matter of federal common law, which means that the relevant standards are found in federal judicial decisions rather than in legislation.[198]

States themselves may also be entitled to immunity.[199] Two English-speaking jurisdictions (England and India) have signed the UN Convention on Jurisdictional Immunities of States and Their Property, which addresses these sorts of issues.[200] However, the

---

[193] See Vienna Convention on Diplomatic Relations, 18 April 1961, 500 UNTS 95.

[194] For example, the US extends the privileges and immunities discussed in the Convention to all diplomats, regardless of whether the diplomat's home state is a signatory to the Convention. See 22 USC s 254b; see also Thomas Buergenthal and Sean D Murphy, *Public International Law in a Nutshell* (5th edn, West Publishing Co 2013) 272–73.

[195] See Vienna Convention on Consular Relations, 24 April 1963, 596 UNTS 261.

[196] See Convention on the Privileges and Immunities of the United Nations, 13 February 1946, 1 UNTS 15.

[197] See Agreement Relating to the Headquarters of the United Nations, 26 June 1947, 11 UNTS 11 (subsequently supplemented and amended).

[198] See *Doe v Roman Catholic Diocese of Galveston-Houston*, 408 F Supp 2d 272 (SD Tex 2005) (dismissing suit against Pope Benedict XVI on the basis of head-of-state immunity); *United States v Deutsches Kalisyndikat Gesellschaft*, 31 F2d 199, 201 (SDNY 1929) ('The person of the foreign sovereign and those who represent him are immune, whether their acts are commercial, tortious, criminal, or not, no matter where performed. . . . No one else enjoys such immunity.'); see also Buergenthal and Murphy (n 194) 283–85.

[199] See Hazel Fox, *The Law of State Immunity* (2nd edn, Oxford University Press 2008).

[200] United Nations Convention on Jurisdictional Immunities of States and Their Property,

Convention has not yet come into effect, which means that these issues continue to be handled through domestic legislation, even in England and India.

In the US, state immunity is governed by the Foreign Sovereign Immunities Act (FSIA).[201] This enactment indicates that foreign states as well as their agencies and instrumentalities are entitled to immunity unless one of several enumerated exceptions exists. The exceptions cover a range of matters, although the most often-used exception involves commercial activity on the part of the foreign state, agency or instrumentality.

In England, the relevant legislation is the State Immunity Act 1978. Although the 1978 Act is structured very differently than the FSIA, the underlying principle is the same. Thus, the 1978 Act holds that foreign states are immune from suit unless certain enumerated exceptions (such as consent (waiver) or commercial activity) exist. Other English speaking nations have enacted similar statutes.[202] Although these laws are often similar at their core, each country defines each of its various exceptions slightly differently.[203]

Countries may take other measures to help minimize the likelihood that a foreign state or state official will be haled into national court. Thus, for example, a number of English-speaking jurisdictions, including both the US and England, have developed the **act of state doctrine** as a rule of judicial self-restraint. The doctrine indicates that courts have the power to decline to hear disputes involving sovereign acts taken within the territory of a foreign state.[204] Application of the doctrine is largely discretionary, however, and courts will often decline to apply the act of state doctrine in situations that would appear contrary to legislative intent or where various exceptions arise.[205]

KEYWORDS

- Abet
- Absolute privilege
- Acceptance
- Accessory
- Accomplice liability
- Act
- Act of state doctrine
- Actual malice
- *Actus reus*

General Assembly Resolution 59/38, annex (2 December 2004).

[201] See 28 USC 1602–11.

[202] See for example, Foreign States Immunities Act 1985 (Australia); State Immunity Act (Canada), RSC 1985, c S–18.

[203] Other distinctions also exist. For example, a number of English-speaking jurisdictions include the head of a foreign state within the statutory definition of a foreign state. See, for example, State Immunity Act (Canada) s 2; State Immunity Act 1978 (England) s 14. These jurisdictions may also provide additional statutory protection for heads of state. See for example, Diplomatic Privileges Act 1964 (England); Diplomatic Privileges and Immunities Act 1967 (Australia).

[204] See *First National City Bank v Banco Nacional de Cuba*, 406 US 759 (1972); *Underhill v Hernandez*, 168 US 250 (1897); Fatima (n 177) para 12.1.

[205] See 9 USC s 15; 22 USC s 2370(e)(2); Buergenthal and Murphy (n 194) 307–13.

Substantive law 307

- Affirmative case
- Affirmative defence
- Agency
- Age of consent
- Aggravated crimes
- Aggravated damages
- Alter ego
- Amendments
- Anti-competition law
- Anti-competitive behaviour
- Anti-trust law
- Arson
- Articles of association
- Asportation
- Assault
- Asylum
- Asylum officer
- Attempted crime
- Battered spouse syndrome
- Battery
- Battle of the forms
- Bill of Rights
- Blameworthiness
- Branch
- Breach of contract
- Breach of statutory duty
- Burglary
- Business association
- Business organization
- But-for causation
- Canons of construction
- Capital
- Capital murder
- Capital punishment
- Cartel
- Case law
- Checks and balances
- Choice of law
- Choice of venue clause
- Civil liability
- Civil liberties
- Claimant
- Closely held
- Commerce Clause
- Commercial law
- Company law

- Comparative negligence
- Compensatory damages
- Competition law
- Conditional privilege
- Conflict of laws
- Congress
- Consent
- Consequential damages
- Consideration
- Conspiracy
- Conspirator
- Constitutional convention
- Constitutional law
- Consulate
- Contract law
- Contract of adhesion
- Contribution
- Contributory negligence
- Counteroffer
- Convention on the Law Applicable to Contractual Obligations 1980 (Rome Convention)
- Conversion
- Corporate governance
- Corporate law
- Corporate manslaughter
- Corporate negligence
- Corporation
- Criminal code
- Criminal law
- Crimes against the person
- Crimes against property
- Culpability
- Customary international law
- Damages
- Data protection
- Death penalty
- Debt
- Defamation
- Defective products
- Defence (England)
- Defence of others
- Defence of property
- Defendant
- Defense (US)
- Delict
- Diplomat

Substantive law 309

- Diplomatic property
- Direct effect
- Directive
- Director
- Dividend
- Deport
- Domestic violence
- Double recovery
- Double taxation
- Drafters
- Dualism
- Due process
- Duress
- Embassy
- Embezzlement
- Employee
- Employer
- Enabling legislation
- Enumerated powers
- Equal protection
- Excuse
- Executive branch
- Exemplary damages
- Expectancy damages
- Express repeal
- *Ex turpi causa non oritur actio*
- Factual causation
- Fair comment
- False imprisonment
- Federal
- Federal common law
- Federal court
- Federal law
- Federalism
- Federal securities law
- Federal tax law
- Felony
- Felony murder
- Fiduciary duty
- Financial Services Agency (FSA)
- Foreseeability
- Forum selection provision
- Framers
- Fraud
- Fraudulent conversion
- Free movement of workers

- Freedom of expression
- Freedom of the press
- Freedom of religion
- Freedom of speech
- Fundamental rights
- General partner
- General partnership
- General principles of law
- Green card
- Grossly negligent
- Guilty
- Hardship
- Head of state immunity
- Homicide
- Horizontal effect
- Human Rights Act 1998
- Immigrant
- Immigration court
- Immigration judge
- Immigration law
- Immunities for persons
- Immunities for states
- Immunities from jurisdiction
- Implementing legislation
- Implied repeal
- Impossibility
- Impracticability
- Inadmissibility
- Inchoate crime
- Incoterms
- Independent contractor
- Individual rights
- Inequality of bargaining power
- Infanticide
- Insanity
- Insolvency
- Intentional act
- Intentional infliction of emotional distress
- Intentional tort
- Intermediate test
- International Chamber of Commerce (ICC)
- International commercial arbitration
- International Institute for the Unification of Private Law (UNIDROIT)
- Interpreter
- Investment arbitration
- Investor

Substantive law 311

- Involuntary manslaughter
- Joint and several liability
- Judicial branch
- Judicial review
- Judicial supremacy
- Juristic person
- Kidnapping
- Larceny
- Law of complicity
- Law of obligations
- Legal causation
- Legal duty
- Legal person
- Legal transplantation
- Legislative branch
- Libel
- Libel per se
- Limited liability company (LLC)
- Limited liability partnership (LLP)
- Limited partner
- Limited partnership
- Limited shareholder liability
- Liquidated damages
- Liquidation
- Maastricht Treaty
- Magna Carta
- Mailbox rule
- Malice aforethought
- Manager
- Manslaughter
- Material breach
- Member
- *Mens rea*
- Mirror image rule
- Misdemeanor (US)
- Misdemeanour (England)
- Mistake
- Mitigate damages
- Merger doctrine
- Model Penal Code (MPC)
- Monism
- Monopolize
- Monopoly
- Murder
- Murder in the first degree
- Murder in the second degree

- Naturalized
- Natural justice
- Natural person
- Necessity
- Negligence
- Negligence per se
- Non-derogable duty
- Nonimmigrant
- Non-performance
- Non-self-executing treaty
- Non-visitor
- Nuisance
- Occupiers of land
- Offer
- Offeror
- Officer
- Omission
- Overt act
- Owner
- Parent company
- Parliament
- Parliamentary supremacy
- Penal code
- Performance
- Perpetrator
- Personal liability
- Personal property
- Pierce the corporate façade
- Pierce the corporate veil
- Pierce the veil of incorporation
- Plaintiff
- Pre-emption
- Preference group
- Principles of European Contract Law
- Priority worker
- Privacy
- Private attorney general
- Private international law
- Privately held
- Privileged speech
- Procedural due process
- Procedural fairness
- Product liability
- Products liability
- Promisee
- Promissory estoppel

- Promulgate
- Prosecution
- Prosecutor
- Province
- Provocation
- Psychiatric harm
- Public international law
- Publicly held
- Publicly traded
- Publish
- Punitive damages
- Qualified privilege
- Quasi-suspect classification
- Rape
- Ratify
- Rational basis test
- Rational relation test
- Real property
- Reckless
- Refugee
- Registered company
- Reject
- Remedy
- Removal
- Removal hearing
- Removal proceedings
- Resolution
- Restatement
- Restraint of trade
- Right of abode
- Right of establishment
- Right of residence
- Right to privacy
- Robbery
- Rome I Regulation
- Rule of law
- *Rylands v Fletcher*
- Self-defence
- Self-executing treaty
- Sentence
- Separation of powers
- Service counsel
- Setting up
- Settlement status
- Sexual assault
- Sexual offence

- Shareholder
- Single taxation
- Slander
- Slander per se
- Sole proprietorship
- Sole trader
- Special damages
- Specific performance
- State
- State court
- States' rights
- Statutory rape
- Strict liability
- Strict scrutiny test
- Strike down
- Subsidiary
- Substantive due process
- Supremacy Clause
- Suspect classification
- Term of art
- Territory
- Theft
- Third person
- Tort against the person
- Tort against property
- Tortfeasor
- Tort law
- Treaty-based arbitration
- Treaty on European Union (TEU)
- Treaty on the Functioning of the European Union (TFEU)
- Treble damages
- Trespass
- Trespass to chattels
- Trespass to land
- *Ultra vires*
- Unconscionability
- Unfair methods of competition
- UNIDROIT Principles of International Commercial Contract
- Uniform Commercial Code (UCC)
- Uniform Customs and Practices for Documentary Credits (UCP)
- Unintentional act
- United Nations Convention on Contracts for the International Sales of Goods (CISG)
- Unlimited liability
- Vicarious liability
- Vienna Convention on Contracts for the International Sales of Goods

- Visitor
- Void
- Voidable
- Voluntary manslaughter
- Visa
- *Wilkinson v Downton*
- Winding up
- Work permit

7.II BILINGUAL SUMMARY – RESUMEN BILINGÜE

Chapters 2–6 provided a solid foundation for understanding how and why law and practice differ across national and linguistic lines. In Chapter 7, the discussion moves to more specific subjects by providing a concise summary of the substantive law in several fields that are of particular interest to bilingual lawyers: constitutional law; the law of obligations (including the law of contracts, torts and/or delicts); criminal law; immigration law; corporate, company and competition law; and public international law. Each of the sections is quite short, since the goal is not to provide a comprehensive analysis of each of these various subjects but instead to introduce key terms and principles so that readers can acquire a linguistic foundation for their own independent research.

Some fields show significant similarities, both between English- and Spanish-speaking countries and within each language family. Thus, for example, most English-speaking nations adopt relatively similar approaches to tort law, contract law and criminal law, three fields that are strongly affected by longstanding principles of the common law. Spanish-speaking countries show the same type of intra-language consistency in these subjects due to the historic influence of the civil law.

Other areas of law show more marked disparities. Many of these differences arise in areas of law that have a more recent origin and that are more regulatory in nature. Thus, immigration law and corporate, company and competition law differ both across the Spanish–English language divide and within each language family.

Some fields, such as constitutional law, are unique to each country but show a number of similarities across the Spanish–English divide. This phenomenon can be explained through the concept of **legal transplantation**, which holds that countries can and often do borrow legal ideas across national borders. While most of the borrowing occurs within legal families (ie, within the common law or civil law tradition), it is possible for a country to draw inspiration from across the common law-civil law divide.

Los capítulos 2 a 6 ofrecen unas bases sólidas para entender cómo y por qué la ley y la práctica difieren al cruzar las fronteras nacionales y lingüísticas. En el capítulo 7, la discusión ya se centra en materias más específicas, al proveer un análisis sumario de derecho sustantivo en varias materias que pueden ser de especial interés para los abogados que trabajan en más de una lengua: derecho constitucional; derecho de obligaciones y contratos; derecho penal; derecho de extranjería; derecho societario y de la competencia; y derecho internacional público. Cada uno de estos apartados es muy breve, puesto que su objetivo no es proporcionar al lector un examen exhaustivo de cada una de estas materias, sino introducir conceptos clave y reglas que le sirvan para adquirir la competencia lingüística precisa para iniciar su propia investigación.

Algunas materias presentan similitudes muy relevantes, tanto entre países anglo- e hispanoparlantes como dentro de cada familia lingüística. Así, por ejemplo, la mayoría de los países de habla inglesa adoptan perspectivas parejas sobre responsabilidad extracontractual, derecho de contratos y derecho penal, tres sectores jurídicos que están fuertemente influidos por reglas bien asentadas de *common law*. Los países de habla hispana también muestran una consistencia similar en el lenguaje en lo que atañe a estas tres materias debido a la influencia histórica del *civil law*.

Otros sectores jurídicos presentan diferencias más marcadas. Muchas de ellas surgen en materias que tienen un origen reciente y que, además, presentan una vocación normativa más clara. Así, derecho de extranjería, derecho societario y de la competencia son buen ejemplo de estas materias que difieren entre países anglo- e hispanoparlantes, y dentro de cada familia lingüística.

Algunas materias, como el derecho constitucional, son propias de cada país, aunque presentan similitudes a través de la frontera anglo-hispana. Este fenómeno encuentra su explicación en el concepto de **trasplante legal**, que implica que los países toman prestados, y además suelen hacerlo, conceptos legales de otros países. Aunque la mayoría de los préstamos ocurre dentro de la propia familia jurídica (esto es, dentro de la tradición de *common law* o de *civil law*), también es posible que un país se inspire en otro saltándose la frontera anglo-hispano.

7.III   DERECHO SUSTANTIVO

La parte escrita en español de este capítulo está destinada a aquellos para los que el español es su segunda lengua. Los lectores para los que el inglés es su segunda lengua deberían comenzar leyendo en la página 265.

The Spanish-language portion of this chapter is meant to be read by those for whom Spanish is a second language. Readers for whom English is a second language should begin their reading on page 265.

7.III.1   Introducción

Los capítulos precedentes han establecido las bases que permiten comprender sistemas jurídicos extranjeros y analizar principios jurídicos esenciales, a pesar de las fronteras nacionales e idiomáticas. Sin embargo, cada sector del derecho tiene su propio vocabulario y un abogado que trabaje en dos idiomas ha de estar familiarizado con diversos conceptos y frases si quiere desarrollar un análisis jurídico, o comunicarse adecuadamente con sus clientes y compañeros de profesión en un segundo idioma. Es por ello que este capítulo ofrece una introducción básica a un número de áreas jurídicas de naturaleza sustantiva, con el objeto de ayudar a estos abogados a identificar las frases y principios clave de estos diversos campos jurídicos.

Dado que es imposible llevar a cabo un repaso completo a cada sector del derecho en un libro como el presente, el objetivo es centrarse en las materias que se entienden de mayor importancia para los abogados que trabajan en dos idiomas. Por ello, este capítulo va a analizar los principios básicos del:

- derecho constitucional;
- derecho de obligaciones y contratos;
- derecho penal;
- derecho de extranjería;
- derecho societario y de la competencia; y
- derecho internacional público.

Como se comprobará a continuación, cada apartado de este capítulo es bastante breve y no ofrece un análisis detallado de nada en particular. Lo que este libro pretende es ayudar al lector a desarrollar sus capacidades jurídicas en dos idiomas a través de la introducción de vocabulario básico y de principios jurídicos comparados en cada uno de los sectores del derecho tratados. Esta técnica debería facilitar al lector la transición hacia un análisis jurídico más detallado e independiente de cada materia jurídica.

7.III.2 Derecho constitucional

El derecho constitucional puede ser un reto para los abogados que cruzan las fronteras jurídicas y lingüísticas en el curso de su ejercicio profesional. Aunque la Constitución de un país refleja los principios nucleares sobre los que se asienta, la importancia del derecho constitucional como área de investigación varía en función de la jurisdicción. La dificultad se incrementa para quienes trabajan con jurisdicciones hispano- y angloparlantes, dadas las diferencias existentes entre las estructuras judiciales de los países de *civil law* y de *common law*.

Las dificultades más evidentes a la hora de ofrecer una panorámica en esta materia provienen de la diferente estructura política de cada uno de los países hispanoparlantes. Las mismas pueden emerger por el hecho de que el país en cuestión se trate de una federación y, en consecuencia, el marco constitucional venga, en la práctica, constituido por un texto constitucional federal en el que se hace referencia a los Estados mexicanos, entidades que a su vez cuentan con sus propias Constituciones; o porque se haya creado un marco constitucional supranacional al que el país se haya adherido en el marco de su propia Constitución, como ocurre en Argentina, Paraguay, Uruguay y Venezuela.[206] Otras diferencias relevantes atañen al sistema de control de la constitucionalidad del ordenamiento jurídico, a veces encargado a un órgano *ad hoc*, como en Colombia,[207] y otras sólo a la jurisdicción ordinaria, con el caso particular de Venezuela que ha creado una Sala Constitucional en el Tribunal Supremo de Justicia.[208]

---

[206] Estos países son miembros del Mercado Común del Sur o MERCOSUR cuya creación se remonta al Tratado de Asunción para la Constitución de un Mercado Común de 1991. Bolivia se encuentra en proceso de adhesión. MERCOSUR <http://www.mercosur.int/innovaportal/v/3753/2/innova.front/inicio>.

[207] La Constitución Política de la República de Colombia de 1991 (Gaceta Constitucional 20.7.1991) prevé una Corte Constitucional en su Capítulo 4, Título 8.

[208] Constitución de la República Bolivariana de Venezuela de 1999 (Gaceta Oficial 30.12.1999),

Éstas y otras diferencias convierten en imposible proporcionar un único resumen estándar de derecho y práctica constitucionales en los países hispanohablantes. En general, el derecho constitucional sólo puede ser abordado país a país y la discusión que sigue se ocupa únicamente de España y México.

7.III.2.1 España

La **Constitución Española**, de 27 de diciembre de 1978, puso fin al régimen dictatorial instaurado tras la Guerra Civil de 1936 y dio paso a un 'Estado social y democrático de Derecho, que propugna como valores superiores de su ordenamiento jurídico la libertad, la justicia, la igualdad y el pluralismo político'.[209] Allí se afirma el **principio de soberanía popular** y se establece la **monarquía parlamentaria** como forma política del estado. Contrastando con otras constituciones modernas, la CE sólo ha sido reformada en dos ocasiones y ambas como consecuencia de imposiciones de la Unión Europea.[210] En ninguna de ellas se ha utilizado la fórmula del **referéndum** al que, por otra parte, sólo se ha acudido en tres ocasiones desde la instauración de la democracia en España.[211]

La división territorial que hace la CE da lugar al conocido como **Estado de las Autonomías**, donde conviven distintos niveles competenciales. A los que ha de añadirse tras 1985 el nivel competencial supranacional ejercido por la Unión Europea. De unos y otro niveles surgen **Estatutos de Autonomía, Leyes Orgánicas** y **tratados internacionales** que conforman, conjuntamente, con la CE el denominado **bloque de constitucionalidad**, cuyo máximo intérprete es el Tribunal Constitucional español o, en su caso, el Tribunal de Justicia de la Unión Europea.[212]

Uno de los grandes logros de la CE es el catálogo de **derechos y deberes fundamentales** contenido en su Título I y que desgrana a lo largo de cinco capítulos conjuntamente con sus atributos. El capítulo I, 'de los españoles y extranjeros', se ocupa de quiénes son sus titulares, en tanto que el capítulo II lo hace de su enumeración. El **principio de igualdad formal**, recogido en el artículo 14 CE que también prohíbe toda forma de **discriminación**, actúa como preámbulo de este capítulo al no estar incluido en ninguna de las dos secciones en las que se divide, garantizándole así la importancia que merece.

La primera de las secciones del citado capítulo II se ocupa de los derechos fundamentales y las **libertades públicas** entre los que se incluyen

- el **derecho a la vida y a la integridad física**;
- **libertad ideológica, religiosa y de culto**;
- **derecho a la libertad y a la seguridad**;

---

arts 333 ss.
[209] CE, art 1.1.
[210] Ibid art 13.2 reformado el 27 de agosto de 1992 (BOE 28.8.1992), a propósito de los derechos políticos de los ciudadanos de la UE; y art 135 reformado el 27 de septiembre de 2011 (BOE 27.9.2011), para establecer límites al déficit estructural en el que pueden incurrir el estado y las comunidades autónomas.
[211] Para cuándo y cómo proceder a su convocatoria, véase Ley Orgánica 2/1980, de 18 de enero, sobre regulación de las distintas modalidades de referéndum (BOE 23.1.1980), que desarrolla CE, art 92.
[212] Véase cap 4.III.2.

- **derecho al honor, a la intimidad y a la propia imagen**, en el que se encuadra la **inviolabilidad del domicilio**;
- **libertad de circulación y residencia**;
- **libertad de expresión e información**;
- **derecho de reunión pacífica** y **derecho de manifestación** previa información a la autoridad competente;
- **derecho de asociación**;
- **derecho de participación política**;
- **derecho a la tutela judicial efectiva**;
- consagración de los **principios de legalidad e irretroactividad penales**;
- **derecho a la educación**;
- libertad de sindicación:
- **derecho de petición**;

Característica fundamental de este elenco de derechos y libertades es que sirven a fundar el **recurso de amparo** ante el Tribunal Constitucional, cuya doctrina ha sido decisiva en esclarecer su contenido, así como su doble vertiente, de **derechos subjetivos** de la persona y valores que legitiman el ordenamiento jurídico frente al ciudadano.[213] Ha de destacarse que la infracción de la tutela judicial efectiva es la que, con diferencia, ha sido invocada con más frecuencia ante el Tribunal Constitucional. La doctrina de este último ha clarificado, de una parte, qué derechos forman parte intrínseca de la tutela judicial efectiva (como el **derecho a un juez ordinario predeterminado por la ley** o a **ejecución en sus propios términos**, o *in natura*); y, de otra parte, cuáles han de ser excluidos de su faceta constitucional como el **derecho al recurso**.[214]

En general, el sistema de garantía de los derechos y libertades prescritos en el capítulo II se encuentra en los capítulos IV y V, Título I CE, incluido el *habeas corpus*. Las garantías son normativas, puesto que estos derechos y libertades sólo pueden ser desarrollados por Ley Orgánica; institucionales en la medida en que se encarga su defensa al Ministerio Fiscal y al **Defensor del Pueblo**; y jurisdiccionales, sea recurso de amparo, sea recurso a la jurisdicción ordinaria. Los Estatutos de Autonomía también prevén la figura del defensor del pueblo,[215] pero lo cierto es que la misma no ha conseguido, ni a nivel estatal ni autonómico, gran presencia en la vida política española.

La Sección II, Capítulo II CE enumera otros derechos que no sirven a sostener el amparo, salvo la **objeción de conciencia**.[216] Por su parte, el capítulo III contiene una serie

---

[213] STC 25/1981, de 14 de julio de 1981 (BOE 13.8.1981).
[214] Aunque sí se considera fundamental el derecho de acceso a los recursos legalmente establecidos; es decir, ni el artículo 24 CE ni el contenido esencial del derecho a la tutela judicial efectiva imponen al legislador español prever recursos en el proceso civil pero, si lo hiciera, habría inconstitucionalidad si se regula con infracción del principio de igualdad, así como cuando los requisitos de acceso se interpretaran de forma que obstaculizaran irrazonablemente el acceso a los mismo como indica, por ejemplo, la STC 149/2015, de 6 de julio de 2015 (BOE 14.8.2015). Más información en Jordi Nieva Fenoll, *El recurso de casación civil* (Ariel 2003).
[215] Antonio Colomer Viadel, *El Defensor del Pueblo, protector de los derechos y libertades y supervisor de las administraciones públicas* (Cizur Menor 2013).
[216] Entre estos derechos se encuentran el derecho a contraer matrimonio; a la propiedad privada y a la herencia; el derecho de fundación; la libertad de empresa; el derecho al trabajo y el

de principios rectores de la política social y económica, a la que sólo se le atribuye una eficacia programática.

Los cinco capítulos del Título I están, sin embargo, precedidos por un precepto que los engloba en la medida en que se refiere a la **dignidad de la persona** y al **libre desarrollo de la personalidad**, que actúa, por tanto, como pórtico de los restantes derechos y libertades.[217] De hecho, este precepto y sus términos convierten a la carta de derechos fundamentales española en una de las más completas que existen, puesto que es unánime el entendimiento de que los derechos y libertades antes enumerados no son exhaustivos, sino un catálogo abierto y con carácter expansivo.

7.III.2.2 México

La **Constitución política de los Estados Unidos Mexicanos** fue promulgada en el año 1917, tras el final de la denominada Revolución mexicana que dio al traste con la Constitución de 1857.[218] La actual Constitución de 1917, que ha sido reformada desde entonces en numerosísimas ocasiones, está formalmente constituida por 9 títulos y estos conformados a su vez por 136 artículos agrupados en capítulos, así como diversos transitorios finales. El Título Primero es conocido como la parte **dogmática** de la Constitución (referida a las garantías individuales, los derechos humanos y la ciudadanía mexicana), mientras que los Títulos Segundo a Noveno constituyen la parte **orgánica** de la Constitución (referida fundamentalmente a la forma de gobierno y de Estado).[219]

Los 38 artículos del Título Primero abordan en sus 4 capítulos las siguientes cuestiones: los **derechos humanos** y sus **garantías individuales** (igualdad, libertad, propiedad y seguridad jurídica);[220] los mexicanos y la **nacionalidad** mexicana; los **extranjeros**; y los ciudadanos mexicanos. Las materias abordadas por el Título Primero son especialmente relevantes para los Estados Unidos Mexicanos (al recoger **derechos sociales** muy novedosos para su época, el reconocimiento de la composición pluricultural de la nación, reseñables

---

derecho a la negociación colectiva y el conflicto colectivo.

[217] Dicho precepto reza como sigue:

1. La dignidad de la persona, los derechos inviolables que le son inherentes, el libre desarrollo de la personalidad, el respeto a la ley y a los derechos de los demás son fundamento del orden político y de la paz social.

2. Las normas relativas a los derechos fundamentales y a las libertades que la Constitución reconoce se interpretarán de conformidad con la Declaración Universal de Derechos Humanos y los tratados y acuerdos internacionales sobre las mismas materias ratificados por España.

[218] CE, art 10. Arnaldo Córdova, 'Repensar la Constitución de 1857 a un siglo y medio' (2007) 247 Revista de la Facultad de Derecho de México 157; Marcos Francisco del Rosario Rodríguez y Raymundo Gil Rendón, 'El juicio de amparo a la luz de la reforma constitucional de 2011' (2011) 15 Quid Iuris 57.

[219] Diversas cuestiones reguladas por esta Constitución son abordadas en mayor detalle en el cap 4.

[220] La CPEUM no recoge un catálogo de derechos fundamentales tan extenso como la CE. José Luis Caballero Ochoa 'Algunas claves de lectura de los derechos fundamentales en la Constitución mexicana' (2005) 35 Jurídica: Anuario del Departamento de Derecho de la Universidad Iberoamericana 304.

garantías procesales y un largo etcétera),[221] por lo que este Título Primero bien merece una lectura detallada. En este contexto, ha de prestarse especial atención a los derechos humanos, ya que a consecuencia de las reformas a la Constitución Mexicana (principalmente aquella publicada en el DOF el 10 de junio de 2011)[222] el actual texto constitucional establece que en México todas las personas gozan de los derechos humanos reconocidos en la Constitución y en los tratados internacionales de los que el Estado mexicano sea parte. Adicionalmente, se proclama que las garantías para la protección de los derechos humanos, así como que en conjunto su ejercicio no puede restringirse ni suspenderse salvo en los casos y bajo las condiciones que se fijen en el propio texto de la Constitución. Derivado de ello, los tratados internacionales en materia de derechos humanos en los que el estado mexicano sea parte se colocan en el mismo nivel jerárquico que la Constitución mexicana.[223]

El Título Segundo de la CPEUM regula la cuestión de la **soberanía nacional** y la **forma de gobierno**, así como las partes integrantes de la **Federación** y del territorio nacional. Entre estos preceptos destaca por ejemplo la proclamación del Estado como una 'República representativa, democrática, laica, federal, compuesta de Estados libres y soberanos en todo lo concerniente a su régimen interior; pero unidos en una federación establecida según los principios de esta ley fundamental'.[224] El Título Tercero, inspirado en diversos aspectos por la Constitución estadounidense, perfila la **división de poderes**[225] y dedica capítulos específicos al **poder legislativo, ejecutivo** y **judicial** (incluida la importante cuestión del **juicio de amparo**).[226] El Título Cuarto sienta las bases de las **responsabilida-**

---

[221] Véase por ejemplo, Bernando García Camino y Javier Rascado Pérez, 'La revision constitucional de la legislación de los estados de excepción: Una nueva figura en el Derecho Procesal Constitucional Mexicano' (2014) Estudios constitucionales 547.

[222] Tonatiuh García Castillo 'La reforma constitucional mexicana de 2011 en materia de derechos humanos. Una lectura desde el Derecho Internacional' (2015) 143 Boletín mexicano de derecho comparado 645.

[223] Las normas concernientes a los derechos humanos deben interpretarse de conformidad con la CPEUM y con los tratados internacionales de la materia, siempre a favor de que a las personas se conceda la mayor protección. Con ello, se ordena a todas las autoridades acorde a sus competencias, respetar, proteger, promover y garantizar los derechos humanos a la luz de los principios de universalidad, interdependencia, indivisibilidad y progresividad que los informan, a la vez que les impone obligaciones de prevenir, investigar, sancionar y reparar sus violaciones. Véase CPEUM, art 1. La citada reforma del 10 de junio de 2011 constituye uno de los pilares fundamentales para el sistema de impartición de justicia en México, ya que derivado de ello se resolvió en el Pleno de la SCJN el expediente 912/2010 concerniente al cumplimiento de la sentencia de la Corte Interamericana de Derechos Humanos recaída en el caso Radilla Pacheco. Dicho precedente ha revolucionado la impartición de justicia en México al darle entrada al control de convencionalidad difuso al mismo tiempo que matiza el monopolio del control de constitucionalidad depositado en los tribunales federales. Véase José Ramón Cossío Díaz, 'Algunas notas sobre el caso Rosendo Radilla Pacheco' (2014) XIV Anuario Mexicano de Derecho Internacional 803.

[224] CPEUM, art 40.

[225] Jorge Ulises Carmona Tinoco 'La división de poderes y la función jurisdiccional' (2007) 7–8 Revista Latinoamericana de Derecho 175; Vicente Fernández Fernández y Nitza Samaniego Behar, 'El juicio de amparo: historia y futuro de la protección constitucional en México' (2011) 27 Revista del Instituto de Ciencias Jurídicas de Puebla 173.

[226] CPEUM, arts 103, 107; Manuel González Oropeza y Eduardo Ferrer Mac-Gregor (eds), *El juicio de amparo: A 160 años de la primera sentencia. Tomos I y II* (UNAM 2011); Marcos Francisco

des de los servidores públicos, particulares vinculados con faltas administrativas graves o hechos de corrupción, y la **responsabilidad patrimonial del Estado**.[227] El Título Quinto aborda la configuración de los Estados de la Federación (31) y del **Distrito Federal**.[228] El Título Sexto recoge una serie de preceptos referidos al trabajo y la **previsión social** (erogaciones efectuadas por los patrones a favor de sus trabajadores).[229] El Título Séptimo recoge una serie de prevenciones generales (prohibición de desempeñar simultáneamente dos cargos federales de elección popular, definición de la noción **Ley Suprema de toda la Unión** que engloba la Constitución, las leyes del Congreso de la Unión que emanen de ella y todos los tratados que estén de acuerdo con la misma, celebrados y que se celebren por el Presidente de la República, con aprobación del Senado,[230] etc). El Título Octavo establece los requisitos para llevar a cabo una reforma de la Constitución.[231] Por último, el Título Noveno proclama la **inviolabilidad** de la Constitución, que no perdería su fuerza y vigor aún cuando por alguna rebelión se interrumpiese su observancia.

7.III.3 Derecho de obligaciones y contratos

Si bien el derecho constitucional y su práctica pueden diferir de forma significativa de un país hispanoparlante a otro, no es el caso de un sector que los estudiosos del derecho comparado denominan derecho de obligaciones y contratos.[232] La mayoría de los países hispanoparlantes distinguen dentro del **derecho de obligaciones** entre **contratos** y **delitos**, o lo que es lo mismo, obligaciones contractuales y extracontractuales. En esta distinción se asientan las páginas que siguen.

Antes quizás quepa recordar que la '**responsabilidad civil** significa la sujeción de quien vulnera un deber de conducta impuesto en interés de otro sujeto a la obligación de reparar el daño producido'.[233] En línea con lo ya indicado, ésta se clasifica en **responsabilidad contractual** y **extracontractual** o **aquiliana**, dado que la primera surge como consecuencia de la infracción de un deber de conducta que nace de un contrato, en tanto que la segunda lo hace de la vulneración de un deber de cuidado, con **culpa** o **dolo** por parte de quien causa daño a otro con su comportamiento. Ha de tenerse en cuenta, además, que los países hispanoparlantes clasifican a los **cuasicontratos** entre las fuentes de las obligaciones, haciéndose eco de la Compilación de Justiniano que así denominó a las obligaciones que

---

del Rosario Rodríguez y Raymundo Gil Rendón, 'El juicio de amparo a la luz de la reforma constitucional de 2011' (2011) 15 Quid Iuris 57.

[227] Jesús Martínez Garnelo, *Antología de las responsabilidades del servidor público en México* (Flores Editor 2010).

[228] En clave comparada, véase María del Carmen Contreras-Cortés, 'El sistema federal en los Estados Unidos de América, México y Canadá: breve análisis comparativo' (2012) 18 Documentos de Trabajo: Seminario Permanente de Ciencias Sociales 1.

[229] Porfirio Marquet Guerrero, 'Protección, previsión y seguridad social en la Constitución mexicana' (2006) 3 Revista Latinoamericana de Derecho Social 69.

[230] CPEUM, art 133.

[231] Miguel Carbonell Sánchez, 'Notas sobre la reforma constitucional en México' (2006) 245 Revista de la Facultad de Derecho de México 229.

[232] De este sector se han ocupado varios autores desde una perspectiva comparada, entre otros, de Cruz (n 36) 300–52 y Zweigert y Kötz (n 36) 323–708.

[233] Luis Díez-Picazo y Antonio Gullón, *Sistema de Derecho Civil II* (9a edn, Tecnos 2001) 539.

ni nacen del contrato ni del delito. Propiamente se consideran tales la **gestión de negocios ajenos sin mandato**, el **enriquecimiento sin causa** y el **cobro de lo indebido**.

7.III.3.1 Contratos

Aunque los abogados formados en países angloparlantes consideren que el enfoque de los países hispanoparlantes respecto del derecho contractual les es familiar, hay algunas diferencias que deben mencionarse.[234] Tal vez la distinción más relevante se refiera a la importancia crucial que los países de *civil law* conceden en esta materia a los textos legislativos (al Código Civil y a leyes especiales) frente a la necesidad que impera en los países de *common law* de consultar decisiones judiciales para así interpretar y complementar las escuetas disposiciones existentes en dicha materia. Aunque también han de tenerse presentes las decisiones judiciales, cualquier abogado ha de comenzar estudiando un caso por identificar las fuentes legales oportunas. Y, a estos efectos, ha de tener en cuenta que la organización territorial de los países hispanoparlantes puede tener un impacto importante en las fuentes del derecho que lo conforman, puesto que el hecho de que la forma política del estado sea federal o unitaria incide en el número de fuentes a las que atender.

Así, la estructura federal de los Estados Unidos de México trae como consecuencia la existencia, por un lado, de un **Código Civil Federal** de 1928, que es el que actualmente rige en toda la República en asuntos de orden federal, y, por otro lado, de códigos civiles en todos los Estados mexicanos (por ejemplo, el Código Civil para el Distrito Federal, que hasta el año 2000 era además el aplicable para toda la República en materia federal y que presenta un contenido muy similar al CCF).[235] Tal pluralidad legislativa no se dará, normalmente, en estados unitarios. Aunque ha de llamarse la atención sobre el hecho de que en estados aparentemente unitarios como el español también conviven, conjuntamente con el **Código Civil** de 1889 (CC), **derechos civiles forales**, especiales o regionales.[236] La coexistencia de distintos derechos civiles en un mismo territorio se justifica en España por razones históricas y su pervivencia actual por voluntad política, sin que existan propuestas o recomendaciones de armonización a nivel estatal.

Además, el hecho de que España pertenezca a la Unión Europea obliga a mirar a la normativa que de allí procede, puesto que la Unión Europea es especialmente activa en materia contractual. En primer lugar y consciente de la gran diversidad que en esta

---

[234] Véase cap 10.II.4.
[235] Código Civil para el Distrito Federal (DOF 26.5.1928).
[236] Decreto Legislativo 1/2011, de 22 de marzo, del Gobierno de Aragón, por el que se aprueba el 'Código del Derecho Foral de Aragón' (BOA 29.3.2011); Ley 2/2006, de 14 de junio, de derecho civil de Galicia (BOE 11.8.2006); Decreto Legislativo 79/1990, de 6 de septiembre, por el que se aprueba el Texto Refundido de la Compilación del Derecho Civil de las Islas Baleares (BOIB 2.10.1990); Ley 1/1973, de 1 de marzo, por la que se aprueba la Compilación del Derecho Civil Foral de Navarra (BOE 7.3.1973); Ley 3/1992, de 1 de julio, del Parlamento Vasco, del Derecho Civil Foral del País Vasco (BOE 15.2.2012). Cataluña tiene su propio Código Civil dividido en seis libros; el último es el dedicado a obligaciones y contratos que está en fase de aprobación. En otras comunidades autónomas, como Valencia y Extremadura, existen también normas de derecho foral, pero ninguna en materia contractual. Sobre cada texto legislativo existe una abundante literatura, pero también comentarios como los realizados por varios autores en la colección dirigida por Manuel Albaladejo, *Comentarios al Código civil y a las compilaciones forales* (EDERSA s/f).

materia existe entre las legislaciones de los estados miembros, la entonces Comunidad Económica promocionó la elaboración del **Convenio de 1980 sobre ley aplicable a las obligaciones contractuales (Convenio de Roma)**, que fue el primer instrumento con **normas de conflicto** en materia contractual a nivel europeo.[237] El Convenio de Roma, que ha sido sustituido por el **Reglamento Roma I**,[238] no contiene reglas de derecho sustantivo, sino normas de conflicto que se dirigen a identificar cuál es la ley que decide sobre el problema jurídico en cuestión. De este modo, la Unión Europea consigue que se aplique la misma ley a un litigio en materia contractual con independencia del tribunal de un estado miembro ante el que se plantee.[239]

En segundo lugar, la Unión Europea ha armonizado varias normas sustantivas de derecho contractual y, además, tiene proyectos ambiciosos. En atención a lo que significaría contar con normas sustantivas en esta materia en términos de seguridad jurídica para el mercado interior de la Unión Europea, se han apoyado diversos trabajos que persiguen una codificación del derecho de contratos. Estos trabajos comenzaron siendo de carácter meramente académico, debiendo destacarse los emprendidos por la Comisión de Derecho Contractual Europeo (Comisión Lando),[240] y han avanzado con la Propuesta que la Comisión Europea presentó en 2011 **de reglamento relativo a una normativa común de compraventa europea**,[241] con la intención de convertirla en el primer paso hacia un código civil de la Unión Europea.

Aunque el fenómeno codificador lleva a los países hispanoparlantes a concentrar las normas en materia contractual en sus códigos civiles, lo cierto es que el grado de especialización que ha adquirido el fenómeno jurídico provoca que muchas de estas normas hayan de buscarse fuera de dichos códigos. Es el caso de España que ha optado por leyes civiles especiales a la hora de, por ejemplo, transponer a su ordenamiento jurídico las numerosas directivas de la Unión Europea en materia de consumo.[242] En este sentido, se

---

[237] Convenio de 1980 sobre la ley aplicable a las obligaciones contractuales, abierto a la firma el 19 de junio de 1980, 1605 UNTS 80.

[238] Reglamento (CE) 583/2008, de 4 de julio de 2008, relativo a la ley aplicable a las obligaciones contractuales [2008] DO L 177/6.

[239] Si bien ha de precisarse que este Reglamento no se aplica en Dinamarca. El Reglamento Roma I no se aplica automáticamente a la determinación de la ley aplicable a supuestos de conflictos interregionales como los que pueden surgir dentro de España. Para ello sería necesaria una declaración expresa como la emitida por el legislador inglés. En su lugar, ha de acudirse al CC que establece que será aplicable la ley elegida por las partes; en su defecto, la ley de la vecindad común; en su defecto, la ley de la residencia habitual común; o, en último término, la ley del lugar de celebración del contrato. En defecto de ley elegida, si el objeto del contrato fueren inmuebles, se aplicará la *lex rei sitae*; y si se tratare de compraventa de mercaderías realizada en establecimiento mercantil, la ley del lugar donde esté sito este último. Ibid art 16 en remisión a art 10.5.

[240] La Comisión Lando ha producido los Principios de Derecho Europeo de los Contratos que no son obligatorios y funcionan como un modelo para legisladores nacionales. Sobre los mismos, Luis Díez-Pizaco, Encarna Roca Trias y Antonio M Morales, *Los principios del derecho europeo de los contratos* (Civitas 2002).

[241] Presentada en Bruselas el 11 de octubre de 2011 [COM (2011) 635 final], esta propuesta de reglamento contiene normas sustantivas en materia de compraventa celebrada entre empresarios, pero también consumidores. Característica importante es su carácter facultativo, de manera que no desplazaría a los derechos nacionales, de ahí que también se le conozca como el 'régimen No 29' o el 'régimen No 2' en alusión a su carácter alternativo.

[242] El Real Decreto Legislativo 1/2007, de 16 de noviembre, por el que se aprueba el texto

ha de indicar que hay sectores del derecho contractual español fuertemente armonizados a nivel europeo.

Además, existen otras instancias generadoras de normas en materia contractual a nivel internacional. Así, tanto España como México han firmado la **Convención de Viena sobre los contratos de compraventa internacional de mercaderías** (conocida también en el mundo hispanoparlante por sus siglas en inglés –CISG–)[243] y que, asimismo, existen diversas propuestas armonizadoras que pueden incorporarse a contratos internacionales, como los **Principios UNIDROIT sobre los contratos comerciales internacionales**,[244] los **Incoterms**,[245] o las **Reglas y Usos uniformes para créditos documentarios** (también conocidas por su acrónimo en inglés UCP).[246]

A la hora de examinar la existencia o la validez de un contrato, las jurisdicciones hispanoparlantes distinguen entre diversos parámetros y reglas. Las primeras a examinar se ocupan de la 'formación del contrato', expresión con la que se hace referencia a los actos que preceden a la 'perfección del contrato'. Esta última se puede producir de forma inmediata cuando concurren simultáneamente una **oferta** y una **aceptación**,[247] y existe **contraprestación** entre los contratantes (aunque también existen **contratos en favor de terceros**). Cuando la perfección no es inmediata, los **tratos preliminares** pueden dar lugar al contrato y, en algunos casos, generar responsabilidad si no se concluye por culpa de una de las partes, como en los casos de **culpa *in contrahendo*.**

En la mayoría de las jurisdicciones hispanoparlantes, la oferta puede ser **revocada** por el **oferente**, salvo en ciertos casos legalmente previstos. De ahí que, a la hora de examinar la existencia de contrato, los tribunales prestan mucha atención a la secuencia temporal de las comunicaciones entre las partes, ya que se suele cuestionar dicha existencia alegando que la oferta fue revocada antes de que fuera aceptada.[248]

La existencia del contrato también puede ser cuestionada sobre la base de los términos en que se expresa la aceptación; es decir, los tribunales de jurisdicciones hispanoparlantes requieren, por lo general, que la aceptación sea un reflejo de la oferta ya que, si contuviera

---

refundido de la Ley General para la Defensa de los Consumidores y Usuarios y otras leyes complementarias (BOE 30.11.2007), es el texto básico en materia de consumo en España que ha servido a transponer, entre otras muchas, las Directivas 93/13/CEE, de 5 de abril de 1993, sobre las cláusulas abusivas en los contratos celebrados con consumidores [1993] DO L 95/29; y 97/7/CE, de 20 de mayo de 1997, relativa a la protección de los consumidores en materia de contratos a distancia [1997] DO L 144/19.

[243] CISG (n 40).
[244] Principios UNIDROIT sobre los contratos comerciales internacionales (n 49). UNIDROIT es el acrónimo vinculado al Instituto Internacional para la unificación del derecho privado, con sede en Roma.
[245] Los Incoterms son reglas comerciales estándar publicadas por la Cámara de Comercio Internacional (CCI) y usadas con frecuencia por las partes de contratos comerciales transnacionales (n 50).
[246] El UCP es un popular conjunto de reglas estandarizadas creadas por la CCI y referidas a los créditos documentarios (n 51).
[247] CC, art 1262.
[248] La clave está, por tanto, en cuándo se emite la aceptación y, a estos efectos, se juega con las teorías de la emisión o declaración, y de la expedición o remisión, inclinándose, por ejemplo, la jurisprudencia española por esta última. Entre otros, véase Eva M Martínez Gallego, *La formación del contrato a través de la oferta y la aceptación* (Marcial Pons 2000).

adiciones o modificaciones, cabría entender que es una **contraoferta** y que, por tanto, rechaza la oferta. Si el primer oferente acepta la contraoferta, entonces se perfecciona el contrato en los términos reflejados en la contraoferta.

En la dogmática de las legislaciones de países hispanoparlantes, la **nulidad radical** del contrato se puede producir porque se contravenga alguna norma imperativa, porque su causa sea ilícita o falte algún elemento esencial del contrato. A diferencia de la nulidad, en cuya apreciación no interviene la voluntad de las partes, la **anulación** o **nulidad relativa** del contrato requiere el ejercicio de una acción con este fin, por ejemplo, porque exista un **vicio en el consentimiento**, como el **error**, la **violencia** o **intimidación** y el **dolo**. En este contexto, los **contratos de adhesión** también merecen consideración especial en las países hispanoparlantes; comoquiera que el poder negociador de una de las partes está prácticamente anulado y sólo puede elegir entre si adherirse o no al contrato, existen normas que indican en qué términos ha de producirse la aceptación, así como está definido legalmente en qué casos se entiende que una cláusula contenida en este tipo de contratos es **abusiva** y, por tanto, pueden declararse **nula** o **anulable** en función del grado de abuso.[249]

Una vez que el contrato se ha formado, las cuestiones que se plantean se refieren a su **cumplimiento**. Las legislaciones hispanoparlantes justifican el **incumplimiento** de las obligaciones contractuales en determinados supuestos. Por ejemplo, la **parte contractual** puede argüir que ha habido **fuerza mayor** o **caso fortuito** que le han impedido cumplir.

Para el caso de que el **deudor** no cumpla, ha de habilitarse un subrogado del cumplimiento. A estos efectos, la **compensación** económica como medio de extinción de las obligaciones contractuales es bastante frecuente en derecho de contratos y puede ser calculada con arreglo a distintas reglas. Dependiendo de las circunstancias, la parte afectada puede solicitar el pago del **daño emergente** y del **lucro cesante** para resarcirse del perjuicio sufrido y de todo aquello de lo que hubiera podido beneficiarse si el contrato se hubiera cumplido, así como **daños morales**. En ocasiones, las partes incluyen en el contrato una **cláusula penal** para el caso de que una no cumpla, lo que también genera una **indemnización**.[250]

En todo caso y si fuera posible, las legislaciones hispanoparlantes exigen el cumplimiento, aunque sea **defectuoso**, puesto que se trata de paliar el perjuicio que se causa a la otra parte con la **ruptura del contrato** en sus propios términos. Ahora bien, también existen reglas a propósito de cuando la otra parte debe aceptar un cumplimiento defectuoso, dado que éste no siempre será de su interés. Por la misma razón, la mayoría de las jurisdicciones hispanoparlantes pone el acento en el **cumplimiento específico** o **en sus propios términos** del contrato, de manera que se hace prevalecer este remedio sobre la **ejecución por subrogación**.[251] Aunque, por supuesto, existen excepciones.

La **promesa de contrato** o **precontrato** es reconocida por muchos tribunales hispano-

---

[249] A partir de una abundante doctrina del TJUE, los tribunales de los estados miembros están obligados a controlar de oficio si los contratos de consumo incluyen este tipo de cláusulas. Marta Carballo Fidalgo, *La protección del consumidor frente a las cláusulas no negociadas individualmente: disciplina legal y tratamiento jurisprudencial de las cláusulas abusivas* (Bosch 2013).

[250] La indemnización consiste, por lo general, en una compensación económica, aunque también puede pactarse en la cláusula penal un hacer o un no hacer. Véase Silvia Díaz Alabart, *La cláusula penal* (Reus 2011).

[251] Desde una perspectiva procesal, Laura Carballo Piñeiro, *La ejecución de condenas de dar* (JM Bosch 2001).

parlantes y se sitúa entre los tratos preliminares y la perfección del contrato. Al respecto, persiste la discusión sobre si se trata de un contrato cuyo objeto es la celebración de un futuro contrato o si se trata ya del contrato en que las partes se reservan la facultad de exigir más tarde su puesta en vigor.[252] Sea como sea, el interesado puede exigir la válida celebración del contrato con base en esta promesa.

El derecho de contratos es un sector muy complejo y otros muchos conceptos relevantes no han sido mencionados aquí. Aunque los abogados angloparlantes ya estén probablemente familiarizados con los mismos, como si las obligaciones pueden ser de **medios** o **de resultado**, en función de que baste con poner los medios necesarios para su consecución o deba proporcionarse un resultado para que se entienda cumplida, o si el incumplimiento del contrato ha sido total o parcial.

7.III.3.2 Obligaciones extracontractuales
La **responsabilidad extracontractual** es el concepto bajo el que las legislaciones hispanoparlantes permiten a los perjudicados reclamar por el daño sufrido como consecuencia de un comportamiento culposo o doloso.[253] Esta responsabilidad comprende el daño causado tanto a personas como a cosas, tanto cuando el hecho generador se debe a dolo como a **negligencia**. Por su parte, la responsabilidad contractual tiene su origen en una obligación libremente asumida entre las partes, pero ¿*quid* si un daño se produce en el marco de una relación contractual sin que medie el incumplimiento de una concreta obligación contractual? Aquí se plantea un problema de **calificación** de la responsabilidad como contractual o extracontractual, cuya solución depende del ordenamiento jurídico, si bien la tendencia en los países hispanoparlantes es favorable a la víctima y a permitirle reclamar por ambos conceptos.[254]

La fuente de derecho principal en materia extracontractual es la ley en la mayoría de los países hispanoparlantes. Aunque ello no ha de llevar a descuidar el papel protagonista que la jurisprudencia asume en este sector, entre otras razones, debido a la evolución social y tecnológica, que obliga a adaptar las reglas legales a nuevos tipos de ilícitos. Es por ello que todo aquel que desee saber más de obligaciones extracontractuales en los países hispanoparlantes deba consultar también la jurisprudencia para hacerse con el cuadro completo de su funcionamiento.

La elección del tipo de texto normativo en el que reglamentar la responsabilidad extracontractual está estrechamente ligada a la estructura política del estado en cuestión. Así, el Código Civil Federal de 1928 rige en toda la República mexicana en asuntos de orden federal,[255] pero existen asimismo códigos civiles en todos los estados mexicanos que, en materia de responsabilidad extracontractual, reproducen lo establecido en el CCF y se

---

[252] Federico de Castro, 'La promesa de contrato' (1950) 3 ADC 1183.
[253] Destacan Díez-Picazo y Gullón (n 233) 540 que fundar la responsabilidad en la culpa supone dar relevancia jurídica a la autonomía de la voluntad en último término.
[254] Como así ocurre en España. SSTS de 6 de abril 1998 (RJ 1998\1998) y 30 de diciembre de 1999 (RJ 1999\9094).
[255] Se consideraría asunto de orden federal, por ejemplo, un accidente producido en una vía de tren o en una carretera de cuota (que requieren el pago de un peaje), al ser ambas materias competencia federal. JA Vargas, *Mexican Law for the American Lawyer* (Carolina Academic Press 2009) 406.

aplican según el criterio de la ***lex loci delicti***, esto es, se aplica el Código del estado en que se produjo el **ilícito**.

En el caso español también ha de acudirse primariamente al **Código Civil**, aunque ha de recordarse que éste coexiste con derechos civiles forales, especiales o regionales.[256] Ahora bien, dado que la coexistencia se justifica en el carácter histórico de estos derechos, la mayoría de las reglas forales se vierten en materia de derechos reales, familia y sucesiones; también se pronuncian sobre obligaciones, pero la responsabilidad extracontractual tiene poco protagonismo en los derechos forales. La excepción es Cataluña, puesto que su Código Civil tiene pretensiones de ser exhaustivo.

De todos modos, lo que caracteriza en la actualidad a los países hispanoparlantes es la proliferación de leyes extravagantes a los códigos civiles, en particular en materia extracontractual.[257] Incluso puede ocurrir que el propio código civil remita a otras leyes como es el caso del CCF mexicano que, para el cálculo de la **indemnización**, remite a la Ley Federal del Trabajo.[258] La razón ha de encontrarse en la creciente especialización que este sector del derecho ha experimentado por mor de los avances tecnológicos. Por tanto, los abogados angloparlantes no sólo han de tomar en consideración el correspondiente código civil, sino que deben investigar si existen leyes especiales en la materia objeto de su interés.

Los avances en tecnología y comunicaciones también afectan al tratamiento legal de la responsabilidad extracontractual puesto que los modernos ilícitos civiles tienen, con frecuencia, impacto transfronterizo. En este sentido, la legislación española refleja los intentos armonizadores de la Unión Europea en sectores como la **responsabilidad medioambiental**,[259] la **responsabilidad por productos defectuosos**,[260] o derivada de accidentes de circulación por vías terrestres, marítimas o aéreas.[261] Es más y habida cuenta de las diferencias existentes entre las legislaciones de los estados miembros en materia extracontractual, la Unión Europea promulgó el Reglamento Roma II sobre ley aplicable a las obligaciones extracontractuales.[262] Este instrumento no contiene derecho sustantivo, sino normas de conflicto que determinan cuál es la ley aplicable en caso de producción de un ilícito civil transfronterizo, por ejemplo, porque el **responsable** del daño tenga su sede en un estado y la **víctima** en otro o porque el hecho generador del daño ocurra en un país y el daño se manifieste en otro dando lugar a lo que se conoce como **ilícito a distancia**.

---

[256] Véase n 236.
[257] En México, por ejemplo, Ley federal de responsabilidad ambiental (DOF 7.6.2013), art 12.
[258] CCF, art 1915.
[259] Baste aquí señalar la Directiva 2004/35/CE, de 21 de abril de 2004, sobre responsabilidad medioambiental en relación con la prevención y reparación de daños medioambientales [2004] DO L 143/56.
[260] Siendo clave la Directiva 85/374/CEE, de 25 de julio de 1985, relativa a la aproximación de las disposiciones legales, reglamentarias y administrativas de los Estados Miembros en materia de responsabilidad por los daños causados por productos defectuosos [1985] DO L 210/29.
[261] La competencia en esta materia pertenece casi en exclusiva a la Unión Europea por razón de la naturaleza transfronteriza del transporte que hace que no sólo haya muchos reglamentos y directivas en esta materia, sino también que sea la Unión Europea la que ostente la competencia externa para celebrar tratados internacionales en materia de transporte.
[262] Reglamento (CE) 864/2007 del Parlamento Europeo y del Consejo, de 11 de junio de 2007, relativo a la ley aplicable a las obligaciones extracontractuales [2007] DO L 199/40.

No cabe mencionar aquí en detalle los numerosos convenios internacionales que existen en esta materia, puesto que los abogados angloparlantes están, sin duda, familiarizados con ellos, por ejemplo, con los producidos en el seno de la Organización Marítima Internacional (OMI),[263] y en la que también participan numerosos países hispanoparlantes y algunos de forma muy destacada como Panamá.

En las sociedades hispanoparlantes actuales se distingue entre la tradicional **responsabilidad por culpa** y la **responsabilidad objetiva** o **por riesgo** en la que la base de la generación de la misma es, como su nombre indica, el riesgo, por lo que no es necesario probar culpa, sino que se han infringido **deberes de prevención y seguridad**, por ejemplo, en el ámbito laboral.[264] Este tipo de responsabilidad está asociada al desarrollo de sistemas de **seguridad social** o a la conclusión de un **seguro de responsabilidad civil**. En general, los códigos civiles hispanoparlantes sólo se ocupan de la primera debido a la fecha de su redacción, como es el caso del CC español.[265]

En la misma dirección, el punto de partida del capítulo del CCF mexicano referido a las obligaciones que nacen de los actos ilícitos,[266] es un precepto que, inspirado en el Código de Napoleón, plasma la **teoría subjetiva** de la responsabilidad civil: 'el que obrando ilícitamente o contra las buenas costumbres cause daño a otro, está obligado a repararlo a menos que demuestre que el daño se produjo como consecuencia de culpa o **negligencia inexcusable** de la víctima'.[267] Pero este código es más moderno que el español y también admite el segundo tipo de **responsabilidad** en determinados supuestos, como en caso de uso de mecanismos, instrumentos, aparatos o substancias peligrosas por sí mismos.[268] En general, la precisión de estas nociones ha corrido a cargo de los tribunales,[269] aunque ya existen muchas leyes especiales que consagran reglas de responsabilidad por riesgo.

Los elementos que caracterizan la responsabilidad subjetiva son la **conducta ilícita**, el **daño** y la **relación causa-efecto** entre ambos. Así, para que una acción u omisión pueda ser considerada fuente de responsabilidad es necesario que sea ilícita o **antijurídica**, de manera que intervenga culpa o negligencia en su comisión, pero también que se produzca la infracción de una norma de conducta o, más en general, la contravención del principio *alterum non laedere*, que es un principio general del derecho que impregna todo el orde-

---

[263] Entre ellos destacan los Convenios internacionales de 1969, sobre responsabilidad civil nacida de daños debidos a contaminación por hidrocarburos, 973 UNTS 3, y sobre la constitución de un fondo internacional de indemnización de daños debidos a contaminación por hidrocarburos, 1956 UNTS 255. Sobre la actividad legislativa de la OMI, Laura Carballo Piñeiro, 'IMO' in Jürgen Basedow y otros (eds) *European Encyclopedia of Private International Law* (Edward Elgar 2016).

[264] Así, la reparación de las consecuencias del accidente de trabajo no depende tanto de la prueba de la intencionalidad del empresario como de la asunción, desarrollada primero jurisprudencialmente, de que el trabajo en determinadas condiciones comporta riesgos que son asumibles socialmente a cambio de la objetivación de la responsabilidad.

[265] CC, art 1902.

[266] CCF, art 1910–1934 bis.

[267] Ibid art 1910.

[268] Ibid art 1913.

[269] Véanse a modo de ejemplo las reflexiones de los tribunales mexicanos sobre si la anestesia ha de considerarse una sustancia peligrosa en el sentido del artículo 1913 CCF. Juan Carlos Marín González, 'Responsabilidad civil objetiva y responsabilidad médica' (2004) 9 Revista CONAMED 8.

namiento jurídico y que obliga a actuar con prudencia en la convivencia con los demás.[270] Aunque en materia de responsabilidad extracontractual las decisiones judiciales juegan un papel menos relevante en jurisdicciones hispanoparlantes que en las angloparlantes, la inclusión en los códigos civiles de términos tan genéricos y difusos como culpa o negligencia requieren una interpretación por parte de la curia.

El otro presupuesto para generar responsabilidad es la producción de un daño, que puede ser de carácter **patrimonial** o **moral**.[271] Este daño es **indemnizable** o **reparable**, para lo que no tiene que ser siempre actual, sino que puede ser futuro, por ejemplo, porque se esperen secuelas del accidente. El último presupuesto que es preciso probar para que concurra responsabilidad subjetiva es la **relación de causalidad** entre el evento dañoso y la producción de daño. El estándar de prueba es, sin embargo, objeto de arduas discusiones.[272]

Las formas de reparación del daño comprenden tanto la **indemnización de los daños y perjuicios** causados, como el **restablecimiento** de la situación anterior si ello es posible,[273] esto es, la **reparación *in natura***. Ha de advertirse que, en general, las legislaciones hispanoparlantes no conocen la figura de los **daños punitivos**, aunque existen decisiones judiciales recientes que podrían abrir la puerta a dicha figura en México,[274] y Argentina los ha introducido en materia de consumo.[275]

Los abogados que trabajan en más de una jurisdicción y de una lengua han de estar especialmente atentos a los **plazos de prescripción** de estas acciones, puesto que, en general, son breves y, además, varían en función de la jurisdicción.[276] Por otro lado, cabe mencionar que el responsable puede plantear alguna excepción especial, además de negar su responsabilidad. Así, los ordenamientos jurídicos hispanoparlantes admiten la exoneración de la responsabilidad en supuestos de **caso fortuito** y **culpa de la víctima** o perjudicado. Además y tomando prestados conceptos propios del derecho penal, también se exonera al responsable en caso de **legítima defensa** y **estado de necesidad**.

Las legislaciones hispanoparlantes no sólo contemplan la responsabilidad por hecho propio, sino también la **responsabilidad por hecho ajeno** o **indirecta**. A estos efectos, se suele mencionar expresamente a determinadas personas y profesiones que responden por

---

[270] Ricardo de Ángel Yagüez, *Causalidad en la responsabilidad extracontractual: sobre el arbitrio judicial, la imputación objetiva y otros extremos* (Cizur Menor 2014); Díez-Picazo y Gullón (n 233) 544–55.

[271] El CCF, arts 1916, 1916 bis, se refiere expresamente al daño moral. Sin embargo, en España los daños morales sólo se reconocen vía jurisprudencial, como en la STS de 29 de julio de 2011 (RJ 2011\6285). Sobre los problemas en su cuantificación, véase Fernando Gómez Pumar e Ignacio Marín García (dirs), *El daño moral y su cuantificación* (Bosch 2015).

[272] Díez-Picazo y Gullón (n 233) 548–551.

[273] CCF, art 1915 (relativo a la responsabilidad objetiva, por ejemplo).

[274] Jorge E de Hoyos Walther 'Daños punitivos en México. El renacimiento de la responsabilidad civil' (2014) <http://works.bepress.com/jorge_de_hoyos_walther/6/>.

[275] Ley 26.361 que modifica la ley 24.240 de defensa del consumidor (Boletín Oficial 7.4.2008) para introducir art 52bis.

[276] Así, aunque es de dos años en México contados a partir del día en que se haya causado el daño (CCF, art 1934), en España es sólo de uno (CC, art 1968.2), salvo que se establezca otra cosa en ley especial.

las actuaciones de otros, como los padres, el tutor, el dueño de establecimiento mercantil, el dueño de animal o el propietario de edificio.

7.III.4 Derecho penal

Aunque cada país hispanoparlante suele definir los detalles de cada **delito** de una forma distinta, los principios subyacentes tienden a ser similares sin importar las fronteras.[277] El derecho penal es un instrumento de control social que, desde el punto de vista normativo, consiste en un conjunto de normas que establecen el delito como presupuesto y la **pena** como su consecuencia jurídica.[278] En los países hispanoparlantes rige el aforismo *nulla poena sine lege*, es decir, el principio de legalidad penal es considerado un derecho fundamental como lo es el principio de irretroactividad penal.[279]

A diferencia de lo que puede ocurrir en estados federales como México, el *ius puniendi* pertenece en España a las Cortes Generales sin que las comunidades autónomas puedan legislar en materia penal. Ahora bien, el derecho penal no es ajeno a la proliferación de leyes especiales, de modo que ha de distinguirse entre legislación penal común, contenida básicamente en el Código Penal, y legislación penal especial, entre la que destaca en España el **Código Penal Militar**,[280] y en México el **Código de Justicia Militar**,[281] (lo que implica que en ambos países existe el fuero militar).[282] La responsabilidad penal de los menores es perfilada en el artículo 18 de la CPEUM y en España es objeto de una ley penal especial,[283] que, sin embargo, sólo es relevante a la hora de establecer el procedimiento a seguir y las medidas que han de adoptarse en relación con el **menor infractor**, puesto que los delitos son los establecidos en el Código Penal.

Tampoco es ajena la legislación penal española a la intervención directa de la Unión Europea;[284] dado que en la medida en que esta entidad supranacional pasa a asumir

---

[277] Las jurisdicciones hispano- y angloparlantes sí difieren significativamente en lo que respecta al derecho procesal penal, como se ha analizado en el cap 8.III.3.
[278] Claus Roxin, *Derecho Penal. Parte General. Tomo I. Fundamentos. La Estructura de la Teoría del Delito* (Diego-Manuel Luzón Peña, Miguel Díaz y García Conlledo, Javier de Vicente Remesal, Thomson Civitas 1997) 41.
[279] CE, arts 9.3, 25; CPEUM, art 14.
[280] Ley Orgánica 13/1985, de 9 de diciembre, de Código Penal Militar (BOE 11.12.1985). Otras leyes relevantes son la Ley 40/1979, de 10 de diciembre, sobre régimen jurídico de control de cambios (BOE 13.12.1979), que tipifica los delitos monetarios; Ley Orgánica 5/1985, de 19 de junio, del Régimen Electoral General (BOE 20.6.1985), que tipifica los delitos electorales; o la Ley Orgánica 12/1995, de 12 de diciembre, de represión del contrabando (BOE 13.12.1995).
[281] Código de Justicia Militar (DOF 31.8.1933).
[282] En este sentido, el artículo 13 CPEUM parte de la prohibición de tribunales especiales, pero admite el fuero militar para determinados delitos y respecto de personas que pertenecen al ejército. Lo mismo sucede en España. Véase cap 5.III.1.
[283] La Ley Orgánica 5/2000, de 12 de enero, reguladora de la responsabilidad penal de los menores (BOE 13.1.2000), se basa en un modelo de responsabilidad de los mayores de catorce y menores de dieciocho años, para los que establece medidas educadoras y resocializadoras.
[284] El Tratado de Maastricht introdujo un mecanismo de cooperación en justicia y asuntos de interior que implicaba la posibilidad de que la Unión Europea dictara normas sustantivas en materia penal. Pero fue la doctrina sentada por el TJUE en su sentencia de 13 de septiembre de 2005, As C-176/03, *Comisión v Consejo*, la que le dio el impulso definitivo al reconocer una competencia implícita de la UE para adoptar normas que obligasen a los estados miembros a establecer

competencias legislativas, también ha de poder recurrir al derecho penal para garantizar la eficacia de las obligaciones que imponga. En este sentido, ya existe un importante cuerpo normativo que procede de la Unión Europea y que afecta a delitos económicos como la **falsificación de moneda** y otros medios de pago distintos del efectivo; el **blanqueo de capitales**, puesto que se trata de prevenir que se utilice el sistema financiero con este fin; y la **corrupción** en el sector privado.[285] También existe normativa europea sobre **delitos medioambientales**, **delitos contra la propiedad intelectual** o industrial, **trata de personas**, explotación de niños y pornografía infantil, terrorismo, y delitos de racismo y xenofobia.

Como se desprende del interés de la Unión Europea en la legislación penal, la forma política de un estado es, sin duda, relevante en materia penal. Ello también se aprecia en el proceso de gestación normativa mexicano en materia penal: así, el Código Penal para el Distrito Federal en Materia del Fuero Común y para toda la República en Materia del Fuero Federal, promulgado en México en 1931, perdió su naturaleza dual al rebautizarse como Código Penal Federal (CPF),[286] y al elaborarse un texto autónomo denominado Código Penal para el Distrito Federal en 1999.[287] El CPF se aplica actualmente en toda la República mexicana para los **delitos del orden federal**,[288] esto es, delitos que afectan directamente al interés público, cometidos en territorio federal o en contra de la Federación.[289] Junto a él conviven **leyes penales especiales** de aplicación en toda la Federación mexicana.[290]

La CPEUM también reconoce la competencia estatal para dictar legislación penal sustantiva respecto de los **delitos del orden común**,[291] por lo que cada uno de los estados mexicanos cuenta no sólo con su propio código penal, sino con diversa normativa en la materia. Un sector doctrinal mexicano critica tanto la dispersión normativa como las diferencias de contenido que ésta genera, por lo que se aboga por la elaboración de un **Código Penal Nacional** que podría inspirarse en esfuerzos armonizadores como el *US Model Penal Code*.[292] Al fin y al cabo, el hecho de que los estados establezcan tipos penales de acuerdo con sus propias escalas de valores puede generar problemas en un sistema legal federal, puesto que los ciudadanos pueden encontrarse sujetos a normas completamente diversas en función del lugar donde el delito haya sido cometido. Esta tendencia

---

sanciones penales cuando éstas fueran necesarias para garantizar la efectividad de las obligaciones derivadas de normas adoptadas en el marco de competencias de la UE. El espacio europeo de justicia incluye la cooperación en materia penal en el Tratado de Funcionamiento de la Unión Europea, arts 82–88 (TFUE). Véase Tratados de la UE (Unión Europea) <http://europa.eu/about-eu/basic-information/decision-making/treaties/index_es.htm>.

[285] En este ámbito y aunque no haya cristalizado legislativamente, ha de mencionarse la propuesta doctrinal de un *Corpus Juris* para la protección de los intereses financieros de la Unión Europea, elaborado bajo la dirección de la Profesora Mireille Delmas-Marty (Económica 1997), con disposiciones penales que pueden servir de modelo a los estados miembros.

[286] Código Penal Federal (DOF 14.8.1931) (en adelante, CPF).
[287] Código Penal para el Distrito Federal (GODF 16.7.2002).
[288] CPF (n 286) art 1.
[289] Juan Carlos Solís Fuentes, *Curso básico de derecho* (Edere 2010) 205.
[290] Ley general en materia de delitos electorales (DOF 23.5.2014); Ley federal contra la delincuencia organizada (DOF 7.11.1996); Ley nacional de mecanismos alternativos de solución de controversias en materia penal (DOF 29.12.2014) y otras.
[291] CPEUM, art 124.
[292] Sergio García Ramírez, *Derecho penal* (4a edn, Porrúa 2015) 21, 291.

armonizadora sí se aprecia, no obstante, en la modificación constitucional de 2013,[293] que concede al Congreso la facultad de expedir, por ejemplo, 'legislación única en materia procedimental penal, de mecanismos alternativos de solución de controversias y de ejecución de penas que regirá en la República en el orden federal y en el fuero común', que a su vez ha generado el Código Nacional de Procedimientos Penales de 2014.[294]

Los intentos armonizadores no se limitan, sin embargo, al nivel estatal mexicano, sino que ha de mencionarse aquí, en el plano regional, el Código Penal Tipo para Latinoamérica, aprobado en Panamá, en 1998.[295] A pesar de ser una obra eminentemente académica, en su momento sirvió de modelo a legisladores, de la mano de quienes intervinieron en su elaboración.

El CPF mexicano recoge una escueta definición de delito ('acto u omisión que sancionan las leyes penales'),[296] que es complementada por la dogmática que impera con carácter general en los países hispanoparlantes, en el sentido de entender que el delito es una **conducta típica, antijurídica, culpable** y **punible**.[297] Tanto en el contexto mexicano como en el español, cada uno de estos elementos ha de ser analizado por separado a la hora de establecer si, efectivamente, se ha cometido un delito puesto que, si no concurriera alguno de ellos, no habría delito.

El sujeto activo del delito es quien lo comete en tanto que quien lo sufre es la **víctima**. Autor del delito es una persona física, aunque algunos ordenamientos como España y México también consideran que las personas jurídicas pueden cometer delitos; la **criminalidad económica** se asienta en las grandes corporaciones y limitarse a castigar a una persona física, que puede ser fácilmente reemplazada, no es de gran ayuda en la lucha contra la primera.[298] En lo que atañe a las personas físicas y en línea con la Convención de los Derechos del Niño,[299] los países hispanoparlantes suelen establecer reglas especiales para los supuestos en los que el autor es menor de edad configurándose lo que se conoce como **derecho penal de menores** o **juvenil**; los niños y niñas están exentos de responsabilidad penal, pero hay una franja de edad en la cual sí se entiende que la persona menor de edad es responsable penalmente, aunque tanto el proceso como la pena se ajustan a sus

---

[293] CPEUM, art 73.XXI.
[294] Código Nacional de Procedimientos Penales (DOF 5.3.2014). Véase cap 8.III.2.
[295] Sobre su origen histórico, Isidro de Miguel Pérez, 'Código Penal Tipo para Latinoamérica' (1983) 36 ADPCP 533.
[296] CPF (n 286) art 7.
[297] A partir de esta definición se construyen distintas teorías del delito entre las que destacan las teorías causalista y finalista. Dichas teorías se hallan enfrentadas surgiendo otras para intentar superar esta división como la teoría de la imputación objetiva.
[298] La responsabilidad criminal de las personas jurídicas es impulsada desde organizaciones internacionales como Naciones Unidas, el Consejo de Europa y la Unión Europea. A nivel transnacional forma parte del *Corpus Juris* (n 285), con disposiciones penales para la protección de los intereses financieros de la Unión Europea; como también del citado Código Penal Tipo para Latinoamérica. Véase, entre otros, Miguel Ontiveros Alonso (coord), *La responsabilidad penal de las personas jurídicas: fortalezas, debilidades y perspectivas de cara al futuro* (Tirant lo Blanch 2014).
[299] La Convención de Naciones Unidas sobre los Derechos del Niño, de 20 de diciembre de 1989, 1577 UNTS 3, recomienda a los estados parte la creación de leyes y procesos especiales para el menor infractor, teniendo en cuenta la edad del niño y que ha de promoverse su integración social. Ibid art 40.

particulares circunstancias. Por tanto, los tipos penales aplicables son los previstos para adultos siguiendo el esquema que se expone a continuación.

La existencia del delito exige una acción u omisión (lo que excluye como tal aquellos supuestos en los que interviene fuerza irresistible o se da un estado de inconsciencia) penalmente tipificada por el legislador. Ha de insistirse en que sin **tipo penal** no hay delito y en su configuración ha de concurrir siempre un elemento objetivo, la conducta, y uno subjetivo puesto que en la comisión del hecho ha de intervenir dolo o culpa. A la hora de analizar estos elementos y concluir si hay **tipicidad** se distinguen distintos tipos de dolo, como puede ser el dolo directo y **dolo eventual**, y grados de imprudencia. Si no concurriera alguno de estos elementos, no habría delito. En todo caso, el caso fortuito excluye la conducta típica y, por tanto, el delito.

La conducta típica tiene que ser, además, antijurídica o contraria a derecho para que sea considerada delictiva. La antijuridicidad puede ser excluida en caso de que se aporte una **causa de justificación** como la legítima defensa; el estado de necesidad que, básicamente, consiste en que, ante una situación en la que dos **bienes jurídicos** (como la propiedad privada y la vida humana) están en conflicto, se sacrifica uno para salvar el otro;[300] el ejercicio de un derecho o el cumplimiento de un deber.

La existencia de delito no sólo depende de que haya una conducta típica y antijurídica, sino de la **culpabilidad** de quien la comete. Esta última implica la emisión de un juicio de reproche y la determinación de si el sujeto en cuestión conocía la antijuridicidad de la acción a él **imputable**. Así, la culpabilidad puede ponerse en cuestión cuando se pruebe que ha habido un **error en el tipo**, porque el sujeto desconocía todos o algunos de los elementos del tipo penal y, por tanto, no se pueda demostrar dolo. Si el **error sobre la**, o **de**, **prohibición** fuera invencible, la conducta sería atípica y, por tanto, no habría delito; si fuera vencible, estaríamos ante **imprudencia** y habría que examinar si el delito tipificado sólo exige culpa para entender que sea imputable, ya que en algunos sistemas la regla general es que se requiere dolo y sólo se puede incurrir en responsabilidad penal por imprudencia en los supuestos expresamente tipificados, como en caso de **homicidio imprudente** o **lesiones imprudentes**. De todos modos, la **imputabilidad** del sujeto puede excluirse en caso de enfermedad mental o **trastorno mental transitorio**. Todavía, la **obediencia debida** y el **miedo insuperable** pueden operar como **eximentes** del delito en tanto que faltaría el elemento de exigibilidad ínsito al juicio de reproche que ha de hacerse para establecer la culpabilidad.

Aunque la conducta sea típica, antijurídica y culpable, no habrá delito si ésta no es punible. La pena impuesta por la ley penal ha de determinarse, en primer lugar, en atención al *iter criminis* o grado de desarrollo del delito, siendo relevante a estos efectos la preparación (distinguiéndose entre **conspiración, proposición** y **provocación para delinquir**), la **tentativa** y la **consumación**. En segundo lugar, ha de establecerse el tipo de responsabilidad que ostenta la persona que ha cometido el delito, si como **partícipe** (en sus modalidades de **inductor, cooperador necesario** (o **no necesario**) o **cómplice**) o **autor** (único, coautor o autor mediato). En tercer lugar, la pena depende de las circunstancias **agravantes** o ate-

---

[300] Por ejemplo, porque se roben alimentos para no morir de hambre. En todo caso y tal y como sucede con la legítima defensa, se requiere que se cause el menor daño posible, además de no haber provocado la situación que obliga a elegir.

nuantes concurrentes.[301] Y, en último lugar, se atiende a si el delito es el único cometido o si hay un **concurso de delitos**, porque concurre con otros.[302] En todo caso, la pena ha de ser proporcional al bien jurídico protegido en la norma penal y ni en el caso de España ni de México se admite la pena de muerte, como afirma por ejemplo el artículo 22 CPEUM, que prohíbe expresamente las denominadas **penas transcendentales**. Ha de saberse asimismo que, junto con las **penas (pena privativa de libertad y** sus sustitutivos, **penas restrictivas de libertad**, **penas pecuniarias**), la legislación penal recoge otras vías de punición como las **sanciones (decomiso, amonestación**, etc.).

En definitiva, para que una persona sea **condenada** por haber cometido un delito han de concurrir las circunstancias anteriormente reseñadas, siendo el punto de partida a la hora de juzgarla la **presunción de inocencia** mientras no se demuestre lo contrario en un proceso justo y como consecuencia de la presentación de **pruebas de cargo** y no meramente **indiciarias**. Si no pudiera establecerse la antijuridicidad de la conducta realizada, por ejemplo porque el acusado es un enfermo mental, no habría delito ni tampoco podría imponérsele pena. Pero sí podría adoptarse una **medida de seguridad** en atención a la ilicitud de la conducta. Por esta razón y aun cuando no pueda establecer la responsabilidad penal, sí cabría la responsabilidad civil.[303]

A la hora de establecer legalmente qué hechos son delito, cobra relevancia en los países hispanoparlantes el criterio del **bien jurídico** entendiendo por tal intereses fundamentales, personalísimos o supraindividuales, que conciernen a la vida humana y se consideran presupuesto indispensable de la vida en sociedad. Cada país ha de determinar qué bienes proteger en función de su Constitución, que también proporcionará los parámetros de jerarquización entre dichos bienes jurídicos. Así, por ejemplo, la Sección 2ª del Capítulo I CE consagra el carácter fundamental de la vida, la salud, la libertad sexual o de movimiento de las personas; otros bienes (como el medioambiente, los derechos de los trabajadores o de los consumidores, o la administración pública) se consagran en otros apartados y, por tanto, se hallan subordinados a los primeros. En este contexto, la noción de bien jurídico tiene una función instrumental, puesto que sirve a clasificar los delitos en función del bien protegido. Cumple también una función hermenéutica en la medida en que la interpretación de la norma penal ha de ser coherente con el bien jurídico protegido. Por su parte, la doctrina mexicana suele clasificar los delitos según que estos atenten

---

[301] Las primeras sirven a agravar la responsabilidad penal, por ejemplo, porque el delito se ha cometido con abuso de superioridad, ensañamiento (esto es, buscando deliberadamente causar el mayor daño posible a la víctima) o reincidencia. Las circunstancias atenuantes son también conocidas como eximentes incompletas porque faltan requisitos para que, efectivamente, eximan de la pena como puede ser el que el culpable padezca adicción grave a determinadas sustancias que le puedan provocar un trastorno transitorio; otras pueden actuar en el momento de la ejecución de la pena, como la atenuante de **arrepentimiento**.

[302] El concurso de delitos puede ser real ya que se han producido diversas acciones y todas o algunas son constitutivas de distintos delitos, por ejemplo, porque se trate de un asesino en serie. En cambio, el concurso será ideal cuando una sola acción produzca dos o más infracciones. En estos casos, las legislaciones penales de los países hispanoparlantes establecen reglas especiales sobre cómo ha de computarse la pena que, finalmente, se imponga. Ha de tenerse en cuenta que la **cadena perpetua** es la excepción.

[303] Téngase en cuenta que muchas legislaciones hispanoparlantes permiten acumular la acción civil a la penal. Véase LECRIM, art 112 y cap 8.III.3.1.

contra el ser humano, la familia, la sociedad, el estado, la humanidad o la organización internacional.[304]

Aunque la tendencia es a proteger los mismos bienes jurídicos, las legislaciones de los países hispanohablantes no regulan, lógicamente, los delitos en los mismos términos. Pero sí se advierten una serie de reglas comunes. Es el caso de la acción 'matar a otro' que agrupa varios delitos que persiguen proteger la vida humana como bien jurídico. El tipo básico es el de **homicidio**, que puede ser doloso o imprudente. Si interviene **alevosía**, precio o **premeditación**, se trata de un **asesinato** y tiene una pena agravada respecto al homicidio. El **parricidio** o el **infanticidio** dependen del parentesco,[305] como el **feminicidio** lo hace del género.[306] El **aborto**, el **suicidio**, la inducción o cooperación al suicidio, incluyendo la **eutanasia**, también pueden ser objeto de delito, dependiendo de la sociedad concernida (por ejemplo, el aborto sí es delito, en determinadas circunstancias, en España y México). Los daños a la integridad física de las personas se castigan con el delito de **lesiones**.

La libertad de movimientos es el bien jurídico protegido con delitos como la **detención ilegal** (denominada **privación ilegal de la libertad** en México) y el **secuestro**. Si este delito fuera cometido por autoridad o funcionario público, tendría una gravedad especial y, por tanto, mayor pena. La **esclavitud**, el **tráfico de personas esclavizadas**, **el tráfico de menores**,[307] y la **sustracción de menores** persiguen la protección del mismo bien.

Otro grupo importante de delitos son aquellos que persiguen proteger la libertad sexual de las personas o evitar la afectación del desarrollo natural de la sexualidad cuando la persona es menor de edad. Entre los delitos más comunes se encuentran las **agresiones sexuales**, incluida la **violación**; el **abuso sexual**; los delitos relativos a la prostitución (como el **lenocinio**); y los delitos de **exhibicionismo** y provocación sexual. En muchas legislaciones se contemplan tipos especiales en función de la edad de la víctima (**estupro**, **pederastia**, corrupción de menores, **pornografía** de menores, **turismo sexual** contra menores, etc).

La protección de la propiedad privada se halla tras la represión de aquellas conductas que, con **ánimo de lucro**, buscan privar a una persona de un bien de su propiedad como es el caso del **hurto**, que se convierte en **robo** si interviene fuerza en las cosas, o violencia o intimidación en las personas. La **extorsión** consiste en obligar a una persona a realizar una acción que perjudica su patrimonio o el de un tercero. En el caso de que esta última acción se realizara porque la víctima es engañada, se trataría de una **estafa**. La **apropiación indebida** se produce cuando el sujeto activo del delito está en posesión de los bienes ajenos y tiene la obligación de devolverlos. Relacionados con estos delitos está el **alzamiento de bienes** por el que el deudor realiza cualquier acción dirigida a sustraer u ocultar todo o parte de su patrimonio y así evitar que sus acreedores puedan cobrarse lo a ellos debido; así como las **insolvencias punibles**.

De los anteriores y otros delitos se encuentran ya trazas en el derecho romano. En cambio, hay otros delitos que responden a la evolución de la sociedad, como aquellos dirigidos a proteger los derechos de los trabajadores y de los consumidores, a perseguir la

---

[304] Sergio García Ramírez, *Derecho penal* (4a edn, Porrúa 2015) 190.
[305] Aunque algunas legislaciones como la española han suprimido estas especialidades.
[306] Este delito no está previsto como tal en la legislación española (aunque sí se castigan los actos de **violencia de género**), pero sí en la mexicana.
[307] CPF (n 286) arts 364–66 quáter.

corrupción o el indebido ejercicio de la profesión,[308] o aquellos nuevos delitos cometidos por medio de sistemas y equipos informáticos.[309] Por ello mismo, hay bienes jurídicos que pueden dejar de merecer tutela como puede ser la protección de la familia, a través de la persecución del **adulterio**,[310] o la **bigamia**, o los **delitos contra los derechos reproductivos** como una esterilización no consentida.[311] Los códigos penales de países hispanoparlantes también pueden reconocer delitos en materias como las siguientes: delitos contra el ambiente y la gestión ambiental; contra la salud; contra la autoridad; contra el servicio público; contra la administración de justicia; contra la seguridad de la nación; contra el derecho internacional y contra la humanidad.

7.III.5 Derecho de extranjería

Otro sector del derecho que es de gran interés para los abogados que trabajan en más de un idioma es el **derecho de extranjería**, también denominado **derecho de migración** en varios países latinoamericanos. La globalización ha incrementado el número y la tipología de las personas que cruzan las fronteras y muchos países hispanoparlantes cuentan tanto con un porcentaje muy elevado de población que ha migrado a otros países, como reciben un importante número de personas que llegan a sus fronteras, **embajadas** y **consulados**.[312]

Las normas de extranjería de cada país establecen el número de personas que pueden entrar en el país y qué criterios se han de aplicar para determinar si y en qué medida una persona puede permanecer en dicho país. Por lo general, existen normas especiales para colectivos específicos como estudiantes, trabajadores, familiares y refugiados políticos. La entrada o la permanencia ilegal en un país también plantean cuestiones jurídicas adicionales. Los abogados que trabajan en más de un idioma tienen que poder aconsejar a futuros inmigrantes, así como asistir a aquellos que ya se encuentran en el país de acogida.

Los países hispanoparlantes suelen adoptar en relación con la **política migratoria** uno de los dos enfoques siguientes:[313] el primero de ellos parte de una **política de fronteras abiertas**, que ve a los inmigrantes como miembros potencialmente productivos de la sociedad y que considera que los más cualificados aportan talento y experiencia al país en tanto que los no cualificados asumen los trabajos que los nacionales y los residentes permanentes no quieren llevar a cabo. Los países que adoptan esta perspectiva implementan, por lo general, políticas migratorias expansivas, en particular en lo que atañe a la

---

[308] Si existe un ámbito en plena expansión, ese es el de la delincuencia económica donde se está viviendo una eclosión de delitos, no siempre para castigar como procede a este tipo de conductas con gran impacto social. Véase sobre el concepto y la tipología, Mercedes García Arán (dir) *La delincuencia económica: prevenir y sancionar* ((Tirant lo Blanch 2014).

[309] Enrique Orts Berenguer y Margarita Roig Torres, *Delitos informáticos y delitos comunes cometidos a través de la informática* (Tirant lo Blanch 2001).

[310] Suprimido en la mayoría de los países hispanoparlantes, el artículo 130 del Código Penal de Puerto Rico, de 2004, lo contempla.

[311] CPF (n 286) arts 193–199 sextus.

[312] Patricia Galeana (ed), *Historia comparada de las migraciones en las Américas* (UNAM 2014).

[313] Realizando un estudio comparado entre España y EEUU, véase Antonio Izquierdo Escribano y Wayne A Cornelius (eds), *Políticas de control migratorio* (Bellaterra 2012).

reunificación familiar que suele ser entendida como un objetivo digno de ser perseguido, entre otras razones porque se suele interpretar como un derecho humano.

El segundo enfoque presenta una naturaleza mucho más restrictiva. Los países que adoptan esta perspectiva suelen expresar su preocupación por el número limitado de puestos de trabajo y recursos que poseen. Se puede apreciar que, a lo largo de los años, los países van fluctuando entre políticas que promueven la inmigración y otras que la limitan, dependiendo del clima social y económico imperante en cada momento. El derecho de extranjería es un sector del derecho caracterizado por su tecnicismo y en el que la norma escrita juega un papel muy relevante como no podía ser de otro modo en países bajo la influencia del sistema continental. Por consiguiente, el *modus operandi* a la hora de profundizar en esta materia debe comenzar por identificar la legislación relevante, sin perjuicio de que también habrá jurisprudencia y decisiones administrativas que consultar en la medida en que ayuden a interpretar y precisar las normas relevantes. El énfasis en las disposiciones normativas aconseja focalizar el examen de esta materia en países concretos y, dado que España y México cuentan con un contexto jurídico, político y sociológico distinto en materia de extranjería, procede presentar a continuación de forma separada los trazos básicos de ambos sistemas migratorios. De todos modos, no puede dejar de advertirse que otros países hispanoparlantes, como Argentina o Venezuela, son conocidos por los flujos migratorios que han experimentado históricamente (en particular, procedentes de España).[314]

7.III.5.1 España

La política migratoria ha experimentado cambios importantes en España a lo largo de los años como consecuencia de los vaivenes en la política económica, puesto que se ha pasado de una época en la que era necesaria mano de obra a otra en la que la crisis económica ha llevado a muchos españoles a abandonar el país en busca de un trabajo.[315] Ello no obsta a que, desde una perspectiva histórica, haya de calificarse a España como un país de emigrantes.

Las cuestiones de extranjería están sujetas a distintos regímenes. La norma fundamental es la **Ley Orgánica sobre derechos y libertades de los extranjeros en España y su integración social** (LOEX),[316] que comienza explicitando que es extranjero el que no es nacional español. La precisión no por obvia deja de ser importante, dado que el régimen de acceso a la nacionalidad española es, por fuerza, complementario de las reglas españolas de extranjería. Así y aunque no procede hacer referencia aquí a estas cuestiones, sí ha de señalarse que la propia CE explicita que los nacionales de países iberoamericanos no

---

[314] Sergio García Ramírez, 'A setenta años de la migración republicana: los juristas' (2011) 23 Revista Mexicana de Historia del Derecho 209.

[315] Sobre el impacto de la crisis económica en la política migratoria española véanse los trabajos publicados en Eliseo Aja Fernández y otros (coord) *Inmigración y crisis: Entre la continuidad y el cambio* (Fundación CIDOB 2013).

[316] Ley Orgánica 4/2000, de 11 de enero, sobre derechos y libertades de los extranjeros en España y su integración social (BOE 12.1.2000) (en adelante, LOEX), objeto de importantes modificaciones por haber sido declarados algunos de sus preceptos inconstitucionales. Sobre esta materia existen incontables obras. Baste llamar aquí la atención sobre la Revista del Ministerio de Trabajo e Inmigración; la Revista de derecho migratorio y extranjería; o Migraciones.

perderán su nacionalidad de origen al adquirir la española.[317] Y, en materia de extranjería, estos países así como otros con los que España tiene, o ha tenido, una especial vinculación gozan de tratamiento especial.[318]

Además de estos nacionales, la LOEX distingue otros nacionales con un tratamiento especial. Así y en segundo lugar, excluye de su ámbito de aplicación al personal con un estatuto de derecho público como son los agentes diplomáticos o consulares de otros estados, o personal de organizaciones internacionales. En tercer lugar, reconoce la prevalencia de convenios internacionales que aborden estas cuestiones como convenios migratorios y de cooperación dirigidos, por ejemplo, a gestionar contrataciones en origen de trabajadores para un determinado periodo de tiempo.

En cuarto lugar, los nacionales de otros estados miembros de la Unión Europea y del Espacio Económico Europeo se someten a las disposiciones emanadas de la UE y, sólo si recibieran un tratamiento más favorable, se aplicarían las reglas de la LOEX. Las normas de extranjería de la UE arrancan de la consagración de la **libre circulación de trabajadores** como pieza clave de la creación del mercado interior al que aspira esta entidad supranacional.[319] Así y aunque todos los nacionales de estados miembros tienen garantizado el derecho de desplazamiento y entrada en otros estados miembros, no ocurre lo mismo con el derecho de residencia que, en principio, está sólo asegurado a los trabajadores, sea por cuenta propia o ajena, y a aquellas personas con recursos suficientes y un seguro de enfermedad.[320] Estos derechos, el de **reagrupación familiar** y el derecho a trabajar en otro estado miembro y recibir el mismo trato que los nacionales de ese país, son objeto de normativa específica por parte de la UE,[321] sobre la que existe una abundante jurisprudencia del TJUE.

La doctrina del TJUE ha sido esencial en este sector para clarificar, en particular, el derecho de residencia legal de familiares de trabajadores nacionales de la UE, así como qué implica el que hayan de recibir el mismo trato que los nacionales del país receptor.[322]

---

[317] CE, art 11.3. El precepto también se refiere a otros países con los que España tenga, o haya tenido, una especial vinculación como, por ejemplo, Filipinas o Guinea Ecuatorial. En este contexto, destacan las leyes destinadas a facilitar la adquisición de la nacionalidad española por parte de descendientes de exiliados por la Guerra Civil española o de judíos sefardíes. Académicamente se explican conjuntamente 'nacionalidad y extranjería', materia sobre la que existen diversas obras.
[318] Estos nacionales están exentos de pagar tasas por autorizaciones administrativas o **visados**. Véase LOEX (n 316) art 47.1.
[319] Son clave Tratado de la Unión Europea (TUE), art 3.2; y TFUE (n 284) arts 4.2,a), 20, 26, 45–48. Véase Tratados de la UE (Unión Europea)
 <http://europa.eu/about-eu/basic-information/decision-making/treaties/index_es.htm>.
[320] Reglamento (CEE) 492/2011, de 5 de abril de 2011, relativo a la libre circulación de los trabajadores dentro de la Unión (Texto pertinente a efectos del EEE) [2011] DO L 141/1. Este reglamento sustituye al Reglamento (CE) 1612/68 que fue el primero en desarrollar estas reglas de extranjería.
[321] Directiva 2004/38/CE, de 29 de abril de 2004, relativa al derecho de los ciudadanos de la Unión y de los miembros de sus familias a circular y residir libremente en el territorio de los Estados miembros [2004] DO L 229/35.
[322] Son reseñables las SSTJUE de 4 de mayo de 1995, As 7/94, *Landesamt für Ausbildungsförderun Nordhein-Westfalen*; de 17 de septiembre de 2002, As 413/99, *Baumbast y R*; de 8 de junio de 1999, As C-337/97, *Meeusen*; de 23 de febrero de 2010, As 310/08 y 480/08, *Ibrahim y Teixeira*. En particular, sobre el respeto a la vida familiar y estatuto de la ciudadanía de la Unión, véase las SSTJUE

Cabe destacar que una de sus decisiones se apoyó en la **ciudadanía de la UE**,[323] para conceder la residencia legal en un estado miembro a los padres de un menor nacional de dicho país.[324] Pero esta decisión representa la excepción puesto que la aplicación de los derechos consagrados a nacionales de estados miembros por la normativa europea sólo procede si el nacional en cuestión ha hecho uso de su derecho a la libre circulación; de otro modo, se aplica el derecho nacional de extranjería que corresponda.[325]

La progresiva creación del 'espacio Schengen' también ha generado importante normativa procedente de la UE en materia de extranjería, en tanto que su establecimiento implica la abolición de las fronteras interiores entre los estados parte (del que sólo están fuera el Reino Unido e Irlanda) y, en consecuencia, obliga a regular las fronteras exteriores.[326] Las **políticas sobre controles en las fronteras**, **asilo** e **inmigración**,[327] forman parte del Título V del TJUE y afectan a cuestiones como la creación de un modelo uniforme de visado y la elaboración de la lista de países cuyos nacionales lo necesitan para entrar en el espacio Schengen. Sobre la misma base jurídica se han promulgado directivas que conciernen a las condiciones de circulación de nacionales de terceros estados o a su derecho de reagrupación familiar;[328] así como a las condiciones en que se ha de producir el retorno de inmigrantes sin residencia legal en estados miembros.[329]

El llamado **Sistema Europeo Común de Asilo** (SECA) se asienta sobre la Convención de Ginebra de 1951 y el Protocolo de 1967 sobre el Estatuto de los Refugiados, sin que se distinga entre la figura del **asilado** y la del **refugiado**.[330] En caso de que no se cumplan los

---

de 11 de julio de 2002, As 60/00, *Carpenter*; de 23 de septiembre de 2003, As C 109/01, *Akrich;* de 19 de octubre de 2004, As 200/02, *Zhu y Chen*.

[323] TFUE (n 284) art 20. Véase también Ibid arts 21–25 (sobre el conjunto de derechos que lleva asociada la ciudadanía de la UE) y 18 (sobre la prohibición de discriminación por razón de la nacionalidad).

[324] STJUE de 8 de marzo de 2011, As C 34/09, *Ruiz Zambrano*.

[325] SSTJUE de 5 de mayo de 2011, As 434/09, *McCarthy*; y de 15 de noviembre de 2011, As C-256/11, *Dereci y otros*. Con estas decisiones surge el problema de que se generen **discriminaciones inversas**.

[326] El primer paso en este proceso se produce con el Acuerdo de Schengen, de 14 de junio de 1985, relativo a la supresión gradual de las fronteras comunes, y da un salto cualitativo con el Convenio Schengen, de 19 junio 1990, para impulsar la formación de un espacio sin fronteras interiores. Véase el acuerdo de adhesión de España a ambos instrumentos en [2000] DO L 239/69.

[327] Para una completa visión de estas políticas véase Agencia de los Derechos Fundamentales de la Unión Europea, *Manual de Derecho europeo sobre asilo, fronteras e inmigración* (Oficina de Publicaciones de la Unión Europea 2014).

[328] Directiva 2003/109/CE, de 25 de noviembre 2003, relativa al estatuto de los nacionales de terceros países residentes de larga duración [2004] DO L 16/44; y Directiva 2003/86/CE, de 22 de septiembre de 2003, sobre el derecho a la reagrupación familiar [2003] DO L 251/12.

[329] Directiva 2008/115/CE, de 16 de diciembre de 2008, relativa a normas y procedimientos comunes en los Estados miembros para el retorno de los nacionales de terceros países en situación irregular [2008] DO L 348/98. Esta Directiva es popularmente conocida como 'Directiva de la vergüenza' por lo que supone de ataque a derechos básicos de la persona humana. Lorena Bajatierra, 'La UE aprueba la "Directiva de la Vergüenza": El delito de emigrar' (2008) 1909 Cambio 16 40.

[330] Convención de Ginebra de 28 de julio de 1951 y el Protocolo de 31 de enero de 1967 sobre el Estatuto de los Refugiados, respectivamente, 189 UNTS 150 y 606 UNTS 267. Sobre el SECA, véase Directiva 2011/95/UE, de 13 de diciembre de 2011, por la que se establecen normas relativas a los requisitos para el reconocimiento de nacionales de terceros países o apátridas como benefi-

requisitos necesarios para obtener la condición de refugiado, el solicitante podría acceder a **protección subsidiaria**, con los mismos derechos que si fuera refugiado, cuando no puede regresar a su país so pena de ser ejecutado, torturado o sometido a tratos inhumanos o degradantes, o de morir en una situación de violencia generalizada e indiscriminada. Además de esta armonización de mínimos, el sistema sirve a coordinar los sistemas nacionales para que sólo sea posible presentar una solicitud de asilo en un estado miembro ya que, una vez que se opta por un país de la UE, no se puede volver a intentar en otro.[331] El sistema presenta numerosas deficiencias que la creación de organismos supranacionales, como la **Oficina Europea de Apoyo al Asilo** y la **Red Europea de Migración**,[332] intenta paliar.

Para los casos que no encajan en un supuesto de los antes reseñados o a los que no se apliquen normas internacionales, la LOEX prevé el régimen de entrada, **estancia** y residencia de los extranjeros en España. Cada una de estas situaciones administrativas exige el cumplimiento de una serie de requisitos que, de no producirse, da lugar a una **situación de irregularidad**. Además de no tener acceso a beneficios ni disfrutar de los correspondientes derechos, los extranjeros en situación irregular pueden ser **expulsados** de territorio español.[333] Si se tratara de un **menor no acompañado (MENA)** prima el interés superior del menor y éste no podrá ser expulsado, sino que procede su **acogimiento**, familiar o en un centro especial al efecto. De forma similar ha de actuarse en el caso de mujeres embarazadas que tiene derecho, al menos, a asistencia sanitaria.

Las condiciones que tienen que cumplir los extranjeros para entrar o permanecer legalmente en España varían en función de la actividad que vayan a realizar: trabajo por cuenta propia o ajena, actividad no lucrativa o estudios. A estos efectos, también se distinguen los visados que pueden ser **de tránsito**, de estancia, de residencia, de residencia y trabajo (aportando oferta de trabajo), de residencia y trabajo de temporada, de estudios (siendo necesario probar la aceptación en un programa de estudios concreto), de investigación. Otros visados son los que se expiden en caso de reagrupación familiar, para profesionales altamente cualificados, para prestación transnacional de servicios, de residencia temporal

---

ciarios de protección internacional, a un estatuto uniforme para los refugiados o para las personas con derecho a protección subsidiaria y al contenido de la protección concedida (refundición) [2011] DO L 337/9; Directiva 2013/32/UE, de 26 de junio de 2013, sobre procedimientos comunes para la concesión o la retirada de la protección internacional (refundición) [2013] DO L 180/60; Directiva 2013/33/UE, de 26 de junio de 2013, por la que se aprueban normas para la acogida de los solicitantes de protección internacional (texto refundido) [2013] DO L 180/96.

[331] El primer instrumento relevante es el Convenio de Dublín de 1990, sustituido por el Reglamento (CE) 343/2003, de 18 de febrero de 2003, por el que se establecen los criterios y mecanismos de determinación del Estado miembro responsable del examen de una solicitud de asilo presentada en uno de los Estados miembros por un nacional de un tercer país (Dublín II) [2003] DO L50/1.

[332] La Red Europea de Migración recoge e intercambia información sobre el funcionamiento del sistema. Comisión Europea < http://ec.europa.eu/dgs/home-affairs/what-we-do/networks/european_migration_network/index_en.htm >. Por su parte, la Oficina Europea de Ayuda al Asilo, conocida por sus siglas en inglés (EASO), busca impulsar la cooperación entre los estados miembros en materia de asilo.

[333] Realizando un estudio comparado entre España y México en esta materia, Loretta Ortiz Ahlf, *El derecho de acceso a la justicia de inmigrantes irregulares* (UNAM 2000).

con excepción de autorización de trabajo y de **gestión colectiva de contrataciones en origen** (en el que hay acuerdos específicos con los países de origen).

En determinados casos se toman en consideración las cualidades excepcionales del extranjero (normalmente, artistas o atletas de reconocido prestigio) para agilizar la concesión de visados y autorizaciones de residencia. Con el pretendido objetivo de atraer inversión y talento, se han establecido disposiciones específicas y al margen de la LOEX que, a cambio de determinadas inversiones en España, permite a inversores, emprendedores, trabajadores que efectúen movimientos intraempresariales, profesionales altamente cualificados e investigadores, así como a sus cónyuges e hijos mayores, conseguir la autorización de residencia a través de un procedimiento ágil y rápido ante una única autoridad.[334]

7.III.5.2 México

Aunque México es clarísimamente un país de **emigrantes** (mexicanos que dejan su país para instalarse en otros lugares como Estados Unidos),[335] el país azteca también cuenta con un número importante de **inmigrantes** (según las estadísticas, son los estadounidenses y los españoles lo que constituyen los grupos de inmigrantes más numerosos en territorio mexicano).[336]

Dado que la Constitución mexicana otorga al Congreso de la nación la competencia para dictar leyes sobre 'nacionalidad, condición jurídica de los extranjeros, ciudadanía, **naturalización**, colonización, emigración e inmigración',[337] las normas mexicanas en materia de extranjería tienen naturaleza federal. Los textos más relevantes en esta materia son la Ley de Migración de 2011 (LM),[338] el Reglamento de la Ley de migración de 2012[339] y la Ley sobre refugiados, protección complementaria y asilo político de 2011,[340] que aminoran la importancia de los textos que previamente eran esenciales en la materia (Ley general de población[341] y la Ley de nacionalidad,[342] junto con sus respectivos regla-

---

[334] Ley 14/2013, de 27 de septiembre, de apoyo a los emprendedores y su internacionalización (BOE 28.9.2013), arts 64 a 76. Ejemplos de estas inversiones que requiere expresamente la citada ley son dos millones de euros en deuda pública española o compra de un inmueble por valor de más de medio millón de euros. Véase Rosana David Boix y Oriol Mosso Bel, 'Inversión inmobiliaria extranjera: cómo conseguir el visado y autorización de residencia' (2013) 137 Inmueble: Revista del sector inmobiliario 32.

[335] Se afirma que casi doce millones de mexicanos residen actualmente en USA, lo que constituye el 28% de todos los extranjeros ubicados en dicho país. Véase Migration Policy Institute, Frequently Requested Statistics on Immigrants and Immigration in the United States <http://migrationpolicy.org/article/frequently-requested-statistics-immigrants-and-immigration-united-states?gclid=CMeToaup98YCFRQatAodB9QAtA#Mexican%20Immigrant>.

[336] Instituto Nacional de Estadística, Geografía e Informática, Los extranjeros en México (última edn de 2007) <http://www.inegi.gob.mx/prod_serv/contenidos/espanol/bvinegi/productos/estudios/sociodemografico/ext_en_mex/extraen_mex.pdf >.

[337] CPEUM, art 73.XVI.

[338] Ley de migración (DOF 25.5.2011) (en adelante, LM).

[339] Reglamento de la Ley de migración (DOF 28.9.2012).

[340] Ley sobre refugiados, protección complementaria y asilo político (DOF 27.1.2011).

[341] CPEUM, arts 33, 11, 27, 30, 32, 37.

[342] Ley general de población (DOF 7.1.1974).

mentos de desarrollo).³⁴³ Existe además un buen número de disposiciones nacionales que también pueden ser aplicadas en este ámbito jurídico: la propia Constitución mexicana (que establece una serie de prohibiciones y limitaciones para las personas extranjeras);³⁴⁴ normas federales de origen muy diverso (Ley de profesiones, Ley general de salud, Ley aduanera, Ley federal del impuesto sobre la renta, etc.); así como circulares nacionales referidas al **TLCAN**.³⁴⁵

La implementación de la política de extranjería del gobierno mexicano es llevada mayoritariamente a cabo por un órgano de naturaleza administrativa (la **Secretaría de la Gobernación**),³⁴⁶ con la ayuda de su Instituto Nacional de Migración.³⁴⁷ Otros órganos del ejecutivo mexicano, como la Secretaría de Relaciones Exteriores,³⁴⁸ también tienen asignadas funciones en esta materia. La LM considera que son autoridades auxiliares en esta materia la Secretaría de Turismo, Secretaría de Salud, la Procuraduría General de la República, el Sistema Nacional y los sistemas Estatales para el Desarrollo Integral de la Familia y el Instituto Nacional de las Mujeres.³⁴⁹ No existen en México jueces especializados en este ámbito, como sí que ocurre en Estados Unidos con los *immigration judges*.

En el pasado, la Ley general de población presentaba claras similitudes con la *Immigration and Nationality Act* estadounidense, al diferenciar ambas disposiciones, con respecto a los extranjeros que entran legalmente al país, entre no inmigrantes e inmigrantes. Sin embargo, la actual LM ha modificado dicha clasificación³⁵⁰ y actualmente autoriza la permanencia en México a los extranjeros bajo una de las figuras siguientes: estancia de visitante, residente temporal o residente permanente.³⁵¹ La **estancia de visitante** engloba a su vez varias figuras: visitante sin permiso para realizar actividades remuneradas (permiso de permanencia en México por un máximo de ciento ochenta días); **visitante con permiso para realizar actividades remuneradas** (misma extensión); **visitante regional** (máximo de tres días); **visitante trabajador fronterizo** (máximo de un año); **visitante por razones humanitarias** (niño no acompañado, solicitante de asilo político, etc.) y **visitante con fines de adopción** (estancia autorizada hasta que dicho proceso concluya). El **residente temporal** puede permanecer en México un máximo de 4 años, con la posibilidad de obtener un permiso para trabajar de forma remunerada y tiene derecho a la preservación de la unidad familiar por lo que podrá ingresar con o solicitar posteriormente la internación de una serie de personas (hijos, cónyuge, **concubina**, progenitores), quienes podrán residir

---

³⁴³ Ley de nacionalidad (DOF 23.1.1998).
³⁴⁴ Reglamento de la Ley general de población (DOF 14.4.2000); Reglamento de Ley de nacionalidad (DOF 17.6.2009).
³⁴⁵ Circular número R E-1 en la que se detallan las reglas a las que se sujetará el ingreso temporal de personas de negocios, de conformidad con el Tratado de libre comercio para América del Norte (DOF 9.5.1994).
³⁴⁶ LM (n 338) art 18; Secretaría de la Gobernación <http://www.gobernacion.gob.mx/>.
³⁴⁷ LM (n 338) arts 19–20; Instituto Nacional de Migración <http://www.inm.gob.mx/>.
³⁴⁸ LM (n 338) art 21; Secretaría de Relaciones Exteriores < http://sre.gob.mx/>.
³⁴⁹ LM (n 338) arts 26–30.
³⁵⁰ Véase Ibid arts transitorios.
³⁵¹ Ibid arts 52, 40 (obtención de la correspondiente visa). Véase Luisa Morales Vega, 'Categorías migratorias en México. Análisis a la Ley de Migración' (2012) 12 Anuario Mexicano de Derecho Internacional 929.

regularmente en México por el tiempo que dure el permiso del residente temporal. La LM reconoce asimismo el subtipo de residente temporal estudiante, a quien se le autoriza para permanecer en México por el tiempo que dure su programa de formación, hasta la obtención del título correspondiente, con derecho a entrar y salir del territorio nacional cuantas veces lo desee y con permiso para realizar actividades remuneradas cuando se trate de estudios de nivel superior, posgrado e investigación. Por su parte, el **residente permanente** está autorizado para permanecer en el territorio mexicano de manera indefinida, con permiso para trabajar a cambio de una remuneración.[352] Dentro del régimen recién expuesto, una novedad importante de la LM es que quien se encuentre en México en calidad de visitante no puede modificar su estatus (por ejemplo, pretender pasar a residente temporal) mientras permanece dentro del país, sino que necesariamente habrá de salir de éste al concluir el período de permanencia inicialmente autorizado.[353] Pese a este dato, diversos autores mexicanos estiman que la reciente LM supone un avance en materia de reconocimiento de los derechos básicos de los migrantes (con independencia de su estatus jurídico) en territorio mexicano, de la misma forma que consideran decepcionante la implementación llevada a cabo en diversos puntos del Reglamento de la LM.[354]

Aparte de conocer las líneas básicas recién presentadas del derecho de extranjería mexicano, los abogados que trabajan en este ámbito en español e inglés deben ser igualmente conscientes de la gran importancia que tiene en toda Latinoamérica la **política de inmigración** desarrollada por EEUU. Ello es especialmente evidente en el caso mexicano, al estar además ambos países vinculados por el TLCAN, un tratado de libre comercio que según los estudiosos ha incidido en el aumento de migrantes mexicanos a Estados Unidos.[355] En este último país, la reforma migratoria de Obama o el debate sobre los denominados **niños ancla** (niños nacido en territorio estadounidense de padres inmigrantes ilegales)[356] han movilizado a gran parte de la sociedad americana.

Los abogados que ejercen en más de un idioma en el ámbito del derecho migratorio también han de tener en cuenta que la presencia en territorio de Estados Unidos de nacionales procedentes de Latinoamérica ha hecho aumentar exponencialmente la importancia y la aplicación cotidiana del Derecho internacional privado (tanto en el ámbito patrimonial como en el del derecho de familia) en dicho país.[357] Los abogados que ejercen en Latinoamérica también

---

[352] LM, arts 54 (especificando las circunstancias que permiten obtener la condición de residente permanente), 57 (estableciendo un sistema de puntos para obtener la residencia permanente en caso de no haber transcurrido los 4 años requeridos por el artículo 54.V).

[353] Ibid art 53; Gobierno de España, 'Nueva legislación migratoria mexicana' <http://www.exteriores.gob.es/Consulados/MEXICO/es/Consulado/Paginas/Articulos/nueva-normativa.aspx>.

[354] Claudia Yadira Perales Garza, 'Ley de Migración: "reforma a cuentagotas"' (2013) 137 Boletín Mexicano de Derecho Comparado 449; Mauricio Farah Gebara, *Migración y Derecho Humanos en México* (Porrúa 2014) 26.

[355] Philip Martin 'Mexico-US Migration, NAFTA and CAFTA and US Immigration Policy' en Randall Hansen, Jobst Koehler y Jeannette Money (eds), *Migration, nation states, and international cooperation* (Routledge 2011) 75.

[356] Mariana E Ormonde, 'Debunking the Myth of the Anchor Baby: Why Proposed Legislation Limiting Birthright Citizenship is Not a Means of Controlling Unauthorized Immigration' (2012) 17 Roger Williams U L Rev 861.

[357] Marsha Chien, 'When Two Laws are Better than One: Protectiong the Rights of Migran Workers' (2010) 28 Berkeley Journal of International Law 15.

han de ser conscientes de que dichos desplazamientos transfronterizos plantean además retos a los ordenamientos jurídicos de los países de procedencia de estos migrantes, dado que una parte de ellos regresan a su país de origen y en ocasiones pretenden el reconocimiento de situaciones jurídicas que fueron generadas en el país de acogida.[358]

Por último, los abogados que trabajan en varios idiomas en el ámbito del derecho migratorio deben ser plenamente conscientes de las interconexiones y de la gran importancia que tienen los **derechos humanos** en el ámbito de la extranjería.[359] Diversos fenómenos denunciados por migrantes mexicanos y centroamericanos (secuestros de migrantes organizados por bandas de delincuentes, el poder de las **maras** en rutas clave de migración ilegal como el tren de carga denominado **La Bestia**, autoridades de las **estaciones migratorias** acusadas de abusar de migrantes, etc.)[360] reflejan claramente los grandes déficits jurídicos que todavía persisten en este campo. A la defensa de los derechos humanos de los migrantes latinos se dedican abundantes ONGs nacionales e internacionales, e igualmente diversas organizaciones internacionales han mostrado su preocupación en esta materia a través de diversas iniciativas de tinte jurídico (como, por ejemplo, el trabajo de la Relatoría sobre los Derechos de los Migrantes por parte de la OEA[361] o la entrada en vigor en el año 2003 de la Convención Internacional de Naciones Unidas sobre la Protección de los Derechos de todos los Trabajadores Migratorios y de sus Familiares, texto del que México es Estado parte, pero no España y USA).[362] Igualmente, en el contexto estadounidense, el Tribunal Supremo ha dictado varios relevantes pronunciamientos respecto de migrantes mexicanos en los que se abordan candentes cuestiones vinculadas con los derechos humanos (discriminación racial, segregación, etc.).[363]

---

[358] Elvia Lucía Flores Ávalos, 'Homologación de sentencia vía jurisdicción voluntaria en materia de adopción realizada en Estados Unidos Estudios de sentencias: Voto particular de la magistrada Rebeca Florentina Pujos Rosas' (2013) 4 Revista de Derecho Privado 399; Elí Rodríguez Martínez, 'El reconocimiento de los matrimonios homosexuales extranjeros en México y la Ley de Sociedad de Convivencia del Distrito Federal: un cambio en el orden público interno' (2007) 37 Jurídica: anuario del Departamento de Derecho de la Universidad Iberoamericana 231.

[359] Sebastián Albuja, 'Criminal Violence, Displacement and Migration in Mexico and Central America' en Susan F Martin, Sanjula Weerasinghe y Abbie Taylor (eds), *Humanitarian crises and migration: causes, consequences and responses* (Routledge 2014) 113.

[360] Steven W Bender, *Run for the border: vice and virtue in U.S.-Mexico border crossings* (New York University Press 2012); Diego García-Ricci, 'El muro en la frontera México-Estado Unidos: un atentado a la dignidad humana' (2009) 10 Revista del Centro Nacional de Derechos Humanos.

[361] Pablo Saavedra, 'Algunas consideraciones sobre la Relatoría de la Comisión Interamericana de Derechos Humanos sobre Trabajadores Migratorios y Miembros de sus Familias en el Hemisferio' (2000) 29 Revista Instituto Interamericano de Derechos Humanos 153.

[362] Convención internacional sobre la protección de los derechos de todos los trabajadores migratorios y de sus familiares, de 18 de diciembre de 1990, 2220 UNTS 3.

[363] Mario Melgar Adalid, 'La Suprema Corte de Estados Unidos ante el fenómeno migratorio' (2011) 24 Cuestiones Constitucionales 111.

7.III.6 Derecho societario y de la competencia

Otro sector del derecho en el que suelen verse envueltos los abogados que trabajan en más de un idioma es el derecho mercantil.[364] Con independencia de que el abogado intervenga en la redacción de contratos comerciales transnacionales o en la resolución de conflictos que surjan de transacciones económicas internacionales, este profesional habrá de tener un buen conocimiento no sólo de derecho contractual, sino también de derecho societario y de la competencia. Los especialistas en este campo también deben familiarizarse con el **derecho internacional privado**, incluidas las normas de conflicto que rigen un caso o controversia específica.[365] Los abogados también necesitan saber cómo y cuándo elegir el derecho aplicable y el foro ante el que discutir de las controversias que puedan surgir. El principio de la autonomía de la voluntad está bien asentado en derecho mercantil y, además, la comunidad internacional de comerciantes ha desarrollado un importante número de instrumentos y recomendaciones que contribuyen a facilitar las relaciones comerciales transnacionales. A consecuencia de ello, los abogados que trabajen en este campo en más de un idioma tienen que estar familiarizados con textos como la Convención de Viena sobre los contratos de compraventa internacional de mercaderías (CISG),[366] los principios UNIDROIT sobre los contratos comerciales internacionales,[367] los Incoterms,[368] y las Reglas y Usos uniformes para créditos documentarios (también conocidos a nivel global por su acrónimo en inglés UCP).[369]

Las partes también tienen libertad para determinar muchos de los mecanismos que se usarán para resolver disputas comerciales internacionales. Posiblemente, el método más popular sea el **arbitraje comercial internacional**, que es un mecanismo privado y consensual que busca amalgamar reglas procesales procedentes tanto del *civil law* como del *common law*.[370] No obstante, las partes también pueden concluir una **cláusula de elección de foro** (o de **sumisión expresa**) que requiera que cualquier conflicto futuro sea resuelto por un determinado tribunal nacional.[371]

Estas cuestiones y otras conexas son abordadas por numerosos trabajos redactados en inglés y, por lo tanto, no necesitan ser analizadas con detalle en el presente apartado. Así, el énfasis se pone en algunas leyes nacionales en materia societaria, para ayudar a los abogados que trabajan en más de un idioma a comprender cómo los países hispanoparlantes afrontan estas cuestiones. Paralelamente, se entiende necesario abordar de forma breve las reglas que rigen una libre y legal competencia puesto que este aspecto del

---

[364] Históricamente la mayoría de los países hispanohablantes encuadra el estudio de los actos de comercio y de los profesionales que los realizan bajo la denominación 'derecho mercantil', aunque también se utilizan otras, en particular 'derecho del comercio'.
[365] Dicey, Morris y Collins (n 135).
[366] CISG (n 40).
[367] Principios UNIDROIT (n 49).
[368] Incoterms (n 50).
[369] UPC (n 51).
[370] Born (n 140). Los conflictos derivados de inversiones directas en el extranjero con frecuencia se resuelven a través de un mecanismo denominado **arbitraje de inversiones**. Véase cap 8.III.4.
[371] Strong (n 141) (analizando cláusulas de elección de foro).

derecho mercantil también da lugar a muchos problemas transfronterizos, a pesar de su formulación eminentemente territorial.

Se trata de un ámbito jurídico en el que existe abundante normativa, por lo que se reputa más adecuado hacer presentaciones individualizadas en vez de elaborar un apartado único que aborde una pluralidad de legislaciones. El análisis que aquí se inicia se va a centrar en dos jurisdicciones, España y México, y va a examinar un conjunto de cuestiones jurídicas y lingüísticas.

7.III.6.1 España

Elemento clave de la economía moderna, la **empresa** se menciona en un número importante de disposiciones en España, puesto que su régimen jurídico no pertenece a una sola disciplina.[372] Esta noción es básicamente económica y engloba diversas formas de organización económica, tanto individuales como colectivas. Estas últimas reciben el nombre de **sociedad** y de ellas se ocupa tanto el Código de comercio como el Código civil, que la definen como un contrato por el que dos o más personas se obligan a poner en común dinero, bienes o industria para realizar una actividad económica con el fin de obtener un lucro.[373] Las sociedades son **personas jurídicas** y, como tales, tienen **capacidad jurídica y de obrar**, es decir, pueden, por ejemplo, celebrar contratar, adquirir derechos o cosas, o intervenir en juicio como demandantes o demandadas.

La determinación de cuándo estamos ante una sociedad mercantil o ante una civil y, por tanto, se aplican unas u otras disposiciones es una cuestión compleja, en particular en lo que se refiere a las **sociedades personalistas** como son la sociedad colectiva y la sociedad comanditaria simple (a diferencia de la anterior, intervienen socios que sólo aportan, pero no gestionan).[374] Frente a estas sociedades en las que los socios responden personal e ilimitadamente de las deudas sociales, se identifican las **sociedades de capital** en las que dicha responsabilidad está limitada. Se trata de la **sociedad anónima**, la **sociedad de responsabilidad limitada** y la sociedad comanditaria por acciones, de las que se ocupa una ley especial.[375] Además, existen otros tipos societarios para los que también existen leyes especiales como la agrupación de interés económico, la sociedad de garantía recíproca, la **sociedad cooperativa** y la **mutua**.

De todos modos, estas reglas nacionales no son las únicas a las que debe atender un abogado, puesto que aquí también es relevante el derecho de la Unión Europea, ya que esta última ha asumido competencia legislativa en muchas de las cuestiones aquí tratadas; ello tiene su reflejo tanto en el derecho originario como en el derivado de la UE. Una de las reglas fundamentales se encuentra recogida en el artículo 49 TFUE, referido a la **libertad de establecimiento** y que afecta a la **constitución de sociedades**, incluyendo las sociedades

---

[372] El derecho laboral o el derecho de contratos o de bienes son disciplinas que también intervienen en la reglamentación de la empresa, por ejemplo. Ha de destacarse que la **fiscalidad** de la empresa también es objeto de normas estatales independientes de las aquí examinadas.

[373] CC, art 1665; Código de Comercio (Gaceta 16.10.1885), art 116.

[374] Manuel Broseta Pont y Fernando Martínez Sanz, *Manual de Derecho Mercantil* (20a edn, Tecnos 2013) 291–93.

[375] Real Decreto Legislativo 1/2010, de 2 de julio, por el que se aprueba el texto refundido de la Ley de Sociedades de Capital (BOE 3.7.2010).

matriz y sus filiales, así como **agencias**, establecimientos o **sucursales**. Esta norma indica que

> quedarán prohibidas las restricciones a la libertad de establecimiento de los nacionales de un Estado miembro en el territorio de otro Estado miembro. Dicha prohibición se extenderá igualmente a las restricciones relativas a la apertura de agencias, sucursales o filiales por los nacionales de un Estado miembro establecidos en el territorio de otro Estado miembro.
>
> La libertad de establecimiento comprenderá el acceso a las actividades no asalariadas y su ejercicio, así como la constitución y gestión de empresas y, especialmente, de sociedades, tal como se definen en el párrafo segundo del artículo 54, en las condiciones fijadas por la legislación del país de establecimiento para sus propios nacionales, sin perjuicio de las disposiciones del capítulo relativo a los capitales.[376]

La libertad de establecimiento ha sido desarrollada en numerosas directivas y ha dado lugar, además, a una importante serie de decisiones del TJUE incidiendo en la obligación de reconocer la personalidad jurídica de sociedades constituidas en otro estado miembro.[377] De resultas de esta interpretación, quien constituya una sociedad en un país de la UE puede operar con ella económicamente en otro, en ejercicio de su libertad de establecimiento. Sin embargo, la UE no ha abordado el derecho a trasladar la sede de una sociedad a otro estado miembro, que depende de lo que puedan establecer las legislaciones nacionales del estado de origen y de destino. Para solventar éste y otros problemas, se han creado figuras como la agrupación europea de interés económico, la *Societas Europea* y la sociedad cooperativa europea.[378] No son, sin embargo, fórmulas muy exitosas hasta el momento, dados los enormes costes de constitución y el hecho de que sus reglamentaciones no sean exhaustivas, habiendo de acudirse a la legislación nacional para cubrir sus lagunas.

De acuerdo con la legislación española, las sociedades de capital, incluidas las sucursales de sociedades extranjeras o sus filiales, han de registrarse en el **Registro Mercantil**. En general, los socios no tienen derecho a gestionarlas para lo que se nombran **administradores sociales**, que forman parte de lo que se conoce en términos de derecho laboral, **personal de alta dirección**. Por su parte, los **socios** o **accionistas** (o titulares de participaciones sociales si la sociedad es de responsabilidad limitada) son los titulares de la empresa y su responsabilidad no excede el valor de las acciones o participaciones sociales que ostentan. La relación entre accionistas y sociedades se somete a las leyes pertinentes, a los **estatutos de la sociedad** y a los **acuerdos sociales** que puedan concluir los socios en la junta general. Por su parte, el órgano de administración y representación se somete a lo que indique la

---

[376] TFUE (n 284) art 49.

[377] Dentro de la UE conviven dos aproximaciones a la constitución de sociedades según se opte por la teoría de la sede real o la teoría de la incorporación, diferencias que dan lugar a los supuestos que se esconden detrás de las siguientes SSTJUE: de 27 de septiembre de 1988, As 81/87, *Daily Mail*; de 9 de marzo de 1999, As C-212/97, *Centros*; de 5 de noviembre de 2002, As C-208/00, *Überseering*; de 30 de septiembre de 2003, As C-167/01, *Inspire Art*; de 16 de diciembre de 2008, As C-210/06, *Cartesio*.

[378] Reglamento (CEE) 2137/85, de 25 de julio de 1985, relativo a la constitución de una agrupación europea de interés económico (AEIE) [1985] DO L 199/1; Reglamento (CE) 2157/2001, de 8 de octubre de 2001, por el que se aprueba el Estatuto de Sociedad Anónima Europea (SE) [2001] DO L 294/1; Reglamento (CE) 1435/2003, de 22 de julio de 2003, relativo al Estatuto de la sociedad cooperativa europea (SCE) [2003] DO L 207/1.

junta general, aunque la realidad de las sociedades anónimas es que este órgano ha consolidado un poder *de facto* de difícil control. En este contexto, las herramientas de **buen gobierno corporativo** se tornan cada vez más importantes y las leyes españolas insisten en ello.[379]

A pesar de que pueden existir de forma indefinida, las sociedades pueden optar por la disolución voluntaria o el cese de operaciones por **insolvencia**. Ambas situaciones requieren un procedimiento de **liquidación** para poner los asuntos de la compañía en orden. Dado que las sociedades de capital son personas jurídicas independientes, los acreedores de la sociedad no pueden perseguir a los accionistas para cobrar sus deudas. Ahora bien, los tribunales españoles han desarrollado la doctrina del **levantamiento del velo social** con el fin de atacar los bienes de los accionistas, en particular en los casos de **sociedad fantasma**.[380]

Las sociedades de capital son, con diferencia, el tipo más común de organización económica en España, aunque también existan otras fórmulas. Así, por ejemplo, un individuo puede comenzar un negocio por su cuenta y operar como **autónomo**. Aunque esta posibilidad tiene varias ventajas siendo la simplicidad la más obvia, también tiene sus desventajas, en particular que el autónomo es personalmente responsable con todos sus bienes en caso de que no pueda pagar sus deudas. A efectos de fomentar el emprendimiento en España, se han creado figuras como la del '**emprendedor** de responsabilidad limitada' que exige acceso al Registro Mercantil con todos los costes que ello implica;[381] de ahí que las sociedades de capital vayan a seguir siendo la fórmula de organización económica más solicitada.

Ya se ha indicado que el derecho mercantil no es el único que se ocupa de la empresa. Como tampoco es la legislación española la única que interviene, sino que el derecho de la Unión Europea rige un buen número de actividades societarias.[382] De especial relevancia es el derecho de competencia, en la medida en que se dirige a eliminar las desigualdades en el mercado que pueden afectar a la actividad comercial en la Unión Europea. De ahí que, además de las leyes especiales españolas, haya de tomarse en consideración el derecho de la UE que prohíbe

> todos los acuerdos entre empresas, las decisiones de asociaciones de empresas y las prácticas concertadas que puedan afectar al comercio entre los Estados miembros y que tengan por objeto o efecto impedir, restringir o falsear el juego de la competencia dentro del mercado interior y, en particular, los que consistan en:

---

[379] Sobre este concepto y sus múltiples problemas de aplicación, Ángel Fernández-Albor Baltar (dir), Elena F Pérez Carrillo (coord), *Empresa responsable y Crecimiento sostenible: Aspectos Conceptuales, Societarios y Financieros* (Thomson Reuters Aranzadi 2012).

[380] Carmen Boldó Roda, *Levantamiento del velo y persona jurídica en el derecho privado español* (4a edn, Cizur Menor 2006).

[381] Ley 14/2013, de apoyo a los emprendedores y su internacionalización (n 334), arts 7 ss.

[382] Por ejemplo, el derecho de la UE es relevante en materia de títulos-valores, impuestos, protección de datos, derecho laboral, agricultura y muchas más cuestiones. La protección de datos es un sector del derecho especialmente complejo, ya que afecta al intercambio de información entre entidades. Al respecto, ha de consultarse el Reglamento (UE) 2016/679, de 27 de abril de 2016, relativo a la protección de las personas físicas en lo que respecta al tratamiento de datos personales y a la libre circulación de estos datos y por el que se deroga la Directiva 95/46/CE (Reglamento general de protección de datos) [2016] DO L 119/1.

a) fijar directa o indirectamente los precios de compra o de venta u otras condiciones de transacción;
b) limitar o controlar la producción, el mercado, el desarrollo técnico o las inversiones;
c) repartirse los mercados o las fuentes de abastecimiento;
d) aplicar a terceros contratantes condiciones desiguales para prestaciones equivalentes, que ocasionen a éstos una desventaja competitiva;
e) subordinar la celebración de contratos a la aceptación, por los otros contratantes, de prestaciones suplementarias que, por su naturaleza o según los usos mercantiles, no guarden relación alguna con el objeto de dichos contratos.

Estas reglas se detallan en otros instrumentos legislativos y decisiones judiciales.[383] La Comisión Europea, a través de la Dirección General de Competencia, se preocupa de su aplicación, una vez que el Reglamento (CE) 1/2003 le ha otorgado amplios poderes para investigar, perseguir, decidir y sancionar violaciones del derecho de competencia europeo.[384] Este control público se complementa con los organismos de vigilancia nacionales. El encargado de vigilar el mercado en España es la Comisión Nacional de Mercados y de la Competencia,[385] que no sólo aplica derecho de la UE, sino también las normas españolas que definen los actos anti-competitivos como pueden ser **conductas colusorias, abuso de posición dominante** o el **falseamiento de la competencia por actos desleales**. Las **ayudas públicas**, sobre las que existe abundante jurisprudencia del TJUE, y las **concentraciones económicas** también son objeto de atención para estas entidades. Por otra parte y en atención a las insuficiencias del control público, la Unión Europea intenta potenciar mecanismos privados de control, pero que encuentran fuertes obstáculos en la idiosincrasia procesal de los estados miembros.[386]

7.III.6.2 México

En el sistema jurídico mexicano, el listado de las fuentes del derecho mercantil viene encabezado por la Constitución mexicana. Dicho texto no sólo proclama la competencia exclusiva del Congreso de la Unión para legislar sobre comercio[387] sino que también recoge diversos principios que inciden en el ámbito comercial (como el principio de **libre asociación, libre competencia** o **concurrencia** y libre comercio entre los estados mexicanos).[388] Tal y como se ha indicado en la introducción a este apartado, existen asimismo múltiples **tratados internacionales** de los que México es parte y que abordan cuestiones

---

[383] José Antonio García-Cruces (dir), *Tratado de derecho de la competencia y de la publicidad* (Tirant lo Blanch 2014).
[384] Reglamento (CE) 1/2003, de 16 diciembre 2002 sobre la aplicación de las normas de competencia previstas en los artículos 81 y 82 del Tratado [2003] DO L 1/1. Esta norma no es la única en la materia, sino que la Unión Europea también ha abordado otros aspectos. Véase Rosario Espinosa Calabuig, *La publicidad transfronteriza* (Tirant lo Blanch 2001).
[385] Comisión Nacional de Mercados y de la Competencia <http://www.cnmc.es/>.
[386] Es clave, pero insuficiente, a estos efectos la Directiva 2014/104/UE, de 26 de noviembre de 2014, relativa a determinadas normas por las que se rigen las acciones por daños en virtud del Derecho nacional, por infracciones del Derecho de la competencia de los Estados miembros y de la Unión Europea [2014] DO L 349/1. Sobre el rol de las acciones colectivas en esta protección, Laura Carballo Piñeiro, 'Derecho de competencia, intereses colectivos y su proyección procesal: Observaciones a propósito del art 6 del Reglamento Roma II' (2007) 7 AEDIPr 465.
[387] CPEUM, art 73.X.
[388] Ibid arts 9, 28, 73.IX

propias del derecho mercantil (concepto que *latu sensu* ya no sólo se refiere al comercio sino que aborda también otras importantes cuestiones como las societarias). Otra fuente de gran relevancia para el derecho mercantil mexicano es la ley, teniendo cabida dentro de dicha fuente tanto las leyes generales (por ejemplo, el **Código de Comercio** de 1889 (CCoM))[389] como las especiales (cuya proliferación está aminorando la importancia real del CCoM). Fuentes adicionales en el ámbito mercantil mexicano son la **jurisprudencia** y los **usos y costumbres mercantiles**.[390] En el ámbito mercantil mexicano es también importante tener en cuenta que el Código de Comercio proclama la **aplicación supletoria** del Código Civil federal en los casos de falta de regulación en el CCoM y las demás leyes mercantiles mexicanas. Por su parte, en el extenso libro V del CCoM, dedicado a los juicios mercantiles, se proclama la aplicación supletoria del Código Federal de Procedimientos Civiles.[391]

Centrando la atención en el derecho societario y, al igual que sucede en España, diversos textos normativos mexicanos se ocupan de la noción de sociedad, ya que una de las cuestiones más relevantes para el abogado que trabaja en más de un idioma es saber las características básicas de las distintas sociedades en las jurisdicciones en las que opera Así, el Código Civil federal[392] dedica un título a la **sociedad civil**, mientras que por su parte la **Ley General de Sociedades Mercantiles** (LGSM)[393] proclama la existencia de seis tipos sociales mercantiles: la **sociedad en nombre colectivo**, la **sociedad en comandita simple**, la **sociedad de responsabilidad limitada**, la **sociedad anónima**, la **sociedad en comandita por acciones** y la **sociedad cooperativa**.[394] La sociedad en nombre colectivo se crea para cumplir con un **objeto social** determinado, aportando un **capital social** y formando una **razón social** que al menos recoja el nombre de al menos uno de los socios (por ejemplo, González & Cía). Todos los socios de la sociedad en nombre colectivo aportan bienes, servicios o ambas cosas, y responden de las obligaciones sociales de **modo subsidiario** (esto es, los acreedores han de intentar en primer lugar que sea la sociedad quien salde su deuda), respondiendo los socios **ilimitadamente** (con todo su patrimonio) y **solidariamente** (esto es, pudiéndosele exigir a cada uno de los socios la totalidad de la deuda surgida).[395]

La sociedad en comandita simple se compone por un mínimo de dos socios que constituyen la sociedad mercantil bajo una razón social (por ejemplo, Hernández & López, S. en C.). El o los **socios comanditados** aportan bienes o servicios y responden de las obligaciones sociales de manera subsidiaria, ilimitada y solidariamente. El o los **socios comanditarios** aportan también bienes o servicios pero sólo están obligados al pago de sus aportaciones.[396]

La sociedad de responsabilidad limitada se puede constituir bien bajo una razón social formada con el nombre de uno o más socios o bien bajo una **denominación** (por ejemplo, Tulum mexicana, S. de R. L.). La sociedad de responsabilidad limitada se constituye con

---

[389] Código de Comercio (DOF 7.10.1889 a 13.12.1889).
[390] Ibid art 2.
[391] Ibid art 1054.
[392] CCF, arts 2688–2735.
[393] Ley General de Sociedades Mercantiles (DOF 4.8.1934) (en adelante, LGSM).
[394] Ibid art 1.
[395] Ibid arts 25–50.
[396] Ibid arts 51–56.

un máximo de cincuenta socios que solamente están obligados al pago de sus aportaciones, sin que las **partes sociales** puedan estar representadas por **títulos negociables**, a la orden o al portador, ya que sólo serán cedibles en los casos y con los requisitos que establece la LGSM. La doctrina apunta que, aunque el legislador elaboró este tipo societario pensando que se beneficiarían de él pequeñas y medianas empresas, este tipo societario ha sido usado en México por grandes inversores extranjeros (Canon Mexicana S. de R. L. de C. V., de **capital variable**, o Alestra S. de R. L. de C. V).[397]

La sociedad anónima es un tipo societario de gran relevancia en el ámbito empresarial mexicano. Dicha sociedad anónima se crea bajo una denominación (por ejemplo, Onix y Alpaca, S. A.), cuenta con un **capital fundacional** dividido en **acciones** y está constituida por socios o **accionistas**, que poseen estos títulos representativos del capital social y que limitan su responsabilidad al pago de dichas **acciones**.[398] Las sociedades anónimas cuentan con una serie de **órganos sociales**: **asamblea general** de accionistas, órgano de administración (**administrador único** o **consejo de administración**) y órgano de vigilancia (**comisarios**).

La sociedad en comandita por acciones se compone por un mínimo de dos socios que constituyen la sociedad mercantil bajo una razón social (por ejemplo, Hernández & López, S. en C. por A.). El o los socios **comanditados** aportan bienes o servicios y responden de las obligaciones sociales de manera subsidiaria, ilimitada y solidariamente. El o los socios **comanditarios** aportan también bienes o servicios pero sólo están obligados al pago de sus aportaciones.[399] Ambas tipologías de socios poseen acciones de la sociedad y el funcionamiento de ésta se rige por las normas sobre la sociedad anónima contenidas en la LGSM.[400]

La sociedad cooperativa es definida por la Ley General de Sociedades Cooperativas como 'una forma de organización social integrada por personas físicas con base en intereses comunes y en los principios de solidaridad, esfuerzo propio y ayuda mutua, con el propósito de satisfacer necesidades individuales y colectivas, a través de la realización de actividades económicas de producción, distribución y consumo de bienes y servicios'.[401] Existen diversos subtipos de sociedades cooperativas (de consumidores, de ahorro, de productores, de pesca, de transporte, de vivienda, etc), que comparten una serie de características comunes: la constitución de la sociedad queda reflejada en un **acta constitutiva**, al ingresar en la sociedad cada socio ha de suscribir los **certificados de aportación obligatoria** y una violación estatutaria o normativa puede generar una **decisión de exclusión** del socio por parte de la asamblea general de la sociedad cooperativa.

Expuestas las características principales de estos seis tipos societarios abordados por la LGSM, ha de saberse que en México existen también otros tipos societarios, como la **sociedad nacional de crédito** (entidades de la administracion pública federal con patrimonio y personalidad jurídica propia) y la **sociedad de solidaridad social** (creada por trabajadores, campesinos, **éjidos**, comuneros, para el beneficio de sus participantes), cuya

---

[397] Soyla H León Tovar y Hugo González García, *Derecho Mercantil* (Oxford University Press 2010) 431.
[398] LGSM, arts 87–206.
[399] Ibid arts 51–56.
[400] Ibid arts 207–11.
[401] Ley General de Sociedades Cooperativas (DOF 3.8.1994), art 2.

regulación se lleva a cabo en otras **leyes especiales** mexicanas (respectivamente, en la Ley de instituciones de crédito y en la Ley de sociedades de solidaridad social). También existen diversos subtipos societarios, cuyas especificidades aparecen plasmadas en múltiples leyes especiales (**sociedad de responsabilidad limitada de interés público; sociedades mercantiles propietarias de tierras agrícolas, ganaderas o forestales**); así como múltiples sociedades mercantiles previstas en la normativa financiera (sociedades mutualistas, sociedades de inversión, casas de cambio, empresas de factoraje financiero, etc.). Para los casos en los que una sociedad cesa sus operaciones por insolvencia, el sistema jurídico mexicano cuenta con disposiciones como la Ley de **concursos mercantiles**.[402]

La figura española del autónomo halla su equivalente en México en la figura del **trabajador por cuenta propia** (denominado **cuentapropista** en Cuba). En el mercado laboral mexicano y, con carácter más general, en el de muchos países de Latinoamérica, hay que ser conscientes de la importancia real del **sector informal**, eufemismo utilizado para referirse a las actividades económicas que incumplen el marco legal adminstrativo o fiscal vigente.[403] Otra lacra que todavía persiste en muchos países latinoamericanos es el **trabajo infantil**,[404] a pesar de los esfuerzos de organizaciones internacionales como la Organización Mundial del Trabajo (OIT) por promulgar textos como el Convenio sobre la prohibición de las peores formas de trabajo infantil y la acción inmediata para su eliminación.[405]

Por su parte, el derecho de la competencia mexicano se basa en las proclamaciones contenidas en su Constitución (prohibición de monopolios, fomento de la competitividad, áreas estratégicas que gestionadas por el Estado no constituyen monopolios, etc.),[406] así como en la nueva **Ley Federal de Competencia Económica** del año 2014.[407] Este último texto persigue una mayor apertura del mercado mexicano a través de diversas medidas (concesión de mayores poderes a la **Comisión Federal de Competencia Económica**, aumento del número de conductas sancionables, etc.).[408]

Para los abogados que trabajan en contextos internacionales, es importante conocer la importancia económica que tiene en México, especialmente en las regiones fronterizas, la **industria maquiladora** (esto es, las empresas que importan con un régimen fiscal favorable materias primas, componentes o bienes de capital para producir productos o servicios que son destinados a la exportación). Es por ello que los abogados internacionales han de ser conscientes de todas las cuestiones jurídicas que se pueden plantear al hilo de un contrato internacional de maquila.[409] Igualmente, han de conocerse los efectos económicos y jurí-

---

[402] Ley de concursos mercantiles (DOF 12.5.2000).
[403] Juan Froilán Martínez Pérez, 'El sector informal en México' (2005) 130 El Cotidiano 31.
[404] María Rita Chávez Gutiérrez y Erika Ramírez Díez, 'El sustento legal del Trabajo Infantil en México' (2009) 5 Hekademus: Revista Científica de la Fundación Iberoamericana para la Excelencia Educativa 5.
[405] Convenio OIT No 182 sobre la prohibición de las peores formas de trabajo infantil y la acción inmediata para su eliminación. OIT <http://www.ilo.org/public/spanish/standards/relm/ilc/ilc87/com-chic.htm>.
[406] CPEUM, arts 5, 25, 28.
[407] Ley Federal de Competencia Económica (DOF 23.5.2014).
[408] Gerardo Calderón-Villegas, 'Una Ley de Competencia Económica más eficiente' (*Forbes*, 29.8.2015) <http://www.forbes.com.mx/una-ley-de-competencia-economica-mas-eficiente/>.
[409] Jorge Carrillo, 'La industria maquiladora en México: ¿evolución o agotamiento?' (2006) 57

dicos de la pertenencia de los Estados Unidos Mexicanos al **Tratado de Libre Comercio de América del Norte** (TLCAN, más conocido por su acrónimo en inglés, NAFTA).[410]

7.III.7 Derecho internacional público

La última disciplina jurídica que va a abordar este capítulo es el derecho internacional público. Esta sección ha de ser relativamente breve, dado que la naturaleza transnacional de este campo implica que numerosísimos textos y prácticamente todos los tratados en esta materia se encuentran disponibles en inglés. Sin embargo, para los abogados internacionales suele ser útil obtener una perspectiva comparada de varias reglas de derecho y dicha perspectiva se obtiene, por lo general, a través de investigación en un segundo idioma. Por todo ello, este apartado se limita a ofrecer una breve presentación de algunas reglas de derecho internacional público, a fin de mejorar la capacidad de los lectores angloparlantes de interpretar documentos escritos en español y comprender cómo algunos países hispanoparlantes abordan estas cuestiones.

La primera cuestión a considerar se refiere a la interacción entre derecho nacional y derecho internacional público que, habitualmente, se plasma a través de la dicotomía **monismo** versus **dualismo**.[411] El monismo considera que no existe distinción entre derecho internacional y derecho nacional, y que los tribunales pueden aplicar derecho internacional siempre que sea necesario. Los países que han adoptado esta perspectiva monista suelen partir de que el derecho internacional es superior al derecho nacional, si bien ha de tenerse en cuenta que la cuestión de la jerarquía normativa es distinta, aunque relacionada, de la cuestión de la **eficacia directa** del derecho internacional en un determinado sistema jurídico. El enfoque monista es el elegido por muchas jurisdicciones de *civil law*, incluidas las que hablan español.

Otros países, entre ellos la mayoría de los países angloparlantes, adoptan un enfoque dualista respecto del derecho internacional.[412] Estos sistemas jurídicos consideran que el derecho internacional y el derecho nacional son distintos. Como consecuencia de ello, el estado tiene que llevar a cabo determinadas acciones (normalmente, dictar **legislación de incorporación** o **implementación**) antes de que los tribunales nacionales puedan dar efecto directo al tratado en cuestión. Incluso entonces, los estándares relevantes de interpretación y aplicación se determinan a partir de la legislación de incorporación que no del tratado internacional, salvo el supuesto en que la norma interna incorpore explícitamente la terminología del propio tratado.[413]

Comercio exterior 668; Alejandro Ruelas-Gossi, 'El Síndrome Maquiladora en México' (2011) 89 Harvard Business Review 20; Jorge A Vargas, *Mexican Law for the American Lawyer* (Carolina Academic Press 2009) 255.

[410] Enrique R Casares y Horacio Sobarzo, *Diez Años del TLCAN en México: Una Perspectiva Analítica* (Lecturas El Trimestre Económico 2010).

[411] Crawford (n 174); Jackson (n 174) 314–15.

[412] Muy pocos países angloparlantes tienen un enfoque monista respecto de los tratados internacionales, aunque algunos autores indican que puede apreciarse una tendencia en ese sentido en algunas jurisdicciones. Nafziger (n 175) 903 (reseña bibliográfica) (presentando los cambios en varias jurisdicciones angloparlantes).

[413] Aunque muchos artículos han sido suprimidos, la *European Communities Act* de 1972 es un ejemplo de la legislación necesaria para implementar los tratados por los que se creó la Comunidad

México es, según la doctrina mayoritaria,[414] un ejemplo de país hispanoparlante de *civil law* que sigue manteniendo un sistema dualista, a pesar de que diversos autores han propuesto realizar cambios constitucionales para contar con un sistema monista.[415] La actual Constitución mexicana, tras proclamar que la realización de tratados internacionales es competencia de la federación y no de los estados,[416] establece en su artículo 133 que:

> Esta Constitución, las leyes del Congreso de la Unión que emanen de ella y todos los Tratados que estén de acuerdo con la misma, celebrados y que se celebren por el Presidente de la República, con aprobación del Senado, serán la Ley Suprema de toda la Unión. Los jueces de cada Estado se arreglarán a dicha Constitución, leyes y tratados, a pesar de las disposiciones en contrario que pueda haber en las Constituciones o leyes de los Estado.[417]

Dicho precepto, inspirado en la Constitución estadounidense, proclama como máxima autoridad en materia de celebración de tratados internacionales al Presidente mexicano (lo cual implica, *sensu contrario*, que a diferencia de lo que sucede en Estados Unidos, el Secretario de Relaciones Exteriores mexicano no puede celebrar tratados en representación del Presidente).[418] Asimismo, la Constitución otorga al Senado mexicano la facultad exclusiva de aprobar los tratados internacionales,[419] materia que ha sido objeto de una ley sobre la celebración de tratados.[420] Es importante constatar también que el artículo 133 CPEUM proclama la primacía constitucional y exige a los tratados internacionales estar en consonacia con ésta para así poder ser 'Ley Suprema de toda la Unión'.[421] En esta materia, los Estados Unidos Mexicanos presentan también retos jurídicos adicionales, como la controvertida cuestión de la imposibilidad de las entidades federativas de celebrar **acuerdos interinstitucionales**.[422]

En el caso de España, el enfoque monista es obligado en relación con la Unión Europea, puesto que todos los estados miembros parten de esta aproximación en relación con los tratados de creación y establecimiento del orden legal europeo.[423] El Tribunal de Justicia de la Unión Europea contribuyó de forma decisiva a clarificar este aspecto en 1963, en su

---

Europea (ahora Unión Europea) en Inglaterra y otras partes del Reino Unido. El capítulo dos de la US *Federal Arbitration Act* es otro ejemplo de legislación de implementación, en este caso de la Convención de Naciones Unidas de 1958 sobre el reconocimiento y la ejecución de sentencias arbitrales extranjeras en los Estados Unidos. Véase 9 USC ss 201–08; cf *Arbitration Act* 1975 (Inglaterra) (implementando la misma convención en derecho inglés).

[414] Loreta Ortiz Ahlf, *Derecho Internacional Público* (3a edn, Oxford University Press 2012) 8.
[415] Manuel Becerra Ramírez, 'Hacia un nuevo sistema de recepción del derecho internacional en la Constitución mexicana' en José María Serna de la Garza y José Antonio Caballero Juárez (eds), *Estado de derecho y transición jurídica* (UNAM 2002) 160.
[416] CPEUM, art 117. I.
[417] Ibid art 133. I.
[418] Ortiz Ahlf (n 414) 41.
[419] CPEUM, art 76. I
[420] Ley sobre la celebración de Tratados (DOF 2.1.1992).
[421] En relación con la supremacía de los tratados internacionales frente a las leyes federales, véase cap 4.
[422] Ortiz Ahlf (n 414) 45.
[423] Hartley (n 186) 239–40.

celebérrima sentencia *Van Gend en Loos*.[424] En palabras del Alto Tribunal, las normas de los tratados europeos gozan de eficacia directa si no están sujetas a condición, son claras y precisas, y no dan a los estados miembros discreción alguna en cuanto a cómo han de ser implementadas las normas en cuestión.[425]

Por lo demás, la Ley española de tratados no deja dudas sobre su posicionamiento monista al presumir que todo convenio o acuerdo internacional tiene eficacia directa en España 'a menos que de su texto se desprenda que dicha aplicación queda condicionada a la aprobación de las leyes o disposiciones reglamentarias pertinentes'.[426] Esta ley toma como punto de referencia la **Convención de Viena sobre el Derecho de los Tratados**,[427] de la que son parte la inmensa mayoría de los países hispanoparlantes, y la **Convención de Viena sobre el Derecho de los Tratados entre Estados y Organizaciones internacionales o entre Organizaciones internacionales**,[428] de la que España es signataria. A pesar de que esta última convención todavía no ha entrado en vigor, su toma en consideración es casi imperativa teniendo en cuenta los cambios experimentados en la escena internacional, donde las organizaciones internacionales han adquirido un gran protagonismo en la elaboración de tratados.

Precisamente, el rol de la Unión Europea en la celebración de tratados internacionales condiciona seriamente la política española en este punto. En principio, las Cortes Generales españolas ostentan la competencia exclusiva en materia de relaciones internacionales, la cual se materializa en el llamado *ius ad tractatum*, es decir, en la capacidad para celebrar tratados internacionales. Además, la CE también reconoce a las comunidades autónomas competencias en materia de **acción exterior** que incluyen, en particular, la posibilidad de celebrar **acuerdos internacionales no normativos**, también denominados **memorandos de entendimiento** o **MOUs** en su versión inglesa, y **acuerdos internacionales administrativos**, en concreción o ejecución de un tratado; o proponer que se abran negociaciones para la celebración de tratados sobre materias en las que se acredite un interés justificado.[429] Pero es el estado, y no las comunidades autónomas, el que celebra tratados internacionales. Ahora bien, el hecho de que la UE haya asumido competencia legislativa en un buen número de materias implica que los estados miembros han perdido a favor de esta entidad supranacional la facultad de celebrar acuerdos internacionales.[430] Los proble-

---

[424] STJUE de 5 de febrero de 1963, As 26/62, *NV Algemene Transport- en Expeditie Onderneming van Gend & Loos v Netherlands Inland Revenue Administration*.

[425] Ibid.

[426] Ley 25/2014, de 27 de noviembre, de Tratados y otros Acuerdos Internacionales (BOE 28.11.2014), art 31.1.

[427] Convención de Viena sobre el Derecho de los Tratados, de 23 de mayo de 1969, 1155 UNTS 331.

[428] Convención de Viena sobre el Derecho de los Tratados entre Estados y Organizaciones internacionales o entre Organizaciones internacionales, de 21 de marzo de 1986, Doc. A/CONF.129/15.

[429] Definición y características de ambos tipos de acuerdos se encuentran desarrolladas, respectivamente, en Ley 25/2014, de Tratados (n 426) Títulos III y IV, ley que también desarrolla las competencias de las comunidades autónomas en materia de acción exterior en su Título V.

[430] TFUE (n 284) art 3.2. El alcance de la competencia exterior de la UE ha sido progresivamente delimitado por el TJUE a partir de su decisiva sentencia de 31 de marzo de 1971, As 22/70, *Comisión v Consejo*; y sucesivos dictámenes TJUE 2/91, de 14 de diciembre de 1991; 1/2003, de 7 de febrero de 2006; y 1/13, de 14 de octubre de 2014.

mas surgen cuando un acuerdo internacional versa sobre materias que son competencia de la UE y otras de los estados miembros, caso en el que necesariamente se ha de celebrar un acuerdos mixto.

Lo antes indicado se refiere a cómo se reciben los tratados internacionales en los países hispanoparlantes. Ahora bien, el derecho internacional público incluye otras fuentes del derecho como la **costumbre internacional** y los **principios generales del derecho**. Ambas se admiten sin problemas reseñables en la mayoría de los países de habla hispana, en particular aquellos que asumen una perspectiva monista. Por ejemplo, si la norma consuetudinaria coincidiera con lo previsto en un tratado internacional y éste dejara de ser aplicable en un país hispanoparlante, este último seguiría obligado al cumplimiento de lo allí prescrito en tanto que vinculado por la costumbre internacional.[431] El derecho nacional suele, por otra parte, reconocer expresamente estas fuentes del derecho como parte de las 'normas generales de Derecho internacional'.[432]

Otra importante cuestión que se plantea en derecho internacional público es la de la **inmunidad de jurisdicción**. Los países hispanoparlantes distinguen, por lo general, entre la **inmunidad de personas** como los jefes de estado o personal diplomático, y la **inmunidad de estados**. Ambos tipos de inmunidades pueden limitar la jurisdicción de un tribunal nacional para decidir sobre un asunto respecto del cual el tribunal habría podido ejercer su competencia en circunstancias normales.

La inmunidad garantizada a determinados tipos de personas ha sido una característica típica del régimen jurídico internacional, dado que dichas inmunidades permiten facilitar las relaciones internacionales al proteger a funcionarios de alto rango frente a demandas que sólo buscan el hostigamiento o la represalia. Tanto España como México, así como la gran mayoría de los países hispanoparlantes, son parte de la **Convención de Viena sobre relaciones diplomáticas**, que aborda la cuestión de la inmunidad de los diplomáticos y de los locales de la misión ubicados en un país extranjero.[433] Ha de tenerse en cuenta, de todos modos, que el ámbito de la protección garantizado por la Convención de Viena puede diferir en aquellos países que adoptan un enfoque dualista como consecuencia de la correspondiente legislación de implementación, siendo el caso mexicano un buen ejemplo.[434]

Muchos, sino todos los países hispanoparlantes, son también parte de la **Convención de Viena sobre relaciones consulares**,[435] y de la **Convención sobre Prerrogativas e Inmunidades de Naciones Unidas**.[436] Los funcionarios de alto rango de un gobierno extranjero pueden reclamar inmunidad respecto de sus actos tanto públicos como privados, bajo lo que se

---

[431] Oriol Casanovas y Ángel J Rodrigo, *Compendio de Derecho internacional público* (Tecnos 2012) 62.

[432] Ley 25/2014, de tratados (n 426), art 35.1. Este precepto establece que, en la interpretación de tratados internacionales, no sólo se seguirán las reglas dispuestas por la Convención de Viena de derecho de los tratados (n 427), sino en particular, las normas generales de Derecho internacional.

[433] Convención de Viena sobre relaciones diplomáticas, 18 abril 1961, 500 UNTS 95.

[434] A nivel interno, la Ley del servicio exterior mexicano (DOF 4.1.1994) regula las funciones, privilegios e inmunidades de los funcionarios del Estado mexicano que se encargan de representar a éste en el extranjero y de ejecutar la política exterior del país.

[435] Convención de Viena sobre relaciones consulares, 24 abril 1963, 596 UNTS 261.

[436] Convención sobre Prerrogativas e Inmunidades de Naciones Unidas, 13 febrero 1946, 1 UNTS 15.

denomina en algunos países como inmunidad del jefe de estado, a pesar de que esta inmunidad se extiende a más personas que el jefe de estado. Estos funcionarios con frecuencia alegan esta inmunidad en su defensa cuando se les persigue por un delito o reclama responsabilidad civil en una jurisdicción extranjera.

Los propios estados pueden ostentar derecho a inmunidad.[437] España es parte y México solo signataria de la **Convención de Naciones Unidas sobre las inmunidades jurisdiccionales de los Estados y de sus bienes**, que aborda este tipo de cuestiones.[438] Dado que este texto aún no está en vigor, esta cuestión sigue siendo abordada por legislación nacional, incluso en países que sí son parte del convenio como España, Inglaterra y la India. A pesar de ello, la citada convención es fuente de legislación nacional en la medida en que integra la costumbre internacional en este punto.[439]

La mentada costumbre internacional distingue entre inmunidad de jurisdicción e **inmunidad de ejecución**, ahora denominada con mejor criterio **inmunidad de bienes** estatales, puesto que se trata de que no se puede iniciar proceso de ejecución sobre bienes destinados por el estado a un servicio público no comercial. Si el fundamento de las inmunidades estatales es la regla *par in parem non habet imperium*, el creciente intervencionismo del estado en la vida social y económica provoca una quiebra en el carácter absoluto de esta regla; las inmunidades se limitan a los actos *iure imperii*, sometiendo a la jurisdicción y a la actividad ejecutiva de otros estados los *acta iure gestionis* realizados por estados.[440] La Convención de 2004 introduce importantes mejoras en lo que atañe a la identificación de cuándo estamos ante uno u otro tipo de actuaciones o bienes, pero quedan abiertas muchas incógnitas. Éstas obligan a reflexionar, a día de hoy, sobre la práctica de actos propios de la soberanía estatal, pero que violan gravemente los derechos humanos.[441]

En derecho internacional público, la región latinoamericana es conocida por ser el origen y la defensora de la denominada **doctrina Calvo**. Esta doctrina, que defiende la renuncia por parte de los extranjeros a la protección diplomática y su sometimiento a los tribunales locales, ha hallado acomodo en diversas constituciones latinoamericanas.[442] En este sentido, el artículo 27.I CPEUM incorpora dicha doctrina en el ámbito de los contratos públicos.[443]

Por último, en el ámbito del derecho internacional público ha de tenerse también en cuenta que México es uno de los países miembros de la **Organización de Estados**

---

[437] Fox (n 199).

[438] Convención de las Naciones Unidas sobre las inmunidades jurisdiccionales de los Estados y de sus bienes, Resolución de la Asamblea General 59/38, anexo (2 Diciembre 2004).

[439] Sobre la convención citada en texto se inspira el Proyecto de Ley Orgánica sobre privilegios e inmunidades de los Estados extranjeros, las Organizaciones Internacionales con sede u oficina en España y las Conferencias y Reuniones internacionales celebradas en España (BOCG Serie A 10.8.2015).

[440] Así se reconoce en México como indica Ortiz Ahlf (n 414) 182; y en España donde, entre otros, puede consultarse Laura Carballo Piñeiro, 'Limitaciones a la inmunidad de ejecución del Estado extranjero' (1997) 48 *Revista del Poder Judicial* 387; Casanovas y Rodrigo (n 429) 152.

[441] Carlos Espósito Massicci, *Inmunidad del Estado y derechos humanos* (Civitas 2007).

[442] Francesco Tamburini, 'Historia y destino de la "doctrina Calvo": ¿actualidad u obsolescencia del pensamiento de Carlos Calvo?' (2002) 24 Revista de estudios histórico-jurídicos 81.

[443] Ortiz Ahlf (n 414) 107.

Americanos y que participa en el **sistema interamericano de protección de los derechos humanos**.

PALABRAS CLAVE

- Aborto
- Abuso de posición dominante
- Abuso sexual
- Acción exterior
- Acciones
- Accionista
- Aceptación
- Acogimiento
- Acta constitutiva
- Acuerdo interinstitucional
- Acuerdo internacional administrativo
- Acuerdo social
- Acuerdo internacional no normativo
- Administrador social
- Administrador único
- Adulterio
- Agencia
- Agravante
- Agresión sexual
- Alevosía
- Alzamiento de bienes
- Amonestación
- Ánimo de lucro
- Antijurídica
- Anulable
- Anulación
- Aplicación supletoria
- Apropiación indebida
- Arbitraje comercial internacional
- Arbitraje de inversiones
- Arrepentimiento
- Asamblea general
- Asesinato
- Asilado
- Atenuante
- Autor
- Ayuda pública
- Bien jurídico
- Bigamia
- Blanqueo de capitales

- Bloque constitucional
- Buen gobierno corporativo
- Cadena perpetua
- Calificación
- Capacidad jurídica
- Capacidad de obrar
- Capital fundacional
- Capital variable
- Caso fortuito
- Causa de justificación
- Ciudadanía de la UE
- Cláusula abusiva
- Cláusula de elección de foro
- Cláusula penal
- Cobro de lo indebido
- Código de Comercio
- Código de Justicia Militar
- Código Penal Militar
- Código penal nacional
- Comisario
- Comisión Federal de Competencia Económica
- Compensación
- Cómplice
- Concentración económica
- Concubina
- Concurso de delitos
- Concurso mercantil
- Conducta antijurídica
- Conducta colusoria
- Conducta culpable
- Conducta ilícita
- Conducta punible
- Conducta típica
- Consejo de administración
- Constitución Española
- Constitución Política de los Estados Unidos Mexicanos
- Conspiración
- Constitución de sociedad
- Consulado
- Consumación
- Contraoferta
- Contraprestación
- Contrato
- Contrato a favor de tercero
- Convención
- Convención de Naciones Unidas sobre las inmunidades jurisdiccionales de los

Estados y de sus bienes
- Convención de Viena sobre el Derecho de los Tratados
- Convención de Viena sobre el Derecho de los Tratados entre Estados y Organizaciones internacionales o entre Organizaciones internacionales
- Convención de Viena sobre los contratos de compraventa internacional de mercaderías
- Convención de Viena sobre relaciones consulares
- Convención de Viena sobre relaciones diplomáticas
- Convenio de Roma (Convenio de 1980 sobre ley aplicable a las obligaciones contractuales)
- Cooperador necesario
- Cooperador no necesario
- Corrupción
- Costumbre internacional
- Criminalidad económica
- Cuasicontrato
- Cuentapropista
- Culpa
- Culpa de la víctima
- Culpa *in contrahendo*
- Culpabilidad
- Cumplimiento
- Cumplimiento en sus propios términos
- Cumplimiento específico
- Daño
- Daño emergente
- Daño moral
- Daño patrimonial
- Daños punitivos
- Deberes de prevención y seguridad
- Decomiso
- Defectuoso
- Defensor del Pueblo
- Delito
- Delito contra la propiedad industrial
- Delito del orden común
- Delito del orden federal
- Delito medioambiental
- Delitos contra los derechos reproductivos
- Denominación
- Derecho
- Derecho a la educación
- Derecho a la intimidad y a la propia imagen
- Derecho a la libertad y a la seguridad
- Derecho a la tutela judicial efectiva
- Derecho a la vida y a la integridad física

- Derecho a un juez ordinario predeterminado por la ley
- Derecho al honor
- Derecho al recurso
- Derecho de asociación
- Derecho de extranjería
- Derecho de manifestación
- Derecho de migración
- Derecho de obligaciones y contratos
- Derecho de participación política
- Derecho de petición
- Derecho de reunión pacífica
- Derecho internacional privado
- Derecho juvenil
    Derecho penal de menores
    Derecho civil foral
    Derechos humanos
    Derechos sociales
    Derechos subjetivos
    Derechos y deberes fundamentales
- Detención ilegal
- Dignidad de la persona
- Discriminación
- Discriminación inversa
- Distrito Federal
- División de poderes
- Doctrina Calvo
- Dolo
- Dolo eventual
- Dualismo
- Eficacia directa
- Ejecución en sus propios términos
- Ejecución *in natura*
- Ejecución por subrogación
- Éjido
- Embajada
- Emigrante
- Emprendedor
- Empresa
- Enriquecimiento sin causa
- Error
- Error de prohibición
- Error en el tipo
- Error sobre la prohibición
- Esclavitud
- Estación migratoria
- Estado de las Autonomías

- Estado de necesidad
- Estafa
- Estancia de visitante
- Estatuto de Autonomía
- Estatuto de la sociedad
- Estupro
- Eutanasia
- Exhibicionismo
- Eximente
- Expulsado
- Extorsión
- Extranjero
- Falseamiento de la competencia por actos desleales
- Falsificación de moneda
- Federación
- Feminicidio
- Fiscalidad
- Forma de gobierno
- Fuerza mayor
- Garantías individuales
- Gestión colectiva de contrataciones en origen
- Gestión de negocios ajenos sin mandato
- *Habeas corpus*
- Homicidio
- Homicidio imprudente
- Hurto
- Ilícito
- Ilícito a distancia
- Imprudencia
- Imputabilidad
- Imputable
- Incoterms
- Incumplimiento
- Indemnizable
- Indemnización
- Indemnización de los daños y perjuicios
- Inductor
- Industria maquiladora
- Infanticidio
- Inmigrante
- Inmunidad
    Inmunidad de bienes
    Inmunidad de ejecución
    Inmunidad de estados
    Inmunidad de jurisdicción
    Inmunidad de personas

- Insolvencia
- Insolvencia punible
- Intimidación
- Inviolabilidad
- Inviolabilidad del domicilio;
- Irretroactividad penal
- Juicio de amparo
- Jurisprudencia
- La Bestia
- Legislación de implementación
- Legislación de incorporación
- Legítima defensa
- Lenocinio
- Lesión
- Lesión imprudente
- Levantamiento del velo social
- *Lex loci delicti*
- Ley
    Ley especial
    Ley Federal de Competencia económica
    Ley general de sociedades mercantiles
    Ley Orgánica
    Ley Orgánica sobre derechos y libertades de los extranjeros en España y su integración social
    Ley penal especial
    Ley Suprema de toda la Unión
- Libertad
    Libertad de circulación y residencia
    Libertad de establecimiento
    Libertad de expresión e información
    Libertad de sindicación
    Libertad ideológica, religiosa y de culto
    Libertad pública
- Libre asociación
- Libre circulación de trabajadores
- Libre competencia
- Libre concurrencia
- Libre desarrollo de la personalidad
- Liquidación
- Lucro cesante
- Mara
- Medida de seguridad
- Memorando de entendimiento (MOU)
- Menor infractor
- Menor no acompañado (MENA)
- Miedo insuperable

Derecho sustantivo 365

- Migrante
- Modo subsidiario
- Monarquía parlamentaria
- Monismo
- Mutua
- Nacionalidad
- Naturalización
- Negligencia
- Negligencia inexcusable
- Niño ancla
- Norma de conflicto
- Nulidad radical
- Nulidad relativa
- Nulo
- Obediencia debida
- Objeción de conciencia
- Oferente
- Oferta
- Oficina Europea de Apoyo al Asilo
- Organización de Estados Americanos
- Órganos sociales
- Parricidio
- Parte contractual
- Partes sociales
- Partícipe
- Pederastia
- Pena
- Pena pecuniaria
- Pena privativa de libertad
- Pena restrictiva de libertad
- Pena transcendental
- Persona jurídica
- Personal de alta dirección
- Plazo de prescripción
- Poder ejecutivo
- Poder judicial
- Poder legislativo
- Política
    - Política de fronteras abiertas
    - Política migratoria
    - Política de asilo
    - Política de inmigración
    - Política sobre controles en las fronteras
- Pornografía
- Precontrato
- Premeditación

- Presunción de inocencia
- Previsión social
- Principio de igualdad formal
- Principio de legalidad
- Principio de soberanía popular
- Principio general del derecho
- Principios UNIDROIT sobre los contratos comerciales internacionales
- Privación ilegal de la libertad
- Promesa de contrato
- Proposición para delinquir
- Propuesta de Reglamento relativo a una normativa común de compraventa europea
- Protección subsidiaria
- Provocación para delinquir
- Prueba de cargo
- Prueba indiciaria
- Reagrupación familiar
- Red Europea de Migración
- Referéndum
- Refugiado
- Registro Mercantil
- Reglamento Roma I
- Reglas y Usos uniformes para créditos documentarios
- Relación causa-efecto
- Relación de causalidad
- Reparable
- Reparación *in natura*
- Residente permanente
- Residente temporal
- Responsabilidad
    Responsabilidad aquiliana
    Responsabilidad civil
    Responsabilidad contractual
    Responsabilidad de los servidores públicos
    Responsabilidad extracontractual
    Responsabilidad ilimitada
    Responsabilidad indirecta
    Responsabilidad medioambiental
    Responsabilidad objetiva
    Responsabilidad patrimonial del Estado
    Responsabilidad por culpa
    Responsabilidad por hecho ajeno
    Responsabilidad por productos defectuosos
    Responsabilidad por riesgo
    Responsabilidad solidaria
- Restablecimiento
- Robo

Derecho sustantivo   367

- Ruptura del contrato
- Sanción
- Sector informal
- Secretaría de la Gobernación
- Secuestro
- Seguridad social
- Seguro de responsabilidad civil
- Sistema Europeo Común de Asilo
- Sistema interamericano de protección de los derechos humanos
- Situación de irregularidad
- Soberanía nacional
- Sociedad
  Sociedad anónima
  Sociedad civil
  Sociedad cooperativa
  Sociedad de capital
  Sociedad de responsabilidad limitada
  Sociedad de responsabilidad limitada de interés público
  Sociedad de solidaridad social
  Sociedad en comandita por acciones
  Sociedad en comandita simple
  Sociedad fantasma
  Sociedad mercantil propietaria de tierras agrícolas, ganaderas o forestales
  Sociedad nacional de crédito
  Sociedad personalista
- Socio
- Socio comanditado
- Socio comanditario
- Sucursal
- Suicidio
- Sumisión expresa
- Sustracción de menores
- Tentativa
- Teoría subjetiva
- Tipicidad
- Tipo penal
- Título negociable
- Trabajador autónomo
- Trabajador por cuenta propia
- Trabajo infantil
- Tráfico de menores
- Tráfico de personas
- Tránsito
- Trasplante legal
- Trastorno mental transitorio
- Trata de personas

- Tratado de Libre Comercio de América del Norte (TLCAN)
- Tratado internacional
- Tratos preliminares
- Turismo sexual
- Usos y costumbres mercantiles
- Vicio en el consentimiento
- Víctima
- Violación
- Violencia
- Violencia de género
- Visado
- Visitante
    Visitante con permiso para realizar actividades remuneradas
    Visitante regional
    Visitante trabajador fronterizo
    Visitante por razones humanitarias
    Visitante con fines de adopción

8. Procedural law – Derecho procesal

The English-language portion of this chapter is meant to be read by those for whom English is a second language. Readers for whom Spanish is a second language should begin their reading on page 402.

Esta sección en inglés es para quienes hablan inglés como segundo idioma. Los lectores que tienen el español como su segundo idioma deben empezar su lectura en la página 402.

8.I PROCEDURAL LAW

8.I.1 Introduction

Previous chapters have provided the foundation for understanding foreign legal systems and conducting research in various substantive areas of law across the Spanish–English divide. This chapter conducts a similar analysis of matters relating to procedural law. This subject can be somewhat challenging for bilingual lawyers, since procedural law is heavily affected by differences between the civil and common law. Significant differences can also arise between nations that share a language and a legal tradition.[1] Bilingual lawyers must be aware of these issues if they are to communicate and work effectively with both clients and colleagues.

It is impossible to discuss every procedural feature of every English-speaking country in detail in a book of this nature. Instead, the emphasis here is on certain basic concepts that are most likely to be important to a Spanish-speaking lawyer working with clients or co-counsel from various English-speaking jurisdictions. Therefore, this chapter discusses basic principles relating to:

- procedural law in civil (non-criminal) disputes, including the law of evidence;
- procedural law in criminal disputes, including the law of evidence; and
- procedural and evidentiary rules in international commercial and investment arbitration.

8.I.2 Procedural Law in Civil Disputes, Including the Law of Evidence

English-speaking jurisdictions adopt a highly distinctive approach to procedural law that Spanish-speaking lawyers can find quite confusing. Many of the key differences are the result of the common law-civil law dichotomy. One such disparity involves

---

[1] A number of disparities also arise between criminal and civil law. See David A Sklansky and Stephen C Yeazell, 'Comparative Law Without Leaving Home: What Civil Procedure Can Teach Criminal Procedure, and Vice Versa' (2006) 94 Geo L J 683.

English-speaking jurisdictions' emphasis on the **law of evidence**, which is a body of law that describes the principles and procedures used to exclude the **finder of fact** (which could be either a judge or a **jury**) from hearing testimony or reviewing documents that are considered in some way problematic. Although the law of evidence is technically distinct from the law of **civil procedure**, the two fields are closely connected on a practical level. As a result, this section will consider both procedural law and evidentiary law.

It has been said that 'societies may be more likely to consider abandoning their own substantive regimes of commercial law or intellectual property ... than they would surrender their own procedure',[2] and that certainly appears to be true in the English-speaking world. Every country takes its own approach to procedural law, which makes sweeping generalizations impossible. However, it is useful to discuss several highly influential jurisdictions – in this case, the United States and England – to illustrate how English-speaking jurisdictions approach procedural issues.

England and the US have both codified their rules of civil procedure and evidence, either through **rules of court** (rules adopted by court systems for their own use) or through legislation. The heavy emphasis on rules in the area of civil procedure and evidence could lead some Spanish-speaking lawyers to believe that they can rely exclusively on the text of the rules to understand the relevant procedure. However, England and the US are both common law jurisdictions, which means that the interpretation of any particular rule is heavily influenced by **case law**. As a result, some principles of procedural or evidentiary law are better defined by judicial decisions than by the rules themselves. Thus, for example, *Erie Railroad Co v Tomkins*[3] is central to understanding the role that **federalism** (the relationship between state and federal courts) plays in the selection of procedural law in the United States, while *International Shoe Co v Washington*[4] and its **progeny** (subsequent cases on the same point or issue) are necessary to understanding the US approach to **personal jurisdiction**, including the so-called **'minimum contacts' test**.

Limitations of space prohibit a detailed discussion of case law relating to the law of civil procedure and evidence in both England and the US. However, Spanish-speaking lawyers should recognize the need to conduct such research if questions arise as to particular procedural or evidentiary issues.

8.I.2.1 United States

The federalist nature of the US means that the rules of civil procedure vary according to whether a particular matter is being heard in state or federal court. **Trial courts** (courts of first instance) in the federal system are referred to as **federal district courts** and follow the rules set forth in the **Federal Rules of Civil Procedure**.[5] Federal district courts also

---

[2] Thomas O Main, 'The Procedural Foundation of Substantive Law' (2010) 87 Wash U L Rev 801, 836.
[3] See *Erie RR Co v Tomkins*, 304 US 64 (1938).
[4] See *Intl Shoe Co v Washington*, 326 US 310 (1945).
[5] See Fed R Civ P. Parties proceeding in federal court are subject not only to the Federal Rules of Civil Procedure but also to the local rules of that particular court as well as the rules of the particular judge who hears the case. See Fed R Civ P. Sometimes these rules can vary significantly. Compare Local Rules of United States District Courts for the Southern and Eastern Districts of New York <www.nysd.uscourts.gov/courtrules.php>, with Local Rules of Practice for the United

adhere to the **Federal Rules of Evidence**.[6] Each individual state court has its own rules of civil procedure and evidence, although the standards are in many ways similar to those applicable in federal court.[7] Although the federal rules have been adopted as freestanding rules of court, some states have enacted their rules of evidence and civil procedure as statutes.

Appellate courts often have their own sets of procedural rules. The federal court system distinguishes between procedural rules applicable in intermediate appellate proceedings in the **federal circuit courts** and the proceedings in the US Supreme Court.[8] State courts may adopt a similar approach to appellate civil procedure or may adopt a single rule set applicable to all types of appellate proceedings. Although appellate rules are important, this chapter focuses on procedures applicable in trial court, using the federal rules as exemplars of standard US practice.

The Federal Rules of Civil Procedure include 86 different rules which are to be 'construed and administered to secure the just, speedy, and inexpensive determination of every action and proceeding'.[9] Unlike the old common law, which used multiple types of **writs** (narrowly defined civil actions),[10] the Federal Rules of Civil Procedure only contemplate one type of civil action.[11] Federal district courts also hear criminal matters, which are subject to different rules, as described below.

The Federal Rules of Civil Procedure are arranged in 11 different titles that address different phases of the litigation process. Title I (Rules 1–2) and Title XI (Rules 81–86) discuss the scope of the rules, the form of civil actions, and the types of courts and proceedings which are bound by the rules.

Title II (Rules 3–6) discusses how actions are to be commenced, how to effect **service of process** and other papers on the **parties**, and how to calculate time for different proceedings. One item in Title II that may be of particular interest to bilingual lawyers is Rule 4(f), which discusses service of process and other papers on persons in a foreign country.[12] As noted in that rule, the US is a signatory to the Hague Convention on the

---

States District Court for the Northern District of New York <www.nynd.uscourts.gov/news/nynd-2014-local-rules-effective-112014>; compare also Individual Rules and Procedures for Judge Shira A Scheindlin of the District Court of the Southern District of New York <www.nysd.uscourts.gov/judge/Scheindlin>, with Individual Rules and Procedures for Judge Lewis A Kaplan of the District Court of the Southern District of New York <www.nysd.uscourts.gov/judge/Kaplan>. Individual rules can sometimes be outcome-determinative. See *Chevron Corp v Donziger*, No 11 Civ 0691 (LAK), 2013 WL 5548913, *1–3 (SDNY October 7, 2013).

[6] See Fed R Evid.

[7] See Thomas O Main, 'Procedural Uniformity and the Exaggerated Role of Rules: A Survey of Intra-State Uniformity in Three States That Have Not Adopted the Federal Rules of Civil Procedure' (2001) 46 Vill L Rev 311.

[8] See Fed R App P; Sup Ct R.

[9] See Fed R Civ P 1.

[10] See Ch 3.I.3.1. English law continues to use writs, although the practice is limited to a discrete number of cases. See CPR Part 83.

[11] See Fed R Civ P 2.

[12] Bilingual lawyers may also want to note r 4(k), which discusses the territorial limits of effective service. Rule 4(k)(2) has been construed relatively broadly, thereby expanding the scope of service under the Federal Rules of Civil Procedure.

Service Abroad of Judicial and Extrajudicial Documents (Hague Service Convention).[13] The US Supreme Court has said that the Hague Service Convention is mandatory in cases where it applies.[14]

Interestingly, the US Supreme Court has taken a very different approach to the Hague Convention on the Taking of Evidence Abroad (Hague Evidence Convention).[15] Although the Hague Evidence Convention appears on its face to involve evidentiary concerns, it is more often considered in the context of civil procedure, since the document focuses on the taking of evidence rather than the introduction of evidence in court. In contrast to its ruling on the Hague Service Convention, the US Supreme Court has held that the Hague Evidence Convention is neither a mandatory nor an exclusive means of taking evidence in cases pending in US courts.[16] Instead, the Hague Evidence Convention has been said to be but 'one method of seeking evidence that a court may elect to employ' when evidence is sought for use in a US proceeding.[17]

There is one other provision regarding the taking of evidence that may be of particular interest to lawyers qualified in Spanish-speaking countries. Section 1782 of Title 28 of the United States Code allows any 'interested person' to seek evidence in the US to assist 'a proceeding in a foreign or international tribunal'.[18] This procedure, which exists outside the confines of both the Federal Rules of Civil Procedure and the Hague Evidence Convention, is available in both criminal and civil disputes. The procedure may also be available in cases involving international investment arbitration or international commercial arbitration, although that issue is somewhat contentious.[19]

Title III (Rules 7–16) of the Federal Rules of Civil Procedure discusses **pleadings** and other types of **motions**. The US follows the principle of '**notice pleading**', which means that the **plaintiff** only needs to plead (allege) enough facts to put the **defendant** on notice of the events underlying the legal claim.[20] The Federal Rules of Civil Procedure also allow plaintiffs to **plead in the alternative**, which means that they may frame a particular claim or defence in several different ways, including those that may appear to be mutually inconsistent.[21]

---

[13] See Convention on the Service Abroad of Judicial and Extrajudicial Documents in Civil or Commercial Matters, opened for signature 15 November 1965, 658 UNTS 163 (hereinafter Hague Service Convention).

[14] See *Volkswagenwerk Aktiengesellschaft v Schlunk*, 486 US 694, 699 (1988); Charles B Campell, 'No Sirve: The Invalidity of Service of Process Abroad by Mail or Private Process Server on Parties in Mexico Under the Hague Service Convention' (2010) 19 Minn J Intl L 107, 111.

[15] See Convention on the Taking of Evidence Abroad in Civil or Commercial Matters, opened for signature 18 March 1970, 847 UNTS 231 (hereinafter Hague Evidence Convention).

[16] See *Société Nationale Industrielle Aérospatiale v US District Court for the Southern District of Iowa*, 482 US 522 (1987); see also James AR Nafziger, 'Another Look at the Hague Evidence Convention After Aerospatiale' (2003) 38 Tex Intl LJ 1013.

[17] *Société Nationale Industrielle Aérospatiale*, 482 US at 541. Parties to US proceedings may also seek to obtain evidence pursuant to provisions described in the Federal Rules of Civil Procedure or through **letters rogatory**.

[18] See 28 USC s 1782.

[19] See S.I. Strong, 'Discovery Under 28 USC §1782: Distinguishing International Commercial Arbitration and International Investment Arbitration' (2013) 1 Stan J Complex Litig 295.

[20] See Fed R Civ P 8(a).

[21] See Ibid r 8(d). For example, a plaintiff could allege that an act by the plaintiff was either

Title IV (Rules 17–25) discusses various issues relating to the parties, including capacity, **joinder**, **intervention** and substitution. This section includes Rule 23, which describes the procedures associated with one of the US' most highly criticized procedural mechanisms, the representative **class action**. Class actions are often used when large numbers of persons have identical or functionally identical legal claims. Although many class actions involve numerous small claims (such as consumer claims) that would be economically infeasible to pursue individually, some class actions (such as those involving **mass torts**) can include very large individual claims. Many class actions, particularly those involving small-value claims, are brought on a **contingent fee** basis, which means that the plaintiffs' lawyers are given a portion of any sum that they recover. Contingent fees are used as a way to allow impecunious parties to bring suit, even though they do not have enough money to pay a lawyer up front. Many class actions involve claims for **punitive** or **treble damages**, which are seen as providing a deterrent to the defendant and those who are similarly situated as well as acting as an incentive to plaintiffs' lawyers to take on the risk of pursuing a particular matter on a contingent fee basis. Although class actions do not have to involve punitive and treble damages, such damages are often sought in class disputes, leading some critics to claim that most class actions involve **strike suits** that are brought for **settlement** purposes only.[22]

Title V (Rules 26–37) describes the rules relating to **discovery** (the pre-trial search for evidence) which can be sought from both parties (litigants) and **third parties** (non-litigants).[23] Federal practice contemplates a wide variety of types of discovery, including **depositions** (pre-trial testimony under oath), **interrogatories** (written questions to parties), mental and physical examinations, requests for admissions and requests for the production of documents.

Perhaps the most controversial provision in this section is Rule 26, which deals with required disclosures and discovery requests.[24] Among other things, this rule describes the extraordinarily broad scope of discovery in US federal district courts,[25] stating that:

> [p]arties may obtain discovery regarding any nonprivileged matter that is relevant to any party's claim or defense—including the existence, description, nature, custody, condition, and location of any documents or other tangible things and the identity and location of persons who know of any discoverable matter. For good cause, the court may order discovery of any matter relevant to the subject matter involved in the action. Relevant information need not be admissible at the trial if the discovery appears reasonably calculated to lead to the discovery of admissible evidence. All discovery is subject to the limitations imposed by Rule 26(b)(2)(C).[26]

---

intentional or negligent, even though negligence by its definition does not require any type of intent.

[22] The right to request punitive or treble damages must exist as a matter of statutory or common law. Notably, punitive damages are available in individual suits, not just in class actions.

[23] The practice is justified on the grounds that 'the public . . . has a right to every man's evidence'. *Trammel v United States*, 445 US 40, 49 (1980).

[24] Although the US appears to be trying to make the discovery process less burdensome and more efficient by listing various 'required disclosures' pursuant to Rule 26(a)(1)(A), that effort does not appear to have had a significant effect on legal practice.

[25] Examples of actual discovery requests can be found in S.I. Strong, 'Jurisdictional Discovery in United States Federal Courts' (2010) 67 Wash and Lee L Rev 489 (hereinafter Strong, 'Jurisdictional Discovery').

[26] Fed R Civ P 26(b)(1).

Rule 26 also discusses the need for an early scheduling meeting with the judge to discuss the sequence and timing of discovery as well as various other issues such as **expert reports**.

One of the most challenging aspects of US discovery involves electronic documents. Given Rule 26's broad definition of 'relevance' and the increasing variety and scope of electronic communications and data storage, **electronic discovery** (also known as **e-discovery**) can be both extensive and expensive, since parties to litigation in the US traditionally bear their own costs, including the cost of discovery.[27] Furthermore, electronic discovery is one of those areas where evidence can be inadvertently destroyed as a result of routine electronic data disposal procedures. Bilingual lawyers must therefore be aware of the obligation under US law not to destroy, dispose of or alter evidence, even if the destruction of the materials is pursuant to a well-established document destruction and retention policy.[28]

Another surprising (and, to foreign parties, extremely objectionable) aspect of US discovery practice involves the concept of **jurisdictional discovery**, which allows judges to order discovery in order to establish whether jurisdiction in a US court actually exists.[29] Although this particular mechanism has been expressly rejected in other English-speaking nations such as England and Australia, the US justifies this practice on the grounds that courts have an inherent power to determine their own jurisdiction.[30]

Title VI (Rules 38–53) discusses various issues relating to trial. A number of provisions deal with certain types of determinative motions, including motions to dismiss a case (Rule 41) and motions requesting **judgment** as a matter of law (Rule 50). There is some overlap between the rules in this title and those contained elsewhere. Thus, for example, Rule 45 concerning **subpoenas** can also apply to various pre-trial procedures, such as depositions. Spanish-speaking lawyers might be particularly interested in the various sections discussing how to request, select and instruct a jury (Rules 38–39, 47–51), since there is no equivalent in most Spanish-speaking countries.

Bilingual lawyers may also be interested in Rule 43, which indicates that '[t]he court may appoint an interpreter of its choosing; fix reasonable compensation to be paid from funds provided by law or by one or more parties; and tax the compensation as costs'.[31] Although US law recognizes a right to an interpreter in criminal matters, the availability

---

[27] See Adam I Cohen and David J Lender, *Electronic Discovery: Law and Practice* (Wolters Kluwer 2014); Milberg LLP and Hausfeld LLP, 'E-Discovery Today: The Fault Lies Not in Our Rules . . .' (2011) 4 Fed Cts L Rev 131.

[28] 'Once aware of pending litigation, it is considered best practice to send a formal directive to all parties who may have discoverable information in their possession directing that such information be preserved for the duration of the matter'. Carrie R Fowler and Julie Keeton Bracker, 'The Basics of E-Discovery and the Rule 26(f) Conference' (2014) 37 Am J Trial Advoc 621, 623. This directive is known informally as a **litigation hold** letter.

[29] See S.I. Strong, 'Jurisdictional Discovery in Transnational Litigation: Extraterritorial Effects of United States Federal Practice' (2011) 7 J Private Intl L 1; Strong, 'Jurisdictional Discovery' (n 25) 489; see also CPR, Rule 6.36; Practice Direction 6b; *Armacel Pty Ltd v Smurfit Stone Container Corp* [2007] FCA 1928 para 8 (Australia); *ABCI (formerly Arab Bus Consortium Intl Fin and Invest Co v Banque Franco-Tunisiennee)* [2002] 1 Lloyd's Rep 511, 521–2 (England).

[30] See Strong, 'Jurisdictional Discovery' (n 25) 489.

[31] Fed R Civ P 43.

of interpreters in civil matters is less secure.[32] State courts are equally inconsistent with respect to the right to an interpreter.[33]

Title VII (Rules 54–63) deals with various types of judgment, including **default judgments** (Rule 55), **summary judgments** (Rule 56) and **declaratory judgments** (Rule 57). Title VII also discusses a number of other post-trial matters, such as **harmless error** (ie, errors that do not affect the outcome of the dispute) and costs. Unlike many other jurisdictions, the US does not usually require the losing party to pay the prevailing party's attorneys' fees. Instead, under the **American rule**, each party typically bears its own attorneys' fees, although certain other costs are borne by the losing party (Rule 54).

The remaining titles address a variety of miscellaneous and administrative matters. Although lawyers qualified to practice in US federal district court need to be aware of these provisions, they are not of particular interest to bilingual lawyers.

Matters proceeding in federal district court are also subject to the Federal Rules of Evidence. These rules, which apply in both civil and criminal proceedings, are arranged into 11 different articles arranged by subject matter.

Article I (Rules 101–106) deal with a number of general introductory matters. For example, this section indicates that the Federal Rules of Evidence 'should be construed so as to administer every proceeding fairly, eliminate unjustifiable expense and delay, and promote the development of evidence law, to the end of ascertaining the truth and securing a just determination'.[34] This section also contains rules relating to various procedures involving evidence, such as the way in which a party can preserve an **objection** to evidence that has either been **admitted** (heard by the finder of fact) or not admitted by the court (Rule 103) or the ability of an **adverse party** to require the entirety of a document or recorded statement to be **entered into evidence** if only part has been entered by his or her opponent, a practice that falls under the **rule of completeness** (Rule 106).

Articles II (Rule 201) and III (Rules 301–302) deal with **judicial notice** of certain adjudicative facts and various **presumptions** that can be made in civil disputes.[35] Notably, the US, as a common law country, does not use presumptions or **negative inferences** in quite the same way that civil law jurisdictions do,[36] nor does the US typically **shift the burden**

---

[32] However, efforts are afoot to provide interpreters to persons with limited English proficiency. See Laura K Abel, 'Language Access in Federal Courts' (2013) 61 Drake L Rev 593, 596–97.

[33] See Chief Justice Randall T Shepard, 'Access to Justice for People Who Do Not Speak English' (2007) 40 Ind L Rev 643, 643–64; Brian A Shue, 'Rights to Language Assistance in Florida: An Argument to Remedy the Inconsistent Provisions of Court Interpreters in State and Federal Courts' (2011) 6 Fla Intl U L Rev 387; see also 28 USC s 1827. It is also important to identify well-qualified interpreters. Notably, '[t]he Spanish-English Federal Court Interpreter Certification Examination, administered by the Federal Administrative Office of the Courts, is considered the gold standard for testing interpreter competence'. Shue 427.

[34] Fed R Evid 102.

[35] According to Rule 301 of the Federal Rules of Evidence, a presumption is not the same as a shift in the **burden of persuasion**, which is the part of the **burden of proof**. The second part of the burden of proof – the **burden of production**, which is also known as the need to establish a **prima facie case** – would be met by the imposition of a legal presumption. In civil cases in the US, the burden of proof must be met by a **preponderance of the evidence**. In a criminal matter, the prosecutor must show guilt **beyond a reasonable doubt**.

[36] Civil law jurisdictions often allow courts to make a negative inference if there is some piece of evidence that would be expected to be in possession of one party but is not provided to the court.

of proof to get past certain evidentiary shortcomings, since US-style discovery avoids any gaps in evidence.[37]

Article IV (Rules 401–415) discusses the concept of relevance, which is critical to whether a particular piece of evidence will be admitted. Generally, evidence – which can be a document, a thing (such as a blood-stained shirt or photograph), an expert report, or oral testimony – is admissible if it is relevant, which is defined as 'any tendency to make a fact more or less probable than it would be without the evidence; and . . . is of consequence in determining the action'.[38] Some types of evidence, such as documents that are subject to a **legal privilege**, are deemed **inadmissible**, even if the information is legally relevant.[39] 'The court may [also] exclude relevant evidence if its probative value is substantially outweighed by a danger of . . . unfair prejudice, confusing the issues, misleading the jury, undue delay, wasting time, or needlessly presenting cumulative evidence.'[40]

Some of the rules in Article IV refer to both civil and criminal proceedings. Others apply only in criminal proceedings and typically apply to evidence relating to similar crimes or acts that might be used to prove a defendant's or victim's character, which might in some cases be relevant to certain aspects of a particular crime.[41]

Article V (Rules 501–502) discusses various types of privilege which can arise as a matter of constitutional, statutory, regulatory or common law. These provisions can be confusing even to US-trained lawyers, since some privileges are determined by reference to state rather than federal law.[42] Although the language of this section focuses primarily on the **attorney-client privilege** and the **work product doctrine**,[43] US courts respect a variety of types of privilege. Some privileges, such as the Fifth Amendment right against self-incrimination and journalists' First Amendment right not to disclose their sources, are constitutional in nature.[44] Other privileges, such as the attorney-client privilege, the work product doctrine, the **doctor-patient privilege**, the **clergy-penitent privilege** and the **spousal privilege**, are evidentiary or testimonial in nature.[45]

One aspect of privilege law that is particularly complicated involves discussions to

---

If there is no good reason for the absence of the document (such as a fire that destroyed a warehouse containing company documents), then the court may presume that the document contained information harmful to the party in question. Such inferences of course provide significant incentive to produce documents, since the inference may be more damaging than the information itself.

[37] Shifts of the burden of proof do occasionally arise in US law, either as a result of a statutory provision or through application of the common law doctrine of *res ipsa loquitur* ('the thing itself speaks'). See *Byrne v Boadle*, 159 ER 299 (1863) (involving a barrel of flour that fell out of a warehouse for reasons that could only be explained by negligence).

[38] Fed R Evid 401.

[39] See Ibid r 402.

[40] Ibid r 403.

[41] See Ibid r 404; see also Ibid rr 412–414. Another rule discusses the use in of certain types of pleas that might have been the result of **plea bargaining** in criminal cases. See Ibid r 410.

[42] See Ibid r 501. Claims based on state law can be heard in federal court, just as claims based on federal law can be heard in state court. See Ch 5.I.2.

[43] See Ch 2.I.3, Ch 3.I.3.4.

[44] See US Const, amend I, V.

[45] See Eileen A Scallen, 'Relational and Informational Privileges and the Case of the Mysterious Mediation Privilege' (2004) 38 Loy LA L Rev 537, 538, 541–59.

settle or compromise a dispute. Although such discussions are explicitly protected under Rule 408, at least to some extent, that provision permits use of settlement discussions for certain ancillary purposes.[46] As a result, parties should enter into a **confidentiality agreement** to maximize the protection of information disclosed during settlement discussions. However, even then there may be times when the material must be subsequently disclosed.[47]

Article VI (Rules 601–615) discusses various issues relating to **witnesses**, including the competency of a witness and various methods of calling and examining a witness. These highly technical rules cover everything from when and how a lawyer may **impeach** (attack the **credibility**) of a witness to the proper methods for using a document to **refresh the recollection** of a witness. This section also includes information on whether and to what extent a lawyer may **cross-examine** a witness and use **leading questions** (questions which suggest the answer sought, typically only allowed on **cross-examination** or with **hostile witnesses**).

Article VII (Rules 701–706) discusses opinions and expert testimony. Notably, experts are usually appointed by the parties in US litigation, leading to the possibility of a **battle of the experts**. However, Rule 706 does permit courts to appoint their own experts, with input from the parties.

Article VIII (Rules 801–807) outlines the rules on **hearsay**, which is defined as 'a statement that: (1) the declarant does not make while testifying at the current trial or hearing; and (2) a party offers in evidence to prove the truth of the matter asserted in the statement'.[48] However, there are some out-of-court statements that are considered **non-hearsay**, even though they are **adduced** for the **truth of the matter**.[49]

The rules regarding hearsay are relatively complicated and subject to a number of exceptions that are too lengthy to describe here.[50] However, the overarching purpose of the rule is to exclude evidence of suspect credibility.[51] If the circumstances are such that the evidence can be considered trustworthy, as defined by the rules outlined in Article VIII, then the evidence may be admissible. Notably, objections to hearsay testimony only apply at trial, not at depositions.[52]

Article IX (Rules 901–903) addresses the authentication and identification of evidence. Some evidence, such as a sealed government document, is considered **self-authenticating**,

---

[46] See Fed R Evid 408.

[47] See Scallen (n 45) 578–94; see also Eric van Ginkel, 'Another Look at Mediation Confidentiality: Does It Serve Its Intended Purpose?' (September 2014) 32 Alt High Cost Litig 119.

[48] Fed R Evid 801(c). Hearsay can exist in various degrees. For example, **double hearsay** refers to hearsay that is twice removed from the declarant that is in court (ie, the witness is attempting to report something that someone else heard a third person say), while **triple hearsay** refers to hearsay that is three times removed from the declarant.

[49] See Ibid r 801(d).

[50] For example, hearsay testimony might be allowed if the original declarant is dead and the statement that was made was contrary to the interest of that person. See Ibid r 804.

[51] Because the **hearsay declarant** is not in court, the judge or jury cannot observe the **demeanour** of the witness and **opposing counsel** cannot cross-examine that person to identify gaps in testimony or issues relating to credibility.

[52] Lawyers at deposition can ask questions that would either be admissible at trial or lead to information that would be admissible at trial.

which means it does not need to be introduced by a witness who can attest to its authenticity or correctness. Other evidence may only be introduced if it is shown to be what it purports to be (ie, a photograph of the crime scene) by a person with actual knowledge of the events and evidence in question.

Article X (Rules 1001–1008) discusses the contents of various documents, including writings, recordings and photographs. Duplicates (such as photocopies) are usually admissible unless there is some doubt about the authenticity of the original, as would be true in cases involving forgery, for example.

8.1.2.2 England

Civil procedure in England is described in the **Civil Procedure Rules**, often referred to as the **CPR**.[53] Structurally, the English system differs from the US federal approach in several key regards. First, the CPR not only includes various rules of procedure but also numerous **practice directions** that apply to both first-instance (trial level) courts as well as appellate courts.[54] Second, the English system does not include a separate set of rules on evidence but instead discusses evidentiary issues in the CPR.[55] Third, the CPR addresses both trial and appellate procedures, and provides for special rules relating to certain types of substantive action as well as more general rules.[56]

English procedural practice also differs from US practice with respect to the use of language. For example, parties bringing suit are called plaintiffs in the US and **claimants** in England. The responding parties are called defendants in both jurisdictions, but the spelling of the documents and arguments of that party differ according to jurisdiction, with '**defense**' being used in the United States and '**defence**' in England.

The CPR is arranged in 86 different parts which are further broken down into various rules. Each part deals with a different subject matter, and many parts include one or more practice directions. Although the scope of the CPR makes it impossible to outline each of the various parts and practice directions in detail, the following discussion highlights a few matters that may be of particular interest to bilingual lawyers.[57]

The first issue to note is that the purpose of the CPR, as described in Part 1, is to enable courts to 'deal with cases justly and at proportionate cost'.[58] As a result, courts are to 'ensur[e] that the parties are on an equal footing' and save on expense, so far as it is practicable to do so.[59] When determining the proportionality of cost, courts are to consider

---

[53] The Civil Procedure Rules are available at UK Justice <www.justice.gov.uk/courts/procedure-rules/civil/rules>. Perhaps the best practitioner-oriented commentary on the CPR is the White Book, published by Sweet and Maxwell.
[54] See CPR, Notes on Practice Directions.
[55] See Ibid Parts 32–34.
[56] Appeals are discussed in the CPR in Part 52. The CPR also discusses procedures associated with different types of substantive actions. See Ibid Parts 53–57, 61–68, 75–80.
[57] Part of the reason the CPR is so long is due to the fact that it contains numerous administrative provisions, such as those regarding the allocation of different matters to particular courts or the transmission of documents to and from court, that are not present in the Federal Rules of Civil Procedure or the Federal Rules of Evidence. See Ibid Parts 27–30, 58–60.
[58] Ibid r 1.1.
[59] Ibid.

'the amount of money involved; . . . the importance of the case; . . . the complexity of the issues; and . . . the financial position of each party'.[60]

English courts, like US courts, take an active role in **case management**, although those efforts cannot be equated with the type of case management approach used in civil law systems.[61] The English approach to case management is outlined in Part 3, which describes the court's ability to deal with the timing of various judicial procedures, consolidate proceedings, exclude various issues (a process that is discussed under both the PR and under Practice Direction 3A – Striking Out of a Statement of Case), make an order on the court's own initiative and **sanction** parties for various types of behaviour. This part also describes certain acts that parties must undertake in the initial stages of litigation, such as filing a budget for costs.[62] Further details regarding case management in the early stages of litigation are found in Part 26.

Part 6 deals with service of process. Procedures vary depending on where service is to be effected. Service within England and Wales is subject to one set of rules, while **service out** of the jurisdiction (meaning service outside of England and Wales) is subject to other rules.[63] However, the CPR distinguishes between service to Scotland and Northern Ireland (which, like England and Wales, are part of the UK) and the European Economic Area (EEA), and service elsewhere. Generally, service to Scotland, Northern Ireland and the EEA may be made without **leave** (permission) **of the court**, whereas service elsewhere requires the court's approval.[64] Service to foreign jurisdictions will be subject to the Hague Service Convention, which the UK has ratified with some declarations.[65]

Part 7 describes how to start proceedings, while Part 8 provides information regarding alternate means of initiating a claim. Notably, Part 8 cross-references a number of methods of initiating specialized claims discussed elsewhere in the CPR, such as arbitration claims (Part 62), intellectual property claims (Part 63), **Crown** (government) proceedings (Part 66) and proceedings relating to **solicitors** (Part 67).

Parties seeking to initiate proceedings in English court must also be aware of the general Practice Direction – Pre-Action Conduct as well as various **pre-action protocols** relating to particular types of actions. It is easy to overlook these practice directions, since they are not listed with other practice directions in Part 7 or 8.[66] However, parties must not neglect these provisions, since the sanction for failing to comply with a relevant pre-action protocol can be quite severe.[67] Parties must also file a **statement of truth** with a number of submissions.[68]

Although the precise requirements for pre-action conduct varies depending on the type

---

[60] Ibid.
[61] See Ibid r 1.4; see also Steven S Gensler, 'Judicial Case Management: Caught in the Crossfire' (2010) 60 Duke L J 669; JA Jolowicz, 'Civil litigation: What's it for?' (2008) 67 CLJ 508, 516.
[62] See CPR 3.13.
[63] Within the UK, England and Wales are considered a single jurisdiction. However, the other parts of the UK (ie, Scotland and Northern Ireland) are separate from the English legal system for historic reasons.
[64] See Practice Direction 6B, para 3.1.
[65] See Hague Service Convention (n 13).
[66] See CPR – Pre-Action Protocols.
[67] See Practice Direction – Pre-Action Conduct, para 4.6.
[68] See CPR Part 22.

of action that is being pursued, parties generally need to 'exchange sufficient information about the matter to allow them to understand each other's position and make informed decisions about settlement and how to proceed' and 'make appropriate attempts to resolve the matter without starting proceedings, and in particular consider the use of an appropriate form of ADR in order to do so'.[69] Parties must also 'act in a reasonable and proportionate manner in all dealings with one another', particularly with respect to costs incurred.[70] Furthermore, parties 'must not use this Practice Direction as a tactical device to secure an unfair advantage for one party or to generate unnecessary costs'.[71]

Parts 9–10 and 14–19 include information about various matters associated with written submissions, including the defendant's response to the **particulars of claim**, acknowledgement of service, admissions, defence and reply, **statements of the case** and requests for further information. Each of these parts is extremely detailed and many include practice directions. Some of the actions taken under these sections may generate further **directions** from the court (ie, instructions to the parties on how they are to proceed when preparing the case). A number of **standard directions** can be found on the Ministry of Justice website.[72]

The CPR includes a number of provisions relating to dispositive actions. For example, Parts 11–13 discuss the means of disputing the jurisdiction of the court and the procedures associated with **default judgments**. Similarly, Part 24 deals with summary judgment while Part 26 considers interim remedies and security for costs.

Parts 19–20 address matters concerning the addition and substitution of parties as well as **counterclaims** and other additional claims. Part 19 is particularly noteworthy because it includes information concerning England's answer to US class actions, namely the **Group Litigation Order (GLO)**. The GLO is used in situations where there are 'common or related issues of law or fact', which sounds somewhat similar to the prerequisites for a US class action.[73] However, the GLO requires claimants to bring their claims in an individual, rather than representative, capacity, which is quite different to the approach used in US class actions. As a result, the GLO has been referred to as an aggregative mechanism rather than a representative device.

Disclosure (the pre-trial production of evidence) is addressed in Part 31 and related practice directions.[74] England, like many countries, is highly critical of the type of broad discovery used in the US (often derisively referred to as **fishing expeditions**). As a result, the CPR contemplates a much more circumspect procedure than the Federal Rules of Civil Procedure. Thus, the English system uses a **list procedure** whereby the parties provide each other with a list of items that fall within the definition of **standard disclosure**, meaning '(a)

---

[69] Practice Direction – Pre-Action Conduct, para 6.1.
[70] Ibid para 6.2.
[71] Ibid.
[72] See Ministry of Justice, Standard Directions <www.justice.gov.uk/courts/procedure-rules/civil/standard-directions>.
[73] CPR 19.10; see also Fed R Civ P 23(a).
[74] See also Paul Matthews and Hodge M Malek, *Disclosure* (4th edn, Sweet and Maxwell 2012). Notably, the obligation to exchange information begins even before an action is filed, as per the Practice Direction – Pre-Action Conduct. See PD – Pre-Action Conduct, para 7; see also CPR 31.16.

the documents on which [a party] relies; and (b) the documents which – (i) adversely affect [the party's] own case; (ii) adversely affect another party's case; or (iii) support another party's case; and (c) the documents which [the party] is required to disclose by a relevant practice direction'.[75] Disclosure may be required against third parties (non-litigants), but only upon application to the court.[76]

After receiving the list, a party identifies those documents that he or she wishes to inspect further. The solicitor for the producing party subsequently delivers a **bundle** containing the requested documents to the solicitor for the requesting party. Parties may withhold disclosure or inspection of documents on the grounds of privilege or some other right, although it is necessary to indicate that certain documents have been withheld so the other side may enter a challenge if appropriate.[77] If a party believes that standard disclosure is inadequate (ie, that additional documents or materials should be listed or produced), that party may make a request for **specific disclosure**.[78] Specific disclosure is very narrow and usually involves a document or documents that can be precisely identified by name and date. Parties may also apply to the court to challenge claims that a particular document should not be disclosed or inspected.[79]

The right to a deposition exists in England, but is not used anywhere near as often as in the US.[80] The CPR allows parties to seek information from opponents through other mechanisms, such as requests for **further particulars**.[81]

Special procedures exist with respect to electronic documents[82] and evidence that is to be used in foreign courts.[83] The UK has ratified the Hague Evidence Convention, with some reservations, declarations and notifications.[84]

Parties in English proceedings may only use disclosed documents and electronic documents questionnaires for the purposes of the proceeding in which those items are produced, unless the court rules otherwise.[85] This approach is very different to that adopted in the US, where produced documents may typically be used in other proceedings unless the court indicates otherwise.

The English rules of evidence are found in Parts 32 and 33 of the CPR, with additional provisions regarding witnesses, experts and assessors in Parts 34 and 35. The rules of evidence in England are much less detailed than they are in the US, likely as a result of the reduced role that England gives the jury in civil matters.[86] Because the judge is considered

---

[75] CPR 31.6; see also Ibid 31.10. The CPR imposes a duty of reasonable search for documents that are or have been within the party's control. See Ibid 31.7–31.8.
[76] See CPR 31.17. In the US, litigants do not need to seek court approval to obtain discovery from third parties who are within the geographic jurisdiction of the court.
[77] See Ibid 31.19–31.20.
[78] See Practice Direction 31A, 5.1–5.5.
[79] See Ibid 6.1.
[80] See CPR Part 34.
[81] See Ibid Part 18; see also Deirdre Dwyer, Book Review, 'Disclosure: Paul Matthews, Hodge Malek' (2008) 37 CJQ 415, 416.
[82] See Practice Direction 31B.
[83] See CPR Part 31.
[84] See Hague Evidence Convention (n 15).
[85] See CPR 31.22.
[86] Jury trials are now available in only a small number of non-criminal matters, such as those

capable of determining the weight and credibility of potentially suspect evidence, there is less need to exclude potentially problematic information. Thus, the CPR permits the introduction of hearsay evidence, although the proponent of such evidence must comply with a number of additional procedural requirements, including the provision of notice to the other side.[87] Experts may be appointed jointly or by individual parties, although the expert's primary duty is to the court, not to whoever hired the expert.[88]

The CPR provides several incentives to parties to resolve their disputes early and amicably. Thus, in addition to provisions encouraging ADR,[89] English law follows the **loser pays principle (fee shifting)**, whereby the losing party pays for various fees and costs, including in many cases the prevailing party's attorneys' fees.[90] Generally a detailed assessment of costs (**costs proceedings**) to determine the allocation of costs and the amounts that must be paid is conducted at the end of the substantive proceedings. The CPR also indicates that defendants who make an offer to settle the case under Part 36 can recoup some of their costs if the final award to the claimant is less advantageous than the offer made by the defendant.[91]

Various provisions relating to trials and hearings can be found in Part 39. Judgments are discussed in Part 40, and enforcement of judgments and orders, including foreign judgments, are covered in Parts 70 and 74.[92]

One issue that is not discussed in the CPR involves foreign language interpreters in civil matters.[93] Although interpreters must be provided to criminal defendants at no cost pursuant to the European Directive on the right to interpretation and translation in criminal proceedings,[94] it is unclear what effect the withdrawal of the UK from the EU will have on the provision of interpreters. Notably, no mandate to provide interpreters exists in the civil law context. While the Ministry of Justice provides some assistance in certain types of civil case, it will only do so if the party does not have a friend or family member who

---

involving fraud, malicious prosecution and false imprisonment. See Senior Courts Act 1981, s 69(3). The right to a jury in cases involving libel and slander has recently been limited. See Defamation Act 2013, s 11; see also Alexia Bedat, 'Tim Yeo MP v Times Newspapers Ltd – Discretion to Order Trial By Jury Under Defamation Act 2013' (2015) 26 Ent L Rev 31.

[87] See CPR 33.1–33.5.
[88] See Ibid 35.1–35.15.
[89] See (nn 69–71) above.
[90] Costs determinations are relatively complicated. See CPR Part 44; see also Ibid Parts 44–47.
[91] See CPR 36.14; 'Costs Where Judgment "More Advantageous" Than Offer' (June 2008) 6 Civ Pro News 6.
[92] The Federal Rules of Civil Procedure do not discuss enforcement of foreign judgments in any detail. See Fed R Civ P 69. However, the process is extremely complicated. See S.I. Strong, 'Recognition and Enforcement of Foreign Judgments in US Courts: Problems and Possibilities' (2014) 33 Rev Litig 45.
[93] The CPR also governs court proceedings in Wales, where proceedings may be in Welsh or English. See Practice Direction Relating to the Use of the Welsh Language in Cases in the Civil Courts in Wales; see also Ministry of Justice, Court Interpreters <www.justice.gov.uk/courts/interpreter-guidance>.
[94] See European Directive 2010/64 on the right to interpretation and translation in criminal proceedings [2010] OJ L280/1; see also R Gwynedd Parry, 'The Curse of Babel and the Criminal Process' (2014) 11 Crim L Rev 802 (discussing the implementation of the directive in England and Wales).

can provide interpretation services.⁹⁵ The absence of trained legal interpreters is highly problematic, given the specialized nature of legal proceedings and the consequences of faulty interpretation, even in civil matters.⁹⁶ Other English-speaking jurisdictions, such as Ireland, have struggled with this issue as well.⁹⁷

There are several other issues that are not explicitly discussed in the CPR but that bear mention. The first involves so-called '**Anton Piller orders**', which are now said to be subsumed with in the term '**search order**' under Part 25, and '**Mareva injunctions**', now referred to as '**freezing orders**' under Part 25.⁹⁸ Although the definitions reflected in the CPR are now legally binding, commentators have suggested that courts should not forget the pre-CPR history of the Anton Piller order and the Mareva injunction when construing contemporary requests for search orders and freezing orders under the CPR.⁹⁹ This is sage advice, particularly given that judges in the UK and elsewhere continue to use the terms 'Anton Piller order' and 'Mareva injunction' with considerable frequency.¹⁰⁰

The other item that must be mentioned is an **undertaking**, which can be made by a lawyer or a party. An undertaking is essentially a promise to the court to do or not do something. Failure to comply with the terms of an undertaking constitutes **contempt of court** and can lead to sanctions against the person giving the undertaking.¹⁰¹ Notably, the impossibility of complying with an undertaking does not relieve the person who made the undertaking of the duty to comply. Thus, a lawyer should never make an undertaking to do something that is outside his or her control, such as ensuring that a client will appear in court for an upcoming hearing, since the lawyer will be held quite strictly to his or her word.

---

⁹⁵ See Ministry of Justice, Court Interpreters <www.justice.gov.uk/courts/interpreter-guidance>.

⁹⁶ Courtroom interpretation is extremely difficult for interpreters, attorneys, clients and judges. See Deborah M Weissman, 'Between Principles and Practice: The Need for Certified Court Interpreters in North Carolina' (2000) 78 NC L Rev 1899, 1951–63; see also *United States v Carrion*, 488 F2d 12, 14 (1st Cir 1973) ('The right to an interpreter rests most fundamentally, however, on the notion that no defendant should face the Kafkaesque spectre of an incomprehensible ritual which may terminate in punishment'.).

⁹⁷ See Niamh Howlin, 'Multiculturalism, Representation and Integration: Citizenship Requirements for Jury Service' (2012) 35 Dublin U L J 148, 151 (noting that in 2008, there were 10,000 requests for court interpretation services in Ireland, covering 71 languages). For an interesting discussion on this and related issues, see Xabier Arzoz, 'Accommodating Linguistic Difference: Five Normative Models of Language Rights' (2010) 6 Eur Const L Rev 102.

⁹⁸ See CPR Part 25; see also Steven Gee, *Commercial Injunctions* (6th edn, Sweet and Maxwell 2015).

⁹⁹ See Iain Pester, Book Review, 'Commercial Injunctions: Steven Gee' (2006) 25 CJQ 116, 116–18.

¹⁰⁰ See Andrew Higgins, 'Open Door Disclosure in Civil Litigation' (2012) 16 Intl J Evid and Proof 298, 317–18 (claiming Anton Piller orders can operate as a 'civil search warrant'); Masayuki Tamaruya, 'The Anglo-American Perspective on Freezing Injunctions' (2010) 29 CJQ 350.

¹⁰¹ See CCR Order 29 Committal for Breach of Order or Undertaking <www.justice.gov.uk/courts/procedure-rules/civil/sched_ccr/ccrorder29>.

8.I.3 Procedural Law in Criminal Disputes, Including the Law of Evidence

Although criminal procedure is in many ways similar to civil procedure in both the US and England, there are a number of differences that Spanish-speaking lawyers should know. Again, as noted previously, it is critically important to consider how **case law** affects the interpretation and application of various procedural rules. Indeed, some aspects of criminal procedure are better defined by judicial decisions than by the rules.[102]

8.I.3.1 United States

Criminal procedure in the US varies depending on whether the dispute is being heard in state or federal court. Trial-level proceedings are heard in federal district court and governed by the **Federal Rules of Criminal Procedure**.[103] The Federal Rules of Evidence apply in criminal matters to the same extent as in civil disputes.

Each state has its own rules of criminal procedure.[104] Although many states use the federal rules as a model, some do not. The following discussion focuses on the Federal Rules of Criminal Procedure as an example of standard US practice.

The Federal Rules of Criminal Procedure are arranged in nine different titles which each cover a different aspect of criminal proceedings. Notably, the scope of the Federal Rules of Criminal Procedure is somewhat broader than that of the Federal Rules of Civil Procedure. Thus, Rule 1, which is found in Title I (applicability), indicates that the criminal rules 'govern the procedure in all criminal proceedings in the United States district courts, the United States courts of appeals, and the Supreme Court of the United States'.[105] However, the criminal provisions are to be interpreted in a similar manner as the civil rules 'to provide for the just determination of every criminal proceeding, to secure simplicity in procedure and fairness in administration, and to eliminate unjustifiable expense and delay'.[106]

Title II (Rules 3–5.1) addresses various preliminary matters, including the criminal **complaint**, the **arrest warrant** or **summons**, the initial appearance and the preliminary hearing.[107] According to Rule 4, a judge must issue a warrant for arrest if 'the complaint or one or more **affidavits** filed with the complaint establish **probable cause** to believe that

---

[102] For example, courts are constantly defining and redefining the boundaries of the '**exclusionary rule**' in US criminal law, which prohibits use of evidence collected in violation of a defendant's constitutional right to be protected from unreasonable searches and seizures. See US Const, amends IV–VI; Andrew Guthrie Ferguson, 'Constitutional Culpability: Questioning the New Exclusionary Rules' (2014) 66 Fla L Rev 623, 624–5. The concept of the '**fruit of the poisonous tree**' is also seen in other jurisdictions, including those where Spanish is spoken. See Stephen C Thaman, '"Fruits of the Poisonous Tree" in Comparative Law' (2010) 16 Sw J Intl L 333, 338, 343, 348, 353, 364–66, 372–73, 375, 379, 382–83.

[103] See Fed R Crim P.

[104] While federal rules of evidence and criminal procedure exist as freestanding rules of court, a number of states have enacted their rules as statutes.

[105] Ibid 1. Despite this provision, the **Federal Rules of Appellate Procedure** and the **Rules of the Supreme Court of the United States** do have some application to criminal appeals, and parties should be sure to consult all relevant rule sets when preparing an appeal.

[106] Ibid r 2.

[107] An arrest warrant or summons may be issued as a preliminary matter or after an **indictment**. See Ibid rr 4, 9.

an offense has been committed and that the defendant committed it'.[108] A summons rather than a warrant will be issued on the request of the attorney for the government, known as the **prosecutor**. Federal prosecutors are known as **United States Attorneys**, who are helped in their daily work by **Assistant United States Attorneys (AUSAs)**.[109]

When taken into **custody**, a person should be read a *Miranda* **statement**, which is meant to inform a criminal defendant of his or her Fifth Amendment (constitutional) right against self-incrimination.[110] The precise wording of the *Miranda* statement can vary somewhat,[111] but a standard *Miranda* **warning** would state:

> (1) You have the right to remain silent; (2) Anything you say can and will be used against you in a court of law; (3) You have the right to consult with a lawyer before questioning and to have a lawyer present with you during questioning; (4) If you cannot afford to hire a lawyer, one will be appointed to represent you at public expense before or during any questioning, if you so wish; and (5) If you decide to answer questions now without a lawyer present, you have the right to stop the questioning and remain silent at any time you wish, and the right to ask for and have a lawyer at any time you wish, including during the questioning.[112]

Central among these provisions is the ability to remain silent without having that silence held against the defendant at trial. However, this is a highly nuanced and rapidly changing area of law. For example, the US Supreme Court recently held that the refusal to respond to police questioning during a noncustodial criminal interrogation that took place prior to being given a *Miranda* warning could be admitted at trial as substantive evidence of guilt.[113]

Persons who are charged with a **felony** (serious crime) and who are not US nationals often find it useful to notify their consulate that they have been brought up on **criminal charges**. Rule 5(d)(1)(F) discusses the procedures associated with such notification. Rule 5.1 identifies how the preliminary hearing is to be conducted and includes a number of procedures that the defendant is entitled to rely upon in hopes of having charges dropped.

---

[108] Ibid r 4(a). A warrant requires a police officer to find the defendant and arrest him or her. A summons requires the person to come to court on his or her own initiative, at the time indicated in the summons.

[109] Most US Attorneys' offices are broken into several divisions dealing with criminal law, civil law, asset forfeiture and appeals. There is usually one US Attorney's office per federal district. See Ch 5.I.2 (discussing federal districts).

[110] See US Const, amend V ('No person . . . shall be compelled in any criminal case to be a witness against himself'); *Miranda v State of Arizona*, 384 US 436 (1966). The content of Miranda warnings has changed over the years to track various changes in the practices and procedures associated with such warnings. See Charles D Weisselberg, 'Mourning *Miranda*' (2008) 96 Cal L Rev 1519, 1521 (suggesting subsequent Supreme Court decisions have effectively eviscerated the protections outlined in *Miranda*). A person may be arrested without being **Mirandized**, but any conviction that results may be overturned if it appears that the failure to read the person his or her rights led to a violation of justice. Reliance on the Fifth Amendment right against self-incrimination is often referred to as **pleading the Fifth**.

[111] See Richard Rogers and others, 'The Language of Miranda Warnings in American Jurisdictions: A Replication and Vocabulary Analysis' (2008) 32 L and Human Behavior 124, 126 (noting 385 different warnings).

[112] Anthony J Domanico, Michael D Cicchini and Lawrence T White, 'Overcoming *Miranda*: A Content Analysis of the *Miranda* Portion of Police Interrogations' (2012) 49 Idaho L Rev 1, 4.

[113] See *Salinas v Texas*, 133 SCt 2174 (2013).

Title III (Rules 6–9) discusses various procedures associated with the **grand jury**, which is the body responsible for indicting, or formally charging, a criminal defendant in a serious case.[114] Grand juries involve different procedures and different people than **petit juries** ('juries') that decide whether the defendant is actually **guilty** of the crime. Grand juries are only required in felonies which involve **capital punishment** or imprisonment of more than one year. **Misdemeanours** (less serious crimes) can be prosecuted under simplified procedures.[115]

Title IV (Rules 10–17.1) deals with **arraignments** (formal reading of the charges against the defendant in court) and preparation for trial. At the arraignment, the defendant is required to **enter a plea** of guilty, not guilty and, in some cases, *nolo contendere* (no contest). Before accepting a guilty plea, the court must ask a series of questions to ensure that the plea is not the subject of coercion or duress. However, Rule 11(c) expressly notes the possibility that the prosecutor and the defendant (or the defendant's attorney) have entered into a **plea agreement (plea bargain)** wherein the defendant pleads guilty to a lesser charge in hopes of receiving a lighter **sentence**.[116]

Pre-trial procedure in criminal matters is somewhat different than in civil cases.[117] For example, the prosecution needs to identify in advance which evidence it will submit so that the defendant has the opportunity to object, and the defendant may only raise some types of defence through a pre-trial motion.

One of the biggest differences in pre-trial procedure involves discovery. Depositions may only be used in criminal trials to preserve oral testimony (as would be the case if the **deponent** were at risk of dying), and the defendant has the right to be present at the deposition.[118] Furthermore, the exchange of information largely flows in one direction. For example, the defendant is entitled to see most of the information in the prosecutor's file, other than what would be called attorney work product in the civil context.[119] However, the prosecution is only entitled to see material that the defendant is intending to use at trial as part of the defendant's **case in chief**.[120] This discrepancy can be explained on the basis of the defendant's right to avoid self-incrimination. However, the prosecution is entitled to investigate and cross-examine any witnesses or evidence that the defendant puts forward. In practice, this principle often leads the defendant not to testify at trial, since no inferences can be made from silence under the Fifth Amendment of the US Constitution. However, if the defendant does choose to testify on his or her own behalf, then the prosecution can (and doubtless will) mount a vigorous cross-examination of the defendant.

Title V (Rules 18–22) deals with the **venue** (place) for trial. Typically the trial takes place in the federal district where the crime was committed, unless 'the court is satisfied that so

---

[114] See Ch 5.I.3.
[115] See Fed R Civ P 7(a)(2), 58(b)(1). The term is spelled 'misdemeanor' in the US.
[116] See Ibid r 11(c). The plea bargaining system in the US is subject to significant and continuing criticism. See Lahny R Silva, 'Right to Counsel and Plea Bargaining: Gideon's Legacy Continues' (2014) 99 Iowa L Rev 2219.
[117] Case management is evident in criminal trials through the pretrial conference. See Fed R Crim P 17.1.
[118] There is no requirement in civil cases that the deponent be unavailable for trial.
[119] See Ibid Fed R Crim P 16(a).
[120] See Ibid r 16(b).

great a prejudice against the defendant exists in the transferring district that the defendant cannot obtain a fair and impartial trial there'.[121]

Title VI (Rules 23–31) deals with the trial itself. A number of provisions deal with the right to a jury, how to select (**empanel**) **jurors** through a process known as **voir dire** and how to instruct the jury at the end of the trial.[122] This title also includes several rules that deal with matters of evidence, such as taking testimony, proving foreign law, producing a witness statement and proving an official record. Rule 26, which falls in this section, indicates that '[t]he court may select, appoint, and set the reasonable compensation for an interpreter'.[123]

Title VI also includes several key provisions regarding the final stage of trial, including motions for a judgment of acquittal,[124] declarations of a **mistrial**,[125] closing argument by the prosecution and defence, and rendering of the verdict by the jury. According to Rule 31, a jury verdict must be unanimous.[126]

Title VII (Rules 32–39) discusses various post-conviction procedures, including sentencing and judgment, **staying** (delaying) a sentence, correcting or reducing a sentence, and ordering a new trial. Federal courts in the US are required to consider various sentencing guidelines established by the United States Sentencing Commission.[127] Although the guidelines do not set down any mandatory rules, the guidelines are considered highly persuasive, since they were adopted to promote consistency in criminal sentencing throughout the federal system.[128]

Although the remaining two titles are largely administrative, they nevertheless contain several key provisions. Thus, Title VIII (Rules 40–42) on supplementary and special proceedings includes rules dealing with criminal contempt of court and search and seizure orders. Title IX (Rules 43–61), entitled 'General Provisions', is even more important, since it contains a number of rules relating to core constitutional protections. Thus, Rule 43 addresses the need for the defendant to be present at trial so as to be able to confront all witnesses and hear all accusations, Rule 44 deals with the right to counsel and Rule 50 requires prompt disposition of criminal matters. All of these provisions are based on the Sixth Amendment to the US Constitution, which states that:

> [i]n all criminal prosecutions, the accused shall enjoy the right to a speedy and public trial, by an impartial jury of the State and district wherein the crime shall have been committed, which

---

[121] Ibid r 21(a).
[122] See Ch 5.I.3.
[123] Fed R Crim P 28.
[124] This motion allows the judge to determine as a matter of law that the evidence presented by the prosecution is insufficient to support a verdict of guilty.
[125] Although the Fifth Amendment to the US Constitution prohibits a person from being tried twice for the same crime (a principle known as **double jeopardy**), that provision does not apply when there has been a mistrial either through procedural error or through the inability of the jury to come to a determination (a **hung jury**). See US Const, amend V (indicating that no person 'shall be subject for the same offence to be twice put in jeopardy of life or limb').
[126] See Fed R Crim P 31.
[127] See United States Sentencing Commission, *Guidelines Manual* (2014), available at <www.ussc.gov/guidelines-manual/2014/2014-chapter-1#1b11>.
[128] The guidelines remain controversial. See Frank O Bowman III, 'Dead Law Walking: The Surprising Tenacity of the Federal Sentencing Guidelines' (2014) 51 Hous L Rev 1227.

district shall have been previously ascertained by law, and to be informed of the nature and cause of the accusation; to be confronted with the witnesses against him; to have compulsory process for obtaining witnesses in his favor, and to have the Assistance of Counsel for his defence.[129]

Other parts of Title IX are more administrative in nature. These provisions deal with issues such as computing and extending time (Rule 45), release from custody (Rule 46), motions and supporting affidavits (sworn declarations) (Rule 47), serving and filing papers (Rule 48) and issues relating to errors in procedure (Rules 51–52).

One relatively recent addition to this section is Rule 60, which deals with the rights of victims. This provision was the result of years of lobbying from victims' rights groups, who believed that victims had little, if any, voice in the criminal justice process.[130] In taking this approach, the US joins a number of common law countries, including England and Australia, as well as various civil law jurisdictions that allow victims to participate in criminal proceedings, either through **victim impact statements** or other devices.[131]

Although the Federal Rules of Criminal Procedure contain a number of provisions relating to the taking and introduction of evidence,[132] the Federal Rules of Evidence, which were discussed in detail above in the section concerning civil procedure, also apply in criminal proceedings. Although most of the Federal Rules of Evidence apply equally to both criminal and civil proceedings, some provisions (such as Rules 301, 302, 415) apply only to civil cases and other provisions (such as Rules 413–414) apply only to criminal cases.

8.I.3.2 England

Criminal procedure in England is governed by the **Criminal Procedure Rules (CrPR)**, which include rules of procedure as well as various practice directions.[133] The CrPR applies to criminal cases in **magistrates' courts**, the **Crown Court** and the **Court of Appeal (Criminal Division)** as well as in **extradition** appeal cases in the **High Court**. Like the CPR, the CrPR incorporates various provisions on evidence, thereby eliminating the need for a separate set of rules dealing with those particular concerns.

The CrPR is broken into 11 divisions dealing with different aspects of criminal proceedings. Unlike the CPR, which vary with respect to the number of practice directions that apply to each part of the rules, the CrPR has only one practice direction per division.

The first division of the CrPR (Parts 1–5) discusses various general matters, including the court's case management powers, service of documents, and issues relating to forms and court records. This division also describes the primary objective of the rules, which is to deal with criminal cases in a just manner. As a result, English courts aim to:

---

[129] US Const, amend VI.
[130] See Paul G Cassell, 'Treating Crime Victims Fairly: Integrating Victims Into the Federal Rules of Criminal Procedure' (2007) Utah L Rev 861.
[131] See Tyrone Kirchengas, 'Victim Lawyers, Victim Advocates, and the Adversarial Criminal Trial' (2013) 16 New Crim L Rev 568, 571.
[132] See (nn 34–52) above.
[133] See CrPR.

(a) acquit[] the innocent and convict[] the guilty;
(b) deal[] with the prosecution and the defence fairly;
(c) recognis[e] the rights of a defendant, particularly those under Article 6 of the European Convention on Human Rights;
(d) respect [] the interests of witnesses, victims and jurors and keep[] them informed of the progress of the case;
(e) deal[] with the case efficiently and expeditiously;
(f) ensur[e] that appropriate information is available to the court when bail and sentence are considered; and
(g) deal[] with the case in ways that take into account—

   (i) the gravity of the offence alleged,
   (ii) the complexity of what is in issue,
   (iii) the severity of the consequences for the defendant and others affected, and
   (iv) the needs of other cases.[134]

The second division (Parts 6–17) deals with preliminary proceedings, which include investigation orders and warrants, beginning and ending a prosecution, initial details of the prosecution case, deferred prosecution agreements, the indictment and extradition. Each of these issues is discussed in significant detail in individual parts and is often broken up according to the type of action at issue. Thus, Part 6 includes separate sections on investigation orders and warrants under the Terrorism Act 2000, the Proceeds of Crime Act 2000, the Coroners and Justice Act 2009, and the Regulation of Investigatory Powers Act 2000. Similarly, Part 9 discusses how a criminal matter may be sent for trial depending on whether the matter is to be heard in the magistrates' court or the Crown Court.[135]

Although the English criminal justice system uses indictments, the process is not the same as it is in the United States. England has not used grand juries in over 80 years and instead follows an indictment process that is described in Part 14. The **Crown Prosecution Service (CPS)** is the entity responsible for public prosecution of crime in England and plays a key role in the indictment process.[136]

Two aspects of this section may be of particular interest to Spanish-speaking lawyers. First are the provisions on extradition, which are discussed in Part 17. Second is the section of Criminal Practice Direction II: Preliminary Proceedings discussing interpreters. According to that practice direction:

> 17B.21 It is the responsibility of the Court Listing Officer to ensure the attendance of an accredited interpreter when an unrepresented party in extradition proceedings is acting in person and does not understand or speak English.
> 17B.22 Where a party who does not understand or speak English is legally represented it is the

---

[134] Ibid r 1.1.
[135] See Ch 5.I.2 (regarding distinctions between magistrates' court and Crown Court).
[136] **Private prosecution** of crimes is also possible in England and may have increased in recent years. See Richard Buxton, 'The Private Prosecutor as Minister for Justice' (2009) 6 Crim L Rev 427, 428–29; Leonard Leigh, 'Private Prosecutors and Public Authorities: Co-Operation in Law Enforcement' (2014) 6 Crim L Rev 439, 439. There is no equivalent in the US, although private citizens are empowered to act as '**private attorneys general**' by bringing certain types of civil action meant to further the public interest. See Trevor W Morrison, 'Private Attorneys General and the First Amendment' (2005) 103 Mich L Rev 589, 597–630.

responsibility of his/her solicitors to instruct an interpreter if required for any hearing in extradition proceedings.[137]

The third division of the Criminal Procedure Rules (Parts 18–20) deals with custody and **bail**. This section also considers warrants for arrest, detention and imprisonment.

The fourth and fifth divisions of the rules deal with disclosure (Parts 21–26, although all but one of those parts are currently empty) and evidence (Parts 27–36). One of the more interesting aspects of disclosure in criminal proceedings involves the requirement that a defendant submit a defence statement in some cases.[138] This practice has been criticized as ineffective and potentially detrimental to the rights of a criminal defendant to choose how best to mount a defence at trial.[139] Notably, there is no equivalent in England of the US Fifth Amendment privilege of keeping silent. To the contrary, the Criminal Justice and Public Order Act 1994 permits the prosecution to suggest adverse inferences based on the defendant's silence.[140] Nevertheless, many commentators find defence disclosure obligations troubling.[141]

The evidentiary provisions of the CrPR are similar to those contained in the CPR. Thus, for example, hearsay is admissible under Part 34 so long as the proper procedures are followed. Other parts discuss witness statements, witness summonses, measures to assist a witness or defendant in giving evidence, and expert evidence. Part 31 contains various restrictions on a defendant who is acting for him or herself cross-examining certain types of witness pursuant to sections 34–35 of the Youth Justice and Criminal Evidence Act 1999. Parts 35 and 36 discuss whether and to what extent evidence of the bad character of a witness or defendant may be admitted as well as information regarding a complainant's previous sexual behaviour.

Part 32 may be of particular interest to bilingual lawyers because it refers to international cooperation in the taking of evidence. This part is quite detailed and includes information about notice, service of process, records of proceedings, use of television or telephone links and issues relating to overseas freezing orders. Paragraph 32.6 discusses the use of an interpreter in cases involving a television or telephone link.

The sixth division of the CrPR (Parts 37–41) deals with the trial itself, although there is some overlap with the seventh division (Parts 42–55, which includes many empty parts),

---

[137] See Criminal Practice Direction II – Preliminary Proceedings, paras 17B.2–17B.22.
[138] See CrPR, r 22.4.
[139] See Chris Taylor, 'The Evolution of the Defence Statement' (2010) 74 J Crim L 214, 215.
[140] Section 34 of the Act indicates that a judge or jury may draw certain inferences if a defendant keeps silent under questioning by a **constable** at the time of the investigation or charging of a crime, while section 35 of the Act indicates that a judge or a jury may draw certain inferences if a defendant at trial 'chooses not to give evidence, or having been sworn, without good cause refuses to answer any question'. See Criminal Justice and Public Order Act 1994, ss 34–35. Thus, the procedure in England is very different from that in the US, with its right against self-incrimination and *Miranda* warnings.
[141] See Abenaa Owusu-Bempath, 'Defence Participation Through Pre-Trial Disclosure: Issues and Implications' (2013) 17 Intl J Evid and Proof 183, 183, 189. Although Article 6 of the European Convention on Human Rights protects against self-incrimination and allows for a presumption of innocence as part of the right to a fair trial, Article 6 is not absolute. See Ibid 193.

which deals with sentencing. Thus, Part 37 deals with trial and sentencing in magistrates' court, while Part 38 deals with trial and sentencing in the Crown Court.

Juries are only used in the Crown Court and are discussed in Part 39 as well as Part 38.[142] Jurors are selected at random but may be subject to some questioning from the judge.[143] Judges have the discretion to release prospective jurors from duty if the judge believes the juror would be incompetent to serve. Both the defence and the prosecution may object to a potential juror for cause, and the prosecution has the right to object to a limited number of jurors without giving a reason.[144] One of the key challenges facing England right now is how to stop jurors from improperly using the internet and social media while sitting on a jury.[145]

Tainted acquittals are covered in Part 40, while Part 41 addresses retrial after an acquittal on a serious offence. Although this latter procedure would be considered unconstitutional in a number of common law countries as a result of the longstanding prohibition on double jeopardy,[146] Parliament removed the restrictions on second prosecutions through Part 10 of the Criminal Justice Act 2003 and now allows persons acquitted of a serious offence to be retried for the same crime when the requirements of section 76 of the Act are satisfied.[147]

A number of England's more distinctive trial procedures are referred to in Criminal Practice Directions IV – Trial. Thus, for example, this document refers to the practice of **summing up**, in which the judge not only provides the jury with instructions on the relevant legal standards but also describes the prosecution and defence cases as well as the evidence presented.[148] Summing up is also discussed in Part 38.

The eighth and ninth divisions deal with certain types of special proceedings. Thus, Parts 56–61 deal with confiscation and related proceedings, while Part 62 deals with contempt of court. The tenth division (Parts 63–75) considers the appeals process. Appeals in England can be somewhat confusing, given the complex nature of the court structure and distinctions between the various types of appeals.[149] To some extent, the CrPR attempts to clarify the situation by addressing different types of appeals separately (for example, appeals to the Crown Court, appeals to the High Court by way of case stated and various

---

[142] See also Peter Thornton, 'Trial By Jury: 50 Years of Change' (September 2004) Crim L Rev 683, 683–701.
[143] The judge should confer with the advocates to identify any questions that should be asked to demonstrate bias or inability to serve. See Criminal Practice Directions VI: Trial, para 39D.1.
[144] See CrPR, r 38.8.
[145] See for example, J Paul Zimmerman, 'A Practical Guide to the Development of Jury Charges Regarding Social Media' (2013) 36 Am J Trial Advoc 641 (discussing the US); 'Juror Internet Research and Social Networking – Eire and England' (2011) 15 Intl J Evid and Proof 170, 170–73 (discussing concerns regarding jurors and social media in Ireland, England and Australia).
[146] See US Const, amend V; Gerard Coffey, 'The Constitutional Status of the Double Jeopardy Principle' (2008) 30 Dublin U L J 138 (discussing the status of the principle in various common law countries).
[147] See Jill Molloy, 'Quashing an Acquittal and Double Jeopardy' (2011) 75 J Crim L 272, 273–74. Such a decision was within the legislature's power pursuant to the principle of **parliamentary supremacy**. See Ch 4.I.2.
[148] See Nic Madge, 'Summing Up – A Judge's Perspective' (September 2006) Crim L Rev 817.
[149] See Ch 5.I.2.

types of appeal to the Court of Appeal). However, the structure of the tenth division could be problematic for those who are not familiar with the hierarchy of the English courts and the standards for appeal.

The CrPR ends with a section on costs (Part 76) and a glossary of terms. Criminal costs issues are becoming increasingly contentious in England given the scarcity of funding for **legal aid**.[150] However, acquitted defendants are entitled to recover their costs.[151]

8.I.4 Procedural and Evidentiary Rules in International Commercial and Investment Arbitration

Although many people believe that court proceedings are the best if not only way to resolve an intractable legal dispute, litigation is not the norm in many cross-border business matters. Instead, **international commercial arbitration** is strongly preferred by both parties and practitioners due to its ability to provide a neutral, cost-effective forum resulting in an **award** that is easily enforceable across national borders.[152] While the name of this procedure might suggest certain similarities to various types of domestic arbitration, 'the essential difference' between international and other types of arbitral proceedings 'is so great that their similarities are largely illusory'.[153]

The term 'international arbitration' can be used to refer to three different types of procedure. Historically, the first type of international arbitration to develop was **interstate arbitration**, which involves two sovereign states entering into a post-dispute **arbitration agreement** so as to resolve various differences, such as border disputes, through peaceful means.[154] This type of arbitration is not seen very frequently and typically proceeds on an **ad hoc** (independent and individualized) basis.[155]

The second type of arbitration to arise historically is international commercial arbitration.[156] This process can be defined as 'a means by which international business disputes can be definitively resolved, pursuant to the parties' agreement, by independent, non-governmental decision-makers, selected by or for the parties, applying neutral judicial procedures that provide the parties an opportunity to be heard'.[157] International commercial arbitration addresses various types of civil or commercial dispute and

---

[150] See Dr Vicky Kemp, Book Review, 'Legal Aid Lawyers and the Quest for Justice: Daniel Newman' (2014) 5 Crim L Rev 391.

[151] See David McCluskey, 'Acquitted Defendants' Costs: A "Constitutional" Principle?' (2011) 7 Crim L Rev 537, 537.

[152] See Gary B Born, *International Commercial Arbitration* (2nd edn, Kluwer 2014) 73.

[153] Jan Paulsson, 'International Arbitration Is Not Arbitration' (2008) Stockholm Intl Arb Rev 1, 1; see also S.I. Strong, *International Commercial Arbitration: A Guide for US Judges* (Federal Judicial Center 2012) 4–5 (hereinafter Strong, *Guide*) (comparing different types of domestic and international arbitration), available at <www.fjc.gov/public/pdf.nsf/lookup/strongarbit.pdf/$file/strongarbit.pdf>.

[154] See Born (n 152) 8–24.

[155] Parties who need help in organizing an interstate proceeding may approach the Permanent Court of Arbitration in the Hague for assistance. See Permanent Court of Arbitration <www.pca-cpa.org/showpage.asp?pag_id=363>.

[156] See Born (n 152) 24–70.

[157] Ibid 70.

involves private parties as well as public actors (including states) operating as commercial entities.[158]

International commercial arbitration can arise out of a pre-dispute contractual agreement (typically contained within a **dispute resolution clause** found in the underlying transactional documents) or, less frequently, as a result of a post-dispute agreement (***compromis***). Many arbitration agreements now include **multi-tiered (step) clauses** that require the parties to engage in either **negotiation** or **mediation** (a form of facilitated negotiation involving a neutral third party who attempts to help the parties resolve their differences amicably) before initiating arbitral proceedings.[159]

The third type of international arbitration to arise historically is **investment arbitration**, also known as **investor-state** or **treaty-based arbitration**.[160] These disputes always involve a foreign investor as the claimant and a nation-state acting in its sovereign capacity (rather than as a private entity) as the **respondent**.[161] The agreement to arbitrate is typically found in a **bilateral investment treaty (BIT)**, although agreements to arbitrate can also be found in multilateral investment treaties, investment protection agreements and national laws.[162] Although the agreement to arbitrate is made at the interstate level, individual investors accept the **offer to arbitrate** made by the host state in the relevant treaty or law by initiating an investment arbitration.[163]

The popularity of arbitration as a means of resolving cross-border business disputes has led to a growing amount of commentary in Spanish,[164] which suggests that there is no need for a detailed discussion of arbitral law and procedure in this text.[165] However,

---

[158] States and state actors are typically considered to have waived their sovereign immunity when they engage in commercial transactions. See for example, 28 USC s 1605(s)(6).

[159] Mediation (also known in some quarters as **conciliation**) is becoming increasingly popular with international commercial actors, and the international legal community is seeking ways to support parties' autonomy in this regard. See S.I. Strong, 'Beyond International Commercial Arbitration? The Promise of International Commercial Mediation' (2014) 45 Wash U J L and Poly 11 (hereinafter Strong, Beyond); S.I. Strong, 'Realizing Rationality: An Empirical Assessment of International Commercial Mediation' 73 Wash & Lee L Rev — (forthcoming 2016) (hereinafter Strong, Empirical).

[160] See Born (n 152) 120–26.

[161] Recently there has been an increase in cases involving multiple claimants banding together to assert their claims against the state at a single time, in a single proceeding, but those types of disputes are still in the minority. See S.I. Strong, 'Non-Judicial Means of Collective Redress in Europe' in Eva Lein and Duncan Fairgrieve (eds) *Collective Redress in Europe* (British Institute of International and Comparative Law 2015).

[162] See Campbell McLachlan and others, *International Investment Arbitration: Substantive Principles* (Oxford University Press 2008); Christoph H Schreuer, *The ICSID Convention: A Commentary* (Cambridge University Press 2001).

[163] See Jan Paulsson, 'Arbitration Without Privity' (1995) 10 ICSID Rev For Invest L J 232, 240–41 (hereinafter Paulsson, 'Privity').

[164] See for example, *Lima Arbitration; Revista de Arbitraje Comercial y de Inversiones; Revista de la Corte Española de Arbitraje; Revista Internacional de Arbitraje; Revista Latinoamericana de Mediación y Arbitraje Comercial; Revista Peruana de Arbitraje; Revista Vasca de Derecho Procesal y Arbitraje*. Extensive bibliographies of English sources can be found in Born (n 152) and S.I. Strong, *Research and Practice in International Commercial Arbitration: Sources and Strategies* (Oxford University Press 2009) (hereinafter Strong, *Sources*).

[165] Those seeking to understand the basic procedural sequence of international commercial

it may be useful to provide some basic information regarding the two most popular forms of international arbitration (ie, international commercial arbitration and investment arbitration) so as to help bilingual lawyers make the transition to English-language usage.

Legal terminology can be somewhat confusing in this area of law, since many phrases are similar but not identical to those used in litigation.[166] For example, parties in arbitration are referred to as the claimant (the party bringing the action) and respondent (the party against whom the action is brought). Arbitrations may be heard by a single **arbitrator** or by an **arbitral tribunal (arbitral panel)**. The decision in arbitration is called an award rather than a judgment, and a party who challenges the award does not appeal the decision but instead either seeks to **vacate, annul** or **set aside** the award in the **seat** (place) where the arbitration was held or opposes a motion or action to **enforce** the award in a foreign jurisdiction. In some jurisdictions, the prevailing party (**award creditor**) may also seek to **confirm** the award against the losing party (**award debtor**) in the place where it was made (issued). Sometimes these actions are referred to as involving **judicial review** of the award, although the review is in most jurisdictions only of a limited number of procedural matters rather than the substance or **merits** of the award. The phrase 'judicial review' in arbitration bears no resemblance to the term's usage in other contexts.

Another issue that is important to understand involves the legal authorities applicable to international arbitration.[167] The first type of authority to consider is the arbitration agreement. Because arbitration is a 'creature of contract', arbitral procedures cannot arise except by agreement between the parties.[168] An arbitration agreement not only indicates where the dispute will be heard (ie, in arbitration rather than in litigation), it also typically specifies what procedures must be followed by the parties and the arbitral tribunal. Although the arbitration agreement may enumerate specific procedural choices, it is more common for parties to adopt certain standardized procedural rules promulgated by various arbitral institutions (**arbitral rules**).[169] Parties can also adopt certain

---

arbitration can look at various procedural rules posted on the websites of various arbitral institutions. See (n 169) (listing various institutions). Most arbitral organizations provide rules in both Spanish and English. Further information on arbitral procedure can be found in Born (n 152) and in sources discussed in Strong, *Sources* (n 164).

[166] See also Ch 9.I.3.

[167] For more on this subject, see Strong, *Sources* (n 164); S.I. Strong, 'Research in International Commercial Arbitration: Special Skills, Special Sources' (2009) 20 Am Rev Intl Arb 119 (hereinafter Strong, 'Research').

[168] What constitutes an arbitration agreement is a complicated issue that is beyond the scope of the current discussion. See Born (n 152) 226–28; S.I. Strong, 'What Constitutes an "Agreement in Writing" in International Commercial Arbitration? Conflicts Between the New York Convention and the Federal Arbitration Act' (2012) 48 Stan J Intl L 47. Investment arbitration is somewhat unusual and has been referred to as **arbitration without privity**, since a contract does not exist between the investor and the state. See Paulsson, 'Privity' (n 163) 240–41.

[169] These institutions will also **administer** an arbitral proceeding for a fee. See Born (n 152) 174–84. Some of the more popular arbitration institutions are the International Chamber of Commerce (ICC), the London Court of International Arbitration (LCIA) and the American Arbitration Association (AAA), along with its international division, the International Center for Dispute Resolution (ICDR). Each of these organizations has promulgated international arbitra-

supplemental rules relating to special aspects of arbitral practice and procedure. The two most popular provisions have been promulgated by the International Bar Association (IBA) and involve the taking of evidence in international arbitration[170] and **conflicts of interest**.[171]

Another type of authority that is important in arbitration involves national laws on arbitration.[172] Each country has enacted its own laws, which in some cases can be quite distinctive.[173] However, a certain amount of international harmonization has occurred as a result of the **UNCITRAL Model Law on International Commercial Arbitration (Model Arbitration Law** or **MAL)**, which has been widely adopted.[174]

The final type of authority that should be mentioned here involves various international treaties. These instruments serve several purposes. In some cases (ie, investment proceedings), the treaty reflects the state's offer to arbitrate with individual investors. In other cases, the treaty assists with the enforcement of arbitration agreements and arbitral awards. The best known of this latter type of instrument is the **United Nations Convention on the Recognition and Enforcement of Foreign Arbitral Awards**, commonly known as the **New York Convention**.[175] In the investment context, the most important treaty is the

---

tion rules that are available on the organization's website. Investment arbitration often uses the procedures outlined by the International Centre for Settlement of Investment Disputes (ICSID) Rules of Procedure for Arbitration Proceedings (Arbitration Rules). See ICSID, Arbitration Rules <https://csid.worldbank.org/ICSID/StaticFiles/basicdoc/partF.htm>. Parties who do not want an administered arbitration may proceed on an ad hoc basis, using rules particularly designed for that purpose by the **United Nations Commission on International Trade Law (UNCITRAL)**. See Born (n 152) 172–74. UNCITRAL's original set of rules, which was published in 1976, was revised in 2010. See UNCITRAL Arbitration Rules, GA Res 65/22, UN Doc A/RES/65/22 (as revised in 2010), available at <www.uncitral.org/pdf/english/texts/arbitration/arb-rules-revised/arb-rules-revised-2010-e.pdf>.

[170] See IBA Rules on the Taking of Evidence in International Arbitration, adopted May 29, 2010, available at <www.ibanet.org/Publications/publications_IBA_guides_and_free_materials.aspx>.

[171] See IBA Guidelines on Conflicts of Interest in International Arbitration, approved May 22, 2004, available at <www.ibanet.org/Publications/publications_IBA_guides_and_free_materials.aspx>.

[172] See for example, Arbitration Act 1996 (England); Federal Arbitration Act, 9 USC ss 1–307 (US).

[173] Ibid.

[174] There are two versions of the UNCITRAL Model Law, one promulgated in 1985 and one promulgated in 2006. See UNCITRAL, 18th Sess, Annex 1, UN Doc A/40/17 (June 21, 1985), revised by Revised Articles of the UNCITRAL Model Law on International Commercial Arbitration, UNCITRAL, 39th Sess, Annex 1, UN Doc A/61/17 (July 7, 2006), available at <www.uncitral.org/uncitral/en/uncitral_texts/arbitration/1985Model_arbitration.html>.

[175] See United Nations Convention on the Recognition and Enforcement of ForeignArbitral Awards, opened for signature 10 June 1958, 330 UNTS 38; see Born (n 152) 98–120. Lawyers from Latin America may be more likely to work with the two conventions promulgated by the Organization of American States, namely the Inter-American Convention on International Commercial Arbitration (commonly known as the Panama Convention), or the Inter-American Convention on Extraterritorial Validity of Foreign Judgments and Arbitral Awards. Spanish lawyers may occasionally need to rely on the European Convention on International Commercial Arbitration (commonly known as the Geneva Convention). However, these other treaties are used far less frequently than the New York Convention.

Convention on the Settlement of Investment Disputes Between States and Nationals of Other States (**ICSID Convention** or **Washington Convention**).[176]

Each of these authorities governs different aspects of the arbitral process.[177] Thus, for example, parties who need some form of assistance before the arbitration gets underway may need to consider any applicable arbitral rules that have been adopted by the parties along with various national laws and international treaties to determine whether and to what extent emergency relief can be sought from a court.[178] During the arbitration itself, most questions regarding the conduct of the proceedings are governed by the arbitral rules that the parties have chosen.[179] Once the procedure has concluded and an award has been rendered, parties rely on national law and international treaties if they need any assistance in enforcing the award.[180]

KEYWORDS

- Acquittal
- Adduce
- Ad hoc
- Administer
- Adverse party
- Affidavit
- Admit
- American rule
- Annul
- Anton Piller order
- Appellate court
- Arbitral award
- Arbitral panel
- Arbitral rules
- Arbitral tribunal
- Arbitration agreement
- Arbitration without privity
- Arbitrator
- Arraignment

---

[176] See Convention on the Settlement of Investment Disputes Between States and Nationals of Other States, opened for signature 18 March 1965, 575 UNTS 159; Born (n 152) 120–23.

[177] See Strong, 'Research' (n 167) 131–56 (discussing uses to which different types of authority should be put).

[178] For example, a party may seek to make a **motion to compel arbitration** or may need assistance selecting an arbitral tribunal. See Strong, *Guide* (n 153) 37–49.

[179] Although some arbitrations proceed on an ad hoc basis, the sequence of events will likely follow the steps used under most institutional rules.

[180] Enforcement proceedings can arise in a variety of manners. For example, a party may seek to **confirm** or **vacate (annul, set aside)** an **arbitral award** in the jurisdiction where the award was made or attempt to **enforce** or **recognize** an award in a jurisdiction other than where the award was made. See Strong, *Guide* (n 153) 63–87.

Procedural law 397

- Arrest warrant
- Attorney-client privilege
- Assistant United States Attorney (AUSA)
- Award
- Award creditor
- Award debtor
- Bail
- Battle of the experts
- Beyond a reasonable doubt
- Bilateral investment treaty arbitration (BIT arbitration)
- Bundle
- Burden of persuasion
- Burden of production
- Burden of proof
- Capital punishment
- Case in chief
- Case law
- Case management
- Civil procedure
- Civil Procedure Rules (CPR)
- Claimant
- Class action
- Clergy-penitent privilege
- Compel
- Complaint
- *Compromis*
- Compromise
- Conciliation
- Confidentiality agreement
- Confirm
- Conflicts of interest
- Constable
- Contempt of court
- Contingent fees
- Convention on the Settlement of Investment Disputes Between States and Nationals of Other States (ICSID Convention or Washington Convention)
- Costs proceedings
- Counterclaim
- Court of Appeal (Criminal Division)
- Credibility
- Criminal charges
- Criminal Procedure Rules
- Cross-examine
- Crown
- Crown Court
- Crown Prosecution Service

- Custody
- Declaratory judgment
- Default judgment
- Defence (England)
- Defendant
- Defense (US)
- Demeanour
- Deponent
- Deposition
- Direction
- Discovery
- Disclosure
- Dispute resolution clause
- Doctor-patient privilege
- Double hearsay
- Double jeopardy
- Electronic discovery (e-discovery)
- Empanel
- Enforce
- Enter a plea
- Enter into evidence
- Exclusionary rule
- Expert report
- Extradition
- Federal Rules of Appellate Procedure
- Federal Rules of Civil Procedure
- Federal Rules of Criminal Procedure
- Federal Rules of Evidence
- Fee shifting
- Federal circuit court
- Federal district court
- Federalism
- Felony
- Finder of fact
- Fishing expedition
- Freezing order
- Fruit of the poisonous tree
- Further particulars
- Grand jury
- Group Litigation Order (GLO)
- Guilty
- Harmless error
- Hearsay
- Hearsay declarant
- High Court
- Hostile witness

- Hung jury
- Impeach
- Inadmissible
- Indict
- Indictment
- International commercial arbitration
- Interrogatory
- Interstate arbitration
- Intervention
- Investment arbitration
- Investor-state arbitration
- Joinder
- Judgment
- Judicial notice
- Judicial review
- Jurisdictional discovery
- Juror
- Jury
- Law of evidence
- Leading question
- Leave of the court
- Legal aid
- Legal privilege
- Letters rogatory
- List procedure
- Litigation hold
- Loser pays principle
- Magistrates' court
- Mareva injunction
- Merits
- Mass torts
- Mediation
- 'Minimum contacts' test
- *Miranda* statement
- *Miranda* warning
- Mirandized
- Misdemeanor (US)
- Misdemeanour (England)
- Mistrial
- Motion
- Motion to compel arbitration
- Multi-tiered arbitration
- Negative inference
- Negotiation
- *Nolo contendere*
- Non-hearsay

- Notice pleading
- Objection
- Offer to arbitration
- Opposing counsel
- Parliamentary supremacy
- Particulars of claim
- Party
- Personal jurisdiction
- Petit jury
- Plaintiff
- Plea agreement
- Plea bargain
- Plea bargaining
- Pleadings
- Pleading the Fifth
- Pleading in the alternative
- Practice direction
- Pre-action protocol
- Preponderance of the evidence
- Presumption
- Prima facie case
- Private attorneys general
- Private prosecution
- Probable cause
- Progeny
- Prosecutor
- Punitive damages
- Recognize
- Refresh the recollection
- *Res ipsa loquitur*
- Respondent
- Rule of completeness
- Rules of court
- Rules of the Supreme Court of the United States
- Sanction
- Search order
- Seat
- Self-authenticating
- Sentence
- Service of process
- Service out
- Set aside
- Settle
- Settlement
- Shift the burden of proof
- Solicitor

Procedural law 401

- Specific disclosure
- Spousal privilege
- Standard directions
- Standard disclosure
- Statement of the case
- Statement of truth
- Stay
- Step arbitration
- Strike suit
- Subpoena
- Summary judgment
- Summing up
- Summons
- Third party
- Treaty-based arbitration
- Treble damages
- Trial court
- Triple hearsay
- Truth of the matter
- UNCITRAL Model Law on International Commercial Arbitration (Model Arbitration Law (MAL))
- Undertaking
- United Nations Commission on International Trade Law (UNCITRAL)
- United Nations Convention on Recognition and Enforcement of Foreign Arbitral Awards (New York Convention)
- United States Attorney
- Vacate
- Venue
- Victim impact statement
- Voir dire
- Witness
- Work product doctrine
- Writ

8.II   BILINGUAL SUMMARY – RESUMEN BILINGÜE

Chapter 8 considers various types of procedural issue, including civil procedure, criminal procedure, arbitral procedure and the law of evidence. Although some generalizations about procedure may be made on the basis of a country's legal heritage as either a common law or civil law jurisdiction, procedural matters are highly distinctive, and a number of differences arise even within a language family. Although a bilingual lawyer will not be practicing in a particular court unless he or she is qualified in that particular jurisdiction, it is nevertheless helpful to understand some of the nuances of foreign procedural law so as to be able to represent one's client properly.

El capítulo 8 aborda varios tipos de cuestiones procesales, de derecho procesal civil, penal y arbitral, y presta particular atención a las reglas probatorias. A pesar de que se puede generalizar sobre la base de la herencia legal de un país en función de su adscripción al sistema de *common law* o *civil law*, la materia procesal es parte de la idiosincrasia de cada uno de ellos y existen muchas diferencias incluso dentro de la misma familia lingüística. Aunque un abogado que trabaje en más de un idioma no va a poder ejercer como tal ante los tribunales de un país a no ser que esté colegiado en dicha jurisdicción, es útil, no obstante, entender algunos de los matices del derecho procesal extranjero y así poder representar adecuadamente a los clientes.

8.III   DERECHO PROCESAL

Esta sección en español del presente capítulo está dirigida a quienes no tienen el español como lengua materna. Los lectores para quienes el español sí es su lengua materna pueden comenzar su lectura en inglés en la página 369.

The English-language portion of this chapter is meant to be read by those for whom English is a second language. Readers for whom Spanish is a second language should begin their reading on page 369.

8.III.1   Introducción

Los capítulos previos sirven como base para comprender los sistemas jurídicos extranjeros y también instruyen en el análisis de diversas áreas de derecho sustantivo en un ejercicio del derecho que traspasa la frontera hispano-angloparlante. El presente capítulo realiza un análisis similar de cuestiones pertenecientes al derecho procesal. Esta materia puede plantear retos al abogado que trabaja en varios idiomas ya que el derecho procesal se ve profundamente afectado por las diferencias entre *civil law* y *common law* y, además, pueden surgir diferencias reseñables entre países que comparten mismo idioma y tradición jurídica.[181] Los abogados que manejan más de un idioma tienen que ser conscientes de estas cuestiones si desean comunicarse y trabajar con eficiencia tanto con sus clientes como con sus colegas de profesión.

Dado que en este libro es imposible analizar en detalle cada una de las características procesales de todos los países hispanoparlantes, la atención se centra en algunos conceptos básicos que pueden ser de importancia para aquellos abogados angloparlantes que trabajan con clientes o colegas procedentes de jurisdicciones hispanohablantes. Por lo tanto, este capítulo analiza principios básicos relacionados con:

- derecho procesal civil, incluidas las reglas probatorias;
- derecho procesal penal, incluidas las reglas probatorias; y
- reglas de procedimiento y prueba en arbitraje comercial internacional y de inversiones.

---

[181]   También existen reseñables diferencias entre el derecho procesal civil y el derecho procesal penal. Sklansky y Yeazell (n 1).

8.III.2 Derecho procesal civil, incluidas las reglas probatorias

Las jurisdicciones hispanohablantes se caracterizan por una aproximación al derecho procesal que puede ser confusa para los abogados angloparlantes, dado que la mayoría de estos países siguen la tradición continental o de *civil law*, distinta de la tradición de *common law*.

Característica fundamental del derecho procesal civil en el sistema continental es el principio de **legalidad procesal**, que exige al órgano jurisdiccional ajustar siempre su comportamiento a lo que indica la ley procesal y no deja apenas espacio para la discrecionalidad judicial. Otro rasgo llamativo es la preeminencia tradicional de la prueba documental sobre los demás medios de prueba. Si bien esta preeminencia ha sido combatida activamente y el **principio de oralidad** domina a día de hoy los códigos procesales civiles de los países hispanohablantes, lo cierto es que esta herencia todavía se hace sentir y condiciona el que, por ejemplo, no exista una especialización en derecho probatorio, o en **probática**, al estilo anglosajón y que la prueba se considere sólo una fase más del proceso. En cambio, la fase de recurso y el estudio de los recursos merecen una mayor atención en los países hispanoparlantes que en los países angloparlantes.

El que los países hispanoparlantes compartan una tradición no obsta a que el respectivo derecho procesal varíe grandemente de una jurisdicción a otra en tanto que su conformación y contenido están fuertemente enraizados en su estructura socio-política; de ahí que sea imposible ofrecer un esquema general de su funcionamiento en cada uno de estos países. Pero sí es razonable aproximarse al proceso civil a través de jurisdicciones hispanohablantes concretas, como España y México.

Haciendo honor al principio de legalidad procesal, tanto España como México han codificado sus reglas de derecho procesal civil. Como es sabido, el fenómeno codificador está amenazado con carácter general por el aumento de leyes especiales, pero no es así en el ámbito del proceso: los respectivos códigos siguen siendo la norma fundamental donde buscar las reglas procesales. Por otra parte y a diferencia de los países anglosajones, la interpretación judicial juega un papel menor y, sólo en contadas ocasiones, proporciona la regla. Así, el campo de operaciones de la jurisprudencia es la interpretación de la ley procesal, aunque puede ir más allá en caso de laguna. Por ejemplo, en ausencia de norma legal que regulara la eficacia de las sentencias del Tribunal Europeo de Derecho Humanos en España, el Tribunal Supremo español precisó que los **justiciables** podían impugnar las sentencias dictadas por este órgano nacional a través del recurso de revisión en materia penal,[182] o mediante el planteamiento de un incidente de nulidad de actuaciones en caso de materia civil,[183] por contravenir una decisión del TEDH dictada con posterioridad a la sentencia impugnada. Sólo posteriormente positivó el legislador español esta doctrina.[184] Aunque ha acabado haciéndolo puesto que lo ideal es que los tribunales ajusten su comportamiento a la ley procesal.

---

[182] Acuerdo adoptado por unanimidad por el Pleno de la Sala de lo Penal del Tribunal Supremo con fecha 21 de octubre de 2014. Véase Poder Judicial < http://www.poderjudicial.es/cgpj/es/Poder-Judicial/Sala-de-Prensa/Notas-de-prensa/El-TS-establece-el-recurso-de-revision-como-cauce-para-ejecutar-las-sentencias-del-Tribunal-Europeo-de-Derechos-Humanos>.
[183] ATS de 2 febrero de 2015 (RJ 2015/141).
[184] Ley Orgánica 7/2015, de 21 de julio, por la que se modifica la LOPJ (BOE 22.7.2015) para

Las limitaciones de espacio impiden que se lleve a cabo una discusión detallada de las muchas cuestiones que plantea la legislación procesal civil y su aplicación, de la que a continuación sólo se ofrece un breve comentario. A la hora de aproximarse a este área del derecho, los abogados angloparlantes deben tomar en consideración el papel que juega el principio de legalidad procesal, aunque lógicamente no puedan descuidar la jurisprudencia y su influencia en la solución de la cuestión procesal, de ahí que se recomiende una investigación más profunda llegado el caso.

8.III.2.1 España

El poder judicial en España es único y sólo las Cortes Generales ostentan competencia en materia de 'legislación procesal, sin perjuicio de las necesarias especialidades que en este orden se deriven de las particularidades del derecho sustantivo de las Comunidades Autónomas'.[185] Esta última salvedad no ha generado prácticamente legislación autonómica,[186] y las reglas procesales en materia civil se encuentran en su gran mayoría codificadas en la Ley 1/2000 de enjuiciamiento civil, que sustituye a la anterior ley de 1881.[187] De una ley procesal a otra no ha variado la regla de que quien pierde paga las **costas procesales**, pero sí se ha levantado la prohibición del pacto de *quota litis* que antes impedía a los abogados pactar con sus clientes el cobrar un tanto por ciento de la cuita.

En la tradición de *civil law* se distingue entre la **jurisdicción contenciosa** y la **jurisdicción voluntaria**: de la primera, de la contienda entre particulares ante un tercero imparcial o **litigación procesal**, se ocupa la LEC en tanto que la Ley de Jurisdicción Voluntaria lo hace de la segunda,[188] esto es, de las cuestiones que no son litigiosas pero necesitan la intervención de una autoridad como las declaraciones de herederos *ab intestato*, apertura de testamentos cerrados y protocolización de memorias testamentarias, acogimiento de menores o nombramiento de tutores o curadores, entre otras cuestiones. A ellas ha de añadirse la Ley de **cooperación jurídica internacional** en materia civil,[189] que se ocupa, entre otras cosas, de regular el procedimiento de **reconocimiento y ejecución de resoluciones judiciales** extranjeras o **exequátur** en los casos en los que no se aplican disposiciones de la Unión Europea.[190]

La LEC está estructurada en un título preliminar,[191] y cuatro libros dedicados,

---

introducir un nuevo artículo 5bis por el cual se permite plantear recurso de revisión ante el TS contra una resolución judicial firme, con arreglo a las normas procesales de cada orden jurisdiccional con base en decisiones del TEDH.

[185] CE, art 149.1.6.
[186] La excepción vendría representada por la Ley 5/2005, de 25 de abril, reguladora del recurso de casación en materia de derecho civil de Galicia (DOG 18.5.2005).
[187] Real Decreto de 3 de febrero de 1881, de promulgación de la Ley de Enjuiciamiento Civil (Gaceta 5.2.1881). Pueden consultarse los manuales de Juan Montero Aroca y otros, *Derecho jurisdiccional II: Proceso civil* (Tirant lo Blanch 2014); Manuel Ortells Ramos (coord), *Derecho procesal civil* (Thomson Reuters Aranzadi 2014).
[188] Ley 15/2015, de 2 de julio, de la Jurisdicción Voluntaria (BOE 3.7.2015).
[189] Ley 29/2015, de 30 de julio, de cooperación jurídica internacional en materia civil (BOE 31.7.2015).
[190] Ibid Título V.
[191] LEC, arts 1 (regulando el principio de legalidad procesal), 4 (estableciendo el carácter supletorio de esta ley respecto de cualquier otra de orden procesal).

respectivamente, a disposiciones generales, **procesos declarativos, ejecución forzosa** y **medidas cautelares**, y procesos especiales. En el primer libro se aborda, entre otras cuestiones, la **legitimación procesal**, un concepto a través del que las jurisdicciones de *civil law* especifican quién puede ser parte procesal, esto es, **demandante** y **demandado**. Aunque se trate de un concepto cuestionado teóricamente,[192] el artículo 6 LEC detalla quién tiene capacidad para ser parte y el 10 que sólo es parte legítima 'quienes comparezcan y actúen en juicio como titulares de la relación jurídica u objeto litigioso', salvo que la ley disponga otra cosa. Es por ello que el artículo 11 precisa la legitimación para la defensa de **derechos individuales homogéneos** e **intereses colectivos** de consumidores y usuarios, puesto que las **acciones colectivas** sólo se admiten en los países de *civil law* previa designación legal de quién puede litigar por derechos e intereses de los que no puede pretender ser titular.[193] En España ostentan esta legitimación, básicamente, el Ministerio Fiscal y asociaciones de consumidores y usuarios ya que, al margen de la materia laboral, las acciones colectivas se restringen a esta materia concreta. Estas acciones se diferencian de otros supuestos de pluralidad de partes como el **litisconsorcio** o la **intervención provocada**, también regulados en el libro I de la LEC, al igual que la **acumulación de acciones** y procesos, también denominada **acumulación de autos**.

En el mismo libro I se aborda la jurisdicción y competencia de los tribunales en el orden jurisdiccional civil. Aunque la LEC establece la obligación de los jueces españoles de verificar de oficio su jurisdicción y competencia judicial internacional y, en su caso, abstenerse de conocer, los foros siguen regulados en los artículos 21 y siguientes de la LOPJ. En esta misma ley se incluyen reglas generales sobre el **auxilio judicial internacional**, que son posteriormente desarrolladas en la Ley de cooperación jurídica internacional en materia civil.[194] En este sector, al igual que sucede en el ámbito de la competencia judicial internacional, los abogados angloparlantes deben tener en cuenta la participación de España en convenios internacionales y, en particular, su pertenencia a la Unión Europea.[195] Así, ha de destacarse que España es parte tanto del Convenio de La Haya de 15 de noviembre 1965 sobre la notificación o traslado en el extranjero de documentos judiciales y extrajudiciales en materia civil y mercantil,[196] como del Convenio de La Haya de 18 de marzo de 1970 sobre obtención de pruebas en el extranjero en materia civil y mercantil.[197] Ambos convenios han sido desplazados en el **espacio judicial europeo** por sendos Reglamentos de la Unión Europea, justamente sobre notificaciones y obtención de pruebas en el extranjero.[198] España también participa en la Convención interamericana sobre **exhortos** o

---

[192] Juan Montero Aroca, *De la legitimación en el proceso civil* (Bosch 2007); Francisco Ramos Méndez, *Derecho y proceso* (Bosch 1979).
[193] Laura Carballo Piñeiro, *Las acciones colectivas y su eficacia extraterritorial* (Servicio de Publicaciones de la Universidad de Santiago de Compostela 2009).
[194] LOPJ, arts 276 y ss; Ley 29/2015 (n 189) Título I.
[195] Véase cap 4.III.4.
[196] 658 UNTS 163.
[197] 847 UNTS 241.
[198] Reglamento (CE) 1393/2007 relativo a la notificación y al traslado en los Estados miembros de documentos judiciales y extrajudiciales en materia civil o mercantil [2007] DO L 324/79; Reglamento (CE) 1206/2001 relativo a la cooperación entre los órganos jurisdiccionales de los Estados miembros en el ámbito de la obtención de pruebas en materia civil o mercantil [2001] DO L 174/1.

cartas rogatorias, hecha en Panamá el 30 de enero de 1975,[199] de la que también son parte los Estados Unidos, y asimismo en varios convenios bilaterales de asistencia judicial.

Sólo los artículos 143 y 144.1 LEC se refieren al derecho a interpretación y traducción en los procesos civiles que se reconoce de forma genérica y para todo tipo de procesos en el artículo 231.5 LOPJ. La actuación de estos profesionales está de todos modos reglamentada y sólo tienen el carácter de oficial las interpretaciones y traducciones de una lengua extranjera al español realizadas por **traductor-intérprete jurado**, condición a la que sólo se accede tras demostrar sus competencias lingüísticas en examen dependiente de la administración pública española.[200] Así, el abogado de formación anglosajona deberá requerir los servicios de un traductor jurado si quiere aportar al proceso español un documento en lengua extranjera.

El libro II de la LEC se ocupa del **juicio declarativo**, a través del que se pronuncia la **sentencia**. A esos efectos, se diseñan dos tipos de proceso declarativo, el **juicio ordinario** y el **juicio verbal** cuyos procedimientos se especifican, respectivamente, en los títulos II y III, libro II LEC. El segundo se caracterizaría por su mayor brevedad de manera que se acortan los plazos para contestar a la demanda, no hay **audiencia previa** y todo se decide en una **vista** antes de pronunciar sentencia. En el título I de este libro se detalla qué asuntos se tramitan por uno u otro tipo de juicio, en función de la cuantía y la materia.[201] Y también es aquí donde se abordan las **diligencias preliminares**.

Un abogado de formación anglosajona debe saber que existen importantes diferencias entre los países de *common law* y los de *civil law* en lo que atañe a los deberes de transparencia e información que rigen las relaciones entre las partes procesales, mucho más restringidos en los segundos que en los primeros. En este sentido, la colaboración de una parte con la otra antes del juicio sólo se logra a través de las diligencias preliminares y, por tanto, de que el órgano jurisdiccional las ordene. Enumeradas en el artículo 256 LEC, quien antes del juicio necesite información, documentación u objetos en poder de la otra parte debe solicitar al tribunal una diligencia preliminar para que, por ejemplo, la parte contraria informe sobre su capacidad, representación o legitimación; exhiba una cosa o documento que esté en su poder; o proporcione datos sobre el posible infractor, el origen y redes de distribución de las obras, mercancías o servicios que infringen un derecho de propiedad intelectual o de propiedad industrial.[202] Fuera de estos supuestos no se con-

---

[199] Organización de los Estados Americanos <http://www.oas.org/juridico/spanish/tratados/b-36.html>.

[200] Más información en Ministerio de Asuntos Exteriores <http://www.exteriores.gob.es/Portal/es/ServiciosAlCiudadano/Paginas/Traductoresas---Int%C3%A9rpretes-Juradosas.aspx>.

[201] Los asuntos de hasta 6000 € siguen el juicio verbal. También se someten a este procedimiento asuntos que el legislador considera que merecen ser resueltos con especial rapidez como la acción de cesación en materia de protección de consumidores, la reclamación de alimentos entre parientes o supuestos de tutela sumaria que se confunden con los **interdictos** del derecho romano, para recuperar la posesión efectiva de una cosa o decidir la suspensión de obra nueva, o reclamaciones por impagos de contratos de arrendamientos. Véase LEC, art 250. Sobre los asuntos que se tramitan a través del juicio ordinario véase LEC, art 249.

[202] Ha de hacerse notar que, por mor de las Directivas 2004/48/CE [2004] DO L 195/16, 2011/77/UE [2011] DO L 265/1 y 2012/28/UE [2012] DO L 299/5, todas ellas en materia de propiedad intelectual e industrial, se ha introducido en España algo parecido a la *pre-trial discovery* puesto que, para facilitar la protección de estos derechos, se establece una diligencia preliminar que

templan otras obligaciones de cooperación inter partes hasta el inicio del proceso civil propiamente dicho.

Los abogados de formación anglosajona deben ser cautelosos no sólo en la redacción de la demanda, sino también en lo que atañe a la documentación que ha de acompañar a la misma, cuestión a la que se refiere el capítulo III, título I, libro II LEC detallando, por ejemplo, la forma de presentación de **documentos públicos** y de **documentos privados**, y las consecuencias de no presentarlos con la demanda, básicamente su inadmisión posterior salvo en casos reglados.[203] Esta **carga procesal** es parte del formalismo que todavía caracteriza el proceso en los países de *civil law* y que también se proyecta sobre las reglas probatorias de las que se ocupan los capítulos V y VI, título I, libro II LEC.

La iniciativa probatoria corresponde a las partes, aunque el juez puede ordenar, de oficio, 'que se practiquen determinadas pruebas o que se aporten documentos, dictámenes u otros medios e instrumentos probatorios, cuando así lo establezca la ley'.[204] La **proposición de medios de prueba** corresponde, por tanto, a las partes, si bien el juez podrá rechazarlos por inútiles a esclarecer los hechos litigiosos o impertinentes.[205] Y, para contrarrestar el peso de la prueba escrita en el proceso civil, el artículo 289 LEC insiste en que la **práctica de la prueba** se ha de realizar contradictoriamente en **vista pública**, siendo inexcusable la presencia del tribunal durante su práctica, obligación que tiene por objeto evitar abusos pasados en los que importaba más la transcripción del testimonio en autos que las impresiones del tribunal durante su prestación. Es por ello también que la LEC exige que, en principio, la prueba se practique en la misma audiencia, en unidad de acto.[206]

Según detalla el artículo 299 LEC, los medios de prueba de que se pueden prevaler las partes son el **interrogatorio de las partes** y de los **testigos**, documentos públicos y privados,[207] el **dictamen de peritos** y el **reconocimiento judicial**. Muy lejos de las reglas probatorias anglosajonas, las partes se someten al denominado **interrogatorio cruzado**,[208] previéndose otras reglas para la declaración de testigos y peritos. El examen de

---

permite averiguar hechos relativos a las relaciones comerciales y, para ello, tener acceso a documentación comercial y técnica de los demandados antes de empezar el proceso.

[203] LEC, arts 269–70. El capítulo IV, título I, libro II LEC especifica las copias de los documentos aportados que también han de acompañar a la demanda.

[204] Ibid art 282.

[205] Ibid art 283.

[206] Ibid art 290 (que precisa que, fuera de ese acto, la práctica de prueba debe ser excepcional). Por otra parte, debe señalarse que la audiencia en la que se practica la prueba se graba para poder ser reproducida posteriormente. Ibid art 147.

[207] A los que hay que añadir hoy en día el **documento multimedia**, obtenido con los modernos medios de comunicación, que también es prueba documental, aunque está reglamentado en lugar distinto de los documentos públicos y privados. Véase Ibid arts 382–84; Jordi Nieva Fenoll, *Derecho procesal civil II: Proceso civil* (Marcial Pons 2015) 198–200.

[208] El único precepto que se ocupa de esta cuestión indica que:

1. Una vez respondidas las preguntas formuladas por el abogado de quien solicitó la prueba, los abogados de las demás partes y el de aquella que declarare podrán, por este orden, formular al declarante nuevas preguntas que reputen conducentes para determinar los hechos. El tribunal deberá repeler las preguntas que sean impertinentes o inútiles.

Con la finalidad de obtener aclaraciones y adiciones, también podrá el tribunal interrogar a la parte llamada a declarar.

la credibilidad de testigos y peritos se limita a determinadas preguntas que se les han de hacer sobre su vinculación personal con las partes y a la enumeración de **tachas** que inciden en la valoración de la prueba prestada por el testigo o perito tachado.[209] En contraposición con el modelo anterior, la LEC se adscribe a un sistema de **valoración libre** de la prueba. Aunque se hace alguna concesión a la **prueba tasada** o **legal**,[210] cuando se trata de declaraciones de las partes en circunstancias legalmente determinadas o documentos públicos: enumerados en el artículo 317, hacen prueba plena del hecho, acto o estado de cosas que documenten, de la fecha en que se produce esa documentación y de la identidad de los fedatarios y demás personas que, en su caso, intervengan en ella.[211]

Aunque también es posible terminar el proceso por **transacción judicial**, el pacto entre las partes es menos frecuente en España que en los países anglosajones y, en cambio, es normal acudir a la vía de recurso. La sentencia que ponga fin a una **instancia procesal** puede ser objeto de **recurso de apelación**, **casación** o por **infracción procesal**, en tanto que las **resoluciones interlocutorias** -básicamente **auto** o **providencia**-dictadas durante el curso del procedimiento, pueden ser objeto de **reposición**. La **nulidad procesal** también se canaliza a través de la **audiencia al rebelde** y la acción de **revisión** de la sentencia firme, ambas con motivos de impugnación tasados. Una vez firme la decisión, se inicia el **proceso de ejecución** que, en España, presenta la característica de que todavía depende en gran medida del juez quien no sólo decide, sino también ejecuta.[212] En consonancia, el libro III de la LEC detalla el procedimiento y los concretos medios de ejecución en función de que la ejecución sea **dineraria** o **no dineraria**, también denominada ejecución *in natura* o en sus propios términos, ya que se trata de hacer cumplir la obligación de dar, hacer o no hacer a que está obligado el **ejecutado**.

Mención, siquiera breve, ha de hacerse por su éxito al **proceso monitorio**, reglamentado en el libro IV LEC con otros procesos especiales. Si el demandado paga o no contesta al requerimiento de pago, se dicta sentencia sin contradictorio y se puede iniciar la ejecución forzosa.[213] Los abogados angloparlantes deben saber que la Unión

---

2. Cuando no sea preceptiva la intervención de abogado, las partes, con la venia del tribunal, que cuidará de que no se atraviesen la palabra ni se interrumpan, podrán hacerse recíprocamente las preguntas y observaciones que sean convenientes para la determinación de los hechos relevantes en el proceso. El tribunal deberá repeler las intervenciones que sean impertinentes o inútiles, y podrá interrogar a la parte llamada a declarar.

3. El declarante y su abogado podrán impugnar en el acto las preguntas a que se refieren los anteriores apartados de este precepto. Podrán, asimismo, formular las observaciones previstas en el artículo 303. El tribunal resolverá lo que proceda antes de otorgar la palabra para responder.

LEC, art 306.
[209] Ibid arts 343, 377.
[210] Ibid art 316. Discutiendo estos sistemas y su aplicación en España, Jordi Nieva Fenoll, *La valoración de la prueba* (Marcial Pons 2012).
[211] LEC, art 319.
[212] CE, art 117.
[213] LEC, capítulo I, título III. Otros procesos especiales son los procesos de capacidad, filiación, matrimonio y menores, la división judicial de patrimonios como la herencia o el régimen económico-matrimonial, y el juicio cambiario.

Europea también ha creado procesos especiales como el proceso monitorio europeo,[214] o el proceso europeo de pequeña cuantía,[215] cuya aplicación es transfronteriza y entre Estados miembros.

8.III.2.2 México

En el sistema federal mexicano el poder judicial no es único, existiendo juzgadores tanto federales como estatales o locales. Dado que el artículo 124 de la Constitución mexicana no atribuye al Congreso de la Unión competencia para legislar en materia procesal civil, cada uno de los Estados mexicanos ha elaborado su propio código procesal civil. Junto a estos treinta y un códigos, también se ha promulgado uno para el Distrito Federal y otro para la Federación.

Desde el plano doctrinal se han hecho esfuerzos por agrupar de forma simplificada estos numerosos códigos estatales en tres grandes familias, dependiendo de que éstos se inspiren en el aún vigente Código de Procedimientos Civiles del Distrito Federal de 1932,[216] en el Código de Procedimientos Civiles del Estado de Guanajuato de 1934 y de la Federación de 1942 o en el Anteproyecto de Código de Procedimientos Civiles para el Distrito Federal de 1948.[217] Este elevado número de textos vigentes en México en materia procesal civil plantea diversas dificultades en la práctica jurídica, de ahí que diversos autores vengan reclamando una **unificación legislativa**.[218]

A los efectos del presente trabajo, este apartado va a centrar su atención en el Código de Procedimientos Civiles para el Distrito Federal (CPCDF), texto que en su origen refleja la impronta de las leyes de enjuiciamiento civil españolas de 1855 y 1881 y que es, además, el texto en el que se han inspirado los códigos de la mayoría de los Estados mexicanos.

La distinción terminológica entre **jurisdicción contenciosa** y **jurisdicción voluntaria** es cuestionada por un sector doctrinal mexicano, quien preferiría sustituir el término jurisdicción voluntaria por otro que reflejase la ausencia de carácter jurisdiccional de ésta.[219] Es por ello que, aunque el CPCDF aborda en su título decimoquinto diversos actos de jurisdicción voluntaria (nombramiento de tutores y curadores, enajenación de bienes de menores o incapacitados, adopción, informaciones *ad perpetuam*, **apeo** y **deslinde** y otros),[220] otras disposiciones mexicanas más recientes permiten que el conocimiento de estas materias recaiga sobre autoridades no judiciales, como **notarios** u **oficinas registrales**.[221]

---

[214] Reglamento (CE) 1896/2006 por el que se establece un proceso monitorio europeo [2006] DO L 339/1.

[215] Reglamento (CE) 861/2007 por el que se establece un proceso europeo de escasa cuantía [2007] DO L 199/1.

[216] José Luis Soberanes Fernández, 'Fuentes históricas del derecho procesal civil del DF (México)' (1975) 2 Anuario Jurídico 221.

[217] José Ovalle Favela, *Derecho procesal civil* (10a edn, Oxford University Press 2013) 20–25.

[218] Francisco González de Cossío, 'La justicia en México: Desafíos y propuestas de reforma' en José Pedro Silva Prado, José Francisco García García y Francisco José Leturia Infante (eds), *Justicia civil y comercial: una reforma pendiente* (Fundación Libertad y Desarrollo 2006).

[219] Ovalle (n 217) 459.

[220] CPCDF, arts 893–938.

[221] Véase, por ejemplo, Ley del Notariado para el Distrito Federal (GODF, 28.3.2000), art 166; Francisco Jacobo Sevillano González, 'Algunas consideraciones prácticas de las facultades

En el ámbito de la jurisdicción contenciosa, el CPCDF de 1932 se presenta dividido en una pluralidad de títulos que a su vez se subdividen en capítulos. Tras presentar las **acciones** y **excepciones** (título primero), una serie de reglas generales (título segundo), la competencia (título tercero), los **impedimentos, recusaciones** y **excusas** (título cuarto), y los **actos prejudiciales** (título quinto), el Código aborda en detalle el **juicio ordinario civil** (título sexto) y posteriormente dedica su atención a diversos **juicios especiales en el ámbito civil** (título séptimo).

En relación con el juicio ordinario civil, el CPCDF alude a la posibilidad de preparar dicho juicio a través de diversos **actos prejudiciales** (solicitud de exhibición de cosa mueble, solicitud de examen anticipado de determinados testigos, etc.).[222] Posteriormente, el juicio ordinario se inicia con la presentación de una **demanda** que ha de cumplir con los requisitos establecidos en CPCDF.[223] Tras haber sido presentada ésta, el juez puede optar por su **desechamiento**, caso de que la demanda presente defectos insubsanables; por la **prevención** al demandante, caso de que la demanda necesite ser aclarada, corregida o completada;[224] o por la **admisión** de la demanda. En este último supuesto, el juez ha de proceder al **emplazamiento** del demandado, esto es, a notificarle la admisión de una demanda en su contra y a otorgarle un plazo para que responda a dicha demanda.[225] Esta formalidad procedimental reviste gran importancia en derecho mexicano, al vincularse con los derechos constitucionales protegidos por la Ley de Amparo.[226]

Tras ser emplazado al juicio, el demandado puede optar bien por ejercer su derecho a defenderse participando activamente en el juicio ordinario, o bien por mantenerse en **rebeldía** (también denominada **contumacia**). La primera opción, esto es, la participación activa del demandado que implica una contestación formal a la demanda,[227] puede presentar fundamentalmente uno de los contenidos siguientes: aceptación de las pretensiones del demandante (**allanamiento**); admisión de los hechos afirmados por el demandante (**confesión**); **negación de los hechos** o **negación del derecho**; alegación de **excepciones procesales** o **excepciones sustanciales**; formulación de nuevas pretensiones contra la parte demandante (**reconvención** o **contrademanda**).[228] La segunda opción, la rebeldía unilateral del demandado, se formaliza a través de una declaración del juez y tiene algunos efectos relevantes en el juicio, como la implantación de la denominada **confesión dicta** (se presumen confesados los hechos de la demanda que no ha sido contestada) que, no obstante, no rige en una serie de supuestos explicitados por el Código.[229]

El CPCDF prevé que tras la contestación a la demanda el juez celebre una **audiencia**

---

otorgadas a los notarios en la tramitación de sucesiones' (2004) 6 Revista Mexicana de Derecho 285; Alfredo Ayala Herrera 'El notario público como auxiliar de la administración de la justicia en materia familiar' (2005) 7 Revista Mexicana de Derecho 273.
[222] CPCDF, arts 193–200.
[223] Ibid art 255.
[224] Ibid art 257.
[225] Ibid art 259.
[226] Ovalle (n 217) 61.
[227] CPCDF, art 260.
[228] Ibid arts 260, 272, 272, 274, 276 (refiriéndose éste último a cuestiones controvertidas de derecho).
[229] Ibid art 271.

previa y de conciliación.[230] En caso de que dicha audiencia no conduzca a terminar dicho juicio por **convenio**, se inicia la denominada **fase probatoria** del juicio ordinario civil, siendo los actos procesales que la componen básicamente los siguientes: **ofrecimiento de pruebas** (propuesta realizada por las partes dentro del plazo establecido por el juez); **admisión de pruebas** por parte del juez; **preparación** de las pruebas admitidas; y **recepción, desahogo** y **práctica de los medios de prueba**.[231] En relación con el objeto de la prueba, la regla general es que los **hechos** alegados han de ser probados (salvo en casos excepcionales como los referidos a hechos notorios o imposibles), mientras que el principio *iura novit curia* exime de la pueba del **derecho**.[232] El **derecho extranjero** cuenta no obstante con un régimen específico, explicitado en el artículo 284 bis del CPCDF.[233] Al igual que sucede en España, el CPCDF mexicano parte de que la iniciativa probatoria corresponde a las partes pero también proclama la facultad del juez de decretar en todo tiempo, sea cual fuere la naturaleza del negocio, la práctica o ampliación de cualquier diligencia probatoria, siempre que sea conducente para el conocimiento de la verdad sobre los puntos cuestionados. En la práctica de estas diligencias, el juez obrará como estime procedente para obtener el mejor resultado de ellas, sin lesionar el derecho de las partes, oyéndolas y procurando en todo su igualdad.[234]

Los **medios de prueba** admitidos por la legislación procesal civil del D.F. son los siguientes: **confesión, prueba documental, dictamen pericial, inspección judicial** y **dictamen testimonial**.[235] Al igual que se ha indicado respecto de España, el CPCDF establece con carácter general un **sistema de libre valoración razonada de las pruebas** o **sana crítica**, que presenta no obstante una excepción respecto de los documentos públicos.[236] Concluida la etapa probatoria, las partes del juicio ordinario civil realizan sus **alegatos**, que pueden ser orales o escritos. Tras ello, el juez notifica a las partes la **citación para sentencia** y dicta ésta en plazo y cumpliendo con los requisitos establecidos por el CPCDF.[237]

Dicho Código explicita también cuáles son los medios de impugnación ordinarios (título duodécimo): **apelación** (**recurso vertical** en el que una parte o ambas solicita al tribunal de segundo grado un nuevo examen de la resolución dictada por el tribunal de primera instancia), **revocación** y **reposición** (**recurso horizontal** en el que se le solicita al mismo juzgador la modificación total o parcial de su resolución de, respectivamente,

---

[230] Ibid art 272; A José Ovalle Favela, 'La audiencia previa y de conciliación en el código Procesal Civil del Distrito Federal' en AAVV, *Estudios en homenaje a Jorge Barrera Graf*, tomo II (UNAM 1989) 1159.

[231] CPCDF, arts 290, 298, 385, 299.

[232] Carlos Enrique Ordiozola Mariscal, 'El principio *iura novit curia* en México: hacia un Instituto Federal de Especialistas en Derecho Internacional Privado y Comparado' en Manuel Becerra Ramírez y otros (eds), *Obra en homenaje a Rodolfo Cruz Miramonte*, tomo I (UNAM 2008) 100.

[233] CPCDF, art 284 bis; Carlos Arellano García, 'La prueba del derecho extranjero' (1996) 209–10 Revista de la Facultad de Derecho de México 15.

[234] CPCDF, art 279.

[235] Jordi Ferrer Beltrán y otros, *Estudios sobre la prueba* (UNAM 2011).

[236] CPCDF, arts 402–03; Luis Raúl González Pérez y Arturo Villarreal Palos, 'Legalidad y justicia en el marco de las pruebas ilícitas: Algunas reflexiones sobre su alcance y contenido en el sistema jurídico mexicano' (2012) 258 Revista de la Facultad de Derecho de México 339.

[237] CPCDF, arts 81–82, 394.

primera o segunda instancia).[238] El Código también aborda el recurso especial de **queja** frente a determinadas resoluciones denegatorias, y la **acción de nulidad de juicio concluido**, que es un proceso impugnativo para lograr la nulidad de la cosa juzgada.[239] Previendo que en ocasiones no se dará un cumplimiento voluntario de la sentencia condenatoria, el CPCDF asimismo aborda la **ejecución forzosa** de ésta, a través de la **vía de apremio** o de un **juicio ejecutivo**.[240] Este Código también aborda la cuestión de la **cooperación procesal internacional**[241] (**exhortos internacionales** y **exequátur** de sentencias y laudos), debiendo estos preceptos complementarse con lo establecido en el **Código Federal de Procedimientos Civiles**[242] (que es el texto aplicable en un exequátur referido a asuntos del orden federal), así como con los tratados y convenciones de los que México sea parte (de aplicación prioritaria frente a las disposiciones federales o de una entidad federativa en la materia). En el contexto latinoamericano son también relevantes los convenios elaborados por las Conferencias Especializadas Interamericanas sobre Derecho Internacional Privado (CIDIP) en esta materia: textos como la Convención Interamericana sobre Exhortos o Cartas Rogatorias, Convención Interamericana sobre recepción de Pruebas en el Extranjero, de los que México es estado parte.[243]

Por último, tanto varios títulos del CPCDF como otras normas mexicanas regulan un buen número de juicios especiales. Algunos de ellos destacan por su importancia en el ámbito empresarial y bancario (**hipotecario, procedimiento concursal**), mientras que otros se refieren al ámbito familiar (**divorcio, pérdida de patria potestad**) o personal (**juicio especial de levantamiento de acta por reasignación para la concordancia sexo-genérica**).

---

[238] Ibid arts 683–714; Carlos Báez Silva, 'La revocación o modificación de sentencias: ¿Un indicador de la calidad del desempeño judicial?' (2007) 247 Revista de la Facultad de Derecho de México 115.

[239] CPCDF, arts 723–27, 737A–37L; Celia Blanco Escandón 'Comentario a las reformas que incorporan la acción de nulidad de juicio concluido y el delito de fraude procesal al código de procedimientos civiles para el distrito federal' (2005) 35 Jurídica: anuario del Departamento de Derecho de la Universidad Iberoamericana 453.

[240] CPCDF, arts 444, 500, 505.

[241] Ibid arts 604–608; Fernando Pérez Correa Camarena, 'La ejecución de solicitudes de documentos provenientes de países del Common Law a la luz de la reserva de México a la convención de La Haya sobre la obtención de pruebas en el extranjero en materia civil o comercial' (2010) 254 Revista de la Facultad de Derecho de México 265; Sandra García Cano, 'Evolución de las técnicas de cooperación internacional entre autoridades en el derecho internacional privado' (2005) 112 Boletín Mexicano de Derecho Comparado 75.

[242] CFPC, arts 569–77.

[243] Adriana Dreyzin de Klor, 'Cooperación jurisdiccional civil de primer grado. Tratamiento de los exhortos o cartas rogatorias. La eficacia extraterritorial de las sentencias extranjeras. Una proyección desde las CIDIP con miras al ALCA' en Juan Carlos Velázquez Elizarrarás (ed), *El derecho internacional público y privado a través de los debates teóricos actuales en universidades de México y en el extranjero. Antología* (UNAM 2005) 201; Milton Feuillade, 'Cooperación jurisdiccional civil de primer grado. Tratamiento de los exhortos o cartas rogatorias' (2010) 68–69 Prudentia iuris 185; Nuria González Martín y Sonia Rodríguez Jiménez, 'El derecho procesal civil internacional en las Convenciones de la Haya y de la CIDIP: El caso de México' en AAVV, *La ciencia del derecho procesal constitucional. Estudios en homenaje a Héctor Fix-Zamudio en sus cincuenta años como investigador del derecho. Tomo X. Tutela judicial y derecho procesal* (UNAM 2008) 59; Jorge Alberto Silva Silva, 'Variables que inciden sobre la cooperación internacional al proceso' (2005) 243 Revista de la Facultad de Derecho de México 163.

8.III.3 Derecho procesal penal, incluidas las reglas probatorias

El derecho procesal penal es similar en muchas cuestiones al derecho procesal civil tanto en España como en México. Sin embargo y como ocurre en cualquier jurisdicción, hay diferencias que han de hacerse notar a los abogados angloparlantes. De todos modos y tal como antes se mencionaba, el principio de legalidad procesal es particularmente importante en un proceso en el que están en juego derechos fundamentales de la persona.

8.III.3.1 España

La producción de normas procesales penales corresponde en exclusiva al Parlamento español que ha reformado en diversas ocasiones la Ley de enjuiciamiento criminal de 1882 (LECRIM). Este código procesal penal es una excelente pieza legislativa, muy avanzada en derechos para su tiempo, pero cuya reforma integral parece necesaria a principios del siglo XXI debido, en particular, al modelo allí implementado y que hace recaer en un juez y no en el ministerio fiscal el peso de la **instrucción** del proceso (**sumario** en la terminología de la LECRIM). España distingue entre la fase de investigación del **delito** y la de su enjuiciamiento, pero en ambas la presencia y los poderes del tribunal son decisivos; aunque es el ministerio fiscal el que ejerce la acusación pública, es el **juez de instrucción** quien dirige la fase de instrucción, ordena **diligencias de investigación**, redacta el **auto de procesamiento** o **sobreseimiento** y, por tanto, establece si hay indicios suficientes de delito como para abrir **juicio oral** al **imputado**, formalmente **acusado** en este momento procesal. A raíz de una controvertida reforma procesal, el término imputado se ha sustituido por el de **investigado** durante la fase de instrucción y por el de acusado por el de **encausado** durante la fase de enjuiciamiento.

El hecho de que sea un juez el encargado de la instrucción provoca distorsiones en la percepción de la objetividad con que investiga lo que conduce a que, en ocasiones, se le dé un peso excesivo a las diligencias de investigación, incluso superior al de las pruebas practicadas durante el juicio oral. Es, por ello, que la Ley orgánica del tribunal del jurado,[244] que sólo conoce de algunos delitos,[245] diseña algunas especialidades procedimentales respecto de la LECRIM entre las que se encuentra el que sólo se remite al jurado y, por tanto a la fase de enjuiciamiento, la documentación de las diligencias no reproducibles y que hayan de ser ratificadas en el juicio oral.[246]

El proceso para esclarecer la responsabilidad penal de menores también es objeto de una ley especial,[247] actuando la LECRIM con carácter supletorio. Por razones de espacio se aborda sólo esta última que se compone de siete libros: disposiciones generales; del sumario; del juicio oral; procedimientos especiales; apelación, casación y revisión; del procedimiento del juicio de faltas; y ejecución de sentencias. Sin que sea procedente

---

[244] Ley orgánica 5/2005, de 22 de mayo, del tribunal del jurado (BOE 23.5.1995) (en adelante, LOTJ). Véase Juan J Begué Lezaún, *El proceso ante el tribunal del jurado: práctica y análisis jurisprudencial* (Bosch 2010).

[245] Véase cap 5.III.2.

[246] LOTJ (n 244) art 34.1,b). Lógicamente también se remiten el testimonio, efectos e instrumentos del delito ocupados y demás piezas de convicción.

[247] Ley orgánica 5/2000, de 12 de enero, reguladora de la responsabilidad penal del menor (BOE 13.1.2000), art 1.1 (entendiendo por tal los mayores de 14 y menores de 18 años).

abordar aquí los distintos procedimientos, conviene destacar que el Código penal español distingue entre **delitos** y **delitos leves** (las antes conocidas como faltas) en función de la gravedad del ilícito penal cometido, y ello tiene traducción en sede procedimental puesto que el libro VI regula el juicio de los delitos leves, en tanto que los delitos se tramitan a través del proceso ordinario, básicamente regulado en los libros II y III, o, si el delito está castigado con pena privativa de libertad no superior a 9 años o bien con cualesquiera otras penas de distinta naturaleza a esta última,[248] a través del **procedimiento abreviado** regulado en el título II, libro IV.

Desde el punto de vista organizativo, tanto proceso ordinario como abreviado se instruyen por un juez de instrucción, aunque esta fase se denomina sumario en un caso y **diligencias previas** en el otro. De la fase de enjuiciamiento conoce en los delitos más graves una Audiencia Provincial y de los menos graves un Juzgado de lo Penal. La misma distinción se mantiene en el caso de delitos de terrorismo, contra la Corona, el narcotráfico a gran escala y los delitos económicos que causen grave perjuicio a la economía nacional, aunque su instrucción está atribuida a los Juzgados Centrales de Instrucción en tanto que el enjuiciamiento corresponde a la Audiencia Nacional o al Juzgado Central de lo Penal, todos ellos con sede en Madrid.[249] Los abogados angloparlantes estarán interesados en saber que estos últimos son también los que se encargan de los delitos cometidos por españoles en el extranjero, así como de las **extradiciones**,[250] y **euroórdenes**.[251] También puede ser de su interés el procedimiento para el enjuiciamiento rápido de determinados **delitos flagrantes**, cuya instrucción es por ello muy breve,[252] creado para evitar, en particular, la impunidad de delitos en los que las víctimas son turistas extranjeros.

Las cuestiones de competencia de jueces y tribunales se regulan en el libro I LECRIM, aunque la competencia judicial internacional de España está recogida en el artículo 23 LOPJ, donde se especifica en qué casos conoce la jurisdicción penal española de delitos cometidos fuera de territorio español. El libro citado también se ocupa de las notificaciones, **citaciones** y **emplazamientos**, así como de los **suplicatorios**, **exhortos** o **mandamientos**, aunque el auxilio judicial internacional se regula, al igual que en el proceso civil, en los artículos 276 a 278 de la LOPJ. El título IV de este libro precisa las personas a las que corresponde el ejercicio de acciones que nacen de delitos y delitos leves; esto es, el abogado angloparlante ha de saber, de una parte, que en España se puede ejercitar la acción civil conjuntamente con la penal -aunque el artículo 112 LECRIM también permite al **perjudicado** por el ilícito penal reservarse la acción y exigir la responsabilidad civil en otro proceso-; y, de otra parte, que, además del ministerio fiscal, se admite tanto la **acusación particular** como la **acusación popular**. El mismo libro establece el derecho de defensa y

---

[248] LECRIM, art 757.
[249] LOPJ, art 65.
[250] LECRIM, título VI, libro IV y Ley 4/1985, de 21 de marzo, de extradición pasiva (BOE 26.3.1985).
[251] La orden europea de detención y entrega sustituye en la Unión Europea al proceso de extradición por un procedimiento ágil de entrega de las personas reclamadas fundado en la cooperación entre autoridades judiciales. Decisión marco del Consejo de 13 de junio de 2002 relativa a la orden de detención europea y a los procedimientos de entrega entre Estados miembros [2002] DO L 190/1.
[252] LECRIM, título III, libro IV. Ibid art 795 (especificando de qué delitos se trata, como lesiones, coacciones, hurto, robo o delitos contra la seguridad del tráfico).

asistencia jurídica gratuita en juicios criminales,[253] aunque también se regula la obligación del tribunal de pronunciarse sobre las costas procesales, el procedimiento de tasación y su impugnación.[254]

El proceso penal puede iniciarse de oficio en España, aunque la forma ordinaria es la **denuncia** de delito público,[255] por parte de cualquier ciudadano, para que se investigue. La **querella** sirve igualmente para instar la investigación del delito,[256] pero ya contiene no sólo la relación circunstanciada del hecho, sino también la petición concreta de diligencias que se deben practicar para la comprobación del hecho, y de la **detención** y **prisión provisional** del presunto culpable o **fianza** de **libertad provisional** y **embargo** de sus bienes en la cantidad que se considere apropiada.[257] A diferencia de lo que ocurre en el proceso civil que sólo se ocupa de ella cuando prevé las diligencias preliminares, la fase previa a la apertura de juicio oral está ampliamente regulada en la LECRIM en la medida en que sirve a la averiguación del delito y su **autor**, **cómplice** o **encubridor**. El título V, libro II detalla las diligencias de investigación como declaraciones de los **procesados** o el **careo** de testigos y procesados, en tanto que el título VIII reglamenta la entrada y registro en lugar cerrado y de correspondencia escrita y telegráfica, que habrá que extender a la electrónica. Las medidas que se puedan adoptar sobre la persona o bienes de los imputados (detención,[258] prisión o **libertad provisional**, fianzas y embargos) son extensamente reguladas en los títulos VI, VII y IX, en tanto que el título XI del mismo libro II regula la finalización de la instrucción, entre otras razones, porque se hayan obtenido suficientes indicios como para decretar la **apertura del juicio oral** o, a la inversa, haya razones para dictar auto de **sobreseimiento libre**, que exculpa de forma definitiva al imputado, o **provisional** que lo hace sólo en tanto no aparezcan nuevos indicios.

El libro III LECRIM regula la celebración del juicio oral que comienza propiamente con la elaboración del **escrito de calificación** del delito por parte del ministerio fiscal y, en su caso, las otras acusaciones personadas en el procedimiento, así como por los procesados y terceras personas civilmente responsables, en este caso también conocido como **escrito de defensa**. En este momento el procesado podrá manifestar su **conformidad** con la pena reclamada por las acusaciones y, si así lo manifiesta la defensa, se podrá terminar el juicio.[259] En todo caso, en los escritos de calificación han de indicarse las pruebas de que cada parte pretenda prevalerse y que el tribunal competente podrá admitir o no en función de que las considere pertinentes o no,[260] en tanto que las partes podrán **recusar** a

---

[253] Ibid título V, libro I. Aunque la reglamentación de este derecho depende de la Ley orgánica 1/1996, de 10 de enero, de asistencia jurídica gratuita (BOE 12.1.1996).
[254] LECRIM, título XI, libro I.
[255] Los delitos privados son las injurias y calumnias que exigen, siempre, querella.
[256] Muy controvertido es, en cambio, que las autoridades judiciales puedan iniciar de oficio el proceso penal. Veáse Jordi Nieva Fenoll, *La incoación de oficio de la instrucción penal* (JM Bosch 2001).
[257] LECRIM, art 272. Los títulos I y II, libro II regulan, respectivamente, la denuncia y la querella.
[258] La Ley Orgánica 6/1984, de 24 de mayo, regula el procedimiento de ***habeas corpus*** (BOE 26.5.1984). Analizando esta figura en el contexto latinoamericano, Domingo García Belaunde, 'El Habeas Corpus latinoamericano' (2002) 104 Boletín Mexicano de Derecho Comparado 375.
[259] LECRIM, art 655.
[260] Ibid art 659.

peritos nombrados por la contraria.[261] Antes de la vista en la que se practica la prueba, el tribunal ha de decidir sobre los denominados **artículos de previo pronunciamiento** y que se refieren a **presupuestos** y **excepciones procesales** como la **declinatoria de jurisdicción** o la cosa juzgada, o que impiden conocer sobre el fondo por **prescripción** del delito, **amnistía** o **indulto**, o la falta de autorización administrativa para procesar cuando así lo exija la Constitución o leyes especiales,[262] por ejemplo, porque el acusado forme parte del Congreso de los Diputados y haya que solicitar autorización a este último para poder procesarle.[263]

La celebración del juicio oral está contemplada en el título III, libro III LECRIM con referencias específicas a la publicidad de los debates, las facultades del presidente del tribunal, el modo de practicar pruebas durante el juicio oral, las conclusiones que han de emitir la acusación y la defensa tras la prueba, así como la sentencia que ha de dictar el tribunal; y, en su caso, los supuestos de suspensión del juicio oral. Ha de destacarse que el juicio oral comienza con la **confesión** del acusado, esto es, con la pregunta de si se declara **inocente** o **culpable**. En su caso, se continúa con la práctica de la prueba comenzando por el interrogatorio de los testigos propuestos por el ministerio fiscal y continuando con los de los demás. El **testimonio de referencia** se admite siempre que se precise 'el origen de la noticia, designando con su nombre y apellido, o con las señas con que fuere conocida, a la persona que se la hubiere comunicado'.[264]

Si el acusado no entiende el idioma español, ha de ser asistido por intérprete cuya asistencia es gratuita puesto que el derecho a interpretación y traducción se encuentra entre los derechos fundamentales del detenido, imputado o acusado.[265] Esta materia ha sido objeto de armonización por parte de la Unión Europea, que también se ha pronunciado sobre otros aspectos del proceso penal como el derecho a la información en el proceso penal por parte del **imputado**.[266] De resultas de esta intervención se prevé la creación de un Registro Oficial de Traductores e Intérpretes judiciales dependiente del ministerio del ramo, al que tendrán acceso sólo aquellos que cumplan determinados requisitos y, por tanto, los abogados habrán de acudir a este registro para localizar quien pueda prestarle el tipo de asistencia aquí previsto.

---

[261] Ibid art 662.
[262] Ibid art 666. El título II, libro III desarrolla el incidente procesal a través del que se conoce de estos artículos de previo pronunciamiento.
[263] En España existe un muy alto número de personas que, por ostentar un cargo público, incluidos los propios jueces y magistrados, son **aforados**, esto es, de los delitos que se le imputen no conocen los tribunales ordinarios, sino uno superior en rango, como puede ser el Tribunal Supremo en el caso de diputados del Estado español o el Tribunal Superior de Justicia en el de diputados de un Parlamento autonómico. Véase Ibid título I, libro IV (estableciendo reglas procedimentales específicas para el caso de procesamiento de un senador o diputado en Cortes).
[264] Ibid art 710.
[265] Tal y como ha precisado, entre otras, la STC 181/1994, de 20 de junio (BOE 26.7.1994).
[266] Directiva 2010/64/CE sobre el derecho a interpretación y traducción en los procesos penales [2010] DO L280/1; Directiva 2012/13/UE, de 22 de mayo de 2012, relativa al derecho a la información en los procesos penales [2012] DO L 142/1, art 3 (enumerando entre los derechos de los sospechosos o acusados el derecho a interpretación y traducción). Ambas directivas han sido transpuestas en España por Ley 5/2015, de 27 de abril, de modificación de la LECRIM (BOE 28.4.2015) para reformar su título V, libro I que pasa a titularse 'del derecho a la defensa, a la asistencia jurídica gratuita y a la traducción e interpretación en los juicios criminales'.

8.III.3.2 México

Desde la reforma constitucional de 2008, el artículo 20 del CPEUM afirma que 'el proceso penal será **acusatorio** y oral'.[267] Esta proclamación introdujo un gran cambio en el sistema procesal penal mexicano, que tradicionalmente era definido como un **sistema mixto**.[268] En consonancia con dicho cambio, la reforma constitucional del año 2013, facultó al Congreso de la Unión a expedir 'la legislación única en materia procedimental penal, de mecanismos alternativos de solución de controversias y de ejecución de penas'.[269] Dicha facultad ha conducido a la aprobación del **Código Nacional de Procedimientos Penales (CNPP)**,[270] que recogía como plazo máximo de entrada en vigor el 18 de junio de 2016.[271] Este nuevo Código es aplicable tanto a los delitos que son competencia de los órganos jurisdiccionales federales como de los órganos jurisdiccionales locales[272] y trae consigo, por tanto, una **abrogación** de la multiplicidad de textos coexistentes hasta el momento (el Código Federal de Procedimientos Penales y los Códigos de las respectivas entidades federativas).[273]

El Código de 2014 da asimismo respuesta a muchas de las reclamaciones doctrinales, que abogaban por la unificación del proceso penal en México.[274] En este sentido, el legislador mexicano destaca que el Código único otorga una misma protección jurídica en todo el territorio nacional, permitiendo la **igualdad jurídica** de los ciudadanos y asimismo combate la **dispersión legislativa** y la existencia de **leyes contradictorias**, al mismo tiempo que impulsa la armonización de los criterios judiciales.[275] Como se procede a exponer, entre las características principales del nuevo CNPP pueden destacarse las siguientes: refuerzo del principio de presunción de inocencia; protección de los derechos de las víctimas; creación de las figuras del juez de control y del tribunal de juicio oral; audiencias públicas y orales; y potenciación de los mecanismos alternativos y formas de terminación anticipada el proceso, los cuales persiguen reducir la carga de trabajo del orden jurisdiccional penal.[276]

El CNPP se presenta dividido formalmente en dos libros denominados 'disposiciones

---

[267] Elías García Rosas y Luis Ávila Benítez, 'Aplicación del sistemismo a cuestiones específicas del proceso penal mexicano. El tema del principio acusatorio' (2009) 32 Revista de derecho: División de Ciencias Jurídicas de la Universidad del Norte 97.

[268] Rafael Sánchez Vázquez. 'Balance y perspectivas de la reforma constitucional penal en México a cinco años de su publicación' (2014) 141 Boletín Mexicano de Derecho Comparado 1053.

[269] CPEUM, art 73.XXI.

[270] Código Nacional de Procedimientos Penales (DOF 5.5.2014) (en adelante, CNPP).

[271] Ibid art segundo, transitorios.

[272] Ibid art 1.

[273] Ha de tenerse en cuenta, no obstante, que ambos regímenes van a coexistir en el tiempo, ya que 'los procedimientos penales que a la entrada en vigor del presente ordenamiento se encuentren en trámite continuarán su sustanciación de conformidad con la legislación aplicable en el momento del inicio de los mismos'. Ibid arts transitorios, 3.1.

[274] Carlos E Cuenca Dardón, *Manual de Derecho Procesal Penal* (Porrúa 2015) 28, 223.

[275] CNPP (n 270) art 2 (estableciendo el objeto del nuevo Código).

[276] Gobierno de la República, Explicación ampliada del Código Nacional de Procedimientos Penales <http://reformas.gob.mx/wp-content/uploads/2014/06/Explicacion_ampliada_de_la_Reforma_Energetica.pdf> (web que, pese a su título, se refiere al CNPP); Edgar Aguilera, 'El procedimiento penal mexicano en materia común: hacia un modelo integral de su funcionamiento en la práctica' (2011) 17 Reforma Judicial. Revista Mexicana de Justicia 3.

generales' y 'del procedimiento'.[277] El Libro primero cuenta a su vez con seis títulos, destacándose entre su contenido lo siguiente: el título II expone los principios esenciales que rigen el nuevo procedimiento penal mexicano (principios de **publicidad, contradicción, continuidad, concentración, inmediación**, igualdad ante la ley y entre las partes, **juicio previo** y **debido proceso, presunción de inocencia** y **prohibición de doble enjuiciamiento**),[278] así como los principales derechos que rigen en el curso del procedimiento penal (derecho a la **intimidad** y **privacidad, justicia pronta**, defensa y asesoría jurídica adecuada e inmediata, respeto a la libertad personal y garantía de ser informado de los propios derechos). El título III establece diversas reglas en materia de **competencia** (**atracción de delitos**, incompetencia, acumulación y separación de procesos, etc.), y el extenso título IV centra su atención en diversos **actos procedimentales** (formalidades, audiencias, resoluciones judiciales, comunicación entre autoridades, notificaciones y citaciones, plazos, nulidad de actos procedimentales, gastos de producción de prueba y medios de apremio).[279]

En caso de procedimientos penales que presentan algún elemento de internacionalidad, hay que tener en cuenta las reglas específicas contenidas en dicho título como, por ejemplo, la que requiere la intervención de traductor o intérprete respecto de las personas que no hablen o no entiendan el idioma español; la necesidad de traducir los medios de prueba cuyo contenido está reflejado en un idioma distinto al español;[280] y el tratamiento que ha de darse tanto a los **exhortos** procedentes de tribunales extranjeros como los exhortos internacionales que requieren **homologación** en México, así como la realización de actos procesales fuera del territorio mexicano.[281]

El título V presenta a los sujetos del procedimiento y sus auxiliares, al mismo tiempo que explicita los derechos y obligaciones de éstos. Especialmente relevantes en este contexto son algunas de las precisiones ofrecidas por el CNPP, como la indicación de las competencias del **Ministerio Público** (a quien, a diferencia de lo que sucede en España, le compete conducir la investigación, así como coordinar a las policías y a los servicios periciales durante la investigación, resolver sobre el ejercicio de la acción penal en la forma establecida por la ley y, en su caso, ordenar las diligencias pertinentes y útiles para demostrar, o no, la existencia del delito y la responsabilidad de quien lo cometió o participó en su comisión);[282] la definición de la noción de **imputado** (quien sea señalado por el Ministerio Público como posible autor o partícipe de un hecho que la ley señale como delito);[283] y la distinción entre **juez de control** (con competencia para ejercer las atribuciones que el CNPP le reconoce desde el inicio de la **etapa de investigación** hasta el dictado del auto de

---

[277] Suprema Corte de Justicia de la Nación, 'Guía de apoyo para el estudio y la aplicación del Código Nacional de Procedimientos Penales', Consejo de la Judicatura <https://www.cjf.gob.mx/documentos/guiaCNPP.pdf>.
[278] CNPP (n 270) arts 4–14.
[279] Ibid arts 15–104.
[280] Ibid art 45.2, 45.5.
[281] Ibid arts 78–80.
[282] Ibid art 127. Rubén Vasconcelos Méndez, 'Constitución, sistema acusatorio y autonomía del Ministerio Público. En torno al caso de Oaxaca' (2009) 126 Boletín Mexicano de Derecho Comparado 1499.
[283] CNPP, art 112.

apertura a juicio), **tribunal de enjuiciamiento** (que preside la audiencia de juicio y dicta sentencia) y **tribunal de alzada** (que conoce de los medios de impugnación).[284]

Por último, el título VI presenta las medidas de protección durante la investigación, las distintas formas de conducción del imputado al proceso y las medidas cautelares.[285] En este último título es destacable que, en el contexto de la **flagrancia** (que permite detener a una persona sin orden judicial) y del caso urgente (que permite al Ministerio Público ordenar la detención de una persona), el CNPP reconoce el derecho del detenido extranjero a recibir asistencia consular.[286]

El Libro Segundo cuenta con trece títulos, dedicándose el título I a la relevante cuestión de las **soluciones alternas** (también denominadas **salidas alternas**) y las formas de terminación anticipadas. El CNPP prevé dos modalidades de solución alterna del procedimiento penal: el **acuerdo reparatorio** (aquel celebrado entre la víctima u ofendido y el imputado que, aprobado por el Ministerio Público o el Juez de control y cumplido en sus términos, extingue la acción penal) y la **suspensión condicional del proceso** (plan detallado de reparación del daño y cumplimiento de otras condiciones planteado por el Ministerio Público y por el imputado que, de cumplirse, puede dar lugar a la extinción de la acción penal).[287] El **procedimiento abreviado** se considera una forma de terminación anticipada del proceso y sus especificidades se detallan en el citado título (rigiéndose en todo lo demás por las reglas del procedimiento ordinario detalladas en los títulos subsiguientes).[288]

El título II consta únicamente de un artículo en el que se enuncian las distintas etapas del procedimiento ordinario penal,[289] que se desarrollan en los títulos siguientes. La **etapa de la investigación** (título III) consta de dos fases, la **investigación inicial** y la **investigación complementaria**. La investigación inicial empieza con la presentación de una **denuncia** o de una **querella** (caso de que ese delito requiera de la víctima u ofendido una manifestación expresa de su voluntad de comienzo de la investigación)[290] y concluye cuando el imputado queda a disposición del juez de control (del fuero federal o del fuero común) para que se le formule la **imputación**. La investigación complementaria abarca desde la formulación de la citada imputación hasta que se acaba la investigación.

En relación con esta etapa de investigación, el CNPP recalca el deber del Ministerio Público de dirigir la investigación penal,[291] así como el deber de denunciar por parte de toda persona a quien le conste que se ha cometido un hecho probablemente constitutivo

---

[284] Ibid art 133.
[285] Ibid arts 137–82.
[286] Ibid art 151; José Luis Vallarta Marrón, 'Obligación de informar a todo detenido extranjero de su derecho a la protección consular, según el derecho internacional' (2004) 242 Revista de la Facultad de Derecho de México 281.
[287] CNPP, arts 183–210.
[288] Jan Perlin, 'El proceso abreviado: política original, diseño procesal y la operación de los sistemas de justicia penal' (2010) 1 Sociología del derecho: culturas y sistemas jurídicos comparados 421.
[289] CNPP, art 211.
[290] Arturo Villarreal Palos, 'El desarrollo de la acción penal privada en la legislación procesal penal mexicana' (2011) 12 Letras jurídicas: revista electrónica de derecho.
[291] CNPP, art 212.

de delito.[292] Asimismo, el Código detalla las distintas técnicas de investigación y las formas de terminación de ésta.[293] Adicionalmente, los títulos IV y V presentan los datos de prueba, medios de prueba[294] y actos de investigación (entre ellos, el **cateo**, término muy común en México pero desconocido desde la perspectiva lingüística en el contexto español).[295]

La etapa de investigación finaliza con la **audiencia inicial** (título VI), durante la cual se informa al imputado de sus derechos; se realiza el control de legalidad de la detención; se permite declarar al imputado; se resuelve sobre las medidas cautelares y las solicitudes de vinculación a proceso (dictándose un **auto de vinculación a proceso** si de los datos de prueba se desprende que existe la probabilidad de que el imputado cometió o participó en la comisión del delito) y se define el plazo para el cierre de la investigación.[296]

La etapa de preparación del juicio (también denominada intermedia) comprende desde la formulación de la acusación hasta el auto de apertura del juicio (título VII). El objeto de dicha etapa intermedia es el ofrecimiento y admisión de los medios de prueba y también la depuración de los hechos controvertidos que serán materia de juicio en la etapa posterior del procedimiento ordinario penal. Esta etapa intermedia comienza con una fase escrita, originada por el **escrito de acusación** formulado por el Ministerio Público y continúa con la celebración de la **audiencia intermedia** que a su vez finaliza con el dictado del **auto de apertura a juicio**.[297]

La etapa del juicio (título VIII) se inicia con la recepción del precitado auto y concluye con una sentencia emitida por el tribunal de enjuiciamiento (que es un órgano jurisdiccional del fuero federal o común integrado por uno o tres juzgadores). A lo largo de dicho título, el Código regula las distintas pruebas admitidas (fundamentalmente, testimonial, pericial, documental y material)[298] y establece asimismo una serie de normas respecto del desarrollo de la audiencia de juicio y de la **deliberación, fallo** y **sentencia**.[299]

Por últimos, los 4 títulos finales de este libro (títulos IX a XIII) se dedican, respectivamente, a establecer especificidades procedimentales para personas **inimputables**; regular los procedimientos especiales (**pueblos y comunidades indígenas** –aceptándose la aplicación de sus propios sistemas normativos–,[300] personas jurídicas y acción penal por particular); **asistencia jurídica internacional en materia penal** (de especial interés para

---

[292] Ibid art 222.
[293] Ibid arts 227–58.
[294] Elías Polanco Braga, 'La prueba pericial en el procedimiento penal' (2009) 8 Revista del Posgrado en Derecho de la UNAM 129.
[295] José Ramón Cossío Díaz, 'Jurisdicción y competencia en la orden de cateo' (2008) 249 Revista de la Facultad de Derecho de México 431.
[296] CNPP, arts 307–33.
[297] Ibid art 334.
[298] Hesbert Benavente Chorres, 'La prueba documentada en el nuevo sistema de justicia penal mexicano' (2010) 16 Revista Ius et Praxis 1 97; Irma Isabel Vargas Quezada, 'La importancia de un dictamen pericial en materia de criminología para una correcta individualización judicial de la pena' (2000) 3 Reforma Judicial: Revista Mexicana de Justicia 93.
[299] CNPP, arts 348–413.
[300] Inés Marensi, 'Reforma procesal penal y pueblos indígenas: Informe CEJA' (2008) 11 Reforma Judicial: Revista Mexicana de Justicia 183.

casos que presenten alguna conexión internacional); recursos (**revocación** y **apelación**) y reconocimiento de inocencia del **sentenciado** y anulación de sentencia.[301]

En el ámbito del derecho procesal penal internacional es importante saber también de la existencia de una Ley de **extradición** internacional en México[302] y de abundantes tratados bilaterales de extradición[303] (como el Tratado de Extradición entre los Estados Unidos Mexicanos y los Estados Unidos de América, que ha sido alegado en el caso del conocido como 'Chapo Guzmán').[304]

8.III.4 Reglas de procedimiento y prueba en arbitraje comercial internacional y de inversiones

Aunque pueda existir la creencia de que los procedimientos judiciales son la mejor forma, si no la única, de resolver un conflicto jurídico, ha de saberse que la litigación no es la vía más común a la hora de resolver asuntos comerciales transfronterizos. Por el contrario, el **arbitraje comercial internacional** es claramente preferido, tanto por las partes como por los profesionales, gracias a su capacidad de ofrecer un foro neutral y eficiente en términos económicos que termina generando un laudo fácilmente ejecutable en el extranjero.[305] A pesar de que su nombre podría sugerir similitudes con alguna de las tipologías de arbitraje doméstico, la 'diferencia esencial' entre el arbitraje internacional y los otros tipos de procedimientos arbitrales 'es tan grande que sus similitudes son mayormente ilusorias'.[306]

El término 'arbitraje internacional' se puede utilizar para hacer referencia a tres tipos de procedimientos. Históricamente, el primer tipo de arbitraje internacional que se desarrolló fue el arbitraje interestatal, que implica que dos estados soberanos alcanzan un acuerdo arbitral ex post para resolver sus diferencias -un conflicto fronterizo, por ejemplo- de una forma pacífica.[307] Este tipo de arbitraje no es cuantitativamente muy frecuente y habitualmente se gestiona *ad hoc* -esto es, de una forma independiente e individualizada-.[308]

La segunda tipología de arbitraje que se ha desarrollado es el **arbitraje comercial internacional**.[309] Este procedimiento puede definirse como 'un mecanismo por el cual los conflictos comerciales internacionales pueden resolverse de forma definitiva, a consecuencia de un acuerdo de las partes, por una persona privada seleccionada por las partes y que aplica procedimientos jurídicos neutrales que les ofrecen a las partes la posibilidad de ser oídos'.[310] El arbitraje comercial internacional aborda distintos tipos de disputas

---

[301] CNPP, arts 414–90.
[302] Ley de extradición internacional (DOF 29.12.75).
[303] Organización de Estados Americanos, 'Marco jurídico sobre el procedimiento de extradición en México' <http://www.oas.org/Juridico/mla/sp/mex/sp_mex-ext-gen-list.html>.
[304] Rodrigo Labardini, 'México y la extradición de nacionales' (2002) 2 Anuario Mexicano de Derecho Internacional 112.
[305] Born (n 162) 73.
[306] Paulsson (n 153); Strong, *Guide* (n 153).
[307] Born (n 152) 8–24.
[308] Las partes que requieran ayuda para organizar un procedimiento interestatal pueden solicitar la asistencia de la Corte Permanente de Arbitraje de La Haya <www.pca-cpa.org/showpage.asp?pag_id=363>.
[309] Born (n 152) 24–70.
[310] Ibid 70 (traducción de las autoras).

civiles o comerciales e implica tanto a actores privados como a actores públicos -incluidos estados- que operan en el tráfico jurídico como entidades comerciales.[311]

El arbitraje comercial internacional puede surgir como consecuencia de un acuerdo contractual previo (que normalmente aparece recogido en una **cláusula arbitral**, o de resolución de disputas, incorporada al documento que regula el negocio) o, con menos frecuencia, como resultado de un acuerdo posterior o compromiso. En la actualidad, muchos pactos arbitrales incluyen cláusulas 'en cascada' que requieren que las partes se impliquen antes de comenzar el arbitraje bien en una **negociación**, bien en una **mediación** (una forma de negociación en la que un tercero neutral intenta ayudar a las partes para que resuelvan sus diferencias de forma amigable).[312]

El tercer tipo de arbitraje internacional que surgió históricamente es el denominado **arbitraje de inversiones**, también conocido como arbitraje inversor-estado o arbitraje derivado de un tratado.[313] Estos conflictos siempre requieren que el inversor extranjero sea el demandante y que un estado actúe en calidad de demandado ejerciendo su potestad soberana -en vez de actuar como una entidad privada-.[314] El acuerdo arbitral se halla típicamente en un texto denominado en España **Acuerdo de Protección y Promoción Recíproca de Inversiones (APPI)**, o denominado en la mayoría de los países latinoamericanos **Tratado Bilateral de Inversiones (TBI)**, aunque estos acuerdos también pueden encontrarse en tratados multilaterales, contratos internacionales y en el derecho nacional.[315] A pesar de que este acuerdo arbitral suele hacerse a nivel interestatal, se considera que un inversor individual está aceptando la oferta del estado de arbitrar contenida en el correspondiente tratado o ley por el hecho de iniciar un arbitraje de inversiones.[316]

La popularidad del arbitraje como un mecanismo para revolver conflictos derivados de negocios transfronterizos está generando un número importante de trabajos doctrinales en español,[317] lo que conduce a pensar que no se necesita realizar en el presente libro un detallado análisis de la ley y el procedimiento arbitral.[318] Sin embargo, puede ser útil

---

[311] Con carácter general se considera que los Estados y otras entidades han renunciado a su inmunidad estatal por el hecho de haber participado en transacciones comerciales. Véase, por ejemplo, Ley 60/2003, de 23 de diciembre, de Arbitraje (BOE 36.12.2003), art 2.2.
[312] La mediación (también denominada conciliación en algunos lugares) está adquiriendo cada vez más popularidad entre los actores comerciales internacionales y la comunidad jurídica internacional está buscando mecanismos para apoyar la autonomía de las partes en este ámbito. Strong, Beyond (n 159); Strong, Empirical (n 159).
[313] Born (n 152) 120–26.
[314] Aunque en los últimos tiempos se ha producido un incremento de los casos en que múltiples demandantes se unen para plantear sus reclamaciones contra el estado de forma conjunta y en un único proceso, estos casos aún son minoría. Strong (n 161).
[315] McLachlan y otros (n 162); Schreuer (n 162).
[316] Paulsson, 'Privity' (n 163).
[317] Entre estas revistas en español destacan: *Revista vasca de derecho procesal y arbitraje; Revista de la Corte Española de Arbitraje, Revista Internacional de Arbitraje; Revista de Arbitraje Comercial y de Inversiones; Revista Latinoamericana de Mediación y Arbitraje Comercial; Lima Arbitration; Revista peruana de arbitraje* y otras. Un extenso listado de fuentes bibliográficas en inglés puede encontrarse en Born (n 152) y Strong, *Sources* (n 164).
[318] Quienes deseen comprender la secuencia procesal básica del arbitraje comercial internacional pueden consultar las reglas de varias instituciones arbitrales que están disponibles en sus webs institucionales. (n 169) (citando una lista de instituciones). La mayoría de estas organizaciones

ofrecer información básica respecto a las dos tipologías más populares de arbitraje internacional (esto es, arbitraje comercial internacional y arbitraje de inversiones) para ayudar a los abogados que trabajan en más de un idioma a hacer la transición al vocabulario especializado en lengua española.

La terminología que se utiliza en este ámbito puede dar lugar a confusión, ya que muchos términos y frases son similares, pero no idénticos, a los usados en el ámbito de la litigación procesal.[319] Por ejemplo, a las partes en el arbitraje se las denomina demandante (la parte que plantea la reclamación) y demandado (la parte frente a la cual se plantea la reclamación). Los arbitrajes se desarrollan ante un único **árbitro** o ante un **tribunal arbitral** (también denominado **panel arbitral**). La decisión tomada en un arbitraje se denomina **laudo** (término preferible al de sentencia), y una parte que cuestiona el laudo no recurre éste, sino que o bien intenta su **anulación** en el país que fue la **sede del arbitraje** o bien presenta **oposición** a su **ejecución** en una jurisdicción extranjera. En algunas jurisdicciones, la parte vencedora del arbitraje también puede pretender **confirmar** éste en el país en que se dictó el laudo (laudo **pronunciado**). A veces se alude a estas acciones como si implicasen una **revisión judicial** del laudo, aunque en la mayoría de las jurisdicciones esta revisión sólo se admite respecto de un número limitado de cuestiones procedimentales y no respecto del **fondo** del laudo. Es por ello que el concepto revisión judicial en el ámbito arbitral no tiene las implicaciones que sí posee dicho término en otros contextos.

Otra cuestión que es importante tener en cuenta en el ámbito arbitral se refiere a las fuentes aplicables al arbitraje internacional.[320] La primera fuente que ha de considerarse es el acuerdo arbitral entre las partes. Dado que el arbitraje es una 'criatura contractual', los procedimientos arbitrales no pueden más que surgir de la voluntad de las partes.[321] Un acuerdo arbitral no sólo indica dónde se va a oír la disputa -es decir, en un arbitraje y no en una jurisdicción-, sino que típicamente también especifica el procedimiento que deberán seguir las partes y el tribunal arbitral. Aunque el acuerdo de arbitraje puede enumerar opciones procesales específicas, lo más habitual es que las partes adopten determinadas reglas procesales estándar, promulgadas por diversas instituciones arbitrales (**reglas arbitrales**).[322] Las partes también pueden adoptar ciertas reglas complementarias

---

ofrecen tanto una versión en inglés como una versión en español de sus reglas. Más información sobre el procedimiento arbitral puede hallarse en Born (n 152) y en las fuentes analizadas en Strong, *Sources* (n 164).

[319] Véase también cap 9.II.3.

[320] Profundizando en esta cuestión, Strong, *Sources* (n 164) y Strong, Research (n 167).

[321] Los detalles sobre qué constituye exactamente un acuerdo de arbitraje no van a ser analizados en este punto, dado que se trata de cuestión muy complicada. Véase Born (n 152) 226–28; Strong (n 168). El arbitraje de inversiones es una figura inusual y se la ha denominado 'arbitraje sin relatividad contractual', ya que no existe un contrato entre el inversor y el Estado. Paulsson, 'Privity' (n 163) 240–41.

[322] Estas instituciones también administrarán el procedimiento arbitral cobrando a las partes una tasa por llevar a cabo dicha tarea. Born (n 152) 174–84. Alguna de las instituciones arbitrales más conocidas son la Cámara de Comercio Internacional (CCI), la Corte de Arbitraje Internacional de Londres (LCIA) y la Asociación Americana de Arbitraje (AAA) y su sección internacional, el Centro internacional para la resolución de disputas (ICDR). Cada una de estas organizaciones han elaborado reglas de arbitraje que se encuentran disponibles en sus páginas web. El arbitraje de inversiones con frecuencia usa los procedimientos creados por el Centro internacional de arreglo de diferencias relativas a inversiones (CIADI). Reglas Procesales Aplicables a

referidas a aspectos específicos de la práctica y el procedimiento arbitrales. Los dos textos más conocidos en este ámbito han sido elaborados por la Asociación Internacional de Abogados (IBA) y se refieren a la práctica de pruebas en el arbitraje internacional,[323] y a posibles **conflictos de intereses**.[324]

Otra fuente relevante en el arbitraje son las leyes nacionales en materia de arbitraje. Cada país ha elaborado sus propias leyes en materia de arbitraje que, en ocasiones, forman parte de la idiosincrasia de dicho país. No obstante, se ha alcanzado un cierto nivel de armonización internacional gracias a la **Ley Modelo de la CNUDMI sobre Arbitraje Comercial Internacional**, la cual ha sido tomada en cuenta por muchas legislaciones nacionales.[325] En ella se han inspirado, por ejemplo, la Ley española 60/2003, de 23 de diciembre, de Arbitraje[326] y el título IV del Código de Comercio Mexicano, dedicado al arbitraje comercial.[327]

La última fuente que ha de mencionarse aquí son los convenios internacionales, que cumplen diversas finalidades en el arbitraje internacional. En algunos casos, como en los arbitrajes de inversiones, el convenio refleja la oferta del estado de someter a arbitraje una controversia con inversores individuales. En otros casos, el convenio ayuda a la ejecución de acuerdos arbitrales y laudos arbitrales. El texto más conocido en esta última materia es la **Convención de CNUDMI sobre el reconocimiento y la ejecución de las sentencias arbitrajes extranjeras** (denominada habitualmente **Convenio de Nueva York** de 1958).[328] Los abogados latinoamericanos es más posible que trabajen con dos textos promulgados por la Organización de los Estados Americanos (OEA): la **Convención Interamericana sobre arbitraje comercial internacional** (conocida como la **Convención de Panamá**),[329] o la **Convención Interamericana sobre eficacia extraterritorial de las sentencias y laudos**

---

los Procedimientos de Arbitraje (Reglas de Arbitraje). CIADI, Reglas de arbitraje <https://icsid.worldbank.org/ICSID/StaticFiles/basicdoc_spa-archive/ICSID_Spanish.pdf>. Las partes que no deseen un arbitraje administrado por este tipo de organizaciones pueden desarrollar un arbitraje *ad hoc*, usando reglas que han sido especialmente diseñadas para este propósito por parte de la Comisión de las Naciones Unidas para el derecho mercantil internacional. Born (n 152) 172–74. El conjunto de reglas de CNUDMI se publicó originariamente en 1976 y fue revisado en el año 2010. Reglamento de arbitraje de la CNUDMI <http://www.uncitral.org/pdf/spanish/texts/arbitration/arb-rules-revised/arb-rules-revised-s.pdf >.

[323] Reglas de la IBA sobre práctica de pruebas en el arbitraje comercial internacional, aprobadas el 29 de mayo de 2010 <http://www.ibanet.org/Document/Default.aspx?DocumentUid=0a55df56-915d-4d34-97df-26018f5384ee>.

[324] Directrices de la IBA sobre los conflictos de intereses en el arbitraje internacional, aprobadas el 22 de mayo de 2004 <http://www.ibanet.org/Document/Default.aspx?DocumentUid=59c60328-61f3-4f0a-9a92-78f4f67c1c50 >.

[325] Hay dos versiones de esta ley modelo de CNUDMI, una de 1985 y otra del 2006, UNCITRAL <http://www.uncitral.org/uncitral/es/uncitral_texts/arbitration/1985Model_arbitration.html >.

[326] Véase (n 311).

[327] Título IV del Código de Comercio mexicano de 1889 <http://www.sice.oas.org/dispute/comarb/Mexico/codcos.asp>.

[328] Convención de CNUDMI sobre el reconocimiento y la ejecución de las sentencias arbitrajes extranjeras <http://www.uncitral.org/uncitral/es/uncitral_texts/arbitration/NYConvention.html>; Born (n 152) 98–120.

[329] Convención Interamericana sobre arbitraje comercial internacional del año 1975 <http://www.oas.org/juridico/spanish/tratados/b-35.html>.

arbitrales extranjeros.[330] Los abogados españoles en alguna ocasión pueden necesitar recurrir al **Convenio Europeo sobre arbitraje comercial internacional** (conocido como el **Convenio de Ginebra**).[331] En el ámbito del arbitraje de inversiones, el texto más relevante es el **Convenio sobre arreglo de diferencias relativas a inversiones entre Estados y nacionales de otros Estados** (conocido como el **Convenio de Washington de 1965**).[332]

Cada una de las fuentes recién citadas rigen diferentes aspectos del proceso arbitral.[333] Así, por ejemplo, las partes que necesiten algún tipo de asistencia antes de comenzar el arbitraje tendrán que analizar las reglas arbitrales que hayan podido adoptar, junto con los correspondientes derechos nacionales y tratados internacionales, para determinar si, y en qué medida, pueden solicitar medidas cautelares urgentes ante un órgano jurisdiccional.[334] Durante el propio procedimiento arbitral, la mayoría de las cuestiones referidas a la tramitación del procedimiento se rigen por las normas arbitrales elegidas por las partes.[335] Una vez que el procedimiento arbitral ha concluido y se ha dictado un laudo, las partes normalmente se basan en derecho nacional y en tratados internacionales.[336]

PALABRAS CLAVE

- Abrogación
- Acción
- Acción colectiva
- Acción de nulidad de juicio concluido
- Acto procedimental
- Acto prejudicial
- Acuerdo de protección y promoción recíproca de inversiones (APPI)
- Acuerdo reparatorio
- Acumulación de acciones
- Acumulación de autos
- Acusación particular
- Acusación popular

---

[330] Convención Interamericana sobre eficacia extraterritorial de las sentencias y laudos arbitrales extranjeros <http://www.oas.org/juridico/spanish/tratados/b-41.html>.

[331] Convenio Europeo sobre arbitraje comercial internacional (BOE 4.10.1975).

[332] Convenio sobre arreglo de diferencias relativas a inversiones entre Estados y nacionales de otros Estados <https://icsid.worldbank.org/ICSID/StaticFiles/basicdoc-spa/CRR_Spanish-final.pdf>; Born (n 152) 120–23.

[333] Strong (n 167) 131–56 (analizando prácticas a las que deberían someterse los diferentes tipos de autoridades).

[334] Por ejemplo, una parte puede querer plantear una moción para que se acuda a arbitraje o puede necesitar ayuda a la hora de seleccionar un tribunal arbitral. Strong, *Guide* (n 153) 37–49.

[335] Aunque algunos arbitrajes se articulan *ad hoc*, es probable que su secuencia de eventos siga los pasos adoptados en la mayoría de las reglas de las instituciones arbitrales.

[336] Estos procedimientos de ejecución pueden surgir de diversas formas. Por ejemplo, una parte puede querer confirmar o anular un laudo en la jurisdicción en que éste fue emitido o pretender que se reconozca o ejecute en una jurisdicción distinta de aquella en la que se dictó. Strong, *Guide* (n 153) 63–87.

- Acusado
- Admisión
- Admisión de pruebas
- Aforado
- Alegato
- Allanamiento
- Amnistía
- Anulación
- Apelación
- Apeo
- Apertura de juicio oral
- Arbitraje comercial internacional
- Arbitraje de inversiones
- Arbitraje interestatal
- Árbitro
- Artículos de previo pronunciamiento
- Asistencia jurídica internacional en materia penal
- Atracción de delitos
- Audiencia
    Audiencia al rebelde
    Audiencia de conciliación
    Audiencia inicial
    Audiencia intermedia
    Audiencia previa
- Auto
    Auto de apertura a juicio
    Auto de procesamiento
    Auto de sobreseimiento
    Auto de vinculación a proceso
    Auto oral
- Autor
- Auxilio judicial internacional
- Careo
- Carga procesal
- Carta rogatoria
- Casación
- Citación
- Citación para sentencia
- Cláusula arbitral
- Competencia
- Cómplice
- Conciliación
- Confesión
- Confesión dicta
- Confirmar
- Conflicto de intereses

- Conformidad
- Contrademanda
- Contradicción
- Contumacia
- Convención de CNUDMI sobre el reconocimiento y la ejecución de las sentencias
- arbitrales extranjeras (Convenio de Nueva York)
- Convención Interamericana sobre arbitraje comercial internacional (Convención de Panamá)
- Convención Interamericana sobre eficacia extraterritorial de las sentencias y laudos
- arbitrales extranjeros
- Convenio europeo sobre arbitraje comercial internacional (Convenio de Ginebra)
- Convenio sobre arreglo de diferencias relativas a inversiones entre Estados y nacionales
- Nacionales de otros Estados (Convenio de Washington)
- Cooperación jurídica internacional
- Cooperación procesal internacional
- Costas procesales
- Debido proceso
- Declinatoria de jurisdicción
- Deliberación
- Delito
- Delito flagrante
- Delito leve
- Demanda
- Demandado
- Demandante
- Denuncia
- Derecho
- Derecho a la intimidad y privacidad
- Derecho extranjero
- Derecho individual homogéneo
- Desahogo de los medios de prueba
- Desechamiento
- Deslinde
- Detención
- Dictamen pericial
- Dictamen testimonial
- Diligencia preliminar
- Diligencias de investigación
- Diligencias previas
- Dispersión legislativa
- Divorcio
- Documento multimedia
- Documento privado
- Documento público
- Ejecución

- Ejecución dineraria
- Ejecución forzosa
- Ejecución no dineraria
- Ejecutado
- Embargo
- Emplazamiento
- Encausado
- Encubridor
- Escrito de acusación
- Escrito de calificación
- Escrito de defensa
- Espacio judicial europeo
- Etapa de investigación
- Euroorden
- Excepción
- Excepción procesal
- Excepción sustancial
- Excusa
- Exequátur
- Exhorto
- Exhorto internacional
- Extradición
- Fallo
- Fianza
- Flagrancia
- Fondo
- Hecho
- Homologación
- Igualdad jurídica
- Impedimento
- Imputación
- Imputado
- Indulto
- Inimputable
- Inspección judicial
- Instancia procesal
- Instrucción
- Intereses colectivos
- Intérprete jurado
- Interrogatorio cruzado
- Interrogatorio de las partes
- Intervención provocada
- Investigación complementaria
- Investigación inicial
- Investigado
- *Iura novit curia*

- Juez de control
- Juez de instrucción
- Juicio
    - Juicio declarativo
    - Juicio ejecutivo
    - Juicio especial
    - Juicio especial de levantamiento de acta por reasignación para la concordancia sexo-genérica
    - Juicio hipotecario
    - Juicio ordinario
    - Juicio previo
    - Juicio verbal
- Jurisdicción contenciosa
- Jurisdicción voluntaria
- Justicia pronta
- Justiciables
- Laudo
- Legalidad procesal
- Legitimación procesal
- Ley modelo de CNUDMI sobre arbitraje comercial internacional
- Leyes contradictorias
- Libertad provisional
- Litigación procesal
- Litisconsorcio
- Mandamiento
- Mediación
- Medida cautelar
- Medios de prueba
- Ministerio público
- Negación de los hechos
- Negación del derecho
- Negociación
- Notario
- Nulidad procesal
- Oficina registral
- Ofrecimiento de pruebas
- Oposición
- Panel arbitral
- Pérdida de patria potestad
- Perjudicado
- Práctica de la prueba
- Práctica de los medios de prueba
- Preparación
- Prescripción
- Presunción de inocencia
- Presupuesto procesal

- Prevención
- Principio
    - Principio de concentración
    - Principio de continuidad
    - Principio de contradicción
    - Principio de inmediación
    - Principio de oralidad
    - Principio de publicidad
- Prisión provisional
- Probática
- Procedimiento abreviado
- Procedimiento concursal
- Procesado
- Proceso de ejecución
- Proceso declarativo
- Proceso monitorio
- Prohibición de doble enjuiciamiento
- Proposición de medios de prueba
- Providencia
- Provisional
- Prueba documental
- Prueba legal
- Prueba tasada
- Pueblos y comunidades indígenas
- Queja
- Querella
- *Quota litis*
- Rebeldía
- Recepción de los medios de prueba
- Reconocimiento judicial
- Reconocimiento y ejecución de resoluciones judiciales
- Reconvención
- Recurso de apelación
- Recurso horizontal
- Recurso por infracción procesal
- Recusación
- Reglas arbitrales
- Reposición
- Resolución interlocutoria
- Revisión
- Revisión judicial
- Revocación
- Salidas alternas
- Sana crítica
- Sede del arbitraje
- Sentencia

- Sentenciado
- Sistema de libre valoración razonada de las pruebas
- Sistema mixto
- Sobreseimiento libre
- Soluciones alternas
- Sumario
- Suplicatorio
- Suspensión condicional del proceso
- Tachas
- Testigos
- Traductor jurado
- Transacción judicial
- Tratado Bilateral de Inversiones (TBI)
- Tribunal arbitral
- Tribunal de alzada
- Tribunal de enjuiciamiento
- Unificación legislativa
- Vía de apremio
- Vista pública

PART IV
PRACTICAL ISSUES

SECCIÓN IV
CUESTIONES DE LA PRÁCTICA JURÍDICA

9. Submissions to judicial, arbitral and other tribunals – Escritos dirigidos a tribunales de justicia, arbitrales y otras instituciones

The English-language portion of this chapter is meant to be read by those for whom English is a second language. Readers for whom Spanish is a second language should begin their reading on page 465.

Esta sección en inglés es para quienes hablan inglés como segundo idioma. Los lectores que tienen el español como su segundo idioma deben empezar su lectura en la página 465.

9.I SUBMISSIONS TO JUDICIAL, ARBITRAL AND OTHER TRIBUNALS

9.I.1 Introduction

Previous chapters have provided a basic foundation for understanding foreign legal systems and conducting research in various areas of procedural and substantive law. However, lawyers working across linguistic and jurisdictional lines must be familiar with more than just the content of the law and the underlying legal theory; they must also appreciate certain practical matters if they are to work in and with a foreign legal culture.

One area of particular interest involves submissions to judicial, arbitral and other tribunals. Although a lawyer working in his or her second language will seldom be involved in drafting judicial documents unless and until that person has been admitted to practice in the jurisdiction in question,[1] it is still nevertheless useful for bilingual lawyers to understand how these documents look and operate in various jurisdictions. This chapter therefore provides a basic introduction to various types of written submission used in English-speaking jurisdictions so as to help Spanish-speaking lawyers understand the use, content and form of the various documents and advise their clients accordingly. Some reference is also made to submissions used in arbitral proceedings, although the increasing amount of information on **international commercial** and **investment arbitration** make it unnecessary to go into such matters in great detail.[2]

It is impossible in a book of this nature to provide a comprehensive discussion of every type of submission that can be made in every English-speaking jurisdiction around the world. However, it is both possible and useful to provide an overview of those types of

---

[1] It is possible for a bilingual lawyer to draft submissions to an arbitral tribunal in his or her second language, since arbitration does not require counsel to be admitted to the bar in the country whose law or language governs the proceedings.

[2] See Ch 8.I.4.

submission that are most likely to be important to a Spanish-speaking lawyer working with clients or co-counsel in an English-speaking jurisdiction.

Many of the issues discussed in this chapter overlap with matters addressed in Chapter 8, which covered procedural law. However, this chapter goes into more detail on several key issues, including:

- conditions precedent to bringing a **lawsuit**;
- specific types of judicial, arbitral and other submissions; and
- attorney conduct with respect to judicial, arbitral and other submissions.

9.I.2 Conditions Precedent to Bringing a Lawsuit

Although many people think of litigation as beginning when a **claim** or **complaint** is filed in court, some English-speaking jurisdictions have established certain conditions that must be met before a lawsuit can be filed. In some cases, these procedures arise as the result of unwritten cultural norms while in other cases the mechanisms are embedded in the relevant procedural law as a mandatory measure. Many of the conditions precedent to litigation fall within the body of law known as **alternative dispute resolution (ADR)**.

The ADR movement was born in the United States in 1976, when US Supreme Court Justice Warren Burger convened the Roscoe Pound Conference on the Causes of Popular Dissatisfaction with the Administration of Justice.[3] The Pound Conference identified a number of problems concerning the US justice system and concluded that the administration of justice had to become faster and less expensive. One of the most important recommendations to come out of the Pound Conference was the suggestion that the US needed to develop alternate (ie, nonjudicial) means of resolving legal disputes if the public interest in justice was to be adequately served. Although ADR initially met with resistance, the Pound Conference proposals were ultimately supported by both the **bench** (ie, judges) and the **bar** (ie, lawyers).

The US experimented with various forms of ADR throughout the 1970s and 1980s. Interest in ADR has spread throughout the world, and many English-speaking countries now permit or require parties to undergo various types of ADR.[4] The two most popular types of ADR around the world are **arbitration**, which arises when parties agree to submit their dispute to a neutral, non-governmental decision-maker selected by or for the parties to provide a final and binding decision that resolves the dispute,[5] and **mediation** (sometimes called **conciliation**),[6] which arises when the parties agree to resolve their own dispute

---

[3] See A Leo Levin and Russell R Wheeler (eds), *The Pound Conference: Perspectives on Justice in the Future* (West Publishing Co 1979).

[4] England has become a strong proponent of ADR. See Centre for Effective Dispute Resolution (CEDR) <www.cedr.com>. Other English-speaking jurisdictions have adopted ADR mechanisms to varying degrees.

[5] In the US, arbitration is regulated by the Federal Arbitration Act (FAA) or similar state legislation. See 9 USC ss 1–16. Disputes that are in some way international are governed by either chapter two or chapter three of the FAA. See Ibid ss 201–307. In England, arbitration is regulated by the Arbitration Act 1996.

[6] Some commentators differentiate between mediation and conciliation, claiming that conciliation involves a neutral who is more evaluative than a standard mediator. However, other experts

with the assistance of a neutral third party who acts as a facilitator.[7] **Negotiation** can be considered another type of ADR mechanism, although that process does not involve the presence of a third party **neutral** to assist the disputants.

ADR procedures can be either public or private, depending on how the process is initiated. Public forms of ADR are sometimes referred to as '**court-annexed**' or '**court-connected procedures**' because they arise as a result of a **court order**[8] or standing **rule of court**.[9] Public mechanisms may include:

- court-annexed mediation;
- court-annexed arbitration;
- early neutral evaluation (ENE);
- court-sponsored mini-trials;
- judge-hosted settlement conferences;
- multi-door courthouse approaches (wherein the court directs appropriate cases to different ADR programmes);
- settlement weeks;
- special masters; and
- summary jury and bench trials.[10]

---

do not see any discernible difference between the two procedures and consider them functionally equivalent.

[7] Mediation is very similar to **judicial settlement** in terms of technique, but mediation involves a neutral who is not associated with the court acting as the facilitator instead of a judge.

[8] See Charles P Lickson, 'The Use of Alternative Dispute Resolution in Intellectual Property, Technology-Related or Innovation-based Disputes' in 55 *American Jurisprudence Trials* (2013) 483, §60. The court order may be reflected in certain standing rules or can arise on an ad hoc basis. See Ibid.

[9] According to the Alternative Dispute Resolution Act of 1998 (ADR Act), every federal district (trial-level) court is required to implement an ADR programme that offers at least one ADR process to parties to civil litigation. See Alternative Dispute Resolution Act of 1998, Public L No 105–315, 112 Stat 2993, 2994 (codified at 28 USC ss 651–58 (2013)); 28 USC s 652. The ADR Act applies only to US federal district courts. However, a number of US states (such as Texas and Florida) have passed comprehensive legislation similar to the ADR Act to encourage the use of ADR in their courts. See Center for Public Policy Dispute, Texas ADR Statutes <www.utexas.edu/law/academics/centers/cppdr/resources/adr_statutes.php>. Individual US states may also impose ADR requirements pursuant to certain rules of court. In considering whether and to what extent an obligation to pursue ADR arises, parties must consult several different sets of rules, including: (1) the relevant federal rules that apply to all federal courts of that type (for example, the Federal Rules of Civil Procedure, which apply in civil cases proceeding in US federal district courts, or the Federal Rules of Appellate Procedure, which apply in cases proceeding in US federal circuit courts of appeal); (2) the local rules for the specific court in which the parties find themselves (for example, the Local Rules of United States District Courts for the Southern and Eastern Districts of New York or the Local Rules of Practice for the United States District Court for the Northern District of New York); and (3) the rules of the particular judge presiding over the case at hand (for example, the Individual Rules and Procedures for Judge Shira A Scheindlin of the District Court of the Southern District of New York in cases being heard by Judge Scheindlin). See Ch 8.I.2.1. Parties must comply with each of the three levels of rules applicable to each dispute.

[10] See Jacqueline Nolan-Haley, *Alternative Dispute Resolution in a Nutshell* (4th edn, West Academic Publishing 2013).

Private forms of ADR arise upon the agreement of the parties. Although private ADR can be initiated at any point, parties often find it useful to enter into **pre-dispute agreements** regarding the use of ADR, since it can be difficult to agree on a particular mechanism after hostilities have arisen. Private forms of ADR pursuant to a pre-dispute agreement are considered to be voluntary to the extent that the parties have chosen whether to enter into that initial agreement, even though the parties are subsequently bound to enter into the dispute resolution process once a dispute arises. Parties can choose from a wide variety of private ADR mechanisms, including:

- various types of arbitration (such as consumer arbitration, employment arbitration, labour arbitration or commercial arbitration at the domestic level as well as international commercial arbitration and investment arbitration at the international level);[11]
- mediation;
- med-arb (mediation followed by arbitration, where the mediator may or may not act as the arbitrator);
- fact-finding (also called expert determination);
- mini-trials;
- ombuds systems; and
- **multi-step** or **tiered** ADR (a process that is particularly popular at the international level and that combines two or more types of ADR processes (such as mediation followed by arbitration) pursued seriatim).

One of the reasons why English-speaking countries have encouraged the development of ADR is because such mechanisms reduce judicial caseloads and allow disputes to move more quickly through the court system. However, some jurisdictions have adopted other means of facilitating early dispute resolution. For example, England has implemented a system of **pre-action protocols** that are meant to either avoid litigation or shorten the amount of time spent in court.[12] These mechanisms, which typically include mandatory **letters before action**, are intended to facilitate amicable **settlement** of the dispute by making sure that all the parties have sufficient information early on to determine whether and to what extent settlement is possible. Without such information, parties might fear making or accepting a **settlement offer** until after the **disclosure** period had closed, since they might believe themselves unaware of certain relevant facts.

---

[11] In the US, consumers may enter into pre-dispute arbitration agreements, unlike in many other jurisdictions, and consumer arbitration is extremely popular. However, there are some significant differences between the various types of domestic and international arbitration. See S.I. Strong, *International Commercial Arbitration: A Guide for US Judges* (Federal Judicial Center 2012) 3–5 (hereinafter Strong, *Guide*), available on <www.fjc.gov>.

[12] See Ch 8.I.2.2. The US attempts to replicate this system with court-ordered **early settlement conferences**, but that process is not as effective, since it does not require the parties to divulge their legal and factual positions as early in the process.

9.I.3 Judicial, Arbitral and Other Submissions

Once it is decided that a dispute will be pursued in court, the parties and their lawyers must prepare a considerable number and variety of written submissions.[13] Although arbitration is often considered to be less formal than litigation, some kinds of arbitration – most notably international commercial arbitration and investment arbitration, the two types with which bilingual lawyers are most likely to be involved – can involve written submissions that are as detailed and lengthy as anything seen in court.

Written submissions can be used for a number of different purposes and can be drafted in a number of different styles. In some cases, the lawyer must adhere to a standardized form that permits no deviation.[14] In other cases, the lawyer can exercise a certain amount of creativity in drafting. Although some jurisdictions provide illustrative models to help parties in drafting some of these types of non-standardized **filings**,[15] most lawyers choose to exceed the requirements set forth in the model documents, based on the belief that **advocacy** begins with the first written submission and counsel should take every opportunity to present their facts and arguments in the best possible light.

9.I.3.1 Required pleadings

Every jurisdiction has a set of required documents (**pleadings**) that set forth the positions of the parties.[16] Civil litigation usually begins with a complaint filed by the **plaintiff** (in the US federal system) or a claim filed by the **claimant** (in England).[17] Other English-speaking jurisdictions, including individual states, territories and provinces in non-unitary legal systems such as Australia, Canada and the US, may use slightly different terminology, but these are relatively standard terms. Criminal litigation typically begins with a **summons** or **warrant** issued by the **prosecutor** (also known as the **State** in some jurisdic-

---

[13] Lawyers in some countries, most notably England, often begin drafting certain standard submissions by consulting a model or **precedent** from a published **form book** or from the law firm's own files. Notably, this use of the term 'precedent' differs from ordinary usage, which refers to a judicial opinion that is given precedential authority in a common law jurisdiction. See Ch 5.I.5.

[14] See CPR (England), Forms <www.justice.gov.uk/courts/procedure-rules/civil/forms>; CrPR (England), Forms <www.justice.gov.uk/courts/procedure-rules/criminal/formspage>.

[15] See United States Courts, Current Rules of Practice and Procedure <www.uscourts.gov/rules-policies/current-rules-practice-procedure> (including various illustrative as well as mandatory forms for criminal and civil proceedings in US federal courts, including district, appellate and bankruptcy court).

[16] Most disputes are bilateral in nature. However, some disputes involve more than two parties. In those cases, the parties may be aligned bilaterally (as would be the case if a parent and subsidiary company both brought a civil claim jointly or if two criminal defendants were tried together). However, it is also possible to have multiple parties who are situated uniquely within the dispute. These scenarios may arise when a party brings a **cross-claim** against a co-defendant or co-plaintiff/co-claimant or when an additional party joins the case through **intervention** or **joinder**. These more complicated procedures are not discussed herein, although the sequence of submissions is similar to that seen in bilateral proceedings.

[17] English practice includes a **claim form** as well as the **particulars of claim**, which includes a **statement of facts**, a **statement of value** and a **statement of truth**, collectively referred to as the **statement of case**. Defendants have similar disclosure obligations in their statement of case.

tions or the **Crown** in England) and then proceeds to an **indictment** or **information**.[18] In arbitration, proceedings are often initiated by a **demand** or **request for arbitration**.[19] However, the name of the document may vary, depending on which arbitral institution (if any) is administering the proceedings.[20]

The current preference in many English-speaking jurisdictions is for **notice pleading** rather than **code pleading**.[21] Notice pleading places a lesser burden on the party initiating the lawsuit, since the initial document simply needs to put the **defendant** or **respondent** on notice of the legal and factual allegations supporting the **suit** rather than identify how each element of a claim will be satisfied, as was the case with code pleading. Notice pleading is considered to be fairer than code pleading, since parties are not expected to have all the necessary facts in hand at the time the claim is brought.[22] Legal systems that use notice pleading often also contemplate the mandatory exchange of information (**discovery** in the US and **disclosure** in most other English-speaking jurisdictions) during the **pre-trial** period and allow liberal **amendment** of the pleadings.

Although notice pleading does not require a great deal of detail, parties often describe the dispute in some length so as to frame their arguments in the best possible light. Some jurisdictions – most notably, the US – allow the initial pleadings to include statements that are somewhat argumentative, conclusory and/or emotional in nature, while other jurisdictions – such as England – use a more objective tone. Many English-speaking jurisdictions allow parties to **plead in the alternative**, which means that the plaintiff or claimant can present more than one **theory of the case**, even if the two claims could be seen as mutually exclusive (for example, a claim indicating that an act which caused harm was either intentional or negligent).

Once the matter has been initiated, the defendant (in most English-speaking courts) or the respondent (in arbitration) has the opportunity to respond. The type of document that is used depends on the **procedural posture** the defendant wishes to adopt as well as the type of proceeding. For example, in England, a defendant in a civil proceeding may file or serve an **admission**, a **defence** or both, depending on whether and to what extent the defendant agrees with the allegations in the claim form. In US federal court, a defendant in a civil suit typically serves a **response** to the substantive allegations, although certain types of defence must be raised separately by **motion** before any responsive pleading is filed.[23] In arbitration, the respondent files an **answer** or response, although the name of

---

[18] See Ch 8 for further definitions of these terms.
[19] In arbitration, the party initiating the proceeding is known as the **claimant** and the responding party is known as the **respondent**.
[20] International commercial and investment arbitration may be administered by an institution or may proceed on an ad hoc basis. See Strong, *Guide* (n 11) 7–9. There are a wide variety of arbitral institutions around the world. See Ibid (listing various institutions); see also Ch 8.I.4.
[21] Some English-speaking jurisdictions also allow **fact pleading**, which requires parties to identify the general facts on which the claim is based.
[22] This approach is obviously very different than that which is used in Spanish-speaking jurisdictions, where the moving party is expected to have most, if not all, of the necessary facts in hand at the time the suit is initiated.
[23] In federal court, these defences would include lack of subject matter or personal jurisdiction, improper venue, insufficient process or service of process, failure to state a claim upon which relief can be granted and failure to join a party under Rule 19 of the Federal Rules of Civil Procedure.

the document may vary according to the particular rules governing the proceeding. In virtually all civil disputes, it is possible (if not required) to include any **counterclaims** in the responsive documents.

The amount of detail and advocacy provided in responsive documents can vary significantly. An answer or response in arbitration tends to be quite detailed, since the document is seen as the respondent's first opportunity to frame the case for the tribunal.[24] Responsive documents in litigation are often slightly less detailed and in some cases can be quite formulaic. Thus, a defendant in the US may make a blanket statement denying all allegations in the initial papers and then **admit** only a small number of uncontroverted matters, such as the respondent's name and address. A defendant in US proceedings may also indicate that it **denies knowledge or information** (DKI) of a particular fact or allegation. Ultimately, all allegations must be addressed by a defendant in some way. English courts also require defendants to either admit or deny all allegations.[25]

Depending on the jurisdiction and the procedural posture of a particular matter, a court may contemplate a possible third round of pleadings where a party to a civil dispute is permitted or required to submit an answer (in US federal court) or a **reply** (in England) to a responsive pleading. Typically the answer or reply addresses any counterclaims or **affirmative defences** that may have been raised in the second round of pleadings, and the failure to provide a response to those allegations can in some jurisdictions be deemed to be an admission of the facts and legal positions reflected in the counterclaims or defences. In arbitration, a claimant may also file a reply or similar sort of document responding to any counterclaims raised.

The procedure used in criminal cases is slightly different, in that most English-speaking jurisdictions do not require a detailed written document outlining the defendant's position with respect to individual allegations. Instead, the defendant simply enters a **plea** of **guilty** or **not guilty** orally in open court. In some jurisdictions, a defendant can enter an alternative plea of ***nolo contendere***. The prosecuting authority does not have an opportunity to respond to the defendant's plea.

All of the preceding documents typically must be **filed** with the court as well as **served** on the **opposing party** or **counsel**.[26] Failure to properly file or serve a submission can result in **sanctions**, which could in some cases include dismissal of the action.

In civil disputes, the parties, rather than the court, are typically responsible for filing and serving papers. Each country has its own rules regarding service, and some of the traditional methods include personal service, service by mail, service to a responsible

---

[24] Written submissions in international arbitration often reflect a blend of common law and civil law techniques. See S.I. Strong, *Research and Practice in International Commercial Arbitration: Sources and Strategies* (Oxford University Press 2009) 3 (hereinafter Strong, *Sources*); see also S.I. Strong, 'Research in International Commercial Arbitration: Special Skills, Special Sources' (2009) 20 Am Rev Intl Arb 119, 121 (hereinafter Strong, 'Research').

[25] See CPR Parts 15–16.

[26] Many English-speaking jurisdictions require all **papers** to be submitted to a party's lawyers, if that party is represented. Furthermore, the **rules of professional responsibility** applicable in many jurisdictions forbid the attorney for one party from contacting or corresponding with the opposing party, if that party has a lawyer. The actual parties may always directly speak with one another, although many lawyers will discourage that practice, since it can complicate the **litigation** or **arbitration strategy**.

person at the residence of the person to be served, and service on an agent. In recent years, courts have also considered the possibility of service by various electronic means, including Facebook and other social media.

Once service has been affected, the parties file the substantive documents with the court and attach a **certificate of service** (sometimes called **proof of service**) to those documents, indicating the means and date by which the document was served on the opposing party. The requirements associated with the certificate of service vary by jurisdiction. For example, in US federal court, the certificate consists of an **affidavit** (sworn written statement) of the person serving the document (sometimes called a **process server**).[27] Although it is also possible to file an **acknowledgement of service** by the person served, those who are being served are not always inclined to cooperate, which means that affidavits of the process server are more common. International arbitration does not have any set rules regarding service, and most rule sets typically refer only to 'proper' service. As a result, many parties simply comply with the formalities used in their national courts, since such methods are usually deemed proper.

9.I.3.2 Additional filings

As important as initial pleadings are, they do not constitute the only types of written submission used in English-speaking jurisdictions. For example, civil litigation in the US involves a considerable amount of **motion practice**, before, during and after trial. In US federal courts, a motion constitutes a written request for a judicial **order** and must therefore indicate both the grounds of the request and the type of relief sought. Although a number of motions are quite short, more complex motions incorporate a **memorandum of law** or similarly named document in support of the motion.[28] A motion can also be supported by one or more affidavits attesting to certain facts relevant to the motion.[29] Motions can be **dispositive** in nature (such as a **motion for summary judgment** or a **motion for a directed verdict**) or can address various procedural issues (such as a **motion to compel** a particular action or a **motion to show good cause** why a particular act was or was not done).

Parties are typically required to provide **notice** to the opposing party that the motion is being made, although the judge may proceed **ex parte** (outside the presence of the party against whom the motion is directed) in a limited number of cases.[30] If a motion is granted ex parte, a full hearing with all the parties is scheduled as soon as possible thereafter so as to allow full **briefing** (written submissions) and argument as to whether the motion was properly granted.

---

[27] An affidavit typically must be signed and **notarized**, which means that the document was signed under oath and witnessed by a **notary public**. See Ch 1.I.1 (regarding notaries in the US).

[28] The precise form and style of the motion and memorandum is described very generally in Rule 7 of the Federal Rules of Civil Procedure, Rule 47 of the Federal Rules of Criminal Procedure and in more detail in **local rules**, including the rules of the court and the rules of the governing judge. See Ch 8.I.2.1, 8.I.3.1 (discussing various rules). A memorandum of law is colloquially and somewhat inaptly known in the US as a **brief**, since some memoranda can be quite long.

[29] Such affidavits are often made by the lawyer in the case, even though lawyers do not testify at trial on matters relating to the substance of the dispute.

[30] If there is a danger that a party will flee the jurisdiction or abscond with or destroy evidence, assets or other necessary items, a motion may be heard without notice on an ex parte basis.

Courts do not always require parties to make motions via a formal submission. For example, some matters in the US may be raised on the basis of a **motion by letter (letter motion)**.[31] These types of document are headed in the same way as any other letter,[32] although the content reads more like a memorandum of law, both with respect to the style of advocacy and the amount and form of legal **citations**. When drafting such documents, lawyers should indicate briefly in the introduction what type of relief is being sought and how the letter motion came about, and should reiterate in the concluding paragraph what the letter-writer is asking the judge to do. Letter motions directed to the court must be served on the opposing party to the same extent as any other document that is filed with the court.

Civil cases proceeding in English courts typically do not involve as many pre-trial submissions as cases in US courts, likely because of the strong cultural bias towards cooperation in English proceedings.[33] Judges routinely issue **standard directions** at the beginning of the proceedings indicating what the parties are to do and by what date,[34] although parties are free to **seek further information or direction** at any time. Parties may also seek an **order** on a particular issue,[35] typically by providing notice of the **application to seek an order**. However, notice is not required in all circumstances.[36]

Advocates in English court are often required to submit **skeleton arguments** in advance of oral argument.[37] Skeleton arguments are much shorter than submissions made in US courts and include very little in the way of facts or legal analysis, since they are intended to supplement, rather than replace, oral argument.

Another standard pre-trial submission in England involves the **trial bundle**, which contains all the documents that will be relied upon by a party at trial.[38] The trial bundle needs to be filed and served between seven and three days before trial. Practice in the US

---

[31] A letter motion is usually quite short (ie, 2–3 pages, single-spaced), but may occasionally be longer, with the maximum length coming in at around 10–15 pages. Judges in all jurisdictions generally prefer brevity, although they recognize that some issues require more discussion.

[32] See Ch 11.I.4. When referring to a judge in the address block, the proper form is 'The Honorable [or Honourable, depending on how the term is spelled in that particular jurisdiction] Judge So-and-So.' The salutation line should read 'Dear Judge So-and-So:' and all references to the judge should be to 'Your Honor' or 'Your Honour' rather than 'you'.

[33] Litigation in the US tends to be more contentious as a matter of practice.

[34] A model order for standard directions is publicly available. See Ministry of Justice, Standard Order for Directions <www.justice.gov.uk/courts/procedure-rules/civil/standard-directions/general/list-of-cases-of-common-occurance>. The range of issues on which further information, direction or orders are typically sought is somewhat narrower in England than in the US.

[35] Many orders follow a standard format. See Ministry of Justice, Wish to Compose an Order? <www.justice.gov.uk/courts/procedure-rules/civil/standard-directions/list-of-cases-of-common-occurrence>.

[36] See Civil Procedure Rules (CPR) Part 23.

[37] A useful guide on skeleton arguments has been made available on the website of the American Inns of Court, a group aimed at improving advocacy. See Michael Kallipetis QC and Geraldine Andrews QC, *Skeleton Arguments: A Practitioner's Guide* (August 2004), available on <http://home.innsofcourt.org/media/94252/2223_skeleton_arguments_guide.pdf>; see also The City Law School, *Drafting (Bar Manuals)* (17th edn, Oxford University Press 2014).

[38] The contents of the trial bundle in civil cases are outlined in Practice Direction 39A – Miscellaneous Provisions Relating to Hearings, para 3. Bundles in criminal cases are discussed in the Criminal Practice Directions that went into effect in 2013.

regarding the pre-trial submission of document and witness lists is much less standardized, although efforts have been made to improve the situation.[39]

English-speaking jurisdictions allow appeals as a matter of right and as a matter of discretion in both civil and criminal proceedings.[40] Typically the party taking the appeal (**appellant**) must provide notice of the appeal to both the other party (respondent) and to either the court that has just rendered a decision and/or the court to which an appeal will be made. Appeals as of right usually do not require much if anything in the way of substantive support of the notice. However, appeals that are available only on a discretionary basis may require the submission of documents describing why an appeal should be granted.[41] Respondents in those circumstances are given a full opportunity to present arguments why an appeal should not be allowed. In some jurisdictions, most notably the United States Supreme Court, third parties may also file substantive submissions (**amicus briefs**) as 'friends of the court'. These submissions can address the propriety of granting an appeal as a procedural matter as well as the dispute on the merits.

Once the appeal reaches the substantive stage, both the appellant and the respondent file submissions outlining arguments and authorities in favour of their positions. These documents follow relatively standard formats, as dictated by the relevant rules of court.

9.I.3.3 Additional documents with legal significance

The previous subsections discussed some of the official documents that are filed in judicial or arbitral proceedings. However, parties in English-speaking jurisdictions also generate a number of documents that have legal significance even though the materials are not formally submitted to the court or arbitral tribunal. Many of these items revolve around discovery or disclosure.

In the US, these sorts of documents are referred to as **requests for discovery**. Such requests are served directly by the requesting party on the opposing party or the opposing party's attorney.[42] A party may make several different types of request, including a **request for the production of documents** (also known as a **subpoena deuces tecum**), a **request for a deposition** or oral testimony under oath (also known as a **subpoena ad testificandum**), a **request for a physical or mental examination** or **for entry onto land** and a **request for admissions**.[43] A party may also serve **interrogatories**, which are a formalized method of written questioning.

Although these documents often follow a standard format, particularly with respect to

---

[39] See American Bar Association Recommendation on Standards for Final Pretrial Submissions and Orders (August 11–12, 2008) <http://www.google.com/url?sa=t&rct=j&q=&esrc=s&source=web&cd=5&ved=0CDkQFjAEahUKEwjE0NvBvNjGAhVBoogKHcjfAB8&url=http%3A%2F%2Fwww.uscourts.gov%2Ffile%2F3370%2Fdownload%3Ftoken%3DQj49xopL&ei=99-jVYT5IMHEogTIv4P4AQ&usg=AFQjCNGxBZBbYWJJAB4lNZnsgyFdbDSbpA>.

[40] See Ch 5.I.2.

[41] These preliminary submissions can be referred to by a variety of names. For example, the US Supreme Court must grant a **petition for certiorari** before the parties can move to the substantive issues.

[42] Although the Federal Rules of Civil Procedure have attempted to require parties to provide discovery without the need for an initial request, US parties and practitioners have resisted such procedures in practice, and discovery requests remain common. See Fed R Civ P 26.

[43] See Ibid rr 26–37.

the introductory sections and the definition of terms,[44] there is no precise model that the parties must follow. To the contrary, parties must individualize the content of the requests to reflect the dispute at issue.[45]

Parties who are required to produce various documents must provide those documents in their original form[46] and list any non-produced but **responsive** (relevant) items on a **privilege log** that indicates why non-production is justified.[47] Some documents may be produced in **redacted** form, which means that privileged or irrelevant material has been removed from the document by blanking out various lines or sections. If the parties cannot agree on the scope or the need for discovery on any particular point, they may bring the matter to the attention of the judge, who will issue an order deciding the dispute. **Discovery disputes** in the US are quite common and can become very contentious.

Disclosure in England proceeds somewhat differently.[48] Initial production takes the form of document lists that are automatically exchanged between the parties without any need for a preliminary request. Documents that have not been produced on the basis of privilege are indicated on a log that includes a brief description identifying the rationale for non-production.[49] The scope of document disclosure is much narrower in England than in the US, and pre-trial **depositions** are not common in England except to preserve testimony that might otherwise be lost, such as through the death of a witness or the departure of that person from the jurisdiction. If the parties disagree about the scope of the document production, they can seek additional directions from the court, although the parties are expected to first attempt to resolve the issue between themselves.

Criminal proceedings are somewhat different to civil proceedings, since the obligation to provide discovery or disclosure primarily falls upon the prosecution.[50] Furthermore, motion practice (in the US) and applications for orders (in England) are somewhat more limited in criminal actions than in civil proceedings, since constitutional considerations typically require a speedier and more standardized process. Nevertheless, the prosecution and defence can seek judicial assistance on a variety of matters.

Another type of document that may be drafted but not necessarily filed with the

---

[44] For example, the term 'document' is often defined extremely broadly. See S.I. Strong, 'Jurisdictional Discovery in United States Federal Courts' (2010) 67 Wash and Lee L Rev 489, 542 n 256 (hereinafter Strong, 'Jurisdictional Discovery') (reflecting a standard definition of the term 'document').

[45] Samples of actual discovery requests are reproduced and discussed in Ibid 541–4. See also Exhibit A to Plaintiffs' Preliminary Opposition to Motion to Dismiss for Lack of Personal Jurisdiction and Motion to Conduct Jurisdictional Discovery at 1, *Klein v Freedom Strategic Partners, LLC*, 595 F Supp 2d 1152, 1160 (D Nev 2009). Notably, these examples – though extremely broad – are said to address the 'limited' and 'narrow' concept of jurisdictional discovery (discovery to ascertain whether the court has jurisdiction over the defendant and the dispute) rather than discovery on the merits. See Strong, 'Jurisdictional Discovery' (n 44) 489; Ch 8.I.2.1.

[46] Documents may be produced as hard copies or in electronic (digitized) form. Some material (such as metadata) may only be producible in electronic form. **Electronic discovery** (also known as **e-discovery**) is a rapidly developing field in the US.

[47] The US recognizes several types of privilege. See Chs 2.I.3, 3.I.3.4, 8.I.2.1.

[48] See Ibid.

[49] England recognizes several types of privilege, although the basis for legal privilege is different than in the US. See Ibid.

[50] Some exceptions exist, both in the US and England. See Ch 8.I.3.1.

court is an **expert report**. Most English-speaking jurisdictions allow the parties to hire their own **expert witnesses**, although it is possible for the court to appoint a single (joint) **expert**. Furthermore, some jurisdictions distinguish between a **testifying expert** and a **non-testifying expert**. Although reports created by a non-testifying expert will likely be considered privileged and confidential in most jurisdictions, lawyers should consider the rules of legal privilege in all relevant jurisdictions before allowing a non-testifying expert to commit anything to paper or to e-mail.[51]

Reports from testifying experts usually must be filed with the judicial or arbitral tribunal and served on the opposite party in advance of the expert's oral testimony. This approach allows the opposing party to review the report and prepare to **cross-examine** the expert at the hearing.

9.I.3.4 Matters of style

Although substance is of course critical to any written submission, parties must also consider various stylistic concerns. While the failure to adhere to these conventions will not necessarily cause a judge or arbitrator to reject the legal arguments contained in a submission out of hand, blatantly disregarding standard stylistic features can injure the credibility of a lawyer.

Many of the relevant norms are entirely unwritten. Thus, for example, papers submitted to US courts and tribunals tend to be longer and more emotive than those made to English courts and tribunals. Nowhere is this expectation reflected in the relevant rules of civil procedure; instead, it is something that is just generally known among practitioners in the field.

Another unwritten norm involves how cases are pled. In the US, plaintiffs routinely include multiple **counts** (claims) in a single civil action. Although every case is different, it is not unusual to see a plaintiff assert between five and ten different **causes of action** in a single pleading, with defendants asserting a similar number of defences.[52] In England, the number of claims made tends to be much lower, with claimants typically asserting no more than two or three individual causes of action and defendants indicating a similarly low number of defences.

Each jurisdiction also has a number of stylistic requirements that are enunciated in various rule sets.[53] Some of these provisos are procedural in nature. For example, English courts typically require judicial submissions to be accompanied by a statement of truth.[54]

---

[51] For example, such a report would likely fall under the **work product privilege** in the US. See Chs 2.I.3, 3.I.3.4, 8.I.2.1. However, not all jurisdictions recognize that sort of privilege, and a multijurisdictional dispute might require consideration of several different countries' rules on legal privilege.

[52] This approach is adopted because certain defences must be raised in the initial response if they are to be preserved for trial. Liberal rules on amendment mean that there is no penalty for raising a claim or defence that later turns out to be without merit, so long as the claim or defence is not frivolous. See Fed R Civ P 11.

[53] In some jurisdictions, such as the US, parties must consult several different sets of rules. See Ch 8.I.2.1 (discussing rules of courts and individual judges' rules).

[54] See CPR Part 22; CrPR 57.7. Parties in US courts must also represent the truthfulness of their submissions, but the duty is not as explicit as in English courts. See Fed R Civ P 11(b); Strong, 'Jurisdictional Discovery' (n 44) 511 n 100.

All jurisdictions establish a timetable that must be met if the parties are to avoid various penalties, which can include dismissal of the case or denial of the request.[55]

Other requirements relate to the form of the submissions. For example, many English-speaking courts have established rules relating to the layout of various submissions. Thus, parties often must include certain necessary information (such as the parties' names and the case number) in a standardized **caption** that appears on every document filed with the court.[56] Parties are also subject to strict page limits that can only be exceeded following a motion to show good cause why additional discussion is warranted.

One important **form requirement** relates to methods of **citing** (referring to) legal authority. Although it may appear to be a minor matter, English-speaking courts are very strict about how cases, statutes and commentary are to be cited to the court. Rules regarding citation forms are unique to each country and differ significantly from those in use in Spanish-speaking countries.[57] Thus, for example, courts in the US usually require parties to follow the rules set forth in **The Bluebook**[58] while courts in England prefer the **Oxford University Standard for Citation of Legal Authorities (OSCOLA)**.[59] Similarly, Canadian courts require parties to adhere to the **Canadian Guide to Uniform Legal Citation** (also known as the **McGill Guide**)[60] while Australian courts use the **Australian Guide to Legal Citation**.[61] These same citation methods are used in scholarly articles published in the jurisdiction in question.[62]

---

[55] The most important deadline in US federal practice is the deadline to provide notice of an appeal, which is upheld strictly. Other deadlines may be adjusted pursuant to a motion to show good cause why either an extension of time should be granted or the failure to meet a deadline should be overlooked. However, the decision to grant such motions is entirely discretionary, and parties should not expect any such motion to be granted. Motions to show good cause can be made with respect to other procedural matters, such as leave to exceed page limits on a judicial submission.

[56] See for example, The District Executive's Office, *A Manual for* Pro Se *Litigants Appearing Before the United States District Court for the Southern District of New York* (January 2011) 46–51, <http://www.nysd.uscourts.gov/file/forms/pro-se-litigants-manual>; Supreme Court of Canada, *Guidelines for Preparing Documents to be Filed with the Supreme Court of Canada (Print and Electronic)* <http://www.scc-csc.gc.ca/ar-lr/gl-ld2014-01-01-eng.aspx#B> (including Form 1 with the style of caption).

[57] Federalized states sometimes see a certain amount of variation in state, provincial or local practice, and some English-speaking jurisdictions are still in the process of developing a standardized national citation system, so bilingual lawyers should be guided by **local counsel** in matters relating to legal citation. See Standard Indian Legal Citation <www.silcmanual.org/about.html>. Furthermore, the form of a citation may differ depending on how often the authority is cited. Authors often use a **short form** citation if a case, statute, book or article is repeated.

[58] See Editors of the Columbia Law Review and others, *The Bluebook: A Uniform System of Citation* (19th edn, The Harvard Law Review Association 2012).

[59] See OSCOLA <www.law.ox.ac.uk/publications/oscola.php>.

[60] See *Canadian Guide to Uniform Legal Citation* (8th edn, Carswell 2014).

[61] See *Australian Guide to Legal Citation* (3d edn, Melbourne University Law Review Association 2010).

[62] Thus, a bilingual lawyer seeking to have an article published in the US should follow The Bluebook. The citation style should be changed to the OSCOLA system if the piece is being submitted to an English or European journal (many English-language European journals use OSCOLA). Other issues relating to footnoting and writing conventions in scholarly articles are discussed in Ch 6.I.3.

English-speaking jurisdictions are not only unique with respect to the form of citation but in the number of legal authorities that are discussed in a judicial or arbitral submissions. For example, it is standard practice in the US to include **string citations** of several different cases supporting a single legal proposition. However, other English-speaking jurisdictions discourage string citations on the grounds that counsel should choose and present their single most persuasive authority.[63] Many judges and advocates find it useful to place a short **parenthetical** (phrase in parenthesis) after a case citation briefly describing the relevance of a particular legal authority if the meaning is not clear from context.

Citation practices are somewhat more relaxed in international arbitration, since the cross-border nature of international commercial and investment arbitration precludes the use of any uniform rule regarding the form of legal citation. However, lawyers should nevertheless take care to use a recognized system of citation and apply it consistently throughout their submissions so as to avoid looking unprofessional.

The last form-related issue to consider involves whether and to what extent practitioners should quote legal authorities in their judicial submissions. While there is no settled rule on when a quotation is necessary or how long a quotation should be, courts in English-speaking jurisdictions are adamant that lawyers must indicate when they have taken a particular word or phrase from another source, regardless of whether that source is judicial, legislative or scholarly. Failing to provide proper attribution to a legal authority can have serious repercussions, including charges of plagiarism or even copyright infringement. Furthermore, omitting a reference is strategically unwise, since judges are more likely to give more weight to the words of jurists, legislators and scholars than to the words of a lawyer representing an interested party. Therefore, any text taken directly from another source should be indicated by the use of quotation marks (referred to as 'inverted commas' in some jurisdictions) or through use of block indentation or a different font.[64]

Although arbitration is often considered to be less formalistic than litigation, several types of arbitration – most notably international commercial arbitration and investment arbitration – involve a large number of documents that must be formally submitted to the tribunal. These matters are discussed at length in Spanish-language literature on arbitration and therefore need not be covered in detail here. However, it is important for advocates to remember that any materials submitted to an international tribunal can and should reflect a combination of common law and civil law elements.[65] Thus, for example, the tone of the documents should lie somewhere between the fact-based advocacy of certain English-speaking jurisdictions and the more legalistic approach of Spanish-speaking jurisdictions. Furthermore, written submissions should rely on a wide

---

[63] Some judges in the US have suggested that practitioners limit string citations so as to shorten legal submissions, but the convention continues to some extent.

[64] This book will not cover the various typographical conventions used in different English-speaking jurisdictions, although those conventions can vary significantly from country to country. For example, quotations of under 50 words are set off in the US by double quotation marks (" ") at the beginning and end of the quoted language. In England, quotations are set off by single quotation marks known as inverted commas (' ') at the beginning and end of the quoted material. English practitioners also sometimes use a different type size and/or font style when quoting language from another source. Many English-speaking jurisdictions also make use of block indentation where long sections of quoted text are condensed in the middle of the page in a separate paragraph.

[65] See Strong, *Sources* (n 24) 3; see also Strong, 'Research' (n 24) 121.

variety of authorities, including judicial, legislative and scholarly sources, so as to take into account the cross-border nature of international arbitration. Following this approach not only diversifies the legal arguments that a lawyer can make, it also increases his or her credibility and persuasiveness.

9.I.4 Attorney Conduct With Respect to Judicial, Arbitral and Other Submissions

Lawyers working across national borders are sometimes surprised to learn that certain procedures and practices that are taken for granted at home are not used elsewhere. It is particularly important for bilingual lawyers to be aware of various cultural conventions when dealing with judicial, arbitral and other submissions, since the failure to conform to certain expectations can create a variety of problems.

The first and perhaps most important matter to consider involves the rule against ex parte communications. According to various rules of judicial ethics, judges in English-speaking jurisdictions are prohibited from speaking with lawyers about pending matters outside of the hearing of opposing counsel. This rule not only includes conversations that take place in court but also in any informal social settings. While it is not improper to greet a judge in a social environment, a lawyer should not attempt to discuss any procedural or substantive issues pending in front of that judge. Arbitrators are subject to similar rules of behaviour. Notably, the rule regarding ex parte communications does not apply to **clerks of court** or **arbitral administrators**, since those people handle logistical issues rather than the merits of the dispute and are meant to act as intermediaries for the judge or arbitrator.

Attorneys representing one party are also prohibited in most English-speaking jurisdictions from speaking directly to the opposing party, if the opposing party is represented by counsel. While this practice tends to be a rule of professional ethics rather than a rule of court (and therefore not necessarily binding on a bilingual practitioner if he or she is not qualified to practice in that particular jurisdiction), it is still best to avoid speaking directly to the opposing party and instead direct all communications to counsel.

Another matter of practice that can confuse bilingual lawyers relates to the ability to discuss the merits of a judicial proceeding with a non-party witness and in particular whether and to what extent an attorney may **prepare a witness** to testify in court or in a deposition. The situation is particularly difficult because English-speaking jurisdictions vary considerably in what they permit as a matter of national law. For example, lawyers qualified in the US are free to discuss matters of substance and procedure with both fact and expert witnesses and to help that witness prepare his or her testimony. However, lawyers in England must be much more circumspect. To the extent witness preparation is permitted at all, it is generally limited to the logistics of testifying in court and not to the substance of the testimony.[66] Indeed, as the Court of Appeal recently explained:

> There is a dramatic distinction between witness training or coaching, and witness familiarisation. Training or coaching for witnesses in criminal proceedings (whether for prosecution or

---

[66] See Bar Standards Board, Witness Preparation – Arising from R v Momodu and Limani <www.barstandardsboard.org.uk>. A burgeoning consultancy business has arisen in England relating to witness preparation. By outsourcing any preparation efforts, lawyers insulate themselves from any possible improprieties.

defence) is not permitted.... The witness should give his or her own evidence, so far as practicable uninfluenced by what anyone else has said, whether in formal discussions or informal conversations.[67]

Similar rules extend to civil disputes by analogy. Restrictions on preparing witnesses even extend to what may be said to a witness in court.[68]

Finally, it is critically important for bilingual lawyers to know whether and to what extent submissions created for one proceeding can be used in another action. In the US, all submissions to the court (with the exception of those that are filed confidentially **under seal**)[69] are publicly available and may be used in other legal proceedings.[70] England takes a very different approach and limits public access to judicial submissions as well as the use to which such documents may be put.[71] As a result, lawyers should be very careful about using a document submitted to an English court in any other proceeding.

Similar concerns exist about the ancillary use of information generated through discovery or disclosure. For example, English law severely restricts the use of documents produced pursuant to disclosure and typically disallows use of those documents in other proceedings unless the item has been read into the record in court.[72] Practice in the US is not quite so strict, although parties who are concerned about further dissemination of information produced through the discovery process can seek various types of **protective orders**.[73] In all cases, the safest course of action is to consult with a lawyer qualified in the jurisdiction in which the documents have been produced before using the materials in another proceeding.

Arbitration experiences somewhat different challenges. Although conventional wisdom suggests that arbitration is a confidential procedure, most national and international laws are silent on this subject. However, the parties often address confidentiality in their arbitration agreement or through the adoption of an arbitral rule set that provides for confidentiality of certain information. Parties who wish to use materials generated in international arbitration will therefore need to research the scope of confidentiality applicable to any particular proceeding before using documents or information relating to that dispute. Notably, some parties or rules prohibit the disclosure of even the existence of arbitration, so great care must be taken before raising issues relating to an arbitral proceeding.

---

[67] *R v Momodou and Limani* [2005] EWCA Crim 177, [2005] 2 Cr App R 6 at [61].
[68] The Law Society (the professional organization for solicitors in England) has discussed this issue. See Law Society, CPS Draft Guidance on Speaking to Witnesses at Court <www.lawsociety.org.uk/policy-campaigns/consultation-responses/speaking-to-witnesses/>.
[69] Documents in English courts may also be filed under seal.
[70] Documents may be obtained from the court. Some filings are also available on subscription databases such as Westlaw or LexisNexis.
[71] See for example, CPR Part 5; White Book (Sweet and Maxwell 2015) Part 5.
[72] This concern extends to documents produced through discovery or disclosure. See for example, CPR 31.22.
[73] See Robert Timothy Reagan, *Confidential Discovery: A Pocket Guide on Protective Orders* (Federal Judicial Center 2012), available on <www.fjc.gov>.

9.I.5 Model Documents

As the preceding discussion demonstrates, English-speaking jurisdictions use a wide variety of documents in litigation and arbitration. Although it is impossible to include individual examples of all such documents here,[74] it is nevertheless helpful to provide a few model documents to illustrate differences in tone and approach. The first model document is a US-style memorandum of law supporting a motion for summary judgment (judgment as a matter of law).[75] The second document is an English-style skeleton argument. When reviewing these materials, consider how each document reflects the principles discussed in this chapter, particularly with respect to national norms regarding tone, layout and legal citations.

9.I.5.1 US-style memorandum of law

IN THE UNITED STATES DISTRICT COURT
FOR THE WESTERN DISTRICT OF MISSOURI
CENTRAL DIVISION

JOSEPH ALBERTINI, et al.,)	
)	
Plaintiffs,)	
)	
v.)	Case No. 12–56789
)	
BOARD OF REGENTS FOR THE)	
MISSOURI UNIVERSITY OF)	
SCIENCE AND ENGINEERING, et al.,)	
)	
Defendants.)	

SUGGESTIONS IN SUPPORT OF
DEFENDANTS' MOTION FOR SUMMARY JUDGMENT

Defendants, by and through counsel, move this Court pursuant to Fed. R. Civ. P. 56(a) for summary judgment in Defendants' favor and against the Plaintiff. In support of said motion, Defendants offer to the Court the following Suggestions in Support.

---

[74] Good sample documents and discussions can be found in Barbara Child, *Drafting Legal Documents: Principles and Practices* (2d edn, West Publishing Co 2001); Amy Krois-Lindner, Matt Firth and TransLegal, *Introduction to International Legal English: A course for classroom or self-study use* (5th edn, Cambridge University Press 2012); The City Law School (n 37).

[75] The US submission uses various abbreviations that are standard US practice. Thus, 'Aff.' refers to an affidavit, 'Compl.' refers to the Complaint, and 'Ans.' refers to the Answer.

Table of Contents

TABLE OF CONTENTS

TABLE OF CONTENTS
TABLE OF AUTHORITIES
STATEMENT OF UNCONTROVERTED FACTS
STATEMENT OF THE CASE
STANDARD FOR SUMMARY JUDGMENT
ARGUMENT

I. The Government has a "Substantial Interest" in Increasing the Number of Female Students in Mathematics and Science Classes and MUSE Meets This Intermediate Level of Scrutiny that Courts Apply to Gender Discrimination

   A. The State has an interest in MUSE's girls-only science camp because encouraging female students' interest in mathematics and science classes is directly related to increasing the number of females in the field of engineering

   B. Diversity

   C. The government has a substantial interest in maintaining the practice of single-sex education

II. This Court Should Grant Summary Judgment Because There is No Genuine Dispute of Material Facts and Because There is a Substantial Relationship Between MUSE's GPS Program and the "Substantial Interest" of the Government in Encouraging More Females to Enter the Engineering Field

CONCLUSION
APPENDIX

Table of Authorities

Anderson v. Liberty Lobby, Inc., 477 U.S. 242, 248 (1986)

Carnegie Report, quoted in K. Davidson, R. Ginsburg & H. Kay, Sex-Based Discrimination 814 (1975 ed.)

Celotex Corp. v. Catrett, 477 U.S. 317, 323 (1986)

City of Mt. Pleasant, Iowa v. Associated Elec. Co-Op., Inc., 838 F.2d 268, 274 (8th Cir. 1988)

Grutter v. Bollinger, 539 U.S. 306 (2003)

Kirchberg v. Feenstra, 450 U.S. 455 (1981)

Mississippi University for Women v. Hogan, 458 U.S. 718 (1982)

Reed v. Reed, 404 U.S. 71 (1971)

U.S. v. Com. of Va., 976 F.2d 890 (1992)

Wengler v. Druggists Mutual Ins. Co., 446 U.S. 142 (1980)

STATEMENT OF UNCONTROVERTED FACTS

For purposes of this summary judgment motion only, Defendants assert the following statement of uncontroverted facts. Should this matter proceed to trial, Defendants will expect and require Plaintiffs to meet their burden of production and proof on all elements of their case.

1. MUSE was founded in 1890 as a private educational institution named Midwest School of Engineering. In 1970, Midwest School of Engineering became a public university, and changed its name to Missouri University of Science and Engineering (MUSE). Aff. of Wallander ¶ 4.

2. In 1970, only 1.5 percent of the students enrolled in the College of Engineering and Computer Science were female. Aff. of Wallander ¶ 5.

3. Recruiting efforts by the College of Engineering and Computer Science (CECS) at MUSE to get promising female high school students to visit campus and to send them materials about career opportunities for female engineers had little impact on increasing the number of female students in the CECS. Aff. of Nye ¶ 3.

4. In 2000, fewer than 10 percent of the students enrolled in the MUSE CECS were female. Those females did not do well in class because they felt isolated and lacked the needed confidence to perform well in math and engineering classes. Less than one-third enrolled in CECS graduated with a degree from CECS. The other students dropped out or changed their major. Aff. of Curie ¶4.

5. In 2002, MUSE started the Girl Power Science (GPS) program, a summer camp for Missouri girls who have completed tenth or eleventh grades. Only female students are permitted to attend GPS. The purpose of the program was to increase the number of female students enrolled in MUSE's CECS and to encourage more females to pursue a career in engineering. Aff. of Wallander ¶ 2; Aff. of Nye ¶ 5; Aff. of Curie ¶ 4 (first paragraph numbered "4"); Compl. at ¶ 27; Ans. at ¶ 27.

6. Forty girls attended the first GPS program in 2002. Thirty of them had just completed the tenth grade, and out of those thirty girls, twenty-six applied to CECS at MUSE and twenty-two were admitted in 2004. All twenty-six admitted graduated with a degree from CECS. Because the first camp in 2002 was a success, MUSE CECS has continued to host GPS during each of the following summers. Aff. of Nye ¶ 7; Aff. of Curie ¶ 6.

7. After creating the GPS program, between the years 2002–2012, there has been a steady increase in the number of female high school participants in the camp. Additionally, there has been a steady increase in the number of female high school students apply and being admitted into CECS. For instance, in 2004, forty-eight girls participated in GPS, forty-two later applied to CECS at MUSE, and thirty-eight were admitted. By 2010, seventy-eight girls participated in GPS, sixty-nine later applied to CECS at Muse and sixty were admitted. Aff. of Curie ¶¶ 8 and 14; Aff. of Nye ¶ 9.

8. In 2012, ninety-six girls participated in GPS. In the 2012–2013 school year, 28 percent of students in the entering CECS class were female. This increase is largely the result of the successful GPS program. Aff. of Wallander ¶ 7; Aff. of Curie ¶ 16.

9. The retention rate for CECS freshman women who participated in GPS is very high; 74 percent of those women graduate with a degree from CECS, while only 50 percent of all freshmen in CECS graduate with a degree from CECS. The increased number of female students has also increased the total number of students enrolled in CECS. In 2012, more students graduated with degrees from CECS than ever before and continues to increase. Aff. of Curie ¶ 21; Aff. of Wallander ¶ 8.

10. The GPS program has also increased the number of female faculty in the CECS. In 2000, Ms. Curie was the only female engineering professor on the faculty. Since the GPS program, the CECS has succeeded in hiring twenty additional female faculty. Of those hired, all have cited GPS has being one of the factors that influenced them to accept teaching positions at MUSE. Aff. of Curie ¶ 3; Aff. of Nye ¶ 11.

12. Plaintiff Morgan Albertini is a male high school student who was denied admission to the GPS program. Compl. at ¶ 29; Ans. at ¶ 29.

13. Defendant Mr. Kurt Wallander is and has been the president of MUSE since 1997. Aff. of Wallander ¶ 1 and 2.

14. Defendant Mr. William Nye is and has been the Dean of CECS at MUSE since 1997. From 1987–1997, he was a tenured professor in the Electrical Engineering Department of MUSE. Aff. of Nye ¶ 2.

15. Defendant Hedy Lamar Curie is and has been a computer engineering professor of MUSE since 2000 and was the founder of the GPS program. Aff. of Curie ¶¶ 1 and 4.

16. Even though MUSE does not offer summer camps that admit only boys, MUSE offers nine coeducational camps for high school students that focus on a variety of fields: Aerospace Camp, Designing Video Games Camp, Explosives Camp, Formula SAE Electric Car Camp, Green Power Camp, Materials Camp, Nuclear Engineering Camp, Robotics Camp, and Tomorrow's Toy Camps. Approximately 85 percent of the students who attend these coeducational camps are boys. Compl. at ¶ 28; Ans. at ¶ 28; Aff. of Nye ¶ 8.

STATEMENT OF THE CASE

MUSE started the Girl Power Science (GPS) camp in 2002 in hopes of attracting more young females to mathematics and science courses and eventually in the field of engineering. Prior to the creation of MUSE's GPS camp, the female enrollment in math and science courses was dramatically lower than male enrollment and the number of females in the field of engineering was dramatically disproportionate to the number of males. Since starting GPS, female enrollment in math and science courses in MUSE's College of Engineering and Computer Sciences (CECS) has increased significantly and the number of females entering the field of engineering has increased significantly.

The State has a significant interest in maintaining diversity in both math and science courses and the engineering profession and the all-female policy of the Girl Power Science camp directly supports that goal. As a result, the GPS camp passes the intermediate level of scrutiny applied to gender discrimination cases.

STANDARD FOR SUMMARY JUDGMENT

Summary judgment is appropriate if the pleadings, affidavits, depositions, and other admissions show that there is no genuine dispute as to any material fact and the moving party is entitled to judgment as a matter of law. Fed. R. Civ. P. 56(a). The court looks to the relevant substantive law in identifying which facts are material. *Anderson v. Liberty Lobby, Inc.*, 477 U.S. 242, 248 (1986). The moving party "bears the initial responsibility of informing the district court of the basis for its motion, and identifying those portions . . . which it believes demonstrate the absence of a genuine issue of material fact." *Celotex Corp. v. Catrett*, 477 U.S. 317, 323 (1986). After the moving party makes this showing, the burden then shifts to the respondent to produce affirmative evidence to demonstrate that there is a genuine dispute. *City of Mt. Pleasant, Iowa v. Associated Elec. Co-Op., Inc.*, 838 F.2d 268, 274 (8th Cir. 1988). The respondent "must do more than simply show that there is some metaphysical doubt as to the material facts . . . (they) must come forward with specific facts showing that there is a genuine issue for trial." *Matsushita Elec. Indus. Co., Ltd. v. Zenith Radio Corp.*, 475 U.S. 574, 586–587 (1986). If the respondent fails to raise a genuine dispute, summary judgment should be granted in favor of the moving party. *Celotex*, 477 U.S. at 323.

ARGUMENT

It is firmly established that a policy expressly discriminating against applicants on the basis of gender is subject to scrutiny under the Equal Protection Clause of the Fourteenth Amendment of the U.S. Constitution. *Mississippi University for Women v. Hogan*, 458 U.S. 718, 723 (1982) (quoting *Reed v. Reed*, 404 U.S. 71, 75 (1971)). The Supreme Court has developed an intermediate level of review for gender-based classifications. *U.S. v. Com. of Va.*, 976 F.2d 890, 895 (1992). The Fourteenth Amendment imposes a limitation on equal protection because it "does not deny to States the power to treat different classes of persons in different ways, when a State's classifications are 'fair and substantially related' to the objective of the regulation." *Id.* at 895 (quoting *Reed* at 75–76). Policies similar to MUSE's discriminatory admission process of only accepting female applicants to their Girl Power Science camp are allowed if the treatment of the different classes of persons in different ways is "fair and substantially related to the objective of the regulation." *Id.*

The party seeking to uphold a rule that classifies individuals on the basis of gender must carry the burden of showing an "exceedingly persuasive justification" for the classification. *Hogan* at 718 (quoting *Kirchberg v. Feenstra*, 450 U.S. 455, 461 (1981)). The burden can only be met by showing the classification serves "important governmental objectives and that the discriminatory means employed are 'substantially related to the achievement of those objectives.'" *Id.* (quoting *Wengler v. Druggists Mutual Ins. Co.*, 446 US 142, 150 (1980)). Based on this test, MUSE has adequately met the burden of proving that the GPS program serves an important governmental interest and the discriminatory means are substantially related to achieving that objective by statistics that show an increase in the number of female students in the College of Engineering and Computer Science (CECS) in relation to their participation in the GPS program.

I. This Court Should Grant Summary Judgment Because There is No Genuine Dispute of Material Facts and Because the Government has a "Substantial Interest" in Increasing the Number of Female Students in Mathematics and Science Classes

A. The State has an interest in MUSE's Girl Power Science program because diversity is a key element in the success of their goal of increasing the number of females in the field of engineering.

The government has a substantial interest in shattering the stereotype that the field of engineering is a male-dominated profession. Through the GPS program, MUSE successfully shows there is an important government objective interest in its GPS program through diversity. Without diversity, the government's interest in the increase of female students in engineering would be severely limited.

i. Diversity

Diversity is a compelling state interest. *Grutter v. Bollinger*, 539 US 306, 307 (2003). Additionally, "a distinctive feature of America's tradition has been respect for diversity." *Mississippi University for Women v. Hogan*, 458 US 718, 745 (1982) (Powell, J., dissenting). However, "a policy of diversity which aims to provide an array of education opportunities, including single-gender institutions, must do more than favor one gender." *US v. Com. Of Va.*, 976 F.2d 890, 899 (1992). There must be a compelling governmental interest in applying such a policy.

In *Grutter v. Bollinger*, it was established that diversity was a compelling governmental interest. The University of Michigan Law School employed an admissions policy that sought to achieve a racially diverse student body by looking at an applicant through all aspects of information included in their respective academic file. In order to reaffirm the school's commitment to diversity, Michigan practiced an admissions policy that gave focus to ethnicities that otherwise may not have been represented by the student body. The *Grutter* court ultimately found that the University of Michigan Law School's narrowly tailored use of race in admissions to form a diverse student body was a compelling government interest and not prohibited by the Equal Protection Clause. *Id.* at 307. The Court in *Grutter* relied on a holding in *Regents of Univ. of Cal. v. Bakke* to conclude that attaining a diverse student body was a governmental interest in that it was a product of "academic freedom" as granted by the First Amendment and led to future leaders of America being exposed to a variety of ideas and mores. *Id.*

Conversely, in *US v. Comm. of Va.*, the Court held that Virginia's Military Institute (VMI) policy of not admitting females into their traditionally all male institution failed to provide any governmental interest justification in its determination of the policy under diversity, and thus violates the Equal Protection Clause of the Fourteenth Amendment. 976 F.2d 890, 892 (1992). The Supreme Court developed an intermediate level of review for gender-based classifications. *Comm. of Va.* at 895. VMI's policy of admitting only men focused on the notion that females would not be able to keep up with the military lifestyle that made up its curriculum and institution. *Id.* at 893. Despite data showing that single-sex education does not favor either sex and both sexes benefit from single-sex education, VMI failed at showing their male-only admissions policy established a governmental interest objective to support an educational diversity benefit. *Id* at. 897–898.

Where VMI failed, MUSE has succeeded in the GPS program. The main purpose for creating the all-female science camp is to increase the number of female students enrolled in MUSE's CECS and to encourage more females to pursue a career in engineering. Aff. of Wallander ¶ 2; Aff. of Nye ¶ 5; Aff. of Curie ¶ 4 (first paragraph numbered "4). This purpose is in stark contrast to VMI's contention that females would not be able to keep up with the "military lifestyle" so discrimination was needed. *U.S. v. Comm. at Va.*, 976 F.2d 890, 893 (1992). MUSE has sufficiently shown that the GPS program is necessary in order to promote the governmental interest in increasing the number of females in the field of engineering. For instance, in 1970 only 1.5 percent of the students enrolled in the CECS were female. Aff. of Wallander ¶ 5. In 2000, fewer than 10 percent of the students enrolled in the MUSE CECS were female. Aff. of Curie ¶ 4. Based on these two statistics, MUSE successfully shows that there is a justification for a GPS program and furthers a government interest objective by providing a program that encourages women to be part of the engineering field, unlike in VMI's discriminatory policy which showed no government interest objective to support that discrimination.

Like in *Com. of Va.*, the standard of intermediate scrutiny must be applied. Such scrutiny is applied in cases dealing with gender. The standard used by the court in *Grutter* was of strict scrutiny—the highest level of scrutiny applicable—since the discrimination involved in the admission policy of the University of Michigan Law School was race-based. If the Court in *Grutter* could determine that their admissions policy of accepting more minorities into their student body was constitutional at the highest degree of scrutiny, then the Court here should have zero qualms in determining that MUSE's GPS program of encouraging females into the field of engineering satisfies the intermediate level of scrutiny.

Based on *Grutter* and *Comm. of Va.*, the government has a substantial interest in promoting and encouraging the growth of the educational system by supporting endeavors to increase the amount of females in the field of mathematics and science. The ultimate goal of the camp—to encourage females to seek a degree in mathematics and science and pursue a career within the engineering field—is a compelling interest of the government that must be supported in order to continue increasing the amount of women in the field of engineering to create a diverse educational arena.

B. The government has a substantial interest in maintaining the practice of single-sex education.

"[T]he practice of voluntary chosen single-sex education is an honored tradition in our country. . ." *Mississippi University of Women v. Hogan*, 458 US 718, 742 (1982) (Powell, J., dissenting). Single-sex education institutions have existed throughout the history of our educational system. Much of the population during much of our history has been educated in sexually segregated classrooms. *Id*. at 735 (Powell, J., dissenting). "The arguable benefits of single-sex colleges also continue to be recognized by students of higher education. . .they provide an element of diversity. . .and an environment in which women generally. . .speak up more in their classes." *Id*. (quoting Carnegie Report, quoted in K. Davidson, R. Ginsburg, & H. Kay, Sex-Based Discrimination 814 (1975 ed.)). There is a governmental interest in maintaining society with the choice of single-sex education institutions. "The issue. . .is whether a State transgresses the Constitution when—within the context of a public system that offers a diverse range of campuses, curricula, and educational alternatives—it seeks to accommodate the legitimate personal preference of those desiring advantages of an all-women's college." *Id*. at 739 (Powell, J., dissenting).

As outlined in the *Hogan* dissent, there should not be a transgression against the Fourteenth Amendment Equal Protection Clause for single-sex educational institutions, such as MUSE's GPS camp, because such institutions foster an optimal learning environment for participants. The government's choice in preserving the choice of whether to choose a coeducational experience is legitimate and substantial. *Id*. at 742. Allowing camps such as MUSE's GPS program to maintain their single-sex admission policy can only satisfy this legitimate interest. This substantial interest of the government to maintain single-sex educational institutions like the GPS program does not cause a detriment to individuals like the Plaintiff.

For instance, even though MUSE does not offer summer camps that admit only boys, MUSE offers nine coeducational camps for high school students that focus on a variety of fields: Aerospace Camp, Designing Video Games Camp, Explosives Camp, Formula SAE Electric Car Camp, Green Power Camp, Materials Camp, Nuclear Engineering Camp, Robotics Camp, and Tomorrow's Toy Camps. Approximately 85% of the students who attend these coeducational camps are boys. Compl. at ¶ 28; Ans. at ¶ 28; Aff. of Nye¶ 8. The dissent in *Hogan* notes that there has never been a sex discrimination case in which there was an invalidation of a state's effort to *expand* women's choices. There also are no other prior sex discrimination decisions by the Supreme Court in which a male plaintiff had the choice of an equal benefit." *Mississippi University for Women v. Hogan*, 458 US 718, 739 (1982) (Powell, J., dissenting). The opposing counsel may argue that Plaintiff does not have the choice of an equal benefit—an all-male camp—but that is not completely correct. Of the nine previous mentioned alternative camps that MUSE offers, 85% of those participants are male. Aff. of Nye ¶ 8. Plaintiff has ample opportunity to participate in *nine* camps in which the majority of the campers are male and focus on similar topics that GPS offers.

II. This Court Should Grant Summary Judgment Because There is No Genuine Dispute of Material Facts and Because There is a Substantial Relationship Between MUSE's GPS Program and the "Substantial Interest" of the Government in Encouraging More Females to Enter the Engineering Field

Once it has been determined that there is an important governmental interest, the next step is to determine if there is a substantial relationship between the governmental interest and the means of achieving it. *Mississippi University for Women v. Hogan*, 458 U.S. 718, 725 (1982). Based on this standard, MUSE must show that there is a "substantial relationship" between MUSE's GPS program and the "substantial interest" of the government in encouraging more girls to enter the field of engineering. The State has the burden of showing that a females-only education bears a substantial relationship to that interest. *Id.* at 722. The aim of requiring this relationship is to determine the validation of the classification. *Id.*

Based on the statistics in the attached affidavits, MUSE's GPS program has shown there is a substantial relationship between the admission policy of admitting only females and an increase in females pursuing academic degrees and professional careers in engineering. For instance, in 2000—two years before the first GPS program—10 percent of the students enrolled in the MUSE College of Engineering and Computer Sciences (CECS) were female. Def. Curie Aff. at ¶ 4 (second paragraph numbered "4".) Those females did not perform well in class because they felt isolated and lacked the needed confidence to perform well in math and engineering classes. Less than one-third of the students enrolled in CECS graduated with a degree from CECS; the others dropped out or changed their major. Aff. of Curie ¶ 4.

However, forty girls attended the first GPS program in 2002. Thirty of them had just completed the tenth grade, and out of those thirty girls, twenty-six applied to CECS at MUSE and twenty-two were admitted in 2004. All twenty-six admitted students graduated with a degree from CECS. Aff. of Nye ¶ 7; Aff. of Curie ¶ 6. After creating the GPS program, between the years 2002–2012, there has been a steady increase in the number of female high school participants in the program. Additionally, there has been a steady increase in the number of female high school applicants and the acceptance rate into CECS. For instance, in 2004, forty-eight girls participated in GPS, forty-two later applied to CECS at MUSE, and thirty-eight were admitted. By 2010, seventh-eight girls participated in GPS, sixty-nine later applied to CECS at Muse and sixty were admitted. Aff. of Curie ¶¶ 8 and 14; Aff. of Nye ¶ 9.

In 2012, ninety-six girls participated in GPS. In the 2012–2013 school year, 28 percent of students in the entering CECS class were female. Aff. of Wallander ¶ 7; Aff. of Curie ¶ 16. The retention rate for CECS freshman women who participated in GPS is very high; 74 percent of those women graduate with a degree from CECS, while only 50 percent of all freshmen in CECS graduate with a degree from CECS. The increased number of female students has also increased the total number of students enrolled in CECS. In 2012, more students graduated with degrees from CECS than ever before, and the number continues to increase. Aff. of Curie ¶ 21; Aff. of Wallander ¶ 8. Additionally, the GPS program has also increased the number of female faculty in the CECS. In 2000, Ms. Curie was the only female engineering professor on the faculty. Since the GPS program, the CECS has succeeded in hiring twenty additional female faculty. Of those hired, all have cited GPS has being one of the factors that influenced them to accept teaching positions at MUSE. Aff. of Curie ¶ 3; Aff. of Nye ¶ 11.

Based on these figures alone, it is evident that there is a substantial relationship between the government's objective of increasing the number of females in the field of engineering and the female-only GPS program. Without the influence and positive impact of the GPS program, MUSE's CECS program would still have a very low female enrollment. Thus, the GPS program is a crucial component in satisfying the government's substantial interest in increasing the number of female students in the field of engineering.

CONCLUSION

Because the government has a "substantial interest" in increasing the number of female students in mathematics and science classes, MUSE meets the intermediate level of scrutiny that courts apply to gender discrimination cases. In addition, there is a substantial relationship between MUSE's GPS program and the "substantial interest" of the government in encouraging more girls to enter the engineering field.

WHEREFORE, Defendants pray for judgment entered in the Defendants' favor and against Plaintiffs, including attorneys' fees and expenses.

Defendants request oral argument on their motion for summary judgment.

Respectfully submitted,

/s/ Catherine Counsel

Catherine Counsel #45678 MO
Attorney for Defendants
Hulston Hall
Columbia, MO 65211
Phone (573) XXX-XXXX

Fax No. (573) XXX-XXXX
catherine.counsel@email.com

CERTIFICATE OF SERVICE

I hereby certify that a true and correct copy of the foregoing was mailed, postage prepaid, via United States mail, this 21st day of February 2015 to:

>Clarence Darrow
>Vasquez, Bradshaw, Donegan & Johnson, P.C.
>123 Main Street
>Columbia, Missouri 65293
>(573) XXX-XXXX

/s/ Catherine Counsel

APPENDIX

Complaint
Answer
Affidavit of Kurt Wallander
Affidavit of William Nye
Affidavit of Hedy Lamar Curie

9.I.5.2 English-style skeleton argument

IN THE COURT OF APPEAL

BETWEEN:

JACK SHAUGHNESSY

<u>Appellant</u>

-AND-

ROSARIO TRUJILLO

<u>Respondent</u>

_____

_____

SKELETON ARGUMENT ON BEHALF OF THE APPELLANT

_____

_____

The ground of appeal

1. The trial judge erred in applying *Roberts v Ramsbottom* [1980] 1 WLR 823 and concluding that the Appellant had breached his duty of care to the Respondent; statements of principle in other cases rightly indicate that a driver in an emergency situation will only be held to the standard of care of a reasonable person in

emergency circumstances, regardless of that driver's status as a professional race car driver.

Submissions

2. It was established in *Glasgow Corp v Muir* [1943] AC 448 that the legal standard relating to the duty of care is that of the reasonable person, taking into account the circumstances of the case. This principle was confirmed in respect of matters involving drivers in *Nettleship v Weston* [1971] 2 QB 691.

   (i) This principle should be applied in the instant case, where the Appellant was driving on a public motorway as a private citizen at the time of the accident.

   (ii) Furthermore, the decision in *Roberts* which was relied upon by the Respondent and the trial judge is directly contradicted by *Mansfield v Weetabix Ltd* [1998] 1 WLR 1263.

3. When a person at the time of an incident is not holding him or herself out as an expert, that person will not be held to an expert standard of care (*Wells v Cooper* [1958] 2 QB 265).

4. The Appellant's behaviour was that of a reasonable person in an emergency situation, and the Appellant is therefore not in breach of any duty of care owed to the Respondent (*Parkinson v Liverpool Corp* [1950] All ER 367).

Authorities to be relied upon:

Glasgow Corp v Muir [1943] AC 448
Nettleship v Weston [1971] 2 QB 691
Mansfield v Weetabix Ltd [1998] 1 WLR 1263
Wells v Cooper [1958] 2 QB 265
Parkinson v Liverpool Corp [1950] All ER 367

Alastair Powell, 27 October 2015

9.I.6 Self-Test

Answers to the self-test can be found at the back of the book, in Chapter 14.

1. Identify any string cites in the submissions. Why are these used?
2. What types of supporting authority were used in a US motion? Are any other types of authority permitted?
3. Is the certificate of service part of the memorandum of law?
4. Why does the skeleton argument not include a detailed description of the facts?
5. Why does the skeleton argument not include a detailed description of the legal authorities?

KEYWORDS

- Acknowledgement of service
- Admission
- Admit
- Advocacy
- Affidavit
- Affirmative defences
- Alternative dispute resolution (ADR)
- Amendment
- Amicus briefs
- Answer
- Appellant
- Application to seek an order
- Arbitral administrator
- Arbitration
- Arbitration strategy
- Australian Guide to Legal Citation
- Bar
- Bench
- Bluebook
- Brief
- Briefing
- Canadian Guide to Uniform Legal Citation (McGill Guide)
- Caption
- Cause of action
- Certificate of service
- Citation
- Cite
- Claim
- Claimant
- Claim form
- Clerk
- Clerk of court
- Code pleading
- Complaint
- Conciliation
- Count
- Counterclaim
- Court-annexed procedures
- Court-connected procedures
- Court order
- Cross-claim
- Cross-examination
- Crown
- Defence (England)

- Defense (US)
- Defendant
- Demand for arbitration
- Deny
- Deny knowledge or information (DKI)
- Deposition
- Disclosure
- Discovery
- Discovery dispute
- Dispositive motion
- Early settlement conference
- Electronic discovery (e-discovery)
- Ex parte
- Expert
- Expert report
- Expert witness
- Fact pleading
- Form requirements
- Filed
- Filings
- Form book
- Guilty
- Indictment
- Information
- International commercial arbitration
- Interrogatories
- Intervention
- Investment arbitration
- Joinder
- Judicial settlement
- Lawsuit
- Letter before action
- Letter motion
- Litigation strategy
- Local counsel
- Local rules
- Mediation
- Memorandum of law
- Motion
- Motion by letter
- Motion for directed verdict
- Motion for summary judgment
- Motion to compel
- Motion to show good cause
- Motion practice
- Multi-step ADR

- Negotiation
- Neutral
- Not guilty
- *Nolo contendere*
- Non-testifying expert
- Notarized
- Notary public
- Notice
- Notice pleading
- Opposing counsel
- Opposing party
- Order
- Oxford University Standard for Citation of Legal Authorities (OSCOLA)
- Papers
- Parenthetical
- Particulars of claim
- Petition for certiorari
- Plaintiff
- Plea
- Plead
- Pleadings
- Plead in the alternative
- Pre-action protocols
- Precedent
- Pre-dispute agreement
- Prepare a witness
- Pre-trial
- Procedural posture
- Process of service
- Process server
- Proof of service
- Privilege log
- Prosecutor
- Protective order
- Redacted
- Reply
- Respondent
- Response
- Responsive
- Request for admissions
- Request for arbitration
- Request for a deposition
- Request for a physical or mental examination
- Request for discovery
- Request for entry onto land
- Request for the production of documents

- Rule of court
- Rules of professional responsibility
- Sanctions
- Seek further information or direction
- Served
- Settlement
- Settlement offer
- Short form citation
- Skeleton argument
- Standard directions
- State
- Statement of case
- Statement of facts
- Statement of truth
- Statement of value
- String citation
- Subpoena ad testificandum
- Subpoena deuces tecum
- Suit
- Summons
- Testifying expert
- Theory of the case
- Tiered ADR
- Trial
- Trial bundle
- Under seal
- Warrant
- Work product privilege

9.II ESCRITOS DIRIGIDOS A TRIBUNALES DE JUSTICIA, ARBITRALES Y OTRAS INSTITUCIONES

La parte escrita en español de este capítulo está destinada a aquellos para los que el español es su segunda lengua. Los lectores para los que el inglés es su segunda lengua deberían comenzar leyendo en la página 435.

The Spanish-language portion of this chapter is meant to be read by those for whom Spanish is a second language. Readers for whom English is a second language should begin their reading on page 435.

9.II.1 Introducción

Los capítulos anteriores han sentado los cimientos sobre los que abordar y comprender los sistemas jurídicos extranjeros y, asimismo, sobre los que investigar algunas áreas del derecho material y procesal. Ahora bien, los abogados que trabajan en más de una jurisdicción y de una lengua deben familiarizarse con algo más que el contenido de la ley y la correspondiente teoría legal; deben estar en condiciones de aprehender algunas cuestiones básicas de orden práctico si van a trabajar en, y con, una cultura diferente.

Un sector de particular importancia es aquel que se ocupa de los escritos dirigidos a tribunales judiciales, arbitrales o de otro tipo. La regla es que los abogados que trabajan en una segunda lengua raramente deben redactar este tipo de documentos y que esto sólo sucede una vez que la persona haya sido admitida a la práctica profesional en esa concreta jurisdicción.[76] De todos modos, es muy útil entender qué forma revisten estos documentos y para qué sirven en las distintas jurisdicciones. Es por ello que este capítulo ofrece una introducción básica a los distintos tipos de escritos utilizados en las jurisdicciones hispanoparlantes, para que el abogado angloparlante pueda comprender su utilidad, contenido y forma, y así ofrecer el mejor consejo legal a su cliente. También se hará alguna referencia a los escritos empleados en procedimientos arbitrales, aunque el constante incremento de información sobre el **arbitraje comercial** y el de **inversiones** hace innecesario abordar dichas cuestiones con gran detalle.[77]

Es imposible para un libro de estas características hacer una relación de todos los documentos que se emplean en cada una de las jurisdicciones hispanoparlantes. Ahora bien, sí es posible y útil describir aquellos escritos que pueden ser más relevantes para un abogado angloparlante que trabaje con clientes o colegas radicados en jurisdicciones hispanoparlantes.

Muchas de las cuestiones aquí debatidas se sobreponen con las abordadas en el capítulo 8 dedicado al derecho procesal. Ahora bien, este capítulo entra en el detalle de ciertos puntos básicos como:

- condiciones para presentar una **demanda**;
- tipos concretos de escritos judiciales, arbitrales y otros; y
- la conducta del abogado en relación con dichos escritos.

A continuación se aborda individualmente cada uno de estos puntos. Al final de este capítulo se ofrecen documentos modelo de algunos de los escritos más representativos, junto con un ejercicio de auto-evaluación sobre los mismos.

9.II.2 Condiciones para presentar una demanda

Aunque se piense que la litigación comienza cuando se presenta una demanda en juicio, existen, en la mayoría de las jurisdicciones hispanohablantes, condiciones que han de ser cumplidas antes de presentar la demanda. Estas condiciones suelen formar parte del proceso, pero también existen casos de reglas no escritas o **usos del foro** que recomiendan realizar determinadas actuaciones antes de acudir a tribunales.

Muchas de estas condiciones previas al inicio del proceso propiamente dicho caen

---

[76] Sí es posible, en cambio, para un abogado redactar en su segunda lengua escritos dirigidos a un tribunal arbitral, puesto que el arbitraje no requiere al letrado estar colegiado en el país cuya ley o lenguaje rige el arbitraje.

[77] Véase cap 8.III.4.

dentro de lo que se denomina como métodos de **resolución alternativa de conflictos**. A estos métodos y como consecuencia de su mayor implantación y desarrollo en las jurisdicciones angloparlantes, también se conocen en las jurisdicciones hispanoparlantes por sus siglas en inglés, esto es, **alternative dispute resolution** (o **mecanismos ADR**). Ello no quiere decir que no fueran ya conocidos en el ámbito hispanoparlante, sino que la participación de las partes y, por tanto, su éxito, ha sido tradicionalmente inferior al conseguido en los países angloparlantes. Por ejemplo, en 1996 se introdujo en la Ley de Enjuiciamiento Civil española de 1881 un procedimiento de **conciliación** previo al juicio en el que, supuestamente, el juez debía tratar de conciliar a las partes.[78] La triste realidad era que el juez no solía estar presente en el acto en el que, por otra parte, el solicitante se limitaba a relatar unos hechos requiriendo de la otra parte la aceptación de los mismos sin más. Dado que ésta no se alcanzaba, se daba por cumplida la formalidad y se procedía a la apertura del proceso jurisdiccional.[79]

Esta desconfianza hacia los mecanismos ADR ha dado, sin embargo, un vuelco en el último decenio, no sólo debido al auge que ha experimentado el **arbitraje** como consecuencia de la globalización, sino al decidido impulso que la **mediación** está recibiendo por parte de muchos gobiernos que, entre otras razones, ven en ella un medio de solventar muchas controversias, que, de otro modo, no llegarían a la justicia debido a su escasa cuantía, y un medio, además, para descargar de trabajo a las saturadas instancias judiciales. En este contexto y afectando a España y al Reino Unido han de mencionarse la Directiva 2008/52/CE, de 21 de mayo de 2008, sobre ciertos aspectos de la mediación en asuntos civiles y mercantiles;[80] la Directiva 2013/11/UE y el Reglamento (UE) 524/2013, ambos de 21 de mayo de 2013 sobre resolución de litigios en línea en materia de consumo.[81]

Y como sucede prácticamente en todo el mundo, los dos tipos más populares de mecanismos ADR en las jurisdicciones hispanoparlantes son: el **arbitraje**,[82] que consiste en un acuerdo por el que las partes se comprometen a someter su controversia a un tercero imparcial, que no está investido de la potestad jurisdiccional por el estado, y que es elegido por las propias partes para decidir de forma vinculante la disputa; y la **mediación** (a veces llamada **conciliación**)[83] que existe cuando las partes acuerdan resolver su disputa

---

[78] Real Decreto de 3 de febrero de 1881, de promulgación de la Ley de Enjuiciamiento Civil (Gaceta 5.2.1881) arts 460 ss. Ya de manera embrionaria la Constitución de Cádiz de 1812 hacía referencia a una conciliación obligatoria previa a la demanda civil o por injurias. Accesible en Congreso de los Diputados. <http://www.congreso.es/portal/page/portal/Congreso/Congreso/Hist_Normas/ConstEsp1812_1978/Const1812>. Véase Ibid art 282.

[79] Jordi Nieva Fenoll, *Derecho procesal II: Proceso civil* (Marcial Pons 2015) 121.

[80] [2008] DO L 136/3. Transpuesta en España por Ley 5/2012, de 6 de julio, de mediación en asuntos civiles y mercantiles (BOE 7.7.2012) que ha modificado la LEC para obligar al juez a informar a las partes de que también existe la vía de la mediación. Ibid arts 414.1, 440.1, 443.3.

[81] Ambos instrumentos modifican el Reglamento (CE) 2006/2004 y la Directiva 2009/22/CE y fueron publicados en [2013] DO L 165/1 y 63 respectivamente.

[82] En España se ocupa de este tema la Ley 60/2003, de 23 de diciembre, de Arbitraje (BOE 36.12.2003). El Título IV del Código de Comercio de México (DOF 7.10.1889 a 13.12.1889) se titula 'Del arbitraje comercial'.

[83] Algunos autores distinguen entre mediación y conciliación en tanto que en esta última intervendría un tercero con mayor autoridad que un mediador ordinario. Sin embargo, otros autores consideran que no existe tal diferencia y lo cierto es que ambas funcionan de forma equivalente.

por sí mismas, pero con la ayuda de un tercero que actúa en funciones de facilitador.[84] La **negociación** también puede clasificarse como otro tipo de mecanismo ADR, aunque la misma no requiere la presencia de un **tercero neutral** para ayudar a los contendientes.

Los mecanismos ADR pueden ser considerados públicos o privados dependiendo de cómo se inicie el proceso. Dentro del contexto público, a veces estos mecanismos públicos se consideran conexos a los procesales porque son el resultado de una regla procesal, como el proceso español de conciliación antes descrito y que se inicia, a instancia de parte, pero por resolución judicial.[85] Otras fórmulas son directamente obligatorias como los mecanismos ADR que la CPEUM obliga a introducir con mención específica de los procesos penales y, en particular la justicia para adolescentes;[86] o la mediación previa al proceso laboral español que se ha de entablar ante los Servicios de Mediación, Arbitraje y Conciliación.[87] Otras veces, estos mecanismos son alternativos al proceso judicial, pero también son públicos en tanto que administrados por el estado, como es el caso del Sistema de **Arbitraje de Consumo** español,[88] o el previsto por la Ley Federal de Protección al Consumidor de México, donde se combina la conciliación con el arbitraje en materia de consumo.[89]

---

[84] La mediación es muy similar a la transacción o acuerdo judicial en términos de técnicas, pero la mediación implica a un tercero que no tiene que ver con un tribunal mientras que la transacción judicial exige del juez como facilitador.

[85] La Ley 15/2015, de 2 de julio, de Jurisdicción Voluntaria (BOE 3.7.2015) ha derogado el proceso de conciliación previsto en la LEC de 1881 (n 78) y ahora su Título IX regula uno nuevo, aunque el 'conciliador' sigue siendo un juez. Además, el juez ha de invitar a las partes en el acto de **audiencia previa** a resolver sus diferencias, lo que puede suceder con su intervención como mediador o porque suspenda el proceso para que acudan a mediación o arbitraje. Véase LEC, arts 414–15.

[86] CPEUM, arts 17–18. El desarrollo legislativo depende de cada una de las treinta y una entidades federativas que componen México más el Distrito Federal. Según Nuria González Martín, 'El ABC de la mediación en México' en Juan Vega (ed), *Libro homenaje a Sonia Rodríguez Jiménez* (IIJ-UNAM 2014) 203, que también incluye enlaces a las distintas leyes de justicia alternativa de los Estados mexicanos, los mecanismos de ADR más extendidos en México son la conciliación y el arbitraje; la primera suele organizarse dentro del procedimiento judicial, pero también existe conciliación extra-judicial.

[87] Ley 36/2011, de 10 de octubre, reguladora de la Jurisdicción Social (BOE 11.10.2011), arts 63 y ss. Véase cap 8.III.4.

[88] Los consumidores gozan de protección especial en la Unión Europea, de manera que los convenios arbitrales contenidos en contratos de consumo se consideran cláusulas abusivas y, por tanto, nulas de pleno derecho. Sin embargo, se puede someter la controversia a arbitraje si se hace uso del Sistema Arbitral de Consumo regulado, básicamente, por el Real Decreto Legislativo 1/2007, de 16 de noviembre, por el que se aprueba el texto refundido de la Ley General para la Defensa de los Consumidores y Usuarios y otras leyes complementarias (BOE 30.11.2007), arts 57-58; y el Real Decreto 231/2008, de 15 de febrero, por el que regula el Sistema Arbitral de Consumo (BOE 25.2.2008). En lo no previsto se ha de acudir a la Ley de Arbitraje (n 82) y, para el arbitraje electrónico y los actos realizados por vía electrónica, a la Ley 11/2007, de 22 de junio, de acceso electrónico de los ciudadanos a los servicios públicos (BOE 23.6.2007). Las Juntas Arbitrales de Consumo son órganos administrativos. Más información en Gobierno de España <http://consumo-inc.gob.es/arbitraje/home.htm?id=60>.

[89] Estos procedimientos están previstos por la Ley Federal de Protección al Consumidor, de 24 de diciembre de 1992 (DOF 24.12.1992), donde la **Procuraduría del Consumidor** tiene un papel protagonista y funge como árbitro. Como normas supletorias se establecen el Código de Comercio (n 82) y el ordenamiento procesal civil local aplicable. Sobre su funcionamiento y el del sistema

Por su parte, los mecanismos privados de ADR surgen de la estricta voluntad de las partes. Aunque los mecanismos ADR pueden iniciarse de forma voluntaria en cualquier momento, las partes suelen celebrar un convenio al respecto con carácter previo al inicio de la disputa, dado que, una vez que surja la controversia, será difícil llegar a un acuerdo sobre un método de este tipo. En estas circunstancias, estos mecanismos son considerados igualmente voluntarios, a pesar de que las partes están obligadas a su puesta en marcha después de que la disputa surja con base en el acuerdo previamente alcanzado. Las partes pueden elegir entre distintos tipos de mecanismos ADR, también en muchas jurisdicciones hispanoparlantes:

- varios tipos de arbitraje (como arbitraje comercial a nivel local y **arbitraje comercial internacional** y **arbitraje de inversiones** a nivel internacional, además de arbitraje de consumo o laboral);
- mediación (siendo particularmente promocionada la mediación familiar en las jurisdicciones hispanoparlantes);
- med-arb (mediación seguida de arbitraje, donde el mediador puede o no actuar como árbitro);
- **defensorías del pueblo**; y
- *multi-step* o *tiered* ADR (un proceso que se ha desarrollado especialmente en el ámbito internacional y que combina dos o más tipos de mecanismos ADR, como mediación seguida de arbitraje, que se siguen uno tras otro)

9.II.3 Tipos concretos de escritos judiciales, arbitrales y otros

Una vez que se toma la decisión de llevar una disputa a juicio, las partes y sus abogados deben preparar un considerable número de documentos a lo largo del procedimiento.[90] Aunque el arbitraje se suele caracterizar por ser menos formal que el proceso judicial, algunas modalidades arbitrales pueden exigir escritos tan largos y de tanto detalle como los que se pueden ver ante cualquier órgano jurisdiccional. Se trata, en particular, del arbitraje comercial internacional y del arbitraje de inversiones, justamente los dos tipos en los que con mayor probabilidad se verá envuelto un abogado que trabaje en más de una lengua.

Los escritos procesales o arbitrales sirven a diferentes propósitos y pueden ser redactados en estilos diferentes. En algunos casos, el abogado no tiene más alternativa que cubrir o seguir un formulario a la hora de entregar un escrito a un juez o a un árbitro.[91] En otros casos, se deja a los abogados un mayor espacio para la creatividad. De todos modos, las

---

español, véase Ramón Herrera de las Heras y Sergio González Rodríguez, 'La protección de los consumidores y el sistema extrajudicial de resolución de conflictos: una perspectiva comparada entre México y España' (2015) 142 Boletín Mexicano de Derecho Comparado 361.

[90] En algunos países, en particular España, los abogados comienzan redactando escritos jurídicos típicos tomando como modelo formularios publicados en libros que los contienen.

[91] Por ejemplo, el Reglamento (CE) 861/2007, de 11 de julio de 2007, por el que se establece un proceso europeo de escasa cuantía [2007] DO L 199/1, exige que su tramitación se realice a través de formularios recogidos en sus Anexos. Otro ejemplo es la tramitación del proceso concursal simplificado de la Ley 22/2003, de 9 de julio, Concursal española (BOE 10.7.2003), art 190.

leyes procesales suelen dar directrices o indicaciones de qué debe contener el documento en cuestión;[92] reglas de las que no se suelen apartar la mayoría de los abogados en los países hispanoparlantes, no siendo frecuente que aprovechen la oportunidad de ser creativos. En cierta medida, se puede decir que los largos años de formalismo procesal han dejado huella en la conciencia colectiva.[93]

9.II.3.1 Escritos imprescindibles

Toda jurisdicción cuenta con una serie de escritos dirigidos a sentar la posición de las partes procesales.[94] Así, la mayoría de las jurisdicciones civiles comienzan con una **demanda** planteada por el **demandante**. La fase de investigación de un proceso penal comienza con una **denuncia** o **querella**, que en algunos casos presentan particulares, pero cuya interposición corresponde normalmente al ministerio público. La fase de juicio oral se abre con un **escrito de acusación** que presenta el ministerio público, así como otras partes acusadoras personadas en el asunto. El arbitraje comienza normalmente a través de una **solicitud de arbitraje**.[95] Sin embargo, aquí sí que puede variar la denominación del documento en función de qué institución arbitral está administrando el arbitraje, si alguna lo hiciera por no tratarse de un **arbitraje *ad hoc***.[96]

A diferencia de lo que ocurre en algunos países anglosajones donde el inicio del procedimiento puede consistir simplemente en informar al demandado de las alegaciones de hecho y de derecho, pero sin un análisis exhaustivo de las mismas, la demanda que inicia un proceso judicial en los países hispanohablantes necesita normalmente referirse tanto al **objeto del proceso** como a la **causa de pedir** y la **pretensión**.[97] La preparación de un proceso civil en la mayoría de las jurisdicciones hispanohablantes es de carácter privado, de manera que se espera que el demandante aporte toda su argumentación y prueba al

---

[92] Como ocurre con 'de la demanda y su contenido' regulado en LEC, art 339.

[93] Téngase en cuenta que, por ejemplo, bastaba con una incorrecta presentación de los argumentos jurídicos en un recurso de casación para que éste fuera desestimado por el Tribunal Supremo español.

[94] La mayoría de las disputas se caracteriza por su naturaleza bilateral. Ahora bien, algunas disputas implican a más de una parte. En estos casos, puede ocurrir simplemente que más de una persona ocupe la misma **posición procesal**, como puede ser el caso de la sociedad matriz y una de sus filiales o el de dos acusados por el mismo delito. Pero también puede ocurrir que las partes tengan todas ellas posiciones enfrentadas en el mismo proceso. Tales situaciones se pueden producir cuando el demandado plantee una **demanda en garantía** contra otra parte o cuando un tercero decida personarse en el proceso a través de una **intervención voluntaria** o deba hacerlo como **coadyuvante**. Este tipo de escritos no se examina en detalle, aunque su secuencia de intervención siga *grosso modo* a la descrita para procesos estrictamente bilaterales.

[95] Las partes en el arbitraje se denominan como en el proceso civil: demandante y demandado.

[96] El arbitraje comercial y el de inversiones puede ser administrado por una institución arbitral o puede proceder *ad hoc*. Véase Strong *Guide* (n 11) 7–9. Existe un amplio número de instituciones arbitrales en el mundo. Véase Ibid (enumerando las distintas instituciones); cap 8.III.4.

[97] Por ejemplo, el CFPC de México indica que, entre otras cosas, la demanda habrá de contener:

III. Los hechos en que el actor funde su petición, narrándolos sucintamente, con claridad y precisión, de tal manera que el demandado pueda producir su contestación y defensa;
IV.-Los fundamentos de derecho, y
V.-Lo que se pida, designándolo con toda exactitud, en términos claros y precisos.

inicio del proceso. Además, en España, si lo que se pide en la demanda puede fundarse en hechos distintos o fundamentos de derecho o títulos jurídicos diferentes de los aportados en ella y conocidos en el momento de presentarse la misma, todos ellos deben relacionarse en la demanda pues, de otro modo, no podrán alegarse en un proceso posterior.[98]

En consecuencia, la demanda es un documento muy completo en el que ha de constar una relación ordenada de hechos acompañada de la enumeración de los medios de prueba correspondiente a cada alegación fáctica a fin de sostenerla, así como los correlativos fundamentos de derecho. Por la misma razón de compleción, se admiten **peticiones alternativas** o **subsidiarias**, es decir, para el caso de que no se admita tal cosa que se me conceda tal otra. A estos efectos, las pretensiones pueden ser incluso contradictorias (se afirma que el contrato es válido pero, para el caso que se aprecie su nulidad, se solicita que...). La exigencia de ser exhaustivos se comprende mejor si se tiene en cuenta que, primero, es el demandante quien introduce el objeto del proceso, aunque posteriormente el demandado pueda contribuir a su delimitación; y segundo, el tribunal decidirá sólo sobre lo aquí planteado y solicitado, puesto que así lo exige el **principio de congruencia** procesal. En un modo muy similar opera el arbitraje.

Una vez que el proceso se ha iniciado, el demandado tiene la oportunidad de responder. El tipo de escrito que presenta recibe la denominación de **contestación a la demanda**, aunque puede esconder distintas posturas procesales ya que el demandado puede optar por el **allanamiento** o **confesión** a las pretensiones del demandante, o la **oposición** procesal o al fondo de la demanda en función de que su defensa se base en la alegación de los oportunos **presupuestos** y **excepciones procesales** o **excepciones materiales** cuando se refiera al objeto del proceso. Obviamente, también puede combinar todas estas posturas si se allana a, o confiesa, alguna pretensión y no a otras. En algunas jurisdicciones como la española y la mexicana, si el demandado quiere impugnar la jurisdicción y la falta de competencia de todo tipo del tribunal que está conociendo, debe plantear **incidente de previo y especial pronunciamiento**, que en España se denomina **declinatoria**. Este escrito da lugar a la apertura de un **incidente procesal** que interrumpe el plazo para contestar a la demanda y su presentación es importante porque, de no hacerlo **en plazo y forma**, el tribunal puede entender que el demandado se somete tácitamente a su jurisdicción aunque manifieste que lo considera incompetente en el escrito de contestación a la demanda. En el arbitraje, el demandado contesta con una **respuesta**, aunque el nombre del documento puede variar en función de las reglas concretas que gobiernen el procedimiento. Por lo demás, en prácticamente todo tipo de litigios civiles se admite la **reconvención** que, por lo general, forma parte de la contestación a la demanda.[99]

A la vista de lo señalado y tal y como sucede en la práctica arbitral, la contestación a la demanda suele ser bastante exhaustiva, puesto que es la primera oportunidad que tiene

---

[98] CPFC, art 322.
LEC, art 400; Nieva Fenoll (n 79) 144–46.
[99] Como se trata de una demanda al fin y a la postre, su redacción debe seguir las exigencias de contenido prescritas para esta última. De todos modos, ha de tenerse en cuenta que pueden existir límites a la reconvención como los establecidos en LEC, art 405. Allí sólo se admiten las reconvenciones conexas a la demanda y siempre y cuando el mismo juez sea competente para conocer de ambas.

el demandado de situar el caso ante el tribunal.[100] De hecho, su redacción sigue de cerca la estructura prescrita para la demanda puesto que, en principio, el demandado ha de discutir todas las alegaciones fácticas y jurídicas del demandante expresando claramente si niega o admite los hechos por él alegados. Si no lo hiciera así, las leyes procesales de las jurisdicciones hispanoparlantes suelen disponer que su silencio equivale a una admisión tácita de los mismos cuando le sean perjudiciales.[101] Por ello mismo, también es posible que el demandado se limite a contestar negando lo argüido por el demandante.

Tomando en consideración la postura procesal de las partes sobre un asunto en particular, algunas jurisdicciones pueden requerir o exigir a una de las partes del litigio que presente una **réplica** o una **contestación a la reconvención**.[102] Las mismas se sujetan normalmente a las reglas ya señaladas para la contestación a la demanda, incluida la presunción de silencio positivo antes reseñada. En el proceso arbitral también se permite al demandante presentar una réplica o documentos similares cuando se ha hecho una reconvención.

El procedimiento penal sigue la misma pauta que el civil en el sentido de que el **escrito de defensa** del **acusado** es un reflejo de los escritos de calificación de las acusaciones pública y, en su caso, privada. En consecuencia, ha de responder a las conclusiones que según estos últimos se desprenden de la fase de investigación del proceso penal. Ni el ministerio público ni otras acusaciones tienen la oportunidad de réplica en este caso. Lo que sí se admite es la presentación de conclusiones alternativas, esto es, para el caso de que no resultare en el juicio la procedencia de la primera.

Todos los documentos anteriormente indicados han de ser **presentados** ante los tribunales, así como **notificados** a la otra parte o su abogado.[103] La consecuencia de no presentar en forma o no notificar un escrito procesal puede conllevar una **sanción** que, en algunos casos, puede consistir en la **inadmisión a trámite** del escrito.

Por lo general, los encargados de practicar todo tipo de notificaciones son los tribunales y sus oficinas judiciales. Es por ello que, con la salvedad del proceso penal en que no se admite por razones obvias, se regulan fórmulas ficticias de notificación, como la notificación **por edictos**,[104] con el fin de satisfacer así los intereses del demandante en que

---

[100] Los escritos arbitrales en el arbitraje internacional son normalmente el resultado de una mezcla de técnicas de *common law* y de *civil law*. Véase Strong, *Sources* (n 24); Strong, 'Research' (n 24) 121.
[101] LEC, art 405.2; CFPC, art 332.
[102] Véase LEC, art 405 (aunque ya no admite la réplica o dúplica que históricamente sí se admitieron en derecho procesal español). La contestación a la reconvención es regulada por referencia a los preceptos sobre demanda y contestación en México. Véase CFPC, art 333.
[103] Muchas jurisdicciones hispanoparlantes exigen que se entreguen a los abogados de las partes todos los documentos que acompañan a la solicitud presentada ante el tribunal, lógicamente si dicha parte procesal se encuentra representada. Téngase en cuenta que en España este tipo de notificaciones se hacen al **Procurador de los Tribunales** quien comparte con el abogado la defensa técnica. Véase cap 2.III.2. Es más, las **reglas de responsabilidad profesional** o **códigos deontológicos** o de **ética** aplicables en muchas jurisdicciones prohíben al abogado de una de las partes contactar o relacionarse con la parte contraria si la misma tiene un abogado. Las partes siempre pueden hablar directamente entre ellas, aunque muchos abogados no recomiendan dicha práctica, puesto que puede complicar la estrategia de litigación o arbitraje.
[104] LEC, art 164; CFPC, art 315. España ha creado, además, un Registro Central de Rebeldes Civiles que gestiona el Ministerio de Justicia y al que puede dirigirse cualquier persona interesada

prosiga el procedimiento aun en ausencia del demandado que no ha sido posible localizar, y de la administración de justicia en que se haga la misma a través del proceso. Cada país utiliza unos u otros modos de notificación, pero suelen reducirse a los siguientes: notificación por conducto directo al interesado o personas de su entorno, correo certificado o **en estrados**. En los últimos años los tribunales han estado valorando la posibilidad de que la notificación se realice a través de medios electrónicos, incluido Facebook y otro tipo de redes sociales.

La entrega de la notificación o **cédula** se ha de documentar por parte del oficial que la realice y ello da lugar a una **diligencia** que se incorpora al expediente judicial. El notificado ha de firmar también dicha diligencia, aunque puede negarse. A pesar de ello, la comunicación surte efectos quedando constancia en la diligencia acreditativa de la entrega, de todas las incidencias de la misma.[105] El arbitraje internacional no cuenta con reglas específicas en materia de notificación y la mayoría de las que existen sólo mencionan que ha de notificarse 'adecuadamente'. En consecuencia, la mayoría de las partes suelen recurrir a las formalidades que se usan en sus jurisdicciones nacionales puesto que los métodos oficiales son considerados adecuados.

9.II.3.2 Documentos adicionales

Los primeros escritos presentados ante tribunales de jurisdicciones hispanoparlantes son muy completos, entre otras razones, porque las oportunidades de presentar otros están tasadas. Por lo general, estas jurisdicciones funcionan sobre la base del **principio de impulso procesal de oficio**: aunque puede pasarse de un acto procesal a otro **a instancia de parte**, la regla en estos países es que es el propio tribunal el que impulsa el procedimiento en función de los plazos procesales marcados por la ley;[106] de ahí que no sea posible que el proceso civil termine por **caducidad** al no instar la parte que se realice una determinada actuación. Lo que sí puede ocurrir, en cambio, es que la parte procesal que no cumplimente la correspondiente **carga procesal** pierda la oportunidad de alegar, de probar o exponer cuáles son sus conclusiones.

Una de las cuestiones a las que más atención ha de prestar cualquier abogado es la relativa a la presentación de **prueba procesal** que sirva a sostener su posición en el proceso. Si pierde la oportunidad de su presentación, podría perder el juicio, por lo que el abogado angloparlante que trabaje en una jurisdicción hispanoparlante debe tener en cuenta que existen distintos momentos procesales relevantes para ello y que éstos son tasados. En principio, la demanda ya debe contener una relación de los **medios de prueba** que se pretenden utilizar en el juicio, enumeración que es obligatoria en el caso

---

en plantear una demanda para comprobar si el demandado está allí inscrito; si así fuere y no tuviera más datos, podrá solicitar que, directamente, se practique **comunicación edictal**. Véase LEC, art 157.

[105] En España se le informa que queda una copia de la resolución o cédula a su disposición en la oficina judicial. Véase LEC, art 161. En México se fija un **instructivo** en la puerta de su casa. Véase CFPC, art 302. En España, también se autoriza al procurador, además de al oficial de justicia, a que notifique; puesto que el primero no es miembro de la oficina de justicia, si el notificado se negare a recibir la notificación debe documentarlo pero, además, requerir la presencia de dos testigos u otro medio que considere idóneo.

[106] LOPJ, art 237; LEC, art 179.

de la **prueba documental**, so pena de que, posteriormente, no se admita la aportación de documentos que ya estaban, o que se presuma que estaban, en poder de la parte en el momento de presentar la demanda o la contestación. Y el peso de la prueba documental es ciertamente importante en los procesos de jurisdicciones hispanoparlantes, en particular en aquellas que se adscriben a un sistema de notariado latino, como es el caso de España y México.

Todo abogado angloparlante debe saber que allí donde existe la **fe pública notarial**,[107] los documentos se clasifican en públicos y privados. Los **documentos públicos** son aquellos que se realizan con la intervención de un funcionario o notario público quien, tras realizar un juicio sobre la identidad y capacidad de los intervinientes y controlar la legalidad del acto que se realiza en su presencia, certifica la existencia del citado acto jurídico. Tal intervención está ausente en los **documentos privados**, en los que sólo intervienen los particulares. Esta clasificación tiene consecuencias procesales en la medida en que y aunque hay discusiones sobre la conveniencia de mantener esta distinción,[108] muchas jurisdicciones establecen reglas de **prueba tasada** o **legal**, de acuerdo con la cual los documentos públicos tienen un valor probatorio diferente de los privados dado que, por ejemplo, hagan 'prueba plena del hecho, acto o estado de cosas que documenten, de la fecha en que se produce esa documentación y de la identidad de los fedatarios y demás personas que, en su caso, intervengan en ella'.[109]

El impulso procesal de oficio implica que el tribunal que pronuncia una **resolución judicial** debe indicar, además, a las partes qué recursos tienen a su disposición contra la misma y cuál es el plazo que tienen para interponerlo. En el caso de la **apelación**, las jurisdicciones hispanoparlantes la admiten tanto para discutir cuestiones de hecho como de derecho.[110] Devenido ese plazo sin recurso, la decisión se convierte en firme y alcanza autoridad de **cosa juzgada**.[111] La parte **apelante** está obligada a exponer todas las alegaciones en que se basa la impugnación con mención específica de la resolución que impugna y los **pronunciamientos** de la misma que impugna. Los abogados angloparlantes deben saber que, en algunas jurisdicciones hispanoparlantes, la apelación sólo se puede basar en la infracción del derecho a la tutela judicial efectiva del apelante si, previamente, su abogado hubiera protestado que se estaba produciendo tal infracción y lo hubiera hecho constar en los **autos** del procedimiento civil o en las **diligencias** del penal; si no lo hubiera hecho, no se admitirá la apelación.[112] El tribunal ha de **dar traslado** del **escrito de apelación** a la **parte apelada** para que, si lo tiene por conveniente, presente **escrito de oposición** o se **adhiera a la apelación**, es decir, impugne a su vez la resolución judicial.

9.II.3.3 Otros documentos con relevancia procesal

Como ya se mencionó en otros capítulos, las partes asumen un papel protagonista en la preparación del proceso civil, puesto que sólo de forma excepcional cuentan con el soporte

---

[107] También existe la **fe pública judicial** que es dada por un funcionario distinto del juez, por ejemplo, el secretario judicial en España.
[108] Nieva Fenoll (n 79) 181–84, 203–04.
[109] LEC, art 319.1. En términos similares, CFPC, art 202.
[110] Véase cap 5.III.3
[111] Ibid.
[112] LEC, art 459.

de los tribunales.[113] A diferencia de lo que sucede en las jurisdicciones anglopariantes, la fase pre-juicio sólo tiene relevancia procesal en contadas ocasiones, sea para requerir al tribunal que practique una **diligencia preliminar** o **preparatoria**, sea para solicitarle una **medida cautelar anticipatoria**.

Los abogados que trabajan en más de una jurisdicción y de una lengua, deben tener presente que en la mayoría de las jurisdicciones hispanoparlantes, las partes en un futuro juicio no tienen obligación de proporcionarse mutuamente información o colaboración; ésta sólo surge como consecuencia de la intervención de un tribunal que expresamente ordene a la parte contraria hacer o proporcionar algo necesario a quien lo precisa para presentar su demanda. Y, además, estas diligencias son **tasadas**, es decir, sólo pueden solicitarse las enumeradas legalmente justificando el porqué se piden y una breve explicación de asunto objeto del juicio que se quiera preparar. Así, por ejemplo, el que se considere perjudicado por un hecho cubierto por un seguro de responsabilidad civil podrá solicitar al tribunal que requiera a quien tenga en su poder el contrato de seguro que lo exhiba; o el que se crea heredero, coheredero o legatario, la exhibición de un testamento, al igual que puede solicitar la exhibición de la cosa el que quiera entablar una acción real.[114]

Fuera de la enumeración legal de diligencias preliminares, el tribunal se negará a ayudar a quien esté preparando un proceso civil. Por el contrario, el tribunal colabora en los casos tasados y, en algunas jurisdicciones como la española, se exige, además, que el solicitante de la diligencia se comprometa a correr con los gastos en que incurra la otra parte al cumplimentarla y a pagar posibles perjuicios para lo que habrá de **depositar** una **caución**; es más, esta caución se pierde si el solicitante finalmente no interpone el proceso para el que solicita la diligencia. La otra parte debe cumplir lo que se le requiera, a menos que entienda que el tribunal se excede o no procede la diligencia. En el plazo marcado por la ley, pueden realizarse las alegaciones oportunas. Por ejemplo, en España, quien pretenda entablar un proceso para la defensa de los intereses colectivos de los consumidores y quiera identificar a los integrantes del grupo de afectados, puede pedir ayuda al tribunal para que, entre otras actuaciones, requiera al demandado para que colabore en dicha identificación; ante esta diligencia preliminar, el requerido puede objetar que la ley de protección de datos le impide entregar el listado de todas las personas que han firmado un contrato de unas determinadas características con él.[115]

La cooperación pre-procesal de las partes en el litigio se limita, por tanto, a estos supuestos tasados y dentro de sus límites. En cambio y como se ha dicho, las partes deben aportar con la demanda todos los documentos relevantes de los que pretendan valerse. Los casos de **prueba anticipada** al inicio del proceso también están tasados a cuando exista el temor de que, por causa de las personas o el estado de las cosas, los actos de prueba no podrán realizarse en el momento procesal oportuno.

Los procedimientos penales son distintos de los civiles, puesto que recae sobre el

---

[113] Véase caps 5.III.3, 8.III.2.
[114] Las que se admite en derecho procesal civil español se pueden leer en LEC, art 256. En México, por ejemplo, se relacionan en CPCDF, art 193.
[115] Véase LEC, art 256.6. La interpretación de este precepto en el sentido reseñado en texto se debe a la STC 96/2012, de 7 de mayo (BOE 5.6.2012), que pone también énfasis en la exigencia de motivación de la necesidad de la diligencia y de qué se requiere del demandado para evitar 'expediciones de pesca'.

ministerio público la obligación de preparar el proceso.[116] Por lo demás, el impulso procesal también es de oficio en este tipo procedimental debiendo la parte acusadora y la parte acusada respetar los plazos procesales marcados por el tribunal de acuerdo con la correspondiente ley procesal.

El **dictamen** de **perito** o experto es otro documento que puede llegar ante los tribunales de países hispanoparlantes. Si bien históricamente el testimonio de expertos sólo se admitía en juicio si habían sido nombrados por el tribunal que conocía del asunto con el fin de asegurar su neutralidad, la regla es a día de hoy que las partes aporten el dictamen con la demanda o con la contestación y, en su caso, soliciten que el perito venga a ratificarse en su opinión ante el tribunal. En esta intervención las partes podrán plantearle preguntas y, por supuesto, criticar el dictamen aportado por el perito de la parte contraria.

9.II.3.4 Cuestiones de estilo

Aunque el contenido jurídico es, por supuesto, de capital importancia en todo escrito, las partes deben también tomar en consideración su estilo. El no respetar las convenciones formales no llevará necesariamente a un juez, o a un árbitro, a rechazar los argumentos jurídicos contenidos en un escrito de este tipo, pero faltar de forma manifiesta a las convenciones estilísticas puede afectar seriamente a la credibilidad del abogado.

Muchas de estas convenciones no están escritas, pero han de tomarse igualmente en consideración. Así, las jurisdicciones hispanoparlantes se caracterizan por redactar escritos apegados a las leyes y de carácter formal, que huyen de las emociones a la hora de presentar el asunto.

Otra norma no escrita es cómo se argumentan los asuntos. En España los escritos tienden a ser exhaustivos en su argumentación y contienen peticiones alternativas con el fin de evitar perder la oportunidad procesal de presentarla, puesto que ha de recordarse que, si no se hace así, no es posible abrir otro juicio al respecto. Comoquiera que los tribunales de las jurisdicciones hispanohablantes están cada vez más saturados de trabajo, es recomendación generalizada que la argumentación sea clara y sencilla, en particular a la hora de redactar el **suplico**, esto es, aquello que se pide del tribunal.[117] En la misma línea, las peticiones adicionales han de distinguirse claramente, lo que, en función de la jurisdicción se puede hacer, simplemente, recurriendo al punto y aparte o introducir un **otrosí digo** y, en su caso, un **otrosí más digo**, fórmulas arcaicas que muchos abogados utilizan en España.[118]

Cada jurisdicción cuenta con sus propios requisitos formales que han de respetarse.[119] Por ejemplo, la demanda y la contestación en España deben acompañarse de una lista numerada de documentos aportados. Y, como se ha indicado antes, si no se cumplen las

---

[116] Aunque existen excepciones como cuando el delito es privado. Véase cap 8.III.3.
[117] Emilio González Bilbao, *Guía Práctica del Abogado* (Thomson-Aranzadi 2007) 56.
[118] Los 'otrosíes' pueden ir numerados, esto es, 'primer otrosí digo', etc... y su contenido es variado: enumeración de los documentos que se aportan, solicitud de una medida cautelar anticipatoria o una prueba anticipada, etc. Después de los otrosíes, se estila incluir un 'de nuevo suplico al tribunal que tenga a bien admitir nuestra petición y conforme a lo solicitado disponga lo correspondiente para su práctica'.
[119] En algunas jurisdicciones, como la mexicana, las partes han de tomar en consideración diversas reglas dado el carácter federal del procedimiento.

prescripciones legales, en particular los plazos procesales, las partes se arriesgan a perder oportunidades procesales y, con ello, el juicio. En las jurisdicciones hispanoparlantes los plazos son, en principio, **improrrogables** y sólo se interrumpen en caso de **fuerza mayor** que debe apreciarse judicialmente y con contradicción de las demás partes quienes, además, podrán **recurrir** la ampliación del plazo.

Igualmente, toda jurisdicción cuenta con sus fórmulas de cita de doctrina legal o de autoridades. El proceso de cita no está, sin embargo, tan estandarizado como en los países anglosajones, puesto que el uso y manejo de bases de datos se ha impuesto relativamente hace poco tiempo en la práctica de tribunales y, en general, profesionales del derecho. De hecho, todavía existen jurisdicciones en proceso de adaptación a los nuevos métodos de procesamiento de datos.

En el caso de fuentes del derecho la cita se suele limitar a la mención de la disposición legal, tal y como aparece publicada en el diario oficial correspondiente. En cuanto a las decisiones judiciales, ya se ha mencionado en otro capítulo la existencia de repertorios de jurisprudencia cuya mención es muy aconsejable.[120] Hoy en día existe un buen número de bases de datos a las que acudir para citar y cada una de ellas sigue su propio método.

La situación es similar en el arbitraje, dado que la naturaleza transfronteriza del arbitraje comercial y del de inversiones hace muy complicado el uso uniforme de una forma determinada de cita legal. No obstante, los abogados deberían poner cuidado en la utilización de un sistema reconocible de cita y aplicarlo consistentemente en todos sus escritos para no parecer poco profesional.

La forma de cita no es la única cuestión a considerar cuando se redacta un escrito dirigido a un tribunal judicial, arbitral o de otro tipo. Es también importante saber cuándo y en qué número se ha de citar doctrina legal. En este punto las jurisdicciones hispanoparlantes asocian autoridad con el tipo de tribunal que dicta la decisión por lo que se ha de estar atento a buscar, en particular, resoluciones que sustenten la propia posición de tribunales de alta jerarquía. Por supuesto, si la doctrina del tribunal es vinculante, como ocurre con las tesis de la Suprema Corte de la Nación mexicana o con las decisiones del Tribunal de Justicia de la Unión Europea, la cita de las mismas es prácticamente obligatoria. Del mismo modo, se ha de ser cuidadoso con la selección de jurisprudencia que se aporta, puesto que los tribunales de países hispanoparlantes están, normalmente, saturados y un exceso de información no es, simplemente, bienvenido.

La última cuestión a considerar es si y en qué medida los abogados deberían citar doctrina en sus escritos. En las jurisdicciones hispanoparlantes no existen reglas escritas al respecto, pero lo cierto es que la cita doctrinal no es muy profusa y prácticamente es sólo una cita de autoridades, de determinados libros, manuales o artículos que se han convertido en una referencia en un asunto concreto y, por tanto, su mención puede ayudar a sostener el caso. Cuando se realiza esta cita raramente se siguen las convenciones formales propias de la academia a la hora de redactar un trabajo doctrinal. Así como tampoco es frecuente que se cite literalmente en el escrito procesal, esto es, recogiendo una opinión doctrinal entre comillas.

Aunque se suele considerar al arbitraje como un procedimiento menos formal que el proceso judicial, algunos tipos de arbitraje –en particular, el arbitraje comercial

---

[120] Véase cap 5.III.5.

internacional y el arbitraje de inversiones– exigen la presentación formal ante el tribunal arbitral de un buen número de documentos. Ésta y otras cuestiones no necesitan ser abordadas en detalle aquí, puesto que muchas de ellas ya son profusamente discutidas en la literatura en inglés. Ahora bien, es importante que los abogados recuerden que todo escrito presentado en un arbitraje internacional puede y debe ser el reflejo de la combinación de elementos de *civil* y de *common law*.[121] Así, por ejemplo, el tono adecuado debería encontrarse en algún lugar intermedio entre el estilo emotivo y focalizado en los hechos que se estima que caracteriza a las jurisdicciones angloparlantes y la aproximación más objetiva y basada en la ley de las jurisdicciones hispanoparlantes. El uso de autoridades también debería ser una mezcla de fuentes jurisprudenciales, legales y doctrinales, de manera que tenga en cuenta el carácter transnacional del arbitraje internacional. Siguiendo esta recomendación no sólo se consigue diversificar los argumentos jurídicos que un abogado puede presentar, sino que, además, se consigue aumentar su credibilidad y el efecto persuasivo que el escrito pueda tener.

9.II.4 La conducta del abogado en relación con los escritos judiciales, arbitrales y de otro tipo

Los abogados que trabajan en más de una jurisdicción descubren, con frecuencia sorprendidos, que algunos procedimientos y prácticas que son la norma en sus países de origen no lo son en otros lugares. Por esa razón, es muy importante ser plenamente consciente de las distintas convenciones culturales a la hora de redactar escritos judiciales, arbitrales o de otro tipo, puesto que no cumplir con ciertos estándares o expectativas puede crear problemas.

Una de las cuestiones que vale la pena destacar se refiere a las relaciones entre jueces y abogados a propósito de asuntos pendientes. En general, los códigos deontológicos de países hispanoparlantes insisten mucho en la obligación de respeto que pesa sobre el abogado que comparece o toma parte en un asunto ante un tribunal, pero suelen no prestar, o prestar una menor atención, a qué relación tienen fuera de estrados. No es el caso del Código Deontológico de Consejos de la Abogacía de la Unión Europea que previene 'el abogado deberá en toda circunstancia respetar el carácter contradictorio de los juicios',[122] lo que implica muy significativamente que no podrá ponerse en contacto con el juez que esté conociendo de un asunto sin antes informar de ello al abogado de la parte contraria.

En línea con la prohibición, propia de jurisdicciones anglosajonas, según la cual los jueces tienen estrictamente prohibido hablar con los abogados sobre asuntos pendientes sin que esté presente el abogado de la parte contraria, la misma regla del citado Código europeo subraya que toda prueba, nota u otros documentos que hayan de ponerse en conocimiento del juez se harán llegar aplicando las normas procesales y, en consecuencia, dando traslado oportuno al abogado de la parte contraria. Además, se prohíbe

---

[121] Strong, 'Research' (n 24) 119.
[122] Código Deontológico de Consejos de la Abogacía de la Unión Europea (Noticias Jurídicas <http://noticias.juridicas.com/base_datos/Admin/cdccbe.html>), art 4.3. Por influencia de este código la misma regla se recoge en el Código Deontológico de la Abogacía Española. CGAE <http://www.abogacia.es/wp-content/uploads/2012/06/codigo_deontologico1.pdf>, art 11.1.g.

expresamente que el abogado divulgue o someta ante los tribunales una propuesta de arreglo amistosa hecha por la parte contraria, o por su abogado, sin que medie autorización expresa de este último.

La regla citada es, de todos modos, más completa en las jurisdicciones anglosajonas donde no sólo se aplica a las conversaciones que se mantienen en el tribunal, sino también en cualquier otro lugar. En definitiva, el abogado que trabaja en más de una lengua ha de recordar que las reseñadas prohibiciones no siempre se aplican con el mismo alcance o, simplemente, se expresan como tales en otras jurisdicciones. Por ejemplo, el Código de Ética Profesional de la Barra de México no menciona la regla ahora discutida.

Por su parte, los árbitros suelen adoptar una regla de conducta similar y, si no se cumplimenta la misma, el resultado puede ser desastroso para el abogado y su cliente. La regla no se aplica, en cambio, a oficiales de justicia o, en general, otro personal judicial distinto del juez puesto que a ellos les corresponde lidiar con cuestiones administrativas y no de fondo, y sólo actúan como intermediarios del juez o del árbitro.

Una regla de conducta profesional que sí está muy extendida en los países hispanoparlantes es aquella que prohíbe la comunicación entre el abogado y la parte contraria, salvo con autorización o por conducto del abogado de esta última.[123] Aunque se trata de normas deontológicas que, en principio, sólo vinculan a los abogados admitidos a ejercer en el lugar de colegiación correspondiente, lo cierto es que es muy recomendable que los abogados que proceden de otras jurisdicciones respeten dichas convenciones, entre otras razones, porque puede ser discutible el ámbito de aplicación de estas reglas en caso de que se infrinja una de ellas en relación con un asunto que se esté tramitando en la jurisdicción en la que está en vigor el código correspondiente.

Aunque sí existen reglas deontológicas en las jurisdicciones hispanoparlantes a propósito del deber de confidencialidad que pesa sobre el abogado en relación con el asunto que está bajo su dirección y que implica que no puede discutirlo libremente con tercero, raramente se encuentran reglas de este tipo a propósito de las relaciones entre abogados y testigos.[124] Por regla general, las jurisdicciones hispanoparlantes no consideran ajustado al ideal de verdad que se persigue en el proceso el que el testigo venga previamente preparado por el abogado. Ahora bien, lo cierto es que la preparación del asunto hace necesaria la discusión con el testigo de los hechos ocurridos; discusión que, en las jurisdicciones hispanoparlantes, encuentra el límite del derecho penal en la medida en que el testigo infrinja su deber de decir verdad al inducirle el abogado a faltar a ella.[125] Más

---

[123] Código de Ética Profesional de la Barra de México (Barra Mexicana: <http://www.bma.org.mx/>), art 43; y Código Deontológico de la Abogacía Española (n 122) art 14.

[124] Aunque expresamente se señala que el abogado podrá entrevistar a los testigos pero no inducirle a callar o desviarse de la verdad en el Código de Ética y Responsabilidad Profesional del Abogado de la República de Panamá (Colegio Nacional de Abogados de Panamá <http://www.cnapanama.com/codigo.htm>), art 30.

[125] Los delitos de falso testimonio y de inducción a cometer falso testimonio están reglamentados, respectivamente, en la Ley Orgánica 10/1995 del Código Penal español (BOE 24.11.1995), arts 458, 461, 464, y Código Penal Federal de México (DOF 14.8.1931), arts 237 bis, 231.

allá de estas normas penales, lo que existe son reglas procesales de cómo ha de prestar declaración el testigo, a quien no se le permitirá leer declaración ni respuesta alguna que lleven escrita.[126]

Por lo demás, los escritos y documentos que se presentan en tribunales de jurisdicciones hispanoparlantes no son hechos públicos por regla general; aparte de las resoluciones judiciales, sólo contados documentos son de acceso público. Es más, el secreto profesional puede englobar todos los hechos y documentos de que haya tenido noticia por razón de cualquiera de las modalidades de su actuación profesional.[127] Ahora bien, mediando consentimiento del cliente, el abogado podrá publicar los escritos, resoluciones y constancia de las actas; también los escritos del adversario si así lo permite el abogado del contrario.[128] De ahí que los abogados que trabajan en más de una jurisdicción hayan de ser muy cautelosos a la hora de utilizar un documento generado en el marco de un litigio en uno de estos países que limitan su utilización en otra jurisdicción.

El arbitraje se enfrenta a retos algo diferentes. Aunque se asuma que el arbitraje se caracteriza por la confidencialidad del procedimiento, la mayoría de las leyes nacionales e internacionales no se pronuncian al respecto. Ahora bien, las partes suelen normalmente referirse a esta cuestión en el **convenio arbitral** o a través de una regla arbitral que especifica la confidencialidad de determinada información. Las partes que quieran usar materiales generados en un arbitraje internacional necesitan, por tanto, asegurarse del alcance del acuerdo de confidencialidad aplicable en un procedimiento concreto, antes de usar documentos o información relativa a dicha disputa. Ha de destacarse que algunas partes o reglas incluso prohíben desvelar la existencia del arbitraje, de manera que se ha de prestar un especial cuidado antes de plantear cuestiones relacionadas con un procedimiento arbitral en otros foros.

9.II.5 Documentos modelo

Como lo discutido anteriormente sugiere, las jurisdicciones hispanohablantes utilizan un importante número de escritos, judiciales y arbitrales, por lo que no es posible incluir ejemplos de cada uno de ellos. Ahora bien, sí procede incluir algún ejemplo de los mismos, de ahí que a continuación se transcriba en primer lugar una demanda de amparo, tal y como se redactaría por un letrado mexicano, y en segundo lugar una contestación a un recurso de apelación en España.

9.II.5.1 Demanda de amparo

SEISDEDOS MÉNDEZ, CALPURNIA

AMPARO DIRECTO

---

[126] LECRIM, art 437; LEC, art 370.2.
[127] Código de Ética Profesional de la Barra de México (n 123) art 11; Código Deontológico de la Abogacía Española (n 122) art 5.2.
[128] Javier de la Torre, *Deontología de abogados, jueces y fiscales. Reflexiones tras una década de docencia* (ICADE Comillas 2008) 185.

ESCRITO INICIAL

H. TRIBUNAL COLEGIADO EN MATERIA CIVIL DEL PRIMER CIRCUITO EN TURNO:

P R E S E N T E

MARCO ANTONIO ABOGADO LETRADO, abogado, en mi carácter de mandatario judicial de la hoy quejosa **CALPURNIA SEISDEDOS MÉNDEZ**, personalidad que tengo debidamente acreditada ante la responsable, señalando como domicilio para oír y recibir notificaciones de cualquier clase el ubicado en Avenida de los Dioses número 0, oficina 000, Colonia Infierno, Delegación Limbo, Código Postal 00000, en esta Ciudad de México, Distrito Federal; autorizando en términos del artículo 12 de la Ley de Amparo, al licenciado **MARTIRIO PESCADOR DE ESTRELLAS**, abogado con cédula profesional número 66666666, expedida a su favor por la Dirección General de Profesiones de la Secretaría de Educación Pública, asimismo autorizando, para él solo efecto de oír y recibir notificaciones, valores, documentos e imponerse de los autos y tomar impresiones fotográficas de los autos a D. **MARÍA JESÚS ESTRELLADA**; ante Usted, con el debido respeto comparezco para exponer:

Que con fundamento en lo dispuesto en los artículos 103 y 107 de la Constitución Política de los Estados Unidos Mexicanos, 114 fracción IV, 115, y demás relativos y aplicables de la Ley de Amparo, vengo a demandar, el amparo y protección de la Justicia Federal en contra de la ilegal resolución de 2 de noviembre de 2013, dictada por la H. SEGUNDA SALA CIVIL DEL TRIBUNAL SUPERIOR DE JUSTICIA DEL DISTRITO FEDERAL, dentro de los autos del toca 000/2010/1, formado con motivo del recurso de apelación hecho valer en contra de la Sentencia Definitiva de 2 de enero de 2010, dictada por la C. Juez Segundo de lo Civil del Tribunal Superior de Justicia del Distrito Federal, en el juicio Ordinario Civil promovido por mi representada en contra de la sociedad ESTATAL DE PENSIONES, S. DE R. L. DE C.V., y radicado en el juzgado con el número 542/2008, a fin de dar cumplimiento a la ejecutoria federal de fecha 10 de noviembre de 2014, pronunciada por el Noveno Tribunal Colegiado en Materia Civil del Primer Circuito, al resolver el juicio de amparo directo número D.C. 24/2011, promovido por CALPURNIA SEISDEDOS MÉNDEZ.

A efecto de dar cumplimiento a lo dispuesto por el artículo 175 de la Ley de Amparo, manifiesto lo siguiente:

I. Nombre y domicilio del quejoso y de quien promueve en su nombre:

Los que se expresan en el proemio del presente ocurso.

II. Nombre y domicilio del tercero interesado:

La sociedad ESTATAL DE PENSIONES, S. DE R. L. DE C.V., quien puede ser emplazado en el domicilio ubicado en la calle Cristo Redentor número 22, piso 1, Colonia Calvario, Delegación Ázteca, Código Postal 66666, en México, Distrito Federal.

III. Autoridades Responsables:

LA H. SEGUNDA SALA CIVIL DEL TRIBUNAL SUPERIOR DE JUSTICIA DEL DISTRITO FEDERAL.

IV. Acto reclamado:

La ilegal resolución de 2 de noviembre de 2013, dictada por la H. SEGUNDA SALA CIVIL DEL TRIBUNAL SUPERIOR DE JUSTICIA DEL DISTRITO FEDERAL, dentro de los autos del toca 000/2010/1, formado con motivo del recurso de apelación hecho valer en contra de la Sentencia Definitiva de 2 de enero de 2010, dictada por la C. Juez Segundo de lo Civil del Tribunal Superior de Justicia del Distrito Federal, en el juicio Ordinario Civil promovido por mi representada en contra de la sociedad ESTATAL DE PENSIONES, S. DE R. L. DE C.V., y radicado en el juzgado con el número 542/2008, a fin de dar cumplimiento a la ejecutoria federal de fecha 10 de noviembre de 2013, pronunciada por el Noveno Tribunal Colegiado en Materia Civil del Primer Circuito, al resolver el juicio de amparo directo número D.C. 24/2011, promovido por CALPURNIA SEISDEDOS MÉNDEZ.

V. Fecha de notificación del acto reclamado:

Bajo Formal Protesta de Decir Verdad, manifiesto que el acto reclamado fue notificado mediante su publicación en Boletín Judicial el día 4 de noviembre de 2013, surtiendo sus efectos legales el día 5 de noviembre de 2013.

VI. Los preceptos que, conforme a la fracción I del artículo 1o de esta Ley, contengan los derechos humanos cuya violación se reclame; y

Se reclama la violación DIRECTA de la garantía de IGUALDAD y NO DISCRIMINACIÓN contenida en el artículo 1° Constitucional.

Se reclama la violación DIRECTA de los TRATADOS INTERNACIONALES en materia de protección de derechos humanos que señalo en el cuerpo de este ocurso, así como los demás aplicables en materia de protección de derechos humanos y de protección específica de las personas con discapacidad, incluidos todos los suscritos por México concebidos tanto en el ámbito regional americano como en al ámbito universal.

Se reclama violación DIRECTA de la garantía de LIBERTAD DE EMPLEO contenida en el artículo 5° Constitucional.

Se reclama la violación DIRECTA de la garantía de JUSTICIA PRONTA Y EXPEDITA, concedida en el artículo 17 Constitucional.

Se reclama la violación DIRECTA de la garantía de ACCESO A LA JUSTICIA, contenida en el artículo 16 Constitucional.

Se reclama la violación de los artículos 14 y 16 de la Constitución Política de los Estados Unidos Mexicanos, pues el acto reclamado no fue dictado conforme a la letra de la ley, los tratados internacionales de los que México es parte y los principios generales de Derecho.

VII. Conceptos de Violación:

PRIMERO.-La resolución que constituye el acto reclamado resulta ilegal, pues viola lo dispuesto por el artículo 1916 del Código Civil para el Distrito Federal, que establece claramente los parámetros, a fin de determinar el monto de indemnización en dinero para reparar el daño moral ocasionado por la conducta discriminatoria de la sociedad ESTATAL DE PENSIONES, S. DE R. L. DE C.V. en contra de mi representada.

Lo anterior es así, pues dicho precepto legal establece los elementos que debe tomar en cuenta el juzgador a fin de condenar al pago del daño moral mediante una indemnización en dinero que sea justa, siendo tales parámetros los contenidos en el cuarto párrafo del artículo 1916 del Código Civil para el Distrito Federal. Así, a efecto de cuantificar la indemnización, se deben valorar:

1. Derechos lesionados
2. El grado de responsabilidad
3. La situación económica de la responsable
4. La situación económica de la víctima
5. Demás circunstancias del caso.

Resultando de suma importancia tomar en cuenta los referidos elementos a fin de determinar la indemnización por daño moral, pues no puede quedar al libre arbitrio del juzgador cuantificar la compensación por el daño moral ocasionado, sino que tal como lo estableció la Primera Sala de la Suprema Corte de Justicia de la Nación, mediante la resolución dictada en el amparo directo 31/2013, se debe compensar a la víctima de manera JUSTA, valorando cada uno de dichos parámetros y los agravantes que existan en el caso en particular.

En ese sentido, a fin de compensar a la víctima de manera justa, el juzgador debe tomar en cuenta entre otros, los elementos enunciados por el artículo 1916 del Código Civil para el Distrito Federal, así como las circunstancias especiales del caso concreto, situación que dejó de observar la sala responsable en la resolución que constituye el acto reclamado, en atención a las consideraciones de hecho y de derecho que en adelante se hacen valer. la autoridad responsable omitió valorar debidamente los parámetros antes reseñados y por tanto, resultó incorrecto el monto fijado como indemnización, en virtud de lo siguiente:

DERECHOS LESIONADOS
En relación a los derechos lesionados, se refiere a la afectación de los sentimientos,

afectos, creencias, decoro, honor, reputación, vida privada, configuración y aspecto físicos, o bien en la consideración que de sí misma tienen los demás.

Al respecto, la responsable al ponderar dicho parámetro, a fin de cuantificar la indemnización para resarcir el daño moral, únicamente se limitó a la violación al derecho de igualdad y a la afectación a la libertad de empleo (. . .) y omitió señalar la pluralidad de derechos que fueron lesionados con la conducta discriminatoria de la demandada, aunado a que no establece ni mucho menos cuantifica las consecuencias extrapatrimoniales que trae consigo la lesión de tales derechos.

Establece la Suprema Corte de Justicia de la Nación, dentro del punto 90 de la ejecutoria dictada en el amparo directo en revisión 1387/2012, que:

> 'Siendo la no discriminación y la igualdad componentes fundamentales de los Derechos Humanos, tanto de fuente nacional como de fuente internacional, esenciales en el goce y ejercicio de los derechos; en virtud de que los actos discriminatorios-provenientes de los entes públicos o privados-atentan contra la dignidad de las personas, afectando no sólo los ámbitos individuales, sino también los sociales. La igualdad y no discriminación además fungen como elementos primarios en la integración y cohesión social'.

Así, el anuncio discriminatorio atentó contra la dignidad de Calpurnia Seisdedos Méndez y afectó también a la sociedad, pues en el caso concreto mi representada es parte de un sector de la población que culturalmente ha sufrido un trato diferenciado y en muchas ocasiones discriminatorio y tal acto atentó también contra la dignidad de dicha colectividad, lo cual es un agravante en este rubro de derechos lesionados. Con dicha conducta se afectaron sus sentimientos, se lesionó su aspecto físico y la consideración que de sí misma tienen los demás, además trajo consigo una repercusión social pues el anuncio fue publicado en la bolsa de trabajo, en la página electrónica de la Universidad Hispanoamericana, lo que representa que dicho anuncio discriminatorio afecta en el ánimo de la población, pues en primer término discriminó a un sector de la sociedad considerado en condición de vulnerabilidad y además afectó el ánimo de la sociedad en general, pues con tales conductas discriminatorias también se genera una exclusión social que afecta negativamente en el ámbito laboral resultando víctimas las personas con discapacidad.

En ese sentido, resulta que al cuantificar la indemnización por daño moral se debió ponderar no sólo la intensidad con la que afectó a la víctima, sino también por la repercusión social que trae consigo, pues dicha conducta discriminatoria deja una marca en la opinión, conducta y actitud de los demás hacia la víctima y hacia el sector de la sociedad al que pertenece. Luego entonces, la compensación a los derechos lesionados de Calpurnia Seisdedos Méndez, debe incluir:

a) Resarcir el dolor causado a la víctima,
b) Sancionar al culpable y
c) Crear en la sociedad mexicana el ejemplo de que el Estado velará porque se respeten los intereses lesionados y que sancionará la comisión de conductas discriminatorias.

La resolución que constituye el acto reclamado es ilegal en virtud de que la sala responsable se limitó a cuantificar el daño moral, pero aplicando principios de reparación de daño material, no siendo así respecto a la indemnización relativa a los derechos lesionados a la víctima que es donde estriba la parte trascendental del acto discriminatorio. De esa forma, debe ampararse a mi mandante para que sea debidamente indemnizada conforme a la Ley y a los tratados internacionales de los que México es parte. Sirve de sustento, la tesis que a continuación se transcribe para su debida interpretación:

Época: Novena Época
Registro: 173279
Instancia: Tribunales Colegiados de Circuito
Tipo de Tesis: Aislada
Fuente: Semanario Judicial de la Federación y su Gaceta
Tomo XXV, Febrero de 2007
Materia(s): Civil
Tesis: I.6o.C.410 C
Página: 1798

INDEMNIZACIÓN POR DAÑO MORAL Y RESARCIMIENTO POR DAÑOS MATERIALES. DISTINCIÓN ENTRE SU FINALIDAD Y CUANTIFICACIÓN.

En tratándose de la indemnización por daño moral, el dinero no puede desempeñar el mismo papel que el resarcimiento por daños materiales, toda vez que respecto de éstos, puede aceptarse que su finalidad es la de una equivalencia, más o menos completa, entre la afectación y la reparación; en tanto que para el daño moral, la indemnización representa un papel diferente, esto es, no de equivalencia, sino de compensación o satisfacción, porque no se trata de poner precio al dolor o a los sentimientos humanos, puesto que no pueden tener equivalencia en el aspecto monetario, sino que, lo que se pretende es suministrar una compensación a quien ha sido lesionado en su personalidad. Por lo anterior, debe precisarse que cuando se da el caso de daño moral, por relacionarse con afecciones de los derechos de dicha personalidad, como la define la doctrina contemporánea, se otorga un amplio arbitrio de libre apreciación al juzgador para fijar el monto de la indemnización, en virtud de que su cuantificación es muy distinta a la del daño material donde existen parámetros más objetivos teniendo, por tanto, que apreciar los hechos de cada caso, de acuerdo con las reglas de la lógica y la experiencia, de conformidad con el artículo 402 del Código de Procedimientos Civiles para el Distrito Federal, con el fin de determinar una compensación pecuniaria prudente y equitativa, pero sin dejar de tomar en cuenta los cuatro elementos del artículo 1916 del Código Civil de la misma entidad, es decir, los derechos lesionados, el grado de responsabilidad, la situación económica del responsable y la de la víctima, así como las demás circunstancias del caso.

Amparo directo 5236/2005. Juan Mendoza Hernández. 9 de noviembre de 2005. Unanimidad de votos. Ponente: Gustavo R. Parrao Rodríguez. Secretaria: Laura Ivón Nájera Flores.

EL GRADO DE RESPONSABILIDAD

El grado de responsabilidad es un parámetro indispensable para cuantificar una justa indemnización, pues atendiendo a la gravedad de la conducta del demandado se deberá justificar el monto fijado para compensar el daño moral.

Sin embargo, la sala responsable realizó una incorrecta valoración del grado de responsabilidad de la demandada, pues en la resolución que constituye el acto reclamado, sólo apreció "culpa leve, pues la demandada nunca tuvo en mente discriminar a través de su convocatoria, habiendo observado, además una actitud conciliatoria"

Siendo tales aseveraciones de la autoridad responsable, a todas luces incongruentes con la resolución dictada por la Primera Sala de nuestro Máximo Tribunal, pues se desconoce con que fundamento la responsable asegura que: "*la demandada nunca tuvo en mente discriminar*", pues lo cierto es que el anuncio fue en sí mismo discriminatorio, no sólo para Calpurnia Seisdedos Méndez sino para todas las personas con discapacidad, que es un sector de la sociedad que culturalmente ha sufrido un trato diferenciado y que precisamente es lo que se encuentra prohibido por nuestra Carta Magna.

En ese sentido, es claro que la demandada se condujo con un ánimo discriminatorio al publicar la oferta de trabajo, tal como lo señaló la Primera Sala de nuestro Máximo Tribunal, dentro del punto 158 de la ejecutoria dictada en el amparo directo en revisión 1387/2012

LA SITUACIÓN ECONÓMICA DE LA RESPONSABLE

A efecto de cuantificar la indemnización, la legislación civil señala que deberá valorarse la capacidad de pago de la responsable, lo anterior con el fin de efectivamente disuadirla a cometer actos parecidos en el futuro.

Sin embargo, con relación a este parámetro, la responsable se limitó a señalar lo siguiente: "La situación económica de la responsable es de solvencia acreditada". Siendo dicha valoración insuficiente, pues si bien es cierto la solvencia de la demandada es alta, resulta que el monto de indemnización determinado por la sala responsable no es de ninguna manera razonable, en virtud de que ni cumple el objeto de compensar a mi representada, ni mucho menos la función de disuadir a la demandada de seguir cometiendo actos discriminatorios.

LA SITUACIÓN ECONOMICA DE LA VÍCTIMA

En relación a dicho parámetro, se debe destacar que el mismo ha sido considerado como INCONSTITUCIONAL por la Primera Sala de la Suprema Corte de Justicia de la Nación, razón por la cual no debería ser tomado en cuenta al momento de ponderar la cuantificación de la indemnización por daño moral.

Lo anterior es así, pues nuestro Máximo Tribunal ha referido que la situación económica de la víctima no es útil para medir la calidad e intensidad del daño extrapatrimonial, ya que la condición de la víctima no incide, aumenta o disminuye el dolor sufrido. En el caso concreto, resulta irrelevante la situación económica de Calpurnia Seisdedos Méndez, pues tal no aumenta o disminuye el dolor que sufrió derivado de la conducta discriminatoria cometida por la demandada. Sirve de sustento a lo manifestado, la tesis que se transcribe para su debida interpretación:

Época: Décima Época
Registro: 2006961
Instancia: Primera Sala
Tipo de Tesis: Aislada
Fuente: Gaceta del Semanario Judicial de la Federación
Libro 8, Julio de 2014, Tomo I
Materia(s): Constitucional
Tesis: 1a. CCLXXIV/2014 (10a.)
Página: 146

(...)

DEMÁS CIRCUNSTANCIAS DEL CASO

En relación a la importancia de valorar las circunstancias especiales del caso para cuantificar el monto de indemnización, resulta aplicable la tesis que se transcribe a continuación para su debida interpretación:

Época: Décima Época
Registro: 2006880
Instancia: Primera Sala
Tipo de Tesis: Aislada
Fuente: Gaceta del Semanario Judicial de la Federación
Libro 8, Julio de 2014, Tomo I
Materia(s): Civil
Tesis: 1a. CCLV/2014 (10a.)
Página: 158

(...)

Entre los restantes circunstancias que debieron tomarse en cuenta y no se hizo por la responsable está el prestigio y el beneficio curricular que trabajar para la demandada le hubiera supuesto a la actora.

CUANTIFICACIÓN DE INDEMNIZACIÓN

De lo vertido por la autoridad responsable, se desprende que no existe una relación lógica entre los parámetros que se deben ponderar para cuantificar la indemnización y el resultado que obtuvo, pues no hay correspondencia entre cada uno de ellos y el monto determinado, ni especifica los montos que corresponden respecto de cada rubro, además es claro que confunde los daños patrimoniales o materiales con los extrapatrimoniales, pues de la suma condenada se desprende que se limitó a cuantificar los daños materiales, dejando sin compensación los intereses extrapatrimoniales dañados, tales como los derechos lesionados a la víctima, el grado de responsabilidad de la responsable y su capacidad económica, así como las circunstancias especiales del caso y los agravantes de la conducta discriminatoria.

En ese sentido, resulta que se deben cuantificar los aspectos cualitativos y cuantitativos del daño moral, pues es claro que al cometerse la conducta discriminatoria se produjeron consecuencias materiales inherentes al beneficio económico al cual no pudo aspirar la víctima pues la vacante ofrecía un salario, el gasto económico generado por los honorarios de los abogados, tal detrimento económico durante el transcurso del presente juicio que es desde enero de 2009 a la fecha, así como las consecuencias inmateriales consistentes en lo intrínseco de la persona, que es el punto fino del daño moral que también debe ser compensado, pues hubo una afectación en los sentimientos de Calpurnia Seisdedos Méndez, se le causó un dolor al lesionar directamente sus derechos y por tanto, la indemnización pecuniaria debe ser digna y suficiente para resarcir a la víctima tanto de los daños patrimoniales como de los extrapatrimoniales y además dicha compensación debe ser de tal magnitud que efectivamente representación una sanción a la demandada que sea significativa y ejemplar, sentando precedentes a fin de erradicar las conductas discriminatorias como la cometida por la demandada.

En este sentido, las consecuencias patrimoniales o materiales del caso concreto son fácilmente cuantificables, si partimos en primera instancia del sueldo ofrecido en la vacante ofertada $5001 a $10,000.00 y del tiempo transcurrido hasta dictar la resolución que fije el monto de la indemnización, así como los gastos que trae consigo el juicio ordinario civil en ambas instancias, el juicio de garantías y su revisión, pues también es lógico que la víctima tuvo que erogar gastos a fin de que se le compensará justamente el daño moral ocasionado. Del mismo modo, tomando en consideración la capacidad económica de la demandada, a fin de establecer un monto de indemnización que efectivamente constituya una sanción que reproche su conducta indebida y deje precedente en la sociedad mexicana a fin de disuadir a las personas físicas o morales de cometer este tipo de conductas discriminatorias.

Por su parte las consecuencias extrapatrimoniales o inmateriales, también deben ser cuantificadas, como lo son los derechos lesionados a Calpurnia Seisdedos Méndez, con los agravantes por atentar contra la dignidad no sólo de ella sino también de un sector de la sociedad (personas discapacitadas), así como las circunstancias particulares del presente caso que si bien no tienen una exacta traducción económica, no por ello deben dejar de ser compensadas.

SEGUNDO.-La sentencia dictada por la responsable transgrede además diversos instrumentos internacionales que ha suscrito nuestro país, pues es obligación del Estado Mexicano reparar el daño moral causado por violación a los derechos humanos, como en el caso en concretó aconteció con el acto discriminatorio cometido por la demandada en contra de Calpurnia Seisdedos Méndez.

El artículo 63 de la Convención Americana sobre Derechos Humanos (Pacto San José) señala que si existiera violación a los derechos humanos, la Corte Interamericana garantizará que se reparen las consecuencias ocasionadas al vulnerar tales derechos y al pago de una justa indemnización.

Por su parte, la Corte Interamericana ha enfatizado que la importancia de indemnizar justamente el daño moral, tal como lo sostuvo en el punto 65 del caso García Cruz y Sánchez Silvestre vs Estados Unidos Mexicanos, de fecha 26 de noviembre de 2013, mediante el cual señaló:

> La reparación del daño ocasionado por la infracción de una obligación internacional requiere, siempre que sea posible, la plena restitución (*restitutio in integrum*), que consiste en el restablecimiento de la situación anterior. De no ser esto factible, como ocurre en la mayoría de los casos de violaciones a los derechos humanos, el Tribunal determinará medidas para garantizar los derechos conculcados y reparar las consecuencias que las infracciones produjeron. Por tanto, la Corte ha considerado la necesidad de otorgar diversas medidas de reparación, a fin de resarcir los daños de manera integral, por lo que además de las indemnizaciones compensatorias, la obligación de investigar, las medidas de restitución, rehabilitación, satisfacción y las garantías de no repetición tienen especial relevancia por los daños ocasionados.

Cabe mencionar que la sala responsable en la sentencia que constituye el acto reclamado, confunde el daño material con el daño inmaterial, limitándose únicamente a cuantificar los daños materiales y absteniéndose de cuantificar los inmateriales, que realmente constituyen el punto fino del daño moral. En este sentido, resulta que la Corte Interamericana ha establecido las claras diferencias entre ambos, tal como se deprende de los conceptos que a continuación se transcriben para su pronta referencia. Véase el Caso Bámaca Velásquez Vs. Guatemala. Reparaciones y Costas. Sentencia de 22 de febrero de 2002. Serie C No. 91, párr. 43, y Caso Luna López Vs. Honduras, supra nota 84, párr. 246.

Asimismo, la obligación del Estado Mexicano de adoptar las medidas necesarias a fin de erradicar las conductas discriminatorias en contra de personas con discapacidad se encuentra contemplada en el artículo III, punto 1, apartado a) de la Convención Interamericana Para la Eliminación de Todas las Forma de Discriminación contra las Personas con Discapacidad, aprobada en la Ciudad de Guatemala, Guatemala el 7 de junio de 1999, obligación que debió tomar en cuenta la sala responsable al momento de sancionar el acto discriminatorio que cometió la demandada y que indebidamente dejo de hacer.

Visto lo manifestado en el presente concepto de violación, resulta que con la conducta discriminatoria desplegada por la demandada se violaron derechos humanos de Calpurnia Seisdedos Méndez, resultando responsable de tales violaciones ESTATAL DE PENSIONES, S. DE R. L. DE C.V., y por tanto corresponde al Estado Mexicano, en concreto el juzgador, valorar todos y cada uno de los parámetros para cuantificar el daño moral, haciendo una distinción entre las consecuencias materiales y las inmateriales que trajo consigo la conducta discriminatoria cometida por la demandada, así como los agravantes de la misma, pues se debe compensar de manera justa e integral a la víctima.

Los ESTADOS UNIDOS MEXICANOS, a través de la autoridad responsable, viola los tratados internacionales mencionados, porque el Estado Mexicano en su conjunto se obligó frente a la comunidad internacional a erradicar los actos de discriminación por la discapacidad de las personas y para ello es necesario fijar una indemnización EJEMPLAR, no una cantidad ridícula por ínfima que es el 0.02 por ciento de los activos de la empresa, que ni siquiera representa los costos de un litigio que se ha llevado más de cinco años, que ha llegado hasta la Suprema Corte de Justicia de la Nación, que tal vez llegue a la Comisión Interamericana de Derechos Humanos o a la Corte Interamericana de los Derechos Humanos.

Por todo lo expuesto, y al resultar fundados los conceptos de violación contenidos en la presente demanda de garantías, es que sus Señoría deberán otorgar a Calpurnia Seisdedos Méndez el AMPARO Y PROTECCIÓN DE LA JUSTICIA FEDERAL, para que se deje sin efectos el acto reclamado, debiendo en consecuencia dictar resolución mediante la cual se condene a la demandada el pago de una indemnización justa, tomando en consideración tanto los daños materiales o patrimoniales como los inmateriales o extrapatrimoniales, siendo que tal sentencia constituya una forma de reparación para la víctima y contribuya a evitar que se repitan actos discriminatorios similares en contra de personas con discapacidad.

Por lo antes expuesto,

A ESE H. TRIBUNAL, atentamente pido se sirva:

PRIMERO. Se me tenga en términos del presente escrito, a nombre de mi representada, demandando el Amparo y Protección de la Justicia Federal en contra del acto reclamado que se menciona en el cuerpo del presente ocurso.

SEGUNDO.-Previos trámites de ley, dictar resolución concediendo el Amparo solicitado por ser procedente y fundado, conforme a las leyes y garantías individuales mencionadas.

PROTESTO LO NECESARIO

México, Distrito Federal, a 17 de septiembre de 2013.

9.II.5.2. Contestación a escrito de apelación

IMPUGNACIÓN A RECURSO DE APELACIÓN

Ejecución de Títulos Judiciales 8/2014

Al Juzgado de Primera Instancia nº 13 de Vigo

Dña. Ana Zulueta, Procuradora de los Tribunales y de D. Santiago Ramírez, según consta acreditado en Autos, ante el Juzgado comparece y Dice:

Que por medio del presente escrito, y en el plazo conferido, paso a formular impugnación al recurso de apelación interpuesto de contrario, en atención a las siguientes

ALEGACIONES

Única.-Se limita el recurrente a atacar la indemnización por depreciación de la vivienda, entendiendo que no se ha acreditado.

Sin embargo, de su propio recurso se aprecia la contrario, pues consta en autos, por aportación de esta parte, los datos estadísticos oficiales del Ministerio del ramo, sobre la depreciación de la vivienda en la Provincia de Pontevedra, que no ha sido válidamente impugnado, ni discutido en forma alguna, sino al contrario, aceptado por bueno por el Perito judicial.

Confunde interesadamente el recurrente las valoraciones periciales, que se refieren al momento en que se llevan a cabo, con el perjuicio sufrido por el ejecutante, que es a lo que debe hacer frente la ejecutada. Los peritos en su informe valoran las viviendas al día en que realizan su informe, pero el perjuicio no equivale al valor de los inmuebles, pues ha quedado acreditado, y es evidente por caída del mercado inmobiliario, que su valor a fecha de valoración es mucho menor que el que tenían en el momento en que debió ser entregado el piso a mi mandante. Y eso es lo que se compensa con esa depreciación que, como decimos ha quedado debidamente acreditada, sin que la ejecutada hiciese oposición alguna a la misma hasta este momento, lo que resulta extemporáneo.

Por lo expuesto,

SUPLICO al Juzgado tenga por presentado este escrito, lo admita y le dé el trámite oportuno, y a la Sala, que desestime el recurso de adverso, con imposición de costas, confirmando íntegramente la resolución recurrida.

Vigo, a 3 de julio de 2015

Fdo. Ana Zulueta
No. colegiada 202

9.II.6 Autoevaluación

Las respuestas a la autoevaluación pueden encontrarse al final del libro, en el capítulo 14.

1. ¿Qué cauce sigue la impugnación de la jurisdicción y competencia de un tribunal?
2. ¿Cuál es la razón de que se haya de ser exhaustivo en la exposición de los fundamentos fácticos y jurídicos de la demanda?
3. ¿Qué ocurre si el demandado no contesta o guarda silencio sobre algunas de las afirmaciones del demandante?
4. ¿Por qué es relevante el principio de impulso procesal de oficio?
5. ¿De qué modo pueden ayudar los tribunales a las partes en la preparación del proceso?

PALABRAS CLAVE

- Acusado
- Adherirse a la apelación
- Apelante
- Allanamiento
- Arbitraje *ad hoc*
- Arbitraje comercial
- Arbitraje comercial internacional
- Arbitraje de consumo

- Arbitraje de inversiones
- Audiencia previa
- Auto
- Caducidad
- Carga procesal
- Causa de pedir
- Cédula
- Coadyuvante
- Código de ética
- Código deontológico
- Comunicación edictal
- Conciliación
- Confesión
- Contestación a la demanda
- Contestación a la reconvención
- Convenio arbitral
- Cosa juzgada
- Dar traslado
- Declinatoria
- Defensoría del pueblo
- Demanda
- Demanda en garantía
- Demandante
- Denuncia
- Depósito de caución
- Dictamen
- Diligencia preliminar
- Diligencia preparatoria
- Documento privado
- Documento público
- En estrados
- En plazo y forma
- Escrito de acusación
- Escrito de apelación
- Escrito de defensa
- Escrito de oposición
- Excepciones procesales
- Excepciones materiales
- Fe pública judicial
- Fe pública notarial
- Fuerza mayor
- Improrrogable
- Inadmisión a trámite
- Incidente de previo y especial pronunciamiento
- Incidente procesal
- Instancia de parte

- Instructivo
- Intervención voluntaria
- Mecanismos ADR
- Mediación
- Medida cautelar anticipatoria
- Medios de prueba
- Negociación
- Notificar
- Objeto del proceso
- Otrosí digo
- Otrosí más digo
- Parte apelada
- Perito
- Petición alternativa
- Petición subsidiaria
- Posición procesal
- Presentar
- Pretensión
- Presupuestos
- Principio de congruencia
- Principio de impulso procesal de oficio
- Procurador de los Tribunales
- Procuraduría del Consumidor
- Pronunciamiento
- Protesto lo necesario
- Prueba anticipada
- Prueba documental
- Prueba legal
- Prueba procesal
- Prueba tasada
- Querella
- Reconvención
- Recurrir
- Reglas de responsabilidad profesional
- Réplica
- Resolución alternativa de conflictos
- Resolución judicial
- Sanción
- Solicitud de arbitraje
- Suplico
- Tasada
- Tercero neutral
- Usos del foro

10. Transactional documents – Documentos transaccionales

The English-language portion of this chapter is meant to be read by those for whom English is a second language. Readers for whom Spanish is a second language should begin their reading on page 512.

Esta sección en inglés es para quienes hablan inglés como segundo idioma. Los lectores que tienen el español como su segundo idioma deben empezar su lectura en la página 512.

10.I TRANSACTIONAL DOCUMENTS

10.I.1 Introduction

Chapter 9 discussed certain practical issues associated with judicial, arbitral and other submissions. However, not every lawyer works in the area of dispute resolution. Instead, many bilingual lawyers specialize in transactional law, which requires a different set of skills than litigation and arbitration. This chapter therefore considers a number of matters that transactional lawyers must take into account when working across the Spanish-English linguistic divide. These include:

- issues affecting cross-cultural negotiation;
- process-related concerns in bilingual transactions;
- structural issues involving cross-border contracts;
- other documents used in a transactional practice; and
- key provisions in cross-border **deals**.

10.I.2 Issues Involving Cross-Cultural Negotiation

Bilingual lawyers can be asked to assist with a wide variety of transactions: the purchase of **real** or **personal property**, the **sale of goods** or **services**, the creation of a new entity such as a **joint venture**, the provision of **capital** for an **investment**, a corporate **merger** or **acquisition**, creation of a **franchise** and so on. All of these matters must be negotiated to a great or lesser amount. Although Spanish-speaking lawyers may be excellent negotiators in their home jurisdiction, bilingual negotiations give rise to a number of unique issues, both as a matter of substance and of style.

Before beginning, it is important to note that any time a lawyer is working bilingually, he or she is operating on a cross-cultural basis, regardless of whether the underlying transaction is domestic or international in nature.¹ In some cases, the cross-cultural element appears **across the table**, meaning between opposing parties. In other cases, the cross-cultural element exists between the lawyer and his or her client. In either situation, a bilingual lawyer needs to be aware of how a person's background affects how he or she views the negotiation process. Good lawyers also need to consider whether and to what extent the lawyer's own personal preferences and beliefs regarding how negotiations should proceed are consistent with those of the client. Although some lawyers may believe that matters of tactics, including negotiation tactics, are best handled by the lawyer, some jurisdictions may place that decision in the hands of the client.² In either case, it is often wise to include clients in discussions about how a negotiation is to proceed, since that information could not only lead to a better outcome but also promote a good attorney-client relationship.

Experts have identified two major styles of negotiation.³ One approach is highly **adversarial** and views one's party's loss as another party's gain. This method, which reflects a **zero sum** or **win-lose mentality**, can be quite aggressive and involves a great deal of posturing and power plays. The second approach is more cooperative in nature and features what is known as a **problem-solving** or **win-win mentality** in which the parties seek to maximize mutual gain.⁴ In this method, one person's gain is not necessarily the other person's loss. Standard problem-solving techniques involve the identification and fulfilment of the parties' underlying interests, which means that negotiators tend to share a great deal of information about what they have to offer, what they want to achieve and what motivates their decisions. Such strategies are contrary to techniques used in adversarial negotiation, where parties seek to avoid disclosing goals and information so as to gain the upper hand.

Choosing an appropriate negotiation style is critical, since that decision can not only affect how favourable the terms of an agreement are to each side but also whether agreement is reached at all. When deciding how to approach a negotiation, bilingual lawyers should not only consider their own preferred techniques but also the technique that is likely to be adopted by the other side. While every negotiator is different, certain styles are more closely associated with certain cultures. For example, parties from the US often adopt a highly adversarial approach which can prove problematic for parties from

---

¹ See John Barkai, 'What's a Cross-Cultural Mediator to Do? A Low-Context Solution for a High-Context Problem' (2008) 10 Cardozo J Conflict Resol 43, 43 (noting that lawyers working domestically 'are increasingly likely to be involved in disputes between people who represent distinctly different ethnic, racial, or national origin cultures').

² See Ch 2.I.2 (regarding rules of professional ethics). This is a sensitive question and highly dependent on the applicable rules of professional responsibility and ethics. For example, some lawyers in the US may believe that the relevant rules allow lawyers to decide how best to achieve the client's general goals. See American Bar Association, Model Rules of Professional Conduct, Rule 1.2(a) (noting 'a lawyer shall abide by a client's decisions concerning the objectives of representation and, as required by Rule 1.4, shall consult with the client as to the means by which they are to be pursued'). However, other authorities suggest that a client has the right to be involved in all aspects of the transaction or litigation and should be allowed to make the final decision regarding questions of tactics. See Art Hinshaw, 'Teaching Negotiation Ethics' (2013) 63 J Legal Educ 82, 83.

³ See Leonard L Riskin and others, *Dispute Resolution and Lawyers* (5th edn, West Academic Publishing 2014) 112–58 (discussing adversarial negotiation and problem-solving negotiation).

⁴ The cooperative style is most often exemplified in Roger Fisher and William Ury, *Getting to Yes: Negotiating Agreement Without Giving In* (2d edn, Penguin Group 1991).

Spanish-speaking countries, since the Spanish style of negotiation is often much more cooperative.

Adversarial versus cooperative negotiation tactics are only some of the issues that a bilingual lawyer should consider when involved in a cross-cultural transaction.[5] For example, a lawyer should think about whether and to what extent the various participants in the negotiation come from **polychronistic** or **monochronistic** societies, or from cultures adopting **high context** or **low context** communications.[6] Although these factors have been previously discussed in Chapter 2 in the context of client relationships, the principles apply equally to negotiations, and the failure to respect these underlying cultural norms can prove disastrous. For example:

> [p]unctuality is more important to Americans than it is to persons from some other cultures. It is generally rude for an American to show up for a business meeting five or ten minutes past the scheduled time, while a thirty or forty-five minute delay would not be uncommon in Latin American . . . countries.[7]

Thus, a person who shows up late to a meeting with a party from the US or any monochronist culture could be faced with a very angry negotiator, which does not bode well for the outcome of the discussions.

Another factor that a bilingual lawyer might want to consider involves the extent to which people involved in the negotiation come from **individualist** or **collectivist** cultures.[8] Because individualist cultures put individual concerns above those of the group, a negotiator faced with someone from that background might achieve better results by focusing on how the proposed transaction will personally benefit the other party. However, a negotiator faced with someone from a collectivist culture would do well to show how the deal will benefit other interested parties, including society as a whole.

The concept of individualism and collectivism affects other aspects of the negotiation process, including the amount of personal self-disclosure that is considered appropriate. For example, people from collectivist cultures tend to 'prefer communication methods that promote in-group harmony, such as indirectness, accommodation, and collaboration' and may have a higher degree of self-disclosure in both personal and professional relationships.[9] This suggests that people from collectivist cultures may be more likely to adopt a problem-solving approach to negotiation.

---

[5] A considerable amount of research is available concerning the various factors that affect cross-cultural negotiations. One good example arises from the negotiations for the creation of Euro Disney. See Lauren A Newell, 'Mickey Goes to France: A Case Study of the Euro Disneyland Negotiations' (2013) 15 Cardozo J Conflict Resol 193 (discussing the types of problems that can arise if negotiators are not in touch with local cultural norm).

[6] See Ch 2.I.1.

[7] Charles B Craver, 'How to Conduct Effective Transnational Negotiations Between Nations, Nongovernmental Organizations, and Business Firms' (2014) 25 Wash U J L and Poly 69, 82.

[8] See Daniel CK Chow, 'Culture Matters – Negotiating Globally: How to Negotiate Deals, Resolve Disputes, and Make Decisions Across Cross-Cultural Boundaries' (2003) 18 Ohio State J on Dispute Resol 1003, 1004.

[9] Audrey Liz Schwartz, 'Latinos' Collectivism and Self-Disclosure in Intercultural and Intracultural Friendships and Acquaintanceships' (2009) 2 <http://digitalcommons.usu.edu/cgi/viewcontent.cgi?article=1456&context=etd>.

People from individualist cultures, on the other hand, are often more direct and assertive in their communication style and are not as concerned with sharing or hearing personal information. As a result, parties from individualist cultures may be more comfortable with adversarial negotiation tactics. This dichotomy is important in cases involving Spanish and English-speaking parties, since studies suggest that English-speaking nations tend to be more individualist in nature while Spanish-speaking jurisdictions often adopt more of a collectivist perspective.

Negotiators may also wish to consider whether other participants come from a **hierarchical** or **egalitarian** culture.[10] Again, knowing this information in advance can be helpful in promoting effective communication. For example, negotiators who are dealing with someone from a hierarchical organization or culture should refer most if not all comments to the person at the top of the command chain. However, negotiators who are working with people from more egalitarian companies or societies should include everyone in the conversation, at least to some extent. Failure to recognize and respect the power structure of the party with whom you are negotiating can injure the negotiation process, sometimes fatally.[11]

Two areas where the difference between hierarchical and egalitarian cultures become most apparent involve matters relating to age and gender. For example, while hierarchical societies tend to give automatic deference to the eldest member of a team, egalitarian cultures often value all team members equally, regardless of age. Similar distinctions exist with regard to gender, with egalitarian societies seeing no distinction between men and women and hierarchical cultures taking the view that only men are capable of acting as the top decision-maker. Negotiators must be very careful to understand the norms of the group with which they are working so as to avoid giving offence.

Studies suggest that English- and Spanish-speaking countries differ in a number of key regards. For example, experts have determined that people from English-speaking jurisdictions tend to be moderately egalitarian, strongly individualistic and strongly monochronistic while people from Spanish-speaking jurisdictions are moderately hierarchical, moderately collectivist and strongly polychronistic.[12] These factors can have a significant practical effect on how parties approach negotiations.[13]

---

[10] See Chow (n 8) 1004. Notably, this factor can refer not only to the country from which the other person comes but also the cultural norms of that person's company or law firm, since someone may come from a country that is relatively egalitarian but may work in a company that is very hierarchical. For example, a closely held, family-run business might be extremely hierarchical, with employees deferring to the founder.

[11] For example, a company that is attempting to set up a joint venture or another type of long-term relationship may decide not to go through with the deal if the other party appears to be culturally tone-deaf, since many people believe that a lack of harmony during the negotiation process foreshadows a similar lack of harmony after the contract is signed.

[12] See Richard M Steers, Luciara Nardon and Carlos J Sanchez-Runde, *Management Across Cultures: Challenges and Strategies* (Cambridge University Press 2010) 65 (noting also that people from English-speaking jurisdictions are strongly mastery-oriented and moderately rule-based while people from Spanish-speaking jurisdictions are strongly harmony-oriented and strongly relationship-based).

[13] See Chow (n 8) 1004 (noting '[n]egotiators from individualist egalitarian and low-context communication cultures, such as the United States, use direct, sometimes confrontational styles whereas negotiators from collectivist, hierarchical, and high-context communication cultures prefer to use indirect negotiation styles that avoid confrontation' (citations omitted)).

Additional disparities arise within different English-speaking countries.[14] Some discrepancies involve the level of formality associated with a particular culture. Thus, for example, Australians often conduct business in a highly informal manner, often invoking a certain amount of irreverent humour, while the English are usually much more formal and understated. Although Americans are not formal per se, they do 'tend to separate business and social discussions'.[15]

Another area where differences arise between various English-speaking jurisdictions involves the pace of negotiations. Parties from the US expect to move through the negotiation process extremely quickly and efficiently, as do parties from Hong Kong. However, Canadians take a much more measured approach to negotiation and generally adopt a relatively low-key and evenly paced attitude. Parties from India, on the other hand, often engage in long, drawn-out formalities at the beginning of a negotiation before moving to a highly creative and entrepreneurial substantive discussion that may involve several seeming-agreements that are subsequently adjusted before the final terms are decided.

10.I.3 Process-Related Concerns in Bilingual Transactions

The preceding section demonstrated how negotiation tactics may need to be adjusted to ensure a successful cross-cultural negotiation. However, bilingual lawyers must also be aware of a number of process-related concerns that are unique to multilingual transactions.

The biggest question in this regard involves whether and to what extent various documents and communications should be translated into a second language. To some extent, the answer will depend on the parties' fluency in the languages in question. However, some parties insist upon translation or interpretation even if they speak both languages quite well. Although this approach can simply reflect an abundance of caution, some parties use it as a tactical ploy. As a result, bilingual lawyers should always conduct team discussions out of earshot of the opposing party rather than simply switching to their native tongue on the assumption that the other party does not understand that language.

Translation of written documents can be even more problematic. Not only does extensive translation result in additional costs and delays, it can also create legal difficulties, particularly if a dispute arises after the conclusion of the deal. For example, courts in a jurisdiction that applies a **teleological** or **purposive** approach to contract interpretation might have to consider documents in multiple languages when attempting to construe a contract term.[16] Parties from Spanish-speaking jurisdictions also need to consider

---

[14] Some excellent comparisons of the communication and negotiation styles of different English-speaking jurisdictions can be found in Gus Lubin, 'These Diagrams Reveal How to Negotiate With People From Around the World' *Business Insider* (March 25, 2014) <www.businessinsider.com/communication-charts-around-the-world-2014-3> (including charts from Richard D Lewis, *When Cultures Collide: Leading Across Cultures* (3d edn, Nichols Brealey Publishing 2005)).

[15] Craver (n 7) 82.

[16] The teleological or purposive approach to contract interpretation allows a court to consider documents generated during the negotiations as a means of ascertaining the intent of the parties. Although the approach is relatively common in Spanish-speaking countries, it is not universally followed in the English-speaking world. Indeed, a number of English-speaking countries, most

whether and to what extent documents relating to a transaction might be **discoverable** (subject to a **discovery** or **disclosure order**) in an English-speaking court.[17] Since document review and production can be both extensive and expensive, parties may want to avoid creating unnecessary documents.

Although a number of authorities suggest that negotiations should never be conducted in two languages, there are nevertheless some benefits to bilingual proceedings. For example, working in two languages can help ensure that all parties are equally involved in the negotiation process. Bilingual negotiations can also increase the quality of personal and professional relationships, thereby increasing the likelihood that the deal will be consummated. Since every transaction is different, parties must weigh the pros and the cons of translation in each individual case.

Regardless of whether the parties decide to conduct negotiations in one or two languages, experts agree that the final agreement should be reflected in a single language. While it may be tempting to create a contract in two languages that are both considered equally authentic, it is very easy for a party to find some ambiguity between the two versions and thereby generate an issue that must be resolved by a court. Therefore, the final contract should be in a single language.[18]

Another process-oriented concern involves the duty to negotiate in good faith, which is an issue that is addressed differently in Spanish- and English-speaking jurisdictions. For example:

> [c]ivil law countries, in stark contrast to common law countries, have treated the pre-contractual period of contract formation as one in which liability for expenditures can arise under negotiation duties of good faith and loyalty established under either contract-based ... or tort-based ... legal regimes. Courts in common law jurisdictions, with the UK and US as the most prominent examples, have treated the pre-contractual phase in contract formation differently, holding that parties have the right to enter and exit negotiations freely and without liability. Within the common law world, however, divergence also exists among jurisdictions. Courts in some US states, for example, have held that parties can be liable for breaking off negotiations in bad faith when preliminary agreements have been entered into. In contrast, landmark case law in the UK holds that pre-contractual negotiations in circumstances where no preliminary agreements have been entered into do not create an express duty to negotiate in good faith[, at least in the commercial context]. An implied duty of good faith and fair dealing, however, can be enforced in US courts under particular circumstances.[19]

---

notably the US, apply a **four corners** or **plain meaning** approach to contract interpretation. Under that methodology, courts limit themselves to the contract document itself and do not consider other transactional documents to help understand the meaning of a contractual term. See Ch 7.I.3.1.

[17] Many English-speaking jurisdictions allow for the broad production of non-privileged documents relating to a dispute, regardless of whether that document is found in electronic or hard copy. See Ch 9.I.3.3 (regarding discovery and disclosure). As a result, transactional lawyers should always be concerned about the **paper trail** (sequence of documents) that they are creating when negotiating a deal.

[18] The language of the contract should correspond with the language used in the dispute resolution process chosen by the parties.

[19] Jonathan Cardenas, Note, 'Deal Jumping in Cross-Border Merger and Acquisition Negotiations: A Comparative Analysis of Pre-Contractual Liability Under French, German, United Kingdom and United States Law' (2013) 9 NYU J L and Bus 941, 945–46 (citations

Differences may also arise concerning the types of damages that a party can recover for the failure to negotiate in good faith.[20]

When considering the duty to negotiate in good faith, parties should be aware that the law that they intend to choose to govern the final substantive contract may not be the law that governs questions regarding pre-contractual **liability**. Instead, matters relating to the creation of an unintended contract[21] and the duty to negotiate in good faith must be subjected to a **conflict of laws** analysis, which identifies the law that controls the issue of whether a duty to negotiate in good faith existed and was breached.[22]

Cross-border negotiators must also be aware of other process-oriented concerns. For example, lawyers working on multinational deals must consider whether and to what extent any mandatory laws apply to the deal at hand. Although some mandatory laws operate exclusively within the territory of the country that enacted those provisions, other laws have both domestic and extraterritorial effect. In fact, some statutes, most notably the US Foreign Corrupt Practices Act (FCPA), only address extraterritorial behaviour.[23]

The final process-oriented issue to consider here involves the question of corporate authority. English- and Spanish-speaking jurisdictions often take very different views about this issue,[24] and bilingual lawyers need to be aware of the various distinctions if they are to conduct the **due diligence** (fact-seeking and -confirming) phase of the transaction properly.[25]

---

omitted). English law may allow for an implied duty of good faith in some sorts of contracts, such as those in the employment context, although that duty has not yet been extended to general commercial matters. See Stephen Bogle, 'Disclosing Good Faith in English Contract Law' (2014) 18 Edinburgh L Rev 141, 142. '[I]n Canada, the courts have generally not recognized an "independent duty between arm's length parties to negotiate in good faith in ordinary commercial transactions"'. Violeta Solonova Foreman, 'Non-Binding Preliminary Agreements: The Duty to Negotiate in Good Faith and the Award of Expectation Damages' (2014) 72 U Toronto Faculty L Rev 12, 26.

[20] See Foreman (n 19) 31 (distinguishing between **reliance damages** and **expectation damages**).

[21] Parties in English-speaking jurisdictions may also be required to perform certain duties pursuant to the doctrine of **promissory estoppel**, which is recognized in most English-speaking jurisdictions. Under this principle, a court will enforce certain promises even if all the elements of a valid contract do not technically exist. See Ch 7.I.3.1.

[22] Although the application of principles relating to conflict of laws is relatively consistent across jurisdictional lines, some differences do arise. See for example, Restatement (Second) Conflict of Laws (discussing conflict of laws in the US); Lawrence Collins and others, *Dicey, Morris and Collins on the Conflict of Laws* (15th edn, Sweet and Maxwell 2012) (discussing conflict of laws in the UK).

[23] See Foreign Corrupt Practices Act, Public Law No 95-213, 91 Stat 1494 (1977) (codified as amended in scattered sections of title 15 of the United States Code). Because the FCPA is a mandatory law, parties from the US must ask their Spanish-speaking counterparts about certain business practices to make sure that the transaction complies with US law. Although some of these questions may appear somewhat indelicate, they are necessary if the transaction is to be successfully consummated.

[24] See Charles E Meacham, 'Foreign Law in Transactions Between the United States and Latin America' (2001) 36 Texas Intl L J 507, 511–12 (noting these issues arise as a result of fundamental differences between the common and civil law and describing which documents should be reviewed in the US, Mexico and Colombia).

[25] See Francis J Aquila, 'A Look at Due Diligence', in Mark H Davis and others (eds), *Business Due Diligence Strategies, 2012 Edition: Leading Lawyers on Conducting Due Diligence in Today's M and A Deals* (Aspatore 2012) 1–12 (defining due diligence in **mergers and acquisitions (M&A)** practice).

10.I.4 Structural Issues Involving Cross-Border Contracts

After negotiations have successfully concluded, the parties must **memorialize** the resulting agreement in writing.[26] Although some people believe that this process should be relatively easy, a number of problems can arise as a result of differences in the way that contracts are structured in English- and Spanish-speaking countries. These differences are not simply stylistic, but are instead related to certain core features of the common and civil law.

As a general rule, the structure of a cross-border contract should follow the standard approach used in the country whose law governs the contract, since the surrounding legal environment has a strong effect on what types of provisions are necessary. Typically, contracts governed by the law of Spanish-speaking countries tend to be shorter and less complicated than those governed by the law of English-speaking countries because most Spanish-speaking countries have comprehensive codes that assist with interpretation and application of various contract terms and principles.[27] Most English-speaking nations follow the common law legal tradition, which means that most of their contract law is embodied in case law rather than in codes.[28] As a result, contracts governed by the law of an English-speaking nation are often quite long and highly detailed, since the parties must explicitly contemplate all possible legal and factual issues that could arise.[29]

Agreements governed by the law of English-speaking nations tend to reflect certain basic principles of organization. For example, most contracts are broken into separate sections, with core items typically coming before those of lesser importance and general provisions usually appearing before specific items or exceptions to the rule.[30] Technical, miscellaneous and **boilerplate** provisions often appear at the end of the document, just before the **signature blocks**.[31]

Transactional lawyers in English-speaking countries have generated a relatively standard approach to contracts, based on these general organizational principles. Thus, most

---

[26] Most English-speaking jurisdictions recognize certain types of **oral contract**, but those types of agreement are never recommended.

[27] See Meacham (n 24) 510.

[28] Although most English-speaking jurisdictions have some statutes relating to contract law, the statutory regime is not comprehensive, as it is in civil law jurisdictions. However, some English-speaking countries, most notably Australia, have considered the adoption of a comprehensive contract code. See Warren Swain, 'Contract Codification in Australia: Is it Necessary, Desirable and Possible?' (2014) 36 Sydney L Rev 131, 131.

[29] Parties to cross-border contracts tend to select laws that are neutral as between buyer and seller and that are relatively well developed. Two of the more popular laws for international transactions are New York and English law. As a result, some commentators have suggested that longer, common law-style contracts are becoming the norm in cross-border business matters.

[30] See Thomas R Haggard and George W Kuney, *Legal Drafting in a Nutshell* (West Publishing Co 1996) 35, 43.

[31] See Ibid. Some English-speaking jurisdictions refer to **boilerplate contracts** (also known as **standard form contracts**) to refer to agreements that are entirely standardized. See David Chaikin, 'A Critical Examination of How Contract Law is Used by Financial Institutions Operating in Multiple Jurisdictions' (2010) 34 Melbourne U L Rev 34, 45 (discussing Australian practice). The reference to boilerplate provisions refers to standardized clauses rather than entirely standardized contracts.

contracts that are governed by the law of an English-speaking jurisdiction typically include a title; an introductory paragraph that identifies the parties and the effective date of the agreement; various factual recitals; definitions of terms; core substantive provisions, which likely include the **closing date** as well as various **conditions** and the necessary **consideration** (ie, the inducement to enter into the contract); any other relevant promises, which may include **representations, warranties, covenants, indemnities, guarantees** or **releases**; a description of events giving rise to **default** or resulting in certain **remedies**; any standard or boilerplate language; and the necessary signature blocks.[32] A contract might also include various **exhibits** or **attachments**.

Although conventional wisdom suggests that a transaction constitutes a single agreement between two parties, **multiparty** and **multicontract** relationships are becoming increasingly common in the cross-border commercial context.[33] Lawyers working on these types of complex deal must be sure that the various agreements do not contain any ambiguities or conflicting provisions.

Most contractual provisions are fact-dependent and therefore must be drafted to reflect the specific nature of the transaction in question. However, many contracts contain a number of 'boilerplate' provisions that are relatively standard from transaction to transaction.[34] Thus, lawyers from Spanish-speaking countries should be prepared to consider whether and to what extent a particular agreement needs:

- a **severability clause** which indicates that if any part of the contract is **void**, the rest of the contract remains in effect;
- a **choice of law provision**;
- language requiring any **modifications** of the contract to be in writing (also known as an **NOM** or **no oral modification clause**);
- a **no waiver** provision stating that the waiver of one part of the contract does not imply a waiver of any other aspect of the agreement;
- a **merger clause** indicating that the contract reflects the final agreement of the parties and that **extrinsic evidence** cannot be used to supplement or contradict the terms of the contract;

---

[32] See Haggard and Kuney (n 30) 42–43.

[33] S.I. Strong, 'Beyond International Commercial Arbitration? The Promise of International Commercial Mediation' (2014) 45 Wash U J L and Policy 11, 19–20. For example, some international transactions can include:

> at least five principal contracts or agreements . . . . namely, the **contract of sale** ([l]egal relationships between buyer and seller of goods), the **contract of carriage** ([l]egal relationships between shipper and carrier of the goods), the **contract of insurance** ([a]rrangements for the insurance of those goods sold and carried), **agreement of payment** ([f]inancial arrangements for international transaction) and **agreement of dispute settlement** ([m]ethod for dispute resolution).

Zhen Jing, 'Insurer Beware! – Circumstances in Which the Insurer May Lose His Subrogation Rights in Marine Insurance' (2012) 43 J Mar L and Com 129, 130 n 4 (emphasis added).

[34] Lawyers in some countries, most notably England, often begin drafting a contract or boilerplate provision by consulting a model or **precedent** from a published **form book** or from the law firm's own files. Notably, this use of the term 'precedent' differs from ordinary usage, which refers to a judicial opinion that is given precedential authority in a common law jurisdiction. See Ch 5.I.5.

- language regarding the **assignment** or **delegation** of the parties' rights and responsibilities;
- terms describing the **survivability** of the contract following the death or incapacity of one of the parties;
- provisions regarding **notice** under the contract;
- **liquidated damages** provisions to address situations where damages may be difficult to calculate; and
- a *force majeure* (**Act of God**) provision.[35]

Although not every contract includes every one of these provisions, these items are considered relatively standard in most English-speaking jurisdictions. Nevertheless, bilingual lawyers should be sure to review any boilerplate language carefully to make sure that the terms are appropriate to the circumstances at hand,[36] taking into account the likelihood that the precise wording will vary from jurisdiction to jurisdiction, due to differences in the underlying law.[37]

The preceding discussion could be read to suggest that all contracts in English-speaking jurisdictions are long, formal documents with multiple exhibits or attachments. While many transactions require very formal documentation, a contract can be quite short, if the circumstances warrant it. Indeed, some contracts, such as those reflected in a **letter of agreement (letter agreement)** can be as short as one or two pages. All that is required in these circumstances is for the letter to indicate the intent for the parties to be bound to the terms outlined in the letter. The sender then asks the recipient to sign a copy of the letter and return it to indicate agreement to the terms described in the letter.[38]

It is often considered a **best practice** to **reduce** an agreement to a single piece of writing. However, many English-speaking jurisdictions do not require a contract to be reflected in a single document signed by both parties. Instead, the law often allows contracts to be created through a series of documents or even through full or partial performance.[39] As a result, bilingual lawyers should indicate explicitly whether a particular communication constitutes a **preliminary inquiry**, an **offer**, a **counter-offer**, etc. so as to avoid creating an unintentional contract.

Of course, if the parties wish to create an intermediate obligation to continue negotiating towards a more formal agreement, they may do so. The standard means of establishing

---

[35] See Haggard and Kuney (n 30) 52–57 (discussing US law); see also Filip de Ly, 'Interpretation Clauses in International Contracts (Characterization, Definition, Entire Agreement, Headings, Language, NOM-Clauses, Non-Waiver Clauses and Severability)' (2000) 6 Intl Bus L J 719, 736.

[36] See Giuditta Cordero-Moss (ed), *Boilerplate Clauses, International Commercial Contracts and the Applicable Law* (Cambridge University Press 2011).

[37] See Richard Christou, *Boilerplate: Practical Clauses* (6th edn, Sweet and Maxwell 2012) (discussing English law); de Ly (n 35) 736 (noting international practice); Haggard and Kuney (n 30) 52–57 (discussing US law).

[38] See Elizabeth Fajans, Mary R Falk and Helene S Sharpo, *Writing for Law Practice* (2d edn, Foundation Press 2010) 530.

[39] See Ch 7.I.3.1. One of the more vexing issues in English-speaking jurisdictions involves the **battle of the forms**, where two commercial actors exchange their standard form contracts and then begin behaving as if a contract exists between them. Since the forms are usually not identical, courts must decide which provisions apply.

a duty to continue negotiating involves a **letter of understanding**, which outlines the terms that have been agreed to by the parties up until the date of the letter and indicates that the parties are working towards a more complete contract. Although these types of contract do not have to be long, they must be drafted carefully so as to limit liability in cases where the parties do not come to a final agreement.[40]

10.I.5 Other Documents Used in Transactional Practice

Although contracts are central to any transactional legal practice, other types of document are also commonly used by **deal lawyers**. One such item is a **third party attorney opinion letter** (**opinion letter**). These documents, which should not be confused with a **legal opinion** provided by a **barrister** in the course of representing a particular client,[41] are highly technical analyses written in the form of a letter from a lawyer or a law firm to a **third party** (ie, a person or entity who is not represented by the lawyer or law firm who has written the letter). An opinion letter typically 'contains the opinion giver's opinions or conclusions on various legal issues', often with respect to 'the valid existence, capacity, and authority of various business entities' that are involved in the transaction.[42] Lawyers may also be asked to provide opinion letters regarding the possible existence of any litigation that could negatively affect the deal in question.[43]

Although opinion letters are quite formal in nature, each letter must be narrowly tailored to the circumstances at hand.[44] Furthermore, opinion letters must be drafted very carefully so as to avoid incurring personal liability on the part of the drafter.

Another type of non-contractual document that is relatively common in transactional practice is a **letter of intent**, also known as a **term sheet**, **list of proposal points** or **status letter**. The purpose of this type of document is to identify certain terms which need to be discussed or negotiated further. Parties should be sure to refer to this document as a letter of intent and indicate clearly that the document is not intended to be enforceable in any way, since a badly written letter of intent can resemble a letter of agreement and thereby result in some type of unintended contract.[45]

---

[40] See Fajans, Falk and Sharpo (n 38) 532–33.
[41] Although a barrister may provide an opinion that is meant to be used in the same way as an opinion letter, barristers also provide legal opinions that are meant to advise a particular client about a question of law. Opinions that are produced for a client's benefit are typically confidential in nature, unless the barrister has been hired to act as a **testifying expert** on a particular point of law. See Ch 9.I.3.3 (discussing testifying and **non-testifying experts**). In many English-speaking jurisdictions, a lawyer from another jurisdiction may be allowed to testify orally or in writing as to a point of foreign law, since the content of foreign law is considered to be a **question of fact**. Lawyers do not testify regarding the content of the law of the country where the court sits, since that is a question for the court to determine.
[42] See W David East, Douglas Wm Godfrey and Carol D Newman, 'Teaching Transactional Skills and Tasks Other Than Contract Drafting' (2011) 12 Tenn J Bus L 217, 219.
[43] Ibid.
[44] Although every opinion letter is unique, there are nevertheless some model documents available that provide a basic understanding of what is involved. See Business Law Section of the Pennsylvania Bar Association, Model Closing Opinion Letter (Annotated), <http://apps.americanbar.org/buslaw/tribar/materials/20080612000001.pdf>.
[45] See Fajans, Falk and Sharpo (n 38) 528.

Another document that is often used in commercial transactions is a **letter of credit**. Although the term 'letter' is used, this document is not a letter in the standard sense of a communication between two parties. Instead, a letter of credit is used to guarantee payment of a particular obligation so long as certain conditions are met.[46] Letters of credit are quite common in international transactions and relieve sellers of the risk of financial hardship if something goes wrong with the deal.[47] Letters of credit can be **revocable**, **irrevocable**, **confirmed**, **unconfirmed** or **transferable** and may be issued on a **standby**, **revolving** or **back-to-back** basis.[48] Most international letters of credit are governed by the **Uniform Customs and Practice for Documentary Credits (UCP)** issued by the **International Chamber of Commerce (ICC)**.[49]

10.I.6 Key Provisions in Cross-Border Deals

All cross-border contracts should include certain key provisions, regardless of whether the agreement follows the standard structure adopted in English- or Spanish-speaking jurisdictions. Thus, for example, all cross-border contracts should explicitly identify the **governing law**, since disputes about which substantive law controls a contract can be expensive and time-consuming.[50] Although most English- and Spanish-speaking countries provide for a high degree of personal autonomy with respect to the choice of substantive law, parties should always consider the potential applicability of mandatory provisions of law. When considering questions relating the choice of law, parties should consider whether and to what extent to adopt supplemental interpretive mechanisms such as the ICC's **Rules for the Use of Domestic and International Trade Items (Incoterms)**.[51]

Another vitally important provision that should be included in all cross-border contracts is a **dispute resolution clause**. Although many parties believe that **international commercial arbitration** is the best way to resolve international business disputes, some matters may be more appropriately heard in court. If the parties prefer litigation, then they should adopt a **venue-selection** or **choice of forum** provision rather than an **arbitration agreement**. Venue-selection provisions may be mandatory (indicating the one national court that has

---

[46] Although letters of credit are typically issued by banks, other entities can be the issuer in rare circumstances. See International Chamber of Commerce Commission, When a Non-Bank Issues A Letter of Credit (30 December 2002) <www.iccwbo.org/Advocacy-Codes-and-Rules/Document-centre/2002/When-a-non-bank-issues-a-letter-of-credit/>.

[47] While a court or arbitral tribunal could eventually order a seller to return some or all of the money that has been transferred under a letter of credit, the seller has the money in its hand while the dispute is being litigated or arbitrated, which is a significant benefit.

[48] See HM Revenue and Customs, Letters of Credit for Importers and Exporters <www.gov.uk/letters-of-credit-for-importers-and-exporters#what-is-a-letter-of-credit> (defining types).

[49] See 2007 Revision of Uniform Customs and Practice for Documentary Credits, UCP 600 (ICC Publication No 600) <http://store.iccwbo.org/icc-uniform-customs-and-practice-for-documentary-credits-ucp-600-leaflet-format-set-of-25>.

[50] JF Chester and Sophilia Hsu, 'Going Global: A Legal Primer for Innovation- and Knowledge-Based Companies' (2012) 20 Currents: Intl Trade L J 3, 9–11.

[51] See International Chamber of Commerce, The New Incoterms 2010 Rules <www.iccwbo.org/products-and-services/trade-facilitation/incoterms-2010/>; Chester and Hsu (n 50) 9; William P Johnson, 'Analysis of Incoterms as Usage Under Article 9 of the CISG' (2013) 35 U Pa J Intl L 379, 390; see also Ch 7.I.3.1, 7.I.6.

jurisdiction over a dispute) or permissive in nature (indicating that a dispute may be heard in a particular national court). When drafting such clauses, the parties must be sure that the court in question will accept jurisdiction over the parties and the dispute.[52]

Regardless of whether the parties choose to proceed in litigation or arbitration, some sort of provision is necessary because 'issues relating to jurisdiction over the parties and the transaction, enforcement of judgments, legal processes, and travel and litigation expenses' are much more complicated in the international realm than in the domestic realm.[53] Failure to indicate how and where a legal dispute will be resolved can lead to extensive and expensive litigation about procedural issues if and when a dispute arises. Parties to multicontract transactions should be careful to ensure consistency among the various dispute resolution and choice of law provisions to minimize procedural disputes should a matter arise under more than one contract.[54]

Another issue that is important in international transactions involves matters relating to currency and payment procedures. Not only must the parties decide how to allocate the risk of devaluation and other types of currency fluctuation, they must also deal with potential problems involving the transfer of funds across borders. Letters of credit and **wire transfers** are two standard means of dealing with currency transfers, although both require detailed documentation.

10.I.7 Model Documents

The fact-intensive nature of most contracts makes it difficult to provide any useful models, since every transaction is unique. However, the International Trade Centre (ITC), which is a joint agency of the United Nations and the World Trade Organization, has published a number of model agreements that may be useful to bilingual lawyers working in this field.[55] The ICC has also provided model contracts for a variety of situations ranging from international sales to international franchising.[56]

Not all contracts are as complicated as those contemplated by the ITC and ICC. As

---

[52] English courts are quite welcoming of foreign disputes and will accept jurisdiction over any matter that is governed by English law, even if the parties and the dispute have no other connection to England. Other countries are less inclined to allow foreign parties to bring suit in their courts as a matter of party autonomy. Thus, for example, federal courts in the US will decline jurisdiction over a particular dispute if the parties cannot meet the constitutional standard for subject matter jurisdiction. See Chs 5.I.2, 8.I.2. Constitutional requirements regarding personal jurisdiction in US federal court can be waived by consent, as would be the case with a forum selection provision.

[53] Chester and Hsu (n 50) 9.

[54] See Jing (n 33) 130 n. 4 (discussing multi contract matter); S.I. Strong, 'Beyond International Commercial Arbitration? The Promise of International Commercial Mediation' (2014) 45 Wash U J L and Policy 11, 19–20 (discussing rise of multiparty and multicontract matters in international commercial practice).

[55] See International Trade Centre, *Model Contracts for Small Firms* (2010) <www.intracen.org/uploadedFiles/intracenorg/Content/Exporters/Exporting_Better/Templates_of_contracts/3%20International%20Commercial%20Sale%20of%20Goods.pdf>.

[56] See ICC, Model International Sale Contract <www.iccwbo.org/products-and-services/trade-facilitation/model-contracts-and-clauses/sale-of-goods/>; ICC, Model International Franchising Contract <http://store.iccwbo.org/icc-model-international-franchising-contract>.

a result, it may be useful is to provide examples of several shorter agreements, such as a letter agreement and a letter of intent. The two models provided herein involve very simple transactions and would likely be used between two parties acting without lawyers. However, the examples nevertheless provide some general guidance on what these sorts of documents look like.

Both of the following examples deal with the **sublease** of real property in England. It is critically important to commit an agreement regarding the conveyance of real property in England to writing as soon as possible to avoid being **gazumped**, which occurs when the owner of real estate either raises the price or sells the property to someone else after having accepted an oral offer for the property. Gazumping and similar practices do not exist in other English-speaking jurisdictions (for example, the concept is unheard of in the US), which means that bilingual lawyers should always consult with local counsel when dealing with a conveyance of real property.

10.I.7.1 Letter of agreement

Alicia Franklin
123 Richmond Road, No 2B
Oxford OX1 2JJ
United Kingdom

3 September 2015

Manuel Gely
C/ Santa Ana 45, 3º, 2ª
28012 – Madrid
SPAIN

Dear Manuel,

This is to memorialize our conversation of earlier today regarding the sublet of my flat at 123 Richmond Road, No 2B, Oxford OX1 2JJ in the United Kingdom (hereinafter 'the Flat'). These are the terms on which we agreed:

1. I agree to provide you with exclusive access to the Flat for the period beginning 1 January 2016 and ending 31 March 2016. You agree to surrender access to the Flat no later than 11:59 pm on 31 March 2016, and you agree that no extension of the sublease will be allowed.

2. You agree to provide me with payment in the amount of 2400 British pounds sterling (£2400) by certified cheque or wire transfer no later than 1 December 2015. Failure to remit payment in this amount by the end of business on 1 December 2015 will invalidate this agreement.

3. You agree to provide me with a security deposit in the amount of 400 British pounds sterling (£400) by certified cheque or wire transfer no later than 1 December 2015. Failure to remit a deposit in this amount by the end of business on 1 December

2015 will invalidate this agreement. The security deposit will be used to cover any damages to the Flat incurred during your tenancy, normal wear and tear excepted. Any amount not used for this purpose will be returned to you by 1 May 2016.

4. You are responsible for payment of all utilities during your tenancy.

5. This agreement will be governed by the laws of England and Wales, and any disputes arising under or in connection to this agreement will be heard in the courts of England and Wales.

If I have accurately described our conversation, please sign a copy of this letter signifying your agreement and intent to be bound and return a copy to me for my files.

Yours sincerely,

Alicia Franklin

Agreed:

_____

Manuel Gely

_____

Date

10.I.7.2 Letter of intent

Alicia Franklin
123 Richmond Road, No 2B
Oxford OX1 2JJ
United Kingdom

3 September 2015

Manuel Gely
C/ Santa Ana 45, 3º, 2ª
28012 – Madrid
SPAIN

Dear Manuel,

This letter is a letter of intent only and is not meant to constitute a contract or impose any legally binding obligations on any party or impose a duty to negotiate further in good faith. The letter sets out the terms that have been previously discussed, but not yet agreed upon, with respect to the possible sublease of the flat located at 123 Richmond Road, No 2B, Oxford OX1 2JJ in the United Kingdom (hereinafter 'the Flat'). The terms discussed thus far include:

1. The duration of the sublease period (beginning 1 January 2016 and ending 31 March 2016);
2. The payment associated with the sublease (2400 British pounds sterling (£2400));
3. The payment method associated with the sublease (certified cheque or wire transfer);
4. The security deposit associated with the sublease (400 British pounds sterling (£400)); and
5. The payment method associated with the security deposit (certified cheque or wire transfer).

We have not yet decided a number of terms, including dates of payment and conditions relating to the return of the security deposit. No terms are binding until those and other operative matters are decided between the parties and a contract is signed by both parties.

Yours sincerely,

Alicia Franklin

10.I.8 Self-Test

Answers to the self-test can be found at the back of the book, in Chapter 14.

1. Is it necessary to define terms in a letter agreement?
2. Must both parties sign a letter agreement for it to be operative?
3. Is it necessary to state explicitly that a letter of intent is a letter of intent per se?
4. Will a statement that a document does not intend to create a duty to negotiate in good faith eliminate that duty in all circumstances?
5. Is it necessary to indicate in a letter of intent what has not yet been agreed (ie, any **open terms**) between the parties?

KEYWORDS

- Acquisition
- Act of God provision
- Across the table
- Adversarial
- Agreement of dispute settlement
- Agreement of payment
- Arbitration agreement
- Assignment
- Attachment
- Barrister
- Battle of the forms

- Best practice
- Boilerplate
- Boilerplate contract
- Capital
- Choice of forum provision
- Choice of law provision
- Closing date
- Collectivist culture
- Conditions
- Conflict of laws
- Consideration
- Contract
- Contract of carriage
- Contract of sale
- Contract of insurance
- Counter-offer
- Covenants
- Damages
- Deal
- Deal lawyer
- Default
- Delegation
- Disclosure
- Discoverable
- Discovery
- Dispute resolution clause
- Due diligence
- Egalitarian culture
- Exhibit
- Expectation damages
- Extrinsic evidence
- Four corners interpretation
- *Force majeure* clause
- Form book
- Franchise
- Gazump
- Governing law
- Guarantees
- Hierarchical culture
- High context culture
- Indemnities
- Individualist culture
- International Chamber of Commerce (ICC)
- International commercial arbitration
- Investment
- Legal opinion

Transactional documents 511

- Letter of agreement (letter agreement)
- Letter of credit
    Back-to-back letter of credit
    Confirmed letter of credit
    Irrevocable letter of credit
    Revocable letter of credit
    Revolving letter of credit
    Standby letter of credit
    Transferable letter of credit
    Unconfirmed letter of credit
- Letter of intent
- Letter of understanding
- Liability
- Liquidated damages
- List of proposal points
- Low context culture
- Joint venture
- Memorialize
- Merger
- Merger clause
- Merger and acquisition (M&A)
- Modifications clause
- Monochronistic
- Multicontract
- Multiparty
- Non-testifying expert
- No oral modification clause (NOM)
- Notice provision
- No waiver clause
- Offer
- Open terms
- Opinion letter
- Oral contracts
- Order
- Paper trail
- Personal property
- Plain meaning interpretation
- Polychronistic
- Precedent
- Preliminary inquiry
- Problem-solving
- Promissory estoppel
- Purposive interpretation
- Question of fact
- Real property
- Reduce (an agreement to writing)

- Releases
- Reliance damages
- Representations
- Remedies
- Rules for the Use of Domestic and International Trade Items (Incoterms)
- Sale of goods
- Sale of services
- Severability clause
- Signature blocks
- Standard form contract
- Status letter
- Sublease
- Survivability clause
- Teleological interpretation
- Term sheet
- Testifying expert
- Third party
- Third party attorney opinion letter
- Uniform Customs and Practice for Documentary Credits (UCP)
- Venue-selection provision
- Void
- Warranties
- Win-lose mentality
- Win-win mentality
- Wire transfer
- Zero sum

10.II DOCUMENTOS TRANSACCIONALES

Esta sección en español del presente capítulo está dirigida a quienes no tienen el español como lengua materna. Los lectores para quienes el español sí es su lengua materna pueden comenzar su lectura en inglés en la página 494.

The English-language portion of this chapter is meant to be read by those for whom English is a second language. Readers for whom Spanish is a second language should begin their reading on page 494.

10.II.1 Introducción

El capítulo previo ha analizado diversas cuestiones prácticas relacionadas con la presentación de escritos judiciales, arbitrales y de otra naturaleza. No obstante, no todos los abogados trabajan en el ámbito de la litigación. Por el contrario, muchos de los abogados que en su profesión manejan dos idiomas se especializan en la consultoría jurídica, lo cual requiere un conjunto de habilidades distintas a las de la litigación y el arbitraje.

Este capítulo presenta diversas cuestiones que este tipo de abogados tiene que tener en cuenta cuando trabajan simultáneamente en inglés y español. Éstas incluyen:

- cuestiones relacionadas con la negociación intercultural;
- aspectos procedimentales de las transacciones bilingües;
- cuestiones relacionadas con un posible proceso judicial tras la negociación;
- cuestiones estructurales referidas a contratos transfronterizos;
- otros documentos utilizados en la práctica transaccional; y
- disposiciones clave en los pactos transfronterizos

10.II.2 Cuestiones relacionadas con la negociación intercultural

Los abogados que trabajan en más de un idioma han de intervenir en una gran variedad de transacciones: la compra de bienes muebles o inmuebles, la prestación de servicios, la constitución de una persona jurídica como una *joint venture*, la provisión de **capital** para una **inversión**, una **fusión** o **adquisición** societaria, o la creación de una **franquicia**, entre otras muchas. Todas estas cuestiones tienen que ser negociadas en mayor o menor medida. Sin embargo, las negociaciones bilingües plantean un número importante de dudas, tanto sobre el fondo como el estilo.

La primera cuestión que hay que tener en cuenta es que siempre que un abogado trabaja de forma bilingüe, lo hace sobre una base intercultural, con independencia de que la transacción subyacente sea doméstica o internacional.[57] En algunos casos, el elemento intercultural aparece sobre la misma mesa de negociación, referido a las propias partes contendientes. En otros casos, el elemento intercultural existe entre el abogado y su cliente. En ambas situaciones, el abogado que trabaja en dos idiomas tiene que ser consciente de cómo el origen y la experiencia de una persona -también los suyos propios- pueden influir en la forma en que se concibe el proceso de negociación. Los buenos abogados también tienen que tener en cuenta si, y en qué medida, sus propias preferencias y concepciones sobre cómo negociar coinciden con las de su cliente. Aunque algunos abogados estiman que la mejor opción es que las cuestiones tácticas -incluidas las estrategias negociadoras- sean determinadas por el abogado, algunas jurisdicciones ponen dicha decisión en manos del cliente.[58] En ambos casos, suele ser recomendable incluir a los clientes en las

---

[57] Barkai (n 1) 43 (apuntando que los abogados que trabajan en el ámbito doméstico 'tienen cada vez más posibilidades de verse implicados en disputas entre personas que tienen distintos orígenes étnicos, raciales o nacionales').

[58] Véase cap 2.III.2 (en relación con las reglas de ética profesional). Esta es una cuestión delicada y que depende en gran medida de las normas aplicables en materia de responsabilidad profesional y ética. Por ejemplo, algunos abogados estadounidenses pueden creer que las reglas relevantes permiten a los abogados decidir cómo se pueden alcanzar de la mejor manera posible los objetivos generales de su cliente. Véase las Reglas modelo de conducta profesional de la American Bar Association, Regla 1.2(a) (indicando que 'el abogado o la abogada deberá acatar las decisiones del cliente relacionadas con los objetivos de la representación profesional; y, según lo requiere la Regla 1.4, deberá consultar con el cliente en cuanto a la forma de lograr dichos objetivos'). Sin embargo, otros autores sugieren que un cliente tiene derecho a participar en todos los aspectos de la transacción o litigio y tienen derecho a tomar la decisión final respecto de cuestiones tácticas. Véase Hinshaw (n 2) 83.

discusiones sobre cómo llevar a cabo la negociación, ya que esta información no sólo puede conducir a un mejor resultado, sino también contribuir a una buena relación abogado-cliente.

Los expertos han identificado dos estilos principales de negociación.[59] Un enfoque es altamente **contencioso** y concibe el fracaso de una parte como el éxito de la otra. Este método, que refleja una mentalidad que divide entre ganadores y perdedores o un juego de **suma cero**, puede ser bastante agresivo y concede gran importancia a los roles y juegos de poder. El segundo enfoque tiene una naturaleza más **cooperativa** y representa una mentalidad en la que todos son ganadores ya que se solventan los problemas y a su través las partes intentan maximizar las ganancias mutuas.[60] Este último método se centra en la identificación y la consecución de los intereses de las partes, lo que significa que los negociadores tienden a compartir mucha información sobre lo que pueden ofrecer, lo que desean obtener y lo que motiva sus decisiones. Estas estrategias son contrarias a las técnicas usadas en la negociación contenciosa, en la que las partes tratan de evitar la revelación de objetivos e información con el fin de obtener ventaja.

Elegir un estilo apropiado de negociación es esencial, dado que esta decisión puede afectar no sólo a cómo son de favorables los términos del acuerdo para cada parte, sino también a si se llega a alcanzar el propio acuerdo. A la hora de decidir cómo enfocar una negociación, los abogados que trabajan en dos idiomas deberían considerar tanto cuáles son sus técnicas preferidas como cuál es la técnica que probablemente adoptará la otra parte. Aunque cada negociador es diferente, determinados estilos están más vinculados a determinadas culturas. Por ejemplo, las partes procedentes de Estados Unidos con frecuencia adoptan un enfoque muy contencioso, lo cual puede ser problemático para las partes procedentes de países de habla hispana, puesto que el estilo hispano de negociación suele ser mucho más cooperativo.

Qué enfoque elegir -la táctica de negociación contenciosa o la cooperativa- es sólo una de las cuestiones que el abogado que trabaja en dos idiomas ha de tener en cuenta si participa en una negociación intercultural.[61] Por ejemplo, un abogado debería pensar si, y en qué medida, los participantes en la negociación provienen de **sociedades policrónicas** o **monocrónicas**, o de culturas que reflejan un **contexto de comunicación alto** o un **contexto de comunicación bajo**.[62] Aunque estos factores ya han sido discutidos en el capítulo 2 en el contexto de las relaciones con los clientes, los conocimientos que de ellos se desprenden se aplican igualmente a otras negociaciones, y no sacar provecho de ello ignorando estas reglas culturales puede conducir a resultados desastrosos. Por ejemplo:

> [la] puntualidad es más importante para los estadounidenses que para personas de otras culturas. Con carácter general se considera descortés para un estadounidense llegar a una reunión de trabajo cinco o diez minutos tarde respecto de la hora programada, mientras

---

[59] Riskin y otros (n 3) 112-58 (analizando el enfoque contencioso y el cooperativo).
[60] El estilo cooperativo se aborda en detalle en la obra de Fisher y Ury (n 4).
[61] Existe un importante número de trabajos doctrinales centrados en los distintos factores que afectan a las negociaciones interculturales. Un buen ejemplo de ello son las negociaciones que se llevaron a cabo para la creación de Eurodisney en París. Véase Newell (n 5) 193 (presentando los tipos de problemas que pueden surgir si los negociadores no están en contacto con las normas culturales locales).
[62] Véase cap 2.III.2.

que un retraso de treinta o cuarenta y cinco minutos podría no ser inusual en países latinoamericanos.[63]

Así y aunque existen clamorosas excepciones, una persona que llega tarde a una reunión con alguien que proviene de los Estados Unidos o de una cultura monocrónica podría encontrarse con un contendiente enfadado y poco proclive a negociar.

Otro factor que un abogado que trabaja en dos idiomas debería tener en cuenta es si los implicados en la negociación proceden de culturas **individualistas** o **colectivistas**.[64] Dado que las culturas individualistas posicionan las preocupaciones individuales por encima de las de los otros, un negociador que se relacione con alguien de estas características podría obtener mejores resultados si se centra en mostrar cómo la transacción propuesta puede beneficiar a dicha parte. Por el contrario, un negociador que se relacione con alguien procedente de una cultura colectivista debería pretender mostrar cómo la transacción va a beneficiar a otras partes interesadas, incluida la sociedad como colectividad.

Los conceptos de individualismo y colectivismo afectan a otros aspectos de la negociación, incluido el grado de apertura personal que se considera adecuado. Por ejemplo, personas procedentes de culturas colectivistas tienden a 'preferir métodos de comunicación que promueven la armonía colectiva tales como el estilo indirecto, la acomodación y la colaboración' y pueden tener un mayor grado de apertura tanto en las relaciones personales como en las profesionales.[65] A consecuencia de ello, se podría decir que las personas procedentes de culturas colectivistas son proclives a adoptar un enfoque en las negociaciones centrado en la solución de problemas.

Por el contrario, las personas procedentes de culturas individualistas suelen ser más directas y asertivas en su estilo de comunicación y no están tan preocupadas por compartir información, suya o de la otra parte. Como consecuencia de ello, las partes que proceden de culturas individualistas tienden a usar tácticas de negociación contenciosas. Esta dicotomía es importante en casos con partes procedentes de países hispano-y angloparlantes, ya que los estudios sugieren que los países angloparlantes tienden a ser más individualistas que los hispanoparlantes, puesto que éstos prefieren la perspectiva colectivista

Los negociadores también pueden sopesar si los otros participantes provienen de una **cultura jerárquica** o **igualitaria**.[66] De nuevo, conocer dicha información de antemano puede ser útil para promover una comunicación efectiva. Por ejemplo, los negociadores que estén tratando con alguien proveniente de una organización o cultura jerárquica deberían dirigir la mayoría o incluso todos sus comentarios a la persona que preside la cadena de mando. Por el contrario, negociadores que estén trabajando con personas provenientes de empresas o sociedades más igualitarias deberían, en la medida de lo posible, incluir a

---

[63] Craver (n 7) 82.
[64] Chow (n 8) 1004.
[65] Schwartz (n 9) 2.
[66] Chow (n 8) 1004. En particular, este factor se puede referir no solo al país del que procede la otra persona sino también a las normas culturales imperantes en la empresa o despacho de abogados de dicha persona, ya que una persona puede proceder de un país que es relativamente igualitario pero puede trabajar en una empresa que es muy jerárquica. Por ejemplo, un negocio gestionado por una familia puede ser extremadamente jerárquico, con sus empleados defiriendo al fundador.

todas las personas en la conversación. No reconocer y respetar la estructura de poder de la parte con la que se está negociando puede lesionar el proceso de negociación, llegando incluso a generarse daños irreparables.[67]

Dos ámbitos en los que las diferencias entre culturas jerárquicas e igualitarias se manifiestan de forma clara son los relacionados con la edad y el género. Por ejemplo, mientras que la sociedades jerárquicas tienen a otorgar una deferencia automática a la persona de mayor edad del grupo, las culturas igualitarias valoran por igual a todos los integrantes del mismo, con independencia de su edad. Parecidas distinciones se hacen en relación con el género; las sociedades igualitarias no hacen distinción por razón de género en tanto que las jerárquicas suelen entender que sólo los hombres son capaces de actuar en el mayor nivel de decisión. Los negociadores deben desplegar una atención especial para entender las normas del grupo con el que están trabajando, a fin de evitar ofensas. Los estudios sugieren que los países anglo- e hispanoparlantes difieren en cuestiones clave. Por ejemplo, los expertos han concluido que las personas de países angloparlantes tienden a ser moderadamente igualitarias, fuertemente individualistas y fuertemente monocronistas, en tanto que las personas de países hispanoparlantes suelen ser moderadamente jerárquicas, moderadamente colectivistas y fuertemente policronistas.[68] Estos factores pueden tener una gran importancia práctica respecto a cómo las partes abordan las negociaciones.[69]

Aunque ha sido útil comenzar el presente análisis con estos tipos de observaciones generales, también es necesario reconocer que a veces pueden surgir variaciones relevantes tanto dentro de las distintas jurisdicciones angloparlantes como de las hispanoparlantes.[70] Entre los países anglosajones, se presentan disparidades en cuanto al formalismo que se asocia con una cultura en particular. Así por ejemplo, los australianos suelen gestionar los negocios de una forma muy informal, recurriendo en ocasiones a ciertas dosis de humor irreverente, mientras que los ingleses son, por lo general, mucho más formales y comedidos. Aunque los estadounidenses no son formales *per se*, 'tienden a separar las conversaciones de negocios de las sociales'.[71]

Otra diferencia relevante entre países anglosajones se refiere al ritmo de las negociaciones. Las partes de Estados Unidos esperan avanzar por el proceso de negociación de una

---

[67] Por ejemplo, una empresa que intenta establecer una *joint venture* o una relación similar de larga duración puede decidir no llevar a cabo el acuerdo si no alcanza una armonía mínima con otra parte, dado que mucha parte considera que una falta de armonía durante el proceso de la negociación vaticina una similar falta de armonía tras la firma del contrato.

[68] Steers, Nardon y Sanchez-Runde (n 12) 65 (apuntando también que las personas procedentes de jurisdicciones angloparlantes están fuertemente centradas en la posesión de habilidades y sólo moderadamente preocupadas por cuestiones normativas, mientras que las personas procedentes de jurisdicciones hispanoparlantes están fuertemente centradas en la consecución de la armonía y conceden gran importancia a las relaciones interpersonales).

[69] Chow (n 8) 1004 (indicando que 'negociadores de culturas de comunicación individualistas, igualitarias y de contexto bajo, como Estados Unidos, usan estilos directos y a veces beligerantes, mientras que negociadores de culturas de comunicación colectivistas, jerárquicas y de culturas de comunicación de alto contexto prefieren usar estilos de negociación indirectos para evitar la confrontación' (citas omitidas)). La traducción al español es de las autoras.

[70] Algunas comparaciones excelentes sobre los estilos de comunicación y negociación de las diferentes jurisdicciones angloparlantes se pueden encontrar en Lubin (n 14), que incluye gráficas de Richard D Lewis.

[71] Craver (n 7) 82.

forma extremadamente rápida y eficiente, de la misma forma que sucede con las partes procedentes de Hong Kong. Sin embargo, los canadienses adoptan una actitud mucho más mesurada respecto de la negociación y generalmente implementan un enfoque relativamente discreto y con un ritmo uniformemente moderado. Por su parte, las personas procedentes de la India con frecuencia se implican en largas y extensas formalidades al comienzo de una negociación, antes de adentrase en una conversación altamente creativa y con un contenido empresarial que puede generar múltiples amagos de acuerdo que se terminan de perfilar antes de que decidir las condiciones definitivas.

En el ámbito hispanoparlante, a pesar de que para el presente libro es muy difícil abordar simplificadamente este tipo de cuestiones sin caer en clichés e imprecisiones, sí se estima que existen por ejemplo algunas diferencias de ritmo y formalismo entre Latinoamérica y España.[72] Tradicionalmente, en la región latinoamericana se le ha dado una gran importancia en el ámbito empresarial a las relaciones interpersonales (bien representadas por el apretón de manos en el momento de alcanzar el acuerdo final) y la involucración del componente familiar en la esfera de los negocios se cree que ha sido más habitual en Latinoamérica que en la España continental.

No obstante, existen voces que resaltan que también existen diferencias entre las distintas nacionalidades latinoamericanas. Por ejemplo, de los argentinos se subraya su gran capacidad dialéctica y negociadora, de los mexicanos su enfoque pausado y flexible en las negociaciones y de los brasileños su enfoque más individualista.[73] Sin embargo, ha de tenerse en cuenta que dichos patrones no son inalterables. De hecho, se estima que la región latinoamericana está experimentando grandes cambios, generados tanto por lo habitual de los negocios internacionales con Estados Unidos como por el hecho de que buena parte de la nueva generación de negociadores latinoamericanos se ha formado académicamente en países angloparlantes.

10.II.3 Aspectos procedimentales de las transacciones bilingües

El apartado precedente buscaba mostrar la necesidad de ajustar las tácticas negociadoras a fin de asegurar una negociación intercultural exitosa. Ahora bien, los abogados que trabajan en dos idiomas también tienen que ser conscientes de una serie de cuestiones procedimentales que son propias de las transacciones en las que interviene una pluralidad de idiomas.

La cuestión principal a la que se enfrentan las partes participantes en un pacto bilingüe es si, y en qué medida, determinados documentos y mensajes tienen que ser traducidos a un segundo idioma. Hasta cierto punto, la respuesta dependerá de la fluidez de las partes en los idiomas en cuestión. Sin embargo, algunas partes insisten en requerir traducción o interpretación incluso si hablan ambos idiomas bastante bien. Aunque este enfoque puede simplemente ser la consecuencia de un exceso de prevención, algunas partes lo pueden utilizar como una estratagema táctica. Es por ello que por ejemplo los abogados que

---

[72] Meacham (n 24) 507.
[73] Tracey Wilen 'Negotiating Skills Must Be Adapted in Latin America' (*SFGATE*, 18.3.2001) <http://www.sfgate.com/jobs/article/Negotiating-Skills-Must-Be-Adapted-In-Latin-2941042.php>.

trabajan en dos idiomas siempre deberían llevar a cabo sus conversaciones confidenciales fuera del alcance del oído de la otra parte en ver de pasar a utilizar su idioma materno dando por hecho que la otra parte no lo entiende.

La traducción de documentos escritos puede ser incluso más problemática. Una traducción generalizada no sólo puede dar lugar a costes y retrasos adicionales, pero también puede provocar dificultades jurídicas, especialmente si surge un conflicto antes de la conclusión del acuerdo. Por ejemplo, los tribunales de una jurisdicción que aplican un **enfoque teleológico** o **basado en objetivos** en la interpretación de contratos podrían tener que considerar documentos en múltiples idiomas a la hora de interpretar una cláusula contractual.[74] Las partes procedentes de países hispanoparlantes necesitan, además, tener en cuenta si, y en qué media, los documentos que conciernen a la transacción pueden ser objeto de *discovery* en un país angloparlante.[75] Dado que el proceso de revisión y producción de documentos puede ser tanto extenso como costoso, las partes pueden optar por evitar la creación de documentos innecesarios.

Aunque algunos autores apuntan que las negociaciones nunca deben llevarse a cabo en dos idiomas, existen no obstante algunos beneficios en los procedimientos bilingües. Por ejemplo, trabajar en dos idiomas puede ayudar a asegurar que todas las partes participan por igual en el proceso de negociación. Gestionar negocios en dos idiomas también puede aumentar la calidad de las relaciones personales y profesionales y, por tanto, incrementar las posibilidades de que el acuerdo llegue a consumarse. Dado que cada transacción es diferente, las partes tienen que sopesar los pros y contras de la traducción en cada caso individual.

Con independencia de si las partes deciden llevar a cabo las negociaciones en uno o en dos idiomas, los expertos coinciden en que el acuerdo final debe plasmarse en un único idioma. Aunque puede ser tentador crear un contrato en dos idiomas y que ambas versiones se consideren igualmente válidas, es muy fácil que una parte detecte cierta ambigüedad entre las dos versiones y que ello genere un problema que deba ser resuelto por un tribunal. Por ello, el contrato debería ser redactado en una sola lengua.[76]

Otro problema de orden procedimental se refiere a cuestiones vinculadas con el deber

---

[74] El enfoque teleológico o finalista aplicado a la interpretación de un contrato permite a un tribunal tomar en consideración documentos generados durante las negociaciones. Este enfoque es relativamente común en países hispanoparlantes y algunas jurisdicciones angloparlantes, entre ellas Inglaterra, también han adoptado un enfoque finalista en el ámbito de la interpretación de contratos. Otros países angloparlantes aplican un enfoque literal en la interpretación de los contratos (denominado *four corners* o *plain meaning*). Según esta metodología, los tribunales están autolimitados por el documento contractual y no analizan los documentos transaccionales para que estos les ayuden a comprender el contenido del contrato. Véase cap 7.III.3.1.

[75] Muchas jurisdicciones angloparlantes permiten una amplia producción de documentos no privilegiados referidos a la controversia, con independencia de que el documento se halle en versión electrónica o en formato papel. Véase cap 9.II.3.3 (en relación con las diligencias de investigación y de revelación de información –*discovery* y *disclosure*). A consecuencia de ello, los abogados transaccionales siempre tienen que ser conscientes de todos los documentos que están generando durante la negociación de un acuerdo.

[76] El idioma del contrato ha de corresponderse con el idioma que se usaría en el mecanismo de ADR elegido por las partes.

de negociar de buena fe, que suele ser abordado de forma diferente en los países anglo- e hispanohablantes. Por ejemplo, autores han apuntado que:

> [l]os países de *civil law*, en claro contraste con los países de *common law*, han tratado la fase pre-contractual de formación del contrato como una fase en la que puede generarse responsabilidad económica derivada de los deberes negociadores de buena fe y lealtad establecidos bien en disposiciones contractuales. . . o extracontractuales. . . del sistema jurídico. Los tribunales de jurisdicciones de *common law*, con el Reino Unido y los Estados Unidos como los ejemplos más prominentes, han tratado de forma diferente la fase pre-contractual de la formación del contrato, considerando que las partes tienen derecho a iniciar y cesar negociaciones libremente y sin incurrir en responsabilidad. No obstante, existen también divergencias dentro del ámbito del *common law*. Los tribunales de algunos estados de los Estados Unidos, por ejemplo, defienden que se puede imputar responsabilidad por ruptura de negociaciones a partes que han obrado de mala fe si ya se habían llevado a cabo acuerdos preliminares. Por el contrario, jurisprudencia emblemática del Reino Unido sostiene que negociaciones pre-contractuales en circunstancias en las que no se han llevado a cabo acuerdos preliminares no generan un deber expreso de negociar de buena fe [al menos en el contexto comercial]. No obstante, un deber implícito de buena fe y relaciones justas sí se puede alegar ante tribunales estadounidenses en determinadas circunstancias.[77]

También pueden surgir diferencias entre jurisdicciones respecto del tipo de daños que una parte puede alegar a consecuencia de la falta de buena fe en la negociación.[78]

En el momento de considerar cuestiones referidas al deber de negociar de buena fe, las partes deben ser conscientes de que la ley que pretenden elegir para que rija los aspectos sustantivos del contrato final puede ser distinta de la que rige la responsabilidad precontractual. Es por ello que las cuestiones referidas a la creación de un contrato accidental,[79] y al deber de negociar de buena fe tienen que someterse a un análisis de **derecho aplicable**, que identifique la ley rectora sobre la cuestión de si existía un deber de negociar de buena fe y si éste ha sido violado.[80]

Los negociadores transfronterizos también tienen que ser conscientes de otras preocupaciones de naturaleza procedimental. Por ejemplo, los abogados que trabajan en negocios multinacionales tienen que considerar si, y en qué medida, determinadas

---

[77] Cardenas (n 19) 945–46, El derecho inglés puede aceptar la existencia de un deber implícito de buena fe en algunos tipos de contratos, como aquellos del ámbito laboral, a pesar de que dicho deber no se ha extrapolado todavía a los asuntos comerciales generales. Véase Bogle (n 19) 142. '[E]n Canadá, los tribunales no han reconocido con carácter general que exista 'un deber autónomo entre partes independientes de negociar de buena fe las transacciones comerciales ordinarias'. Foreman (n 19) 26.

[78] Foreman (n 19) 31 (distinguiendo entre *reliance damages* y *expectation damages*).

[79] A las partes de las jurisdicciones angloparlantes también se les puede requerir que cumplan con determinados deberes en aplicación de la doctrina denominada de **promissory estoppel**, que se reconoce en la mayoría de las jurisdicciones angloparlantes. En aplicación de ésta, un tribunal puede hacer ejecutar determinadas promesas incluso en los casos en los que técnicamente no se dan todos los elementos de un contrato válido. Véase cap 7.III.3.1.

[80] Aunque los principios de derecho aplicable suelen ser generalmente consistentes entre los distintos países, pueden no obstante surgir importantes diferencias. Véase, por ejemplo, Restatement (Second) Conflict of Laws (analizando los principios de derecho aplicable que rigen en Estados Unidos); Collins y otros (n 22) (reflexionando sobre los principios de derecho aplicable de Inglaterra).

disposiciones de naturaleza imperativa pueden afectar a las negociaciones. Aunque algunas normas imperativas únicamente operan en el territorio del país que dictó dichas normas, otras tienen tanto alcance nacional como extraterritorial. De hecho, alguna de estas normas, como la Ley estadounidense de prácticas corruptas en el extranjero, sólo tienen un efecto extraterritorial.[81]

La última cuestión en este ámbito se refiere al órgano de administración y representación de las sociedades. Las jurisdicciones anglo- e hispanoparlantes con frecuencia adoptan posicionamientos muy distintos sobre sus poderes,[82] y los abogados que trabajan en ambos idiomas han de ser conscientes de estas diferencias en el momento de averiguar si se ha cumplimentado debidamente el deber de diligencia debida en la fase de negociación.[83]

10.II.4 Cuestiones estructurales referidas a contratos transfronterizos

Una vez que las negociaciones han terminado, el acuerdo resultante ha de ponerse por escrito.[84] Aunque algunos puedan pensar que esta actuación es relativamente sencilla, lo cierto es que pueden surgir una serie de problemas debido a la diferente forma en que los países anglo- e hispanoparlantes conciben la estructura de los contratos. Estas diferencias no son solamente estilísticas, sino que por el contrario tienen su origen en ciertas características esenciales del *common law* y del *civil law*.

Con carácter general, la estructura de un contrato transfronterizo debe cumplir con los usos del país cuyo derecho rige el contrato, ya que el contexto jurídico circundante tiene un importante efecto en los tipos de disposiciones contractuales aplicables. Por lo general, los contratos regidos por la ley de un país hispanoparlante tienden a ser más cortos y menos complicados que aquellos regidos por la ley de un país angloparlante. Ello es debido a que la mayoría de los países hispanoparlantes poseen extensos códigos que ayudan a la interpretación y aplicación de los principios contractuales.[85] Por su parte, la mayoría de los países angloparlantes siguen la tradición del *common law*, lo que significa que una sección importante de su derecho contractual es producto de la jurisprudencia en vez de estar codificado.[86] A consecuencia de ello, los contratos regidos por la ley de un

---

[81] Véase el Foreign Corrupt Practices Act (n 23) codificado en diversas secciones del título 15 USC. Dado que la Ley de prácticas corruptas en el extranjero es derecho imperativo, las partes procedentes de países hispanoparlantes tienen que saber que las partes estadounidenses tendrán que preguntar determinadas cuestiones sobre prácticas empresariales durante la fase de negociación para asegurarse de que la transacción cumple con el derecho estadounidense. Aunque alguna de estas cuestiones pueden parecer a priori delicadas, es necesario plantearlas si se quiere que la transacción llegue a buen puerto.

[82] Véase Meacham (n 24) 511–12 (apuntando que estas cuestiones surgen como consecuencia de las importantes diferencias existentes entre el *common law* y el *civil law* y describiendo qué documentos deberían ser revisados en Estados Unidos, México y Colombia).

[83] Véase Aquila (n 25) 1-12 (definiendo el concepto de *due diligence* en el ámbito de las **fusiones y adquisiciones** (*mergers and acquisitions* –M&A–).

[84] Las jurisdicciones angloparlantes reconocen la existencia de determinados tipos de **contratos orales**, pero ese tipo de acuerdos no es para nada recomendable.

[85] Meacham (n 24) 510.

[86] Aunque la mayoría de las jurisdicciones angloparlantes cuentan con algunas disposiciones en materia de derecho contractual, este régimen de disposiciones escritas no es tan completo como

país angloparlante son con frecuencia bastante extensos y muy detallados, dado que las partes tienen que contemplar de forma expresa todas las posibles cuestiones, fácticas y jurídicas, que puedan llegar a plantearse.

Hay que tener en cuenta que en los contratos transfronterizos se suelen seleccionar leyes que son neutrales para el comprador y el vendedor y que, a su vez, son leyes bien desarrolladas y prestigiosas. Dos de las leyes más populares en las transacciones internacionales son las leyes del estado de Nueva York y las leyes inglesas. Dado que los abogados angloparlantes que participan en la negociación de contratos transfronterizos en muchas ocasiones se enfrentan a textos contractuales que, con independencia del idioma de redacción, presentan las características propias de los contratos del ámbito del *common law*, este apartado procede a presentar las características esenciales de estos: Los acuerdos sometidos a la ley de países angloparlantes tienden a reflejar ciertos principios básicos de organización. Por ejemplo, la mayoría de los contratos están divididos en distintos apartados y las cuestiones más importantes se suelen abordar antes que las de menor relevancia en tanto que las cláusulas generales aparecen generalmente antes que las especiales o excepciones a la regla.[87] Disposiciones técnicas, disposiciones variadas o disposiciones estándar suelen aparecer al final del documento, justo delante del espacio destinado a los **pies de firma** de las partes contractuales.[88]

Los abogados que se dedican a la negociación en los países angloparlantes han llegado a consolidar modelos estándar de contrato, con base en las citadas reglas básicas. Así, un contrato que se someta a la ley de un país angloparlante incluye típicamente un título; un párrafo introductorio identificando a las partes y la fecha efectiva del acuerdo; varios párrafos recogiendo el supuesto de hecho; definiciones de conceptos; cláusulas sustantivas esenciales, que posiblemente incluyan la fecha de conclusión del contrato, así como varias **condiciones** y la necesaria **contraprestación**; cualquier otra promesa relevante, lo que puede incluir poderes, garantías, compromisos, indemnizaciones o descargos de responsabilidad; una descripción de las circunstancias que pueden dar lugar a **incumplimiento** o generar **compensaciones** u otro tipo de remedios; disposiciones estándar o típicas; y los necesarios pie de firma.[89] El contrato también puede incluir varios **anexos** o **adjuntos**.

Aunque la sabiduría popular sugiere que un contrato es un acuerdo entre dos partes, los contratos entre varias partes o varios contratos se están convirtiendo en ordinarios en el contexto comercial transfronterizo.[90] Los abogados que se dedican a este tipo de negocio

---

ocurre en las jurisdicciones de *civil law*. No obstante, algunos países angloparlantes –destacando entre ellos Australia– han considerado adoptar un código contractual extenso. Véase Swain (n 28) 131.

[87] Haggard y Kuney (n 30) 43.

[88] Ibid 43. Algunas jurisdicciones angloparlantes utilizan la denominación '*boilerplate contracts*' (y también la de '*standard form contracts*') para referirse a acuerdos que están completamente estandarizados. Véase Chaikin (n 31) 45 (refiriéndose a la práctica australiana). El término '*boilerplate provisions*' alude más bien a cláusulas tipo y no a contratos estandarizados por completo.

[89] Haggard y Kuney (n 30) 42–43.

[90] Strong (n 33) 19-20. Por ejemplo, algunas transacciones internacionales pueden incluir:

al menos cinco contratos o acuerdos principales, a saber, el **contrato de compraventa** ([r]elación legal entre el comprador y el vendedor de productos), el **contrato de transporte de mercancías** ([r]elación legal entre el expedidor y el transportista), el **contrato de seguro** ([a]cuerdos para asegurar las mercancías vendidas y transportadas), el **acuerdo de pago** ([a]cuerdos financieros para llevar

complejos deben asegurarse que los distintos acuerdos no contienen ambigüedades o disposiciones contradictorias.

La mayoría de estas disposiciones dependen de los hechos del caso y, por lo tanto, se han de redactar de forma que reflejen la naturaleza específica de la transacción en cuestión. Aunque los abogados que redactan contratos internacionales puedan tomar en un primer momento como referente un modelo incluido en un libro de formularios[91] o un modelo proporcionado por su despacho de abogados, en todo caso el texto final del contrato que se ofrezca a cada cliente ha de estar 'hecho a medida'. No obstante, la mayoría de los contratos recogen una serie de cláusulas típicas, que son relativamente estándar para todas las transacciones. Así, los contratos regidos por el derecho de una jurisdicción angloparlante suelen incluir:

- Una cláusula que indica que si una parte del contrato es nula, el resto del contrato permanece en vigor (*severability clause*). A pesar de que el principio de conservación del negocio jurídico rige la interpretación de los contratos en diversas jurisdicciones hispanoparlantes, la inclusión de una cláusula de este tipo es siempre aconsejable, también en contratos regidos por ordenamientos de *civil law*, dado que no siempre es éste el principio aplicable. Además, de este modo las partes pueden anticiparse al difícil problema de la integración del contrato en caso de nulidad de una de sus cláusulas;
- Una cláusula de determinación del derecho aplicable (*choice of law provision*);
- Una cláusula especificando que todas las modificaciones al contrato han de realizarse por escrito (*no oral modification clause* –NOM–). Los códigos civiles de los países hispanoparlantes suelen dedicar muchos preceptos a la cuestión de cuándo se ha producido una modificación del contrato, por ejemplo por novación o por cambio de acreedor o deudor, de ahí que una cláusula de este tipo a priori pueda parecer superflua desde una perspectiva hispanoparlante. Ahora bien, los abogados angloparlantes deben saber que esta modificación tiene consecuencias en el plano probatorio y, aunque el principio de la autonomía de la voluntad prevalece en este punto, en el contexto del *civil law* se suele exigir en tribunales que todo acuerdo oral se documente posteriormente por escrito para darle eficacia;
- Una cláusula indicando que la **dispensa** respecto de una parte del contrato no implica una dispensa de otros aspectos de dicho acuerdo (*no waiver provision*);
- Una cláusula afirmando que el contrato refleja el acuerdo final de las partes (*merger clause*) y que no se puede recurrir a **indicios** externos para complementar o contravenir los términos del contrato. Los abogados angloparlantes han de tener presente que en las jurisdicciones hispanoparlantes son aplicables las disposiciones imperativas de la normativa contractual aplicable al caso (a menos que se haya hecho uso de

---

a cabo la transacción internacional) y el ac**uerdo de solución de conflictos** ([m]étodo de resolución de conflictos).

Jing (n 33) 130 n 4. La traducción del inglés al español es de las autoras.

[91] Existen abundantes obras de esta naturaleza, como por ejemplo AAVV, *Formularios prácticos. Contratos mercantiles* (Francis Lefebre 2015) y Erick Carvallo Yañez, *Práctica y formulario de contratos civiles* (Porrúa 2013).

una cláusula de elección de ley en cuyo caso sólo se aplican las normas materiales imperativas del foro). En todo caso, han de saber que el principio de buena fe es principio general de interpretación de los contratos;
- Una cláusula especificando a quien se otorgan o delegan los derechos y deberes de las partes. Esta cláusula es también importante en las jurisdicciones hispanoparlantes a la luz del principio de relatividad del contrato;
- Cláusulas describiendo la perdurabilidad (*survivability*) del contrato tras la muerte o incapacidad de una de las partes. A este propósito existen también reglas en todos los códigos civiles de las jurisdicciones hispanoparlantes y que toman como punto de partida el antes mencionado principio de relatividad del contrato, según el cual y por regla general, el contrato sólo produce efectos entre las partes y sus herederos;
- Cláusulas referidas a notificaciones (*notice*);
- Cláusulas cuantificando anticipadamente **daños y perjuicios** respecto de situaciones en los que los daños pueden ser difíciles de cuantificar (*liquidated damages*). Estas cláusulas son también importantes en las jurisdicciones hispanoparlantes dado que, a falta de acuerdo entre las partes sobre la cuantía de los daños y perjuicios, la cuestión queda en manos de los tribunales. A estos efectos, los códigos civiles suelen recoger la llamada cláusula penal por la cual la parte contractual se compromete a pagar a quien puede exigirle el cumplimiento, o a un tercero, si incumple o cumple defectuosamente la obligación. La particularidad de esta 'pena convencional' es que opera automáticamente y no es necesario probar daños y perjuicios (ya que sustituye a la indemnización de daños y perjuicios, aunque también se puede pactar que no la sustituya); y
- Una cláusula referida a circunstancias de **fuerza mayor** (*force majeure - Act of God*).[92] Los códigos civiles de las jurisdicciones hispanoparlantes contemplan como causas de exoneración del cumplimiento del contrato, además de la fuerza mayor, el caso fortuito.

Aunque no cada contrato incluirá todas y cada una de dichas cláusulas, éstas son consideradas relativamente estándar en la mayoría de las jurisdicciones angloparlantes. Sin embargo, la redacción concreta de éstas puede variar dependiendo de la jurisdicción. Es por ello que los abogados que trabajan en dos idiomas tienen que revisar en detalle el tenor de todas estas cláusulas estándar y asegurarse de que su contenido es apropiado en cada caso,[93] teniendo en cuenta que el tenor literal puede diferir según las jurisdicciones, debido a diferencias existentes en el derecho aplicable.[94]

Lo expuesto hasta el momento podría interpretarse como una indicación de que todos los contratos de jurisdicciones anglófonas son documentos largos y formales, con múltiples anexos y adjuntos. Al contrario, un contrato de hecho puede ser bastante corto si las circunstancias así lo permiten. Así, un tipo contrato que es breve y simple es la denominada **carta de acuerdo** (*letter of agreement*). Lo único que se le requiere a esta

---

[92] Haggard and Kuney (n 30) 52–57 (analizando el derecho estadounidense). Véase también de Ly (n 35) 719, 736.
[93] Cordero-Moss (n 36).
[94] Christou (n 37) (analizando el derecho inglés); de Ly (n 35) 736 (aludiendo a la práctica internacional); Haggard and Kuney (n 30) 52-57 (analizando el derecho americano).

carta es que recoja la intención de las partes de obligarse por el contenido especificado en la carta. Normalmente, el remitente pide al receptor que firme una copia de la carta y que la remita de vuelta para indicar su aceptación de los términos contenidos en la carta.[95]

Al llevar a cabo una negociación transfronteriza ha de recordarse que un contrato no tiene que plasmarse necesariamente en un documento único firmado por ambas partes. De hecho, algunas jurisdicciones angloparlantes permiten que los contratos se creen a través de una serie de documentos o incluso a través de una ejecución total o parcial.[96] Los negociadores bilingües tienen que ser plenamente conscientes de las formas en la que un contrato puede surgir en todas las jurisdicciones implicadas y deben indicar explícitamente si una comunicación escrita u oral específica constituye una información preliminar, una oferta, una contraoferta o lo que proceda, para que de esta forma se evite la generación de un **contrato involuntario**.

Si las partes desean crear una obligación intermedia para continuar negociando en pos de un acuerdo más formal, lo pueden hacer emitiendo una **carta de entendimiento** (*letter of understanding*). Este documento presenta los acuerdos a que han llegado las partes hasta la fecha de la carta e indica que las partes están trabajando para elaborar un contrato más completo. Aunque estos tipos de acuerdos no tienen que ser extensos, sí que tienen que ser redactados adecuadamente de forma que limiten la responsabilidad en caso de que algo falle.[97]

10.II.5 Otros documentos utilizados en la práctica transaccional

Aunque los contratos son esenciales en la práctica jurídica negociadora, con frecuencia los abogados negociadores también elaboran o recurren a otros tipos de documentos. Uno de ellos es el **informe jurídico** de un abogado independiente, que presenta sus características propias dependiendo del país y del contexto jurídico que justifique su elaboración. No obstante, con carácter general ha de tenerse en cuenta que el informe no debe ser confundido con el **concepto jurídico** emitido en el contexto latinoamericano por un abogado litigante cuando está representando a un cliente en particular. El informe jurídico es un análisis técnico escrito por parte de un abogado o de un despacho de abogados y va dirigido a una **tercera parte** (esto es, a una persona o entidad que no es representada por el abogado o la firma de abogados que ha escrito la carta). Un informe de este tipo normalmente 'contiene las opiniones de quien lo emite o sus conclusiones sobre diversas cuestiones jurídicas', con frecuencia referidas a 'la existencia validez, capacidad y autoridad de diversas figuras societarias' que están involucradas en la transacción.[98] Los abogados también pueden ser requeridos para emitir informes respecto de la posible existencia

---

[95] Fajans, Falk y Sharpo (n 38) 530.
[96] Véase cap 7.III.3.1 (en relación con derecho contractual). Una de las cuestiones más enojosas de las jurisdicciones angloparlantes es la denominada batalla de formularios (*battle of the forms*), donde dos empresas intercambian sus respectivos contratos estándar y a partir de ese momento empiezan a comportarse como si existiese un contrato entre ellas. Dado que sus documentos no suelen ser idénticos, los tribunales tienen que decidir qué normas aplican. Véase cap 7.III.3.1.
[97] Fajans, Falk and Sharpo (n 38) 532–33.
[98] East, Godfrey y Newman (n 42) 217, 219.

de cualquier contencioso que pudiese afectar negativamente al negocio en cuestión.[99] Asimismo, hay que ser consciente de que dichos informes tienen que ser elaborados con el debido cuidado para evitar incurrir en responsabilidad por parte del autor.

Otro tipo de documento no contractual que es relativamente común en la práctica transaccional es la **carta de intenciones**. El propósito de este tipo de documento es identificar ciertos términos que necesitan ser analizados o negociados con mayor detalle. Las partes tienen que asegurarse de que denominan a este documento carta de intenciones y de que indican claramente que este documento no pretende ser en modo alguno ejecutable, dado que una carta de intenciones mal redactada puede generar un contrato involuntario.[100]

Un documento que también se usa con frecuencia en las transacciones comerciales es la **carta de crédito** (*letter of credit*). A pesar de que se utilice el término 'carta', el documento no es una carta en el sentido de un mecanismo de comunicación entre dos partes. Al contrario, una carta de crédito se usa para garantizar el pago de una determinada obligación en tanto en cuanto se cumplen determinadas condiciones.[101] Las cartas de crédito exoneran a los vendedores de las dificultades financieras que pueden generarse si la transacción plantea problemas.[102] Las cartas de crédito pueden ser **revocables, irrevocables, confirmada, no confirmada, transferible, a crédito contingente** o **a primer requerimiento** (conocida también como **standby** en el contexto hispanoparlante), **renovable**, etc.[103] La mayoría de las cartas de crédito internacionales se rigen por las **Reglas y usos uniformes para créditos documentarios** (UCP) elaborada por la **Cámara de Comercio Internacional (CCI)**.[104]

10.II.6 Disposiciones clave en los pactos transfronterizos

Todos los contratos transfronterizos tienen que incluir determinadas cláusulas clave, con independencia de si el acuerdo sigue la estructura propia de las jurisdicciones anglo-o hispanoparlantes. Así, por ejemplo, todos los contratos transfronterizos tienen que identificar explícitamente cuál es el **derecho aplicable**, ya que las disputas en torno a la ley rectora del contrato y sus controversias pueden ser caras y requerir mucho tiempo.[105] Aunque la mayoría de los países anglo- e hispanoparlantes reconocen el principio de la autonomía de la voluntad a la hora de elegir la ley aplicable, las partes siempre han de tener en cuenta la posible aplicación de disposiciones imperativas. A la hora de considerar cuestiones referidas a la elección del derecho aplicable, las partes deberían tener en cuenta si, y en qué medida, adoptar mecanismos de interpretación suplementarios

---

[99] Ibid.
[100] Fajans, Falk y Sharpo (n 38) 528.
[101] A pesar de que las letras de crédito se emiten normalmente por parte de los bancos, otras entidades también pueden ser las emisoras en raras circunstancias. Véase (n 46).
[102] Mientras que un juzgado o tribunal arbitral podría ordenar a un vendedor que devolviese parcial o totalmente el dinero que le ha sido transferido a través de una letra de crédito, el vendedor tiene el dinero en su mano mientras la controversia está siendo juzgada o arbitrada.
[103] HM Revenue and Customs (n 48) (definiendo tipos de cartas de crédito).
[104] Reglas y usos uniformes para créditos documentarios, 2007, UCP 600 (n 49).
[105] Chester y Hsu (n 50) 9–11.

como los términos internacionales de comercio (**Incoterms**) de la Cámara de Comercio Internacional.[106]

Otra cláusula de vital importancia que debe incluirse en todos los contratos transfronterizos es la referida a la resolución de conflictos. Muchas partes estiman que el **arbitraje comercial internacional** es la mejor forma de resolver una controversia en materia comercial internacional, a pesar de que algunas cuestiones podrían ser abordadas más adecuadamente por los tribunales. Si las partes prefirieran la litigación procesal, deberían optar por una cláusula de **sumisión expresa** a determinados tribunales, también conocida como **cláusula de elección de foro**, en vez de una **cláusula de sumisión a arbitraje** o **convenio arbitral**. Estas cláusulas de elección de foro pueden ser obligatorias (indicando qué concreto tribunal tiene jurisdicción sobre la disputa) o facultativas (indicando que la controversia podría ser discutida ante un determinado tribunal). A la hora de redactar estas cláusulas, las partes deben asegurarse de que la jurisdicción designada aceptará su competencia sobre el asunto.[107]

Con independencia de que las partes hayan decidido acudir a los tribunales o a un arbitraje, determinadas cláusulas son necesarias porque 'cuestiones referidas a la competencia respecto de las partes y de la transacción, ejecución de decisiones judiciales, procesos legales, gastos de viaje y costas judiciales' son mucho más complicadas en el ámbito internacional que en el nacional.[108] No indicar cómo y dónde se resolverá un conflicto jurídico puede generar extensos y costosos procedimientos judiciales en torno a cuestiones procesales, si y cada vez que surja un problema. Las partes en transacciones que generan una pluralidad de contratos deberían tener la precaución de asegurar la consistencia entre las diversas cláusulas de resolución de conflictos y de derecho aplicable con el objeto de minimizar problemas en caso de que una controversia surja al hilo de más de un contrato.[109]

Otra cuestión importante en el ámbito de los contratos internacionales es la referida a divisas y mecanismo de pagos. Las partes no sólo tienen que decidir cómo asignar el riesgo derivado de la devaluación y de otros tipos de fluctuación monetaria, sino que las partes también tienen que lidiar con prevenir problemas que puedan derivar de la transferencia internacional de divisas.

Cartas de crédito y **transferencias bancarias** son dos mecanismos estándar para gestionar transferencias de divisas, aunque ambos requieren documentación adicional.

---

[106] Cámara de Comercio Internacional, Nuevos Incoterms, 2010 (n 51); Chester and Hsu (n 50) 9; Johnson (n 51) 390; véase también caps 7.III.3.1, 7.III.6.

[107] Por ejemplo, los tribunales ingleses son bastante receptivos a admitir disputas extranjeras y proclaman su competencia respecto de cualquier cuestión regida por derecho inglés, incluso en los casos en que tanto las partes como la disputa en sí no tienen conexiones adicionales con Inglaterra. Otros países tienen una tendencia menor a permitir que partes extranjeras planteen una demanda ante sus tribunales como consecuencia de la autonomía de la voluntad. Así, los tribunales federales de EEUU declinan su competencia respecto de disputas en las que las partes no cumplen con el estándar constitucional respecto de la jurisdicción por razón de la material. Véase caps 5.III.2, 8.III.2. Los requisitos constitucionales respecto de la jurisdicción personal en los tribunales federales estadounidenses puede ser dispensada por consentimiento, como sucedería en el caso de una cláusula de selección de foro.

[108] Chester and Hsu (n 50) 9.

[109] Jing (n 33) 130 n 4 (analizando los multi-contratos); Strong (n 33) 19–20 (estudiando el aumento de contratos con una pluralidad de partes y de la pluralidad de contratos en la práctica comercial internacional).

10.II.7 Documentos modelo

La importancia del supuesto de hecho en la mayoría de los contratos hace difícil ofrecer modelos útiles, ya que cada transacción presenta sus propias cuestiones problemáticas. No obstante, el Centro de Comercio Internacional (ITC, en su terminología en inglés), que es un organismo conjunto de la Organización Mundial del Comercio y de las Naciones Unidas, ha publicado un número de contratos modelos que pueden ser útiles para los abogados que trabajen en dos idiomas en este ámbito comercial.[110] La CCI también ofrece contratos modelo para una variedad de situaciones comerciales que van desde la compraventa internacional a la franquicia internacional.[111]

No obstante, no todos los contratos son tan complicados como los presentados por el CCI o la CCI. Por ello es útil que este libro presente algunos ejemplos de documentos más breves, como la carta de intención y el acuerdo de confidencialidad. Los dos modelos que se recogen a continuación se refieren a actos jurídicos sencillos y alguno de ellos podría incluso ser usado por dos partes que están interactuando sin abogado.

10.II.7.1 Carta de intenciones

Estimado Señor Figuera,

Nos dirigimos a Usted en calidad de representante legal de Antioquia Computing S.A. Sírvase aceptar este documento en calidad de carta de intenciones de una futura transacción sujeta a una posterior aprobación mediante el o los contratos definitivos que sean necesarios.

El propósito de esta carta de intenciones es presentar nuestro análisis al día de la fecha y confirmar nuestras respectivas intenciones respecto a una futura operación de compraventa de 1000 equipos informáticos.

1. Andy Merrison Inc. desea comprar a Antioquia Computing S.A. mil equipos informáticos del modelo Delta 2020 Up.

2. El precio de compra de cada unidad del modelo Delta 2020 Up debe ser inferior a 3.000.000,00 pesos colombianos, o cualquier otro precio más ventajoso que Antioquia Computing S.A. pueda ofrecer.

3. Andy Merrison Inc. hará todos los esfuerzos necesarios por firmar un contrato referido a dicha transacción con Antioquia Computing S.A antes del 31 de marzo de 2017.

4. Con el fin de facilitar la correcta entrega en fecha de los referidos equipos informáticos, Andy Merrison Inc. está dispuesto a abonar a Antioquia Computing S.A un 20% del precio convenido de compraventa antes del 10 de marzo de 2017. Esta cantidad debería reembolsarse con la mayor celeridad posible por parte de

---

[110] International Trade Centre, Contratos modelo para pequeñas empresas (n 55).
[111] CCI, Modelo de contrato de compraventa y Modelo de contrato de franquicia (n 56).

Antioquia Computing S.A caso de que las negociaciones finalizan sin llevarse a cabo la compraventa.

El presente documento es una mera carta de intenciones. No genera ningún acuerdo vinculante ni impone deber alguno entre las partes.

Caso de que lo recién expuesto refleje la mutua voluntad de las partes, se ruega firmar y remitir a Andy Merrison Inc. la presente carta de intenciones.

En Medellín, a 25 de febrero de 2017

Para Andy Merrison Inc.   Para Antioquia Computing S.A

Firma autorizada: _____   Firma autorizada: _____

Nombre y cargo en letra de molde   Nombre y cargo en letra de molde

Rick Banksy, CEO de Andy Merrison Inc. _____

Número de Pasaporte y País de emisión: Número de Pasaporte y País de emisión:

VK987401, Canadá.   _____

10.II.7.2 Acuerdo de confidencialidad

Entre los suscritos a saber, por una parte la sociedad Andy Merrison Inc. y representada legalmente por el señor Banksy, mayor de edad, nacional canadiense, identificado como aparece al pie de su respectiva firma; y por la otra, Juan José Hernández, también mayor de edad, nacional y domiciliado en la ciudad de Medellín, identificado como aparece al pie de su firma, quien actúa en nombre de la empresa Antioquia Computing S.A., identificada con NIT 6145770354, se ha acordado celebrar el presente Acuerdo de Confidencialidad que se regirá por las siguientes cláusulas, previas las siguientes

CONSIDERACIONES

1. Que la sociedad canadiense Andy Merrison Inc. está interesada en llevar a cabo un proceso de cotización de servicios informáticos.

2. Que Antioquia Computing S.A., tiene experiencia en el sector del desarrollo de software y cuenta con la idoneidad para llevar a cabo dicho proceso.

2. Debido a la naturaleza del trabajo, se hace necesario que éstas manejen información confidencial y/o información sujeta a derechos de propiedad intelectual, antes, durante y en la etapa posterior.

CLÁUSULAS

PRIMERA. OBJETO. El objeto del presente acuerdo es fijar los términos y condiciones bajo los cuales las partes mantendrán la confidencialidad de los datos e información intercambiados entre ellas, incluyendo información objeto de derecho de autor, patentes, técnicas, modelos, invenciones, *know-how*, procesos, algoritmos, programas, ejecutables, investigaciones, detalles de diseño y en especial aquella relativa al software de Gestión Integral de Emergencias y Seguridad.

SEGUNDA. CONFIDENCIALIDAD. Las partes acuerdan que cualquier información intercambiada, facilitada o creada entre ellas en el transcurso del proceso de cotización de servicios informáticos, será mantenida en estricta confidencialidad. La parte receptora correspondiente sólo podrá revelar información confidencial a quienes la necesiten y estén autorizados previamente, expresa y por escrito, por la empresa Andy Merrison Inc.

Se considera también información confidencial: a) Aquella que, como conjunto o por la configuración o estructuración exacta de sus componentes, no sea generalmente conocida entre los expertos en los campos correspondientes. b) La que no sea de fácil acceso, y c) Aquella información que no esté sujeta a medidas de protección razonables, de acuerdo con las circunstancias del caso, a fin de mantener su carácter confidencial.

TERCERA. EXCEPCIONES. No habrá deber alguno de confidencialidad en los siguientes casos: a) Cuando la información recibida sea de dominio público y, b) Cuando la información deje de ser confidencial por ser revelada al público por su propietario.

CUARTA. DURACIÓN. Este acuerdo regirá durante el tiempo que dure el proceso de cotización y hasta un término de cinco (5) años contados a partir de la fecha de suscripción del presente documento.

QUINTA. DERECHOS DE PROPIEDAD. Toda información trasladada y objeto del presente acuerdo es de propiedad exclusiva de Andy Merrison Inc. En consecuencia, ninguna de las partes utilizará información de la otra para su propio uso o el uso de terceros, su divulgación de manera pública, su ubicación en medios con acceso al público general tales como servidores propios o ajenos al que se pueda acceder vía Internet o Intranet, así como tampoco su publicación impresa, o divulgación por cualquier medio, sin la previa autorización expresa y por escrito de la empresa Andy Merrison Inc.

SEXTA. CUSTODIA. El receptor garantiza que aplica las mismas medidas de seguridad razonables para evitar divulgación, fuga o uso no autorizado de información confidencial y acepta que protegerá la información confidencial de la misma manera y en el mismo grado en que protegen su propia información confidencial.

Se conviene que toda la información confidencial sea guardada por la parte receptora en un lugar con acceso limitado únicamente a quienes en forma razonable requieran conocer la información confidencial en relación con el proceso de cotización.

SÉPTIMA. SANCIÓN. La violación de la confidencialidad o el uso que contraríe la finalidad para la que es entregada la información, dará lugar al pago a cargo de la parte incumplida de una suma de TRESCENTOS MILLONES DE PESOS, sin perjuicio de que la parte afectada, pueda, adicionalmente, iniciar las acciones legales correspondientes tendientes a obtener el resarcimiento de sus perjuicios y sin necesidad de requerimiento en mora alguno.

OCTAVA. MODIFICACIÓN O TERMINACIÓN. Este acuerdo solo podrá ser modificado o darse por terminado con el consentimiento expreso y por escrito de ambas partes.

NOVENA. VALIDEZ Y PERFECCIONAMIENTO. El presente Acuerdo requiere para su validez y perfeccionamiento la firma de las partes.

DÉCIMA. El presente Acuerdo se rige por el derecho del estado de la Florida – Estados Unidos de América.

UNDÉCIMA. SOLUCIÓN DE CONFLICTOS. Toda controversia relacionada directa o indirectamente con el presente contrato, incluidas las que se refieren a la etapa pre-contractual y a su liquidación y las obligaciones que subsisten luego de realizado el objeto del contrato, se resolverá por un Tribunal de Arbitramento, que se sujetará al reglamento institucional del Centro de Conciliación, Arbitraje y Amigable Composición de la Cámara de Comercio de Medellín para Antioquia, de acuerdo con las siguientes reglas:

a-El tribunal está integrado por un (1) árbitro en caso de que se trate de asuntos iguales o inferiores a mil (1000) salarios mínimos legales mensuales vigentes o (3) en el evento que la cuantía de las pretensiones sea mayor.

b-El Tribunal será nombrado de común acuerdo por las partes, sus integrantes serán escogidos de las listas de especialistas del Centro de Conciliación, Arbitraje y Amigable Composición de la Cámara de Comercio de Medellín para Antioquia. Si éstas no llegaren a un acuerdo sobre el nombre del o los árbitros en el término de un (1) mes contado a partir de la presentación de la solicitud de convocatoria a conformación de tribunal de arbitramento, el Tribunal será elegido por el Centro de Conciliación, Arbitraje y Amigable Composición de Cámara de Comercio de Medellín para Antioquia, según su reglamento.

c-El tribunal decidirá en derecho.

d-El proceso tendrá una duración de seis (6) meses contados a partir de la notificación del auto admisorio de la demanda arbitral.

e-El lugar de funcionamiento del Tribunal será las instalaciones del Centro de Conciliación, Arbitraje y Amigable Composición de la Cámara de Comercio de Medellín para Antioquia.

f.-Las partes se someten en forma incondicional al reglamento y a las normas de administración del Centro, declarando conocerlas y aceptarlas en su integridad.

Para constancia, y en señal de aceptación, se firma el presente acuerdo en dos ejemplares, por las partes que en él han intervenido, en la ciudad de Medellín el día 30 del mes de octubre de 2017 y se entrega la información en 30 discos (CD) de alta resolución que contienen el software cuya cotización se pretende

Para Andy Merrison Inc.

Para Antioquia Computing S.A

Firma autorizada
Rick Banksy

Firma autorizada
Juan José Hernández

VK987401,Canadá   NIT 6145770354
Documento de Identidad   Documento de Identidad

10.II.8   Autoevaluación

Las respuestas a la autoevaluación pueden encontrarse al final del libro, en el capítulo 14.

1. Caso de que Antioquia Computing S.A. devuelva debidamente firmado el Documento A a Andy Merrison Inc. ¿se ha perfeccionado un contrato entre las partes?
2. ¿El Documento 10.II.7.2 está plasmando una compraventa internacional entre empresas de distintos países?
3. ¿Es jurídicamente admisible que un acuerdo firmado en Medellín y con dos partes que no son estadounidenses se rija no obstante por derecho estadounidense?
4. ¿Cómo valora jurídicamente la cláusula undécima de dicho acuerdo?
5. ¿Cuál es su opinión respecto de la sanción impuesta por la cláusula séptima?

PALABRAS CLAVE

- Acuerdo de pago
- Acuerdo de solución de conflictos
- Adjunto
- Adquisición
- Anexo
- Arbitraje comercial internacional
- Cámara de Comercio Internacional
- Capital
- Carta de acuerdo
- Carta de crédito
    - Carta de crédito a crédito contingente
    - Carta de crédito a primer requerimiento
    - Carta de crédito confirmada
    - Carta de crédito irrevocable
    - Carta de crédito no confirmada
    - Carta de crédito renovable
    - Carta de crédito revocable
    - Carta de crédito standby
    - Carta de crédito transferible
- Carta de entendimiento
- Carta de intenciones
- Cláusula de sumisión a arbitraje
- Compensación
- Concepto jurídico
- Contrato involuntario
- Condición

- Contencioso
- Contexto de comunicación alto
- Contexto de comunicación bajo
- Contraprestación
- Contrato de compraventa
- Contrato de seguro
- Contrato de transporte de mercancías
- Contrato oral
- Convenio arbitral
- Cultura igualitaria
- Cultura jerárquica
- Daños y perjuicios
- Derecho aplicable
- Dispensa
- Enfoque basado en objetivos
- Enfoque teleológico
- Franquicia
- Fuerza mayor
- Fusión
- Incoterms
- Incumplimiento
- Indicio
- Informe jurídico
- Inversión
- *Joint venture*
- Pie de firma
- Reglas y usos uniformes para créditos documentarios
- Sociedad monocrónica
- Sociedad policrónica
- Transferencia bancaria

11. Internal and external correspondence and memoranda – Correspondencia externa e interna y dictámenes

The English-language portion of this chapter is meant to be read by those for whom English is a second language. Readers for whom Spanish is a second language should begin their reading on page 549.

Esta sección en inglés es para quienes hablan inglés como segundo idioma. Los lectores que tienen el español como su segundo idioma deben empezar su lectura en la página 549.

11.I INTERNAL AND EXTERNAL CORRESPONDENCE

11.I.1 Introduction

Chapters 9 and 10 discussed certain practical issues associated with judicial, arbitral and other submissions and the drafting of contracts and other transactional documents. However, lawyers generate many other types of written material as part of their daily professional lives. In many ways, these types of routine communications with colleagues, clients and other professional contacts are the most important kinds of writing for bilingual lawyers to master, since a badly written letter or legal analysis can create legal difficulties for a client or injure a professional working relationship.

It is impossible in a book of this nature to discuss every type of communication that can be made in every English-speaking country.[1] Instead, the emphasis here is on certain basic documents that are most likely to be important to a Spanish-speaking lawyer working with clients or counsel in or from various English-speaking jurisdictions. Therefore, this chapter discusses:

- standard conventions regarding legal writing in English-speaking jurisdictions;
- internal communications in English-speaking jurisdictions; and
- external communication in English-speaking jurisdictions.

---

[1] Further reading is available on a jurisdiction-by-jurisdiction basis. See for example, Barbara Child, *Drafting Legal Documents: Principles and Practices* (2d edn, West Publishing Co 2001) (discussing US materials); Amy Krois-Lindner, Matt Firth and TransLegal, *Introduction to International Legal English: A course for classroom or self-study use* (5th edn, Cambridge University Press 2012) (discussing international legal English); Paul Rylance, *Writing and Drafting in Legal Practice* (Oxford University Press 2012) (discussing English practice).

11.I.2 Standard Conventions Regarding Legal Writing

Chapter 9 identified a number of standard writing conventions that must be taken into account when working with submissions to judicial, arbitral or other tribunals.[2] Several of these norms, most particularly those relating to the form of legal citations and the use of quotations, apply equally to certain types of internal and external communications.[3]

Chapter 9 also discussed various matters relating to tone and style.[4] Again, many of these concerns also apply to internal and external communications. Thus, for example, lawyers and businesspeople in the United States tend to be somewhat less formal in their written communications than their counterparts in England and use shorter and more emotive sentences.

The level of formality associated with a particular jurisdiction affects more than just sentence structure and word choice. These types of unspoken cultural norm also affect whether and to what extent parties refer to each other by their first or family names in correspondence. For example, lawyers in the US typically operate on a first-name basis in person and in informal messages, such as **electronic mail** (**e-mail** or **email**), although surnames are used in certain types of formal correspondence. Australia, New Zealand and Canada follow a similar rule, and lawyers from Spanish-speaking countries can therefore feel comfortable using first names with clients and colleagues in those jurisdictions. However, other English-speaking jurisdictions, such as England and India, retain a higher degree of formality, even in longstanding professional relationships. In these cases, it is best to wait until the other person offers to move to a first-name basis before doing so oneself.

Although many English-speaking countries are relatively informal, there are limits. For example, judges should never be called by their first name,[5] and clients should be referred to by their last name until they suggest otherwise. Furthermore, English-speaking lawyers often use a person's last name in certain types of formal correspondence, even if a first name would be used in oral or electronic communications. This convention (which extends both to references directly to the person as well as references concerning the person) is most often used when a document will or might be presented to the court in some capacity. Referring to clients and opponents by their last names helps the author appear more credible and objective, which is of course critical if a particular matter is being adjudicated.

Indeed, one of the most important things for a Spanish-speaking lawyer to remember when working with parties from an English-speaking jurisdiction is that any piece of writing could be disclosed to opposing parties as a result of pre-trial **discovery** or **disclosure**.[6] Concerns about discovery relate not only to hard copy documents but also to various forms of electronic communication, including electronic mails, telephone text

---

[2] See Ch 9.I.3.4.
[3] See Ibid.
[4] See Ibid. Matters relating to spelling and punctuation are not covered here, although a few issues relating to formatting in legal documents are discussed Ibid.
[5] In some jurisdictions, it is common to continue to refer to a judge as 'Judge So-and-So' even after he or she has retired from the bench.
[6] See Ch 9.I.3.3.

messages and various forms of social networking. The rules of discovery are quite broad and can encompass messages housed on servers owned by US-based companies such as Google and Hotmail.

Although some materials may be protected as a matter of **legal privilege**, the rules regarding privilege vary according to jurisdiction and what is non-producible in one jurisdiction may be producible in another.[7] Furthermore, a number of jurisdictions, most notably the US, allow discovery requests to be served on a **third party** (non-party) to a legal dispute, which means that a discovery request may come from an entirely unanticipated source. As a result, lawyers should be very careful about drafting or allowing their clients to draft documents (including electronic documents like e-mail) that could be difficult or embarrassing to explain at trial. For example, a phrase that may have been originally meant as a joke could appear serious when taken out of context.

As a general rule, legal communications are much more formal than other types of written material, even in jurisdictions that reflect a relatively high degree of informality at a personal level. As a result, it is best to avoid colloquialisms and contractions (such as 'he'd' instead of 'he had' or 'she'll' instead of 'she will') in any type of written document.[8] While these terms may be technically correct and are commonly seen in the popular media (such as newspapers, blogs and novels), they are out of place in the law.

Another writing convention that affects internal and external communications involves the amount and type of **advocacy** that is reflected in a particular piece of writing. Although advocacy is most commonly associated with judicial, arbitral and similar types of submission,[9] some types of non-judicial submission, such as **demand letters** (discussed below), also feature a certain amount of advocacy.

The style and tone of written advocacy varies considerably across national borders. For example, England is more of a **high-context culture** than the US, which means that English writers may in some cases imply what US authors would state directly. As a result, bilingual lawyers may have to read a document written by an English author more carefully to gain a full appreciation of what is meant by a particular turn of phrase.[10]

These are just a few of the issues that a Spanish-speaking lawyer must take into account when reading or writing documents in English. A number of other writing conventions dealing specifically with either internal or external communications are discussed in the sections below.

11.I.3 Internal Communications

Much of a lawyer's work involves 'internal' communications, which can be defined as documents and messages sent to colleagues within the same law firm or business or with **co-counsel** or **local counsel** working on the same transaction or dispute. Communications

---

[7] See Chs 2.I.3, 3.I.3.4, 8.I.2.1 (discussing legal privilege).
[8] Some US authorities on legal writing suggest that contractions are acceptable in client letters, but that is not always the case. Much may depend on the context, with some legal specialties (such as commercial law) reflecting a higher degree of informality than other areas of practice (such as family law). As a lawyer, it is almost always better to err on the side of formality.
[9] See Ch 9.I.3.1.
[10] High context and **low context** cultures are discussed in Chs 2.I.1, 10.I.2.

with a **non-testifying expert** can often be considered to be 'internal', although it is important to check local law on that account. Messages and documents sent to **testifying experts** typically fall into the category of an external communication.

Knowing what kinds of communications are 'internal' versus 'external' is important because that determination can affect whether and to what extent the document may be subject to a discovery or disclosure order. Many 'internal' documents are considered privileged, whereas 'external' communications are not. Furthermore, a document that is initially privileged could lose that status if it is distributed to someone outside the scope of the privilege.[11]

Some bilingual lawyers may not be overly concerned with the style of internal communications based on the belief that colleagues will overlook any minor stylistic errors. While that may indeed be the case, someone who is able to reflect local customs looks much more credible and professional than someone who does not. Furthermore, adapting one's writing style to reflect national norms can help avoid miscommunications and misunderstandings.

Internal communications come in a variety of forms. One of the most frequently used messaging methods involves e-mail. Although e-mail seems relatively simple, the informality of this particular technology can be deceptive. For example, some writing conventions that are commonly used in Spanish-speaking countries (such as the term 'abrazos' when signing off on a message) can confuse a native English speaker, who might find such phrases too personal. Other problems arise if a lawyer attempts to use spelling and formatting conventions that are commonly used in **text messages** (such as 'U' for 'you' or various emoticons, such as smiley faces) in their e-mails. Tone can also be problematic, since what may be meant as a joke can be interpreted by a reader as offensive. As a result, every lawyer, regardless of their linguistic background, should exercise caution when communicating by e-mail and should write electronic messages with the same degree of care as any other type of writing. This approach is particularly appropriate given that e-mails, including their attachments, can be subject to discovery or disclosure to the same extent as documents in hard copy.[12]

Another common type of internal communication is the **office memorandum (office memo)**,[13] known in some jurisdictions as an **internal note**. The precise form and use of office memos and notes varies according to the jurisdiction and the individual law firm, but these documents are generally used to convey information that is too lengthy to be

---

[11] Determinations of legal privilege often turn on the definition of who constitutes a 'lawyer' and who constitutes a 'client'. These issues are determined by national law and may therefore vary from jurisdiction to jurisdiction. See Chs 2.I.3, 3.I.3.4, 8.I.2.1 (regarding various types of legal privilege).

[12] The boundaries of electronic discovery and disclosure are continually expanding, which means that bilingual lawyers should be very careful about what they say in text messages (even on their personal phones) and in any online posts. Indeed, lawyers in a number of English-speaking jurisdictions have got into trouble for messages posted on Facebook or on various blogs. In this day and age, it is safest to assume that nothing is private.

[13] These documents are similar in some ways to **memoranda of law** submitted to a judicial, arbitral or other tribunal, although an office memo is written for internal rather than external use and thus may include some material (such as an evaluation of the relative merits of the various arguments) that would be inappropriate in a judicial or arbitral submission. See Ch 9.I.3.2.

put into an e-mail. An office memo or note can be addressed and sent to other team members or simply be created as a record-keeping device (known as a **memo** or **note to file**). For example, someone who has conducted a considerable amount of legal research that has resulted in few useful conclusions might write a memo or note to file discussing what research techniques were used and what the findings were so as to avoid having to redo the work later, if the question is revisited.

Some memoranda and notes focus on issues of fact that arise out of an investigation or client interview. This type of document can include an analysis of the various facts or can instead be used to **memorialize** a particular event, such as a client interview or phone call with opposing counsel, so that the information is not lost or forgotten.

Other memoranda and notes focus on legal issues, although such documents also include some discussion of the facts so as to put the legal analysis into context. Most office memoranda and notes falling into this category are organized in a similar manner. Thus, these documents typically include:

- a heading stating who wrote the document, to whom it is addressed and when it was written;
- a section indicating the legal or factual issues to be discussed;
- a brief answer to the question posed (sometimes called an **executive summary**);[14]
- an outline of the relevant facts;
- a discussion of the legal authorities, typically analysed in light of the facts; and
- a conclusion.

Although memos and notes are initially written for internal distribution, it is not uncommon for such a document to be forwarded to a client for review or to form the basis of a submission to a court or arbitral tribunal. Therefore, these documents should be drafted carefully and with due attention to the various writing conventions regarding citation and quotations so that the document can be converted into another form quickly and easily. It is also important not to overstate any analyses or conclusions contained in an office memo or note. Instead, it is better to use a more objective tone in these sorts of internal documents and leave the advocacy for tribunal submissions.

11.I.4 External Communications

The second category of documents to discuss involves external communications, which includes various types of messages to clients, opposing counsel and in some cases actual or potential witnesses, including testifying expert witnesses.[15] Each category of documents serves a slightly different purpose and therefore adopts a slightly different form.[16]

One common type of external communication is the e-mail. Many of the same issues that were discussed with respect to internal e-mails also apply in the external context.

---

[14] In very short memoranda, this section may be combined with the issues section.
[15] Some jurisdictions restrict the ability of lawyers to speak to actual or potential witnesses as a matter of professional ethics. See Ch 9.I.4.
[16] One form of external communication, the **opinion letter**, is discussed in Ch 10, since it arises most frequently in the context of transactional work.

Lawyers must be careful with respect to the tone of such messages and must appreciate that electronic messages and their attachments are subject to discovery and disclosure orders to the same extent as materials existing in hard copy.

Another standard external communication is the letter. Although the use of e-mail has proliferated in the last 15 years, lawyers still use letters in a variety of circumstances. For example, a letter might be appropriate if the sender does not know the e-mail address of the recipient or how often he or she checks that e-mailbox. Alternatively, a letter might be best used if the content of the letter is extremely formal (for example, a **letter before action** in England) or very long. A lawyer might also choose to use a letter if there is the possibility that the material will be used as an attachment to a judicial or arbitral submission. In those cases, it is best to create a standalone letter rather than run the risk of having to produce a long e-mail string including various responses that might be either irrelevant or damaging to the proposition in question.[17] If a lawyer wants to benefit from the speed of e-mail without having to lose the benefits of a standalone letter, the letter can be forwarded to the recipient as an e-mail attachment while also being sent by post.

In many ways, letters written in English-speaking jurisdictions resemble those written in Spanish-speaking jurisdictions. Thus, for example, lawyers in most English-speaking countries put their firm letterhead at the top of the document, with the date and the addressee's name and address showing below. However, there are a few stylistic nuances that may be unfamiliar to a lawyer from a Spanish-speaking jurisdiction.

For example, if the addressee is a lawyer qualified in the US, that person is usually listed in the address block as 'Mary Smith, Esq.' or 'Edward Jones, Esq.' The term **Esq.** is an abbreviation of 'Esquire' (which is never spelled out in US practice) and indicates that the person is a lawyer admitted in that jurisdiction. When using the term 'Esq.', do not use a title (such as Mr or Ms) prior to the person's name. However, if the person is not a lawyer, do use a title (such as Mr or Ms) in the address block.[18]

Practice is very different in England. Neither **solicitors** nor **barristers** use the term 'Esq.' to indicate their status as a lawyer.[19] Instead, a solicitor should be referred to by his or her last name, with the appropriate title. Letters to barristers follow a different rule, since letters are not traditionally addressed to barristers, but instead to their clerks (for example, 'Clerk to Miss Tomkinson').[20] Very senior lawyers – known as **Queen's Counsel (QC)** in

---

[17] When producing information, a lawyer is often subject to the **rule of completeness**, which may require him or her to produce a document in its most complete form. In the case of e-mails, that rule might require the production of any responses to the initial e-mail, even if those responses are off-point, since the entire e-mail string constitutes a single document. It is much easier to compartmentalize responses when they are in the form of letters.

[18] In the US, most female professionals use the title 'Ms' unless they have a status-conferring title (such as 'Judge', 'Doctor' ('Dr') or 'Professor' ('Prof')). The terms Miss and Mrs are not generally used in the US. However, the reverse rule is true in England, where few women use the title 'Ms' and instead use 'Miss' or 'Mrs'. However, English practice indicates that a woman who has earned a status-conferring title should be addressed by that term rather than one based solely on gender.

[19] For a discussion of the differences between solicitors and barristers, see Ch 2.I.2.

[20] Interestingly, many female barristers are referred to as 'Miss So-and-So,' even after they are married, depending on whether they keep their maiden name.

England and either Queen's Counsel or **Senior Counsel (SC)** in other English-speaking jurisdictions[21] – may have that designation follow his or her name in the address block.[22]

After the address block is the **re: line**, which indicates the subject matter of the letter, followed by the salutation. The standard salutation in English-speaking jurisdictions is 'Dear Mr Smith', followed by a colon. When writing to a lawyer, use the person's last name with the proper title; do not use 'Esq.', QC or SC.[23] First names are seldom used in legal correspondence, except perhaps with clients that insist on informality.

The text of the letter appears next, followed by a concluding phrase such as 'Sincerely yours' or 'With best wishes' in the US or 'Kind regards' or 'Yours faithfully' in England. The author's name should be typed below the space for the actual signature. If the letter is more than one page long, the second and following pages should have a header that indicates the type of document (for example, 'Letter of 7 October 2015 to B Jones') and the number of pages (for instance, 'Page 2 of 3'). The header helps avoid confusion about the content of the letter should the pages be separated.

Other nuances also exist. For example, most English lawyers begin their letters with the phrase, 'This is in response to your [letter, e-mail, phone call or other type of communication] of [date].' However, there is no equivalent opening in US legal practice. Furthermore, English authors typically begin letters to unknown persons with the phrase 'Dear Sirs', while in the US the proper form is 'Dear Sir or Madam'.

Letters can be used for a variety of purposes. For example, many lawyers send their clients a **letter of engagement**, also known as a **retainer letter**, immediately upon being hired. This document, which describes the nature of the engagement and the fee structure, helps avoid any misunderstandings between the client and the lawyer regarding how the attorney-client relationship is to progress.

Another standard document is the **client advice letter**, which is used to provide legal advice to a client. The information contained in the letter may be sent in response to an outstanding query or can simply memorialize information provided orally. The organization of a client advice letter is often similar to that of an office memo, although some wording may be changed so as to be understandable to a non-lawyer and to provide the necessary context. Legal citations are often omitted from a client advice letter, unless the client is a lawyer, as would be the case with local or **in-house counsel**.

A demand letter is sent to the opposing party indicating that a certain course of action is required. Because a demand letter is very often used as an **exhibit** (a document entered into evidence) in any litigation or arbitration stemming out of the underlying dispute,

---

[21] Ireland uses the term 'SC', while New Zealand uses the term 'QC'. Both 'SC' and 'QC' are used in Australia, depending on the province or territory in question. QCs and SCs are typically barristers, although some solicitors have achieved that status.

[22] No special designation is given for barristers, known as **junior counsel** or **junior barristers**, who have not yet been named as QCs or SCs. So-called 'junior' barristers can be quite experienced, since elevation to senior status is not automatic. Very large litigations might require the instruction of several barristers, including a QC or SC and several juniors. The most experienced of the junior barristers is known as the **senior-junior**.

[23] Notably, lawyers in the US are not referred to as 'Dr', since the standard law degree in the US (a juris doctor, or JD) is a professional degree rather than a doctorate. Of course, if the person in question holds another degree (such as a PhD or MD) allowing use of the term 'Dr', it is proper to use that title.

lawyers should draft these types of communications with care. Though termed a 'demand' letter, the language should not be unduly inflammatory and should instead set forth the relevant facts and legal positions so that the recipient can make an informed decision regarding the merits of the request and whether it would be appropriate to comply with the demand or otherwise settle the case. In drafting a demand letter, lawyers must be careful not to divulge information that could work against their client at trial, although they must also be sure not to withhold information that they are legally bound to produce.

One particular type of demand letter is the letter before action, which must be sent before most litigation can begin in English courts.[24] These letters must comply with certain legal requirements, which means that bilingual lawyers should be careful about attempting to draft such a letter unless they are qualified to practice in England. Not only could the letter be legally insufficient in some way, but also the effort could be seen as constituting the impermissible practice of law in a foreign jurisdiction. It may therefore be better to hire local counsel to assist if litigation in English court looks to be a likely or necessary prospect.

Responding to a demand letter or letter before action requires a good deal of tact and may also require the assistance of local counsel. It is often best to assume that any response to a demand letter or letter before action will be used in any future litigation or arbitration that may ensue, even if your client is acceding to all or most of the demands contained in the letter. Therefore, response letters should aim to correct any misallegations of fact or law while also seeking to avoid escalating the dispute.

Perhaps the easiest letters to write are **housekeeping letters**. These documents serve a variety of functions ranging from the memorialization of a conversation, the confirmation of an appointment or the forwarding of a document. Though creating a separate document may seem wasteful in some of these circumstances, it is often helpful to create a **paper trail** that documents when and how a particular act was taken, since such letters help avoid or correct misunderstandings. Notably, the language used in these letters can vary across national borders. Thus, a forwarding letter from a US lawyer would likely state, 'Enclosed please find [items]' whereas a similar letter from an English solicitor would likely state 'Please find enclosed [items]'.

Although the preceding types of letters are used in all English-speaking countries, some documents are only necessary in some jurisdictions. For example, in legal systems featuring a **split bar**,[25] solicitors send a special type of document known as a **letter of instruction** when seeking to engage a barrister to represent the client at court or provide a **legal opinion** on a particularly contentious question of law.[26] In some jurisdictions, overseas lawyers are now eligible to engage barristers directly and thus may need to draft letters of instruction themselves.[27] Letters of instruction are very formalized and contain a great deal of detail,

---

[24] See Citizens Advice, Step One: Write a Letter Before Action <https://www.citizensadvice.org.uk/consumer/taking-action-about-consumer-problems/legal-action/going-to-court/taking-court-action/step-one-write-a-letter-before-action/> (containing instructions on writing a letter before action); see also Ch 9.I.2 (discussing the requirement to produce letters before action).
[25] See Ch 2.I.2 (explaining the concept of the split bar).
[26] Although most barristers in England can only be contacted through a solicitor, some barristers have undertaken public access training so as to be able to work directly with clients.
[27] Although English barristers may now **take instructions** directly from an overseas lawyer,

since the solicitor must be sure that the barrister understands the factual nuances of the case as well as the legal questions at issue. Such letters typically include:

- the name of the **instructing solicitor** and the name of that person's client;
- the name of the person or company with whom the dispute or potential dispute exists and the legal nature of the matter at issue;
- a brief summary of the background of the dispute, typically in chronological order and including material (such as information from client interviews) that may not be apparent from documents;
- any relevant deadlines; and
- what the barrister is requested to do (for example, represent a client at trial or provide a written opinion on one or more enumerated questions). It is always wise to include in the instructions a general request for any further advice or services that the barrister should feel necessary so as to avoid any gaps in the representation.

Letters of instruction are accompanied by any documents that the barrister will need to review. These materials are referred to as the '**documents bundle**' and are traditionally tied up in pink ribbon. The instructing solicitor should include an index for the bundle either within the letter of instruction or as a separate schedule. Barristers should never be sent the originals of any documents, but should instead receive copies.

Most concerns about external communications involve messages to or about clients. However, lawyers also engage in other sorts of professional activities that may give rise to concerns. One such activity involves participation on panels for practitioner or academic audiences. Quite often, lawyers at these conferences present a paper which is subsequently published or provide oral comments that are transcribed into a booklet reflecting the proceedings of the event. These comments are made with the expectation that they will be further disseminated with proper attribution. However, there are times when lawyers participate in conferences on the understanding that any comments made will remain confidential or unattributed. As a result, those who attend a conference should consider whether and to what extent they are able to publicly discuss or further distribute information shared at the event. Although a number of approaches are possible, many groups adopt the **Chatham House Rule**, which indicates that a participant can pass on information provided in a confidential setting so long as the original speaker and his or her affiliation are not identified. The Chatham House Rule also protects the identity of other participants at the meeting. Though the rule restricts some facets of communications, it allows the sharing of critical information without jeopardizing the position of the original speaker.

---

certain rules and restrictions apply. See The General Council of the Bar, International Committee, *A Summary Note of the Changes to the Rules on International Practice* 30.01.14 (January 2014) 4, 6–7 <http://www.barcouncil.org.uk/media/275099/international_committee_summary_of_changes_to_the_rules_on_international_practice_31_01_2014.pdf>. Other jurisdictions may have different rules.

11.I.5 Model Documents

As the preceding discussion suggests, English-speaking jurisdictions use too many types of document to be able to include individual examples of every such item here.[28] However, it is nevertheless helpful to reproduce a few samples of internal and external communications to demonstrate how different jurisdictions approach similar types of submission. The first model document is a US-style office memo, which can be compared to the US-style memorandum of law reproduced in Chapter 9.[29] The second document is a demand letter written in the US style, followed by a letter before action written in the English style, based on the same hypothetical facts.

11.I.5.1 US-style office memo

MEMORANDUM OF LAW

TO: Senior Partner
FROM: Anita Associate
DATE: October 2, 2015
RE: Darby Patel; Right of Access to Family Cemetery

Question Presented

1. Under Missouri law, does an individual have a right to access to a family's cemetery that is completely surrounded by privately owned land in cases where the cemetery was not deeded to the public and the last body was interred more than twenty-five years ago?

Brief Answer

1. Probably yes. Mo. Rev. Stat. § 214.132 states that any person who wishes to visit an abandoned family cemetery or private burying ground which is completely surrounded by privately owned land and for which no public ingress or egress is available "shall have the right to reasonable ingress or egress for the purpose of visiting such cemetery." This right of access extends only to visitation during reasonable hours and only for purposes usually associated with cemetery visits. The term "abandoned family cemetery" is defined in Mo. Rev. Stat. § 214.131 as one in which no body has been buried for at least twenty-five years, while the phrase "private burying ground" is defined in the same state as a burying ground that has not been deeded to the public. Because the cemetery that our client, Mr. Patel, wants to visit is an abandoned family cemetery under Missouri law, it is likely that he has the right of reasonable ingress on private property (ie, the property owned by Mr. Newton) for purposes of visiting the private cemetery located on Mr. Newton's land.

---

[28] Good sample documents are available. See Krois-Lindner, Firth and TransLegal (n 1); Rylance (n 1).
[29] See Ch 9.I.5.1.

Statement of Facts

On August 21, 2012, Darby Patel sought our firm's legal advice concerning the question of whether he can legally continue to visit his family's cemetery even though the cemetery is located on land that is privately owned by Mr. Orville Newton. Mr. Patel stated in his initial interview that he has visited his family cemetery on a fairly regular basis and gave a thorough description of the family members who have been buried at the family cemetery since 1862. According to Mr. Patel, the last family member to be buried at the cemetery was interred in 1901. Furthermore, Mr. Patel indicated that the site in question has all the features typically associated with a cemetery, including a wrought-iron fence surrounding the outer boundary of the cemetery, which measures 35 by 35 feet, and above-ground tombstones that readily identify each of the family members' plots.

The land in dispute is located in Howard County, Missouri. The first recorded owner of the land was Nero Vogt, who obtained title from a government land office in Washington, D.C. The land was transferred within the family in the following years. On September 20, 1898, William Vogt, a distant relative of Mr. Patel, sold the land to Jess Vogt. The deed of transfer specifically expressed William Vogt's intent for the burial site to remain a private family cemetery.

Five years ago, Mr. Patel's father sold a portion of the land including the cemetery to Orville Newton, using a quit-claim deed. For the five years following the transfer of the property, Mr. Newton allowed Mr. Patel to visit the cemetery. However, Mr. Newton recently told Mr. Patel that Mr. Newton was withdrawing permission for Mr. Patel to come onto the land. Up until this point, Mr. Patel has complied with Mr. Newton's wishes out of a desire to remain on friendly terms, since Mr. Patel's parents rely on the use of a well located on Mr. Newton's property. However, Mr. Patel would like to continue visiting his family cemetery. As a result, Mr. Patel has sought advice from us to understand what options he has as a matter of law.

Discussion

1. **Under Missouri law, does an individual have a right to access to a family cemetery that is completely surrounded by privately owned land in cases where the cemetery has not been deeded to the public and the last body was interred more than twenty-five years ago?**

Research suggests that a Missouri court would likely grant a person a right of access to a family burial plot in cases where the cemetery is completely surrounded by privately owned land and the cemetery is not explicitly mentioned in the deed conveying the property to the current owner. Thus, Mr. Patel should be able to visit his family cemetery despite Mr. Newton's objections.

Under Missouri law, a person who wishes to visit an abandoned family cemetery or private burying ground which is completely surrounded by privately owned land, for which no public ingress or egress is available, "shall have the right to reasonable ingress or egress for the purpose of visiting such cemetery." Missouri Revised Statute § 214.132. Mo. Rev. Stat. §214.131 defines an "abandoned family cemetery" as one in which no body has been buried for at least twenty-five years and that has not been deeded to the public. Missouri Revised Statute §214.131. According to the facts provided to us by Mr. Patel, the Patel family cemetery qualifies as an "abandoned family cemetery" under Mo. Rev. Stat.

§ 214.131 because the last body in the cemetery was interred in 1901 and because there is no language in any instrument transferring ownership indicating that the cemetery has been deeded to the public. Missouri Revised Statute § 214.131.

Mr. Patel's situation is similar to the case of Rhodes v. Nicklas, which also involved a family cemetery on conveyed property. Rhodes v. Nicklas, 642 S.W.2d 504 (Mo. App. W.D. 1981). However, the transfer of property in Rhodes included an express reservation of land for cemetery purposes beginning with the conveyance from Fanny Frazier, the original owner, and continuing in each subsequent transfer of land up to and including the deed given to the Nicklas family. Id. Nicklas knew of the cemetery prior to purchasing the land and testified that he could see the boundaries of the cemetery, which was marked by a fence around the perimeter and which included a number of standing tombstones. Id.

In Rhodes, the court held that where the grantor intended to dedicate an area which had been fenced and used as private burial ground for cemetery purposes and the grantee knew of the existence of the cemetery and its precise location, then title to the cemetery passed subject to and burdened with the use and purposes of the private cemetery by reservation in the deed, even though the cemetery was not established by deed to the county court. Id. at 506. This case suggests that the intent of the previous owner will determine whether the land should be considered a family cemetery. Id. at 506. If that reading is correct, then Mr. Patel should be able to prevail in the current dispute, even though the cemetery is not explicitly mentioned in the quit-claim deed conveyed to Mr. Newton, since the original owner of the land dedicated a section of the property to be used as a cemetery. Indeed, precedent suggests that as long as the property remained dedicated to cemetery purposes, the property can only be transferred, whether by power of sale or other conveyance, as and for a cemetery. United Cemeteries v. Strother, 342 Mo. 1155, 119 S.W.2d 762 (1938).

Another case that may affect the current analysis is Farm Properties Holdings, L.L.C. v. Lower Grassy Creek Cemetery, Inc., which involved a roadway that had been used to access a cemetery since 1930. Farm Properties Holdings, L.L.C. v. Lower Grassy Creek Cemetery, Inc., 208 S.W.3d 922, 924 (App. S.D. 2006). The roadway in question was the only practical and unobstructed means of accessing the cemetery and was used frequently by the public at large, though typically only for purposes associated with cemetery visits. Id. The court held that members of the public were entitled by statute to use a road that was located on the landowner's property to access a private cemetery. Id.

This case can be read to support Mr. Patel's position because the only way to access his family cemetery is through Mr. Newton's property. If the court in Farm Properties Holdings, L.L.C. allowed the public reasonable access to the cemetery through the practical means of doing so, then a court would likely come the same result in Mr. Patel's case.

Conclusion

Missouri case law and statutory law both suggest that Mr. Patel should be granted a right of access to a family cemetery that is located on land privately owned by Mr. Newton. As a result, we can advise Mr. Patel with some confidence that he will likely prevail, should he decide to bring a lawsuit against Mr. Newton for failure to allow Mr. Patel and his family access to the cemetery in question. However, Mr. Patel did state during his interview that he wants to maintain a good relationship with Mr. Newton because Mr. Patel's parents rely on the usage of a well located on Mr. Newton's property. Therefore, it might be best to begin by attempting to negotiate a mutually agreeable visitation schedule, perhaps with the help of a skilled mediator, with a lawsuit constituting an alternative of last resort.

11.I.5.2   US-style demand letter

Suárez, Hamilton & Peabody
1154 Fairview Road
Los Angeles, CA 90003
Tel.: (213) XXX-XXXX
Fax: (213) XXX-XXXX
Email: jsuarez@shp.com

May 27, 2015

BY CERTIFIED MAIL
Felicia McKenzie, Esq.
General Counsel
Acme Film Co.
741 Studio Road
Hollywood, CA 90028

Re: Soundtrack and Motion Picture – "Dance Off: Miami"

Dear Ms. McKenzie:

We represent Araceli Fernández, the composer, producer and singer of "Ojos Negros," which was a number-one hit on the Billboard Latin charts in 1982. It has come to our attention that Acme Film Company has included Ms. Fernández's version of Ojos Negros on the soundtrack for the recently released film, "Dance Off: Miami." We have also been advised that the lead character in the film is seen to be singing Ms. Fernández's version of Ojos Negros as if it were the character's own voice.

We understand that Ms. Fernández has been credited as the composer and producer of Ojos Negros on both the soundtrack and the film and that she will be compensated for use of her original song through the American Society of Composers, Authors and Publishers (ASCAP) compulsory licensing and royalty scheme. However, that arrangement does not allow Acme Film Company to pass Ms. Fernández's version of Ojos Negros off as being originally sung by the actress in the film. Such use violates national and international law of copyright and is subject to statutory and other damages under 17 U.S.C. §504.

We hereby demand the immediate discontinuation of sales of all copies of the soundtrack for "Dance Off: Miami" and the removal of all copies of the film "Dance Off: Miami" from distribution. We also demand that you discontinue efforts to manufacture or distribute video copies of "Dance Off: Miami" for the home video market. Furthermore, we demand that Acme Film Company issue a public apology to Ms. Fernández in the national and international media and that immediate steps be taken to correct the impression that the actress appearing in the film has sung the version of Ojos Negros that is heard in the film.

Ms. Fernández hereby reserves all of her legal rights, including the right to seek injunctive relief, damages and attorney fees.

Sincerely yours,

Joseph Suárez, Esq.
Atty. No. CAXXXX

11.I.5.3 English-style letter before action

Morales, Foster and Thornton, Solicitors
1800 Moorgate
London
EC2R 6DA
Tel.: (0)20 XXXX XXXX
Fax: (0)20 XXXX XXXX
Email: info@fpt.co.uk

YOUR REF:
OUR REF: JCM/AF–110

3 June 2015

STRICTLY PRIVATE AND CONFIDENTIAL

Acme Film Company
741 Studio Road
Hollywood, CA 90028
USA

Dear Sirs

Our client: Araceli Fernández

We are instructed by the above named in connection with her status as composer, producer and singer of 'Ojos Negros', which appeared in the top position on the Billboard Latin charts in 1982.

We are informed that you have included our client's version of Ojos Negros on the soundtrack for your film 'Dance Off: Miami', which you released in the United Kingdom on 1 June 2015. We also understand that the lead character in the film is portrayed as singing our client's version of Ojos Negros as if it were the character's own voice and that you intend to release the film in the United Kingdom on or about 1 August 2015.

We understand that our client has been credited as the composer and producer of Ojos Negros on both the soundtrack and the film and that she will be compensated for use of her original song and performance through the licensing and royalty schemes established by Phonographic Performance Limited (PPL) and PRS for Music. However, we are informed that you have not sought permission to pass our client's version of Ojos Negros off as being originally sung by an actress in the film, nor have you provided our client with payment or credit for any such use.

In light of your actions, it is clear that our client would be fully entitled to seek injunctive relief demanding the discontinuation of sales of all copies of the soundtrack for 'Dance Off: Miami'; the discontinuation of efforts to distribute the film 'Dance Off: Miami' in the United Kingdom; the discontinuation of efforts to manufacture or distribute video copies of 'Dance Off: Miami' for the home video market in the United Kingdom; and damages under the Copyright, Designs and Patents Act 1988. Accordingly, we have advised Ms. Fernández that she would stand excellent prospects of success should she decide to pursue a claim for injunctive relief and damages.

However, our client would be prepared to discuss alternative means by which this matter might be resolved. Our instructions are to commence proceedings against you if we do not receive satisfactory proposals for settlement of this matter within 14 days.

Yours faithfully

Morales, Foster and Thornton, Solicitors

Morales, Foster and Thornton, Solicitors

11.I.6 Self-Test

Answers to the self-test can be found at the back of the book, in Chapter 14.

1. What type of citation system is used in the model memorandum of law? What other types of citation systems are there?
2. What does 'Esq.' mean and why is it used in the US demand letter?
3. What does 'Your ref' and 'Our ref' signify in the English letter before action?
4. Why did the English letter (but not the US letter) refer to alternative means of settlement?
5. Why is the English letter signed by the law firm while the US letter is signed by an individual lawyer?

KEYWORDS

- Advocacy
- Barrister
- Chatham House Rule
- Client advice letter
- Co-counsel
- Demand letter
- Disclosure
- Discovery
- Documents bundle

- E-mail
- Esq.
- Executive summary
- Exhibit
- High-context culture
- Housekeeping letter
- In-house counsel
- Instructing solicitor
- Internal note
- Junior barrister
- Junior counsel
- Legal opinion
- Legal privilege
- Letter before action
- Letter of engagement
- Letter of instruction
- Local counsel
- Low-context culture
- Mediation
- Memo to file
- Memorandum of law
- Memorialize
- Monochronist
- Negotiation
- Non-testifying expert
- Note to file
- Office memorandum (office memo)
- Opinion letter
- Paper trail
- Polychronist
- Queen's Counsel (QC)
- Re: line
- Retainer letter
- Rule of completeness
- Senior Counsel (SC)
- Senior-junior
- Solicitor
- Split bar
- Take instructions
- Testifying expert
- Text messages
- Third party

11.II CORRESPONDENCIA EXTERNA E INTERNA Y DICTÁMENES

Esta sección en español del capítulo está dirigida a quienes no tienen el español como lengua materna. Los lectores para quienes el español sí es su lengua materna pueden comenzar su lectura en inglés en la página 533.

The English-language portion of this chapter is meant to be read by those for whom English is a second language. Readers for whom Spanish is a second language should begin their reading on page 533.

11.II.1 Introducción

En los capítulos anteriores se han abordado algunas cuestiones prácticas relacionadas con los documentos que deben hacerse llegar a tribunales judiciales, arbitrales o cualesquiera otros, así como otras relacionadas con la redacción de contratos y otros documentos de carácter transaccional. Ahora bien, los abogados suelen trabajar en su rutina diaria con otro tipo de documentación generada a raíz de sus comunicaciones con colegas, clientes y otros contactos profesionales. En muchos casos, este tipo de materiales es el más importante para los abogados que trabajan en distintas jurisdicciones y en más de una lengua puesto que una carta o un análisis jurídico incorrectos pueden dañar una relación profesional o crear problemas para el cliente.

En un libro de este tipo no es posible abordar todos los tipos de comunicación que pueden llevarse a cabo en el mundo hispanoparlante. En su lugar, el énfasis se pone en cierta documentación que puede ser particularmente interesante para un abogado angloparlante que trabaje con clientes o colegas en, o de, jurisdicciones hispanoparlantes. Así, el presente capítulo aborda:

- típicas convenciones formales a la hora de redactar escritos en las jurisdicciones hispanohablantes;
- comunicaciones internas en las jurisdicciones hispanohablantes;
- comunicaciones externas en las jurisdicciones hispanohablantes;

Cada una de estas cuestiones es abordada a continuación en tanto que, al final del capítulo, se ponen a disposición del lector algunos documentos modelo y una auto-evaluación sobre los mismos.

11.II.2 Típicas convenciones formales a la hora de redactar escritos en las jurisdicciones hispanohablantes

En el capítulo 9 se han identificado una serie de convenciones que han de respetarse a la hora de enviar escritos a tribunales judiciales, arbitrales o de otro tipo. Otra serie de convenciones ha de aplicarse cuando se redactan escritos de comunicación de carácter interno o externo, puesto que alguno de esos documentos es casi tan formal como la comunicación con juzgados. Como sabe todo abogado, la forma es el vehículo del contenido y la excelencia de este último se mide en gran medida por la primera. De hecho, tras muchas convenciones formales se esconden estrictas reglas deontológicas que los abogados han de respetar so pena de incurrir en responsabilidad.[30] Ello explica también que muchas de las convenciones que se explican a continuación sean comunes a un buen número de países.[31]

En general, ha de recomendarse a todo jurista que aplique las reglas formales de cita de fuentes del derecho y doctrinales, incluso en documentos que espera que no lleguen a los tribunales. Por ejemplo, la explicación correcta de la posición jurídica fundamenta la relación de confianza entre abogado y cliente. Por lo mismo, una defectuosa redacción puede justificar un cambio de abogado por parte del cliente, o a la inversa, que el abogado decida desistir en la defensa técnica de un cliente ya que no comparte sus instrucciones.[32]

En el capítulo 9 también se discutieron varias cuestiones de tono y estilo, en particular aquellas que conciernen a la frontera jurisdiccional. Muchas de las mismas afectan igualmente a las comunicaciones internas y externas de un despacho profesional. Así, por ejemplo, la redacción jurídica en España está cargada de latinismos y fórmulas hechas, como el '**otrosí digo**', que no se emplean en otras jurisdicciones hispanoparlantes. Aunque se han buscado fórmulas para depurar el lenguaje jurídico y hacerlo comprensible al ciudadano medio, es común a todas las jurisdicciones hispanoparlantes que tanto la comunicación oral como, sobre todo, la escrita sigan cargadas de frases largas y complejas.

Esta formalidad de la práctica jurídica no afecta, sin embargo, al trato cotidiano donde en España se va imponiendo el tuteo en las relaciones entre colegas y entre abogados y clientes. Lo que no obsta a que, en particular en la relación con clientes, reglas elementales de urbanidad comunes a todos los países hispanoparlantes impongan el trato formal en la primera conversación que sólo dará paso a dicho tuteo si así lo consienten expresamente las partes. De todos modos, la utilización del tuteo es mucho menos habitual en Latinoamérica. La regla se aplica no sólo a clientes, sino también a otros colegas y jueces.

---

[30] La relación entre forma y ética se aprecia en la lectura de alguno de los numerosos manuales que aconsejan sobre la práctica profesional como: Emilio González Bilbao, *Guía Práctica del Abogado* (Thomson-Aranzadi 2007) o Nielson Sánchez-Stewart, *La profesión de Abogado. Relaciones con Tribunales, profesionales, clientes y medios de comunicación* (Difusión Jurídica 2008).

[31] En el ámbito europeo téngase en cuenta el Código Deontológico aprobado por el Consejo de Colegios de Abogados de Europa (CCBE) de 28 de noviembre de 1998, accesible en Noticias Jurídicas: < http://noticias.juridicas.com/base_datos/Admin/cdccbe.html>, donde se trata precisamente de los deberes éticos que deben regir entre abogados que ejercen en más de una jurisdicción. En el Continente americano ha de señalarse el Proyecto de Código de Ética Profesional de la Abogacía Iberoamericana, aprobado en el 6º Congreso de la Unión Internacional de Abogados (UIA) en Mar del Plata en noviembre de 1984. De forma más localizada cabe citar el Código de Ética para la Abogacía del MERCOSUR, aprobado el 17 de octubre de 1997 en Asunción, Paraguay, por el Comité Ejecutivo del COADEM. Accesible en DHnet: < http://www.dhnet.org.br/direitos/codetica/abc/codigo_etica_abogados_mercosur.pdf>.

[32] Es muy claro el Código Deontológico de la Abogacía Española, accesible en CGAE: <http://www.abogacia.es/wp-content/uploads/2012/06/codigo_deontologico1.pdf>:

> La independencia del abogado le permite rechazar las instrucciones que, en contra de sus propios criterios profesionales, pretendan imponerle su cliente, sus compañeros de despacho, los otros profesionales con los que colabore o cualquier otra persona, entidad o corriente de opinión, cesando en el asesoramiento o defensa del asunto de que se trate cuando considere que no pueda actuar con total independencia

Ibid art 2.4.

De lo que no hay duda es que el tuteo no tiene cabida en las comunicaciones escritas en aquellos supuestos en los que es de esperar que el documento pase a formar parte de algún **expediente**, sea propio del despacho profesional, sea propio de otro despacho u oficina.

La aplicación de estas convenciones no responde tanto al hecho de que dichos escritos puedan llegar a manos de un tribunal –puesto que los deberes de información y cooperación de las partes no son tan amplios en las jurisdicciones del sistema continental como en las de *common law*[33]–, sino a que su empleo restaría seriedad y credibilidad a los mismos. En consecuencia, la referencia a los sujetos mencionados por su apellido es prácticamente imperativa en la redacción de escritos.

Por otra parte, es importante que el abogado que trabaja en más de una lengua sea consciente de a quién va dirigido el escrito puesto que, evidentemente, el mismo adquirirá uno u otro estilo en función de a quién vaya destinado. Ya se ha visto que los escritos dirigidos a tribunales judiciales, arbitrales o de otro tipo adquieren un estilo y un tono particulares que cambia en aquellos enviados, por ejemplo, al posible contrario con el fin de evitar la controversia judicial. Distinguir en el tono y el estilo es, por tanto, crucial para el desempeño de la abogacía en la medida en que la elección de uno u otro puede condicionar el resultado de la **gestión** pertinente.

El estilo y el tono de la práctica escrita del abogado están fuertemente afectados por las características nacionales. Por ejemplo, España y México son considerados países adscritos a una **cultura de contexto alto**,[34] de modo que es de esperar de los escritos redactados por quienes allí trabajan impliquen mucho más de lo que directamente aparece en el texto. En consecuencia, los abogados angloparlantes habrán de leer con detenimiento dichos escritos para apreciar el contexto en el que se emite cada una de las frases que allí se transcriben.

Estas son sólo algunas de las cuestiones que un abogado angloparlante ha de tener en cuenta en el momento de leer o redactar un escrito en español. A continuación, se discuten de forma más específica algunas convenciones que han de seguirse en la redacción de escritos propios de las comunicaciones internas o externas de un abogado.

11.II.3 Comunicaciones internas en las jurisdicciones hispanohablantes

Gran parte del trabajo diario de un abogado conlleva la lectura y redacción de varios tipos de documentos. Una parte importante de los mismos se refiere a comunicaciones

---

[33] Es interesante recordar aquí la obligación de confidencialidad que pesa sobre el abogado no sólo en relación con las comunicaciones con sus clientes, sino también con otros colegas. Así se expresan el Código de Ética de la Barra de México (accesible en Barra Mexicana: <http://www.bma.org.mx/>), art 11; y el Código Deontológico de la Abogacía Española (n 32), art 5.3, que expresamente señala que 'no podrá aportar a los tribunales, ni facilitarle a su cliente las cartas, comunicaciones o notas que reciba del abogado de la otra parte, salvo expresa autorización del mismo'. Esta obligación forma parte del secreto profesional. Igualmente Óscar Cruz Barney y otros, *Lineamientos para un Código Deontológico de la Abogacía Mexicana* (UNAM. Instituto de Investigaciones jurídicas 2013) 16. No así en la práctica inglesa donde sólo están cubiertas aquellas cartas en las que el abogado incluya la expresa indicación de 'without prejudice': *May v Pertemps Group (2005) all ER (D) (15) (Nov)*.

[34] La noción y diferencia entre culturas de contexto alto y de **contexto bajo** se discute en el cap 2.

'internas', esto es, documentos o mensajes enviados a colegas de la misma firma o despacho de abogados o a abogados de otros despachos, incluidos aquellos sitos en el extranjero, todos ellos trabajando en la misma **transacción** o **disputa**. Las comunicaciones con **peritos** también se consideran subsumibles dentro de esta categoría. La distinción entre aquellos que asisten a juicio y aquellos otros que no lo hacen no tiene la misma entidad que en los países anglosajones, pero ello no obsta que, cuando su **asistencia técnica** ha de llegar ante un tribunal, la comunicación entre el abogado y los mismos se englobe en el ámbito de las comunicaciones 'externas'.

Saber distinguir entre qué tipo de comunicaciones son 'internas' y cuáles 'externas' es muy importante puesto que cualquier documento que se distribuya más allá de un **privilegio legal**, en particular el que cubre la relación entre abogado y cliente, pierde dicho carácter privilegiado y, por tanto, pierde su carácter 'secreto'. La definición de quién es 'abogado' y quién constituye su 'cliente' varía en función de la ley aplicable, de manera que los abogados que trabajan en más de una jurisdicción deben ser especialmente cuidadosos a la hora de comunicarse.[35]

Con carácter general, la comunicación con otros colegas del mismo equipo legal no será problemática para los abogados que trabajen en más de una lengua, puesto que aparte de que en ocasiones compartirán una **jerga** institucional común,[36] éstos probablemente pasen por alto todos aquellos errores menores que puedan cometerse en términos de estilo o sustancia.[37] Aunque uno siempre puede confiar en que ello sea así, lo cierto es que un abogado que sea capaz de incorporar en su *modus operandi* las convenciones propias del lugar de trabajo a la hora de redactar sus escritos parecerá mucho más creíble y profesional. Por otra parte, la adaptación del estilo propio a las convenciones del lugar ayuda a evitar falsos entendidos y otros problemas de comunicación.

Las comunicaciones internas adoptan una importante variedad de formas. Una de las más empleadas a la hora de enviar mensajes es el **correo electrónico**, también comúnmente denominado **email** o **mail**. En principio y aunque un email no parezca que vaya a plantear problemas de uso a un abogado que trabaje con más de una lengua, la informalidad de este medio de comunicación puede conducir a engaño. En el contexto de una comunicación jurídica y aunque sea entre colegas, deberían evitarse por ejemplo los mensajes sin encabezamiento, los que incluyen emoticones u otro tipo de abreviaciones propias de la mensajería instantánea como el 'q' o 'x' por 'que' o 'por', y los que recogen una despedida demasiado amigable o también informal. En definitiva, las informalidades en emails no

---

[35] Caps. 2.III.3, 3.III.3.4, 8.III..2.1 (sobre el privilegio legal).
[36] Normalmente, consecuencia de haber recibido una formación similar por parte del **departamento de recursos humanos** (RRHH) de la firma.
[37] Los abogados deben mantener recíproca lealtad, respeto mutuo y relaciones de compañerismo. Véase Código Deontológico de la Abogacía Española (n 32) art 11. Cuando éstos son extranjeros,

> el Abogado que se comprometa a ayudar a un colega extranjero tendrá siempre en cuenta que el compañero ha de depender de él en mayor proporción que si se tratase de abogados del propio país y por tanto se abstendrá de aceptar gestiones para las que no esté suficientemente capacitado, facilitando al Letrado extranjero información sobre otros abogados con la preparación específica para cumplir el encargo.

Ibid art 12.13. Este precepto ha sido tomado del Código europeo (n 31).

son bienvenidas ya que son inapropiadas en la práctica legal; en otras palabras, los abogados necesitan escribir sus emails con el mismo grado de profesionalidad que cualquier otro tipo de escritos.

El tono también puede ser problemático y lo que tiene la intención de ser un chiste o una gracia puede entenderse en el otro extremo como ofensivo o fuera de lugar. Del mismo modo, mantener el tono distante con el cliente o con el compañero una vez que ya se ha establecido una cierta familiaridad puede ser mal visto. Por ejemplo, roto el primer hielo, no sorprende al abogado hispanoparlante una salutación como 'Querido amigo' o 'Querido colega', o una despedida en la que se supere el tradicional 'un saludo' o 'un saludo cordial' por 'un abrazo'. En todo caso, la regla general para los abogados angloparlantes debe ser la precaución a la hora de escribir emails. Y lo mismo se aplica a otros medios de mensajería instantánea a los que los clientes suelen recurrir, en particular cuando el despacho profesional les ofrece un servicio de **iguala**, puesto que éste implica una relación estable y en la que el cliente abona un importe por los servicios que pueda prestar el abogado con independencia de que, posteriormente, se los preste.

El email va ganando espacio en la sociedad moderna, de ahí que haya otro aspecto relevante al que prestar particular atención y es el **Asunto**: del mismo. El asunto del email es lo primero que leerá la persona a quien va dirigido, por lo que el abogado angloparlante ha de ser especialmente cuidadoso en este punto y no dejarlo nunca en blanco.[38] Otro dato a tener en cuenta es que si el receptor del mensaje es un socio u abogado senior del despacho y el objeto del email no entraña complicaciones, éste puede ser respondido por otro abogado más joven, un **pasante** o incluso la secretaria del receptor oficial.

A propósito del email cabe mencionar también la comunicación que el abogado español mantiene con el **Procurador de los Tribunales**:[39] ambos comparten la defensa técnica del mismo cliente, de ahí que la comunicación entre ambos se califique como interna. La presencia del procurador es obligada en asuntos judiciales y, como consecuencia de la incorporación de tecnologías de la información a la administración de justicia española,[40] estos profesionales usan mayormente el email en sus comunicaciones. Cuando se dirigen al abogado con el que trabajan el asunto del email suele consistir en la fórmula: 'Mi Referencia: 2015/92 –' seguida del nombre del cliente. En el encabezado del email no sólo se indica la fecha y el nombre del letrado al que va dirigido, sino también el del cliente, el de la **contraparte** y el tribunal donde se tramita el asunto. El cuerpo lo constituye la notificación de la actuación judicial que corresponda y se cierra con una petición expresa que se formula tras la despedida: 'agradecería que confirmasen recepción', para asegurar que la otra parte ha recibido el email.

Otra forma típica de comunicación de carácter interno consiste en la elaboración de **notas internas** o **memorándums** para adjuntar al expediente del cliente. Evidentemente,

---

[38] Asimismo, los abogados angloparlantes han de saber que habitualmente en los países hispanoparlantes no se es tan estricto respecto a la celeridad con que se debe responder a un mensaje, por lo que no han de sorprenderse, o presumir que hay problemas, si no reciben una respuesta a su email en el mismo día del envío. Hay que ser consciente, además, del calendario de festividades propio del país extranjero con el que se trabaja, ya que puede ser distinto al propio.
[39] La figura se aborda en el cap 2.III.2.
[40] Ley 18/2011, de 5 de julio, reguladora del uso de las tecnologías de la información y la comunicación en la Administración de Justicia (BOE 6.7.2011).

tanto su uso como su forma varían en función de la jurisdicción y, en particular, la concreta firma o despacho de abogados. Pero la regla es que se utilicen para recoger informaciones que precisan ser archivadas y que además son demasiado largas para darles la forma de un email. Lo normal es que dichas notas internas sirvan bien para recoger conversaciones con el cliente y las impresiones del abogado que le atendió, o análisis producto de una investigación jurídica. En la nota interna se discutirá probablemente el caso, los materiales a los que se acudió en la investigación jurídica y las conclusiones relevantes para el mismo. Aunque ha de insistirse en que depende del despacho de abogados, su estructura suele incluir:

- el encabezado, donde se indica el número de expediente y el nombre del cliente. En despachos grandes, quién la escribió, la fecha y, en su caso, el lugar;
- una introducción indicando qué aspectos fácticos o jurídicos del caso se van a analizar;
- un resumen de las principales conclusiones en el caso de despachos con varios abogados trabajando en el asunto;
- el detalle de los hechos relevantes;
- la discusión de las fuentes jurídicas apuntando cuáles son las normas relevantes y entrando posteriormente en su aplicación al caso;
- la conclusión

Aunque las notas internas se escriben en principio para su distribución interna, puede suceder que las mismas se hagan llegar a los clientes para su análisis. Más frecuentemente, el contenido de estas notas suele convertirse en la base de los escritos dirigidos a tribunales judiciales o arbitrales. En consecuencia, estos documentos deberían redactarse con cuidado y prestando la debida atención a las típicas convenciones de redacción escrita, incluida la forma de citar. En todo caso, no ha de perderse de vista que se trata de notas internas por lo que no es necesario adoptar un tono beligerante en la defensa del cliente, más propio de la relación con los tribunales que de las comunicaciones internas.

Parte fundamental del expediente del cliente es la **hoja de encargo profesional** a través de la cual se formaliza la relación profesional entre abogado y cliente, y en la que ya se le adelanta cuál será la **minuta de honorarios** del abogado. Ésta, al igual que en su caso la **hoja de cuentas y suplidos**, forman parte de un expediente que normalmente se numera en función del asunto y cuya primera página suele ser la **hoja ficha asunto** donde consta el cliente y todos sus datos identificativos y de localización, todos los datos de la contraparte, una descripción del asunto y un espacio en blanco donde se numerarán las actuaciones desarrolladas.

11.II.4 Comunicaciones externas en las jurisdicciones hispanohablantes

Aunque los abogados que trabajan en más de una lengua pueden verse envueltos en la redacción y lectura de los distintos tipos de comunicación interna, lo más probable es, quizás, que los abogados angloparlantes se vean envueltos en comunicaciones externas, sea como emisores o receptores. A los efectos de este epígrafe, las comunicaciones 'externas' incluyen varios tipos de mensajes dirigidos por el abogado al cliente, al abogado contrario y en algunos casos a testigos y peritos. Cada uno de estos escritos sirve a un propósito diferente y, por lo tanto, también adopta una forma ligeramente distinta.

El primer tipo de comunicación externa a considerar es el email.[41] Muchas de las cuestiones que se abordaron a propósito de las comunicaciones internas pueden reproducirse con mucha más razón aquí. Los abogados angloparlantes que trabajen en más de una jurisdicción y en otra lengua deben ser particularmente conscientes de la importancia y el tono de sus mensajes. Han de estar atentos al hecho de que el mismo puede condicionar radicalmente su relación con la persona que se encuentra al otro lado y, por tanto, afectar seriamente a su cliente. A estos efectos, es importante volver a recordar que el email debe contener un Asunto y un encabezamiento respetuoso como el que se espera en una **carta**, normalmente el usual 'Estimado/a Sr./Sra. [D./Dña]', puesto que el 'Querido/a Sr./Sra.' es más propio de comunicaciones internas. Si fuera conocida la persona, también es usual referirse a ella como 'D.' o 'Dña.' y, a continuación, su apellido. Lo mismo sucede con la despedida en la que se utiliza normalmente el 'atentamente' o 'saludos cordiales'. Con carácter general a la hora de redactar emails externos, también hay que ser especialmente cuidadoso a la hora de decidir a qué receptores se coloca en Cc y en Bcc, así como conocer mecanismos técnicos, como advertencias del sistema informático, que eviten los graves problemas que puede generar el envío por error de un email con contenido inadecuado o a una persona inadecuada.[42] Y es obvio que comentar información sobre la propia práctica profesional a través de las redes sociales viola las normas deontológicas más elementales.

Las pautas recién citadas sobre salutaciones y despedidas se repiten a propósito de otro tipo de comunicación externa importante, la carta. Aunque muchas oficinas judiciales y otras instituciones públicas y privadas utilizan técnicas de comunicación telemáticas, todavía queda un importante reducto y un buen número de jurisdicciones en las que la carta es el método de comunicación por excelencia. La misma puede utilizarse en muy diversas situaciones. Por ejemplo, si queremos dirigir una **instancia** a una administración requiriendo su intervención en un asunto y de un modo concreto. Para garantizar y tener constancia de la correcta recepción de una carta se pueden utilizar mecanismos como el envío certificado con acuse de recibo o el burofax. Si pretendemos hacernos valer de la **fe pública** notarial propia de los países que se adscriben al sistema de notariado latino. En este caso se tratará normalmente de una carta certificada con acuse de recibo que se envía **por conducto notarial** con el fin de que el notario guarde el **testimonio** de la misma y posteriormente se pueda acreditar su envío.

En este punto cabe destacar que la relación del abogado con el notario público en los citados sistemas va mucho más allá, puesto que hay muchas actuaciones que el primero no puede hacer sin el segundo. En todo caso, el abogado es quien suele dirigir a los clientes a la correspondiente notaría, además de buscar el asesoramiento del notario para evitar incurrir en gastos innecesarios, en particular cuando la actuación ha de acceder a un

---

[41] Ejemplo de su importancia es que se está imponiendo en las comunicaciones con distintos tipos de administraciones en España. Así, distintos preceptos de la Ley 22/2003, de 9 de julio, Concursal (BOE 10.7.2003), insisten en que la comunicación de la administración concursal y otros profesionales con los acreedores concursales ha de hacerse, en la medida de lo posible, vía email.

[42] Salvo que los implicados en la comunicación externa lo hayan acordado, se desaconseja utilizar otros medios de comunicación más informales como el *whatsapp*.

registro público y, por tanto, someterse al control de un **registrador**. La comunicación se entabla, en un primer momento, con los **oficiales** o **auxiliares de la notaría** y, superado este escalón del escalafón, se accede al notario. En la notaría se redactan los documentos oportunos, pero se admite la **minuta** del abogado al notario. Ésta consiste en una nota con los datos identificativos de las partes que quieren otorgan un determinado acto y el contenido básico del correspondiente documento notarial, normalmente adaptando uno de la notaría en cuestión a las complejidades del caso.

En general, las formalidades propias de los escritos de este tipo son similares a las indicadas en relación con los emails. Ahora bien, en tanto que estos últimos ya suelen llevar incorporada la información relevante de quien lo envía (nombre y apellidos, título, firma de abogados y dirección postal, así como la fecha de envío), estas circunstancias sólo se encuentran en la carta si se escribe en papel ya preparado al efecto (al menos con el nombre y dirección del despacho), por lo que no han de olvidarse al redactar la carta. Es necesario incluir a la izquierda quién es el remitente indicando dirección postal, teléfono e email; y a la derecha a quién va destinada con todos los datos indicados. Sigue el lugar y la fecha de redacción, y a partir de ahí procede la salutación y el cuerpo de la carta tal y como se hace con los emails. En todo caso, estas convenciones son comunes a los países angloparlantes aunque otras cuestiones estilísticas pueden diferir.

Por ejemplo, la firma del abogado en España suele consistir en su nombre, sin más aditivos, pero debajo de la misma se incluye normalmente su **número de colegiado**. En otros países como México también es corriente incluir el **número de cédula profesional**, pero, además, allí se indica la titulación, esto es, si se trata de un 'licenciado', de un 'licenciado ministro' o de un 'doctor' en derecho. Por lo mismo y en la comunicación ordinaria, en lugar de dirigirse a un abogado como el 'señor' o la 'señora' seguido de su apellido, es frecuente referirse al licenciado ministro o a la licenciada ministra [Lic.Mtro/Lica.Mtra] y su apellido.

Otros detalles de estilo afectan, por ejemplo, a cómo se ha de responder a una carta recibida. Normalmente y después del encabezado, se utiliza la expresión 'en respuesta a su [escrito, carta, email o llamada] del día [fecha], me complace/me veo en la obligación de'. Aunque el peso del estilo personal será definitivo en la redacción de la carta, el lenguaje jurídico suele estar atado a unas convenciones que es deseable emplear. Del mismo modo, es importante en el caso de destinatarios desconocidos o de distinto género, no decantarse sólo por el género masculino. Así, se impone el 'Estimado/a Sr./Sra.' seguido de una coma, donde la referencia a señor o señora va en forma abreviada. Otra fórmula más arcaica, pero que todavía se puede encontrar es la de 'a quien pueda interesar' seguida de una coma. El cuerpo de la carta también debe estar atento a la cuestión de género por lo que, normalmente, se optará por el plural para evitar engorrosas repeticiones.

Por supuesto, la mayoría de los abogados están más preocupados por el contenido que por el estilo pero, como se ha indicado ya, la forma asegura el éxito del contenido. La mayoría de los documentos que se exponen a continuación también son familiares a los abogados angloparlantes, pero la terminología puede ser nueva.

Un documento estándar es la carta a través de la que se presta **consejo legal** al cliente. La información aquí contenida puede ser enviada en respuesta a una pregunta planteada por el cliente, o simplemente con la intención de documentar información que ya se le proporcionó oralmente: 'Tal y como quedamos en la conversación mantenida ayer, paso a exponerle. . .'. La estructura de esta carta sigue de cerca la indicada a propósito de la nota interna, aunque su redacción obviamente ha de ser más clara con la intención de hacer comprensible el análisis a un lego en derecho. En este tipo de documentación no se suele incluir la cita de las fuentes del derecho, a menos que el cliente sea jurista a su vez, por ejemplo porque se trate de un **abogado de empresa**.

Igualmente, los **requerimientos** son típicos en la labor de los abogados más allá de **estrados judiciales** o arbitrales. Dado que este tipo de escritos puede ser traído posteriormente a un proceso judicial o arbitral, los abogados han de redactarlos con particular cuidado. A pesar de su denominación, el lenguaje empleado no debe estar 'fuera de tono' en el sentido de que sea indebidamente ofensivo; por el contrario, de lo que se trata es de exponer los hechos relevantes y las posturas jurídicas que de los mismos se desprenden informando al destinatario de qué pasos legales podría adoptar el **emisor**. La intención del escrito es, obviamente, que el **destinatario** adopte su propia postura con esta información, sea transigir o sea litigar, y, a ser posible, en el sentido deseado por el cliente. Por supuesto, el abogado ha de ser especialmente cuidadoso en no desvelar información que pueda ser utilizada en contra de su cliente o retener otra que induzca a una conclusión errónea.

La respuesta a una carta de este tipo requiere un cuidado especial. Ha de partirse de la presunción de que cualquier información contenida en la contestación podrá ser usada en la litigación o el arbitraje que pueda iniciarse, incluso en el supuesto de que el cliente opte por aceptar todas o la mayoría de las demandas planteadas por la otra parte. Es por ello que la carta de contestación debería intentar aportar la otra visión de las cuestiones de hecho o de derecho en juego, pero evitando complicar todavía más la disputa.

Quizás los escritos más sencillos son aquellos que se limitan a indicar el envío de documentación, normalmente con la fórmula 'aquí le adjunto la siguiente documentación'. En la misma categoría se pueden encuadrar otros escritos conteniendo **instrucciones**, esto es, normalmente dirigidos a expertos para que actúen como peritos y, a estos efectos, emitan un **dictamen**. El mismo también puede ser un dictamen jurídico. En todo caso, las instrucciones se suelen acompañar de todos los documentos que los expertos puedan necesitar consultar.

Más complejo es el supuesto en que el abogado desea romper la relación profesional con el cliente o a la inversa. La defensa técnica ha de garantizarse en todo caso y ello provoca una particular relación entre el abogado que cesa y el que asume la defensa del cliente, y que se articula a través de la **venia**. Aunque de concesión obligatoria, es fundamental que el abogado que cesa la emita para que el segundo pueda trabajar sin incumplir las normas deontológicas oportunas.

11.II.5 Documentos modelo

Tal y como indica la discusión precedente, las jurisdicciones hispanoparlantes utilizan demasiados tipos de documentos para que aquí pueda introducirse un ejemplo de cada uno de ellos. Sin embargo, es siempre útil reproducir algunos ejemplos con el fin de mostrar cómo las distintas jurisdicciones abordan los diferentes tipos de documentación. A continuación, se ofrece un ejemplo de nota interna o memorándum, una carta conteniendo un requerimiento o reclamación y, por último, una propuesta de honorarios que encierra una hoja de encargo profesional. Aunque los dos primeros documentos han sido tomados de la práctica española y el último de la mexicana, lo cierto es que no existen grandes diferencias entre una práctica y la otra.

11.II.5.1 Nota interna o memorándum

Pereira y asociados
Rua Corredoira 35
Bergondo- A Coruña
Tel: 981–555555
Fax: 981–555556
email: Pereira@icacorunha.org

Asunto No: 2015/65
Cliente: Ayuntamiento de Bergondo
Fecha: 3 de octubre de 2015

ANTECEDENTES

Primero.- El trabajador es personal laboral fijo del Ayuntamiento de Bergondo. No consta que el Ayuntamiento tenga convenio colectivo propio.

Segundo.- En fecha 30.9.2008 formula solicitud de excedencia por cuidado de familiar, por un plazo de 2 años desde el 1.1.2009, con amparo en el Estatuto de los Trabajadores.

Tercero.- En fecha 10.12.2008, el Ayuntamiento de Bergondo le reconoce el derecho a la excedencia, por el plazo solicitado de 2 años. Finalizaría pues la excedencia concedida en fecha 31.12.2010.

Cuarto.- En fecha 29.12.2011, el trabajador solicita una nueva licencia de 3 años para el cuidado de otro familiar.

Quinto.- En fecha 11.9.2014, el trabajador solicito el reingreso al servicio activo, indicando que su puesto de trabajo continua dotado presupuestariamente y vacante. Dicha solicitud se contesta negativamente por el Ayuntamiento en fecha 24.1.2015.

Sexto.- En fecha 30.12.2014 se presenta nuevo escrito por el trabajador, invocando la aplicación del silencio positivo, y solicitando se le comunique fecha de reincorporación

CUESTIONES OBJETO DEL DICTAMEN

El dictamen se solicita sobre la situación del trabajador tras los hechos y actuaciones descritas, y las posibilidades de actuación

FUNDAMENTOS JURÍDICOS

1.- NORMAS LEGALES A CONSIDERAR

Artículo 46.3 Estatuto del Trabajador

Artículos 89, sobre excedencia, y 92, sobre situaciones del personal laboral, del Estatuto Básico del Empleado Público

Artículo 3 Decreto legislativo 1/2008, de 13 de marzo, por el que se aprueba el texto refundido de la Ley de la función pública de Galicia.

Artículo 43 de la Ley 30/1992, de Régimen Jurídico de las Administraciones Públicas, sobre silencio administrativo en procedimientos iniciados a solicitud de interesado.

2. DOCTRINA

Excedencia por cuidado de familiares: Es de naturaleza voluntaria, en la medida en que para ser efectiva es preciso que sea solicitada por el trabajador. Pero, a diferencia de la excedencia voluntaria, responde a la causa específica que le da nombre y los efectos jurídicos que despliega son los propios de la excedencia forzosa, aunque tiene un régimen diferenciado en determinados aspectos.

El trabajador debe reincorporarse en el plazo máximo de 30 días a partir de la cesación en el cargo.

1) Dicho plazo es una obligación impuesta al trabajador, de reincorporación durante el mismo, y una consecuente obligación del empresario de readmitirle en todo caso. No juega a favor de la empresa, que no puede elegir día, dentro de los 30 aludidos, para admitir al trabajador, sino que ha de hacerlo cuando éste se persone (TSJ Santa Cruz de Tenerife 16.11.01, JUR 2002\42170).

2) Si el trabajador no solicita el reingreso en dicho plazo, el contrato se considera extinguido por dimisión, sin que el plazo se interrumpa por el hecho de que el trabajador se encontrase en situación de incapacidad temporal con anterioridad a la finalización del cargo público (TSJ Cantabria 31.7.97, AS 1997\2426).

3) La negativa de la empresa a la reincorporación es valorable como un despido (TS 20.11.89, RJ 1989\8206).

Sobre el silencio positivo, la sentencia del Tribunal Supremo de 28 febrero 2007 (RJ 2007\4846) indica que '(...) El artículo 43 LRJ-PAC, en cambio, no se refiere a solicitudes sino a procedimientos. Es verdad que su párrafo 2 dice que los interesados podrán entender estimadas sus solicitudes, pero se trata de solicitudes insertadas en determinados procedimientos'. No se entiende, por tanto, que la intención del legislador fuera aplicar el régimen de silencio positivo a cualquier pretensión, por extraña que fuera, sino que la misma había de ser una con entidad suficiente para ser considerada integrante de un determinado procedimiento administrativo.

Esta interpretación se desprende, entre otras, de la Disposición Adicional 3ª LRJ-PAC que exige actualizar los procedimientos existentes a la nueva reglamentación de esta ley; exigencia que dio lugar a varios RRDD de adecuación y a la resolución de la Secretaría de Estado para la Administración Publica de 20.3.96 que publica la relación de procedimientos de la Administración General del Estado. Por tanto, se trata de que el silencio se aplique en el contexto de estos procedimientos tasados.

CONCLUSIONES

Debemos considerar, en primer lugar, cuál es la normativa aplicable a la cuestión planteada, y en concreto, aclarar el juego de las normas del Estatuto de los Trabajadores y de las normas reguladoras de la función pública.

El artículo 3 del Decreto legislativo 1/2008, por el que se aprueba el texto refundido de la Ley de la función pública de Galicia indica que sus normas se aplican a todo el personal al servicio de la Administración de la Comunidad Autónoma de Galicia y de sus organismos autónomos, pero allí también se dice que 'el personal laboral se regirá por la legislación laboral y por los preceptos de esta ley que le sean aplicables'. De forma similar se expresa el artículo 92 del Estatuto del Empleado Público, en tanto que su artículo 89 se refiere exclusivamente a 'los funcionarios de carrera'. Por lo tanto, el personal laboral está sometido al Estatuto de los Trabajadores, y únicamente a las disposiciones de esa ley que les resulten aplicables por su naturaleza, previsión específica, etc.

En este caso, el derecho del trabajador a la excedencia está regulado por el derecho laboral, con un plazo máximo de 2 años y obligación de solicitar la reincorporación tras su finalización. Al no haberse producido dicha solicitud de incorporación en plazo, entendemos que puede considerarse como una dimisión del trabajador.

Consideramos igualmente que sería muy difícil argumentar que el silencio frente a las solicitudes de fechas 29.12.2011 y 11.9.2014 conceda al solicitante el derecho a revivir una relación laboral que podría, por lo antes expuesto, considerarse extinguida.

Una posible vía de argumentación sería la de indicar que, dado que la plaza sigue vacante, dotada presupuestariamente y que el Decreto de la Alcaldía indica en su apartado segundo que, durante el primer año de la excedencia, se tendrá derecho a un puesto de trabajo, y después de ese plazo (sin que se fije plazo final), se mantendrá el derecho a un puesto de trabajo de igual o similar categoría que haya o se pueda producir en la empresa. Pero la argumentación se presenta un tanto forzada.

Este es el leal saber y entender del Letrado que suscribe, que somete gustoso a cualquier otro mejor fundado en Derecho.

Fdo. Demetrio Pereira
No. Colegiado: 804

11.II.5.2   Carta-requerimiento

Alejandro Abogado
Avda. de Galicia, 1, 1ºD
36912-Marín
Tel: 986–000000
Fax: 986–111111
Email: manuel.abogado@icapontevedra.org

Construcciones Manuel e Hijos
C/ del Olvido, 24
36910-Vilaboa
Tel.: 986–222222
Fax.: 986–222222
Email: construmanuel@gmail.com

Marín, a 18 de octubre de 2015

Estimados señores:

Me pongo en contacto con Uds., a petición de mis clientes los señores Dña. Ana y D. Francisco para tratar del asunto que paso a exponerles.

Mis clientes adquirieron en escritura pública de fecha 12 de junio de 2007 la vivienda unifamiliar construida por Uds., enclavada en la parcela número 5, del lugar de T, San Xoán de Marín, que como decimos, Uds. promovieron y vendieron. La vivienda fue adquirida libre de cargas y servidumbres.

Pese a ello, mis clientes han podido comprobar la existencia en el subsuelo de su terreno, de tuberías o canalizaciones de aguas fecales, que provenientes de la vivienda que se encuentra en un plano superior, y que forma parte de la misma urbanización promovida por Uds., atraviesa la finca de mis clientes.

Tal circunstancia supone un incumplimiento de las condiciones contractuales pactadas, y en consecuencia, deberán Uds. proceder, a su costa, a la retirada de las tuberías o canalizaciones que atraviesan la finca de mis clientes, con indemnización de los perjuicios y daños que tal retirada cause, o bien, proceder a una reducción del precio de venta, con reintegro de la cantidad de 15.000 €, en que se cifra el perjuicio causado por el paso de la tubería.

Por ello, le rogamos que en el plazo más breve posible se pongan en contacto con este despacho a fin de dar una solución amistosa al problema expuesto, pues en caso contrario nos veremos obligados a ejercer las acciones judiciales, de toda índole, que resulten pertinentes.

Sin otro particular, reciban un cordial saludo.

Fdo.: D. Alejandro Abogado
No de colegiado 3400

11.II.5.3 Hoja de encargo profesional

Porfirio Menéndez, Enrique Díaz y Asociados

Sr. Angustias Rodríguez García
P R E S E N T E

ASUNTO: Estudio de reclamación contractual
y Amparo

México, D. F. a 8 de mayo de 2015.

Estimado señor/señora:

La que esto suscribe, Lic. Mtra. Magdalena Letrada en calidad de Titular de la firma de abogados al rubro citada, de acuerdo a la conversación personal que tuvimos recientemente y a los datos que me enviaron, respecto a los asuntos que tuvo a bien darme en estudio le refiero lo siguiente:

I. EN RELACIÓN A LA ESTRATEGIA LEGAL.

A) En cuanto a la reclamación de cumplimiento del contrato, se hace preciso actuar procesalmente, en el entendido de que ya lo ha hecho previamente, pero con malos resultados por algunas faltas procesales.

B) En función de la decisión que recaiga en el proceso anterior, entendemos que habrá que gestionar su ejecución o plantearnos la posibilidad de otra reclamación.

II. DOCUMENTOS REQUERIDOS.

Para la creación de todas las estructuras antes citadas, requiero lo siguiente:

La entrega de toda la documentación relacionada con el contrato que se ha de reclamar judicialmente. La relativa a los procesos seguidos anteriormente se recabará de su anterior abogado con el que nos comprometemos a gestionar el cambio de defensa técnica.

III. TIEMPOS.

1.- El tiempo del amparo será aproximadamente de 4 a 6 meses, aunque se espera obtener la suspensión de cualquier acto.

2.- Para la planificación y decisión final sobre la ejecución y/o recurso habrá que esperar a la decisión anterior.

IV. DE LOS HONORARIOS PROFESIONALES

Nuestra firma tiene diferentes costos según el lugar donde se desarrolle la práctica legal, sería a pagar de la forma siguiente:

A) El pago de anticipo de $10,000.00 pesos como anticipo de los asuntos antes indicados y una iguala mensual por la cantidad de 10 mil pesos, hasta tocar el tope de 150,000.00 (ciento cincuenta mil pesos), cantidad que será pagada en su totalidad máximo en 6 meses.

B) El pago de las cantidades que se eroguen por gastos generales que nunca serán mayores que el costo de los honorarios.

V. GASTOS

Los gastos corresponden a copias simples, de documentos y certificadas y siempre serán justificados y comentados antes de hacerlos.

Quedo a sus apreciables órdenes y en espera de su aceptación y sus observaciones.

Lic. Mtra Magdalena Letrada

Menéndez, Pereira y Asociados. Dirección postal: C/ Utopía 00, México D. F.
Tel.: (52)55 XXXX XXXX // Fax: (52)55 XXXX XXXX
Email: menendezdiazyasociados@icloud.com

11.II.6 Autoevaluación

Las respuestas a la autoevaluación pueden encontrarse al final del libro, en el capítulo 14.

1. ¿Cuáles son los límites del abogado a la hora de seguir las instrucciones de su cliente? ¿Qué puede hacer si decide no cumplimentarlas?
2. ¿Qué es la iguala?
3. ¿Cuáles son los medios de comunicación más empleados para garantizar que un escrito es recibido por la contraparte?
4. ¿Contiene la minuta de honorarios todo lo que debe pagar el cliente al abogado?
5. ¿Puede negarse un abogado a conceder la venia?

PALABRAS CLAVE

- Abogado de empresa
- Asistencia técnica
- Asunto
- Auxiliar de notaría
- Carta
- Consejo legal
- Contraparte
- Correo electrónico
- Cultura de contexto alto
- Departamento de recursos humanos
- Destinatario
- Dictamen
- Disputa
- Email
- Emisor
- Estrados judiciales
- Expediente

- Fe pública
- Gestión
- Hoja de cuentas y suplidos
- Hoja de encargo profesional
- Hoja ficha asunto
- Iguala
- Instancia
- Instrucciones
- Jerga
- Mail
- Memorándum
- Minuta de honorarios
- Nota interna
- Número de cédula profesional
- Número de colegiado
- Oficial de notaría
- Otrosí digo
- Pasante
- Perito
- Por conducto notarial
- Privilegio legal
- Procurador de los Tribunales
- Registrador
- Requerimiento
- Testimonio
- Transacción
- Venia

PART V

EXERCISES AND FURTHER DEVELOPMENT

SECCIÓN V

EJERCICIOS Y CUESTIONES ADICIONALES

12. Mock arbitral dispute – Ejercicio práctico: disputa arbitral

INSTRUCTIONS

This exercise is designed to put into practice the various practical and research skills discussed previously in this book. The exercises can be completed by a single person or by a group and are organized around a single fact pattern so that readers can focus on the relevant tasks as opposed to relearning various facts.

The documents associated with the mock dispute are either in Spanish or English, as would likely be the case in a real cross-border legal dispute. The fact pattern for the exercise is available in both languages, but readers are encouraged to read the instructions and carry out the exercise in their second language so as to improve their linguistic skills.

The mock dispute refers to two fictional countries – Caribe, an English-speaking jurisdiction in the Caribbean, and Civilia, a Spanish-speaking jurisdiction in South America. Readers can replace the fictional jurisdictions with real countries (one English-speaking, one Spanish-speaking) or can work through the dispute without reference to any particular jurisdiction. Not all legal arguments raised by the parties in the fact pattern will be available in all jurisdictions. However, litigants often raise dubious legal theories and readers should do the best that they can with the information provided. Similarly, there may be times when participants would like to have more facts. While some reasonable inferences may be made based on the available information, readers should try to stay within the fact pattern as much as possible.

In working through the problem, readers should consider how the various issues might play out in their home jurisdiction. It is also useful to consider any possible differences that might arise as a result of disparities in the size of the companies, the type and size of the dispute, etc.

INSTRUCCIONES

Este ejercicio está diseñado para poner en práctica las capacidades prácticas y de investigación jurídica analizadas previamente en este libro. Los ejercicios pueden ser realizados por una única persona o por un grupo, y están organizados en torno a un único supuesto de hecho, con la finalidad de que los lectores se puedan centrar en las tareas a realizar en vez de tener que concentrarse en manejar nuevos datos.

Los documentos relacionados con este caso se presentan en español y en inglés, tal y como sería probable que sucediese en un conflicto jurídico transfronterizo. El supuesto de hecho de este ejercicio está disponible en ambos idiomas, pero se recomienda a los lectores que lean el caso y lo desarrollen en su segundo idioma, para que de esta forma mejoren sus habilidades lingüísticas.

La simulación se refiere a dos países ficticios –Caribe, una jurisdicción angloparlante ubicada en la región caribeña, y Civilia, una jurisdicción hispanoparlante ubicada en Sudamérica-. Los lectores pueden substituir las jurisdicciones ficticias por países reales -uno angloparlante y otro hispanoparlante-, o pueden trabajar el caso sin hacer referencia a jurisdicción específica alguna. No todos los argumentos jurídicos suscitados por las partes en el supuesto de hecho son reproducibles en todas las jurisdicciones. Ahora bien, suele ocurrir que las partes contendientes planteen teorías jurídicas cuestionables y los lectores tengan que desenvolverse con la información que poseen del mejor modo posible. Por las mismas razones, los participantes querrían tener más datos. A pesar de que la información disponible permite realizar algunas deducciones razonables, los lectores deberían intentar ceñirse lo más posible al supuesto de hecho.

Al hilo de trabajar en el caso práctico, los lectores deberían considerar cómo podrían evolucionar las distintas cuestiones en su jurisdicción de origen. También es útil tener en cuenta cualquier variación que pudiese surgir como consecuencia de las diferencias en el tamaño de las empresas, el tipo y la envergadura del conflicto, etc.

INTRODUCTION TO THE MOCK DISPUTE: CROSS-BORDER AGREEMENTS AND DISPUTE RESOLUTION PLANNING

1. **Island Beauty** is an interior design manufacturer based in Caribe, an English-speaking nation based in the Caribbean. Caribe was at one time a member of the British Commonwealth and follows the common law legal tradition. Island Beauty is a relatively young company that creates decorative items made out of local shells, driftwood and vegetation and sells them in gift shops in Caribe. Island Beauty has 85 employees and a small factory outside Portsmouth, the capital of Caribe. **Joseph Alston**, the CEO of Island Beauty, is interested in expanding the company's operations and eventually selling Island Beauty's products to the lucrative South American market.
2. **Casas Exóticas** is a wholesaler specializing in interior design items. Casas Exóticas is headquartered in the Spanish-speaking country of Civilia, which is in South America and which follows the civil law tradition. Casas Exóticas sells to retail outlets in Civilia and other South American countries and commissions bespoke (customized) items for sale within the trade (ie, to professional interior decorators working on individual projects).
3. **Marisol Rodríguez Hernández**, the CEO of Casas Exóticas, recently discovered Island Beauty products while on vacation in the Caribbean. She thinks that she can sell the British-influenced Caribbean-style home décor in a number of different South American countries, although she believes that the trend may be somewhat seasonal (in that more people will prefer such items in the summer) and may take a while to catch on. However, she believes that there is long-term potential for these products, which include both mid-range retail items and high-end bespoke goods.
4. Island Beauty is very interested in entering into a distribution contract with Casas Exóticas. Casas Exóticas is also interested in entering into a contract, although she has concerns about whether Island Beauty has the capacity to keep up with the demand that she sees likely to occur. She is also very concerned about the reliability of production, since she could incur substantial damages if the goods, particularly the bespoke goods, were not delivered in a timely manner.

5. Casas Exóticas is also concerned about the reliability of the local courts in Caribe and about the possibility of common-law judicial procedures, including discovery of documents, if this dispute goes to trial in Caribe. She also worries about whether a judgment arising out of a Civilian court would be enforced in Caribe.
6. Island Beauty has not thought much about the dispute resolution mechanism that might be used if problems arise, since most business conflicts in Caribe are settled amicably out of court. However, Island Beauty is concerned about the costs associated with dispute resolution, since the company does not have a great deal of extra cash available and would expect to have even less if something went wrong with this contract.
7. For these reasons, the parties have tentatively agreed that they should include an arbitration clause in their contract, as well as a choice of law provision.

INTRODUCCIÓN AL EJERCICIO: ACUERDOS TRANSFRONTERIZOS Y PLANIFICACIÓN DE RESOLUCIÓN DE CONFLICTOS

1. Island Beauty es una empresa fabricante de objetos decorativos ubicada en un país anglófono de la zona caribeña. En el pasado, el país Caribe formó parte de la *Commonwealth* y actualmente sigue inserto en la tradición jurídica del *common law*. Island Beauty es una empresa relativamente nueva, que produce objetos decorativos fabricados con caracolas autóctonas, madera y vegetación y que vende en tiendas de regalo en Caribe. Island Beauty tiene 85 trabajadores y una pequeña fábrica en las afueras de Portsmouth, la capital de Caribe. Joseph Alston, el director ejecutivo de Island Beauty, está interesado en aumentar las operaciones de la empresa y vender productos de Island Beauty en el lucrativo mercado sudamericano.
2. Casas Exóticas es un mayorista especializado en objetos de decoración interior. Casas exóticas tiene su sede societaria en Civilia, un país hispanoparlante ubicado en Sudamérica y con un sistema jurídico de *civil law*. Casas Exóticas vende a empresas minoristas de Civilia y de otros países sudamericanos y encarga productos hechos a medida del cliente para su venta dentro de su comercio ordinario -por ejemplo, a decoradores profesionales que trabajan en proyectos específicos-.
3. Marisol Rodríguez Hernández, la directora ejecutiva de Casas Exóticas, descubrió hace poco los productos de Island Beauty mientras veraneaba en la zona caribeña. Marisol piensa que el estilo decorativo caribeño, con influencia británica, puede venderse en diversos países sudamericanos, aunque considera que podría ser una tendencia de temporada -más público preferiría estos productos en verano- y que, además, podría tardar en implantarse. Sin embargo, cree que existe potencial a largo plazo para estos productos, que abarcan tanto objetos de gama media como objetos hechos a medida de gama alta.
4. Island Beauty está muy interesada en cerrar un contrato de distribución con Casas Exóticas. Casas Exóticas también está interesada en dicho contrato, aunque tiene dudas sobre si Island Beauty tiene la capacidad de dar respuesta a la demanda que Marisol prevé. Casas Exóticas también está muy preocupada por la fiabilidad de la

producción, dado que se podrían generar importantes daños, especialmente respecto de los productos hechos a medida, si éstos no se entregasen a tiempo.
5. Casas Exóticas también muestra preocupación respecto de la fiabilidad de los tribunales de Caribe y por el hecho de que el sistema judicial sea de *common law*. Ello implicaría el uso del procedimiento de *discovery* y una comprensión de los deberes de información y cooperación de las partes caso de que se plantease un litigio ante los tribunales de Caribe. Igualmente le preocupa que una sentencia judicial dictada por un tribunal de Civilia encontrase dificultades para ser ejecutada en Caribe.
6. Island Beauty no ha reflexionado mucho sobre el mecanismo de solución de conflictos al que podría recurrirse caso de que surgiesen problemas, dado que la mayoría de los conflictos comerciales de Caribe se solucionan por la vía extrajudicial. Sin embargo, Island Beauty sí está preocupado por los costes vinculados a la resolución del conflicto, dado que la compañía no posee mucha liquidez y aún poseería menos caso de que surgiesen problemas derivados de este contrato.
7. Por estos motivos, las partes han acordado provisionalmente que deben incluir una cláusula de sumisión a arbitraje en su contrato, así como una cláusula de derecho aplicable.

EXERCISE 1: DRAFTING AN ARBITRATION CLAUSE

1. Island Beauty and Casas Exóticas have successfully negotiated the substantive terms of their agreement, which is reflected in the Agreement Between the Parties reproduced below. According to the agreement, Island Beauty will provide Casas Exóticas with both retail and bespoke goods over a period of three years. The retail items are fixed in number for one year and the bespoke goods are subject to subsequent agreement between the parties.
2. The one aspect of the agreement that has not yet been finalized is the choice-of-law provision and the method by which any disputes between the parties are to be resolved. Counsel for both Island Beauty and Casas Exóticas believe that arbitration is the best way to resolve such disputes, but the parties have not agreed to specific terms.
3. The first exercise requires the drafting of an arbitration agreement with choice-of-law provision to be included in the Sales Agreement shown below. If this exercise is to be conducted in a group, participants should be broken into two teams. After each team has conferred by itself, the two teams should meet to negotiate, draft and finalize the arbitration agreement and choice-of-law provision. If the exercise is completed independently, the reader should consider what provisions each party wants and why.
4. Prior to undertaking this exercise, it may be useful to read various background materials concerning the drafting of international arbitration agreements. In addition to your own research, you may wish to consult the International Bar Association Guidelines for Drafting International Clauses (available in English and Spanish) as well as the following articles:
Dr Iur Oliver Dillenz, 'Drafting International Commercial Arbitration Clauses' (1998) 21 Suffolk Transnational Law Review 221

Cristián Conejero Roos, '¿Cláusulas amplias o cláusulas detalladas? Lecciones y reflexiones bajo la convención de Nueva York' (2008) Revista del Club Español del Arbitraje 49

EJERCICIO 1: REDACCIÓN DE UNA CLÁUSULA ARBITRAL

1. Island Beauty y Casas Exóticas han negociado exitosamente el contenido sustantivo de su contrato, que aparece plasmado en el "Agreement Between the Parties", que se reproduce a continuación. Según este acuerdo, Island Beauty va a proveer a Casas Exóticas tanto con productos de fabricación en serie como con piezas exclusivas hechas a medida por un período de tres años. El número de los productos fabricados en serie se ha fijado ya para un periodo de un año y la cuestión de los productos hechos a medida se tratará en un acuerdo posterior entre las partes.
2. Un aspecto del acuerdo que todavía no se ha decidido es la cláusula de elección de derecho aplicable y el método por el cual se resolverían las disputas entre las partes. Los asesores de Island Beauty y Casas Exóticas creen que el arbitraje es la mejor vía para resolver dichas disputas, pero las partes no han acordado detalles al respecto.
3. El primer ejercicio de este capítulo requiere que usted redacte una cláusula de sumisión a arbitraje que también incluya una cláusula de elección de ley, para su incorporación al documento que se reproduce a continuación. Caso de que este ejercicio se vaya a llevar a cabo en grupo, los participantes deberán dividirse en dos equipos. Después de que cada equipo haya deliberado, los dos equipos se reunirán para negociar, redactar y ultimar el convenio arbitral y la cláusula de elección de ley aplicable. Caso de que este ejercicio se vaya a llevar a cabo de forma individual, el lector deberá considerar qué cláusulas querría cada parte y por qué.
4. Antes de llevar a cabo este ejercicio, puede ser útil leer varios textos referidos a la redacción de acuerdos de arbitraje internacional. Adicionalmente a la investigación personal que pueda llevar a cabo en lector, éste también puede considerar interesante la lectura de las directrices de la *International Bar Association* para la redacción de cláusulas de arbitraje internacional -disponibles en español y en inglés-, así como los siguientes artículos:
Dr Iur Oliver Dillenz, 'Drafting International Commercial Arbitration Clauses' (1998) 21 Suffolk Transnational Law Review 221
Cristián Conejero Roos, '¿Cláusulas amplias o cláusulas detalladas? Lecciones y reflexiones bajo la Convención de Nueva York' (2008) Revista del Club Español del Arbitraje 49.

AGREEMENT BETWEEN THE PARTIES

Article 1 – The Parties
1.1 Island Beauty ('Seller') is in the business of manufacturing decorative items for the home for wholesalers and purchasers in the trade. Seller's principal place of business is 501 High Street, Portsmouth, Caribe.
1.2 Casas Exóticas ('Purchaser', and jointly with Seller, 'the Parties') is in the business

of locating, commissioning and selling decorative items for the home on a wholesale or per-project commission basis. The principal place of business of Casas Exóticas is 1001 Paseo de la Reforma, Capitole, Civilia.

1.3 Seller and Purchaser hereby agree on this 5th day of January in [year 1] to the terms contained herein.

Article 2 – Description of the Goods

2.1 Seller agrees to manufacture and deliver to Purchaser the following items in the following quantities:

(1) shell-encrusted picture frames at the rate of 2000 units each per month for the first year in which this Agreement Between the Parties is in effect, with the monthly quantity for future years to be decided between the Parties;
(2) shell-encrusted curio boxes at the rate of 2000 units each per month for the first year in which this Agreement Between the Parties is in effect, with the monthly quantity for future years to be decided between the Parties;
(3) rattan baskets at the rate of 2000 units each per month for the first year in which this Agreement Between the Parties is in effect, with the monthly quantity for future years to be decided between the Parties; and
(4) shell-enhanced pillow covers at the rate of 2000 units each per month for the first year in which this Agreement Between the Parties is in effect, with the monthly quantity for future years to be decided between the Parties.

2.2 Delivery is to be made by the 15th day of each month, beginning with February 15, [year 1].

2.3 Seller also agrees to manufacturer and deliver to Purchaser various customized objects with the price, quantity and specifications to be agreed between the Parties. Any agreement concerning customized objects shall be memorialized in writing and interpreted in accordance with this Agreement Between the Parties.

Article 3 – Purchaser's Rights and Obligations

3.1 Purchaser agrees to purchase the following items from the Seller at the following rate for the first year that the Agreement Between the Parties is in effect:

(1) shell-encrusted picture frames for a unit price of 16 Caribe caribanos per unit;
(2) shell-encrusted curio boxes for a unit price of 12 Caribe caribanos per unit;
(3) rattan baskets for a unit price of 9 Caribe caribanos per unit; and
(4) shell-enhanced pillow covers for a unit price of 32 Caribe caribanos per unit.

3.2 If the Parties agree to a more than 20 per cent increase in the amount of units to be sold in the second or third years of this Agreement, the per-unit price for that item shall be subject to an increase to be negotiated by the parties in good faith.

3.3 Prices are FOB, delivery at Portsmouth Harbour.

3.4 Prices for customized items are to be negotiated separately in good faith, as noted in paragraph 2.3 above.

    a. Purchaser agrees to pay 10 per cent of the contract amount immediately upon receipt of each monthly instalment of goods from Seller. The remaining 90 per cent of the contract amount is due within thirty (30) days of receipt of the goods.

b. Goods are deemed received by Buyer upon delivery to Buyer's designated agent at Portsmouth Harbour, Caribe.
c. Purchaser has the right to examine the goods upon receipt and may reject any defective or nonconforming goods, in whole or in part. Purchaser has ten (10) days in which to notify Purchaser of any defect or nonconformity or of any rejection based on the condition, quality, quantity or marketability of the goods. Any such notice must be in writing and must detail the particularities of the defect or nonconformity.
d. Failure to provide adequate notice within the time period outlined in paragraph 3.4(c) above shall constitute irrevocable acceptance of the goods.
e. Purchaser must return all rejected goods to Seller within ten (10) days of giving notice. Seller must refund Purchaser's advance payment for properly rejected goods within five (5) days of receipt of the rejected goods.

Article 4 – Seller's Obligations, Representations and Warranties
4.1 Until received by Purchaser, Seller bears all risk of loss to the above-described goods.
4.2 Seller warrants that the goods are free from any and all security interests, liens and encumbrances.

Article 5 – Term and Termination
5.1 This Agreement shall expire in all its terms after thirty-six (36) months from the date on which this Agreement is concluded, unless it is renewed in writing signed by both Parties before the expiration date.
5.2 Should either the Seller or Purchaser substantially fail to perform its obligations under this Agreement, the other party may send written notice via courier to the other party. If the failure in performance is not remedied within twenty (20) days of receipt of such notice, the non-defaulting party may terminate this Agreement.
5.3 Termination made in accordance with the provisions of paragraph 5.2 shall be without prejudice to any damages to which the non-defaulting party may be entitled.

Article 6 – Governing Law and Dispute Resolution
6.1 [choice of law provision to be negotiated and drafted]
6.2 [dispute resolution clause to be negotiated and drafted]

Article 7 – Miscellaneous
7.1 Seller agrees not to enter into any other distribution agreements with any other entity serving the same territories as the Purchaser for the duration of this Agreement. This provision shall not hinder Seller's ability to engage in discussions with other potential contracting parties for the three months prior to the termination of this Agreement.
7.2 This Agreement constitutes the entirety of the agreements between the Parties. Any subsequent or corollary agreements must be in writing and shall be interpreted in conformity with this Agreement.

Signed by:

_____
Representative of Island Beauty

_____
Representative of Island Beauty

_____
Date

_____
Representative of Casas Exóticas

_____
Representative of Casas Exóticas

_____
Date

EXERCISE 2: SELECTING AN ARBITRATOR

Do not begin this exercise or read the following facts until you have completed exercise 1. For purposes of this exercise, you represent Island Beauty.

1. Casas Exóticas and Island Beauty executed the Agreement Between the Parties with the following clauses regarding choice of law and arbitration:

   > 6.1 Governing Law
   > The substantive law governing the present contract and all disputes arising out of or in connection with the present contract shall be the law of England.
   >
   > 6.2 Dispute Resolution
   > All disputes arising out of or in connection with the present contract shall be finally settled under the Rules of Arbitration of the International Chamber of Commerce by three arbitrators appointed in accordance with the said Rules. The arbitration shall be seated in Miami, Florida, and the language of the arbitration shall be English.

2. The Agreement Between the Parties provides for Island Beauty to send Casas Exóticas a shipment of 2000 units each of picture frames, curio boxes, rattan baskets and pillows covers each month.
3. The first nine months of the contract progressed well, with Island Beauty making all necessary deliveries for the retail items from February [year 1] through October [year 1] and Casas Exóticas making all necessary payments.
4. In March [year 1], Casas Exóticas asked Island Beauty to create a series of large, ornate, shell-encrusted mirrors for a luxury seaside resort (Luxos Resort) that was being built in Civilia. The deal was consummated through a series of emails. Casas Exóticas asserts that delivery was to take place on or before October 15, [year 1], and that time was of the essence.
5. Although the time frame was tight, Island Beauty hired extra workers to manufacture the mirrors. However, production was delayed because of a hurricane, and the mirrors were not delivered to Casas Exóticas until November 5, [year 1].
6. On November 6, [year 1], Casas Exóticas rejected the mirrors on the grounds that they were defective or nonconforming.
7. On November 17, [year 1], Casas Exóticas also rejected the November 15 shipment of retail goods on the grounds that they were defective or nonconforming. The first notice of non-acceptance was very general in nature, and, when pressed, Casas Exóticas indicated that the rejection was based on the fact that a number of the seashells were cracked and a 'general sense that the shells and other local materials were of a substandard quality'.
8. Island Beauty believes that Casas Exóticas is rejecting the retail goods for reasons other than the quality of the product. Furthermore, Island Beauty believes that it lived up to its contractual obligations regarding the production of the 20 custom mirrors. Island Beauty informs Casas Exóticas that it intends to file a Request for Arbitration with the International Chamber of Commerce (ICC).
9. Pursuant to the ICC Rules, each party is entitled to nominate one arbitrator, and the two party-appointed arbitrators generally select the chair of the arbitral tribunal. Under the ICC Rules, Island Beauty must nominate an arbitrator in its Request for Arbitration.
10. Based on initial research, an associate at your law firm has produced a list of two possible arbitrators who seem to have appropriate experience and background. You should conduct your own additional research and find two other alternatives to consider.
11. Once you have identified the additional two persons, rank the four prospective arbitrators in the order you think would be most beneficial to your client, Island Beauty, and be prepared to discuss why you have ranked the arbitrators that way.
12. In addition to selecting a prospective arbitrator to nominate, you are aware that Island Beauty's party-nominated arbitrator will likely have input into the selection of the chairperson. You are also aware that, pursuant to ICC practice, if the parties cannot agree on an arbitral chairperson, a chairperson will ordinarily be selected from the arbitral seat, which is in this case shall be Miami. When selecting a party-appointed arbitrator, you should take into account who your appointed arbitrator might attempt to nominate as chairperson of the tribunal.

EJERCICIO 2: ELECCIÓN DE UN ÁRBITRO

No comience este ejercicio o lea los datos que se aportan a continuación sin haber terminado el ejercicio número 1. En este ejercicio número 2, usted representa a Island Beauty.

1. Casas Exóticas e Island Beauty celebraron su "Agreement Between the Parties" con las siguientes cláusulas de ley aplicable y arbitraje:

    6.1 Derecho aplicable. El derecho sustantivo que rige el presente contrato y todos los conflictos que surjan o estén en relación con el presente contrato es el derecho de Inglaterra.
    6.2 Resolución de conflictos. Todas las disputas que surjan o estén relacionadas con el presente contrato serán resueltas de forma definitiva en aplicación de las reglas de arbitraje de la Cámara de Comercio Internacional por tres árbitros elegidos según establecen las citadas reglas. La sede del arbitraje será Miami, Florida, y el lenguaje del arbitraje será el inglés.

2. El 'Agreement between the Parties' establece que Island Beauty va a enviar a Casas Exóticas un cargamento de 2000 unidades al mes de cada uno los siguientes productos: marcos de fotos, cajas de souvenirs, cestas de ratán y fundas de almohada.
3. El contrato se implementó adecuadamente durante los primeros nueve meses. Island Beauty hizo todas las entregas requeridas de los productos fabricados en serie desde el mes de febrero [año 1] hasta el mes de octubre [año 1] y Casas Exóticas realizó todos los pagos debidos.
4. En marzo [año 1], Casas Exóticas le pidió a Island Beauty que crease una serie de grandes espejos ornamentados con caracolas de mar para un complejo hotelero costero de lujo (Luxos Resort) que se estaba construyendo en Civilia. El acuerdo se cerró a través de una serie de correos electrónicos. Casas Exóticas afirma que la entrega iba a celebrarse el 15 de octubre [año 1] y que el plazo era esencial.
5. Debido a que el plazo de entrega estaba muy ajustado, Island Beauty contrató más operarios para elaborar los espejos. Sin embargo, la producción se retrasó por causa de un huracán y los espejos no se entregaron a Casas Exóticas hasta el 5 de noviembre [año 1].
6. El 6 de noviembre [año 1], Casas Exóticas rechazó los espejos alegando que eran defectuosos o no cumplían con los parámetros acordados.
7. El 17 de noviembre [año 1], Casas Exóticas también rechazó el envío de 15 de noviembre, de productos fabricados en serie alegando que eran defectuosos o no cumplían con los parámetros acordados. El primer aviso de rechazo presentaba una redacción muy general y, tras ser presionada, Casas Exóticas indicó que la devolución se basaba en que algunas caracolas estaban rotas y en la "impresión general de que las caracolas de mar y otros productos locales eran de baja calidad".
8. Island Beauty cree que Casas Exóticas está rechazando los productos fabricados en serie por motivos que no tienen que ver con su calidad. Adicionalmente, Island Beauty cree que sí que cumplió con sus obligaciones contractuales respecto de la producción de veinte espejos hechos a medida. Island Beauty informa a Casas Exóticas de que pretende plantear una demanda de arbitraje

ante la Cámara de Comercio Internacional (CCI).
9. Según las reglas de la CCI, cada parte está autorizada a nombrar un árbitro y estos dos árbitros son los que, por lo regular, eligen al presidente del tribunal arbitral. Según las reglas de la CCI, Island Beauty tiene que designar un árbitro al presentar su solicitud de arbitraje.
10. Tras realizar unas averiguaciones, un abogado del despacho en el que usted trabaja ha elaborado una lista de dos posibles árbitros que parecen tener la experiencia y formación adecuadas. Usted tiene que llevar a cabo una labor de investigación adicional para localizar otras dos alternativas más, que puedan ser tomadas en consideración.
11. Una vez que haya identificado a esas dos personas adicionales, ordene la lista de esos cuatro posibles árbitros de la forma que usted considere más beneficiosa para su cliente, Island Beauty. Prepárese asimismo para debatir por qué ordenó a los árbitros de la forma elegida.
12. Además de seleccionar al futuro árbitro que desea proponer, usted es consciente de que el árbitro designado por Island Beauty probablemente tendrá sugerencias que hacer respecto a la selección del presidente. Usted también sabe que, según la práctica de la CCI, si las partes no llegan a un acuerdo respecto del presidente del tribunal arbitral, la regla es que éste procederá del lugar que es sede del arbitraje –Miami en este caso–. A la hora de seleccionar al árbitro designado por usted, también debe tener en cuenta a quién podría éste pretender nombrar como presidente.

PROSPECTIVE ARBITRATOR ONE – POSIBLE ÁRBITRO NÚMERO 1

Sarah Martingale, QC
Chancery Lane Chambers
London, United Kingdom

Gildings Chambers
Hamilton, Bermuda

Languages:	English
Nationality:	UK
Bar Admission:	England and Wales, 1982
Education:	St. John's College, Oxford (BA, MA); City Law School, London (Bar professional training)
Academic Position:	Adjunct Lecturer, Queen's College Bermuda (1999–2000)
Arbitral Experience:	Chairperson, sole arbitrator and party-appointed arbitrator in numerous international and domestic arbitrations proceeding under the ICC, LCIA, ICDR and SIAC Rules, as well as ad hoc proceedings under the UNCITRAL Arbitration Rules

Practical Experience:	Thirty years of practice as counsel in a wide variety of commercial matters proceeding in court and in arbitration under various rules (ICSID, ICC, SCC, LCIA, SIAC, ICDR and UNCITRAL)
Publications:	'Arbitration in Caribbean Nations' (2011) International Bar Association News
	'Separability and Commercial Contracts' Bermuda Bar Association Blog (March 2009)
	'Ten Tips for Young Arbitrators' Caribbean Arbitration Association Newsletter (October 2005)
	'Managing an Arbitration Effectively' (2003) 18 Arbitration International 106

PROSPECTIVE ARBITRATOR TWO – POSIBLE ÁRBITRO NÚMERO 2

Juan Antonio Hernández
Hernández & Jones, LLC
Miami, Florida-US

Idiomas:	Inglés, Español
Nacionalidad:	Estadounidense
Colegiaciones profesionales/Barra:	Nueva York, 1994; Florida, 1998
Educación:	Universidad de Harvard (BA); Escuela de Derecho de Harvard (JD)
Posición Académica:	Profesor de Derecho internacional privado de la Facultad de Derecho, Universidad de Miami
Experiencia Arbitral:	Árbitro único y árbitro nombrado por las partes en varios arbitrajes internacionales sustanciados según las Reglas de la CCI y el CIRD
Experiencia Práctica:	Dos años como asociado en un gran bufete de abogados de Nueva York especializado en valores y litigios comerciales; Asistente de la juez Sonia Sotomayor en el Distrito Sur de Nueva York (actualmente juez del Tribunal Supremo de los Estados Unidos)
Publicaciones:	'Theory of International Commercial Arbitration' (en prensa [year 2]) Yale Journal of International Law
	'Reforming the Federal Arbitration Act' (2012) 28 Arbitration International 436

'Creation of the Caribbean Court of Justice' (2010) 14 European Review of International Law 112

'Arbitration With Latin American States' ABA Journal (May 2009)

'Arbitraje en Colombia – Innovaciones y Problemas' (2006) 10 Revista Internacional de Arbitraje 403

'Force Majeure and Commercial Contracts – Problems and Possibilities' (2000) 99 Columbia Law Review 6

'Default Rules and Interpretation of Contracts: What is the Right Approach?' (1999) 66 University of Chicago Law Review 568

EXERCISE 3: CHALLENGING ARBITRATORS

Do not begin this exercise or read the following facts until you have completed exercises 1 and 2. For purposes of this exercise, you represent Island Beauty.

1. Casas Exóticas has selected Horace Nottage, QC, as its arbitrator. When he was named, he provided the parties with the following disclosure:

    > My son, Brett Nottage, works in the IT department of Clayton Briggs, the law firm representing Casas Exóticas. However, my son is not working on this case in any way. Furthermore, my son is based in the London office of Clayton Briggs, while the arbitration is being run by partners based in the firm's Civilia and New York offices.
    >
    > I do not believe that this relationship will affect my independence, impartiality or neutrality in this matter.

2. You have also conducted independent research and discovered that Horace Nottage is a member of the Oxford and Cambridge Club, which has an affiliate relationship with a number of university clubs around the world. Marisol Rodríguez Hernández is a member of the University Club in Civilia. The University Club is one of the affiliates of the Oxford and Cambridge Club.
3. You have also discovered that Horace Nottage's wife, Elizabeth Nottage, is an architect and partner in the firm of Nottage Blankley. Although you have not found any connections between Elizabeth Nottage and Casas Exóticas, you have learned that Nottage Blankley has consulted on architectural projects for the resort developer (Luxos) that was supposed to buy the 20 bespoke mirrors.
4. Consider whether any of these facts provide sufficient grounds for a challenge to the nomination of Horace Nottage. Consider also whether you believe a challenge would be appropriate, even if grounds existed, and how such a challenge would be mounted.
5. Before undertaking this analysis, you may want to consider the International Bar Association Guidelines on Conflicts of Interest in International Commercial Arbitration and Article 14 of the ICC Arbitration Rules, which are both available in English and Spanish.

EJERCICIO 3: RECUSACIÓN DE ÁRBITROS

No comience este ejercicio o lea los datos que se aportan a continuación sin haber terminado los ejercicios números 1 y 2. En este ejercicio número 3, usted representa a Island Beauty.

1. Casas Exóticas ha seleccionado como árbitro a Horace Nottage, QC. Cuando fue nombrado, informó a las partes de lo siguiente:

    > Mi hijo, Brett Nottage, trabaja en el departamento informático de Clayton Briggs, el despacho de abogados que representa a Casas Exóticas. No obstante, mi hijo no está trabajando en modo alguno en este caso. Además, mi hijo está ubicado en la

oficina de Londres de Clayton Briggs, mientras que el arbitraje está siendo llevado por socios del despacho que están ubicados en Civilia y Nueva York.

No creo que esta relación vaya a afectar a mi independencia, imparcialidad o neutralidad en este asunto.

2. Usted ha llevado a cabo una investigación por su cuenta y ha descubierto que Horace Nottage es miembro de los clubes de Oxford y Cambridge que, a su vez, están afiliados con numerosos clubes universitarios del mundo. Marisol Rodríguez Hernández es miembro del Club Universitario de Civilia, que es uno de los afiliados a los clubes de Oxford y Cambridge.
3. Usted también ha descubierto que la mujer de Horace Nottage, Elizabeth Nottage, es arquitecta y socia del estudio Nottage Blankley. Aunque no ha encontrado ninguna conexión entre Elizabeth Nottage y Casas Exóticas, ha descubierto que Nottage Blankey asesoró en proyectos arquitectónicos a la empresa hotelera (Luxos) que pretendía comprar los veinte espejos hechos a medida.
4. Evalúe si alguna de las circunstancias aportadas ofrece justificación suficiente para impugnar el nombramiento de Horace Nottage. Considere también si, aún existiendo motivos, dicha recusación sería apropiada y cómo podría llevarse a cabo.
5. Antes de llevar a cabo este análisis, podría ser útil analizar las directrices de la IBA sobre conflictos de intereses en el arbitraje internacional y el artículo 14 de las reglas de arbitraje de la CCI. Ambos documentos se hallan disponibles en inglés y español.

EXERCISE 4: JURISDICTION AND ENFORCEMENT OF ARBITRAL AGREEMENTS

Do not begin this exercise or read the following facts until you have completed exercises 1, 2 and 3. For purposes of this exercise, you represent Island Beauty.

1. The tribunal has been appointed and Island Beauty has filed its Request for Arbitration. Excerpts from the Request are reproduced below. In its Request, Island Beauty asserts a claim for breach of contract and seeks damages for wrongful termination of the agreement. Island Beauty argues also that Casas Exóticas fraudulently misrepresented its intention to enter into a long-term contract, which injured Island Beauty's ability to investigate or enter into other business relationships with European entities.
2. In its Response, Casas Exóticas contends that Island Beauty had the right to look into other business opportunities for the three months prior to the termination of the Agreement Between the Parties and that Island Beauty has the ability to enter into those agreements now that the contract has terminated. However, Casas Exóticas suggests that Island Beauty's failure to do so demonstrates either that no remediable injury has occurred and/or that Island Beauty has failed to mitigate its damages.
3. Casas Exóticas also indicates in its Response that the tribunal does not have

jurisdiction over all or part of this dispute because the parties' substantive agreement is either void or voidable. In support of this assertion, Casas Exóticas claims that the importation of regulated materials such as seashells and other indigenous materials into Civilia is illegal and that therefore the Agreement Between the Parties, including the arbitration provision, is void. Alternatively, Casas Exóticas argues that the fact that time was of the essence regarding the delivery of the mirrors made the contract void upon non-delivery as of the contractually specified date. Casas Exóticas also claims that Hurricane Isabella rendered the agreement regarding the sale of mirrors either void or voidable under the doctrine of force majeure. Alternatively, Casas Exóticas claims that the arbitration agreement does not cover the sale of mirrors, since those were a separate contract. Finally, Casas Exóticas argues that Island Beauty has asserted a claim for fraudulent inducement, which also renders the contract voidable.

4. Casas Exóticas alternatively argues that, if its jurisdictional objection is denied, it should be awarded a sum to be determined at a hearing based on the damages associated with the failure of the contract between Casas Exóticas and Luxos for the purchase of the bespoke mirrors as well as a declaration that the Agreement Between the Parties is void and unenforceable.

5. Casas Exóticas has also threatened to initiate a litigation in the courts of Civilia seeking both damages and declaratory relief.

6. Island Beauty has sought advice from you regarding the validity of these jurisdictional challenges and what the effect of a lawsuit in Civilia might be. In considering these issues, it may be relevant to note that Casas Exóticas also has assets located in France and the United Kingdom.

7. Prior to undertaking this exercise, it may be useful to read various background materials concerning the arbitral principles of separability, competence-competence and arbitral jurisdiction. In addition to your own research, you may wish to consult the following:

> Hernando Díaz-Candia, 'Non-recognition of Kompetenz-Kompetenz in Developing Countries' (2007) 24 Journal of International Arbitration 25
>
> Ana Fernández Pérez, 'Contornos de la autonomía de la voluntad en la configuración del arbitraje' (2013) 6 Revista de Arbitraje Comercial y de Inversiones 841
>
> Phillip Landolt, 'The Inconvenience of Principle: Separability and Kompetenz-Kompetenz' (2013) 30 Journal of International Arbitration 511
>
> Francisco Victoria-Andreu and Esteban Perrotti, 'Reforma 2012 del Reglamento de Arbitraje de la CCI: ¿Evolución o contraste?' (2012) 5 Revista de Arbitraje Comercial y de Inversiones 443

EJERCICIO 4: JURISDICCIÓN Y EJECUCIÓN DE ACUERDOS ARBITRALES

No comience este ejercicio o lea los datos que se aportan a continuación sin haber terminado los ejercicios números 1, 2 y 3. En este ejercicio número 4, usted representa a Island Beauty.

1. El tribunal ha sido designado e Island Beauty ha presentado su solicitud de arbitraje. Más abajo encontrará reproducidos extractos de dicha solicitud. En la misma, Island Beauty sostiene que se ha producido un incumplimiento contractual y reclama la correspondiente indemnización derivada de la rescisión unilateral e infundada del contrato. Igualmente, Island Beauty argumenta que Casas Exóticas dolosamente le indujo a error sobre su intención de concluir un contrato de larga duración, lo que ha impedido a Island Beauty buscar otras oportunidades de negocio o concluir contratos con empresas europeas.
2. En su respuesta, Casas Exóticas apunta que Island Beauty tuvo la posibilidad de indagar otras oportunidades de negocio en los tres meses previos a la finalización del "Agreement Between the Parties" y que Island Beauty tiene la facultad de concluir esos acuerdos ahora que el contrato ha finalizado. Sin embargo, Casas Exóticas sugiere que el fracaso de Island Beauty en tales empresas demuestra que, o bien que no debe indemnización alguna, o bien que Island Beauty se ha mostrado incapaz de mitigar sus perjuicios.
3. Casas Exóticas también indica en su contestación que el tribunal no tiene jurisdicción sobre todo o parte de esta disputa porque la parte sustantiva del contrato entre las partes es nula o anulable. Para sostener esta afirmación, Casas Exóticas apunta que la importación a Civilia de determinados objetos tales como caracolas de mar y otros materiales autóctonos es ilegal y, por tanto, el "Agreement Between the Parties", incluida la cláusula de sometimiento a arbitraje, es nulo. De modo alternativo, Casas Exóticas argumenta que el hecho de que el tiempo estipulado para la entrega de los espejos fuera clave convierte al contrato en nulo debido a que no se cumplió el plazo especificado contractualmente. Casas Exóticas también sostiene que el huracán Isabella convierte al contrato en lo que atañe a la venta de los espejos en nulo o anulable por razones de fuerza mayor. Subsidiariamente, Casas Exóticas indica que la cláusula de arbitraje no se refiere a la venta de espejos, puesto que ésta última fue objeto de un contrato separado de aquel donde se incluye la misma. Finalmente, Casas Exóticas argumenta que Island Beauty ha presentado una reclamación por inducción fraudulenta a error, lo que también convierte al contrato en anulable.
4. Subsidiariamente, Casas Exóticas arguye que, si las excepciones procesales son rechazadas, debería ser compensada con una cuantía de dinero, a determinar en una vista, en función de los perjuicios derivados de la imposibilidad de cumplir el contrato que ella misma tenía con Luxos por la compra de los espejos hechos a medida y la declaración de que el contrato con Island Beauty es nulo e inejecutable.
5. Casas Exóticas también amenaza con plantear demanda ante los tribunales de

Civilia reclamando tanto por la declaración de nulidad del contrato como por daños y perjuicios.

6. Island Beauty se dirige a usted para solicitarle consejo sobre el fundamento de las excepciones planteadas y las consecuencias del planteamiento de una posible demanda en Civilia. A la hora de evaluar estas preguntas, usted debería tomar en consideración que Casas Exóticas también tiene bienes sitos en Francia y el Reino Unido.

7. Antes de iniciar el ejercicio, puede ser de ayuda leer algunos materiales de apoyo sobre los principios arbitrales de separación, *competence-competence* y jurisdicción arbitral. Además de realizar su propia investigación, le pueden resultar de ayuda los siguientes materiales:

    Hernando Díaz-Candia, 'Non-recognition of Kompetenz-Kompetenz in Developing Countries' (2007) 24 Journal of International Arbitration 25

    Ana Fernández Pérez, 'Contornos de la autonomía de la voluntad en la configuración del arbitraje' (2013) 6 Revista de Arbitraje Comercial y de Inversiones 841

    Phillip Landolt, 'The Inconvenience of Principle: Separability and Kompetenz-Kompetenz' (2013) 30 Journal of International Arbitration 511

    Francisco Victoria–Andreu and Esteban Perrotti, 'Reforma 2012 del Reglamento de Arbitraje de la CCI: ¿Evolución o contraste?' (2012) 5 Revista de Arbitraje Comercial y de Inversiones 443

INTERNATIONAL CHAMBER OF COMMERCE
INTERNATIONAL COURT OF ARBITRATION

ISLAND BEAUTY,

Claimant

versus

CASAS EXÓTICAS,

Respondent

REQUEST FOR ARBITRATION

January 6, [year 2]

Request for Arbitration

1. This Request for Arbitration is submitted on behalf of the Claimant in accordance with Article 4 of the Rules of Arbitration of the International Chamber of Commerce, effective January 1, 2012.

I. **The Parties**

2. The Claimant is Island Beauty, a company registered in Caribe. Its primary place of business is 501 High Street, Portsmouth, Caribe. The Claimant is in the business of manufacturing decorative items for sale to wholesalers and buyers in the trade.

3. The Claimant is represented in this arbitration by Andrews & McMullin, whose address is 1127 Coastal Drive, Portsmouth, Caribe. All communications to the Claimant in this arbitration should be made to the above-mentioned firm.

4. The Respondent is Casas Exóticas, a company registered in Civilia, whose primary place of business is 1001 Paseo de la Reforma, Capitole, Civilia. The Respondent is in the business of purchasing items for interior decoration for resale to retailers and customers in the trade.

II. **The Arbitration Agreement**

5. This dispute arises under a sales contract between the Claimant and the Respondent ('Agreement Between the Parties'). A copy of the Agreement Between the Parties is attached to this Request for Arbitration.

6. The Agreement Between the Parties contains an arbitration provision in paragraph 6.2, which reads:

6.2 Dispute Resolution
All disputes arising out of or in connection with the present contract shall be finally settled under the Rules of Arbitration of the International Chamber of Commerce by three arbitrators appointed in accordance with the said Rules. The arbitration shall be seated in Miami, Florida, and the language of the arbitration shall be English.

7. The Agreement Between the Parties also includes a provision permitting additional side agreements between the Claimant and Respondent. That language is found in paragraph 2.3 of the Agreement Between the Parties and reads:

2.3 Seller also agrees to manufacture and deliver to Purchaser various customized objects, price, quantity and specifications to be agreed between the Parties. Any agreement concerning customized objects shall be memorialized in writing and interpreted in accordance with this Agreement Between the Parties.

III. **Governing Law, Place and Language of the Arbitration**

8. The Agreement Between the Parties contains a choice of law provision at paragraph 6.1, which reads:

6.1 Governing Law
The substantive law governing the present contract and all disputes arising out of or in connection with the present contract shall be the law of England.

9. Paragraph 6.2 of the Agreement Between the Parties provides that the seat of the arbitration shall be Miami, Florida.

10. Paragraph 6.2 of the Agreement Between the Parties provides that the language of the arbitration shall be English.

IV. **Constitution of the Tribunal**

11. Paragraph 6.2 of the Agreement Between the Parties states that, as provided by the ICC Rules, each side shall nominate an arbitrator and the two arbitrators so nominated shall, by mutual agreement, nominate a third arbitrator.

12. Pursuant to paragraph 6.2 of the Agreement Between the Parties and Article 12.4 of the ICC Rules, Island Beauty nominates as arbitrator Sarah Martingale, whose address is Chancery Lane Chambers, London, England.

V. **Nature and Circumstances of the Dispute**

    A. The Contract Between Island Beauty and Casas Exóticas

13. In January [year 1], Island Beauty and Casas Exóticas entered into an agreement in which Island Beauty agreed to sell Casas Exóticas a defined number of decorative items as well as various unspecified decorative items on a commissioned basis. ...

[FURTHER TEXT OMITTED]

Relief Requested

As a result of the foregoing, Island Beauty respectfully requests an award granting the following relief:

a) A declaration that Casas Exóticas has breached its obligations under the Agreement Between the Parties by terminating the agreement and failing to pay for the twenty bespoke mirrors and the final three shipments of retail items;
b) Monetary damages from Casas Exóticas arising out of Casas Exóticas' breach of the Agreement Between the Parties, including lost profits for the duration of the three-year contract and lost future business opportunities;
c) The costs of the arbitration and all of Island Beauty's reasonable legal fees, expenses, and other costs incurred in connection with the arbitration, including all internal costs; and
d) Such additional or other relief as may be just.

Island Beauty reserves the right to amend or supplement this Request for Arbitration or to make additional claims or revisions to its claims.

Respectfully Submitted,

_____

Counsel for Island Beauty

Dated: January 6, [year 2]

EXERCISE 5: CROSS-EXAMINATION IN INTERNATIONAL COMMERCIAL ARBITRATION

Do not begin this exercise or read the following facts until you have completed exercises 1, 2, 3 and 4. For purposes of this exercise, you represent Island Beauty.

1. The arbitral tribunal has issued a ruling rejecting all jurisdictional objections. The tribunal bifurcated the liability and damages questions and issued a procedural order setting forth a timetable for the proceeding.

2. During the liability phase, it became apparent that a number of the documents reproduced below are key to the dispute.

3. Consistent with arbitral practice, the parties have submitted written witness statements that will stand as affirmative testimony. Among the submissions is a statement from Marisol Rodríguez Hernández, which is reproduced below.

4. You believe that there are several holes in Sra. Rodríguez's testimony that you will need to fill at the hearing. Your task is to prepare a cross-examination strategy identifying what needs to be discussed and to draft part of a cross-examination script.

5. Prior to undertaking this exercise, it may be useful to read various background materials concerning cross-examination and the taking of evidence in international commercial arbitration. In addition to your own research, you may wish to consult the following:

    Patricia C Bobb, 'Making and Breaking the Expert Witness: Direct and Cross Examination' 2 Ann 2007 AAJ-CLE 1209

    Bernardo M Cremades Sanz-Pastor and Ignacio Madalena, 'La abogacía desde la óptica de un árbitro internacional' (2010) 3 Revista de Arbitraje Comercial y de Inversiones 337

    Mark A Cymrot, 'Cross-Examination in International Commercial Arbitration' (February–April 2007) 62 Dispute Resolution Journal 52

    Giacomo Rojas Elgueta, 'Understanding Discovery in International Commercial Arbitration Through Behavioral Law and Economics: A Journey Inside the Mind of Parties and Arbitrators' (2011) 16 Harvard Negotiation Law Review 165

    Leonel Pereznieto Castro, 'El proceso de desahogo de pruebas en el arbitraje comercial internacional' (2009) 2 Revista de Arbitraje Comercial y de Inversiones 459

EJERCICIO 5: EL INTERROGATORIO CRUZADO EN EL ARBITRAJE COMERCIAL INTERNACIONAL

No comience este ejercicio o lea los datos que se aportan a continuación sin haber terminado los ejercicios números 1,2, 3 y 4. En este ejercicio número 5, usted representa a Island Beauty.

1. El tribunal arbitral ha emitido un pronunciamiento rechazando todas las objeciones de carácter procesal. El tribunal separa las cuestiones de responsabilidad e indemnización y emite una orden procesal estableciendo los plazos procesales del procedimiento arbitral.

2. Durante la discusión sobre la responsabilidad, se llega a la conclusión de que ciertos documentos que se reproducen más abajo son clave en la disputa entre las partes.

3. En línea con la práctica arbitral, las partes han presentado ante el tribunal declaraciones escritas de testigos que se ratificarán ante el tribunal. Entre los testimonios escritos está una declaración emitida por Marisol Rodríguez Hernández que se reproduce más abajo.

4. Usted cree que hay varias lagunas en el testimonio de la Sra. Rodríguez que usted necesitará llenar en la vista. Su tarea es preparar una estrategia para el interrogatorio cruzado identificando qué cuestiones van a tener que ser discutidas y redactar parte del guión del interrogatorio cruzado.

5. Antes de acometer el ejercicio, podría ser de utilidad leer algunos materiales relativos al interrogatorio cruzado y a la obtención de pruebas en el arbitraje comercial internacional. Además de lo que resulte de su propia investigación, podría consultar las siguientes referencias:

    Patricia C Bobb, 'Making and Breaking the Expert Witness: Direct and Cross Examination' 2 Ann 2007 AAJ-CLE 1209

    Bernardo M Cremades Sanz-Pastor e Ignacio Madalena, 'La abogacía desde la óptica de un árbitro internacional' (2010) 3 Revista de Arbitraje Comercial y de Inversiones 337

    Mark A Cymrot, 'Cross-Examination in International Commercial Arbitration' (February-April 2007) 62 Dispute Resolution Journal 52

    Giacomo Rojas Elgueta, 'Understanding Discovery in International Commercial Arbitration Through Behavioral Law and Economics: A Journey Inside the Mind of Parties and Arbitrators' (2011) 16 Harvard Negotiation Law Review 165

    Leonel Pereznieto Castro, 'El proceso de desahogo de pruebas en el arbitraje comercial internacional' (2009) 2 Revista de Arbitraje Comercial y de Inversiones 459

Document 1 – Documento 1

Para: Joseph Alston (jalston@islandbeauty.com)

De: Marisol Rodríguez Hernández (mrh@casasexoticas.com)

Fecha: 7 de marzo, [año 1]

Asunto: Espejos

¡Hola Joe!

En relación con nuestra charla telefónica sobre los espejos, quería decirte que necesitamos 20, de 145 cm. de alto y 84 de ancho, con las caracolas de mar incrustadas como aparece en los diseños que te mandamos la semana pasada. Me encanta que se hayan animado a aceptar este proyecto, porque la gente que está desarrollando este resort es realmente importante y, si esto funciona, pueden resultar otros negocios en el futuro.

Lo único que creo que no hemos acordado es la fecha de entrada. Si recuerdas, te pedí que fuese el 15 de agosto [año 1]. ¡Sería genial que me pudieras confirmar!

Document 2 – Documento 2

To: Marisol Rodríguez Hernández (mrh@casasexoticas.com)

From: Joseph Alston (jalston@islandbeauty.com)

Date: March 8, [year 1]

Re: Re: Mirrors

Dear Marisol

Many thanks for your email of March 7, [year 1]. We would be happy to produce twenty bespoke mirrors for you at 145 cm (h) x 84 cm (w). We will decorate the mirror as noted in the design specifications sent on March 1, [year 1], subject to the availability of raw materials. You indicated that your client's key concern was that all twenty mirrors would be identical, so we may need to change certain minor design elements so as to ensure consistency across all twenty mirrors. Normally our bespoke products are each unique, so an order of this nature is somewhat unusual for us. Nevertheless, we are sure that we can produce something that you and your client are happy with.

As for the delivery date, I believe I told you on the phone that we will be unable to make an August deadline. We will soon be going into the Caribbean hurricane season, which can create a variety of scheduling problems. We also will need to hire some extra workers in order to produce this many bespoke items. Given these factors, the earliest date that I can offer is October 15, [year 1], but that would still be contingent on having no unforeseen delays arise.

I thank you for your business and look forward to your confirmation of the above.

Kind regards,

Joseph Alston

Document 3 – Documento 3

Para: Joseph Alston (jalston@islandbeauty.com)

De: Marisol Rodríguez Hernández (mrh@casasexoticas.com)

Fecha: 9 de marzo, [año 1]

Asunto: Re: Re: Espejos

J, estoy a punto de embarcar, el 15 de octubre [año 1], nos queda muy apretado pero lo podríamos hacer.

¡Escribo más tarde!

M

Enviado desde mi iPhone. Los signos ortográficos han sido omitidos conscientemente

Document 4 – Documento 4

To: Marisol Rodríguez Hernández (mrh@casasexoticas.com)

From: Joseph Alston (jalston@islandbeauty.com)

Date: March 10, [year 1]

Re: Re: Re: Re: Mirrors

Dear Marisol

Thanks for your confirmation message of March 9, [year 1]. We will begin production on the twenty mirrors immediately and will use our best efforts to make delivery on or before October 15, [year 1].

If you have any other questions, please let me know.

Kind regards,

Joseph Alston

Document 5 – Documento 5

To: All Clients

From: Joseph Alston (jalston@islandbeauty.com)

Date: October 1, [year 1]

Re: Hurricane Isabella

Dear Clients

Apologies for the informality of this message, but we have been advised by the National Weather Service that Hurricane Isabella has recently switched paths and is now due to hit Caribe. As you can imagine, we at Island Beauty are taking all necessary steps to deal with this crisis. However, please note that communications may be difficult in the coming days if the hurricane is as bad as experts predict.

We will be in touch as and when we can.

Kind regards,

Joseph Alston

Document 6 – Documento 6

De:	Joseph Alston (jalston@islandbeauty.com)
Para:	Marisol Rodríguez Hernández (mrh@casasexoticas.com)
Fecha:	October 5, [year 1]
Asunto:	¿Va todo bien por ahí?

Joe,

He visto las noticias y siento muchísimo los efectos del huracán. Espero todos allá estén bien. Parece que la peor parte se la ha llevado la otra parte de la isla, así deseo que todo por allí esté tranquilo. Dime cómo van las cosas. Espero no parecer impertinente, pero mi cliente está muy preocupado pensando en si el huracán va afectar a la entrega de los espejos. Tienen ya fijada la fecha de una gran fiesta de inauguración y necesitan que todo esté instalado para dar una buena impresión (¡parece que el presidente del gobierno es su invitado de honor!). Y estamos muy cortos de tiempo.

Gracias y cuídate

M

Document 7 – Documento 7

To: Marisol Rodríguez Hernández (mrh@casasexoticas.com)

From: Joseph Alston (jalston@islandbeauty.com)

Date: October 6, [year 1]

Re: Re: All well?

Island Beauty is unable to respond to any messages at this time due to issues associated with Hurricane Isabella. We apologize for any inconvenience and will reply to your message as soon as possible.

This is an automated response.

Document 8 – Documento 8

Shipment Order

November 5, [year 1]

To: Casas Exóticas

From: Island Beauty

This is to confirm shipment of twenty (20) shell-encrusted mirrors, as per the contract dated March 10, [year 1].

Document 9 – Documento 9

De: Joseph Alston (jalston@islandbeauty.com)

Para: Marisol Rodríguez Hernández (mrh@casasexoticas.com)

Fecha: 6 de noviembre, [año 1]

Asunto: Entrega del 5 de noviembre

Estimado Señor Alston:

Por el presente email le informo que el día 5 de noviembre se ha rechazado la entrega de veinte espejos debido a que el producto está defectuoso o no cumple con los parámetros acordados.

Document 10 – Documento 10

De: Joseph Alston (jalston@islandbeauty.com)

Para: Marisol Rodríguez Hernández (mrh@casasexoticas.com)

Fecha: 17 de noviembre, [año 1]

Asunto: Entrega del 15 de noviembre

Estimado Señor Alston:

Por el presente escrito le comunico que la entrega de la mercancía del 15 de noviembre ha sido rechazada ya que está defectuosa o no cumple con los parámetros acordados. Esta conclusión se basa en la percepción de nuestro agente de que las caracolas de mar y otros materiales autóctonos no tienen la calidad suficiente.

Document 11 – Documento 11

Para: Joseph Alston (jalston@islandbeauty.com)

De: Marisol Rodríguez Hernández (mrh@casasexoticas.com)

Fecha: November 19, [year 1]

Asunto: Entrega del 15 de noviembre

Estimado señor Alston:

Respondiendo a su mensaje de voz de ayer, le escribo para exponerle que la entrega del 15 de noviembre fue rechazada por (1) daños sustanciales (2) materiales de baja calidad.

Respecto a los espejos entregados el 5 de noviembre, estos han sido rechazados por (1) falta de conformidad (las caracolas de mar eran distintas y estaban colocadas de forma distinta a como se había acordado en el diseño originario), (2) la entrega se realizó tarde. Como le he indicado en varios emails y conversaciones telefónicas, la entrega en la fecha indicada era una cuestión de vital importancia. Naturalmente comprendemos las dificultades a las que se han tenido que enfrentar a causa del huracán Isabella, pero contingencias como la del huracán ya habían sido previstas cuando se establecieron los plazos de entrega, como se acordó en el email de 8 de marzo, [año 1].

Document 12 – Documento 12

Declaración testifical de la testigo Marisol Rodríguez Hernández

1. Mi nombre es Marisol Rodríguez Hernández y soy la directora ejecutiva de Casas Exóticas.

2. Casas Exóticas es una empresa mayorista especializada en la importación de objetos de decoración interior. Casas Exóticas tiene su sede central en Capitole, Civilia. Casas Exóticas se dedica a localizar, comprar y revender piezas únicas de decoración interior a empresas minoristas localizadas en la Unión Europea y encargando piezas únicas para su venta comercial.

3. Formalicé un contrato con Island Beauty en nombre de Casas Exóticas el 5 de enero [año 1]. El contrato se refería a la compra de ciertos objetos de decoración de interior que se iban a vender al por mayor. El contrato se refería a determinados objetos y cantidades en el plazo de un año.

4. El contrato también contemplaba la posible compra de varios objetos hechos a medida del cliente. Según esa cláusula del contrato, Casas Exóticas encargó veinte espejos en nombre de Luxos Resorts. Los términos de este acuerdo se fijaron el 9 de marzo [año 1].

5. Casas Exóticas necesitaba los espejos en agosto, pero aceptó como fecha de entrega el 15 de octubre [año 1] para adaptarse a las circunstancias de Island Beauty. El factor temporal era un elemento esencial del contrato porque el cliente de Casas Exóticas, Luxos Resorts, necesitaba los espejos para su fiesta de inauguración del 31 de octubre [año 1].

6. Aproximadamente el 1 de octubre [año1], Casas Exóticas fue avisado por Island Beauty de que las comunicaciones podían ser retrasadas como consecuencia del huracán Isabella. A pesar de este aviso, no se realizó ninguna indicación de que el huracán podría afectar a la fecha de entrega o a la calidad de los bienes.

7. Island Beauty no realizó ningún intentó de entregar dichos objetos confeccionados a medida hasta el 5 de noviembre [año 1]. En ese momento, los espejos ya no se necesitaban porque Luxos había cancelado su contrato con Casas Exóticas y compró otros espejos en torno al 25 de octubre [año 1].

8. Es más, los espejos que finalmente se entregaron tenían una calidad inferior de la acordada. La talla de las caracolas de mar que rodeaban el espejo era más pequeña de lo acordado y de unos colores más apagados. De esa forma, los espejos no eran óptimos para la reventa al precio contratado.

9. Los espejos que se entregaron el 15 de noviembre [año 1] también eran de una calidad inferior. La calidad de los materiales era de baja calidad y muchas de las caracolas de mar estaban rotas. Asimismo, había espejos con distintos diseños dentro de esa partida. Por ejemplo, algunos de los marcos tenían un número de caracolas de mar menor que otros de esa partida o de partidas anteriores.

10. Durante las negociaciones contractuales con Island Beauty, yo mostré interés en cerrar un contrato de larga duración, pero no quise comprometerme a un precio o cantidad específica más allá del primer año, dado que no sabía si los productos de Island Beauty se iban a poder vender bien. Es por eso que el contrato de 5 de enero [año 1] no incluía ningún tipo de garantía que fuese más allá de ese primer año.

11. Las ventas de los productos de Island Beauty en los primeros diez meses del contrato no fueron como Casas Exóticas esperaba. Es por ello que, aunque el envío de noviembre no hubiese planteado problemas de calidad, yo no habría renovado nuestro encargo de mercancía al por menor después de que hubiesen terminado las obligaciones derivadas del primer año de contrato. De hecho, en ningún momento llegué a hablar de futuros encargos con Island Beauty.

12. El mercado del diseño de interiores es muy especializado y depende en gran medida de la reputación de la empresa en términos de calidad y fiabilidad. Después de la experiencia negativa con los veinte espejos de Luxos Resorts, yo no recomendaría los productos de Island Beauty a otro cliente. Por lo tanto no hay posibilidad de que Casas Exóticas pueda realizar más encargos a Island Beauty.

Sra. Marisol Rodríguez Hernández_____

21 de diciembre [año 1]

Firmado y ratificado ante mí el 21 de diciembre [año 1].

Clara de Soto, Notario

13. Mock legal transaction – Ejercicio práctico: transacción jurídica

INSTRUCTIONS

This exercise is designed to put into operation the practical and research skills discussed previously in this book. The exercises can be completed by a single person or by a group and are organized around a single fact pattern so that readers can focus on the relevant tasks as opposed to relearning various facts.

The documents associated with the mock dispute are either in Spanish or English, as would likely be the case in a real cross-border legal dispute. The fact pattern for the exercise is available in both languages, but readers are encouraged to read the instructions and carry out the exercise in their second language so as to improve their linguistic skills.

The mock dispute refers to two fictional countries – Comunalia, an English-speaking jurisdiction, and Civilia, a Spanish-speaking jurisdiction. Readers can replace the fictional jurisdictions with real countries (one English-speaking, one Spanish-speaking) or can work through the dispute without reference to any particular jurisdiction. Not all legal arguments raised by the parties in the fact pattern will be available in all jurisdictions. However, litigants often raise dubious legal theories and readers should do the best that they can with the information provided. Similarly, there may be times when participants would like to have more facts. While some reasonable inferences may be made based on the available information, readers should try to stay within the fact pattern as much as possible.

In working through the problem, readers should consider how the various issues might play out in their home jurisdiction. It is also useful to consider any possible differences that might arise as a result of differences in property rights and the methods of registration or the absence thereof, etc.

INSTRUCCIONES

Este ejercicio está diseñado para poner en funcionamiento las capacidades prácticas y de investigación jurídica analizadas previamente en este libro. Los ejercicios pueden ser realizados por una única persona o por un grupo, y están organizados en torno a un único supuesto de hecho, con la finalidad de que los lectores se puedan centrar en las tareas a realizar en vez de tener que concentrarse en manejar nuevos datos.

Los documentos relacionados con este caso se presentan en español y en inglés, tal y como sería probable que sucediese en un conflicto jurídico transfronterizo. El supuesto de hecho de este ejercicio está disponible en ambos idiomas, pero se recomienda a los lectores que lean el caso y lo desarrollen en su segundo idioma, para que de esta forma mejoren sus habilidades lingüísticas.

La simulación se refiere a dos países ficticios –Comunalia, una jurisdicción angloparlante, y Civilia, una jurisdicción hispanoparlante–. Los lectores pueden sustituir las jurisdicciones ficticias por países reales -uno angloparlante y otro hispanoparlante-, o pueden trabajar el caso sin hacer referencia a jurisdicción específica alguna. No todos los argumentos jurídicos suscitados por las partes en el supuesto de hecho son reproducibles en todas las jurisdicciones. Ahora bien, suele ocurrir que las partes contendientes planteen teorías jurídicas cuestionables y los lectores tengan que desenvolverse con la información que poseen del mejor modo posible. Por las mismas razones, los participantes podrían desear tener más datos, pero y a pesar de que la información disponible permite realizar algunas deducciones razonables, los lectores deberían intentar ceñirse lo más posible al supuesto de hecho.

Al hilo de trabajar en el caso práctico, los lectores deberían considerar cómo podrían evolucionar las distintas cuestiones en su jurisdicción de origen. También es útil tener en cuenta cualquier variación que pudiese surgir como consecuencia de las diferencias en el sistema de derechos reales y la organización del registro o la ausencia de éste, etc.

INTRODUCTION TO THE MOCK LEGAL TRANSACTION: SALE AND TRANSFER OF OWNERSHIP OF REAL ESTATE, MARITAL PROPERTY SYSTEM AND INHERITANCE

1. Carolyn and John Wilson are nationals of Comunalia, a federalized English-speaking country outside the European Union. In 1971, they married in the state of Conifer, which is part of Comunalia. However, the married couple did not settle in Conifer, but established their marital home in the neighbouring state of Nuevo Sol, which is also part of Comunalia. The legal system of both states falls within the common law.
2. In 1999, the Wilsons moved for professional reasons to Civilia, a country with a civil law legal system belonging to the European Union, and established their residence there.
3. In 2001, they jointly purchased an apartment in Metrópoli, the capital of Civilia. The deed of sale states that it is part of the separate property system and that the real property is the marital domicile of the pair. Some years later, enchanted with the coast of San Cimorrio, a coastal town of Civilia where they are accustomed to spending their holidays, the couple purchased a second home in San Cimorrio. In the instrument of sale, dated January 2007, it states that the couple is acquiring the property as part of a community property regime.
4. After a long illness, John died without children on September 14, 2014, in Metrópoli, Civilia. Carolyn, who has no remaining family in Civilia, wants to return to Comunalia to be with her family and friends. Her intention, therefore, is to sell the apartment in Metrópoli as soon as possible. For this reason, she is seeking assistance from a lawyer of Civilia (you).
5. Abbas and Fátima are a couple from Sauditaria, a country outside the European Union with an Islamic legal system. The couple is very interested in buying Carolyn's apartment in Metrópoli. Carolyn, who is for all practical purposes already based in Comunalia, instructs you to carry out the steps necessary to sell the property.

INTRODUCCIÓN A UN EJERCICIO DE TRANSACCIÓN JURÍDICA: COMPRAVENTA Y TRANSMISIÓN DE LA PROPIEDAD DE BIENES INMUEBLES, RÉGIMEN ECONÓMICO-MATRIMONIAL Y SUCESIONES

1. Carolyn y John Wilson son nacionales de Comunalia, un país federal y anglófono no perteneciente a la Unión Europea. En el año 1971 contrajeron matrimonio en el estado de Conífera, que forma parte de Comunalia. Sin embargo, el matrimonio no se instaló en Conífera, sino que establecieron el domicilio conyugal en el vecino estado de Nuevo Sol, también parte de Comunalia. El sistema jurídico de ambos estados se encuentra en la órbita del *common law*.
2. En el año 1999 el matrimonio Wilson se desplazó por motivos profesionales a Civilia, un país perteneciente a la Unión Europea con un sistema jurídico adscrito al sistema continental y allí instaló su residencia habitual.
3. En el año 2001 compraron conjuntamente un piso en la capital de Civilia, Metrópoli. En la inscripción de la compraventa consta que ésta se hace en régimen de separación de bienes y que el bien inmueble es el domicilio conyugal de la pareja. Unos años después, enamorados de la costa de San Cimorrio, una localidad costera de Civilia donde acostumbraban a pasar sus vacaciones, el matrimonio adquirió allí una segunda residencia. En la escritura de compraventa, fechada en enero de 2007, consta que el matrimonio adquiere el inmueble en régimen de sociedad de gananciales.
4. Tras una larga enfermedad, John murió sin descendencia el 14 de septiembre de 2014 en Metrópoli, Civilia. Carolyn, a quien ya no le quedan familiares en Civilia, quiere volver a Comunalia con su familia y los amigos que allí conserva. Su intención es, por tanto, vender su piso en Metrópoli lo antes posible. Para ello busca ayuda de un abogado de Civilia (usted).
5. Abbas y Fátima son una pareja procedente de Sauditaria, un país no perteneciente a la Unión Europea y con un sistema jurídico de derecho islámico. El matrimonio está muy interesado en la compraventa del piso de Carolyn sito en Metrópoli. Carolyn, quien prácticamente está ya instalada de nuevo en Comunalia, le encarga a usted que realice los trámites necesarios para la venta del inmueble.

EXERCISE 1: FIRST CONSULTATION WITH A FOREIGN CLIENT

1. Carolyn Wilson comes to your office in Metrópoli, the capital of Civilia. There she explains that her husband, John, passed away recently in Civilia. Carolyn expresses her desire to sell the apartment property located in Metrópoli as quickly as possible. Given that both John and she are nationals of Comunalia and their first marital home was in Nuevo Sol, Carolyn explains to you that, under the law of Nuevo Sol, she is heir to the two properties in Civilia and automatically acquires both of them as a result of John's passing. Therefore, she requires your services to finalize the documentation for sale.
2. You tell Carolyn that application of the law of Nuevo Sol depends on the content of the law of Civilia. She should consider that the property and other potential assets of the estate of John are located in this country and their transmission is subject to Civilia's rules of private international law.
3. During your explanation, you ask Carolyn which marital property system her marriage is subject to, with the intent of making her understand the relevance that this question has in a civil law system such as Civilia. Carolyn tells you that this question was raised by the intermediaries assisting in the purchase of the property that she is now seeking to sell, but she did not know how to answer since she was not sure that anything similar existed in Comunalia. In any case, she emphasizes that she and John did not make any prenuptial agreement with respect to this subject.
4. Your task now is to reflect on these issues and identify the arguments that will make Carolyn see the existing legal problem and also to show her that it is necessary for you to draft a report about both questions, in other words, the marriage and the inheritance.

EJERCICIO 1: PRIMERA CONSULTA DE UN CLIENTE EXTRANJERO

1. Carolyn Wilson acude a su despacho profesional en Metrópoli, la capital de Civilia. Allí le expone que su marido John ha fallecido recientemente en Civilia. Carolyn le manifiesta su voluntad de vender el piso localizado en Metrópoli con la mayor celeridad posible. Dado que tanto John como ella son nacionales de Comunalia y su primer domicilio conyugal fue Nuevo Sol, Carolyn le explica que, según la ley de este estado, ella es heredera de los dos inmuebles en Civilia y los adquiere automáticamente a consecuencia de haber fallecido John. Por tanto, requiere sus servicios para ultimar la documentación para su venta.
2. Usted informa a Carolyn que la aplicación del derecho de Nuevo Sol depende de lo que disponga el derecho de Civilia. Ella debe tener en cuenta que los inmuebles, así como otros posibles bienes de la herencia de John, se encuentran en este país y su transmisión ha de sujetarse a lo que ordenen las normas de derecho internacional privado de Civilia.
3. Durante su explicación, usted le pregunta a Carolyn por el régimen económico al que se sujetaba el matrimonio, intentando hacerle entender la relevancia que esta cuestión tiene en un país perteneciente al sistema de derecho continental como lo es Civilia. Carolyn le cuenta que ya le hicieron esa pregunta en su día los intermediarios en la compra de los inmuebles que ahora ella quiere vender, pero que no supo responder puesto que no le consta que exista algo parecido en Comunalia. En todo caso, subraya que John y ella no celebraron acuerdo prematrimonial al respecto.
4. Usted debe reflexionar y exponer los argumentos que le hagan ver a Carolyn el problema jurídico existente y así mostrarle que es necesario que usted elabore un informe sobre ambas cuestiones, la matrimonial y la sucesoria.

EXERCISE 2: DRAFTING A REPORT

Do not begin this exercise or read the following facts until you have completed exercise 1.

1. While Carolyn is not entirely convinced, she accepts the necessity of preparing a report regarding the succession law applicable to John, although she expressly warns you that she does not want to spend a lot of money on this project. Given that the sale of the property must be completed in a civil law country, you understand that you have to figure out not only which law applies to the succession of John's estate, but also which marital property system applies to the couple. In both cases and given the circumstances of John, it is likely that you will also have to ascertain the content of foreign law. The report should therefore address at least the following issues: definition of the concept of conflict of laws, origin (national, supranational, etc.) of the relevant conflict of law rules applicable in this case and the legal effect of those rules on each of the issues implicated by those conflict of laws rules.

2. In preparing the report, it may be useful to consult references such as the following:

    Pablo Quinzá Redondo and Jacqueline Gray, 'La (des)coordinación entre la propuesta de régimen económico matrimonial y los reglamentos en materia de divorcio y sucesiones' (2013) 13 AEDIPr 513

    Elena Rodríguez Pineau, *Régimen económico matrimonial. Aspectos internacionales* (Comares 2002)

    Isabel Rodríguez-Uría Suárez, 'La ley aplicable a las sucesiones mortis causa en el Reglamento (UE) 650/2012' (2013) *InDret* 1

    Peter Stone, *EU Private International Law* (3rd edn, Edward Elgar 2014)

EJERCICIO 2: ELABORACIÓN DE UN INFORME

No comience este ejercicio o lea los datos que se aportan a continuación sin haber terminado el ejercicio número 1.

1. Carolyn acepta, no muy convencida, la necesidad de que usted elabore un informe sobre el régimen sucesorio de John, pero le advierte expresamente que no quisiera gastar mucho dinero en éste. Teniendo en cuenta que la venta de los inmuebles ha de realizarse en un país de *civil law*, usted entiende que ha de averiguar no sólo cuál es la ley aplicable a la sucesión de John, sino también en qué régimen económico matrimonial vivía la pareja. En ambos casos y dadas las circunstancias de John, lo más probable es que haya de averiguar, además, el contenido de un derecho extranjero. El informe deberá exponer, al menos, las cuestiones siguientes: definición de norma de conflicto, origen –nacional, supranacional, etc.– de las normas de conflicto aplicables a este caso y su consecuencia jurídica en función de los puntos de conexión utilizados por dichas normas de conflicto.
2. Para elaborar dicho informe, podría ser útil consultar bibliografía como la siguiente:

    Pablo Quinzá Redondo y Jacqueline Gray, 'La (des)coordinación entre la propuesta de régimen económico matrimonial y los reglamentos en materia de divorcio y sucesiones' (2013) 13 AEDIPr 513

    Elena Rodríguez Pineau, *Régimen económico matrimonial. Aspectos internacionales* (Comares 2002)

    Isabel Rodríguez-Uría Suárez, 'La ley aplicable a las sucesiones mortis causa en el Reglamento (UE) 650/2012' (2013) 2 *InDret* 1

    Peter Stone, *EU Private International Law* (3rd edn, Edward Elgar 2014)

EXERCISE 3: COMMUNICATING WITH A FOREIGN LAWYER

Do not begin this exercise or read the following facts until you have completed exercises 1 and 2.

1. Upon consulting the rules of private international law in Civilia, you become convinced that you must consult the law of Comunalia to ascertain the marital property system relating to Carolyn and John. At the beginning of this analysis, you encounter the additional difficulties of Comunalia's being a federated state in which the legal problems that you are dealing with are within the competence of the individual states and likewise with the fact that while Carolyn and John married in Conifer, they established their marital home in Nuevo Sol.
2. In light of the problems raised by the case, you decide to consult with a fellow lawyer in Comunalia. Your task is to evaluate not only what information you need to obtain from your colleague but also what might be needed to justify the applicable law, its content and validity to the authorities of Civilia. You further have to take into account that an exchange of e-mails can furnish you with information, but will probably not be enough to unravel all the legal aspects of the case.
3. Finally you opt for an informal exchange of e-mails, as shown in the documents below. You know that the cost of a formal legal opinion on Comunalia law can be quite high because the standard of professional responsibility is very strict in that country. In fact, if you are not explicit, your colleague in Comunalia will assume that his or her answers do not have any legal significance, which means that the answers given to you by e-mail cannot be brought before a legal authority as binding opinions, since they do not reflect the professional elements seen in an authentic legal opinion.

EJERCICIO 3: COMUNICACIÓN CON UN ABOGADO EXTRANJERO

No comience este ejercicio o lea los datos que se aportan a continuación sin haber terminado los ejercicios número 1 y 2.

1. Consultadas las normas de derecho internacional privado de Civilia, usted adquiere el convencimiento de que ha de acudir al derecho de Comunalia para averiguar el régimen económico matrimonial de Carolyn y John. Al iniciar dicho análisis, se encuentra con la dificultad añadida de que Comunalia es una federación en el que los problemas jurídicos que están en juego son de competencia de los respectivos estados que conforman la nación, y asimismo con la circunstancia de que, si bien Carolyn y John se casaron en Conífera, instalaron su domicilio conyugal en Nuevo Sol.
2. A la vista de los problemas que suscita el caso, usted decide consultar a un colega abogado de Comunalia. Su tarea es evaluar no sólo qué informaciones necesita obtener de dicho colega, sino también qué es lo que podría necesitar aportar para justificar jurídicamente el derecho aplicable y su contenido y vigencia ante las autoridades de Civilia. Ha de tomar en consideración, además, que un intercambio de correos electrónicos puede proporcionarle información, pero es probable que no sirva para desentrañar todos los aspectos legales del caso.
3. Finalmente se decanta por el intercambio informal de emails, como se observa en la documentación que sigue a continuación. Usted sabe que el coste de una opinión jurídica formal en Comunalia puede ser alto dado que el estándar de responsabilidad profesional es muy estricto en dicho país. De hecho, si no se explicita, el colega de Comunalia asumirá que sus respuestas no tienen transcendencia jurídica alguna, esto es, que dadas las implicaciones profesionales que para él tiene redactar una auténtica opinión jurídica, sus respuestas vía email no pueden ser trasladadas como vinculantes ante autoridad alguna.

Document 1 – Documento 1

De: Estudiante Excelente (estudianteexcelente@civilia.com)
A: Pat Simmons (simmons@comunalialaw.com)
Fecha: 24th January, year 0.
Asunto: Greetings and Follow up

Dear Pat,

This is to follow up our conversation of January 18th, year 0, where I asked you to provide legal advice regarding a problem dealing with the conveyance of property. As I mentioned, I'd like to know more about the law of the State of Nuevo Sol, Comunalia, regarding the joint ownership of property by a married couple and in particular whether and to what extent the property is automatically transmitted to the survivor after the death of one of the spouses. If you could give me something in writing on how the courts of Nuevo Sol, Comunalia would decide such an issue, that would be really helpful.

Thanks so much, and I hope that we run into each other again soon. It was so good catching up after all these years!

¡Muchos saludos!
Estudiante Excelente
Colegiado número 5392 del Colegio de Abogados de Metrópoli
Miembro fundador del Despacho de abogados Excelencia Internacional

Document 2 – Documento 2

To: Estudiante Excelente (estudianteexcelente@civilia.com)
From: Pat Simmons (simmons@comunalialaw.com)
Date: 15 February, year 0.
Re: Joint Tenancies With the Right of Survivorship Under the Law of Nuevo Sol, Comunalia

Dear Estudiante

Thanks so much for getting in touch after all this time. I really enjoyed hearing about what's been going on with you recently.

I'm in a bit of a rush at the moment (I have a trial scheduled for next week), but can give you a bit of general background regarding the laws of Comunalia. I think your major question related to what we would call joint tenancy with the right of survivorship. This term is used to describe a type of ownership whereby the interest of one joint tenant passes automatically to the other joint tenant(s) upon the death of the first joint tenant. Although the phrase 'tenancy' may seem to suggest that this principle applies to lease-type arrangements, joint tenancies with the right of survivorship do not typically involve property that is leased but property that is owned.

Joint tenancies with the right of survivorship are a very special type of ownership mechanism that only arise if the 'four unities' exist at the time ownership was acquired. Thus, joint tenancy can only be said to exist if the parties in question share (1) unity of interest (meaning that each joint tenant has precisely the same interest in the property as all others, both with respect to the duration of ownership and the type of ownership); (2) unity of title (meaning that the parties' interests must arise out of the same legal document); (3) unity of possession (meaning that each party must have an equal right to occupy the entire property); and (4) unity of time (meaning that the parties' interests must have been created at the same time). If all four of these elements exist, then the property can be said to be held as a joint tenancy with the right of survivorship, and the interest of one joint tenant passes automatically to the other party/parties upon the death. If the four unities do not all exist, then the property is held as a tenancy in common. In this case, the property may be held jointly (meaning that both the tenants in common share possession), but the death of one of the tenants in common does not mean that the property automatically passes to the other person. Instead, the share held by the deceased person will pass by will (if that person had a will) or by intestate succession, in accordance with the law where the property is located.

Comunalia also recognizes a special type of joint tenancy known as 'tenancy by the entirety'. This type of ownership arises if the four unities exist and the two joint tenants are married to each other. Tenants by the entirety enjoy the right of survivorship to the same extent as joint tenants with the right of survivorship. The only difference between the two types of ownership is that tenants by the entirety may not sell their interest without the consent of their spouse. Joint tenants may sell their interest at any time, although that process would destroy the joint tenancy and turn the relationship into a tenancy in common.

You said on the phone that you're concerned about the ability of a wife to inherit the property of her now-deceased husband when the parties had their domicile in Nuevo Sol but the property was located in your country. Although I have not done extensive research on this point, I believe that the law regarding joint tenancies with the right of survivorship and tenancies by the entirety is a species of property law and thus applies only to property that is located within Comunalia. Joint tenancies with the right of survivorship and tenancies by the entirety are not personal rights that arise simply by virtue of a particular type of relationship between the parties, such as marriage. As a result, the principle of joint tenancy with the right of survivorship and/or tenancy by the entireties would not appear to have any extraterritorial application. Instead, those principles only apply to particular types of property that are located in Comunalia and that meet the necessary test (ie, the existence of the four unities).

Your question about a wife's right to property following the death of her husband makes me wonder whether you might be asking whether the wife in question has any rights under the intestate law of Comunalia (which governs disposition of property in cases where someone dies without a will) or the ability of a wife to 'elect' against her husband's will (testamentary document), if that will did not provide for her adequately. While a wife is entitled to a significant portion of her husband's estate under statutes relating to intestacy or to the surviving spouse's elective share, these laws are also territorially dependent and would only apply in cases where the husband's estate was being disposed of through a probate proceeding in Comunalia. In that type of case, the court would take the value of the property located in Civilia into account in determining the amount of the wife's intestate or elective share. However, the court in Comunalia would not be able to transfer title to the property located in Civilia. Regardless of whether the now-deceased husband left a will or not, the wife would have to begin an ancillary legal proceeding in the location of the real property (ie, Civilia) to gain title to that property. That may be precisely the type of action that you are now facing, but I wasn't quite clear about that.

I hope that you will let me know if the preceding information, which is very informal and preliminary in nature, meets your needs. It may be that I am not properly understanding the nature of your question due to differences in the laws of Comunalia and Civilia. However, at this point, I am not sure that the law of Comunalia answers any questions that would be relevant to your enquiry.

I would be happy to provide you with further assistance if you have a more particular question. I should note that the preceding discussion is based on very general principles of law and a more detailed understanding of the particular facts at issue might change the analysis radically.

Take care, and keep in touch!

Kind regards,

Pat Simmons
Simmons & Robertson
2200 Comal Street
Nuevo Sol, Comunalia
Email: simmons@comunalialaw.com

EXERCISE 4: ASSIGNMENT OF INHERITANCE RIGHTS

Do not begin this exercise or read the following facts until you have completed exercises 1, 2 and 3.

1. Based on all of the information you have gathered so far, you advise Carolyn that she should complete a public deed before a notary in Civilia that indicates the death of John and the existence of a valid marriage with Carolyn. Your idea is that the notary can attest to the application of the law of Nuevo Sol, which you believe is very favourable to your client, and under which ownership of the property would proceed automatically to Carolyn. Your task is to find out what is required in Civilia to prove the content and validity of foreign law, so that a public deed may be based on it.
2. The public deed should reflect the conflict of laws rules of Civilia that give the issues in question to the law of Nuevo Sol as well as the content of the law of Nuevo Sol. In particular, special attention should be paid to the fact that Nuevo Sol does not have a marital property system similar to that which is in effect in Civilia. Because it seems that the law of Civilia requires resolution of this question prior to resolving issues relating to the succession law applicable to John, you should justify the application of the system that you think will raise fewer problems for your client.
3. During this task, you become aware that it may be necessary to prove the foreign law and that you only have the e-mails you exchanged with your colleague in Comunalia. This forces you to reflect not only on the worthiness of an e-mail as proof of foreign law, but also on the content of the e-mails of your colleague; the details provided therein are very general and refer primarily to Comunalia without detailing the specifics of Nuevo Sol and the legislation in force there. You should, therefore, review your notes on the applicable foreign law.
4. You contact a notary who, after discussing the law of Nuevo Sol with you at length, agrees to prepare a public deed on the terms suggested by you. Below is a model of a writing which needs to be filled in by you (gaps are identified with this symbol (. . .)) so that your suggestions can later be reviewed and accepted by the notary.
5. The purpose of creating this legal writing is its subsequent registration in the Land Registry of Civilia so that the registry shows that Carolyn became the sole owner of the property after the death of John. With respect to this issue, you should know that the Land Registry in Metropolis will agree to register the public deed once it has carefully examined the question of the law of Nueva Sol. The Land Registry in San Cimorrio does not follow the same process, due to the fact that the public deed (see below) has established that Carolyn and John were married in a separate property regime; nevertheless, in San Cimorrio's registry, it is established that the couple purchased the property in San Cimorrio as community property. You should think about the steps you should take now in order to defend the interests of your client Carolyn.
6. When responding to the issues raised in this exercise, it may be useful to consult the following references:

Carlos Esplugues Mota et al (eds) *Application of Foreign Law* (Sellier 2011)

Jesús Gómez Taboada, *Práctica Notarial y Derecho Civil* (Lex Nova 2013)

Federico F Garau Sobrino, 'La no-doctrina constitucional sobre la alegación y prueba del derecho extranjero' in Joaquim Joan Forner i Delaygua et al (eds), *Entre Bruselas y La Haya: Estudios sobre la unificación internacional y regional del Derecho internacional privado. Liber amicorum Alegría Borrás* (Marcial Pons 2013)

EJERCICIO 4: ATRIBUCIÓN DE LOS DERECHOS SUCESORIOS

No comience este ejercicio o lea los datos que se aportan a continuación sin haber terminado los ejercicio número 1, 2 y 3.

1. Con toda la información recopilada hasta el momento, usted aconseja a Carolyn que otorgue escritura ante un notario en Civilia en la que se indique el fallecimiento de John y la existencia de un vínculo matrimonial con Carolyn. Su idea es que el notario atestigüe la aplicación del derecho de Nuevo Sol, cuyo contenido usted considera que es muy favorable para su cliente, y sobre la base del mismo proceda a atribuir automáticamente la propiedad de los inmuebles a Carolyn. Su tarea consiste en averiguar qué se requiere en Civilia para probar el contenido y la vigencia del derecho extranjero, a fin de que la escritura pública se base en el mismo.
2. Previamente y en la escritura también debe reflejar las normas de conflicto de Civilia que remiten las cuestiones en juego a la ley de Nuevo Sol, además del contenido de la ley de Nuevo Sol. En particular, debe prestar especial atención al hecho de que no exista un equivalente a los regímenes económico-matrimoniales vigentes en Civilia. Como parece que la ley de Civilia exige resolver esta cuestión antes de resolver sobre la sucesión de John, usted debe justificar la aplicación del régimen que le parece que dará menos problemas a su cliente.
3. Durante esta tarea, usted adquiere conciencia de que puede necesitar probar el derecho extranjero y de que sólo cuenta con los correos electrónicos intercambiados con su colega de Comunalia. Ello le obliga a reflexionar no sólo sobre el valor de un email como prueba de derecho extranjero, sino también sobre el contenido de los emails de su colega; los datos allí aportados son muy generales y se refieren principalmente a Comunalia sin detallar las especificidades de Nuevo Sol y la legislación allí vigente. Debe, por tanto, revisar sus notas sobre el derecho extranjero aplicable.
4. Usted contacta con un notario quien, tras debatir largamente con usted sobre el derecho de Nuevo Sol y su contenido, acepta elaborar la escritura pública en los términos sugeridos por usted. A continuación se le ofrece un modelo de escritura en la que usted tiene que rellenar los huecos que allí encontrará –identificados con este símbolo (...)–, para que su propuesta sea posteriormente revisada y aceptada por el notario.
5. El objeto de realizar esta escritura pública es su posterior inscripción en el Registro de la Propiedad de Civilia, para que allí conste que, tras el fallecimiento de John, Carolyn deviene la única propietaria. En relación con ello, usted ha de saber que el registrador de la propiedad de Metrópoli acepta inscribir la escritura pública una vez examinada con cuidado la cuestión del derecho de Nueva Sol. No lo hace así el registrador de la propiedad de San Cimorrio ya que en la escritura que se adjunta usted ha hecho constar que Carolyn y John estaban casados en régimen de separación de bienes; sin embargo, en su registro consta que la pareja compró el inmueble en San Cimorrio en régimen de comunidad de bienes. Reflexione sobre los pasos que usted debe seguir a partir de este momento con el fin de defender los intereses de su clienta Carolyn.
6. Para responder a las cuestiones planteadas en este ejercicio puede ser de utilidad consultar la bibliografía siguiente:

Carlos Esplugues Mota et al (eds) *Application of Foreign Law* (Sellier 2011)

Jesús Gómez Taboada, *Práctica Notarial y Derecho Civil* (Lex Nova 2013)

Federico F Garau Sobrino, 'La no-doctrina constitucional sobre la alegación y prueba del derecho extranjero' in Joaquim Joan Forner i Delaygua et al (eds), *Entre Bruselas y La Haya: Estudios sobre la unificación internacional y regional del Derecho internacional privado. Liber amicorum Alegría Borrás* (Marcial Pons 2013)

Escritura de aceptación y adjudicación de herencia

Núm.

En Metrópoli, mi residencia, a 3 de junio [año 1].

Ante mí, Sr. D. (. . .), Notario del Ilustre Colegio de Metrópoli,

COMPARECE:

Doña Carolyn Wilson, mayor de edad, jubilada, viuda, nacional de Comunalia y vecina de Metrópoli con domicilio en esta misma ciudad, Calle de Lavadores, núm. 18, 4° D. Documento de identidad núm. 88888888D.

INTERVIENE: En su propio nombre y derecho.

IDENTIFICO a la compareciente por su documento de identidad y tiene, a mi juicio, capacidad legal bastante para otorgar la presente escritura de ACEPTACIÓN Y PARTICIÓN DE HERENCIA y, al efecto,

EXPONE:

I.- Que Don John Wilson, nacional de Comunalia, con documento de identidad núm. 99999999Z, nacido el día (. . .) en (. . .), siendo hijo de Don (. . .) y Doña (. . .) falleció el día 14 de Septiembre de 2014 en Metrópoli de donde era vecino desde el año [año 1], estando casado con Doña Carolyn Wilson de cuyo matrimonio no tuvo hijos.

II.- Que su fallecimiento acaeció sin haber otorgado testamento.

III.- Que en virtud de Acta de Declaración de Herederos otorgada ante Dña. (. . .) el día (. . .) bajo el número (. . .) de su protocolo, fue declarada única heredera de todos sus bienes y derechos la compareciente.

IV.- Se incorporan a la presente certificados de defunción del Sr. Wilson y de Últimas Voluntades formando parte integrante en [número] folios de papel común.

V.- Que los únicos bienes existentes al fallecimiento de Don John Wilson son los que se describen a continuación:

A/ ACTIVO:

1.- Una mitad indivisa de la finca sita en Metrópoli (Civilia), Calle de Lavadores, núm. 18, 4° D, con referencia catastral núm. 000000000XXXXX. TÍTULO: El de compra en virtud de escritura otorgada ante D. (. . .) [nombre notario] el día (. . .) bajo el número (. . .) de su protocolo. Dicha vivienda fue adquirida con carácter privativo por mitad y en pro indiviso bajo el régimen de separación de bienes entre ambos esposos.INSCRIPCIÓN: En el Registro de la Propiedad número (. . .) tomo (. . .), libro (. . .), folio (. . .), finca número (. . .), inscripción número(. . .).

VALOR: (. . .) civilpesos.

2.- Finca sita en San Cimorrio (Civilia), Calle de Aranzazu, núm. 5, ático 1, con referencia catastral núm. 111111111111XXXX.TÍTULO: El de compra en virtud de escritura otorgada ante D. (. . .) [nombre notario] el día (. . .) bajo el número (. . .) de su protocolo. La finca fue adquirida bajo el régimen de comunidad entre los mismos esposos.

VALOR: (. . .) civilpesos.

CARGAS Y GRAVÁMENES: Libre de ellas, según manifiesta la compareciente.

B/ PASIVO

3.- Gastos de funeral de D. John Wilson por importe de (. . .) civilpesos. Se incorpora a la presente fotocopia de la factura de LA FUNERARIA DE METRÓPOLI, S.A. en el que consta dicho importe.

TOTAL NETO INVENTARIADO: (. . .) civilpesos.

VI.- Que extinguida la personalidad civil de Don John Wilson por razón de su fallecimiento, ha de determinarse quienes son sus herederos y si adquieren los bienes, derechos y obligaciones de aquel que no se extinguen por su fallecimiento.

VII.- Que siendo Don John Wilson nacional de Comunalia, ha de resolverse la cuestión del derecho aplicable.

VIII.- Que el derecho aplicable a la sucesión de Don John Wilson es el de la ley de (. . .), Comunalia, de acuerdo con lo dispuesto en el artículo (. . .) de la ley (. . .) de Civilia.

IX.- Que Comunalia es un estado plurilegislativo de base territorial por lo que el problema de la ley aplicable a la sucesión del Sr. Wilson todavía no está resuelto y que el artículo (. . .) de la ley (. . .) de Civilia remite esta cuestión a lo que puedan determinar las normas de Comunalia.

X.- Que tanto esta cuestión como el contenido y vigencia del derecho extranjero plantean un problema de prueba.

XI.- Que la aplicación del derecho extranjero por autoridad pública que desarrolla funciones no jurisdiccionales se sujeta a las siguientes reglas: (. . .).

XII.- Que en virtud de lo antedicho la señora compareciente manifiesta que le es aplicable la ley del estado de Nueva Sol en cuanto a la sucesión de su esposo.

XIII.- Que de conformidad con dicha ley y según se desprende de la declaración jurada otorgada por Don Pat Simmons, abogado de Nuevo Sol ante el Notario de dicha localidad Don (. . .), el día (. . .), se estima que las propiedades adquiridas mancomunadamente –'properties that are held in joint'– pasan, por ministerio de la ley, directamente al poseedor supérstite al margen de la ley sucesoria aplicable. Se incorpora a la presente dicha declaración junto con su traducción jurada al español y debidamente apostillada.

XIV.- Que, expuesto cuanto antecede, la señora compareciente

OTORGA

PRIMERO.- Que acepta pura y simplemente la herencia intestada de su esposo Don John Wilson siendo la única y universal heredera a tenor del Acta de Declaración de Herederos invocada anteriormente, manifestando los bienes inventariados como integrantes del caudal hereditario.

SEGUNDO.- Que procede a adjudicarse los bienes que integran la herencia del causante en la siguiente forma:

a) Se adjudican la totalidad de las fincas descrita bajo el expositivo V por tanto en cuanto de conformidad con lo antepuesto la titularidad mancomunada se extingue por el fallecimiento de uno de los copropietarios mancomunados, pasando a ser la misma exclusiva del copropietario supérstite.

b) Respecto de los bienes no adquiridos en esta forma, tras el pago de las deudas, gastos de funeral y de administración, el cónyuge supérstite recibe igualmente los mismos.

Tras el estudio de la documentación aportada y otra llegada a mi conocimiento, considero a mi juicio probado que es aplicable a este caso el derecho de Nuevo Sol. También considero que la prueba aportada sobre su contenido y vigencia es suficiente para acreditar el derecho extranjero.

XV. En virtud de lo que antecede, queda atestiguado que Doña Carolyn Wilson es la única heredera de Don John Wilson, que la interesada acepta pura y simplemente la herencia de su esposo y se adjudica por el título de copropietaria mancomunada con el difunto los bienes que se inventarían aquí, pasando a ser única dueña de los mismos en virtud del derecho aplicable.

XVI. Advertencias y reservas: Le hago las reservas y advertencias legales, especialmente advierto a Doña Carolyn de su obligación de presentar este documento en la oficina liquidadora en el plazo de treinta días hábiles desde la fecha y de la afección de los bienes adquiridos al pago de los impuestos, tanto derivados de este otorgamiento como anteriores no satisfechos. Así mismo le advierto de las responsabilidades de toda índole en que incurren en caso de falsedad de sus declaraciones.

Leo, por su elección esta escritura, la aprueba y firma conmigo Notario, que doy fe de que su consentimiento ha sido libremente prestado y de que el otorgamiento se adecua a la legalidad y a la voluntad debidamente informada de los intervinientes, y de todo lo consignado en (. . .) [número de folios] de clase Notarial, números el del presente y los tres anteriores.

SIGUEN LAS FIRMAS DE LOS COMPARECIENTES.-

FIRMADO Sr. D. CLEMENTE ROCAVALLE MALDONADO

EXERCISE 5: REVISING A CONTRACT

Do not begin this exercise or read the following facts until you have completed exercises 1, 2, 3 and 4.

1. As soon as the apartment in Metrópoli was registered in Carolyn's name, she asked you to be in charge of promoting the sale of the property, since she is now essentially living in Comunalia.
2. You are contacted by a couple who has shown a great deal of interest in purchasing the property to make it their primary residence. Abbas and Fátima are nationals of Sauditaria, a country outside the European Union with an Islamic legal system. To demonstrate their willingness to close the transaction as soon as possible, the couple presents you with a contract for an earnest money deposit drafted by their own lawyer, who is based in Civilia, and asks you to forward the contract to Carolyn for her signature. You have to advise Carolyn about the content of the contract, focusing your advice on the following three issues: a) the irrevocability of the contract proposed by Abbas and Fátima from the point of view of the transfer of ownership, b) the possibility and importance of changing the earnest money deposit through use of a forfeiture provision (cancellation penalty) and c) the origin of the proposed provision on conflict resolution.
3. When making these sorts of contract revisions, it may be useful to consult the following works:

    Javier Muñoz Méndez, 'Las arras: modalidades y efectos' (2015) 149 Inmueble: Revista del sector inmobiliario 34

    María Luisa Moreno-Torres Herrera, 'Arras, opción de compra e interpretación del contrato' (2012) 7821 Diario La Ley 1

    María Corona Quesada González, 'Estudio de la Jurisprudencia del Tribunal Supremo sobre las Arras' (2003) 5 Revista Doctrinal Aranzadi Civil-Mercantil 2007

EJERCICIO 5: REVISIÓN DE UN CONTRATO

No comience este ejercicio o lea los datos que se aportan a continuación sin haber terminado los ejercicios número 1, 2, 3 y 4.

1. Nada más inscribirse a nombre de Carolyn en el Registro la que fuera su antigua residencia habitual en Metrópoli, ésta le pide que sea usted quien se encargue de gestionar la venta de ésta, ya que ella ya está prácticamente viviendo en Comunalia.
2. Usted es contactado por un matrimonio que se muestra muy interesado en comprar la referida propiedad para convertirla en su residencia principal. Abbas y Fátima son nacionales de Sauditaria, un país no perteneciente a la Unión Europea y con un sistema jurídico de derecho islámico. Para demostrar su voluntad de cerrar la compraventa lo antes posible, dicho matrimonio le presenta un contrato de arras redactado por su propio abogado, sito en Civilia, rogándole que usted lo transmita a Carolyn para que ella proceda a firmarlo. Asesore a Carolyn sobre el contenido del referido contrato, centrando su asesoría en las tres cuestiones siguientes: a) la irreversibilidad del contrato que Abbas y Fátima le proponen desde el punto de vista de la transmisión de la propiedad, b) la posibilidad y la transcendencia de cambiar las arras confirmatorias por las penitenciales y c) la procedencia del mecanismo de resolución de conflictos propuesto.
3. Para realizar dicha revisión contractual, la consulta de los siguientes trabajos puede serle de utilidad:

Javier Muñoz Méndez, 'Las arras: modalidades y efectos' (2015) 149 Inmueble: Revista del sector inmobiliario 34

María Luisa Moreno-Torres Herrera, 'Arras, opción de compra e interpretación del contrato' (2012) 7821 Diario La Ley 1

María Corona Quesada González, 'Estudio de la Jurisprudencia del Tribunal Supremo sobre las Arras' (2003) 5 Revista Doctrinal Aranzadi Civil-Mercantil 2007.

Contrato

De una parte: Doña . . . . , mayor de edad, viuda, provista de pasaporte número . . . . , vecina de. . . . ., c/ . . . .

De otra parte: Don Abbas Alaluf y Doña Fatima Alaluf, mayores de edad, casados en regimen de. . . . ., provistos de pasaportes números . . . ., vecinos de Sauditaria, Saleh city, c/ Dagach número 47.

INTERVIENEN

En su propio nombre y derecho y se reconocen capacidad legal necesaria para el otorgamiento del presente documento, lo que llevan a efecto bajo los siguientes:

ANTECEDENTES

I.- Que Doña . . . . es dueña de la vivienda situada en . . . ., c/ . . . ., nº. . . . ., piso. . . . ., con inscripción en el Registro de la Propiedad de . . . . número . . . . en el tomo . . . ., libro . . . ., folio . . . ., finca número . . . ., inscripción . . . .

Cargas.- Asevera la parte vendedora que la finca se encuentra libre de toda carga, gravamen y limitación.

Situación arrendaticia.- Libre, según aseveran, de arrendatarios, ocupantes y precaristas.

II.- Expuesto lo que antecede, los señores comparecientes

CONVIENEN

Primero.- Doña . . . . se obliga a vender a Don Abbas y Doña Fátima, que se obligan a comprar, la finca descrita en el antecedente I, en estado libre de cargas y de arrendamientos, como cuerpo cierto, con cuanto le sea principal, accesorio, integrante y dependiente y al corriente de contribuciones, impuestos y gastos de la comunidad, por el precio de . . . . de civilpesos.

Segundo.- Don Abbas y Doña Fátima entregan a Doña . . . . en concepto de arras confirmatorias la cantidad de . . . . civilpesos.

Tercero.- Don Abbas y Doña Fátima se obligan a entregar el resto del precio (. . . . . .civilpesos) en el plazo máximo de . . . . días naturales. El otorgamiento de la escritura pública de compraventa se producirá simultáneamente al pago del expresado resto del precio.

Cuarto.- Todos los gastos e impuestos y derechos de este contrato y de la escritura pública de compraventa que en su día se otorgue, hasta su inscripción en el Registro de la Propiedad de Civilia serán de cuenta de la parte compradora, excepto el Impuesto sobre el Incremento del Valor de los Terrenos de Naturaleza Urbana (plusvalía), que pagará la parte vendedora.

La elección del notario autorizante de la referida escritura corresponderá a la parte compradora. Los gastos del inmueble anteriores al otorgamiento de la escritura pública serán de cuenta de la parte vendedora.

Quinto- Las partes aceptan someter todos los problemas que pudiesen surgir a la hora de implementar el presente contrato a la Cámara de Comercio de Sauditaria, que se encargará de designar un panel arbitral de cuatro miembros expertos en derecho islámico para resolver dicha controversia. La ley aplicable a este contrato es la de Sauditaria.

En . . . ., a . . . . de . . . . de [año 1]

       La parte vendedora   La parte compradora

EXERCISE 6: POWER OF ATTORNEY FOR CONDUCTING BUSINESS FOR A FOREIGN CLIENT

Do not begin this exercise or read the following facts until you have completed exercises 1, 2, 3, 4 and 5.

1. Carolyn tells you that it is not possible to travel to Civilia to finalize the paperwork from the sale of property, since her health does not allow it. You advise her that you can take care of all the paperwork, but it is imperative that she give you the power to complete the proceedings in a timely manner.
2. Carolyn sends you by certified mail a document drafted in the official language of Comunalia in which she asks that you sign the property deed at closing in her name. Analyse in detail the document reproduced below and indicate whether it will be considered a valid power by the Civilian notary in charge of finalizing the transaction. Also consider what additional steps might be necessary for that power be considered valid in Civilia.

EJERCICIO 6: PODER DEL ABOGADO PARA GESTIONAR LOS NEGOCIOS DEL CLIENTE EXTRANJERO

No comience este ejercicio o lea los datos que se aportan a continuación sin haber terminado los ejercicios número 1, 2, 3, 4 y 5.

1. Carolyn le indica que no le es posible viajar a Civilia para ultimar los trámites de la venta del inmueble, dado que su estado de salud no se lo permite. Usted le comunica que puede hacerse cargo de todos los trámites, pero que es imprescindible que le apodere para realizar las gestiones oportunas.
2. Carolyn le remite por correo certificado un documento redactado en la lengua oficial de Comunalia en el que le ruega que sea usted quien firme en su nombre en el momento de la escrituración del inmueble. Analice en detalle dicho documento, reproducido a continuación, e indique si va a ser considerado un poder válido por parte del notario de Civilia que se va a encargar de tramitar la compraventa. Considere igualmente qué trámites adicionales podría usted necesitar para que dicho poder se considerase válido en Civilia.

NOTICE TO THE INDIVIDUAL SIGNING THE COMUNALIA STATUTORY SHORT FORM POWER OF ATTORNEY FOR PROPERTY. PLEASE READ THIS NOTICE CAREFULLY.

The form that you will be signing is a legal document governed by the Comunalia Power of Attorney Act. If there is anything about this form that you do not understand, you should ask a lawyer to explain it to you.

The purpose of this Power of Attorney is to give your designated 'agent' broad powers to handle your financial affairs, which may include the power to pledge, sell, or dispose of any of your real or personal property, even without your consent or any advance notice to you. When using the Statutory Short Form, you may name successor agents, but you may not name coagents. This form does not impose a duty upon your agent to handle your financial affairs, so it is important that you select an agent who will agree to do this for you. It is also important to select an agent whom you trust, since you are giving that agent control over your financial assets and property. Any agent who does act for you has a duty to act in good faith for your benefit and to use due care, competence, and diligence. He or she must also act in accordance with the law and with the directions in this form. Your agent must keep a record of all receipts, disbursements, and significant actions taken as your agent.

Unless you specifically limit the period of time that this Power of Attorney will be in effect, your agent may exercise the powers given to him or her throughout your lifetime, both before and after you become incapacitated. A court, however, can take away the powers of your agent if it finds that the agent is not acting properly. You may also revoke this Power of Attorney if you wish.

This Power of Attorney does not authorize your agent to appear in court for you as an attorney-at-law or otherwise to engage in the practice of law unless he or she is a licensed attorney who is authorized to practice law in Comunalia.

The powers you give your agent are explained more fully in Section 3–4 of the Comunalia Power of Attorney Act. This form is a part of that law.

You are not required to sign this Power of Attorney, but it will not take effect without your signature. You should not sign this Power of Attorney if you do not understand everything in it, and what your agent will be able to do if you do sign it.

Please place your initials on the following line indicating that you have read this Notice:

....
Principal's initials

COMUNALIA STATUTORY SHORT FORM
POWER OF ATTORNEY FOR PROPERTY

1. I, Carolyn Wilson, 176 W 94 Street, Apartment 12A, Comunalia City, Comunalia, hereby revoke all prior powers of attorney for property executed by me and appoint: Attorney Mr./Ms. Estudiante Excelente, Calle Mayor 148, entresuelo, Metrópoli, Civilia, as my attorney-in-fact (my 'agent') to act for me and in my name (in any way I could act in person)

with respect to the following powers, as defined in the Comunalia Statutory Short Form Power of Attorney for Property Law (including all amendments), but subject to any limitations on or additions to the specified powers inserted in paragraph 2 or 3 below:

(a) Real estate transactions.
(b) Financial institution transactions.
~~(c) Stock and bond transactions.~~
(d) Tangible personal property transactions.
~~(e) Safe deposit box transactions.~~
~~(f) Insurance and annuity transactions.~~
~~(g) Retirement plan transactions.~~
~~(h) Social Security, employment and military service benefits.~~
(i) Tax matters.
~~(j) Claims and litigation.~~
~~(k) Commodity and option transactions.~~
~~(l) Business operations.~~
(m) Borrowing transactions.
(n) Estate transactions.
(o) All other property transactions.

2. The powers granted above shall not include the following powers or shall be modified or limited in the following particulars:

Attorney-in-Fact will have full power of substitution for and on behalf and in the name of the undersigned for the limited purpose of completing, executing, endorsing, delivering and recording any bills of sale, contracts, deeds, checks, mortgages, instruments, transfers, assignments or other documents in the name of the undersigned, and to do every act or thing necessary or desirable to effect the sale of the following property (the 'Property'):

Address of Property: Paseo de la Reforma 14, 2, Ciudad de los Civiles, Civilia

3. In addition to the powers granted above, I grant my agent the following powers:

None.

4. My agent shall have the right by written instrument to delegate any or all of the foregoing powers involving discretionary decision-making to any person or persons whom my agent may select, but such delegation may be amended or revoked by any agent (including any successor) named by me who is acting under this power of attorney at the time of reference.

5. My agent shall be entitled to reasonable compensation for services rendered as agent under this power of attorney.

6. This power of attorney shall become effective on September 24, [Year 1]).

7. This power of attorney shall terminate on December 24, [Year 1].

8. If any agent named by me shall die, become incompetent, resign or refuse to accept the office of agent, I name the following (each to act alone and successively, in the order named) as successor(s) to such agent:

None.

For purposes of paragraph 8, a person shall be considered to be incompetent if and while the person is a minor or an adjudicated incompetent or disabled person or the person is unable to give prompt and intelligent consideration to business matters, as certified by a licensed physician.

9. If a guardian of my estate (my property) is to be appointed, I nominate the agent acting under this power of attorney as such guardian, to serve without bond or security.

10. I am fully informed as to all the contents of this form and understand the full import of this grant of powers to my agent.

11. The Notice to Agent is incorporated by reference and included as part of this form.

Dated: . . . . . September 23, [Year 1]. . . . .

Signed . . . ./s/ Carolyn Wilson. . . . .
(principal)

The undersigned witness certifies that Carolyn Wilson, known to me to be the same person whose name is subscribed as principal to the foregoing power of attorney, appeared before me and the notary public and acknowledged signing and delivering the instrument as the free and voluntary act of the principal, for the uses and purposes therein set forth. I believe him or her to be of sound mind and memory. The undersigned witness also certifies that the witness is not: (a) the attending physician or mental health service provider or a relative of the physician or provider; (b) an owner, operator, or relative of an owner or operator of a health care facility in which the principal is a patient or resident; (c) a parent, sibling, descendant, or any spouse of such parent, sibling, or descendant of either the principal or any agent or successor agent under the foregoing power of attorney, whether such relationship is by blood, marriage, or adoption; or (d) an agent or successor agent under the foregoing power of attorney.

Dated: . . . .

. . . .
Witness

The undersigned witness certifies that Carolyn Wilson, known to me to be the same person whose name is subscribed as principal to the foregoing power of attorney, appeared before me and the notary public and acknowledged signing and delivering the instrument as the free and voluntary act of the principal, for the uses and purposes therein set forth. I believe him or her to be of sound mind and memory. The undersigned witness also certifies that the witness is not: (a) the attending physician or mental health service provider or a relative of the physician or provider; (b) an owner, operator, or relative of an owner or operator of a health care facility in which the principal is a patient or resident; (c) a parent, sibling, descendant, or any spouse of such parent, sibling, or descendant of either the principal or any agent or successor agent under the foregoing power of attorney, whether such relationship is by blood, marriage, or adoption; or (d) an agent or successor agent under the foregoing power of attorney.

Dated: ....

....
Witness
State of Comunalia

The undersigned, a notary public in and for the above country, certifies that Carolyn Wilson, known to me to be the same person whose name is subscribed as principal to the foregoing power of attorney, appeared before me and the witness Samantha Smith in person and acknowledged signing and delivering the instrument as the free and voluntary act of the principal, for the uses and purposes therein set forth (, and certified to the correctness of the signature(s) of the agent(s)).

Dated: ....

....
Notary Public

My commission expires ....

NOTICE TO AGENT

When you accept the authority granted under this power of attorney a special legal relationship, known as agency, is created between you and the principal. Agency imposes upon you duties that continue until you resign or the power of attorney is terminated or revoked.

As agent you must:

(1) do what you know the principal reasonably expects you to do with the principal's property;
(2) act in good faith for the best interest of the principal, using due care, competence, and diligence;
(3) keep a complete and detailed record of all receipts, disbursements, and significant actions conducted for the principal;
(4) attempt to preserve the principal's estate plan, to the extent actually known by the agent, if preserving the plan is consistent with the principal's best interest; and
(5) cooperate with a person who has authority to make health care decisions for the principal to carry out the principal's reasonable expectations to the extent actually in the principal's best interest

As agent you must not do any of the following:

(1) act so as to create a conflict of interest that is inconsistent with the other principles in this Notice to Agent;
(2) do any act beyond the authority granted in this power of attorney;
(3) commingle the principal's funds with your funds;
(4) borrow funds or other property from the principal, unless otherwise authorized;
(5) continue acting on behalf of the principal if you learn of any event that terminates this power of attorney or your authority under this power of attorney, such as the death of the principal, your legal separation from the principal, or the dissolution of your marriage to the principal.

If you have special skills or expertise, you must use those special skills and expertise when acting for the principal. You must disclose your identity as an agent whenever you act for the principal by writing or printing the name of the principal and signing your own name 'as Agent' in the following manner: '(Principal's Name) by (Your Name) as Agent.' The meaning of the powers granted to you is contained in the Comunalia Power of Attorney Act, which is incorporated by reference into the body of the power of attorney for property document. If you violate your duties as agent or act outside the authority granted to you, you may be liable for any damages, including attorney's fees and costs, caused by your violation. If there is anything about this document or your duties that you do not understand, you should seek legal advice from an attorney.

EXERCISE 7: FORMALIZING AND NOTARIZING A SALE OF REAL PROPERTY

Do not begin this exercise or read the following facts until you have completed exercises 1, 2, 3, 4, 5 and 6.

1. The purchasing couple also comes to you asking you to take charge of managing the sale of real property in Civilia, a practice that is both legal and typical as a matter of Civilian law. Since none of the parties to this transaction is a national of Civilia or has a habitual residence in that country, you need to put together a legal opinion addressed to your clients informing them of the serious ramifications that these circumstances may have on their taxes.
2. Once you have cleared up these questions, you need to provide a Civilian notary with the final version of the contract signed by both parties. This person decides to forward the current draft instrument of sale, noting that the particular difficulties posed by this case required you, somewhat exceptionally, to be the one to execute the draft below, filling in the sections that contain this symbol (. . .). Furthermore, the notary indicates that you should pay attention to the necessity of including certain administrative documents relating to the fact that the participants are foreigners.

EJERCICIO 7: FORMALIZACIÓN DE COMPRAVENTA DE INMUEBLE Y ELEVACIÓN A ESCRITURA PÚBLICA

No comience este ejercicio o lea los datos que se aportan a continuación sin haber terminado los ejercicios número 1, 2, 3, 4, 5 y 6.

1. El matrimonio comprador también se dirige a usted solicitándole que se encargue de gestionar la compraventa del inmueble de Civilia –práctica ésta de compartir abogado que es habitual y admitida con carácter general en países de *civil law*– Dado que ninguna de las partes de este negocio jurídico es nacional de Civilia ni posee su residencia habitual en dicho estado, realice un dictamen para sus clientes informándoles de las importantes repercusiones que estas circunstancias pueden tener en el plano fiscal.
2. Una vez aclaradas dichas cuestiones, usted hace llegar a un oficial de la notaría de Civilia la versión final del contrato firmado por ambas partes. Éste decide reenviarle el borrador de escritura de compraventa que se recoge a continuación, rogándole de forma excepcional que, dadas las especiales dificultades que plantea este caso, sea usted quien termine de cumplimentar el citado borrador –rellenando las secciones que contengan este símbolo (. . .)–. Además, llama su atención sobre la necesidad de incluir determinados documentos administrativos derivados del hecho de que los intervinientes son extranjeros.

NÚMERO (. . . .)

──────────────ESCRITURA DE COMPRAVENTA──────────────

Otorgada por: Dña. Carolyn Wilson

A favor de: D. Abbas Alaluf y Dña. Fátima Alaluf

En Metrópoli, a 28 de julio (año 2).

Ante mí, Dña. (. . .), Notario de esta ciudad y del Ilustre Colegio de (estado/división territorial de Civilia),

──────────────COMPARECEN──────────────

De una parte:

D. Estudiante Excelente, mayor de edad y con estado civil (. . .), nacional de Civilia, con domicilio en Calle Mayor 148, entresuelo, Metrópoli, Civilia, y con carta de identidad (número . . .)

Y de otra:

Los cónyuges Abbas Alaluf y Fátima Alaluf, ambos mayores de edad, casados en régimen económico-matrimonial de (. . .), nacionales de Sauditaria, con domicilio en c/ Dagach número 47, Saleh city, Sauditariay provistos de pasaporte (número . . .) y número de identificación de extranjero /visado de residencia para inversores, (. . .) ambos vigentes.

──────────────INTERVIENEN──────────────

1) El señor Estudiante Excelente, en nombre y representación de Dña. Carolyn Wilson, mayor de edad, nacional de Comunalia, con domicilio en 176 W 94 Street, Apartment 12A, Comunalia City, con pasaporte número (. . .) y número de identificación de extranjero (. . .)

Resulta dicha representación de escritura de apoderamiento autorizada por (. . .) el día (. . .), cuya copia autorizada, debidamente apostillada, junto con una traducción jurada del mismo, me exhibe y devuelvo. Asegura el apoderado que las facultades que usa se mantienen vigentes y que no se ha alterado la capacidad de su representado. El representante tiene a mi juicio la capacidad legal necesaria, estando sus facultades vigentes y siendo éstas suficientes para el otorgamiento de esta escritura de compraventa.

2) Los señores Abbas Alaluf y Fátima Alaluf, en su propio nombre y derecho.

Les identifico por medio de sus respectivos documentos de identidad y les juzgo con la capacidad legal necesaria para formalizar esta escritura de COMPRAVENTA; y

──────────────EXPONEN──────────────

I.- Que a Dña. Carolyn Wilson le pertenece con carácter (privativo el pleno dominio de la siguiente finca urbana sita en calle Lavadores, número 18, 4°D, con número de referencia catastral (. . .), adquirida en concepto de (. . . .), inscrita en (. . .), (. . .) cargas y gravámenes, y con un valor de (. . .) civlpesos.

En lo que atañe a sí está libre arrendamientos, a si está al corriente de todo tipo de tasas y exacciones municipales de Civilia, si está al corriente de los gastos de comunidad y si cuenta con un certificado de eficiencia energética, hemos de hacer constar que (. . .).

II.- De acuerdo con lo que tienen convenido, los comparecientes formalizan esta escritura conforme a las siguientes

———————————————ESTIPULACIONES———————————————

PRIMERA.- Dña. Carolyn Wilson VENDE Y TRANSMITE por medio de su representante la finca descrita en la exposición de esta escritura, libre de cargas y arrendatarios, con cuantos anejos, derechos, servicios y servidumbres le sean inherentes, y al corriente en el pago de contribuciones, impuestos y gastos de comunidad, a D. Abbas Alaluf y dña. Fátima Alaluf que COMPRAN Y ADQUIEREN.

SEGUNDA.- El precio de esta compra-venta es de (. . .) civilpesos.

De dicho precio manifiesta la parte vendedora haber recibido de la parte compradora y con fecha (. . .) la cantidad de (. . .) civilpesos, mediante el siguiente medio de pago (. . .), siendo los datos de dicha transferencia/cheque/pago (. . .)

Los comparecientes me entregan una fotocopia del justificante de dicha forma de pago, que incorporo a esta escritura.

El resto, es decir la suma de (. . .) civilpesos, se recibe en este acto mediante el siguiente medio de pago: (. . . .).

La parte vendedora da carta de pago de la cantidad indicada.

CUARTA.- Todos los gastos e impuestos derivados de esta escritura serán de cuenta y cargo de la parte compradora, exceptuado el Impuesto Municipal sobre el Incremento de Valor de los Terrenos de Naturaleza Urbana de Civilia.

Además serán de cuenta de la parte vendedora los gastos extraordinarios de comunidad aprobados antes del día de hoy, aun cuando los vencimientos sean posteriores a dicha fecha.

Sin perjuicio de lo anterior, la parte vendedora queda obligada a la evicción y saneamiento por vicios ocultos que en derecho proceda, respondiendo, además, del pago de todos los gastos, impuestos, contribuciones, arbitrios ordinarios y extraordinarios y en general de todos los conceptos tributarios y comunitarios que afecten a la finca vendida, a su propiedad, a su goce y a los actos y contratos a ella concernientes hasta el día de hoy y que la afecten a título principal o subsidiario, aunque se liquiden con posterioridad a esta fecha.

Acerca de la Ley de Civilia de prevención del blanqueo de capitales y de la financiación del terrorismo, advertidos expresamente los comparecientes por mí, el Notario acerca de lo prevenido por la citada ley y las disposiciones que la desarrollan, manifiestan que no les consta la existencia de titulares reales a los efectos de lo dispuesto en la misma.

Los comparecientes solicitan expresamente la presentación telemática del presente instrumento público en el Registro competente, lo que hago en este acto mediante la remisión de la copia electrónica autorizada con mi firma electrónica reconocida notarial. De las comunicaciones recibidas dejaré constancia mediante su incorporación a esta matriz.

Así lo dicen y otorgan, quedando hechas las reservas y advertencias legales y fiscales, especialmente las relativas a la obligación y plazo de presentación a liquidación de la presente escritura, a las consecuencias de la falta de presentación y a la afección de los bienes al pago del impuesto, así como a las consecuencias que se pueden derivar de las declaraciones o inexactitudes contenidas en este documento público.

A tales efectos se advierte a los comparecientes de la posible sujeción al Impuesto sobre el Incremento del Valor de los Terrenos de Naturaleza Urbana ('plusvalía municipal') de esta operación y que el Registro de la Propiedad no practicará la inscripción correspondiente mientras no se acredite previamente haber presentado la autoliquidación o, en su caso, la declaración del impuesto, o la comunicación a que se refiere la Ley Reguladora de las Haciendas Locales de Civilia.

De acuerdo con lo establecido en la Ley de Protección de Datos de Civilia, los comparecientes, previamente informados acerca del contenido y alcance del secreto del protocolo y del secreto profesional, consienten expresamente la incorporación de sus datos personales a los ficheros automatizados existentes en la Notaría. Dichos datos se conservarán con la máxima confidencialidad sin perjuicio de su toma de razón en los registros públicos competentes o su remisión a los organismos judiciales o administrativos en los términos que establezca la legislación vigente.

Leo a los señores comparecientes esta escritura y dado que (. . . .) no entiende la lengua oficial de Civilia, asiste a este acto (. . . .) [nombre y apellidos], mayor de edad, de nacionalidad (. . . .), con domicilio en (. . . .) [municipio, región, país] y con pasaporte número (. . . .) y Número de Identificación de Extranjero (. . . .) vigente, que le traduce verbalmente al (. . . .) [idioma a comprender] esta escritura, lengua que el señor/la señora (. . . .) [persona que no entiende el idioma oficial] asegura conocer, así como mis explicaciones, reservas y advertencias, y declara bajo su responsabilidad la conformidad del original español con la traducción. Enterados, según dicen, por la lectura y mis explicaciones verbales y por la traducción, los señores comparecientes hacen constar su consentimiento al contenido de la escritura y firman conmigo junto con el intérprete.

Yo, el Notario, doy fe de la identidad de los otorgantes, de que a mi juicio tienen capacidad y legitimación para el otorgamiento del presente documento público, de que el consentimiento ha sido libremente prestado y de que el otorgamiento se adecúa a la legalidad y a la voluntad debidamente informada de los intervinientes.

Doy fe igualmente de que el presente otorgamiento se ajusta fielmente a las leyes y reglamentos de Civilia y en particular, que por medio del presente documento se garantiza de forma plena la adquisición del inmueble objeto de la presente escritura en el estado de cargas y gravámenes en los términos que resultan en la parte expositiva de la misma.

Y yo, el Notario, del presente instrumento público, redactado en (. . . .) [número de folios] folios de papel timbrado de uso exclusivo para documentos notariales, numerados correlativamente en orden inverso, doy fe.

SIGUEN LAS FIRMAS DE LOS COMPARECIENTES.-

FIRMADO Sra. Doña. (. . .)

14. Answers to self-tests – Contestaciones a las autoevaluaciones

CHAPTER 4 – LEGISLATION/CAPÍTULO 4 – LEGISLACIÓN

I. Legislation

1. The US Constitution is a stand-alone document, whereas the Human Rights Act 1998 incorporates by reference the European Convention on Human Rights.
2. Congress has a number of financial responsibilities, including those relating to taxes and duties, borrowing money on behalf of the United States, coining money and regulating the value of US currency.
3. An English court compares the English legal principle at issue with the provisions of the European Convention on Human Rights to see whether the English law is consistent with the meaning of the Convention. If the English law is not consistent with the Convention, the most the English court can do is make a declaration of incompatibility. The court cannot strike down the English law.
4. Those terms are not defined in the US Constitution. However, US courts have spent a great deal of time parsing through the meaning of both phrases.
5. The First Amendment is very general and focuses only on two issues: establishment of religion and free exercise of religion. The 1998 Act expressly includes references to thought and conscience as well as religion and recognizes a collective or group right. The 1998 Act also refers to the European Convention on Human Rights, which contains additional language concerning the freedom of religion and related rights.

III. Legislación

1. La Constitución española exige equilibrio económico entre todas las partes del territorio español, incluidos los territorios insulares. En particular, veta el establecimiento de privilegios económicos y sociales a favor de regiones concretas.
2. El Congreso de la Unión.
3. El amparo sólo puede solicitarse una vez agotada la vía judicial ordinaria, cuando se hubiere denunciado la violación en el juicio durante cuyo transcurso se aprecie que el tribunal que conoce atenta directamente contra la Constitución española.
4. De una parte, el predisponente que es toda persona física o jurídica que actúe en el ámbito de su actividad profesional e imponga las condiciones generales de la contratación; de otra parte, el adherente que es toda persona física o jurídica a quien se le imponen las condiciones y que puede ser un profesional o un consumidor.
5. En el supuesto de que el consumidor no haya cumplido su parte del contrato.

CHAPTER 5 – DECISIONS FROM JUDICIAL AND OTHER TRIBUNALS/CAPÍTULO 5 – DECISIONES DE LA JUDICATURA Y OTROS TRIBUNALES

I. Decisions From Judicial and Other Tribunals

1. Although the case is constitutional in nature, the US Constitution is very general and must be read in light of an extensive body of case law. It is impossible to decide a constitutional claim without discussing judicial authorities at length.
2. The criminal defendant has raised a constitutional issue, which is federal in nature. Therefore, after exhausting his appeals in state court, he had a right to appeal to the US Supreme Court on a discretionary basis.
3. The case holds that police may not invade private property, even to investigate a potential crime. By taking a drug-sniffing dog onto the defendant's property, the police exceeded the bounds of their authority. As a result, the evidence that they found as a result of the search with the dog was precluded from use at trial.
4. The basis for the claim in *Florida v Jardines* is the Fourth Amendment of the US Constitution. In *Trident Turboprop (Dublin) Ltd v First Flight Couriers Ltd*, two statutes are at issue: the Unfair Contract Terms Act 1977 and the Misrepresentation Act 1967.
5. Lord Justice Moore-Bick reads the two acts together to discover what is meant by the term 'this Act'. In so doing, he adopts a teleological or purposive style of interpretation, as discussed in Chapter 4.

III. Decisiones de la judicatura y otros tribunales

1. La Constitución mexicana prevalece sobre los tratados internacionales de derechos humanos que se encuentran en posición jerárquica inferior.
2. La SCJN entiende que las decisiones de la Corte Interamericana de Derechos Humanos tienen eficacia vinculante para todos los tribunales mexicanos.
3. El interés superior del menor no puede ser evaluado en abstracto y en atención a una condición general como la de qué nacionalidad ostenta, sino en relación con un menor individualizado y sus necesidades económicas y afectivas.
4. El desacuerdo de los progenitores en una cuestión tan esencial como el traslado del menor a otro país.
5. El progenitor custodio ha de solicitar autorización judicial para trasladar al menor al extranjero y éste ha de ser autorizado si es en beneficio e interés del menor.

CHAPTER 6 – TREATISES AND SCHOLARLY COMMENTARY/ CAPÍTULO 6 DOCTRINA

I. Treatises and Scholarly Commentary

1. International consensus in defining treaty terms is helpful to facilitate international trade.

2. UNCITRAL has identified significant diversity in how different nations define an 'agreement in writing' in international commercial arbitration.
3. The European Union's approach to linguistic diversity should be compared to both nation-states and international organizations.
4. An official language does not need to be shared by all or even a majority of citizens of a particular state before being named as the official language, nor does the language need to have been in use on a longstanding basis.
5. The right to linguistic diversity could be framed in terms of a right to privacy or the protection of human dignity.

III. Doctrina

1. Este texto internacional ha contribuido a la armonización de la legislación nacional y de las decisiones judiciales, incidiendo de esta forma en la simplificación del arbitraje comercial internacional y en la promoción del comercio internacional.
2. Sí, los plantea. De hecho, el tenor literal del artículo II.2 de la Convención ha generado interpretaciones muy distintas en diversos países.
3. El pago ha de realizarse en el lugar de situación del inmueble.
4. Alonso Martínez critica el antiguo proceso penal por su excesiva duración durante la que el acusado permanecía en prisión preventiva ocurriendo en muchos casos que terminaba el proceso por absolución en la instancia, esto es, con una decisión que permitía que se reabriera el proceso si aparecían nuevas pruebas. A esta incertidumbre de por vida se añade que no se permitía al acusado participar en las diligencias de investigación. Estas últimas eran, además, en muchas ocasiones dirigidas por un escribano o secretaría que copiaba lo que le parecía y pre-constituía así una prueba que luego prevalecía sobre la que se pudiera presentar en el juicio oral.
5. Ante los abusos relatados, la nueva Ley de enjuiciamiento criminal acorta la duración del proceso, impone la oralidad del juicio y la presencia del acusado en todas las fases del procedimiento criminal, incorporando así elementos del sistema acusador. También exige la intervención de juez instructor durante la fase de instrucción (en lugar del escribano), aunque será otro juez el que finalmente decida sobre la culpabilidad del acusado en el juicio oral.

CHAPTER 9 – SUBMISSIONS TO JUDICIAL, ARBITRAL AND OTHER TRIBUNALS/CAPÍTULO 9 – ESCRITOS DIRIGIDOS A TRIBUNALES DE JUSTICIA, ARBITRALES Y OTRAS INSTITUCIONES

I. Submissions to Judicial, Arbitral and Other Tribunals

1. String cites are found in the first model document and include *Mississippi University for Women v. Hogan*, 458 US 718, 723 (1982) (quoting *Reed v. Reed*, 404 US 71, 75 (1971)); *Hogan* at 718 (quoting *Kirchberg v. Feenstra*, 450 US 455, 461 (1981)); and *id.* (quoting *Wengler v. Druggists Mutual Ins. Co.*, 446 US 142, 150 (1980)). String cites are commonly used in US submissions to demonstrate additional support for a

proposition of law, although other English-speaking jurisdictions typically discourage the use of string citations. Notably, the citations in question use various types of short form citations.
2. Motions in US court can include various types of legal authority (including case law, statutes and commentary) and factual authority (including affidavits and pleadings). The model motion used case law and statutes for legal support and affidavits and pleadings for factual support. Although the author of the motion could have used some form of scholarly commentary to support the legal arguments, commentary is used less frequently in English-speaking jurisdictions than in Spanish-speaking countries.
3. The certificate of service is not technically part of the memorandum of law, but is attached to the submission when it is filed with the court.
4. Skeleton arguments are meant to be very short and to outline the legal arguments that will be presented to the court. Factual issues can be more fully described at trial or oral argument.
5. Skeleton arguments are intended to be an aid to the court in understanding counsel's legal arguments and are not meant to replace oral argument.

II. Escritos dirigidos a tribunales de justicia, arbitrales y otras instituciones

1. Por lo general, las jurisdicciones hispanoparlantes exigen plantear un incidente de previo y especial pronunciamiento, incluso antes de contestar a la demanda. Si la impugnación de la jurisdicción y competencia del tribunal se hiciera en el escrito de contestación se corre el riesgo de que los tribunales ignoren esta impugnación y entiendan que hay sumisión tácita a su jurisdicción, porque no se ha instado la impugnación en tiempo y forma, es decir, a través del incidente de previo y especial pronunciamiento.
2. El demandante es quien introduce el objeto procesal y sus apreciaciones en este momento procesal van a condicionar la decisión del tribunal en la medida en que ésta se debe ajustar al principio de congruencia procesal, es decir, debe responder exactamente a lo indicado por el demandante en su demanda. Por otra parte, si con este escrito no se introducen en el proceso todos los hechos o fundamentos de derecho con su correspondiente soporte documental, el demandante puede perder la oportunidad procesal y posteriores argumentaciones o documentaciones ya no serán admitidos en el proceso.
3. Si el demandado no contesta o guarda silencio sobre alguna de las afirmaciones del demandante, el tribunal que conoce puede entender que las está admitiendo tácitamente.
4. Cualquier procedimiento consiste en una sucesión de actos procesales que se pueden ir sucediendo a instancia de parte o de oficio. En el caso de las jurisdicciones hispanoparlantes, la regla es que sea el propio tribunal el que impulse el procedimiento. Por tanto, si las partes no actúan en el momento procesal oportuno, el tribunal dará impulso de oficio y su derecho a presentar alegaciones, pruebas o recursos precluirá o habrá pasado, perdiendo la parte la oportunidad procesal -lo que puede condicionar el resultado del proceso-.
5. La preparación del proceso es, en principio, privada en los países hispanoparlantes.

Pero, a veces, necesitan acceder a informaciones, documentos o espacios en poder de la otra parte para lo que pueden requerir apoyo de un tribunal a través de las diligencias preliminares. Es importante recordar que las mismas están tasadas legalmente y el tribunal sólo prestará apoyo en las circunstancias legales previstas.

CHAPTER 10 – TRANSACTIONAL DOCUMENTS/CAPÍTULO 10 – DOCUMENTOS TRANSACCIONALES

I. Transactional Documents

1. Defining terms can be useful in a letter agreement so as to keep the letter short. If you want to use an abbreviated reference to some item or concept, the author must define the term. However, some letter agreements do not need to include defined terms.
2. The law governing the letter agreement will indicate whether both parties must sign the document. In some English-speaking jurisdictions, a party can create an enforceable contract by fully or partially performing the obligations in question rather than signing the document. However, some types of contract must be in writing to be enforceable.
3. In most English-speaking jurisdictions, courts interpret a document as a whole when attempting to determine whether and to what extent a contract exists. Therefore, it is generally not necessary to state that a particular document is a letter of intent, but such phrases can be very useful to a court asked to construe the meaning of the language. Such language can also discourage an opposing party from initiating litigation or arbitration in the first place.
4. Answers about when a duty to negotiate in good faith arises are determined under the law governing the relationship in question. In some circumstances and in some jurisdictions, the parties may not be able to eliminate that duty unilaterally or even by agreement. Before entering into negotiations, a bilingual lawyer should always research the law(s) applicable to that particular transaction.
5. Identifying any open terms is not necessary in a letter of intent, but that technique can be useful if the other party attempts to demonstrate the existence of an unintended contract, since the language can be used to demonstrate the gaps in the purported contract. Some types of gap (those that are **material** or central in nature) preclude the existence of a contract.

II. Documentos transaccionales

1. No, se trata de una mera carta de intenciones.
2. Las partes son efectivamente de distintos países, pero se trata de un acuerdo de confidencialidad vinculado a un contrato de prestación de servicios.
3. Sí, el principio de autonomía de la voluntad permite realizar dichas elecciones de derecho aplicable que, por ende, son muy habituales en la práctica comercial internacional. No obstante, ha de tenerse en cuenta que dicha elección puede elevar el grado de dificultad del arbitraje recogido en la cláusula undécima de dicho documento.

Answers to self-tests – Contestaciones a las autoevaluaciones 643

4. No se detecta ninguna irregularidad formal en dicha cláusula ni un contenido anormal. Es habitual que este tipo de asuntos se sometan a arbitraje.
5. La cifra no está escrita correctamente. Adicionalmente, hubiese sido más adecuado recoger también la cifra en versión numérica y especificar la divisa.

CHAPTER 11 – INTERNAL AND EXTERNAL CORRESPONDENCE AND MEMORANDA/CAPÍTULO 11 – CORRESPONDENCIA EXTERNA E INTERNA Y DICTÁMENES

I. Internal and External Correspondence and Memoranda

1. The Bluebook citation system is used in the model memorandum of law because the memorandum is written in the US style. Other citation styles include the Oxford University Standard for Citation of Legal Authorities (OSCOLA), the Canadian Guide to Uniform Legal Citation (also known as the McGill Guide) and the Australian Guide to Legal Citation, as discussed in Chapter 9.
2. The term 'Esq.' means a person qualified as a lawyer in the US. The term is used here as a courtesy to indicate that both Ms. McKenzie and Mr. Suarez are lawyers.
3. The term 'Your ref' refers to the reference number of previous communications from the recipient. Since the author of the letter has not received any previous communications, this line is left blank. The term 'Our ref' refers to the reference number created by the sender of the letter. These numbers are helpful because solicitors typically have hundreds if not thousands of ongoing cases and need an easy way of classifying and filing correspondence correctly within their record-keeping system. In some cases, the first line of the body of a letter will also indicate to what it is responding (for example, 'This is in reference to your letter of 7 October 2015'), but that technique is not used in a situation like this, where the letter reflects the first contact between the parties.
4. The English Civil Procedure Rules and relevant practice directions often require English lawyers to make an offer to resolve a dispute amicably before filing the matter in court. Lawyers in the US have no similar duty as a matter of law, although parties may be required to engage in negotiation or mediation before filing suit pursuant to a dispute resolution clause in a contract between the parties.
5. In England, certain communications come from the law firm as a whole rather than from an individual lawyer. Speaking on behalf of the law firm is much less frequently seen in the US. Those who work for US or English law firms as foreign-qualified lawyers should seek guidance on when to act independently and when to act on behalf of the firm. Matters that are sent on behalf of the firm as a whole may require partner approval before leaving the office.

II. Correspondencia externa e interna y dictámenes

1. El abogado se caracteriza por su independencia de criterio y ha de actuar así tanto respecto de su cliente como del tribunal, siempre, claro está, bajo el imperio de la ley. En caso de conflicto con su cliente, el abogado podría renunciar a la defensa asegurándose que otro abogado le sustituye para lo que habrá de dar su venia.

2. La iguala es la contratación de un abogado por un tiempo, más o menos, indefinido para la realización de varios servicios o gestiones y no el solo seguimiento de un caso.
3. Además del correo postal con acuse de recibo y del burofax, los abogados hispanoparlantes recurren a la notificación por conducto notarial.
4. No, durante la relación profesional pueden surgir otros gastos para lo que se habilita la hoja de cuentas y suplidos.
5. No, la venia siempre ha de concederse y siempre ha de solicitarse. Además de ser una cuestión de cortesía profesional, marca el fin de una relación profesional.

Index

academic prestige 224–5
accessory to a crime 285
accomplice liability (law of complicity) 285
administrative regulation 45, 93, 95, 148–9, 157, 290–91, 297–8, 387–8
adversarial cross-cultural negotiation 495–6, 497
adversarial judicial role 58, 150
advocacy work (argument in court) 19, 151, 224, 439, 441, 535
affidavits (sworn written statements), US 384–5, 388, 442
aggravated crimes 283
allocation questionnaire 156
alternative dispute resolution (ADR) 58, 155–6, 382, 436–8
    see also arbitration; dispute resolution; mediation; negotiation
ambiguous legislation 96, 102, 103
amicus briefs, US 444
antitrust law, US 296–8
Anton Piller orders, England 383
appeals 59, 146, 155, 159–60, 391–2
    Court of Appeal, England 150, 153, 158, 162–3, 168, 171–6, 388, 392, 449–50
arbitration
    and dispute resolution 58, 155–6
    international commercial *see* international commercial arbitration
    mock arbitral dispute 567–602
    New York Convention and US Federal Arbitration Act, conflict between 227–31
    see also alternative dispute resolution (ADR)
arraignment 152, 154, 386
arrest warrant, US 384–5
arson 284
assault 277, 282, 283
attorneys
    attorney-client privilege, US 22, 60, 376
    fees and American rule 375, 382
    US 153, 385Australia
    administrative law 148
    Australian Guide to Legal Citation 447
    comprehensive contract code 501
    informality 498
    legal structure 21

legal writing conventions 534
penal codes 281–2
persuasive authority 164
tort law 276–7
victim rights 388

bail 154, 390
bankruptcy (insolvency) 45, 145, 301
barrister training and work practice 19, 20, 21, 23, 48, 60, 151, 157, 504, 538–9, 540–41
battery (unwanted and unwarranted touching of another person) 277, 283
battle of the forms, and cross-border contracts 503
bilateral investment treaty (BIT), and international commercial arbitration 393
binding precedent (judicial opinions) system, England 44, 149
blameworthiness (culpability) in criminal law 281, 282, 285
The Bluebook, US 447
boilerplate provisions, and cross-border contracts 501, 502–3
breach of statutory duty, England 279
briefs 159, 444
burden of proof 152, 155, 157, 159, 375–6
burglary 284
business association structures, US 294–6

cab-rank rule, England 23
Canada
    bilingualism 233
    Canadian Guide to Uniform Legal Citation (McGill Guide) 447
    contract law 273
    criminal liability of corporations 285
    informality 18
    international treaties, dualist approach 104
    judicial supremacy 266
    legal structure 21, 22, 23, 42
    legal writing conventions 534
    legislative supremacy 95
    negotiation process 498
    persuasive authority 164
    tort law 276–7
canons of construction 103–4, 271
    US 103–4

645

capital punishment (death penalty) 266, 282, 286, 386
case dismissal for lack of jurisdiction 145, 154–5, 159, 441, 447
case law, and judicial opinions 43, 44–5, 48–9, 50, 96, 161, 165–6
case management 156, 157, 379, 388
casebooks, US 223
certificate (proof) of service, and tribunal submissions 442, 460
challenge for cause, and jury service 152, 154
chancery court, US 146
Chatham House Rule, and information sharing 541
citations 167–8, 443, 447–8
civil disputes and law of evidence 90–91, 148, 156, 369–83
civil law 41–2, 44–5, 51–6, 56–60, 66, 76
  common law-civil law divide 41–2, 56–60
  history 51–6
  terminology 44–5
civil liability 49, 279, 305
civil liberties, England 271
civil litigation, US 158–60, 439
civil trials 155–6, 157–8, 159–60
class actions, US 373
client advice letter 539
client representation withdrawal 23
closing speech/statement 153, 155, 157, 159
commercial law 20, 45, 98, 293–302
common law 41–51, 56–60, 66–7, 72, 241, 316, 578
  adversarial judicial role 58
  common law-civil law divide 41–2, 56–60
  history 46–51
  terminology 44–5
  tradition 42–3
Commonwealth of Nations 47, 92
communication
  ex parte, and tribunal submissions 449
  external correspondence and memoranda 537–42
  'high context' societies, and communication styles 17, 535
  internal correspondence and memoranda 535–7
  privileged, in-house counsel 22–3, 60–61
  styles, 'low context' societies 17–18
  see also language considerations
community interest company (CIC), England 301
company law 296, 298–9, 300–301
conciliation see mediation
confidentiality agreements 377, 450

conflict of interest 23, 395
conspiracy and criminal law 285
constitutional conventions 89–90, 92, 94, 95, 99–100, 267, 270–71
constitutional law 44, 55–6, 90, 92, 99–100, 147, 157, 266–72
  England 270–72
  US 267–70
contempt of court 383, 387, 391
contract law 43, 48, 161
  England 274–6
  US 273–4, 275
corporate authority, and transactional documents 500
corporate law 295, 297
corporate manslaughter 285
Corpus Juris 51–2, 55
correspondence and memoranda 533–48, 643–4
  address block styles 538–9
  e-mail use 536, 537–8
  English-style letter before action 546–7
  external communications 537–42
  first-name usage 534
  internal communications 535–7
  legal privilege protection 535
  letter use 538
  model documents 542–7
  office memo use 536–7
  standard conventions 534–5
  US-style demand letter 545–6
  US-style office memo 542–5
costs proceedings, England 382
Council of Europe 149, 233
counterclaims 158, 380, 441
court order, alternative dispute resolution (ADR) 437
courts of equity 43, 48
courts of first instance 145, 146, 150, 164, 370, 378
cracked trials 152
criminal cases, tribunal submissions 441, 445
criminal disputes and law of evidence 90–91, 148, 156, 384–92
criminal law 44, 45, 49, 90–91, 153–4, 281–6, 388–92
cross-border deals, transactional documents 501–6
cross-cultural negotiation, transactional documents 494–8
cross-examination of witnesses 23, 46, 58, 153, 155, 157, 159, 184, 377, 386
culpability (blameworthiness) in criminal law 281, 282, 285
cultural differences 17–19, 222, 449, 494–8

currency and payment procedures, and cross-border contracts 502, 506
custody 151, 154, 385, 390
customary international law 104, 304

damages 48, 158, 159, 275–6, 279, 280, 373, 500, 503
death penalty (capital punishment) 266, 282, 286, 386
declaratory judgments and procedural law 375
defamation concept 279
default judgments 375, 380
demand letter 539–40
denies knowledge or information (DKI) of allegations, US 441
deportation (removal) 289–90
depositions (pre-trial testimony under oath) 23, 159, 373, 374, 381, 386, 444, 445, 449
diplomat immunity 305
disclosure, and sharing of evidence, England 57–8, 152, 156–7, 183, 373, 380–81, 390, 440, 445, 450, 499, 534–5
discovery, and sharing of evidence, US 57–8, 158–9, 183, 373–4, 377–8, 386–7, 440, 444–5, 450, 499, 534–5
discretionary jurisdiction 146, 153, 155, 160, 169, 306, 444, 447
dismissal of case for lack of jurisdiction 145, 154–5, 159, 441, 447
dismissal of juror 154
dispute resolution
  and cross-border contracts 505–6
  and international commercial arbitration 393
  and privilege law 376–7
  see also alternative dispute resolution (ADR)
'diversity' jurisdiction, US 147
documents
  correspondence and memoranda, model documents 542–7
  documentary evidence 57, 157, 159, 376
  England, electronic documents 381
  indictment document 151
  transactional *see* transactional documents
  tribunal submissions, additional documents with legal significance 444–6, 448–9
  tribunal submissions, model documents 451–61
domestic violence 286
double jeopardy rule 94, 155, 387, 391
dualism, and interaction between domestic law and international treaties 104–5, 302, 303, 304

due diligence, and transactional documents 500
due process and procedural fairness (natural justice) 184, 266, 268–9, 272

e-discovery, US 374, 445
e-mail use 381, 536, 537–8
E-Verify program, US 288
education, legal 19–22
either-way offences 151–2
ejusdem generis principle 102, 103
embezzlement 284
emotional distress, infliction of 277
England
  aggravated crimes 283
  Anton Piller orders 383
  barrister training and work practice 19, 20, 21, 23, 48, 60, 151, 157, 504, 538–9, 540–41
  binding precedent (judicial opinions) system 44, 149
  breach of statutory duty 279
  British Empire legacy 46–7
  cab-rank rule 23
  Chancery Division 150
  civil liberties 271
  community interest company (CIC) 301
  constitutional conventions, unwritten 89–90, 94
  constitutional law 270–72
  contract law 274–6
  costs proceedings 382
  Court of Appeal 150, 153, 158, 162–3, 168, 171–6, 388, 392, 449–50
  Crown Court 150, 152, 153, 388, 391–2
  Crown Prosecution Service (CPS) 150–51, 389
  disclosure, and sharing of evidence 57–8, 152, 156–7, 183, 373, 380–81, 390, 440, 445, 450, 499, 534–5
  English-style letter before action 546–7
  EU law superiority over national law 94, 149, 163, 271–2, 304
  external aids to interpretation 102
  extradition provisions 388, 389–90
  fact pleading 440
  Family Division 150
  fee shifting (loser pays principle) 157, 382
  freezing orders 383
  gazumping avoidance 507
  Group Litigation Order (GLO) 380
  and Hague Evidence Convention 381
  hearsay evidence 382, 390
  High Court 150, 153, 156, 158, 168, 388, 391–2

human rights 89–90, 94, 96–7, 107–9, 149, 234–5, 266, 271, 272, 303
Inns of Court 48, 50
international treaties, dualist approach 104
interpreters, use of 382–3, 389–90
judicial review 99, 272, 293
Law Society 48
leapfrog procedure 158
legal advice privilege 22, 60
legal assistants 22
Legal Services Commission 151
literal rule of interpretation 101, 103
litigation costs 157, 382
Lord Chancellor 47–8
loser pays principle (fee shifting) 157, 382
magistrates' courts 151–2, 388
Mareva injunctions 383
open-ended investment company (oeic) 301–2
Oxford University Standard for Citation of Legal Authorities (OSCOLA) 447
parliamentary supremacy 90, 93–4, 271, 391
pierce the veil of incorporation 301
private prosecution of crimes 389
Privy Council 149, 166
procedural law *see* procedural law
public access to judicial submissions 450
Queen's Counsel (QC or silk) 20, 150, 153
ratio decidendi opinion 165, 166
refugees and asylum seekers 292–3
right of abode 291–2
rule of law 49, 90, 271, 272
rules of evidence 48, 381–2
self-incrimination protection 390
separation of powers concept 90, 272
small claims track 156
sole trader 301
state immunity 306
statement of truth 379, 439, 446
summing up practice 391
Supreme Court of the United Kingdom (House of Lords) 149–50, 158, 162, 163, 164, 166, 168
trial procedures 150–53, 156–8, 382, 390–91
tribunals *see* tribunal decisions; tribunal submissions
undertaking terms 383
Woolf Reforms 91, 156
work permits 292
Erie doctrine, US 148
ethics, professional 22–3, 59–60, 441, 449, 495
EU
competition law 299–300
Court of Justice of the European Union (ECJ) 101, 149, 163
directives 91
establishment of companies and corporations 298–9
European company (Societas Europaea) 301
European Economic Interest Grouping (EEIG) 301
evidentiary privileges 22–3
free movement of workers 291
in-house counsel 60–61
language rights 231–8
law superiority over national law 94, 149, 163, 271–2, 304
refugees and asylum seekers 293
regulations 91
subsidiarity principle 47
treaty provisions 105
see also individual countries
European Convention on Human Rights 94, 97, 149, 235
evidence
civil disputes and law of evidence 90–91, 148, 156, 369–83
criminal disputes and law of evidence 90–91, 148, 156, 384–92
disclosure, England 57–8, 152, 156–7, 183, 373, 380–81, 390, 440, 445, 450, 499, 534–5
discovery, US 57–8, 158–9, 183, 373–4, 386–7, 440, 444–5, 450, 499, 534–5
documentary 57, 157, 159, 376
Hague Evidence Convention 371–2, 381
rules of 48, 93, 148, 370–77, 381–2, 384
see also witnesses
ex parte communications 59, 442, 449
examination-in-chief, and witnesses 153, 157
expert witness 156, 374, 377, 446, 504
expressio unius est exclusio alterius principle 102
external aids to interpretation 102
extradition provisions, England 388, 389–90

fact pleading, England 440
false imprisonment 157, 277
family court, US 146
family law 91, 96
federal courts of limited jurisdiction, US 144–8, 163, 267–8, 370–71
state and federal court differences 59, 92–3, 95–6, 144–5, 268
federal securities and tax laws, US 295
fee shifting (loser pays principle), England 157, 382
felony (serious crime), US 385, 386
fishing expeditions, US 380 160
footnoting conventions 223

France
  Civil Code 45, 52–4
  Code Napoléon 44, 52
  Enlightenment ideals 54
free movement of workers, EU 291
freedom of speech 270, 279
freezing orders, England 383

gazumping avoidance, England 507
Germany
  Basic Law 55
  Civil Code (Bürgerliches Gesetzbuch (BGB)) 44, 52, 54–6
  Enlightenment ideals 54–5
  private prosecutions 56
Ghana, mixed common law-chthonic law system 51
'golden rule' of legislation interpretation 101
good faith, duty to negotiate in 499–500
grand jury, US 153–4, 386
green card lottery, US 289
guilty of crime beyond reasonable doubt 152, 155, 159, 375
guilty pleas 152, 154, 386, 441

habeus corpus writs, US 155
Hansard 102
harmless errors (errors that do not affect the outcome of the dispute), US 375
head of state immunity 305
hearsay rules 377, 382, 390
hierarchical or egalitarian culture, consideration of 497
'high context' societies, and communication styles 17–18, 496, 497, 535
holding opinion, US 165, 166
homicide 282–3
housekeeping letters 540
human rights
  England 89–90, 94, 96–7, 107–9, 149, 234–5, 266, 271, 272, 303
  European Convention on Human Rights 94, 97, 149, 235
  freedom of speech 270, 279
hung jury 155, 387

immigration law 286–93
immunities from jurisdiction, and public international law 304–6
in-house counsel 22–3, 60–61, 539
inchoate (attempted) crimes 284–5
India
  international treaties, dualist approach 104
  negotiation process 498
indictment process 151, 153, 389, 440

individualist or collectivist cultures, consideration of 496–7
ineffective trials 152
information, denies knowledge or information (DKI) of allegations, US 441
information sharing
  and Chatham House Rule 541
  evidence *see* evidence
informed consent 23
injunctions 43, 48, 383
insanity, defence of 286
insolvency (bankruptcy) 45, 145, 301
insurance law 96
International Bar Association (IBA) 395
International Chamber of Commerce (ICC) 505
international commercial arbitration 294, 392–6, 505
  arbitral rules 394–5
  arbitration without privity 394
  conflicts of interest 395
  enforcement proceedings 396
  and international treaties 395–6
  legal terminology 394
  and national laws on arbitration 395
international treaties 104–5, 302, 303, 304, 395–6
interpreters, use of 374–5, 382–3, 389–90
interrogatories (questions submitted in writing), US 159, 373, 444
Ireland
  international treaties, dualist approach 104
  judicial review 99
ius commune 43–4, 52

judicial notice of certain adjudicative facts, US 375–6
judicial opinions, and case law 43, 44–5, 48–9, 50, 96, 161, 165–6
judicial review
  England 99, 272, 293
  and international arbitration 394
  US 99, 149, 160, 268, 290
judicial supremacy, US 94–5, 266
juris doctor (JD) degree, US 20
jurists 48, 99–100, 300
juror dismissal 154
jury trials 58–9, 145, 152, 153–4, 155, 157, 159, 387

key terms in comparative law 42–6
kidnapping 282, 283

land-based torts 277–8
language considerations 4–5, 105–9

'notary' and 'notario' terminology, confusion over 4
process-related concerns in bilingual transactions 498–500
treatises and scholarly commentary 227–38
tribunal decisions 169–76
tribunal submissions 440–41
see also communication
language rights, EU 231–8
larceny, US 283–4
law of complicity (accomplice liability) 285
law of obligations 272–81
law school sponsorship 224
leapfrog procedure, England 158
legal advice privilege, England 22, 60
legal articles and book chapters 222–3, 224–6
legal assistants, England 22
legal education 19–22
legal encyclopaedias 221
legal executives 19
legal imperialism, US 53
legal partnerships 19–20, 21, 295–6, 301
legal privilege 22–3, 60–61, 376–7, 445, 446, 535, 536
legal secretary 22
Legal Services Commission, England 151
legal transaction, mock 603–37
see also transactional documents
legislation 89–112, 638
  areas of activity 95–6
  constitutional analysis 99–100
  interaction between domestic law and international treaties 104–5
  interpretation 96–104
  language considerations 105–9
  legislative supremacy 94–5
  role 93–5
  statutory interpretation 96–8, 100–104
  types and levels 89–93
letter of agreement, and cross-border contracts 503, 507–8
letter of credit 505
letter of intent 504, 508–9
letter of understanding 503
letters of instruction 540–41
limited government and enumerated powers concept, US 267–8
limited liability company 21, 296
limited liability partnership (LLP) 296, 301
liquidation 276, 301, 503
literal rule of interpretation, England 101, 103
litigation costs, England 157, 382
loser pays principle (fee shifting), England 157, 382

'low context' societies, and communication styles 17–18, 25, 496, 497

magistrate judge, US 145
magistrates' courts, England 151–2, 388
mailbox rule and contract law, US 275
majority opinion of appellate judges, US 159, 164
manslaughter and murder, difference between 282–3
Mareva injunctions, England 383
mediation
  and dispute resolution 58, 155–6, 159
  and international commercial arbitration 393
  see also alternative dispute resolution (ADR)
memorializing agreement, cross-border contracts 501
memorializing events 537, 539, 540
'minimum contacts' test, US 146–7, 370
Miranda rights, US 154, 385
mirror image rule, contract law 275
'mischief rule' of legislation interpretation 101
misdemeanours, US 145, 283, 386
mistrial, US 387
mock arbitral dispute 567–602
mock legal transaction 603–37
Model Penal Code (MPC), US 282
monism, and interaction between domestic law and international treaties 104–5, 302, 303, 304
monochronist and polychronist approaches, consideration of 18, 496, 497
monographs 221–2
moot court competitions, US 21
motion practice 9, 57–8, 145, 154–5, 158, 159, 372, 374, 386–8, 396, 440, 442–3, 445, 447, 451–60
multi-step alternative dispute resolution (ADR) 438
multiparty and multicontract relationships, and cross-border contracts 502
murder and manslaughter, difference between 282–3

negligence
  and criminal law 283
  and tort law 278–9, 280–81
negotiation
  cross-cultural, and transactional documents 494–8
  duty to negotiate in good faith 499–500
  and international commercial arbitration 393

see also alternative dispute resolution (ADR)
New Zealand
 aggravated crimes 283
 legal writing conventions 534
 parliamentary supremacy 95
 persuasive authority 164
Nigeria, common law and personal religious law 51
nolo contendere (no contest) plea 386, 441
non-contractual documents 504–5
noscitur a sociis principle 102, 103
not guilty pleas 152, 154, 386, 441
not guilty verdicts, appealing 59
'notary' and 'notario' terminology, confusion over 4
notary public 4, 442
'notice pleading', and procedural law, US 372, 440
nuisance, and land-based torts 278

oath, oral testimony under 23, 151, 373, 442, 444
 depositions (pre-trial testimony) 23, 159, 373, 374, 381, 386, 444, 445, 449
 see also oral testimony*ober dicta* statements 166
open-ended investment company (oeic), England 301–2
opening speech/statement 152–3, 154, 157, 159
oral testimony 57, 58, 153, 157, 159
 under oath *see* oath
originalism theory 100
Oxford University Standard for Citation of Legal Authorities (OSCOLA) 447

pace of negotiations, and cultural considerations 498
Pandectist School 51, 55
paper trail of documents 499, 540
paralegals 22, 26
parallel suits 59
parliamentary supremacy 53, 90, 93–4, 160, 266, 271, 391
partnerships, legal 19–20, 21, 295–6, 301
party witnesses 58
payment procedures, and cross-border contracts 502, 505, 506
peer review process, treatises and scholarly commentary 223
penal codes, and criminal law 281
personal property, torts against 277–8
persuasive authority 53, 149, 162, 163–4, 166–7, 226, 240, 274, 277, 387, 448–9

treatises and scholarly commentary 220, 221–2, 223, 224
pierce the veil of incorporation 297, 301
plea bargaining 152, 154, 376, 386
plead in the alternative, and procedural law, US 372, 440
plurality opinions in appellate courts 164–5
political question doctrine, US 95
polychronistic and monochronist approaches, consideration of 18, 496, 497
post-trial procedures 59
Pound Conference, US 436
pre-trial procedures 23, 56–8, 156, 443–4
 disclosure, and sharing of evidence, England 57–8, 152, 156–7, 183, 373, 380–81, 390, 440, 445, 450, 499, 534–5
 discovery, and sharing of evidence, US 57–8, 158–9, 183, 373–4, 386–7, 440, 444–5, 450, 499, 534–5
 precedent principle 44, 49–50, 53, 96, 100, 149, 165, 166, 436–8, 439, 502
 tribunal decisions 161–4
presumptions, and statutory interpretation 102, 103
private alternative dispute resolution (ADR) 438
private international law 223, 293
private law 44–5, 54–5
private prosecutions 56, 389
privilege law 22–3, 60–61, 376–7, 445, 446, 535, 536
Privy Council, England 149, 166
probate (succession) law 96
procedural law 369–401
 civil disputes and law of evidence 90–91, 148, 156, 369–83
 civil disputes and law of evidence, England 378–83
 civil disputes and law of evidence, US 148, 370–78
 criminal disputes and law of evidence 90–91, 148, 156, 384–92
 criminal disputes and law of evidence, England 388–92
 criminal disputes and law of evidence, US 148, 384–8
 procedural and evidentiary rules in international commercial and investment arbitration 392–6
procedural posture 166, 440
product liability and tort law 279, 285
professional ethics 22–3, 59–60, 441, 449, 495
promissory estoppel principle 276, 500
property
 diplomatic property immunity 305

gazumping avoidance, England 507
law 55, 161, 221, 268–9
purchase 494
and tort law 276, 277–9, 280, 282, 283–4, 286
trust transfer 48, 146
prosecutor function 56, 59, 151, 152, 153, 154–5, 282–3, 285–6, 289–90, 375, 385, 386, 439–50
protective orders, and discovery process, US 450
psychiatric harm 277
public access to judicial submissions 450
public international law 302–6
public law 44
  see also private law
published and unpublished opinions 167
publishing *see* treatises and scholarly commentary
purposive legislation interpretation 99, 101–2, 498

Queen's Counsel (QC or silk), England 20, 150, 153
Quinn, Frances 90, 99, 102, 105, 150, 151, 152, 156, 166, 271, 272, 304

ratio decidendi opinion, England 165, 166
rational relation test, US 269–70
rebuttal witnesses 155, 159
refugees and asylum seekers 287, 290, 292–3
remedies 43, 48, 101, 231–2, 275–6, 380, 502
  see also damages
removal (deportation) 289
res judicata principle 162
research assessment evaluations (RAEs), treatises and scholarly commentary 225, 226
retainer letter 539
right of abode, England 291–2
Roman law 43, 44, 51–2, 55
rule of completeness 375, 538
rule of law, England 49, 90, 271, 272
rules of evidence
  England 48, 381–2
  US 93, 148, 370–77, 384

self-binding rule, and precedence 49, 162–3
self-defence 280, 283, 286
self-executing and non-self-executing treaties, US 105, 303–4
self-incrimination protection
  England 390
  US 376, 385, 387Senior Counsel or State Counsel (SC) 20, 539

sentence staying (delaying), US 387
sentencing guidelines 152, 153, 155, 391
separation of powers concept
  England 90, 272
  US 268
sexual assault and rape 283
shareholders 295, 300–301
shepardizing legal status of decision, US 167
small claims court, US 146
small claims track, England 156
Social Sciences Research Network (SSRN) 226
Socratic method 20, 223
sole trader, England 301
solicitor training and work practice 19–20, 23, 48, 151, 157, 381, 538, 539, 540–41
South Africa, civil law 51
specific performance remedies 48, 276
split bar concept 19, 20, 21, 540–41
sponsorship, law school 224
stare decisis (let the decision stand) principle 49, 161, 162, 163
state immunity 305, 306
statement of truth, England 379, 439, 446
statutes 43, 50, 55, 90, 93, 95–6, 99, 158, 161, 165, 167, 223, 240, 271, 273, 300, 303, 304, 306, 371
  antitrust law, US 296–8
  breach of statutory duty 279
  and criminal law 281
  decisions superseded by 167
  and deportation 289
  immigration law 287
  incompatible 266
  invalidation 268
  land-based torts 277–8
  product liability 279, 285
  refugees and asylum seekers 287, 290, 292–3
statutory authority 93
statutory instruments 90–91
  see also procedural law
statutory interpretation 96–8, 100–104, 160
strict scrutiny test, US 269–70
subpoenas, US 159, 374, 444
subsidiarity principle, EU 47
substantive law 265–315
  commercial law 20, 45, 98, 293–302
  commercial law, England 298–302
  commercial law, US 294–8
  constitutional law 44, 55–6, 90, 92, 99–100, 147, 157, 266–72
  constitutional law, England 270–72
  constitutional law, US 267–70
  criminal law 44, 45, 49, 90–91, 153–4, 281–6, 388–92
  immigration law 286–93

immigration law, England 291–3
immigration law, US 287–91
law of obligations 272–81
law of obligations, contract law 273–6
public international law 302–6
tort law 43, 161, 221, 273, 276–81
succession (probate) law 96
summary judgments 375, 380, 442, 451–60
summing up practice, England 391
summons 151, 158, 384–5, 439–40
supremacy
   judicial, US 94–5, 266
   legislative 94–5
   parliamentary 53, 90, 93–4, 160, 266, 271, 391

theft 284
third party attorney opinion letter (opinion letter), and cross-border contracts 504
tort law 43, 161, 221, 273, 276–81
transactional documents 494–512, 642–3
   and corporate authority 500
   cross-cultural negotiation 494–8
   duty to negotiate in good faith 499–500
   key provisions in cross-border deals 505–6
   mock legal transaction 603–37
   model documents 506–9
   non-contractual documents 504–5
   process-related concerns in bilingual transactions 498–500
   structural issues involving cross-border contracts 501–4
   see also documents
treatises and scholarly commentary 219–39, 639–40
   academic prestige 224–5
   archive accessibility 226
   casebooks 223
   footnoting conventions 223
   interpretation and application 220–26
   law school sponsorship 224
   legal articles and book chapters 222–3, 224–6
   legal encyclopaedias 221
   monographs 221–2
   peer review process 223
   persuasive power 220, 221–2, 223, 224
   ranking legal journals 225
   research assessment evaluations (RAEs) 225, 226
   style and language differences 227–38
   treatise status 220–21
   Washington and Lee ranking system 225
trespass 278
trial by ambush (surprise) 152

trial procedures 57, 58–9
   England 150–53, 156–8, 382, 390–91
   jury trials 58–9, 145, 152, 153–4, 155, 157, 159, 387
   US 153–4, 155–6, 158–9, 374–5, 386–8
tribunal decisions 144–83, 639
   decision interpretation 164–8
   judicial decision role 160–61
   language considerations 169–76
   legal status of a particular decision, checking 167
   precedent principle 161–4
   trial process 150–60
tribunal submissions 435–65, 640–42
   additional documents with legal significance 444–6, 448–9
   attorney conduct 449–50
   citation practices 447–8
   conditions precedent to bringing a lawsuit 436–8
   criminal cases 441, 445
   English-style skeleton argument 460–61
   legal terminology 440–41
   model documents 451–61
   public access to judicial submissions 450
   required pleadings 439–42
   stylistic concerns 446–9
   US-style memorandum of law 451–60
trust mechanism and property transfer 48, 146

unauthorized practice of law 22, 26, 60
undertaking terms, England 383
unified bar, US 20
Uniform Commercial Code (UCC), US 98, 273
US
   academic prestige 224–5
   affidavits (sworn written statements) 384–5, 388, 442
   amicus briefs 444
   antitrust law 296–8
   arrest warrant 384–5
   attorneys *see* attorneys
   The Bluebook 447
   business association structures 294–6
   casebooks 223
   chancery court 146
   civil litigation 158–60, 439
   class actions 373
   Congress 92–3
   Congressional Record and Reports 103
   Constitution Commerce Clause 268, 297
   Constitution extract 105–7
   constitutional law 267–70
   contract law 273–4, 275

criminal law and penal codes 281–3
criminal trials 153–4
denies knowledge or information (DKI) of allegations 441
discovery, and sharing of evidence 57–8, 158–9, 183, 373–4, 377–8, 386–7, 440, 444–5, 450, 499, 534–5
District Attorneys 153
'diversity' jurisdiction 147
e-discovery 374, 445
E-Verify program 288
Erie doctrine 148
family court 146
federal courts of limited jurisdiction 144–8, 163, 267–8, 370–71
Federal Rules of Civil Procedure and Evidence 93, 148, 370–77, 384
Federal Rules of Criminal Procedure 93, 384–8
federal securities and tax laws 295
felony (serious crime) 385, 386
Fifth Amendment (constitutional) right against self-incrimination 376, 385, 387
fishing expeditions 380
grand jury 153–4, 386
green card lottery 289
habeus corpus writs, US 155
and Hague Evidence Convention 371–2, 381
harmless errors (errors that do not affect the outcome of the dispute) 375
hearsay rules 377
holding opinion 165, 166
House of Representatives 92
interpreters, use of 374–5
interrogatories (questions submitted in writing) 159, 373, 444
judicial notice of certain adjudicative facts 375–6
judicial review 99, 149, 160, 268, 268–9, 290
judicial supremacy 94–5, 266
juris doctor (JD) degree 20
larceny 283–4
legal imperialism 53
limited government and enumerated powers concept 267–8
magistrate judge 145
mailbox rule and contract law 275
majority opinion of appellate judges 159, 164
'minimum contacts' test 146–7, 370
Miranda rights 154, 385
misdemeanours 145, 283, 386
mistrial 387
Model Penal Code (MPC) 282
moot court competitions 21

New York Convention and the Federal Arbitration Act, conflict between 227–31
'notice pleading', and procedural law 372, 440
pierce the veil of incorporation 297
plead in the alternative, and procedural law 372, 440
political question doctrine 95
Pound Conference 436
procedural law *see* procedural law
protective orders, and discovery process 450
public access to judicial submissions 450
rational relation test 269–70
refugees and asylum seekers 290
self-executing and non-self-executing treaties 105, 303–4
Senate 92
sentence staying (delaying) 387
separation of powers concept 268
shepardizing legal status of decision 167
small claims court 146
state courts of general jurisdiction 145, 146, 148, 163, 267–8
state and federal court differences 59, 92–3, 95–6, 144–5, 268
state immunity 305, 306
strict scrutiny test 269–70
subpoenas 159, 374, 444
summary judgments 375, 380, 442, 451–60
Supreme Court 146–7, 148, 163, 164, 166, 167, 169–71, 404, 444
trial procedures 153–4, 155–6, 158–9, 374–5, 386–8
tribunals *see* tribunal decisions; tribunal submissions
unified bar 20
Uniform Commercial Code (UCC) 98, 273
United States Court of Military Appeals 146
US-style demand letter 545–6
US-style office memo 542–5
voir dire juror selection 154, 159, 387
work product doctrine 22, 60, 376, 386, 446

venue-selection provisions, and cross-border contracts 505–6
vicarious liability and tort law 279–80
victim rights 280, 388
voir dire juror selection, US 154, 159, 387

Washington and Lee ranking system, treatises and scholarly commentary 225
'wasting time' concept 18, 376
win-lose and win-win mentality, cross-cultural negotiation 495

witnesses 58, 153, 154–5
 cross-examination 23, 46, 58, 153, 155, 157, 159, 184, 377, 386
 expert 156, 374, 377, 446, 504
 party witnesses 58
 preparation, and tribunal submissions 449–50
 rebuttal 155, 159
 testimony preparation 23, 60
 see also evidence
Woolf Reforms 91, 156
work permits, England 292
work product doctrine, US 22, 60, 376, 386, 446
writs 47, 48, 371
 of habeus corpus, US 155

Índice

abogado
  bilingüe 26–9
  conducta 478–80
  ética 34–6
  formación 29–34
  profesión 10
aborto 336
abrogación 417
abuso
  posición dominante 350
  sexual 336
acceso a la profesión 29–34
acción
  colectiva 210, 350, 405
  exterior 356
  inconstitucionalidad 81, 128–9
  nulidad de juicio concluido 412
  revisión 408
  societaria 351
accionistas 348
acervo comunitario 120
acogimiento 341, 404
acta constitutiva 352
actor. Véase demandante
actos prejudiciales 410
acuerdo
  confidencialidad 480, 527–8
  contractual 422–7
  interinstitucional 132, 355
  internacional no normativo 356
  judicial. Véase transacción judicial
  protección y promoción recíproca de inversiones 422
  reparatorio 419
  social 348
acumulación
  acciones 405
  autos 405
acusación
  particular 414
  popular 197, 414
acusado 197–200, 256–60, 355, 413, 416, 470, 472, 476, 640
administrador único 352
administrador social 348
admisión
  demanda 407, 410
  pruebas 411, 420

adquisición 513
ADR. Véase alternative dispute resolution
adulterio 337
aforado 416
Agencia Nacional Española de Calidad y Acreditación 248
agencias gubernamentales 69
agresión sexual 336
alegaciones 128, 195, 200, 470–75
alegatos. Véase alegaciones
alevosía 336
alternative dispute resolution 58, 83, 155–6, 202, 382, 436–8, 467
alzamiento de bienes 336
Allanamiento
  morada 193
  procesal 196, 410, 471
amnistía 416
amonestación 335
amparo
  directo 128, 480–90
  directos transcendentales 128
  indirecto 128
análisis
  derecho comparado 13, 67, 81
  lingüístico 13
ANECA. Véase Agencia Nacional española de calidad y acreditación
anexo. Véase adjunto
ánimo de lucro 336
antecedentes de hecho 208
anuario 248
anulabilidad 326
anulación 326
apelación 184–7, 195–6, 204, 408–13, 421, 474, 481–3
apeo y deslinde 409
aplicación supletoria 350
APPI. Véase Acuerdo de Protección y Promoción Recíproca de Inversiones
aprendizaje
  idioma 13
apropiación indebida 336
Aranzadi 211, 246
arbitraje
  comercial a nivel local 469
  comercial internacional 14, 249–50, 346, 421–5, 469–70, 477, 526, 589, 640

confidencialidad 480
elección de un árbitro, 576
interrogatorio cruzado 589
inversiones 14, 421–4, 469–70, 477
laboral 201
reglas 421–5
árbitro 202, 251, 468–9, 476, 479, 530, 576–7
internacional 588
nombrado por las partes 578
único 423
áreas jurídicas específicas 316–425
arrepentimiento 335
artículos de previo pronunciamiento 416
Arts & Humanities Citation Index 248
asamblea general 352
asesinato 336
asesoría jurídica 11–12, 27–8, 418
asilo político 342–3
asistencia
internacional en materia penal 420
jurídica gratuita 199
asociados 33
atracción de delitos 418
audiencia
Véase vista
al rebelde 408
inicial 420
intermedia 420
previa 201, 214, 406, 468
Audiencia Nacional 199, 414
Audiencia Provincial 199, 414
Auto
apertura a juicio 199, 418–20
concepto 408
procesamiento 259, 413
sobreseimiento 199, 415
vinculación a proceso 420
autoevaluaciones 638
autointerpretación 126
autónomo 352
autor 260–61, 333–4, 418
autor mediato 334
autoridad
extranjería 342
legislativa 114–21
autos 474
auxiliares
justicia 193
notaría 556
auxilio judicial internacional 405, 414
ayudas públicas 350

barra
Véase colegio de abogados
barristas 32

base intercultural 513
benchers 48, 73
bien jurídico 36, 334–5
blanqueo de capitales 332, 635
bloque de constitucionalidad 123, 127, 318
BOE. Véase Boletín Oficial del Estado
Boletín Oficial del Estado (BOE) 116
buen gobierno corporativo 348
buen padre de familia 127
buena fe 196, 519, 523
bufete 31, 33
Bundesgesetzbuch (BGB). Véase código civil alemán
buscapleitos 33

caducidad 473
Cámara
Comercio Internacional 325, 423, 525–6, 576
origen 199
Diputados 15, 118–19
revisora 199
Senadores 15, 118–19
cambio de letrado. Véase venia
cambio de residencia 214
capacidad jurídica 347
capital
fundacional 351
social 351
variable 351
careo 415
carga procesal 407, 473
carrera judicial 188, 192–4
carta
acuerdo 523
crédito 525
intenciones 525, 527
requerimiento 561
cartas rogatorias 406, 412
casación 11, 192, 195, 203, 256, 408, 413, 470
caso
fortuito 326, 330, 334
práctico 15, 244
Castán 245
catálogo de derechos y deberes fundamentales 318
cateo 420
caución 475
CCF. Véase Código Civil Federal
CCI. Véase Cámara de Comercio Internacional
CEDH. Véase Convenio de Roma
cédula 26–7, 32–3, 473, 481, 556
CENDOJ. Véase Centro de Documentación Judicial
Centro de Comercio Internacional 527

Centro de Documentación Judicial 211
certificados 352
CIDH. Véase Corte Interamericana de Derechos Humanos
CIRC. Véase Clasificación Integrada de Revistas Científicas
circunstancias agravantes 334
circunstancias atenuantes 334
CISG. Véase Convención de Viena
citaciones 414–18
ciudadanía de la UE 339
civil law
   concepto 41–2, 44–5, 56–60, 66
   historia 51–6, 76
Civitas 246
Clasificación Integrada de Revistas Científicas 248
cláusula
   Véase convenio arbitral
   arbitral 250–51, 422
   de sumisión a arbitraje 526
   elección de foro 189, 346, 526
   penal 326, 523
clínicas legales. Véase prácticas
CNPP. Véase Código Nacional de Procedimientos Penales
cobro de lo indebido 322
Código
   Civil alemán 80–81
   concepto 118–19
   deontológico 35, 85, 472
   Deontológico de Consejos de la Abogacía de la Unión Europea 478, 550
   Ética Profesional de la Barra de México 479
   ético 35
   francés 77–9
   Justicia Militar 331
   napoleónico 69
colegio
   abogados 30–35
   control deontológico 35
   procuradores 30–31
collegium 192
comentarios legislativos 240–41, 246
comisarios 352
Comisión de Derecho Contractual Europeo 324
Comisión General de Codificación 243
Comisión Lando. Véase Comisión de Derecho Contractual Europeo
common law
   concepto 41–5, 56–60, 66–7, 316
   derecho local 72
   derecho real 72
   historia 46–51, 71

compensación económica 326
compensaciones 521
competencia
   funcional 190–91
   judicial internacional 188–92, 405, 414
   objetiva 190–92
   territorial 190–92
Compilación de Justiniano 76, 322
cómplice 334, 415
comprensión lineal del tiempo 29
comunicaciones
   externas 554–7
   internas 551–4
Comunidad Autónoma 115–16, 133–5, 560
concentración económica 350
conceptos engañosos. Véase falsos amigos
conciliación 201, 411, 422, 467–8, 530
concurso
   acreedores 352
   delitos 355
   oposición 193, 198
condenado 355
Conferencia de La Haya 130, 246
confesión 195, 410–11, 416, 471
   dicta 410
conflicto
   competencias 188
   intereses 424, 581
conformidad del acusado 199, 415
Congreso de la Unión 15, 118–19, 124, 135, 201, 322, 350, 355, 409, 417, 550
Congreso de los Diputados 15, 116–18, 187, 194, 416
consejo de administración 352
Consejo de la Judicatura Federal 187–8, 211
Consejo de los Hombres Buenos de Murcia 193
Consejo General del Poder Judicial 187, 194, 211
consejo legal 466, 556
conspiración 334
Constitución
   de 1812 256
   de 1857 115, 320
   de 1917 114–15, 320
   española 114–37, 187, 194, 202, 243, 317–20
   Mexicana 114–32, 197, 201, 204, 320–22, 342
   sociedades 137, 347
consulado 191, 337
consumación 334
consumidores y usuarios 138, 210–11, 324, 405
contestación a la demanda 196, 410, 471–2
contexto
   contexto de comunicación alto 514

contexto de comunicación bajo 514
cultural y social 11
contra legem 129, 203
contrademanda. Véase reconvención
contraexamen 200
contraprestación 325, 521
contratos
   adhesión 138–40, 326
control de constitucionalidad 127
controversia constitucional 128
contumacia. Véase rebeldía
Convención
   Americana de Derechos Humanos 207
   CNUDMI sobre el reconocimiento y la ejecución de las sentencias arbitrajes extranjeras 424
   formal 476–7, 549–51
   Ginebra de 1951 340
   Interamericana sobre arbitraje comercial internacional 424
   Naciones Unidas sobre las inmunidades jurisdiccionales de los Estados y de sus bienes 357
   Nueva York 24954, 424, 571
   Panamá. Véase Convención Interamericana sobre arbitraje comercial internacional
   Prerrogativas e Inmunidades de Naciones Unidas 357
   Viena 325–6
   Viena relaciones consulares 357
   Viena relaciones diplomáticas 357
   Viena derecho de los tratados 131, 356–7
Convenio
   arbitral 480, 526, 571
   Estados. Véase Convenio de Washington de 1965
   Europeo sobre arbitraje comercial internacional. Véase Convenio de Ginebra
   Ginebra 425
   Roma 194, 323–4
   Arreglo de diferencias relativas a inversiones entre Estados y nacionales de otros Estados. Véase Washington 425
cooperación
   judicial internacional 196
   procesal internacional 412
cooperador
   necesario 334
   no necesario 334
correspondencia 415, 549
corrupción 322, 332, 336
Corte
   Véase tribunal

Interamericana de Derechos Humanos 188, 194, 207, 212, 321
Internacional de Justicia 195, 244
Penal Internacional 194
cosa juzgada 195–6, 201, 210, 412, 416, 474
costas procesales 404, 415
costumbre 68, 77, 113, 121–2, 214, 329. Véase fuentes del derecho
   indígenas 76
   internacional 129, 356, 358
   local 85
   sociales 75
   y usos mercantiles 350
CPEUM. Véase Constitución política de los Estados Mexicanos
cross-examination 23, 46, 58, 83, 153, 155, 157, 159, 184, 377, 386
CSIC. Véase Consejo Superior de Investigaciones Científicas
cuasicontratos 322
Cuestión
   estilo 476–8
   inconstitucionalidad 127. Véase recurso de inconstitucionalidad
culpa
   concepto 257, 322, 327, 329–30, 334, 486
   in contrahendo 325
culpable 190, 258–9, 333–5, 415–6, 484
cultura
   jerárquica o igualitaria 515
   individualista 515
   colectivista 515
cumplimiento
   defectuoso 326
   en sus propios términos 326
   específico 326
curador 404
cursos 196
choice of law provision. Véase derecho aplicable

daño
   emergente 326
   indemnizable 330
   moral 330, 483–90
   patrimonial 330
   punitivos 330
   reparable 330
de oficio 84, 140, 197–9, 259, 326, 405, 407, 415, 473–6
Decisión
   exclusión 352
   judicial 74, 186–211
declaración 195, 198, 200, 260, 324, 404–15, 480

Declaración de Bolonia 30, 244
declinatoria de jurisdicción 416
decomiso 355
Decreto Ley 116
Defensor del Pueblo 319
defensor público 199
deliberación 260, 420
delito
    contra la propiedad intelectual o industrial 332
    flagrante 414
    lesiones 334, 336
    leve 414
    medioambiental 332
    orden común 332
    orden federal 332
    privados 197, 415
    racismo y xenofobia 332
demanda
    concepto 190, 196, 209, 254–5, 259, 357, 406–10, 466–9, 472–6,
    amparo 480–91
demandado 85, 189–90, 196, 209, 405, 407–8, 410, 422–3, 470–75
demandante 73, 190, 196, 347, 405, 410, 422–3, 470–73
denominación social 351
denuncia 198, 415, 419, 470
Derecho
    administrativo 69, 245
    anglosajón. Véase common law
    aplicable 346, 418, 519, 522–6, 571, 576, 611, 619–20
    asociación 319
    caso 'case law' 67
    civil foral o especial 119, 134, 245, 323, 328
    comparado 13, 65–87
    constitucional
        concepto 317–18
        en España 318–20
        en México 320–22
    derivado 120, 131
    educación 319
    extranjería
        concepto 134, 337–8
        en España 338–42
        en México 342–5
    honor a la intimidad y a la propia imagen 127, 318
    humano 128, 131, 207, 211–13, 337, 345, 358, 482–91
    individuales homogéneos 210, 405
    internacional privado 344, 346, 412, 607, 611
    internacional público 132, 189, 353–8

    juez ordinario predeterminado por la ley 319
    libertad y a la seguridad 318
    migración 118, 337
    obligaciones y contratos 317, 322–30
    originario. Véase Unión Europea
    participación política 319
    penal 10, 35, 70, 84, 119, 121, 197, 243, 245, 331–7, 479
    petición 319
    primario 120. Véase Unión Europea
    probatorio 403
    procesal 259–425
    procesal civil 403–12
    procesal penal 413–21
    recurso 319
    reunión pacífica y derecho de manifestación 319
    romano 64, 68, 76–81, 190, 336, 406
    sociales 320
    societario y de la competencia 345–53
    subjetivo 319
    tutela judicial efectiva 319
    vida y a la integridad física 318
desahogo de pruebas 200, 411
desechamiento 410
destinatario 556–7
detención
    concepto 198, 414–15, 419
    ilegal 336, 420
detenido 198–9, 416, 419
deudor 2545, 326, 522
Dialnet 249
Diario Oficial de la Federación 118, 139
diccionario jurídico 10, 13, 245–6
dictamen
    jurídico 15, 407, 557–60, 633
    pericial 407, 411, 420, 476
    testimonial 411
diferencias culturales 28–9
dignidad de la persona 320
diligencia
    notificación 473
    investigación 81–3, 198, 256–61, 413–18, 518, 610
    preliminar 81, 195–6, 406, 415, 475
    previas 414, 474
    probatoria 411
Directiva 120–21
discriminación
    concepto 318, 339
    inversa 340
    racial 345
dispensa 522
dispersión legislativa 417

División
  poderes 115, 117, 203, 321
  territorial 318, 634
doctrina
  legal 203, 208–9, 242, 477
  levantamiento del velo social 208, 348
  fuente formal
  directa 202
  indirecta 243
documento
  modelo 480, 557
  privado 407, 474
  público 11, 125, 189, 407–8, 411, 474
DOF. Véase Diario Oficial de la Federación
dolo
  concepto 258–9, 322, 326–7, 334
  eventual 334
dualismo 129, 354

editorial 211, 246–8
EEES. Véase Espacio Europeo de Educación Superior
eficacia directa 120, 129, 354–5
egresado 33
ejecución
  dineraria 408
  en sus propios términos 319, 408
  forzosa 405, 408, 412
  in natura 73, 319, 408
  no dineraria 408
  por subrogación 326
  provisional 196
  disputa arbitral 567
El Derecho 211
embajada 191, 337
embargo 415
emigrantes 342
emisor 525, 554, 557
emplazamiento 196, 410, 414
emprendedor 342, 349
empresa
  concepto 27, 35, 80, 489, 515–16, 524, 527–30, 559–60, 568–602
  filial 66, 347
  matriz 347
encausado 413
enciclopedia 245–6
encubridor 415
enfoque teleológico 518
enjuiciamiento 119, 130, 191, 195–8
enriquecimiento sin causa 322
equidad 68, 72–3, 185, 243
ERIH PLUS. Véase European Reference Index for the Humanities and Social Sciences

error
  concepto 326
  de principiante 14
  jurídico 15
  en el tipo 334
  sobre la, o de, prohibición 334
esclavitud 336
escrito
  de acusación 200, 420, 470
  de calificación 415
  de defensa 415, 472
  judicial 466, 469–476, 478, 512
escritura
  de aceptación y adjudicación de herencia 618–20
  de compraventa 605, 623, 634–7
  pública 561, 617, 623–4, 633
escuela
  Histórica del Derecho 80
  Judicial 192
Espacio
  Económico Europeo 31, 339
  Europeo de Educación Superior 30, 244
  judicial europeo 405
estaciones migratorias 345
Estado
  Autonomías 318
  federal 12, 114, 187
  necesidad 330, 334
  social y democrático de Derecho 318
estafa 336
estancia
  de extranjeros 341
  de visitante 343,
Estatuto de Refugiados 340
Estatuto
  Autonomía 117, 123, 133, 318–19
  sociedad 348
estructura judicial 186–95
etapa
  impugnativa 195
  investigación 418–20
ética profesional 13, 34–6, 84–6, 472, 479, 513, 550–51
euroorden 414
European Reference Index for the Humanities and Social Sciences 248
eutanasia 336
excepción
  material 471
  procesal 410, 416, 471, 583
  sustancial 410
excusa 410
exequátur 404, 412
exhibicionismo 336

exhorto 405, 412, 414, 418
eximentes del delito 334
explotación de niños y pornografía infantil 332
expulsado 342
extorsión 336
extradición 131, 414, 421
extranjeros 316, 318, 320, 337–45

FAA. Véase Federal Arbitration Act
factor de impacto 248
falsos amigos 15
fallo 192, 207–9, 257, 260, 420
fase
    conclusiones 195
    declarativa 196
    ejecutiva 196
    enjuiciamiento 198, 413–14
    instrucción 198, 413, 640
    probatoria 411
    pruebas 195
fe pública
    notarial 11, 193, 474, 555. Véase Notario
    judicial 474
feminicidio 336
fianza 415
Fiscal. Véase Ministerio Público
Fiscal General del Estado 198
Fiscalía General del Estado 30
formación jurídica 27–34
fórmulas hechas 550
foro
    especial por razón de la materia 189
    exclusivo 189
    general 189
    protección 189
Fraga y Mantilla 245
franquicia 513
Friedrich Carl von Savigny 80
fuente
    delegada 121
    derecho 67, 113–16, 121, 203–7, 242
    histórica 115
    supletoria 121
Fuero
    Federal 332, 419–20
    común 419–20
fuerza mayor 116, 326, 477, 523, 583
fundamentos de derecho 208–9, 470–71
fusión de sociedades 513

Gabino Fraga 245
garantías
    individuales 115, 183, 320, 490
    sociales 114–15
    procesales 185, 320

Gayo 76–7
gestión colectiva de contrataciones en origen 341
gestión de negocios ajenos 322
Globalización 9, 337, 467
grado de desarrollo del delito 334

habeas corpus 198, 204, 319, 415
Hans Kelsen 114, 122 122, 127, 245, 245
hechos 34, 75, 82, 136, 190, 195, 197–8, 200, 208–9, 257, 261, 322, 335, 407–8, 410–11, 420, 467, 470–72, 478–80, 485, 522, 554, 557–8, 641
herederos ab intestato 404
hoja
    de encargo profesional 554, 557, 562–3
    ficha asunto 554
homicidio 193, 336
    imprudente 334
homologación
    de exhorto 418
    de sentencia 344
    de título 32
hurto 336, 446

iguala 553, 562–3, 644
igualdad 79, 133, 196, 257, 259, 260, 261, 318–19, 320, 349, 411, 417–18, 484
ilícito
    a distancia 328
    acto 80, 327–9
    civil 328
    penal 414
    tráfico 190
    transfronterizo 328
Immigration and Nationality Act 343
impedimentos 410
impulso de oficio 84, 641
imputabilidad 334
imputación 198, 329, 333, 419,
imputado 198–9, 413, 415–16, 418–20 Véase investigado
inadmisión a trámite 472
Incoterms 325, 346, 526
incumplimiento 73, 138, 200, 255, 326–7, 521, 561, 583
indemnización de daños y perjuicios 68, 73, 207, 326, 328, 430, 483, 490, 521, 523, 561, 583–4, 589
inductor 334
indulto. Véase amnistía
industria maquiladora 353
infanticidio 336
informe jurídico 524
infracción procesal 203, 408

inmigrante 337, 340–44
inmunidad
  de bienes estatales 358
  de ejecución 189, 358
  de estados 357, 422
  de jurisdicción 189, 357–8
  de personas 357
Inns of Court 73–4
In-RECJ 248
In-RECS 248
insolvencia 189, 348, 352
insolvencia punible 336
inspección
  judicial 411
  ocular 259
instancia 214, 555. Véase documento
  de parte 468, 473, 641
    procesal 85. 128, 187–8, 192–3, 195–6, 208,
      210, 251, 255–8, 411–12, 408, 467, 485,
      487–8, 490, 640
instituciones arbitrales 422–3, 425, 470
Instituto
  Defensoría Pública 199
  Max Planck 246
  Nacional de Migración 343
instrucción del proceso 81, 198, 256–60,
  413–15, 640
interés del menor 213
interés público 332, 352
intereses colectivos 350, 405, 475
interpretación
  auténtica 125–6
  autónoma 126, 129
  comparativa 129
  contra legem 183
  de contratos y documentos 517–8, 520, 522,
    523, 525, 622
  de decisiones judiciales 184, 186, 207, 209,
    246, 330, 348, 403
  de fuentes 14
  de textos legales y normas 14, 70, 77, 81,
    112, 114, 122, 125–9, 139, 185, 194,
    202–5, 208–9, 212, 243, 250–52, 335,
    354, 357, 406, 416, 475, 485, 559, 640
  divergente 126
  genética 129
  gramatical 129
  histórica 129
  lógica 129
  secundum legem 129
  sistemática 129
  teleológica 129
interrogatorio
  cruzado 71, 83, 407, 589
  de parte 36, 195, 200, 407

oral 185
  de testigos 185, 407, 416
intervención provocada 405
inversión 14, 341, 342, 346, 349, 402, 421–5,
  513
investigación
  académica 341, 343
  complementaria 198, 419
  de delito 413, 415
  en el proceso penal 470, 472
  inicial 81–3, 418–19
  Juez Instructor 259
  Ministerio Fiscal 199
  preliminar 84, 129
investigado 413
inviolabilidad de domicilio 318
ISI Web of Knowledge 248
ITC. Véase Centro de Comercio Internacional
iter criminis. Véase grado de desarrollo del
  delito
iura novit curia 411
iuris dictio. Véase jurisdicción
ius
  commune 65, 68, 77
  puniendi 331

jerga 552
joint venture 513, 516
Journal Citation Report 248
Juez
  cargo vitalicio 192
  de civil law 36, 68, 84, 105, 127, 185, 192,
    197, 241, 258, 407–8, 410–11, 468–9,
    474, 476, 478–9
  de common law 241, 578
  de control 417–19
  de distrito 193
  de garantía 199
  de paz 193
  de primera instancia 257
  imparcial 81
  instructor 84, 259–60, 640
  ordinario predeterminado por la ley 319
  penal 413
  profesional 193
  reglas 68, 70
  único 82
  y parte 197
juicio. Véase proceso judicial
  civil 30, 36, 65, 122, 291–2, 347, 405, 410,
    470, 476, 552
  cambiario 408
  con jurado 66
  concluido 412
  criminal 415

de amparo 128, 187, 196, 204, 320, 321
de common law 82-3
de delitos leves 414
de garantías 488
de hecho 85, 193, 195
de derecho 85, 195
declarativo 406
ejecutivo 412
especial 412
especial en el ámbito civil 410
oral 30, 198-9, 200, 255, 258-60, 261 413, 415-17, 470, 640
ordinario 127, 196, 406
ordinario civil 201, 410-11, 481-2, 488
penal 417-20
previo 418
público 255, 261
simulación de 73
verbal 406
Jurado
   Federal de Ciudadanos 187, 193
   puro 193
   tribunal del 187, 193, 199, 413
jurados 84, 193, 200
juramento 36, 200
jurisdicción
   acuerdos arbitrales 583
   angloparlante 11, 241, 522
   contenciosa 404, 409-10
   contencioso-administrativa 30
   de origen 66
   especial 127, 187
   española 190
   estatal 122
   extranjera 9, 34, 423
   federal 135
   hispanoparlante 12, 241, 245, 402-3, 466, 470, 473, 476, 480, 549, 551, 554
   ordinaria 187, 194, 317, 319
   penal 414
   social 191
   universal 194
   voluntaria 201, 344, 404, 409, 468
jurisprudencia 66, 70, 73, 78, 113-4, 120, 126, 184-6, 194, 202-14, 240-47, 251, 255-6, 325-7, 329-30, 338-9, 350, 403-4, 477-8, 519, 520
justiciables 403
juzgado
   central de instrucción 414
   de arrendamiento inmobiliario 188
   de distrito 128, 187, 205, 211
   de instrucción 198
   de justicia para adolescentes 188, 468
   de paz 188, 193

de primera instancia 490
Central de lo Penal 199, 414
familiar 188
local 188
penal 188, 192, 199, 414

La Bestia 345
La Ley 249
Lacruz 245, 249
Latindex 249
latinismo 550
laudo
   arbitral 250, 412, 421, 424, 425
   internacional 211
   laboral 243
   pronunciado 423
LEC. Véase Ley de enjuiciamiento civil
LECRIM. Véase Ley de enjuiciamiento criminal
legalidad
   procesal 403-4, 413
legislación
   aplicada 81
   autonómica 404
   civil 486
   civil law 67, 70, 71, 74, 78, 114, 116, 122, 123, 134, 202, 247, 258, 328, 348, 358
   complementaria 80
   de desarrollo 130, 194
   de incorporación o implementación 354, 357
   federal 118, 131
   infra-nacional 118
   laboral 560
   migratoria 344
   nacional 79, 249
   penal 321, 335
   positiva 261
   procesal 404, 411
   relevante 338
   supra-nacional 118
   única 333, 417
   vigente 80, 256, 636
legislador 67, 78, 80, 121, 124-6, 128, 130, 202, 207, 319, 324, 333-4, 351, 403, 406, 417, 559
legítima defensa 330, 334
legitimación procesal 201, 405
lesa humanidad 194
lesión
   de derechos 484
   imprudente 334
levantamiento del velo. Véase doctrina de levantamiento del velo
lex loci delicti 327

ley
  contradictoria 417
  de concursos mercantiles 352
  de cooperación jurídica internacional 404–5
  de enjuiciamiento civil 119, 130, 191, 203, 404, 467
  de enjuiciamiento criminal 32, 119, 255, 413, 640
  de migración 118, 342–4
  de nacionalidad 342
  de refugiados, protección complementaria y asilo político 342
  del estado de Nueva York 521
  Federal de Competencia Económica 210, 353
  federal del impuesto sobre la renta 343
  fundamental 81
  general 32
  general de población 342–3
  General de Sociedades Mercantiles 351
  Modelo de la CNUDMI 424
  ordinaria 114, 116, 118, 183
  orgánica 118, 318–19, 338, 413, 518
  Orgánica del Poder Judicial 34, 187–8, 255,
  Orgánica sobre derechos y libertades de los extranjeros 422, 338
  penal especial 332
  reglamentaria 142
  Suprema de toda la Unión 124, 131, 322, 355
LGSM. Véase Ley General de Sociedades Mercantiles
libertad
  de asociación 350
  de circulación y residencia 318
  de competencia 350
  de desarrollo de la personalidad 320
  de establecimiento 347–8
  de expresión e información 319
  de movimientos 336
  de sindicación 319
  de valoración de la prueba 36, 71
  fundamental 127
  ideológica religiosa y de culto 318
  provisional 415
  pública 127, 318
  sexual 355–6
libro homenaje 246
licenciatura en Derecho 27, 30, 33
litisconsorcio 405
LM. Véase Ley de Migración
localizar, interpretar y aplicar textos doctrinales 242, 244
LOEX. Véase Ley Orgánica sobre derechos y libertades de extranjeros

LOPJ. Véase Ley Orgánica del Poder Judicial
Lord Chancellor 72
lucro cesante 326
lugar de ejercicio profesional 31

magistrado 187–8, 192, 194, 206, 208, 255–6, 260–61, 416
make. Véase motion
manual 77, 241, 244, 246
Manuel Broseta 245
med-arb 438, 469
mediación 83, 201, 422, 467–9. Véase ADR
medidas cautelares 126, 195–6, 405, 419, 420, 425
medios de prueba 195, 200, 403, 407, 411, 418, 420, 471, 473
memorandos de entendimiento 356
memorándum, 553, 557
MENA. Véase menor no acompañado
menor
  de edad 77, 214, 333, 409
  infractor 331, 333
  no acompañado 341
método
  de common law. Véase common law
  socrático 30
miedo insuperable 334
Ministerio Fiscal. Véase Ministerio Público
Ministerio Público 197–200, 258, 260, 418–20, 470, 472, 476
minuta de honorarios 35, 554, 563
moción. Véase motion
modos de notificación 473
monarquía parlamentaria 114, 318
monismo 129–30, 354
monografía 241, 246–7
motion 83
motivación judicial 209
MOU. Véase memorandos de entendimiento
move. Véase motion
municipio 114, 117, 132, 193
mutua 347, 352

nacionalidad 115, 134–5, 190, 320, 338, 342, 517, 636, 639
nacionalidad histórica 119
Naciones Unidas 195, 333, 345, 354, 357, 424, 527
NAFTA. Véase Tratado de Libre Comercio de América del Norte
naturalización 135, 342
negación
  de derecho 410
  de hechos 410

negligencia 327, 329–30
negociación. Véase ADR
  concepto 193, 422, 468
  bilingüe 513
  colectiva 319
  contenciosa 514
  contractual 602
  cooperativa 514
  intercultural 513
  pre-contractual 519
  prohibida 193
  suma cero 514
niño ancla 344
no oral modification clause – NOM 522
NOM. Véase no oral modification clause
norma
  aplicable 122
  arbitral 425
  constitucional 201–2
  consuetudinaria 356
  cultural 26, 515
  de administración 530
  de competencia 350
  de competencia judicial internacional 192
  de competencia territorial 190–91
  de conducta 329
  de conflicto 324, 328, 346, 609, 617
  de Derecho Internacional Público 189
  de la Unión Europea 189
  de derecho foral 134, 323
  de extranjería 327
  de responsabilidad profesional 85
  deontológica 27, 34–6, 479, 555, 557
  escrita 328
  especial 337
  estatal 243
  federal 342
  fundamental 339
  general 128, 356
  imperativa o prohibitiva 138, 326, 515
  impugnada 128
  interna 136
  internacional 252, 341
  institucional 133
  jurídica 6, 65–6, 116, 124, 184, 204, 209
  legal 403
  material imperativa del foro 523
  nacional 125
  no escrita 476
  oficial 138–40
  penal 335
  procesal 81, 413, 478
  profesional 26
  sobre derechos humanos 212
  sustantiva 324, 321

Notario 9, 11, 210, 247, 409–10, 474, 555–6, 602, 617–20, 624, 626, 634–7
nota de jurisprudencia 241, 246
nota interna 553–4
notificación 136–7, 196, 405, 414, 418, 472
  por conducto notarial 644
  por conducto directo 473
  por correo certificado 473
  por estrados 473
  por edictos 472
nulidad
  procesal 408
  radical 326
  relativa. Véase anulabilidad
nulla poena sine lege 331
número
  de cédula profesional 556
  de colegiado 556

obediencia debida 334
obiter dicta 166, 209
objeción de conciencia 136, 319
objeto del proceso 190, 195, 470–71
obligación
  contractual 327
  de dar, hacer o no hacer 408
  de informar 83, 419
  de investigar 489
  de respeto 478
  de reparar el daño 322
  extracontractual 327–30
  intermedia 524
  internacional 480
  libremente asumida 327
Oferta
  Concepto 251, 325, 422, 424, 488, 524
  de trabajo 341, 486
oficial de justicia 473, 479
Oficina
  Europea de Apoyo al Asilo 341
  judicial 193, 473
  registral 409
ofrecimiento de pruebas 411
OMI. Véase Organización Marítima Internacional
ONGs 345
oposición 192–3, 198, 423, 471, 474, 491
Organización
  De Estados Americanos 406, 424
  Internacional del Trabajo 353
  internacional 132, 333, 339, 345, 353, 356, 358
  Marítima Internacional 329
  profesional 29–34
órgano

ad hoc 317
constitucional 127
de administración y representación 348, 520
de casación 192
de composición mixta 127
de dirección 247
de gobierno o gubernamental 118, 132
ejecutivo 136
federal 187
jurisdiccional colegiado. Véase audiencia/tribunal
jurisdiccional unipersonal. Véase juzgado
legislativo 118, 123
social 352
otrosí digo 476, 550

país hispanoparlante 11, 27, 31, 83, 317, 336, 345, 403
pandectística 80
Parlamento español 115, 118–19, 413
parricidio 336
parte
contractual 326, 523
contraria 29, 406, 472, 475–6, 478–9
dogmática 115, 320
orgánica 115, 320
social 351
partícipe 334, 418
pasante 26–7, 33
pederastia 336
pena
de muerte 355
pecuniarias 355
privativa de libertad 190, 335, 414
restrictiva de libertad. Véase privativa de libertad
percepción del tiempo 29
perdurabilidad 523
peritos 200, 407–8, 416, 490, 552, 554, 557
perjudicado 197, 327, 330, 414, 475
personal de alta dirección 348
persona jurídica 333, 347–8, 420
perspectiva
geográfica 12
monocrónica 29
policrónica 29
Pirámide normativa 114, 122–4, 130
plazo
de prescripción 140, 330, 416, 477
improrrogables 477
procesal 473, 476–7, 589,
pleno 27, 128, 139, 179, 188, 204–6, 208, 212–13, 403, 468
plenos poderes 131
pluralidad de partes 405, 526

procurador 27, 30–31, 197–8, 472–3, 490, 553
representación en juicio 30
poder
ejecutivo 30, 118, 120, 206
judicial 14, 115, 117, 120, 186–8, 194, 204, 211, 255, 404, 409
legislativo 78, 113–15, 117–18, 120, 321
política
de controles en las fronteras asilo e inmigración 340
de fronteras abiertas 337
de inmigración 344
migratoria 337–8
ponente 192, 208, 210, 254, 485
Porrúa 246
Potestad
jurisdiccional 186–8, 467
legislativa 115
soberana 422
práctica
medios de prueba 411
prueba 81, 200, 407, 416
prácticas
concepto 11, 12, 30, 33
jurídicas 15
praeter legem 129, 203
precedente 65, 68, 74–5, 78, 125, 185, 204, 206–9, 213, 240, 243, 246, 321, 488. Véase Common law
precontrato. Véase promesa de contrato
premeditación 336
preparación
de juicio 259, 260–61, 420
de testigo 479
prescripción. Véase plazo de prescripción
presunción de inocencia 355, 417–18
presupuestos y excepciones procesales 416–17
pre-trial procedure 81
prevención 115, 322, 329, 410, 517
del blanqueo de capitales 635
principio
de competencia 123–4
generales del derecho. Véase fuentes del derecho
de impulso procesal de oficio 473, 491
de irretroactividad penal 331
de legalidad 116, 198, 201, 331, 403–4, 413
de necesidad 124
de oralidad 84, 200, 403
de prevalencia 123
de proporcionalidad 124
de soberanía popular 318
de subsidiaridad 124
de supletoriedad 123

prisión provisional 415
privación ilegal de la libertad 336
procedimiento
   abreviado 414, 419
   civil 120
   complementario 130
   de conciliación 201
   de insolvencia 189
   de liquidación 348
   de reconocimiento y ejecución de sentencias extranjeras 188, 404
   de reforma 115
   de trabajo 29
   especial 258
   inquisitivo 259-60
   laboral 30
   penal o criminal 120, 256
   pre-judicial 81
   parlamentario 118
   preparatorio o preliminar 82
   privado 83
proceso
   acusatorio y oral 185
   adversarial 84
   ciego de revisión por pares 248
   ejecución 196, 358, 408
   inquisitorial 84
   judicial 66, 83-5, 136-7, 185, 468-70, 477, 513, 557
   jurisdiccional 81-4, 86, 185-6, 195-202
   monitorio 408-9
procurador
   concepto 27, 30-1,197, 199, 208, 472-3, 409, 553
   General de la República 198
Procuraduría General de la República 30, 197, 343
profesión legal 27, 29, 33, 74
promesa de contrato 326
proposición 334, 407
protección subsidiaria 393, 341
protesto lo necesario 196, 490
providencia 126, 408
privilegios legales 86-7, 129
Provincia 114, 132, 192, 199, 490
provocación para delinquir 334
prueba
   anticipada 475-6
   cargo 335
   documental 82, 195, 403, 407, 411, 474
   indiciarias 355
   procesal 473
   tasada o legal 474
publicidad de abogados 36
pueblos indígenas 122

queja 412
quejoso 128, 481
querella 198, 415, 419, 470

ratio decidendi 209
razonamiento
   deductivo 73
   inductivo 73
Realidad pluriétnica 122
rebeldía 196, 410
reconocimiento de títulos 244
reconocimiento y ejecución de resoluciones judiciales 188, 404
reconvención 196, 410, 471-2
recurso
   de amparo 127, 135-7,129, 176-7, 319
   de casación 195, 208,234, 319, 404, 470
   de inconstitucionalidad 184, 127
   de reposición 196, 279, 408
   devolutivo 195
   extraordinario 195, 203
   ordinario 195
recusación de árbitros 580
Red de revistas científicas de América Latina y el Caribe España y Portugal 249
Red Europea de Migración 341
Redalyc. Véase Red de revistas científicas de América Latina y el Caribe España y Portugal
referéndum 318
refugiado 337, 340-42
registrador 210, 556, 617
Registro Mercantil 348-9
Reglamento
   1/2003 350
   524/2013 467
   650/2012 608
   de arbitraje de la CCI 582
   de la Ley de Migración 342
   de la Unión Europea 196, 405
   disciplinario 36
   provisional 256
   Roma I 324
   Roma II 328
reglas
   arbitrales 423, 425
   complementarias 423
   culturales 28, 514
   y usos uniformes para créditos documentarios 325, 346, 525
relación causa-efecto 329
relación de causalidad. Véase relación causa-efecto
relación laboral 29, 560
remedio procesal 72

reparación in natura 330
repertorio de jurisprudencia 211
representación jurídica intercultural 28
requerimiento 34, 557
residencia
  habitual 605
  legal 339–41
  permanente 344
  temporal 341
resolución alternativa de conflictos. Véase ADR
resoluciones interlocutorias 408
respeto 260, 320, 418, 478, 552
responsabilidad
  aquiliana. Véase responsabilidad extracontractual
  civil 74, 140–41, 322, 329, 335, 357, 414, 475
  civil subsidiaria 414
  contractual 322
  extracontractual 322
  indirecta. Véase responsabilidad hecho ajeno
  medioambiental 328
  objetiva 329–30
  patrimonial del Estado 121, 321, 207, 322
  por hecho ajeno 330
  por riesgo. Véase responsabilidad objetiva
  por productos defectuosos 328
  servidores públicos 321
responsable del daño 328
restablecimiento de la situación anterior 330, 489
revistas jurídicas 247–9
RJ. Véase Repertorio de Jurisprudencia
Roberto L Mantilla Molina 245
robo 336, 414
rol de las decisiones judiciales 186, 202–7
rules of evidence 84
ruptura de contrato 326

salas 187–8, 191–2, 205–6, 208
salidas alternas. Véase soluciones alternas
sanción 35, 119, 192, 194, 203, 208, 321, 331, 333, 335–6, 350, 472, 488–9, 529, 531
Scielo-Scientific Electronic Library online 249
SCImago Journal & Country Rank 248
SCJN. Véase Suprema Corte de Justicia de la Nación y Suprema Corte de la Nación
Scopus 248
SECA. Véase Sistema Europeo Común de Asilo
Secretaría
  de Gobernación 120, 343
  de Relaciones Exteriores 131, 343
  de Salud 343
  de Turismo 343
secretario judicial 126, 193, 474
secreto comunicaciones
  abogado y empresa 35
secreto profesional 34–6
secuestro 336, 345
sede del arbitraje 423, 576–7
seguro
  de enfermedad 339
  de responsabilidad civil 329, 475
Seix Barral 246
Semanario Judicial de la Federación 124, 205–6, 254,
Senado
  de la República 119, 193, 198, 355
  español 15, 118, 124, 128, 132, 134, 187, 194, 322, 355
sentencia
  absolutoria 85, 200
  apelada o impugnada 195, 403
  arbitral 249
  condenatoria 200, 412
  de segunda instancia 196
  definitiva 122, 482
  extranjera 188, 412
  firme 194, 261
  oral 209
sentenciado 421
severability clause 502, 522
sistema
  de arbitraje de consumo 468
  de derecho continental. Véase civil law
  de libre valoración razonada de las pruebas 411
  Europeo Común de Asilo 340
  jurisdiccionales 186
  mixto 202, 417
  monista 191, 354, 415
situación de irregularidad 341
Social Sciences Citation Index 248
sociedad
  anónima 347–8, 351–2
  comandita por acciones 351–2
  cooperativa 347–8, 351–2
  de capital 119, 347–98
  de nombre colectivo 351
  de responsabilidad limitada 347, 351–2
  de solidaridad social 352
  mercantiles propietarias de tierras agrícolas ganaderas o forestales 352
  monocrónicas 29, 514
  nacional de crédito 352
  personalistas 347
  policrónicas 29, 514

socio
   comanditado 351–2
soluciones alternas 419
specific performance. Véase ejecución in natura
SSRN. Véase Social Sciences Research Network
stare decisis 74
sucursal 347–8
suicidio 336
sumario. Véase instrucción del proceso
sumisión
   expresa 189, 346, 526
   tácita 189, 641
suplicatorio 414
suplico 476, 491
Suprema Corte de Justicia de la Nación 124, 128, 187, 206, 211, 213, 255, 483–4, 486, 489
supuesto de hecho 188, 521, 527, 567–8, 603–4
suspensión condicional del proceso 419
sustracción de menores 336

tácticas de negociación 515
tachas 408
TBI. Véase Tratado Bilateral de Inversiones
técnica memorística 30
TEDH. Véase Tribunal Europeo de Derechos Humanos
tentativa 334
tercero 140, 336, 479
   contratante 349
   neutral 422, 468
   imparcial 196–7, 404, 467
   independiente 196–7
   interesado 481
términos clave 15, 64
terrorismo 332, 414, 635
tesis 33, 204–6, 212–13, 246–7, 261, 477
testigo 35–6, 82–6, 185, 200, 256–7, 260–61, 407–8, 410, 415–16, 473, 479–80, 554, 589, 601
testimonio 82, 85, 200, 260, 407, 413, 416, 476, 479, 555, 589
tipicidad 121, 334
tipo penal 334
tipos
   de culturas 28
   de escritos judiciales 469
Tirant lo Blanch 211
TJUE. Véase Tribunal de Justicia de la Unión Europea Véase Tribunal de Justicia de la Unión Europea
TLCAN. Véase Tratado de Libre Comercio de América del Norte

trabajo infantil 353
tradición
   jurídica 12–14, 28, 64, 66, 67, 69, 76, 185, 207, 402, 569
   legal 15, 82
traducción
   directa 9
   incorrecta 245
   jurídica 9, 11, 13, 245, 249
   literal 11
traductor-intérprete jurado 406
tráfico
   de menores 336
   de personas 336
transacción
   comercial 345, 422, 748–66
   judicial 126, 201, 408, 468
   jurídica 603
transferencia bancaria 526
transposición 121, 201
trastorno mental transitorio 334
trata de personas 332
Tratado
   Bilateral de Inversiones 422
   constitutivo de la Unión Europea 120, 123
   de Libre Comercio de América del Norte 353
   de Lisboa 131
   internacional 114, 125, 129–31, 187, 189, 207, 211–13, 318, 321, 350, 355–7, 425, 482–3, 485, 489, 639
   multilateral 192
Tribunal
   arbitral 423, 425, 478, 525, 577, 589
   colegiado de circuito 187, 205, 485
   Constitucional 123, 127–8, 136, 194, 203–4, 208, 318–19
   consuetudinario 187, 193
   de alzada 419
   de cuentas 187, 280
   de enjuiciamiento 419–20
   de Justicia de la Unión Europea 126, 130, 166, 184, 187, 203, 280, 318, 355, 477
   de la Función Pública 194, 280
   de las Aguas de Valencia 193
   del jurado 187, 193, 199
   electoral 187–8
   Europeo de Derechos Humanos 187, 194
   Federal de Justicia Fiscal 206, 264, 280
   General 194, 280
   militar 187, 192, 205
   Superior de Justicia 34, 188, 193, 416, 481–2, 607–8

Supremo 187, 190, 192, 194–5, 203, 208, 214, 256, 317, 345, 403, 416, 470, 559
  unitario 187
tutela judicial efectiva. Véase derecho a la tutela judicial efectiva
tutores 404, 409

UCP. Véase Reglas y usos uniformes para créditos documentarios
UE. Véase Unión Europea
UNAM. Véase Universidad Nacional Autónoma de México
UNCITRAL 250–53
unificación legislativa 409
Unión Europea 30–31, 34–6, 72, 86–7, 113–14, 120–21,123–6, 130–31, 189, 192, 194, 318, 323–4, 328, 331–3, 477, 349–50, 355–6, 404–5, 414, 416, 468, 477–8, 601, 605, 622
Universidad de La Rioja 249
Universidad Nacional Autónoma de México 246
US Model Penal Code 332
usos
  del foro 466
  y costumbres mercantiles 350

valor probatorio 11
valoración libre de la prueba 408

venia 36, 408, 557, 563, 643–4
veredicto 187, 193, 260
vía de apremio 412
vicio del consentimiento 326
víctima 36, 81, 256, 261, 327–30, 333–4, 336, 414, 417, 419, 483–90
violación 35, 127–8, 136, 141, 194 321, 336, 350, 352, 482–4, 488–9, 529, 638
violencia o intimidación 326, 336
visado
  de estancia 339, 340
  de residencia 339, 340
  de trabajo 339, 340
  de tránsito 339, 340–41
visitante
  con fines de adopción 343
  con permiso para realizar actividades remuneradas 343
  por razones humanitarias 343
  regional 343
  trabajador fronterizo 343
vista
  oral 199
  pública 407
voto particular 192, 208, 344

Web of Science 248
writs. Véase remedios procesales

Printed and bound by CPI Group (UK) Ltd, Croydon, CR0 4YY
23/10/2022
03156874-0002